D1690115

Kommentar NHG / Commentaire LPN

Peter M. Keller
Jean-Baptiste Zufferey
Karl Ludwig Fahrländer

(Herausgeber / Editeurs)

Kommentar NHG

Kommentar zum Bundesgesetz
über den Natur- und Heimatschutz

Commentaire LPN

Commentaire de la Loi fédérale
sur la protection de la nature
et du paysage

Schulthess Polygraphischer Verlag Zürich

Zitiervorschlag (Beispiel):
ROHRER, Kommentar NHG, Zürich 1997, 3. Kap., Rz 4
FAVRE, Kommentar NHG, Zürich 1997, Art. 1, Rz 6

Manière de citer (exemple):
ROHRER, Commentaire LPN, Zurich 1997, chap. 3, N° 4
FAVRE, Commentaire LPN, Zurich 1997, art. 1, N° 6

© Schulthess Polygraphischer Verlag AG, Zürich 1997
ISBN 3 7255 3652 X

Dank

Die Herausgeber danken dem Bundesamt für Kultur (BAK) und dem Bundesamt für Umwelt, Wald und Landschaft (BUWAL) für die grosszügige Unterstützung.

Zahlreiche wertvolle Hinweise verdanken die Autorinnen und Autoren Herrn Franz-Sepp STULZ (Chef der Abteilung Naturschutz des BUWAL), den Mitgliedern der Begleitgruppe, nämlich Frau Nicoletta DELLA VALLE (Bern) und den Herren Dr. Gotthard BLOETZER (Sitten), Johann MÜRNER (Bern), Prof. Dr. Heribert RAUSCH (Zürich), PD Dr. Samuel RUTISHAUSER (Solothurn), Dr. Otto SIEBER (Basel) sowie Andreas STALDER (Bern) und schliesslich Frau Ariane AYER (Assistentin an der Universität Freiburg), welche zudem bei der Gestaltung der diversen Verzeichnisse und der zweisprachigen Redaktion massgeblich mitwirkte.

Remerciements

Les éditeurs remercient l'Office fédéral de la culture (OFC) et l'Office fédéral de l'environnement, des forêts et du paysage (OFEFP) pour leur généreux soutien.

Les auteurs doivent beaucoup aux multiples remarques profitables de M. Franz-Sepp STULZ (Chef de la division protection de la nature à l'OFEFP), des membres du groupe d'accompagnement, à savoir Madame Nicoletta DELLA VALLE (Berne), le Dr. Gotthard BLOETZER (Sion), M. Johann MÜRNER (Berne), le Prof. Dr. Heribert RAUSCH (Zurich), le Dr. Samuel RUTISHAUSER, privat-docent (Soleure), le Dr. Otto SIEBER (Bâle) et M. Andreas STALDER (Berne), ainsi qu'à Madame Ariane AYER (assistante à l'Université de Fribourg) qui a collaboré de manière importante à l'élaboration des divers index et à la rédaction bilingue de l'ouvrage.

Vorwort

Bereits seit über dreissig Jahren kennt die Schweiz ein Bundesgesetz über den Natur- und Heimatschutz (NHG). In dieser Zeit hat sich dazu eine reiche, aber nur schwer zugängliche Praxis gebildet. Im Anschluss an zwei grössere Teilrevisionen in den Jahren 1987 und 1995, die beide durch den «Rothenthurm»-Artikel der Bundesverfassung ausgelöst wurden, will dieses Werk das Gesetz umfassend kommentieren. Anders als die bisher nur punktuell vorhandene Literatur möchte der Kommentar eine möglichst umfassende Fundstelle für die Rechtssuchenden in diesem Bereich des Umweltrechts sein.

Die Autorinnen und Autoren bringen insgesamt Erfahrungen aus allen für den Umgang mit dem NHG bedeutsamen Bereichen mit, nämlich aus der Gesetzgebung, aus der Rechtsanwendung in der Verwaltung, in der Advokatur und an Gerichten, aus der Privatwirtschaft, aus Umweltorganisationen sowie aus der Wissenschaft. Dem Anliegen nach möglichst grosser Praxisnähe wurde ausserdem mit dem Beizug einer Begleitgruppe aus Fachleuten des Natur- und Heimatschutzes Rechnung getragen.

Der Kommentar ist in einen Allgemeinen und in einen Besonderen Teil gegliedert. Der Allgemeine Teil will das Umfeld des NHG ausleuchten. Der Besondere Teil zeichnet sich durch seine Artikelbezogenheit aus und stellt damit konkrete Einzelfragen in den Vordergrund.

Das Buch ist teilweise in deutscher und teilweise in französischer Sprache verfasst. Es erscheint also - soweit ersichtlich als erster Kommentar zu einem Bundesgesetz - in einer gemischtsprachigen Fassung. Der Auffindbarkeit der Textstellen für Leserinnen und Leser der jeweils anderen Muttersprache wurde bei der Konzeption und bei der Redaktion des Werks grösste Aufmerksamkeit geschenkt.

Gesetzgebung, Rechtsprechung und Literatur sind bis Ende Juni 1997 berücksichtigt. Einbezogen sind damit auch zwei kleinere NHG-Revisionen, die Mitte 1997 in Kraft getreten sind.

Bern/Freiburg, im Juli 1997   PETER M. KELLER
　　　　　　　　　　　　　　JEAN-BAPTISTE ZUFFEREY
　　　　　　　　　　　　　　KARL LUDWIG FAHRLÄNDER

Préface

Voilà plus de trente ans que la loi fédérale sur la nature et le paysage (LPN) est applicable en Suisse. Durant toutes ces années, cette réglementation a généré une jurisprudence riche mais d'accès difficile. Le présent ouvrage se veut un commentaire complet de la loi, pour faire suite aux deux révisions partielles importantes des années 1987 et 1995 que l'article constitutionnel de «Rothenthurm» provoqua. Au-delà de ce que la doctrine a proposé jusqu'ici uniquement de manière ponctuelle, ce commentaire entend être une source de renseignements aussi complète que possible pour tous ceux qui entreprennent des recherches dans ce domaine du droit de l'environnement.

Les auteurs dans leur ensemble mettent à profit leurs expériences dans tous les secteurs importants en lien avec la LPN, à savoir l'activité législative, l'application du droit dans l'administration ou par les avocats et les tribunaux, l'industrie privée, les organisations de l'environnement ainsi que la recherche scientifique. Le recours à un groupe d'accompagnement constitué de spécialistes de la protection de la nature et du paysage a permis que ce livre réponde le plus possible aux besoins de la pratique.

Le commentaire est divisé en une partie générale et une partie spéciale. La partie générale présente le contexte juridique qui entoure la LPN. La partie spéciale suit les articles de la loi; elle analyse ainsi en priorité les questions concrètes.

L'ouvrage est écrit partiellement en allemand et partiellement en français. Sa rédaction est ainsi bilingue; c'est à notre connaissance une première parmi les commentaires existants de la législation fédérale. Lors de la conception et de la rédaction, les éditeurs et les auteurs ont pris soin de faciliter au maximum la recherche des textes pour les lecteurs de chacune des deux langues.

La législation, la jurisprudence et la doctrine sont pris en compte jusqu'à fin juin 1997. L'ouvrage inclut donc également les deux révisions mineures de la LPN qui sont entrées en vigueur au milieu de l'année 1997.

Berne/Fribourg, juillet 1997
         Peter M. Keller
         Jean-Baptiste Zufferey
         Karl Ludwig Fahrländer

Verzeichnis der Autorinnen und Autoren / Index des auteurs

Susette BIBER-KLEMM
Dr.iur., Lehrbeauftragte an
der Universität Basel

5. Kap.

Karl Ludwig FAHRLÄNDER
Dr.iur., Fürsprecher, Bern

Art. 15, 16, Art. 18 Abs. 1–1ter und 3,
Art. 18a, Art. 18c Abs. 4, Art. 24e

Anne-Christine FAVRE
lic. en droit, Première assistante à
l'Université de Lausanne

art. 1, 3, 4, 19, 20, 23

Hans-Peter JENNI
Fürsprecher Bern

Vorbemerkungen zu den Art. 13–17a,
Art. 13, 14, 14a, 16a, 17, 21, 22

Peter M. KELLER
Dr.iur., Fürsprecher, Bern

Gesamtkonzept
Art. 12, 12a, 12b, Vorbemerkungen zu den
Art. 23a–23d, Art. 23a, 23b, 23c, 23d, 25a,
25b, 26

Jörg LEIMBACHER
Dr.iur., Bern

6. Kap., Vorbemerkungen zu den Art.
2–12b, Art. 5, 6, 7, 8, 9, 10, 11, 17a, 25

Hans MAURER,
Dr.iur., dipl.chem., Zürich

4. Kap., Vorbemerkungen zu den Art.
18–23, Art. 18 Abs. 2 und 4, Art. 18b,
Art. 18c Abs. 1-3, Art. 18d

Josef ROHRER
Dr.phil., lic.iur., Basel

1. Kap., 3. Kap.

Marco RONZANI
Dr.iur., Advokat, Basel

Vorbemerkungen zu den Art. 24–24e,
Art. 24, 24a, 24b, 24c, 24d

Jean-Baptiste ZUFFEREY
Dr. en droit, LL.M., Professeur à
l'Université de Fribourg

Chap. 2, art. 2

Inhaltsübersicht

Dank	V
Vorwort	VI
Verzeichnis der Autorinnen und Autoren	IX
Inhaltsübersicht	X
Abkürzungsverzeichnis	XVII
Literaturverzeichnis	XXVII
Materialien zum Natur- und Heimatschutzrecht	XXXIX

Allgemeiner Teil

1. Kap.	Begriffe: Naturschutz, Landschaftsschutz, Heimatschutz, Denkmalpflege	3
2. Kap.	Verfassungsgrundlage und Systematik des NHG	27
3. Kap.	Die Bedeutung des Beschwerderechts für den Natur- und Heimatschutz	66
4. Kap.	Natur- und Heimatschutzregelungen in anderen Rechtsbereichen, insbesondere im Forst-, Landwirtschafts- und Wasserrecht	75
5. Kap.	Internationales Natur- und Heimatschutzrecht	94
6. Kap.	NHG und Rechte der Natur	119

Besonderer Teil

Art. 1	Zweck	131

1. Abschnitt: Naturschutz, Heimatschutz und Denkmalpflege bei Erfüllung von Bundesaufgaben

	Vorbemerkungen zu den Art. 2–12b	139
Art. 2	Erfüllung von Bundesaufgaben	144
Art. 3	Pflicht des Bundes	166
Art. 4	Einreihung der Objekte	182
Art. 5	Inventare des Bundes von Objekten mit nationaler Bedeutung	189
Art. 6	Bedeutung des Inventars	205
Art. 7	Obligatorische Begutachtung	221
Art. 8	Fakultative Begutachtung	234

Table des matières

Remerciements	V
Préface	VII
Index des auteurs	IX
Table des matières	XI
Table des abréviations	XVII
Bibliographie	XXVII
Sources juridiques officielles sur la protection de la nature et du paysage	XXXIX

Partie générale

Chap. 1	Les concepts: la protection de la nature, du paysage, du patrimoine et des monuments	3
Chap. 2	Le fondement constitutionnel et la systématique de la LPN	27
Chap. 3	L'importance du droit de recours pour la protection de la nature et du paysage	66
Chap. 4	Les réglementations protégeant la nature et le paysage dans d'autres domaines juridiques, en particulier en droit de la forêt, de l'agriculture et de la protection des eaux	75
Chap. 5	Le droit international protégeant la nature et le paysage	94
Chap. 6	La LPN et les droits de la nature	119

Partie spéciale

Art. 1	But	131

Chapitre 1: Protection de la nature, protection du paysage et conservation des monuments historiques dans l'accomplissement des tâches de la Confédération

	Remarques préliminaires aux art. 2–12b	139
Art. 2	Accomplissement de tâches de la Confédération	144
Art. 3	Devoir de la Confédération	166
Art. 4	Catégories d'objets	182
Art. 5	Inventaires fédéraux d'objets d'importance nationale	189
Art. 6	Importance de l'inventaire	205
Art. 7	Expertise obligatoire	221
Art. 8	Expertise facultative	234

Art. 9	Anderweitige Begutachtung	240
Art. 10	Stellungnahme der Kantone	244
Art. 11	Vorbehalt militärischer Anlagen	249
Art. 12	Beschwerderecht der Gemeinden und Organisationen	253
Art. 12a	Eröffnung der Verfügung und Verfahrenseintritt	267
Art. 12b	Beschwerderecht der Kantone und des zuständigen Bundesamtes	278

2. Abschnitt: Unterstützung von Naturschutz, Heimatschutz und Denkmalpflege durch den Bund und eigene Massnahmen des Bundes

	Vorbemerkungen zu den Art. 13–17a	283
Art. 13	Beiträge zur Erhaltung von schützenswerten Objekten	289
Art. 14	Beiträge an Organisationen	310
Art. 14a	Forschung, Ausbildung, Öffentlichkeitsarbeit	314
Art. 15	Erwerb und Sicherung schützenswerter Objekte	317
Art. 16	Vorsorgliche Massnahmen	326
Art. 16a	Beitragszusicherungen	333
Art. 17	Rückerstattung von Beiträgen	335
Art. 17a	Besondere Gutachten	337

3. Abschnitt: Schutz der einheimischen Tier- und Pflanzenwelt

	Vorbemerkungen zu den Art. 18–23	342
Art. 18	Schutz von Tier- und Pflanzenarten	345
Art. 18a	Biotope von nationaler Bedeutung	367
Art. 18b	Biotope von regionaler und lokaler Bedeutung und ökologischer Ausgleich	388
Art. 18c	Stellung der Grundeigentümer und Bewirtschafter	411
Art. 18d	Finanzierung	431
Art. 19	Sammeln wildwachsender Pflanzen und Fangen von Tieren; Bewilligungspflicht	438
Art. 20	Schutz seltener Pflanzen und Tiere	446
Art. 21	Ufervegetation	461
Art. 22	Ausnahmebewilligungen	471
Art. 23	Fremde Tier- und Pflanzenarten: Bewilligungspflicht	478

Art. 9	Autres expertises	240
Art. 10	Avis des gouvernements des cantons	244
Art. 11	Réserve concernant les ouvrages militaires	249
Art. 12	Voies de droit des communes et des organisations reconnues	253
Art. 12a	Communication de la décision et intervention	267
Art. 12b	Voies de droit des cantons et de l'office fédéral compétent	278

Chapitre 2: **Soutien accordé par la Confédération à la protection de la nature, à la protection du paysage et à la conservation des monuments historiques, et mesures de la Confédération**

	Remarques préliminaires aux art. 13–17a	283
Art. 13	Subventions pour la conservation d'objets dignes de protection	289
Art. 14	Subventions accordées à des organisations	310
Art. 14a	Recherche, formation, relations publiques	314
Art. 15	Achat et sauvegarde d'objets dignes de protection	317
Art. 16	Mesures conservatoires	326
Art. 16a	Octroi de subventions	333
Art. 17	Restitution de subventions	335
Art. 17a	Expertises spéciales	337

Chapitre 3: **Protection de la faune et de la flore du pays**

	Remarques préliminaires aux art. 18–23	342
Art. 18	Protection d'espèces animales et végétales	345
Art. 18a	Biotopes d'importance nationale	367
Art. 18b	Biotopes d'importance régionale et locale et compensation écologique	388
Art. 18c	Situation des propriétaires fonciers et des exploitants	411
Art. 18d	Financement	431
Art. 19	Récolte de plantes sauvages et capture d'animaux; autorisation obligatoire	438
Art. 20	Protection de plantes et d'animaux rares	446
Art. 21	Végétation des rives	461
Art. 22	Exceptions autorisées	471
Art. 23	Espèces animales et végétales étrangères; autorisation obligatoire	478

Abschnitt 3a:	**Moore und Moorlandschaften von besonderer Schönheit und von nationaler Bedeutung**	
	Vorbemerkungen zu den Art. 23a–23d	486
Art. 23a	Schutz der Moore	490
Art. 23b	Begriff und Abgrenzung der Moorlandschaften	491
Art. 23c	Schutz der Moorlandschaften	502
Art. 23d	Gestaltung und Nutzung der Moorlandschaften	511
4. Abschnitt:	**Strafbestimmungen**	
	Vorbemerkungen zu den Art. 24–24e	521
Art. 24	Vergehen	531
Art. 24a	Übertretungen	548
Art. 24b	Anwendung auf juristische Personen und Handelsgesellschaften	566
Art. 24c	Einziehung	571
Art. 24d	Strafverfolgung	579
Art. 24e	Wiederherstellung des rechtmässigen Zustandes	582
5. Abschnitt:	**Organisation und Information**	
Art. 25	Organisation	591
Art. 25a	Information und Beratung	598
6. Abschnitt:	**Schlussbestimmungen**	
Art. 25b	Wiederherstellung von Mooren und Moorlandschaften	604
Art. 26	Inkrafttreten	618
Sachregister		625

Chapitre 3a:	**Marais et sites marécageux d'une beauté particulière et d'importance nationale**	
	Remarques préliminaires aux art. 23a–23d	486
Art. 23a	Protection des marais	490
Art. 23b	Définition et délimitation des sites marécageux	491
Art. 23c	Protection des sites marécageux	502
Art. 23d	Aménagement et exploitation des sites marécageux	511
Chapitre 4:	**Dispositions pénales**	
	Remarques préliminaires aux art. 24–24e	521
Art. 24	Délits	531
Art. 24a	Contraventions	548
Art. 24b	Application aux personnes morales et aux sociétés commerciales	566
Art. 24c	Confiscation	571
Art. 24d	Poursuite pénale	579
Art. 24e	Remise en état	582
Chapitre 5:	**Organisation et information**	
Art. 25	Organisation	591
Art. 25a	Information et conseils	598
Chapitre 6:	**Dispositions finales**	
Art. 25b	Rétablissement de marais et de sites marécageux	604
Art. 26	Entrée en vigueur	618
Index		635

Abkürzungsverzeichnis / Table des abréviations

Abs.	Absatz, Absätze (al.)
a.E.	am Ende (i.f.)
AF	arrêté fédéral (BB)
AGVE	Aargauische Gerichts- und Verwaltungsentscheide
AJP	Aktuelle Juristische Praxis (PJA)
al.	alinéa (Abs.)
a.M.	anderer Meinung
Amtl.Bull. N	Amtliches Bulletin der Bundesversammlung – Nationalrat (BO CN)
Amtl.Bull. S	Amtliches Bulletin der Bundesversammlung – Ständerat (BO CE)
AS	Amtliche Sammlung des Bundesrechts (RO)
ASPAN	Association suisse pour l'aménagement national (VLP)
Art.	Artikel (art.)
art.	article (Art.)
ATF	Arrêt du Tribunal fédéral (BGE)
AuenV	V vom 28. Oktober 1992 über den Schutz der Auengebiete von nationaler Bedeutung (Auenverordnung; SR 451.31) (OZA)
BAK	Bundesamt für Kultur (OFC)
BB	Bundesbeschluss (AF)
BBl	Bundesblatt (FF)
betr.	betreffend
BG	Bundesgesetz (LF)
BGE	Entscheidungen des Schweizerischen Bundesgerichts (ATF)
BGF	BG vom 21. Juni 1991 über die Fischerei (SR 923.0) (LPê)
BGr.	Bundesgericht (TF)
BJM	Basler Juristische Mitteilungen
BlAR	Blätter für Agrarrecht (Communications de droit agraire)
BLN	Bundesinventar der Landschaften und Naturdenkmäler von nationaler Bedeutung (IFP)
BO CE	Bulletin officiel du Conseil des Etats (Amtl.Bull. S)
BO CN	Bulletin officiel du Conseil national (Amtl.Bull. N)
BR	Bundesrat (CF)
BR/DC	Baurecht/Droit de la construction
BRP	Bundesamt für Raumplanung (OFAT)
Bsp.	Beispiel(e) (ex.)
Bst.	Buchstabe (lit.)
Bull., bull.	Bulletin
BUWAL	Bundesamt für Umwelt, Wald und Landschaft (OFEFP)

XVII

BV	Bundesverfassung der Schweizerischen Eidgenossenschaft vom 29. Mai 1874 (SR 101) (Cst.)
BVR	Bernische Verwaltungsrechtsprechung (JAB)
bzw.	beziehungsweise
c.-à-d.	c'est-à-dire (d.h.)
CC	Code civil suisse du 10 décembre 1907 (RS 210) (ZGB)
cf.	confer (s.)
CF	Conseil fédéral (BR)
CFMH	Commission fédérale des monuments historiques (EKD)
CFNP	Commission fédérale pour la protection de la nature et du paysage (ENHK)
ch.	chiffre(s) (Ziff.)
chap.	chapitre (Kap.)
cit.	cité(e) (zit.)
cons.	considérant(s) (E.)
CP	Code pénal suisse du 21 décembre 1937 (RS 311.0) (StGB)
CPN	Inventaire (privé) des paysages et des sites naturels d'importance nationale qui méritent d'être protégés (KLN)
CPS	Conception Paysage Suisse (LKS)
Cst.	Constitution de la Confédération suisse du 29 mai 1874 (RS 101) (BV)
DEP	Le droit de l'environnement dans la pratique (URP)
DFI	Département fédéral de l'intérieur (EDI)
d.h.	das heisst (c.-à-d.)
DISP	Dokumente und Informationen zur Schweizerischen Orts-, Regional- und Landesplanung
disp.trans.	disposition(s) transitoire(s) (ÜbBest.)
Diss.	Dissertation (th.)
DPA	LF du 22 mars 1974 sur le droit pénal administratif (RS 313.0) (VStrR)
dt.	deutsch
E.	Erwägung(en) (cons.)
EBG	Eisenbahngesetz vom 20. Dezember 1957 (SR 742.101) (LCF)
éd.	éditeur (Hrsg.) / édition
EDI	Eidgenössisches Departement des Innern (DFI)
ég.	également
EKD	Eidgenössische Kommission für Denkmalpflege (CFMH)
ENHK	Eidgenössische Natur- und Heimatschutzkommission (CFNP)
EntG	BG vom 20. Juni 1930 über die Enteignung (SR 711) (LEx)
etc.	et cetera (usw.)

ev.	eventuell
ex.	exemple (Bsp.)
f., ff.	folgende, fortfolgende (s., ss)
FF	Feuille fédérale (BBl)
FLS	Fonds Landschaft Schweiz (FSP)
FMV	V vom 7. September 1994 über den Schutz der Flachmoore von nationaler Bedeutung (Flachmoorverordnung; SR 451.33) (OBM)
FN	Fussnote(n) (n.)
frz.	französisch
FSP	Fonds suisse pour le paysage (FLS)
FWG	BG vom 4. Oktober 1985 über die Fuss- und Wanderwege (SR 704) (LCPR)
gl.M.	gleicher Meinung
GSchG	BG vom 24. Januar 1991 über den Schutz der Gewässer (Gewässerschutzgesetz; SR 814.20) (LEaux)
HMV	V vom 21. Januar 1991 über den Schutz der Hoch- und Übergangsmoore von nationaler Bedeutung (Hochmoorverordnung; SR 451.32) (OHM)
Hrsg.	Herausgeber (éd.)
i.d.R.	in der Regel
i.f.	in fine (a.E.)
IFP	Inventaire fédéral des paysages, sites et monuments naturels d'importance nationale (BLN)
insb.	insbesondere
i.S.	in Sachen/im Sinne
ISOS	Bundesinventar der schützenswerten Ortsbilder von nationaler Bedeutung / Inventaire fédéral des sites construits d'importance nationale à protéger en Suisse
ital.	italienisch
i.V. mit	in Verbindung mit
IVS	Inventar der historischen Verkehrswege der Schweiz (in Vorbereitung) / Inventaire des voies de communication historiques d'importance nationale de la Suisse (en préparation)
JAAC	Jurisprudence des autorités administratives de la Confédération (VPB)
JAB	Jurisprudence administrative bernoise (BVR)
JdT	Journal des Tribunaux

JSG	BG vom 20. Juni 1986 über die Jagd und den Schutz wildlebender Säugetiere und Vögel (Jagdgesetz; SR 922.0) (LChP)
Kap.	Kapitel (chap.)
KLN	(privates) Inventar der zu erhaltenden Landschaften und Naturdenkmäler von nationaler Bedeutung (CPN)
LAAM	LF du 3 février 1995 sur l'armée et l'administration militaire (RS 510.10) (MG)
LAgr	LF du 3 octobre 1951 sur l'amélioration de l'agriculture et le maintien de la population paysanne (Loi sur l'agriculture; RS 910.1) (LwG)
LAT	LF du 22 juin 1979 sur l'aménagement du territoire (RS 700) (RPG)
LCF	LF du 20 décembre 1957 sur les chemins de fer (RS 742.101) (EBG)
LChP	LF du 20 juin 1986 sur la chasse et la protection des mammifères et des oiseaux sauvages (Loi sur la chasse; RS 922.0) (JSG)
LCPR	LF du 4 octobre 1985 sur les chemins pour piétons et les chemins de randonnée pédestre (RS 704) (FWG)
LEaux	LF du 24 janvier 1991 sur la protection des eaux (RS 814.20) (GschG)
LEx	LF du 20 juin 1930 sur l'expropriation (RS 711) (EntG)
LF	loi fédérale (BG)
LFH	LF du 22 décembre 1916 sur l'utilisation des forces hydrauliques (RS 721.80) (WRG)
LFo	LF du 4 octobre 1991 sur les forêts (Loi sur les forêts; RS 921.0) (WaG)
lit.	littera (Bst.)
LKS	Landschaftskonzept Schweiz (CPS)
LOA	LF du 19 septembre 1978 sur l'organisation et la gestion du Conseil fédéral et de l'administration fédérale (Loi sur l'organisation de l'administration; RS 172.010) (VwOG)
LPA	LF du 9 mars 1978 sur la protection des animaux (RS 455) (TSchG)
LPE	LF du 7 octobre 1983 sur la protection de l'environnement (RS 814.01) (USG)
LPê	LF du 21 juin 1991 sur la pêche (RS 923.0) (BGF)
LPN	LF du 1er juillet 1966 sur la protection de la nature et du paysage (RS 451) (NHG)
LSu	LF du 5 octobre 1990 sur les aides financières et les indemnités (Loi sur les subventions; RS 616.1) (SuG)

LwG	BG vom 3. Oktober 1951 über die Förderung der Landwirtschaft und die Erhaltung des Bauernstandes (Landwirtschaftsgesetz; SR 910.1) (LAgr)
MBV	V vom 25. September 1995 über das Bewilligungsverfahren für militärische Bauten und Anlagen (Militärische Baubewilligungsverordnung; SR 510.51) (OPCM)
m.E.	meines Erachtens
MG	BG vom 3. Februar 1995 über die Armee und die Militärverwaltung (Militärgesetz; SR 510.10) (LAAM)
MLV	V vom 1. Mai 1996 über den Schutz der Moorlandschaften von besonderer Schönheit und von nationaler Bedeutung (Moorlandschaftsverordnung; AS 1996 1839 und 2448, SR 451.35) (OSM)
n.	note(s) (FN)
NHG	BG vom 1. Juli 1966 über den Natur- und Heimatschutz (SR 451) (LPN)
NHV	V vom 16. Januar 1991 über den Natur- und Heimatschutz (SR 451.1) (OPN)
N°	numéro (Nr., Rz)
Nr.	Nummer (N°)
O	ordonnance (V)
OACE	O du 2 novembre 1994 sur l'aménagement des cours d'eau (RS 721.100.1) (WBV)
OAT	O du 2 octobre 1989 sur l'aménagement du territoire (RS 700.1) (RPV)
OBM	O du 7 septembre 1994 sur la protection des bas-marais d'importance nationale (Ordonnance sur les bas-marais; RS 451.33) (FMV)
OCEco	O du 24 janvier 1996 instituant des contributions pour des prestations particulières en matière d'écologie et de détention d'animaux de rente dans l'agriculture (Ordonnance sur les contributions écologiques; RS 910.132) (OeBV)
ODF	O du 30 septembre 1991 concernant les districts francs fédéraux (RS 922.31) (VEJ)
ODOP	O du 27 juin 1990 relative à la désignation des organisations de protection de l'environnement habilitées à recourir (RS 814.076) (VBUO)
OeBV	V vom 24. Januar 1996 über Beiträge für besondere Leistungen im Bereiche der Ökologie und der Nutztierhaltung in der Landwirtschaft (Öko-Beitragsverordnung; SR 910.132) (OCEco)

OEIE	O du 19 octobre 1988 relative à l'étude d'impact sur l'environnement (RS 814.011) (UVPV)
OFAT	Office fédéral de l'aménagement du territoire (BRP)
OFC	Office fédéral de la Culture (BAK)
OFEFP	Office fédéral de l'environnement, des forêts et du paysage (BUWAL)
OFLP	O du 24 novembre 1993 relative à la LF sur la pêche (RS 923.01) (VBGF)
OFo	O du 30 novembre 1992 sur les forêts (RS 921.01) (WaV)
OG	BG vom 16. Dezember 1943 über die Organisation der Bundesrechtspflege (SR 173.110) (OJ)
OHM	O du 21 janvier 1991 sur la protection des hauts-marais et des marais de transition d'importance nationale (Ordonnance sur les hauts-marais; RS 451.32) (HMV)
OIFP	O du 10 août 1977 concernant l'Inventaire fédéral des paysages, sites et monuments naturels (RS 451.11) (VBLN)
OISOS	O du 9 septembre 1981 concernant l'Inventaire fédéral des sites construits à protéger en Suisse (RS 451.12) (VISOS)
OJ	LF d'organisation judiciaire du 16 décembre 1943 (RS 173.110) (OG)
OPCM	O du 25 septembre 1995 concernant la procédure d'octroi des permis de construire militaires (Ordonnance concernant les permis de construire militaires; RS 510.51) (MBV)
OPN	O du 16 janvier 1991 sur la protection de la nature et du paysage (RS 451.1) (NHV)
ORL	Institut für Orts-, Regional- und Landesplanung an der Eidgenössischen Technischen Hochschule Zürich
OROEM	O du 21 janvier 1991 sur les réserves d'oiseaux d'eau et de migrateurs d'importance internationale et nationale (RS 922.32) (WZVV)
OSM	O du 1 mai 1996 sur la protection des sites marécageux d'une beauté particulière et d'importance nationale (Ordonnance sur les sites marécageux; RO 1996 1839 et 2448, RS 451.35) (MLV)
OTD	O du 10 décembre 1990 sur le traitement des déchets (RS 814.015) (TVA)
OZA	O du 28 octobre 1992 sur la protection des zones alluviales d'importance nationale (Ordonnance sur les zones alluviales; RS 451.31) (AuenV)
p.	page(s) (S.)
PA	LF du 20 décembre 1968 sur la procédure administrative (RS 172.021) (VwVG)

p.ex.	par exemple (z.B.)
PJA	Pratique juridique actuelle (AJP)
Pra	Praxis des Bundesgerichts
RDAF	Revue de droit administratif et de droit fiscal
RDS	Revue de droit suisse (ZSR)
rem.prél.	remarques préliminaires (Vorbem.)
resp.	respektive
RJB	Revue de la Société des juristes bernois (ZBJV)
RJN	Recueil de jurisprudence neuchâteloise
RPG	BG vom 22. Juni 1979 über die Raumplanung (SR 700) (LAT)
RPV	V vom 2. Oktober 1989 über die Raumplanung (SR 700.1) (OAT)
RO	Recueil officiel des lois fédérales (AS)
RS	Recueil systématique du droit fédéral (SR)
RVJ	Revue valaisanne de jurisprudence (ZWR)
Rz	Randziffer (N°)
S.	Seite(n) (p.)
s., ss	suivant(e), suivant(e)s (f.,ff.)
s.	siehe (cf.)
s.a.	siehe auch
SemJud	Semaine judiciaire
sog.	sogenannte(r)
SR	Systematische Sammlung des Bundesrechts (RS)
StGB	Schweizerisches Strafgesetzbuch vom 21. Dezember 1937 (SR 311.0) (CP)
SuG	BG vom 5. Oktober 1990 über Finanzhilfen und Abgeltungen (Subventionsgesetz; SR 616.1) (LSu)
TA	Tribunal administratif (VGr.)
TF	Tribunal fédéral (BGr.)
th.	thèse (Diss.)
TSchG	Tierschutzgesetz vom 9. März 1978 (SR 455) (LPA)
TVA	Technische Verordnung über Abfälle vom 10. Dezember 1990 (SR 814.015) (OTD)
u.a.	unter anderem/anderen, und andere(s)
ÜbBest.	Übergangsbestimmung(en) (disp.trans.)
URP	Umweltrecht in der Praxis (DEP)
USG	BG vom 7. Oktober 1983 über den Umweltschutz (Umweltschutzgesetz; SR 814.01) (LPE)
usw.	und so weiter (etc.)

u.U.	unter Umständen
UVPV	V vom 19. Oktober 1988 über die Umweltverträglichkeitsprüfung (SR 814.011) (OEIE)
V	Verordnung (O)
VBGF	V vom 24. November 1993 zum BG über die Fischerei (SR 923.01) (OFLP)
VBLN	V vom 10. August 1977 über das Bundesinventar der Landschaften und Naturdenkmäler (SR 451.11) (OIFP)
VBUO	V vom 27. Juni 1990 über die Bezeichnung der beschwerdeberechtigten Umweltschutzorganisationen (SR 814.076) (ODOP)
VEJ	V vom 30. September 1991 über die eidgenössischen Jagdbanngebiete (SR 922.31) (ODF)
vgl.	vergleiche
VGr.	Verwaltungsgericht (TA)
VISOS	V vom 9. September 1981 über das Bundesinventar der schützenswerten Ortsbilder der Schweiz (SR 451.12) (OISOS)
VLP	Schweizerische Vereinigung für Landesplanung (ASPAN)
vol.	volume(s)
Vorbem.	Vorbemerkungen (rem.prél.)
VPB	Verwaltungspraxis der Bundesbehörden (JAAC)
VStrR	BG vom 22. März 1974 über das Verwaltungsstrafrecht (SR 313.0) (DPA)
VwOG	BG vom 19. September 1978 über die Organisation und die Geschäftsführung des Bundesrates und der Bundesverwaltung (Verwaltungsorganisationsgesetz; SR 172.010) (LOA)
VwVG	BG vom 20. Dezember 1968 über das Verwaltungsverfahren (SR 172.021) (PA)
WaG	BG vom 4. Oktober 1991 über den Wald (Waldgesetz; SR 921.0) (LFo)
WaV	V vom 30. November 1992 über den Wald (Waldverordnung; SR 921.01) (OFo)
WBG	BG vom 21. Juni 1991 über den Wasserbau (SR 721.100) (LF sur l'aménagement des cours d'eau)
WBV	V vom 2. November 1994 über den Wasserbau (Wasserbauverordnung; SR 721.100.1) (OACE)
WRG	BG vom 22. Dezember 1916 über die Nutzbarmachung der Wasserkräfte (SR 721.80) (LFH)
WZVV	V vom 21. Januar 1991 über die Wasser- und Zugvogelreservate von internationaler und nationaler Bedeutung (SR 922.32) (OROEM)

z.B.	zum Beispiel (p.ex.)
ZBJV	Zeitschrift des Bernischen Juristenvereins (RJB)
ZBl	Schweizerisches Zentralblatt für Staats- und Gemeindeverwaltung
ZGB	Schweizerisches Zivilgesetzbuch vom 10. Dezember 1907 (SR 210) (CC)
Ziff.	Ziffer(n) (ch.)
zit.	zitiert (cit.)
ZSR	Zeitschrift für Schweizerisches Recht (RDS)
ZWR	Zeitschrift für Walliser Rechtsprechung (RVJ)

Literaturverzeichnis/Bibliographie

A. Allgemeine öffentlichrechtliche Literatur/Droit public général

AUBERT Jean-François, *Traité* de droit constitutionnel suisse, vol. I et II, Neuchâtel 1967; Supplément 1967–1982, Neuchâtel 1982

BUNDESAMT FÜR JUSTIZ, Leitfaden für die Ausarbeitung von Erlassen des Bundes *(Gesetzgebungsleitfaden),* Bern 1995

COMMENTAIRE de la Constitution fédérale de la Confédération suisse, Bâle/Zurich/ Berne 1987 *(Commentaire Cst.)*

DAHM Georg/DELBRÜCK Jost/WOLFRUM Rüdiger, Völkerrecht, Band I/1, 2. Auflage, Berlin 1989

EPINEY Astrid, Das Primat des Völkerrechts als Bestandteil des Rechtsstaatsprinzips, ZBl 1994, 537–561

GRISEL André, Traité de droit administratif, vol. I et II, Neuchâtel 1984

GYGI Fritz, *Bundesverwaltungsrechtspflege,* 2. Auflage, Bern 1983

GYGI Fritz, *Verwaltungsrecht,* Bern 1986

HÄFELIN Ulrich, Wertung und Interessenabwägung in der richterlichen Rechtsfindung, in: Im Dienst an der Gemeinschaft, Festschrift für Dietrich Schindler zum 65. Geburtstag, Basel 1989, 585–596

HÄFELIN Ulrich/HALLER Walter, Schweizerisches Bundesstaatsrecht, 3. Auflage, Zürich 1993

HÄFELIN Ulrich/MÜLLER Georg, Grundriss des Allgemeinen Verwaltungsrechts, 2. Auflage, Zürich 1993

HANGARTNER Yvo, *Völkerrecht* und schweizerisches Landesrecht, in: SCHLUEP Walter et al. (Hrsg.), Recht, Staat und Politik am Ende des zweiten Jahrtausends, Festschrift zum 60. Geburtstag von Arnold Koller, Bern 1993, 651–681

JOST Andreas, Die neueste Entwicklung des Polizeibegriffs im schweizerischen Recht, Diss. Bern 1975

KÄLIN Walter, Der Geltungsgrund des *Grundsatze*s «Völkerrecht bricht Landesrecht», ZBJV 1988, Sonderband, 45–65

KÄLIN Walter, Das Verfahren der staatsrechtlichen *Beschwerde,* 2. Auflage, Bern 1994

KÄLIN Walter/MÜLLER Jörg Paul/WILDHABER Luzius, Praxis des Völkerrechts, Manuskript in Vorbereitung der 3. Auflage

KNAPP Blaise, *Précis* de droit administratif, 4e éd., Bâle 1991

KNAPP Blaise, *Cours* de droit administratif, Bâle 1994

KÖLZ Alfred/HÄNER Isabelle, Verwaltungsverfahren und Verwaltungsrechtspflege des Bundes, Zürich 1993

KOMMENTAR zur Bundesverfassung der Schweizerischen Eidgenossenschaft, Basel/Zürich/Bern 1987 *(Kommentar BV)*

MOOR Pierre, Droit administratif, vol. I, 2ᵉ éd., Berne 1994; vol. II, Berne 1991; vol. III, Berne 1992

MORAND Charles-Albert, *La fin des règles fixes,* Revue européenne des sciences sociales, Tome XXXIV, 1996, N° 104, 195–205

MORAND Charles-Albert, *Pesée d'intérêts* et décisions complexes, in: MORAND Charles-Albert (éd.), La pesée globale des intérêts dans le droit de l'environnement et l'aménagement du territoire, Bâle 1996, 41–86

MÜLLER Georg, *Interessenabwägung* im Verwaltungsrecht, ZBl 1972, 337–352

OFFICE FÉDÉRAL DE LA JUSTICE, Guide pour l'élaboration de la législation fédérale *(Guide de législation),* Berne 1995

RHINOW René A./KRÄHENMANN Beat, Schweizerische Verwaltungsrechtsprechung, Ergänzungsband, Basel 1990

SALADIN Peter, Das *Verwaltungsverfahrensrecht* des Bundes, Basel 1979

TANQUEREL Thierry, *La pesée des intérêts* vue par le juge administratif, in: MORAND Charles-Albert (éd.), La pesée globale des intérêts dans le droit de l'environnement et l'aménagement du territoire, Bâle 1996, 189–213

WEBER-DÜRLER Beatrice, Vertrauensschutz im öffentlichen Recht, Basel 1983

WILDHABER Luzius, Aussenpolitische Kompetenzordnung im schweizerischen Bundesstaat, in: WILDHABER Luzius, Wechselspiel zwischen Innen und Aussen; Schweizer Landesrecht, Rechtsvergleichung, Völkerrecht, Basel 1996, 178–207

WILHELM Christophe, Introduction et force obligatoire des traités internationaux dans l'ordre juridique suisse, th. Lausanne 1992

WULLSCHLEGER Stephan, *Interessenabwägung* im Umweltrecht, URP 1995, 75–106

ZIMMERLI Ulrich, Der Grundsatz der *Verhältnismässigkeit* im öffentlichen Recht, ZSR 1978 II, 1–131

ZELLWEGER Valentin, Völkerrecht und Bundesstaat, Mittel des Völkerrechts zur Vereinbarung von Staatsvertrags- und Bundesstaatsrecht, Berlin 1992

B. Literatur zum Natur- und Heimatschutzrecht/Protection de la nature et du paysage

ARCIONI Rico, Die neue Bundesgesetzgebung über den Natur- und Heimatschutz und ihr Verhältnis zum kantonalen Recht, ZBl 1967, 417–431

AUBERT Gabriel, La *protection* du patrimoine architectural en droit genevois, RDAF 1977, 1–18 et 73–90

BALLENEGGER Jacques, Le droit de recours des organisations de protection de l'environnement, DEP 1992, 209–227

BERNET Felix, Rechtliche Probleme der Pflege von Kulturdenkmälern durch den Staat unter besonderer Berücksichtigung der Verhältnisse im Kanton Zürich, Diss. Zürich 1975

BIBER-KLEMM Susette, Rechtsinstrumente des Völkerrechts zum Schutze der natürlichen Lebensräume von Tiere und Pflanzen, Diss. Basel 1992

BRP, Verhältnis *Biotopschutz*-Raumplanung, in: BUWAL (Hrsg.), Moorschutz

BRUNNER Ursula, Bauen im Uferbereich – schützen die Schutznormen?, URP 1996, 744–760

BÜHLER Theodor, Der Natur- und Heimatschutz nach schweizerischen Rechten, Zürich 1973

BÜHLMANN Lukas, Was bringt das revidierte Natur- und Heimatschutzgesetz des Bundes? (version française: Conséquences de la révision de la loi fédérale sur la protection de la nature et du paysage), Raum & Umwelt/Territoire & Environnement 1995, VLP/ASPAN (Hrsg.), Bern 1996, 28–36

BUNDESAMT FÜR JUSTIZ, *Artikel 24^{sexies} Absatz 5 BV,* Gutachten vom 11. April 1988, in: BUWAL (Hrsg.), Entschädigungsfolgen des «Rothenthurm-Artikels» der Bundesverfassung, Schriftenreihe Umwelt Nr. 145, Bern 1991

BUNDESAMT FÜR JUSTIZ, Gutachten vom 30. Oktober 1996 zur Aufnahme der Moorlandschaft Grimsel ins Inventar der Moorlandschaften von besonderer Schönheit und von nationaler Bedeutung (Auszug; *Gutachten Grimsel*), URP 1997, 66–73

BUWAL, *Entschädigungsfolgen* von Artikel 24^{sexies} Absatz 5 der Bundesverfassung, in: Entschädigungsfolgen des «Rothenthurm-Artikels» der Bundesverfassung, Schriftenreihe Umwelt Nr. 145, Bern 1991

DELLA VALLE Nicoletta, Das Recht des Moor- und Moorlandschaftsschutzes heute, in: BUWAL (Hrsg.), Moorschutz (version française: Le droit actuel de la protection des marais et des sites marécageux, in: OFEFP [éd.], Conservation des marais)

FAHRLÄNDER Karl Ludwig, Massnahmen im Sinne von Art. 18 NHG sowie ihre Durchsetzung und Sicherung gegenüber Dritten, BUWAL-Schriftenreihe Umwelt Nr. 223, Bern 1994

FLEINER-GERSTER Thomas, Kommentar BV, Art. 24^{sexies} (version française: Commentaire Cst., art. 24^{sexies})

FONDATION SUISSE POUR LA PROTECTION ET L'AMÉNAGEMENT DU PAYSAGE/LIGUE SUISSE POUR LA PROTECTION DE LA NATURE/LIGUE SUISSE DU PATRIMOINE NATIONAL, Une idée qui finit par s'imposer, 25 ans de droit de recours au service de la protection de la nature, du paysage et du patrimoine, Berne 1992

FRIBERG Leo, Die rechtliche Ordnung des Natur- und Heimatschutzes im Kanton Graubünden, Diss. Freiburg 1969

GADOLA Attilio R., Beteiligung ideeller Verbände am Verfahren vor den unteren kantonalen Instanzen – Pflicht oder blosse Obliegenheit?, ZBl 1992, 97–121

GARDAZ Philippe, La protection du patrimoine bâti en droit vaudois, RDAF 1992, 1–20

GFELLER Walter, Natur- und Heimatschutz, insbesondere der Artenschutz in der Schweiz, Diss. Basel 1979

GOTTESMANN Jean, Die Rechtsprechung des Bundesgerichtes zum Moorschutz, in: BUWAL (Hrsg.), Moorschutz (version française: La jurisprudence du Tribunal fédéral sur la protection des marais, in: OFEFP [éd.], Conservation des marais)

GYR Peter, Materielle Enteignung durch Eigentumsbeschränkungen, die dem Denkmal-, Altstadt- oder Heimatschutz dienen?, BJM 1994, 1–36

HANGARTNER Yvo, Rechtsgrundlagen des *Naturschutzes*, ZBl 1971, 233–239 und 257–268

HANGARTNER Yvo, Rechtsfragen der *Denkmalpflege*, 2. Auflage, St. Gallen 1981

HESS Heinz/WEIBEL Heinrich, Das Enteignungsrecht des Bundes, Kommentar, Band II, Bern 1986, 453 ff. (zu Art. 2 ff., 15 und 16 NHG)

HESS Jürg, Der Denkmalschutz im zürcherischen Planungs- und Baugesetz, Diss. Zürich 1986

HUBER Hans, Das Beschwerderecht der Natur- und Heimatschutzverbände in der schweizerischen Verwaltungsgerichtsbarkeit, Die Öffentliche Verwaltung 1976, 157–159

HUBMANN TRÄCHSEL Michèle, Die *Koordination von Bewilligungsverfahren* für Bauten und Anlagen im Kanton Zürich, Diss. Zürich 1995, insbes. 109 ff., 146 f., 175, 210 ff. (insbes. zu Art. 24^{sexies} BV, Art. 12 und 22 NHG)

HUBMANN TRÄCHSEL Michèle, *Koordination* – kein alter Hut!, URP 1996, 761–787, insbes. 773 ff. (zu Art. 24^{sexies} BV, Art. 7 ff., 18 und 22 NHG)

IMHOLZ Robert, Die *Zuständigkeiten* des Bundes auf dem Gebiete des Natur- und Heimatschutzes, Diss. Zürich 1975

IMHOLZ Robert, Die *Denkmalschutz*-Bestimmungen des zürcherischen Planungs- und Baugesetzes, DISP Nr. 67, Zürich 1982, 34–47

JAGMETTI Riccardo, Denkmalpflege und Raumplanung, in: Rechtsfragen der Denkmalpflege, 2. Auflage, St. Gallen 1981, 115–132

JENNI Hans-Peter, Rechtsfragen zum Schutzobjekt Biotope und insbesondere Ufervegetation gemäss NHG und angrenzenden Gesetzen, BUWAL-Schriftenreihe Umwelt Nr. 126, Bern 1990

JOLLER Christoph, Denkmalpflegerische Massnahmen nach schweizerischem Recht, Diss. Fribourg 1987

KELLER Martin, *Aufgabenverteilung* und Aufgabenkoordination im Landschaftsschutz, Diss. Bern 1977

KELLER Peter, Die rechtliche Bedeutung von *Inventaren* im Natur- und Heimatschutz, BUWAL-Bull. 4/90, 9–14 (version française: Protection de la nature et du paysage: portée juridique des inventaires, Bull. OFEFP 4/90, 11–16)

KELLER Peter, Das Recht des *Moorlandschaftsschutz*es – eine Bilanz nach der Beratung der NHG-Teilrevision im Ständerat, BUWAL-Bull. 3/92, 16–22 (version française: Protection des sites marécageux: bilan juridique intermédiaire, Bull. OFEFP 3/92, 22–29)

KELLER Peter M., Das *Beschwerderecht* der Umweltorganisationen – Was gilt nach der Teilrevision des Natur- und Heimatschutzgesetzes?, AJP 1995, 1125–1132

KELLER Peter M., *Natur- und Landschaftsschutzgebiete* – Museen oder Selbstbedienungsläden?, URP 1996, 691–707

KILCHENMANN Fritz, Zur Diskussion über den Moorschutz an der Grimsel, URP 1997, 235–249

KÖLZ Alfred, *Rechtsfragen* des Moorschutzes – am Beispiel des Stauseeprojekts «Grimsel-West», URP 1996, 171–193

KÖLZ Alfred, *Ergänzendes Gutachten* betreffend die Aufnahme der Moorlandschaft Grimsel (Moorlandschaftsobjekt 268) in das Moorlandschaftsinventar des Bundes zuhanden des Grimselvereins, URP 1997, 74–79

KÜNG Christian, Die Konzessionierung von Luftseilbahnen nach Bundesrecht, Diss. Bern 1988, 112 ff. (zu Art. 2 ff. NHG)

LEIMBACHER Jörg, Die *Rechte* der Natur, Diss. Bern 1988

LEIMBACHER Jörg, *Bundesinventare,* VLP-Schriftenfolge Nr. 60, Bern 1993 (version française: *Inventaires fédéraux,* Mémoire ASPAN N° 60, Berne 1993)

MAURER Hans, Naturschutz in der Landwirtschaft als Gegenstand des Bundesrechts – unter besonderer Berücksichtigung der Meliorationen, Diss. Zürich 1995

MEYER Lorenz, *Denkmalpflege* und Raumplanung, BR/DC 1/89, 4–11

MEYER Lorenz, Das *Beschwerderecht* der Vereinigungen; Auswirkungen auf das kantonale Verfahren, in: BOLLA Stefano/ROUILLER Claude (Hrsg.), Verfassungsrechtsprechung und Verwaltungsrechtsprechung, Zürich 1992, 167–181

MUNZ Robert, *Natur- und Heimatschutz* als Aufgabe der Kantone, Basel 1970

MUNZ Robert, *Landschaftsschutzrecht,* in: MÜLLER-STAHEL Hans-Ulrich (Hrsg.), Schweizerisches Umweltschutzrecht, Zürich 1973, 7–43

MUNZ Robert, *Landschaftsschutz* als Gegenstand des Bundesrechts, ZBl 1986, 1–20

MUNZ Robert/BRYNER Andri/SIEGRIST Dominik, Landschaftsschutz im Bundesrecht, Zürich 1996

NEUENSCHWANDER Markus/KAPPELER Thomas, Naturschutzrecht in der UVP, ORL-Berichte Nr. 70, Zürich 1989

NICOLE Yves, La définition et la délimitation des sites marécageux, Schweizerische Juristen-Zeitung/Revue Suisse de Jurisprudence 1996, 221–223

OFAT, Relations entre *protection des biotopes* et aménagement du territoire, in: OFEFP (éd.), Conservation des marais

OFEFP, *Indemnisations* résultant de l'article 24^{sexies}, 5e alinéa de la constitution fédérale, in: Indemnisations basées sur l'article constitutionnel dit de «Rothenthurm», Cahier de l'environnement N° 145, Berne 1991

ORTIS Arlette, Natur- und Landschaftsschutz in den Gemeinden, VLP-Schriftenfolge Nr. 33, Bern 1982

RAUSCH Heribert, Die *verfassungsrechtliche Pflicht,* Eingriffe rückgängig zu machen, in: BUWAL (Hrsg.), Moorschutz (version française: *L'obligation constitutionnelle* de réparer les atteintes, in: OFEFP [éd.], Conservation des marais)

RAUSCH Heribert, Das *Recht* des Moor- und Moorlandschaftsschutzes, in: BUWAL (Hrsg.), Moorschutz (version française: *Le droit* de la protection des marais et des sites marécageux, in: OFEFP [éd.], Conservation des marais) (Manuskript)

RIVA Enrico, Die *Beschwerdebefugnis* der Natur- und Heimatschutzvereinigungen im schweizerischen Recht, Diss. Bern 1980

SALADIN Peter, Schweizerisches Umweltschutzrecht – eine *Übersicht,* recht 1989, 1–12

SALADIN Peter, Zur *Aufgabenteilung* zwischen Bund und Kantonen im Umweltschutzrecht, in: Im Dienst an der Gemeinschaft, Festschrift für Dietrich Schindler zum 65. Geburtstag, Basel 1989, 759–771

SALADIN Peter, Landesplanung – *Lebensraumgestaltung* für morgen, in: KNAPP Blaise et al. (Hrsg.), Perspektiven des Raumplanungs- und des Baurechts, Basel 1990, 83–103

SALADIN Peter/SCHWEIZER Rainer J., Kommentar BV, Art. 24^{novies} Abs. 3 (version française: Commentaire Cst., art. 24^{novies} al. 3)

SCHÜRMANN Leo/HÄNNI Peter, Planungs-, Bau- und besonderes Umweltschutzrecht, 3. Auflage, Bern 1995, 306–322

SCHWEIZERISCHE STIFTUNG FÜR LANDSCHAFTSSCHUTZ UND LANDSCHAFTSPFLEGE/SCHWEIZERISCHER BUND FÜR NATURSCHUTZ/SCHWEIZER HEIMATSCHUTZ, Eine Idee setzt sich durch, 25 Jahre Beschwerderecht im Dienste des Natur-, Landschafts- und Heimatschutzes, Bern 1992

SOMMER Eduard, Natur- und Landschaftsschutz in der neuern Praxis des Bundesgerichts und in der Rechtsprechung des zürcherischen Verwaltungsgerichts, ZBl 1972, 2–13

STULZ Franz-Sepp, *Der ökologische Ausgleich* als gemeinsame Aufgabe von Landwirtschaft und Naturschutz, BlAR 1993, 95–101

STULZ Franz-Sepp, Die *Subventionen* beim Moor- und Moorlandschaftsschutz, in: BUWAL (Hrsg.), Moorschutz (version française: Les *subventions* dans la protection des marais et des sites marécageux, in: OFEFP [éd.], Conservation des marais)

TANQUEREL Thierry/ZIMMERMANN Robert, Les recours, in: MORAND Charles-Albert (éd.), Droit de l'environnement: mise en oeuvre et coordination, Bâle 1992, 117–152

TANQUEREL Thierry, *Les voies de droit* des organisations écologistes en Suisse et aux Etats-Unis, Bâle 1996

TISSOT Nathalie, Intérêt public: sauvegarde des vestiges archéologiques, Plädoyer 5/1991, 52–62

VALLENDER Klaus/MORELL Reto, Umweltrecht, Bern 1997, 367–396

VOGEL Philip, La protection des monuments historiques, th. Lausanne 1982

WALDMANN Bernhard, Der *Schutz* von Mooren und Moorlandschaften, BR/DC 4/94, 95–100

WALDMANN Bernhard, Der Schutz von Mooren und Moorlandschaften: Inhalt, Tragweite und Umsetzung des «Rothenthurmartikels» (Art. 24^{sexies} Abs. 5 BV), *Diss.* Freiburg 1997

WALLISER Peter, Zur Beschwerdelegitimation gesamtschweizerischer Vereinigungen des Natur- und Heimatschutzes, ZBl 1977, 403–407

WINZELER Christoph, Grundfragen des neuen baselstädtischen Denkmalschutzrechtes, BJM 1982, 169–199

WULLSCHLEGER Stephan, Das *Beschwerderecht* der ideellen Verbände und das Erfordernis der formellen Beschwer, ZBl 1993, 359–377

WYSS Martin Philipp, Kultur als eine Dimension der Völkerrechtsordnung, Diss. Zürich 1992

ZINGG Max, Natur- und Heimatschutz, insbesondere nach sanktgallischem Recht, Diss. St. Gallen 1975

ZIMMERLI Ulrich, Enteignung einer *Bauverbotsdienstbarkeit* im Interesse des Landschaftsschutzes, BR/DC 2/90, 38–40

ZIMMERMANN Robert, Droit de recours – quo vadis?, DEP 1996, 788–808

C. Literatur zu angrenzenden Rechtsgebieten/Domaines juridiques apparentés

AEMISEGGER Heinz, Zu den bundesrechtlichen Rechtsmitteln im Raumplanungs- und Umweltschutzrecht, in: BOLLA Stefano/ROUILLER Claude (Hrsg.), Verfassungsrechtsprechung und Verwaltungsrechtsprechung, Zürich 1992, 113–129

ALKALAY Michael, Umweltstrafrecht im Geltungsbereich des USG, Zürich 1992

BANDLI Christoph, Bauen ausserhalb der Bauzonen, Diss. Bern 1989

ETTLER Peter, Kommentar USG, Vorbemerkungen zu Art. 60–62 und Art. 60–62, Zürich 1991

HAAB Robert/SIMONIUS August/SCHERRER Werner/ZOBL Dieter, Zürcher Kommentar zum ZGB, Art. 641–729, 2. Auflage, Zürich 1977

HALLER Walter/KARLEN Peter, Raumplanungs- und Baurecht, 2. Auflage, Zürich 1992

HEINE Günter, Die strafrechtliche Verantwortlichkeit von Unternehmen, Baden-Baden 1995

HESS Heinz/WEIBEL Heinrich, Das Enteignungsrecht des Bundes, Kommentar, Band I, Bern 1986

JENNY Guido/KUNZ Karl-Ludwig, Bericht und Vorentwurf zur Stärkung des strafrechtlichen Schutzes der Umwelt, Basel 1996

KOMMENTAR zum Umweltschutzgesetz, Zürich 1985 *(Kommentar USG)*

KRAUSS Detlef, Probleme der Täterschaft im Unternehmen, Plädoyer 1/1989, 40–48

LIVER Peter, Das Eigentum, Schweizerisches Privatrecht V/1, Basel 1977

MARTI Arnold, Bewilligung von Bauten und Anlagen – *Koordination* oder Konzentration der Verfahren?, AJP 1994, 1535–1546

MATTER Felix, Kommentar USG, Art. 55–57, Zürich 1986

MEIER-HAYOZ Arthur, Berner Kommentar, Kommentar zum schweizerischen Privatrecht, Sachenrecht, Art. 680–701 ZGB, 3. Auflage, Bern 1975

MÜLLER Jürg Luzius, Die *Einziehung* im schweizerischen Strafrecht (Art. 58 und 58bis), Unter Berücksichtigung der Gesetzgebung zur Geldwäscherei, Bern 1993

OBERHOLZER Niklaus, Strafrecht und Umweltschutz – Zur Problematik der strafrechtlichen Zurechnung im Umweltschutzrecht, URP 1995, 394–407

PANNATIER Serge, L'environnement, objet ou sujet de droit international?, in: Personne, société, nature, Enseignement de 3e cycle de droit 1994, Fribourg 1996, 143–156

PIOTET Denis, Le droit vaudois de la propriété foncière, Lausanne 1991

RAUSCH Heribert, *Kommentar USG,* Art. 1, 2, 6 und 9, Zürich 1985

RIVA Enrico, *Hauptfragen* der materiellen Enteignung, Bern 1990

RONZANI Marco, Erfolg und individuelle Zurechnung im Umweltstrafrecht, Diss. Basel 1990

SCHAERER Barbara, Subventionen des Bundes zwischen Legalitätsprinzip und Finanzrecht, Diss. Bern 1992

SCHÜRMANN Leo/HÄNNI Peter, Planungs-, Bau- und besonderes Umweltschutzrecht, 3. Auflage, Bern 1995

STEINAUER Paul-Henri, Les droit réels, Tome II, 2e éd., Berne 1994

STRATENWERTH Günter, Schweizerisches Strafrecht, Allgemeiner Teil I *(AT I),* Bern 1982

STRATENWERTH Günter, Schweizerisches Strafrecht, Allgemeiner Teil II *(AT II),* Bern 1986

STRATENWERTH Günter, Schweizerisches Strafrecht, Besonderer Teil II *(BT II),* 3. Auflage, Bern 1984

TRECHSEL Stefan, Schweizerisches Strafgesetzbuch, Kurzkommentar, Zürich 1989

TRÖSCH Andreas, Die Gentechnologie im öffentlichen Recht des Bundes, ZBl 1989, 377–397

TRÜEB Hans Rudolf, Rechtsschutz gegen Luftverunreinigung und Lärm, Diss. Zürich 1990

TSCHANNEN Pierre, Der Richtplan und die Abstimmung raumwirksamer Aufgaben, Diss. Bern 1986

VEST Hans/RONZANI Marco, Umweltschutz durch Strafrecht, Landesbericht Schweiz, Freiburg im Breisgau 1997

D. Fachliteratur zum Natur- und Heimatschutz/Ouvrages techniques en matière de protection de la nature et du paysage

BROGGI Mario F./SCHLEGEL Heiner, Mindestbedarf an naturnahen Flächen in der Kulturlandschaft, Bericht 31 des Nationalen Forschungsprogramms «Boden», Bern 1989

BRP, *Naturschutz* – eine umfassende Aufgabe, Informationsheft 4/95

BRP/BUWAL, Landschaft unter Druck, Bern 1991

BUNDESAMT FÜR FORSTWESEN UND LANDSCHAFTSSCHUTZ, Natur- und Heimatschutz: gemeinsame Verpflichtung von Bund und Kantonen, Bern 1988

BUNDESAMT FÜR STATISTIK, Umweltstatistik Schweiz Nr. 2, Pflanzen, Tiere und ihre Lebensräume, Bern 1995

BUWAL, *Inventar der Flachmoore* von nationaler Bedeutung [Bericht], Bern 1990

BUWAL (Hrsg.), *Moorschutz* in der Schweiz, Grundlagen, Fallbeispiele, 2 Ordner, Bern 1992

BUWAL, Rote Liste, Die gefährdeten und seltenen Moose der Schweiz *(Rote Liste der Moose),* Bern 1992

BUWAL, *Rote Liste der gefährdeten Tierarten* der Schweiz, Bern 1994

BUWAL, *Natur- und Landschaftsschutz:* In der Landschaft – mit der Natur, Bern 1994

BUWAL, Vollzugshilfe zur *Auenverordnung,* Bern 1995

DFI/DÉPARTEMENT MILITAIRE FÉDÉRAL, Activités militaires et protection des marais, Berne 1994

EDI/EIDGENÖSSISCHES MILITÄRDEPARTEMENT, Militärische Nutzung und Moorschutz, Bern 1994

FORSCHUNGSINSTITUT FÜR FREIZEIT UND TOURISMUS/BUWAL/SCHWEIZERISCHER TOURISMUS-VERBAND (Hrsg.), Moorschutz und Tourismus, Bern 1995

GARNIER Marie, Naturnahe Lebensräume für den ökologischen Ausgleich (version française: Milieux naturels servant à la compensation écologique), Umwelt-Materialien Nr. 17, BUWAL, Bern 1993

GRÜNIG Andreas/VETTERLI Luca/WILDI Otto, Die Hoch- und Übergangsmoore der Schweiz (version française: Les hauts-marais et marais de transition de Suisse – résultats d'un inventaire), Bericht Nr. 281 der Eidgenössischen Anstalt für das forstliche Versuchswesen, Birmensdorf 1986

HAMPICKE Ulrich, Extensivierung der Landwirtschaft für den Naturschutz – Ziele, Rahmenbedingungen und Massnahmen, Schriftenreihe Bayerisches Landesamt für Umweltschutz 84, München 1988, 9–35

HEUSSER-KELLER Sibylle, Inventar der schützenswerten Ortsbilder der Schweiz (ISOS), EDI, Bern 1981

HINTERMANN Urs, *Inventar der Moorlandschaften* von besonderer Schönheit und von nationaler Bedeutung (version française: *Inventaire des sites marécageux d'une beauté particulière et d'importance nationale*), BUWAL-Schriftenreihe Umwelt Nr. 168, Bern 1992

HINTERMANN Urs, Wie lassen sich *Moorlandschaften bewerten?*, Schweizer Ingenieur und Architekt 1993, 342–346

INSTITUT DE RECHERCHES POUR LES LOISIRS ET LE TOURISME/OFEFP/FÉDÉRATION SUISSE DE TOURISME (éd.), Protection des marais et tourisme, Berne 1995

JEDICKE Eckhard/FREY Wilhelm/HUNDSDORFER Martin/STEINBACH Eberhard, Praktische Landschaftspflege, Stuttgart 1993

KELLER Verena, *Ramsar-Bericht* Schweiz, (version française: *Rapport Ramsar Suisse*), BUWAL-Schriftenreihe Umwelt Nr. 268, Bern 1996

LANDOLT Elias, Gefährdung der Farn- und Blütenpflanzen in der Schweiz. Mit gesamtschweizerischen und regionalen Roten Listen (version française: Plantes vasculaires menacées en Suisse. Listes rouges, nationales et régionales), BUWAL, Bern 1991

LEUTHOLD Barbara/KLÖTZLI Frank/LUSSI Stephan, Ufervegetation und Uferbereich nach NHG, Manuskript, Fassung Juli 1997

LEUTERT Fredy/WINKLER Andreas/PFAENDLER Ulrich, Naturnahe Gestaltung im Siedlungsraum (version française: Cohabiter avec la nature – Pour un aménagement écologique de nos agglomérations), Leitfaden Umwelt Nr. 5, BUWAL, Bern 1995

MARTI Karin, Zu den *Begriffen* «Hochmoor», «Flachmoor» und «Moorlandschaft», in: BUWAL (Hrsg.), Moorschutz (version française: *Concepts* «haut-marais», «bas-marais», «site marécageux», in: OFEFP [éd.], Conservation des marais)

MARTI Karin/MÜLLER Regula, Pufferzonen für Moorbiotope – *Begriffsdefinitionen,* in: BUWAL (Hrsg.), Moorschutz (version française: Zones-tampon pour biotopes de marais – *définition des concepts,* in: OFEFP [éd.], Conservation des marais)

MARTI Karin/MÜLLER Regula, *Pufferzonen* für Moorbiotope (version française: *Zones-tampon* pour les marais), Literaturrecherche, Schriftenreihe Umwelt Nr. 213, BUWAL, Bern 1994

OFAT, *Protection de la nature* – une tâche globale, Bulletin d'information 4/95

OFAT/OFEFP, Le paysage sous pression, Berne 1991

OFEFP, *Inventaire des bas-marais* d'importance nationale [rapport], Berne 1990

OFEFP (éd.), *Conservation des marais* en Suisse, Eléments de base, exemples pratiques, 2 classeurs, Berne 1992

OFEFP, Liste rouge. Les bryophytes menacées ou rares de la Suisse *(Liste rouge des bryophytes)*, Berne 1992

OFEFP, *Liste rouge des espèces animales* menacées de Suisse, Berne 1994

OFEFP, *Protection de la nature et du paysage:* La nature et ses paysages, Berne 1994

OFEFP, Guide d'application de *l'ordonnance sur les zones alluviales*, Berne 1995

OFFICE FÉDÉRAL DES FÔRETS ET DE LA PROTECTION DU PAYSAGE, Protection de la nature et du paysage: engagement commun de la Confédération et des cantons, Berne 1988

OFFICE FÉDÉRAL DE LA STATISTIQUE, Statistique suisse de l'environnement N° 2, Les plantes, les animaux et leurs habitats, Berne 1995

PFEIFFER Werner/STRAUB Ueli, Naturnahe Lebensräume – Leitfaden zur Berechnung von Naturschutzleistungen der Landwirtschaft, 2. Auflage, Lindau 1995

PLACHTER Harald, Naturschutz, Stuttgart 1991

ROHNER Jürg, Aktualisierung der Begriffe im Bereich des Natur- und Landschaftsschutzes und der Landschaftspflege in der Schweiz, Manuskript, Fassung November 1996

SCHWARZE Martin/KELLER Vreni/ZUPPINGER Urs, Bundesinventar der Moorlandschaften: Empfehlungen zum Vollzug (version française: Inventaire fédéral des sites marécageux: guide d'application des dispositions de protection), BUWAL-Reihe Vollzug Umwelt, Bern 1996

THIEMANN K.-H., Die Renaturierung strukturarmer Intensivagrargebiete in der Flurbereinigung aus ökologischer und rechtlicher Sicht. Teil I: Renaturierungsleitbild, Naturschutzverfahren, München 1994

USHER Michael B./ERZ Wolfgang (Hrsg.), Erfassen und Bewerten im Naturschutz, Heidelberg/Wiesbaden 1994

WEISS Hans, Die friedliche Zerstörung der Landschaft und Ansätze zu ihrer Rettung in der Schweiz, Zürich 1981

WILDERMUTH Hansruedi, Natur als Aufgabe, Basel 1978

Materialien zum Natur- und Heimatschutzrecht /
Sources juridiques officielles sur la protection de la nature et du paysage

Botschaft des Bundesrates an die Bundesversammlung betreffend die Förderung der Denkmalpflege vom 4. Oktober 1957 (*Botschaft Denkmalpflege;* BBl 1957 II 685–695)
Message du Conseil fédéral à l'Assemblée fédérale concernant l'encouragement de la conservation des monuments historiques du 4 octobre 1957 (*Message conservation des monuments historiques;* FF 1957 II 695–705)
Amtl.Bull. N/BO CN 1957 862–868; Amtl.Bull. S/BO CE 1958 39–46; Amtl.Bull. N/BO CN 1958 214; Amtl.Bull. S/BO CE 1958 137

Botschaft des Bundesrates über die Ergänzung der Bundesverfassung durch einen Art. 24^{sexies} betreffend den Natur- und Heimatschutz vom 19. Mai 1961 (*Botschaft Art. 24^{sexies} BV;* BBl 1961 I 1093–1117)
Message du Conseil fédéral à l'Assemblée fédérale concernant l'insertion dans la constitution d'un article 24^{sexies} sur la protection de la nature et du paysage du 19 mai 1961 (*Message art. 24^{sexies} Cst.;* FF 1961 I 1089–1111)
Amtl.Bull. S/BO CE 1961 207–219; Amtl.Bull. N/BO CN 1961 457–473; Amtl.Bull. S/BO CE 1961 285, 325; Amtl.Bull. N/BO CN 1961 625

Botschaft des Bundesrates an die Bundesversammlung zum Entwurf eines Bundesgesetzes über den Natur- und Heimatschutz vom 12. November 1965 (*Botschaft NHG;* BBl 1965 III 89–120)
Message du Conseil fédéral à l'Assemblée fédérale à l'appui d'un projet de loi sur la protection de la nature et du paysage du 12 novembre 1965 (*Message LPN;* FF 1965 III 93–125)
Amtl.Bull. S/BO CE 1966 5–13, 14–27; Amtl.Bull. N/BO CN 1966 318–334; Amtl.Bull. S/BO CE 1966 177–178, 228; Amtl.Bull. N/BO CN 1966 437

Botschaft über Massnahmen zum Ausgleich des Bundeshaushaltes vom 9. Februar 1977 (*Botschaft Bundeshaushalt;* BBl 1977 I 789, 811–812, 864; betr. Art. 13 Abs. 1 NHG und Art. 1 Abs. 1 des BB über die Förderung der Denkmalpflege)
Message sur les mesures pour équilibrer les finances fédérales du 9 février 1977 (*Message finances fédérales;* FF 1977 I 809, 829–831, 884; concernant art. 13 al. 1 LPN et art. 1 al. 1 de l'AF concernant l'encouragement de la conservation des monuments historiques)
Amtl.Bull. N/BO CN 1977 230–231

Botschaft zu einem Bundesgesetz über den Umweltschutz (USG) vom 31. Oktober 1979 (*Botschaft USG;* BBl 1979 III 749, 829–830 und 850–851; betr. Art. 18 Abs. 1bis und 1ter, Art. 21 und Art. 24 Abs. 1 NHG)

Message relatif à une loi fédérale sur la protection de l'environnement (LPE) du 31 octobre 1979 (*Message LPE;* FF 1979 III 741, 822–823 et 845–846; concernant art. 18 al. 1bis et 1ter, art. 21 et art. 24 al. 1 LPN)

Botschaft zu einem Bundesgesetz über die Jagd und den Schutz der wildlebenden Säugetiere und Vögel (JSG) vom 27. April 1983 (*Botschaft JSG;* BBl 1983 II 1197, 1220, 1231–1232; betr. Art. 23 NHG)

Message concernant la loi fédérale sur la chasse et la protection des mammifères et oiseaux sauvages (LChP) du 27 avril 1983 (*Message LChP;* FF 1983 II 1229, 1252, 1264; concernant art. 23 LPN)

Botschaft über die Sparmassnahmen 1984 vom 12. März 1984 (*Botschaft Sparmassnahmen 1984;* BBl 1984 I 1253, 1271–1272, 1327; betr. Art. 13 Abs. 1 NHG und Art. 1 Abs. 1 des BB über die Förderung der Denkmalpflege)

Message à l'appui des mesures d'économie 1984 (*Message mesures d'économie 1984;* FF 1984 I 1281, 1299–1300, 1359; concernant art. 13 al. 1 LPN et art. 1 al. 1 de l'AF concernant l'encouragement de la conservation des monuments historiques)

Botschaft des Bundesrates über die Volksinitiative «zum Schutze der Moore – Rothenthurminitiative» und zur Revision der Bestimmungen über den Biotopschutz im Bundesgesetz über den Natur- und Heimatschutz vom 11. September 1985 (*Botschaft Rothenthurm;* BBl 1985 II 1445–1475)

Message concernant l'initiative populaire «pour la protection des marais – Initiative de Rothenthurm» et la révision des dispositions sur la protection des biotopes dans la loi fédérale sur la protection de la nature et du paysage du 11 septembre 1985 (*Message Rothenthurm;* FF 1985 II 1449–1481)

Amtl.Bull. S/BO CE 1986 351–360; Amtl.Bull. N/BO CN 1987 130–143, 148–155; Amtl.Bull. S/BO CE 1987 168; Amtl.Bull. N/BO CN 1987 552; Amtl.Bull. S/BO CE 1987 240–242; Amtl.Bull. N/BO CN 1987 819; Amtl.Bull. S/BO CE 1987 424; Amtl.Bull. N/BO CN 1987 1040

Botschaft zu einem Bundesgesetz über Finanzhilfen und Abgeltungen vom 15. Dezember 1986 (*Botschaft SuG;* BBl 1987 I 369, 418–419, 453; betr. Art. 16a und 17 NHG sowie Art. 2 des BB über die Förderung der Denkmalpflege)

Message à l'appui d'un projet de loi sur les aides financières et les indemnités du 15 décembre 1986 (*Message LSu;* FF 1987 I 369, 422–423, 458–459; concernant art. 16a et 17 LPN ainsi que art. 2 de l'AF concernant l'encouragement de la conservation des monuments historiques)

Botschaft zur Volksinitiative «zur Rettung unserer Gewässer» und zur Revision des Bundesgesetzes über den Schutz der Gewässer vom 29. April 1987 (*Botschaft GSchG;* BBl 1987 II 1061, 1167, 1204; betr. Art. 21 Abs. 2 und Art. 22 Abs. 2 NHG)

Message concernant l'initiative populaire «pour la sauvegarde de nos eaux» et la révision de la loi fédérale sur la protection des eaux du 29 avril 1987 (*Message LEaux;* FF 1987 II 1081, 1190, 1228; concernant art. 21 al. 2 et art. 22 al. 2 LPN)

Botschaft über die Änderung des Bundesgesetzes über den Natur- und Heimatschutz (NHG) vom 26. Juni 1991 (*Botschaft Teilrevision NHG;* BBl 1991 III 1121–1159)
Message concernant la révision de la loi fédérale sur la protection de la nature et du paysage (LPN) du 26 juin 1991 (*Message révision partielle LPN;* FF 1991 III 1137–1175)
Amtl.Bull. S/BO CE 1992 600–627; Amtl.Bull. N/BO CN 1993 2065–2111; Amtl.Bull. S/BO CE 1994 203–213; Amtl.Bull. N/BO CN 1994 1119–1132; Amtl.Bull. S/BO CE 1994 862; Amtl.Bull. N/BO CN 1994 2432–2437; Amtl.Bull. S/BO CE 1995 287–289; Amtl.Bull. N/BO CN 1995 707–709; Amtl.Bull. S/BO CE 1995 438; Amtl.Bull. N/BO CN 1995 1007

Botschaft zu einer Änderung des Bundesgesetzes über den Umweltschutz (USG) vom 7. Juni 1993 (*Botschaft Teilrevision USG;* BBl 1993 II 1445, 1447, 1452, 1574; betr. Art. 25a [neu] NHG)
Message relatif à une révision de la loi fédérale sur la protection de l'environnement (LPE) du 7 juin 1993 (*Message révision partielle LPE;* FF 1993 II 1337, 1339, 1344, 1472; concernant art. 25a [nouveau] LPN)
Amtl.Bull. S/BO CE 1994 487

Botschaft betreffend das Bundesgesetz über die Armee und die Militärverwaltung sowie den Bundesbeschluss über die Organisation der Armee vom 8. September 1993 (*Botschaft MG;* BBl 1993 IV 1, 118–119 und 184; betr. Art. 11 erster Satz und Art. 22 Abs. 3 NHG)
Message relatif à la loi fédérale sur l'armée et l'administration militaire et à l'arrêté fédéral sur l'organisation de l'armée du 8 septembre 1993 (*Message LAAM;* FF 1993 IV 1, 134, 208; concernant art. 11 première phrase et art. 22 al. 3 LPN)

Botschaft zum Agrarpaket 95 vom 27. Juni 1995 (*Botschaft Agrarpaket 95;* BBl 1995 IV 629, 737–742; betr. Art. 20 Abs. 3, Art. 24 Abs. 1 Bst. d, Art. 24a Bst. b und Art. 24d NHG)
Message concernant le paquet agricole 95 du 27 juin 1995 (*Message paquet agricole 95;* FF 1995 IV 621, 729–734; concernant art. 20 al. 3, art. 24 al. 1 lit. d, art. 24a lit. b et art. 24d LPN)

Botschaft zu einem Postorganisationsgesetz und zu einem Telekommunikationsunternehmungsgesetz vom 10. Juni 1996 (*Botschaft Telecom;* BBl 1996 III 1306, 1349, 1382; betr. Art. 2 Bst. a NHG)
Message relatif à la loi sur l'organisation de la Poste et à la loi sur l'entreprise de télécommunications du 10 juin 1996 (*Message Télécom;* FF 1996 III 1260, 1307, 1344; concernant art. 2 lit. a LPN)
Amtl.Bull. S/BO CE 1997 134

Botschaft über eine neue Bundesverfassung vom 20. November 1996 (*Botschaft neue BV;* BBl 1997 I 1, 127-128, 253–255, 590, 601–602; betr. Art. 2 Abs. 3 und Art. 62 des Entwurfs für einen BB über eine nachgeführte BV)
Message relatif à une nouvelle constitution fédérale du 20 novembre 1996 (*Message nouvelle Cst.;* FF 1997 I 1, 129–130, 256–258, 598, 610–611; concernant art. 2 al. 3 et art. 62 du projet d'AF relatif à une mise à jour de la Cst.)

Allgemeiner Teil Partie générale

Erstes Kapitel
Begriffe: Naturschutz, Landschaftsschutz, Heimatschutz, Denkmalpflege

Chapitre premier
Les concepts: la protection de la nature, du paysage, du patrimoine et des monuments

Inhaltsverzeichnis	Rz
I. Einleitende Gedanken	1
II. Allgemeine Einordnung der Begriffe	4
A. Terminologie des Schutzes der Lebensgrundlagen	4
B. Der Begriff «Natur- und Heimatschutz» in der Bundesverfassung und im NHG	7
C. Abgrenzung zum Umweltschutz und zur Raumplanung	9
III. Wesen des Schutzbegriffs	11
A. Begriff	11
B. Motivation	12
C. Schutzobjekte	13
D. Schutzziel und Schutzmassnahmen	14
IV. Naturschutz	15
A. Zum Begriff des Naturschutzes	15
B. Bewahrender Naturschutz	17
C. Gestaltender Naturschutz	20
V. Landschaftsschutz	22
A. Zum Begriff der Landschaft	22
B. Landschaft als Gegenstand von Landschaftsschutz und Naturschutz	26
C. Beweggründe und Gegenstände des Landschaftsschutzes	27
VI. Heimatschutz	30
A. Zum Begriff des Heimatschutzes	30
B. Gegenstände des Heimatschutzes	31
C. Ortsbildpflege	32
VII. Denkmalpflege	35
A. Zum Begriff der Denkmalpflege	35
B. Beweggründe und Zielsetzung	37
C. Gegenstände der Denkmalpflege	40
D. Abgrenzung zum Kulturgüterschutz in Katastrophenfällen	42

Table des matières N°

I. Quelques réflexions introductives 1
II. La classification générale des notions 4
   A. La terminologie propre à la protection des bases de l'existence 4
   B. Le concept de «protection de la nature et du paysage» dans la Constitution fédérale et dans la LPN 7
   C. Les délimitations par rapport à la protection de l'environnement et à l'aménagement du territoire 9
III. Le concept de protection 11
   A. La notion 11
   B. La motivation 12
   C. Les objets protégés 13
   D. La protection visée et les mesures de protection 14
IV. La protection de la nature 15
   A. A propos du concept 15
   B. La protection comme instrument de préservation 17
   C. La protection comme instrument de développement 20
V. La protection du paysage 22
   A. A propos du concept 22
   B. Le paysage en tant qu'objet de la protection de la nature et du paysage 26
   C. Les motifs et les objets de la protection du paysage 27
VI. La protection du patrimoine 30
   A. A propos du concept 30
   B. Les objets de la protection du patrimoine 31
   C. La protection des localités 32
VII. La protection des monuments 35
   A. A propos du concept 35
   B. Les motifs et l'objectif à fixer 37
   C. Les objets de la protection des monuments 40
   D. Les délimitations par rapport à la protection des biens culturels en cas de catastrophe 42

I. Einleitende Gedanken

1

Rolle der Begriffsdefinitionen

Rôle des définitions

Begriffsklärungen können im Recht auf zwei Arten erreicht werden: durch eine Legaldefinition oder durch pragmatische Auslegung im Anwendungsfall. Im Gebiet des Natur- und Heimatschutzes wurde nur spärlich von der Möglichkeit Gebrauch gemacht, Begriffe im Gesetz selber zu definieren. In Art.15 NHV wird der Zweck des «Ökologischen Ausgleichs» (MAURER, Art. 18b, Rz 31) beschrieben, eines Begriffs der Wissenschaft, der neu in die Sprache des Rechts und des Alltags eingeführt wurde. Es war notwendig, diesen für die Betroffenen – man denke an die Landwirtschaft – vorerst «leeren» Begriff mit Inhalt zu füllen. In Art. 23b Abs. 1 NHG sind die «Moorlandschaft» sowie die Kriterien «besondere Schönheit» und «nationale Bedeutung» definiert (KELLER, Art. 23b, Rz 3 ff.), nicht zuletzt deshalb, weil das Parlament bei der brisanten Umsetzung des «Rothenthurm-Artikels» den Vollzugsbehörden misstraute[1].

Demgegenüber wurde ursprünglich bewusst darauf verzichtet, im NHG die im Verfassungsartikel aufgeführten Schutzobjekte (Landschafts- und Ortsbild, geschichtliche Stätte, Natur- und Kulturdenkmal, Naturreservat, Tier- und Pflanzenwelt) zu definieren. Wegen der Vielgestaltigkeit der schützenswerten Objekte stosse jede allgemeine Umschreibung auf grosse Schwierigkeiten, wurde in der Botschaft des Bundesrats begründet. An die Stelle der Begriffsbestimmung sollte die zweckmässigere Inventarisation der Naturlandschaften, Ortsbilder, geschichtlichen Stätten, Natur- und Kulturdenkmäler treten[2]. Nur am Rande sei erwähnt, dass diese Inventarisierung auch 30 Jahre nach Erlass des Gesetzes Stückwerk geblieben ist.

2
Schwierigkeiten
Difficultés

In Ermangelung einer hinreichenden Umschreibung der Schutzgegenstände des Natur- und Heimatschutzes ist es auch schwierig, die übergeordneten Begriffe Naturschutz, Landschaftsschutz und Heimatschutz zu fassen. Einfacher ist dies bei der Denkmalpflege, die ein schärfer umrissenes Objekt ihrer Tätigkeit hat.

Hinzu treten grundsätzliche Schwierigkeiten. Viele Begriffe haben verschiedene Bedeutungsschichten: einmal eine alltagssprachliche, vorwissenschaftliche, sodann eine oder mehrere fachwissenschaftliche und schliesslich eine aus diesen beiden Quellen gespiesene rechtliche. Deutlich wird dies bei den Begriffen Natur, Heimat und besonders bei Landschaft. Ein Tourist oder ein Landschaftsmaler haben ein anderes «Landschaftsbild» als ein Landschaftswissenschafter. Hier wiederum unterscheidet sich die «wissenschaftliche» Landschaft eines Raumplaners von derjenigen eines Geografen oder Ökologen. Der verrechtlichte Landschaftsbegriff trägt diese Spannung in sich.

Die Begriffe wandeln sich in der Zeit. Heimatschutz, früher umfassend als ideelles Bestreben zur Erhaltung des ganzen heimatlichen Natur- und Kulturerbes verstanden, wird heute vorwiegend mit baulicher Kultur assoziiert. Zur Zeit, als der Verfassungsartikel geschrieben wurde, dachte noch niemand an das Naturpotential der Landschaft und die Leistungsfähigkeit des Naturhaushalts. Hintergrund dieses Begriffswandels ist der wissenschaftliche und gesellschaftliche Wandel der Konzepte, der Werte und der Vorstellung, was gesetzlich zu regeln sei. Beim Natur- und Heimatschutz lassen sich drei Phasen unterscheiden. In der ersten Phase steht die Bewahrung des besonders schönen und wertvollen Natur- und Kulturerbes als kulturelle Aufgabe im Vordergrund[3]. In den

3
Wandel der Begriffe
Evolution des concepts

---

[1] Amtl.Bull. S 1992 606 (Votum KÜCHLER).
[2] Botschaft NHG, BBl 1965 III 95.
[3] Botschaft Art. 24sexies BV, BBl 1961 I 1097.

70er Jahren tritt mit der Kodifizierung der Raumplanung der Gedanke der flächenhaften räumlichen Ordnung hervor. Die Raumordnung wird zu einem wichtigen Instrument für die Umsetzung der Ziele des NHG (vgl. MAURER, 4. Kap., Rz 10). Die 80er Jahre legen das Schwergewicht auf den Naturhaushalt, auf die Prozesse und auf die Regenerierung von Natur und Landschaft. Ausdruck ist der Ausbau des Biotopschutzes und die Einführung des ökologischen Ausgleichs. Diese drei Philosophien stehen im NHG und angrenzenden Gesetzen nebeneinander mit ihren je eigenen Begriffsprägungen.

Naturschutz, Landschaftsschutz, Heimatschutz, Denkmalpflege sind programmatische Begriffe. Hinter allen steht ein wissenschaftliches und gesellschaftlich-politisches Programm, das vor allem beim Naturschutz und Landschaftsschutz in den letzten Jahren stark erweitert wurde. Da jede staatliche, ja jede menschliche Tätigkeit direkt oder indirekt mit Natur, Raum, Landschaft zu tun hat, ist die Komplexität der Querschnittsaufgaben Natur- und Landschaftsschutz gross. Die Abbildung der Programme in die Rechtswirklichkeit bleibt fragmentarisch, die Tragweite der gesetzlichen Begriffe und Programme bleibt hinter den wissenschaftlichen und gesellschaftlichen Erfordernissen und hinter deren Begriffsverständnis zurück.

Das Folgende muss im Licht dieser Gedanken gesehen werden. Eine Übereinstimmung zu erreichen zwischen der rechtlichen Bedeutung von Begriffen und den Bedürfnissen des wissenschaftlichen und praktischen Natur- und Landschaftsschutzes ist nicht immer möglich.

II. Allgemeine Einordnung der Begriffe

A. Terminologie des Schutzes der Lebensgrundlagen

4
Elemente
der
Lebensgrundlagen
Eléments des
bases de
l'existence

Die Begriffe «Natur», «Heimat», «Patrimoine culturel», «Lebensraum», «Umwelt» beziehen sich alle auf die physischen, zum Teil auch geistigen Grundlagen der Entfaltung der menschlichen Gesellschaft im Raum. Diese Lebensgrundlagen beinhalten: a) den dreidimensionalen *Raum* an sich, oft reduziert auf die zwei Dimensionen der Fläche; b) die *Ausstattung dieses Raums* mit den Elementen Gesteinsuntergrund, Boden, Oberflächenform (Relief), Wasser, Lufthülle, Tier- und Pflanzenwelt. Zur Raumausstattung gehören auch die vom Menschen geschaffenen Gegenstände (Mobilien und Immobilien); c) den *Haushalt* unter den *Raumelementen*. Zwischen den Elementen der natürlichen und anthropogenen Ausstattung des Raums bestehen eine Vielzahl von Wechselwirkungen. Pflanzen und Tiere gehen Lebensgemeinschaften (Biozönosen) ein, zusammen mit ihren Lebensräumen bilden sie Ökosysteme, d.h. Wirkungsgefüge von Stoffkreisläufen und Energieflüssen. Hinzu treten menschgemachte Einflüsse; d) die *Leistungsfähigkeit des Naturhaushalts*. Ein intaktes Wirkungsgefüge zwischen biotischen (d.h. lebenden) und abiotischen (d.h. der nichtbelebten Natur angehörenden) Elementen ist selbsterhaltend und produktiv (Bodenfruchtbarkeit, Selbstreinigungskraft der Gewässer usw.); e) die *psychisch erlebbare Gestalt* der Natur- und Kulturelemente. Die mit den Sinnen wahrnehmbare Erscheinung von Natur, Landschaft und Kulturschöpfungen ist für die seelisch-geistige Entwicklung und Gesundheit des Menschen essentiell (Stichworte: Landschaftsbild, Vielfalt, Eigenart und Schönheit der Natur, bauliche Ästhetik).

Zu verschiedenen Zeiten, unter verschiedenen Gesichtspunkten und mit unterschiedlichen Konzepten wurden Normen zum Schutz der Lebensgrundlagen gesetzt. Anlass dazu war stets eine Situation der Knappheit oder der Gefährdung. Während es historisch Einzelphänomene waren, die den Gesetzgeber zum Handeln brachten (Ausrottung der Wildbestände, Schutz von Bannwäldern gegen Lawinengefahren)[4], wurde es in diesem Jahrhundert, insbesondere nach dem 2. Weltkrieg, notwendig, sämtliche Aspekte der Lebensgrundlagen gesetzgeberisch zu erfassen.

5 Schutz der Lebensgrundlagen
Protection des bases de l'existence

Die herrschende Lehre setzt den *Schutz der Lebensgrundlagen* mit dem Umweltschutz im umfassenden Sinn gleich. Danach bilden die einschlägigen Verfassungsartikel eine Einheit. FLEINER-GERSTER zählt dazu: Art. 24^{sexies} BV (Natur- und Heimatschutz), Art. 24^{septies} BV (Umweltschutz im engeren Sinn), Art. 22^{quater} BV (Raumplanung), Art. 25bis BV (Tierschutz), Art. 25 BV (Jagd, Fischerei und Vogelschutz), Teilbereiche der Art. 24 und Art. 24bis BV (Wasserbau, Forst)[5]. Zusätzlich sind dazu zu zählen Art. 24^{novies} Abs. 3 BV (Gentechnik bei Tieren und Pflanzen, Schutz der genetischen Vielfalt) und Art. 31^{octies} Abs. 1 BV (Auftrag der Landwirtschaft zur Erhaltung der natürlichen Lebensgrundlagen und Pflege der Kulturlandschaft).

Ein Teil der Lehre bezeichnet den Schutz der *raum*bezogenen Lebensgrundlagen als «umfassenden Landschaftsschutz»[6]. Landschaftsschutz als Oberbegriff für alle Bestrebungen des Lebensraumschutzes gründet sich auf dem ökologischen Landschaftsbegriff: das landschaftliche Ökosystem und das soziale (gesellschaftliche) System verbinden sich zum Mensch-Umweltsystem Landschaft. Gegenüber dem Umweltschutz im umfassenden Sinn fehlen beim umfassenden Landschaftsschutz alle Gegenstände ohne Raumbezug, insbesondere der Tierschutz (dieser schützt das Leben und Wohlbefinden des einzelnen Tiers) und die Gentechnikbestimmungen, soweit sie nicht die Freisetzung gentechnisch veränderter Organismen betreffen. Eine derart weitgefasste Bedeutung

6 Schutz der Natur- und Kulturwerte in der Landschaft
Protection des valeurs naturelles et culturelles dans le paysage

---

[4] IMHOLZ, Zuständigkeiten, 20.
[5] FLEINER-GERSTER, Rz 8.
[6] MUNZ, Landschaftsschutz, 1 ff.; HUNZIKER Theo, Landschaftsschutz in der Schweiz, Bern 1992, 4.

widerspricht aber dem allgemein üblichen – wesentlich engeren – Verständnis des Landschaftsschutzes (vgl. Rz 27 ff. hienach) und befriedigt deshalb nicht.

Deshalb sollte pragmatisch vom «Schutz der Natur- und Kulturwerte in der Landschaft» gesprochen werden, wenn es um den Schutz der raumbezogenen Lebensgrundlagen, namentlich der Landschaftswerte, der natürlichen Vielfalt und des gebauten Kulturerbes geht[7]. Teilbereiche sind der Naturschutz (Rz 15 ff. hienach), der Landschaftsschutz (Rz 22 ff. hienach) und der Heimatschutz, der die Denkmalpflege mitumfasst (Rz 30 ff. und 35 ff. hienach). Der in der schweizerischen Rechtstradition verankerte Begriff des «Natur- und Heimatschutzes» entspricht dem hier postulierten «Schutz der Natur- und Kulturwerte in der Landschaft».

B. Der Begriff «Natur- und Heimatschutz» in der Bundesverfassung und im NHG

7
Tragweite des Begriffs
Portée de la notion

Die 50er Jahre waren geprägt durch ein sprunghaftes Anwachsen der Bevölkerungszahl, des Konsums und des Landschaftsverbrauchs. Zur Zeit der Beratung von Art. 24sexies BV durch die Räte (1961) war somit ein Bedürfnis nach neuen Regeln zum Schutz und zur Planung des schweizerischen Lebensraums in verschiedenster Hinsicht gegeben. Es lag daher nahe, die Tragweite des Natur- und Heimatschutzes weit zu fassen. Genannt wurden die Lärmbekämpfung, die Reinhaltung der Gewässer, die Erhaltung des Bauernlandes, allgemein die Landes-, Regional- und Ortsplanung. Der Bundesrat hat diesen extensiven Begriffsinhalt verworfen. Natur- und Heimatschutz sollte beschränkt sein auf die Erhaltung und den Schutz der landschaftlichen Schönheiten, der Ortsbilder, der Natur- und Kulturdenkmäler sowie der einheimischen Pflanzen und Tiere.

Das NHG folgte in seiner ursprünglichen Fassung dem restriktiven Begriffsverständnis und dem konservierenden Grundgedanken der Verfassung. Erst die Novellierung des Biotopschutzes, das erste Mal 1983 und das zweite Mal 1987, schaffte Möglichkeiten für aktive Lebensraumgestaltung: Art. 18 Abs. 1ter NHG verpflichtet bei Eingriffen im Minimum zu angemessenem Ersatz für den Verlust an Lebensräumen, Art. 18b Abs. 2 NHG verpflichtet die Kantone zur Schaffung von ökologischem Ausgleich, Art. 18c Abs. 2 NHG schliesslich bietet die Grundlage zur Abgeltung von Leistungen, die im Interesse des konkreten Biotopschutzziels erbracht werden.

8
Doppelbegriff
Notion double

Die Begriffe Naturschutz und Heimatschutz sind in der Gesetzgebung des Bundes eng gekoppelt. Sowohl die Verfassung (Art. 24^{sexies} Abs. 1 BV) wie das «Bundesgesetz über den Natur- und Heimatschutz» gebrauchen den Doppelbegriff als Einheit. Dies hat historische, aber auch sachliche Gründe. Natur- und Heimatschutz ist überwiegend raumbezogen; die Schutzgegenstände, ob

---

[7] ROHNER, 12 verwendet dafür den Doppelbegriff «Natur- und Landschaftsschutz».

ausgedehnt wie eine Moorlandschaft oder punktuell wie ein erratischer Block, sind Elemente der Landschaft, die in der Schweiz fast auf der ganzen Landesfläche durch menschlichen Einfluss geprägt wurde, also Kulturlandschaft ist. Damit ist auch gesagt, dass der Landschaftsschutz selbstverständlich im Doppelbegriff Natur- und Heimatschutz enthalten ist.

Deutlich wird dies in den lateinischen Sprachen. Der französische Verfassungstext spricht in Art. 24^{sexies} Abs. 1 BV von «protection de la nature et du paysage», der italienische von «protezione della natura e del paesaggio». Der Gesetzgeber hat die Formulierungen der Verfassung unverändert für den Titel des Gesetzes übernommen, aber festgehalten, dass der gegenüber «protection du paysage» resp. «protezione del paesaggio» breitere Sinngehalt des Begriffs «Heimatschutz» für die Gesetzesanwendung entscheidend sei[8]. Diesem breiten Sinn besser gerecht werden die Titel der entsprechenden Gesetze der französisch sprechenden Kantone: «Loi sur la protection des monuments, de la nature et des sites»[9].

C. Abgrenzung zum Umweltschutz und zur Raumplanung

Das bereits bei seinem Erlass offensichtliche Ungenügen des Art. 24^{sexies} BV für den Schutz der Lebensgrundlagen wurde später mit den Artikeln 22^{quater} BV (Raumplanung) und 24^{septies} BV (Umweltschutz) teilweise wettgemacht.

Umweltschutz i.S. des genannten Verfassungsartikels hat zum Ziel, Menschen, Tiere und Pflanzen, ihre Lebensgemeinschaften und Lebensräume gegen schädliche oder lästige Einwirkungen zu schützen und die Bodenfruchtbarkeit zu erhalten (Art. 1 USG). Damit sind alle Elemente der Natur auch Schutzobjekte des Umweltschutzartikels[10], jedoch nicht die kulturellen Elemente der Landschaft (Bauwerke u.a.). Ein Unterschied zwischen Umweltschutz auf der einen, Natur-, Landschafts- und Heimatschutz auf der anderen Seite besteht tendentiell in der Motivation des Schutzes. Während bei jenem der Mensch direkt oder via seine natürliche Umwelt indirekt geschützt werden soll, steht bei diesen eher der Schutz der Natur- und Kulturobjekte um ihrer selbst willen vor den «Übergriffen» durch den Menschen im Vordergrund[11]. Ein zweiter Unterschied besteht in der Art der Einwirkungen auf die Schutzobjekte. Beim Um-

9
Umweltschutz im engeren Sinne
Protection de l'environnement au sens étroit

---

[8] Amtl.Bull. S 1966 14 (Votum Berichterstatter HEER).
[9] GE: Loi sur la protection des monuments, de la nature et des sites, du 4 juin 1976 (L.4.1); VD: Loi du 10 décembre 1969 sur la protection de la nature, des monuments et des sites (RSV 6.1).
[10] RAUSCH, Kommentar USG, Art. 1, Rz 29.
[11] IMHOLZ, Zuständigkeiten, 151.

weltschutz sind es vorwiegend stoffliche Einwirkungen auf Menschen und Elemente der Ökosysteme (durch Luft, Strahlen usw.), beim Natur- und Heimatschutz direkte menschliche Einwirkungen (Wegnahme von Lebensräumen, physische Ausrottung und ähnliches).

10
Raumplanung
Aménagement du territoire

Raumplanung soll die menschlichen Aktivitäten im Raum sinnvoll ordnen. Im Unterschied zum Natur- und Heimatschutzrecht hat das Raumplanungsrecht vorwiegend instrumentellen Charakter. Seine Instrumente sind geeignet, die Schutzziele des Natur-, Landschafts- und Heimatschutzes im ganzen Raum angemessen zu verwirklichen (z.b. durch den Einsatz der Nutzungsplanung für den Ortsbildschutz und durch die Landschaftsplanung als Mittel für die Aufwertung der Lebensräume seltener Tiere). Durch das Gebot der haushälterischen Bodennutzung und der Trennung von Bau- und Nichtbaugebiet hat das Raumplanungsrecht aber auch materiell eine grosse und direkte Wirkung zugunsten des Landschaftsschutzes.

III. Wesen des Schutzbegriffs

A. Begriff

11 Der Begriff «Schutz» bedeutet einerseits Abwehr von Einwirkungen, die das Erreichen eines bestimmten Schutzziels vereiteln oder behindern können[12]. Er kann aber auch Pflege und Unterhaltsmassnahmen beinhalten und ist damit nicht nur Abwehr, sondern auch Gestaltung. Schutz ist nichts absolutes, sondern etwas relatives, auf ein bestimmtes Ziel hin orientiertes. Schutz bewahrt vor Schädigung und ist Ausdruck des Vorsorgeprinzips.

B. Motivation

12 Die Motive zum Schutz von Natur, Landschaft und heimatlichem Kulturerbe sind vielfältig. Genannt werden ästhetische, wissenschaftliche, staatspolitische (Bürger sollen sich mit ihrem Land identifizieren können), soziale (Bereitstellung von Erholungsraum), ethische (Pflicht zur Rücksichtnahme auf die Natur, Respekt vor dem Werk früherer Generationen, Verantwortungsbewusstsein gegenüber der Nachwelt), religiöse (Ehrfurcht vor der Schöpfung), wirtschaftliche (Fremdenverkehr, Volksgesundheit) u.a.[13]. Letztlich geht es um die Er-

---

[12] MUNZ, Landschaftsschutz, 3.
[13] FLEINER-GERSTER, Rz 6; MAURER, 5 f.

haltung der biologischen Vielfalt und der Leistungsfähigkeit des Naturhaushalts, also um zentrale Interessen der Zukunftssicherung.

C. Schutzobjekte

«Grundsätzlich ist davon auszugehen, dass die gesamte besiedelte und unbesiedelte schweizerische Landschaft unter Schutz steht»[14]. Je nach Interessengewicht ist sie zu erhalten oder bloss zu schonen[15]. Schutzobjekte i.S. von Art. 24^{sexies} Abs. 2 BV können alle Gegenstände natürlicher und kultureller Art sein (die Aufzählung des Verfassungsartikels ist nicht abschliessend: ZUFFEREY, 2. Kap., Rz 9). 13

Die Bezeichnung der Schutzobjekte erfolgt aufgrund ihrer *Schutzwürdigkeit*. Diese bestimmt sich nach objektiven und grundsätzlichen Kriterien[16]. Sie müssen für jeden Typus von Objekten (z.b. Ortsbilder, Auen, Moorlandschaften) definiert werden. Die wichtigsten allgemeinen Kriterien sind (wissenschaftliche, landschaftshaushaltliche und regionale) Bedeutung, Seltenheit, Schönheit sowie Gefährdungsgrad resp. Schutzbedürftigkeit.

D. Schutzziel und Schutzmassnahmen

Das Schutzziel kann in der Erhaltung, Schonung, Pflege oder Gestaltung eines Objekts bestehen. Erhalten bedeutet Bewahren des vorhandenen Zustands resp. jener Eigenarten des Objekts, die seine Schutzwürdigkeit konstituieren (vgl. z.B. Art. 23c Abs. 1 NHG für Moorlandschaften), demgegenüber lässt die Schonung eine gewisse negative Veränderung zu. Die Gestaltung beinhaltet eine Verbesserung der gegebenen Situation oder eine Regeneration eines früheren Zustands. Oft erfordert die Erhaltung eines Zustands eine aktive und kontinuierliche Pflege, z.B. beim Schutz traditioneller Kulturlandschaften. 14

IV. Naturschutz

A. Zum Begriff des Naturschutzes

Der Begriff der Natur umfasst grundsätzlich sowohl belebte wie unbelebte Objekte. Alle naturgegebenen Elemente der Landschaft (Gesteinsuntergrund, 15

Elemente des Naturschutzes

Eléments de la protection de la nature

---

[14] FLEINER-GERSTER, Rz 20.
[15] Botschaft Art. 24sexies BV, BBl 1961 I 1112.
[16] BGE 89 I 474 = JdT 1964 I 509.

Boden, Relief, Wasser, Lufthülle, Tiere und Pflanzen) gehören dazu, ebenso die Wirkkräfte des Naturhaushalts (vgl. Rz 4 hievor). Der Bereich des Naturschutzes ist räumlich umfassend, denn überall, im Totalreservat wie in der Grossstadt, gibt es Naturelemente (Schlagwort: Naturschutz auf 100 Prozent der Fläche). Allerdings wird heute der Schutz der Naturgüter (Ressourcen) Boden, Wasser, Luft dem Umweltschutz (resp. dem Gewässerschutz) zugerechnet.

Unter «Naturschutz» werden die Massnahmen verstanden, welche die Erhaltung und Förderung der Naturwerte zum Ziel haben[17]. Zentral ist der Schutz der Tier- und Pflanzenwelt (Art. 24^{sexies} Abs. 4 BV), der erreicht wird durch die Erhaltung der Tier- und Pflanzenarten (biologische Vielfalt), die Erhaltung oder Neuschaffung von für diese geeigneten Lebensräumen sowie die Sicherung ihrer Lebensgemeinschaften.

<small>16
Naturdenkmäler und Naturlandschaften als Elemente des Landschaftsschutzes
Monuments et sites naturels comme éléments de la protection du paysage</small>

Art. 24^{sexies} BV nennt in Abs. 2 überdies die Naturdenkmäler und in Abs. 3 die Naturreservate als Gegenstände des Schutzes. Naturdenkmäler sind Einzelobjekte der belebten und unbelebten Natur, die aus ästhetischen, geschichtlichen, wissenschaftlichen oder anderen Gründen wertvoll sind. Beispiele sind Berge, Gesteinsaufschlüsse, Findlinge, Dolinen, Karst und andere typische Landschaftsformen, aber auch bemerkenswerte Einzelbäume. Unter Naturreservaten stellte sich der Gesetzgeber bemerkenswerte Naturlandschaften wie den Nationalpark oder den Aletschwald vor[18].

Naturdenkmäler und Naturlandschaften werden aus den folgenden Gründen dem Landschaftsschutz zugerechnet: Obschon Naturlandschaften auch Lebensräume (Biotope) bilden, steht nicht der Artenschutz, sondern die Gesamterscheinung der Landschaft als Schutzinteresse im Vordergrund. Naturlandschaften sind deshalb Gegenstände des Landschaftsschutzes, nicht des Naturschutzes (zur Abgrenzung vgl. Rz 28 hienach). Unterschiedlich kann die Zuweisung der Naturdenkmäler ausfallen. Für die hier vertretene Zuweisung zum Landschaftsschutz spricht, dass für den Schutz der Naturdenkmäler, wie für den Landschaftsschutz allgemein, die Kantone zuständig sind (Art. 24^{sexies} Abs. 1 und 2 BV). Demgegenüber besteht für den «klassischen» Naturschutz, den Arten- und Biotopschutz, eine umfassende Bundeskompetenz (Art. 24^{sexies} Abs. 4 BV)[19].

---

[17] ROHNER, 13.
[18] Botschaft Art. 24sexies BV, BBl 1961 I 1113.
[19] Auch WALDMANN, Diss., 92 ist der hier vertretenen Auffassung, dass Begriffszuweisungen stets auch aufgrund der Kompetenzabgrenzung zwischen Bund und Kantonen vorzunehmen seien. ROHNER, 15 weist demgegenüber die Naturdenkmäler dem Naturschutz zu.

B. Bewahrender Naturschutz

Art. 24^sexies Abs. 4 BV spricht vom «Schutze der Tier- und Pflanzenwelt». Art. 18 NHG enthält einen Appell an die Kantone, dem Aussterben einheimischer Tier- und Pflanzenarten durch die Erhaltung genügend grosser Lebensräume (Biotope) entgegenzuwirken[20]. Damit hat der Gesetzgeber zum Ausdruck gebracht, dass der Schutz von Tier- und Pflanzenarten nicht allein durch den Schutz ihrer Individuen und Populationen erreicht werden kann (Artenschutz), sondern nur durch den gleichzeitigen Schutz ihrer Lebensgrundlagen (Biotopschutz). Artenschutz und Biotopschutz bilden so die beiden Pfeiler eines wirksamen Naturschutzes.

17 Gesetzlicher Auftrag
Mandat législatif

Artenschutz ist die Sicherung und Entwicklung der Bestände an Tieren und Pflanzen. Objekt sind nicht nur die Arten als systematische Einheiten, sondern auch Tier- und Pflanzenindividuen sowie deren Wohnbereiche und Aktionsräume. Der Schutz der Einzelindividuen ist beispielsweise in Art. 20 NHG realisiert. Einzelne seltene Tiere und Pflanzen sollen vor Einzeleingriffen (Pflücken, Vernichten u.a.) geschützt werden. Ziel ist die Arterhaltung, gleich wie bei Art. 18 NHG, wo aber nicht mehr die Einzelindividuen Schutzobjekte sind, sondern die Populationen insgesamt mittels Erhaltung ihrer Lebensräume. Biotopschutz steht hier unmittelbar im Dienst des Artenschutzes. Eine weitere Spielart des Artenschutzes besteht in der Lenkung der Bestände einzelner Arten (Wiedereinbürgerung [Art. 23 NHG], Niederhaltung der Bestände konkurrierender Arten usw.).

18 Artenschutz
Protection des espèces

Mit der Entwicklung der Gentechnik wird ein weiterer Aspekt des Artenschutzes aktuell: Art. 24^novies BV schützt in Abs. 3 die genetische Vielfalt der Tier- und Pflanzenarten.

Der *Biotopschutz* will bestimmte Biotoptypen erhalten, die als ganze gefährdet oder ökologisch besonders wertvoll sind. Die einzelne Art tritt hier völlig zurück. Art. 18 Abs. 1bis NHG nennt beispielhaft einige dieser Biotoptypen (FAHRLÄNDER, Art. 18, Rz 13 ff.). Sie lassen sich drei Gruppen zuordnen: 1. Feuchtgebiete (Ufer, Riedgebiete, Moore); 2. seltene Waldgesellschaften (Auenwälder, Bruchwälder); 3. durch menschliche Bewirtschaftung entstandene Typen (Hekken, Feldgehölze, Trockenrasen). Ausgleichende Funktionen im Naturhaushalt haben überdies in besonderem Mass Hochstaudenfluren, Quellen, Tobel, Tümpel und Weiher; besonders günstige Voraussetzungen für Lebensgemeinschaften bieten Ruderalstandorte, Unkrautfluren, Brachflächen, Kiesgruben u.a.[21].

19 Biotopschutz
Protection des biotopes

---

[20] Botschaft NHG, BBl 1965 III 108.
[21] NEUENSCHWANDER/KAPPELER, 67.

Heute wird der Biotop-Begriff andererseits auch auf Tier-Biotope (Lebensräume) angewandt. Für Tiere ist das «Vegetations-Biotop»-Mosaik wichtig. Die Erhaltung der Fauna kann somit nur über effektiven Lebensraum-(Biotop-) Schutz gelingen: Amphibien überleben nur, wenn Laichgewässer und Landlebensraum erhalten werden. Letzterer besteht nicht nur aus schützenswerten (Vegetations-)Biotopen.

Mit der Einführung des Umweltschutzrechts wurde der Lebensraumschutz durch die Einfügung der Art. 18 Abs. 1bis und 1ter NHG zur Pflicht. Die Revision von 1987 schliesslich ermöglicht die Schaffung einer ganzen Reihe von Biotopschutzinventaren (Art. 18a–18d NHG). Es ist kein Zufall, dass der Biotopschutz bei jeder Revision des NHG ausgebaut werden musste. Die moderne Zivilisation übt einen massiven Druck auf die Lebensräume aus (Zerstörung, Entfremdung, Zerschneidung, Nutzungsintensivierung). Demgegenüber hat die Gefährdung der Arten durch das Nachstellen auf die Bestände (Jagd, Zerstören und Plündern von Gelegen, Pflücken von Blumen) eher abgenommen.

In diesem Zusammenhang ist zu beachten, dass das NHG nicht das einzige Gesetz ist, das Bestimmungen zum Arten- und Biotopschutz enthält. Wesentliche Teile desselben finden sich in der Gesetzgebung über die Jagd und den Vogelschutz sowie über die Fischerei (vgl. FAHRLÄNDER, Art. 18, Rz 43).

C. Gestaltender Naturschutz

20
Gestaltung als Ergänzung zur Bewahrung
Aménagement comme complément à la protection

Neben diesen Zielen der Bewahrung und Erhaltung des Bestehenden treten immer mehr jene der Entwicklung und Gestaltung. Denn selbst das Überleben der momentan vorkommenden Arten ist beim jetzigen Zustand der Lebensräume nicht gesichert. Vor allem die Qualität der Landschaftsausstattung ausserhalb der Schutzgebiete ist ungenügend. Stichworte sind das Verschwinden von Biotopen und Strukturelementen in der Landschaft, die Verschlechterung der Biotopqualität infolge intensivierter Nutzung und Chemisierung sowie die Zerschneidung von Lebensräumen.

Notwendig ist deshalb eine Aufwertung der Landschaft, und zwar auf deren ganzer Fläche, einschliesslich Wald, Landwirtschafts- und Siedlungsgebiet. Ziel ist, dass sich in jeder naturräumlichen Region die potentielle Artenvielfalt wieder entfalten kann. Die Funktionsabläufe im Naturhaushalt sollen gesichert werden. Dies bedingt eine Vernetzung der noch vorhandenen Biotope und naturnahen Flächen, eine differenzierte Nutzung der Landwirtschafts- und Waldflächen und eine Zurücknahme des Einsatzes von Chemikalien und landwirtschaftlichen Hilfsstoffen. Zudem braucht es kleine und grosse Reservate, aus denen sich der Mensch ganz zurückzieht, die zu Wildnis werden können.

Um dies zu erreichen, braucht es das Zusammenspiel der Instrumente des Nutzungsrechts (Landwirtschaftsgesetzgebung, Waldgesetzgebung), des Naturschutzrechts und des Planungsrechts. Zur Schaffung von Wildnisreservaten etwa existieren gesetzliche Bestimmungen in Art. 20 WaG (Waldreservate), Art. 4 AuenV (Wiederherstellung der natürlichen Dynamik des Gewässer- und Geschiebehaushalts) oder Art. 15 NHG (Sicherung von Naturlandschaften).

Art. 18b Abs. 2 NHG postuliert in intensiv genutzten Gebieten einen ökologischen Ausgleich. Art. 15 NHV erklärt, was ökologischer Ausgleich soll: isolierte Biotope verbinden, Biotope neu schaffen, Artenvielfalt fördern, naturnahe und schonende Bodennutzung erreichen, Natur in den Siedlungsraum einbinden, das Landschaftsbild beleben. Artikel 31b LwG gewährt Direktzahlungen für umweltschonende Produktionsformen und für die Verwendung landwirtschaftlicher Produktionsflächen als ökologische Ausgleichsflächen. Dies sind u.a. extensiv genutzte Wiesen, Streueflächen, Hecken, Feldgehölze, Hochstammobstbäume (vgl. MAURER, 4. Kap., Rz 21). Die einzelbetriebliche Anlage von Ausgleichsflächen genügt allerdings nicht. Um die Landschaft für die Natur nutzbringend aufzuwerten, braucht es eine übergeordnete Planung. Mögliche Instrumente sind die Landschaftsplanung auf kantonaler und kommunaler Stufe sowie ergänzend Natur- und Landschaftsschutzkonzepte[22] (vgl. MAURER, Art. 18b, Rz 11 ff.).

21 Ökologischer Ausgleich
Compensation écologique

V. Landschaftsschutz

A. Zum Begriff der Landschaft

Der Begriff Landschaft wird in Gesetzestexten in den folgenden Varianten verwendet (nicht abschliessende Nennung): «heimatliches Landschaftsbild» (Art. 24[sexies] Abs. 2 BV und Art. 1 Bst. a NHG), «schützenswerte Landschaften» (Art. 13 Abs. 1 NHG), «Naturlandschaft» (Art. 15 und Art. 16 NHG), «Moorlandschaft» (Art. 24[sexies] Abs. 5 BV, Art. 23b NHG), «Landschaft» (Art. 1 Abs. 2 Bst. a RPG), «naturnahe Landschaft» (Art. 3 Abs. 1 Bst. d RPG, Art. 23b Abs. 1 erster Satz NHG), «besonders schöne sowie naturkundlich oder kulturgeschichtlich wertvolle Landschaften» (Art. 17 Abs. 1 Bst. d RPG), «Kulturlandschaft» (Art. 31[octies] Abs. 1 Bst. b BV).

22 Offener Begriff
Notion large

---

[22] So BAU- UND UMWELTSCHUTZDIREKTION, Natur konkret: Natur- und Landschaftsschutzkonzept Baselland, Liestal 1990.

Der Gesetzgeber gibt keine Definitionen, auch die Materialien schweigen sich meist aus über das, was nun eigentlich eine Landschaft sei. Untersuchungen haben gezeigt, dass das Wort Landschaft in der Umgangssprache vor allem mit «Schönheit» und «Naturnähe» assoziiert wird. Bei menschlichen Einflüssen denkt der Laie an dörflich-idyllisch-bäuerliche oder historisch-künstlerische. Die im Gesetz verwendeten Adjektive «heimatlich», «Natur-», «naturnah», «schön», «naturkundlich oder kulturgeschichtlich wertvoll» legen nahe, dass der Gesetzgeber vom gleichen Bild einer Landschaft ausging[23].

Das Bundesgericht unterscheidet zwar zwischen Landschaftsbild und Landschaft an sich: «Während als ‹Landschaftsbild› nur ein zusammenhängendes, einen einheitlichen Anblick bietendes Objekt von verhältnismässig begrenztem Umfang (...) gilt, ist unter einer «Landschaft» ein Gebiet zu verstehen, das eine gewisse Ausdehnung aufweisen kann, dabei aber infolge bestimmter Eigenarten gleichwohl als Einheit in Erscheinung tritt»[24]. Doch lässt sich schliessen, dass auch bei der Umschreibung des Begriffs der Landschaft an sich das optische Kriterium für das Gericht im Vordergrund steht.

23
Elemente des Begriffs
Eléments de la notion

Es ist dem Impuls der Raumplanung zu verdanken, dem Begriff Landschaft im Recht neue Dimensionen erschlossen zu haben, die er in der Wissenschaft bereits lange schon hatte: einerseits Landschaft als Kontinuum, das auch die «gewöhnliche» Umgebung und das Siedlungsgebiet umfasst, andererseits Landschaft als Ort natürlicher und sozio-ökonomischer Prozesse. Landschaft ist demnach ein beliebig grosser Ausschnitt aus der Erdoberfläche mit allen ober- und unterirdischen belebten und unbelebten Bestandteilen. Eine wie auch immer geartete Qualifikation (etwa Abgeschlossenheit, Schönheit, Eigenart) ist nicht begriffsnotwendig.

Die Wissenschaft charakterisiert Landschaftsräume unter dem Aspekt des Landschaftsbilds, des Landschaftshaushalts, also der Wechselwirkungen zwischen den Landschaftselementen (Relief, Gestein, Boden, Klima, Wasser, Pflanzendecke, Tierwelt, menschliche Gesellschaft), der Landschaftsgeschichte sowie der Gesellschaft, die den Landschaftsraum bewohnt und nutzt[25]. Durch diese ganzheitliche Sichtweise wird die Landschaft zu einem Objekt des Landschaftsschutzes, des Heimatschutzes *und* des Naturschutzes.

24
Naturlandschaft, naturnahe Landschaft, Kulturlandschaft
Site naturel, site proche de l'état naturel, site culturel

Je nach Stärke des menschlichen Einflusses spricht man von Naturlandschaft, naturnaher Landschaft oder Kulturlandschaft. Naturlandschaft als vom Menschen nicht beeinflusste Landschaft findet sich in der Schweiz nur noch im Hochgebirge. Der Terminus «Naturlandschaft» in Art. 15 NHG muss denn auch

---

[23]   S. dazu auch WALDMANN, Diss., 21 ff., der Rechtsprechung und Literatur zum Begriff der Landschaft ausführlich referiert.
[24]   BGE 90 I 341 = JdT 1965 I 535.
[25]   BUCHWALD Konrad, Landschaftsökologie, in: STEUBING Lore/BUCHWALD Konrad/BRAUN Eckart (Hrsg.), Natur- und Umweltschutz, Jena 1995, 160–175.

als «naturnahe Landschaft» interpretiert werden[26]. Naturnahe Landschaften i.S. von Art. 3 Abs. 1 Bst. d RPG sind Landschaften, die von Menschen verhältnismässig wenig beeinträchtigt sind (wenig erschlossene und besiedelte Alpentäler, unverbaute Seeufer, Sümpfe und ähnliches). Das Kriterium der Naturnähe ist relativ, je nach Beeinträchtigung der Umgebung[27]. Dies wird deutlich, wenn das NHG in Art. 23b eine Moorlandschaft als «naturnahe Landschaft» beschreibt. Moorlandschaften können nämlich durchaus eine starke kulturelle Prägung haben. Oft ist es gerade das harmonische Zusammenspiel von natürlichen und kulturellen Eigenheiten, das als besonders schön gilt (Art. 23c Abs. 1 NHG). Der Übergang zur Kulturlandschaft ist jedenfalls fliessend. Die «Kulturlandschaft» ist das Produkt der natürlichen Ausstattung und der kulturellen Überprägung. Sie ist Trägerin des gestalteten Kulturerbes (patrimoine culturel). Hier gilt es zu unterscheiden: Die traditionelle (historische) Kulturlandschaft ist geprägt durch vergangene, vor allem landwirtschaftliche Wirtschaftsformen und zeichnet sich durch einen grossen Strukturreichtum aus (Wassergräben, Feldraine, Feldobstbau usw.). Dadurch ist sie für den Arten- und Biotopschutz wichtig. Demgegenüber ist die moderne Kulturlandschaft geprägt durch Nutzungsintensivierung, Monotonisierung, Verinselung von Lebensräumen, Schadstoffeinwirkung durch die Medien Luft und Wasser und optische Landschaftsschäden. Diese Landschaft ist Kandidatin für den ökologischen Ausgleich (Art. 18b Abs. 2 NHG).

Fazit: Die Landschaft ist *der* zentrale Ort für alle Aktivitäten in den Bereichen Naturschutz, Landschaftsschutz und Heimatschutz. Sie ist einerseits Lebensraum für Menschen, Tiere und Pflanzen, andererseits Heimat, Kulturgut, Wirtschafts- und Erholungsraum. Sie eignet sich nicht als Kriterium für die begriffliche Auftrennung von Landschafts-, Natur- und Heimatschutz und kann zum Schutzgegenstand aller dieser Disziplinen werden.

25
Ort der Aktivitäten des Natur-, Landschafts- und Heimatschutzes
Lieu des activités protectrices de la nature et du paysage

B. Landschaft als Gegenstand von Landschaftsschutz *und* Naturschutz

Der Terminus «Landschaftsschutz» erscheint als solcher nicht in einem deutschsprachigen Gesetzestext, wohl aber in jenen der romanischen Sprachen: «Protection de la nature et du paysage» resp. «Protezione della natura e del paesaggio». Der Gegenstand Landschaft wird in verschiedenen Gesetzen geregelt, insbesondere im NHG und im RPG. Daneben finden sich in diversen Gesetzen

26

---

[26] IMHOLZ, Zuständigkeiten, 99.
[27] EIDGENÖSSISCHES JUSTIZ- UND POLIZEIDEPARTEMENT/BRP, Erläuterungen zum Bundesgesetz über die Raumplanung, Bern 1981, Rz 37.

einzelne für den Schutz der Landschaft relevante Bestimmungen, namentlich im WaG, GSchG, WRG und in der Landwirtschaftsgesetzgebung. Am einfachsten wäre es, alle den Gegenstand Landschaft betreffenden Normen dem Landschaftsschutz zuzuweisen. Nun aber ist die Landschaft resp. ihre begriffliche Fassung derart weit, dass sie als Gegenstand auch schon von anderen Disziplinen, namentlich vom Naturschutz besetzt ist. Es ist somit keine eineindeutige Zuordnung von «Landschaft» zu «Landschaftsschutz» möglich. Umgekehrt lassen sich auch nicht alle Schutznormen unter dem Begriff Naturschutz subsumieren.

Wenn via den gemeinsamen Gegenstand Landschaft ein derart enger Konnex zwischen Naturschutz und Landschaftsschutz besteht, läge es nahe, generell von Natur- und Landschaftsschutz als einem Gesamtbegriff zu sprechen. Die moderne Gesetzgebung in den Kantonen folgt zum Teil diesem Konzept[28]. Auf der Ebene der Bundesgesetzgebung gibt es ein formelles Argument dagegen. Nur im Bereich des Arten- und Biotopschutzes, im biotischen Naturschutz, hat der Bund eine umfassende Rechtsetzungskompetenz (Art. 24^{sexies} Abs. 4 BV)[29]. Der Bereich des «klassischen» Landschaftsschutzes bleibt, mit Ausnahme des Moorlandschaftsschutzes (Art. 24^{sexies} Abs. 5 BV), in der alleinigen Kompetenz der Kantone. Deshalb ist eine begriffliche Trennung von Naturschutz und Landschaftsschutz notwendig.

C. Beweggründe und Gegenstände des Landschaftsschutzes

27
Beweggründe
Motifs

Historisch im Vordergrund stehen die ästhetischen Gründe zum Schutz von Landschaften, die durch Schönheit, Eigenart und Vielfalt ausgezeichnet sind. Später wird die Erholung wichtig. Erholungslandschaften sollten gut erreichbare, mit einer angemessenen touristischen Infrastruktur versehene, ästhetisch intakte Landschaften sein. Ein dritter Beweggrund ist neueren Datums: Es ist der Schutz des landschaftlichen Ökosystems, der Leistungsfähigkeit des Naturhaushalts (vgl. dazu Rz 4 hievor).

28
Gegenstände
des Schutzes
Objets de la
protection

Die Bundesverfassung nennt in Art. 24^{sexies} Abs. 2 das heimatliche Landschaftsbild sowie die Naturdenkmäler als Schutzobjekte. Demgegenüber werden Ortsbilder, geschichtliche Stätten und Kulturdenkmäler traditionsgemäss dem Heimatschutz zugerechnet. Bei den Naturdenkmälern scheint die Zuordnung zum Landschaftsschutz nicht zwingend. Dies sind beispielsweise Solitärbäume,

---

[28] So LU: Gesetz über den Natur- und Landschaftsschutz vom 18. September 1990 (SRL 709a); BL: Gesetz über den Natur- und Landschaftsschutz vom 20. November 1991 (SGS 790).
[29] FLEINER-GERSTER, Rz 28.

Wasserfälle, Quellen oder symbolträchtige Berge wie das Matterhorn[30]. Auch die als Geotope bezeichneten erdwissenschaftlich wertvollen Teile der Landschaft wie Moränenwälle, Schluchten, Höhlen, Karstphänomene, geologische Aufschlüsse, Findlinge gehören hierhin. Würde man als Motivation für den Landschaftsschutz allein die ästhetische anerkennen[31], fielen manche der Naturdenkmäler aus dem Raster. Bei geologischen Aufschlüssen z.b. ist es das wissenschaftliche Interesse, das sie wertvoll macht. Auch bei den Naturreservaten (Art. 24^{sexies} Abs. 3 BV) bzw. Naturlandschaften (Art. 15 NHG) ist die Zuordnung zum Landschaftsschutz vorerst nicht zwingend. Der Gesetzgeber dachte an Gebiete wie den Nationalpark oder den Aletschwald[32]. Gerade der Nationalpark wurde aber in erster Linie zum naturwissenschaftlichen Studium der Tier- und Pflanzenwelt und deren Lebensräume gegründet.

Wie eng Ästhetik und Lebensraumschutz verbunden sind, machen die Moorlandschaften deutlich. Die besondere Schönheit, von der Verfassung verlangt, geht regelmässig mit der Qualität der Naturausstattung einher. Der Lebensraum vieler moortypischer Tiere ist nicht auf die Moorbiotopfläche beschränkt, sie brauchen vielmehr die umgebende Landschaft für ihr Überleben[33]. Trotzdem ist der Moor*landschafts*schutz nicht durch den Lebensraumschutz i.S. von Art. 1 Bst. d NHG und seine Konkretisierung in den Artikeln 18 ff. NHG gedeckt.

29
Abgrenzung zwischen Biotop- und Landschaftsschutz
Délimitation entre protection des biotopes et protection du paysage

Die Abgrenzung zwischen Biotop und Landschaft ist im Fall des Moorschutzes relativ einfach, weil Moore (d.h. Moorbiotope) durch Stoffhaushalt, Pflanzengesellschaften und Physiognomie relativ homogen erscheinen und sich von der Umgebung abheben. In anderen Fällen mag die Unterscheidung, was als Lebensraum i.S. von Biotop und was als Landschaft zu gelten hat, schwieriger sein. Die Biotoptypen, die inventarisiert wurden oder werden (Auen, Moore, Trockenstandorte, Amphibienlaichplätze), geben immerhin ein Indiz: Biotope sind häufig räumlich relativ beschränkte, durch biologische Bedürfnisse definierte Gebiete, während Landschaften räumlich ausgedehnt sind und eine Mehrzahl verschiedener Biotope und Biotoptypen enthalten. Dieser Tatbestand ist ein taugliches Kriterium für die Unterscheidung zwischen Objekten des Biotop- resp. des Naturschutzes und solchen des Landschaftsschutzes.

Fazit: Als Landschaftsschutz soll deshalb hier, unbeachtlich der Motive und in Übereinstimmung mit der Kompetenzaufteilung zwischen Bund und Kanto-

---

30 EIDGENÖSSISCHES JUSTIZ- UND POLIZEIDEPARTEMENT/BRP (FN 27), Rz 22.
31 In diesem Sinn MAURER, 13.
32 Botschaft Art. 24sexies BV, BBl 1961 I 1113.
33 HINTERMANN, Inventar der Moorlandschaften, 35.

nen, der Schutz des Landschaftsbilds i.e.S. (Aussichtslagen, Ansichten), der traditionellen Kulturlandschaften, der Naturdenkmäler und der räumlich ausgedehnten naturnahen Landschaften verstanden werden.

VI. Heimatschutz

A. Zum Begriff des Heimatschutzes

30
Bedeutung des Begriffs
Importance de la notion

Der Begriff Heimatschutz ist in stetem Wandel begriffen und schwer fassbar[34], was durch den zugrunde gelegten Begriff Heimat notwendig bedingt ist. «Heimat» steht für die einem Menschen vertraute Umwelt, sei diese nun natürlich oder von Menschen gestaltet. Sie umfasst materielle Gegenstände, aber auch ideelle Werte. «Heimat», vorerst subjektiv, individuell bestimmt, ist geeignet, Identität und soziale und kulturelle Gemeinsamkeit zu stiften. Die romanischen Sprachen kennen den Begriff «patrimoine» resp. «patrimonio», der das gesamte kulturelle Erbe eines geografisch und sozial begrenzten Lebensraums, die materiellen und die geistigen Kulturgüter, umfasst.

In seiner Botschaft zum NHG legte der Bundesrat denn auch dem Begriff Heimatschutz im Titel des Gesetzes ausdrücklich eine breite Bedeutung zugrunde[35]. Allerdings wurde dieser Bedeutungsrahmen im Verfassungsartikel und auch später im NHG nicht voll ausgefüllt. Weder die Pflege und Förderung immaterieller Kulturwerte wie Volksmusik, Sprache, Trachten und Brauchtum noch die Förderung von Volkskunst und Handwerk und der Schutz dieser Werke wurden aufgenommen.

«Heimatschutz», wie ihn das NHG versteht, widmet sich demnach dem Schutz und der Pflege des baulichen Erbes und der historisch bedeutsamen Orte. Er umfasst als übergeordneter Begriff auch die Denkmalpflege mit der Archäologie und die Ortsbildpflege.

Früher bestand die Auffassung, wonach die Denkmalpflege nicht unter den Begriff des Heimatschutzes falle, soweit es sich um Ausgrabungen, wissenschaftliche Forschungen und die innere Ausstattung von Räumen handle[36]. Anlässlich der Revision des NHG vom 24. März 1995 wurde jedoch die Materie der Denkmalpflege ins NHG integriert, weil diese nach neuerer Lehre als Teil des begrifflich übergeordneten Heimatschutzes gesehen wird[37].

---

[34] FLEINER-GERSTER, Rz 5.
[35] Botschaft NHG, BBl 1965 III 100.
[36] Amtl.Bull. S 1961 214 (Votum Bundesrat TSCHUDI).
[37] Botschaft Teilrevision NHG, BBl 1991 III 1130; Amtl.Bull. S 1992 608 (Votum Berichterstatter SCHALLBERGER).

B. Gegenstände des Heimatschutzes

Von den Schutzobjekten, wie sie in der Bundesverfassung (Art. 24^{sexies} Abs. 2) und im NHG (Art. 1, 3, 13, 15, 18, 19, 20, 21) angeführt werden, sind dem Heimatschutz das «heimatliche Ortsbild», die «geschichtlichen Stätten» und die «Kulturdenkmäler» zuzuordnen.

31

Als besonders schutzwürdig nennt die Botschaft des Bundesrates «ganz allgemein die heimatlichen Landschafts- und Ortsbilder»[38]. Auch alltägliche Ortsbilder sind demnach zu schonen. Geschichtliche Stätten und Kulturdenkmäler sollen vor Verunstaltung und Beeinträchtigung bewahrt werden. Mit «geschichtlichen Stätten» sind Orte gemeint, an denen sich bedeutsame Ereignisse abgespielt haben, aber auch archäologische Fundorte[39]. Als Kulturdenkmäler gelten von Menschen geschaffene Werke, die aus irgendeinem Grunde über das übliche hinausragen: Bauwerke und Anlagen jeder Art und Bestimmung, beispielsweise historische Verkehrswege und deren Geländeformen (Hohlwege)[40], aber auch Elemente der Siedlungs- und Landschaftsausstattung (Brunnen, Grenzsteine, Wegkreuze und ähnliches), schliesslich Mobilien wie Möbel, Waffen, Skulpturen, Werkzeuge.

Nicht Gegenstand des Heimatschutzes ist das «heimatliche Landschaftsbild». Zwar weist der Annex «Bild» auf ein ästhetisches Interesse, das primär für den Heimatschutz typisch ist. Die Landschaft wird aber, auch was ihr Erscheinungsbild betrifft, wesentlich durch natürliche Elemente (Wald, Geländeformen, Gewässer usw.) geprägt. Diese sind ihrerseits durch menschliches Wirken überformt. Die innige Durchdringung von Natur und Kultur macht es unmöglich, zu entscheiden, ob der Schutz von Kulturlandschaften im einzelnen vor allem aufgrund kulturhistorischer, ästhetischer oder ökologischer Argumente erfolgt. Gemäss den Ausführungen in Rz 29 hievor ist der Schutz von Kulturlandschaften dem Landschaftsschutz zuzuordnen.

C. Ortsbildpflege

Das Ortsbild wird als Schutzgegenstand in der Verfassung explizit genannt, in Absetzung und Ergänzung zum Landschaftsbild. Damit folgt der Gesetzgeber der mehrheitlich herrschenden Auffassung, die offene Landschaft (das Nichtsiedlungsgebiet) und das Siedlungsgebiet seien getrennt anzuschauen und zu

32
Selbständige
Disziplin
Discipline
indépendante

---

[38] Botschaft Art. 24sexies BV, BBl 1961 I 1112.
[39] Botschaft Teilrevision NHG, BBl 1991 III 1134.
[40] BGE 116 Ib 309 = JdT 1992 I 488.

behandeln. Die Ortsbildpflege hat sich denn auch als relativ selbständige Disziplin im Rahmen des Heimatschutzes entwickelt.

33
Begriff
Notion

Der Begriff Ortsbild wurde in der Vollziehungsverordnung zum Bundesbeschluss über dringliche Massnahmen auf dem Gebiete der Raumplanung vom 29. März 1972[41] im Hinblick auf die Ausscheidung provisorischer Schutzgebiete wie folgt definiert: «Ortsbilder zeigen Gruppen von Siedlungsbauten, die durch ihre Art, Form oder Struktur besonders geprägt sind und sich harmonisch in die Landschaft einfügen» (Art. 4 Abs. 1). Art. 17 RPG verzichtet auf eine Legaldefinition; gemäss Abs. 1 Bst. c RPG umfassen Schutzzonen nur «bedeutende Ortsbilder». Das sind Baugruppen, «deren Einzelbauten sich einerseits zu einem Bild augenfälliger Geschlossenheit vereinen und andererseits in die Umgebung einordnen»[42]. Die Praxis fasst das Ortsbild weiter als Erscheinungsbild einer Siedlung oder eines Siedlungsteils (Weiler, Dorf, Altstadt, Quartier) als Ausdruck eines gewachsenen Lebensbereiches, dessen Erhaltung aus siedlungspolitischen, ästhetischen, landschaftlichen, kulturellen, psychologischen, soziologischen oder wissenschaftlichen Gründen im Interesse der Öffentlichkeit liegt. Zu unterscheiden ist zwischen dem inneren Ortsbild (z.B. Gassen- und Platzbild, Siedlungsstruktur) und dem äusseren Ortsbild (z.B. Lage und Stellung in der Landschaft).

34
Tätigkeit
Activités visées

Ortsbildpflege lässt sich umschreiben als Tätigkeit, die die Erfassung und Erforschung, die Erhaltung und Gestaltung sowie den Schutz von Ortsbildern betreibt, möglichst aufgrund eines planerischen Konzepts.

Der Schutz der Ortsbilder lässt sich fast ausschliesslich mit kantonalem und kommunalem Bau- und Planungsrecht erreichen. Die Rolle des Bundes ist hier, abgesehen von den Fällen, in denen er Subventionen gewährt, sehr beschränkt.

VII. Denkmalpflege

A. Zum Begriff der Denkmalpflege

35
Begriff des
Denkmals
Notion de
monument

Gegenstand der Denkmalpflege sind Denkmäler. Anders als in der Alltagssprache ist der Begriff nicht auf «gewollte» Denkmäler beschränkt, die der Erinnerung an ein Ereignis oder eine Person dienen. Vielmehr kann allen sicht- und tastbaren Gegenständen, die in irgendeiner Weise vom Menschen gestaltet worden sind, potentiell Denkmalcharakter zukommen. Ausgeschlossen sind

---

[41] AS 1972 686.
[42] BGE 111 Ib 260 = JdT 1987 I 513.

einerseits Gegenstände, die nicht vom Menschen geschaffen wurden, etwa Findlinge oder wildwachsende Bäume (Diese können aber Natur-Denkmäler sein!), anderseits nichtkörperliche Schöpfungen (literarische Werke, Sitten und Gebräuche)[43].

Wesentlich kommt dem Denkmal Zeugnischarakter zu. Durch sein Vorhandensein vermittelt es politische, wirtschaftliche, soziale oder baukünstlerische Vergangenheit[44]. Der Gegenstand muss nicht ein ausserordentliches Werk von besonderer Bedeutung sein. Es genügt, dass er für die Entstehungszeit charakteristisch ist[45].

Der BB betreffend die Förderung der Denkmalpflege[46], aufgehoben anlässlich der Einführung der Denkmalpflege ins NHG[47], kannte eine Legaldefinition. Denkmäler im Sinne dieses Beschlusses waren «archäologisch, kunsthistorisch oder geschichtlich bedeutsame unbewegliche Objekte oder Bestandteile davon» (Art. 1 Abs. 3). Da diese Definition lediglich den Kreis der Denkmäler beschreiben wollte, die einer Förderung durch den Bund zugänglich sind, lässt sie keine Schlüsse zu über die wissenschaftliche und rechtliche Begrenzung des Denkmalbegriffs. Als Denkmäler haben jedenfalls nicht nur unbewegliche Objekte, sondern auch Mobilien zu gelten. Genannt werden Kunstwerke, Gebrauchsgegenstände, Urkunden, Musikinstrumente, Münzen und anderes[48].

Unter Denkmalpflege wird in der Lehre die Gesamtheit der Massnahmen verstanden, «aus historischen, kunstwissenschaftlichen und psychohygienischen Gründen vom Menschen gestaltete, bewegliche und unbewegliche Gegenstände sowie deren Umgebung in ihrer Originalsubstanz und ihrer historisch begründeten Erscheinung zu erhalten und in einer ihrem Charakter entsprechenden Weise in die moderne Zivilisation zu integrieren»[49].

36
Begriff der Denkmalpflege
Notion de protection des monuments

Anstelle von Denkmalpflege ist, v.a. umgangsprachlich, der Begriff «Denkmalschutz» gebräuchlich. Das Bundesrecht verwendet konsequent den Begriff «Denkmalpflege» (vgl. Art. 1, 9, 12, 14 NHG). Die beiden Begriffe erscheinen oft als Synonyme. Versteht man «Pflege» und «Schutz» in einem engen Sinn, ist folgende Unterscheidung denkbar: Denkmalschutz dient der Abwehr (menschlicher) Eingriffe, Denkmalpflege der Bewahrung der Substanz und der Wiederherstellung. Da sich der Gesetzgeber für den Begriff Denkmalpflege entschieden hat, ist es sinnvoll, diesen als Oberbegriff zu verwenden, der den Denkmalschutz mitumfasst[50].

---

[43] BERNET, 1.
[44] BGE 120 Ia 275 = JdT 1996 I 526.
[45] BGE 121 II 15 f. = JdT 1996 I 532; BGE 118 Ia 389 = JdT 1994 I 509.
[46] AS 1958 382.
[47] AS 1996 214.
[48] BERNET, 5; JOLLER, 4.
[49] BERNET, 11.
[50] BERNET, 2.

B. Beweggründe und Zielsetzung

37
Beweggründe
Motifs

Traditionell will Denkmalpflege Zeugnisse der Geschichte erhalten, aber auch Kunstwerke in Gestalt von Denkmälern. Das Unbehagen über die grossen Verluste an älterer Bausubstanz in der Nachkriegszeit und über die als mangelhaft empfundene Gestaltung neuer Bauwerke hat vermehrt das Bedürfnis nach dem Schutz der vertrauten, identitätsstiftenden baulichen Umwelt geweckt. Nicht mehr nur das herausragende Einzelobjekt verdient Schutz, sondern auch das vertraute Siedlungsbild, das Ensemble, das auch Objekte minderen Rangs einschliesst. Damit rücken Denkmalpflege, Ortsbildpflege (Rz 33 ff. hievor) und Landschaftsschutz näher zusammen. Es war auch unter diesem Gesichtspunkt konsequent, den Denkmalschutz ins NHG zu integrieren.

38
Abgrenzung zur Ortsbildpflege
Délimitation par rapport à la protection des localités

In der Praxis überschneiden sich die Tätigkeitsfelder von Denkmalpflege und Ortsbildpflege. Die Ausweitung des Denkmalbegriffs auf profane bürgerliche Architektur, auf Ensembles und ganze Ortsbilder sowie die stärkere Betonung des Umgebungsschutzes bedeutete, dass die Denkmalpflege in einem traditionellen Gebiet der Ortsbildpflege tätig wurde. Die Unterschiede liegen in der Gewichtung, die bei der Ortsbildpflege eher darin liegt, dass eine ästhetisch befriedigende Wirkung angestrebt wird, auch wenn keine Baudenkmäler zu schützen sind, während die Denkmalpflege das Ideal der wissenschaftlich gesicherten integralen Erhaltung eines Denkmals anstrebt. Pragmatisch ist auch die Abgrenzung der Tätigkeitsbereiche der beiden Kommissionen (Art. 25 Abs. 1 NHG), der Eidgenössischen Kommission für Denkmalpflege, die sich zu Fragen der Erhaltung von Einzeldenkmälern äussert, und der Eidgenössischen Natur- und Heimatschutzkommission, die Fragen des Ensembleschutzes und der bäuerlichen Baukultur behandelt (Art. 25 NHV)[51].

39
Zielsetzung
Objectifs

Ziel der Denkmalpflege ist demnach neben der Sicherung der historischen Originalsubstanz die Bewahrung des Erscheinungsbildes, sei es durch die Restaurierung des Originals oder durch den Schutz des Denkmals selber vor Verunstaltung sowie den Schutz seiner Umgebung[52].

C. Gegenstände der Denkmalpflege

40

Was im einzelnen Schutzobjekt der Denkmalpflege sein kann, bestimmt sich nach kantonalem Recht. Es besteht in den kantonalen Erlassen die Tendenz, die Art der möglichen Schutzobjekte zu enumerieren. Beispielhaft sei hier der Katalog des basellandschaftlichen Denkmal- und Heimatschutzgesetzes genannt.

---

[51] JOLLER, 60.
[52] BERNET, 8 f.

Danach können Schutzobjekte Kulturdenkmäler sein, «an deren Erhaltung wegen ihres kulturellen, geschichtlichen, künstlerischen, kunsthistorischen, städtebaulichen, volkskundlichen oder wissenschaftlichen Wertes ein erhebliches öffentliches Interesse besteht. Dazu gehören Ensembles, Einzelwerke und deren Fragmente sowie deren Ausstattung»[53]. Namentlich öffentliche und private Bauwerke wie Kirchen, Schlösser, Wohn- und Geschäftshäuser, Gaststätten, Fabriken, Bauernhäuser, technische Anlagen, Befestigungsanlagen und historische Stätten; weiter Hof-, Park-, Garten- und andere Grünanlagen; Strassenzüge, Plätze und Ensembles, die in ihrer Gesamtheit schützenswert sind; Fassaden und Dächer sowie Weg-, Gassen-, Strassen- und Platzbeläge; einzelne Objekte wie Mark- und Grenzsteine, Brunnen, Grabmäler, Erinnerungsmale, Wegkreuze, Beleuchtungseinrichtungen; schliesslich Bauteile und Zugehör wie Orgeln, Glocken, Kanzeln, Taufsteine, Epitaphien, Türen und Tore, Treppenanlagen, Böden, Decken, Getäfer, Bänke, Gestühle, Stukkaturen, Öfen, Beschläge, Gitterwerk-Inschriften, Malereien, Skulpturen, Wappen, Waffen, Schilder und Verzierungen, Gold- und Silberschmiedarbeiten, Zinngeschirr, Uhren und Automaten[54].

Bei Baudenkmälern bildet das Äussere und das Innere eine Einheit. Architekturgebundene und mobile Ausstattungsgegenstände gelten als Bestandteil resp. Zugehör und können am Schutz teilhaben.

Im Gegensatz zum vorerwähnten basellandschaftlichen Gesetz zählt man im allgemeinen auch die Erforschung, den Schutz und die Pflege der Bodendenkmäler, Ruinen und archäologischen Stätten zum Aufgabenbereich der Denkmalpflege[55]. Die Archäologie bildet somit einen Bestandteil der Denkmalpflege.

41
Archäologie
Archéologie

D. Abgrenzung zum Kulturgüterschutz in Katastrophenfällen

Am 15. Mai 1962 ratifizierte die Schweiz das Haager Abkommen vom 14. Mai 1954 zum Schutz von Kulturgut bei bewaffneten Konflikten (SR 0.520.3). Kulturgüter im Sinne dieses Abkommens sind bewegliche oder unbewegliche Güter, die für das kulturelle Erbe von grosser Bedeutung sind (Bau-, Kunst- oder geschichtliche Denkmäler, archäologische Stätten, historisch oder künstlerisch wertvolle Baugruppen, Kunstwerke, Manuskripte, Bibliotheken, Archive, Sammlungen und ähnliches). Die Schweiz hat sich damit u.a. verpflichtet, im Hinblick auf einen Konfliktfall die Sicherung ihres Kulturguts vorzubereiten. Das «Schweizerische Inventar der Kulturgüter von nationaler und regionaler Bedeutung»[56] resultiert aus dieser Verpflichtung und stützt sich auf das Bun-

42
Aufgaben des Kulturgüterschutzes
Tâches de la protection des biens culturels

---

[53] BL: § 3 Abs. 1 des Gesetzes über den Denkmal- und Heimatschutz vom 9. April 1992 (SGS 791).
[54] BL: § 4 des Gesetzes über den Denkmal- und Heimatschutz vom 9. April 1992 (SGS 791).
[55] Botschaft Teilrevision NHG, BBl 1991 III 1134.
[56] EIDGENÖSSISCHES JUSTIZ- UND POLIZEIDEPARTEMENT/BUNDESAMT FÜR JUSTIZ, Schweizerisches Inventar der Kulturgüter von nationaler und regionaler Bedeutung vom 23. März 1988, Bern 1995.

desgesetz über den Schutz der Kulturgüter bei bewaffneten Konflikten vom 6. Oktober 1966 (SR 520.3). Es ist kein Inventar im Sinn von Art. 5 NHG und begründet keine qualifizierte Rücksichtspflicht gemäss Art. 6 NHG[57].

---

[57] Unveröffentlicher Entscheid des BR vom 18. Juni 1990 i.S. Zürich, E. 2.1.1.

Chapitre deuxième
Le fondement constitutionnel et la systématique de la LPN

Zweites Kapitel
Verfassungsgrundlage und Systematik des NHG

Art. 24[sexies] **Cst.**

[1] La protection de la nature et du paysage relève du droit cantonal.

[2] La Confédération doit, dans l'accomplissement de ses tâches, ménager l'aspect caractéristique du paysage et des localités, les sites évocateurs du passé, ainsi que les curiosités naturelles et les monuments et les conserver intacts là où il y a un intérêt général prépondérant.

[3] La Confédération peut soutenir par des subventions les efforts en faveur de la protection de la nature et du paysage et procéder, par voie contractuelle ou d'expropriation, pour acquérir ou conserver des réserves naturelles, des sites évocateurs du passé et des monuments d'importance nationale.

[4] Elle est autorisée à légiférer sur la protection de la faune et de la flore.

[5] Les marais et les sites marécageux d'une beauté particulière et présentant un intérêt national sont placés sous protection. Dans ces zones protégées, il est interdit d'aménager des installations de quelque nature que ce soit et de modifier le terrain sous une forme ou sous une autre. Font exception les installations servant à assurer la protection conformément au but visé et à la poursuite de l'exploitation à des fins agricoles.

Disposition transitoire: Il y aura lieu de démanteler toute installation ou construction et de remettre dans son état d'origine tout terrain modifié, aux frais du responsable, lorsque ces ouvrages ou ces modifications sont contraires au but visé par la protection et entreprises après le 1er juin 1983, en particulier dans la zone marécageuse de Rothenthurm, tant sur le territoire du canton de Schwyz que sur celui du canton de Zoug. L'état initial sera rétabli.

Art. 24[sexies] BV

[1] Der Natur- und Heimatschutz ist Sache der Kantone.

[2] Der Bund hat in Erfüllung seiner Aufgaben das heimatliche Landschafts- und Ortsbild, geschichtliche Stätten sowie Natur- und Kulturdenkmäler zu schonen und, wo das allgemeine Interesse überwiegt, ungeschmälert zu erhalten.

[3] Der Bund kann Bestrebungen des Natur- und Heimatschutzes durch Beiträge unterstützen sowie Naturreservate, geschichtliche Stätten und Kulturdenkmäler von nationaler Bedeutung vertraglich oder auf dem Wege der Enteignung erwerben oder sichern.

[4] Er ist befugt, Bestimmungen zum Schutze der Tier- und Pflanzenwelt zu erlassen.

[5] Moore und Moorlandschaften von besonderer Schönheit und von nationaler Bedeutung sind Schutzobjekte. Es dürfen darin weder Anlagen gebaut noch Bodenveränderungen irgendwelcher Art vorgenommen werden. Ausgenommen sind Einrichtungen, die der Aufrechterhaltung des Schutzzweckes und der bisherigen landwirtschaftlichen Nutzung dienen.

Übergangsbestimmung: Anlagen, Bauten und Bodenveränderungen, welche dem Zweck der Schutzgebiete widersprechen und nach dem 1. Juni 1983 erstellt werden, insbesondere in der Moorlandschaft von Rothenthurm auf dem Gebiet der Kantone Schwyz sowie Zug, müssen zu Lasten der Ersteller abgebrochen und rückgängig gemacht werden. Der ursprüngliche Zustand ist wieder herzustellen.

Table des matières	N°
I. La fonction de l'art. 24sexies Cst.	1
A. La fonction traditionnelle restreinte	1
a. Le contexte historique	1
b. La formulation limitative	3
B. La fonction dynamique possible	4
a. L'enjeu	4
b. L'utilisation du texte	6
c. L'intérêt public à la protection du patrimoine	12
d. L'impact culturel	20
e. Le lien avec la protection de l'environnement	31

II. Le droit positif issu de l'art. 24sexies Cst.	36
A. La répartition générale des compétences	36
a. Le principe (al. 1)	36
b. Les relativisations	42
B. Les compétences de la Confédération	55
a. Les obligations propres de la Confédération (al. 2)	55
b. Les mesures fédérales directes de soutien et de protection (al. 3)	64
c. La faune et la flore (al. 4)	74
d. Les marais et les sites marécageux d'importance nationale (al. 5 et disposition transitoire)	82
III. La systématique de la LPN	98
A. Le modèle de l'art. 24sexies Cst.	98
B. Les divers éléments	99

Inhaltsverzeichnis   Rz

I. Funktion von Art. 24sexies BV	1
A. Beschränkte traditionelle Funktion	1
a. Geschichtlicher Hintergrund	1
b. Einschränkende Formulierung	3
B. Mögliche dynamische Funktion	4
a. Fragestellung	4
b. Text der Verfassungsbestimmung	6
c. Öffentliches Interesse am Schutz von Natur und Heimat	12
d. Bedeutung für den Bereich der Kultur	20
e. Zusammenhang mit dem Umweltschutz	31
II. Geltendes Recht nach Art. 24sexies BV	36
A. Allgemeines zur Zuständigkeitsordnung	36
a. Grundsatz (Abs. 1)	36
b. Ausnahmen	42
B. Zuständigkeiten des Bundes	55
a. Pflichten des Bundes (Abs. 2)	55
b. Unterstützungs- und Schutzmassnahmen des Bundes (Abs. 3)	64
c. Fauna und Flora (Abs. 4)	74
d. Moore und Moorlandschaften von nationaler Bedeutung (Abs. 5 und Übergangsbestimmung)	82
III. Systematik des NHG	98
A. Modell des Art. 24sexies BV	98
B. Die einzelnen Elemente	99

I.   La fonction de l'art. 24^{sexies} Cst.

A.   La fonction traditionnelle restreinte

a.   Le contexte historique

<small>1
Origine et évolution
Ursprung und Entwicklung</small>

Les premières interpellations en faveur d'un texte constitutionnel relatif à la protection de la nature et du paysage datent des années 1920 déjà (en particulier: motion GELPKE, postulat OLDANI, requête de la Ligue suisse pour la protection de la nature, résolution d'Olten)[1]. Ces initiatives allaient toutes dans le sens d'attribuer certaines compétences à la Confédération; cette dernière n'en avait aucune en la matière et un besoin se faisait sentir de coordonner les mesures existantes voire de stimuler leur développement. L'application et l'efficacité des régimes cantonaux laissaient en effet à désirer; ils reposaient principalement sur des ordonnances spéciales destinées à protéger des objets individuels et sur les législations d'application du Code civil, en particulier dans l'utilisation de son art. 702. Au fur et à mesure des interpellations successives et à l'occasion de divers débats comme celui relatif au projet d'usine de Rheinau dans les années 1950, l'opinion générale évolua: l'affirmation originelle de la compétence cantonale exclusive fit peu à peu place à l'idée d'une influence fédérale accrue, puis finalement d'une réglementation fédérale. C'est le résultat de ce revirement progressif qu'exprima le projet d'art. 24^{sexies} Cst. du 18 mai 1961. Son texte correspond très largement à la formulation de la disposition actuelle.

<small>2
Enseignement
Würdigung</small>

L'enseignement de ce bref rappel historique est en un mot le suivant: l'art. 24^{sexies} al. 1 à 4 Cst. a toujours eu comme première fonction de *répartir des compétences* et il les attribue à la Confédération avec une certaine parcimonie; les paragraphes spécifiques qui suivent commenteront en détail cet objectif sous l'angle du droit positif (N° 36 ss). A l'origine il n'y avait donc dans les al. 1 à 4 aucune volonté de créer des bases dynamiques afin de promouvoir globalement les éléments constitutifs de notre patrimoine naturel et culturel au sens large.

b.   La formulation limitative

<small>3
Portée limitée de la Constitution
Beschränkte Tragweite der Bundesverfassung</small>

Une telle approche restrictive se vérifie dans la formulation même utilisée par le législateur; on en veut pour preuve les constatations suivantes:

1. L'art. 24^{sexies} Cst. est un amalgame de dispositions sur des problèmes ponctuels; il ne contient pas d'affirmation-programme générale à l'image de ce qui est le cas pour les droits constitutionnels fondamentaux et qui exprime-

---

[1]   Pour plus de détails, Message art. 24sexies Cst., FF 1961 I 1089 ss.

rait la nécessité de protéger voire développer le patrimoine naturel et culturel de la Suisse. Le Projet de révision complète de la Constitution fédérale (1996) ne prévoit pas l'introduction d'un tel droit fondamental; l'art. 62 proposé n'a pas pour intention d'innover et il reprend largement le texte de l'art. 24^{sexies} Cst. actuel.

2. De manière percutante, la première affirmation du seul texte constitutionnel destiné à protéger notre patrimoine statue que la Confédération n'est a priori pas compétente en la matière (al. 1). Le libellé laconique de la disposition n'invite même pas expressément les cantons à développer une politique protectrice; il réserve simplement leur compétence.

3. Les al. 2 et 4 qui attribuent des obligations et des compétences ne le font que de manière ponctuelle: premièrement seulement lorsqu'il s'agit d'accomplir des tâches de la Confédération; secondement seulement en matière de faune et de flore, autrement dit dans une perspective très spécifique même si des liens indirects avec la protection des plantes et des animaux peuvent suffire.

4. L'al. 3 n'équivaut pas à un blanc-seing en faveur de la Confédération afin qu'elle soutienne par tous les moyens adéquats les initiatives protectrices des tiers (dont les cantons et les particuliers). La Confédération ne dispose en effet que de trois instruments: la subvention, le contrat ou l'expropriation; et les deux derniers uniquement à propos de certains objets déterminés.

5. L'al. 5 fut ajouté en 1987 suite à l'initiative des opposants à la place d'armes de Rothenthurm[2]. La formulation de la disposition est donc restreinte: elle ne vise que les marais ou les sites marécageux et seulement ceux qui sont particulièrement beaux et importants, à une époque où pourtant la protection globale du patrimoine était déjà devenue une préoccupation générale[3]; les 2ème et 3ème phrases énoncent avant tout une interdiction et non pas un programme général de développement des zones protégées; la disposition transitoire correspondante n'accroît pas la portée générale de l'al. 5. Il n'empêche cependant qu'en introduisant dans l'art. 24^{sexies} Cst. l'idée d'une protection absolue, l'al. 5 tranchait déjà avec la conception restrictive traditionnelle des al. 2 à 4 (N° 85, 87).

---

[2] Message Rothenthurm, FF 1985 II 1452.
[3] C'est à la même époque que par exemple le législateur a proposé d'adopter la LPE (Message de 1979 et Loi de 1983), de réviser la législation sur les eaux afin d'y introduire une protection quantitative (Message LEaux de 1987) et de réviser la législation sur les forêts conçues désormais dans leur rôle multifonctionnel (Message LFo de 1988).

B. La fonction dynamique possible

a. L'enjeu

4
Interprétation
Auslegung

Dans la mesure où l'art. 24^{sexies} Cst. répartit des compétences ou décrit une organisation, il fixe un régime juridique déterminé qu'il n'est guère possible d'interpréter autrement qu'historiquement; seule une révision constitutionnelle permettrait de le modifier. Par contre, dans chaque sphère de compétence particulière, la description des mandats de protection mérite une interprétation téléologique, conforme aux exigences actuelles et systématique[4]: d'une part, l'évolution économique, technique, industrielle et démographique exige d'adapter constamment les garanties juridiques au besoin toujours plus marqué de sauvegarder et développer le patrimoine; d'autre part depuis l'adoption de l'art. 24^{sexies} Cst. en 1962, la Constitution s'est enrichie de diverses autres dispositions avec lesquelles la protection du patrimoine est en lien de connexité.

5
Norme-programme
Programm-norm

Cette perspective «dynamique» peut déjà se concrétiser sur la base du texte actuel de l'art. 24^{sexies} Cst. afin d'en faire une norme-programme au même titre que l'art. 1 LPN (FAVRE, art. 1, N° 1 s.); en outre, le même objectif s'exprime à travers l'intérêt public à protéger le patrimoine, l'impact culturel de la disposition constitutionnelle et son lien avec la protection de l'environnement.

b. L'utilisation du texte

6
Protection générale
Umfassender Schutz

Même si le texte de l'art. 24^{sexies} Cst. n'a qu'un objectif originel limité, sa formulation permet déjà d'en tirer les fondements nécessaires à *une politique globale* de protection du patrimoine:

7
Al. 1
Abs. 1

1. L'al. 1 répète une réserve en faveur des compétences cantonales que l'art. 3 Cst. énonce déjà. Cette entrée en matière affichée comme une clause de sauvegarde réalise cependant un double apport positif: premièrement, cet esprit fédéraliste constitue une directive pour l'application de la disposition constitutionnelle tout entière et la protection du patrimoine a tout à gagner de la collaboration entre cantons et Confédération; secondement, l'al. 1 fonctionne aussi comme une invitation adressée aux cantons afin qu'ils prennent l'initiative de mesures de protection (N° 39).

8
Absence de définitions
Fehlen von Begriffsumschreibungen

2. L'art. 24^{sexies} Cst. ne définit nullement les concepts de protection de la nature, protection du paysage, protection du patrimoine et conservation des monuments; plus encore, les législations d'application s'abstiennent volontaire-

---

[4] Sur l'application de ces méthodes d'interprétation aux normes constitutionnelles, HÄFELIN/HALLER, Nos 104 ss.

ment de telles définitions (en particulier la LPN), dans l'idée que toute tentative de décrire de manière générale et abstraite les objets à protéger se heurterait à leur diversité infinie (ROHRER, chap. 1, N° 2). D'où l'idée du législateur de se contenter de simples catalogues d'objets, mécanisme mis en oeuvre dans les divers inventaires. Or, ce manque volontaire de définitions permet aujourd'hui à l'ordre juridique en la matière de se développer: lesdits concepts peuvent englober les intérêts de tous les milieux (scientifiques ou non, touristiques, immobiliers et d'autres encore); ils peuvent évoluer avec le temps et les besoins qu'exprime chaque époque; enfin, ils équivalent à des programmes de politique juridique qui incitent le législateur et les autorités d'application à s'adapter aux développements scientifiques et à l'évolution de la société.

3. Lorsque les al. 2 à 4 attribuent des compétences à la Confédération, ils ne le font pas exhaustivement: l'expression «accomplissement d'une tâche fédérale» est définie de manière large dans la législation d'exécution (art. 2 LPN) et la jurisprudence n'a pas eu pour effet de la restreindre (ZUFFEREY, art. 2, N° 11 ss); les objets à protéger dans ce contexte ne sont pas énumérés limitativement et la Confédération a l'obligation de préserver même ceux qui ne constituent pas des aspects caractéristiques du paysage ou ne sont pas des localités, des sites évocateurs du passé, des curiosités naturelles ou des monuments, dans le cas où une intervention fédérale paraît nécessaire[5]; il en va de même pour les mesures d'intervention directe de l'al. 3: l'énumération des hypothèses n'est pas exhaustive et la Confédération peut décider elle-même qu'un objet est d'importance nationale au point de justifier une mesure protectrice, ce qu'elle fait d'ailleurs sur la base de critères précis lorsqu'elle établit les catégories d'objets à protéger (FAVRE, art. 4, N° 9); enfin, l'obligation de protection des objets englobe également tous les territoires qui les bordent et dont la destruction pourrait exercer sur eux une influence directe ou indirecte (art. 3 al. 3 in fine LPN)[6]. En soi les al. 2 à 4 énoncent des compétences, mais ils doivent ainsi être compris également comme des mandats de protection, sans quoi l'art. 24^{sexies} Cst. aurait moins d'utilité.

9
Al. 2 à 4
Abs. 2–4

4. La clause habilitante de l'al. 4 semble appréhender les seuls domaines de la faune et de la flore. Le bien protégé dépasse en réalité cette formulation et englobe non seulement les espèces, mais aussi tous les milieux naturels nécessaires à leur survie tels que par exemple les mares, les zones maréca-

10
Al. 4
Abs. 4

---

[5] FLEINER-GERSTER, N° 22; MAURER, 28.
[6] ATF 112 Ib 297 cons. 8c = JdT 1988 I 587.

geuses, les roselières, les haies et les bosquets[7]; c'est ce que l'art. 1 lit. d LPN appelle «l'espace vital naturel». Il est donc possible au législateur fédéral d'intervenir chaque fois qu'il l'estime nécessaire afin de sauvegarder le cadre écologique du monde des plantes et des animaux[8]; c'est ce qu'il a fait en particulier à travers les art. 18 ss LPN lorsqu'il y a inscrit la protection des biotopes en général (art. 18) et l'a renforcée en 1983 lors de l'édiction de la LPE (art. 18 al. 1bis, 1ter, 21 et 24), puis en 1987 lors de la première révision importante de la LPN simultanément à l'introduction de l'art. 24[sexies] al. 5 Cst. (art. 18a à 18d et 24 à 24e). Le système constitutionnel lui-même suggère cette dynamique puisque d'autres dispositions encore attribuent à la Confédération des compétences en matière de faune et de flore: l'art. 25 à propos de la chasse et de la pêche, l'art. 24[septies] sur la protection de l'homme et de son milieu naturel et l'art. 24[novies] al. 3 sur la technique génétique appliquée aux animaux et aux plantes.

11
Al. 5: nouvelle approche
Abs. 5: neuer Ansatz

5. L'art. 24[sexies] al. 5 Cst. enfin est d'une portée doublement plus large que simplement la protection de l'objet qui motiva les initiants (site de Rothenthurm): d'une part, il place sous protection générale et absolue tous les marais et sites marécageux s'ils sont d'une beauté particulière et d'un intérêt national, précisant ainsi dans un domaine particulier les compétences déjà octroyées à la Confédération de protéger la nature et le paysage[9]. D'autre part, il vise non seulement des biotopes, mais des sites remarquables déjà par leur beauté et contribue ainsi à protéger le patrimoine naturel dans son ensemble; le vote du souverain indiqua clairement qu'il désirait accroître le niveau général de protection par rapport à ce qu'il était sur la base du texte de 1961[10].

c. L'intérêt public à la protection du patrimoine

12
Clause générale de protection
Umfassende Schutznorm

Le droit administratif légitime une intervention étatique lorsqu'elle respecte les principes constitutionnels, en particulier lorsqu'elle correspond à un intérêt public prépondérant. Les développements qui précèdent ont soutenu l'idée que l'art. 24[sexies] Cst. pouvait à bien des égards être lu comme une clause générale de protection de notre patrimoine existant; chaque fois que cette protection

---

[7] HANGARTNER, Naturschutz, 237.
[8] Cf. l'art. 62 al. 4 Projet de Constitution de 1996: «[la Confédération] édicte des dispositions afin de protéger la flore et de maintenir leur milieu naturel dans sa diversité. Elle protège les espèces menacées d'extinction.»
[9] Message Rothenthurm, FF 1985 II 1452.
[10] Le Conseil fédéral lui-même estimait urgent d'améliorer par voie législative la protection des biotopes, dans son message (pourtant négatif) sur l'initiative populaire de Rothenthurm; Message Rothenthurm, FF 1985 II 1463.

apparaît comme d'intérêt public, les autorités fédérales ou cantonales sont donc habilitées à agir.

Dans le contexte actuel, cinq éléments soulignent particulièrement le caractère public de l'intérêt à la protection du patrimoine: 13

1. Si la notion de protection de la nature se limite aux objets matériels, celle de protection du paysage est beaucoup plus large puisqu'elle englobe tous les éléments qui permettent à une population dans son ensemble de s'identifier avec son environnement, sur la base de ses traditions, de sa culture et de sa mentalité du moment. Le terme allemand «Heimatschutz» rend exactement cet objectif; il se réfère à ce qui constitue notre «patrie» (Heimat) au sens constructif du terme. C'est le mot «*patrimoine*» qui sans doute rend au mieux cette valeur collective; elle conjugue tous les éléments naturels et culturels constitutifs du paysage dans lequel nous vivons (ROHRER, chap. 1, N° 30). L'aspect culturel mérite une analyse particulière (N° 20 ss).   14 «Patrimoine» «Heimatschutz»

2. La protection de la nature et du paysage vise en priorité (mais pas uniquement) les objets ayant une certaine assise géographique (ZUFFEREY, art. 2, N° 14). A cet égard, le lien pratique avec *l'aménagement du territoire* au sens strict est devenu évident. Peu importe que l'art. 22^{quater} al. 1 Cst. ne le mentionne pas expressément lorsqu'il exige une utilisation judicieuse du sol et une occupation rationnelle du territoire; peu importe également si à l'origine l'art. 24^{sexies} Cst. n'entendait protéger que des objets individuels en ne poursuivant aucun objectif de planification ou de configuration du territoire[11]. En effet: ponctuellement d'une part, la LAT exige des autorités chargées de l'aménagement qu'elles protègent les bases naturelles de la vie dont le paysage (art. 1 al. 2 lit. a), qu'elles préservent les bonnes terres agricoles, intègrent dans le milieu bâti de nombreuses aires de verdure et espaces plantés d'arbres (art. 3 al. 3 lit. e), qu'elles évitent les effets dommageables des constructions publiques sur le milieu naturel (art. 3 al. 4 lit. c) et qu'elles désignent les parties du territoire se distinguant par leur beauté ou leur valeur (art. 6 al. 2 lit. b); globalement d'autre part, la LAT vise à intégrer complètement la protection de la nature et du paysage dans le processus d'aménagement lorsqu'elle entend garantir un développement harmonieux du pays qui tienne compte des données naturelles (art. 1 al. 1), lorsqu'elle consacre les zones à protéger (art. 17 al. 1 lit. a à d) et lorsqu'elle assujettit l'octroi de dérogations hors de la zone à bâtir à l'absence d'intérêts prépondérants opposés (art. 24 al. 1 lit. b). Un tel programme est propre à dynamiser la protection de la nature et du paysage: on sait aujourd'hui qu'une préservation adéquate de l'environnement au sens large passe et passera de   15 Aménagement du territoire Raumplanung

---

[11] MAURER, 14, 37 ss (en lien avec l'agriculture).

plus en plus par la planification du développement et des interventions consécutives sur le territoire[12]. Le législateur en matière de protection de la nature et du paysage en est conscient par exemple lorsqu'il définit la notion de tâche fédérale (art. 2 lit. c in initio LPN) ou lorsqu'il exige des plans et prescriptions d'aménagement du territoire qu'ils tiennent compte des mesures de protection (art. 26 al. 2 OPN; LEIMBACHER, art. 6, N° 13) et soient conformes aux exigences des ordonnances sur la protection des zones alluviales, des hauts-marais, des bas-marais et des sites marécageux (art. 5 al. 1 lit. a ou al. 2 lit. a de chaque ordonnance).

16
Protection constitutionnelle globale
Umfassender Schutz durch die Verfassung

3. L'état actuel de la Constitution et de ses multiples normes d'application démontre amplement combien le législateur entend protéger *l'ensemble* des bases naturelles de la vie: ainsi pour l'essentiel et outre l'art. 24^{sexies}, l'art. 24^{septies} protège l'environnement au sens strict, l'art. 22^{quater} exige d'aménager le territoire, l'art. 25 veut sauvegarder la faune (en particulier face à la pêche et à la chasse), les art. 24 et 24bis se préoccupent de conserver et protéger les eaux mais aussi de préserver l'environnement contre leur action dommageable, les art. 24, 24^{sexies} et 24^{septies} fondent la réglementation protectrice de la forêt multifonctionnelle, l'art. 24^{octies} al. 2 conjugue politique énergétique et protection de l'environnement, l'art. 24^{novies} al. 1 et 3 mentionne expressément la protection de l'environnement, des plantes et des animaux (en plus de l'homme) face aux techniques de procréation et au génie génétique et l'art. 31^{octies} chargera désormais l'agriculture d'entretenir les bases naturelles de l'existence et le paysage rural.

17

Malgré la présentation inorganisée de ces dispositions, elles forment entre elles une certaine unité, un système de protection globale de l'environnement au sens large; la protection de la nature et du paysage en est l'un des vecteurs, à interpréter généreusement dans cette approche systématique et à utiliser chaque fois que sont concernés des éléments de l'environnement liés à une assise spatiale. Le lien entre environnement au sens étroit et nature et paysage fera l'objet d'une analyse plus détaillée (N° 31 ss).

18
Coordination
Koordination

4. Législation et jurisprudence ont développé le concept de *coordination* matérielle et formelle des procédures administratives complexes. Les art. 21 OEIE, 11 LFo, 37a et 37b de la loi fédérale sur l'aviation (LA)[13] et 25a nouveau LAT en sont des codifications expresses en droit fédéral; depuis

---

[12] Expressément, AEMISEGGER Heinz, Aktuelle Fragen des Lärmschutzrechts in der Rechtsprechung des Bundesgerichts, DEP 1994, 441 s; plus techniquement, OFAT, Protection de la nature, 3 ss (EWALD/BÜRGI), 8 ss (MEIER), 17 ss (MEYER STAUFFER/STEINER).

[13] RS 748.0.

l'affaire Chrüzlen-Egg I[14], le Tribunal fédéral a multiplié les arrêts en matière de coordination en se fondant sur les art. 4 et 2 disp.trans. Cst.[15] et les juridictions cantonales font de même[16]. Une telle évolution est certainement favorable au développement de la protection de la nature et du paysage en tant qu'intérêt public supérieur: l'autorité doit en tenir compte spontanément lorsque la législation applicable utilise des clauses générales protectrices de l'environnement et même si le patrimoine naturel et culturel n'y est pas mentionné spécifiquement (FAVRE, art. 3, N° 13). De lege ferenda, on pourrait se demander s'il ne serait pas judicieux que la LPN elle-même contienne une norme de coordination, à l'instar de l'art. 12 LFo en lien avec la planification du territoire. L'avant-projet de novembre 1996 de la Loi fédérale sur la coordination et la simplification des procédures de décision propose diverses modifications de la LPN qui vont dans ce sens.

5. Enfin, la Suisse a d'ores et déjà ratifié plusieurs *conventions internationales* qui toutes attestent combien la conservation du patrimoine naturel ou culturel est désormais reconnue comme d'intérêt général; par exemple: la Convention de Rio du 5 juin 1992 sur la diversité biologique entend assurer la conservation et l'utilisation durable des écosystèmes et des complexes écologiques dont ils font partie (préambule et art. 1)[17], la Convention de Ramsar du 2 février 1971 relative aux zones humides d'importance internationale particulièrement comme habitat des oiseaux d'eau reconnaît leur fonction écologique fondamentale et contraint la Suisse à en favoriser la conservation (préambule, art. 3 et 4)[18], la Convention de Berne du 19 septembre 1979 relative à la conservation de la vie sauvage et du milieu naturel de l'Europe consacre le rôle essentiel de la faune et de la flore dans le maintien des équilibres biologiques et exige de la Suisse qu'elle assure la conservation de leurs habitats naturels (préambule, art. 2 à 7)[19], la Convention de Grenade du 3 octobre 1985 pour la sauvegarde du patrimoine architectural de l'Europe constate l'importance générale des références culturelles et impose à la Suisse de mettre en oeuvre un régime légal afin de les protéger (préambule et art. 3)[20].

19 Droit international public Völkerrecht

---

[14] ATF 116 Ib 50 = JdT 1992 I 469.
[15] Pour un panorama, MARTI, Koordination, 1545 ss.
[16] P.ex. TA GE in RDAF 1995, 146; TA GE in RDAF 1995, 595; TA VD in RDAF 1992, 124. Pour un arrêt spécifique sur la coordination entre aménagement du territoire, protection de la forêt et protection des biotopes, TA VS du 20 février 1996, Grimisuat.
[17] RS 0.451.43.
[18] RS 0.451.45.
[19] RS 0.455.
[20] RS 0.440.3.

d. L'impact culturel

20
Vide constitutionnel
Verfassungslücke

L'ordre juridique suisse ne contient (toujours) pas de base constitutionnelle générale pour un encouragement et une promotion fédérale de la culture; le projet d'art. 27^{septies} Cst. fut rejeté en votation populaire le 12 juin 1994, comme l'avaient été préalablement l'initiative sur la culture de 1986 et le contre-projet[21]. Les initiatives culturelles de la Confédération demeurent donc ponctuelles et elle est souvent contrainte à des choix nécessairement contradictoires, quand bien même son soutien à la culture est réel (OFC, Pro Helvetia, Bibliothèque nationale, Musée national, Archives fédérales).

21
Rôle de l'art. 24sexies Cst.
Bedeutung von Art. 24sexies BV

Dans ce contexte «lacunaire» (même si à proprement parler la répartition constitutionnelle des compétences n'est jamais lacunaire), l'art. 24^{sexies} Cst. joue un rôle palliatif et offre à la Confédération un fondement utile afin de développer ses interventions dans le domaine culturel en général: outre l'art. 27ter Cst. spécifique au cinéma, l'art. 24^{sexies} Cst. est en effet à proprement parler la seule base constitutionnelle expresse utilisable à cette fin; tout le reste demeure une compétence fédérale tacite[22].

22

L'apport dynamique de l'art. 24^{sexies} Cst. est susceptible de se développer à deux niveaux distincts, mais avec souvent des interactions entre eux dans des situations concrètes:

23
Conservation et promotion
Erhaltung und Förderung

1. La protection du patrimoine culturel décrit à l'art. 24^{sexies} al. 2 à 5 Cst. vise en priorité les éléments physiques constitutifs de ce qui représente les caractéristiques propres au paysage et aux localités (das heimatliche Landschafts- und Ortsbild)[23]; il s'agit pour l'essentiel des sites évocateurs de notre histoire, des constructions héritées du passé (plus ou moins lointain) et des monuments (y compris désormais l'archéologie et les disciplines scientifiques)[24] (ROHRER, chap. 1, N° 30 s., 41). Cette protection immédiate et directe n'est cependant pas seulement conservatoire, mais peut faire oeuvre aussi de *promotion* puisque l'art. 24^{sexies} al. 3 Cst. permet expressément d'acquérir de gré à gré ou d'exproprier des sites évocateurs du passé et des monuments d'importance nationale; ce qui autorise ainsi la Confédération à dépasser les seules mesures de préservation ou d'entretien des objets exis-

---

[21] Pour l'historique complet, FF 1992 I 515 ss.
[22] HÄFELIN/HALLER, N° 270.
[23] Message art. 24sexies Cst., FF 1961 I 1099.
[24] Le message relatif à l'art. 24sexies Cst. proposait de mentionner à l'al. 2 les monuments «de la culture»; cette précision ne se retrouve pas dans le texte définitif. C'est un argument supplémentaire pour interpréter largement l'obligation fédérale de protéger le patrimoine. De même le fait que l'al. 2 n'ajoute pas le qualificatif «historique» aux monuments, contrairement à l'art. 3 al. 1 LPN.

tants et à aménager, mettre en valeur le patrimoine naturel. La dernière révision de la LPN (1995) illustre cette capacité: sans changer la base constitutionnelle, la Confédération a pu intégrer dans la loi la protection générale des monuments, en lieu et place de l'ancien Arrêté fédéral de 1958 qui n'offrait qu'une base légale pour un crédit à fin de subventions.

Dans le même sens, il faut rappeler que la protection de la nature et du paysage est aussi l'un des éléments de l'aménagement du territoire (N° 15); or, ce dernier offre des instruments de droit fédéral qui permettent de planifier la conservation et la mise en valeur du patrimoine culturel: ainsi en droit fédéral, l'art. 17 al. 1 lit. c LAT inclut dans les zones à protéger les localités typiques, les lieux historiques et les monuments naturels ou culturels; l'art. 24 al. 2 OAT (modifié au 1er juillet 1996) permet les changements d'affectation de bâtiments existants afin de protéger leur «substance» s'ils sont des éléments caractéristiques du paysage.

<small>24 Planification / Planung</small>

2. Plus difficile est la question de savoir si l'art. 24^{sexies} Cst. peut offrir une base constitutionnelle afin d'encourager la conservation et la promotion des valeurs culturelles *immatérielles* telles que les langues, les musiques, l'artisanat, les oeuvres littéraires, les costumes ou les coutumes. A l'origine, le Conseil fédéral comprenait la protection de la nature et du paysage de manière très large et c'est dans ce sens qu'il proposa l'expression «Heimatschutz» qui se rapproche plus de la protection du «patrimoine» que du seul «paysage»; ni l'art. 24^{sexies} Cst. ni la LPN (art. 1) n'ont pleinement utilisé cette signification large du patrimoine pour ce qui a trait à la culture, de sorte qu'il paraît en l'état difficile d'admettre l'existence d'une base légale habilitante générale d'encouragement à la culture[25].

<small>25 Patrimoine immatériel / Immaterielle Werte</small>

Pourtant, il serait inexact d'affirmer qu'actuellement l'art. 24^{sexies} Cst. exclut toute initiative fédérale en vue de mettre en valeur le patrimoine culturel immatériel:

<small>26</small>

- Puisque l'art. 24^{sexies} Cst. est avant tout une clause de répartition des compétences, il faut sur cette question le lire à la lettre: son contenu ne restreint pas la possibilité qu'ont les cantons d'intervenir en faveur de leur culture ou même de s'entendre en vue de projets culturels nationaux; au contraire, la fonction dynamisante de l'al. 1 (N° 39) vaut aussi pour la protection du patrimoine culturel.

<small>27</small>

---

[25] Dans le projet de réforme de la Constitution (1996), l'art. 62 conserve pratiquement la même formulation que l'art. 24sexies Cst. actuel, mais l'art. 83 crée une compétence fédérale générale d'encourager les activités culturelles présentant un intérêt national.

28 - La protection du patrimoine culturel matériel déploie indirectement aussi des effets sur le patrimoine immatériel. C'est ainsi que la notion de monument historique au sens où l'entend la LPN depuis sa révision de 1995 (art. 1, 9, 12 et 14 nouveaux) se comprend plus largement que la définition légale antérieure limitée aux immeubles (art. 1 al. 3 de l'ancien Arrêté fédéral sur la conservation des monuments historiques): elle englobe désormais aussi les objets mobiliers tels que les oeuvres d'art, les meubles meublants, les documents ou les instruments anciens (ROHRER, chap. 1, N° 35); or, il est constant que l'art, la culture populaire et les traditions s'expriment à travers ces types de support. Il ne s'agit au surplus pas seulement de les conserver, mais aussi de les mettre en valeur en les identifiant et en les restaurant («Denkmalpflege» au sens des articles de la LPN cités).

29 - Il serait inexact d'affirmer que la Confédération n'a toujours aucun moyen juridique pour encourager la culture contemporaine. Dans le domaine des objets culturels matériels, il appartient en effet aux cantons de déterminer quels sont ceux qu'ils entendent protéger et qu'ainsi par ricochet la Confédération peut mettre en valeur; or à considérer l'état des droits cantonaux, il faut admettre que certaines manifestations modernes de la culture font partie des préoccupations des législateurs ou des autorités d'exécution: d'une part lorsque la voie juridique choisie consiste à énumérer les objets à protéger, nombre d'entre eux sont des témoins de notre activité culturelle actuelle ou en tout cas récente[26]; d'autre part lorsque le droit cantonal utilise des formules protectrices générales (notamment les clauses d'esthétique), la jurisprudence considère que les temps sont révolus où seuls les vestiges du lointain passé méritaient d'être préservés (églises ou châteaux) et qu'il se justifie désormais d'être aussi attentif aux témoins architecturaux de notre époque moderne, en particulier dans le secteur industriel[27]. En fin de compte, il ne reste ainsi guère que le domaine de la création culturelle au sens strict où la Confédération ne peut pas intervenir, faute de compétence constitutionnelle; c'est avant tout cette «lacune» que le projet d'art. 27[septies] Cst. entendait combler. Elle n'empêche au demeurant pas l'administration fédérale (OFC) d'offrir spontanément ses services de conseil voire de coordination lorsqu'elle est interpellée à cet effet.

---

[26] Cf. l'exemple probant de la réglementation de Bâle-Campagne sur laquelle s'appuie ROHRER, chap. 1, N° 40.
[27] P.ex. TA AG in ZBl 1978, 404 ss.

- Au surplus, les récentes manifestations culturelles importantes ont montré que cette lacune n'existait pas non plus pour le soutien à des activités présentant un aspect international ou national. Dans cette double hypothèse, la Confédération possède une compétence culturelle qu'elle tire soit de sa compétence constitutionnelle expresse dans les relations extérieures (art. 8 Cst.), soit de sa compétence constitutionnelle tacite dans les affaires que par essence seule la Confédération peut traiter en vertu de la structure fédérative de l'Etat[28].   30

e. Le lien avec la protection de l'environnement

La nature et le paysage sont des éléments constitutifs de l'environnement que diverses dispositions constitutionnelles protègent (N° 16); l'art. 24^{septies} Cst. en particulier mentionne expressément la protection du milieu naturel. Les interactions entre les deux domaines sont multiples: la protection de l'environnement qui entend maintenir l'espace vital favorise la conservation des plantes, des animaux, de leurs biotopes et même des autres objets du patrimoine protégés. Ces interactions justifient d'interpréter l'art. 24^{sexies} Cst. aussi par référence à l'art. 24^{septies} Cst. et à ses dispositions d'application afin que l'art. 24^{sexies} Cst. bénéficie de leur objectif et de leur effet de protection globale[29].   31
Art. 24sexies et septies Cst.
Art. 24sexies und septies BV

Concrètement, les implications dynamiques possibles de cette imbrication sont en tout cas les suivantes pour la protection de la nature et du paysage: 32

1. L'art. 24^{sexies} Cst. et la LPN peuvent aujourd'hui aller au-delà de l'approche conservatoire qui fut la leur à l'origine. L'ordre juridique s'est depuis lors adapté à l'évolution des conceptions devenues sensibles à l'environnement; la LPE et ses ordonnances successives, la LEaux, la LPê, la LFo expriment toutes un souci à long terme d'aménagement et de *mise en valeur*. La protection de la nature et du paysage devrait aussi suivre ce mouvement. L'art. 15 LPN a d'ailleurs toujours permis l'acquisition des objets à protéger, de gré à gré ou par expropriation; les révisions successives ont développé encore d'autres instruments du même genre: celle de 1983 (justement menée lors de l'adoption de la LPE) a introduit les art. 18 al. 1bis et 1ter LPN qui exigent en cas d'atteinte aux biotopes de les reconstituer ou en tout cas de les remplacer; l'amendement de 1987 (parallèle à l'édiction de l'art. 24^{sexies} al. 5   33
Protection et mise en valeur
Schutz und Aufwertung

---

[28] Pour des cas d'application cf. p.ex. FF 1988 II 1058 (700ème anniversaire de la Confédération); 1995 II 918 (150ème anniversaire de l'Etat fédéral suisse); 1996 III 360 (Exposition nationale 2001).
[29] Pour plus de détails sur les distinctions entre ces deux dispositions, RAUSCH, Kommentar USG, ad art. 1, N° 29.

Cst.) a rajouté des mécanismes tels que la compensation écologique (art. 18b al. 2), les accords avec les exploitants, la juste compensation financière, l'exploitation par des tiers ou l'expropriation (art. 18c) qui permettent de développer une véritable politique de planification et d'aménagement des biotopes.

34
Principe de prévention
Vorsorgeprinzip

2. La protection de l'environnement a développé grandement le principe de *prévention*, quand bien même sa disposition-programme, l'art. 24[septies] Cst., ne l'impose pas expressément; en priorité, il consiste à réduire (à la source) les émissions autant et aussitôt que possible afin d'éviter qu'elles deviennent nuisibles, incommodantes ou même provoquent des catastrophes, ceci quel que soit le degré actuel des nuisances existantes et qu'un danger concret existe ou non (art. 1 al. 2 et 11 al. 2 LPE)[30]. Pour la protection de la nature et du paysage ce régime vaut si l'on veut favoriser ainsi la mise en valeur à long terme: chaque fois qu'un objet du patrimoine est susceptible d'être touché, il faut non seulement le préserver dans son état (en particulier lorsque cet état est fixé par un inventaire; ainsi l'art. 6 al. 2 LPN), mais encore réduire l'intervention au maximum de ce qui est techniquement possible et économiquement supportable. Cette exigence s'impose de lege lata: la jurisprudence estime que le principe de prévention s'applique aussi en matière d'aménagement du territoire alors que ni l'art. 22[quater] Cst. ni la LAT ne le mentionnent[31]; le texte des diverses normes contenues à l'art. 24[sexies] Cst. ne permet pas d'affirmer que le constituant entendait exclure toute perspective préventive; certaines formulations contenues dans la LPN incitent même expressément à l'adopter, ainsi l'art. 18 al. 1er lorsqu'il régit le cas où «tous intérêts pris en compte, il est impossible d'éviter des atteintes d'ordre technique aux biotopes dignes de protection»[32].

35
Principe de causalité
Verursacherprinzip

3. Tout aussi fondamental que le principe de prévention, le principe de *causalité* (pollueur-payeur) joue un triple rôle en droit de l'environnement (art. 2 LPE): il impose à celui qui provoque des atteintes de prendre (et payer) les mesures d'assainissement nécessaires; il justifie les normes de responsabilité à charge des perturbateurs et il fonde le régime des taxes d'incitation. En matière de protection de la nature et du paysage, le principe de causalité trouve une certaine application pour les collectivités: lorsque la Confédération touche au patrimoine, c'est à elle qu'il appartient de prendre les mesures pour le ménager (art. 3 LPN); les cantons ont l'obligation de protéger

---

[30] Pour une analyse extensive, ZÜRCHER Alexander, Die vorsorgliche Emissionsbegrenzung nach dem Umweltschutzgesetz, thèse Zurich 1996, 10 ss, 161 ss.
[31] P.ex. ATF 116 Ib 265 cons. 4a = Pra 1991, 447.
[32] Le message relatif à cette disposition introduite en 1983 (avec la LPE) se réfère nullement au principe de prévention (FF 1979 III 823).

les biotopes sis sur leur territoire et s'ils ne le font pas, la Confédération peut se substituer à eux et à leurs frais (art. 18a al. 2 et 3 LPN). Par contre, dans les cas où la protection de la nature et du paysage impose des obligations aux particuliers, elle n'a pas exploité complètement le principe de causalité: si l'ordre juridique permet bien d'exiger la cessation des atteintes au patrimoine et sa remise en état (art. 18 al. 1ter, 24e et 25b LPN), la LPN et ses ordonnances ne contiennent pas de véritable norme de responsabilité pour ce qui a trait aux dommages irréparables. De lege ferenda, la formulation large de l'art. 24^{sexies} Cst. n'empêcherait pas une telle extension.

II. Le droit positif issu de l'art. 24^{sexies} Cst.

A. La répartition générale des compétences

L'art. 24^{sexies} al. 1 Cst. rappelle le principe: les cantons sont compétents en matière de protection de la nature et du paysage; les al. 2 à 5 relativisent cependant fortement cette affirmation, même indépendamment de leur fonction dynamique telle que suggérée jusqu'ici.

a. Le principe (al. 1)

L'al. 1 a l'énoncé suivant:

«La protection de la nature et du paysage relève du droit cantonal.»

36
Réserve impropre
Unechter Vorbehalt

Les cantons ont toujours été compétents pour intervenir juridiquement afin de protéger la nature et le paysage; même l'introduction du Code civil suisse en 1907 et de son régime de droits réels n'avait pas changé les choses: l'art. 702 CC réserve expressément la possibilité pour le droit public cantonal d'apporter des restrictions à la propriété foncière en ce qui concerne en particulier la police des constructions, des forêts, les mesures destinées à la conservation des antiquités et des curiosités naturelles ou à la protection des sites. Il s'agit là d'une réserve au sens impropre selon l'art. 6 al. 1 CC puisqu'en vertu de la Constitution fédérale, les cantons ont une *priorité de compétence* (art. 3 Cst.) et qu'ils sont aussi habilités en particulier à imposer ou maintenir des restrictions à la propriété foncière (art. 22ter al. 1 Cst.)[33].

L'art. 24^{sexies} al. 1 Cst. se limite donc à rappeler cette compétence cantonale originaire, rappel que le constituant a estimé nécessaire en 1962 parce que les

37

---

[33] P.ex. ATF 95 II 613; 88 II 260 = JdT 1963 I 171.

autres alinéas de la disposition créaient des compétences en faveur de la Confédération[34]. Ce rappel a cependant tout de même une double utilité, propre à la protection de la nature et du paysage:

38
Principe de subsidiarité
Subsidiaritätsprinzip

1. Il insiste sur le principe de *subsidiarité* dans ce domaine: la Confédération ne doit intervenir que si les cantons ne sont pas à même d'atteindre leur but ou si l'intérêt général du pays exige des mesures fédérales urgentes; le constituant présume que les collectivités régionales ou locales concernées directement sont mieux à même que la Confédération de défendre leur patrimoine. L'esprit fédéraliste est ainsi une «directive pour l'application de l'article tout entier», à savoir pour les al. 2 à 4 qui (depuis 1961) attribuent des compétences à la Confédération[35]. Le législateur en a spontanément tenu compte; le meilleur exemple est sans doute l'art. 18b al. 1 LPN (protection des biotopes d'importance régionale ou locale): la Confédération aurait pu légiférer en vertu de l'al. 4, mais elle s'en est abstenue au profit des cantons. D'autres illustrations confirment encore cette retenue; ainsi, en matière de subventions (art. 13 al. 1 LPN: subventions fédérales accordées uniquement si le canton participe aux frais) ou de tâches d'exécution (art.18a al. 2 LPN: les cantons protègent les biotopes d'importance nationale). L'al. 5 de l'art. 24^{sexies} Cst. (rajouté en 1987) n'est en soi pas assujetti à ce système fédéraliste puisqu'il vise uniquement des objets d'importance nationale; pourtant, le principe de subsidiarité a tout de même imprégné certaines dispositions d'application comme l'art. 25b al. 1 LPN: les cantons désignent les parties de marais ou sites marécageux à rétablir.

39
Appel aux cantons
Aufruf an die Kantone

2. Dans sa fonction dynamique, l'al. 1 espère attirer efficacement l'attention des cantons sur l'importance que la protection de la nature et du paysage revêt pour leur territoire ou le pays tout entier et les encourager ainsi à accroître leurs efforts[36]. Au-delà de ce souhait, il n'est pas possible de lire dans l'al. 1 une obligation constitutionnelle pour les cantons de protéger de manière générale la nature et le paysage; la LPN n'impose en conséquence aux cantons aucun mandat de protéger la nature et le paysage en général[37]. La Confédération ne peut le leur impartir que dans les cas particuliers où la Constitution lui attribue des compétences, qu'il s'agisse des domaines couverts par les al. 2 à 5 ou encore d'autres domaines comme la protection de l'environnement en général (art. 24^{septies} Cst.), des eaux ou des forêts (art. 24 et 24bis Cst.).

---

[34] Dans ce sens, Häfelin/Haller, N° 266.
[35] Message art. 24sexies Cst., FF 1961 I 1104, 1109; Fleiner-Gerster, N° 10.
[36] Expressément, Message art. 24sexies Cst., FF 1961 I 1104.
[37] Expressément, ATF 120 Ib 33 = Pra 1994, 737 (à propos des monuments historiques).

Dans l'utilisation de leurs compétences rappelées à l'al. 1, les cantons n'ont certainement pas une liberté totale; ils doivent en effet *respecter le droit fédéral* existant qui peut dans ce contexte se manifester au moins de quatre manières:

40
Primauté du droit fédéral
Vorrang des Bundesrechts

1. Il peut s'agir du droit fédéral spécifique à la protection de la nature et du paysage édicté sur la base des al. 2 à 5. La LPN ne contient pas de disposition qui règle de manière générale les conflits entre droit cantonal et droit fédéral, comme le fait par exemple l'art. 65 LPE; il s'agira donc d'examiner pour chaque cas et à la lumière des principes généraux si la Confédération est au bénéfice d'une compétence exclusive ou concurrente (N° 42 ss).

2. Il peut ensuite s'agir du droit fédéral en vigueur dans des domaines connexes à la protection de la nature et du paysage; ainsi pour les lois et ordonnances sur l'aménagement du territoire, la protection de l'environnement, la protection des eaux, la forêt, la pêche, la chasse et la protection des mammifères ou oiseaux sauvages, les chemins pour piétons et de randonnée pédestre ou la protection des biens culturels lors de guerres. En cas de conflit, c'est le principe de la force dérogatoire (subséquente) du droit fédéral (art. 2 disp.trans. Cst.) qui gouverne la solution; il s'imposera d'examiner dans chaque situation concrète si l'existence d'une norme fédérale interdit toute autre réglementation simultanée.

3. Dans le même sens, la Confédération peut se voir attribuer pour d'autres domaines des compétences générales qui lui permettent d'intervenir aussi en matière de protection de la nature et du paysage; elle peut alors édicter des dispositions fédérales susceptibles d'enlever toute portée au droit cantonal correspondant; la question se pose ainsi en matière de navigation aérienne (art. 37ter Cst.)[38].

4. Enfin, il découle de l'art. 6 CC que le droit public cantonal ne doit ni éluder des règles du droit civil, ni en violer la lettre ou l'esprit[39].

Jusqu'ici, la pratique n'a pas révélé de nombreux conflits de normes; les difficultés semblent provenir plutôt des actes administratifs cantonaux qui vont à l'encontre de la volonté exprimée par le législateur fédéral.

41

b. Les relativisations

Après avoir affirmé à son al. 1 la priorité des compétences cantonales, l'art. 24^{sexies} Cst. les relativise fortement en énumérant aux al. 2 à 5 quelles sont néanmoins les compétences fédérales en matière de protection de la nature et

42
Al. 2 à 5
Abs. 2–5

---

[38] ATF 122 I 75.
[39] ATF 112 Ia 401 = Pra 1987, 891; STEINAUER, Nos 1943 s.

du paysage. L'ordre dans lequel ces compétences sont énumérées ne joue aucun rôle juridique et il n'y a guère de lien entre les différents alinéas, si ce n'est en tant qu'ils dérogent tous d'une manière ou d'une autre au principe de l'al. 1.

43 Ces dérogations sont de quatre types juridiques:

44 1. La plus absolue est celle de l'al. 4:

Al. 4
Abs. 4

«[La Confédération] est autorisée à légiférer sur la protection de la faune et de la flore.»

La Confédération reçoit ici une compétence législative en matière de faune et de flore que le constituant justifie par la nécessité de protéger leur milieu vital, partout en Suisse et de façon uniforme[40]. Ni les sources historiques ni la doctrine ne se prononcent sur la portée exacte de cette compétence; elle est nouvelle pour la Confédération car prévue par aucune autre disposition constitutionnelle, concurrente à la compétence des cantons (force dérogatoire subséquente), non limitée aux principes, mais restreinte à un domaine délimité expressément; elle demeure en outre facultative, même si d'aucuns estiment que l'art. 24^{sexies} Cst. n'a aucune utilité lorsqu'on ne le comprend pas comme une obligation générale pour la Confédération d'intervenir[41].

45
Droit fédéral contraignant
Zwingendes Bundesrecht

La Confédération a ainsi la capacité de contraindre les cantons à abroger leurs législations sur la faune et la flore dans toute la mesure où elles sont incompatibles avec les règles qu'énonce le droit fédéral; c'est dans ce sens que l'al. 4 s'inscrit en dérogation ponctuelle à l'al. 1. Les cas d'incompatibilité seront par nature peu nombreux puisqu'un même objet peut en principe bénéficier d'une double protection. La Confédération a fait usage de sa compétence pour l'essentiel lorsqu'elle a imposé aux cantons la protection des biotopes (art. 18 ss LPN) – même si les notions juridiques indéterminées que la loi utilise laissent une grande marge d'appréciation aux cantons[42] – ou lorsqu'elle a réglementé la pêche (LPê) ainsi que la chasse et la protection des mammifères ou oiseaux sauvages (LChP), tandis qu'elle a parfois rétrocédé aux cantons la compétence de prendre des mesures allant au-delà d'une protection fédérale minimale; ainsi pour la protection des plantes et des animaux rares (art. 20 al. 2 LPN). Il ne faut pas confondre cette rétrocession avec les situations où la Confédération utilise effectivement sa compétence afin d'imposer des obligations aux cantons (ainsi à l'art. 18a al. 2 LPN pour les mesures de protection des biotopes d'importance nationale).

---

[40] Message art. 24sexies Cst., FF 1961 I 1108.
[41] MAURER, 28 s.
[42] ATF 116 Ib 208 s., 211 s. = Pra 1991, 629, 631.

2. L'al. 5 s'inscrit dans la même perspective que l'al. 4 dans la mesure où il formule aussi une compétence fédérale législative concurrente (force dérogatoire subséquente), non limitée aux principes, mais restreinte à un domaine particulier (les marais et les sites marécageux):

> «Les marais et les sites marécageux d'une beauté particulière et présentant un intérêt national sont placés sous protection. Dans ces zones protégées, il est interdit d'aménager des installations de quelque nature que ce soit et de modifier le terrain sous une forme ou sous une autre. Font exception les installations servant à assurer la protection conformément au but visé et à la poursuite de l'exploitation à des fins agricoles.»

46
Al. 5
Abs. 5

Il s'agit bien pour la Confédération d'un véritable *mandat impératif de protection* (contrairement à l'al. 4) et non pas simplement d'une obligation de coordonner au moyen d'une législation fédérale les initiatives de protection cantonales, comme le Message du Conseil fédéral semble le suggérer[43]; en effet:

47
Compétence fédérale
Bundeskompetenz

- Seule une compétence fédérale justifie vraiment l'al. 5 en lui octroyant une certaine portée autonome: d'une part, l'al. 4 attribue déjà à la Confédération la compétence de protéger de manière relative les marais en tant que biotopes, de sorte que la protection absolue accordée à l'al. 5 à certains d'entre eux ne saurait «retourner» aux cantons; d'autre part, l'al. 1 rappelle la compétence des cantons de protéger le paysage et rend inutile la protection des sites marécageux à l'al. 5 si ce n'est pour déroger à l'al. 1 en la confiant à la Confédération[44].

- Il paraîtrait ensuite contradictoire de vouloir créer un régime spécial en faveur d'objets «d'intérêt national» tout en s'appuyant sur des compétences cantonales; dans de nombreuses autres circonstances, le droit constitutionnel invoque ce caractère national afin de fonder (même tacitement) une compétence fédérale.

- Enfin, une telle interprétation de l'al. 5 découle de sa formulation détaillée et de l'effet direct qui en résulte (N° 91) ainsi que de sa mise en oeuvre dans la LPN, en particulier lorsque l'art. 23c ordonne au Conseil fédéral de fixer les buts de protection ou prévoit une participation financière extraordinaire de la Confédération (KELLER, Remarques préliminaires aux art. 23a–23d, N° 3).

Il n'empêche que les cantons conservent un rôle important dans la protection des marais et des sites marécageux:

48
Rôle des cantons
Rolle der Kantone

- D'une part, la Confédération n'a pas complètement utilisé sa compétence en vertu de l'al. 5 puisque la LPN a choisi d'en rétrocéder une

---

[43] Message révision partielle LPN, FF 1991 III 1144 s.
[44] Pour une analyse détaillée, WALDMANN, Diss., p. 53 ss.

- partie aux cantons; ainsi à l'art. 18a al. 2 lorsqu'il s'agit de mettre en oeuvre la protection des biotopes d'importance nationale, définie seulement grossièrement au niveau fédéral.
- D'autre part, les cantons coopèrent activement à la réalisation des inventaires (art. 18a al. 1 et 23b al. 3 2ème phrase LPN); il s'agit non seulement d'un droit d'être entendu, mais d'une véritable obligation fondée sur le principe de la fidélité confédérale (art. 3 Cst.)[45].

49
Al. 2
Abs. 2

3. L'al. 2 ne crée pas une compétence pour la Confédération; elle l'a déjà matériellement puisqu'elle seule est en mesure d'accomplir les tâches qui par nature sont les siennes, qu'il s'agisse de constructions de la Confédération, de subventions fédérales ou de concessions et d'autorisations fédérales (art. 2 LPN). L'al. 2 est par contre dans ces cas une norme génératrice d'une *obligation* pour la Confédération:

> «La Confédération doit, dans l'accomplissement de ses tâches, ménager l'aspect caractéristique du paysage et des localités, les sites évocateurs du passé, ainsi que les curiosités naturelles et les monuments et les conserver intacts là où il y a un intérêt général prépondérant.»

50
Obligation fédérale
Pflicht des Bundes

Dans l'exercice de ses compétences, la Confédération doit ainsi spécifiquement veiller à protéger la nature et le paysage. Cette obligation n'est pas totalement nouvelle: elle existait déjà dans diverses législations ponctuelles, mais elle méritait d'être généralisée afin d'éviter toute lacune. L'al. 2 est d'application directe, de sorte que la LPN ne pourrait pas en étendre la portée à des tâches que le constituant n'a pas voulu appréhender; son silence est qualifié et limite donc l'interprétation des art. 1 à 3 LPN lorsqu'ils décrivent les objectifs de la législation, les tâches de la Confédération et ses devoirs. L'al. 2 ne confère pas un droit constitutionnel aux citoyens[46].

51
Portée pour les cantons
Bedeutung für die Kantone

L'al. 2 a aussi une portée contraignante pour les *cantons* même s'il ne les mentionne pas: il ne s'agit pas d'une rétrocession, mais de tous les cas où des normes fédérales spéciales (LPN ou autres) chargent de leur application les autorités cantonales et où ces dernières accomplissent ce faisant une tâche de la Confédération; elles doivent alors respecter les exigences de la nature et du paysage (ZUFFEREY, art. 2, N° 16). L'art. 3 al. 1 LPN (modifié en 1995) le constate désormais expressément (FAVRE, art. 3, N° 6).

52
Al. 3
Abs. 3

4. L'al. 3 attribue réellement à la Confédération deux types de compétences, non pas législatives mais matérielles, par définition non limitées aux principes et facultatives («peut»); d'aucuns estiment cependant que l'art. 24^{sexies} Cst. n'aurait aucune utilité si on ne le comprenait pas comme une obliga-

---

[45] KÖLZ, Rechtsfragen, 188 et ses nombreuses références (en particulier à SALADIN).
[46] Arrêt non publié du TF du 13 juillet 1990, La Souste, cons. 1d; ATF 107 Ib 113.

tion générale pour la Confédération d'intervenir[47]. Le texte est subdivisé en deux parties («et»):

> «La Confédération peut soutenir par des subventions les efforts en faveur de la protection de la nature et du paysage et procéder, par voie contractuelle ou d'expropriation, pour acquérir ou conserver des réserves naturelles, des sites évocateurs du passé et des monuments d'importance nationale.»

53 Faculté de subventionner
Möglichkeit der Beitragsgewährung

La première compétence de la Confédération porte ainsi sur la faculté de subventionner les initiatives des collectivités ou des particuliers en vue de protéger la nature et le paysage; il s'agit bien d'une simple faculté car l'al. 3 ne crée pas pour l'administré le droit à être subventionné[48]. Même si en pratique l'importance des subventions fédérales est primordiale (en particulier pour la protection des monuments[49]), il s'agit cependant uniquement de mesures de soutien qui n'entendent pas empiéter juridiquement sur la compétence générale des cantons en vertu de l'al. 1; pourtant, l'aide fédérale pourrait aboutir à un certain transfert des compétences cantonales vers la Confédération puisque celle-ci peut lier ses subventions à des conditions concernant la conservation et l'entretien de l'objet et de ses environs (art. 13 al. 2 LPN). D'où l'importance d'affirmer le principe selon lequel la Confédération ne pourrait pas subordonner le versement de subventions au respect de règles fédérales qui léseraient la souveraineté cantonale[50]; ni les art. 13 ss LPN ni l'art. 7 OPN ne mentionnent expressément cette restriction.

54 Mesures de protection subsidiaires
Subsidiäre Schutzmassnahmen

La deuxième compétence que l'al. 3 attribue à la Confédération est celle de prendre elle-même des mesures de protection, en particulier d'exproprier les objets qu'elle entend placer sous sa protection. Il s'agit d'une compétence fédérale concurrente mais *subsidiaire* et assujettie au principe de proportionnalité:

- Elle ne porte pas atteinte aux compétences qu'ont les cantons d'acquérir, de grever de servitudes ou d'exproprier des objets qu'ils estiment dignes de protection.
- Plus encore et en vertu de l'al. 1, la Confédération ne peut assurer elle-même la protection de certains biens par le moyen du droit civil voire par l'expropriation que si le canton intéressé n'est pas en mesure d'y pourvoir seul, parce que par exemple il manque de ressources ou ren-

---

[47] MAURER, 28 s.
[48] Expressément, ATF 99 Ib 77.
[49] Au point que comme les besoins en subventions excèdent les ressources disponibles, la Confédération a dû établir un ordre de priorité (RS 445.16) fondé sur l'art. 13 al. 2 LSu.
[50] Expressément, Message art. 24sexies Cst., FF 1961 I 1102.

contre d'autres difficultés insurmontables[51]. Les art. 15 s. LPN n'expriment pas du tout ce principe de subsidiarité, même lorsqu'ils suggèrent à la Confédération de rétrocéder l'administration des objets protégés (art. 15 al. 1 in fine); ils doivent pourtant être appliqués de façon à ne pas outrepasser la limite constitutionnelle de l'al. 3. Si un canton peut assurer la protection d'un bien mais ne le veut pas, l'al. 1 empêche de se fonder sur ce seul fait pour admettre alors une compétence d'intervention fédérale; exceptions: si l'objet est d'importance nationale (al. 3 in fine; FAHRLÄNDER, art. 15, N° 3 s.), si la protection fédérale trouve son assise à l'al. 2 (accomplissement d'une tâche fédérale) ou à l'al. 4 (biotope).

- Lorsque la Confédération est compétente pour intervenir, elle ne peut utiliser l'expropriation qu'en cas «d'extrême nécessité» (termes du Message[52]), soit lorsque tous les autres moyens dont elle dispose ont échoué, en particulier la protection par contrat; c'est dans ce sens que l'art. 15 al. 1 LPN (1995) a remplacé le terme «exceptionnellement» par les mots «si [la voie contractuelle] est impossible».

B. Les compétences de la Confédération

a. Les obligations propres de la Confédération (al. 2)

55 Les paragraphes qui précèdent ont décrit comment l'al. 2 de l'art. 24^sexies Cst.
Al. 2 crée des obligations pour la Confédération (voire les cantons) et en quoi il leur
Abs. 2 fournit un fondement pour une politique de protection accrue (N° 9, 49 ss). L'art. 2 LPN formalise ce que déjà le constituant entendait par «accomplissement des tâches fédérales» et qu'il n'a pas voulu préciser en détail dans la Constitution, de sorte que l'alinéa constitutionnel doit se lire en lien avec sa législation d'application; c'est donc le commentaire de l'art. 2 LPN qui décrira exactement la portée matérielle que la Constitution a entendu donner à l'al. 2 (ZUFFEREY, art. 2, N° 6 ss).

56 Au surplus dans l'immédiat, les remarques complémentaires suivantes se justifient:

57 1. L'obligation de ménager voire conserver le patrimoine s'adresse à la «Confédération». Ce terme doit être compris de manière large: il s'agit de tous les services, autorités, instituts, établissements et autres entités fédérales, comme le spécifie l'art. 3 al. 1 LPN (FAVRE, art. 3, N° 6).

---

[51] Message art. 24sexies Cst., FF 1961 I 1112 s.; BO CE 1961, 2 (Intervention TSCHUDI, Conseiller fédéral).
[52] Message art. 24sexies Cst., FF 1961 I 1107.

2. Il s'agit aussi des *cantons* lorsqu'ils sont chargés d'accomplir une tâche fédérale (ZUFFEREY, art. 2, N° 16).

3. A juste titre, l'art. 1 OPN mentionne aussi les *tâches fédérales législatives et de planification*: ménager le patrimoine s'impose en effet à la Confédération aussi à travers l'établissement et la modification des plans ou textes légaux, ceux-ci même dans les domaines autres que la protection de la nature et du paysage et y compris lorsqu'il s'agit de traités internationaux[53] (ZUFFEREY, art. 2, N° 19 s., 23 ss). De lege ferenda, il serait judicieux que les art. 2 et 3 LPN rappellent expressément ces tâches aussi et n'énumèrent pas uniquement les hypothèses d'interventions matérielles ou administratives.

58

59
Tâches fédérales
Bundesaufgaben

4. On peut construire une gradation dans l'ampleur de l'obligation à charge de la Confédération: premièrement et en tout temps, elle doit ménager (schonen) les objets que l'al. 2 énumère; cette exigence est satisfaite dès que la Confédération prend les mesures inventoriées à l'art. 3 al. 2 LPN afin que l'atteinte au patrimoine demeure aussi réduite que possible. Si par contre secondement (et subsidiairement en vertu du principe de proportionnalité) l'intérêt à la conservation de l'objet concerné paraît prépondérant, il doit alors être *maintenu intact* (ungeschmälert erhalten; art. 3 al. 2 in fine LPN), même en renonçant s'il le faut au projet susceptible d'y porter atteinte. La pondération des intérêts en présence doit se faire sans aucune présomption en faveur ou en défaveur du patrimoine; en particulier le constituant a finalement refusé de limiter sa protection aux seuls cas où les intérêts vitaux du pays ne s'y opposent pas[54]. C'est l'art. 3 LPN qui indique à la Confédération comment appliquer l'al. 2 en pratique; son commentaire précisera en particulier ce qu'il faut entendre par «ménager» et «conserver intact» (FAVRE, art. 3, N° 7 ss; ég. art. 1, N° 7).

60
Ménager et conserver intact
Schonung und ungeschmälerte Erhaltung

5. L'al. 2 mentionne les biens protégés suivants: l'aspect caractéristique du paysage et des localités, les sites évocateurs du passé ainsi que les curiosités naturelles et les monuments. Cette formulation diffère quelque peu de celle proposée à l'origine par le Conseil fédéral («le paysage, l'aspect des localités, les sites historiques ainsi que les curiosités naturelles et les monuments de la culture»[55]). S'il est possible de tirer quelque conséquence juridique de cette évolution du texte (due en grande partie aux travaux de rédaction finale), elle justifie une interprétation de l'alinéa actuel dans un sens tantôt extensif, tantôt restrictif: seuls les aspects caractéristiques du

61
Objets protégés
Schutzgegenstände

---

[53] Message art. 24sexies Cst., FF 1961 I 1105; FLEINER-GERSTER, N° 14.
[54] BO CE 1961, 471 s. (proposition GRENDELMEIER).
[55] Message art. 24sexies Cst., FF 1961 I 1111.

paysage sont désormais protégés et non plus le paysage tout entier; il en va tout autant pour les localités, même si l'adjonction restrictive proposée lors des délibérations au Parlement n'a finalement pas été retenue («localités ayant une valeur esthétique et traditionnelle»[56]); par contre pour les sites, ce qui est évocateur du passé peut être plus large que ce qui est historique et tous les monuments sont désormais protégés, même s'ils n'ont pas une importance culturelle au sens classique (N° 23 ss).

62 6. La LPN reprend pratiquement textuellement la désignation des objets protégés dans l'alinéa constitutionnel, soit lorsqu'elle exprime son but (art. 1 lit. a) soit lorsqu'elle formule les devoirs de la Confédération (art. 3 al. 1). Il n'y a donc aucun argument à en tirer afin d'interpréter le sens des termes qu'utilise le constituant; tout au plus, la comparaison des formulations permet d'affirmer que seuls sont à protéger les monuments «du pays» (art. 1 lit. a), sous réserve d'éventuels accords internationaux.

63 7. La volonté du législateur à l'al. 2 était de rester aussi général que possible. Les objets mentionnés comme dignes de protection peuvent donc être perçus tels des concepts juridiques ou des notions juridiques indéterminées génératrices d'une latitude de jugement pour l'autorité. Le chapitre premier du présent ouvrage (ROHRER) s'est attaché à les définir: l'aspect caractéristique du paysage (das heimatliche Landschaftsbild) (N° 22 ss), l'aspect caractéristique des localités (das heimatliche Ortsbild) et les sites évocateurs du passé (geschichtliche Stätten) (N° 31 ss), les curiosités naturelles et les monuments (Natur- und Kulturdenkmäler) (N° 35 ss).

b. Les mesures fédérales directes de soutien et de protection (al. 3)

64 Dans la mesure (très limitée) où l'art. 24[sexies] al. 3 Cst. relativise le principe
Al. 3 exprimé à l'al. 1, il a déjà fait l'objet d'un commentaire ad hoc (N° 52 ss); il en
Abs. 3 va de même pour sa fonction dynamique potentielle: elle résulte de ce qu'il n'énumère pas de manière exhaustive les cas où une intervention fédérale directe est possible (N° 9). Ensuite et comme pour l'al. 2, ce sont les dispositions de la LPN spécifiques à l'al. 3 qui formalisent toute la portée qu'a voulu lui donner le constituant; en particulier les art. 13 à 14a définissent quels sont les efforts de protection que la Confédération peut subventionner (JENNI, art. 13, N° 6 ss) puis les art. 15 et 16 décrivent par quelles mesures de protection directe la Confédération peut «procéder» (FAHRLÄNDER, art. 15, N° 8 ss; art. 16, N° 12 ss). Enfin, les objets que l'al. 3 mentionne méritent largement les mêmes remarques que celles formulées à propos de l'al. 2, à savoir que la LPN ne fournit

---

[56] BO CE 1961, 216 s.

guère d'éléments d'explication (N° 62) et qu'il s'agit de notions juridiques indéterminées (N° 63): sont en effet à nouveau mentionnés les sites évocateurs du passé, les monuments (mais seulement ceux d'importance nationale) ainsi que les sites et curiosités naturelles; à ce dernier égard, le texte constitutionnel parle de «réserves», mais ce terme est à comprendre dans un sens large comme l'atteste la dernière modification de l'art. 15 al. 1 LPN (1995) justement destinée à unifier la terminologie[57]: les mesures directes sont possibles chaque fois que la Confédération veut transformer en «réserves» des sites ou curiosités naturelles remplissant les conditions pour être inscrits à un inventaire[58].

Au-delà de ces renvois, l'al. 3 suggère encore les remarques suivantes: 65

1. Il est formulé en deux parties et prévoit par là-même deux types de mesures fédérales: les subventions et la mise sous protection par contrat ou expropriation; il n'y a aucun lien obligatoire entre ces deux instruments, quand bien même l'alinéa constitutionnel utilise la conjonction «et». L'un et l'autre ont trouvé leur concrétisation aux art. 13 ss LPN, comme l'annonce d'ailleurs le titre du chapitre 2 de la loi: «soutien accordé par la Confédération [...] et mesures de la Confédération». Dans une perspective fédéraliste, ces mesures fédérales d'intervention directe ont un caractère doublement subsidiaire (N° 54).   66 Soutien et protection Unterstützung und Schutz

2. Pour ce qui est des subventions, la Constitution se contente d'une norme très générale aménageant un large pouvoir d'appréciation à la Confédération («peut»). Ce sont les art. 13 à 14a LPN qui satisfont aux exigences aujourd'hui renforcées en matière de légalité des subventions; en particulier, ils fixent les conditions auxquelles les subventions seront allouées et leur taux, comme déjà le constituant le prévoyait[59].   67

3. L'al. 3 n'a pas voulu délimiter de manière restrictive le cercle des bénéficiaires des subventions: ratione materiae, elles profitent à la protection de la nature et du paysage au sens le plus général, donc aussi à la conservation des monuments historiques ainsi qu'à l'encouragement de l'enseignement et de la recherche (art. 1 lit. e et 15 al. 1 LPN dans leur nouvelle formulation de 1995); ratione personae, il peut s'agir d'entités de droit public comme les cantons (voire les communes) ou de droit privé comme les organisations de protection de la nature, du paysage ou des monuments historiques et les particuliers.   68 Bénéficiaires Beitragsberechtigte

4. La syntaxe de l'al. 3 oblige à admettre que les mesures de sauvegarde ne sont pas possibles à l'égard de tous les éléments caractéristiques du paysa-   69 Importance nationale Nationale Bedeutung

---

[57] Message révision partielle LPN, FF 1991 III 1158.
[58] Message LPN, FF 1965 III 112 s.
[59] Message art. 24sexies Cst., FF 1961 I 1107.

ge ni des localités. En effet, ces deux types d'objets n'apparaissent pas dans la deuxième partie de l'al. 3, contrairement à ce qui est le cas à l'al. 2. Cette délimitation n'a cependant guère de portée pratique vu le caractère indéterminé des notions utilisées; seule est vraiment déterminante l'importance nationale (FAHRLÄNDER, art. 15, N° 5 s.).

70
Expropriation
Enteignung

5. Lorsque l'al. 3 mentionne l'expropriation, il s'agit en priorité de l'expropriation formelle, soit la procédure par laquelle la Confédération acquiert des droits de propriété et des droits distincts et permanents, tels que des servitudes dont l'exercice menacerait des sites ou des monuments; il est alors logique que l'expropriation se déroule en conformité avec la LEx (art. 15 al. 2 LPN). L'al. 3 permet aussi d'encourager des cas d'expropriation matérielle, à savoir des restrictions importantes du droit de propriété par des prescriptions ou mesures officielles empêchant l'ancien usage de la chose concernée; le Message cite le cas où la Confédération prononcerait une interdiction ou une limitation du droit de bâtir sur les parcelles voisines afin de protéger un monument[60]. Il s'agirait alors de restrictions de droit public à la propriété au sens de l'art. 702 CC.

71

6. La garantie de la propriété au sens de l'art. 22ter Cst. n'autorise une expropriation que si l'intérêt public l'emporte sur celui du propriétaire. L'al. 3 ne donne d'indication à cet égard qu'en énumérant les objets d'expropriation potentiels. Comme l'impact pour les propriétaires touchés par l'expropriation est très variable, ni la Constitution, ni même la LPN (art. 15 al. 1) ne pouvaient aller au-delà de cette indication toute générale qui laisse aux autorités d'exécution le soin de pondérer les intérêts en présence.

72
Mesures
conservatoires
Vorsorgliche Massnahmen

7. L'al. 3 ne mentionne d'aucune façon les mesures provisoires conservatoires que l'art. 16 LPN a instaurées; il en va de même des travaux législatifs à l'origine de l'alinéa constitutionnel. Son application justifie sans doute que la Confédération puisse prendre des mesures temporaires; en vertu de l'al. 3, elles doivent pourtant demeurer subsidiaires par rapport à une intervention cantonale, par rapport à une solution contractuelle et par rapport aux instruments du droit fédéral de l'expropriation (envoi en possession anticipé; art. 76 LEx).

73
Absence
d'effet direct
Keine
unmittelbare
Wirkung

8. L'al. 3 n'a pas d'effet direct: les mesures fédérales de soutien ou de protection doivent à chaque fois faire l'objet d'un acte de mise en oeuvre qui sera soit législatif soit administratif; ainsi par exemple la Loi fédérale sur le Parc national du 19 décembre 1980[61] ou l'Arrêté fédéral du 3 mai 1991 accordant

---

[60] Message art. 24sexies Cst., FF 1961 I 1108.
[61] RS 454.

à l'occasion du 700ème anniversaire de la Confédération une aide financière en faveur de la sauvegarde et de la gestion de paysages ruraux traditionnels[62].

c. La faune et la flore (al. 4)

L'al. 4 attribue une véritable compétence législative à la Confédération et de ce fait, comme l'al. 5, il déroge véritablement à l'al. 1; c'est cet élément typiquement constitutionnel qui a fait jusqu'ici l'objet du présent commentaire (N° 44 s.). Il en fut de même pour les notions de faune et de flore lorsqu'il s'est agi de développer l'apport potentiel de l'art. 24^{sexies} Cst. à la protection de la nature et du paysage dans son ensemble: l'al. 4 englobe la faune, la flore, leur biocénose et leur biotope (N° 10).

74 Al. 4 Abs. 4

Dans son objectif de protéger la faune et la flore et même s'il ne le dit pas, l'al. 4 vise à maintenir les *espèces* (Tier- und Pflanzenwelt) et non pas des animaux ou des plantes individuelles; cette perspective précise se vérifie à plusieurs égards et justifie les remarques ou délimitations suivantes:

75 Protection des espèces Artenschutz

1. C'est dans ce sens que la LPN prévoit en particulier la réacclimatation d'espèces ne vivant plus à l'état sauvage en Suisse ou menacées d'extinction (art. 18 al. 3), la nécessité d'une autorisation cantonale (éventuellement limitée) afin de récolter des plantes sauvages ou capturer des animaux vivant en liberté à des fins lucratives (art. 19), la protection des espèces animales et végétales rares par le moyen d'une interdiction fédérale générale (art. 20 al. 1) et l'autorisation fédérale nécessaire afin d'acclimater des espèces animales et végétales étrangères (art. 23). C'est encore le concept d'espèces que l'Annexe 1 à l'OPN utilise comme indicateur des biotopes dignes de protection.

76

2. Toutes les espèces animales et végétales ne sont pas (encore) protégées; la formule laconique de l'al. 4 laisse un large pouvoir d'appréciation à la Confédération: elle a choisi de se limiter dans la LPN aux espèces qui sont «dignes de protection» (art. 18 al. 2, 20 al. 1), qui sont «menacées d'extinction» (art. 18 al. 3) ou qui sont «rares» (art. 20 al. 1). La concrétisation de ces formules juridiques indéterminées n'a pas d'autre instrument à disposition que le mécanisme des énumérations sous forme de «listes»: celles des plantes sauvages mentionnées à l'Annexe 2 de l'OPN, celle des animaux protégés en vertu de la LChP et des Annexes 3 et 4 à l'OPN ou encore celle des poissons et écrevisses menacés de l'Annexe 1 à la LPê.

77

3. L'al. 4 est à lire dans un contexte global de protection des animaux, puisque d'autres dispositions constitutionnelles y concourent: les art. 24^{septies}, 24^{novies}

78 Délimitations Abgrenzungen

---

[62] RS 451.51.

al. 3, 25 et 25bis Cst. pour l'essentiel (N° 16). Les délimitations sont à cet égard au moins les suivantes:
- Par rapport à l'art. 25 Cst. et la réglementation sur la chasse et la protection des oiseaux (LChP), l'al. 4 se caractérise doublement: premièrement, c'est lui qui désormais habilite la Confédération à protéger les animaux et oiseaux susceptibles d'être chassés lorsqu'on veut les protéger en tant qu'espèces[63]; secondement, il permet d'appréhender toutes les espèces de (petits) animaux qui ne constituent pas du gibier[64].
- L'art. 25bis Cst. et la LPA (en particulier ses dispositions pénales) appréhendent les mauvais traitements envers les animaux familiers, domestiques, voire sauvages mais captifs, chassés ou pêchés; cette réglementation protège ainsi les animaux individuels et n'a pas pour objectif d'empêcher la disparition d'espèces[65]. L'art. 24^{sexies} Cst. n'est quant à lui pas invocable contre l'utilisation des animaux à des fins expérimentales[66].
- Même si la LPN et la LPê poursuivent des objectifs différents, leur intervention concourt sur un point: la conservation des eaux piscicoles et leur protection contre des atteintes nuisibles exigent aussi le maintien des biotopes (au sens des art. 18 ss LPN) que constituent l'eau, le lit, les rives et les environs des cours d'eau[67].

79
Moyens de protection
Schutzmittel

4. Les moyens de protection à disposition de la Confédération afin de protéger les espèces sont de nature très variée et ils se rattachent avant tout à l'administration de restriction[68]: pour la flore, il s'agit d'interdictions par exemple de cueillir, d'arracher, de transporter et de vendre (art. 20 LPN), d'interdictions de détruire sur une grande surface (art. 21 LPN) ou encore d'assujettissements à autorisation pour des atteintes ponctuelles (art. 19 et 22 LPN). Il en va largement de même pour les animaux: interdictions par exemple de chasse (art. 5 LChP), de pêche (art. 4 al. 1 LPê) ou d'autres atteintes (art. 20 LPN) et assujettissements à autorisation, par exemple pour la capture (art. 19 et 22 LPN); en outre, un régime d'indemnité serait possible en vertu de l'art. 24^{sexies} al. 4 Cst., comme celui que l'art. 13 LChP prévoit pour les dégâts causés par la faune protégée[69].

---

[63] FLEINER-GERSTER, Commentaire Cst., art. 25, N° 13.
[64] Message art. 24sexies Cst., FF 1961 I 1109.
[65] Expressément, ATF 119 Ib 308 = JdT 1995 I 511.
[66] ATF 119 Ib 308 = JdT 1995 I 511.
[67] ATF 117 Ib 479 s.
[68] FLEINER-GERSTER (N° 32) présente la réacclimatation des espèces comme un exemple d'administration de promotion.
[69] Message art. 24sexies Cst., FF 1961 I 1109.

5. La protection ne saurait aller au-delà des limites du territoire suisse car l'al. 4 protège la faune et la flore indigène uniquement[70]. Comme pour les monuments du pays (N° 62), il convient cependant ici aussi de réserver les accords internationaux que la Suisse a ratifiés (pour des exemples, N°19).

80

Les *biotopes* sont un élément constitutif de la protection accordée à la faune et à la flore; l'apport de l'al. 4 (qui ne les mentionne pas expressément) mérite à cet égard d'être délimité:

81
Biotopes
Biotope

1. Le but est de maintenir les espaces vitaux nécessaires à la survie des espèces (art. 18 al. 1 LPN) et non pas de les préserver en tant qu'éléments du paysage[71]; l'al. 4 protège à cette fin tous les biotopes, y compris les marais. La protection est dite relative car l'autorité doit prendre en compte tous les intérêts en présence. C'est ce régime limité qui justifie l'al. 5 et octroie à ce dernier sa portée propre (N° 84 s.).

Absence d'effet direct
Keine unmittelbare Wirkung

2. La protection des biotopes en vertu de la Constitution n'a pas d'effet direct: comme pour les mesures d'intervention de la Confédération en vertu de l'al. 3 (N° 73), la protection des biotopes passe à chaque fois par un acte juridique individuel et concret: ce sera premièrement la mention d'un biotope particulier dans les inventaires fédéraux des zones alluviales, des hauts-marais et des bas-marais dont les ordonnances correspondantes se fondent sur l'art. 18a al. 1 LPN; ce seront secondement les décisions administratives cantonales instaurant des mesures de protection spécifiques pour un biotope déterminé, qu'il soit d'ailleurs d'importance fédérale (art. 18a al. 2 LPN et art. 5 des diverses ordonnances contenant les inventaires des biotopes) ou cantonale (art. 18b LPN).

3. Tout au plus peut-on admettre une exception pour la *végétation des rives*: en vertu de l'art. 21 LPN, les roselières et jonchères, végétations alluviales et autres formations végétales naturelles riveraines bénéficient d'une clause protectrice à effet direct sous la forme d'une interdiction générale; elles ne peuvent être ni essartées, ni recouvertes, ni détruites d'une autre manière (JENNI, art. 21, N° 1, 17).

4. Enfin, l'al. 4 ne spécifie pas quels sont les instruments juridiques à disposition de la Confédération afin de protéger les biotopes; ils sont pour l'essentiel les suivants: outre la désignation des biotopes dans les inventaires déjà mentionnés et la détermination des buts visés par leur protection (art. 18a al. 1

Effet direct
Unmittelbare Wirkung

---

[70] Cf. le texte initial du Projet du Conseil fédéral; Message art. 24sexies Cst., FF 1961 I 1111. L'art. 54 al. 3 du Projet de réforme de la Constitution (1995) réintroduisait le qualificatif «indigène»; l'art. 62 al. 4 du Projet de 1996 ne le fait pas.
[71] Message Rothenthurm, FF 1985 II 1454.

LPN), l'indemnisation des propriétaires ou exploitants de biotopes qui les ménagent particulièrement (art. 18c al. 2 LPN) et le financement des mesures que nécessite leur protection (art. 18d LPN).

d. Les marais et sites marécageux d'importance nationale (al. 5 et disposition transitoire)

82
Al. 5
Abs. 5

Directement ou indirectement, il a déjà été plusieurs fois question de l'al. 5 ou des marais et sites marécageux comme tels: afin de souligner que malgré son origine circonstanciée, l'alinéa a adopté une formulation absolue qui tranche par rapport au reste de l'art. 24^{sexies} Cst. (N° 3) et combien le vote clair du souverain indiqua une volonté de mieux protéger le patrimoine naturel tout entier (N°11) ou encore afin d'analyser en quoi l'al. 5 déroge au principe de l'al. 1, en créant un véritable mandat fédéral de protection (N° 46 s.).

83

La distinction esquissée *par rapport à la protection des biotopes en général* (al. 4; N° 81) est primordiale; elle se comprend de la manière suivante, quand bien même la formulation de l'al. 5 ne l'exprime pas:

84
Marais et biotopes
Moore und Biotope

1. Tous les marais (Moore) sont des biotopes (Moorbiotope) qui bénéficient d'une protection relative en vertu de l'al. 4. Parmi ceux-ci, l'al. 5 sélectionne certains marais et leur applique un régime juridique particulier. Les critères de sélection sont doubles: la beauté particulière et l'intérêt (synonyme d'importance) national. Les deux éléments sont liés: un objet ne saurait être d'importance nationale sans simultanément présenter une beauté particulière[72]; il est dès lors possible d'utiliser pour l'al. 5 les instruments désignant les marais en tant que biotopes d'importance nationale au sens de l'art. 18a al. 1 LPN: inventaire des hauts-marais et des marais de transition ou des bas-marais (expressément: art. 1 OHM et OBM; cependant N° 91: protection hors des inventaires).

85
Protection absolue
Absoluter Schutz

La protection est *absolue* en ce sens qu'elle exclut toute restriction fondée sur la garantie de la propriété, toute pondération avec d'autres intérêts et toute référence au principe de proportionnalité; le constituant les a déjà pris en compte en édictant sa disposition[73]. Dès lors, des intérêts d'importance nationale (même consacrés dans la Constitution) tels que la défense du territoire et l'instruction militaire, la réalisation du réseau des routes nationa-

---

[72] KÖLZ, Rechtsfragen, 177 s., 184 et les multiples références indiquées.
[73] Expressément, arrêt non publié du TF du 24 septembre 1996, Ingenbohl, cons. 6c; ATF 117 Ib 246 s. = JdT 1993 I 512 s. et les multiples commentaires de la doctrine dont KÖLZ, Rechtsfragen, 190 donne la référence; ég. TF in ZBl 1993, 522; RAUSCH, Recht, 1; WALDMANN, Diss., 250 ss.

les, la production d'énergie ou l'approvisionnement en eau ne peuvent plus justifier une atteinte aux objets protégés; l'art. 6 al. 2 LPN n'est ainsi plus applicable dans la mesure où il permet de déroger à la protection des objets inventoriés[74]. La situation est donc radicalement différente de celle qui prévaut dans les secteurs simplement reconnus comme paysages et monuments naturels d'importance nationale (IFP)[75]. Ce principe de protection absolue guidera l'interprétation à donner au régime d'interdiction, transitoire ou définitif (N° 95 ss; ég. KELLER, Remarques préliminaires aux art. 23a à 23d, N° 7 ss; art. 25b, N° 16). L'al. 5 prévoit une exception au principe en faveur des «installations servant à assurer la protection conformément au but visé et à la poursuite de l'exploitation à des fins agricoles»; le texte allemand est plus restrictif: seule l'exploitation actuelle est tolérée («bisherig»).

2. Les sites marécageux (Moorlandschaften) ne sont jamais considérés comme des biotopes, même s'ils englobent toujours un ou plusieurs marais à l'intérieur de leur périmètre. Les cantons sont donc compétents pour les protéger, en tant qu'éléments constitutifs du paysage; mais si à ce titre ils sont d'une beauté particulière et présentent un intérêt national, l'al. 5 déroge à l'al. 1 et crée une compétence concurrente en faveur de la Confédération. L'art. 23b al. 2 LPN définit cette fois ce que signifient les critères de sélection: les sites marécageux doivent être uniques en leur genre ou faire partie des sites les plus remarquables, dans un groupe de sites comparables (KELLER, art. 23b, N° 11 s.).

86
Sites marécageux et biotopes
Moorlandschaften und Biotope

Leur protection est alors aussi *absolue*, mais avec une double atténuation:
- A nouveau l'al. 5 autorise expressément les installations et aménagements destinés à assurer la protection des sites et celles servant à la poursuite de l'exploitation (actuelle) à des fins agricoles.
- La LPN a étendu cette exception en y ajoutant les exploitations qui ne portent pas préjudice au but de protection (art. 23d; KELLER, art. 23d, N° 4); sans que l'al. 5 ne le prévoie expressément mais avec l'accord des parlementaires qui ont admis la conformité d'une telle interprétation de la Constitution[76], le législateur a ainsi tenu compte du fait que les sites marécageux dépassent toujours l'étendue des biotopes et qu'ils peuvent souvent englober des objets construits[77] (ég. KELLER, Remarques préliminaires aux art. 23a à 23d, N° 6).

87
Protection absolue
Absoluter Schutz

---

[74] TA ZH in DEP 1996, 353. Moins absolues, les opinions exprimées dans le débat à propos du projet Grimsel West; DEP 1997, 65 ss et ultérieurement.
[75] DFI/DÉPARTEMENT MILITAIRE FÉDÉRAL, 5.
[76] BO CE 1992, 619 s.
[77] Pour plus de détails, BÜHLMANN, 33 s.

88   Au-delà de ce rappel du système, la formulation qu'utilise l'al. 5 suggère encore divers autres commentaires:

89
Norme-
programme
et inter-
diction
Programm-
norm und
Verbot

1. L'al. 5 se subdivise en trois phrases qui contiennent trois affirmations de portée différente: la première exprime un principe de protection général et abstrait tel qu'on l'attend d'une norme constitutionnelle; c'est l'aspect positif de cette disposition: elle est une norme-programme qui permet de promouvoir l'intérêt des marais et sites marécageux en tant qu'éléments du paysage, par exemple en intégrant leur environnement particulier dans le processus d'aménagement du territoire. La deuxième phrase a un caractère négatif puisqu'elle contient une interdiction expresse d'utiliser ou de modifier marais et sites marécageux (Nutzungs- und Veränderungsverbot); ainsi contrairement à l'al. 4, la Constitution règle ici concrètement les modalités de la protection. La troisième phrase aménage deux exceptions à l'interdiction, la première lorsqu'appliquer cette interdiction ne correspondrait pas à l'objectif de protection; cette exception n'est ainsi qu'une concrétisation du principe ancré à la première phrase. La seconde exception vise les installations agricoles; elle s'explique sans doute par les circonstances qui ont présidé à l'initiative de Rothenthurm.

90
Notions
Begriffe

2. La notion de marais (plus large que la simple tourbière) a toujours été relativement bien définie de sorte que le débat juridique s'est porté plutôt sur les critères à appliquer pour déterminer les marais d'importance nationale et d'une beauté particulière (FAHRLÄNDER, art. 18a, N° 27 ss)[78]. Initialement, il n'en allait pas autant des sites marécageux; depuis la révision de la LPN en 1995, l'art. 23b al. 1 les définit expressément comme des paysages proches de l'état naturel, caractérisés par la présence de marais (KELLER, art. 23b, N° 3 ss).

91
Effet direct
Unmittelba-
re Wirkung

3. La formulation qu'utilise l'al. 5 lui attribue un *effet direct*: les marais et sites marécageux sont placés sous protection, il est interdit d'aménager des installations ou de modifier le terrain et (selon la disposition transitoire) il faut démanteler tout ce qui a été construit depuis le 1er juin 1983, en particulier sur le site de Rothenthurm[79]; c'est pourquoi les art. 18a à 18d, 23a à 23d et 25b LPN ont eu uniquement à organiser cette protection et non plus à en imposer le principe. Il s'ensuit qu'un marais ou un site marécageux doit être protégé s'il est d'une beauté particulière et présente un intérêt national même s'il ne figure pas encore dans un inventaire, que la protection est due même dans les cas où l'autorité n'accomplit pas une tâche fédérale (art. 29

---

[78] Pour une analyse détaillée, WALDMANN, Diss., 16 ss.
[79] ATF 118 Ib 15 = JdT 1994 I 526; TF in ZBl 1996, 122; 1993, 522.

al. 1 lit. c OPN, modifié en ce sens en 1995)[80], que le recours de droit administratif au Tribunal fédéral est la voie ouverte afin d'invoquer une violation de l'al. 5[81], que le Tribunal fédéral peut revoir à titre préjudiciel la validité de la non-inscription dans un inventaire pour un marais ou un site marécageux particulier[82], que la planification d'une zone à bâtir ne peut intervenir avant d'avoir délimité avec précision le secteur protégé[83] et que les organisations nationales de protection de la nature auront la qualité pour recourir (même dans une procédure de planification)[84].

4. L'al. 5 2ème phrase ne dit pas qui sont les destinataires de l'interdiction absolue de porter atteinte aux marais et sites marécageux. Il faut en déduire que tous les perturbateurs potentiels sont visés: collectivités (Confédération, cantons et communes) mais aussi personnes physiques ou morales privées. Jusqu'à l'inscription de l'objet concerné dans un inventaire, il appartient à la Confédération et aux cantons d'assurer sa protection directement sur la base de la Constitution, par exemple en suspendant les procédures d'autorisation de construire, en prenant des mesures provisionnelles conservatoires, voire en créant des zones réservées. Les bases légales pour une telle intervention seront de droit fédéral (art. 29 al. 1 lit. a et c OPN, art. 27 LAT) ou de droit cantonal.

92 Destinataires Normadressaten

Le *régime d'interdiction* se fonde sur l'al. 5, la disposition transitoire et les articles de la LPN qui les appliquent; leur formulation complexe soulève des controverses liées à la portée qu'ont les exceptions au principe de protection. Les remarques qui suivent analysent uniquement ce que l'on peut tirer des règles constitutionnelles (pour plus de détails, KELLER, art. 23d, N° 4 ss; FAHRLÄNDER, art. 24e, N° 3 ss; KELLER, art. 25b, N° 1 ss):

93 Interdiction Verbot

1. La disposition constitutionnelle transitoire astreint au démantèlement toute construction «entreprise» (et non seulement autorisée[85]) après le 1er juin 1983 et qui serait aujourd'hui encore contraire au but visé par la protection. Ce qui a été réalisé avant cette date n'est pas touché par l'obligation de démantèlement, même si cela reste incompatible avec le but de protection. Depuis l'entrée en vigueur de l'art. 24sexies al. 5 (6 décembre 1987), la protection absolue s'impose directement. Certains auteurs estiment dès lors

94 Norme applicable Anwendbare Norm

---

[80] TF in ZBl 1993, 524.
[81] ATF 118 Ib 15 = JdT 1994 I 526 (projet de golf dont le parcours jouxte une zone de marais non encore inscrite dans un inventaire).
[82] KÖLZ, Rechtsfragen, 193 et les références citées.
[83] TA ZH in DEP 1996, 354.
[84] TA BE in DEP 1993, 133.
[85] Réserver les autorisations de construire antérieures eut été contraire à la Constitution; BO CE 1992, 622 ss.

que la disposition transitoire n'a plus de portée pour les constructions intervenues après cette date[86]; d'autres considèrent par contre que la disposition transitoire constitutionnelle et l'art. 25b LPN s'appliquent jusqu'à la mise sous protection définitive de l'objet concret, pour ensuite être relayés par l'art. 24e LPN relatif à la remise en état (FAHRLÄNDER, art. 24e, N° 3 s.; KELLER, art. 25b, N° 4).

95
Application immédiate et protection absolue
Unmittelbare Anwendbarkeit und absoluter Schutz

2. L'al. 5 et la disposition transitoire sont d'application immédiate pour ce qui est de l'obligation de démanteler et de rétablir l'état initial. Dès lors, cette obligation touche toute installation, construction ou autre intervention en conflit véritable («widersprechen») avec le but visé par la protection fédérale (complétée des dispositions cantonales). L'application des dispositions de la LPN ne doit pas avoir pour effet de réduire la portée de ce régime; le risque existe en particulier pour l'art. 23d LPN dont la constitutionnalité est douteuse[87]. Ensuite, le propriétaire concerné ne saurait invoquer la garantie de sa propriété: l'art. 24^{sexies} al. 5 Cst. a mis les zones qu'il couvre au bénéfice d'une *protection absolue*, excluant ainsi toute relativisation sur la base de l'art. 22ter Cst., toute pondération d'intérêts et toute référence à la proportionnalité dans la décision de mise sous protection (N° 85, 87); la proportionnalité ne pourra jouer un rôle que pour déterminer l'ampleur du démantèlement et de la remise en état (art. 25b al. 3 LPN). Il en va de même pour la protection de la situation acquise (Besitzstandsgarantie) telle qu'on la connaît en aménagement du territoire; elle ne saurait faire obstacle à l'objectif de protection: la formulation de l'al. 5 confirme que lorsqu'il est applicable, l'intérêt public à protéger le patrimoine est en principe prépondérant et l'exigence de proportionnalité se trouve ipso jure respectée. Il est enfin même douteux que les droits acquis (par exemple sur la base d'une concession cantonale) puissent résister à l'impact de la protection absolue qu'énonce l'al. 5; tout au plus leur titulaire pourrait-il se faire indemniser sur la base d'une expropriation formelle[88].

96
Constitutionnalité
Verfassungsmässigkeit

3. Face à un tel régime constitutionnel, on peut à nouveau remettre en question la validité des réserves qu'après de longues discussions le législateur a introduites à l'art. 25b LPN: outre l'inégalité de traitement créée entre le site de Rothenthurm (al. 2) et les autres (al. 1), l'exigence de proportionnalité imposée lors du rétablissement de l'état initial ne peut recevoir de portée indépendante de l'al. 5 et l'application absolue de ce dernier ne peut être contrecarrée par des mesures d'aménagement du territoire sous prétexte qu'elles sont antérieures et conformes à la LAT. Il conviendra donc

---

[86] Pour plus de détails, WALDMANN, Diss., 241 ss, 327 ss.
[87] Pour une analyse détaillée et un essai de réconciliation, WALDMANN, Diss., 282 ss.
[88] BÜHLMANN, 34; KÖLZ, Rechtsfragen, 192; WALDMANN, Diss., 348 ss.

d'interpréter l'art. 25b de manière aussi restrictive que possible (KELLER, art. 25b, N° 13). Lors de l'adaptation de la planification existante à la présence d'un objet protégé, il sera au surplus difficile d'indemniser le propriétaire d'un terrain non bâti en invoquant son expropriation matérielle consécutive à un déclassement; en effet, il s'agira en principe d'une nouvelle définition de son droit de propriété (Inhaltsbestimmung) adaptée aux circonstances (donc un non-classement) et non pas d'une véritable restriction imposée à sa propriété existante[89].

4. Enfin, l'al. 5 ne se prononce pas sur l'indemnisation des propriétaires touchés, en particulier par les mesures de remise en état; on ne saurait dès lors accorder à la disposition constitutionnelle un effet direct sur la base de la seule disposition transitoire qui spécifie bien «aux frais du propriétaire». La sécurité du droit imposera dès lors d'accorder aux propriétaires la protection de leur bonne foi chaque fois qu'ils auront réalisé leur investissement avant la mise sous protection du site concerné[90] (pour plus de détails, KELLER, art. 25b, N° 25 s.).

97
Indemnisation
Entschädigung

III. La systématique de la LPN

Si la LPN paraît une loi peu organisée, c'est qu'elle suit le découpage de l'art. 24^{sexies} Cst. (A) et a mis en oeuvre les divers éléments de cette disposition au travers d'amendements successifs (B).

A. Le modèle de l'art. 24^{sexies} Cst.

L'analyse de l'art. 24^{sexies} Cst. a souligné à plusieurs reprises combien cette disposition est composite: sa fonction première consiste à répartir les compétences entre les cantons et la Confédération, elle le fait au travers d'un amalgame de normes aux objectifs divers et les al. 2 à 5 apparaissent comme des relativisations du principe énoncé à l'al. 1. En présence d'une telle base constitutionnelle, il était impossible à la Confédération d'édicter une loi fédérale générale couvrant tous les problèmes liés à la protection de la nature et du paysage dans son ensemble; à l'origine, le constituant estimait même qu'aucune législation

98
Amalgame
Verbindung unterschiedlicher Normen

---

[89] On rejoint ici le thème encore peu traité de l'indemnisation due aux propriétaires pour les restrictions de leurs droits fondées sur la protection de l'environnement. Pour une analyse complète des questions topiques en relation avec l'expropriation matérielle, WALDMANN, Diss., 260 ss.

[90] Dans ce sens, FLEINER-GERSTER, N° 50 s.; WALDMANN, Schutz, 100; idem, Diss., 348 ss.

d'application n'était nécessaire ou en tout cas qu'aucun texte unique n'était envisageable[91].

Structure générale
Grundstruktur

Il est exact que l'al. 1 n'exige pas de disposition d'application; il est une directive générale de fédéralisme à suivre dans l'élaboration de la réglementation. Pour les autres par contre, l'opinion a finalement prévalu que malgré la diversité de leur contenu, elles avaient un but commun élevé: préserver les beautés naturelles et les particularités culturelles que la Suisse doit à son passé; partant, il fut décidé de réunir en une seule loi les prescriptions d'exécution et d'élaborer le texte légal qui fut adopté le 1er juillet 1966 sous le titre de «Loi fédérale sur la protection de la nature et du paysage»[92].

Depuis lors, la structure générale de la LPN n'a pas été modifiée: les articles introduits en 1983 lors de l'adoption de la LPE et ceux sur la protection des biotopes consécutifs à l'initiative de Rothenthurm sont venus se glisser dans le chapitre 3; la LEaux n'a apporté que des modifications ponctuelles en 1992; la révision plus importante de 1995 a créé un nouveau chapitre (3a), mais qui lui aussi se limite à mettre en oeuvre le seul al. 5 de l'art. 24^{sexies} Cst. A en juger par le projet de nouvelle Constitution (art. 62), la LPN devrait conserver à l'avenir sa structure et son contenu actuels.

B. Les divers éléments

99
Chapitres successifs
Kapitelfolge

C'est donc logiquement que la construction de la LPN découle de la structure même de l'article constitutionnel:

1. Le chapitre premier (art. 2 à 12b) réunit les dispositions qui correspondent à l'al. 2: elles concrétisent l'obligation pour la Confédération de préserver la nature et le paysage lorsqu'elle accomplit les tâches qui sont les siennes. Quatre éléments principaux se rattachent à ce chapitre: la définition de ce que le législateur entend par «accomplissement d'une tâche de la Confédération», son devoir de protection au sens strict, le mécanisme des inventaires et le droit de recours des collectivités et organisations reconnues.

2. Le chapitre 2 (art. 13 à 17a) met en oeuvre l'al. 3: il mentionne les mesures que la Confédération peut prendre en vue de soutenir la protection de la nature et du paysage (art. 13 à 14a, 16a et 17) et il contient les bases légales qui permettent à la Confédération de sauvegarder des objets mis en danger (art. 15, 16 et 17a). Il n'y a en soi aucun lien entre ces deux types de dispo-

---

[91] Message art. 24sexies Cst., FF 1961 I 1109.
[92] Message LPN, FF 1965 III 96.
[93] Message LPN, FF 1965 III 105.

sitions, mais la base constitutionnelle elle-même contient les deux propositions correspondantes.
3. Le chapitre 3 (art. 18 à 23) traite de la protection de la faune et de la flore. De manière générale, le législateur a estimé judicieux d'aborder d'abord les biotopes (art. 18 à 18d) puis la protection des plantes et des animaux au sens étroit (art. 19 à 23); pourtant, cette systématique n'a pas été respectée avec rigueur: l'art. 18 al. 3 et 4 énonce des dispositions relatives aux animaux; l'art. 21 protège spécifiquement la végétation des rives et aurait donc pu être placé immédiatement après les dispositions relatives aux biotopes; il en va de même de l'art. 22 al. 2 et 3.
4. Le nouveau (1995) chapitre 3a (art. 23a à 23d) matérialise l'al. 5, dans la mesure où celui-ci n'était pas déjà mis en oeuvre à travers les dispositions du chapitre 3 relatives aux biotopes; les art. 23a et 23c al. 2 y renvoient d'ailleurs largement.

Au surplus, l'état actuel (révisé) de la LPN suggère les autres remarques suivantes:

100
Remarques ponctuelles
Einzelheiten

1. La Loi fédérale porte sur la protection de «la nature et du paysage». Ce titre a été conservé, quand bien même depuis 1995 la conservation des monuments historiques a été incluse dans la loi; contre l'avis du Conseil fédéral, seuls certains titres de chapitre et certains articles particuliers ont été modifiés afin de reprendre ce qui constituait auparavant l'Arrêté fédéral du 14 mars 1958 concernant l'encouragement à la conservation des monuments historiques.
2. L'art. 1 LPN n'est inséré dans aucun chapitre particulier de la loi; il ne correspond d'ailleurs à aucun alinéa constitutionnel spécifique, mais entend être une «déclaration de portée fondamentale» (note marginale: «but»)[93]. En pratique, il offre un catalogue récapitulatif des compétences et obligations au bénéfice ou à charge de la Confédération en vertu de l'art. 24^{sexies} Cst.
3. Le chapitre 4 (art. 24 à 24e) contient les dispositions pénales qui répriment les atteintes à la nature et au paysage et les autres infractions à la loi; l'art. 24e n'a pourtant pas un caractère pénal puisque la remise en état est une mesure administrative.
4. Le chapitre 5 s'intitulera «organisation et information» après l'entrée en vigueur de la révision de la LPE du 21 décembre 1995; il contiendra les art. 25 (commissions spécialisées) et 25a (information et conseils).
5. Le chapitre 6 (art. 25b et 26) énonce les dispositions finales de la loi.

Drittes Kapitel
Die Bedeutung des Beschwerderechts für den Natur- und Heimatschutz

Chapitre troisième
L'importance du droit de recours pour la protection de la nature et du paysage

Inhaltsverzeichnis Rz

I. Vollzugsdefizit im Natur- und Heimatschutz 1
    A. Strukturelle Benachteiligung der Schutzinteressen 1
    B. Das Beschwerderecht als Mittel gegen das Vollzugsdefizit 3
II. Die Ausübung des Beschwerderechts der Organisationen 5
    A. Die ausübenden Organisationen 5
    B. Die Schwerpunkte der Beschwerdetätigkeit 6
    C. Statistische Angaben 8
III. Zur Tragweite des Beschwerderechts der Organisationen 10
    A. Die Diskussion um das Beschwerderecht 10
    B. Die Wirkungen des Beschwerderechts 12

Table des matières N°

I. Les insuffisances de mise en oeuvre dans la protection de la nature et du paysage 1
    A. Le désavantage structurel des intérêts à la protection 1
    B. Le droit de recours comme remède aux insuffisances de mise en œuvre 3
II. L'exercice du droit de recours des organisations 5
    A. Les organisations bénéficiaires 5
    B. Les principales questions soumises au recours 6
    C. Quelques données statistiques 8
III. La portée du droit de recours des organisations 10
    A. Le débat au sujet du droit de recours 10
    B. Les effets du droit de recours 12

I. Vollzugsdefizit im Natur- und Heimatschutz

1
Fall «Aletsch» als Illustration der Problematik

Illustration des problèmes: «Aletsch»

A. Strukturelle Benachteiligung der Schutzinteressen

Die Gegend des Grossen Aletschgletschers gilt als landschaftliches Juwel. Prägend sind ihre Grossartigkeit und Unversehrtheit. In den siebziger Jahren sollte am Berghang oberhalb des Gletschers eine Wasserleitung gebaut werden. Dies hätte bedeutende Felssprengungen und eine bleibende Schädigung der Landschaft zur Folge gehabt. Das Eidgenössische Meliorationsamt sicherte den beteiligten Gemeinden Bundesbeiträge zu. Obschon das betroffene Gebiet im KLN-Inventar figurierte und die ENHK sich negativ zum Projekt äusserte, bestätigte das Eidgenössische Volkswirtschaftsdepartement die Subventionszusage. Erst aufgrund einer Beschwerde des Schweizerischen Bundes für Naturschutz hob der Bundesrat die Subventionsverfügung auf [1] und ermöglichte den Bau der Wasserleitung auf einem alternativen Trassee. Die Landschaft um den Aletschgletscher blieb unversehrt.

Am Beispiel lässt sich zeigen, was den Gesetzgeber bewogen hat, den Organisationen des Natur- und Heimatschutzes ein Recht zur Beschwerde gemäss Art. 103 Bst. c OG und Art. 48 Bst. b VwVG einzuräumen. Der Verfassungsauftrag, das heimatliche Landschaftsbild zu schonen und, wo das allgemeine Interesse überwiegt, ungeschmälert zu erhalten (Art. 24^{sexies} Abs. 2 BV), kann sich im üblichen Bewilligungsverfahren häufig nicht durchsetzen. Hier, wie bei der Anwendung des Rechts zum Schutz der Lebensgrundlagen ganz allgemein, besteht ein strukturell bedingtes Vollzugsdefizit.

Im Natur- und Heimatschutz geht es um immaterielle, ideelle, ästhetische Werte. Sie entziehen sich oft einer genauen Festlegung in generell-abstrakten Vorschriften [2]. Deshalb finden sich hier häufig unbestimmte Rechtsbegriffe und Anweisungen zur Interessenabwägung. Dies kann die rechtsanwendende Behörde dazu verleiten, entgegenstehende Interessen vorzuziehen.

2
Gründe für die Benachteiligung der Schutzinteressen
Motifs pour déroger à la protection

Stehen sich Schutzinteressen und Nutzungsinteressen gegenüber, haben Nutzungsinteressen sehr oft eine grössere Kraft, weil sie konkreter, evidenter, dringlicher und notwendiger erscheinen. Dem kann sich die Verwaltung nur schwer entziehen. Dies ist einmal darin begründet, dass die Entscheidbehörde «nach ihrem Wirkungskreis dem einen öffentlichen Interesse fachlich näher (ist) als dem andern» [3]. In aller Regel ist es eine nutzungsorientierte Fachbehörde, die entscheidet und verfügt. Die Verwaltung steht zudem unter Druck von aussen. Nutzungsinteressen, seien es private oder öffentliche, haben stets ihre Promotoren, die ihre Sache als Einzelfall vertreten, mit dem Engagement und der Hartnäckigkeit der Direktbetroffenen; die Behörde hat demgegenüber – oft für eine Vielzahl gleichartiger Fälle – das allgemeine Wohl, also kein eigenes Interesse im eigentlichen Sinn, zu wahren [4].

---

[1] VPB 1980, 394.
[2] Riva, Beschwerdebefugnis, 16.
[3] Amtl.Bull. S 1966 8 (Votum Berichterstatter Heer).
[4] Riva, Beschwerdebefugnis, 18.

B. Das Beschwerderecht als Mittel gegen das Vollzugsdefizit

<small>3
Fehlender Rechtsschutz aufgrund fehlender persönlicher Betroffenheit
Pas de protection juridique sans atteinte à sa personne</small>

Die Interessen des Natur- und Heimatschutzes sind ihrem Wesen nach öffentliche, allgemeine Interessen. Die Aufgabe der Behörden, sie zu wahren, ist aus den genannten Gründen schwierig, oft nicht erfüllbar. Bleibt die Möglichkeit, Vollzugsfehler mit den Mitteln des Verwaltungsrechtsschutzes zu korrigieren. Diese stehen aber im allgemeinen nur dem zur Verfügung, der durch einen fehlerhaften Akt persönlich betroffen ist (Art. 103 Bst. a OG, Art. 48 Bst. a VwVG). Die Verletzung allgemeiner Interessen wie im erwähnten Beispiel durch die Beeinträchtigung der Aletschlandschaft betrifft zwar viele Bürger, aber eben nicht persönlich, nicht mehr als alle andern. Da das Bundesrecht die Popularbeschwerde nicht kennt, steht der Rechtsweg den Interessierten hier nicht offen.

<small>4
Beschwerde der Organisationen als Korrektiv
Recours des organisations comme correctif</small>

Um dem öffentlichen Interesse des Natur- und Heimatschutzes zum Durchbruch zu verhelfen, braucht es somit ein spezielles Institut, das Beschwerderecht der Organisationen. Es «ermächtigt die gesamtschweizerischen Vereinigungen, die sich statutengemäss dem Natur- oder Heimatschutz oder verwandten, rein ideellen Zielen widmen, aus Gründen des Natur- und Heimatschutzes wegen Verletzung von Bundesrecht ein Mittel des Rechtsschutzes zu ergreifen»[5].

Art. 12 Abs. 1 NHG räumt neben den Organisationen auch den Gemeinden ein Beschwerderecht ein. Gegen Verfügungen von Bundesbehörden nach Art. 12 Abs. 1 NHG können sich gemäss Art. 12b Abs. 1 NHG zudem die Kantone mit Beschwerde wehren. Schliesslich kann das zuständige Bundesamt gegen kantonale Verfügungen Beschwerde führen, vor kantonalen wie vor Bundesinstanzen (Art. 12b Abs. 2 NHG). Von diesen Beschwerderechten wird allerdings in der Praxis selten Gebrauch gemacht. Gerade der Fall Aletsch, wo Gemeinden, Kanton und Bundesstellen eine Interessengemeinschaft bildeten, zeigt, dass das Beschwerderecht der Schutzorganisationen oft das einzige Mittel ist, Entscheide zu korrigieren, die die Normen des Natur- und Heimatschutzrechts verletzen.

II. Die Ausübung des Beschwerderechts der Organisationen

A. Die ausübenden Organisationen

<small>5</small> In der Botschaft zum NHG nannte der Bundesrat die Organisationen, die die Voraussetzungen der Legitimation zur Beschwerdeführung nach Art. 12 NHG

---

[5] Botschaft NHG, BBl 1965 III 96.

erfüllten: Schweizerischer Bund für Naturschutz (SBN)[6], Schweizer Heimatschutz (SHS), Schweizer Alpen-Club, Gesellschaft für schweizerische Kunstgeschichte, Schweizerische Naturforschende Gesellschaft, Schweizerische Gesellschaft für Urgeschichte[7].

In 30 Jahren Praxis ist der Kreis der Organisationen gewachsen. Besonders aktiv sind in neuerer Zeit SBN, SHS, die Stiftung für Landschaftsschutz und der WWF Schweiz. Sporadisch treten der Rheinaubund, Aqua Viva, der Schweizer Vogelschutz, der Schweizer Alpen-Club, die Naturfreunde Schweiz und die Schweizerische Greinastiftung auf. Im Bereich Verkehr, Umweltschutz und Energie, wo Vorhaben oft Umweltverträglichkeitsprüfungen benötigen und damit parallel die Beschwerdelegitimation nach Art. 55 Abs. 1 USG gegeben ist, sind der Verkehrsclub der Schweiz, die Schweizerische Gesellschaft für Umweltschutz und die Schweizerische Energiestiftung aktiv. Andererseits haben die geschichtlich und kulturell orientierten Verbände (mit Ausnahme des SHS) soweit bekannt nie vom Beschwerderecht Gebrauch gemacht.

B. Die Schwerpunkte der Beschwerdetätigkeit

Die Fünfzigerjahre waren geprägt durch erbitterte Auseinandersetzungen um Projekte zur Nutzung der Wasserkraft. Bei der Einführung des Beschwerderechts der Organisationen hatte man denn auch solche Grossprojekte als Beschwerdegegenstand im Auge[8]. Die Praxis entwickelte sich sehr viel breiter. Auch stehen quantitativ nicht so sehr Grossprojekte im Vordergrund, sondern «alltägliche» Vorhaben. Eine eindeutige Häufung der Fälle, vor allem in den ersten zehn Jahren, ist beim Schutz des Waldes festzustellen. Andere thematische Schwerpunkte bilden Verfahren um Strassen, Eisenbahnanlagen, Seilbahnen, Skilifte, Übertragungsleitungen und andere Infrastrukturanlagen. Hier dienen die Beschwerden dem Schutz von Lebensräumen und Landschaften, ebenso die Beschwerden gegen Meliorationen, Tourismusanlagen und allgemein Bauten ausserhalb der Bauzonen. Wichtig ist auch der Schutz der Gewässer, der durch Kraftwerke und Gewässerverbauungen gefährdet ist. Beim Schutz der Kulturwerte steht die Erhaltung historischer Stätten und Gebäude sowie die Wahrung aussergewöhnlicher Landschaftsbilder im Vordergrund.

6 Objekte der Beschwerdetätigkeit
Objets des recours

Die in den Jahren 1990 bis 1996 (erste Jahreshälfte) veröffentlichten Bundesgerichtsentscheide zeigen beispielhaft die Beschwerdegegenstände. Sechs von insgesamt 19 Verfahren hatten Aus-

---

[6] Ab 1997 Pro Natura – Schweizerischer Bund für Naturschutz.
[7] Botschaft NHG, BBl 1965 III 98.
[8] Amtl.Bull. S 1966 10 (Votum BÄCHTOLD).

nahmebewilligungen für Bauten ausserhalb der Bauzonen zum Gegenstand[9]; die Vorhaben betrafen eine Motocrosspiste, eine Sendeantenne, eine Aufschüttung für eine Strasse in einem Landschaftsschutzgebiet und drei landwirtschaftliche Masthallen. Vier Verfahren betrafen Rodungsbewilligungen resp. Waldfeststellungen[10]. Zwei Beschwerden hatten Subventionsverfügungen für Forststrassen zum Thema[11]. Zwei Verfahren betrafen den Biotopschutz und den Lebensraumschutz seltener Arten[12], zwei weitere Plangenehmigungsverfahren für Strassen, wobei in einem Fall die Beeinträchtigung historischer Verkehrswege, im anderen die Tangierung von Moorbiotopen von nationaler Bedeutung und Waldarealen gerügt worden waren[13]. Zwei Urteile betrafen den gleichen Streitgegenstand, das Projekt für ein Wasserkraftwerk im Val Curciusa GR: die materiellen Rügen betrafen hier das Restwasserregime und die Beeinträchtigung von Flussauen und Landschaft[14]. Der letzte Fall schliesslich hatte die Schädigung von Moorbiotopen durch einen Golfplatz zum Thema[15].

7
Übergewicht von Natur- und Landschaftsschutzbeschwerden
Prépondérance des recours en protection de la nature et du paysage

Auffallend ist das starke Übergewicht natur- und landschaftsschützerisch begründeter Beschwerden. Nur in zwei Fällen ging es um die Gefährdung von Kulturobjekten, beide Male um historische Verkehrswege. Dass das Kulturerbe wenig vom Beschwerderecht nach Art. 12 NHG profitiert, ist kein Zufall. Was innerhalb der Bauzonen passiert, ist diesem nämlich weitgehend entzogen, da hier in der Regel keine Bundesaufgaben wahrgenommen werden. Ausnahmen sind Bauten und Anlagen des Bundes und seiner Betriebe sowie indirekt Bauten, die von Bundessubventionen profitieren (Art. 2 NHG).

C. Statistische Angaben

8
Zahl der Beschwerden
Nombre des recours

Genaue Zahlen über die Ausübung des Beschwerderechts der Organisationen insgesamt existieren nicht. Eine Schätzung ergibt, dass bei Bundesinstanzen (Bundesgericht, Bundesrat, Departemente) jährlich etwa 25 Verfahren (aufgrund von Beschwerden nach Art. 12 NHG und Art. 55 USG) erledigt werden. Seit Einführung des Beschwerderechts im Jahr 1966 sind es total deutlich über 300 Verfahren[16]. Diese Zahlen gilt es in Beziehung zu setzen einerseits zur jährlichen Geschäftslast der Urteilsinstanzen (für das Bundesgericht mehr als 5000 erledigte Verfahren, wovon etwa 1000 verwaltungsgerichtliche Verfahren), anderseits zur grossen Zahl jährlich ergehender anfechtbarer Verfügungen (allein gegen 10'000 Bewilligungsentscheide für Bauten ausserhalb

---

[9] BGE 118 Ib 296; BGE 118 Ib 301 = JdT 1994 I 514; BGE 117 Ib 97 = JdT 1993 I 519; BGE 117 Ib 270 = JdT 1993 I 440; BGE 116 Ib 119 = JdT 1992 I 504; BGE 116 Ib 465 = Pra 1992, 39.

[10] BGE 122 II 72; BGE 121 II 483 = JdT 1996 I 585; BGE 120 Ib 339 = JdT 1996 I 542; BGE 119 Ib 397 = JdT 1995 I 501.

[11] BGE 117 Ib 42 = JdT 1993 I 498; BGE 116 Ib 309 = JdT 1992 I 488.

[12] BGE 118 Ib 485 = JdT 1994 I 503; BGE 116 Ib 203 = Pra 1991, 625.

[13] BGE 122 II 81; BGE 120 Ib 27 = Pra 1994, 734.

[14] BGE 119 Ib 254 = JdT 1995 I 460; BGE 118 Ib 1 = JdT 1994 I 453.

[15] BGE 118 Ib 11 = JdT 1994 I 524.

[16] SCHWEIZERISCHE STIFTUNG FÜR LANDSCHAFTSSCHUTZ UND LANDSCHAFTSPFLEGE/ SCHWEIZERISCHER BUND FÜR NATURSCHUTZ/SCHWEIZER HEIMATSCHUTZ, 2.

der Bauzone). Dabei wird deutlich, dass die Beschwerden der Organisationen bezogen auf beide Grössen einen sehr geringen Anteil bilden.

Wie erfolgreich ist nun die Beschwerdepraxis der Organisationen? Für den SBN endeten in der Periode von 1980 bis 1991 von 70 formell entschiedenen Verfahren 44 positiv, was einem Anteil von 63 Prozent entspricht. Zu berücksichtigen ist, dass nur gut zwei Drittel der Verfahren mit einem formellen Entscheid abgeschlossen wurden. Die übrigen 27 Prozent der Verfahren endeten durch Vergleich, Rückzug oder wurden abgeschrieben. Auch diese Fälle ergaben zu zwei Dritteln ein materiell positives Resultat, bei Vergleichslösungen profitierten häufig beide Parteien[17]. Ähnliche Zahlen liegen für die Stiftung für Landschaftsschutz vor: über einen Zeitraum von 23 Jahren resultierte eine Erfolgsbilanz von 58 Prozent[18].

9 Erfolgsbilanz
Bilan

III. Zur Tragweite des Beschwerderechts der Organisationen

A. Die Diskussion um das Beschwerderecht

Ist das Beschwerderecht der Organisationen «eine grosse Errungenschaft unserer Rechtskultur»[19], ein notwendiges Mittel, «um den Sprachlosen, d.h. der Natur, den Tieren, den Pflanzen auch eine Stimme im Gesetzesdschungel zu geben»[20], kommt ihm eine «Kontroll- und Wächterfunktion» zu[21] oder ist es «ein frontaler Angriff gegen das Behördensystem»[22], ein Drohinstrument, das «unnötig zu Verzögerungen, Behinderungen und Verhinderungen»[23] führt? Die Zitate aus der Parlamentsdebatte zur Revision des Beschwerderechts der Organisationen zeigen das Spannungsfeld auf, in dem dieses Instrument steht. Die Kontroverse ist in der Sache seit den Beratungen über die Einführung des Rechts[24] die gleiche geblieben, die seither vorgebrachten Argumente und Einwände ähneln sich.

10 Widerstreit der Meinungen
Divergence d'opinions

Das Beschwerderecht der Organisationen schaffe eine Parallelmacht, die in Konkurrenz zu den gewählten Behörden trete. Diese allein seien zur Wahrnehmung aller öffentlichen Interessen berufen. Das Organisationsbeschwerderecht sei, so der Einwand, ein Fremdkörper in der demokratischen Ordnung. Dem ist entgegenzuhalten, dass das Beschwerderecht an der Kompetenzordnung nichts

11 Einwände
Objections

---

[17] Mitteilung des SBN vom 20. August 1996.
[18] Amtl.Bull. S 1994 209 (Votum LORETAN).
[19] Amtl.Bull. N 1993 2082 (Votum BUNDI).
[20] Amtl.Bull. N 1993 2071 (Votum WIEDERKEHR).
[21] Amtl.Bull. N 1993 2087 (Votum Berichterstatter BAUMBERGER).
[22] Amtl.Bull. S 1994 210 (Votum SCHMID).
[23] Amtl.Bull. N 1993 2081 (Votum MIESCH).
[24] Amtl.Bull. S 1966 5 ff. (Voten Berichterstatter HEER/BÄCHTOLD/BARRELET/GUISAN).

ändert und keine Staatsaufgaben an Private übergehen[25]. In der Debatte zum USG erinnerte Ständerat AUBERT daran, dass die Behörden leicht in Gefahr geraten, das öffentliche Interesse an der Natur gegenüber anderen öffentlichen und privaten Interessen zu vernachlässigen[26]. Private Beschwerdeführer können die übergangenen öffentlichen Interessen nicht verteidigen, da sie in aller Regel nicht direkt berührt sind, daher braucht es die Verbände als Anwälte, nicht als Richter[27]. Umsomehr als die Behördenbeschwerde, die ebenfalls eine Korrektur ermöglichen könnte, oft aus Gründen der politischen Rücksichtnahme nicht eingesetzt wird[28].

Gegen das Beschwerderecht der gesamtschweizerischen Organisationen wird vorgebracht, es stelle eine Einmischung in örtliche oder kantonale Angelegenheiten dar[29]. Tatsächlich ist es aber so, dass die räumliche Entfernung zum Geschehen einer zurückhaltenden, verantwortungsvollen Beschwerdetätigkeit förderlich ist[30]. «Indirekt können indessen gleichwohl auch kantonale Sektionen (...) zu Worte kommen, indem sie ihre Anliegen der schweizerischen Dachorganisation unterbreiten», schreibt der Bundesrat[31]. Es liegt in der Natur der Sache, dass gerade dort, wo jeder jeden kennt, die Gefahr besteht, sich auf Kosten der öffentlichen Schutzinteressen zu arrangieren. Gesamtschweizerische Organisationen haben die Unabhängigkeit, die es braucht, diesen Interessen dennoch zum Durchbruch zu verhelfen.

Zweifellos am massivsten ist der Vorwurf, die Organisationen erhöben systematisch Beschwerde und verzögerten respektive verhinderten so öffentliche und private Projekte. Er muss auch auf dem Hintergrund des Unbehagens ob des vermeintlichen «Rechtsmittelstaats» gesehen werden. Tatsächlich hat die Zahl, die Dauer und die Komplexität der Verfahren insgesamt, nicht nur der Rechtsmittelverfahren, zugenommen. Der Vorwurf an die Organisationsbeschwerde ist allerdings unberechtigt. Der langen Verfahrensdauer muss zunächst mit einem besseren Verfahrensmanagement und mit einer besseren Dotierung der Rechtsmittelinstanzen begegnet werden. Sodann ist die Zahl der Organisationsbeschwerden sowohl absolut wie auch relativ zur Gesamtzahl der Beschwerdeverfahren und zur Zahl der anfechtbaren Verfügungen sehr gering (s. Rz 8 hievor).

---

[25] RIVA, Beschwerdebefugnis, 174.
[26] Amtl.Bull. S 1983 326 (Votum AUBERT).
[27] Amtl.Bull. S 1994 210 (Votum PETITPIERRE).
[28] Amtl.Bull. S 1983 325 (Votum AUBERT).
[29] «Des associations qui viennent de l'extérieur, qui imposent un diktat...»: Amtl.Bull. N 1993 2086 (Votum EPINEY).
[30] Amtl.Bull. S 1983 326 (Votum AUBERT).
[31] Botschaft NHG, BBl 1965 III 97.

Dass sich in Einzelfällen die Realisierung eines Projekts verzögern kann, ist richtig. Dies ist jedoch kein Spezifikum des Organisationsbeschwerderechts, sondern ganz allgemein der Preis für den im Rechtsmittelverfahren gewährten Rechtsschutz.

B. Die Wirkungen des Beschwerderechts

Dass der Einsatz des Beschwerderechts der Organisationen in vielen Fällen notwendig ist, um den Schutzinteressen zum Durchbruch zu verhelfen, zeigt der eingangs geschilderte Fall der Wasserleitung oberhalb des Aletschgletschers in aller Deutlichkeit. Dies ist kein Einzelfall; dutzende grosser und kleiner Schutzobjekte wurden mit diesem Mittel erhalten, Landschaften geschont, Eingriffe gemindert und Projekte verbessert.

12

Wichtiger noch war in der Vergangenheit die präventive Wirkung. Allein die Möglichkeit der Beschwerdeführung zwang die Projektierenden und die rechtsanwendenden Behörden dazu, den Belangen des Natur- und Heimatschutzes Beachtung zu schenken. Art. 12a Abs. 2 des novellierten NHG hebt nun aber für jene Fälle, wo sich die Organisationen bereits am Einspracheverfahren beteiligen müssen (dazu Keller, Art. 12a, Rz 8 f.), diese präventive Wirkung auf. Hier nämlich können selbst rechtswidrige Verfügungen nicht mehr angefochten werden, wenn vorgängig auf eine Einsprache verzichtet wurde. Es bleibt abzuwarten, wie sich dies auf den Vollzug beispielsweise von Art. 24 RPG (Bauten ausserhalb der Bauzonen) oder Art. 5 WaG (Rodungsbewilligungen) auswirkt.

13
Präventive Wirkung
Effet préventif

Bedeutungsvoll ist das Beschwerderecht der Organisationen auch für die Rechtsfortbildung. Zu nennen sind die Klärung der Walddefinition, die Entwicklung der Rodungsbewilligungskriterien sowie Grundsätze der Verfahrenskoordination[32]. Auch die Kriterien für landwirtschaftliche Bauten, die der bodenunabhängigen Produktion dienen, entstanden aufgrund von Organisationsbeschwerden. Eine Begleiterscheinung des Beschwerderechts liegt im Zwang, Projekte besser zu planen, sie «beschwerdefest» zu machen. Dies bringt neben ökologischen oft auch ökonomische Vorteile für die Projektierenden[33].

14
Rechtsfortbildung
Développement du droit

Nicht zu vergessen ist sodann der psychologische Vorteil, der bereits bei der Einführung des Rechts von Ständerat Heer genannt wurde: «Den (...) Rechtsmitteln kommt neben ihrer rechtlichen auch eine grosse psychologische Wir-

15
Psychologische Wirkung
Effet psychologique

---

[32] Amtl.Bull. N 1993 2089 (Votum Bundesrätin Dreifuss).
[33] Ständerat Loretan nannte als Beispiel die Bahn Metro-Alpin in Saas-Fee (Amtl.Bull. S 1992 611).

kung zu, bringen sie doch weitesten Kreisen in unserem Volke, denen Natur- und Heimatschutz eine Herzensangelegenheit ist, die Gewissheit, dass sie nicht mehr machtlos sind»[34].

16
Gewandelte Rolle des Beschwerderechts
Nouveau rôle joué par le droit de recours

Es ist nicht zu verkennen, dass sich das Beschwerderecht der Organisationen gewandelt hat. Dieses ist nicht mehr nur Notbremse, Sicherheitsventil[35], sondern hat sich stark der Individualbeschwerde angenähert. Zum Ausdruck kommt das in der Gesetzesänderung, die die Organisationen verpflichtet, sich wie private Einsprecher am erstinstanzlichen Verfahren zu beteiligen (Art. 12a Abs. 2 NHG). Dies wird mit Sicherheit Auswirkungen auf die Ausübung des Beschwerderechts haben. Die Organisationen werden weniger «Wächter», dafür mehr kritische Partner von Projektierenden und Behörden sein.

---

[34] Amtl.Bull. S 1966 21 (Votum Berichterstatter HEER).
[35] Amtl.Bull. S 1966 22 (Votum BÄCHTOLD).

Viertes Kapitel
Natur- und Heimatschutzregelungen in anderen Rechtsbereichen, insbesondere im Forst-, Landwirtschafts- und Wasserrecht

Chapitre quatrième
Les réglementations protégeant la nature et le paysage dans d'autres domaines juridiques, en particulier en droit de la forêt, de l'agriculture et de la protection des eaux

Inhaltsverzeichnis	Rz
I. Begriff Natur- und Heimatschutzregelungen	1
II. Übersicht	2
A. Natur- und Heimatschutz als Querschnittsaufgabe	2
B. Verschiedene Arten der Natur- und Heimatschutzregelungen	3
C. Wichtigste andere Rechtsbereiche: Forst-, Landwirtschafts- und Wasserrecht	10
III. Forstrecht	11
A. Historische Entwicklung	11
B. Natur- und Heimatschutzregelungen im Forstrecht	13
a. Übersicht	13
b. Natur- und Heimatschutzregelungen im Bereich der Waldfeststellung und Rodung	14
c. Regelungen für eine naturnahe Bewirtschaftung	15
d. Weitere Natur- und Heimatschutzregelungen	16
IV. Landwirtschaftsrecht	17
A. Historische Entwicklung	17
B. Natur- und Heimatschutzregelungen im Landwirtschaftsrecht	20
C. Vergleich des ökologischen Ausgleichs nach NHG und LwG	22
V. Wasserrecht	30
A. Historische Entwicklung	30
B. Natur- und Heimatschutzregelungen im Wasserrecht	31
a. Gewässerschutzgesetz	31
b. Wasserbaugesetz	35
c. BG über die Nutzbarmachung der Wasserkräfte	36

Table des matières	N°
I. Le concept de réglementation protectrice de la nature et du paysage	1
II. L'aperçu	2
A. La protection de la nature et du paysage comme tâche multisectorielle	2

B. Les différents types de réglementations protectrices de la nature et du paysage 3
C. Les principaux domaines juridiques apparentés: le droit forestier, le droit agricole et le droit relatif aux eaux 10
III. Le droit forestier 11
A. L'évolution historique 11
B. Les dispositions protectrices de la nature et du paysage dans le droit forestier 13
   a. L'aperçu 13
   b. Les dispositions protectrices de la nature et du paysage en lien avec la constatation de la nature forestière et avec le défrichement 14
   c. Les réglementations propices à une exploitation conforme à la nature 15
   d. Les autres dispositions protectrices de la nature et du paysage 16
IV. Le droit agricole 17
A. L'évolution historique 17
B. Les dispositions protectrices de la nature et du paysage en droit agricole 20
C. La comparaison entre la compensation écologique dans la LPN et celle dans la LAgr 22
V. Le droit relatif aux eaux 30
A. L'évolution historique 30
B. Les dispositions protectrices de la nature et du paysage dans le droit relatif aux eaux 31
   a. La loi sur la protection des eaux 31
   b. La loi sur l'aménagement des cours d'eau 35
   c. La loi sur l'utilisation des forces hydrauliques 36

I. Begriff Natur- und Heimatschutzregelungen

1   Beinahe jede rechtliche Regelung, welche das menschliche Handeln steuert, wirkt sich irgendwann und irgendwie auf den Natur- und Heimatschutz aus. Einige Regelungen zeichnen sich jedoch dadurch aus, dass ihre Festsetzung (auch) aus dem Motiv des Natur- und Heimatschutzes heraus erfolgte. Nur diese sollen im folgenden als *Natur- und Heimatschutzregelungen* gelten.

II. Übersicht

A. Natur- und Heimatschutz als Querschnittsaufgabe

2   Natur und Heimatschutz ist eine Querschnittsaufgabe. Das wurde vom Gesetzgeber lange vor der Schaffung des Natur- und Heimatschutzartikels der BV und des NHG anerkannt[1]. Entsprechende Regelungen wurden – allerdings nur

---

[1] In der Botschaft über die Ergänzung der BV mit dem Natur- und Heimatschutzartikel (Art. 24sexies) etwa findet sich unter Hinweis auf die bereits erfolgten gesetzlichen Regelungen

vereinzelt – schon in der ersten Hälfte dieses Jahrhunderts in Gesetze und Verordnungen verschiedener Rechtsbereiche aufgenommen[2].

Auf kantonaler Ebene freilich gab es Natur- und Heimatschutzregelungen schon in der zweiten Hälfte des 19. Jahrhunderts. Wichtiger Ausgangspunkt für diese Schutzbestrebungen war der Schutz erratischer Blöcke (sog. Findlinge)[3].

Weil Natur- und Heimatschutz eine Querschnittsaufgabe darstellt, ist das NHG prinzipiell auf das gesamte besiedelte und unbesiedelte Land anwendbar[4], auch wenn für bestimmte Landschaftselemente wie z.B. für den Wald Spezialgesetzgebungen existieren. Das NHG wäre in diesen Fällen nur dann nicht anwendbar, wenn es die Spezialgesetzgebung explizit so regeln würde. Das ist jedoch nirgends der Fall. Es gilt deshalb der Grundsatz der kumulierten Anwendung[5]. Widersprechen sich in einem konkreten Anwendungsfall Bestimmungen des NHG und einer anderen Gesetzgebung, so ist das anwendbare Recht mittels Auslegung zu bestimmen (vgl. zum Verhältnis des NHG zum JSG und BGF: FAHRLÄNDER, Art. 18, Rz 45 f.).

Seit dem Inkrafttreten des NHG im Jahre 1967 sind viele der mehr oder weniger allgemein gehaltenen Natur- und Heimatschutzregelungen anderer Rechtsbereiche bedeutungslos geworden, weil sie nicht über das hinausgehen, was das NHG ohnehin verlangt. Eine eigenständige Bedeutung kommt nur noch jenen Regelungen zu, die gegenüber dem NHG detaillierter sind.

B. Verschiedene Arten der Natur- und Heimatschutzregelungen

Die Natur- und Heimatschutzregelungen in anderen Rechtsbereichen sind nicht einheitlich aufgebaut. Sie entfalten ihre Wirkung auf unterschiedliche Weise. Es können insgesamt sechs Typen unterschieden werden: 3

Die weitaus häufigsten Regelungen sind *allgemeine Rücksichtspflichten*. Sie finden sich u.a. im EBG (Art. 5 Abs. 1), EntG (Art. 9), FWG (Art. 9), JSG 4

Rücksichtspflichten

Prise en compte obligatoire

---

folgendes Bekenntnis: «Ähnlich wie die Pflege der einheimischen Kunst und Kultur, ist der Schutz der Naturschönheiten und der kulturell oder geschichtlich bedeutungsvollen Stätten des Landes eine dem Bund bei der Erfüllung der ihm zustehenden Aufgaben aus seiner eigentlichen Funktion als Staatswesen direkt erwachsende Pflicht» (BBl 1961 I 1099).

2   So etwa Art. 22 WRG im Jahre 1916 (dazu Rz 30 hienach) und Art. 9 EntG im Jahre 1930. Art. 9 EntG lautet: Naturschönheiten sind soweit möglich zu erhalten (Abs. 1). Die Werke sind so auszuführen, dass sie das landschaftliche Bild möglichst wenig stören (Abs. 2).
3   VISCHER Wilhelm, Naturschutz in der Schweiz, Basel 1946, 25 ff.
4   MUNZ, Landschaftsschutz, 10.
5   Vgl. z.B. zur kumulierten Anwendung von NHG und BGF: BGE 112 Ib 431 = JdT 1988 I 595; von NHG und Wasserrecht: JAGMETTI Riccardo, Kommentar BV, Art. 24bis, Rz 20, mit Hinweisen.

(Art. 3 Abs. 1), LwG (Art. 79), WaG (Art. 20 Abs. 2), WRG (Art. 22 Abs. 1). Typisches Beispiel ist die Regelung des FWG:

> «Bund und Kantone berücksichtigen auch die Anliegen der Land- und Forstwirtschaft, des *Natur- und Heimatschutzes* sowie der Landesverteidigung.»

5
Planerische Vorschriften
Prescriptions d'aménagement

Eine besonders wichtige Kategorie von Regelungen bilden die *planerischen Vorschriften*. Diese finden sich hauptsächlich im RPG (vgl. Rz 10 hienach). Daneben enthalten aber z.B. auch das JSG (Art. 11: Ausscheiden von Wasser- und Zugvogelreservaten) und das NSG[6] (Art. 5: Berücksichtigung des Natur- und Heimatschutzes bei der Projektierung der Linienführung von Nationalstrassen) planerische Vorschriften.

6
Generell-abstrakte Regelungen
Réglementations générales et abstraites

Eine weitere wichtige Kategorie stellen die *generell abstrakten Regelungen* über den Schutz bestimmter Lebensräume dar[7]. Ein bedeutender Grundsatz des NHG ist, dass Lebensräume (Biotope) vom Aussterben bedrohter Tier- und Pflanzenarten nicht direkt aufgrund der Bestimmungen des Bundesrechts geschützt sind. Vielmehr haben der Bund und die Kantone solche Gebiete zu bezeichnen und die Kantone die zum Schutz erforderlichen Massnahmen anzuordnen[8]. Dieser Grundsatz wird durch mehrere generell abstrakte Schutzregelungen in anderen Rechtsbereichen durchbrochen[9], d.h. der Schutz wirkt bereits, wenn der Lebensraum bestimmte, im Gesetz umschriebene Eigenschaften aufweist. Dazu gehören folgende Fälle:

- Schutz des Waldes (WaG; vgl. Rz 11 ff. hienach)
- Schutz der Gewässer (GSchG; vgl. Rz 30 ff. hienach)
- Schutz der Böschungen, Feldraine oder Weiden vor flächenhaftem Abbrennen sowie der Hecken vor Beseitigung (Art. 18 Bst. g JSG)
- Schutz von Riedgebieten, Mooren, Hecken etc. vor der Einbringung von Pflanzenbehandlungsmitteln und Dünger nach der Stoffverordnung (FAHRLÄNDER, Art. 18, Rz 41).

7
Artenschutz
Protection des espèces

Ausserhalb des NHG enthalten namentlich das JSG und das BGF Bestimmungen über den *Schutz von Arten* (dazu FAHRLÄNDER, Art. 18, Rz 43). So sind gemäss dem JSG alle Tiere nach Art. 2 (d.h. Vögel, Raubtiere, Paarhufer, Hasenartige, Biber, Murmeltier und Eichhörnchen), die nicht zu einer nach Art. 5 jagdbaren Art gehören, geschützt (Art. 7). Das BGF fordert die Kantone auf, Massnahmen zum Schutz der Lebensräume gefährdeter Arten und Rassen von Fischen und Krebsen zu ergreifen (Art. 5 und 7).

---

[6] BG vom 8. März 1960 über die Nationalstrassen (SR 725.11).
[7] Vgl. dazu auch MAURER, 52 ff.
[8] BGE 118 Ib 488 = JdT 1994 I 504.
[9] Das NHG selbst weicht lediglich beim Schutz der Ufervegetation (Art. 21) davon ab. Direkt von Bundesrechts wegen geschützt sind überdies die Moore und Moorlandschaften von besonderer Schönheit und von nationaler Bedeutung (Art. 24sexies Abs. 5 BV).

Von grosser Bedeutung sind auch die *finanziellen Anreize* für den Natur- und Heimatschutz. Regelungen dieser Art finden sich insbesondere:

- in Art. 38 Abs. 2 Bst. b und Abs. 3 WaG (waldbauliche Massnahmen, Waldreservate; vgl. Rz 15 hienach)
- in Art. 31b Abs. 2 LwG (ökologischer Ausgleich; vgl. Rz 21 ff. hienach)
- in Art. 7 WBG (Renaturalisierung von Gewässern; vgl. Rz 35 hienach)
- in Art. 12 Abs. 1 BGF (Verbesserung der Lebensbedingungen von Wassertieren, lokale Wiederherstellung zerstörter Lebensräume)
- im BB vom 3. Mai 1991 über Finanzhilfen zur Erhaltung und Pflege von naturnahen Kulturlandschaften (SR 451.51).

8 Finanzielle Anreize
Incitations financières

Im Unterschied zum NHG, das prinzipiell auf die ganze Landesfläche anwendbar ist, erstreckt sich der Geltungsbereich der anderen Erlasse jeweils auf einen begrenzten Bereich, nämlich beim WaG auf den Wald, beim LwG auf die landwirtschaftliche Nutzfläche, beim WBG auf Gewässer (= Gewässerbett mit Sohle und Böschung, vgl. Art. 4 Bst. a GSchG), beim BGF auf die Lebensräume der Fische, Krebse und Fischnährtiere und beim letztgenannten BB auf naturnahe Kulturlandschaften.

Verschiedene Erlasse enthalten Regelungen für die Beantwortung von *Spezialfragen*. Hierzu gehören etwa:

- die Pflicht, Natur- und Heimatschutzbelange auch in der UVP zu berücksichtigen (Art. 3 UVPV).
- die Ausnahme vom Prinzip der Selbstbewirtschaftung beim Erwerb von landwirtschaftlichen Gewerben und Grundstücken, wenn Ziel des Erwerbs ist, die schutzwürdige Umgebung einer historischen Stätte, Baute oder Anlage oder ein Objekt des Naturschutzes zu erhalten (Art. 64 Abs. 1 Bst. e BG vom 4. Oktober 1991 über das bäuerliche Bodenrecht; SR 211.412.11).
- die Möglichkeit der dem BG vom 16. Dezember 1994 über das öffentliche Beschaffungswesen (SR 172.056.1) unterstehenden Auftraggeberinnen, einen Auftrag nicht nach diesem Gesetz zu vergeben, wenn der Schutz von Tier und Pflanzen dies erfordert (Art. 3 Abs. 2 Bst. b).

9 Weitere Regelungen
Autres réglementations

C. Wichtigste andere Rechtsbereiche: Forst-, Landwirtschafts- und Wasserrecht

Die landwirtschaftlich genutzte Fläche (inkl. Alp- und Sömmerungsweiden) und der Wald machen zusammen über 70 Prozent der Landesfläche aus. Zwar haben die Land- und Forstwirtschaft im Vergleich zur Siedlungs- oder Verkehrsnutzung pro Flächeneinheit einen geringeren Einfluss auf die Tier- und Pflanzenwelt. Da sie jedoch derart grosse Flächen beanspruchen, überwiegt ihr Gesamteinfluss jenen der anderen Nutzungsarten.

10

Einen Sonderfall stellt allerdings die Nutzung der Gewässer dar: Obwohl ihre Fläche nur rund 4 Prozent der Landesfläche ausmacht, lebt in und an ihnen ein erheblicher Teil der Tier- und Pflanzenarten[10]. Somit hat jede Störung der Gewässer eine überproportional starke Schädigung der Natur zur Folge.

Die für den Natur- und Heimatschutz neben dem NHG wichtigsten anderen Rechtsbereiche sind demzufolge das Forst-, Landwirtschafts- und Wasserrecht. Im übrigen ist hier auch noch das Raumplanungsrecht aufzuführen, welches nicht nur der Koordination und Umsetzung raumwirksamer Erlasse dient, sondern selbst wichtige materielle Regeln für die Raumgestaltung enthält[11]. Das Raumplanungsrecht wird allerdings nicht in diesem Kapitel, sondern an verschiedenen anderen Stellen behandelt (vgl. insbesondere LEIMBACHER, Art. 6, Rz 27 ff.; FAHRLÄNDER, Art. 18, Rz 11, 32, Art. 18a, Rz 1, 11, 55 ff.; MAURER, Art. 18b, Rz 11 ff., 25 ff., 38 ff., Art. 18c, Rz 18; KELLER, Art. 23c, Rz 10, Art. 25b, Rz 6).

III. Forstrecht

A. Historische Entwicklung

11
Quantitativer Schutz des Waldes
Protection quantitative de la forêt

Seit Menschengedenken wurde der Wald als Energie- und Rohstoffquelle genutzt. Während der Industrialisierung wurde die Nutzung intensiviert. In der ersten Hälfte des 19. Jahrhunderts fielen zahlreiche Bergwälder dem wachsenden Hunger der Industrie nach Bau- und Energieholz zum Opfer. In der Folge häuften sich Lawinen, Erdrutsche und zerstörerische Hochwasser. Aus dieser bitteren Erfahrung heraus wurde nach einer dreijährigen Vorphase mit einem wenig wirksamen Subventionsbeschluss[12] im Jahre 1874 eine Bundeskompetenz (Art. 24 BV) zum Schutz der Hochgebirgswälder geschaffen. 1876 trat das erste Forstpolizeigesetz in Kraft[13], 1903 das zweite[14] und 1991 wurde in

---

[10] So lebt z.B. rund ein Drittel der einheimischen und ziehenden Vogelarten auf und an Gewässern. Beinahe die Hälfte der Schweizer Flora ist in den Auen - d.h. in jenen Talzonen, die im Einflussbereich von Hochwässern liegen - vertreten (BROGGI/SCHLEGEL [nach Kuhn und Amiet 1989], 85).

[11] Von historischer Bedeutung ist insbesondere, dass die ersten grossen, über das ganze Land verteilten Landschaftsschutzgebiete aufgrund des im März 1972 verabschiedeten BB über «Dringliche Massnahmen auf dem Gebiet der Raumplanung» festgesetzt wurden. Diese Schutzgebiete blieben auch unter der Geltung des RPG im grossen Ganzen erhalten.

[12] BB vom 21. Juli 1871 betreffend Bewilligung eines Bundesbeitrages für Schutzbauten an Wildwassern und für Aufforstungen im Hochgebirge (AS X 517).

[13] BG vom 24. März 1876 betreffend die eidgenössische Oberaufsicht über die Forstpolizei im Hochgebirge (AS 2 353).

[14] BG vom 11. Oktober 1902 betreffend die eidgenössische Oberaufsicht über die Forstpolizei (AS 19 492).

einer Totalrevision das neue Waldgesetz geschaffen. Im Laufe der Zeit hat sich das Forstrecht des Bundes nach und nach verfeinert. Heute verfolgt es eine Vielfalt von Zielen und dient dem Schutz und der Nutzung des gesamten Waldes der Schweiz[15].

Bereits das erste Forstpolizeigesetz enthielt in Art. 11 Abs. 2 die berühmte Bestimmung über den quantitativen Schutz des Waldes («Innerhalb der festgesetzten Grenzen darf ohne kantonale Bewilligung das Forstareal nicht vemindert werden...»), welche wegweisend wurde für die schweizerische Forstpolitik. Obwohl diese und die weiteren Bestimmungen des Gesetzes nicht aus Naturschutzmotiven, sondern zum Schutze der Menschen geschaffen wurden, waren sie für die Natur äusserst wertvoll, weil sie den Lebensraum Wald[16] in seiner Fläche und räumlichen Verteilung sicherten.

Im Laufe der 80-er Jahre dieses Jahrhunderts wurde deutlich, dass der bloss quantitative Schutz des Waldareals nicht mehr genügt. Zum einen wurde erkannt, dass ein an seltenen Arten reicher Wald auch bestimmte qualitative Kriterien erfüllen muss[17].

12
Qualitativer Schutz des Waldes
Protection qualitative de la forêt

Aus Naturschutzsicht mangelt es vielen heutigen Wäldern an gestuften Waldrändern, lichten Stellen, Altholzbeständen und Totholzinseln. Zudem sind vorab im Mittelland viele Wälder mit standortfremden und artenarmen Fichtenbeständen durchsetzt.

Zum anderen machten die gehäuft auftretenden Waldschäden darauf aufmerksam, dass neben der Begrenzung der Schadstoffbelastung in der Luft auch eine richtige Pflege des Waldes wichtig ist. In der Folge wurde das am 1. Januar 1993 in Kraft gesetzte WaG mit verschiedenen Bestimmungen zum qualitativen Schutz des Waldes ausgestattet[18].

---

[15] Vgl. zur historischen Entwicklung des Forstrechtes im übrigen JAGMETTI Riccardo, Kommentar BV, Art. 24, Rz 7 ff.
[16] Vgl. zur grossen Bedeutung des Lebensraumes Wald für die Natur: BROGGI/SCHLEGEL, 87 ff.
[17] Vgl. dazu PLACHTER, 99 ff.
[18] Die Bestimmungen des Forstpolizeigesetzes von 1902 waren in dieser Hinsicht wenig konkret und konzentrierten sich auf die Bekämpfung von gemeingefährlichen Krankheiten und Schädlingen (vgl. insb. Art. 32bis).

B. Natur- und Heimatschutzregelungen im Forstrecht

a. Übersicht

13 Im WaG ist die Erhaltung des Waldes als naturnahe Lebensgemeinschaft als einer von fünf Gesetzeszwecken aufgeführt (Art. 1 Abs. 1 Bst. b)[19]. Zur Erfüllung dieses Zwecks enthält das WaG rund ein Dutzend einschlägige Regelungen. Diese lassen sich im wesentlichen in drei Gruppen aufteilen. Die erste Gruppe umfasst Regelungen im Bereich der Waldfeststellung und Rodung, die zweite Gruppe Regelungen, welche eine naturnahe Bewirtschaftung anstreben. Die dritte Gruppe enthält einige weitere Regelungen, die sich keinem dieser Gebiete zuordnen lassen.

b. Natur- und Heimatschutzregelungen im Bereich der Waldfeststellung und Rodung

14 Art. 2 WaG umschreibt den Begriff des Waldes. Die Umschreibung ist jedoch nicht abschliessend, vielmehr können die Kantone innerhalb eines bestimmten Rahmens die definitiven Kennzahlen (Breite, Fläche und im Falle einer einwachsenden Fläche das Alter), ab denen eine Bestockung als Wald gilt, festlegen (vgl. Art. 1 Abs. 1 WaV). In diesem Zusammenhang ist eine wichtige Ausnahme zu beachten. Art. 2 Abs. 4 WaG hält fest, dass die kantonalen Kriterien nicht massgebend sind, wenn eine «Bestockung in besonderem Masse Wohlfahrts- oder Schutzfunktionen» erfüllt. Nach ständiger Bundesgerichtspraxis gehört zu den Wohlfahrtsfunktionen auch der Natur- und Landschaftsschutz. Unter Landschaftsschutz versteht das Bundesgericht primär den optisch-ästhetischen Schutz. Daneben bezieht es aber regelmässig auch naturschützerische Überlegungen in die Beurteilung der Waldeigenschaft einer Fläche ein[20]. Im Ergebnis kann dies dazu führen, dass eine naturschützerisch wertvolle Bestockung, die zwar eine kleinere Fläche oder Breite, als nach kantonalem Recht gefordert, aufweist, trotzdem als Wald gilt[21].

---

[19] Die übrigen vier Zwecke sind (Art. 1 Abs. 1 Bst. a, c, d und Abs. 2 WaG): Erhaltung des Waldes in seiner Fläche und räumlichen Verteilung; Sicherstellung der Schutz-, Wohlfahrts- (Hinweis: enthält auch Natur- und Landschaftsschutzfunktion) und Nutzfunktionen; Förderung der Waldwirtschaft; Schutz von Menschen und erheblichen Sachwerten vor Lawinen, Rutschungen, Erosion und Steinschlag. Vgl. zu den Waldfunktionen: BBl 1988 III 187 f.; JENNI Hans-Peter, Vor lauter Bäumen den Wald noch sehen, Ein Wegweiser durch die neue Waldgesetzgebung, BUWAL-Schriftenreihe Umwelt Nr. 210, 29 f.

[20] Vgl. BGE 120 Ib 347 f. = JdT 1996 I 542 sowie insbesondere BGE 114 Ib 232 f. = JdT 1990 I 508, mit Hinweisen.

[21] Bestockungen, die nicht Wald sind, oder Einzelbäume können nach NHG (Art. 18 ff.) geschützt werden.

Die Einreihung einer Bestockung als Wald ist für den Natur- und Heimatschutz deshalb von Bedeutung, weil Art. 5 Abs. 1 WaG ein prinzipielles Rodungsverbot statuiert. Rodungen sind nur zulässig, wenn eine Ausnahmebewilligung erteilt wird. Diese ist an mehrere strenge Voraussetzungen gebunden (Art. 5 Abs. 2-4 WaG). Eine davon ist das Gebot, dass dem Natur- und Heimatschutz Rechnung zu tragen ist (Art. 5 Abs. 4 WaG)[22].

Für jede Rodung muss prinzipiell in derselben Gegend Realersatz geleistet werden (Art. 7 Abs. 1 WaG; Art. 8 WaV)[23]. Von diesem Prinzip gibt es zwei natur- und heimatschutzrelevante Ausnahmen. Erstens kann der Realersatz in einer anderen Gegend geleistet werden, wenn damit ökologisch oder landschaftlich wertvolle Gebiete (Art. 9 Abs. 2 und 3 WaV) geschont werden (Art. 7 Abs. 2 WaG). Zweitens können anstelle von Realersatz ausnahmsweise Massnahmen zugunsten des Natur- und Landschaftsschutzes getroffen werden (Art. 7 Abs. 3 WaG).

c. Regelungen für eine naturnahe Bewirtschaftung

Das WaG selbst enthält nur wenige konkrete und direkt anwendbare Bestimmungen, welche eine naturnahe Bewirtschaftung anstreben: Art. 18 WaG verbietet grundsätzlich das Verwenden umweltgefährdender Stoffe, wozu auch Dünger gehören, im Wald. Ausnahmen regelt die WaV (Art. 25-27). Art. 22 WaG enthält ein prinzipielles Kahlschlagverbot. Art. 23 WaG regelt die Wiederbestockung von Blössen und Art. 24 WaG die Verwendung von forstlichem Vermehrungsgut.

15

Im übrigen stellt das WaG für die naturnahe Bewirtschaftung lediglich Grundsätze in der Form von unbestimmten Rechtsbegriffen auf. Die wichtigste Regelung findet sich in Art. 20 Abs. 2 WaG:

«Die Kantone erlassen Planungs- und Bewirtschaftungsvorschriften; sie tragen dabei den Erfordernissen der Holzversorgung, des naturnahen Waldbaus und des Natur- und Heimatschutzes Rechnung.»

Dieser eigentliche Grundsatz der naturnahen Bewirtschaftung wird ergänzt durch:

---

[22] Vgl. BGr. in URP 1995, 713 ff. sowie die unveröffentlichten Entscheide des BGr. vom 9. Dezember 1994 i.S. Montilier, E. 3c, vom 21. Juli 1994 i.S. Grimisuat, E. 4b cc und vom 24. Dezember 1993 i.S. Luggagia, E. 2c; BGE 117 Ib 328 = JdT 1993 I 503; BGE 116 Ib 327 = JdT 1992 I 491; BGE 116 Ib 471 = Pra 1992, 41 und JdT 1992 I 497; BGE 113 Ib 349 = JdT 1989 I 494; BGE 113 Ib 413 = JdT 1989 I 491; BGE 112 Ib 569 = Pra 1987, 942 und JdT 1988 I 482. Vgl. zur Verbindlichkeit der vor 1993 ergangenen Entscheide auch für die Auslegung des neuen WaG: BGE 119 Ib 400 f. = JdT 1995 I 503.

[23] Dazu BGE 120 Ib 163 ff. = JdT 1996 I 538.

- die Möglichkeit, aus ökologischen oder landschaftlichen Gründen ganz oder teilweise auf die Pflege und Nutzung des Waldes zu verzichten, wenn es der Zustand des Waldes und das Gebot der Walderhaltung zulassen (Art. 20 Abs. 3 WaG);
- die Möglichkeit, zur Erhaltung der Artenvielfalt von Fauna und Flora angemessene Flächen als Waldreservate auszuscheiden (Art. 20 Abs. 4 WaG).

Die Ausgestaltung und der Vollzug der Grundsätze obliegt den Kantonen. Wichtigstes Instrument sind die Planungs- und Bewirtschaftungvorschriften bzw. nach der Terminologie von Art. 18 WaV die forstliche Planung.

Die forstliche Planung wird in der Regel zweistufig realisiert. Die hierarchisch höhere Planungsstufe bilden kantonale oder regionale Waldentwicklungspläne. Auf deren Grundlage werden die hierarchisch tieferen, sich auf Reviere oder Betriebe erstreckenden Betriebspläne erstellt[24]. Die Vorschriften der Betriebspläne sind von öffentlichen und privaten Waldeigentümern zu beachten. Allerdings statuieren die Vorschriften in der Regel[25] keine Pflicht zu positiven Leistungen[26]. Die Waldeigentümerinnen sind bloss insoweit daran gebunden, als sie sich selbst entschliessen, im Wald tätig zu sein. In diesem Fall dürfen sie keine den Vorschriften widersprechende Nutzung ausüben. Es handelt sich bei diesen also nur um negative Leistungs- oder Unterlassungspflichten.

Anstatt auf Zwangsmassnahmen setzt das WaG zur Förderung einer naturnahen Bewirtschaftung auf finanzielle Anreize. So werden Bundesbeiträge für Massnahmen zur Walderhaltung und zum Schutz von Menschen und erheblichen Sachwerten vor Naturereignissen (Art. 35 Abs. 1 WaG) nur ausgerichtet, wenn die Massnahmen u.a. der forstlichen Planung entsprechen, den ökologischen Anforderungen genügen und die übrigen Voraussetzungen des Bundesrechts erfüllt sind (Art. 39 Abs. 1 Bst. a WaV). Des weiteren leistet der Bund Finanzhilfe für die Pflege, Holznutzung und -bringung, wenn diese aus Gründen des Naturschutzes besonders aufwendig sind (Art. 38 Abs. 2 Bst. b WaG), sowie an die Kosten von Schutz- und Unterhaltsmassnahmen für Waldreservate (Art. 38 Abs. 3 WaG).

Die forstliche Planung stellt ein wichtiges offensives Instrument für die Verfolgung forstökologischer Ziele dar. Richtig eingesetzt und in Koordination mit dem NHG kann damit der Naturschutz im Wald massgeblich gefördert werden.

---

[24] Dazu KELLER Peter M., Erste Erfahrungen mit der neuen Waldgesetzgebung, in: Information der Dokumentationsstelle Raumplanungs- und Umweltrecht der VLP, Bern, Oktober 1995, 7 ff.

[25] Eine Ausnahme besteht namentlich bei Schutzwäldern, in denen die Kantone eine minimale Pflege sicherstellen müssen (Art. 20 Abs. 5 WaG). Diese Pflicht überträgt das kantonale Recht regelmässig dem Waldeigentümer.

[26] Positive Leistung = tatsächliches Handeln, z.B. Auslichten zu dichter Bestände.

d. Weitere Natur- und Heimatschutzregelungen

Einer der Zwecke des WaG ist, Menschen oder erhebliche Sachwerte vor Lawinen, Rutschungen, Erosion und Steinschlag zu schützen (Art. 1 Abs. 2 WaG). Art. 19 WaG schreibt vor, dass für entsprechende Massnahmen möglichst naturnahe Methoden anzuwenden sind.

16

Die bislang erwähnten Bestimmungen haben als Adressaten Personen oder Gemeinwesen, welche über Wald verfügungs- oder nutzungsberechtigt sind. Daneben ist eine weitere Regelung erwähnenswert, die sich auch an Dritte richten kann. Art. 14 Abs. 1 WaG beauftragt die Kantone im Sinne von Art. 699 ZGB, den Wald der Allgemeinheit zugänglich zu halten. Art. 14 Abs. 2 Bst. a WaG relativiert diesen Grundsatz und fordert die Kantone auf, die Zugänglichkeit einzuschränken, u.a. wenn es der Schutz von Pflanzen und wildlebenden Tieren erfordert. Ausserdem müssen in solchen Fällen grosse Veranstaltungen einer Bewilligung unterstellt werden (Art. 14 Abs. 2 Bst. b WaG).

IV. Landwirtschaftsrecht

A. Historische Entwicklung

Die Entwicklung des Landwirtschaftsrechts erfolgte in zwei Phasen. In der ersten Phase wurden beginnend im Jahre 1884 mit einem Bundesbeschluss während rund 60 Jahren zahlreiche Subventionsregelungen geschaffen. Das Motiv für diese ersten Regelungen entsprang anders als im Forstrecht nicht einer besonderen Not. Vielmehr wollte die Bundesversammlung zur Stärkung der Landwirtschaft mit den anderen Staaten Europas, die ihre Landwirtschaft ebenfalls unterstützten, gleichziehen[27].

17
Stärkung und Unterstützung der Landwirtschaft
Renforcement et soutien à l'agriculture

Die zweite Phase begann zur Zeit des Zweiten Weltkrieges, als der Bundesrat mit den Vollmachtenbeschlüssen auch viele andere Bestimmungen als Subventionsregelungen erliess. 1947 wurde die BV mit dem sogenannten Agrararartikel (Art. 31bis Abs. 3 Bst. b) ergänzt. Ab 1954 wurde etappenweise das Landwirtschaftsgesetz (LwG) in Kraft gesetzt. Bis in die frühen 90-er Jahre enthielt das LwG als einzige Natur- und Heimatschutzregelung den Art. 79, welcher bei Bodenverbesserungen (heute: Meliorationen) gebot, u.a. dem Schutz der Natur und der Wahrung des Landschaftsbildes Rechnung zu tragen (Abs. 1)

---

[27] Vgl. dazu Botschaft des BR in BBl 1883 IV 863 ff.

sowie auf den Schutz der Vögel Rücksicht zu nehmen (Abs. 2)[28]. Die an sich griffig formulierte Bestimmung entfaltete jedoch bis vor wenigen Jahren nur eine geringe Wirksamkeit[29].

Im Laufe der 80-er Jahre sah sich die Landwirtschaft zunehmend der Kritik ausgesetzt. Missfallen erregten insbesondere die mangelnde Natur- und Umweltverträglichkeit sowie die hohen Subventionen und zahlreichen anderen Unterstützungsmassnahmen.

1992 legte der Bundesrat im Siebten Landwirtschaftsbericht die Gründe für eine Neuorientierung der Agrarpolitik dar[30].

1993 traten erste wichtige Reformmassnahmen in Kraft[31], darunter die für den Naturschutz wichtige Finanzierungsbestimmung von Art. 31b Abs. 2 LwG über ökologische Ausgleichsflächen.

18
Neuorientierung der Agrarpolitik (Verfassungsrevision 1996)
Réorientation de la politique agricole (révision de la Constitution en 1996)

In der Volksabstimmung vom 9. Juni 1996 wurde der bisherige Agrarartikel der BV (Art. 31bis Abs. 3 Bst. b) durch die neue Bestimmung von Art. 31^{octies} ersetzt. Für den Natur- und Heimatschutz sind namentlich die Zweckumschreibung der Landwirtschaft (Art. 31^{octies} Abs. 1 BV, insb. Bst. b[32]), die Verknüpfung der Direktzahlungen mit einem ökologischen Leistungsausweis (Art. 31^{octies} Abs. 3 Bst. a BV) sowie die Finanzierungsgrundlage für besonders naturnahe Produktionsformen (Art. 31^{octies} Abs. 3 Bst. b BV) von Bedeutung. Bei der Zweckumschreibung (Art. 31^{octies} Abs. 1 BV) ist besonders ewähnenswert, dass die Landwirtschaft neu dem Grundsatz einer «nachhaltigen [...] Produktion» verpflichtet ist.

19
Laufende LwG-Revision
Révision actuelle de la LAgr

Aufgrund der veränderten verfassungsrechtlichen Lage ist eine Revision des LwG im Gange[33]. Der bundesrätliche Vorschlag enthält gegenüber dem geltenden LwG einige deutliche Verbesserungen. So sollen z.B. die allgemeinen Direktzahlungen gemäss Art. 31a LwG neu nur noch unter der Voraussetzung

---

[28] Die Bestimmung fand in ähnlicher Form bereits im Jahre 1942 als Ergänzung des Bundesratsbeschlusses über ausserordentliche Bodenverbesserungen zur Vermehrung der Lebensmittelerzeugung (ein Vollmachtenbeschluss) Eingang ins Recht (AS 1942 204). Vgl. zu Art. 79 LwG auch MAURER, 145 ff.

[29] Dazu WEISS, 60. Das erste Urteil auf Bundesebene, welches auf der Grundlage von Art. 79 LwG gefällt wurde, war der Entscheid des BR vom 28. Oktober 1988 zur Melioration Tobel (VPB 1989, 211 ff.).

[30] Vgl. BBl 1992 II 464 ff.

[31] Art. 29, 31a und 31b LwG (Botschaft des BR in BBl 1992 II 1).

[32] «Erhaltung der natürlichen Lebensgrundlagen und Pflege der Kulturlandschaft».

[33] Vgl. Botschaft des BR zur Reform der Agrarpolitik: Zweite Etappe (Agrarpolitik 2002), BBl IV 1996 1 ff.

des ökologischen Leistungsausweises ausgerichtet werden (neuer Art. 67). Insgesamt erscheint der Revisionsvorschlag aber etwas zaghaft und unverbindlich. Namentlich sollen viele für den Naturschutz wichtige Festlegungen wie z.B. «angemessener Anteil an ökologischen Ausgleichsflächen» (neue Art. 67 und 72) oder «extensive Bewirtschaftung» (neuer Art. 72) auf die Verordnungsebene delegiert werden.

B. Natur- und Heimatschutzregelungen im Landwirtschaftsrecht

Die bislang bedeutendste Naturschutzregelung im Landwirtschaftsrecht ist Art. 31b Abs. 2 i.V. mit Abs. 3 und 4 LwG. Daneben sind erwähnenswert: Art. 31a LwG über die ergänzenden Direktzahlungen, Art. 79 LwG (vgl. Rz 17 hievor) und der Verweis auf Art. 79 LwG in Art. 1 Abs. 5 der Bodenverbesserungs-Verordnung[34].

20
Übersicht
Aperçu

Art. 31b Abs. 2 LwG lautet: «Der Bund gewährt Beiträge für die Verwendung von landwirtschaftlichen Nutzflächen als ökologische Ausgleichsflächen. Er fördert damit die natürliche Artenvielfalt.»

21
Beiträge für ökologische Ausgleichsflächen
Subvention pour les surfaces de compensation écologique

Art. 31b Abs. 3 LwG sieht für diese Zahlungen eine solche Höhe vor, dass es sich im Vergleich zur konventionellen Landwirtschaft wirtschaftlich lohnt, derartige Leistungen zu erbringen. Art. 31b Abs. 4 LwG regelt, dass die Summe der Zahlungen nach einer Einführungsperiode die gleiche Grössenordnung erreichen soll, wie die ergänzenden Direktzahlungen nach Art. 31a LwG.

Der Ausführung von Art. 31b Abs. 2 LwG dient die OeBV (insb. Art. 6-19). Art. 6 OeBV umschreibt die Objekte des ökologischen Ausgleichs, für welche der Bund Beiträge gewährt. Dies sind:

- extensiv genutzte Wiesen, wenig intensiv genutzte Wiesen, Streueflächen, Hecken und Feldgehölze
- extensiv genutzte Ackerflächen und extensiv genutzte Flächen von Spezialkulturen
- Hochstamm-Feldobstbäume.

C. Vergleich des ökologischen Ausgleichs nach NHG und LwG

Der ökologische Ausgleich nach Art. 18b NHG unterscheidet sich von jenem nach Art. 31b Abs. 2 LwG (Art. 6-19 OeBV) hinsichtlich *der Zuständigkeit*,

22

---

[34] V vom 14. Juni 1971 über die Unterstützung von Bodenverbesserungen und landwirtschaftlichen Hochbauten (SR 913.1).

des räumlichen Geltungsbereichs, der Instrumente, der Finanzierung, der Abgeltungsberechtigung und der Bemessungsgrundlagen.

23 Zuständigkeit Compétence	Die *Zuständigkeit* für den ökologischen Ausgleich nach NHG liegt sowohl für die Ausführungserlasse als auch für den Vollzug bei den Kantonen. Ausführungsverordnungen für ökologische Ausgleichsflächen nach LwG, namentlich die OeBV, erlässt hingegen der Bund. Den Kantonen obliegt nur der Vollzug.
24 Räumlicher Geltungsbereich Champ d'application dans l'espace	Betreffend den *räumlichen Geltungsbereich* gilt folgendes: Auf der einen Seite sind die ökologischen Ausgleichsflächen nach LwG *umfassender* als der ökologische Ausgleich nach NHG. Das NHG fördert die naturnahen Lebensräume durch den Schutz der Biotope (Art. 18a und 18b Abs. 1 NHG) und den ökologischen Ausgleich (Art. 18b Abs. 2 NHG). Der ökologische Ausgleich zielt darauf ab, neue naturnahe Lebensräume zu schaffen, erfasst jedoch die bestehenden Biotope nicht. Das LwG hingegen erwähnt die ökologischen Ausgleichsflächen als einzige Massnahme zur Förderung der natürlichen Artenvielfalt (Art. 31b Abs. 2 LwG). Im Lichte dieses Zweckes muss der ökologische Ausgleich gemäss LwG weiter verstanden werden als nach dem NHG[35]. Unter die ökologischen Ausgleichsflächen nach LwG fallen also grundsätzlich auch die bestehenden Biotope. Darüber hinaus ergibt sich eine breitere Anwendung des ökologischen Ausgleichs nach dem LwG, weil dieser im Vergleich zu jenem des NHG nicht auf «intensiv genutzte Gebiete» (Art. 18b Abs. 2 NHG) beschränkt ist. Auf der anderen Seite ist der Anwendungsbereich des ökologischen Ausgleichs nach LwG aber *enger*. Nach Art. 31b Abs. 2 LwG können nur landwirtschaftliche Nutzflächen[36] ökologische Ausgleichsflächen beherbergen. Der ökologische Ausgleich nach NHG kennt diese Begrenzung nicht. Diese Festlegung des räumlichen Geltungsbereiches im LwG und NHG hat zur Folge, dass zahlreiche Flächen sowohl unter die Biotope oder den ökologischen Ausgleich nach Art. 18a und 18b NHG als auch unter die ökologischen Ausgleichsflächen nach LwG fallen. Damit bei der Abgeltung von Naturschutzleistungen oder Nutzungsverzichten Doppelzahlungen vermieden werden, enthält die OeBV entsprechende Regeln (vgl. dazu MAURER, Art. 18c, Rz 27 ff.).
25 Instrumente Instruments	Für die ökologischen Ausgleichsflächen nach LwG kommt nur das *Instrument der Abgeltung* zum Einsatz[37]. Für den ökologischen Ausgleich nach NHG steht

---

[35] STULZ, Der ökologische Ausgleich, 95 f.
[36] Vgl. dazu Art. 9 ff. der V vom 26. April 1993 über landwirtschaftliche Begriffe und die Anerkennung von Betriebsformen (SR 910.91) sowie Art. 5 und 6 OeBV.
[37] Die geltende Regelung der OeBV gewährt die Beiträge für ökologische Ausgleichsflächen in der Form der mitwirkungsbedürftigen Verfügung. Vgl. dazu und zur Kritik an dieser Regelung MAURER, 119 f.

hingegen eine ganze Palette von Instrumenten zur Auswahl (vgl. dazu MAURER, Art. 18b, Rz 11).

Die *Finanzierung* der ökologischen Ausgleichsflächen nach LwG erfolgt zu 100 Prozent durch den Bund (Art. 31b Abs. 2), jene des ökologischen Ausgleichs nach NHG zu mindestens 50 Prozent durch die Kantone (Art. 18d Abs. 2; dazu MAURER, Art. 18d, Rz 7).

26 Finanzierung
Financement

Abgeltungsberechtigt für den ökologischen Ausgleich nach LwG sind nur bäuerliche Bewirtschafter von Landwirtschaftsbetrieben (Art. 1 OeBV). Die Ausrichtung von Abgeltungen für den ökologischen Ausgleich nach NHG unterliegt nicht dieser Beschränkung.

27 Abgeltungsberechtigung
Droit aux indemnités

Für die *Bemessungsgrundlagen* gilt:
Beiträge für ökologische Ausgleichsflächen nach LwG werden nach der geltenden Regelung der OeBV davon abhängig gemacht, dass die Landwirtin bestimmte *Bewirtschaftungsvorschriften* einhält (Art. 8 ff.). Beiträge für Hochstammobstbäume werden sogar einzig an die Existenz eines mindestens 1,2 Meter hohen Steinobst bzw. 1,6 Meter hohen anderen Obstbaumes geknüpft (Art. 18).

28 Bemessungsgrundlagen
Bases de calcul

Die Regelung ist mangelhaft. Erstens ist es schwierig, einer Landwirtin nachträglich nachzuweisen, dass sie eine Fläche falsch bewirtschaftet, z.B. gedüngt hat. Zweitens sind die ökonomischen Anreize falsch gesetzt, weil der betriebliche Gewinn mit zunehmender Missachtung der Vorschriften steigt. Drittens wirken die Auflagen zu wenig zielgerichtet auf den Schutz der Natur hin. Eine Bemessung der Beiträge nach ökologischen Qualitätskriterien, beispielsweise der pflanzensoziologischen Struktur, würde in allen drei Punkten besser abschneiden. Ausserdem würde eine solche Regelung den Landwirten das Bewusstsein für den Wert der natürlichen Vielfalt schärfen, weil sie ja gerade dafür bezahlt würden[38].

Abgeltungen für den ökologischen Ausgleich nach NHG können hingegen nach *ökologischen Qualitätskriterien* bemessen werden (dazu MAURER, Art. 18c, Rz 20).

Die Bedeutung der erst seit 1993 in Kraft stehenden Regelung von Art. 31b Abs. 2 LwG kann kaum überschätzt werden. Auch wenn die Beitragsausrichtung heute den Naturschutz noch nicht optimal fördert, ist mit Art. 31b Abs. 2 LwG doch ein neuer Weg beschritten worden, der bis auf weiteres nicht mehr verlassen werden kann.

29 Bedeutung
Importance

---

[38] MAURER, 126 ff.

V. Wasserrecht

A. Historische Entwicklung

30 Dem Wasserrecht ging beginnend im 19. Jahrhundert die staatliche Unterstützung verschiedener Flusskorrektionen voraus[39]. 1874 wurde mit Art. 24, der dem Bund die Oberaufsicht über die Wasserbau- und Forstpolizei im Hochgebirge zuwies sowie Regelungen zum Hochwasserschutz enthielt[40], die erste wasserrechtliche Bestimmung in die BV aufgenommen. Das entsprechende Ausführungsgesetz wurde 1877 erlassen[41]. Dieses ist heute weitgehend[42] abgelöst durch das BG über den Wasserbau von 1991 (WBG).

Mit der Jahrhundertwende setzte die Nutzung der Wasserkraft zur Elektrizitätserzeugung ein. Durch Aufnahme von Art. 24bis in die BV erhielt der Bund 1908 die Befugnis zur Gesetzgebung, und 1916 wurde das BG über die Nutzbarmachung der Wasserkräfte (WRG), welches namentlich die Konzessionserteilung regelte, geschaffen. Das WRG enthielt in Art. 22 zwei für die damalige Zeit bemerkenswert fortschrittliche Natur- und Heimatschutzregelungen. Diese sind heute noch gültig und lauten:

- «Naturschönheiten sind zu schonen und da, wo das allgemeine Interesse an ihnen überwiegt, ungeschmälert zu erhalten.» (Abs. 1)
- «Die Wasserwerke sind so auszuführen, dass sie das landschaftliche Bild nicht oder möglichst wenig stören.» (Abs. 2)

In der Praxis der Konzessionserteilung war die Wirkung von Art. 22 WRG allerdings gering, was u.a. darauf zurückzuführen ist, dass die Bestimmung nur ein akzessorisches Gebot zur Rücksichtnahme darstellt[43].

Mit der zunehmenden Industrialisierung und Bautätigkeit nahm auch die stoffliche Belastung der Gewässer zu. Dies führte 1953 zur Ergänzung der BV mit einer Bundeskompetenz für den qualitativen Gewässerschutz (Art. 24^{quater}: Gewässerschutzartikel). Das erste Gewässerschutzgesetz folgte 1955, das zweite 1971, das dritte 1991. Die Zielsetzung des ersten und vor allem des zweiten Gesetzes bestand hauptsächlich darin, im ganzen Land die Abwassersanierung

---

[39] Z.B. Linthkorrektion (1807 - 1816), Aarekorrektion (1868 - 1889), Rheinkorrektion (1852 - ca. 1900) (vgl. zu den verschiedenen Flusskorrektionen: Historisch-Biographisches Lexikon der Schweiz, Neuenburg 1921 ff.).
[40] Die Beschränkung auf das Hochgebirge wurde 1897 fallengelassen (Volksabstimmung vom 11. Juli).
[41] BG vom 22. Juni 1877 über die Wasserbaupolizei, SR 721.10.
[42] In Kraft sind lediglich noch einige Regeln über die Stauhaltung.
[43] RAUSCH Heribert, Die Umweltschutzgesetzgebung, Zürich 1977 unveränderter Nachdruck 1992, 43.

zu verwirklichen[44]. Das dritte GSchG entstand als indirekter Gegenvorschlag zur Volksinitiative «zur Rettung unserer Gewässer»[45]. Es enthält neben Regelungen zum qualitativen auch solche für den quantitativen Gewässerschutz, namentlich zur Sicherung angemessener Restwassermengen. Die verfassungsrechtliche Grundlage hiefür ist der 1975 revidierte und neu unter Art. 24bis aufgeführte Art. 24^{quater}. Die hauptsächliche Motivation für die Ergänzung des qualitativen mit dem quantitativen Schutz war die zunehmende Trockenlegung von ganzen Flussabschnitten durch Staudämme oder Abzweigung des Wassers in Elektrizitätskraftwerke[46].

B. Natur- und Heimatschutzregelungen im Wasserrecht

a. Gewässerschutzgesetz

Das GSchG ist in erster Linie ein Schutzgesetz und die entsprechenden Bestimmungen fördern den Natur- und Heimatschutz alle mehr oder weniger direkt. In zweiter Linie dient es aber auch Nutzungszwecken, weil es die Schutzmassnahmen auf ein bestimmtes Mass begrenzt.   31

Im Zweckartikel des GSchG stehen hinter zwei von acht konkreten Zielsetzungen ausgeprägte Natur- und Heimatschutzmotive: Art. 1 Bst. c strebt die Erhaltung natürlicher Lebensräume für die einheimische Tier- und Pflanzenwelt an, Art. 1 Bst. e die Erhaltung der Gewässer als Landschaftselemente[47].   32 Zweckartikel Article-programme

Grosse Bedeutung für den Natur- und Heimatschutz hat der Geltungsbereich des GSchG: Zu den vom GSchG geschützten oberirdischen Gewässern gehört neben dem Wasser und Gewässerbett mit Sohle auch die Böschung sowie die tierische und pflanzliche Besiedlung (Art. 4 Bst. a).   33 Geltungsbereich Champ d'application

Eigentliche Natur- und Heimatschutzregeln enthalten im übrigen die Kapitel 2 (Sicherung angemessener Restwassermengen, Art. 29-36) und 3 (Verhinderung anderer nachteiliger Einwirkungen auf Gewässer, Art. 37-44) des 2. Titels des GSchG.   34 Restwassermengen, Verhinderung nachteiliger Einwirkungen

In Kapitel 2 legt Art. 31 GSchG für Wasserentnahmen aus Fliessgewässern mit ständiger Wasserführung Mindestrestwassermengen fest. Abs. 1 enthält dafür

Débits résiduels, obstacles aux atteintes préjudiciables

---

[44] Botschaft GSchG, BBl 1987 II 1073.
[45] Vgl. Botschaft GSchG, BBl 1987 II 1061. Die Volksinitiative wurde am 17. Mai 1992 verworfen, das neue GSchG in der Referendumsabstimmung vom selben Termin angenommen.
[46] Vgl. zur historischen Entwicklung des Wasserrechts im übrigen: JAGMETTI Riccardo, Kommentar BV, Art. 24, Rz 1 ff., Art. 24bis, Rz 3 ff.; RAUSCH (FN 43), 39-43 und 69-78.
[47] Vgl. dazu BGE 119 Ib 285 f. = JdT 1995 I 466.

Berechnungsgrundsätze. Nach Abs. 2 muss die errechnete Menge erhöht werden, wenn u.a. folgende Anforderungen nicht erfüllt sind und nicht durch andere Massnahmen erfüllt werden können:

- «Seltene Lebensräume und -gemeinschaften, die direkt oder indirekt von der Art und Grösse des Gewässers abhängen, müssen erhalten oder, wenn nicht zwingende Gründe entgegenstehen, nach Möglichkeit durch gleichwertige ersetzt werden.» (Bst. c)
- «Die für die freie Fischwanderung erforderliche Wassertiefe muss gewährleistet sein.» (Bst. d)

Das Ausmass einer solchen Erhöhung wird mittels Interessenabwägung ermittelt (Art. 33 Abs. 1 GSchG). Abs. 2 von Art. 33 GSchG zählt die Interessen für, Abs. 3 die Interessen gegen eine Wasserentnahme auf[48]. Zu den letzteren gehören insbesondere:

- «die Bedeutung der Gewässer als Landschaftselemente;» (Bst. a)
- «die Bedeutung der Gewässer als Lebensraum für die davon abhängige Tier- und Pflanzenwelt, samt deren Artenreichtum, namentlich auch für die Fischfauna, deren Ertragsreichtum und natürliche Fortpflanzung;» (Bst. b)

Unter den Bestimmungen von Kapitel 3 sticht hauptsächlich Art. 37 GSchG hervor, der die Verbauung und Korrektion von Fliessgewässern regelt. Sein Abs. 2 enthält neben einer allgemeinen Rücksichtspflicht eine eigentliche Sanierungs- und eine Gestaltungspflicht. Die Bestimmung lautet:

«Dabei[49] muss der natürliche Verlauf des Gewässers möglichst beibehalten oder wiederhergestellt werden. Gewässer und Ufer müssen so gestaltet werden, dass:
a. sie einer vielfältigen Tier- und Pflanzenwelt als Lebensraum dienen können;
b. die Wechselwirkungen zwischen ober- und unterirdischen Gewässern weitgehend erhalten bleiben;
c. eine standortgerechte Ufervegetation gedeihen kann.»

In überbauten Gebieten kann die Behörde allerdings Ausnahmen von diesem Grundsatz bewilligen (Art. 37 Abs. 3 GSchG).

Des weiteren regelt Kapitel 3 das Überdecken oder Eindolen von Fliessgewässern (prinzipielles Verbot in Art. 38 GSchG), das Einbringen fester Stoffe in Seen (prinzipielles Verbot[50] und Pflicht, bei Ausnahmen Schüttungen so natürlich wie möglich zu gestalten sowie zerstörte Ufervegetation zu ersetzen in Art. 39 GSchG), die Spülung und Entleerung von Stauräumen (Pflicht zur Rücksichtnahme auf die Tier- und Pflanzenwelt in Art. 40 GSchG).

---

[48] Vgl. zur Unzulässigkeit des Verzichts auf eine Interessenabwägung: BGE 120 Ib 245 ff. = JdT 1996 I 520.

[49] D.h. bei der Verbauung und Korrektion von Fliessgewässern sowie bei der Schaffung von künstlichen Fliessgewässern (vgl. Art. 37 Abs. 4 GSchG).

[50] Ziel dieses Verbots ist, die natürliche Verlandung nicht künstlich zu beschleunigen und die sich in dieser Zone befindenden natürlichen Lebensräume vor Deponien zu schützen (Botschaft GSchG, BBl 1987 II 1144).

b. Wasserbaugesetz

Das WBG enthält zwei Natur- und Heimatschutzregeln. Erstens wiederholen Art. 4 Abs. 2 und 3 WBG die Regelung von Art. 37 Abs. 2 und 3 GSchG (vorstehend). Zweitens gewährt Art. 7 WBG Finanzhilfen für die Renaturalisierung von Gewässern. Die Bestimmung lautet:

«Der Bund kann den Kantonen mit mittlerer und schwacher Finanzkraft Finanzhilfen für die Wiederherstellung naturnaher Verhältnisse bei wasserbaulich belasteten Gewässern leisten.»

Die Bestimmung kommt nach dem Zweckartikel des WBG (Art. 1) vor allem beim Hochwasserschutz zum Tragen. Allerdings halten sich die Subventionsbehörden wegen der schlechten Finanzlage des Bundes in den letzten Jahren bei der Ausrichtung von Beiträgen stark zurück.

35
Finanzhilfen für die Renaturalisierung von Gewässern
Aides financières pour le retour des eaux à la nature

c. BG über die Nutzbarmachung der Wasserkräfte

Neben den bereits zitierten Natur- und Heimatschutzregeln von Art. 22 Abs. 1 und 2 WRG (Rz 30 hievor)[51] enthält Abs. 3 desselben Artikels auch eine Abgeltungsregelung. Diese lautet:

«Der Bund richtet den betroffenen Gemeinwesen Ausgleichsbeiträge zur Abgeltung erheblicher Einbussen der Wasserkraftnutzung aus, sofern diese Einbussen eine Folge der Erhaltung und Unterschutzstellung schützenswerter Landschaften von nationaler Bedeutung sind.»

Die Bestimmung wurde anstelle des sog. Landschaftsrappens, eine zweckgebundene Abgabe auf hydroelektrischer Energie für den Landschaftsschutz, ins WRG aufgenommen[52] und auf Verordnungsebene[53] näher ausgeführt.

36
Abgeltungen für den Landschaftsschutz
Indemnités pour la protection du paysage

Im Laufe der Revision des WRG im Jahre 1996 wurde im Parlament erneut ein Versuch unternommen, Abgaben auf hydroelektrischer Energie auf die Mühlen des Landschaftsschutzes umzulenken. Diesmal gelang der Versuch. Nach der neuen Regelung (Art. 49 Abs. 1 WRG) kann der Bund pro Kilowatt theoretischer Leistung für die Finanzierung der Ausgleichsbeiträge nach Art. 22 Abs. 3-5 WRG eine Abgabe von bis zu einem Franken (sog. Landschaftsfranken) einführen.

37
Finanzierung über den Landschaftsfranken
Financement au moyen des «francs-paysage»

---

[51] Vgl. zur Interessenabwägung bei der Beurteilung einer Konzessionserteilung: BGE 109 Ib 219 ff. = JdT 1985 I 612; VPB 1985, 399 ff.; BJM 1989, 319.
[52] Der Erlass dieser Bestimmung erfolgte 1991 anlässlich der Revision des GSchG. Vgl. zur Konzeption und zur ökonomischen Beurteilung des Landschaftsrappens: BLÖCHLIGER Hansjörg, Der Preis des Bewahrens, Chur/Zürich 1992, 169 ff.
[53] V vom 25. Oktober 1995 über die Abgeltung von Einbussen bei der Wasserkraftnutzung (VAEW; SR 721.821).

Fünftes Kapitel
Internationales Natur- und Heimatschutzrecht[1]

Chapitre cinquième
Le droit international protégeant la nature et le paysage

Inhaltsverzeichnis Rz

I. Völkerrechtliche Grundlagen	1
A. Quellen des Völkerrechts zum Natur- und Heimatschutz	1
B. Insbesondere die völkerrechtlichen Verträge	6
a. Der Vertragsabschluss	6
b. Die innerstaatliche Geltung und Durchführung internationaler Verträge	9
c. Die Durchsetzung völkerrechtlicher Verträge auf internationaler Ebene	18
II. Die internationalen Übereinkommen zum Natur- und Heimatschutz; Übersicht	21
A. Internationale Übereinkommen zum Heimatschutz	21
B. Internationale Übereinkommen zum Naturschutz	24
C. Begründung für den Abschluss internationaler Übereinkommen in den Bereichen Natur- und Heimatschutz	26
III. Internationale Übereinkommen zum Heimatschutz	29
A. Gegenstand	29
B. Anwendbarkeit, Umsetzung	30
C. Schutzziel, Schutzobjekte	32
D. Instrumente	35
a. Inventare	35
b. Schutzmassnahmen	37
c. Erhaltungsmassnahmen	39
d. Integrierte Erhaltung	42
e. Finanzierung	44
IV. Internationale Übereinkommen zum Naturschutz	45
A. Gegenstand	45
B. Anwendbarkeit	48
C. Instrumente zum Artenschutz	49
a. Bedeutung der Anhänge	49
b. Allgemeiner Artenschutz	50
c. Internationaler Handel	51
D. Instrumente zum Biotopschutz	52
a. Schutz von Biotoptypen	53
b. Schutz von Lebensräumen bestimmter Arten	57
c. Massnahmen zum Biotopschutz	60
E. Integrierte Erhaltung	61

[1] Das Folgende ist keine vollständige Darstellung des internationalen Rechts im Bereich der Erhaltung der Natur- und Kulturgüter. Die Ausführungen beschränken sich auf die für das NHG relevanten Gegenstände.

BIBER-KLEMM   5. Kap.

Table des matières   N°

I.   Les fondements en droit international public   1
     A. Les sources de la protection de la nature et du paysage en droit
        international public   1
     B. Les traités internationaux en particulier   6
        a. La conclusion des traités   6
        b. La validité et l'application des traités en droit interne   9
        c. La mise en oeuvre des traités au niveau international   18
II. Les conventions internationales protectrices de la nature et du paysage; aperçu 21
     A. Les conventions internationales protectrices du patrimoine   21
     B. Les conventions internationales protectrices de la nature   24
     C. Les motifs pour conclure des conventions internationales en vue de protéger
        la nature et le paysage   26
III. Les conventions internationales protectrices du patrimoine   29
     A. L'objet   29
     B. L'applicabilité, la transposition   30
     C. La protection visée, les objets protégés   32
     D. Les instruments   35
        a. Les inventaires   35
        b. Les mesures de protection   37
        c. Les mesures conservatoires   39
        d. La conservation intégrée   42
        e. Le financement   44
IV. Les conventions internationales protectrices de la nature   45
     A. L'objet   45
     B. L'applicabilité   48
     C. Les instruments de la protection des espèces   49
        a. L'importance des annexes   49
        b. La protection des espèces en général   50
        c. Le commerce international   51
     D. Les instruments de protection des biotopes   52
        a. La protection des types de biotopes   53
        b. La protection du milieu vital pour certaines espèces   57
        c. Les mesures de protection des biotopes   60
     E. La conservation intégrée   61

I.   Völkerrechtliche Grundlagen

A.   Quellen des Völkerrechts zum Natur- und Heimatschutz

Das Völkerrecht unterscheidet sich vom Landesrecht sowohl hinsichtlich der   1
Quellen als auch ihrer Entstehung. Quellen des Völkerrechts sind *internatio-* Überblick
nale Übereinkünfte[2], das internationale *Gewohnheitsrecht* und die von den Aperçu
Kulturvölkern anerkannten *Rechtsgrundsätze*[3].

2 Die rechtliche Bedeutung der *Beschlüsse internationaler Organisationen* ist je nach Inhalt, Zweck, Materie, Zustandekommen und Organ unterschiedlich zu bewerten. Sie haben gewöhnlich nur empfehlenden Charakter, sind also rechtlich nicht verbindlich[4]. Verbindlichkeit kann jedoch in den Gründungsverträgen internationaler Organisationen vorgesehen werden. Dies ist z.B. der Fall bei Verordnungen und Richtlinien der Europäischen Gemeinschaft[5].

3 *Verträge / Traités*

Hauptquellen des internationalen Rechts zum Natur- und Heimatschutz sind multilaterale Verträge (dazu unten Rz 6–20).

4 *Gewohnheitsrecht / Droit coutumier*

Gewohnheitsrechtliche Regelungen sind im Bereich des Natur- und Heimatschutzrechts von weniger grosser Bedeutung. Das Völkerrecht definiert das Gewohnheitsrecht mit «Brauch als Ausdruck der Rechtsüberzeugung»[6]. Im Bereich des Naturschutzrechts, und vor allem im angrenzenden Bereich des Gewässerschutzrechts, sind allenfalls die gewohnheitsrechtlich anerkannten, nachbarrechtlichen Grundsätze des Verbotes erheblicher grenzüberschreitender Umweltbeeinträchtigungen und der Verpflichtung zu bestimmten Präventionsmassnahmen von Bedeutung[7].

Ob die allgemeinen Konzepte wie z.b. das «gemeinsame Erbe der Menschheit» (Common Heritage of Mankind) oder die nachhaltige Nutzung (Sustainable Use) gewohnheitsrechtlich anerkannt sind, ist nicht geklärt[8]. Jedenfalls sind sie aber zu unbestimmt, um direkte Rechtswirkungen zu entfalten und bedürfen der Konkretisierung z.B. durch internationale Verträge und nationale Gesetzgebungen[9].

---

[2] Auch «Übereinkommen», «Konventionen», «Verträge».

[3] Art. 38 Abs. 1 des Statuts des Internationalen Gerichtshofs vom 26. Juni 1945. Als Hilfsmittel zur Feststellung von Rechtsnormen gelten richterliche Entscheidungen und die Lehrmeinung der fähigsten Völkerrechtler (ebenda).

[4] KÄLIN/MÜLLER/WILDHABER, Kapitel Völkerrechtsquellen, E. Beschlüsse internationaler Organisationen, Abschnitt 1.

[5] KÄLIN/MÜLLER/WILDHABER, Kapitel Völkerrechtsquellen, E. Beschlüsse internationaler Organisationen, Abschnitt 2. Zu den Richtlinien der EG im Bereich des Naturschutzes vgl. unten FN 59.

[6] «Usage generally accepted as expressing principles of law», DAHM/DELBRÜCK/WOLFRUM, 56.

[7] Vgl. die Fallbeispiele in KÄLIN/MÜLLER/WILDHABER, Kapitel Umweltschutz im Völkerrecht, A. Das völkerrechtliche Nachbarrecht.

[8] Vgl. dazu die Diskussion um die beschleunigte Entwicklung von Gewohnheitsrecht im Rahmen internationaler Organisationen in DAHM/DELBRÜCK/WOLFRUM, 60; SEIDL-HOHENVELDERN Ignaz, Völkerrecht, 8. Auflage, Köln 1994, Rz 492; KÄLIN/MÜLLER/WILDHABER, Kapitel Völkerrechtsquellen, B. Gewohnheitsrecht.

[9] Die Vertragsparteien des Übereinkommens über die Biologische Vielfalt (abgeschlossen in Rio am 5. Juni 1992, SR 0.451.43), darunter auch die Schweiz, sind vertraglich verpflichtet, das Konzept der nachhaltigen Nutzung umzusetzen (vgl. Art. 6 und 10 des Übereinkommens über die Biologische Vielfalt).

Hingegen gibt es eine grosse Zahl – unverbindlicher – Beschlüsse internationaler Organisationen mit empfehlendem Charakter. Diesem sog. «soft-law» kommt oft nicht nur politisch, sondern auch praktisch eine grosse Bedeutung zu. Auf internationaler Ebene spielt es eine wesentliche Rolle für die Weiterbildung und Auslegung von Vertragsrecht, auf nationaler Ebene z.B. zur Rechtfertigung von Gesetzgebungsprojekten[10].

5
Beschlüsse internationaler Organisationen
Résolutions des organisations internationales

Beispiele sind im Bereich des Naturschutzes die Deklaration der Vereinten Nationen über die Umwelt der Menschen, die sog. Stockholmer Deklaration von 1972[11], die Weltcharta für die Natur vom 28. Oktober 1982[12], sowie als jüngste Beispiele die Erklärung des Erdgipfels von Rio über Umwelt und Entwicklung vom 14. Juni 1992[13] und der sie konkretisierende Aktionsplan für Nachhaltige Entwicklung, die «Agenda 21».

Im Bereich des Heimatschutzes können die Grundsätze des Europarates für den verbesserten Schutz des kulturellen Erbes angeführt werden[14]. Die von ICOMOS (International Council on Monuments and Sites – einer nicht-staatlichen Unterorganisation der UNESCO) verabschiedeten Chartas spiegeln den international vereinbarten, bereichsspezifischen Standard aus der praktischen Sicht der am historischen Bau tätigen Berufsgruppen. Sie sind aber nicht von einer staatlichen Organisation verabschiedet worden und haben in diesem Sinn nicht «soft-law»-Charakter. Sie haben aber z.B. als Grundlage für die (kantonale) Gesetzgebung eine gewisse Bedeutung.

B. Insbesondere die völkerrechtlichen Verträge

a. Der Vertragsabschluss

Die Kompetenz zum Abschluss von völkerrechtlichen Verträgen richtet sich nach dem innerstaatlichen Recht. Gemäss Art. 8 BV steht grundsätzlich dem Bund allein das Recht zu, Staatsverträge mit dem Ausland einzugehen.

6
Kompetenz des Bundes
Compétence de la Confédération

Dies trifft insbesondere auch für Sachbereiche wie Teile des Natur- und Heimatschutzrechts zu, die gemäss der innerstaatlichen Verteilung der Gesetzgebungskompetenz in der Zuständigkeit der Kantone liegen (vgl. ZUFFEREY, 2. Kap., Rz 36). Gemäss ständiger Praxis von Bundesrat, Bundesversammlung

---

[10] KÄLIN/MÜLLER/WILDHABER, Kapitel Völkerrechtsquellen, E. Beschlüsse internationaler Organisationen, Abschnitt 1.
[11] Verabschiedet anlässlich der Konferenz der Vereinten Nationen über die Umwelt des Menschen vom 5.-16. Juni 1972 in Stockholm, enthalten in A/Conf. 48/14, 3. Juli 1972, abgedruckt in 11 I.L.M. (AMERICAN SOCIETY OF INTERNATIONAL LAW, Hrsg., International Legal Materials), 1416.
[12] Beschlossen durch die UNO-Generalversammlung, Resolution 37/7, 22 I.L.M. 455.
[13] 31 I.L.M. 874.
[14] Vgl. BBl 1995 III 447.

und Bundesgericht und einhelliger Meinung der Lehre, ist der Bund zum Abschluss von internationalen Verträgen auch in diesem Fall kompetent[15].

7
Kantonale Kompetenz
Compétence cantonale

Den Kantonen verbleibt eine subsidiäre, konkurrierende Kompetenz zum Vertragsabschluss. Sie sind soweit zuständig, als ihnen die Verträge des Bundes Raum lassen. Praxis und Literatur nehmen an, dass sie, abgesehen von Gegenständen, deren Tragweite von überkantonalem Interesse ist, im ganzen Bereich ihrer Gesetzgebungszuständigkeit zum Vertragsschluss befugt sind[16].

Im Rahmen der grenzüberschreitenden Zusammenarbeit und des «kleinen Grenzverkehrs» sind zur Lösung konkreter Aufgaben regionale Modelle entstanden, an denen Kantone oder zum Teil auch Gemeinden direkt beteiligt sind. Diese Zusammenarbeit beruht entweder auf der Basis traditioneller zwischenstaatlicher Abkommen[17], oder auf verschiedenen Formen der Kooperation auf der Grundlage von Art. 9 und Art. 10 Abs. 2 BV. In unserem Zusammenhang ist vor allem die grenzüberschreitende Zusammenarbeit in den Bereichen Raumplanung und Schutz von Gewässern von Interesse[18].

8
Verträge als Verhandlungsgegenstand
Traités comme objet de négociation

Aus *völkerrechtlicher* Sicht ist darauf hinzuweisen, dass Verträge regelmässig ein Verhandlungsergebnis widerspiegeln. Ihre Schaffung erfolgt durch Konsens souveräner Staaten und nicht durch einen von Mehrheiten bestimmten

---

[15] WILDHABER, 181 mit weiteren Nachweisen; SCHINDLER Dietrich, Kommentar BV, Art. 8, Rz 7 ff.; VPB 1980, 185 f., 1959/60, 15 ff. Der Bund hält sich dabei allerdings an bestimmte Formen föderalistischer «Courtoisie» (BBl 1994 II 629). So hat er für beide Konventionen im Bereich des Heimatschutzes, nämlich die Konvention zum Schutz des baugeschichtlichen Erbes, abgeschlossen in Granada am 3. Oktober 1995 (Übereinkommen von Granada) und die Europäische Konvention zum Schutz des archäologischen Erbes, abgeschlossen in Malta am 16. Januar 1992 (Übereinkommen von Malta), sowie für die gegenwärtig noch nicht ratifizierte Alpenkonvention (Übereinkommen zum Schutz der Alpen, abgeschlossen in Berchtesgaden am 11. Oktober 1989) kantonale Vernehmlassungen durchgeführt und im Fall der Alpenkonvention durch Verhandlungen das Einverständnis der Kantone zur Ratifizierung eingeholt.

[16] WILDHABER, 186.

[17] Z.B. Europäisches Rahmenübereinkommen vom 21. Mai 1980 über die grenzüberschreitende Zusammenarbeit der Gebietskörperschaften oder Behörden (Madrider Übereinkommen; SR 0.131.1) oder, in naher Zukunft, das Übereinkommen zwischen der Regierung der Bundesrepublik Deutschland, der Regierung der französischen Republik, der Regierung des Grossherzogtums Luxemburg und dem schweizerischen Bundesrat handelnd im Namen der Kantone Solothurn, Basel-Stadt, Basel-Landschaft, Aargau und Jura über die grenzüberschreitende Zusammenarbeit zwischen Gebietskörperschaften und örtlichen öffentlichen Stellen, abgeschlossen in Karlsruhe am 23. Januar 1996 (Karlsruher Übereinkommen; noch nicht in Kraft; wird auf kantonaler Ebene publiziert).

[18] Vgl. zum Ganzen den Bericht des BR über die grenzüberschreitende Zusammenarbeit und die Mitwirkung der Kantone an der Aussenpolitik vom 7. März 1994, BBl 1994 II 621 ff.; weiter die Beispiele im Bereich Landschafts- und Naturschutz in BBl 1995 I 319. Allgemein WILDHABER, 184 f.; zum Verfahren vgl. Schweizerische Zeitschrift für internationales und europäisches Recht (SZIER) 1992, 553.

Rechtsetzungsprozess[19]. Dieser Konsens ist nicht konstant; durch Fortführung der Verhandlungen unter den Vertragsparteien kann er sich weiterentwickeln. Solche Entwicklungen führen z.b. von allgemein und wenig verpflichtend formulierten Vertragsinhalten zu differenzierteren und zwingenderen Verpflichtungen z.b. in Form von Protokollen, oder aber zu konkretisierenden Auslegungen durch die Konferenzen der Vertragsparteien nach Abschluss der Verträge[20].

b. Die innerstaatliche Geltung und Durchführung internationaler Verträge

Ein internationales Übereinkommen enthält lediglich eine Verpflichtung in Bezug auf das Ergebnis, sagt aber nichts darüber aus, wie dieses auf nationaler Ebene erreicht werden soll. Die innerstaatliche Durchführung internationaler Übereinkommen richtet sich grundsätzlich nach dem Landesrecht[21]. 9

Es stellen sich drei Grundfragen: 1) die nach der Geltung und dem Geltungsgrund des Völkerrechts im Landesrecht, 2) diejenige nach der Art und Weise der Anwendung und 3) die Frage nach der Zuständigkeit für die Durchführung.

Gemäss ständiger Praxis erhalten die internationalen Übereinkommen in der Schweiz *unmittelbare Geltung*. D.h. dass sie, nach der Genehmigung durch die Bundesversammlung und der Ratifikation durch den Bundesrat[22] automatisch in die nationale Rechtsordnung integriert werden[23]. Sie werden – als Völkerrecht – ohne speziellen Transformationsakt zum rechtlich bindenden Bestandteil der nationalen Rechtsordnung und damit behördenverbindlich[24]. 10
Unmittelbare Geltung
Validité immédiate

---

[19] Davon zu unterscheiden ist das Recht supranationaler Organisationen wie z.B. der Europäischen Gemeinschaft. Die Schaffung dieses Rechts erfolgt auf Grundlage der durch Konsens vereinbarten Grundverträge durch Mehrheitsbeschlüsse.
[20] Zu diesen Entwicklungen im Bereich Heimatschutz Wyss, 86 ff. und 99 f.; im Bereich Naturschutz Biber-Klemm, 103 ff. und 170 ff.
[21] Kälin/Müller/Wildhaber, Kapitel Völkerrecht und Landesrecht, A. Die Verschiedenen Regelungsmöglichkeiten des Verhältnisses zwischen Völkerrecht und Landesrecht, Abschnitt 1.
[22] Ev. zusätzliches Staatsvertragsreferendum (Art. 89 Abs. 4 BV).
[23] Vgl. die Verweise in Epiney, 542 und Zellweger, 88; ausführlich Wilhelm, 83 ff. Dies gilt nicht nur für das Vertragsrecht, sondern auch für das übrige Völkerrecht, also insbesondere auch für das Gewohnheitsrecht.
[24] Kälin/Müller/Wildhaber, Kapitel Völkerrecht und Landesrecht, B. Schweizerische Praxis, Abschnitt 1; Epiney, 541 f.; Kälin, Beschwerde, 90; SZIER 1990, 518; Gemeinsame Stellungnahme des Bundesamtes für Justiz und der Direktion für Völkerrecht vom 26. April 1989 in VPB 1989, 403. Vom Begriff der unmittelbaren *Geltung* der völkerrechtlichen Verträge ist derjenige der unmittelbaren *Anwendbarkeit* (self-executing, unten Rz 14) klar zu unterscheiden.

11
Verhältnis zum Landesrecht
Rapports avec le droit interne

Es stellt sich die Frage nach dem *Verhältnis* zwischen Völkerrecht und Landesrecht.

Gemäss den Bestimmungen des *Völkerrechts* sind die Staaten verpflichtet, die sie bindenden völkerrechtlichen Normen zu erfüllen[25], insbesondere können Verletzungen nicht mit der Berufung auf entgegenstehendes innerstaatliches Recht gerechtfertigt werden[26]. Das Völkerrecht geht also grundsätzlich dem Landesrecht vor; seine Nichteinhaltung hat völkerrechtliche Verantwortlichkeit zu Folge. Alle Staatsorgane sind als interne Ausführungsorgane einer für die Schweiz geltenden völkerrechtlichen Norm an diese gebunden. Die Rechtsanwendungsinstanzen haben im Rahmen ihrer Kompetenzen darauf zu achten, dass sich das nationale Recht nach den internationalen Verpflichtungen richtet[27].

Intern haben die völkerrechtlichen Normen mindestens den Rang von Gesetzesrecht[28].

12
Normenkollision
Conflit de lois

Die *landesrechtliche Frage*, wie Normenkollisionen zwischen Völkerrecht und Landesrecht zu beurteilen und zu lösen sind, wird in Lehre und Behördenpraxis kontrovers beantwortet[29]. Das Bundesgericht steht auf dem Standpunkt, dass im Prinzip der Staatsvertrag Vorrang vor dem Bundesgesetz hat. Der einzige

---

[25] Eine Bindung kann durch das Anbringen eines Vorbehaltes zu einzelnen Vertragsinhalten vermieden werden. Vgl. z.B. den (innenpolitisch, nicht rechtlich begründeten) Vorbehalt der kantonalen Zuständigkeit für Erziehung und Kultur im Europäischen Kulturabkommen vom 19. Dezember 1959 (SR 0.440.1; dazu auch WILDHABER, 182 bei FN 8) und die Vorbehalte zur Aufnahme bestimmter Arten in den Anhang III des Übereinkommens über den internationalen Handel mit gefährdeten Arten freilebender Tiere und Pflanzen, abgeschlossen in Washington am 3. März 1973 (CITES-Übereinkommen; SR 0.453).

[26] Art. 26 des Wiener Übereinkommens vom 23. Mai 1969 über das Recht der Verträge (WVK; SR 0.111).

[27] Dies leitet sich landesintern aus der verfassungsmässigen (Art. 113 Abs. 3 BV) Verpflichtung zur Erfüllung von Staatsverträgen ab (BGE 120 Ib 366 = JdT 1996 I 315; vgl. EPINEY, 541, HANGARTNER, Völkerrecht, 665 f.). Die Staatsorgane handeln als interne Ausführungsorgane einer für die Schweiz geltenden völkerrechtlichen Norm. Vgl. BBl 1992 IV 88, VPB 1989, 417.

[28] WILHELM, 178; SZIER 1991, 518. Vgl. auch den Ingress der NHV, in dem diese als Ausführung des Übereinkommens von Bern (Übereinkommen über die Erhaltung der europäischen wildlebenden Pflanzen und Tiere und ihrer natürlichen Lebensräume, abgeschlossen in Bern am 19. September 1979, SR 0. 455) bezeichnet wird.

[29] Vgl. VPB 1989, 404 ff., KÄLIN/MÜLLER/WILDHABER, Kapitel Völkerrecht und Landesrecht, B. Schweizerische Praxis, Abschnitt 1; ebenso die Diskussion in EPINEY, 542 ff., HANGARTNER, Völkerrecht, 661 ff., KÄLIN, Grundsatz, 45 ff., KÄLIN, Schubert und der Rechtsstaat oder: Sind Bundesgesetze massgeblicher als Staatsverträge?, ZSR 1993 I 73 ff.; ausführlich WILHELM, 182 ff.

Vorbehalt geht dahin, dass der Gesetzgeber die Verletzung internationalen Rechts bewusst in Kauf genommen haben könnte und somit das völkerrechtswidrige Gesetz anwendbar ist[30]. Für unseren Zusammenhang ist von Bedeutung, dass Konflikte möglichst zu vermeiden und das Landesrecht völkerrechtskonform auszulegen ist[31].

Es stellt sich im weiteren die Frage nach der *Anwendbarkeit* der völkerrechtlichen Verträge. Es wird unterschieden zwischen unmittelbar anwendbaren, sog. «self-executing treaties» und nicht unmittelbar anwendbaren «non-self-executing treaties».

13
Anwendbarkeit
Applicabilité

Eine Vertragsbestimmung ist dann *unmittelbar anwendbar*, wenn sie dem Einzelnen Rechte und Pflichten überträgt, die er vor administrativen und gerichtlichen Organen im konkreten Einzelfall geltend machen kann, ohne dass dafür eine innerstaatliche Ausführungsbestimmung notwendig wäre. Kriterium ist die Justiziabilität, d.h. die Frage, ob die Norm ein genügend klares Gebot oder Verbot zur Verfügung stellt, anhand dem eine Rechtsfrage abschliessend beurteilt werden kann[32].

14
Self-executing, Begriff
Self-executing, notion

Übereinkommen können nebeneinander direkt und nicht direkt anwendbare Bestimmungen enthalten. Die Frage der Anwendbarkeit ist für jede einzelne Bestimmung zu ermitteln[33].

Das Bundesgericht stellt dabei auf den Wortlaut, auf Ziel und Zweck der Bestimmungen und auf ihre objektive Eignung zu direkter Anwendbarkeit ab. Die Anrufung völkerrechtlicher Normen durch Einzelne setzt demgemäss voraus, dass sie, «wenn man sie im Gesamtzusammenhang sowie im Lichte von Gegenstand und Zweck des Vertrages betrachtet, unbedingt und eindeutig genug formuliert sind, damit sie eine direkte Wirkung erzeugen und in einem konkreten Fall angewendet werden beziehungsweise die Grundlage für eine Entscheidung darstellen können»[34]. «Die Norm muss mithin justiziabel sein

15
Praxis
Jurisprudence

---

[30] BGE 119 V 177; BGE 117 Ib 370 = JdT 1993 I 273; BGE 112 II 13 = JdT 1986 I 644; vgl. auch die Fallbeispiele in KÄLIN/MÜLLER/WILDHABER, Kapitel IV Völkerrecht und Landesrecht, B. Schweizerische Praxis, Abschnitt 1.
[31] BGE 117 Ib 373 = JdT 1993 I 273; BGE 112 II 13 = JdT 1986 I 644; VPB 1989, 419; vgl. dazu im Einzelnen HANGARTNER, Völkerrecht, 670 ff.
[32] ZELLWEGER, 86. Vgl. auch KÄLIN/MÜLLER/WILDHABER, Kapitel Völkerrecht und Landesrecht, C. Die Durchführung nicht unmittelbar anwendbarer Verträge im Landesrecht, Abschnitt 1 und die Fallbeispiele ebenda. Ausführlich WILHELM, 131 ff.
[33] SemJud 1992, 148; KÄLIN, Beschwerde, 91.
[34] BGE 112 Ib 184 = Pra 1987, 27, zuletzt bestätigt in BGE 120 Ia 11; BGE 119 V 177 f. und BGE 118 Ia 116 = JdT 1994 I 448.

und Rechte und Pflichten des Einzelnen zum Inhalt haben und Adressat der Norm müssen die rechtsanwendenden Behörden sein»[35/36].

16
Non-self-executing

In Bezug auf die Rechtswirkung *nicht unmittelbar anwendbarer* völkerrechtlicher Normen besteht keine einhellige Meinung. Das Bundesgericht steht in seiner jüngeren Rechtsprechung auf dem Standpunkt, dass sich die nicht unmittelbar anwendbaren Bestimmungen nur an den Gesetz- oder Verordnungsgeber wenden[37].

Dieser Aussage des Bundesgerichts steht gegenüber, dass im Völkerrecht ein Vertrag nicht nur einzelne Organe bindet, sondern den Staat als solchen[38]. Diese Verpflichtung aller gesetzesanwendenden Behörden zum Vollzug des Völkerrechts besteht im Grundsatz unabhängig davon, ob dieses Recht genügend bestimmt ist, um unmittelbar anwendbar zu sein[39]. Sie hängt vielmehr vom Inhalt der völkerrechtlichen Norm ab[40].

17
Umsetzung: Zuständigkeit
Transposition: compétence

Es stellt sich drittens die Frage, welche Organe für die *Umsetzung der nicht unmittelbar anwendbaren* Verträge zuständig sind, für deren Abschluss der Bund nach aussen gemäss Art. 8 BV kompetent ist, deren Sachgebiete landesrechtlich aber in die kantonale Zuständigkeit fallen (vgl. oben Rz 6)[41]. Praxis und

---

[35] BGE 120 Ia 11; BGE 119 V 177 f.; BGE 118 Ia 116 = JdT 1994 I 448; BGE 112 Ib 184 = Pra 1987, 27; SemJud 1992, 148. Gemäss Bundesgericht fehlen diese Kriterien insbesondere bei Programmartikeln, bei Bestimmungen, die die Materie nur in Umrissen regeln, oder Richtlinien für die Gesetzgebung aufstellen, die den Vertragsparteien beträchtliche Ermessens- und Entscheidspielräume lassen und bloss Leitgedanken enthalten, sich also nicht an Verwaltungs- oder Justizbehörden, sondern an den Gesetzgeber wenden (BGE 105 II 57 f. E.3 = JdT 1979 I 261; BGE 98 Ib 387 = Pra 1973, 285). In einzelnen Entscheiden wird das Erfordernis einer konkreten Rechtsfolge für den Beschwerdeführer als zusätzliches Kriterium angeführt («il est encore impératif qu'une éventuelle violation de la règle conventionnelle soit à même d'entraîner une conséquence quelconque affectant la situation de l'intéressé»; BGE 112 Ib 185 = Pra 1987, 27).

[36] Zur Kritik an der gängigen Praxis der Beurteilung der self-executing Regelung als Ausnahmefall (und nicht umgekehrt) vgl. ZELLWEGER, 86 f. mit weiteren Verweisen und VPB 1989, 404.

[37] BGE 118 Ia 116 = JdT 1994 I 448; BGE 111 V 202 f. Anders aber noch BGE 98 Ib 387 = Pra 1973, 285 (oben FN 35), wo zwischen behördenverbindlichen Rechtsnormen und solchen, die unmittelbar anwendbar sind, unterschieden wurde.

[38] Vgl. dazu oben Rz 11 und VPB 1989, 393 ff.

[39] VPB 1989, 421.

[40] So kann sich eine Verpflichtung explizit an den Gesetzgeber wenden bzw. die entsprechende nationale Gesetzgebung vorbehalten oder aber Verpflichtungen an die Adresse der vollziehenden Behörde enthalten. Vgl. die Beispiele unten FN 65.

[41] Konkret ist dies vor allem für die Übereinkommen im Bereich des Heimat- und des Landschaftsschutzrechts der Fall, wo der Bund nur eine begrenzte Zuständigkeit hat (vgl. ZUFFEREY, 2. Kap., Rz 36 ff. und 55 ff.).

Schrifttum sind widersprüchlich[42]. Klar ist, dass die Kantone dazu verpflichtet sind, *unmittelbar* anwendbare internationale Normen zu vollziehen, auch wenn sie materiell in ihren eigenen Zuständigkeitsbereich eingreifen. In Bezug auf Regelungen, die gesetzlicher Umsetzung bedürfen, zeigt sich der Bund in seiner jüngeren Praxis in der Ausübung seiner Befugnisse eher zurückhaltend. Gemäss WILDHABER hat er aber jedenfalls die Anwendung und Auslegung internationaler Verträge durch die Kantone zu beaufsichtigen. Er kann die Kantone zum Vollzug von Verträgen anhalten und nötigenfalls an ihrer Stelle die erforderlichen Massnahmen selber treffen[43].

c. Die Durchsetzung völkerrechtlicher Verträge auf internationaler Ebene

Völkerrechtliche Verträge sind Instrumente, die die Vertragsparteien gegenseitig rechtlich bindend verpflichten. Nichteinhaltung hat völkerrechtliche Verantwortlichkeit zur Folge (vgl. oben Rz 11).

18

Für die Beilegung von Streitigkeiten, die sich aus der Durchführung der Verträge ergeben, sehen diese teilweise Schiedsverfahren vor[44]. Im Bereich von Natur- und Heimatschutz sind aber keine entsprechenden Gerichtsfälle bekannt[45].

19
Schiedsverfahren
Procédure arbitrale

Als wirksame Mittel zur Vollzugskontrolle haben sich organisatorische Massnahmen erwiesen, wie z.B. die Einsetzung eines mit genügend finanziellen Mitteln ausgestatteten Sekretariats und regelmässige Konferenzen der Vertragsparteien. Verstärkt werden diese Massnahmen durch Befugnisse der Konferenz der Vertragsparteien zur Überprüfung des Vollzugs, regelmässige Rapportierpflichten der Parteien und Diskussion dieser Berichte durch die Konferenzen. Noch wirksamer wird die Rapportierpflicht durch die Einsetzung eines wis-

20
Organisatorische Massnahmen
Mesures d'organisation

---

[42] Vgl. die Beispiele in KÄLIN/MÜLLER/WILDHABER, Kapitel Völkerrecht und Landesrecht, C. Die Durchführung nicht unmittelbar anwendbarer Verträge im Landesrecht, Abschnitt 2 und den Überblick über die Praxis in WILDHABER, 183 und ZELLWEGER, 89 f.

[43] WILDHABER,183. Dies auch wenn der Bund in der Botschaft zu den Übereinkommen von Malta und Granada vertritt, dass die «weiteren Massnahmen (ausserhalb seiner Vollzugskompetenz) natürlich Sache der Kantone [sind]» (BBl 1995 III 454).

[44] Z.B. das Übereinkommen von Bern in Art. 18. Ausserdem bestehen ständige Schiedseinrichtungen wie z.B. der Ständige Schiedshof in Den Haag oder das richterliche Hauptorgan der UNO, der Internationale Gerichtshof.

[45] Ausnahme ist wiederum die Europäische Gemeinschaft, die im Gründungsvertrag einen Gerichtshof vorsieht, der für die Auslegung und Anwendung des gesamten Gemeinschaftsrechts zuständig ist (Art.164 ff. des Vertrags zur Gründung der Europäischen Gemeinschaft). In diesem Rahmen wird auch die Durchführung der EG-Richtlinien im Bereich des Naturschutzes überprüft. Vgl. dazu z.B. die Hinweise bei IVEN Klaus, Schutz natürlicher Lebensräume und Gemeinschaftsrecht, in: Natur und Recht 1996, 373 ff.

senschaftlichen Beirats oder durch die Zulassung von privaten Organisationen zu den Konferenzen.

Aus diesem Mechanismus hat beispielsweise das Übereinkommen von Bern[46] ein informelles Verfahren zur Überprüfung von Einzelfällen entwickelt. Vertragsparteien und Aussenstehende können, über das Sekretariat des Übereinkommens, der Konferenz der Vertragsparteien Sachverhalte zur Diskussion unterbreiten. Die Konferenz kann beschliessen, den Fall weiterzuverfolgen. Dies beinhaltet auch die Kompetenz, weitere Informationen einzuholen, Augenscheine vorzunehmen und Empfehlungen zu verabschieden[47].

II. Die internationalen Übereinkommen zum Natur- und Heimatschutz; Übersicht

A. Internationale Übereinkommen zum Heimatschutz

21   Für die oben (ROHRER, 1. Kap., Rz 30) definierten Bereiche des Heimatschutzes sind die folgenden internationalen Übereinkommen für die Schweiz von Bedeutung[48]:

- Europäisches Kulturabkommen, abgeschlossen in Paris am 19. Dezember 1954[49];
- Übereinkommen zum Schutz des Kultur- und Naturgutes der Welt, abgeschlossen in Paris am 23. November 1972 (Übereinkommen über das Kultur- und Naturgut)[50];
- Übereinkommen von Granada[51] (vgl. oben FN 15);
- Übereinkommen von Malta[52] (vgl. oben FN 15).

---

[46] FN 28 und 57.
[47] BIBER-KLEMM, 240 f. Die Massnahme wirkt aufgrund der negativen Publizität für den verursachenden Staat. Sie wurde im Fall der Grenchener Witi vom Schweizerischen Bund für Naturschutz eingesetzt.
[48] Zum Haager Übereinkommen für den Schutz von Kulturgut bei bewaffneten Konflikten: ROHRER, 1. Kap., Rz 42.
[49] SR 0.440.1; Inkrafttreten für die Schweiz am 13. Juli 1962.
[50] SR 0.451.41; Inkrafttreten für die Schweiz am 17. Dezember 1975.
[51] SR 0.440.4; Inkrafttreten für die Schweiz am 27. März 1996.
[52] SR 0.440.5; Inkrafttreten für die Schweiz am 28. Sept 1996. Das Übereinkommen von Malta ist die revidierte Folgekonvention der Europäischen Konvention zum Schutz des archäologischen Erbes, abgeschlossen in London am 6. Mai 1969, die mit der Ratifikation des neuen Übereinkommens ausser Kraft getreten ist (Art. 14 des Übereinkommens von Malta).

Die internationalen Übereinkommen im Bereich des Heimatschutzes haben zum Ziel, archäologisches und baugeschichtliches oder kulturelles Erbe als Zeugnis unserer Vergangenheit und als Ausdruck der Vielfalt und des Reichtums der Kulturen (Präambel Abs. 3 des Übereinkommens von Granada), aber auch zur Verbesserung der städtischen und ländlichen Umgebung und somit der Lebensqualität (Art. 10 Ziff. 4 des Übereinkommens von Granada), zu erhalten. Quellen zur Erforschung der Geschichte der Menschheit sollen bewahrt werden (Art. 1 des Übereinkommens von Malta), und zukünftigen Generationen soll ein System kultureller Bezugspunkte übergeben werden können (Präambel Abs. 8 des Übereinkommens von Granada).

22
Ziele
Buts

Die oben (Rz 8) beschriebenen Besonderheiten des Völkerrechts hinsichtlich Entwicklung und Weiterentwicklung der internationalen Verträge treten bei den Übereinkommen zur Erhaltung des kulturellen Erbes deutlich zutage. Die jüngeren und regionalen Konventionen (Übereinkommen von Malta und Granada) sind differenzierter und verpflichtender als frühere (Europäisches Kulturabkommen) und als globale Verträge (Übereinkommen über das Kultur- und Naturgut). Deshalb werden im folgenden schwergewichtig die beiden jüngsten Übereinkommen berücksichtigt; frühere Vertragswerke, insbesondere das Übereinkommen über das Kultur- und Naturgut, werden hinzugezogen, soweit sie zusätzliche Spezialbestimmungen enthalten.

23

B. Internationale Übereinkommen zum Naturschutz

Für die oben (ROHRER, 1. Kap., Rz 15 ff.) definierten Bereiche des Naturschutzes sind die folgenden internationalen Übereinkommen für die Schweiz von Bedeutung:

24

- Übereinkommen über Feuchtgebiete, insbesondere als Lebensraum für Wasser- und Watvögel, von internationaler Bedeutung, abgeschlossen in Ramsar am 2. Februar 1971 (Übereinkommen von Ramsar)[53];
- Übereinkommen über das Kultur- und Naturgut (vgl. oben Rz 21 und FN 50);
- CITES[54]-Übereinkommen[55] (vgl. oben FN 25);
- Übereinkommen zur Erhaltung der wandernden wildlebenden Tierarten, abgeschlossen in Bonn am 23. Juni 1979 (Übereinkommen von Bonn)[56];
- Übereinkommen von Bern[57] (vgl. oben FN 28);
- Übereinkommen über die Biologische Vielfalt[58] (vgl. oben FN 9)[59].

---

[53] SR 0.451.45; Inkrafttreten für die Schweiz am 16. Mai 1976.
[54] Convention on International Trade in Endangered Species of Wild Fauna and Flora.
[55] SR 0.453; Inkrafttreten für die Schweiz am 1. Juli 1975.
[56] SR 0.451.46; Inkrafttreten für die Schweiz am 1. Juli 1995.
[57] SR 0.455; Inkrafttreten für die Schweiz am 1. Juni 1982.
[58] SR 0.451.43; Inkrafttreten für die Schweiz am 19. Februar 1993.
[59] Die Alpenkonvention (oben FN 15) ist von der Schweiz im Zeitpunkt des Erscheinens des Kommentars noch nicht ratifiziert worden (Botschaft voraussichtlich Ende 1997). Im Recht

25 Ziele Buts	Übergeordnetes Ziel dieser Übereinkommen ist die Erhaltung der biologischen Vielfalt unter besonderer Berücksichtigung besonders gefährdeter oder empfindlicher Teile. Gründe für die Erhaltung sind ihre Bedeutung für die Evolution und für die Bewahrung der lebenserhaltenden Systeme der Biosphäre (Präambel Abs. 2 des Übereinkommens über die Biologische Vielfalt), aber auch ihr wissenschaftlicher, ästhetischer, wirtschaftlicher, kultureller und erholungsbezogener Wert für die Menschheit (Präambel Abs. 4 des Übereinkommens von Bern). Naturgüter werden als Erbe aller Völker aufgefasst (Präambel Abs. 2 des Übereinkommens über das Kultur- und Naturgut) und demgemäss die Erhaltung ihrer Vielfalt als gemeinsames Anliegen der Menschheit wahrgenommen (Präambel Abs. 3 des Übereinkommens über die Biologische Vielfalt)[60].

C. Begründung für den Abschluss internationaler Übereinkommen in den Bereichen Natur- und Heimatschutz

26 Solidarität Solidarité	Die internationalen Übereinkommen gründen sich auf der ideellen Solidarität der Staatengemeinschaft zur Erhaltung eines der ganzen Welt oder auch Europa gemeinsamen kulturellen oder natürlichen Erbes. Kulturgüter sollen insbesondere als System kultureller Bezugspunkte und Zeugnis für die geschichtliche Vergangenheit für künftige Generationen erhalten, Naturgüter als unersetzlicher Teil des natürlichen Systems der Erde zum Wohle der Menschheit und künftiger Generationen bewahrt werden.
27 Kooperation Coopération	Konkreter Anknüpfungspunkt ist die Tatsache, dass die Auswirkungen von Ursachen für die Zerstörung von Natur- und Kulturgütern nicht auf das nationalstaatliche Gebiet beschränkt bleiben. Demgemäss enthalten alle Verträge im materiellen Bereich Verpflichtungen zu internationaler Zusammenarbeit. Kooperation ist z.B. notwendig zur Erhaltung von Gegenständen, die mehreren Staaten gemeinsam sind, wie wandernde Arten von Tieren (Übereinkommen

---

der Europäischen Gemeinschaft regeln die Richtlinien des Rates 79/409/EWG über die Erhaltung der wildlebenden Vogelarten (ABl. EG Nr. L 103, S. 1 ff.) zuletzt geändert durch die Richtlinie 94/24/EG vom 8. Juni 1994 (ABl. EG Nr. L 164, S. 9) und 92/43/EWG zur Erhaltung der natürlichen Lebensräume sowie der wildlebenden Tiere und Pflanzen (ABl. EG Nr. L 206, S. 7 ff.) Bereiche des Naturschutzrechts. Die Integration des Naturschutzes in die landwirtschaftliche Nutzung betrifft die Verordnung des Rates 2078/92/EWG vom 30. Juni 1992 für umweltgerechte und den natürlichen Lebensraum schützende landwirtschaftliche Produktionsverfahren (ABl. EG Nr. L 215, S. 85).

[60] WALDMANN, Diss., gibt einen knappen Überblick über die Inhalte der Übereinkommen (131 ff.) und über die Richtlinien der EG (136).

von Ramsar, Bern, Bonn) oder von gemeinsamen Naturräumen in Grenzregionen (Art. 5 des Übereinkommens von Ramsar; Art. 4 Ziff. 4 des Übereinkommens von Bern). Unter Umständen verspricht eine gemeinsame Regelung aber auch einen direkten Vorteil. Dies ist z.b. der Fall für die Verpflichtungen zu Veröffentlichung und Transfer von Forschungsergebnissen, technischem Wissen und gegenseitiger technischer Hilfe in den Übereinkommen über Archäologie und Erhaltung von Baudenkmälern (Art. 7 und 12 des Übereinkommens von Malta, Art. 17–19 des Übereinkommens von Granada) und im Übereinkommen über die Biologische Vielfalt (Art. 16–18). Oder aber es ist eine Zusammenarbeit unumgänglich, wie z.b. zur Verhinderung der unerlaubten Weitergabe von Elementen des archäologischen Erbes (Art. 10 des Übereinkommens von Malta) oder des internationalen Handels mit gefährdeten Pflanzen und Tieren (CITES-Übereinkommen).

In Anbetracht dessen, dass Massnahmen zur Erhaltung die Kapazitäten einzelner Staaten übersteigen können, enthalten die Übereinkommen teilweise auch Verpflichtungen zu finanzieller Solidarität (Art. 19–26 des Übereinkommens über das Kultur- und Naturgut; Art. 20 und 21 des Übereinkommens über die Biologische Vielfalt). 28

III. Internationale Übereinkommen zum Heimatschutz

A. Gegenstand

Die internationalen Übereinkommen zum Heimatschutz umfassen schwergewichtig die Sachbereiche Denkmalpflege und Ortsbildsschutz (Übereinkommen von Granada) sowie Archäologie (Übereinkommen von Malta). Ziel der Übereinkommen ist es, die schutzwürdigen Objekte des archäologischen, baugeschichtlichen bzw. kulturellen Erbes zu schützen und zu erhalten. In diesem Sinn verpflichten die Übereinkommen die Vertragsparteien dazu, eine allgemeine Politik der Kulturwahrung zu betreiben, die Anliegen der Verträge insbesondere in die Kultur-, Umwelt- und Planungspolitik zu integrieren[61] und besondere Schutz- und Erhaltungsmassnahmen zu ergreifen. Die Übereinkommen decken jeweils die ganze Breite der Sachgebiete ab. Daraus folgt, dass sie 29 Inhalt und Ziele / Contenu et buts

---

[61] Vgl. dazu u.a. im Übereinkommen von Granada die Art. 15 und 16 über Information und Ausbildung, Art. 8 über Berücksichtigung in der Umweltpolitik und Unterstützung der entsprechenden wissenschaftlichen Forschung; im Übereinkommen von Malta Art. 7 über Sammlung und Verbreitung wissenschaftlicher Untersuchungen und Art. 8 über die Förderung des öffentlichen Bewusstseins.

inhaltlich umfassender sind als die Regelungen des NHG und auch Bereiche beinhalten, die auf nationaler Ebene in anderen Gesetzen geregelt sind[62].

B. Anwendbarkeit, Umsetzung

30   Gemäss Botschaft des Bundesrates sind die Übereinkommen von Malta und Granada nicht unmittelbar anwendbar, d.h. sie haben für Private im konkreten Einzelfall keine direkten Wirkungen. Die Vertragsstaaten sind aber verpflichtet, ihre eigenen Massnahmen und ihr eigenes Rechtssystem zur Vertragserfüllung einzusetzen[63]. Gemäss Wortlaut der Bestimmungen richten sich diese teilweise explizit an den Gesetzgeber[64], teilweise aber auch an die vollziehende Behörde[65]. Die Massnahmen, zu denen die Übereinkommen zum Heimatschutz verpflichten, bilden zudem einen Minimalstandard, der in grossen Teilen schon vorher zu den Verpflichtungen im Kulturbereich gehörte[66], und der folglich in der bestehenden Gesetzgebung schon umgesetzt ist.

31   Daraus und aus der allgemeinen Verpflichtung zur Umsetzung völkerrechtlicher Instrumente (vgl. oben Rz 11 und 12) ergibt sich, dass die internationalen Übereinkommen zum Heimatschutz, insbesondere diejenigen Regelungen, die im Vergleich zum nationalen Recht differenzierter sind oder sich direkt an die Vollzugsorgane wenden, im konkreten Anwendungsfall zu einer völkerrechtskonformen Auslegung des kantonalen und des Bundesrechts hinzuzuziehen sind (zur Verpflichtung der Kantone durch völkerrechtliche Verträge, die ihren Kompetenzbereich berühren: vgl. oben Rz 17).

---

[62]   So hat z.B. die Umsetzung der Bestimmungen zur Schaffung von archäologischen Schutzzonen des Übereinkommens von Malta (Art. 2 Abs. ii und Art. 4 Abs. i) ihre Rechtsgrundlage in Art. 17 Bst. c RPG.

[63]   BBl 1995 III 451.

[64]   Vgl. z.B. die Verpflichtung, ein bestimmten Kriterien genügendes Rechtssystem zum Schutz des archäologischen Erbes einzuführen (Art. 1 des Übereinkommens von Malta), oder diejenige, den Einsatz von Metalldetektoren von einer Sondergenehmigung abhängig zu machen, soweit das innerstaatliche Recht dies vorsieht (Art. 3 Abs. iii ebenda).

[65]   Vgl. Art. 3 des Übereinkommens von Malta, der vorschreibt, dass Verfahren zur Genehmigung und Überwachung von Ausgrabungen nach bestimmten Kriterien durchzuführen sind und Art. 10, der verlangt, dass (durch Vollzugsbehörden und Museen) Massnahmen zur Verhinderung von Ankäufen gestohlener Objekte ergriffen werden. Ebenso Art. 9 des Übereinkommens von Granada zur Rechtsprechung in Bezug auf Verletzung von Vorschriften (dazu unten Rz 40).

[66]   BBl 1995 III 451 f.

C. Schutzziel, Schutzobjekte

Ziel der vertraglichen Verpflichtungen sind Schutz und Erhaltung der jeweiligen Schutzobjekte, wenn möglich an ihrem angestammten Ort[67].

Schutzobjekte sind das archäologische und das baugeschichtliche Erbe, bzw. Kulturgut von aussergewöhnlichem, universellem Wert[68]. Als schutzwürdige Elemente des baugeschichtlichen Erbes fallen unter das Übereinkommen von Granada unbewegliche Kulturgüter – Baudenkmäler, Baugruppen und Stätten –, die von herausragendem bzw. besonderem geschichtlichem, archäologischem, künstlerischem, wissenschaftlichem, sozialem oder technischem Interesse bzw. Wert sind (Art. 1 des Übereinkommens von Granada). Kriterium der Schutzwürdigkeit für das archäologische Erbe ist seine Bedeutung als Informationsquelle für die Erforschung der Geschichte des Menschen (Art. 1 des Übereinkommens von Malta).

Die Übereinkommen gehen jeweils von einem breiten Begriff ihrer Schutzobjekte aus, der insbesondere bewegliches Zugehör miteinschliesst und die auch Umgebung der Objekte mit umfasst (Art. 7 des Übereinkommens von Granada; Art. 1 Ziff. 3 des Übereinkommens von Malta).

So ist es z.B. gemäss dem Übereinkommen von Granada gesetzlich vorzusehen, dass Beeinträchtigungen auch nur der Umgebung eines geschützten Objekts – wie diejenigen am Objekt selbst – der zuständigen Behörde zu unterbreiten sind (Art. 4 Ziff. 2 Bst. a).

D. Instrumente

a. Inventare

Als Grundlage für Schutz- und Erhaltungsmassnahmen verpflichten die Übereinkommen die Vertragsparteien zur Inventarisierung der Elemente des sich in ihrem Hoheitsgebiet befindlichen archäologischen, baugeschichtlichen bzw. kulturellen Erbes. Die Kriterien für die Inventarisierung sind unterschiedlich festgelegt:

- Die zu inventarisierenden Elemente des archäologischen Erbes bestimmen sich hauptsächlich nach der Bedeutung ihres Informationsgehalts für die Erforschung der Geschichte des Menschen. Das Inventar als solches sagt

---

[67] Art. 4 Abs. ii des Übereinkommens von Malta. Art. 5 des Übereinkommens von Granada: Verbot des Versetzens geschützter Baudenkmäler ohne zwingenden Grund. Vgl. auch Art. 3 Abs. i Bst. a und Art. 10 des Übereinkommens von Malta über die Verhinderung von Raubgrabungen und unerlaubter Weitergabe von Elementen des archäologischen Erbes.

[68] Vgl. die Legaldefinitionen in Art. 1 Ziff. 2 und 3 des Übereinkommens von Malta, Art. 1 des Übereinkommens von Granada und Art. 1 des Übereinkommen über das Kultur- und Naturgut.

nichts aus über den Status der aufgenommenen Objekte (Art. 2 Abs. i i.V. mit Art. 1 Ziff. 1 und 2 des Übereinkommens von Malta).

- Das Inventar über das baugeschichtliche Erbes dient zur genauen Erfassung der schutzwürdigen Objekte (oben Rz 33) (Art. 2 des Übereinkommens von Granada).
- Kulturgut von aussergewöhnlichem universellem Wert muss, nach Möglichkeit des Staates, zwecks Aufnahme in die «Liste des Welterbes», inventarisiert werden (Art. 11 i.V. mit Art. 1 des Übereinkommens über das Kultur- und Naturgut)[69].

Es besteht also eine teilweise Begrenzung nach Wert bzw. Schutzwürdigkeit der zu inventarisierenden Objekte, vor allem was das baugeschichtliche Erbe anbelangt. Keine Begrenzung besteht hingegen nach der Art der Objekte.

Die Pflicht zur Inventarisierung schliesst die Erstellung der entsprechenden Vermessungspläne und Karten archäologischer Stätten (Art. 7 Abs. i des Übereinkommens von Malta) resp. die rechtzeitige umfassende Dokumentation bedrohter Objekte (Art. 2 des Übereinkommen von Granada) mit ein.

b. Schutzmassnahmen

37
Baugeschichtliches Erbe
Patrimoine historique bâti

Der Schutz des schutzwürdigen baugeschichtlichen Erbes – möglicherweise durch Enteignung – ist durch gesetzliche Massnahmen vorzusehen (Art. 3 und Art. 4 Ziff. 2 Bst. d des Übereinkommens von Granada).

38
Archäologisches Erbe
Patrimoine archéologique

Für das archäologische Erbe ist – ev. auch durch den Erwerb von Gelände – die Schaffung von Schutzzonen vorzusehen, insbesondere auch in Gebieten, in denen unter der Erdoberfläche oder unter Wasser die Überreste nicht sichtbar sind (Art. 2 Abs. ii und Art. 4 Abs. i des Übereinkommens von Malta). Es ist sicherzustellen, dass Ausgrabungen fachgerecht durchgeführt und Raubgrabungen verhindert werden (Art. 3 des Übereinkommens von Malta).

c. Erhaltungsmassnahmen

39

Elemente des archäologischen Erbes sind wenn möglich an Ort und Stelle zu erhalten (Art. 4 Abs. ii des Übereinkommens von Malta). Verunstaltung, Beeinträchtigung oder Zerstörung von geschützten Elementen des baugeschichtlichen Erbes sind durch entsprechende Ausgestaltung und Durchführung von Kontroll- und Bewilligungsverfahren – insbesondere für den Abbruch von Gebäuden, die Errichtung neuer Gebäude oder für wesentliche Veränderun-

---

[69] Als schweizer Objekte sind das Kloster St. Johann in Müstair, die Altstadt von Bern und der Klosterbezirk von St. Gallen in die Liste eingetragen.

gen – zu verhindern (Art. 4 des Übereinkommens von Granada). Die Vertragsstaaten sind verpflichtet dafür zu sorgen, dass die Verletzung der entsprechenden Bestimmungen durch die Rechtsprechung «in angemessener Weise», d.h. z.B. durch den Abbruch eines widerrechtlich erstellten Gebäudes bzw. durch Zurückversetzen in den ursprünglichen Zustand, geahndet wird (Art. 9 des Übereinkommens von Granada).

<small>40
Sanktionen
Sanctions</small>

Die Verpflichtung der Eigentümer geschützter Baudenkmäler zu Unterhaltsmassnahmen bzw. die Befugnis, diese durch die Behörde selbst vornehmen zu lassen, ist gesetzlich vorzusehen (Art. 4 Ziff. 2 Bst. c des Übereinkommens von Granada). Die Vertragsparteien sind aber auch dazu verpflichtet, die Nutzung geschützter Objekte – unter Berücksichtigung des architektonischen und geschichtlichen Charakters – nach den Bedürfnissen des heutigen Lebens zu gestatten und neue Nutzungen zu ermöglichen (Art. 11 des Übereinkommens von Granada).

<small>41
Unterhalt
Entretien</small>

d. Integrierte Erhaltung

Die Übereinkommen verpflichten die Vertragsparteien dazu, die Belange der Erhaltung des baugeschichtlichen und archäologischen Erbes insbesondere in Politiken und Verfahren zu Raumordnung und Städtebau zu integrieren. Die Vertragsparteien haben für eine systematische Konsultation zwischen Archäologen, Städteplanern und Raumplanern (Art. 5 des Übereinkommens von Malta), bzw. für die Zusammenarbeit zwischen Denkmalpflege, Kulturförderung, Umweltschutz und Raumplanung (Art. 13 des Übereinkommens von Granada), Sorge zu tragen.

<small>42
Raumordnung und Städtebau
Aménagement du territoire et urbanisme</small>

Insbesondere die archäologischen Belange sind auf der Ebene der Nutzungsplanung und der konkreten Erschliessungsplanung zu berücksichtigen. Für allenfalls notwendige archäologische Untersuchungen sind genügend Zeit und Mittel zur Verfügung zu stellen (Art. 5 Abs. ii Bst. b des Übereinkommens von Malta). Es ist ausserdem sicherzustellen, dass die archäologischen Belange bei Umweltverträglichkeitsprüfungen in vollem Umfang berücksichtigt werden (Art. 5 Abs. iii des Übereinkommens von Malta).

<small>43
Nutzungsplanung
Plan d'affectation</small>

e. Finanzierung

Die Übereinkommen enthalten Verpflichtungen in Bezug auf die Finanzierung der Massnahmen zur Erhaltung des archäologischen bzw. für Erhaltung und Wiederherstellung des baugeschichtlichen Erbes (Art. 6 des Übereinkommens von Malta; Art. 6 des Übereinkommens von Granada). Im Bereich der Archäologie ist die Forschung allgemein zu unterstützen. Insbesondere sind Massnahmen zu treffen, um die Mittel für archäologische Rettungsmassnahmen für gross-

<small>44</small>

angelegte öffentliche oder private Erschliessungsvorhaben zu erhöhen. Je nach Bauherrschaft sind dafür die öffentliche Hand bzw. die Privatwirtschaft in Pflicht zu nehmen (Art. 6 Abs. ii Bst. a und b des Übereinkommens von Malta).

Diese Massnahmen schliessen erforderliche Prüfungen der Verträglichkeit in bezug auf Umwelt und Regionalplanung, wissenschaftliche Vorabklärungen, archäologische Untersuchungen und Aufzeichnung und Veröffentlichung der Ergebnisse mit ein.

Die finanziellen Verpflichtungen sind dadurch eingeschränkt, dass sie nur im Rahmen der verfügbaren Mittel (Art. 6 Ziff. 1 des Übereinkommens von Granada), resp. für die allgemeine archäologische Forschung nach der jeweiligen Zuständigkeit der Gebietskörperschaften (Art. 6 Abs. i des Übereinkommens von Malta), zu erfüllen sind.

IV. Internationale Übereinkommen zum Naturschutz

A. Gegenstand

45
Ziele
Buts

Das Schwergewicht der internationalen Übereinkommen zum Naturschutz lag bis vor kurzem in den Bereichen Arten- und Biotopschutz. Ziel dieser Übereinkommen ist die Erhaltung der Vielfalt an Tier- und Pflanzenarten. Gefährdete und endemische Arten, und solche, die grenzübergreifender Massnahmen bedürfen, werden besonders berücksichtigt. Das jüngste Übereinkommen, dasjenige über die Biologische Vielfalt, geht von einem breiteren Ansatz aus, indem es eine Harmonisierung von Erhaltung und Nutzung zum Ziel hat und die nachhaltige Nutzung der genetischen Ressourcen anstrebt[70].

46
Inhalte:
Artenschutz
Contenu:
protection des
espèces

Biotopschutz
Protection
des biotopes

Regelungen zum – traditionellen – Artenschutz finden sich in den Bereichen Entnahme aus der Natur, Besitz und Handel. Als weitere Massnahme zum Artenschutz wird der Biotopschutz aufgefasst. Die meisten Übereinkommen – mit der Ausnahme des CITES-Übereinkommens über den internationalen Handel – enthalten Bestimmungen zur Erhaltung der Lebensräume von (bestimmten) Tieren und Pflanzen. Der Biotopschutz gilt aber auch der Erhaltung von besonderen oder gefährdeten Lebensraumtypen als solchen. Die Massnahmen zum Biotopschutz decken mit unterschiedlicher Gewichtung das ganze Spek-

---

[70] Das Übereinkommen über die biologische Vielfalt ist das erste umfassende und weltweite Abkommen in diesem Bereich. Die Schwierigkeiten der Bildung eines globalen Konsenses (vgl. dazu oben Rz 8) widerspiegelt sich in den allgemein und wenig verpflichtend formulierten Vertragsbestimmungen. Die Tatsache, dass überhaupt ein Konsens erreicht wurde, ist aber als Fortschritt zu werten. Die Weiterentwicklung des Übereinkommens durch die Vertragsparteien wird von grosser Bedeutung sein.

trum ab, von der Schaffung von Schutzgebieten bis zur Verpflichtung zur nachhaltigen Nutzung bestimmter Ökosysteme.

Die Landschaft im Sinne des Landschaftsschutzes (ROHRER, 1. Kap., Rz 22) tritt in den geltenden internationalen Verträgen als Schutzobjekt kaum in Erscheinung.

Landschaftsschutz
Protection du paysage

Das *Übereinkommen über das Kultur- und Naturgut* enthält Elemente des Landschaftsschutzes. Schutzobjekt sind u.a. Naturgebiete, die aus ästhetischer Hinsicht von aussergewöhnlichem universellem Wert sind (Art. 2 Abs. 1 und 3). Die *Alpenkonvention* verfolgt eine kombinierte Strategie von Schutz, Nutzung und Förderung des Alpenraums. Von diesem Ansatz her berücksichtigt sie das Element Landschaft, indem u.a. die Vielfalt, Eigenart und Schönheit der Natur und Landschaft in ihrer Gesamtheit dauerhaft gesichert werden sollen (Art. 2 Ziff. 2 Bst. f). Schwergewichtig ist diese Zielsetzung durch das Protokoll Naturschutz- und Landschaftspflege umgesetzt. Elemente des Landschaftsschutzes sind auch in anderen Protokollen enthalten.

Aus historischen und gesetzestechnischen Gründen werden nicht alle Inhalte dieser Übereinkommen durch das NHG und seine Verordnungen umgesetzt. Wesentliche Regelungen finden sich insbesondere im JSG und seinen Verordnungen und im BGF und seiner Verordnung[71].

47
Umsetzung
Transposition

B. Anwendbarkeit

Die Übereinkommen zum Naturschutzrecht sind grösstenteils nicht unmittelbar anwendbar (vgl. oben Rz 13–16). Formulierungen wie «jede Vertragspartei ergreift die geeigneten und erforderlichen gesetzgeberischen und Verwaltungsmassnahmen...»[72] machen deutlich, dass Gesetzgeber und Verwaltungsbehörden, nicht aber private Personen, Adressaten der Reglungen sind. Die Vertragsinhalte sind aber im Rahmen der enthaltenen Verpflichtungen in Auslegung und in Interessenabwägung im Einzelfall einzubeziehen[73].

48

Eine Ausnahme bilden die Artenlisten in den Anhängen der Übereinkommen, die selbständige Bedeutung erlangen können, wenn sie mehr Arten enthalten als die nationale Gesetzgebung (unten Rz 49).

---

[71] Zur Umsetzung des Übereinkommens von Ramsar vgl. KELLER, Ramsar-Bericht, 23 f.
[72] «Z.B. Art. 4-7 der Berner Konvention; vgl. auch Art. VIII des CITES-Übereinkommens: «Die Vertragsparteien treffen geeignete Massnahmen»; Übereinkommen von Bonn: Die Parteien «bemühen sich» (Art. III, Ziff. 4), «verbieten es» (Art. III, Ziff. 5).
[73] Vgl. dazu BGE 118 Ib 491 = JdT 1994 I 505 (Massnahmen zum Schutz des Brutbiotops des Eisvogels als streng geschützter Art des Übereinkommens von Bern) und Entscheid des VGr. AG in AGVE 1984, 957 (Erhaltung eines Trockenstandortes als Massnahme zur Erhaltung des Lebensraums gefährdeter Pflanzen; Übereinkommen von Bern [fälschlicherweise] als Argument nur für grossräumige Massnahmen eingesetzt).

C. Instrumente zum Artenschutz

a. Bedeutung der Anhänge

49
Artenlisten
Liste des
espèces

In der Regel werden die Arten, die besonderen Schutzmassnahmen unterstehen, nach verschiedenen Kriterien unterschiedlichen Anhängen der Konventionen zugeordnet. Diese Anhänge sind mit Schutz- bzw. Erhaltungsmassnahmen unterschiedlicher Intensität gekoppelt, die jeweils in den Verträgen umschrieben sind[74]. Solche Anhänge sind regelmässig erleichtert abänderbar (Art. 17 des Übereinkommens von Bern; Art. XI des Übereinkommens von Bonn), um eine flexible und rasche Anpassung an veränderte Situationen zu ermöglichen. Sind in ihnen mehr oder andere Arten enthalten als in der nationalen Gesetzgebung, so sind sie für den Vollzug auf nationaler Ebene unmittelbar massgebend, ausser es ist ein entsprechender Vorbehalt angemeldet worden. Strengere landesrechtliche Bestimmungen gelten aber jedenfalls.

b. Allgemeiner Artenschutz

50
Streng
geschützte
Arten
Espèces
strictement
protégées

Die umfassendsten Bestimmungen zum Artenschutz finden sich im Übereinkommen von Bern. Art. 5 zum Pflanzenschutz und Art. 6 zum Tierschutz fordern weitgehend Verbote der Entnahme, des Handels und des Besitzes der streng geschützten Pflanzen- und Tierarten gemäss den Anhängen I und II. Diese Massnahmen sind in Art. 20 NHV teilweise wörtlich umgesetzt.

Geschützte
Arten
Espèces
protégées

Für die Kategorie der geschützten Tierarten gemäss Anhang III legt Art. 7 für bestimmte Säugetiere, Vögel und Fische fest, dass allfällige Nutzungen so geregelt sein müssen, dass die Bestände der Populationen nicht gefährdet sind. Das setzt eine entsprechende Überwachung dieser Arten voraus.

c. Internationaler Handel

51
CITES

Den Schutz gefährdeter Arten von freilebenden Tieren und Pflanzen vor einer übermässigen Ausbeutung durch den internationalen Handel strebt das CITES-Übereinkommen an. Die in den Anhängen aufgeführten Arten dürfen nicht oder

---

[74] Die Bonner Konvention unterscheidet zwischen gefährdeten wandernden Arten (Anhang I, Artikel III) und wandernden Arten, für die Übereinkommen zu schliessen sind (Anhang II, Art. IV). Die Anhänge der Berner Konvention beinhalten in Anhang 1 streng geschützte Pflanzenarten (Art. 5), in Anhang 2 streng geschützte Tierarten (Art. 6) und in Anhang 3 geschützte Tierarten (Art. 7); die Anhänge des CITES-Übereinkommens beinhalten Arten, die durch den Handel beinträchtigt werden können und die von Ausrottung bedroht sind (Anhang I), die von Ausrottung bedroht sind, wenn der Handel nicht unter wirksame Kontrolle gebracht wird (Anhang II) und von den Vertragsparteien bezeichnete Arten (Anhang III) (Art. II).

nur mit speziellen Bewilligungen aus den Herkunftsländern ausgeführt werden; die Einfuhr ist von den Vertragsparteien entsprechend zu kontrollieren. Zur Durchführung des Übereinkommens sind die Vertragsstaaten verpflichtet, gesetzliche Bestimmungen aufzustellen, die entsprechenden Handel und/oder Besitz unter Strafe stellen, sowie die Einziehung oder die Rücksendung an den Ausfuhrstaat vorsehen (CITES-Übereinkommen, Art. VIII Abs. 1 Bst. a und b; vgl. dazu Favre, Art. 20, Rz 16 und Ronzani, Art. 24, Rz 23)[75].

D. Instrumente zum Biotopschutz

Die Bestimmung der zu schützenden Biotope erfolgt nach verschiedenen Kriterien: Nach Typen besonders gefährdeter Lebensräume oder nach Art und deren Gefährdungsgrad, Vielfalt oder Populationsgrösse der von ihnen abhängigen Spezies. — 52

a. Schutz von Biotoptypen

Bestimmungen zum Schutz von *Typen* besonders gefährdeter natürlicher Lebensräume enthalten die Übereinkommen von Ramsar und Bern. — 53

Die Konvention von Ramsar beschränkt sich auf das Schutzobjekt Feuchtgebiete. Unter den Begriff fallen gemäss der Definition der Konvention – neben Gewässern jeglicher Art – unter anderem auch Feuchtwiesen, Moor- und Sumpfgebiete (Art. 1 Ziff. 1). Diese Feuchtgebiete sind einerseits in ihrer Funktion als Lebensräume für Wasser- und Watvögel zu erhalten. In diesem Sinn ist die Konvention durch Art. 11 Abs.1 JSG und die WZVV umgesetzt. Anderseits werden aber, unabhängig davon, alle Feuchtgebiete in ihrer allgemeinen Bedeutung für Wirtschaft, Kultur, Wissenschaft und Erholung erfasst (Präambel Abs. 3). Soweit wie möglich ist die wohlausgewogene Nutzung aller Feuchtgebiete zu fördern (Art. 3) und ihre Erhaltung ausserdem durch die Schaffung von Schutzgebieten zu unterstützen (Art. 4 Ziff. 1). — 54 Feuchtgebiete Zones humides

Die Konvention von Bern verpflichtet als einziges Übereinkommen dazu, «geeignete und erfoderliche» Massnahmen zur Erhaltung gefährdeter natürlicher Lebensräume als solcher zu ergreifen (Art. 4)[76], wobei die Art dieser Lebensräume im Übereinkommen nicht näher spezifiziert ist. Gemäss der einschrän- — 55 Gefährdete Biotoptypen Types de biotopes menacés

---

[75] Die weitere Umsetzung des CITES-Übereinkommens ist im TSchG, in der Artenschutzverordnung vom 19. August 1981 (SR 453) und im JSG geregelt.

[76] Der deutsche Vertragstitel ist in diesem Sinne irreführend. Der französische Originaltitel macht keinen direkten Bezug zwischen Arten und Lebensräumen (conservation de la vie sauvage et du *milieu naturel*).

kenden Auslegung dieses Artikels durch die Vertragsparteien obliegt die Bestimmung der Arten von Lebensräumen nach bestimmten Kriterien der Konferenz der Vertragsparteien. Den einzelnen Vertragsparteien obliegt es, diese Lebensräume in ihrem Staatsgebiet zu identifizieren, soweit möglich zu bezeichnen und Schutz- und Erhaltungsmassnahmen zu ergreifen[77].

56 Die Vertragsparteien haben zudem, unabhängig davon, Gebiete von besonderem Interesse für den Naturschutz zu bezeichnen und die notwendigen Schutz- und Erhaltungsmassnahmen zu ergreifen. Solche Zonen sind Gebiete, die ein wichtiges oder repräsentatives Muster eines bedrohten Lebensraums, ein bemerkenswertes Beispiel eines bestimmten Lebensraumtyps oder ein Mosaik verschiedener Lebensraumtypen enthalten[78].

b. Schutz von Lebensräumen bestimmter Arten

57 Ein weiteres Kriterium für die Bestimmung besonders zu erhaltender bzw. zu fördernder Biotope sind bestimmte Arten von Tieren und Pflanzen.

58
Wandernde Arten
Espèces migratrices

Besondere Berücksichtigung erfahren die wandernden Arten. Die Konventionen von Bern (Art. 4 Ziff. 3), Ramsar (Präambel Abs. 5) und Bonn (Art. III Ziff. 4) verpflichten die Vertragsparteien zum Schutz von sich in ihrem Territorium befindlichen Lebensräumen, die für die wandernden Arten, die durch die Konventionen geschützt werden, von vitaler Bedeutung sind. Die Konvention von Bonn geht dabei von einem breiten Begriff des Lebensraums aus und schliesst die Verpflichtung mit ein, «nachteilige Auswirkungen von Aktivitäten oder Hindernissen, die die Wanderung der Art ernstlich erschweren oder verhindern, auszuschalten, zu beseitigen, auszugleichen oder – soweit angebracht – auf ein Mindestmass zu beschränken» (Art. III Ziff. 4 Bst. b).

59
Geschützte Arten
Espèces protégées

Die Konvention von Bern verpflichtet generell dazu, die geeigneten und erforderlichen Massnahmen zur Erhaltung der Lebensräume der in den Anhängen I und II streng geschützten Arten von Tieren und Pflanzen zu ergreifen (Art. 4)[79]. Diese Bestimmung wurde von den Vertragsparteien einschränkend dahingehend ausgelegt, dass sie sich auf Arten von Tieren und Pflanzen bezieht, die speziell auf den Schutz ihrer Lebensräume angewiesen und vom Ständigen

---

[77] Vgl. Art. 2 der Resolution 1 (1989) des Ständigen Ausschusses und Empfehlung 14 (1989), beide in Dokument T-PVS (89) 9 des Ständigen Ausschusses des Übereinkommens von Bern beim Europarat, Anhang III und IV. (Resolution 1 (1989) ist abgedruckt in BIBER-KLEMM, Anhang 4, ix). Zur Interpretation des Artikels 4 durch die Vertragsparteien vgl. im einzelnen BIBER-KLEMM, 126 f.

[78] Empfehlung 16 (1989) in T-PVS (89) 9, Anhang IV.

[79] Vgl. BIBER-KLEMM, 126 f.

Ausschuss demgemäss bezeichnet worden sind[80]. Unabhängig davon sind für die Gebiete von besonderem Interesse für die Erhaltung Massnahmen zu ergreifen. Solche Gebiete sind im Bereich des artbezogenen Biotopschutz definiert durch ihre Bedeutung für die Erhaltung endemischer oder streng geschützter Arten gemäss Anhang I und II bzw. wandernder Arten, oder durch ihre grosse Artenvielfalt bzw. ihre bedeutende Population einer oder mehrerer Arten[81].

c. Massnahmen zum Biotopschutz

Das Übereinkommen über die Biologische Vielfalt sieht eine ganze Reihe konkreter Massnahmen und Instrumente für den Biotopschutz vor, die der durch die älteren Übereinkommen erarbeiteten Praxis und somit auch dem allgemeinen Konsens entsprechen. 60

Nebst der allgemeinen Verpflichtung, die Erhaltung der biologischen Ressourcen, die für die Erhaltung der biologischen Vielfalt von Bedeutung sind, auf der ganzen Fläche zu gewährleisten, ist durch die Vertragsparteien (soweit möglich und sofern angebracht) auch ein *System* von Schutzgebieten zu schaffen (Art. 8 Bst. a) und die umweltverträgliche und nachhaltige Entwicklung in den an diese angrenzenden Gebiete zu fördern (Art. 8 Bst. e). Beeinträchtigte Ökosysteme sind zu sanieren und wiederherzustellen (Art. 8 Bst. f). Gefährdungen von aussen, wie z.B. das Einbringen nichtheimischer Arten, sind zu verhindern (Art. 8 Bst. h).

E. Integrierte Erhaltung

Das Übereinkommen über die Biologische Vielfalt ist die erste internationale Konvention, die ein Schwergewicht auf in andere Nutzungen integrierte Erhaltungsmassnahmen legt. Ziel des Übereinkommens ist u.a. die nachhaltige Nutzung der biologischen Vielfalt (Art. 1)[82]. 61
Nachhaltige Nutzung
Exploitation durable

Die biologischen Ressourcen sollen derart genutzt werden – sowohl in Bezug auf Art der Nutzung als auch auf deren Ausmass – dass die biologische Vielfalt und mit ihr ihr Potential, die Bedürfnisse und Wünsche zukünftiger Generationen zu erfüllen, langfristig erhalten bleibt (Art. 2 Abs. 14). In Art. 10 wird dieser Grundsatz konkretisiert. Die Vertragsparteien sind u.a. dazu verpflichtet

---

[80] Art. 2 Bst. a der Resolution Nr. 1 vom 9. Juni 1989 in T-PVS (89) 9.
[81] Empfehlung Nr. 16 (1989) in T-PVS (89) 9.
[82] Einen ähnlichen Ansatz verfolgt die Alpenkonvention (oben FN 15), die anstrebt, in einer ganzheitlichen Politik zur Erhaltung und zum Schutz der Alpen wirtschaftliche Interessen mit ökologischen Erfordernissen in Einklang zu bringen.

(soweit möglich und sofern angebracht!), Aspekte der nachhaltigen Nutzung in den innerstaatlichen Entscheidprozess miteinzubeziehen, Massnahmen zu beschliessen, um nachteilige Auswirkungen der Nutzung biologischer Ressourcen auf die biologische Vielfalt zu vermeiden oder auf ein Mindestmass zu beschränken und die herkömmliche Nutzung, die mit den Erfordernissen der Erhaltung oder nachhaltigen Nutzung vereinbar sind, zu schützen und zu fördern. Von besonderer Bedeutung sind dabei Kenntnisse, Innovationen und Gebräuche ortsansässiger Bevölkerungsgruppen (Art. 10 Bst. d i.V. mit Art. 8 Bst. j).

62
Monitoring
Surveillance

Grundlage für die integrierte Erhaltung ist die Verpflichtung, für Erhaltung und nachhaltige Nutzung wichtige Bestandteile der biologischen Vielfalt (Ökosysteme, Arten, Genome und Gene) nach bestimmten Kriterien zu bestimmen (Art. 7 Bst. a i.V. mit Anhang I) und in der Folge zu überwachen.

63
Anreize,
Umweltverträglichkeitsprüfungen
Incitations,
études
d'impact sur
l'environnement

Als Instrument zur Integration von Erhaltung in andere Nutzungen sind die Schaffung von wirtschaftlich und sozial verträglichen Anreizen (Art. 11) und als vorsorgliche Massnahme die Einführung von Umweltverträglichkeitsprüfungen (Art. 14 Bst. a) vorzusehen.

Sechstes Kapitel
NHG und Rechte der Natur

Chapitre sixième
La LPN et les droits de la nature

Inhaltsverzeichnis Rz

I.   Zum gesellschaftlichen Naturverhältnis 1
II. Die Rechte der Natur 5
     A. Eine relative Unverfügbarkeit 8
        a. Eine relative Unverfügbarkeit im heutigen NHG: die ungeschmälerte Erhaltung 10
        b. Die Würde der Kreatur 12
     B. Eine absolute Schranke 13
        a. Ein absoluter Schutz im NHG: Moore und Moorlandschaften 14
     C. Die Vertretung der Natur 16
III. Schluss 18

Table des matières N°

I.   A propos des relations entre l'homme et la nature 1
II. Les droits de la nature 5
     A. Une impossibilité relative d'en disposer 8
        a. Une impossibilité relative dans la LPN actuelle: conserver intacts les objets 10
        b. La dignité des créatures 12
     B. Une limite absolue 13
        a. Une protection absolue dans la LPN: les marais et les sites marécageux 14
     C. La représentation de la nature 16
III. Conclusion 18

I. Zum gesellschaftlichen Naturverhältnis

Der Mensch und die nicht-menschliche Natur stehen in einem unauflösbaren Verhältnis. Wir können als Teil der Natur gar nicht anders, als ununterbrochen in die äussere Natur einzugreifen. Wir sind aber in der Lage, Kriterien dafür aufzustellen, in welcher Art und Weise und in welchem Ausmass wir dies tun

1
Bestimmung des Naturverhältnisses

Configuration des rapports avec la nature

wollen. Wir können bestimmen, wie unser gesellschaftliches Verhältnis zur äusseren Natur beschaffen sein soll[1].

| 2 Natur als Rechtsobjekt La nature en tant que chose juridique | Kriterien für unser Verhältnis zur Natur finden sich vielerorts: in religiösen oder in ethisch-moralischen Geboten und Verboten, insbesondere aber – und mit Anspruch auf gesamtgesellschaftliche Verbindlichkeit – im Recht. Wenn wir einen Blick in die heutigen Rechtsordnungen, nicht nur in die schweizerische, werfen, so stossen wir auf eine absolut zentrale, das Verhältnis Mensch-nicht-menschliche Natur durchgehend bestimmende rechtliche Festlegung: Der Mensch wird als Subjekt definiert, die Natur als Objekt. Dem vernunftbegabten und daher freien Menschen kommen gewisse Rechte, Menschenrechte, zu. Er sichert sich mit ihrer Hilfe seine persönliche (körperliche und geistige) Freiheit, und sie erlauben ihm, seine eigenen Zwecke zu verfolgen: zu denken, glauben und sagen, was er will, vor allem aber zu machen und sich zu nehmen, was er will. Eine Grenze findet seine Freiheit an der Freiheit, sprich: den Rechten, der andern. |

Diese andern sind aber nur die andern Menschen, die andern Rechts-Subjekte. Die Natur kommt in dieser Grundkonzeption nur als Ressource vor. Sie ist rechtlich definiert als Sache, als Objekt – ihr kommen keine Rechte zu. Von ihr nimmt der Mensch sich vielmehr, was er will, und macht damit, was ihm beliebt. In der Sprache des Rechts liest sich das dann z.B. so: «Wer Eigentümer einer Sache ist, kann in den Schranken der Rechtsordnung über sie *nach seinem Belieben verfügen*» (Art. 641 Abs. 1 ZGB).

| 3 Naturaneignung Appropriation de la nature | Insoweit das Recht heute die Frage beantwortet, wie wir mit der Natur umgehen, ist es als Recht der Naturaneignung, ja der Naturausbeutung zu qualifizieren. Und das hat Nachteile: Ganz sicher für die menschlichen Zwecken unterworfene Natur, aber auch für uns, für die Gesellschaft. Ungehemmte Nutzung, Ausbeutung und Zerstörung schlägt auf die Gesellschaft zurück, und diese sah und sieht sich im ureigensten Interesse gezwungen, die Geister, die sie rief, zu zähmen: «Es braucht eine Begrenzung dieser der Natur feindlichen oder sie missachtenden Kräfte des menschlichen Gestaltungswillens»[2]. |

| 4 Herrschaftsverhältnis Rapport de domination | Doch wie könnte eine solche Begrenzung aussehen? Soll die fatale Grundkonzeption, die (rechtliche) Definition des gesellschaftlichen Verhältnisses zur Natur als Herrschaftsverhältnis, geändert werden, oder soll der menschliche Gestaltungswillen lediglich in Bahnen gelenkt und der hemmungslose Zugriff auf die weiterhin als blosse Ressource begriffene Natur lediglich etwas temperiert |

---

[1] Vgl. IMMLER Hans, Die Natur ins wirtschaftliche Recht setzen, in: SCHNEIDER Manuel/KARRER Andreas (Hrsg.), Die Natur ins Recht setzen, Karlsruhe 1992, 75.
[2] Botschaft Art. 24sexies BV, BBl 1961 I 1097.

werden? Als in den sechziger Jahren die Verankerung des Natur- und Heimatschutzes in der Verfassung (Art. 24^{sexies} BV) zur Diskussion stand, war die Antwort klar. Das Wissen um die gesellschaftliche Natur der Naturausbeutung war längst hinter einem ideologischen Schleier verborgen und die «Gefahr der Vermassung», «das Überhandnehmen der Technik» sowie «ein gehetztes und zermürbendes Leben»[3] zur unumgänglichen Naturnotwendigkeit geronnen:

> «Die atemberaubende Entwicklung der Wirtschaft, Wissenschaft und Technik ... wird weitergehen; sie kann und soll auch nicht aufgehalten werden, denn sie ist die unvermeidliche und notwendige Begleiterscheinung des Anwachsens der Bevölkerungsziffer und der Ausbreitung der Zivilisation. Je mehr die Menschen bei ihrer Arbeit und ihrem Tagesrhythmus ein naturwidriges oder wenigstens naturfremdes Leben zu führen gezwungen sind, desto mehr bedürfen sie zu ihrer leiblichen und seelischen Erholung des Kontaktes mit der unverfälschten Natur»[4].

Das einzige was den «Verantwortlichen im Interesse des ganzen Volkes und der Volksgesundheit» in einer solchen Situation bleibt, ist dafür zu sorgen, «dass Erholungsräume für Leib und Seele erhalten bleiben, und dass Gewinnstreben sowie technischer Tatendrang nicht überborden»[5].

II. Die Rechte der Natur

Die Idee von den Rechten der Natur verfolgt den anderen Ansatz. Sie zielt direkt auf die rechtliche Grundlegung des gesellschaftlichen Naturverhältnisses. Sie wendet sich ab von der Vorstellung, der Mensch sei «Herr und Eigentümer der Natur»[6] und es könne daher in unserem Verhältnis zur Natur lediglich noch darum gehen, die «schonungslose Ausbeutung der Natur»[7] um der Ausbeutung willen etwas schonender zu gestalten. Denn eine Rechtsordnung, die auf menschliche Dominanz, auf Unterdrückung und Zerstörung angelegt ist, produziert eben genauso systemimmanent immer Unterdrückung und Zerstörung, wie eine Zitrone, die wir auspressen, immer Zitronensaft «produziert» – daran ändern noch so viele, lediglich symptombekämpfende Vorschriften, Grenzwerte, Filter oder Inventare nichts.

Diese zerstörerische (rechtliche) Grundkonzeption können wir ändern, indem wir der bisher zum rechtlosen Objekt degradierten natürlichen Mitwelt Rechte

Gegenkonzeption
Conception opposée

---

[3] Botschaft Art. 24sexies BV, BBl 1961 I 1104.
[4] Botschaft Art. 24sexies BV, BBl 1961 I 1097.
[5] Botschaft Art. 24sexies BV, BBl 1961 I 1097.
[6] DESCARTES René, Abhandlung über die Methode des richtigen Vernunftgebrauchs und der wissenschaftlichen Wahrheitsforschung, Stuttgart 1961, 58.
[7] Botschaft Art. 24sexies BV, BBl 1961 I 1098.

zuschreiben. Das hätte einschneidende Konsequenzen: Mit Rechten anerkennen oder statuieren wir bekanntlich die grundsätzliche Unverfügbarkeit des Rechtsträgers – dies in bewusster Entgegensetzung zur Sache, der per definitionem allzeit Verfügbaren. Wir können dies aus unterschiedlichsten Motiven machen. Einmal, weil es praktisch ist, etwa bei den sogenannten juristischen Personen. Dort verleihen wir sogar Vermögenswerten Rechte (Stiftung), da eine kapitalistische Wirtschaftsordnung solcher Konstrukte bedarf. Wir können einer Entität aber auch Rechte zuschreiben, weil wir damit unsere Achtung zum Ausdruck bringen, weil wir im Vis-à-vis einen Selbstzweck und somit ein für uns letztlich Unverfügbares anerkennen wollen. In dieser zweiten Weise kommen uns selber und unseren Mitmenschen in modernen Rechtsordnungen Rechte zu.

7 Wenn wir in einer Rechtsordnung der natürlichen Mitwelt daher Rechte zuerkennen, verschaffen wir ihr Achtung und Anerkennung. Das geht nicht von heute auf morgen, aber die Statuierung der grundsätzlichen Unverfügbarkeit der Natur kann einen solchen Prozess anschieben, beschleunigen und verfestigen. Dies umso mehr, als Recht demokratisch gesetzt wird, sodass schon bevor der Natur Rechte positivrechtlich zugeschrieben werden, ein Grossteil der Bevölkerung sich mit der Idee angefreundet haben muss.

A. Eine relative Unverfügbarkeit

8
Beschränkbarkeit von Rechten
Restrictibilité des droits

Mit einer rechtlich statuierten grundsätzlichen Unverfügbarkeit, beispielsweise mit einer Norm wie dieser: «Lebewesen haben ein Recht auf artgerechtes Leben, einschliesslich Fortpflanzung, in den ihnen angemessenen Ökosystemen»[8], ist selbstverständlich nicht gemeint, wir Menschen dürften gar nicht mehr in die Natur eingreifen und müssten alle Hungers sterben. Auch die Rechte der Natur sind – wie die unseren – beschränkbar.

Durch ihre Beschränkbarkeit werden Rechte der Natur aber keineswegs überflüssig. Denn obwohl Rechte beschränkbar sind, erhält die natürliche Mitwelt durch die Statuierung ihrer grundsätzlichen Unverfügbarkeit rechtlich ein ganz anderes Gewicht als heute: Denn heute, wo die Natur definiert ist als Sache, als Eigentum, darf ich über meine Natur, meinen Boden, meine Rohstoffe, meine Pflanzen nach Belieben verfügen. Eingriffe in die natürliche Mitwelt sind in unseren Rechtsordnungen – grundsätzlich – immer zulässig, es sei denn, es

---

[8] Vgl. den «Vorschlag zu einer Erweiterung der Allgemeinen Erklärung der Menschenrechte» durch Rechte der Natur und solche künftiger Generationen in: VISCHER Lukas et al., Rechte künftiger Generationen, Rechte der Natur, Bern 1990, 13.

finde sich zufällig eine Verbots- bzw. Schutznorm. Mit Rechten der Natur wäre die Ausgangslage genau umgekehrt: So wie in die Rechte eines Menschen nur eingegriffen werden darf, wenn sich dafür eine spezifische rechtliche Rechtfertigung findet (Gesetz), verlangten künftig auch Eingriffe in die Rechte der natürlichen Mitwelt nach einer Rechtfertigung. Fehlt sie, so ist der Eingriff unzulässig.

Wie das im Detail aussehen könnte, kann an dieser Stelle nicht ausgeführt werden. Ich habe andernorts[9] vorgeschlagen, die neue Rechtsqualität der Natur auf Verfassungsebene zu verankern. Da Tiere, Pflanzen oder Landschaften aber keine Menschenrechte (z.B. keine Kultus- oder Pressefreiheit) brauchen, wäre ein (Existenz-)Grundrecht der Natur einzuführen, das ihr Dasein und Sosein sowie ihre Entwicklungsmöglichkeiten gewährleistet, und Staat und Private[10] insbesondere verpflichtet, Ökosysteme, Populationen und Arten in ihrer Vernetztheit zu schützen. Die Einführung eines Grundrechtes hätte – etwa im Vergleich zu einer blossen Staatszielbestimmung oder einem Gesetzgebungsauftrag – verschiedenste Vorteile: Zum einen hätte ein Grundrecht der Natur unmittelbare Auswirkungen auf den Gehalt der anderen Grundrechte (wie die Eigentumsgarantie oder die Handels- und Gewerbefreiheit), ohne dass an deren Wortlaut etwas geändert würde. Zum andern begründet ein Grundrecht direkt gewisse Ansprüche bzw. Rechte. Die Norm müsste selbst ohne Konkretisierung durch den Gesetzgeber von der Verwaltung oder den Gerichten berücksichtigt werden. Die grosse und schwierige Aufgabe der Umsetzung käme allerdings nach wie vor dem Gesetzgeber zu. Er müsste den Gehalt des Grundrechtes in konkretere und detailliertere Normen auf Gesetzes-, Verordnungs- oder Weisungsebene umzusetzen. Das beträfe in erster Linie sicherlich die direkt umweltrelevanten Gesetze (wie z.B. USG, RPG, GSchG, WaG und das NHG), aber auch das Zivilgesetzbuch oder das Steuerrecht.

9

(Existenz-) Grundrecht

Droit fondamental (à l'existence)

a. Eine relative Unverfügbarkeit im heutigen NHG: die ungeschmälerte Erhaltung

Anstoss zur Verankerung des Natur- und Heimatschutzes in der Verfassung sowie zum Erlass des NHG gab u.a. «das Verschwinden wertvoller Kultur- und Naturdenkmäler, seltener Biotope und Tierarten sowie die schwere Beeinträch-

10

---

[9] LEIMBACHER, Rechte, 117 ff.
[10] Schon bei der Beratung des Art. 24sexies BV hielt Ständerat BÄCHTOLD fest, dass es an sich wünschenswert gewesen wäre, «wenn man sämtliche Rechtssubjekte der Schweiz bei Erfüllung ihrer Aufgaben auf den Natur- und Heimatschutz hätte verpflichten können» – und nicht nur den Bund, wie dies Abs. 2 der Verfassungsnorm tut; Amtl.Bull. S 1961 211.

tigung schöner und beliebter Erholungslandschaften»[11]. Dieser Tendenz zur unwiederbringlichen Zerstörung vieler Werte wollte man – auch um jener willen, «die nachher kommen»[12] – nicht länger tatenlos zuschauen: Irgendwo sollte der menschliche Gestaltungswille an eine Schranke stossen. Zwar «herrschte von Anfang an Klarheit darüber, dass der Natur- und Heimatschutz ... nicht als einseitiger und absoluter Schutz ... verstanden werden kann», war es doch nicht Aufgabe der Verfassungsbestimmung, sich «der wirtschaftlichen, industriellen Entwicklung und dem technischen Fortschritt entgegenzustemmen». Aber zumindest musste «die Möglichkeit einer vernünftigen Abwägung der sich im Einzelfall entgegenstehenden Interessen geschaffen werden»[13] – und das schlug sich u.a. im Gebot der «ungeschmälerten Erhaltung» nieder. Die Schönheiten von Natur und Landschaft sollten immer dann unangetastet bleiben, wenn das Schutzinteresse überwiegt. Positivrechtlich konkretisiert wurde der Gedanke alsdann in den Inventaren nach Art. 5 NHG: Gewisse Objekte von «nationaler Bedeutung» sollten zumindest vor beliebigen Eingriffen bewahrt werden. Von ihrer ungeschmälerten Erhaltung darf nur dann abgewichen werden, wenn gleichsam nationaler Gestaltungswille (ein Interesse von ebenfalls nationaler Bedeutung) dies erfordert (vgl. LEIMBACHER, Art. 5 und 6).

Bundesinventare
Inventaires fédéraux

11
Interessenabwägung
Pondération des intérêts

Die Idee von den Rechten der Natur könnte hier ein Einfallstor finden: Das Gewicht der bei den je vorzunehmenden Abwägungen zu berücksichtigenden Interessen ist nämlich nirgends exakt bestimmt. Nirgendwo steht geschrieben, das Interesse an einer Deponie im Cholwald[14] wiege das Interesse an seiner ungeschmälerten Erhaltung auf. Die Entscheidbehörde verfügt in solchen Fällen über einen Beurteilungs- und Bewertungsspielraum, den sie – ohne sich juristisch ins Abseits zu stellen – in weit stärkerem Masse zugunsten der bedrohten Natur nutzen kann. Dies umso mehr, als seit Erlass des NHG verschiedenste Aufträge zum Schutz der Natur im weitesten Sinne in die Verfassung und teilweise ins NHG Aufnahme gefunden haben (Raumplanung, Umweltschutz, Gewässerschutz, Moorschutz), und umso mehr, als trotz des NHG und anderer umweltschutzrelevanter Gesetze die Zerstörung von Natur und Landschaft in einem Ausmasse zugenommen hat, die dem Schutze des wenigen, was noch zu schützen bleibt, entscheidend mehr Gewicht verleiht.

---

[11] Botschaft Art. 24sexies BV, BBl 1961 I 1097, 1101.
[12] Botschaft Art. 24sexies BV, BBl 1961 I 1099.
[13] Botschaft Art. 24sexies BV, BBl 1961 I 1103.
[14] Unveröffentlichter Entscheid des BGr. vom 17. Juli 1995 i.S. Cholwald, teilweise abgedruckt in URP 1995, 709 ff.

b. Die Würde der Kreatur

Der den Rechten der Natur innewohnende Gedanke, die Natur solle menschlichem Gestaltungswillen nicht länger beliebig zur Verfügung stehen, hat, wenn auch fast unbemerkt, in der Verfassung ansatzweise Niederschlag gefunden.

Mit Art. 24^{novies} Abs. 5 BV ist erstmals die «Würde der Kreatur» explizite in der Bundesverfassung anerkannt worden[15]. Dabei handelt es sich um einen allgemeinen Verfassungsgrundsatz, und daher muss die Würde der Kreatur in allen Bereichen der Rechtsordnung gelten, Beachtung finden und konkretisiert werden[16] – also auch im Geltungsbereich des NHG. Welche konkreten Auswirkungen dieser Verfassungsauftrag im Rahmen der Anwendung und des Vollzugs des NHG allerdings haben muss und wird, das lässt sich zum jetzigen Zeitpunkt noch nicht mit Bestimmtheit sagen. Klar ist immerhin, dass die mit der «Würde der Kreatur» anerkannte spezifische Werthaftigkeit, ihre «Integrität» es verbietet, die Kreatur bloss als Objekt, d.h. als Gegenstand «fremder» Interessen anzusehen und zu behandeln. Auch das Tier und die Pflanze, denen Würde zugesprochen wird, dürfen nicht ausschliesslich als Sache angesehen und behandelt werden, welche fremden, menschlichen Interessen dient[17]. Die Anerkennung der «Würde der Kreatur» verleiht also Gewicht. Ein grosses Gewicht, das – und dies als Minimalforderung – in adäquater Weise auch in die je relevanten Interessenabwägungen im Rahmen des NHG einfliessen muss.

12
Allgemeiner Verfassungsgrundsatz
Principe constitutionnel général

B. Eine absolute Schranke

Der relative, durch gegenüberstehende Interessen auszuhebelnde Schutz der Natur genügt nicht – selbst dann nicht, wenn wir die Natur aus ihrem blossen Objektstatus befreien und ihr konkrete Rechte, jene Rechte, die sie zu ihrem Schutze braucht, zuerkennen würden. Denn jeden Tag greifen wir millionenfach in die Natur ein, begradigen Bäche, legen Strassen, roden Wälder. Und manch einzelner Eingriff ist für sich betrachtet vielleicht «gar nicht so schlimm» und wäre deshalb – trotz Rechten der Natur – nach Abwägung der Interessen zulässig.

Eine absolute Schranke ist zum Schutze der (Rechte der) Natur daher unabdingbar. In Anlehnung an die sogenannte Wesensgehalt- oder Kerngehaltsgarantie der Grundrechte, die es untersagt, den Kern dessen, was ein Grundrecht zu schützen berufen ist, zu tangieren, müssen auch absolut geschützte und unan-

13
Gegen schleichende Zerstörung
Contre une destruction progressive

---

[15] SALADIN/SCHWEIZER, Rz 113.
[16] SALADIN/SCHWEIZER, Rz 119.
[17] SALADIN/SCHWEIZER, Rz 116.

tastbare Bereiche der Natur gefordert und gesetzlich definiert werden. In sie darf in keinem Falle eingegriffen werden.

Eine absolute Schranke könnte beispielsweise die folgende sein: «Seltene, vor allem artenreiche Ökosysteme sind unter absoluten Schutz zu stellen. Die Ausrottung von Arten ist untersagt»[18].

a. Ein absoluter Schutz im NHG: Moore und Moorlandschaften

14   Die Forderung nach einem absoluten Schutz gewisser Bereiche der Natur ist keineswegs utopisch und sie liesse sich selbst im Rahmen der heutigen Rechtsordnung vielerorts operabel machen. Dies umso mehr, als die Bundesverfassung bereits heute – als Folge der sogenannten Rothenthurm-Initiative – eine Bestimmung kennt, die einen absoluten Schutz verlangt und einem Recht der Natur nahe kommt, den Abs. 5 von Art. 24^{sexies}:

Rothenthurmartikel
Article relatif à Rothenthurm

«Moore und Moorlandschaften von besonderer Schönheit und von nationaler Bedeutung sind Schutzobjekte. Es dürfen darin weder Anlagen gebaut noch Bodenveränderungen irgendwelcher Art vorgenommen werden. Ausgenommen sind Einrichtungen, die der Aufrechterhaltung des Schutzzweckes und der bisherigen landwirtschaftlichen Nutzung dienen.»

«Les marais et les sites marécageux d'une beauté particulière et présentant un intérêt national sont placés sous protection. Dans ces zones protégées, il est interdit d'aménager des installations de quelque nature que ce soit et de modifier le terrain sous une forme ou sous une autre. Font exception les installations servant à assurer la protection conformément au but visé et à la poursuite de l'exploitation à des fins agricoles.»

15   Allerdings ist darauf hinzuweisen, dass unter der Geltung einer Rechtsordnung mit Rechten der Natur die konkrete Ausgestaltung des Moorlandschaftsschutzes weniger Abstriche erfahren hätte, als dies im Rahmen der Teilrevision NHG vom 24. März 1995 der Fall war. Bleibt zu hoffen, dass in der Praxis – mit dem Wissen darum, dass die Natur einen eigenen Zweck hat und eine eigene Würde – das sehr grosse Gewicht, das die Verfassung dem Schutze der Moore und Moorlandschaften verleiht, wirklich zum Tragen kommt. Dabei ist insbesondere dafür Sorge zu tragen, dass ihr Schutz nicht durch vermeintlich «unbedeutende» Eingriffe schleichend ausgehöhlt wird, wie dies etwa die Erfahrungen mit den BLN-Objekten gezeigt haben.

C. Die Vertretung der Natur

16   Da die Natur ihre Rechte nicht selber wahrnehmen kann, müssen ihr Vertreterinnen und Vertreter zugeteilt werden, so wie für andere Rechtssubjekte, die

---

[18] VISCHER Lukas et al. (FN 8), 13.

ihre Rechte nicht selber wahrnehmen können (Kleinkinder, Alte oder Kranke). Dort nehmen Vater und Mutter, ein Vormund oder Beirat «im Namen der Vertretenen» deren Rechte war.

Und um diese Rechte zu vertreten, müssen wie für die anderen Rechtssubjekte Parteirechte, Klage- und Beschwerderechte, kurz: der Zugang zu allen für die betroffene Natur (Wald, Bach, Landschaft, Tierart etc.) relevanten Verfahren garantiert sein. Das wäre – vor allem in seinen praktischen Konsequenzen – weit mehr als z.B. mit dem – im Rahmen der Teilrevision NHG soeben beschnittenen – Beschwerderecht der Organisationen (Art. 12 NHG) angestrebt werden kann. Denn dort kann zugunsten der Natur nicht mehr verteidigt und erreicht werden als die Normen zum Schutze von Naturgütern materiellrechtlich, inhaltlich hergeben. Da Rechte der Natur die Gewichte nun aber zugunsten der Natur verschieben und die verfahrensrechtliche Einbindung der Natur nicht auf blosse Verteidigungsrechte reduziert bleibt, liegt hier, in der Schaffung eines – vom Staat zu finanzierenden – dichten Netzes von Vertreterinnen und Vertretern, denn auch einer der grossen Vorteile dieses Konzeptes: Angesichts der (notwendigen) Offenheit und Unbestimmtheit von Rechtsnormen, die erst in ihrer «Anwendung» konkreten Gehalt und Geltung erlangen, bietet die Beteiligung der Natur (via ihre Vertreterinnen und Vertreter) in einer Vielzahl von Verfahren, die unschätzbare Chance, Normen *zugunsten* der Natur mit Inhalt zu füllen. Dies um so mehr, als die Natur nicht länger als rechtliches Fliegengewicht, als Nonvaleur gilt, sondern als Rechtssubjekt über ihre Vertreterinnen und Vertreter gewichtig und eben mit Recht mitreden kann – von der Beratung und Verabschiedung des Baugesetzes bis zum Erlass der Baubewilligung, vom raumplanerischen Erlass einer Landwirtschaftszone bis zur Abgeltung für artenreiche Trockenrasen. 17

III. Schluss

Der schweizerische Natur- und Heimatschutz bietet – in Verbindung mit anderen für den Umwelt- bzw. Naturschutz im weitesten Sinne relevanten (Verfassungs-)Normen – interessante und ausbaufähige Ansätze zur Umsetzung der Idee von Rechten der Natur. Solange Rechte der Natur aber noch keinen direkten Eingang in unsere Rechtsordnung gefunden haben, besteht die wohl praktikabelste Möglichkeit, der Würde und Wertigkeit der Natur bereits heute Rechnung zu tragen, darin, in jedem zur Entscheidung anstehenden Fall, die sich gegenüberstehenden Interessen richtig – d.h. etwas anders – zu gewichten: 18

19
Abwägung
zugunsten
der Natur
Pondération
en faveur de
la nature

Solange auch unsere Verfassung kein Grundrecht auf Umweltbelastung oder gar -zerstörung kennt, ist nicht einzusehen, weshalb Eingriffsinteressen in vielen Fällen nach wie vor eine gleichsam naturwüchsige Gewichtigkeit zukommt, der die Entscheidbehörde vermeintlich nichts mehr entgegenzusetzen hat. Dem ist nicht so: Es geht heute darum, dem Schutzinteresse, dem Interesse an der ungeschmälerten Erhaltung und Schonung der Natur jenes grosse Gewicht zuzugestehen, das ihm mit Blick auf das Insgesamt der Bundesverfassung ohne in Willkür zu verfallen zugesprochen werden darf – und muss.

Auch wenn, wie es der Bundesrat formulierte, «gegen allzu mächtige materielle Entwicklungen (...) das Ideal oft wenig erfolgreich (ist)», sind wir verpflichtet, «an der Lösung des Problems der Erhaltung einer immer stärker gefährdeten Natur ... mitzuarbeiten, ... und es sollte geschehen, so lange es noch nicht zu spät ist»[19].

---

[19] Botschaft Art. 24sexies BV, BBl 1961 I 1098, 1099.

Besonderer Teil Partie spéciale

Art. 1 But

Dans les limites de la compétence conférée à la Confédération par l'article 24^{sexies}, 2e à 5e alinéas, de la constitution fédérale, la présente loi a pour but:

a. De ménager et de protéger l'aspect caractéristique du paysage et des localités, les sites évocateurs du passé, les curiosités naturelles et les monuments du pays, et de promouvoir leur conservation et leur entretien;

b. De soutenir les cantons dans l'accomplissement de leurs tâches de protection de la nature, de protection du paysage et de conservation des monuments historiques, et d'assurer la collaboration avec eux;

c. De soutenir les efforts d'organisations qui oeuvrent en faveur de la protection de la nature, de la protection du paysage ou de la conservation des monuments historiques;

d. De protéger la faune et la flore indigènes ainsi que leur espace vital naturel;

e. D'encourager l'enseignement et la recherche dans les domaines de la protection de la nature, de la protection du paysage et de la conservation des monuments historiques, ainsi que la formation et le perfectionnement de spécialistes.

Art. 1 Zweck

Dieses Gesetz hat zum Zweck, im Rahmen der Zuständigkeit des Bundes nach Artikel 24^{sexies} Absätze 2–5 der Bundesverfassung:

a. das heimatliche Landschafts- und Ortsbild, die geschichtlichen Stätten sowie die Natur- und Kulturdenkmäler des Landes zu schonen, zu schützen sowie ihre Erhaltung und Pflege zu fördern;

b. die Kantone in der Erfüllung ihrer Aufgaben im Bereich des Naturschutzes, des Heimatschutzes sowie der Denkmalpflege zu unterstützen und die Zusammenarbeit mit ihnen sicherzustellen;

c. die Bestrebungen von Organisationen, die im Bereich des Naturschutzes, des Heimatschutzes oder der Denkmalpflege tätig sind, zu unterstützen;

d. die einheimische Tier- und Pflanzenwelt und ihren natürlichen Lebensraum zu schützen;

e. **die Lehre und Forschung sowie die Aus- und Weiterbildung von Fachleuten im Bereich des Naturschutzes, des Heimatschutzes und der Denkmalpflege zu fördern.**

Table des matières   N°

I.   Généralités   1
II. Les tâches consistant à ménager et protéger (lit. a)   5
III. La collaboration et le soutien apportés aux cantons (lit. b)   8
IV. Le soutien aux organisations (lit. c)   11
V.   La protection de la faune et de la flore indigène (lit. d)   12
VI. L'encouragement de la formation, de l'enseignement et de la recherche (lit. e)   13

Inhaltsverzeichnis   Rz

I.   Allgemeines   1
II. Schonung und Schutz von Natur und Heimat (Bst. a)   5
III. Zusammenarbeit und Unterstützung der Kantone (Bst. b)   8
IV. Unterstützung der Organisationen (Bst. c)   11
V.   Schutz der einheimischen Tier- und Pflanzenwelt (Bst. d)   12
VI. Förderung von Ausbildung, Lehre und Forschung (Bst. e)   13

I. Généralités

1 L'art. 1 LPN constitue une «déclaration de portée fondamentale»[1], dont la fonction essentielle est de rappeler les compétences de la Confédération, ainsi que le montre son préambule, qui se réfère à l'art. 24^{sexies} al. 2 à 5 Cst.

2 Parfois plus général, parfois plus précis que la disposition constitutionnelle, le texte de l'art. 1 LPN ne se limite cependant pas à en reprendre *in extenso* le contenu ou la systématique. Il s'en distancie d'autant plus depuis la modification de la LPN du 24 mars 1995, à la faveur de laquelle plusieurs adaptations ont été entreprises, notamment pour intégrer les activités relatives à la *protection des monuments historiques*, en remplacement de l'arrêté fédéral en la matière, abrogé. Outre que ces compléments n'ont pas toujours été apportés dans un ordre cohérent par rapport à la structure de la loi, ils comportent une impor-

Systématique
Systematik

---

[1] Message LPN, FF 1965 III 105.

tante lacune; en effet, bien que le préambule s'y réfère expressément, les nouvelles tâches imparties à la Confédération à l'art. 24^{sexies} al. 5 Cst., relatives à *la protection des marais et des sites marécageux* d'une beauté particulière et présentant un intérêt national, n'ont pas été rappelées dans l'art. 1 LPN. On ne saurait donc voir dans cette disposition un exposé systématique des tâches de la Confédération; du moins ne sont-elles pas toutes évoquées avec la même précision, car on peut aussi considérer que les activités mentionnées à l'art. 24^{sexies} al. 5 Cst. sont déjà absorbées dans celles, plus générales, consistant à protéger la faune et la flore indigène, ainsi que leurs espaces vitaux (art. 1 lit. d LPN), ménager et protéger l'aspect caractéristique des paysages (art. 1 lit. a LPN) et soutenir les cantons dans l'accomplissement de leurs tâches (art. 1 lit. b LPN).

Nonobstant la lacune et les imperfections précitées, l'art. 1 LPN a le mérite de mettre en évidence les compétences et tâches de nature diverses de la Confédération, eu égard à la perspective dynamique dans laquelle elles doivent être comprises aujourd'hui (sur cette interprétation, ZUFFEREY, chap. 2, N° 4 ss). On pense notamment à l'insertion de l'activité destinée à «promouvoir» et non plus seulement à «ménager», figurant sous lit. a ou aux tâches nouvelles de soutien à la formation et à la recherche évoquées sous lit. e. Ces activités ne sortent pas du cadre de l'article constitutionnel, qui permet une interprétation évolutive de son texte.

3
Conformité à l'art. 24sexies Cst.
Verfassungskonformität

Pour clore cette introduction, on ajoutera qu'à lire l'art. 1 LPN dans sa nouvelle formulation, on constate l'importance des activités de soutien (lit. a in fine, b et c) ou de conseil (lit. e) que la Confédération est appelée à assumer auprès des cantons, notamment. C'est dire que la vraie tâche de la Confédération en matière de protection de la nature, du paysage et des monuments historiques est celle d'assurer un appui financier et technique; aux cantons, voire aux organisations spécialisées, au sens où l'entend l'art. 1 lit. c LPN, revient en principe celle de mettre en oeuvre une protection directe des biens à sauvegarder. Ces deux activités sont cependant étroitement liées, si bien que l'accent doit plus être porté sur la *collaboration* que la *séparation des compétences* entre la Confédération et les cantons; c'est aussi cela que s'attache à démontrer l'art. 1 LPN, sous lit. b, c et e, notamment.

4

II. Les tâches consistant à ménager et protéger (lit. a)

L'art. 1 lit. a LPN ne fait pas preuve d'une très grande systématique. Les obligations qu'il mentionne sont avant tout fondées sur l'art. 24^{sexies} al. 2 Cst. Curieu-

5

sement cependant, la notion de «tâche [fédérale]» ne figure pas dans le texte de l'art. 1 lit. a LPN. Il est cependant clair que cette disposition, dans la même mesure que le texte constitutionnel précité (ZUFFEREY, chap. 2, N° 99), renvoie essentiellement au *chapitre premier* de la LPN, et donc aux activités en relation avec la notion de tâche fédérale.

Par contre, l'art. 1 lit. a LPN reprend les thèmes de l'art. 24^{sexies} al. 3 Cst., et se réfère au *chapitre 2* de la loi lorsqu'il inscrit des activités de promotion de la conservation et de l'entretien (N° 7).

6
Biens à protéger
Schutzobjekte

L'énumération des *biens à protéger* est reprise *in extenso* de l'art. 24^{sexies} al. 2 Cst., sous la seule précision que la protection des monuments concerne les «monuments du pays». Les méthodes d'interprétation relatives aux notions comprises dans la disposition constitutionnelle sont donc directement transposables à l'art. 1 LPN (ZUFFEREY, chap. 2, N° 8). Les objets à protéger mentionnés sous lit. a constituent l'un des pôles du champ d'application matériel de la LPN, le deuxième étant constitué de ceux tombant sous le coup de la lit. d. L'aspect du paysage et des localités, les sites évocateurs du passé, les curiosités naturelles et les monuments du pays sont des *notions juridiquement indéterminées* que le législateur a renoncé à définir[2]. Elles sont par conséquent sujettes à une certaine latitude de jugement: «même si un certain nombre de caractéristiques générales définissent le concept – par exemple pour les monuments historiques, ancienneté, pureté de style, nombre d'édifices présentant les mêmes caractéristiques (originalité), situation et environnement, importance et volume, histoire du lieu», ces critères sont généraux et non transférables d'une situation individuelle à une autre[3]. L'examen de ces notions nécessite les connaissances de spécialistes, le plus souvent sous la forme d'une expertise, que celle-ci provienne de l'administration ou d'experts externes. Les mesures de protection ne doivent toutefois pas être prises en fonction des goûts de quelques spécialistes mais reposer sur des critères plus larges et, par là-même, répondre à un intérêt public[4]. C'est la raison pour laquelle c'est essentiellement par le biais des inventaires que doivent être désignés les objets à protéger spécialement, pour assurer une certaine uniformité dans les critères déterminants[5].

7
Protection
Schutz

Le terme «ménager» renvoie à l'art. 3 al. 1 ou 6 al. 1 LPN (FAVRE, art. 3, N° 4, 7 à 10; LEIMBACHER, art. 6, N° 8 ss). Lors de la modification de la LPN du 24 mars 1995, le devoir de «ménager» a été complété par celui de «protéger» et de

---

[2] Message LPN, FF 1965 III 99.
[3] MOOR, vol. I, 380.
[4] ATF 120 Ia 275 = JdT 1996 I 526; 118 Ia 389 = JdT 1994 I 509 s.; 89 I 474 = JdT 1964 I 509; TF in ZBl 1987, 542.
[5] Message LPN, FF 1965 III 99.

«promouvoir» la conservation et l'entretien des biens à protéger énumérés; ces termes ne se retrouvent pas comme tels dans les autres dispositions de la LPN. Le législateur n'a pas inscrit ici de nouvelles tâches de la Confédération, mais plutôt codifié la notion de «protection» comprise dans le titre de la loi et qui, à l'origine, était interprétée restrictivement (ROHRER, chap. 1, N° 7). L'activité de *promotion* était quant à elle déjà bien connue du domaine de la protection des monuments historiques et inscrite dans le titre même de l'arrêté fédéral du 14 mars 1958 sous la notion équivalente «d'encouragement», puis rappelée à l'art. 1; elle est à mettre en relation avec *l'octroi de subventions*. Figurant aujourd'hui dans l'art. 1 lit. a LPN, elle doit cependant être comprise comme n'étant plus limitée à la protection des monuments, mais pouvant concerner l'ensemble des biens protégés énumérés à l'art. 1 lit. a LPN.

III. La collaboration et le soutien apportés aux cantons (lit. b)

Cette compétence est fondée sur l'art. 24^{sexies} al. 3 Cst. Elle renvoie au *chapitre 2* de la LPN. | 8

Par cette tâche, la Confédération est appelée à *soutenir* les cantons dans leurs activités de protection en faveur de la nature et du paysage; y a été ajoutée – lors de la modification de la LPN du 24 mars 1995 – celle relative à la conservation des monuments historiques. L'action de soutien aux cantons consiste en l'octroi de subventions (ZUFFEREY, chap. 2, N° 53 et 64 ss), concrétisée aux art. 13, 14a et 23b al. 4 LPN, mais aussi, bien que le texte ne le dise pas expressément, en la possibilité de prendre des mesures de protection directes, par achat ou expropriation, en vue de sauvegarder des objets dignes de protection d'importance nationale (art. 15 LPN) ou de prendre des mesures conservatoires d'urgence (art. 16 LPN)[6]. | 9 Tâches de soutien Unterstützungsaufgaben

Quant aux activités de *collaboration* entre la Confédération et les cantons, elles se manifestent par les conseils que peuvent donner l'OFEFP et l'OFC aux cantons lorsqu'ils ont à exécuter des tâches fédérales (art. 2 al. 1 OPN). Mais surtout, depuis l'insertion de l'art. 14a LPN, par les nouvelles possibilités de formation et de recherche (voir infra N° 13). | 10 Activités de collaboration Formen der Zusammenarbeit

Il existe donc une interdépendance étroite entre la Confédération et les cantons, dans l'exécution de leurs tâches. Tant par son appui financier que ses conseils techniques, la Confédération est à même de permettre aux cantons de

---

[6] BO CN 1966, 7 (Rapporteur HERR).

mener à bien la protection du patrimoine naturel et culturel qui leur incombe au premier chef. Si les mesures financières peuvent constituer une mainmise indirecte de la Confédération sur les compétences cantonales, par le jeu des conditions que celle-ci peut poser (ZUFFEREY, chap. 2, N° 53), tel est moins le cas des prestations de conseils, qui consistent à fournir des informations techniques que les cantons ne sont pas toujours à même d'obtenir au sein de leurs services administratifs, au vu des frais d'infrastructure qu'elles impliquent.

IV. Le soutien aux organisations (lit. c)

11 Le soutien de la Confédération en faveur des organisations se vouant à la défense de la protection de la nature, du paysage et des monuments historiques est également déduit de l'art. 24^{sexies} al. 3 Cst. (ZUFFEREY, chap. 2, N° 68), bien que le texte de cette disposition n'en fasse pas expressément mention. Il renvoie également au *chapitre 2* de la LPN. Le rôle d'intérêt public des associations et des autres organisations privées se vouant à la protection du patrimoine naturel et culturel a été reconnu d'emblée dans la LPN[7]. Ce soutien se manifeste par le droit de recours qui leur est accordé (art. 12 LPN) et l'octroi de subventions (art. 14 LPN).

V. Le protection de la faune et de la flore indigène (lit. d)

12 L'art. 1 lit. d LPN est directement calqué sur l'art. 24^{sexies} al. 4 Cst. et renvoie au *chapitre 3* de la LPN. A la différence de la disposition constitutionnelle (ZUFFEREY, chap. 2, N° 10, 74), il mentionne expressément que les domaines de la faune et de la flore englobent non seulement celui de la protection des espèces, mais également celui de la protection de leurs espaces vitaux. Le législateur était conscient que la protection des espèces ne pouvait être indépendante de celle de leurs milieux; en outre, ceux-ci dépassant souvent les frontières des cantons, une réglementation fédérale en la matière se justifiait[8].

Les dispositions sur la protection des espèces (art. 18 al. 1, 3 et 4, 19, 20, 22 al. 1 et 3, et 23 LPN) n'ont été que peu modifiées depuis leur introduction dans la loi du 1er juillet 1966. Celles sur la protection des biotopes ont en revanche été sensiblement renforcées (ZUFFEREY, chap. 2, N° 10 et MAURER, Remarques

---

[7] Message LPN, FF 1965 III 110.
[8] BO CN 1966, 7 (Rapporteur HERR).

préliminaires aux art. 18-23, N° 4), y compris récemment, avec l'introduction de l'art. 23a LPN – sur la base de 24^{sexies} al. 5 Cst. – qui vise à sauver les marais d'une beauté particulière et d'importance nationale.

VI. L'encouragement de la formation, de l'enseignement et de la recherche (lit. e)

L'encouragement de l'enseignement et de la recherche, ainsi que la formation 13 et le perfectionnement de spécialistes dans les domaines de la protection de la nature, du paysage et de la conservation des monuments historiques, constituent un nouvel objectif assigné à la Confédération, introduit à l'occasion de la modification de la LPN du 24 mars 1995. Il renvoie au *chapitre 2* de la LPN. Ce mandat s'inscrit dans le cadre du programme d'encouragement de la recherche scientifique mené par la Confédération en application de la loi fédérale sur la recherche du 7 octobre 1983[9] et déduit des art. 27 et 27^{sexies} Cst.[10] Comme il tend à fournir un appui aux cantons et se concrétise essentiellement par l'octroi de subventions, il est également fondé sur l'art. 24^{sexies} al. 3 Cst[11].

La protection de notre environnement et du milieu naturel constituent une priorité dans le cadre des objectifs de la politique suisse en matière de recherche[12]. Le besoin d'un appui scientifique se fait sentir dans tous les domaines, particulièrement dans celui de la sauvegarde des biens culturels, où les cantons font de plus en plus appel aux services et conseils de la CFMH, en tant qu'organe consultatif de la Confédération (art. 23 al. 2 et 25 al. 1 lit. d OPN)[13]. Sur la base de l'art. 1 lit. e LPN, la Confédération a été appelée à mettre en place, sous la forme juridique d'une fondation[14], un centre d'experts (L'Expert-Center), qui a pour but d'encourager la recherche et l'enseignement dans le domaine de la conservation du milieu bâti, de soutenir les responsables de la protection du patrimoine auprès de la Confédération et des cantons et de servir de lien ainsi que d'instrument de travail pour la communauté des chercheurs suisses (art. 2

---

[9] RS 420.1.
[10] Message révision partielle LPN, FF 1991 III 1151 et 1152.
[11] Message révision partielle LPN, FF 1991 III 1166.
[12] FF 1990 II 824; 1991 I 588.
[13] Pour un exemple, voir ATF 120 Ia 271 = JdT 1996 I 523.
[14] Message révision partielle LPN, FF 1991 III 1152; il s'agit de la «Fondation pour l'encouragement de la recherche et de l'enseignement des techniques scientifiques de conservation dans le domaine du patrimoine bâti» (Stiftung zur Förderung der naturwissenschaftlichen und technologisch-konservatorischen Lehre und Forschung auf dem Gebiete der Denkmalpflege).

al. 1 et 2 de l'acte de fondation). Ce centre a en outre pour mission d'intégrer les Ecoles polytechniques fédérales de Zurich et Lausanne (EPFZ et EPFL) (art. 2 al. 3 de l'acte de fondation).

Le mandat de la Confédération en matière d'enseignement et de recherche a également pour but de renforcer l'appui financier de la Confédération aux cantons. Cet objectif est concrétisé à l'art. 14a LPN.

1. Abschnitt:
Naturschutz, Heimatschutz und Denkmalpflege bei Erfüllung von Bundesaufgaben

Chapitre premier:
Protection de la nature, protection du paysage et conservation des monuments historiques dans l'accomplissement des tâches de la Confédération

Vorbemerkungen zu den Art. 2–12b

Schon vor der Verankerung des Natur- und Heimatschutzes in der BV hatte der Bund in verschiedenen Gesetzen und Verordnungen Bestimmungen zur Wahrung der Belange des Natur- und Heimatschutzes aufgenommen gehabt[1], und auch die Kantone waren nicht untätig geblieben. Diese Bestimmungen konnten allerdings nicht verhindern, dass – vor allem auch durch die stürmische wirtschaftliche und technische Entwicklung der Nachkriegszeit – «eine beträchtliche Zahl wertvoller Landschafts- und Ortsbilder sowie Naturschönheiten in nicht wiedergutzumachender Weise beeinträchtigt, verunstaltet oder gar vernichtet» wurden[2]. Angesichts des offensichtlichen Ungenügens und Versagens geltender Regelungen wurde klar, «dass sich in bezug auf die heute leider nicht mehr sehr zahlreichen unberührten Landschaften und geschichtlichen oder kulturellen Denkmäler von grossem, im ganzen Lande anerkannten Wert ein wirkungsvoller, unmittelbarer Schutz durch den Bund aufdrängt»[3].

1
Ausgangslage
Situation initiale

Zu diesem wirkungsvollen und unmittelbaren Schutz sollte nicht zuletzt der Bund im Rahmen seiner eigenen Tätigkeiten beitragen, lief er doch «im Zuge der immer weiter um sich greifenden Technisierung des heutigen Zeitalters» Gefahr, «mit der Errichtung seiner eigenen Werke und Anlagen die Interessen des Natur- und Heimatschutzes mehr und mehr in den Hintergrund zu drängen. Die stets anwachsende Bedrohung von Natur und Landschaft durch dem Bund gehörende, von diesem angeordnete oder geförderte Einrichtungen lässt den Einbezug des Natur- und Heimatschutzes in den Rahmen der verfassungsmässigen Pflichten des Bundes durchaus rechtfertigen»[4].

2
Bedrohung durch den Bund
Menace par la Confédération

---

[1] Vgl. die Nachweise in Botschaft Art. 24sexies BV, BBl 1961 I 1099 und Botschaft NHG, BBl 1965 III 93.
[2] Botschaft Art. 24sexies BV, BBl 1961 I 1101.
[3] Botschaft Art. 24sexies BV, BBl 1961 I 1101 f.
[4] Botschaft Art. 24sexies BV, BBl 1961 I 1111.

3 Verpflichtung des Bundes Obligation de la Confédération	Mit Art. 24^{sexies} Abs. 2 BV wurde denn auch der Bund selber gezielt in die Pflicht genommen[5]. Er hat «in Erfüllung seiner Aufgaben das heimatliche Landschafts- und Ortsbild, geschichtliche Stätten sowie Natur- und Kulturdenkmäler zu schonen und, wo das allgemeine Interesse überwiegt, ungeschmälert zu erhalten». Mit anderen Worten: Der Bund musste und muss «in allen seinen zukünftigen Erlassen und bei sämtlichen in seine Kompetenz fallenden Massnahmen die Interessen des Natur- und Heimatschutzes» berücksichtigen[6].
4 Art. 24sexies Abs. 2 BV Art. 24sexies al. 2 Cst.	Der 1. Abschnitt des NHG diente und dient der Umsetzung dieser Verpflichtung durch Art. 24^{sexies} Abs. 2 BV. Er orientiert sich im wesentlichen an fünf Gedanken. Sie sind «als zusammenhängendes Ganzes aufzufassen, dessen Einzelteile aufeinander abgestimmt sind und daher nicht beliebig herausgebrochen werden können»[7]: der Bestimmung der Bundesaufgaben, der Abstufung der Schutzobjekte nach ihrer Bedeutung, der Inventarisierung der Schutzobjekte von nationaler Bedeutung, der Begutachtung durch die Kommissionen sowie dem Beschwerderecht.
	An dieser Grundkonzeption des 1. Abschnitts hat sich in der Zwischenzeit nichts geändert. Während jedoch beim Erlass des NHG in ihm noch alle Bestimmungen zusammengefasst und alltagstauglich gemacht werden sollten, die Behörden und Amtsstellen des Bundes bei Erfüllung ihrer Aufgaben verpflichten[8], so sind durch die seitherigen Änderungen des Gesetzes – hervorzuheben ist speziell der Ausbau des Biotopschutzes und der Moor(landschafts)schutz – sowie durch den Erlass des RPG, des USG oder des WaG die Anforderungen an die Art und Weise der Erfüllung einer Bundesaufgabe zweifellos gestiegen.
5 Bundesaufgaben Tâches fédérales	Da der ganze erste Abschnitt der Wahrung der Interessen von Natur- und Heimatschutz bzw. Denkmalpflege *bei Erfüllung von Bundesaufgaben* gewidmet ist, erfolgt in Art. 2 NHG zunächst der Versuch, die Bundesaufgaben näher zu bestimmen. Dazu werden die verschiedenen Bundesaufgaben nicht aufgelistet, sondern durch eine Aufzählung ihrer Formen umrissen.
6 Schonung, Erhaltung Ménager, conserver	Art. 3 NHG wiederholt für all jene, die Bundesaufgaben erfüllen – und dazu gehören, seit der Teilrevision NHG sogar explizit, auch die Kantone -, die Grundverpflichtung «der Schonung bzw. ungeschmälerten Erhaltung» aus Art. 24^{sexies} Abs. 2 BV. Diese darf nicht als einseitiger und absoluter Schutz verstanden werden, «war es doch nicht Aufgabe der Verfassungsbestimmung, sich «der

---

[5] Botschaft Art. 24sexies BV, BBl 1961 I 1111.
[6] Botschaft Art. 24sexies BV, BBl 1961 I 1111. Vgl. Art. 1 NHV sowie ZUFFEREY, 2. Kap., Rz 12 ff., 50.
[7] Botschaft NHG, BBl 1965 III 94.
[8] Botschaft NHG, BBl 1965 III 93.

wirtschaftlichen, industriellen Entwicklung und dem technischen Fortschritt entgegenzustemmen». Aber zumindest musste «die Möglichkeit einer vernünftigen Abwägung der sich im Einzelfall entgegenstehenden Interessen geschaffen werden»[9]. Art. 24^{sexies} Abs. 2 BV bzw. Art. 3 Abs. 1 NHG geben also den zuständigen Behörden «die Anweisung, in jedem einzelnen Fall die sich gegenüberstehenden Interessen nach Ermessen abzuwägen und die Schönheiten von Natur und Landschaft immer dann unangetastet zu belassen, wenn das Schutzinteresse überwiegt»[10].

Diese Verpflichtung gilt unabhängig vom betroffenen Objekt. Allerdings wird im 1. Abschnitt des NHG die Interessenabwägung teilweise vorgespurt, um der Entscheidbehörde ihre Aufgabe etwas zu erleichtern und ihr zu helfen, sich von Anfang an auf die wesentlichen Objekte zu konzentrieren, ist es doch praktisch unmöglich, alles irgendwie Schützenswerte mit der gleichen Konsequenz zu erhalten:

7
Schutzobjekte
Objets protégés

Art. 4 NHG verlangt daher, zwischen Objekten von nationaler und solchen von regionaler und lokaler Bedeutung zu unterscheiden.

Für die besonders schützenswerten Objekte, jene von nationaler Bedeutung, stellt der Bundesrat gemäss Art. 5 NHG Inventare auf. Davon gibt es bis heute zwei: das BLN und das ISOS.

8
Bundesinventare
Inventaires fédéraux

Durch die Aufnahme in ein Inventar nach Art. 5 NHG wird zum einen dargetan, dass einem Objekt (Landschaft, Kulturdenkmal, Ortsbild) – weil von nationaler Bedeutung – grosses Gewicht zukommt. Zum anderen geniesst es den (gegenüber Art. 3 Abs. 1 NHG) verstärkten Schutz gemäss Art. 6 NHG: es ist *in besonderem Masse* ungeschmälert zu erhalten oder jedenfalls *grösstmöglich* zu schonen. In all diesen Fällen hat die Entscheidbehörde grundsätzlich davon auszugehen, dass das allgemeine Interesse an der ungeschmälerten Erhaltung dieses Objektes von nationaler Bedeutung ein mögliches beeinträchtigendes Eingriffs-Interesse überwiegt.

Allerdings ist der verstärkte Schutz von Inventar-Objekten durch Art. 6 NHG ebenfalls kein absoluter. Gewisse Veränderungen und Beeinträchtigungen können zulässig sein, und vom Gebot der ungeschmälerten Erhaltung darf dann abgewichen werden, wenn das Eingriffsinteresse von ebenfalls nationaler Bedeutung und zumindest gleichgewichtig wie das Schutzinteresse ist.

Damit droht selbst den inventarisierten Objekten von nationaler Bedeutung wieder Gefahr. Art. 7 NHG verstärkt ihren Schutz daher nochmals: Immer

9
Gutachten
– obligatorische
Expertise
– obligatoire

---

[9] Botschaft Art. 24sexies BV, BBl 1961 I 1103.
[10] Botschaft Art. 24sexies BV, BBl 1961 I 1112.

dann, wenn sie durch die Erfüllung einer Bundesaufgabe beeinträchtigt werden könnten, ist die Entscheidbehörde verpflichtet, ein Gutachten der zuständigen Kommission (ENHK bzw. EKD) einzuholen. Die Begutachtung durch diese unabhängigen und sachkundigen Organe soll dazu beitragen, dass im Rahmen der je notwendigen Interessenabwägung die Entscheidbehörde auch in bezug auf den Natur- und Heimatschutz sowie die Denkmalpflege über zuverlässige Unterlagen verfügt und die Gewichte richtig verteilt werden.

10
– freiwillige
– facultative

Mit einem freiwilligen Gutachten können die Kommissionen gemäss Art. 8 NHG dort Einfluss nehmen, wo zwar kein Inventar-Objekt nach Art. 5 NHG betroffen ist, es sich aber aus anderen Gründen um einen wichtigen Fall handelt.

11
Andere Gutachten
Autres expertises

Art. 9 NHG ermöglicht es den Bundesbehörden, auch Gutachten kantonaler Fachstellen, Kommissionen oder anderer Organe einzuholen, und Organisationen, die im Bereich des Naturschutzes, des Heimatschutzes oder der Denkmalpflege tätig sind, zur Vernehmlassung aufzufordern.

12
Stellungnahme der Kantone
Prise de position des cantons

Art. 10 NHG verpflichtet die zuständige Bundesstelle, immer dann die Stellungnahme der Kantonsregierung – im Sinne eines Gegengewichtes – einzuholen, wenn die ENHK bzw. die EKD sich gutachterlich geäussert oder eine Organisation eine Stellungnahme abgegeben hat.

13
Ausnahme für das Militär
Exception pour l'armée

Art. 11 NHG befreit die zuständige Stelle bei der Errichtung gewisser, geheimzuhaltender militärischer Bauten und Anlagen von der Pflicht, ein Gutachten nach Art. 7 NHG einzuholen oder Unterlagen für eine fakultative Begutachtung gemäss Art. 8 NHG zu liefern. Die Pflicht zur (grösstmöglichen) Schonung oder ungeschmälerten Erhaltung gilt aber auch in diesen Fällen.

14
Beschwerderecht
Droit de recours

Den Abschluss des 1. Abschnittes bildet die Regelung des Beschwerderechts. Beschwerdeberechtigt sind gemäss Art. 12 NHG zum einen die Gemeinden (Behördenbeschwerde), zum andern die gesamtschweizerischen Organisationen, die sich dem Naturschutz, dem Heimatschutz, (neuerdings) der Denkmalpflege oder verwandten, rein ideellen Zielen widmen, sofern sie seit mindestens zehn Jahren bestehen. Diese unter dem Namen «Verbandsbeschwerde» bekannt gewordene Möglichkeit der Organisationen, unter ganz bestimmten, verhältnismässig engen Voraussetzungen, Beschwerde an den Bundesrat bzw. Verwaltungsgerichtsbeschwerde an das Bundesgericht zu führen, stellte sicherlich eine der zentralsten und wichtigsten Neuerungen bei der Schaffung des NHG dar[11] (zur Bedeutung des Beschwerderechts: ROHRER, 3. Kap.).

---

[11] Botschaft NHG, BBl 1965 III 96.

Im Zuge der Teilrevision NHG wurde die Verbands- und Behördenbeschwerde präzisiert (etwa hinsichtlich der Verpflichtung zur frühzeitigen Beteiligung am Verfahren [Art. 12a NHG] oder des Beschwerderechts der Kantone und des zuständigen Bundesamtes [Art. 12b NHG]) und neueren Entwicklungen (insbesondere der Verbandsbeschwerde des USG) angepasst sowie auch jenen Organisationen geöffnet, die sich der Denkmalpflege widmen[12].

15

---

[12] Botschaft Teilrevision NHG, BBl 1991 III 1135.

Art. 2 Accomplissement de tâches de la Confédération

Par accomplissement d'une tâche de la Confédération au sens de l'article 24^{sexies}, 2e alinéa, de la Constitution fédérale, il faut entendre notamment:

a. L'élaboration de projets, la construction et la modification d'ouvrages et d'installations par la Confédération, ses instituts et ses établissements, par exemple les bâtiments et les installations de l'administration fédérale, les routes nationales, les bâtiments et installations de l'Entreprise des postes, téléphones et télégraphes et des Chemins de fer fédéraux;

b. L'octroi de concessions et d'autorisations, par exemple pour la construction et l'exploitation d'installations de transport et de communications (y compris l'approbation des plans), d'ouvrages et d'installations servant au transport d'énergie, de liquides ou de gaz, ou à la transmission de messages, ainsi que l'octroi d'autorisation de défrichements;

c. L'allocation de subventions pour des mesures de planification, pour des installations et des ouvrages, tels que les améliorations foncières, l'assainissement de bâtiments agricoles, les corrections de cours d'eau, les installations de protection des eaux et les installations de communications.

Art. 2 Erfüllung von Bundesaufgaben

Unter Erfüllung einer Bundesaufgabe im Sinne von Artikel 24^{sexies} Absatz 2 der Bundesverfassung ist inbesondere zu verstehen:

a. die Planung, Errichtung und Veränderung von Werken und Anlagen durch den Bund, seine Anstalten und Betriebe, wie Bauten und Anlagen der Bundesverwaltung, Nationalstrassen, Bauten und Anlagen der PTT-Betriebe und der Schweizerischen Bundesbahnen;

b. die Erteilung von Konzessionen und Bewilligungen, wie zum Bau und Betrieb von Verkehrsanlagen und Transportanstalten (mit Einschluss der Plangenehmigung), von Werken und Anlagen zur Beförderung von Energie, Flüssigkeiten oder Gasen oder zur Übermittlung von Nachrichten sowie Bewilligungen zur Vornahme von Rodungen;

c. die Gewährung von Beiträgen an Planungen, Werke und Anlagen, wie Meliorationen, Sanierungen landwirtschaftlicher Bauten, Gewässerkorrektionen, Anlagen des Gewässerschutzes und Verkehrsanlagen.

Table des matières   N°

I.   Le contexte juridique général   1
     A. Le lien direct avec l'art. 24sexies al. 2 Cst.   1
     B. La portée indirecte de l'art. 2 LPN   3
II. Le concept de «tâche fédérale»   6
     A. La notion   6
        a. L'inutilité d'une définition   6
        b. Les éléments constitutifs   11
        c. Les éléments non constitutifs   15
     B. Les divers types de tâches   18
        a. En général   18
        b. En matière de planification   23
III. La casuistique   31
     A. Les actes juridiques de la lit. b   32
        a. Tâche fédérale admise   32
        b. Tâche fédérale rejetée   38
     B. Les autres tâches fédérales (lit. a et c)   41

Inhaltsverzeichnis   Rz

I.   Allgemeiner rechtlicher Bezug   1
     A. Direkter Zusammenhang mit Art. 24sexies Abs. 2 BV   1
     B. Indirekte Wirkung von Art. 2 NHG   3
II. Konzept der «Bundesaufgabe»   6
     A. Begriff   6
        a. Nutzlosigkeit der Begriffsbestimmung   6
        b. Wesentliche Elemente   11
        c. Unwesentliche Elemente   15
     B. Unterschiedliche Aufgabenarten   18
        a. Im Allgemeinen   18
        b. Im Planungsrecht   23
III. Kasuistik   31
     A. Verfügungen nach Bst. b   32
        a. Bundesaufgabe bejaht   32
        b. Bundesaufgabe verneint   38
     B. Andere Bundesaufgaben (Bst. a und c)   41

I. Le contexte juridique général

A. Le lien direct avec l'art. 24^{sexies} al. 2 Cst.

1
Ratio legis

En vertu de l'art. 24^{sexies} al. 2 Cst., la Confédération a l'obligation de ménager voire conserver intacts la nature et le paysage lorsqu'elle procède à «*l'accomplissement de ses tâches*» («in Erfüllung seiner Aufgaben»); l'art. 3 al. 1 LPN utilise la même terminologie. C'est naturellement et volontairement que la formulation constitutionnelle fut dès son premier projet aussi laconique que générale: non seulement le législateur estima que «cela irait trop loin» de préciser ce qu'il fallait entendre par tâche fédérale[1], mais en outre une telle tentative serait allée à l'encontre de l'objectif constitutionnel, à savoir créer un devoir général de protection à charge de la Confédération et éviter ainsi que ne subsiste à l'avenir quelque lacune que ce soit. Il n'y eut donc jamais aucune hésitation sur la nécessité de dispositions légales afin de mettre en oeuvre l'art. 24^{sexies} al. 2 Cst., même si le Message du Conseil fédéral énumérait déjà un certain nombre de tâches fédérales[2]. C'est cette fonction de concrétisation que le phrasé même de l'art. 2 LPN rappelle lorsqu'il mentionne expressément l'alinéa constitutionnel; l'art. 3 LPN ne se réfère pas à la Constitution mais uniquement à l'art. 2 LPN, expressément (al. 2) ou implicitement (al. 1). L'art. 2 LPN n'explique pas tous les concepts que l'art. 24^{sexies} al. 2 Cst. utilise; il précise uniquement l'expression «accomplissement d'une tâche fédérale».

2
Constitutionnalité
Verfassungsmässigkeit

N'étant ainsi qu'une disposition d'explication, l'art. 2 LPN ne saurait aller au-delà de ce que nécessite l'art. 24^{sexies} al. 2 Cst. Tel est bien le cas, même si ses litterae a, b et c semblent formulées de manière très large[3]: à l'évidence, tous les actes administratifs de police pour lesquels la Confédération est compétente sont des tâches qu'elle assume (lit. b); il en va forcément tout autant des réalisations matérielles qu'elle entreprend (lit. a), même si ce ne sont pas véritablement des tâches (Aufgaben) lorsqu'aucune législation ne l'y contraint; le constituant a toujours considéré les subventions comme étant également une tâche fédérale (lit. c), afin d'éviter que la Confédération puisse se trouver dans l'obligation de soutenir financièrement un projet cantonal, communal ou privé préjudiciable à la nature ou au paysage[4]. Le principe d'interprétation conforme à la Constitution conserve cependant son utilité lorsqu'il s'agit de délimiter

---

[1] Message art. 24sexies Cst., FF 1961 I 1105.
[2] Ibidem.
[3] Dans certains arrêts déjà anciens, le Conseil fédéral se demande néanmoins si l'art. 2 LPN ne serait pas éventuellement inconstitutionnel; p.ex. ZBl 1970, 202.
[4] Expressément, Message art. 24sexies Cst., FF 1961 I 1105 s.

jusqu'où le caractère non exhaustif de l'art. 2 LPN («notamment», «par exemple») permet d'étendre la notion de tâche fédérale.

B. La portée indirecte de l'art. 2 LPN

En tant que disposition légale d'application de l'art. 24^{sexies} al. 2 Cst., l'art. 2 LPN détermine en substance quelles sont les tâches dans l'accomplissement desquelles la Confédération doit intégrer la protection de la nature et du paysage lorsqu'elle exerce son pouvoir d'appréciation et procède à la pondération de tous les intérêts en présence; l'art. 2 LPN conditionne donc en priorité l'application de l'art. 3 LPN (FAVRE, art. 3, N° 12 ss).

3
Lien avec l'art. 3 LPN
Bezug zu Art. 3 NHG

La portée de l'art. 2 LPN ne se limite cependant pas à cette unique fonction. En effet, c'est tout le chapitre premier de la LPN dont l'application dépend indirectement de l'art. 2 LPN, puisqu'il s'intitule «Protection de la nature, protection du paysage et conservation des monuments historiques dans l'accomplissement des tâches de la Confédération». Concrètement:

4
Portée pour le chapitre premier de la LPN
Bedeutung für den 1. Abschnitt des NHG

1. Le *droit de recours* des communes et des organisations contre les décisions cantonales en vertu de l'art. 12 al. 1 LPN existe uniquement pour celles prises dans l'accomplissement de tâches de la Confédération[5]. L'art. 46 al. 3 LFo déclare que ce même régime est applicable en matière de forêt.

2. L'art. 12 al. 4 LPN mentionne expressément cet élément lorsqu'il exclut le recours contre les décisions portant octroi de subventions fédérales pour des projets ayant déjà fait l'objet de décisions sujettes à recours[6].

3. En vertu de l'art. 6 al. 1 LPN, l'inscription d'un objet d'importance nationale dans un inventaire fédéral montre qu'il mérite spécialement d'être conservé intact ou en tout cas ménagé le plus possible (LEIMBACHER, art. 6, N° 3); lorsqu'il s'agit de l'accomplissement d'une tâche de la Confédération, le régime devient encore plus strict: la règle de l'al. 1 ne souffre d'exception que si des intérêts équivalents ou supérieurs, d'importance nationale également, s'opposent à la conservation (al. 2)[7].

4. S'il se révèle que l'accomplissement d'une tâche de la Confédération pourrait porter atteinte à un objet inscrit dans un inventaire fédéral, le service concerné a l'obligation de demander une expertise à la commission compé-

---

[5] ATF 120 Ib 30 = Pra 1994, 735; 119 Ib 224 = JdT 1995 I 442 s.; 119 Ib 263 = JdT 1995 I 462; 118 Ib 7 = JdT 1994 I 455; 118 Ib 392 = JdT 1994 I 481 et les autres arrêts cités. Eg. RIVA, Beschwerdebefugnis, 59; TANQUEREL/ZIMMERMANN, 142 s.
[6] Pour un commentaire, KELLER, Beschwerderecht, 1126 s.
[7] Pour une analyse synthétique, JAAC 1986, 447.

tente (art. 7 LPN). En dépit de la novelle de 1995, l'accomplissement d'une tâche fédérale demeure une condition également pour l'expertise facultative prévue à l'art. 8 LPN (LEIMBACHER, art. 8, N° 2).

5. A mentionner également dans ce contexte la disposition transitoire de l'art. 29 OPN: avant la révision de 1995, son al. 3 lit. c exigeait des autorités fédérales et cantonales qu'elles évitent la détérioration des sites marécageux lors de l'accomplissement de tâches de la Confédération[8]. Cette formulation était trop restrictive: l'obligation de protection valait quelle que soit l'activité étatique puisque l'art. 24^{sexies} al. 5 Cst. est d'application directe[9]. La nouvelle version de l'art. 29 OPN tient compte de cette affirmation.

5
Portée hors de la LPN
Bedeutung ausserhalb des NHG

Plus indirectement encore, l'art. 2 LPN pourrait aussi jouer un rôle en dehors de cette Loi: chaque fois qu'une autre norme fédérale établit un régime juridique spécifique à «l'accomplissement de tâches fédérales». Ainsi par exemple: l'art. 22^{quater} al. 3 Cst. lui-même exige de la Confédération qu'elle tienne compte dans l'accomplissement de ses tâches des besoins de l'aménagement national, régional et local du territoire; en vertu de l'art. 2 al. 1 LAT, la Confédération doit établir des plans d'aménagement pour ses tâches dont l'accomplissement a des effets sur l'organisation du territoire; l'art. 11 al. 1 LAT exige du Conseil fédéral qu'il vérifie si les plans directeurs cantonaux tiennent compte de manière adéquate des tâches de la Confédération; dans l'accomplissement de leurs tâches, les services fédéraux doivent s'efforcer de ménager les réseaux de chemins pour piétons et de chemins de randonnée pédestre (art. 10 al. 1 LCPR), veiller à ce que les buts visés par la protection des districts francs fédéraux ne soient pas compromis par d'autres exploitations (art. 6 al. 1 ODF) et assurer la prise en compte de la protection visée par les réserves d'oiseaux d'eau et de migrateurs (art. 6 al. 1 OROEM). L'ordre juridique fédéral dans son ensemble soutient une telle interprétation systématique de l'art. 2 LPN car le législateur s'est ponctuellement préoccupé de protéger la nature et le paysage même avant l'édiction de l'art. 24^{sexies} Cst. et de la LPN[10].

---

[8] Pour un cas d'application, TA ZH in DEP 1996, 354.
[9] Expressément, TF in ZBl 1993, 524.
[10] Pour des exemples de l'époque, BO CE 1966, 7 (intervention HEER, Rapporteur de la Commission).

II. Le concept de «tâche fédérale»

A. La notion

a. L'inutilité d'une définition

L'expression «accomplissement d'une tâche de la Confédération» constitue un véritable *concept juridique* puisque l'ordre juridique s'y réfère à maintes reprises afin d'organiser l'application de dispositions légales. Cependant, une définition abstraite et générale de ce qu'est une tâche fédérale au sens de l'art. 2 LPN paraît à la fois difficile et inutile: pris individuellement, les mots «accomplissement», «tâches» et «Confédération» appartiennent au langage courant et parlent d'eux-mêmes; appréhendée dans son ensemble, l'expression ne vaut que par l'énoncé des situations qu'elle recouvre. D'où le mécanisme de la simple *énumération* adopté par le législateur; il eut été contraire à la volonté du constituant de limiter a priori la portée de l'art. 24^{sexies} al. 2 Cst. en formulant une définition légale de ce qu'est une tâche fédérale.

6
Enumération en guise de définition
Aufzählung als Definition

L'art. 2 LPN ne donne du concept qu'une description doublement *exemplative*:

7
Formulation non-exhaustive
Nicht abschliessende Formulierung

1. La phrase introductive se termine par l'adverbe «notamment» («insbesondere»); le législateur prévoit donc la possibilité d'ajouter d'autres catégories d'hypothèses à celles qu'il mentionne sous forme de casuistique (Fallgruppen). Cette réserve est bienvenue car les tâches de la Confédération ne se limitent pas aux types d'activités mentionnées sous lit. a à c (N° 18 ss).

2. Ces litterae contiennent elles aussi des réserves en faveur d'autres hypothèses qu'elles n'énoncent pas: «par exemple» («wie») pour les litterae a et b et «tels que» («wie») pour la littera c. Cette fois, il ne s'agit plus d'ajouter d'autres types juridiques d'actes de la Confédération, mais d'autres cas concrets d'application d'un même type; c'est ici avant tout qu'il eut été illusoire de vouloir en dresser une liste exhaustive.

Le mécanisme de la casuistique ainsi choisi crée forcément une insécurité juridique dans les hypothèses que l'art. 2 LPN ne mentionne pas: sont-elles ou non encore des tâches fédérales? Il ne s'agit pas d'une liberté d'appréciation (Ermessen) car la loi n'aménage aucun choix pour l'autorité: même sans être exhaustif, le législateur n'a pas voulu laisser à l'autorité le soin de statuer sur l'application ou non de la LPN; il n'y a donc à cet égard aucune place pour une décision en opportunité, ni en conséquence pour un contrôle juridictionnel de celle-ci, même sous l'angle de l'arbitraire (art. 49 PA, 104 OJ).

8
Liberté d'appréciation
Ermessen

L'accomplissement d'une tâche fédérale peut sans doute être qualifié de notion juridique indéterminée (unbestimmter Rechtsbegriff), mais cela ne signifie pas

9
Latitude de jugement
Beurteilungsspielraum

encore que le législateur l'a volontairement utilisée afin de laisser à l'autorité administrative une certaine latitude de jugement (Beurteilungsspielraum) dans l'interprétation de la LPN. En effet, savoir si l'on a à faire à l'accomplissement d'une tâche fédérale dans un cas concret est une *question de droit fédéral*, que l'autorité juridictionnelle reverra avec plein pouvoir de cognition et sans être liée par la solution retenue devant l'autorité de première instance.

10
Portée du texte
Bedeutung des Textes

Les arguments tirés du texte de l'art. 2 LPN ne seront dès lors pas déterminants, en particulier la méthode de l'analogie[11]; ils le deviendront seulement lorsque le législateur a clairement fixé une délimitation de la tâche fédérale dans un cas particulier[12]. Plus important en réalité, il s'agira de constater à chaque fois quelle est la volonté du législateur et le non respect de cette volonté ouvrira la voie à un recours pour violation du droit. Plusieurs éléments se conjugueront afin de constituer le concept de tâche fédérale au sens de l'art. 2 LPN (b), tandis que d'autres ne seront pas nécessaires (c).

b. Les éléments constitutifs

11
Conditions cumulatives
Kumulative Voraussetzungen

A tenter de dégager des règles générales à partir de la jurisprudence très ponctuelle qui se prononce sur l'art. 2 LPN, on constate (schématiquement) qu'elle en tire les conditions cumulatives suivantes pour qu'il y ait «accomplissement d'une tâche de la Confédération»:

12
Situation de droit fédéral
Bundesrechtliches Rechtsverhältnis

1. Il doit s'agir d'une situation juridique fondée sur du *droit fédéral*. Sont donc exclus a priori les domaines où la Constitution fédérale elle-même maintient les compétences législatives cantonales; ainsi par exemple lorsqu'il s'agit de protéger la beauté des paysages (art. 24^{sexies} al. 1 Cst.), y compris pour des objets inventoriés IFP ou ISOS (N° 28; KELLER, art. 12, N° 3) ou encore en matière d'aménagement du territoire (art. 22^{quater} Cst.).

   Ce fondement juridique fédéral doit ensuite indiquer chez le législateur une *volonté de protection* en faveur de la nature et du paysage, à charge des autorités d'application concernées in casu; il n'y aura donc pas déjà violation de l'art. 24^{sexies} al. 2 Cst. chaque fois qu'une quelconque législation fédérale n'est pas appliquée correctement et qu'il en résulte indirectement un désavantage pour la nature et le paysage[13].

---

[11] P.ex. ATF 115 Ib 478 = JdT 1991 I 501: la correction d'eau est une tâche fédérale non seulement sous l'angle des subventions (lit. c), mais aussi des autorisations.

[12] Ainsi pour les routes où la lit. a mentionne uniquement celles qui sont nationales et exclut donc les routes cantonales, même subventionnées; JAB 1994, 70.

[13] Expressément, TF in ZBl 1981, 548.

L'art. 2 LPN décrit les tâches fédérales de manière matérielle et non pas en fonction de leur fondement juridique. Cependant sur la base de ce dernier, on peut tenter d'établir les catégories suivantes:
- Il peut s'agir d'une norme constitutionnelle, qui sera expresse dans deux hypothèses: soit elle est directement applicable comme l'art. 24^{sexies} al. 5 Cst., auquel cas il y a toujours tâche fédérale quelle que soit l'autorité qui agit[14]; soit elle octroie une compétence à la Confédération que seule cette dernière peut exercer, comme l'édiction des lois fédérales ou la réalisation des travaux publics d'intérêt national (art. 23 Cst.). Le fondement constitutionnel pourra aussi être non écrit, par exemple pour l'organisation de manifestations culturelles d'importance nationale (ZUFFEREY, chap. 2, N° 30).
- Ensuite, parmi les fondements ayant rang de loi fédérale, il peut s'agir de la LPN elle-même (et de ses ordonnances d'application). Ce sont en priorité toutes les obligations que la loi impose aux organes de la Confédération; ainsi pour celles d'établir des inventaires fédéraux (art. 5), de désigner les biotopes d'importance nationale (art. 18a) et d'en financer la protection (art. 18d). Ce sont ensuite les obligations de protection que la LPN instaure à la charge des cantons (N° 16).
- Outre la LPN et ses ordonnances enfin, de nombreuses autres lois fédérales créent des tâches à qualifier de fédérales. Il s'agit d'abord de tous les cas où la législation fédérale parle expressément d'une «tâche fédérale» (N° 5). Il faut y ajouter les obligations (en majorité cantonales) de protéger la nature et le paysage énoncées dans des lois fédérales spéciales et autonomes par rapport à l'art. 24^{sexies} Cst. (N° 16, 28). Il serait par contre infondé d'étendre cette catégorie à toutes les hypothèses où la législation fédérale impose simplement aux cantons d'adopter des dispositions; ainsi par exemple pour les art. 16, 17 al. 2 et 20 al. 2 et 4 LFo: ils ne créent des tâches fédérales (législatives) que s'ils équivalent à des mandats impératifs de protection à charge des cantons (N° 16, 26).

2. L'activité administrative en question doit ensuite *déployer un certain effet sur la nature ou le paysage*[15] («mit gewissen Auswirkungen auf die Natur und das Landschaftsbild verbunden ist»[16]). L'immédiateté de cet effet pourra varier:

13
Impact sur la nature et le paysage
Auswirkungen auf Natur und Heimat

---

[14] ATF 120 Ib 31 = Pra 1994, 734; ég. N° 4 à propos de l'art. 29 OPN.
[15] P.ex. ATF 120 Ib 31 = Pra 1994, 734; 118 Ib 304 = JdT 1994 I 516; 117 Ib 100 = JdT 1993 I 520; 104 Ib 382; 100 Ib 450. Eg. KELLER, Beschwerderecht, 1126; KELLER, Aufgabenverteilung, 103; RIVA, Beschwerdebefugnis, 91.
[16] JAAC 1994, 109 cons. 2c.

- Il sera direct lorsque l'activité aura permis une intervention matérielle sur la nature et le paysage; ainsi pour les autorisations, les concessions ou les actes de construction. Trois précisions s'imposent ici: premièrement, la jurisprudence n'exige plus que l'objet du patrimoine touché soit inscrit à un inventaire[17]. Deuxièmement, il n'est pas non plus nécessaire qu'il s'agisse d'un objet d'importance nationale; une tâche fédérale peut exister à l'égard de tous les objets mentionnés à l'art. 4 LPN (art. 3 al. 3 1ère phrase)[18]. Troisièmement, peu importe l'ampleur de l'atteinte; un déboisement de quelques mètres carrés suffit par exemple déjà à créer une tâche fédérale.

  La jurisprudence admet que la condition d'effet direct est déjà satisfaite lorsque dans une procédure de recours, le recourant (en particulier une organisation) *prétend* («geltend gemacht wird») que l'acte attaqué autorise une intervention sur la nature et le paysage en violation des exigences de protection formulées à l'art. 24^{sexies} Cst. et dans la LPN; c'est à propos de l'art. 24 LAT que cette jurisprudence s'est établie, après quelques hésitations[19]. L'existence d'une tâche fédérale devient alors une question de fond et non plus seulement de recevabilité[20]. L'extension ne saurait par contre aller jusqu'à admettre qu'il y a une tâche fédérale déjà chaque fois que le recourant l'invoque; il doit au moins exposer avec une certaine vraisemblance que l'état de fait touche au droit matériel fédéral et l'autorité de recours doit instruire cet élément[21]. Il ne faut en effet pas confondre tâche fédérale et qualité pour recourir (N° 17).

- L'effet sur la nature et le paysage sera indirect lorsque l'acte administratif concerné est susceptible de favoriser une atteinte à l'intégrité du patrimoine; ainsi par exemple pour la vente par l'Etat de fonds à des privés[22] ou pour l'octroi de subventions à des installations ou des ouvrages (art. 2 lit. c LPN). Cette dernière affirmation prend toute sa portée lorsque la protection du substrat subventionné est a priori une tâche cantonale; ainsi pour la restauration des monuments: la présence d'une subvention fédérale en fait une tâche fédérale pour cet aspect spécifique.

14
Assise géographique
Raumrelevanz

3. L'activité concernée doit enfin avoir une certaine *délimitation dans l'espace* et une certaine emprise géographique sur le territoire local (räumlicher Bezug); l'art. 2 LPN ne couvre donc pas tous les comportements suscepti-

---

[17] ATF 116 Ib 121 = JdT 1992 I 505; 115 Ib 479 = JdT 1991 I 501; 114 Ib 271 = JdT 1990 I 514.
[18] JAAC 1995, 521.
[19] ATF 118 Ib 392 = JdT 1994 I 481; 117 Ib 100 = JdT 1993 I 520; 112 Ib 77 = JdT 1988 I 501.
[20] JAAC 1994, 109 cons. 2c.
[21] ATF 123 II 5 cons. 2c.
[22] Avec ou sans autorisation; cf. art. 25 LFo.

bles de porter atteinte à la nature et au paysage. Il serait cependant faux de le limiter aux modifications extérieures et durables du territoire, en particulier au travers des bâtiments et installations: la lit. b n'a expressément pas adopté une formulation exhaustive et elle mentionne le cas des simples exploitations sans exiger qu'elles aient une implantation fixe. Ce sera ainsi une tâche fédérale que d'autoriser un vol pour l'épandage de produits sur une surface agricole déterminée, mais il n'y aura pas tâche fédérale lors de chaque autorisation pour l'utilisation de substances chimiques[23]; ce ne sera pas une tâche fédérale que de refuser l'autorisation pour des vols d'engins ultra-légers motorisés[24].

c. **Les éléments non constitutifs**

Ne constitue pas une condition d'application de l'art. 2 LPN le fait que l'acte concerné émane des autorités, services, instituts ou établissements de la Confédération voire porte sur un projet fédéral, malgré la formulation de l'art. 2 LPN (tâche de «la Confédération») ou plus encore de l'art. 24^{sexies} al. 2 Cst. («la Confédération»). En effet premièrement, le promoteur du projet concédé, autorisé ou subventionné au sens de l'art. 2 lit. b ou c LPN sera en majorité une entité autre qu'un organe étatique; deuxièmement, même un établissement de la Confédération peut intervenir tel un propriétaire privé pour un projet de la lit. a[25].

15 Autorités fédérales Bundesbehörden

Troisièmement, *les cantons* (communes) sont aussi susceptibles d'accomplir des tâches fédérales, dans les limites que suggèrent les remarques suivantes:

16 Actes cantonaux Kantonale Hoheitsakte

1. La LPN elle-même leur impose des obligations: non pas déjà lorsqu'ils appliquent du droit fédéral, mais lorsqu'il «se dégage avec suffisamment de netteté des règles légales que les cantons reçoivent un mandat impératif de veiller à la protection et à l'entretien [des] objets»[26]; c'est ainsi le cas selon la jurisprudence pour l'obligation cantonale de protéger les rives, les roselières et les marais en tant que biotopes (art. 18 al. 1bis et 1ter), de protéger et entretenir les biotopes d'importance régionale ou locale (art. 18b), de proté-

---

[23] OFFICE FÉDÉRAL DE LA JUSTICE, Bewilligung von Sprühflügen, avis de droit du 27 janvier 1989, 3 ss; KELLER, Beschwerderecht, 1126.
[24] TF in ZBl 1984, 283; dans cet arrêt, le Tribunal fédéral veut limiter le champ d'application de l'art. 2 LPN aux installations fixes (ortsfeste Anlagen). La critique qui suit l'arrêt est justifiée (284).
[25] Ainsi les PTT; ATF 112 Ib 77 = JdT 1988 I 500 s. et l'arrêt non publié du TF cité. Le texte de l'art. 2 lit. a LPN sera d'ailleurs modifié à l'occasion de l'entrée en vigueur de la Loi fédérale sur l'entreprise de télécommunications; FF 1996 III 1307, 1344.
[26] ATF 120 Ib 31 = Pra 1994, 736.

ger la végétation des rives lors de procédures cantonales (art. 21 et 22)[27] ou encore pour l'octroi d'une subvention fédérale à des mesures de planification, des installations ou des ouvrages (art. 2 lit. c LPN)[28].

2. Hors de la LPN, d'autres lois fédérales imposent des tâches fédérales aux cantons; c'est le cas par exemple pour l'autorisation de défricher (art. 5 LFo, 2 lit. b in fine LPN)[29], pour les décisions prises en vue de protéger les eaux souterraines (art. 29 aLPEP; 20, 21 et 43 LEaux)[30], la dérogation hors de la zone à bâtir au sens de l'art. 24 LAT lorsqu'elle est prétendument susceptible d'avoir un impact sur la nature ou le paysage[31], l'autorisation pour les interventions techniques sur les eaux piscicoles (art. 24 et 25 aLPêche, 8 et 9 LPê)[32].

3. Il en résulte que les cantons peuvent accomplir des tâches fédérales dans leur activité législative (N° 19), de planification (N° 20, 24 ss) ou administrative, en particulier d'autorisation (N° 21, 31 ss).

4. Un rappel d'importance pratique: l'art. 24^{sexies} al. 1 Cst. ne laisse pas de place pour une tâche fédérale puisqu'il ne crée pas une obligation de protection (N° 12); l'art. 2 LPN n'est à cet égard ni anticonstitutionnel (parce qu'il serait formulé trop largement) ni lacunaire (parce qu'il restreindrait indirectement le droit de recours des organisations)[33].

5. A souligner dans le même contexte que l'art. 24^{sexies} al. 2 Cst. crée un régime de compétences concurrentes entre les cantons et la Confédération (ZUFFEREY, chap. 2, N° 39); l'existence d'une tâche fédérale n'empêche donc pas les cantons d'exiger le respect de leur droit cantonal de protection de la nature et du paysage[34].

---

[27] Arrêt non publié du TF du 30 mai 1994, Haut-Vully, cons. 3; ATF 116 Ib 207 = Pra 1991, 627 et les autres arrêts cités.
[28] ATF 120 Ib 30 = Pra 1994, 734. Pour le droit de recours des organisations, cf. cependant les art. 12 al. 4 LPN lorsque le projet subventionné représente lui-même l'accomplissement d'une tâche fédérale et 12 al. 5 LPN lorsque seule l'allocation de la subvention est une tâche fédérale; KELLER, Beschwerderecht, 1126 s.
[29] ATF 108 Ib 182 = Pra 1982, 695.
[30] ATF 118 Ib 7 = JdT 1994 I 456; dans sa jurisprudence antérieure cependant, le Tribunal fédéral a parfois exclu la protection des eaux du champ d'application de l'art. 2 LPN (cf. les arrêts cités dans la casuistique).
[31] ATF 118 Ib 392 = JdT 1994 I 481; 116 Ib 207 = Pra 1991, 627 et les nombreux autres arrêts cités.
[32] ATF 115 Ib 228 = JdT 1991 I 496; 112 Ib 429 = JdT 1988 I 596 et les autres arrêts cités dans la casuistique.
[33] TF in ZBl 1977, 405 en réponse aux autres arrêts cités.
[34] Expressément, TA AG in ZBl 1973, 402; CF in ZBl 1970, 202.

6. Enfin, d'autres lois fédérales que la LPN peuvent contraindre les cantons à protéger la nature et le paysage sans qu'il ne s'agisse pour autant d'une tâche fédérale; ainsi les art. 22 s. LFH en matière de concessions ou autorisations pour des installations hydroélectriques[35], dispositions que la LPN n'a pas rendues obsolètes.

La plupart des décisions et arrêts qui se réfèrent à l'art. 2 LPN le font dans le contexte d'une procédure de recours. Cette constatation justifie les quatre distinctions suivantes:

17
Eléments irrelevants
Unmassgebliche Gesichtspunkte

1. Une tâche fédérale peut s'accomplir autrement qu'au moyen d'une décision administrative; c'est ainsi que l'art. 2 LPN appréhende aussi l'activité législative (N° 19), la conclusion de traités de droit international, les contrats de droit administratif comme les concessions (lit. b) ou les actes de l'Etat sur le terrain du droit privé comme l'achat ou la vente de patrimoine, voire déjà la négociation de contrats. Une décision administrative au sens de l'art. 5 PA n'est donc pas une condition d'application de l'art. 2 LPN.

2. Il en va en conséquence de même pour le recours de droit administratif au Tribunal fédéral (art. 97 OJ) ou le recours administratif au Conseil fédéral (art. 72 PA): leur admissibilité n'est pas une condition d'application de l'art. 2 LPN. A l'inverse par contre, leur recevabilité dans un cas concret est un premier indice de tâche fédérale, comme l'art. 12 al. 1 LPN le suggère expressément: il s'agira bel et bien d'une décision fondée sur du droit fédéral; les autres éléments constitutifs de la tâche fédérale resteront à vérifier (N° 12 ss). On en veut pour preuve l'évolution de la jurisprudence sur le recours de droit administratif en matière de planification (N° 28).

3. L'accomplissement d'une tâche fédérale est une condition pour la légitimation des communes et des organisations (KELLER, art. 12, N° 4). L'inverse n'est pas vrai: il peut y avoir tâche fédérale dans un cas particulier, même si le recourant voit sa qualité pour agir niée. C'est dans ce sens qu'il faut comprendre la question que se pose le Tribunal fédéral: est-ce qu'il suffit d'invoquer l'existence d'une tâche fédérale pour avoir la légitimation[36]? L'enjeu de la réponse concerne uniquement la qualité pour recourir (N° 13).

4. En soi, il n'y a pas de lien nécessaire entre l'existence d'une tâche fédérale et les griefs que soulève dans un recours une organisation habilitée en vertu de l'art. 12 al. 1 LPN. En pratique, la jurisprudence établit pourtant doublement ce lien: d'abord, elle retient dans certains cas le grief invoqué comme un critère pour apprécier l'effet direct sur la nature et le paysage (N° 13);

---

[35] JAAC 1986, 450.
[36] ATF 116 Ib 207 = Pra 1991, 627.

ensuite et de manière plus stricte qu'à l'art. 55 LPE, elle utilise le rapport à la nature ou au paysage comme un instrument pour limiter les moyens de droit à disposition des organisations une fois leur légitimation reconnue (KELLER, art. 12, N° 19).

B. Les divers types de tâches

a. En général

18 Les divers types juridiques d'activité que les organes des collectivités publiques peuvent être appelés à mener dans l'accomplissement de tâches fédérales recouvrent en fait l'ensemble de l'activité étatique:

19
Législation
Gesetzgebung

1. Il pourra s'agir de l'activité *législative* de la Confédération, quel qu'en soit le domaine (ZUFFEREY, chap. 2, N° 49 ss). L'art. 24^{sexies} al. 2 Cst. n'a en effet pas seulement un caractère déclaratif, mais aussi normatif: la Confédération doit dans toute sa législation future se préoccuper de protéger la nature et le paysage[37], donc en particulier la faune, la flore et leur biotope, les marais et les sites marécageux[38]; l'art. 1 OPN mentionne d'ailleurs en parallèle les tâches de la Confédération prévues à l'art. 2 LPN et l'établissement ou la modification d'actes législatifs. Dans ce même contexte, la conclusion de traités internationaux représente aussi une tâche de la Confédération[39]. Les cantons accomplissent aussi une tâche fédérale dans leur activité législative lorsque le droit fédéral leur donne le mandat impératif de réglementer une question si elle a un effet direct de protection pour la nature et le paysage (N° 12 in fine)[40].

20
Planification
Planung

2. Une activité de *planification* est de plus en plus souvent une tâche fédérale; cette évolution mérite une analyse particulière (N° 23 ss).

21
Actes
administratifs
Verfügungen

3. Les *actes administratifs* représentent en jurisprudence la plus grande part des tâches fédérales accomplies. Peu importe la forme qu'ils adoptent; en matière d'administration restrictive, l'art. 2 lit. b LPN mentionne les autorisations ordinaires, les autorisations exceptionnelles (par exemple de défricher), les décisions d'approbation (des plans) ou les concessions. L'art. 2

---

[37] Message art. 24sexies Cst., FF 1961 I 1105; BO CE 1966, 6 (intervention HERR, Rapporteur de la Commission); ATF 112 Ib 72 = JdT 1988 I 498.
[38] TF in ZBl 1993, 254; ATF 118 Ib 15 = JdT 1994 I 526; FLEINER-GERSTER, N° 47; KÖLZ, 189.
[39] Expressément, Message LPN, FF 1965 III 99.
[40] Avant la révision de 1995, l'art. 12 al. 1 LPN mentionnait d'ailleurs dans son texte allemand les décisions ou les arrêtés cantonaux («kantonale Verfügungen oder Erlasse»); cette formulation n'avait cependant aucun sens puisque les arrêtés ne peuvent faire l'objet ni d'un recours au Conseil fédéral ni d'un recours de droit administratif au Tribunal fédéral.

lit. c LPN y ajoute les décisions de subventionnement propres à l'administration de promotion; il s'agit de subventionnements fédéraux à propos desquels la Confédération n'est donc pas autorisée à laisser aux cantons la responsabilité de sauvegarder les intérêts de la nature et du paysage[41]. La casuistique qui suit dresse un panorama systématique des décisions de jurisprudence portant sur l'ensemble de ces actes administratifs (N° 31 ss).

4. Pour les *réalisations matérielles*, l'art. 2 LPN établit un système à deux catégories:

    22
    Réalisations matérielles
    Projektelemente

- S'il s'agit d'actes liés à des réalisations que la lit. a mentionne et dont les promoteurs sont les autorités, services, instituts et établissements de la Confédération, ce sont ces réalisations elles-mêmes qui servent de critère pour admettre l'existence d'une tâche fédérale. Cette qualification s'applique alors à l'ensemble du projet, de la construction ou de la modification, sans qu'il faille se référer à l'un des actes juridiques particuliers qui en jalonnent l'exécution. C'est ainsi que l'achat des terrains nécessaires à une réalisation matérielle fédérale sera une tâche fédérale.
- Si les promoteurs de la réalisation concernée ne sont pas les organes de la Confédération, les lit. b et c sont applicables: le critère de qualification comme tâche fédérale est alors juridique: seuls des actes juridiques individuels (fédéraux ou cantonaux) pourront être appréhendés, mais non pas les réalisations tout entières.

Au surplus, la diversité des situations pratiques rend impossible une classification en fonction des types de projets, constructions ou installations concernés; l'art. 2 LPN n'en mentionne d'ailleurs que quelques exemples.

b. En matière de planification

En ce qui concerne les organes de la Confédération, l'art. 2 lit. a LPN mentionne expressément la planification (technique) d'objets individualisés et l'art. 1 OPN fait de même pour la planification en matière d'aménagement (conceptions et plans sectoriels).

    23
    Planification fédérale
    Bundesplanung

Pour les cantons et les communes, la planification (technique) d'objets individualisés apparaît entre parenthèses à l'art. 2 lit. b LPN; par contre, l'art. 2 LPN ne mentionne pas la planification (d'aménagement) générale ou spéciale. La question est dès lors de savoir si l'on peut dans certaines circonstances aussi la considérer comme une tâche fédérale; ce débat intéresse en priorité les organisations susceptibles de recourir puisqu'en principe elles n'ont pas qualité pour

    24
    Planification d'aménagement
    Nutzungsplanung

---

[41] JAAC 1989, 220.

le faire (art. 12 al. 1 LPN, 33 al. 3 lit. a LAT). La réponse se compose de plusieurs éléments:

25
Subventions
Beiträge

1. Allouer des subventions fédérales à des mesures de planification cantonales ou communales est une tâche fédérale (art. 2 lit. c LPN); ceci quel que soit le type de plan concerné et même en cas de subventions globales que les cantons doivent ensuite répartir entre leurs différentes tâches de planification.

26
Plans de protection
Schutzpläne

2. Sont des tâches fédérales les plans de protection spécifiques dont la Confédération a confié l'élaboration et l'adoption aux cantons en vertu du pouvoir de délégation que lui confère la législation applicable; ainsi les plans des zones de protection des eaux (art. 19 ss LEaux) ou des peuplements de poissons (art. 4 al. 3 lit. a LPê), les plans des districts francs fédéraux (art. 6 ODF) ou les plans forestiers (art. 20 LFo et 18 OFo). Il s'agit en effet pour les cantons de mandats impératifs de protection (N° 13, 16)[42].

27
Plans d'affectation spéciaux
Sondernutzungspläne

3. Une tâche fédérale peut exister lorsqu'il s'agit de plans d'affectation *spéciaux* que la jurisprudence assimile à des décisions administratives et assujettit à recours de droit administratif au Tribunal fédéral, en raison de leur portée déterminante pour les droits des propriétaires touchés (plans de détail ou plans de quartier)[43]. Dans la mesure où ces plans ont le même impact sur la nature que les décisions administratives appréhendées à l'art. 2 lit. b LPN, il n'y a aucune raison de ne pas les inclure dans le champ d'application de cette disposition[44].

28
Plans d'affectation généraux
Rahmennutzungspläne

4. Pour ce qui est des plans d'affectation *généraux*, la situation est actuellement la suivante:
- Par principe, ils ne tombent pas sous le coup de l'art. 2 LPN car l'aménagement du territoire en tant que tel n'est pas une tâche fédérale, mais un domaine de compétence cantonale autonome quand bien même un processus d'aménagement agit forcément sur la nature et le paysage dans le secteur concerné[45]; il en va de même pour la planification directrice ou sectorielle. A rappeler que dans sa jurisprudence fondée sur l'ancien Arrêté fédéral instaurant des mesures urgentes en matière d'aménagement du territoire, le Conseil fédéral estimait qu'une tâche fédérale de sur-

---

[42] ATF 121 II 43 et les arrêts cités.
[43] Sur cette assimilation, ATF 119 Ia 290 = JdT 1995 I 423; 118 Ib 14 = JdT 1994 I 525 s.; 118 Ib 70 = JdT 1994 I 465; 117 Ib 12 = JdT 1993 I 525; 115 Ib 513 = JdT 1991 I 461; 113 Ib 374 = 1989 I 506.
[44] Dans ce sens, ATF 118 Ib 15 = JdT 1994 I 526 pour un plan de golf touchant à un marais.
[45] ATF 121 II 196; 120 Ib 32 = Pra 1994, 736; 115 Ib 479 = JdT 1991 I 500 s.; 107 Ib 114; TF in ZBl 1992, 23.

veillance lui incombait sur la base de l'art. 22^{quater} al. 2 Cst.; le Tribunal fédéral a toujours refusé cette conception[46].

- Par exception au principe, la planification générale devient une tâche fédérale lorsqu'elle englobe des objets que les cantons doivent impérativement protéger en vertu du droit fédéral; ainsi pour la planification dans un secteur comprenant un biotope d'importance nationale, régionale ou locale comme par exemple un marais, des rives ou des haies (art. 18 al. 1bis et 1ter, 18a, 18b et 22 LPN; 5 al. 1 lit. a OHM, 5 al. 2 lit. a OBM, 5 al. 2 lit. a OZA)[47] ou un site marécageux d'une beauté particulière et d'importance nationale (art. 24^{sexies} al. 5 Cst., 5 al. 2 lit. a OSM) ou encore lorsque la planification permet d'embellir des localités caractéristiques, des sites évocateurs du passé ainsi que des monuments naturels et culturels du pays ou qu'il s'agit de les conserver en vertu d'un intérêt général prépondérant. On peut y ajouter le cas de la planification en présence de forêt, compte tenu du régime strict de protection qu'instaure le droit forestier fédéral (N° 12 in fine, 16, 26), de l'art. 2 al. 1 LPN qui mentionne l'autorisation de défricher et de l'art. 12 LFo qui exige de coordonner planification et défrichement[48]. C'est ce que le Tribunal fédéral appelle des tâches fédérales «concrètes»; elles reposent sur une relation de droit fédéral et se distinguent de tous les cas où la planification poursuit des objectifs d'aménagement qui n'influencent qu'indirectement la configuration du paysage[49]; on rejoint ici sa jurisprudence où il considère désormais le recours de droit administratif comme recevable lorsque le plan incriminé contient des dispositions qui mettent en jeu le droit fédéral de la protection de l'environnement, même au travers de choix de pur aménagement[50] voire déjà dans la planification directrice[51].

- Il n'y aura par contre pas de tâche fédérale lorsque conformément à l'art. 24^{sexies} al. 1 Cst., la LPN (art. 5 et 6) n'impose pas aux cantons l'obligation de protéger l'objet touché par la planification. Ainsi pour un

---

[46] Cf. les arrêts répertoriés dans la casuistique.
[47] ATF 123 II 5 cons. 2a (non-publié) et 2c; TF in RVJ 1996, 92; ATF 116 Ib 210 = Pra 1991, 631; BALLENEGGER, 221.
[48] Dans l'arrêt de Zermatt (ZBl 1997, 36), le Tribunal fédéral admet l'existence d'une tâche fédérale à propos de la construction d'une route en forêt, même en l'absence de subvention fédérale, lorsque la question litigieuse est de savoir si un plan spécial suffit ou si une autorisation de défricher et une dérogation au sens de l'art. 24 LAT sont nécessaires.
[49] TF in ZBl 1995, 145; ég. KELLER, Natur und Landschaftsschutzgebiete, 696.
[50] ATF 121 II 75 = JdT 1996 I 484 et les nombreux arrêts cités; ég. le commentaire de TSCHANNEN Pierre, PJA 1996, 81 s.
[51] ATF 121 II 432 = JdT 1996 I 435; 119 Ia 291 = JdT 1995 I 423.

objet mentionné aux inventaires IFP ou ISOS[52], malgré le risque en pratique que la planification locale réduise le degré effectif de protection (N° 12). Il en va de même pour la planification des zones protégées au sens de l'art. 17 LAT. A réserver cependant les aspects liés à l'octroi de subventions fédérales (N° 13 in fine, 21).

29 5. On peut au surplus se demander s'il ne faudrait pas admettre l'existence d'une tâche fédérale dans les deux cas suivants:

Autres éléments
Weitere Kriterien

- Lorsque le plan englobe dans son périmètre une construction ou une installation de la Confédération mentionnée à l'art. 2 lit. a LPN.
- Lorsque le plan fonde une procédure d'expropriation qui se déroule selon les règles de la LEx, comme dans le cas de l'art. 18c al. 4 LPN; en effet, la protection des biotopes est une tâche fédérale, l'art. 9 LEx exige de l'exproprient qu'il ménage au maximum les sites et le paysage, le recours de droit administratif est ouvert (art. 99 lit. c OJ) et les organisations peuvent intervenir dans la procédure d'expropriation (art. 12 al. 3 lit. b LPN; KELLER, art. 12, N° 14 s.).

30 Dans son ensemble, ce régime tend à élargir la qualité pour recourir des organisations[53]; le législateur avait cependant cette conséquence à l'esprit lorsqu'il formula l'art. 2 LPN[54].

III. La casuistique

31 Le catalogue que voici présente de manière aussi organisée que possible les principales décisions jurisprudentielles disponibles sur le concept de tâche fédérale. Il s'agit uniquement des précédents *existants*, sans aucune extrapolation et avec les contradictions ou évolutions que les juridictions ont parfois générées; ils émanent en priorité du Tribunal fédéral, souvent en lien avec la qualité pour recourir des organisations[55].

---

[52] ATF 121 II 197; TA VD in RDAF 1996, 496.
[53] Pour un constat analogue, TANQUEREL/ZIMMERMANN, 143.
[54] Message LPN, FF 1965 III 98.
[55] Pour d'autres casuistiques, TANQUEREL, Les voies de droit, N° 95 s.; ZIMMERMANN, 791 s.

A. Les actes juridiques de la lit. b

a. Tâche fédérale admise

De manière générale pour l'application de certaines dispositions de *l'art. 24^sexies* 32
Cst. ou de la LPN, quelles que soient les circonstances concrètes du cas considéré:
- L'application des art. 18 ss sur la protection de la faune, de la flore et des biotopes, en particulier de l'art. 18b concernant les biotopes d'importance régionale et locale et de l'art. 18 al. 1bis et 1ter relatif à la protection des rives, des roselières et des marais: ATF 120 Ib 31 = Pra 1994, 736; 118 Ib 393 = JdT 1994 I 481; 116 Ib 207 = Pra 1991, 627 (autorisation communale de construire).
- Les décisions qui se fondent ou auraient dû se fonder sur les dispositions de la LPN directement applicables telles que l'art. 22: ATF 118 Ib 7 = JdT 1994 I 456; 116 Ib 208 = Pra 1991, 629.

En matière de *planification* pour l'aménagement du territoire: 33
- Les mesures de planification qui contiennent des déterminations concernant la végétation des rives, car les art. 21 et 22 LPN sont d'application immédiate: arrêt non publié du TF du 30 mai 1994, Haut-Vully, cons. 3.
- Les mesures de planification qui englobent des biotopes d'importance nationale ou régionale: ATF 123 II 5 cons. 2a (non-publié) et 2c; TF in RVJ 1996, 92; arrêt non publié du TF du 4 octobre 1993, Lostorf, cons. 2d; ATF 116 Ib 210 = Pra 1991, 631. Celles qui touchent à des marais ou des sites marécageux d'une beauté particulière et présentant un intérêt national: ATF 118 Ib 15 = JdT 1994 I 526.
- Les mesures de planification qui exécutent des tâches fédérales «concrètes», par exemple en permettant d'embellir les paysages et les localités touristiques, les sites évocateurs du passé ainsi que les monuments naturels et culturels du pays ou qui doivent être conservés en vertu d'un intérêt général prépondérant: TF in ZBl 1995, 145.
- Dans la conception du Conseil fédéral, les mesures de planification cantonales que la Confédération devait surveiller en vertu de l'ancien Arrêté fédéral instaurant des mesures urgentes en matière d'aménagement du territoire: ZBl 1979, 169; JAAC 1979, 205; 1978, 111; 1977, 48.

En matière de *dérogations hors de la zone à bâtir*: 34
- Les décisions liées directement ou indirectement à l'art. 24 LAT lorsqu'il est prétendu qu'elles ne tiendraient pas compte des impératifs de la protection due à la nature et au paysage, en violation de l'art. 24sexies Cst. et des prescriptions de la LPN. Il peut s'agir de l'octroi d'une dérogation, de son refus, d'une décision d'entrée en matière sur une requête, d'une décision qui à tort n'a pas appliqué l'art. 24 LAT, d'une décision fondée sur du droit cantonal en lien de connexité étroit avec cette disposition, d'un plan d'affectation assimilable à une décision et qui élude l'art. 24 LAT: ATF 120 Ib 31 = Pra 1994, 736; 120 Ib 44 = JdT 1996 I 567; 119 Ib 307 = JdT 1995 I 510; 118 Ib 200 = JdT 1994 I 394; 118 Ib 392 = JdT 1994 I 481; 117 Ib 11 = JdT 1993 I 526; 116 Ib 207 = Pra 1991, 627 et les autres arrêts cités; TF in ZBl 1994, 528. Peu importe qu'il s'agisse de l'art. 24 al. 1 ou al. 2 LAT: ATF 118 Ib 304 = JdT 1994 I 516. Tâche fédérale en particulier lorsque la dérogation est susceptible de violer l'art. 24sexies al. 5 Cst. directement applicable: ATF 119 Ib 224 = JdT 1995 I 442 s. Il n'est pas nécessaire que soit en cause un projet de construction publique de la Confédération ou un site porté aux

inventaires prévus à l'art. 5 LPN: ATF 117 Ib 100 = JdT 1993 I 520; 116 Ib 122 = JdT 1992 I 505; 115 Ib 479 = JdT 1991 I 501; 114 Ib 271= JdT 1990 I 514; 112 Ib 75 = JdT 1988 I 500.

35 En matière d'autorisation exceptionnelle pour *défricher* (art. 5, 46 al. 3 LFo):
- De manière générale: ATF 120 Ib 31 = Pra 1994, 736; 108 Ib 182 = Pra 1982, 695 (pouvoir de cognition de l'autorité de recours); JAAC 1974, 88; 1972, 149.
- Même lorsque l'autorisation est cantonale: ATF 98 Ib 494; CF in ZBl 1970, 376. Même lorsqu'il s'agit de forêts privées: ATF 108 Ib 170.
- En lien avec la protection des rives, roselières et marais (art. 18 al. 1bis LPN): ATF 114 Ib 233 = JdT 1990 I 508; TA VD in RDAF 1994, 228. En lien avec la protection de la végétation des rives (art. 21 et 22 LPN): ATF 96 I 691= JdT 1972 I 316. Pour une route de desserte forestière hors de la zone à bâtir, à l'intérieur d'un objet IFP, d'un marais ou d'une roselière: ATF 114 Ib 271 = JdT 1990 I 514. Même si les objets à protéger ne sont pas encore inventoriés officiellement: ATF 98 Ib 131.
- Sous condition et avec charge de reboisement: JAAC 1979, 261; avec obligation pour la Confédération d'être particulièrement attentive à la beauté du site concerné lorsque le droit cantonal l'a mis sous protection: JAAC 1973, 112.
- En tenant compte de l'impact optique-esthétique du défrichement sur le paysage: ATF 114 Ib 233 = JdT 1990 I 508. Même si l'ancienne loi sur les forêts n'avait pas été édictée afin d'éviter l'altération du paysage et si l'intérêt public est sauvegardé de manière efficace par les services forestiers cantonaux: ATF 96 I 504 = Pra 1971, 152.
- La décision d'écarter une surface de la zone forestière sans autorisation de défricher: TF in ZBl 1981, 415 et les autres arrêts cités. La décision cantonale constatatoire niant le caractère de forêt à une surface boisée; les efforts pour préserver la surface forestière servent manifestement à sauvegarder l'aspect caractéristique du paysage et des localités (art. 1 lit. a LPN): ATF 107 Ib 50 = JdT 1984 I 30 = ZBl 1981, 315.
- Lorsque l'autorité renonce à une subvention fédérale et autorise la route forestière au moyen d'une procédure de planification: TF in ZBl 1997, 36.

36 Pour ce qui a trait aux *eaux* (tâche fédérale admise aujourd'hui plus largement):
- Les décisions prises sur la base des dispositions fédérales relatives à la protection des eaux souterraines (art. 29 aLPEP; 20, 21 et 43 LEaux): ATF 120 Ib 31 = Pra 1994, 735 s.; 118 Ib 7 = JdT 1994 I 456 (autorisation de réaliser des sondages au moyen de pelles mécaniques et des forages).
- Les décisions susceptibles de violer les dispositions de la législation fédérale sur la pêche qui se fondent sur l'art. 24sexies Cst. et entendent protéger les biotopes; ainsi les art. 8 et 9 LPê (24 et 25 aLPêche): ATF 118 Ib 392 = JdT 1994 I 481; 116 Ib 467 = Pra 1992, 39; 109 Ib 217 = JdT 1985 I 611.
- L'octroi par la Confédération de concessions ou d'autorisations pour l'exploitation de forces hydrauliques ou encore la négociation de contrats à cet effet: JAAC 1986, 450. Lorsque ces actes sont cantonaux, il s'agit de tâches fédérales à la condition qu'elles englobent des mesures fondées sur la législation fédérale sur la pêche: JAAC 1992, 308; dans tous les cas cependant, les art. 22 s. LFH imposent matériellement aux cantons de tenir compte de la nature et du paysage de la même manière que la LPN le fait pour la Confédération: JAAC 1986, 450 (portée des inventaires à cet égard).
- Les décisions fédérales ou cantonales au sujet d'installations hydroélectriques ne sont a priori pas des tâches fédérales: JAAC 1971, 170; sauf si elles mettent en oeuvre les normes proté-

geant la végétation des rives (art. 21 et 22 LPN), les biotopes (art. 18 al. 1 à 1ter LPN) et les eaux piscicoles en cas d'intervention technique (art. 8 et 9 LPê): ATF 119 Ib 263 = JdT 1995 I 460; 109 Ib 216 = JdT 1985 I 611; TF in ZBl 1981, 551 (ég. ATF 110 Ib 162; ATF 107 Ib 143 = ZBl 1981, 540 = JdT 1983 I 244).

- Une décision cantonale de mise sous tuyau d'un cours d'eau fondée sur l'art. 24 aLPêche: RJN 1984, 254.
- Une autorisation cantonale pour un projet d'assainissement d'un cours d'eau susceptible de porter atteinte à un objet IFP: ATF 115 Ib 478 = JdT 1991 I 501.
- Une décision cantonale relative au comblement d'un étang issu de l'exploitation d'une gravière et devenu un biotope depuis lors: la protection des eaux est une tâche fédérale, mais les organisations ne peuvent recourir que contre les décisions qui ont un impact sur la nature et le paysage, en particulier la faune; tel n'était pas le cas pour les décisions fondées sur les art. 19 et 20 aLPEP (permis de construire et épuration; art. 10 ss LEaux): TF in ZBl 1979, 27.
- L'octroi d'une concession cantonale d'utilisation des eaux publiques pour une installation de ski nautique susceptible de porter atteinte à un objet inventorié (cumulée avec une dérogation selon l'art. 24 LAT): ATF 114 Ib 84 = JdT 1990 I 517.
- La protection des eaux est une tâche fédérale, mais les organisations ne peuvent recourir que si elles entendent combattre une pollution qui porte directement atteinte au paysage; la protection des eaux reste indépendante de la protection du paysage, même si l'obligation d'équiper les constructions influence l'aménagement du territoire: ATF 100 Ib 452; TF in ZBl 1975, 308.

Pour *d'autres autorisations ou concessions* encore: 37

- L'autorisation fédérale pour l'établissement et l'exploitation d'une ligne à haute tension (art. 43 et 50 LIE) ainsi que l'octroi du droit d'exproprier à cette fin (art. 1 et 9 LEx): ATF 115 Ib 317 = JdT 1991 I 584; 99 Ib 80. Même lorsque le tracé de la ligne ne touche pas à des objets d'importance nationale: JAAC 1995, 521. Face à un objet inventorié: JAAC 1992, 65; 1989, 288; 1976, 75. A l'époque où les inventaires n'étaient pas encore établis: JAAC 1976, 77, 79. L'approbation des plans pour une ligne: JAAC 1991, 172; ou pour le renforcement ou l'extension d'une ligne existante: JAAC 1993, 97. Lorsqu'une autre ligne existe déjà: CF in ZBl 1974, 518. Pour le choix entre une ligne et sa mise en câble: JAAC 1992, 56.
- L'autorisation fédérale pour la construction d'une centrale nucléaire, dans la mesure où la Confédération entend prendre en compte également les intérêts de la nature et du paysage; cette compétence fédérale n'empêche pas le canton d'appliquer son droit cantonal de protection de la nature et du paysage dans les décisions pour lesquelles il demeure compétent: TA AG in ZBl 1973, 402.
- L'approbation par la Confédération d'un plan pour le tracé d'une conduite de gaz: JAAC 1973, 60.
- L'octroi d'une concession fédérale pour un téléphérique à activité régulière et commerciale: JAAC 1983, 77; CF in ZBl 1974, 273; 1973, 132. Pour un télésiège avec obligation accessoire de démolir l'ancienne installation: JAAC 1986, 335. En lien avec l'aménagement du territoire: JAAC 1974, 71.
- L'octroi d'une autorisation fédérale pour l'admission d'un terrain dans le cadastre viticole quand, de ce fait, des atteintes à la nature ne peuvent pas être exclues: JAAC 1994, 105 (destruction de précieuses prairies sèches lors de leur transformation en vignoble; art. 18 al. 1bis LPN).
- L'approbation par un canton d'un projet d'exécution pour un tronçon de route nationale susceptible de toucher un objet mentionné à l'inventaire IFP: TF in DEP 1996, 399.

b. Tâche fédérale rejetée

38 En matière de *planification* cantonale:
- L'adoption d'un plan d'affectation, même s'il met en oeuvre les dispositions de la LAT: ATF 120 Ib 32 = Pra 1994, 734; 115 Ib 479 = JdT 1991 I 501; 112 Ib 75 = JdT 1988 I 498 s.; 107 Ib 114; TF in ZBl 1992, 23.
- L'adoption d'un plan d'affectation lorsque ses dispositions s'appliquent à des terrains inclus dans le périmètre d'un objet mentionné à l'inventaire IFP: ATF 121 II 197; ou à l'inventaire ISOS: TA VD in RDAF 1996, 496; lorsque les mesures de planification influencent de manière générale l'application de la LPN, en particulier ses art. 5 et 6 et ses ordonnances d'application: TF in ZBl 1991, 280 (plan de zones servant de plan de protection des rives); lorsque le plan contient des déterminations qui demeurent prioritairement des tâches cantonales d'aménagement, même si elles exercent une influence sur le paysage: TF in ZBl 1995, 145.
- L'adoption d'un plan modifiant le tracé d'une route cantonale et exigeant la démolition d'un pont d'importance régionale selon le projet d'Inventaire des voies de communication de la Suisse: ATF 120 Ib 33 = Pra 1994, 737.
- Les décisions cantonales fondées sur l'ancien Arrêté fédéral instaurant des mesures urgentes en matière d'aménagement du territoire: ATF 104 Ib 383; TF in ZBl 1975, 396 (autorisation de démolir une construction appartenant au patrimoine architectural).

39 En matière d'autorisation cantonale pour des *constructions ou installations*:
- Les constructions conformes à la zone: ATF 112 Ib 70 = JdT 1988 I 497; 107 Ib 114; arrêt non publié du TF du 22 septembre 1994, Béroche, cons. 1d; TA NE in RDAF 1993, 281 (surélévation d'une digue); RJN 1990, 285 (bâtiment).
- Les autorisations de police des constructions: TF in ZBl 1969, 556.
- Un immeuble susceptible de porter atteinte à une localité historique restaurée à l'aide de subventions fédérales: TF in ZBl 1977, 408.
- Les routes cantonales lorsqu'elles ne font pas l'objet de subventions fédérales: JAB 1994, 70.
- Les installations hydroélectriques dans la mesure où elles mettent en oeuvre la législation fédérale sur l'utilisation des forces hydrauliques, celle sur la protection des eaux, l'ancien Arrêté fédéral instaurant des mesures urgentes en matière d'aménagement du territoire et la Loi fédérale ultérieure: TF in ZBl 1981, 552.

40 Dans d'autres domaines:
- Le refus par la Confédération d'autoriser des vols d'essais pour des engins ultra-légers motorisés: TF in ZBl 1984, 283.

B. Les autres tâches fédérales (lit. a et c)

41 L'accomplissement d'une tâche fédérale a été admis pour les *réalisations matérielles fédérales* suivantes (lit. a):
- La construction par les PTT d'une tour de télécommunication: ATF 112 Ib 77 = JdT 1988 I 498 s.; d'une installation pour le réseau Natel: arrêt non publié du TA Neuchâtel du 30 mars 1994, Creux-du-Van, cons. 4b (octroi d'une dérogation cantonale).
- La construction, la transformation ou la rénovation d'une gare CFF: JAAC 1991, 46.

- La construction d'une sous-station électrique des CFF qui porterait atteinte à un site archéologique, même s'il n'est pas inscrit à un inventaire; étendue de l'obligation pour les CFF de financer les fouilles: JAAC 1989, 164 (approbation des plans par la Confédération).

L'accomplissement d'une tâche fédérale a été admis pour l'octroi des *subventions fédérales* dans les circonstances suivantes (lit. c): 42

- Pour la construction d'une route de desserte forestière qui porte atteinte à un faisceau de chemins creux d'intérêt historique: ATF 116 Ib 313 = JdT 1992 I 489; hors de la zone à bâtir et à l'intérieur d'un objet IFP, d'un marais ou d'une roselière: ATF 114 Ib 271 = JdT 1990 I 514; en lien avec une planification du territoire: ATF 117 Ib 47 = JdT 1993 I 499. Pour la construction d'un chemin forestier que le canton a autorisé sur la base de l'art. 24 LAT: arrêt non publié du TF du 3 juillet 1990, Oberiberg, cons. 1c aa.
- Pour la construction d'une route de dévestiture forestière, même lorsque le subventionnement n'est pas remis en cause mais bien le mode d'autorisation du projet; les subventions ont en effet un but non seulement de financement mais aussi d'incitation: arrêt non publié du TF du 22 septembre 1994, Béroche, cons. 1d.
- Pour des améliorations foncières: JAAC 1988, 355; 1989, 217 (atteinte à un chemin historique); destinées à des ouvrages d'irrigation: JAAC 1980, 401 (objet mis à l'inventaire CPN).
- Lorsque la Confédération fixe la répartition des frais entre elle et le canton concerné pour la construction d'une digue de correction d'un cours d'eau: arrêt non publié du TF du 13 juillet 1990, Rhône, cons. 1d.
- Lorsque la Confédération approuve des projets pour la construction de routes cantonales comme décision préalable à l'octroi des subventions; peu importe que la lit. c ne mentionne pas ce type de projets, les al. 1 et 2 de l'art. 24sexies Cst. créent en matière de subventions un régime de compétences parallèles entre les cantons et la Confédération, la constitutionnalité de l'art. 2 LPN est une question qui peut rester ouverte: CF in ZBl 1970, 202.

Art. 3   Devoir de la Confédération

¹ Les autorités, services, instituts et établissement fédéraux ainsi que les cantons doivent, dans l'accomplissement des tâches de la Confédération, prendre soin de ménager l'aspect caractéristique du paysage et des localités, les sites évocateurs du passé, les curiosités naturelles et les monuments historiques et, lorsque l'intérêt général prévaut, d'en préserver l'intégrité.

² Ils s'acquittent de ce devoir:

a. En construisant et en entretenant de manière appropriée leurs propres bâtiments et installations ou en renonçant à construire (art. 2, let. *a*);
b. En attachant des charges ou des conditions aux autorisations et aux concessions, ou en refusant celles-ci (art. 2, let. *b*);
c. En n'allouant des subventions que sous conditions ou en refusant d'en allouer (art. 2, let. *c*).

³ Ce devoir existe quelle que soit l'importance de l'objet au sens de l'article 4. Une mesure ne doit cependant pas aller au-delà de ce qu'exige la protection de l'objet et de ses environs.

Art. 3   Pflicht des Bundes

¹ Der Bund, seine Anstalten und Betriebe sowie die Kantone sorgen bei der Erfüllung der Bundesaufgaben dafür, dass das heimatliche Landschafts- und Ortsbild, geschichtliche Stätten sowie Natur- und Kulturdenkmäler geschont werden und, wo das allgemeine Interesse an ihnen überwiegt, ungeschmälert erhalten bleiben.

² Sie erfüllen diese Pflicht, indem sie

a. eigene Bauten und Anlagen entsprechend gestalten und unterhalten oder gänzlich auf ihre Errichtung verzichten (Art. 2 Bst. *a*);
b. Konzessionen und Bewilligungen nur unter Bedingungen oder Auflagen erteilen oder aber verweigern (Art. 2 Bst. *b*);
c. Beiträge nur bedingt gewähren oder ablehnen (Art. 2 Bst. *c*).

³ Diese Pflicht gilt unabhängig von der Bedeutung des Objektes im Sinne von Artikel 4. Eine Massnahme darf nicht weitergehen, als es der Schutz des Objektes und seiner Umgebung erfordert.

Table des matières N°

I. Généralités 1
II. Les destinataires de la norme 6
III. L'obligation de ménager, voire de préserver l'intégrité (al. 1) 7
    A. L'étendue de la protection 7
    B. La problématique du choix de la protection 11
    C. La pesée des intérêts 12
        a. La prise en compte de tous les intérêts en présence 14
        b. La pondération des intérêts 15
        c. L'appréciation globale 16
        d. Les règles formelles de la pesée des intérêts 17
        e. Le contrôle de la pesée des intérêts 18
IV. Les mesures (al. 2) 19
    A. La construction appropriée des bâtiments et installations (lit. a) 20
    B. Les charges et conditions liées aux autorisations et concessions (lit. b) 21
    C. Les conditions liées aux subventions (lit. c) 22
V. Etendue du devoir de protection (al. 3) 23

Inhaltsverzeichnis Rz

I. Allgemeines 1
II. Adressatinnen und Adressaten der Bestimmung 6
III. Pflicht zur Schonung und sogar zur ungeschmälerten Erhaltung (Abs. 1) 7
    A. Schutzbereich 7
    B. Problematik der Bestimmung des angezeigten Schutzes 11
    C. Interessenabwägung 12
        a. Berücksichtigung aller rechtswesentlichen Interessen 14
        b. Gewichtung der Interessen 15
        c. Umfassende Beurteilung 16
        d. Formelle Regeln der Interessenabwägung 17
        e. Überprüfung der Interessenabwägung 18
IV. Massnahmen (Abs. 2) 19
    A. Entsprechende Gestaltung von Bauten und Anlagen (Bst. a) 20
    B. Auflagen und Bedingungen für Konzessionen und Bewilligungen (Bst. b) 21
    C. Bedingungen für Beiträge (Bst. c) 22
V. Tragweite der Schutzpflicht (Abs. 3) 23

I. Généralités

L'art. 3 LPN transpose le devoir de la Confédération inscrit à l'art. 24^{sexies} al. 2 Cst. consistant à «ménager l'aspect caractéristique du paysage et des localités, les sites évocateurs du passé, ainsi que les curiosités naturelles et les monu-

1
Fondement constitutionnel

Verfassungsgrundlage

ments et les conserver intacts là où il y a un intérêt général prépondérant». Alors que le texte originaire reproduisait *in extenso* le texte constitutionnel, la révision de la LPN du 24 mars 1995 a conduit à deux adaptations terminologiques dans le *texte français*. La première de ces modifications a consisté à remplacer le terme «monuments» par celui de «monuments historiques», au vu de l'intégration de la protection des monuments historiques dans la LPN, terme malheureux pour deux raisons: d'une part, il pourrait être compris comme une restriction aux seuls monuments du passé, par opposition à ceux contemporains; tel n'est cependant pas le cas, puisque, dans l'acception qui lui est reconnue aujourd'hui, le vocable «monument historique» doit être compris comme s'étendant également aux constructions du 19e et du 20e siècle, ainsi qu'aux monuments de caractère technique et industriel tels les gares[1]; d'autre part, la précision était superfétatoire, dès lors que la notion de «monument historique» est déjà incluse dans celle de monument, ou dans celle générique de «protection du paysage» (Heimatschutz)[2]. Le législateur l'a bien compris à l'art. 1 lit. a LPN où l'on fait référence à la notion de «monuments du pays», sans que cet énoncé ait été modifié; cependant on constate que le terme «monument historique» a été ajouté sous lit. b, c et e de l'art. 1 LPN, ce qui dénote bien un manque de rigueur terminologique. La deuxième intervention a consisté à préférer les mots «préserver l'intégrité» à l'expression «conserver intact»; là, également, on peut déplorer que le texte s'écarte sans raison de celui de la disposition constitutionnelle et diverge dorénavant de celui de l'art. 6 al. 1 LPN, où ont été maintenus les termes «conserver intact». L'obligation impartie aux destinataires de l'art. 3 LPN, dans sa nouvelle formulation, a cependant le même sens que celle résultant du texte initial; «préserver» doit en effet être compris ici comme l'action de garantir de la destruction, de l'oubli, soit l'équivalent de «conserver»[3].

2
Biens protégés
Schutzobjekte

Pour le surplus, les biens protégés par l'art. 3 LPN constituent des notions juridiquement indéterminées qui doivent être interprétées dans les mêmes limites que les notions comprises dans la disposition constitutionnelle (ZUFFEREY, chap. 2, N° 8). Pas plus que l'énumération des biens à protéger figurant dans l'article 24^{sexies} al. 2 Cst., celle énoncée à l'art. 3 LPN n'est à considérer comme exhaustive[4], de telle sorte que l'on peut quasiment considérer que l'ensemble du paysage construit et non construit est concerné[5]. Il serait d'ailleurs plus

---

[1] Message révision LPN, FF 1991 III 1144; ATF 120 Ia 270 = JdT 1996 I 523.
[2] Message révision LPN, FF 1991 III 1141, 1146.
[3] Dictionnaire Petit Robert, éd. 1990.
[4] Message art. 24sexies Cst., FF 1961 I 1106.
[5] FLEINER-GERSTER, N° 20; MUNZ, Landschaftsschutz, 10; MAURER, 28.

conforme à la réalité de parler de patrimoine, au sens élargi que l'on pourrait donner à la notion de *patrimonium* en droit romain, à savoir l'ensemble des biens étroitement liés à l'homme et à ses conditions de vie, qu'il s'agit de sauvegarder pour les générations futures[6] (dans ce sens également ZUFFEREY, chap. 2, N° 14).

L'art. 3 LPN est étroitement lié à l'art. 2 LPN (ZUFFEREY, art. 2, N° 3). Il s'y réfère expressément à son alinéa 2 concernant les mesures de protection. La notion de tâche fédérale n'est pas cantonnée aux tâches énumérées à l'art. 2 LPN et s'applique notamment à celles décrites dans d'autres parties de la loi, comme les obligations relatives à la protection des biotopes des art. 18 ss, 22 et 23a LPN (ZUFFEREY, art. 2, N° 12); l'art. 3 LPN régit quant à lui uniquement les conséquences des activités figurant à l'art. 2 LPN. En effet, les autres tâches fédérales comportent leur propre régime de protection. Les obligations découlant de l'art. 3 al. 1 LPN sont donc applicables dans toutes les procédures relatives à l'accomplissement d'une tâche fédérale au sens de l'art. 2 LPN, à savoir celles de planification, d'autorisation de construire, d'octroi de concessions, de subventions, voire d'expropriation[7].

3 Fonction Zweck

La fonction de l'art. 3 LPN est double: il s'agit d'une part d'indiquer aux autorités visées quels sont les objets auxquels elles doivent veiller lorsqu'elles exécutent une tâche fédérale et, d'autre part, de quelle manière les ménager. Il ne définit pas les conditions d'une protection en soi, mais seulement celles à observer lorsqu'un projet – entrepris dans le cadre de l'exécution d'une tâche fédérale au sens de l'art. 2 LPN – touche un objet digne de protection. Alors que l'essentiel du chapitre premier est d'établir dans quelles conditions les objets d'importance nationale doivent être inventoriés et protégés (art. 2 et 5 ss LPN), le propre de l'art. 3 LPN est d'être applicable indépendamment du fait que l'objet soit inventorié et quelle que soit son importance[8]. Il peut s'agir d'objets d'importance nationale, régionale ou locale (art. 3 al. 3 et 4 LPN). Pour les objets d'importance nationale figurant dans un inventaire fédéral, l'art. 6 al. 2 LPN prévoit un régime de protection accru, qui absorbe totalement les conditions posées par l'art. 3 LPN (LEIMBACHER, art. 6, N° 3). Selon la jurisprudence, l'inscription dans un inventaire fédéral au sens de l'art. 5 LPN est constitutive de ce statut[9], si bien que les objets d'importance nationale qui ne sont pas ou pas encore inscrits dans un inventaire fédéral tombent sous le coup de l'art. 3 LPN, de même que

---

[6] PANNATIER, 152.
[7] ATF 122 II 16.
[8] Message LPN, FF 1965 III 106.
[9] ATF 119 Ib 279 s. = JdT 1995 I 465; 98 Ib 131; JAAC 1995, 521; 1993, 98; 1992, 59; 1991, 218.

ceux qui figurent sur des inventaires non établis par la Confédération tels que l'inventaire CPN (LEIMBACHER, art. 6, N° 4).

4
Pesée des intérêts
Interessenabwägung

En exigeant que l'on *ménage* ou que l'on *préserve l'intégrité* des objets entrant dans son champ de protection, l'art. 3 al. 1 LPN ne prévoit pas un régime de protection absolue, mais fait implicitement appel à une *pesée des intérêts* en présence. Celle-ci peut être qualifiée de *simple*[10] ou *libre*, par opposition à la *pondération restrictive* de l'art. 6 al. 2 LPN, liée à l'accomplissement d'une tâche fédérale, où le législateur a déjà établi des priorités et limité aux objets d'importance nationale ceux pouvant entrer en concurrence avec la préservation de l'objet inventorié (N° 15); pesée libre également par rapport à *l'absence de pondération* liée à la protection absolue instaurée à l'art. 24^{sexies} al. 5 Cst. pour les marais et sites marécageux d'une beauté particulière et présentant un intérêt national (N° 15).

5   Lorsque les objets dont il est question à l'art. 3 al. 1 LPN sont soumis à des mesures de protection cantonales (classement, inscription à l'inventaire, mesures de planification, etc.), les autorités fédérales doivent en tenir compte pour autant que le respect de ces mesures n'entrave pas de manière disproportionnée l'accomplissement de leur devoir[11]. Ce principe est également valable dans les domaines où la Confédération jouit d'immunités et n'est pas soumise au droit cantonal pour la construction de ses installations, comme les installations ferroviaires (art. 18 al. 1 LCF)[12] et les lignes électriques (art. 5 et 15 ss de la LF du 24 juin 1902 concernant les installations électriques à faible et à fort courant; LIE, RS 734.0). Une mesure de protection cantonale portant sur une installation de la Confédération, comme un viaduc ferroviaire, s'impose également à celle-ci, si elle a été mise en place au terme d'une pesée des intérêts et qu'elle n'entrave pas l'exploitation d'une manière disproportionnée[13].

II. Les destinataires de la norme

6   S'agissant de l'exécution de tâches fédérales, le destinataire en est d'abord la *Confédération*. Sont concernés «tous les organes fédéraux, depuis le parlement jusqu'à l'administration, de même que les services des institutions et des éta-

---

[10] KELLER, Natur- und Landschaftsschutzgebiete, 698.
[11] ATF 118 Ib 569 = JdT 1994 I 442.
[12] ATF 121 II 17 = JdT 1996 I 535; 120 Ia 274 = JdT 1996 I 525.
[13] ATF 121 II 17, 18 = JdT 1996 I 535; 120 Ia 274 = JdT 1996 I 525.

blissements de la Confédération, comme les CFF et la Poste»[14] (voir ZUFFEREY, chap. 2, N° 57 à 59, pour un exposé détaillé).

L'obligation de respecter la nature et le paysage engage également les *autorités cantonales* lorsqu'elles exécutent des tâches fédérales[15]. Un certain nombre des tâches énumérées à l'art. 2 LPN sont en effet accomplies directement par les cantons, que l'on pense notamment aux autorisations de construire accordées sur la base de l'art. 24 LAT (ZUFFEREY, art. 2, N° 13 et 34). En outre, les cantons sont soumis indirectement aux mêmes contraintes chaque fois que des activités cantonales sont liées à des obligations fédérales; ainsi, le subventionnement par la Confédération des améliorations foncières est subordonné au respect par les cantons des exigences en matière de protection de la nature et du paysage[16]. Alors que le texte de la LPN ne faisait figurer nulle part les cantons au nombre des autorités chargées d'accomplir des tâches de la Confédération, cette lacune est désormais comblée par le nouveau texte de l'art. 3 al. 1 LPN, du 24 mars 1995[17]. Cette adjonction ne fait cependant qu'entériner une situation existante et ne confère pas de charges nouvelles aux cantons.

L'art. 3 LPN est en revanche inapplicable dans le cadre de l'exécution de tâches purement cantonales réservées par l'art. 24^{sexies} al. 1 Cst.

III. L'obligation de ménager, voire de préserver l'intégrité (al. 1)

A. L'étendue de la protection

La protection exprimée par l'art. 3 LPN s'étend entre l'obligation de «ménager» et celle de «préserver l'intégrité», lorsque l'intérêt général prévaut. L'obligation de ménager s'impose en principe en priorité et en tout temps (ZUFFEREY, chap. 2, N° 60); ce n'est que si l'intérêt à la protection de l'un des objets désignés à l'art. 3 LPN paraît plus important que l'intérêt opposé qu'il faut en préserver l'intégrité. Cependant, bien que le texte de l'alinéa 1 semble donner à l'obligation de ménager un caractère absolu[18], cette règle est tempérée par le principe de la proportionnalité; conformément à ce que prévoit l'art. 3 al. 3 2ème phrase LPN, une mesure ne doit pas aller au-delà de ce qu'exige la pro-

7

---

[14] OFFICE FÉDÉRAL DES FÔRETS ET DE LA PROTECTION DU PAYSAGE, 11.
[15] ATF 98 Ib 131; IMHOLZ, Zuständigkeiten, 46 et 52; OFFICE FÉDÉRAL DES FÔRETS ET DE LA PROTECTION DU PAYSAGE, 11.
[16] ATF 116 Ib 309 = JdT 1992 I 488; 114 Ib 232, 233 = JdT 1990 I 508; JAAC 1980, 394.
[17] Message révision partielle LPN, FF 1991 III 1154.
[18] Dans ce sens IMHOLZ, Zuständigkeiten, 53.

tection de l'objet et de ses environs. Il est par conséquent possible de renoncer à toute protection si celle-ci paraît disproportionnée[19].

8
Ménager
Schonung

L'obligation de *ménager* consiste en premier lieu à éviter de porter des atteintes ou à les minimaliser (ROHRER, chap. 1, N° 11; LEIMBACHER, art. 6, N° 5 ss). Le devoir de ménager va cependant plus loin puisqu'il implique également celui *d'entretenir* (Erhaltung)[20] (ROHRER, chap. 1, N° 11). Ce devoir d'entretien est celui que la Confédération doit observer pour conserver ses bâtiments en bon état et assurer leur mise en valeur. Il s'agit également d'éviter les enlaidissements dus à d'autres constructions qui ne s'harmonisent pas aux lieux en cause; ce que laisse en effet entendre indirectement le terme «ménager», c'est que les objets doivent être protégés non seulement contre la destruction, mais aussi contre la dépréciation. Un monument historique ou l'aspect d'une localité, par exemple, peut être gravement déprécié par des bâtiments et installations (comme des maisons-tours ou des fabriques) édifiés dans le voisinage immédiat, sans qu'il soit touché à l'objet lui-même[21]. La notion de «ménager» comporte donc également celle de protéger les alentours. Sous l'angle de l'art. 3 LPN, cette protection est obtenue uniquement par les mesures que l'on peut prendre dans le cadre d'un projet de construction, de transformation ou subventionné (N° 19 ss), par exemple en éloignant d'un monument historique le tracé prévu pour une route, mais non par des mesures spatiales telles la délimitation d'une zone de protection au sens de l'art. 17 LAT.

9
Les atteintes
Eingriffe

Par atteintes, il faut comprendre celles qui portent définitivement préjudice au patrimoine naturel et culturel, mais également les atteintes de longue durée, telles celles nécessaires au reboisement d'une forêt; la question de savoir si des atteintes temporaires tombent sous le coup de l'art. 3 LPN a en revanche été laissée indécise[22].

10
Préserver l'intégrité
Ungeschmälerte Erhaltung

La *préservation de l'intégrité* n'implique pas nécessairement la solution «zéro», consistant à ne rien construire, n'accorder aucune concession ou aucune subvention dans le cadre d'un projet portant atteinte à l'un des biens à protéger au sens de l'art. 3 al. 1 LPN. Préserver l'intégrité ou «conserver intact» ne signifie pas laisser l'objet sans aucune atteinte, mais le conserver dans son identité, dans le but assigné à sa protection (LEIMBACHER, art. 6, N° 5 ss et les exemples cités).

---

[19] KELLER, Inventare, 12.
[20] ATF 121 II 17 = JdT 1996 I 535.
[21] Message LPN, FF 1965 III 106.
[22] TF in ZBl 1970, 114, 115; une durée de 70 ans pour que la forêt reprenne son aspect actuel constitue une atteinte de longue durée.

B. La problématique du choix de la protection

La question de savoir dans quelle mesure un objet doit être ménagé ou préservé dans son intégrité nécessite une appréciation préalable: présente-t-il une valeur digne d'intérêt (Schutzwürdigkeit)?, quel but doit atteindre la mesure prévue (Schutzzweck)?, quels sont les dangers à écarter (Schutzbedürftigkeit)? Cette évaluation est le propre des opérations précédant une mise à l'inventaire ou d'autres mesures similaires, comme le classement; l'autorité doit l'effectuer directement dans sa décision, lorsqu'elle ne peut s'appuyer sur des instruments tels que ceux précités.

11

C'est en effet l'objectif de la protection qui permet de déterminer l'ampleur des atteintes et des mesures qui y sont liées. C'est à ce moment qu'intervient *la pesée des intérêts* en présence (Interessenabwägung) dont il a été question plus haut (N° 4). Cette opération, de plus en plus répandue en droit administratif[23], intervient chaque fois que le législateur accorde à l'autorité chargée d'appliquer la loi un pouvoir d'appréciation (Beurteilungsspielraum) dans la prise d'une décision; elle est connue notamment dans le cadre de l'application des art. 3, 15 et 24 al. 2 LAT, ainsi que de l'art. 5 LFo. Le principe de la pesée des intérêts intervient également à plusieurs reprises dans le cadre de la LPN; tel est le cas en effet, à l'art. 6 al. 2 LPN, qui demande à l'autorité d'apprécier si «des intérêts équivalents ou supérieurs» s'opposent à la conservation d'un objet d'importance nationale, à l'art. 18 al. 1ter LPN, qui ne permet d'accepter une atteinte d'ordre technique à un biotope que si tous les intérêts en présence ont été pris en compte, à l'art. 21 al. 2 LPN, qui demande aux cantons de veiller «dans la mesure du possible» à une végétation suffisante des rives, et à l'art. 22 al. 2 LPN, qui prévoit l'octroi de dérogations lorsque les «projets ne peuvent être réalisés ailleurs [...][24]». Mais, plus généralement encore, la pesée des intérêts est inhérente à l'application du principe de la proportionnalité ou celui de la bonne foi des administrés[25].

---

[23] HÄFELIN/MÜLLER, N° 473 ss; MOOR, vol. I, 397 ss, 413 ss.
[24] Lorsque la loi subordonne l'autorisation d'une construction ou d'une installation au fait que l'emplacement de celle-ci est imposé par sa destination, elle implique une pesée des intérêts (ATF 120 Ib 400 = JdT 1996 I 508; 119 Ib 397, 405 = JdT 1995 I 501, 504; WULLSCHLEGER, Interessenabwägung, 93, 94).
[25] HÄFELIN, 592 et 593.

C. La pesée des intérêts

12 Comme en matière d'aménagement du territoire et de protection de l'environnement[26], l'Etat doit prendre en compte une multitude d'intérêts dans le cadre de la protection de la nature et du paysage. Les intérêts à protéger sur la base de l'art. 3 al. 1 LPN peuvent être confrontés à des intérêts privés, comme celui du concessionnaire au maintien de son installation portuaire dans un cadre où le biotope de la rive et le paysage sont dignes de protection[27], ou celui du propriétaire à pouvoir rentabiliser sa parcelle en transformant ou démolissant un immeuble qui mérite protection selon le Service des monuments historiques[28]. Mais, situation de plus en plus fréquente, des intérêts publics peuvent être opposés à d'autres intérêts publics; ainsi, l'intérêt à la construction d'une ligne électrique aérienne, moins coûteuse qu'une ligne souterraine, sera mis en balance avec celui à la protection du paysage[29] ou l'intérêt à la construction d'une route forestière avec celui à la conservation d'un chemin historique[30].

13 La prise en compte d'une multitude de principes complémentaires ou contradictoires, lors de l'adoption d'une décision, implique le recours à une approche très différente de la logique déductive utilisée dans le cadre de l'application de règles n'accordant qu'un pouvoir d'appréciation restreint, comme celles interdisant toute construction dans telle zone ou celles prescrivant que seules telles constructions peuvent y être autorisées. La doctrine est divisée quant à la question de savoir s'il existe une méthode pour procéder à la pesée des intérêts[31]; le processus est à la limite de ce que l'on peut encore qualifier de juridique[32]. Le Tribunal fédéral a pour sa part posé quelques jalons en prescrivant aux autorités administratives de *tenir compte de tous les intérêts juridiques en présence, de les pondérer et de les apprécier globalement*; ces exigences peuvent se résumer en deux concepts qui sont la *coordination matérielle* (materielle Koordination) – à savoir l'obligation de coordonner l'application des différentes dispositions relatives à un projet se trouvant dans un rapport de connexité si étroit qu'elles ne peuvent être appliquées de façon séparée et indépendante[33] – et la *coordination formelle* (formelle Koordination) – ou l'obligation d'élaborer de

---

[26] TANQUEREL, La pesée des intérêts, 190.
[27] TA ZH in ZBl 1994, 316.
[28] ATF 120 Ia 270 = JdT 1996 I 523; 118 Ia 384, 393 = JdT 1994 I 508, 510; TF in ZBl 1987, 538 ss.
[29] ATF 115 Ib 311 = JdT 1991 I 584.
[30] ATF 116 Ib 309 = JdT 1992 I 488.
[31] HÄFELIN, 590; WULLSCHLEGER, Interessenabwägung, 80; MORAND, La fin des règles fixes, 204.
[32] MOOR, vol. I, 414.
[33] ATF 116 Ib 56, 62 = JdT 1992 I 472, 475; 114 Ib 224 = JdT 1990 I 504.

a. La prise en compte de tous les intérêts en présence

Il s'agit là d'une exigence essentielle. Une décision administrative qui manquerait de prendre en considération un intérêt juridique ou qui, au contraire, prendrait en considération des intérêts qui ne sont pas consacrés par le droit, violerait le principe de la légalité. Seuls des intérêts juridiques et non des intérêts de fait peuvent être pris en compte[35]. Dans le cadre de l'application de l'art. 3 LPN, la connexité des intérêts à examiner s'entend dans un sens très large; il peut s'agir d'intérêts protégés par le droit cantonal – à respecter également lorsque la Confédération agit[36] – ou par le droit fédéral, contrairement à la pesée des intérêts qu'implique l'art. 6 al. 2 LPN où seuls des intérêts d'importance nationale peuvent entrer en considération.

14

b. La pondération des intérêts

Cette opération consiste à comparer et attribuer une valeur aux différents intérêts en présence. Elle se heurte cependant à la difficulté de comparer des valeurs qui n'ont entre elles aucune commune mesure. Certains intérêts peuvent être évalués de façon chiffrée, comme l'augmentation des immissions sonores ou les retombées financières du refus d'un projet. Ce n'est pas le cas des intérêts visés par l'art. 3 LPN, qui ont tous une valeur idéale: historique, esthétique, intérêts de la nature pour elle-même[37]. La doctrine considère qu'il n'existe pas de hiérarchie préétablie des intérêts à comparer et en particulier pas de règle posant une primauté de principe de l'intérêt public sur l'intérêt privé[38]. L'art. 3 LPN s'inscrit dans cette ligne; il ne fait pas de l'obligation de préserver l'intégrité de l'objet une priorité absolue, ni de celle de ménager, d'ailleurs. Quelquefois en revanche, la loi ou les principes généraux du droit, voire la jurisprudence, fixent des préférences. Ainsi, à l'instar de l'art. 5 LFo qui marque une préférence abstraite très nette en faveur de la conservation de la forêt, l'art. 6 al. 2 LPN accorde un poids prioritaire à la conservation des objets d'importance

15

---

[34] ATF 116 Ib 57 = JdT 1992 I 473; 116 Ib 181 = Pra 1991, 858; HUBMANN TRÄCHSEL, Koordination von Bewilligungsverfahren, 45 ss.
[35] MORAND, Pesée d'intérêts, 44.
[36] ATF 121 II 8 = JdT 1996 I 532 sur le conflit entre une mesure de protection cantonale des monuments et les intérêts de la législation ferroviaire fédérale.
[37] TANQUEREL, La pesée des intérêts, 205 s.
[38] MÜLLER, Interessenabwägung, 350; HÄFELIN, 595; WULLSCHLEGER, Interessenabwägung, 81 et 82; TANQUEREL, La pesée des intérêts, 206.

nationale inventoriés; cela ne signifie pas qu'aucune pesée des intérêts ne soit nécessaire, mais que les intérêts opposés doivent être très importants pour l'emporter. Ainsi, la beauté particulière d'un objet inscrit à l'IFP n'empêche pas qu'une antenne de communication, d'importance nationale également, y soit édifiée, si la localisation à cet endroit est absolument indispensable[39]. La jurisprudence accorde un poids équivalent à la protection des objets d'importance nationale et à l'approvisionnement en énergie[40], de sorte que cet intérêt prime en général ceux que tend à protéger l'art. 3 LPN. Cela n'exclut pas que ces principes puissent être renversés; l'intérêt forestier, par exemple, ne l'a pas emporté sur celui à la protection de la nature, jugé sous l'angle de l'art. 3 LPN, lors la construction d'un chemin forestier subventionné par la Confédération[41]. D'autres fois encore, la loi prévoit une protection absolue, de sorte qu'une pesée des intérêts dans un cas concret est exclue; c'est le cas de l'art. 24^{sexies} al. 5 Cst. et de ses dispositions d'application[42].

L'évaluation de chacun des intérêts en présence implique l'évaluation des atteintes qui leur sont portées et de leurs bénéfices. Dans ce cadre, le principe de la proportionnalité joue un rôle important. Une atteinte minime portée à un objet intéressant pour la protection du paysage peut se justifier eu égard aux avantages qu'apportera un remaniement parcellaire pour l'exploitation agricole[43] (voir également LEIMBACHER, art. 6, N° 16).

c. L'appréciation globale

16   Ce principe commande que les effets de l'ensemble des atteintes soient mesurés simultanément. Un défrichement et l'ouvrage qui lui est lié, par exemple, n'impliquent pas seulement une atteinte aux intérêts forestiers, mais peuvent également porter préjudice à la valeur esthétique de la forêt, ainsi qu'à la faune et à la flore[44]. Un tel bilan, qui exige la mise en oeuvre de la législation sur la protection de la forêt cumulativement à celle de la protection de la nature, est nécessairement plus lourd que celui que l'on pourrait établir si l'on confrontait dans des procédures séparées chacune de ces législations aux intérêts d'un projet impliquant un défrichement. Cependant d'autant plus lorsque l'on se trouve en présence de valeurs idéales, il est très difficile d'établir un bilan autrement que sous la forme d'une juxtaposition des différentes atteintes ou avantages,

---

[39]   ATF 115 Ib 131 = JdT 1991 I 488.
[40]   ATF 115 Ib 323 = JdT 1991 I 587.
[41]   ATF 116 Ib 309 = JdT 1992 I 488.
[42]   ATF 117 Ib 243, 247 = JdT 1993 I 511, 513.
[43]   JAAC 1991, 219.
[44]   ATF 114 Ib 232 = JdT 1990 I 508 s.

sans qu'une compensation arithmétique puisse être établie entre eux[45]. A un bilan de type quasiment scientifique doit être substituée la forme de la décision complexe et multicritères, dans le cadre de laquelle l'autorité cherchera à approcher la solution la plus satisfaisante, conformément à son pouvoir d'appréciation[46].

d. Les règles formelles de la pesée des intérêts

L'obligation de coordination formelle, déduite par le Tribunal fédéral des art. 4 et 2 disp.trans. Cst.[47] (N° 13), tient lieu de garantie des principes exposés ci-dessus. Sa violation constitue une transgression du droit fédéral, puisqu'elle empêche d'effectuer correctement la pesée des intérêts en jeu[48]. Elle est applicable pour la pesée des intérêts de l'art. 3 LPN, indépendamment qu'elle y soit expressément prévue. S'agissant des projets cantonaux dans le cadre desquels des autorisations fédérales sont requises, l'art. 25a LAT est désormais déterminant; cette disposition codifie les principes de coordination matérielle et formelle posés par le Tribunal fédéral[49].

17

e. Le contrôle de la pesée des intérêts

Face à des procédures complexes où l'administration est mieux à même d'apprécier la situation en raison de ses connaissances scientifiques, le juge effectue essentiellement un contrôle méthodologique[50]. Le contrôle judiciaire porte en effet sur la question de savoir si les principes de la coordination matérielle et formelle ont été respectés par l'autorité administrative[51]: tous les éléments pertinents ont-ils été pris en compte? Ont-il été pondérés et appréciés globalement? Le dossier contient-il toutes les données nécessaires à cet exercice? L'examen du juge est libre sur ces questions, qui relèvent du droit[52], notamment en ce qui concerne la proportionnalité de l'atteinte. L'examen de l'autorité de recours peut, si nécessaire, porter sur celui des diverses variantes discutées

18

---

[45] MORAND, La fin des règles fixes, 204; MORAND, Pesée d'intérêts, 68 s.
[46] MORAND, Pesée d'intérêts, 72.
[47] ATF 116 Ib 56 s. = JdT 1992 I 472 s.
[48] ATF 116 Ib 57 = JdT 1992 I 473; 114 Ib 128 ss = JdT 1990 I 481.
[49] Cette disposition va même plus loin que les principes posés par le Tribunal fédéral, puisqu'elle renonce au critère du lien matériel étroit entre les différentes règles applicables et exige que toutes les décisions nécessaires à l'implantation ou à la transformation d'une construction ou d'une installation soient prises en compte (Message révision partielle LAT, FF 1994 III 1069).
[50] MOOR, vol. I, 415.
[51] ATF 119 Ib 275 = JdT 1995 I 464; 118 Ib 228 = JdT 1994 I 469.
[52] ATF 108 Ib 181 = Pra 1982, 695.

en première instance. En principe la tâche de l'autorité de recours est essentiellement de vérifier la conformité au droit du projet approuvé. L'examen d'une nouvelle variante, présentée pour la première fois dans la procédure de recours et totalement inconnue jusqu'alors n'est pas possible; il viderait non seulement la procédure de première instance de son sens et de son but, mais contreviendrait aussi à la règle selon laquelle une instance supérieure ne peut en principe se saisir d'un litige que s'il a précédemment été jugé par l'instance inférieure[53].

IV. Les mesures (al. 2)

19 Les mesures propres à ménager ou conserver l'objet à protéger sont énumérées à l'alinéa 2. Formulées de manière très générale, elles permettent une interprétation relativement libre. On ne saurait en particulier les lire comme des mesures purement conservatoires (ZUFFEREY, chap. 2, N° 23 et 33) déjà par le fait qu'elles visent aussi la mise en valeur des objets protégés (N° 8). Il ne paraît en outre pas exclu d'admettre, au titre de charges et conditions mentionnées sous lit. b, des mesures qui vont au-delà de la seule interdiction de porter atteinte, telles que le déplacement d'un monument historique implanté sur le tracé projeté d'une route ou le réaménagement d'un paysage détruit par la construction d'une autoroute. Certes, à la différence de l'art. 18 al. 1er LPN qui prévoit de telles mesures s'agissant des biotopes dignes de protection, l'art. 3 LPN ne les mentionne pas expressément; cependant, dans la première de ces dispositions, elles y figurent plus à titre d'obligation que comme faculté. Le pouvoir d'appréciation de l'autorité est beaucoup moins étendu en matière de protection des biotopes que dans le cadre de l'art. 3 LPN, où le législateur peut se dispenser de fixer un catalogue de mesures et se contenter d'indiquer les instruments juridiques tendant à garantir l'obtention des mesures de protection (charges et conditions, etc.).

A. La construction appropriée des bâtiments et installations (lit. a)

20 Contrairement aux lit. b et c, elle ne peut viser que les bâtiments et installations de la *Confédération*, ses instituts et ses établissements fédéraux, et non ceux des cantons, qui ne peuvent être concernés par les tâches figurant à l'art. 2 lit. a LPN. Elle exige que les bâtiments soient construits et entretenus de manière

---

[53] GYGI, Bundesverwaltungsrechtspflege, 256 ss; GRISEL, 914; ATF 113 Ib 32; 104 Ib 315; 100 Ib 120; JAAC 1992, 8; 1991, 19; 1977, 102.

appropriée, ou que l'on renonce à leur construction. Sont concernées tant les qualités architecturales du projet que le choix de son implantation, qui doit être la moins dommageable possible, prenant soin de l'environnement construit ou non construit. Les mesures d'entretien sont toutes celles qui assurent la conservation ou la mise en valeur du bâtiment (N° 8). Ces contraintes peuvent conduire à la renonciation à construire lorsque les intérêts de la protection de la nature et du paysage sont prépondérants et qu'il n'existe aucune autre possibilité de conserver intact l'objet à protéger.

L'art. 3 al. 2 lit. a LPN peut également impliquer la prise en charge des frais de fouilles archéologiques; ces frais ne doivent être assumés par le maître de l'ouvrage que lorsqu'il n'est pas en situation d'épargner le site historique[54]. Cette disposition entraîne aussi la prise en charge des frais de conception d'un autre projet ménageant le site archéologique, voire ceux d'une renonciation à une construction dont les plans ont été approuvés; dans une telle hypothèse, les frais de fouilles archéologiques ne pourraient en revanche pas être mis à la charge des autorités visées par l'art. 3 LPN[55].

B. Les charges et conditions liées aux autorisations et concessions (lit. b)

La charge est une obligation imposée à son destinataire[56]. On peut y trouver des obligations de faire (enterrer une ligne électrique sur un certain tronçon[57], construire des barrages de protection, exiger que le tracé d'une route d'accès à un barrage permette le maintien d'un marais[58], démolir des installations qui portent atteinte au paysage[59]) ou de ne pas faire (prescrire des interdictions de pénétrer[60]). Quant à la condition, elle subordonne l'effet d'un acte administratif à un événement incertain[61]; ainsi, l'autorisation cantonale de construire est accordée à la condition que l'autorisation fédérale de défrichement soit délivrée, etc. De telles clauses accessoires ne sont valables que si elles se concilient avec les principes constitutionnels, notamment ceux de la légalité, de l'intérêt public et de la proportionnalité[62].

21

---

[54] JAAC 1989, 167.
[55] JAAC 1989, 167.
[56] GRISEL, 408; MOOR, vol. II, 47 ss.
[57] JAAC 1992, 62 ss.
[58] ATF 119 Ib 281 = JdT 1995 I 466.
[59] JAAC 1986, 33.
[60] JAAC 1979, 376.
[61] MOOR, vol. II, 48 ss.
[62] ATF 121 II 88 = JdT 1996 I 515; MOOR, vol. II, 50.

N'est pas disproportionnée la charge assortie à une concession relative à la construction d'un téléphérique qui exigeait la démolition d'un téléphérique parallèle existant, faute de besoin de deux installations et pour des motifs de protection du paysage[63].

Comme on l'a vu (N° 19), les charges et conditions peuvent porter sur des obligations de nature extrêmement diverses. Le pouvoir d'appréciation de l'autorité est à cet égard relativement libre. Il est déterminé par les réponses à apporter à l'évaluation de l'objet et la protection qu'il convient de lui apporter en fonction du contexte et des intérêts en présence (N° 11).

C. Les conditions liées aux subventions (lit. c)

22 L'octroi de subventions fédérales n'implique pas uniquement le respect des dispositions en la matière, mais également celles relatives à la protection de la nature, du paysage et des monuments historiques. Il incombe par conséquent aux autorités fédérales de fixer les conditions propres à assurer cet objectif dans la décision octroyant des subventions[64]. Le subventionnement ne peut être accordé tant qu'il n'est pas établi que le projet respecte les exigences de la LPN[65]. A considérer la rigueur du texte de l'art. 3 al. 2 lit. c LPN, on doit également conclure qu'en cas d'impossibilité de ménager l'objet à protéger, les subventions doivent être refusées. Il faut bien évidemment réserver l'hypothèse visée par l'art. 3 al. 3 LPN, où le principe de proportionnalité commanderait de renoncer à protéger l'objet en cause.

Les subventions dont il est question ici sont uniquement celles visées par l'art. 2 lit. c LPN. Dans le cadre de celles allouées sur la base de l'art. 13 LPN, des conditions semblables à celles prévues par l'art. 3 LPN peuvent être imposées concernant la conservation et l'entretien de l'objet et de ses environs (art. 13 al. 2 LPN); elles obéissent cependant à un régime qui leur est propre (voir notamment art. 7 et 8 OPN).

V. Etendue du devoir de protection (al. 3)

23 On l'a vu, l'art. 3 LPN a un caractère général (N° 2). Il s'applique indépendamment de l'importance de l'objet et de son inscription dans un inventaire, et montre que l'activité protectrice de la Confédération ne se limite pas aux objets

---

[63] JAAC 1986, 33.
[64] JAAC 1989, 211 ss.
[65] ATF 116 Ib 309 = JdT 1992 I 488.

d'importance nationale. Même les territoires dont l'intérêt de protection est moyen méritent au moins qu'on les ménage[66].

On a déjà parlé des limites posées par le principe de proportionnalité à une protection inconditionnelle de la nature et du paysage, qui n'a pas été voulue à l'art. 3 LPN (N° 7 ss). Bien que le principe de proportionnalité soit inhérent à toute activité administrative[67], l'art. 3 al. 3 LPN rappelle expressément qu'une mesure ne doit jamais aller au-delà de ce qu'exige la protection de l'objet et de ses alentours[68]. Ce principe détermine l'ampleur des mesures à prendre, non seulement en fonction de la valeur de l'objet, mais également du sacrifice demandé pour le préserver; ainsi, lorsqu'un objet mérite incontestablement une protection particulière, il ne doit supporter une atteinte que si l'expropriant ne peut assumer les frais beaucoup plus élevés d'un autre tracé de la ligne haute tension[69].

Les objets à protéger au sens de l'art. 3 LPN méritent souvent que l'on préserve également leurs alentours. Cette extension de la protection stricte du bien en lui-même est déjà contenue dans le terme «ménager» (N° 8).

---

[66] ATF 100 Ib 409 et les références citées.
[67] GRISEL, 353; MOOR, vol. I, 417.
[68] Message LPN, FF 1965 III 106.
[69] TF in ZBl 1976, 208.

Art. 4 Catégories d'objets

S'agissant des paysages et des localités caractéristiques, des sites évocateurs du passé, des curiosités naturelles ou des monuments selon l'article 24^{sexies}, 2e alinéa, de la constitution fédérale, il faut distinguer:
a. Les objets d'importance nationale;
b. Les objets d'importance régionale et locale.

Art. 4 Einreihung der Objekte

Beim heimatlichen Landschafts- und Ortsbild, den geschichtlichen Stätten sowie den Natur- und Kulturdenkmälern gemäss Artikel 24^{sexies} Absatz 2 der Bundesverfassung, sind zu unterscheiden:
a. Objekte von nationaler Bedeutung;
b. Objekte von regionaler und lokaler Bedeutung.

Table des matières   N°

I.   Généralités   1
II. Fonction et portée de la distinction   4
III. Définitions   8
     A. Objets d'importance nationale   9
     B. Objets d'importance régionale ou locale   10
IV. Compétences   11

Inhaltsverzeichnis   Rz

I.   Allgemeines   1
II. Funktion und Tragweite der Unterscheidung   4
III. Begriffe   8
     A. Objekte von nationaler Bedeutung   9
     B. Objekte von regionaler und lokaler Bedeutung   10
IV. Zuständigkeiten   11

I. Généralités

1
Fondement constitutionnel
Verfassungsgrundlage

La notion d'objet d'importance nationale apparaît clairement à l'art. 24^{sexies} al. 3 Cst. ainsi qu'à l'art. 24^{sexies} al. 5 Cst. Elle est capitale dans l'exercice des compétences de la Confédération, puisque c'est elle qui délimite et en même temps justifie l'emprise du droit fédéral. En revanche les notions d'objet d'importance régionale ou locale ne résultent qu'indirectement de ces textes. Le message du Conseil fédéral précisait cependant expressément qu'il incombait également à la Confédération de vouer l'attention requise à des objets de moindre importance dans le cadre de ses activités[1].

Selon FLEINER-GERSTER[2], la classification opérée par l'art. 4 LPN entre des objets d'importance nationale, d'une part, et des objets d'importance régionale et locale, d'autre part, s'impose d'elle-même pour éviter des lacunes dans la protection; il est en effet «très difficile d'opérer des distinctions dans un cas d'espèce. Mais même lorsqu'on ne sait si un monument culturel est d'importance nationale, ou seulement locale, il peut être mis sous la protection particulière de la Confédération.»

La raison d'être d'un classement des objets selon leur importance obéit à des considérations purement pragmatiques[3]. L'obligation générale de la Confédération, dans l'accomplissement de ses tâches, «de ménager et de protéger l'aspect caractéristique du paysage et des localités, les sites évocateurs du passé, les curiosités naturelles et les monuments du pays, et de promouvoir leur conservation et leur entretien», rappelée à l'art. 1 lit. a LPN, se rapporte à l'ensemble du paysage et du patrimoine culturel. Il serait par conséquent discutable de limiter l'engagement de la Confédération aux seuls objets d'importance nationale[4]. Il existe d'ailleurs une certaine interdépendance entre les objets d'importance régionale et locale et ceux d'importance nationale, qui doit être prise en compte pour une protection efficace de ces derniers[5].

2 Ratio legis

La classification de l'art. 4 LPN tire son origine de la pratique suivie depuis de nombreuses années par les organismes fédéraux chargés de la protection des monuments historiques[6]; l'art. 9 de l'ordonnance sur l'encouragement de la conservation des monuments historiques du 26 août 1958[7] – fondée sur l'arrêté fédéral du 14 mars 1958[8] et aujourd'hui abrogée – prévoyait en effet une réglementation du taux de subvention gradué selon que les monuments étaient d'importance locale, régionale ou nationale. Le but était de permettre à la Confédération d'allouer une subvention plus importante pour la restauration et la conservation des monuments représentant un intérêt national, et parer ainsi à

3 Origine Entstehung

---

[1] Message art. 24sexies Cst., FF 1961 I 1106.
[2] N° 23.
[3] Message révision partielle LPN, FF 1991 III 1143.
[4] Message révision partielle LPN, FF 1991 III 1143; MUNZ, Landschaftsschutz, 11.
[5] Commentaire IFP, 19.
[6] Message LPN, FF 1965 III 106.
[7] RO 1958 619.
[8] RO 1958 393.

l'inaction des cantons disposant de ressources financières insuffisantes[9]. Cet appui de la Confédération a porté ses fruits, car l'expérience montre aujourd'hui que les objets d'importance nationale sont les moins menacés – du moins, en ce qui concerne les monuments -, et qu'on veille généralement à leur sauvegarde; en revanche, une multitude d'objets de moyenne importance, qui contribuent également à la richesse du patrimoine culturel de la Suisse, sont tributaires de décisions prises à l'échelon local ou régional, raison pour laquelle un appui financier de la Confédération se justifie[10].

La LPN, tout en reprenant la distinction entre des objets d'importance nationale, régionale et locale dans le cadre de l'allocation des subventions (art. 13, 14a al. 2 *a contrario* LPN et 5 OPN), y ajoute désormais d'autres fonctions.

II. Fonction et portée de la distinction

4
Champ d'application
Anwendungsbereich

Les objets d'importance nationale, régionale ou locale désignent tous des objets dignes de protection, indépendamment des mesures fédérales ou cantonales dont ils pourraient faire l'objet (inventaire, classement, mesure de planification, etc.). Comme l'art. 4 LPN le précise, il s'agit donc des paysages et localités caractéristiques, des sites évocateurs du passé, des curiosités naturelles ou des monuments. Une classification semblable intervient aux art. 18a et 18b LPN, pour la protection des biotopes, ainsi qu'à l'art. 24^{sexies} al. 5 Cst. et ses dispositions d'application, mais elle n'obéit pas aux mêmes critères (FAHRLÄNDER, art. 18a, N° 5 s. et MAURER, art. 18b, N° 19).

5
Fonction
Zweck

Certains objets, en raison de leur importance nationale, entraînent des obligations particulières pour la Confédération par opposition aux objets dont la protection est essentiellement l'affaire des cantons. La distinction entre trois types d'objets prévue à l'art. 4 LPN sert en premier lieu de base pour l'établissement des inventaires fédéraux au sens de l'art. 5 LPN; seuls les objets d'importance nationale doivent en effet y figurer, avec pour conséquence que seuls des intérêts, d'importance nationale également, pourront s'opposer à leur conservation (art. 6 al. 2 LPN). Elle entre en ligne de compte pour le calcul des subventions fédérales, qui suivent un taux échelonné selon que l'objet est d'importance nationale, régionale ou locale (art. 13 LPN et 5 OPN). Elle permet de délimiter la compétence de la Confédération pour acquérir ou sauvegarder des sites natu-

---

[9] Message conservation des monuments historiques, FF 1957 II 695 s.
[10] Message révision partielle LPN, FF 1991 III 1143.

rels, des curiosités naturelles, des sites évocateurs du passé ou des monuments d'importance nationale (art. 15 LPN). Elle détermine également les compétences de la Confédération en matière de mesures conservatoires, lorsqu'un danger imminent menace un site naturel, un site évocateur du passé ou un monument d'importance nationale (art. 16 LPN).

La notion d'objets *d'importance nationale* par opposition à ceux *d'importance régionale et locale* sert donc essentiellement à délimiter les objets auxquels la Confédération devra particulièrement veiller dans l'exercice de ses tâches. Le fait qu'un objet soit reconnu comme étant d'importance nationale n'implique pas automatiquement la mise en oeuvre du régime de protection accru prévu par les art. 5 ss LPN; il faut encore qu'il soit inscrit dans un inventaire (LEIMBACHER, art. 6, N° 4). En revanche, la notion d'objet d'importance nationale a une portée propre aux art. 15 et 16 LPN[11], qui régissent les mesures d'intervention directe et d'urgence, ainsi qu'aux art. 13, 18d et 23c al. 3 LPN et 5, 17, 22 et 29 al. 2 OPN, relatifs aux subventions. Ces mesures peuvent précisément servir à protéger un objet d'importance nationale avant son inscription dans un inventaire fédéral. 6

La LPN ne définit que dans une moindre mesure le régime juridique applicable aux objets d'importance régionale et locale, sans les exclure cependant de toute considération, puisqu'ils bénéficient de la protection minimale assurée par l'art. 3 LPN (FAVRE, art. 3, N° 3) et d'une aide financière ou même d'une indemnité de la Confédération (art. 13, 18d, 23c al. 3 LPN et 5, 18 OPN). 7

III. Définitions

Le législateur a renoncé à définir ce qu'il faut entendre par objet d'importance nationale, régionale ou locale, «pour éviter au maximum d'entraver une pratique fondée sur les connaissances les plus actuelles»[12]. Les éléments déterminants sont essentiellement techniques. Des critères précis ont été élaborés pour l'établissement de certains inventaires fédéraux, tel l'ISOS[13]. Il est clair que les notions d'intérêts national, régional ou local ne sont pas immuables et qu'un objet, d'abord estimé d'importance moindre, peut plus tard être jugé d'importance nationale. Les critères d'appréciation évoluent. La méthode relative à 8

---

[11] ATF 119 Ib 280 = JdT 1995 I 465; 117 Ib 245 = JdT 1993 I 511; 100 Ib 163 = JdT 1976 I 13; JAAC 1986, 449; MUNZ, Landschaftschutz, 12.
[12] Message LPN, FF 1985 II 1469.
[13] HEUSSER-KELLER, 2 ss.

l'inventaire ISOS a elle-même conduit à désigner un nombre sensiblement plus élevé de sites construits d'importance nationale, notamment de villages et de hameaux, précédemment qualifiés de secondaires[14]. Pour la protection du paysage, le fait qu'il soit vierge et sans atteinte prend une grande importance[15]; si une région n'a pas été jugée d'intérêt national il y a 20 ou 30 ans, lors de l'établissement des inventaires existant à l'époque, tels le CPN, cela n'exclut pas une reconsidération, compte tenu de la rareté de tels éléments de nos jours.

A. Objets d'importance nationale

9   Un objet d'importance nationale implique une certaine rareté ou typicité dans le pays de par ses caractéristiques. Les points de vue géographiques, géologiques, biologiques, historiques et esthétiques occupent la première place dans le classement d'un paysage à l'inventaire IFP[16]. S'agissant de sites construits, trois critères sont utilisés par l'inventaire ISOS, à savoir le critère *historique*, *spatial* et *objectif* de la sauvegarde[17]; pour être qualifié d'importance nationale, le site doit revêtir des qualités spatiales prépondérantes, à savoir «des qualités historico-architecturales prépondérantes et des qualités au moins évidentes dans les deux autres groupes de critères»[18]. Ainsi, un monument pourra être reconnu d'importance nationale parce qu'il a été le théâtre d'événements intéressant l'histoire de la Confédération[19]; les ruines de la place militaire gallo-romaine de Petinesca constituent incontestablement un objet d'importance nationale, dès lors que la Suisse est pauvre en monuments de l'époque romaine[20]. En fait, dès que la sauvegarde d'un objet présente un intérêt qui dépasse celui du canton ou de la région, on admet l'existence d'un intérêt national[21].

B. Objets d'importance régionale et locale

10 Les objets dignes de protection qui n'ont pas été désignés par la Confédération comme étant d'intérêt national peuvent constituer des objets d'intérêt cantonal ou régional. Il s'agit là de la portée négative de la définition. A la différence, cependant, des biotopes d'importance régionale ou locale, largement régis par

---

[14]   HEUSSER-KELLER, 6.
[15]   ATF 119 Ib 279 = JdT 1995 I 464.
[16]   Commentaire IFP, 20.
[17]   HEUSSER-KELLER, 6.
[18]   HEUSSER-KELLER, 40.
[19]   VOGEL, 55.
[20]   ATF 100 Ib 163 = JdT 1976 I 13.
[21]   ATF 117 Ib 245 = JdT 1993 I 511; 100 Ib 163 = JdT 1976 I 13.

le droit fédéral[22], les objets visés par l'art. 4 LPN qui ne sont pas d'importance nationale ne constituent pas *ipso facto* des objets d'importance régionale et locale; il incombe avant tout aux cantons de déterminer quels objets tombent sous le coup d'une protection. On en vient à la portée positive de la définition, en ce sens que lorsqu'une mesure de protection a été édictée en vertu du droit cantonal, un tel objet a nécessairement une valeur d'importance régionale et locale. Cette précision n'est pas insignifiante, car elle implique pour la Confédération de veiller à ménager un tel objet dans le cadre de ses activités (art. 3 LPN) même si elle ne lui aurait pas accordé un intérêt digne de protection[23].

Un objet est d'importance régionale lorsqu'il revêt un intérêt pour un grand territoire, comme un grand canton (Vaud, Valais, Grisons, etc.) ou une région géographique (le Jura, etc.); il est d'importance locale lorsque la curiosité qu'il suscite est propre à une ville ou une localité.

En matière de protection des monuments, les critères peuvent être mixtes: il est fréquent de rencontrer un objet d'importance nationale-régionale ou nationale-locale, régionale-locale, etc.; c'est le cas lorsque l'un des éléments, par exemple la rareté, place l'ouvrage au rang d'intérêt national ou régional, mais que la qualité du site ne dépasse pas l'intérêt local, ou inversement. Dans de telles situations, les taux de subventions prévus par l'art. 5 OPN sont également mixtes.

IV. Compétences

Seules les listes d'objets d'importance nationale doivent être établies ou adoptées par la Confédération elle-même. Selon l'art. 5 al. 1 LPN, il incombe au Conseil fédéral d'établir les inventaires d'objets d'importance nationale, et donc de désigner ces objets (LEIMBACHER, art. 5, N° 22). Les cantons sont entendus dans cette procédure (art. 5 LPN). 11

La création d'inventaires d'importance régionale ou locale est réservée aux cantons[24]. Lorsque dans le cadre de l'établissement d'un inventaire, la Confédération a étendu son étude à l'ensemble du territoire et désigné non seulement les objets d'importance nationale, mais également ceux d'importance régionale et locale, il n'en résulte pas pour autant une obligation des cantons de les

---

[22] Arrêt non publié du TF du 19 juillet 1995, Val d'Illiez, cons. 2b; ATF 121 II 164 = Pra 1996, 299; 118 Ib 488 = JdT 1994 I 504.
[23] Dans ce sens ATF 121 II 17 = JdT 1996 I 535.
[24] Message LPN, FF 1965 III 99 et 107.

prendre en considération[25]. Un tel répertoire n'aurait qu'une valeur indicative et pourrait tout au plus tenir lieu de modèle d'inventaire pour les cantons[26]. D'une manière générale, les cantons n'ont d'ailleurs aucune obligation de protéger des objets d'importance régionale ou locale au sens où l'entend l'art. 4 LPN, à la différence du mandat qui leur est imparti à l'art. 18b LPN de délimiter les biotopes d'importance régionale ou locale et de veiller à leur entretien et protection[27].

---

[25] HEUSSER-KELLER, 7.
[26] Message LPN, FF 1965 III 107.
[27] Arrêt non publié du TF du 19 juillet 1995, Val d'Illiez, cons. 2b; ATF 121 II 164 = Pra 1996, 299; 118 Ib 488 = JdT 1994 I 504.

Art. 5 Inventare des Bundes von Objekten mit nationaler Bedeutung

¹ Der Bundesrat erstellt nach Anhören der Kantone Inventare von Objekten von nationaler Bedeutung; er kann sich auf bestehende Inventare von staatlichen Institutionen und von Organisationen stützen, die im Bereich des Naturschutzes, des Heimatschutzes oder der Denkmalpflege tätig sind. Die für die Auswahl der Objekte massgebenden Grundsätze sind in den Inventaren darzulegen. Ausserdem haben diese mindestens zu enthalten:
a. die genaue Umschreibung der Objekte;
b. die Gründe für ihre nationale Bedeutung;
c. die möglichen Gefahren;
d. die bestehenden Schutzmassnahmen;
e. den anzustrebenden Schutz;
f. die Verbesserungsvorschläge.

² Die Inventare sind nicht abschliessend. Sie sind regelmässig zu überprüfen und zu bereinigen; über die Aufnahme, die Abänderung oder die Streichung von Objekten entscheidet nach Anhören der Kantone der Bundesrat. Die Kantone können von sich aus eine Überprüfung beantragen.

Art. 5 Inventaires fédéraux d'objets d'importance nationale

¹ Le Conseil fédéral établit, après avoir pris l'avis des cantons, des inventaires d'objets d'importance nationale; il peut se fonder à cet effet sur des inventaires dressés par des institutions d'Etat ou par des organisations oeuvrant en faveur de la protection de la nature, de la protection du paysage ou de la conservation des monuments historiques. Les critères qui ont déterminé le choix des objets seront indiqués dans les inventaires. En outre, ceux-ci contiendront au minimum:
a. La description exacte des objets;
b. Les raisons leur conférant une importance nationale;
c. Les dangers qui peuvent les menacer;
d. Les mesures de protection déjà prises;
e. La protection à assurer;
f. Les propositions d'amélioration.

² Les inventaires ne sont pas exhaustifs. Ils seront régulièrement réexaminés et mis à jour; le Conseil fédéral décide de l'inscription, de la modification ou de la radiation d'objets, après avoir pris l'avis des cantons. Les cantons peuvent, de leur propre chef, proposer un nouvel examen.

Inhaltsverzeichnis Rz

I. Die heutigen Inventare nach Art. 5 NHG: das BLN und das ISOS 1
II. Grundsätzliches zu den Inventaren nach Art. 5 NHG (Abs. 1) 2
   A. Einordnung in den 1. Abschnitt des NHG 2
   B. Schutzobjekt und nationale Bedeutung 4
      a. Objekte im Sinne von Art. 24sexies Abs. 2 BV 5
      b. Die nationale Bedeutung 7
III. Inhalt der Inventare 9
   A. Das BLN 10
      a. Umschreibung und Gründe der nationalen Bedeutung 11
      b. Schutzziel und Bedeutung 13
      c. Gefährdung und Schutz 17
   B. Das ISOS 18
      a. Umschreibung und Gründe der nationalen Bedeutung 19
      b. Schutzziel 20
   C. Das (künftige) IVS 21
IV. Erstellen der Inventare 22
   A. Zuständigkeit 22
   B. Erlass 24
V. Überprüfung und Bereinigung (Abs. 2) 25

Table des matières N°

I. Les inventaires actuels selon l'art. 5 LPN: IFP et ISOS 1
II. Les principes régissant les inventaires en vertu de l'art. 5 LPN (al. 1) 2
   A. La place de la disposition dans le premier chapitre de la LPN 2
   B. Les objets protégés et l'importance nationale 4
      a. Les objets au sens de l'art. 24sexies al. 2 Cst. 5
      b. L'importance nationale 7
III. Le contenu des inventaires 9
   A. L'inventaire IFP 10
      a. Les délimitations et les justifications du critère d'importance nationale 11
      b. Le but de protection et son importance 13
      c. La mise en danger et la protection 17
   B. L'inventaire ISOS 18
      a. Les délimitations et les justifications du critère d'importance nationale 19
      b. Les buts de protection 20
   C. Le (futur) inventaire IVS 21
IV. L'établissement des inventaires 22
   A. La compétence 22
   B. L'acte législatif 24
V. Le réexamen et la mise à jour (al. 2) 25

I. Die heutigen Inventare nach Art. 5 NHG: das BLN und das ISOS

Bis zum heutigen Zeitpunkt gibt es lediglich zwei Inventare im Sinne von Art. 5 NHG: das «*Bundesinventar* der Landschaften und Naturdenkmäler von nationaler Bedeutung (BLN)» sowie das «*Bundesinventar* der schützenswerten Ortsbilder von nationaler Bedeutung (ISOS)» (in absehbarer Zukunft kommt ein drittes hinzu, das in Ausarbeitung begriffene «Bundesinventar der historischen Verkehrswege der Schweiz [IVS]»: vgl. Rz 21). Beide werden vom Bundesrat in Art. 1 der jeweiligen Verordnung (VBLN bzw. VISOS) explizit als «Bundesinventar im Sinne von Artikel 5 NHG» bezeichnet[1].

1

Wann immer daher in Art. 5 – und in den Art. 6 und 7 NHG – von Inventaren, von Inventaren des Bundes, von Inventaren des Bundes von Objekten mit nationaler Bedeutung oder von Inventaren von Objekten mit nationaler Bedeutung die Rede ist, sind (momentan) immer nur das BLN und das ISOS gemeint (zu anderen «Bundesinventaren», die sich aber nicht auf Art. 5 NHG stützen: vgl. Rz 6).

II. Grundsätzliches zu den Inventaren nach Art. 5 NHG (Abs. 1)

A. Einordnung in den 1. Abschnitt des NHG

Art. 24^{sexies} Abs. 2 BV verpflichtet den Bund, in Erfüllung seiner Aufgaben, «das heimatliche Landschafts- und Ortsbild, geschichtliche Stätten sowie Natur- und Kulturdenkmäler zu schonen und wo das allgemeine Interesse überwiegt, ungeschmälert zu erhalten».

2

Um diesen Auftrag zu erfüllen, sind mehrere Vorgehensweisen denkbar. Für den 1. Abschnitt des NHG, «Naturschutz, Heimatschutz und Denkmalpflege bei Erfüllung von Bundesaufgaben», wurde folgendes Vorgehen gewählt: Art. 2 NHG bestimmt zuerst die sogenannten Bundesaufgaben näher, und Art. 3 NHG wiederholt für all jene, die Bundesaufgaben erfüllen – also auch für die Kantone –, die verfassungsrechtliche Grundpflicht zur Schonung oder gar (unabhängig von der Bedeutung des Objekts [Art. 3 Abs. 3 NHG]) ungeschmälerten Erhaltung, wo das allgemeine Interesse überwiegt.

Art. 5 NHG (i.V. mit Art. 6 NHG) beeinflusst nun für gewisse Objekte diese Interessenabwägung. Durch die Aufnahme in ein Inventar nach Art. 5 NHG

3

---

[1] Vgl. VPB 1991, 46.

wird verbindlich festgelegt, dass einer Landschaft oder einem Ortsbild – weil von nationaler Bedeutung – grosses Gewicht zukommt – und alle gemäss Art. 5 NHG inventarisierten Objekte von nationaler Bedeutung müssen daher *in besonderem Masse* ungeschmälert erhalten oder jedenfalls *grösstmöglich* geschont werden (Art. 6 NHG). In all diesen Fällen hat die Entscheidbehörde grundsätzlich davon auszugehen, dass das allgemeine Interesse an der ungeschmälerten Erhaltung eines Objektes von nationaler Bedeutung ein mögliches beeinträchtigendes Eingriffs-Interesse überwiegt.

Allerdings ist der verstärkte Schutz von Inventar-Objekten durch Art. 6 NHG kein absoluter. Veränderungen oder Beeinträchtigungen der Objekte sind unter bestimmten Voraussetzungen möglich, und es darf sogar vom Gebot der ungeschmälerten Erhaltung dann *abgewichen* werden, wenn das Eingriffsinteresse von ebenfalls nationaler Bedeutung und zumindest gleichgewichtig wie das Schutzinteresse ist (vgl. LEIMBACHER, Art. 6).

B. Schutzobjekt und nationale Bedeutung

4   In Inventare nach Art. 5 NHG dürfen (vom Bundesrat) nicht beliebige Objekte aufgenommen werden. Die Vorentscheidung zugunsten der ungeschmälerten Erhaltung bestimmter Objekte ist nur dort zulässig, wo es sich a) um Objekte im Sinne von Art. 24^{sexies} Abs. 2 BV handelt und b) das allgemeine Interesse an ihnen grundsätzlich überwiegt. Gemäss Art. 5 NHG (i.V. mit Art. 4 und 6 NHG) überwiegt es bei Objekten von nationaler Bedeutung.

a.   Objekte im Sinne von Art. 24^{sexies} Abs. 2 BV

5   Gemäss der Konzeption des 1. Abschnittes des NHG müssen die Objekte für Inventare nach Art. 5 NHG aus dem durch Art. 24^{sexies} Abs. 2 BV umrissenen Bereich stammen[2]. Es muss sich um ein heimatliches Landschafts- bzw. Ortsbild, eine geschichtliche Stätte oder um ein Natur- bzw. Kulturdenkmal handeln. Welche Objekte im Detail darunter fallen, ist schwierig zu bestimmen (vgl. ZUFFEREY, 2. Kap., Rz 55, 61 ff.), und bei der Schaffung des NHG wurde denn auch auf eine Definition der Schutzobjekte bewusst verzichtet[3].

Bei den in die bisherigen Inventare gemäss Art. 5 NHG aufgenommenen Objekten handelt es sich aber zweifellos um Schutzobjekte im Sinne von Art. 24^{sexies} Abs. 2 BV: Das BLN enthält Landschaften und Naturdenkmäler, das ISOS

---

[2] Vgl. FLEINER-GERSTER, Rz 13 ff.
[3] Botschaft NHG, BBl 1965 III 95.

Ortsbilder. Auch die historischen Verkehrswege des in absehbarer Zukunft zu erwartenden IVS sprengen den Rahmen des Verfassungsartikels sicherlich nicht. Gleiches gilt, wenn einmal auch im Bereich der Denkmalpflege ein Inventare über Objekte von nationaler Bedeutung errichtet werden sollte, was durch die im Rahmen der NHG-Teilrevision erfolgte Ergänzung um den Bereich der Denkmalpflege zumindest theoretisch ermöglicht wurde[4].

Neben dem BLN und dem ISOS gibt es noch andere Bundesinventare, etwa das «Bundesinventar der Hoch- und Übergangsmoore von nationaler Bedeutung (Hochmoorinventar)» (Art. 1 HMV), das «Bundesinventar der Flachmoore von nationaler Bedeutung (Flachmoorinventar)» (Art. 1 FMV), das «Bundesinventar der Auengebiete von nationaler Bedeutung (Aueninventar)» (Art. 1 AuenV) oder das «Bundesinventar der Moorlandschaften von nationaler Bedeutung (Moorlandschaftsinventar)» (Art. 1 MLV). Sie stützen sich auf Art. 18a Abs. 1 NHG (HMV, FMV, AuenV) bzw. auf Art. 23b Abs. 3 NHG (MLV).

6 Andere Bundesinventare
Autres inventaires fédéraux

Das Bundesgericht hat kürzlich (mit Blick auf das Bundesinventar für Flachmoore) die Frage aufgeworfen – aber nicht beantwortet –, ob es sich bei jenen Bundesinventaren nicht auch um Inventare im Sinne von Art. 5 NHG handle[5].

Die Frage ist zu verneinen.

Zwar wäre es wohl durchaus zulässig gewesen, wenn der Bundesrat gestützt auf Art. 5 NHG z.B. ein Auen-Inventar oder ein Moorlandschafts-Inventar[6] erstellt hätte, insoweit Auen oder Moorlandschaften eben als Teil des heimatlichen Landschaftsbildes oder als Naturdenkmal im Sinne von Art. 24sexies Abs. 2 BV zu gelten haben – was in vielen BLN-Gebieten zweifellos der Fall ist. Ob solche (gemäss Art. 5 NHG erlassene) Inventare im Rahmen der heutigen Konzeption des NHG hinsichtlich ihrer *Objekte* mit den Inventaren der AuenV oder der MLV deckungsgleich wären, muss hier allerdings offen bleiben. So sind Inventare nach Art. 5 NHG historisch bedingt beispielsweise stärker auf die Erscheinung, das Landschafts- oder Orts-Bild, ausgerichtet, während sich die neueren Bundesinventare am Schutz von Lebensräumen und Lebensgemeinschaften orientieren.

Gegen die Qualifikation der Bundesinventare gemäss AuenV, HMV, FMV und MLV als solche nach Art. 5 NHG sprechen denn auch vor allem andere Gründe:

So hat der Bundesrat verschiedentlich mit Nachdruck darauf hingewiesen, dass Inventare, die nicht als solche im Sinne von Art. 5 NHG bezeichnet wurden, auch keine solchen sind: «Keine dieser Rechtsgrundlagen bezeichnet das genannte Inventar als solches im Sinne von Art. 5 NHG, dies im Gegensatz zur VBLN und VISOS, «welche dies ausdrücklich tun»[7].

---

[4] Botschaft Teilrevision NHG, BBl 1991 III 1138.
[5] BGr. in URP 1997, 219 f. Ähnlich bereits der unveröffentlichte Entscheid des BGr. vom 21. Dezember 1993 i.S. Schwyz, E. 3b.
[6] Allerdings für Moore und Moorlandschaften nur vor der Annahme des Art. 24sexies Abs. 5 BV, duldet er doch im Gegensatz zu Abs. 2 keine Einschränkung (vgl. BGr. in ZBl 1993, 524 E. 2b).
[7] VPB 1991, 46.

Die Inventarisierung gemäss Art. 5 NHG ist zudem unbestrittenermassen mit dem verstärkten Schutz von Art. 6 NHG verbunden. Objekte, die nicht in ein Inventar im Sinne von Art. 5 NHG aufgenommen wurden, unterstehen nicht dem verstärkten Schutz des Art. 6 NHG. Auf sie finden (einmal abgesehen von anderweitigen Schutznormen) nur die weniger strengen Schutzbestimmungen des Art. 3 NHG Anwendung[8] – selbst wenn es sich um Objekte von nationaler Bedeutung handelt[9]. Würden die anderen Bundesinventare durch Interpretation ebenfalls zu solchen im Sinne von Art. 5 NHG gemacht, so wäre auf sie auch Art. 6 NHG anwendbar, was zumindest bei der HMV und der FMV, weithin aber auch bei der MLV, zu Konflikten mit den in diesen Verordnungen verankerten Schutzzielen führen würde. Eingriffe, die nach Art. 6 NHG durchaus zulässig wären, sind in inventarisierten Mooren untersagt, *müssen* diese doch ungeschmälert erhalten werden (Art. 4 HMV, FMV). Weniger problematisch wäre die Herstellung praktischer Konkordanz sicherlich mit dem Schutzziel der AuenV, das sich weithin mit Art. 6 NHG überschneidet.

Des weiteren greift der verstärkte Schutz des Art. 6 NHG für Inventare nach Art. 5 NHG in erster Linie – wenn auch nicht ausschliesslich (vgl. LEIMBACHER, Art. 6, Rz 27 ff.) – bei Erfüllung von Bundesaufgaben, während die anderen Bundesinventare diese Einschränkung nicht kennen. Es ist daher nur schwer nachvollziehbar (und entspricht wohl kaum seiner Absicht), wenn das Bundesgericht anregt, auch diese zu Inventaren im Sinne von Art. 5 NHG machen, würde ihnen dadurch doch ein Teil ihrer Schutzwirkung entzogen.

Die Gleichstellung mit den Inventaren nach Art. 5 NHG hätte allerdings – und das scheint das Ziel des Bundesgerichts – den Vorteil, dass auch Art. 7 NHG, die obligatorische Begutachtung durch die Kommissionen, Anwendung fände. Allein, für eine solche Ausdehnung des Aufgabenbereichs der Kommissionen lässt sich nirgends in den Materialien ein Hinweis finden – so begrüssenswert sie auch immer sein würde. Zudem ist die gutachterliche Tätigkeit der Kommissionen ebenfalls auf jene Fälle beschränkt, in denen im Zuge der «Erfüllung einer Bundesaufgabe» eine Beeinträchtigung des Schutzobjektes droht. Und schliesslich wären die Kommissionen angesichts ihrer heutigen finanziellen, administrativen und personellen Ausstattung gar nicht in der Lage, diese zusätzliche Arbeit zu übernehmen.

Solange der Bundesrat von der ihm zustehenden Kompetenz nicht in grösserem Masse Gebrauch gemacht und nur das BLN sowie das ISOS explizit als Inventare im Sinne von Art. 5 NHG bezeichnet hat, finden also auf die anderen Bundesinventare die Art. 6 NHG (Bedeutung des Inventars) und 7 NHG (obligatorische Begutachtung) keine Anwendung (vgl. LEIMBACHER, Art. 6, Rz 4 und Art. 7, Rz 1 ff.).

b. Die nationale Bedeutung

7
BLN-
Kriterien
Critères IFP

Welche Kriterien ein Objekt erfüllen muss, um von nationaler Bedeutung zu sein (vgl. FAVRE, Art. 4, Rz 8), lässt sich nicht nach vermeintlich objektiven Massstäben bestimmen. Zu den Kriterien für die Auswahl der BLN-Objekte wird in den «Erläuterungen zum BLN»[10] ausgeführt:

«Die *nationale Bedeutung* wird einer Landschaft oder einem Objekt dann zuerkannt, wenn Gestalt und Gehalt als einzigartig für die Schweiz oder für einen Teilbereich unseres Landes als besonders typisch erachtet wurden. (...)

[8] VPB 1995, 521, 1993, 98.
[9] VPB 1991, 218.
[10] Ziff. 3.2.

Als *einzigartige Objekte* werden jene Landschaften und Naturdenkmäler für das Inventar vorgesehen, die aufgrund ihrer Schönheit, Eigenart und Ausdehnung, wissenschaftlichen, ökologischen oder/und kulturgeographischen Bedeutung in schweizerischer bzw. europäischer Sicht als einmalig und unersetzlich zu bezeichnen sind. (...)

Neben den einzigartigen Objekten werden jene Landschaften und Lebensgemeinschaften erfasst, die als *Typ-Landschaften* für eine bestimmte Landschaftsregion der Schweiz besonders kennzeichnend in Erscheinung treten. Die Zielsetzung besteht darin, im Minimum je ein hervorragendes Beispiel von jedem schweizerischen Landschaftstyp und seiner charakteristischen Tier- und Pflanzenwelt in das Inventar einzubeziehen. (...)»

Die Auswahl der Ortsbilder von nationaler Bedeutung für das ISOS beruht auf Kriterien der Lage, der räumlichen und architekturhistorischen Qualitäten und insbesondere auf vier Thesen, die für die ganze Aufnahmemethode bestimmend sind, sich an dieser Stelle aber nur schwer in geraffter Form wiedergeben lassen[11]:

8
ISOS-
Kriterien
Critères ISOS

1. Es gibt eine Vielzahl von Ortsbildern und ihre nationale Bedeutung kann nur anhand eines Vergleichs bestimmt werden. Nimmt man aber beispielsweise eine der seltenen gut erhaltenen mittelalterlichen Städte als Vergleichsmassstab, dann hat ein Weiler nie eine Chance, nationale Bedeutung zu erlangen. Zentral war daher sicherlich der Entschluss, grössere und kleinere ländliche Siedlungen gleichbedeutend wie städtische zu berücksichtigen und mit Hilfe eines Vergleichsrasters Gleiches mit Gleichem, Weiler mit Weiler oder Kleinstadt mit Kleinstadt zu vergleichen. Das führt zu einer Vervielfachung möglicher Anwärter auf nationale Bedeutung.
2. Für die nationale Bedeutung ist die Entstehungszeit einer Bebauung weniger ausschlaggebend als die Art und Weise, wie diese eine bestimmte soziale, politische und ökonomische Situation, kurz, eine bestimmte Lebensform, illustriert.
3. Auch einem Ortsbild, das keinen einzigen wertvollen Einzelbau enthält, kann nationale Bedeutung zukommen. Klar definierte Strassen- und Platzräume werden damit für das ISOS wichtiger als kunsthistorisch bedeutende Einzelbauten, die in erster Linie Objekte der Denkmalpflege sind[12].
4. Ein Inventar von Ortsbildern ist eine Momentaufnahme in einem Entwicklungsprozess. Dies muss, gerade mit Blick auf den anzustrebenden Schutz, immer im Auge behalten werden. Es geht nicht darum, Ortsbilder einzufrieren.

III. Inhalt der Inventare

Art. 5 NHG gibt (wie auch Art. 4 NHG) materiell recht wenig her, was zur Bestimmung der Inventar-Objekte dienlich wäre. Festgelegt wird in Abs. 1,

9

---

[11] ISOS Ortsregister, 226 ff.; vgl. auch HEUSSER-KELLER, 40 f.
[12] Zur Berücksichtigung des Ganzen, nicht nur einzelner Teile: vgl. BGE 120 Ia 275 = JdT 1996 I 526.

insbesondere Bst. a–f, einzig, was die Inventare mindestens zu enthalten haben[13]. Eine nur teilweise überzeugende Konkretisierung und Umsetzung dieser Vorgaben erfolgt in den recht kurz gehaltenen Verordnungen zum BLN und ISOS und in den gesonderten Veröffentlichungen des EDI[14].

A. Das BLN

10 Das BLN erfasst über 100 Landschaften und Naturdenkmäler von unterschiedlichster Grösse, Form, Lage und Beschaffenheit. Dabei handelt es sich nicht um urwüchsige Naturlandschaften, da sich solche in der Schweiz gar nicht mehr finden lassen, sondern in erster Linie um (möglichst) wenig veränderte und in naturnaher Weise genutzte (Kultur-)Landschaften oder Naturdenkmäler[15].

a. Umschreibung und Gründe der nationalen Bedeutung

11 Im Anhang zur VBLN sind die Landschaften und Naturdenkmäler von nationaler Bedeutung lediglich mit ihrem Namen und einer vierstelligen Kennummer aufgelistet (1015 Pied sud du Jura proche da La Sarraz; 1411 Untersee-Hochrhein; 1812 Gandria e dintorni). In der gesonderten Veröffentlichung des EDI findet sich für jedes Objekt ein Inventarblatt mit seiner kartographischen Umschreibung (Perimeter) und einer zusammenfassenden[16] Darlegung der «Gründe für die nationale Bedeutung». Zum Objekt Nr. 1606 «Vierwaldstättersee mit Kernwald, Bürgenstock und Rigi» heisst es:

«Bedeutung:

Berühmte Berg- und Seenlandschaft im Zentrum der Schweiz mit historischen Stätten aus der Gründungszeit der Eidgenossenschaft und mit den vielbesuchten Aussichtsbergen Rigi und Bürgenstock.

Aufgeschobene Molasse am Alpennordrand und von den zentralschweizerischen Klippen überlagerte helvetische Kalkalpen mit typischen Kreide- und Eozänserien.

Uferrieder der Flussmündungen, Hochmoore, Felsfluren, natürliche Föhrenwälder.

---

[13] Botschaft NHG, BBl 1965 III 102.
[14] Vgl. Art. 2 VBLN und VISOS.
[15] Z.B. der Gletschergarten Luzern.
[16] Erläuterungen zum BLN, Ziff. 7.1.

Insubrische Florenelemente dank Föhnklima an den Hängen über dem See: Castanea sativa (Edelkastanie, besonders bei Weggis), Juniperus sabina, Sarothamnus, Colutea, Ruscus, Asperula taurina, Cyclamen purpurascens, Hypericum coris, etc.»[17].

Mehr findet sich objektspezifisch, auf die inventarisierte Landschaft oder das Naturdenkmal individuell zugeschnitten, leider nicht an brauchbarer Information. Das ist einer der zentralen Schwachpunkte des BLN. Denn diese «Bedeutung», die objektspezifische Charakterisierung des Inventar-Objektes, hat eine äusserst wichtige Funktion: Sie umreisst den anzustrebenden Schutz[18] bzw. die Schutzziele.

12
Schwachpunkt BLN
Point faible de l'IFP

b. Schutzziel und Bedeutung

Zur Erläuterung der Problematik drängt sich ein kurzer Vorgriff auf Art. 6 NHG auf, der bestimmt, was die Inventare nach Art. 5 NHG bedeuten. Gemäss Art. 6 Abs. 1 NHG sind die Inventar-Objekte in besonderem Masse *ungeschmälert zu erhalten oder jedenfalls grösstmöglich zu schonen* (vgl. LEIMBACHER, Art. 6, Rz 3 ff.). Das ist das Schutzziel[19]. Der Schutz der Inventar-Objekte zielt auf ihre ungeschmälerte Erhaltung oder grösstmögliche Schonung. Dieses Ziel kann aber nur dann erreicht werden, wenn das Schutzobjekt genau bekannt ist. Wer schützen will, muss wissen, was im je konkreten Falle zu erhalten oder zu schonen ist. «Im Sinne der Inventare» seien die Objekte zu schützen, heisst es dazu in Art. 6 Abs. 2 NHG, und das wirft uns zurück auf die Inventarblätter, in denen ausser dem Perimeter wenig klar ist:

13

Wie oder was soll, gestützt auf die potentielle Leerformel «vielbesuchter Aussichtsberg» oder «natürliche Föhrenwälder», im oben wiedergegebenen Objekt Nr. 1606 geschützt werden, wenn es beispielsweise um eine Baute auf der Rigi[20] oder eine Deponie im Kernwald (Cholwald) geht[21]?

Das Beispiel «Vierwaldstättersee» zeigt – stellvertretend für viele Objekte –, dass es, alleine gestützt auf jene doch äusserst vage Beschreibung[22], nicht leicht

---

[17] Wiedergegeben im Entscheid des BGr. in ZBl 1995, 190. Vgl. auch die unveröffentlichten Entscheide des BGr. vom 11. Oktober 1993 i.S. Rigi-Kulm, E. 5a, sowie vom 28. März 1991 i.S. Beckenried, E. 5a.
[18] Zu dem sich in den Erläuterungen zum BLN weitere, allerdings allgemeine Ausführungen finden.
[19] Vgl. auch die Umschreibung des Schutzziels in Art. 4 AuenV, HMV, FMV, MLV und in Art. 23c Abs. 1 NHG.
[20] Unveröffentlichter Entscheid des BGr. vom 11. Oktober 1993 i.S. Rigi-Kulm.
[21] Entscheid des BGr. vom 17. Juli 1995 i.S. Cholwald, teilweise abgedruckt in URP 1995, 709 ff.
[22] Vgl. den unveröffentlichten Entscheid des BGr. vom 28. März 1991 i.S. Beckenried, E. 5a; BGE 115 Ib 490 f. = JdT 1991 I 498.

fällt oder gar unmöglich ist, konkrete Eingriffe in ein BLN-Objekt zu beurteilen (Art. 6 und 7 NHG). Dazu kommt, dass zwischen (ungenügend) beschriebenem Soll- und vorfindlichem Ist-Zustand beträchtliche Unterschiede bestehen können, denn gerade BLN-Objekte, die, wie das erwähnte, sehr gross sind und Siedlungsgebiete mit einschliessen, können in ihrer Schönheit und Eigenart durchaus wahrnehmbar beeinträchtigt sein[23].

14
Konkretisierung der Schutzziele
Concrétisation des buts de protection

Wie der Bundesrat richtig festhielt, steht und fällt der Wert der Inventare aber mit der Sorgfalt, die für ihre Ausarbeitung aufgewendet wird[24]. Zumindest bei der (zusammenfassenden) Darlegung der Gründe für die nationale Bedeutung der Objekte wurde dieser Erkenntnis aber nur ungenügend nachgelebt, sodass die notwendige Sachkenntnis, Gründlichkeit und Objektivität[25] verfügbar gemacht und nachgeliefert werden muss.

Mit anderen Worten: Bevor ein Urteil darüber abgegeben werden kann, ob und vor allem in welchem Masse ein konkretes Vorhaben ein Inventar-Objekt beeinträchtigt (Art. 7 NHG), und wie dem Gebot ungeschmälerter Erhaltung bzw. grösstmöglicher Schonung nachgekommen werden kann, muss das allgemeine Schutzziel des Art. 6 NHG in den meisten Fällen zuerst einmal objektspezifisch konkretisiert werden. Konkretisierung des Schutzziels ist aber nur möglich durch Konkretisierung des Schutzobjekts: Angeleitet durch die skizzierte Bedeutung des Objektes gemäss Inventarblatt muss unter Herbeiziehung weiterer relevanter Informationen[26] die Frage beantwortet werden, was in concreto eigentlich geschützt ist[27]. Und da in der Regel durch ein Projekt nur Teile eines BLN-Objektes betroffen sind, muss diese Konkretisierung räumlich differenziert erfolgen, wobei allerdings das Schutzgebot für das Objekt in seiner Gesamtheit nicht unterlaufen werden darf[28]:

«Der Cholwald bildet Teil des Kernwaldes (vgl. die oben Rz 11 wiedergegebene «Bedeutung» des Objekts 1606), der auf dem Gebiet eines grossen nacheiszeitlichen Bergsturzes stockt. Es handelt sich um eine der grössten Bergsturzlandschaften der nördlichen Kalkalpen; die Zeugen des Ereignisses sind noch kaum umgestaltet. (...) Der auf der Bergsturzmasse stockende Wald hat Seltenheitswert. Der Wechsel auf kleinstem Raum zwischen felsigen oder mager-trockenen Stand-

---

[23] Unveröffentlichte Entscheide des BGr. vom 11. Oktober 1993 i.S. Rigi-Kulm, E. 5a, und vom 28. März 1991 i.S. Beckenried, E. 5a.

[24] Botschaft NHG, BBl 1965 III 103.

[25] Botschaft NHG, BBl 1965 III 103.

[26] Hierzu zählen zum einen sicherlich die im Inventar selber nicht enthaltenen objektspezifischen «Materialien», insbesondere die KLN-Inventarblätter und -Protokolle sowie und soweit vorhanden verschiedene Untersuchungen, die im fraglichen Gebiet durchgeführt wurden.

[27] Unveröffentlichte Entscheide des BGr. vom 16. April 1997 i.S. Pilatus, E. 6, und vom 28. März 1991 i.S. Beckenried, E. 5a.

[28] Unveröffentlichter Entscheid des BGr. vom 28. März 1991 i.S. Beckenried, E. 5a. Für den Bereich der Denkmalpflege vgl. auch BGE 120 Ia 276 = JdT 1996 I 526.

orten und vereinzelt tiefgründigen, oft auch feuchten oder nassen Standorten hat einen Reichtum an Pflanzengesellschaften und eine damit verbundene Faunenvielfalt entstehen lassen. Dies verleiht der Bestockung ihren besonderen, urtümlichen Charakter»[29].

Erst gestützt auf solche Konkretisierung und Differenzierung, die alle inventarisierten Kriterien beachtet[30], kann entschieden werden, was beispielsweise ungeschmälert zu erhalten wäre und ob und inwieweit der geplante Eingriff als eine Beeinträchtigung «im Sinne der Inventare» zu qualifizieren wäre.

Eine wichtige Rolle kommt bei solcher Konkretisierung und Differenzierung der Schutzziele der obligatorischen Begutachtung durch die zuständige Kommission (Art. 7 NHG) zu. Es gehört, sobald sie von der zuständigen Stelle beigezogen wird (vgl. LEIMBACHER, Art. 7, Rz 6), zu ihrer schwierigen Aufgabe, aus den relativ unbestimmten Charakterisierungen vieler Objekte zuhanden der zuständigen Entscheidbehörden substanzielle Inhalte zu schöpfen.

15

De lege ferenda ist sicherlich zu verlangen, dass die BLN-Inventarblätter überarbeitet und dass gestützt auf die zwischenzeitlich gemachten Erfahrungen bei der Ausarbeitung anderer (Bundes-)Inventare (HMV, FMV, AuenV, MLV)[31] konkrete und (räumlich) differenzierte objektspezifische Schutzziele vorgegeben werden. Denn nur anhand wenigstens einigermassen nachvollziehbarer konkretisierter Schutzziele wird es – gerade für die zuständige Stelle (vgl. LEIMBACHER, Art. 7, Rz 6) – überhaupt möglich, sich über das Ausmass und die konkrete Schwere des geplanten Eingriffs klar zu werden und Beeinträchtigung und Schutzziel einander gegenüberzustellen.

16
Überarbeitung BLN
Mise à jour IFP

c. Gefährdung und Schutz

Neben einer Umschreibung der Objekte sowie einer Begründung ihrer nationalen Bedeutung müssen die Inventare gemäss Art. 5 Abs. 1 NHG zudem die möglichen Gefahren, die bestehenden Schutzmassnahmen, den anzustrebenden Schutz und Verbesserungsvorschläge[32] enthalten (Bst. c–f). Die «Erläuterungen zum BLN» enthalten hierzu leider nur allgemeine, nicht objektspezifische Ausführungen.

17

Hervorhebung verdient Ziff. 6.2.13, wonach Nachteile einer Veränderung eines Inventar-Objektes durch anderweitige Vorteile mindestens ausgeglichen wer-

---

[29] BGr. in URP 1995, 714.
[30] BGE 115 Ib 491 = JdT 1991 I 498.
[31] Zur Konkretisierung der Schutzziele durch die Kantone im Moorlandschaftsschutz: vgl. Art. 23c NHG.
[32] Vgl. BGE 113 Ib 347 f. = JdT 1989 I 493.

den sollen und bestehende Landschaftsschäden bei jeder sich bietenden Gelegenheit zu beseitigen sind[33].

Neben diesem Leitsatz finden sich in den Erläuterungen zum BLN weitere Grundsätze zur Erreichung und Verbesserung des Schutzes, die allerdings unterdessen teilweise in neuere Gesetze (RPG, GSchG, Biotopschutz NHG, USG[34] usw.) Eingang gefunden haben.

B. Das ISOS

18 Das ISOS umfasst über 1000 Ortsbilder[35] von nationaler Bedeutung[36]. Es erbringt untereinander vergleichbare Ortsbildaufnahmen, die mit den bestehenden Inventaren der eidgenössischen oder kantonalen Denkmalpflegestelle koordiniert werden können. Es soll als Grundlage für die Planungen auf eidgenössischer, kantonaler oder Gemeindeebene dienen und für Denkmal- und Ortsbildpflege Entscheide über den Erhalt von Siedlungsteilen oder Einzelbauten erleichtern[37].

a. Umschreibung und Gründe der nationalen Bedeutung

19 Die schützenswerten Ortsbilder von nationaler Bedeutung sind im Anhang zur VISOS aufgelistet und seit neuestem[38] im ISOS Ortsregister (Index des localités/Indice delle località) gesamtschweizerisch zusammengefasst und durch die Listen der Ortsbilder von regionaler und lokaler Bedeutung ergänzt. In den gesonderten Veröffentlichungen des EDI[39] wird das geschützte Ortsbild, d.h. das heutige Erscheinungsbild der schützenswerten Bebauung sowie jene Umgebungen, die für deren Erhaltung von Bedeutung sind, mittels Plänen, Fotografien und Texten erfasst. Dazu wird das Ortsbild mit Hilfe der drei Ansätze der Aufnahmemethode (historischer und räumlicher Ansatz, Ansatz nach Erhaltungsziel) in Ortsbildteile aufgegliedert.

---

[33] Vgl. Art. 18 Abs. 1ter NHG; BGr. in URP 1996, 826.
[34] Zur Tragweite und Bedeutung des Vorsorgeprinzips über den Rahmen des USG hinaus: vgl. ZUFFEREY, 2. Kap., Rz 34.
[35] Erfasst werden in erster Linie Dauersiedlungen mit mehr als 10 Hauptbauten. Kleinere wertvolle Anlagen ausserhalb aufgenommener Orte können im Inventar als Spezialfall erfasst werden.
[36] Dazu kommen gegen 3000 von regionaler oder lokaler Bedeutung, deren Inventarisierung zur Erarbeitung der Gesamtübersicht nötig war.
[37] ISOS Kanton Uri, 5; ISOS Ortsregister, 226.
[38] Stand 1. Juni 1995.
[39] Sie können beim BAK, dem Büro für das ISOS (Zürich) oder bei den jeweiligen Kantonen eingesehen werden. In der ISOS Reihe publiziert wurden bisher die Bände für die Kantone Genf, Schaffhausen, Aargau, Schwyz, Ob- und Nidwalden, Glarus, Uri.

b. Schutzziel

Allgemeines Schutzziel ist auch beim ISOS die in besonderem Masse ungeschmälerte Erhaltung oder jedenfalls grösstmögliche Schonung gemäss Art. 6 NHG. Im Gegensatz zum BLN bietet das ISOS nun aber nicht nur viel mehr Informationen zu den einzelnen Schutzobjekten, sondern auch konkretisierte und differenzierte objektspezifische Schutzziele. Je nach Bedeutung einer schützenswerten Bebauung (Gebiet (Ortsteil), Baugruppe (Münsterplatz, Gassenzug etc.), eines Einzelelements (Kirche, Brücke etc.) oder einer Umgebung werden unterschiedliche Erhaltungsziele vorgegeben. So z.b. das «Erhalten der Substanz», verstanden als integrales Erhalten aller Bauten, Anlageteile und Freiräume sowie Beseitigung störender Eingriffe, oder das «Erhalten der Beschaffenheit» als Kulturland oder als Freifläche und der für das Ortsbild wesentlichen Vegetation und Altbauten sowie Beseitigung störender Veränderungen.

20 Erhaltungsziele
Buts de la conservation

Zusammen mit den Plänen, Fotografien, Texten (zur Siedlungsentwicklung, zur Bewertung des Ortsbildes etc.) und weiteren speziellen Erhaltungshinweisen erlaubt es das ISOS viel besser als das BLN, sich Klarheit über die möglichen Beeinträchtigungen durch ein Projekt zu machen und diese den konkreten Schutzzielen gegenüberzustellen.

C. Das (künftige) IVS

Am «Bundesinventar historischer Verkehrswege der Schweiz (IVS)» wird schon längere Zeit gearbeitet, und es steht zu erwarten, dass die Verordnung (VIVS) mit einer ersten Serie von Schutzobjekten in absehbarer Zukunft vom Bundesrat verabschiedet und in Kraft gesetzt wird.

21 Historische Verkehrswege
Voies de communication historiques

Das IVS ist keine blosse Bestandesaufnahme; es wird vielmehr die erforderlichen Grundlagen für die Erhaltung, die Pflege und die angepasste Nutzung wichtiger historischer Verkehrswege bereitstellen und so auch dem Erlass von Schutzmassnahmen und Nutzungsbeschränkungen dienen. Als drittes Inventar gemäss Art. 5 NHG bildet das IVS mit dem linearen, verbindenden Kulturlandschaftselement «Weg» die notwendige Ergänzung zu BLN und ISOS.

Als – zu inventarisierende – historische Verkehrswege sollen jene im Gelände sichtbaren Weg- und Strassenverbindungen gelten, die durch Dokumente belegbar oder durch die Weganlage (Wegformen [Hohlweg, Hangweg], Wegbegrenzungen [Böschungen, Mauern, Hecken, Kunstbauten], Wegoberflächen [Lokkermaterial, Pflästerung usw.]) und Wegbegleiter (profane und geistliche Bauten und Anlagen am Weg, die den Verkehr von Personen und Waren unterstützt und erleichtert haben) als historische Wege erkennbar sind.

Gerade die Erfahrungen mit dem BLN haben gezeigt, dass das in Art. 6 Abs. 1 NHG vorgegebene (allgemeine) Schutzziel, die in besonderem Masse ungeschmälerte Erhaltung oder jedenfalls grösstmögliche Schonung «im Sinne der Inventare», nach objektspezifischer Konkretisierung verlangt. Es ist daher geplant, die IVS-Objekte gemäss ihrer unterschiedlichen Ausprägung (Substanz) zu unterscheiden und die Schutzziele entsprechend zu differenzieren.

Die Ergebnisse des IVS werden (wie bei BLN und ISOS) gemäss den Vorgaben von Art. 5 Abs. 1 NHG in einer Inventarkarte und der zugehörigen Dokumentation (Karten, Pläne, Texte, Fotografien etc.) vorgelegt.

Die Inventarkarte des IVS wird, ähnlich wie beim ISOS, neben den Objekten von nationaler Bedeutung auch jene von regionaler und lokaler (Art. 4 NHG) enthalten, wäre doch ansonsten der Überblick über das historische Verkehrsnetz nicht möglich und die Karte letztlich unverständlich. Die Einstufung der historischen Verkehrsweg erfolgt nach qualitativen Beurteilungskriterien. Zum einen wird die historische Kommunikationsbedeutung bewertet (z.B. geopolitisch-strategische Bedeutung der Verkehrsachse, Funktion der Verbindung oder auch Stellung des Wegs in Volkstum und Mythologie), zum anderen die morphologische Bedeutung (z.B. Eigenwert, Seltenheit, Art und Bedeutung der Bausubstanz)[40].

Der Schutz der regionalen und lokalen Objekte ist aber nicht Gegenstand der VIVS. Er richtet sich nach Art. 3 NHG. In den Genuss des verstärkten Schutzes von Art. 6 NHG gelangen nur Objekte von nationaler Bedeutung, sofern und sobald sie ins Inventar aufgenommen sind. Bis dahin gilt auch für sie die Regelung von Art. 3 NHG:

«Les voies historiques peuvent faire partie des sites évocateurs du passé ou des monuments que les autorités, services, instituts et établissements fédéraux doivent, dans l'accomplissement des tâches de la Confédération, ménager ou, le cas échéant, conserver conformément à l'art. 3 LPN»[41].

IV. Erstellen der Inventare

A. Zuständigkeit

22 Zuständig für das Erstellen der Inventare und somit auch für die Auswahl der Objekte ist der Bundesrat (Art. 5 Abs. 1 NHG)[42]. Er entscheidet zudem im Rah-

---

[40] Vgl. Bull. IVS 90/1.
[41] BGE 120 Ib 32 = Pra 1994, 737, mit Hinweisen.
[42] Zur Mitwirkung von ENHK und EDK: Art. 25 Abs. 1 Bst. c NHV.

men der regelmässig vorzunehmenden Überprüfung und Bereinigung der Inventare über die Aufnahme, die Abänderung oder die Streichung von Objekten (Art. 5 Abs. 2 NHG)[43].

In allen Fällen hat der Bundesrat vorgängig die Kantone anzuhören (Art. 5 Abs. 2 NHG)[44]. Ihr Einverständnis ist allerdings *rechtlich* nicht erforderlich[45].

23 Anhörung der Kantone
Audition des cantons

B. Erlass

Die beiden bisherigen Inventare nach Art. 5 NHG wurden vom Bundesrat in Form von Verordnungen (VBLN bzw. VISOS) erlassen. Der sehr kurze Verordnungstext wird ergänzt durch «gesonderte Veröffentlichungen» des EDI, in denen die gemäss Art. 5 Abs. 1 NHG verlangten Grundsätze und Angaben festgehalten sind (vgl. Rz 9 ff.).

24

Bei der Erstellung der Inventare kann sich der Bundesrat auf bestehende Inventare von staatlichen Institutionen und von Organisationen stützen, die im Bereich des Naturschutzes, des Heimatschutzes oder der Denkmalpflege tätig sind (Art. 5 Abs. 1 NHG). Der Bundesrat hat von dieser Möglichkeit Gebrauch gemacht.

Bei den bisher drei Serien von BLN-Objekten (1977, 1983 und 1996) stützte er sich insbesondere auf das «Inventar der zu erhaltenden Landschaften und Naturdenkmäler von nationaler Bedeutung», das sogenannte KLN-Inventar[46]. In seiner Fassung vom 4. Mai 1963 und 18. November 1967 (nicht jedoch in jenen aus den Jahren 1979, 1984 und 1988) kommt ihm bis zu seiner vollständigen Ablösung durch den Erlass der (noch in Ausarbeitung begriffenen) vierten BLN-Serie die Bedeutung einer verwaltungsanweisenden Richtlinie zu, soweit die in ihm enthaltenen Objekte noch nicht im BLN berücksichtigt worden sind[47]. Das hat insbesondere zur Folge, dass auch bei Beeinträchtigungen solcher KLN-Objekte eine obligatorische Begutachtung gemäss Art. 7 NHG durchgeführt werden muss.

KLN-Inventar
Inventaire CPN

---

[43] Art. 3 VISOS.
[44] Vgl. BGr. in ZBl 1994, 284, E. 6. Zur engen Zusammenarbeit mit den Kantonen bei der Erarbeitung des ISOS: HEUSSER-KELLER, 7.
[45] Ein Antrag ZWAHLEN, die Inventare «im Einvernehmen mit den betreffenden Kantonen» aufzustellen und sie bei Uneinigkeit von einer Vermittlungskommission festlegen zu lassen, fand im Nationalrat keine Mehrheit (Amtl.Bull. N 1993 2079 f.). Ein ähnlicher Vorstoss wurde schon früher abgewiesen (Amtl.Bull. S 1966 16, 178, N 1966 328).
[46] Näheres zur Vorgeschichte in Ziff. 1 der Erläuterungen zum BLN.
[47] Art. 1 Abs. 2 VBLN; VPB 1990, 273. Zur Entstehung und den Grundlagen des ISOS: HEUSSER-KELLER, 2 f.

V. Überprüfung und Bereinigung (Abs. 2)

25 Die Aussage von Art. 5 Abs. 2 NHG, die Inventare seien nicht abschliessend, darf nicht dahingehend missverstanden werden, der Bundesrat habe seinen Auftrag «nicht abschliessend» zu erfüllen. Er muss die Inventare erstellen; er darf dies zwar in Etappen machen, aber grundsätzlich haben sie möglichst bald vollständig und à jour zu sein, gelangen die Objekte doch nur so in den Genuss des verstärkten Schutzes nach Art. 6 (und 7) NHG (vgl. LEIMBACHER, Art. 6, Rz 4).

Die Aussage bezieht sich denn auch vor allem auf die Verpflichtung, die Inventare regelmässig zu überprüfen und zu bereinigen: Die «nationale Bedeutung» ist keine absolute Grösse. Was früher als Selbstverständlichkeit nicht besonders erwähnt wurde (z.B. Obstgärten), kann heute eine wertvolle Besonderheit darstellen, und was damals als Besonderheit galt, kann heute trivial sein (z.B. reiche Schalenwildbestände in den Alpen). Des weiteren ändern sich im Laufe der Jahre die Gefährdungen und auch das Wissen, um ihnen zu begegnen.

Das BLN (von 1977) wurde bis heute zweimal (1983 und 1996) gemäss Art. 5 Abs. 2 NHG überprüft und bereinigt, insbesondere durch die Aufnahme neuer Objekte vergrössert. Das ISOS (von 1981) wurde bis 1997 bereits zehnmal ergänzt.

26
Anträge der Kantone
Requêtes des cantons

Veränderte Verhältnisse, neue Erkenntnisse oder Prioritäten können auch bei Kantonen den Wunsch nach einer Bereinigung der Inventare (z.B. Aufnahme neuer Objekte, Revision des Perimeters eines Objektes) wecken. Art. 5 Abs. 2 NHG gibt ihnen das Recht, beim Bundesrat vorstellig zu werden und eine Überprüfung zu beantragen. Entscheidbehörde ist aber alleine der Bundesrat[48].

---

[48] Vgl. BGr. in ZBl 1994, 284 E. 6.

Art. 6 Bedeutung des Inventars

¹ Durch die Aufnahme eines Objektes von nationaler Bedeutung in ein Inventar des Bundes wird dargetan, dass es in besonderem Masse die ungeschmälerte Erhaltung oder jedenfalls grösstmögliche Schonung verdient.

² Ein Abweichen von der ungeschmälerten Erhaltung im Sinne der Inventare darf bei Erfüllung einer Bundesaufgabe nur in Erwägung gezogen werden, wenn ihr bestimmte gleich- oder höherwertige Interessen von ebenfalls nationaler Bedeutung entgegenstehen.

Art. 6 Importance de l'inventaire

¹ L'inscription d'un objet d'importance nationale dans un inventaire fédéral montre que l'objet mérite spécialement d'être conservé intact ou en tout cas d'être ménagé le plus possible.

² Lorsqu'il s'agit de l'accomplissement d'une tâche de la Confédération, la règle suivant laquelle un objet doit être conservé intact dans les conditions fixées par l'inventaire ne souffre d'exception, que si des intérêts équivalents ou supérieurs, d'importance nationale également, s'opposent à cette conservation.

Inhaltsverzeichnis Rz

I. Vorbemerkungen	1
A. Inventare nach Art. 5 NHG	1
B. Bei Erfüllung einer Bundesaufgabe	2
II. Der verstärkte Schutz des Art. 6 NHG	3
A. Ungeschmälerte Erhaltung	5
B. Grösstmögliche Schonung	8
III. Die (zulässigen) Eingriffe	11
A. Veränderungen, die keine Schutzziele tangieren	12
B. Beeinträchtigung ohne Abweichen von der ungeschmälerten Erhaltung	14
a. Beeinträchtigung des Schutzziels	14
b. Zur Zulässigkeit von Beeinträchtigungen	16
C. Beeinträchtigung im Sinne eines Abweichens von der ungeschmälerten Erhaltung	17
a. Abweichen von der ungeschmälerten Erhaltung	17
b. In Erwägung ziehen	18
c. Von ebenfalls nationaler Bedeutung	19
d. Gleich- oder höherwertige Interessen	22
e. Grösstmögliche Schonung	26
IV. Bedeutung der Inventare ausserhalb der Erfüllung einer Bundesaufgabe	27

Table des matières N°

I. Remarques préliminaires 1
   A. Les inventaires de l'art. 5 LPN 1
   B. Lors de l'accomplissement d'une tâche fédérale 2
II. La protection renforcée de l'art. 6 LPN 3
   A. Conserver intacts les objets 5
   B. Ménager les objets le plus possible 8
III. Les atteintes (admissibles) 11
   A. Les modifications qui ne portent pas atteinte au but de la protection 12
   B. Une atteinte ne dérogeant pas à l'obligation de conserver intact 14
     a. Une atteinte portée au but de protection 14
     b. A propos de l'admissibilité des atteintes 16
   C. Une atteinte dérogeant à l'obligation de conserver intact 17
     a. La dérogation à l'obligation de conserver intact 17
     b. «Ne souffre d'exception» 18
     c. «D'importance nationale également» 19
     d. Les intérêts équivalents ou supérieurs 22
     e. Ménager le plus possible 26
IV. L'importance des inventaires hors de l'accomplissement d'une tâche fédérale 27

I. Vorbemerkungen

A. Inventare nach Art. 5 NHG

1
BLN, ISOS
IFP, ISOS

Art. 6 NHG (wie übrigens auch Art. 7 NHG) bezieht sich nur auf Inventare nach Art. 5 NHG. Davon gibt es bis zum heutigen Zeitpunkt lediglich zwei: Das Bundesinventar der Landschaften und Naturdenkmäler von nationaler Bedeutung (BLN) sowie das Bundesinventar der schützenswerten Ortsbilder von nationaler Bedeutung (ISOS) (vgl. LEIMBACHER, Art. 5, Rz 1 und 6)[1]. In absehbarer Zukunft kommt ein drittes hinzu, das in Ausarbeitung begriffene Bundesinventar der historischen Verkehrswege der Schweiz (IVS)[2] (vgl. LEIMBACHER, Art. 5, Rz 21).

B. Bei Erfüllung einer Bundesaufgabe

2 Wie der ganze erste Abschnitt des NHG (Art. 2-12b) nimmt auch Art. 6 NHG Bezug auf die Erfüllung einer Bundesaufgabe, sei es durch den Bund, seine Anstalten und Betriebe oder auch durch die Kantone (vgl. ZUFFEREY, Art. 2;

---

[1] Vgl. VBLN bzw. VISOS.
[2] Vgl. BGE 120 Ib 32 = Pra 1994, 734.

FAVRE, Art. 3). In Abs. 1 wird dies, im Gegensatz zu Abs. 2, nicht explizite ausgeführt, was wohl damit zusammenhängt, dass der Passus erst im Rahmen der parlamentarischen Beratung in Abs. 2 eingefügt wurde, um eventuelle Ängste der Kantone über die Verbindlichkeit der Inventare auszuräumen[3].

II. Der verstärkte Schutz des Art. 6 NHG

In Art. 6 NHG wird die Grundverpflichtung des Art. 3 Abs. 1 NHG, dafür zu sorgen, «dass das heimatliche Landschafts- und Ortsbild, geschichtliche Stätten sowie Natur- und Kulturdenkmäler geschont werden, und wo das allgemeine Interesse an ihnen überwiegt, ungeschmälert erhalten bleiben», entscheidend verstärkt:

Der Gesetzgeber hat nicht nur festgehalten, dass sie «in besonderem Masse» Schutz verdienen, sondern bereits entschieden, dass das allgemeine, das nationale Interesse an der «ungeschmälerten Erhaltung» der Inventar-Objekte grundsätzliche überwiegt – es sei denn, die Voraussetzungen der Ausnahmebestimmung von Art. 6 Abs. 2 NHG seien gegeben.

Zudem sind die Objekte in jedem Falle im Sinne einer Minimalforderung nicht nur zu schonen, sondern «grösstmöglich» zu schonen.

Des Weiteren greift der verstärkte Schutz[4] des Art. 6 NHG nicht nur, wenn ein Projekt ein Inventar-Objekt direkt betrifft und innerhalb seines Perimeters realisiert werden soll, sondern auch dort, wo einem Schutzobjekt durch Anlagen, die an seiner Grenze realisiert werden sollen, Schaden droht[5].

Die Aufnahme eines Objektes in ein Inventar nach Art. 5 NHG ist in jedem Fall unabdingbare Voraussetzung für seinen verstärkten Schutz gemäss Art. 6 NHG[6] sowie für die Begutachtungspflicht nach Art. 7 NHG. Solange ein Objekt – selbst wenn es von nationaler Bedeutung ist – (noch) nicht in ein Inventar nach Art. 5 NHG aufgenommen ist, kann es nicht in den Genuss der strengeren Schutzbestimmungen kommen, da es bei fehlender Inventarisierung an der dazu notwendigen bundesrechtlichen Grundlage fehlt. Selbst eine analoge Anwendung von Art. 6 NHG kommt nicht in Frage, denn der Bundesgesetzgeber hat eine klare Unterscheidung getroffen, welche Objekte einen schwächeren beziehungsweise stärkeren Schutz geniessen. In all diesen Fällen (betroffen sind vor allem potentielle ISOS- und IVS-Objekte) greift grundsätzlich nur der weniger strenge

3 Vorrang der Inventare
Primauté des inventaires

4 Nichtinventarisierte Objekte
Objets non inventoriés

---

[3] Amtl.Bull. S 1966 17 f. (Votum OBRECHT).
[4] BGE 115 Ib 491 = JdT 1991 I 504.
[5] Vgl. BGE 115 Ib 322 = JdT 1991 I 586; BGE 112 Ib 297 = JdT 1988 I 587; BGE 99 Ib 78; vgl. auch VPB 1972, 150.
[6] VPB 1991, 218.

Schutz gemäss Art. 3 NHG⁷. Allerdings ist auch in solchen Fällen der nationalen Bedeutung des Objektes im Rahmen der je notwendigen Interessenabwägung entsprechend Rechnung zu tragen.

Ist ein Objekt von nationaler Bedeutung allerdings in ein anders, nicht gestützt auf Art. 5 NHG erstelltes Bundesinventar aufgenommen, richtet sich sein Schutz primär nach jenen (MLV. HMN, FMV, AuenV) Bestimmungen. Zudem können schützenswerte Objekte von nationaler Bedeutung beispielsweise über die Art. 15 und 16 NHG oder Art. 29 Abs. 1 NHV geschützt werden.

Teilweise noch der Lösung harren Probleme, die sich bei der Überlagerung von Schutzbestimmungen verschiedener Herkunft ergeben (z.B. ein inventarisiertes Flachmoor [FMV] in einem BLN-Objekt). Sofern der Schutz sich dadurch nicht automatisch noch verstärkt, müssen zumindest die strengeren Schutzbestimmungen angewandt werden. Eine Nivellierung in Richtung der schwächeren Schutznormen ist unzulässig.

A. Ungeschmälerte Erhaltung

5

Kein absolutes Veränderungsverbot

Pas d'interdiction absolue de modifier

Die gesetzliche Forderung nach einer in besonderem Masse ungeschmälerten Erhaltung darf nicht im Sinne eines absoluten Veränderungsverbotes⁸ missverstanden werden. «Ungeschmälerte Erhaltung» bedeutet nicht, dass am bestehenden Zustand eines Inventar-Objektes überhaupt nichts mehr geändert werden darf:

Zum einen sind gerade BLN-Objekte oft viele Quadratkilometer gross, erstrecken sich zum Teil auf Gebiete mehrerer Kantone und schliessen auch Siedlungen mit ein, wo diese in untrennbarer Weise mit der zu schützenden Landschaft verbunden sind⁹. Ein absolutes, den ganzen Objekt-Perimeter abdeckendes Veränderungsverbot wäre ein praktisches Unding.

Zum andern dürfen Naturschutz, Heimatschutz und Denkmalpflege nicht auf ihre bewahrenden, konservierenden Aspekte reduziert werden. Ihre Ziele lassen sich in vielen Fällen nur durch Gestaltung, durch verändernde Eingriffe erreichen (vgl. ZUFFEREY, 2. Kap., Rz 33).

6   Die geforderte «ungeschmälerte Erhaltung (oder jedenfalls grösstmögliche Schonung)» bezieht sich denn auch auf die gemäss Art. 5 Abs. 1 NHG verlangte Umschreibung der Objekte und vor allem auf die Gründe für ihre nationale Bedeutung: Eingriffe in Inventar-Objekte «dürfen die in der Bedeutung des Objektes verankerten *Schutzziele* nicht gefährden»¹⁰. Ungeschmälerte Erhaltung verdient in besonderem Masse das, was die Objekte so einzigartig oder typisch macht, dass ihnen nationale Bedeutung zuerkannt wurde. Das geht auch

---

⁷   Vgl. VPB 1995, 521; 1993, 98; 1992, 59; 1991, 218.
⁸   Vgl. BGE 115 Ib 143 = JdT 1991 I 493; vgl. auch BGE 120 Ia 273 = JdT 1996 I 524.
⁹   Vgl. Erläuterungen zum BLN, Ziff. 3.2.
¹⁰ Erläuterungen zum BLN, Ziff. 6.1; Hervorhebung hinzugefügt.

aus Art. 6 Abs. 2 NHG hervor. Dort ist klar die Rede von der ungeschmälerten Erhaltung «im Sinne der Inventare»[11].

Ziel von Art. 6 NHG ist die Erhaltung des schutzwürdigen Zustandes und das Weiterführen der dieser Beschaffenheit angepassten Nutzung[12]. Der Zustand der betroffenen Objekte soll gesamthaft betrachtet unter dem Gesichtspunkt des Natur- und Heimatschutzes nicht verschlechtert werden, und allfällige geringfügige Nachteile müssen durch anderweitige Vorteile mindestens ausgeglichen werden[13].

Verlangt das Gebot der ungeschmälerten Erhaltung, dass der für die Erhaltung der natürlichen und kulturellen Werte eines Objekts erforderliche Schutz voll zur Geltung gelangt[14], so muss zuerst Klarheit darüber bestehen, was denn überhaupt geschützt ist – nur dann kann es ungeschmälert erhalten werden.

7
Konkretisierung der Schutzziele
Concrétisation des buts de protection

Solche Klarheit ist vor allem bei den BLN-Objekten in der Regel nicht gegeben[15]. Es ist daher erforderlich, die Schutzziele gestützt auf die im Inventarblatt umrissene «Bedeutung» der Objekte zuerst noch zu konkretisieren und zu differenzieren[16] (vgl. LEIMBACHER, Art. 5, Rz 14).

Etwas komfortabler ist die Ausgangslage beim ISOS. Im Gegensatz zum BLN und zu den meisten kantonalen Inventaren der Denkmalpflege schlägt es differenzierte Schutzmassnahmen vor. Neben dem Substanzschutz werden, je nach Erhaltungszustand und räumlich/architektonischem Wert etwa eines Quartiers, auch der Schutz der Struktur und des Charakters empfohlen. Zudem enthält das Inventar wünschenswerte Einzelmassnahmen zu den wichtigsten im Plan bezeichneten Ortsbildteilen (z.B. Vertiefung der Bestandsaufnahme durch ein Einzelbauinventar für ein Quartier, Vorschläge für die Zonenplanung etc.).

---

[11] BGE 115 Ib 143 = JdT 1991 I 493; vgl. auch BGE 114 Ib 84 f. = JdT 1990 I 517 und BGE 114 Ib 270 = JdT 1990 I 513.
[12] Vgl. Erläuterungen zum BLN, Ziff. 6.2.1.
[13] Botschaft NHG, BBl 1965 III 103; BGE 115 Ib 491 = JdT 1991 I 504. Zur Tragweite und Bedeutung des Vorsorgeprinzips über den Rahmen des USG hinaus: vgl. ZUFFEREY, 2. Kap., Rz 34.
[14] So die Erläuterungen zum BLN, Ziff. 4.2.
[15] Vgl. BGE 115 Ib 490 = JdT 1991 I 504.
[16] Vgl. etwa die auf das Gutachten der ENHK gestützten Konkretisierungen und Differenzierungen der Schutzziele zum BLN-Objekt 1606 (Inventartext wiedergegeben in LEIMBACHER, Art. 5, Rz 11) im Entscheid des BGr. in URP 1995, 714 f.

B. Grösstmögliche Schonung

8
Mehr als Schonung
Plus que ménager

Art. 6 NHG schliesst nicht jede Veränderung der Inventar-Objekte aus. Ein Eingriff kann aber in jedem Falle nur dann erlaubt werden, wenn neben allen anderen Voraussetzungen auch das Gebot der grösstmöglichen Schonung erfüllt wird.

Die Forderung nach *grösstmöglicher* Schonung geht klarerweise über die Verpflichtung zu (blosser) Schonung gemäss Art. 3 Abs. 1 NHG hinaus. Denn diese Pflicht gilt explizite «unabhängig von der Bedeutung des Objektes» (Art. 3 Abs. 3 NHG) und somit unbestrittenermassen auch für Inventar-Objekte.

9 Grösstmögliche Schonung verlangt nach der bundesgerichtlichen Praxis in erster Linie, dass sich das Projekt in Ausmass und Gestaltung an die unumgänglich notwendigen Mindestmasse hält[17]. Der geplante Eingriff in das Inventar-Objekt darf mit anderen Worten nicht weiter gehen, als dies zur Erreichung des Ziels (Errichtung eines Fernmeldeturms oder einer Hochspannungsleitung; Bau eines Bootshafens usw.) erforderlich ist, und es dürfen keine ungeeigneten oder überflüssigen schädigenden Massnahmen ergriffen werden. Daher gehört zur grösstmöglichen Schonung eines Objekts auch, dass mögliche alternative Standorte für ein Vorhaben geprüft und deren Vor- und Nachteile für die Bauherrschaft, die Anliegen der Raumplanung und die Interessen des Natur- und Heimatschutzes usw. gegeneinander abgewogen werden[18].

10 In einer derart umrissenen Minimalisierung der Beeinträchtigung kann sich die Forderung nach *grösstmöglicher* Schonung nun aber nicht erschöpfen. Denn bereits gestützt auf das Schonungs- und Erhaltungsgebot von Art. 24^{sexies} Abs. 2 BV bzw. Art. 3 Abs. 1 NHG ist solche Minimalisierung Pflicht. Der Verfassungsauftrag lässt es nicht zu, dass bei Erfüllung einer Bundesaufgabe das Landschafts- und Ortsbild, geschichtliche Stätten sowie Natur- und Kulturdenkmäler in stärkerem Masse beeinträchtigt werden als unbedingt notwendig. Und bereits in jenen Normalfällen ist Interessenabwägung Pflicht.

Beeinflussung der Interessenabwägung
Influence exercée sur la pondération des intérêts

Doch worin könnte sich die grösstmögliche Schonung von der normalen gemäss Art. 3 Abs. 1 NHG unterscheiden? Wenn ein Projekt bereits auf sein unumgänglich notwendiges Mindestmass reduziert und alle ungeeigneten oder überflüssigen schädigenden Massnahmen untersagt wurden, dann lässt sich, zwecks zusätzlicher Schonung, nichts mehr reduzieren oder untersagen ausser das Projekt selber. Da die grösstmögliche aller Schonungen der Verzicht auf den

---

[17] Unveröffentlichter Entscheid des BGr. vom 28. März 1991 i.S. Beckenried, E. 5e; BGE 115 Ib 145 = JdT 1991 I 494; BGE 115 Ib 322 = JdT 1991 I 586.
[18] Unveröffentlichter Entscheid des BGr. vom 28. März 1991 i.S. Beckenried, E. 5e.

beeinträchtigenden Eingriff ist, muss die von Art. 6 NHG verlangte Schonung in der Interessenabwägung zum Tragen kommen: Die Forderung nach grösstmöglicher Schonung muss dem Erhaltungsinteresse zusätzlich Gewicht verleihen. Die Entscheidbehörde muss sich z.b. vor Augen halten, dass ein Eingriff, der vor dem Gebot (blosser) Schonung bestehen könnte, jenem der grösstmöglichen nicht zwingend genügt. Zu beachten ist etwa auch, dass eine mit Blick auf die (blosse) Schonung unverhältnismässige Auflage gemessen am Gebot grösstmöglicher Schonung durchaus angemessen sein kann.

III. Die (zulässigen) Eingriffe

Der verstärkte Schutz von Art. 6 NHG soll zum Tragen kommen, wenn bei Erfüllung einer Bundesaufgabe in ein Inventar-Objekt eingegriffen wird. Nicht zuletzt mit Blick auf Art. 7 NHG, der die zuständige Stelle verpflichtet, ein Gutachten der Kommission einzuholen, wenn bei Erfüllung einer Bundesaufgabe ein Inventar-Objekt *beeinträchtigt* werden könnte, drängt es sich auf, drei Arten möglicher Eingriffe zu unterscheiden. 11

A. Veränderungen, die keine Schutzziele tangieren

Als Veränderungen werden Eingriffe bezeichnet, die ein Objekt in seiner geschützten Eigenschaft als Inventar-Objekt gar nicht berühren. 12

Gerade in den teils sehr grossen BLN-Objekten finden sich unzählige Einzelobjekte (Bauten und Anlagen, Wiesen und Felder), die als solche von den Schutzzielen nicht (unmittelbar) erfasst sein müssen. Eine Veränderung (das Fällen eines Baumes, der Abriss einer Scheune, die Überbauung einer Parzelle) tangiert – für sich alleine betrachtet – daher die Schutzziele nicht zwingend. Der verstärkte Schutz des Art. 6 NHG greift hier direkt und als für den Einzelfall von praktischer Relevanz nicht – selbst dort nicht, wo es sich um die Erfüllung einer Bundesaufgabe handelt.

Und hier liegt denn auch eine der grossen Gefahren für die Inventare: Die Erfahrung der letzten Jahrzehnte hat gezeigt, dass durch die Summe und das Zusammenwirken von je für sich betrachtet (vermeintlich) harmlosen Veränderungen Inventar-Objekte massgeblich beeinträchtigt worden sind. Abhilfe kann hier u.a. geschaffen werden, indem die Schutzwürdigkeit und -bedürftigkeit der Inventar-Objekte vermehrt in kantonalen und kommunalen Regelungen, insbesondere in der Raumplanung, berücksichtigt werden und indem der Pflicht 13
Schleichende Zerstörung
Destruction progressive

zur Schonung sowie dem Vorsorgeprinzip (vgl. ZUFFEREY, 2. Kap., Rz 34) Nachachtung verschafft werden.

Klaffen Soll-Zustand, an dem sich der Schutz zu orientieren hat, und durch schleichende Zerstörung entstandener Ist-Zustand auseinander[19], so sind zudem die noch (mehr oder weniger) untangierten (Einzel-)Objekte künftig stärker zu gewichten. Das kann und *muss* dazu führen, dass ein bis anhin vermeintlich problemloser und zulässiger Eingriff, eine blosse Veränderung, zur unter Umständen unzulässigen Beeinträchtigung wird.

B. Beeinträchtigung ohne Abweichen von der ungeschmälerten Erhaltung

a. Beeinträchtigung des Schutzziels

14 Eingriffe, die (konkretisierte und differenzierte) Schutzziele tangieren, sind Beeinträchtigungen[20]. Sie treffen das Objekt «im Sinne der Inventare» genau in jenen Bereichen, die es so einzigartig oder typisch machen, dass ihm nationale Bedeutung zuerkannt wurde und es verstärkten Schutz verdient. Sie sind das Thema von Art. 6 NHG.

Die Beeinträchtigung eines aus dem übergeordneten Schutzziel der ungeschmälerten Erhaltung konkretisierten Schutzzieles (vgl. LEIMBACHER, Art. 5, Rz 14) kann unterschiedlich schwer ausfallen. Solange sie ein gewisses, im Einzelfall zu bestimmendes geringes Mass nicht überschreitet, handelt es sich noch nicht um ein «Abweichen von der ungeschmälerten Erhaltung» gemäss Art. 6 Abs. 2 NHG:

Wenn in einem Wald, der als zentraler, charakteristischer Teil eines BLN-Objektes gilt (das Objekt ist u.a. gerade deshalb von nationaler Bedeutung, weil es diesen konkreten Wald mit seiner seltenen oder typischen Fauna und Flora noch gibt), ein verhältnismässig kleines Gebiet gerodet wird, dann ist der Wald nach der Rodung unbestreitbarermassen nicht mehr der genau gleiche Wald wie vorher, und in einem solch weiten Sinne wurde er auch nicht ungeschmälert erhalten. Aber der Wald ist (möglicherweise) trotz dieser Beeinträchtigung nach wie vor von grundsätzlich gleicher Qualität und bleibt in seinem Charakter und in seiner Bedeutung für das Inventar ungeschmälert erhalten. Es liegt eine «Beeinträchtigung» und noch kein «Abweichen» vor[20a].

Anders liegt der Fall, wenn die Rodung von grösserem Ausmass ist und gleichsam den Nerv oder den Kern (eines Teils) des Schutzobjektes trifft. Wie das Bundesgericht im Fall «Cholwald» festhielt, ginge durch jene Rodung «der besondere Charakter der Bergsturzlandschaft mit der ihr eigenen Vegetation im Rodungsgebiet verloren und könnte durch Rekultivierung sowie nachsor-

---

[19] Unveröffentlichte Entscheide des BGr. vom 11. Oktober 1993 i.S. Rigi-Kulm, E. 5a, und vom 28. März 1991 i.S. Beckenried, E. 5a.
[20] Vgl. BGr. in URP 1996, 826.
[20a] Unveröffentlichter Entscheid des BGr. vom 16. April 1997 i.S. Pilatus, E. 6d.

gende Landschaftsgestaltung nicht mehr wiederhergestellt werden. Insofern würde ein irreversibler landschaftlicher Bedeutungswandel eintreten»[21] sodass nicht länger «nur» eine Beeinträchtigung, sondern ein «Abweichen von der ungeschmälerten Erhaltung» vorliegt.

15

Zu beachten gilt es allerdings, dass bestimmte (Teil-)Objekte derart verletzlich sind, dass jede (weitere) Beeinträchtigung bereits einem Abweichen von der ungeschmälerten Erhaltung gleichkäme. Zu denken ist auch hier beispielsweise an Inventar-Objekte, deren Zustand sich in den letzten Jahren und Jahrzehnten – trotz der Inventarisierung – schleichend, aber ständig verschlechtert hat.

b. Zur Zulässigkeit von Beeinträchtigungen

16
Interessenabwägung
Pondération des intérêts

Beeinträchtigungen von Schutzzielen (ohne Abweichen) werden durch Art. 6 NHG nicht absolut ausgeschlossen. Da der Gesetzgeber dem Interesse an der ungeschmälerten Erhaltung der Inventar-Objekte aber Vorrang eingeräumt hat und ihm somit sehr grosses Gewicht zukommt, können selbst geringe Beeinträchtigungen nur dann zugelassen werden, wenn hinter dem Eingriff ein ebenfalls gewichtiges Interesse steht – das im konkreten Fall das Erhaltungs-Interesse *überwiegt*[22]. Und das ist auch nur dann möglich, wenn die Beeinträchtigung zudem das Gebot der grösstmöglichen Schonung erfüllt.

Blosse Gleichgewichtigkeit der Interessen genügt im Gegensatz zu den Fällen eines Abweichens von der ungeschmälerten Erhaltung gestützt auf Interessen von nationaler Bedeutung (Rz 19 ff.) nicht. Hingegen lässt Art. 6 NHG, solange es sich noch nicht um ein Abweichen handelt, es zu, dass Eingriffs-Interessen jeglicher Art in die Interessenabwägung einbezogen werden. Sie müssen nicht von nationaler Bedeutung sein wie in den Fällen eines (ev. zulässigen) Abweichens (nach Art. 6 Abs. 2 NHG)[22a].

C. Beeinträchtigung im Sinne eines Abweichens von der ungeschmälerten Erhaltung

a. Abweichen von der ungeschmälerten Erhaltung

17

Nicht jede Beeinträchtigung eines oder mehrerer (konkretisierter und differenzierter) Schutzziele führt zwingend zu einem Abweichen von der ungeschmälerten Erhaltung im Sinne von Art. 6 Abs. 2 NHG. Dazu muss die Beeinträchtigung von besonderem Gewicht sein und das Objekt in zentralen Bereichen treffen.

---

[21] BGr. in URP 1995, 715.
[22] Vgl. BGE 114 Ib 88 = JdT 1990 I 517.
[22a] Unveröffentlichter Entscheid des BGr. vom 16. April 1997 i.S. Pilatus, E. 6d.

Wann dies der Fall ist, lässt sich allerdings nur bezogen auf den Einzelfall beantworten. (Relativ) leicht fällt die Antwort dort, wo ein Projekt ein Schutzziel ganz offensichtlich schwer beeinträchtigt, so wenn beispielsweise auf dem im Inventartext Nr. 1606 explizite genannten «vielbesuchten Aussichtsberg Rigi» ein hoher Antennenmast erstellt werden soll[23]. Unzweifelhaft ein Abweichen liegt auch dort vor, wo von den Schutzzielen erfasste Landschaftselemente irreversibel zerstört werden[24] oder wo ein Erhaltungsziel des ISOS obsolet wird. In vielen Fällen dürfte es hingegen nicht leicht fallen, zu beurteilen, ob bereits ein Abweichen vorliegt oder nicht[25], fehlt es dazu doch an einem objektiven Massstab. Dem Sachverstand der begutachtenden Kommission (vgl. LEIMBACHER, Art. 7, Rz 13) kommt deshalb grosse Bedeutung zu. Je schwieriger die Beurteilung, um so nachvollziehbarer muss sie sie begründen.

b. In Erwägung ziehen

18 Die Vorschrift, ein Abweichen vom Grundsatz der ungeschmälerten Erhaltung dürfe nur unter bestimmten Voraussetzungen «in Erwägung gezogen werden», verweist nochmals auf die gesetzliche Vorrangstellung des Erhaltungsgebotes. Die Aufnahme eines Objektes in ein Inventar gemäss Art. 5 NHG soll seiner ungeschmälerten Erhaltung dienen. Nur ausnahmsweise, dort wo der geplante Eingriff ebenfalls von nationaler Bedeutung ist, darf ein Abweichen vom Erhaltungsgebot «in Erwägung gezogen werden». Nur in diesen Fällen darf das Gewicht des Eingriffsinteresses dem Erhaltungsinteresse überhaupt entgegengesetzt werden. Die Vorschrift gebietet dann eine Interessenabwägung[26].

c. Von ebenfalls nationaler Bedeutung

19 Während sich aus Art. 6 Abs. 1 NHG klar die erhöhte Schutzwürdigkeit inventarisierter Objekte ergibt, wird diese «in Art. 6 Abs. 2 nochmals verstärkt, indem zum vornherein nur gleich- oder höherwertige Interessen von ebenfalls nationaler Bedeutung ein Abweichen von der grundsätzlich geforderten ungeschmälerten Erhaltung» rechtfertigen können[27].

20 Mit anderen Worten: Immer dann, wenn das zu einem Abweichen von der ungeschmälerten Erhaltung vorgebrachte Interesse *nicht* von nationaler Bedeutung

Fehlende nationale Bedeutung
Absence d'importance nationale

[23] Unveröffentlichter Entscheid des BGr. vom 11. Oktober 1993 i.S. Rigi-Kulm.
[24] Z.B. BGr. in URP 1995, 715.
[25] Vgl. BGE 114 Ib 85 = JdT 1990 I 517, wo das Bundesgericht von «verhältnismässig geringfügigen Auswirkungen» spricht, sie aber trotzdem als ein Abweichen qualifiziert. Ein tendenziell entgegengesetzter Fall findet sich in BGE 115 Ib 472 = JdT 1991 I 498.
[26] Vgl. BGE 115 Ib 322 = JdT 1991 I 586; BGE 114 Ib 85 f. = JdT 1990 I 517.
[27] BGE 115 Ib 491 = JdT 1991 I 504.

ist, ist der Eingriff unzulässig und es darf von der Entscheidbehörde keine Interessenabwägung mehr durchgeführt werden, denn in diesen Fällen hat der Gesetzgeber bereits zu Gunsten der ungeschmälerten Erhaltung entschieden.

Die Beantwortung der Frage, ob es sich beim Eingriffsinteresses um eines von nationaler Bedeutung handelt oder nicht, ist daher von grösster Wichtigkeit fällt aber nicht immer leicht:

21 Bestimmung der nationalen Bedeutung
Détermination de l'importance nationale

Unbestritten ist, dass lange nicht jede Erfüllung einer Bundesaufgabe von nationaler Bedeutung ist. Die Bundesaufgabe muss vielmehr von besonderem Gewicht sein. Bundesgericht und Bundesrat stellen zur Qualifizierung eines Interesses als einem von «ebenfalls nationaler Bedeutung» regelmässig auf die dem Eingriffs-Interesse zugrundeliegenden Verfassungs- bzw. Gesetzesaufträge ab.

Dass ein Eingriffsinteresse – die Erstellung eines Fernmeldeturms, einer Hochspannungsleitung, einer Kiesgrube oder einer Deponie – grundsätzlich von nationaler Bedeutung sein kann, heisst allerdings noch lange nicht, dass ein Projekt im konkreten Einzelfall ebenfalls von nationaler Bedeutung ist: kommt dem öffentlichen Interesse an der Schaffung von Deponien, die auf die Regionen des Landes verteilt und die für eine hinreichende Abfallentsorgung erforderlich sind (Art. 11 TVA)[28], auch nationale Bedeutung zu, so heisst das noch lange nicht, dass die Errichtung jeder Deponie sich auf solch nationale Bedeutung berufen kann[29].

Als Interessen von nationaler Bedeutung wurden von Bundesgericht und Bundesrat so etwa anerkannt:

- die Erfüllung des Leistungsauftrages der PTT-Betriebe, welcher die Sicherung und den Ausbau eines leistungsfähigen Fernmeldenetzes einschliesst (Art. 36 und 55bis BV)[30];
- die Sicherstellung einer ausreichenden Energieversorgung (Art. 24octies BV)[31], insbesondere für die Aufrechterhaltung des öffentlichen Verkehrs[32];
- der Schutz von Mensch, Tier und Sachen[33];
- die ausreichende Versorgung des Landes mit dem einheimischen Rohstoff Kies, auf den namentlich die Bauwirtschaft angewiesen ist (Art. 1 Abs. 2 Bst. d und Art. 3 Abs. 3 Bst. d RPG)[34].

---

[28] BGr. in URP 1995, 716.
[29] Vgl. dazu BGr. in URP 1995, 716 f. und mit anderer Schlussfolgerung den unveröffentlichten Entscheid des BGr. vom 27. Juni 1984 i.S. Neuheim, E. 5.
[30] Unveröffentlichter Entscheid des BGr. vom 11. Oktober 1993 i.S. Rigi-Kulm, E. 5b; BGE 115 Ib 144 f. = JdT 1991 I 493.
[31] BGE 115 Ib 318 = JdT 1991 I 586.
[32] VPB 1992, 59.
[33] BGE 115 Ib 492 = JdT 1991 I 505.
[34] Unveröffentlichter Entscheid des BGr. vom 27. Juni 1984 i.S. Neuheim, E. 5b bb.

d. Gleich- oder höherwertige Interessen

22
Interessen-
abwägung
Pondération
des intérêts

Das Vorliegen eines Eingriffs-Interesses von ebenfalls nationaler Bedeutung genügt alleine nicht, um von der ungeschmälerten Erhaltung eines Inventar-Objektes abweichen zu dürfen. Art. 6 Abs. 2 NHG verlangt zusätzlich, dass das Eingriffs-Interesse von nationaler Bedeutung im konkreten Fall das gegenüberstehende bedeutende Erhaltungsinteresse überwiegt (höherwertig) oder doch zumindest von gleichem Gewicht (gleichwertig) ist[35].

Allerdings lässt sich die Frage nach der nationalen Bedeutung von jener nach dem Gewicht des Eingriffsinteresses methodisch nicht immer leicht trennen. Das ist solange nicht von praktischer Relevanz, als die Entscheidbehörde einen Eingriff für unzulässig erklärt: sei es, weil es bereits an der nationalen Bedeutung mangelt, sei es, dass trotz grundsätzlich nationaler Bedeutung das Interesse in concreto zu wenig gewichtig erscheint. Unzulässig ist es hingegen, ein Interesse von nicht nationaler Bedeutung alleine angesichts seines grossen Gewichtes zu einem nationalen anwachsen zu lassen.

23
Koordina-
tionspflicht
Obligation
de coor-
donner

Die von Art. 6 Abs. 2 NHG verlangte Interessenabwägung ist kein einfaches Geschäft[36]. Oft sind grössere und komplexe Projekte zu beurteilen, die die Berücksichtigung einer Vielzahl sich teils verstärkender, teils widerstreitender (öffentlicher) Interessen verlangen[37]: Dazu sind zuerst einmal alle relevanten Interessen zu ermitteln, dann zu beurteilen und zu gewichten und schliesslich im Entscheid möglichst umfassend zu berücksichtigen[38] (vgl. FAVRE, Art. 3, Rz 12 ff.). Dies dürfte in der Regel nur noch möglich sein, wenn die Entscheidbehörde(n) der vom Bundesgericht in den letzten Jahren entwickelten Koordinationspflicht nachkommt:

«Sind für die Verwirklichung eines Projektes verschiedene materiellrechtliche Vorschriften anzuwenden und besteht zwischen diesen Vorschriften ein derart enger Sachzusammenhang, dass sie nicht getrennt und unabhängig voneinander angewendet werden dürfen, so muss die Rechtsanwendung materiell koordiniert werden. In diesen Fällen ist die Anwendung des materiellen Rechts überdies in formeller und verfahrensmässiger Hinsicht in geeigneter Weise zu koordinieren»[39].

24 Die in Entscheiden des Bundesgerichtes oder des Bundesrates wiedergegebenen Interessenabwägungen sind nicht immer leicht nachvollziehbar. Das liegt zu einem grossen Teil sicherlich an der rechtstechnischen Figur der Interessenabwägung, die notwendig relativ offen und unbestimmt ist. Andere Schwierigkeiten ergeben sich aus den Inventaren selber, insbesondere der eher vagen und teilweise mangelhaften Umschreibung der Schutzziele (Rz 7).

---

[35] Vgl. Amtl.Bull. S 1966 13 (Votum Bundesrat TSCHUDI).
[36] So schon Bundesrat TSCHUDI in Amtl.Bull. S 1966 13.
[37] BGE 115 Ib 322 = JdT 1991 I 586.
[38] Vgl. z.B. die Ausformulierung der Abwägungspflicht in Art. 3 Abs. 1 RPV.
[39] Unveröffentlichte E.2a des Entscheids des BGr. in URP 1995, 709 ff.; vgl. auch BGE 122 II 87; BGE 120 Ib 402 = JdT 1996 I 508; BGE 116 Ib 58 = JdT 1992 I 473.

So hat das Bundesgericht im Entscheid Neuheim beispielsweise entschieden, dass an der ausreichenden Versorgung des Landes mit Kies zwar ein nationales Interesse bestehe, ein Überwiegen des Versorgungsinteresses indes nicht leichthin angenommen werden dürfe. Es wäre nur dann gegeben, wenn «die Kiesversorgung der Region nicht mehr gewährleistet wäre, sofern der nachgesuchte Kiesabbau in einem schutzwürdigen Gebiet nicht bewilligt würde»[40]. Das war in concreto nicht der Fall.

Im Entscheid Rigi-Kulm hielt das Bundesgericht fest, an der Erfüllung des Leistungsauftrages der PTT (Art. 36 und 55bis BV) bestehe «ein nationales Interesse, das dem Schutz des heimatlichen Landschafts- und Ortsbildes im Sinne von Art. 24sexies Abs. 2 BV grundsätzlich gleichzustellen ist». Daher könne von einem Vorrang des auf ungeschmälerte Erhaltung ausgerichteten Schutzinteresses nicht die Rede sein[41].

Eine wichtige Rolle in der Interessenabwägung kommt der obligatorischen Begutachtung gemäss Art. 7 NHG durch die Kommission zu. Sie muss zur Konkretisierung und Differenzierung der Schutzziele beitragen, ihnen konkretes Gewicht zumessen; sie muss und kann dank ihres Sachverstandes auf Tatsachen und Zusammenhänge hinweisen, die der Entscheidbehörde leicht entgehen: So ist insbesondere zu verlangen, dass nicht lediglich die beträchtlichen Auswirkungen eines Projektes auf den konkret betroffenen Teilbereich eines Inventar-Objektes in die Interessenabwägung einbezogen werden, sondern auch die Tragweite solch lokaler Abweichung von der ungeschmälerten Erhaltung auf die Gesamtheit des Objekts[42]. Nicht zuletzt muss und darf die Kommission die Abwägung durch ihre Stellungnahme für oder gegen ein Projekt beeinflussen und erleichtern (vgl. LEIMBACHER, Art. 5, Rz 15 und Art. 7, Rz 16).

25
Kommission
Commission

e. Grösstmögliche Schonung

Selbst dort, wo der Eingriff durch ein gleich- oder höherwertiges Interesse von ebenfalls nationaler Bedeutung legitimiert scheint, ist ein Abweichen von der ungeschmälerten Erhaltung nur zulässig, wenn auch das Gebot der grösstmöglichen Schonung eingehalten wird. Ein Abweichen vom Gebot der grösstmöglichen Schonung kann klarerweise auch durch ein Interesse von nationaler Bedeutung nicht gerechtfertigt werden[43].

26

«Wird anerkannt, dass der geplanten Mehrzweckanlage Höhronen im Richtstrahlnetz eine Funktion zukommt, die jedenfalls kurzfristig nicht durch einen Ausbau des Kabelnetzes erfüllt werden kann, und dass ein anderer Standort oder eine bauliche Lösung ohne Turm nicht in Betracht

---

[40] Unveröffentlichter Entscheid des BGr. vom 27. Juni 1984 i.S. Neuheim, E. 5b bb.
[41] Unveröffentlichter Entscheid des BGr. vom 11. Oktober 1993 i.S. Rigi-Kulm, E. 5b; ebenso BGE 115 Ib 144 f. = JdT 1991 I 493.
[42] BGr. in URP 1995, 715; BGE 114 Ib 84 f. = JdT 1990 I 517.
[43] U.U. ist z.B. die *Verkabelung* einer Hochspannungsleitung erforderlich; VPB 1992, 70.

kommt, so folgt hieraus, dass von der ungeschmälerten Erhaltung des bewaldeten Kammes des Höhronen abgewichen werden darf. Auf grösstmögliche Schonung ist jedoch zu achten»[44].

IV. Bedeutung der Inventare ausserhalb der Erfüllung einer Bundesaufgabe

27 Aus dem bisher Ausgeführten könnte der Schluss gezogen werden, spätestens dann, wenn es sich nicht um die Erfüllung einer Bundesaufgabe handle, komme den Inventaren für die Kantone und Gemeinden keine Bedeutung mehr zu. Dieser Schluss ist so allerdings nicht zulässig[45]:

Zwar lassen sich in den Materialien verschiedentlich Ausführungen finden, die indirekt, aber eben auch ganz direkt, die Verbindlichkeit der Inventare nach Art. 5 NHG bei der Verfolgung kantonaler Aufgaben verneinen. Im Votum von Ständerat OBRECHT zur Ergänzung von Art. 6 Abs. 2 NHG durch den Passus «bei Erfüllung einer Bundesaufgabe» heisst es:

«Es muss klargestellt werden, dass sich das Inventar nur an den Bund im Rahmen seiner Aufgaben wendet, aber keine Verbindlichkeit für die Kantone hat, auch wenn sie mitgearbeitet haben bei der Aufstellung dieser Inventare» und, «dass nur im Rahmen der Bundesaufgaben dieses Inventar Beachtung finden kann, nicht aber in Aufgaben, die die Kantone in eigener Kompetenz unbehindert durch das Bundesrecht durchführen können»[46].

Nun darf man sich nicht leichthin über den (historischen) Willen des Gesetzgebers hinwegsetzen, allein, bereits in den «Erläuterungen zum BLN» finden sich Ausführungen des Bundesrates zur Bedeutung des Inventars für die Kantone[47], die im Sinne einer stärkeren Verbindlichkeit für die Kantone interpretiert werden können.

28 Zentral für einen recht einschneidenden Bedeutungswandel der Inventare nach Art. 5 NHG – vor allem für das BLN – war jedoch die Bodenrechtsreform des Jahres 1969 (Aufnahme von Art. 22ter, Eigentum, und 22[quater], Raumplanung, in die BV) und anschliessend der Erlass des RPG, einer der tragenden Säulen bei der Umsetzung des Natur- und Heimatschutzes.

Raumplanung
Aménagement du territoire

Zwar bedeutet die blosse Aufnahme eines Objektes ins Inventar noch nicht dessen effektiven Schutz, vor allem nicht, wenn der Eingriff nicht bei Erfüllung einer Bundesaufgabe erfolgen soll. Aber als Objekte von nationaler Bedeu-

---

[44] BGE 115 Ib 145 = JdT 1991 I 494.
[45] Vgl. auch FLEINER-GERSTER, 13.
[46] Amtl. Bull. S 1966 18.
[47] Erläuterungen zum BLN, Ziff. 4.4.

tung finden sie Eingang in die Raumplanung und Schutz durch die dort zur Verfügung gestellten Instrumente (vgl. ZUFFEREY, 2. Kap. Rz 15 und 24):

So müssen die Kantone gemäss Art. 6 Abs. 2 Bst. b RPG bei der Erarbeitung der Grundlagen für die Erstellung ihrer Richtpläne feststellen, welche Gebiete «besonders schön, wertvoll, für die Erholung oder als natürliche Lebensgrundlage bedeutsam sind». Dass die Inventar-Objekte, als Objekte von nationaler Bedeutung, schon aus diesem Grund in der kantonalen Richtplanung berücksichtigt werden müssen, liegt auf der Hand. Zudem hat auch der Bund gemäss Art. 13 Abs. 1 RPG Grundlagen zu erarbeiten, um seine raumwirksamen Aufgaben erfüllen zu können, und die nötigen Konzepte und Sachpläne zu erstellen. Auch wenn sie bisher nie formell als Konzepte verabschiedet wurden, so kommt den Inventaren doch materiell Konzeptcharakter[48] zu, und sie müssen von den Kantonen gemäss Art. 6 Abs. 4 RPG[49] bei der Richtplanung – und konsequenterweise auch im Rahmen der Nutzungsplanung – berücksichtigt werden.

Der Bundesrat darf die kantonalen Richtpläne daher nur genehmigen, wenn sie auch den Inventaren Rechnung tragen, müssen die Richtpläne doch dem RPG entsprechen und «namentlich die raumwirksamen Aufgaben des Bundes sachgerecht» berücksichtigen (Art. 11 Abs. 1 RPG).

Neben der Verpflichtung, die Inventare in der Richtplanung sachgerecht zu berücksichtigen, sind die Kantone schon durch Art. 17 Abs. 1 RPG verpflichtet, dem Objekt durch die ihnen zur Verfügung stehenden Mittel Schutz zu gewähren. Denn dort wird unter anderem verlangt, «besonders schöne sowie naturkundlich oder kulturgeschichtlich wertvolle Landschaften» und «bedeutende Ortsbilder, geschichtliche Stätten sowie Natur- und Kulturdenkmäler» seien Schutzzonen zuzuweisen oder durch andere geeignete Massnahmen des kantonalen Rechts zu schützen (Abs. 2)[50].

Durch seine Umsetzung und Konkretisierung in der Richtplanung[51] wird das Inventar behördenverbindlich. Insoweit ein Inventar-Objekt als Ganzes oder Elemente davon Teil der Nutzungsplanung[52] werden, sind sie gar eigentümerverbindlich. Mit anderen Worten: Die Sicherung der Inventarobjekte ist – neben der Verpflichtung des Bundes aus dem NHG – primär Sache der Kantone	29 Aufgabe der Kantone Tâche des cantons

---

48   Vgl. dazu SCHÜRMANN/HÄNNI, 310; LEIMBACHER, Bundesinventare, 20; ISOS Ortsregister, 23; BRP, Übersicht über die raumwirksamen Tätigkeiten des Bundes, Juni 1995, Teil III, Schutz der natürlichen Lebensgrundlagen, 5; KÖLZ, Rechtsfragen, 179; WALDMANN, Diss., 120.
49   Vgl. auch Art. 26 Abs. 1 RPV.
50   Zum Konnex von RPG und USG (Vorsorgeprinzip): BGE 116 Ib 268 = Pra 1991, 447.
51   Unveröffentlichter Entscheid des BGr. vom 10. Dezember 1996 i.S. Sempach, E. 5e.
52   BVR 1992, 26.

und Gemeinden. Sie müssen, auf den Gebieten ihrer Zuständigkeit, für den Schutz dieser Objekte sorgen. Allerdings lässt ihnen das RPG und auch das NHG einen relativ grossen Beurteilungsspielraum: So kann von einem Kanton nicht grundsätzlich verlangt werden, ein quadratkilometergrosses BLN-Gebiet vollumfänglich einer Schutzzone zuzuweisen. Es mag vielmehr genügen, dass er, angeleitet durch die Schutzziele, lediglich die sensibelsten Objekte innerhalb des Gebietes derart schützt, andere Teilgebiete der Landwirtschaftszone (eventuell mit überlagernder Schutzzone) zuweist[53] und wieder andere Teile gar in einer Bauzone belässt und z.B. mit dem Instrument der Schutzverfügung vor Schaden bewahrt.

Gebunden sind die Kantone (und die Gemeinden) dabei allerdings an die Umschreibung, an den Perimeter, der Inventar-Objekte. Sofern sie der Auffassung sind, der vom Bund festgelegte Objektperimeter sei nicht sachgerecht, haben sie mit einem entsprechenden Änderungsbegehren beim Bundesrat vorstellig zu werden[54].

30 Die Schutzwirkung der Inventare nach Art. 5 NHG bei Erfüllung kantonaler Aufgaben ist also sicherlich geringer als bei der Erfüllung einer Bundesaufgabe. Die Schutzverpflichtung wird aber nicht hinfällig. Immerhin können sich aus der Unterscheidung in Erfüllung kantonaler und Erfüllung von Bundesaufgaben durchaus eigenartige Konsequenzen ergeben[55]: Wird, etwa zur Errichtung einer Anlage ausserhalb einer bestehenden Bauzone (innerhalb eines BLN-Objektes), der Planungsweg (kantonale Aufgabe) beschritten, so kann die Baute trotz eines Abweichens von der ungeschmälerten Erhaltung unter Umständen durchaus zulässig sein, genügt doch das Überwiegen «gewöhnlicher» Interessen. Soll die gleiche Baute mittels einer Ausnahmebewilligung nach Art. 24 RPG oder mit Bundesunterstützung ermöglicht werden – wobei es sich ja um die Erfüllung einer Bundesaufgabe handelt – könnte sie bzw. die Subventionierung möglicherweise am Fehlen eines «gleich- oder höherwertigen Interesses von ebenfalls nationaler Bedeutung» scheitern.

---

[53] Vgl. Erläuterungen zum BLN, Ziff. 6.2.5.
[54] Vgl. dazu BGr. in ZBl 1994, 284. In seinem Verweis auf Art. 26 NHV ist es allerdings zu apodiktisch, bezieht sich jene Bestimmung doch lediglich auf Schutz-Massnahmen, «für die der Bund Finanzhilfen oder Abgeltungen» nach der NHV ausrichtet.
[55] Vgl. die Kritik von WALDMANN, Diss., 119 f., an dieser Rechtslage.

Art. 7 Obligatorische Begutachtung

Wenn bei Erfüllung einer Bundesaufgabe ein Objekt beeinträchtigt werden könnte, das in einem Inventar des Bundes aufgeführt ist, holt die zuständige Stelle rechtzeitig ein Gutachten der zuständigen Kommission nach Artikel 25 Absatz 1 (Kommission) ein. Dieses hat darzutun, weshalb und auf welche Weise das Objekt ungeschmälert zu erhalten, jedenfalls aber möglichst weitgehend zu schonen sei.

Art. 7 Expertise obligatoire

S'il se révèle que l'accomplissement d'une tâche de la Confédération pourrait porter atteinte à un objet inscrit dans un inventaire fédéral, le service compétent demande à temps une expertise à la commission compétente nommée en vertu de l'article 25, 1er alinéa (commission). Cette expertise indiquera pourquoi et comment l'objet devrait être conservé intact ou en tout cas ménagé le plus possible.

Inhaltsverzeichnis Rz

I. Begutachtungspflicht 1
   A. Erfüllung einer Bundesaufgabe 1
   B. Objekt aus einem Inventar nach Art. 5 NHG 2
   C. Mögliche Beeinträchtigung 4
II. Zuständigkeit und Zeitpunkt 6
   A. Zuständige Stelle 6
   B. Zuständige Kommission nach Art. 25 Abs. 1 NHG 7
   C. Kein Verzicht auf Gutachten 8
   D. Rechtzeitig 11
III. Das Gutachten 13
   A. Zweck des Gutachtens 13
   B. Inhalt 15
   C. Zur Verbindlichkeit des Gutachtens 18
   D. Gutachten und rechtliches Gehör 20

Table des matières N°

I. L'obligation de procéder à une expertise 1
   A. L'accomplissement d'une tâche fédérale 1
   B. Un objet d'un inventaire au sens de l'art. 5 LPN 2
   C. Une atteinte possible 4
II. La compétence et le moment 6
   A. Le service compétent 6

B. La commission compétente en vertu de l'art. 25 al. 1 LPN   7
C. L'impossibilité de renoncer à l'expertise   8
D. A temps   11
III. L'expertise   13
   A. Le but de l'expertise   13
   B. Le contenu   15
   C. A propos de l'effet contraignant de l'expertise   18
   D. L'expertise et le droit d'être entendu   20

I. Begutachtungspflicht

A. Erfüllung einer Bundesaufgabe

1 Die Pflicht zur obligatorischen Begutachtung entsteht nur, sofern die Beeinträchtigung in Erfüllung einer Bundesaufgabe[1] (vgl. ZUFFEREY, Art. 2) erfolgen soll[2].

B. Objekt aus einem Inventar nach Art. 5 NHG

2 Wie Art. 6 NHG bezieht sich Art. 7 NHG nur auf Inventare nach Art. 5 NHG:
BLN, ISOS auf das BLN und das ISOS (und in Zukunft noch auf das IVS: vgl. LEIMBACHER,
IFP, ISOS Art. 5, Rz 21). Handelt es sich um andere Bundesinventare, wie z.B. das Hochmoor-, das Flachmoor- oder das Aueninventar (Art. 1 HMV, FMV und AuenV), die sich auf Art. 18a Abs. 1 NHG stützen bzw. das Moorlandschaftsinventar nach Art. 23b Abs. 3 NHG (Art. 1 MLV), kommt Art. 7 nicht zum Zuge: Eine *obligatorische* Begutachtung durch die Kommission ist bei möglichen Beeinträchtigungen jener Bundesinventare nicht vorgesehen[3] (anders bei der fakultativen Begutachtung: vgl. LEIMBACHER, Art. 8, Rz 5). Objekte anderer Bundesinventare können aber dann Gegenstand eines obligatorischen Gutachtens werden, wenn sie z.B. im Perimeter eines BLN-Gebietes liegen[4].

---

[1] Zur Möglichkeit «besonderer Gutachten» ausserhalb der Erfüllung einer Bundesaufgabe: vgl. LEIMBACHER, Art. 17a.
[2] Eine Ausnahme von der Pflicht zur obligatorischen Begutachtung statuiert Art. 11 NHG.
[3] Falsch daher BGr. in URP 1997, 219 f. Ähnlich bereits der unveröffentlichte Entscheid des BGr. vom 21. Dezember 1993 i.S. Schwyz, E. 3b, wo das Bundesgericht eine Begutachtungspflicht nur auszuschliessen scheint, weil das fragliche Objekt «Chaisten» *noch nicht* in das Flachmoorinventar (nach Art. 18a Abs. 1 NHG!) aufgenommen wurde.
[4] Vgl. BGr. in URP 1996, 824.

Die *obligatorische* Begutachtung ist gemäss der Entstehungsgeschichte und der Konzeption des 1. Abschnitts des NHG zum einen klarerweise auf jene Inventare beschränkt, die der Bundesrat gemäss der ihm durch Art. 5 NHG verliehenen Kompetenz als solche im Sinne dieses Art. 5 NHG bezeichnet hat. Und zum anderen sollen die Inventare gemäss Art. 5 NHG in erster Linie gegen Beeinträchtigungen bei Erfüllung von Bundesaufgaben Schutz bieten. Die anderen Bundesinventare kennen diese Einschränkung nicht (vgl. LEIMBACHER, Art. 5, Rz 6 und Art. 6, Rz 4). Das ist denn auch ein Grund, weshalb der neue Art. 17a NHG die Möglichkeit «besonderer Gutachten» vorsieht, sofern es sich gerade nicht um die Erfüllung einer Bundesaufgabe, aber u.a. um ein Objekt, «das in einem Inventar des Bundes nach Art. 5 NHG aufgeführt» ist, handelt.

3

C. Mögliche Beeinträchtigung

Ein Gutachten der Kommission ist gemäss Art. 7 NHG in all jenen Fällen einzuholen, in denen ein Inventar-Objekt «beeinträchtigt werden könnte». Damit wird nicht verlangt, dass bei jeder irgendwie gearteten Veränderung (im Perimeter) eines Inventar-Objektes die Kommission beizuziehen ist. So wie Art. 6 NHG die «ungeschmälerte Erhaltung im Sinne der Inventare» anstrebt, so kann hier das Kriterium der Beeinträchtigung nur als ein auf die in der Bedeutung der Objekte verankerten Schutzziele bezogenes verstanden werden[5]. Könnte bei Erfüllung einer Bundesaufgabe der natürliche und kulturelle Wert eines Objektes beeinträchtigt werden, könnte also gerade das geschädigt werden, was die Objekte so einzigartig oder typisch macht, dass ihnen nationale Bedeutung und verstärkter Schutz zuerkannt wurde, dann ist – unabhängig vom Ausmass der möglichen Beeinträchtigung – ein Gutachten der Kommission einzuholen.

4

Werden keine Schutzziele tangiert, handelt es sich also um einen Eingriff, eine Veränderung, der zwar im Perimeter eines BLN-Objektes oder an einem ISOS-Objekt vorgenommen werden soll, der aber das, was das Objekt gerade schützenswert macht, nicht berührt, dann entsteht keine Gutachtenspflicht (vgl. LEIMBACHER, Art. 6, Rz 11 ff.).

Nun auferlegt Art. 7 NHG die Beantwortung der Frage, ob ein Inventar-Objekt im soeben umrissenen Sinne beeinträchtigt werden könnte und deshalb ein Gutachten einzuholen sei, der für die Erfüllung der Bundesaufgabe «zuständigen Stelle». In all jenen Fällen, in denen grosse Projekte anstehen, wie die Errichtung von Sendeanlagen[6], Abfalldeponien[7] oder Kiesgruben[8], dürfte die Bejahung der Frage leichtfallen. Handelt es sich um kleinere oder eher peri-

5

---

[5] Vgl. BGE 115 Ib 490 = JdT 1991 I 504.
[6] Unveröffentlichter Entscheid des BGr. vom 11. Oktober 1993 i.S. Rigi-Kulm; BGE 115 Ib 144 f. = JdT 1991 I 493.
[7] BGr. in URP 1995, 709 ff.
[8] Unveröffentlichter Entscheid des BGr. vom 27. Juni 1984 i.S. Neuheim.

phere, nicht direkt im Kernbereich des Inventar-Objektes gelegene Vorhaben, z.B. Bootsplätze[9] oder Wasserskianlagen[10], so hat sich gezeigt, dass die zuständigen Stellen die Möglichkeit einer Beeinträchtigung des öfteren – fälschlicherweise – verneinen (und kein Gutachten einholen). Die Frage lässt sich für die zuständige Stelle nicht zuletzt deswegen nur schwer beantworten, weil die Angaben in den Inventaren (insbesondere im BLN) teils äusserst vage sind und sich ihnen der anzustrebende Schutz nicht immer ohne weiteres klar entnehmen lässt. Zudem ist die zuständige Stelle wohl in manchen Fällen zur Beantwortung gerade dieser Frage zu wenig kompetent. Das macht es erforderlich, soll der durch die Art. 6 und 7 NHG angestrebte verstärkte Schutz nicht unterlaufen werden, an das Kriterium der *möglichen* Beeinträchtigung geringe Anforderungen zu stellen. Es ist immer dann erfüllt, wenn die zuständige Stelle eine Beeinträchtigung (im Sinne der Inventare) nicht mit Sicherheit[11] ausschliessen kann. Im Zweifelsfalle ist somit die Kommission beizuziehen.

Es ist denn auch gerade diese Problematik, die Tatsache, dass die zur Beurteilung des Projekts zuständige Stelle auch über die Frage befindet, ob bei Erfüllung der Bundesaufgabe ein Objekt *beeinträchtigt werden könnte,* die das Bundesgericht in einem jüngeren Entscheid[12] zur falschen Annahme verleitete, jene Antwort zu geben sei bereits Aufgabe der Kommissionen (vgl. Rz 6).

II. Zuständigkeit und Zeitpunkt

A. Zuständige Stelle

6 «Zuständige Stelle» ist die für die Erfüllung der Bundesaufgabe zuständige Behörde. Die Zuständigkeit richtet sich somit nach den einschlägigen Spezialgesetzen (z.B. für Rodungen nach Art. 6 WaG, für Ausnahmebewilligungen gemäss Art. 24 RPG[13] nach Art. 25 Abs. 2 RPG). Und soweit die Kantone gewisse Bundesaufgaben erfüllen (Art. 3 Abs. 1 NHG), sind auch die jeweils zuständigen kantonalen Instanzen «zuständige Stellen» im Sinne von Art. 7 NHG[14].

---

[9] Entscheid des BGr. vom 7. März 1994 i.S. Ingenbohl, teilweise abgedruckt in ZBl 1995, 186 ff., und unveröffentlichter Entscheid des BGr. vom 28. März 1991 i.S. Beckenried.

[10] BGE 114 Ib 81 = JdT 1990 I 517.

[11] Zu Gefahr und Risiko als Funktion von Eintretenswahrscheinlichkeit und Schaden: vgl. LEIMBACHER Jörg/SALADIN Peter, Katastrophenschutz: Schutz vor Schädigungen oder Schutz vor Risiken?, BUWAL-Schriftenreihe Umwelt Nr. 137, Bern 1990, 47 ff.

[12] Teilweise unveröffentlichte E. 3d des Entscheids des BGr. in URP 1997, 219.

[13] Beides Bundesaufgabe gemäss Art. 2 Bst. b NHG. Vgl. BGE 115 Ib 480 = JdT 1991 I 501 und ZUFFEREY, Art. 2.

[14] Unveröffentlichte E. 2a des Entscheids des BGr. in ZBl 1995, 186 ff.; BGE 115 Ib 489 = JdT 1991 I 504.

Die Zuständigkeit ist eine doppelte:

Die zuständige Stelle muss a) ein Gutachten der zuständigen Kommission einholen, «wenn bei Erfüllung einer Bundesaufgabe ein Objekt beeinträchtigt werden könnte», und sie muss b) auch abklären und entscheiden ob die Voraussetzungen zur Begutachtungspflicht gegeben sind, ob also ein Objekt *beeinträchtigt werden könnte*.

Letzteres ist, im Gegensatz zur Ansicht des Bundesgerichtes[15], (noch) nicht Aufgabe der Kommission, auch wenn sie sie in vielen Fällen schon wahrgenommen hat. Die Meinung des Bundesgerichts liesse sich nur vertreten, wenn man Art. 7 NHG bewusst – und begründet – entgegen seinem Wortlaut («... holt die zuständige Stelle rechtzeitig ein Gutachten der zuständigen Kommission ... ein») auslegte.

Die heutige Rechtslage ist ohne Zweifel nicht optimal. Erachtet die zuständige Stelle die Möglichkeit einer Beeinträchtigung – fälschlicherweise – als nicht gegeben, so wird sie die Kommission nicht beiziehen und bundesrechtswidrig ohne Gutachten einen Entscheid fällen. Zudem fehlt, wie das Bundesgericht richtig feststellt[16], der Kommission die Kontrolle über die in einem Schutzobjekt realisierten Vorhaben. Und das erhöht die Gefahr schleichender Zerstörung eines Inventar-Objektes. Diesen Gefahren ist aber nicht im Zuge der Auslegung zu begegnen, sondern primär durch eine Änderung des Art. 7 NHG oder etwa durch den von der ENHK zu Recht angestrebten – und vom Bundesgericht fälschlicherweise für unzulässig erklärten – Einbezug der kantonalen Fachstellen. Die ENHK hatte dem Kanton Schwyz vorgeschlagen, «sämtliche Gesuche um Ausnahmebewilligungen nach Art. 24 RPG der kantonalen Natur- und Heimatschutzfachstelle vorzulegen. Könne diese eine mögliche Beeinträchtigung ausschliessen, solle es damit sein Bewenden haben. Sei dies nicht der Fall oder werde in einem Beschwerdefall die Beeinträchtigung eines Schutzobjektes behauptet, müsse die ENHK zur Begutachtung zugezogen werden»[17]. Die bundesgerichtliche Ablehnung dieses Vorgehens basiert auf der irrigen Annahme, es handle sich dabei um eine unzulässige Aufgabendelegation. Da es sich aber gar nicht um eine Aufgabe der Kommission handelt, kann sie sie auch nicht delegieren. Bleibt zu hoffen, dass das Bundesgericht seine Ansicht revidiert und so zumindest in der Zusammenarbeit von Kantonen und Kommissionen dieses freiwillige Dazwischenschalten kompetenter Fachstellen wieder ermöglicht.

B. Zuständige Kommission nach Art. 25 Abs. 1 NHG

Die zuständigen Kommissionen sind, wie schon vor der Teilrevision des NHG, die Eidgenössische Natur- und Heimatschutzkommission (ENHK) sowie die Eidgenössische Kommission für Denkmalpflege (EKD)[18] (vgl. LEIMBACHER, Art. 25, Rz 1).

7
ENHK, EKD
CFNP,
CFMH

---

[15] Teilweise unveröffentlichte E. 3d des Entscheids des BGr. in URP 1997, 219.
[16] Teilweise unveröffentlichte E. 3d des Entscheids des BGr. in URP 1997, 219.
[17] Teilweise unveröffentlichte E. 3b des Entscheids des BGr. in URP 1997, 219.
[18] Vgl. Botschaft Teilrevision NHG, BBl 1991 III 1138 f., 1144 f.

Welche der beiden Kommissionen im konkreten Einzelfall das Gutachten erstellt, ist abhängig von den zur Beantwortung anstehenden Sachfragen. Konkrete Vorschriften bestehen keine. Der Bundesrat ist davon ausgegangen, die Abgrenzung der Bereiche des Natur- und Heimatschutzes und der Denkmalpflege könne der vertrauensvollen Zusammenarbeit der beiden Kommissionen überlassen werden[19]. Wenn nötig, erstellen die Kommissionen ein gemeinsames Gutachten.

C. Kein Verzicht auf Gutachten

8   Art. 7 NHG ist keine blosse Ordnungsvorschrift, von deren Einhaltung allenfalls ohne weitere Rechtsfolge abgesehen werden dürfte. Sofern die Voraussetzungen erfüllt sind, ist die Begutachtung durch die zuständige Kommission mithin zwingend[20].

Das gilt unbestrittenermassen für die zuständige Stelle, die Bundesrecht verletzt, wenn sie die Einholung des Gutachtens unterlässt[21]. Verpflichtet ist auch die Kommission selber. Sie kann nicht von sich aus in gewissen Fällen eine ihr gesetzlich übertragene Aufgabe nicht erfüllen[22]. Die von Art. 6 NHG (und anderen Bestimmungen, insbesondere Art. 24 RPG) geforderte Interessenabwägung – oder, nicht zu vergessen, eine UVP[23] – ist schlicht nicht umfassend und vollständig[24], wenn die Stellungnahme jenes beratenden Organes fehlt, das vom Bundesrat als «für die hier zu lösenden Aufgaben am besten geeignet» bezeichnet wird[25].

9   Dass die Kommissionen angesichts der beachtlichen Zahl von Inventar-Objekten gemäss Art. 5 NHG und der in den betreffenden Perimetern anfallenden Bundesaufgaben unter Umständen zeitliche und personelle Probleme bekommen können, ist bekannt[26]. Das Problem darf aber sicherlich nicht dadurch gemildert werden, dass, entgegen der Absicht des Gesetzgebers, Fälle nach Art. 7

---

[19] Botschaft NHG, BBl 1965 III 96.
[20] Entscheid des BGr. in URP 1997, 219; BGE 115 Ib 489 = JdT 1991 I 504 mit Hinweis auf Botschaft NHG, BBl 1965 III 103 f.
[21] Unveröffentlichte E. 2a des Entscheid des BGr. in ZBl 1995, 186 ff.
[22] In BGE 115 Ib 489 f. = JdT 1991 I 504 hat es das Bundesgericht als fraglich bezeichnet, ob die Kommission von sich aus auf die Begutachtung verzichten könne, die Frage aber nicht abschliessend entschieden.
[23] Art. 17 UVPV.
[24] Vgl. BGE 114 Ib 87 = JdT 1990 I 517.
[25] Botschaft NHG, BBl 1965 III 104.
[26] Teilweise unveröffentlichte E. 3d des Entscheids des BGr. in URP 1997, 219; vgl. auch BGE 115 Ib 489 = JdT 1991 I 498.

NHG den Kommissionen einfach nicht unterbreitet werden oder diese ihrem Auftrag nicht nachkommen.

Zudem verpflichtet nicht jeder Gutachtensauftrag die Kommissionen zu zeitraubenden Arbeiten. Können sie beispielsweise entgegen der ersten Einschätzung der zuständigen Stelle – dank ihrer Fachkompetenz und grossen Erfahrung[27] – die Möglichkeit einer Beeinträchtigung ausschliessen, erübrigt sich ein *aufwendiges* Gutachten.

Des weiteren besteht für die Kommissionen in gewissen Fällen, so «bei Vorhaben von untergeordneter Bedeutung oder bei besonderer Dringlichkeit», die Möglichkeit, die Begutachtung dem BUWAL oder dem BAK zu übertragen (Art. 2 Abs. 4 NHV)[28]. Und die ratio legis lässt es auch zu, dass die Kommissionen sich dem Gutachten einer anderen Fachinstanz (BUWAL, BAK, kantonale Fachstellen) – eventuell mit Ergänzungen oder anderer Gewichtung – anschliessen und so zu ihrem eigenen machen oder ihre Auffassung anderweitig eindeutig zum Ausdruck bringen[29]. Der Sinn des obligatorischen Gutachtens liegt nicht darin, dass die Kommissionen alles selber machen, sondern dass sie als unabhängige Instanz ihre fundierte – eigene – Meinung abgeben. 10

D. Rechtzeitig

In seiner Botschaft zum NHG hatte der Bundesrat darauf hingewiesen, dass bei der Ausarbeitung der Vollziehungsverordnung zu prüfen sein werde, «ob der Zeitpunkt des Beizugs der beiden Kommissionen näher geregelt werden» müsse[30]. Er hat darauf verzichtet, und dies mit Grund. Angesichts einer Vielzahl unterschiedlichster Verfahren, die bei Erfüllung einer Bundesaufgabe zum Zuge kommen können, und nicht zuletzt im Lichte der neueren bundesgerichtlichen Rechtsprechung zur Koordination der Verfahren, erscheint die Festlegung einer generellen Frist als eher untauglich. 11

Es ist Sache der zuständigen Behörde, die Kommission rechtzeitig bzw. so früh, wie es ihr notwendig erscheint, beizuziehen. Da das Gesetz der Begutachtung durch die zuständige Kommission jedoch grosses Gewicht beimisst, muss grundsätzlich verlangt werden, dass das Gutachten im Rahmen des erstinstanzlichen Verfahrens erstellt wird, sodass es in die Entscheidfindung einfliessen kann[31].

---

[27] Botschaft NHG, BBl 1965 III 104.
[28] Vgl. auch BGE 115 Ib 489 = JdT 1991 I 498.
[29] BGE 115 Ib 489 = JdT 1991 I 504.
[30] Botschaft NHG, BBl 1965 III 96.
[31] Vgl. VPB 1980, 396.

12
Heilung möglich
Effet guérisseur

Wird der (rechtzeitige) Beizug der Kommission unterlassen, so hat dieses bundesrechtswidrige Versäumnis nicht zwingend die Nichtigkeit des Entscheids zur Folge. Das Bundesgericht hat verschiedentlich – aber nicht immer[32] – die Heilung dieses Verfahrensfehlers zugelassen[33].

III. Das Gutachten

A. Zweck des Gutachtens

13 Wer Bundesaufgaben erfüllt, muss den Anforderungen des Natur- und Heimatschutzes sowie der Denkmalpflege gerecht werden (vgl. ZUFFEREY, 2. Kap., Rz 57 f. und Art. 2, Rz 1 f.). Das ist keine einfache Aufgabe, denn oft lassen sich jene Anforderungen mit den Interessen an der Erfüllung einer konkreten Bundesaufgabe nur schwer unter einen Hut bringen. Und die Erfahrung lehrt, dass bei der je notwendigen Ausmarchung, der Gegenüberstellung, Gewichtung und Abwägung sich widerstreitender Interessen jene von Natur-, Heimatschutz und Denkmalpflege allzu oft zu wenig oder gar nicht berücksichtigt und mit viel zu geringem Gewicht bedacht werden. Die Inventare nach Art. 5 NHG bringen ein erstes Korrektiv: eine Reihe von Objekten wird als besonders wertvoll und bedeutsam hervorgehoben und dem verstärkten Schutz des Art. 6 NHG unterstellt. Sie sollen, dies die Grundregel, ungeschmälert erhalten oder jedenfalls grösstmöglich geschont werden. Die obligatorische Begutachtung ist ein weiterer, äusserst wichtiger Bestandteil dieses besonderen Schutzes. Die Wahrung der Interessen von Natur-, Heimatschutz und Denkmalpflege wird nicht nur der für die Erfüllung der Bundesaufgabe zuständigen Stelle alleine übertragen. Mit der fachspezifischen Beurteilung des Projektes[34] durch die ENHK und die EKD erhalten jene Interessen unabhängige – aber (von Gesetzes wegen und im Rahmen des Gesetzes) durchaus parteiische, gerade auf die Wahrung dieser Interessen verpflichtete – Fürsprecherinnen[35] (vgl. LEIMBACHER, 6. Kap.):

«Nur die Begutachtung durch von der Bundesverwaltung unabhängige und sachkundige Organe bietet die Gewähr, dass die Bundesverwaltung bei der Erfüllung von Bundesaufgaben für die Interessenabwägung nicht bloss in bezug auf ihr jeweiliges Fachgebiet, sondern auch in bezug auf den Natur- und Heimatschutz über zuverlässige Unterlagen verfügt»[36].

---

[32] BGE 114 Ib 87 f. = JdT 1990 I 517.
[33] Unveröffentlichte E. 2a des Entscheid des BGr. in ZBl 1995, 186 ff.; unveröffentlichter Entscheid des BGr.vom 28. März 1991 i.S. Beckenried, E. 1c; BGE 114 Ib 271 = JdT 1990 I 514. Vgl. auch BGE 115 Ib 490 = JdT 1991 I 504.
[34] Unveröffentlichte E. 3c des Entscheids des BGr. in URP 1996, 815 ff.
[35] Botschaft NHG, BBl 1965 III 93 f., 103 f.
[36] Botschaft NHG, BBl 1965 III 94.

Die Umstände haben sich seit der Schaffung des NHG sicherlich erheblich geändert. Die beiden Kommissionen sind nicht mehr die (fast) einzigen, die im Bereiche des NHG über Fachkompetenz verfügen. Aber nach wie vor sind die ENHK und die EKD auf Bundesebene die einzigen unabhängigen Gremien[37].

14 Unabhängigkeit / Indépendance

B. Inhalt

Die Kommissionen selber sind zwar nicht entscheidbefugt, aber ihre Gutachten haben zuhanden der entscheidbefugten zuständigen Stelle «darzutun, weshalb und auf welche Weise das Objekt ungeschmälert zu erhalten, jedenfalls aber möglichst weitgehend[38] zu schonen sei», wie es im Schlusssatz von Art. 7 NHG heisst[39].

15

Die Aufforderung, im Gutachten darzutun, «weshalb» im konkreten Fall besonderer Schutz notwendig sei, bezieht sich nicht auf die grundsätzliche Schutzwürdigkeit und -bedürftigkeit der Inventar-Objekte. Denn, *dass* diese Objekte in besonderem Masse ungeschmälert zu erhalten oder jedenfalls grösstmöglich zu schonen sind, ist vom Gesetzgeber bereits entschieden worden. «Weshalb» fragt nach der Beeinträchtigung (zur Unterscheidung von Veränderung und zu begutachtender Beeinträchtigung: vgl. LEIMBACHER, Art. 6, Rz 11 ff.): Weil und soweit das Objekt eben beeinträchtigt würde, ist es ungeschmälert zu erhalten oder grösstmöglich zu schonen. Um aber entscheiden zu können, ob das in Frage stehende Vorhaben wirklich zu einer Beeinträchtigung führen würde oder nicht, muss man zuerst wissen, was durch die Inventarisierung des Objektes geschützt ist – und was gar nicht unter den Schutz des Art. 6 NHG fällt. Bei den ISOS- und auch bei den künftigen IVS-Objekten kann sich die Kommission immerhin auf einigermassen detaillierte Unterlagen und Schutzziele stützen. Vor allem bei den BLN-Objekten bleibt der Kommission hingegen häufig nichts anderes übrig, als die in der Bedeutung des Objektes verankerten Schutzziele mit Blick auf die (abstrakte) Gefährdung zuerst noch zu konkretisieren und – wenn nötig – auch räumlich zu differenzieren (vgl. LEIMBACHER, Art. 5,

Beeinträchtigung? / Préjudice ?

---

[37] Nicht ohne Grund fordern denn auch KÖLZ Alfred/MÜLLER Jörg Paul in ihrem Entwurf für eine neue Bundesverfassung (dritte, überarbeitete Auflage), Bern 1995, erhebliche Eingriffe in Natur- und Kulturlandschaften und in ökologisch besonders wertvolle Gebiete dürften nur mit Zustimmung einer unabhängigen Landschafts- und Umweltschutzkommission des Bundes vorgenommen werden (Art. 36 Abs. 5).

[38] Zwischen den beiden sprachlich nicht ganz deckungsgleichen Umschreibungen des Schonungsgebotes in Art. 6 Abs. 1 NHG und Art. 7 NHG besteht in rechtlicher Hinsicht kein Unterschied. Vgl. auch Ziff. 6.1 der Erläuterungen zum BLN.

[39] Botschaft NHG, BBl 1965 III 104.

Rz 13 ff.). Hat die Kommission hinreichend Klarheit[40] über die in concreto (potentiell) betroffenen Schutzziele erlangt, muss sie anhand dieses gesetzlich gewollten Soll-Zustandes[41] die Frage beantworten, ob, wie und in welchem Ausmasse die Erfüllung der Bundesaufgabe das inventarisierte Objekt bzw. die Schutzziele beeinträchtigen könnte[42].

16
Schwere der Beeinträchtigung
Gravité du préjudice

Werden Schutzziele tangiert und wird das Objekt (im Sinne des Inventars) also beeinträchtigt, sind diese Beeinträchtigungen im Gutachten darzulegen. Insbesondere ist ein Urteil darüber abzugeben, ob sie von geringer Natur sind, oder ob gar erhebliche Beeinträchtigungen zu erwarten sind, die als ein «Abweichen von der ungeschmälerten Erhaltung» zu qualifizieren wären. Dabei genügt es für die Belange der Entscheidbehörde allerdings nicht, wenn das Gutachten die Beeinträchtigungen und ihr Ausmass lediglich abstrakt (Zerstörung von zwei Dritteln des zu erhaltenden Trockenstandortes; Rodung von 4 ha des 30 ha umfassenden Waldes usw.) wiedergibt. Das Gutachten muss sich vielmehr auch in nachvollziehbarer Weise über die Bedeutung, die Schwere, das Gewicht der Beeinträchtigung aussprechen. Nur so kann das Erhaltungsinteresse mit dem ihm zustehenden hohen Gewicht in die von der zuständigen Stelle vorzunehmende Interessenabwägung[43] einbezogen werden. Solche Gewichtung ist nun aber ihrerseits nur beschränkt in einem abstrakten Sinne möglich. In der Regel wird die Kommission nicht darum herumkommen darzulegen, wie gewichtig oder überwiegend ihrer Ansicht nach das Interesse an der ungeschmälerten Erhaltung oder grösstmöglichen Schonung im konkret zur Entscheidung anstehenden Fall im Vergleich zu den Eingriffsinteressen ist[44].

17
Alternativen
Alternatives

Art. 7 NHG verlangt von der Kommission zudem, in ihrem Gutachten aufzuzeigen, auf welche Weise[45] das Objekt ungeschmälert zu erhalten, jedenfalls aber möglichst weitgehend zu schonen sei. Damit wird von der Kommission nicht verlangt, zu jedem Projekt umfassende Alternativen aufzuzeigen. Die Kommission soll aber zuhanden der Entscheidbehörde, sofern dies möglich ist, beispielsweise alternative Standorte oder Linienführungen vorschlagen, die zu keinen oder geringeren Beeinträchtigungen führten[46]. Sie soll sich mit Blick auf die Schutzziele überlegen, ob eine Redimensionierung des Vorhabens das

---

[40] Ein informatives Beispiel für das Vorgehen (im Rahmen des Denkmalschutzes) findet sich in BGE 120 Ia 273 ff. = JdT 1996 I 524.
[41] Unveröffentlichter Entscheid des BGr. vom 28. März 1991 i.S. Beckenried, E. 5b.
[42] Unveröffentlichte E. 3c des Entscheids des BGr. in URP 1996, 815 ff., sowie 823 ff.
[43] Z.B. nach Art. 24 Abs. 1 und 2 RPG (vgl. die unveröffentlichte E. 3c des Entscheid des BGr. in URP 1996, 815 ff.) oder nach Art. 5 Abs. 4 WaG.
[44] Vgl. etwa den unveröffentlichten Entscheid des BGr. vom 16. April 1997 i.S. Pilatus, E. 5b bb, sowie VPB 1992, 66.
[45] Vgl. BGE 115 Ib 321 = JdT 1991 I 584.
[46] Vgl. Erläuterungen zum BLN, Ziff. 4.3.

Ausmass und das Gewicht der Beeinträchtigungen entscheidrelevant minimieren könnte. Sie kann und soll für den Fall der Realisierung Auflagen vorschlagen etc.[47].

C. Zur Verbindlichkeit des Gutachtens

Die Begutachtung durch von der Bundesverwaltung unabhängige und sachkundige Organe[48], die Kommissionen, ist einer der zentralen Bausteine in der Konzeption des Natur- und Heimatschutzes sowie der Denkmalpflege bei Erfüllung von Bundesaufgaben. Entscheidbefugt ist nun aber nicht die Kommission, sondern die zuständige Stelle[49], sodass sich die Frage stellt, welche Bedeutung dem Gutachten im Zuge der Entscheidfindung zukommt.

18

Das Gutachten der Kommission entspricht, wie etwa die durch die kantonale Fachstelle vorzunehmende Prüfung des Berichts über die Umweltverträglichkeit, einer vom Bundesrecht obligatorisch verlangten amtlichen Expertise[50], und ihr kommt dementsprechend grosses Gewicht zu[51]. Das gilt insbesondere für die dem Gutachten zugrundeliegenden tatsächlichen Feststellungen. Von ihnen darf die zuständige Stelle nur aus triftigen Gründen abweichen[52], etwa dort, wo die Expertise Irrtümer, Lücken oder Widersprüche enthält[53]. Diese grosse Bedeutung des Gutachtens wird mit dem Beschwerderecht der Organisationen (Art. 12 NHG) unterstrichen, wurde es u.a. doch gerade eingeführt, um «Entscheide von Bundesorganen, die sich ohne Not über ein solches Gutachten hinwegsetzen, an eine höhere Instanz weiterzuziehen»[54].

Amtliche Expertise
Expertise officielle

Nun beschränkt sich das Gutachten aber keineswegs auf die Feststellung blosser Tatsachen. Mit der Konkretisierung und Differenzierung der Schutzziele, der Bestimmung des Ausmasses und vor allem auch der Bedeutung, des Gewichtes der Beeinträchtigungen, insbesondere mit der Beantwortung der Frage, ob

---

[47] Vgl. etwa den unveröffentlichten Entscheid des BGr. vom 11. Oktober 1993 i.S. Rigi-Kulm, E. 5b; VPB 1989, 288.
[48] Botschaft NHG, BBl 1965 III 94.
[49] Vgl. VPB 1989, 289; BGE 108 V 139; RAUSCH, Kommentar USG, Art. 9, Rz 124.
[50] BGE 119 Ib 274 = JdT 1995 I 464, mit Hinweisen; 118 Ib 603 = JdT 1994 I 490; vgl. auch VPB 1991, 46; 1990, 163; 1980, 403.
[51] Vgl. den unveröffentlichten Entscheid des BGr. vom 3. August 1995 i.S. Laufen-Uhwiesen, E. 5; BGE 119 Ib 274 = JdT 1995 I 464.
[52] BGE 120 Ia 278 f. = JdT 1996 I 527; BGE 119 Ib 274 = JdT 1995 I 464; BGE 108 V 140; VPB 1995, 521.
[53] VPB 1992, 66, mit Hinweisen; BGE 118 Ia 146 = JdT 1994 IV 95; BGE 108 Ib 512 = JdT 1984 I 537.
[54] Botschaft NHG, BBl 1965 III 93 f.

gar ein «Abweichen von der ungeschmälerten Erhaltung» vorliegt, entscheidet die Kommission Rechtsfragen. Da sie als unabhängiges und sachkundiges Organ damit einem gesetzlichen Auftrage nachkommt, müssen auch hier triftige Gründe (z.B. eine falsche Auffassung des Gesetzes) vorliegen, wenn die Entscheidbehörde von der Stellungnahme der Kommission abweichen will. Kommt also beispielsweise dem Interesse an der Erfüllung einer konkreten Bundesaufgabe unbestrittenermassen keine nationale Bedeutung zu, und hat die Kommission die zu erwartenden Beeinträchtigungen als ein «Abweichen von der ungeschmälerten Erhaltung» (Art. 6 Abs. 2 NHG) qualifiziert, so ist damit ein Vorentscheid gegen die Zulässigkeit des Vorhabens gefallen. Lassen sich keine überzeugenden Gründe gegen die Einschätzung der Kommission vorbringen, so ist die zuständige Stelle daran gebunden, hat die ungeschmälerte Erhaltung in solchen Fällen doch unbedingten Vorrang (vgl. LEIMBACHER, Art. 6, Rz 3 ff.). Der Versuch, strikte zwischen Tatsachen- und Rechtsfragen zu unterscheiden, und die Verbindlichkeit des Gutachtens auf vermeintlich reine Tatsachenfragen zu beschränken[55], vermag daher nicht in jedem Falle zu überzeugen, insbesondere dort nicht, wo es um unbestimmte Rechtsbegriffe geht[56].

19 Theorie und Praxis stimmen bekanntlich nicht immer überein. Wenn aber entgegen der Ansicht der Kommissionen entschieden und ein Vorhaben genehmigt wird, dann in der Regel nicht, weil deren (tatsächlichen) Feststellungen angezweifelt werden. Über das Erhaltungsgebot kann man sich viel leichter hinwegsetzen, indem anders gewichtet oder, was leider praktisch aufs Gleiche hinausläuft, ein Interesse zum nationalen[57] – und damit bereits zu einem äusserst gewichtigen – gemacht wird.

D. Gutachten und rechtliches Gehör

20 Es ist unbestritten, dass die Gutachten, nicht jedoch die internen Arbeitspapiere, der Kommission Bestandteil des Dossiers bilden und den Parteien – über die verfahrensleitende Behörde – zugänglich sein müssen[58]. Einen Anspruch auf Beteiligung an der Ausarbeitung[59] des Gutachtens haben die Parteien hin-

---

[55] Vgl. die unveröffentlichte E. 3c des Entscheids des BGr. in URP 1996, 815 ff.
[56] Vgl. RAUSCH, Kommentar USG, Art. 9, Rz 124.
[57] Vgl. etwa den Entscheid des BGr. vom 17. Juli 1995 i.S. Cholwald, teilweise abgedruckt in URP 1995, 709 ff., sowie den kritischen Kommentar der Redaktion, 718 ff.
[58] BGE 112 Ib 302 = JdT 1988 I 586. Vgl. auch VPB 1989, 289.
[59] Zur unterschiedlichen rechtlichen Bewertung von zum Zweck der Beweiserhebung durchgeführtem Augenschein und von der Kommission von sich aus vorgenommener Besichtigung der Örtlichkeit: vgl. BGr. in URP 1996, 823 f., und die unveröffentlichte E. 2b des Entscheids des BGr. in ZBl 1995, 186 ff.

gegen nicht. Da die *Funktion* der Kommission grundsätzlich eine rein verwaltungsinterne zuhanden der zuständigen Stelle ist (vgl. LEIMBACHER, Art. 25, Rz 10), finden nämlich die besonderen Verfahrensvorschriften für den Sachverständigenbeweis (Art. 12 Bst. e VwVG und Art. 57 ff. BZP[60] (i.V.mit Art. 19 VwVG) keine Anwendung. Im Unterschied zum eigentlichen Sachverständigenbeweis muss den Parteien nicht Gelegenheit gegeben werden, sich vorgängig «zu den Fragen an die Sachverständigen zu äussern und Abänderungs- und Ergänzungsanträge zu stellen» (Art. 57 Abs. 2 BZP). Das rechtliche Gehör ist jedenfalls gewahrt, wenn die Parteien gegenüber der Entscheidbehörde zum Gutachten Stellung nehmen und allenfalls auch Bedenken hinsichtlich der Unparteilichkeit oder Unsachgemässheit des Gutachtens äussern können[61].

---

[60] BG über den Bundeszivilprozess vom 4. Dezember 1947 (SR 273).
[61] Vgl. VPB 1989, 289; BGr. in VPB 1988, 45; BGE 108 V 139.

Art. 8 Fakultative Begutachtung

Eine Kommission kann in wichtigen Fällen von sich aus in jedem Stadium des Verfahrens ihr Gutachten über die Schonung oder ungeschmälerte Erhaltung von Objekten abgeben. Sie tut dies jedoch so früh wie möglich. Auf Verlangen sind ihr alle erforderlichen Unterlagen zur Verfügung zu stellen.

Art. 8 Expertise facultative

Dans des cas importants, une commission au sens de l'article 25, 1er alinéa, peut effectuer une expertise de son propre chef à tous les stades de la procédure, sur la manière de ménager des objets ou d'en préserver l'intégrité. Le cas échéant, elle le fait, mais le plus tôt possible. Sur demande, tous les documents nécessaires sont mis à sa disposition.

Inhaltsverzeichnis Rz

I. Verhältnis zu Art. 7 NHG 1
   A. Begutachtung anderer Objekte 1
   B. Ebenfalls bei Erfüllung einer Bundesaufgabe 2
II. Erstellen des Gutachtens 3
   A. Die Kommission 3
   B. Kann von sich aus 4
   C. Wichtige Fälle 5
   D. Zeitpunkt 6
III. Das Gutachten 7
   A. Die erforderlichen Unterlagen 7
   B. Schonung oder ungeschmälerte Erhaltung 8
   C. Zur Verbindlichkeit des freiwilligen Gutachtens 9

Table des matières N°

I. Le lien avec l'art. 7 LPN 1
   A. L'expertise d'autres objets 1
   B. Egalement lors de l'accomplissement d'une tâche fédérale 2
II. La réalisation de l'expertise 3
   A. La commission 3
   B. «Peut de son propre chef» 4
   C. Les cas importants 5
   D. Le moment 6

III. L'expertise 7
    A. Les documents nécessaires 7
    B. Ménager et préserver l'intégrité 8
    C. A propos de l'effet contraignant de l'expertise volontaire 9

I. Verhältnis zu Art. 7 NHG

A. Begutachtung anderer Objekte

Die obligatorische Begutachtung gemäss Art. 7 NHG setzt voraus, dass ein Objekt aus einem Inventar nach Art. 5 NHG (BLN bzw. ISOS) beeinträchtigt werden könnte (vgl. LEIMBACHER, Art. 5, Rz 1). Die *fakultative* Begutachtung nach Art. 8 NHG betrifft im Gegensatz dazu Objekte, die gerade nicht in eines dieser beiden Inventare aufgenommen sind[1].   1

B. Ebenfalls bei Erfüllung einer Bundesaufgabe

In der früheren Fassung von Art. 8 NHG sowie im Entwurf des Bundesrates zur Teilrevision des NHG[2], dem die beiden Räte zugestimmt haben[3], hiess es noch explizit, die Kommission könne «in wichtigen Fällen *bei Erfüllung von Bundesaufgaben*» ein Gutachten abgeben[4]. Der Passus wurde – weil selbstverständlich – von der Redaktionskommission gestrichen. Materiell hat sich dadurch nichts geändert: Auch ein fakultatives Gutachten ist also nur bei Erfüllung einer Bundesaufgabe möglich. Ausserhalb der Erfüllung einer Bundesaufgabe kann hingegen u.U. ein «besonderes Gutachten» nach Art. 17a NHG erstellt werden (Art. 25 Abs. 1 Bst. e NHV) (vgl. LEIMBACHER, Art. 17a, Rz 4).   2

II. Erstellen des Gutachtens

A. Die Kommission

Gemeint sind auch in Art. 8 NHG die ENHK sowie die EKD (vgl. LEIMBACHER, Art. 25, Rz 1).   3

---

[1] Botschaft NHG, BBl 1965 III 104; Amtl. Bull. S 1966 19 (Votum Berichterstatter HEER).
[2] Botschaft Teilrevision NHG, BBl 1991 III 1153.
[3] Amtl.Bull. S 1992 609, N 1993 2080.
[4] Botschaft NHG, BBl 1965 III 104.

B. Kann von sich aus

4 In den Fällen gemäss Art. 8 NHG ist zum einen die zuständige Stelle – im Gegensatz zu Art. 7 NHG (vgl. LEIMBACHER, Art. 7, Rz 8) – nicht verpflichtet, ein Gutachten der Kommission einzuholen.

Zum andern muss auch die Kommission, selbst wenn sie angefragt würde, kein Gutachten erstellen. Will sie aber von sich aus ein Gutachten unterbreiten, ist es von der zuständigen Stelle zu berücksichtigen.

C. Wichtige Fälle

5 Das Gesetz definiert die wichtigen Fälle nicht. In der Botschaft zum NHG findet sich immerhin die Feststellung, dass die beiden Kommissionen sich «unabhängig von der Klassierung des betreffenden Schutzobjektes im Sinne von Artikel 4» NHG (vgl. FAVRE, Art. 4) einschalten können[5]. Die Wichtigkeit des Falles misst sich demnach nicht einseitig an der Bedeutung des Objektes[6], auch wenn diese die (Un-)Wichtigkeit des Falles öfters entscheidend beeinflussen dürfte. Zu denken ist beispielsweise an Eingriffe in noch nicht inventarisierte[7] IVS- und ISOS-[8] bzw. KLN-Objekte[9], aber auch an die anderen Bundesinventare (gemäss HMV, FMV, MLV oder AuenV) (vgl. LEIMBACHER, Art. 5, Rz 6).

Da die obligatorische Begutachtung gemäss Art. 7 NHG auf diese anderen Bundesinventare keine Anwendung findet, kann man sich die Frage stellen, ob denn die Möglichkeit eines freiwilligen Gutachtens – bei Erfüllung einer Bundesaufgabe – wirklich gegeben sei. In der Praxis werden solche Gutachten erstellt[10] – und das ist richtig: Wenn in wichtigen Fällen selbst bei Beeinträchtigung eines Objektes von lokaler Bedeutung ein fakultatives Gutachten erstellt werden kann, dann müsste ein spezifischer Ausschlussgrund vorliegen, wenn Objekte von nationaler Bedeutung nur solange einer freiwilligen Begutachtung zugänglich wären als sie nicht anderweitig inventarisiert wurden. Ein solcher Grund ist nicht ersichtlich, wohingegen der Ausschluss der obligatorischen Begutachtung bei den anderen Bundesinventaren seinen Grund gerade in Umstand findet, dass die Objekte nicht in ein Inventar nach Art. 5 NHG aufgenommen wurden.

---

[5] Botschaft NHG, BBl 1965 III 104.
[6] Vgl. VPB 1972, 150; BGE 108 Ib 183 = Pra 1982, 693.
[7] BGE 117 Ib 245 = JdT 1993 I 511: «Schutzwürdig sind ... auch solche Objekte, die nicht oder noch nicht in das Verzeichnis aufgenommen wurden, wenn an ihrer Erhaltung ein über den Kanton oder die Gegend, in der sie liegen, hinausgreifendes Interesse besteht»; vgl. auch BGE 100 Ib 163 = JdT 1976 I 13.
[8] Vgl. VPB 1992, 59.
[9] Vgl. VPB 1984, 355.
[10] So erstellte die ENHK z.B. 1995 zuhanden des bernischen Verwaltungsgerichts ein Gutachten zur Kiesentnahmekonzession im Kanderdelta, das teilweise im Perimeter eines Auengebietes von nationaler Bedeutung (AuenV) liegt.

Beeinflusst wird die Wichtigkeit eines Falles zweifellos durch das Ausmass bzw. die Schwere eines geplanten Eingriffes. Ist der Eingriff marginal und das Objekt von untergeordneter Bedeutung, so dürfte es sich in der Regel nicht um einen wichtigen Fall handeln. Immerhin sind aber Fälle denkbar, deren Wichtigkeit sich primär weder an der Bedeutung des Objekts noch an der Schwere des Eingriffs bemisst:

Da die Kommissionen gemäss Art. 25 Abs. 1 Bst. a NHV die Aufgabe haben, das Departement in grundsätzlichen Fragen des Naturschutzes, des Heimatschutzes und der Denkmalpflege zu beraten, und sie gemäss Art. 25 Abs. 1 Bst. b NHV beratend beim Vollzug des NHG mitwirken, müssen sie die Möglichkeit haben, sich gutachterlich einzuschalten, wenn solche wichtigen bzw. grundsätzlichen Fragen (des Vollzugs) aufgeworfen werden[11].

D. Zeitpunkt

Nach Art. 7 NHG ist die «zuständige Stelle» verpflichtet, das obligatorische Gutachten der Kommission «rechtzeitig» einzuholen. Ihr *fakultativ* erstelltes Gutachten kann die Kommission hingegen grundsätzlich «in jedem Stadium des Verfahrens abgegeben». Die bei Erfüllung von Bundesaufgaben verfassungsrechtlich geforderte «Schonung oder gar ungeschmälerte Erhaltung» soll nicht – zumal es sich um wichtige Fälle handelt – daran scheitern, dass das anerkanntermassen grosse Fachwissen der Kommission aus blossen Verfahrens- bzw. Fristgründen unberücksichtigt bleibt. Selbst wenn das Gutachten spät, aus der Sicht der zuständigen Stelle vielleicht gar zu spät eingereicht wird, *muss* es von ihr berücksichtigt werden[12]. Berücksichtigung finden muss das Gutachten einer Kommission insbesondere auch dann, wenn sie es z.B. erst im Rahmen eines Beschwerdeverfahrens einreicht.

6
Rechtzeitig
A temps

Allerdings wird die Kommission angemahnt, ihr Gutachten «so früh wie möglich» abzugeben. Sie darf, sobald sie vom konkreten Fall Kenntnis hat, und wenn sie sich denn engagieren will, die Erstellung des Gutachtens nicht unnötig verzögern. Aus Gründen der Verfahrensökonomie scheint es angezeigt, dass die Kommission die zuständige Stelle über ihren Entscheid, ein Gutachten zu erstellen, informiert. Die eventuell erfolgte Einsicht in die Unterlagen sagt ja noch nichts darüber aus, ob die Kommission gutachterlich tätig wird.

---

[11] Vgl. VPB 1993, 102 f.
[12] Auch ein freiwilliges Gutachten gehört z.B. zu den Grundlagen für die Prüfung der Umweltverträglichkeit (Art. 17 UVPV).

III. Das Gutachten

A. Die erforderlichen Unterlagen

7 Da die in den Fällen nach Art. 8 NHG zuständigen Stellen nicht verpflichtet sind, ein Gutachten einzuholen, besteht auch keine Pflicht, der Kommission gleichsam prophylaktisch die zur Erstellung des Gutachtens erforderlichen Unterlagen zukommen zu lassen.

Wird die Kommission aber aktiv und verlangt sie es, sind ihr diese Unterlagen zur Verfügung zu stellen[13]. Ab diesem Zeitpunkt ist der Kommission eine hinreichend lange Frist einzuräumen, damit sie sich für oder gegen die Erstellung eines Gutachtens entscheiden und gegebenenfalls dieses rechtzeitig abliefern kann.

B. Schonung oder ungeschmälerte Erhaltung

8 Das fakultative Gutachten, das ja keine inventarisierten Objekte nach Art. 5 NHG betrifft, die gemäss Art. 6 NHG verstärkten Schutz geniessen sollen, ist auf die Grundpflicht der Schonung bzw. ungeschmälerten Erhaltung bei Erfüllung von Bundesaufgaben nach Art. 3 NHG auszurichten (vgl. FAVRE, Art. 3, Rz 7 ff.).

In Anlehnung an den Auftrag in Art. 7 NHG hat die Kommission sich über die Bedeutung des Objektes und den anzustrebenden Schutz auszusprechen, wobei sie sich an möglicherweise vorhandenen Inventaren, (Schutz-)Verordnungen usw. sowie an anderweitigen Untersuchungen und Materialien zum Objekt orientiert. Sie sollte sich zum Ausmass und insbesondere auch zum Gewicht der zu erwartenden Beeinträchtigungen äussern. Indem sie dies macht, zeigt die Kommission nicht nur auf, weshalb ihr der Fall so wichtig ist, sondern sie sorgt zugleich dafür, dass die zuständige Stelle über zuverlässige Unterlagen, nicht zuletzt für die je vorzunehmende Interessenabwägung, verfügt.

Wie beim Gutachten gemäss Art. 7 NHG kann und darf sich die Kommissionen zu möglichen Varianten äussern und Vorschläge zur ungeschmälerten Erhaltung oder Schonung des Objektes unterbreiten.

---

[13] Vgl. aber die Ausnahme gemäss Art. 11 NHG.

C. Zur Verbindlichkeit des freiwilligen Gutachtens

Da die Kommission sich aus eigenen Stücken zu einem wichtigen Fall äussert, genügt es ihr u.U., einen ihrer Ansicht nach besonders wichtigen Punkt anzusprechen, der andernfalls vielleicht unbeachtet bliebe. Möglicherweise ist ihr Gutachten aber auch umfassend. Das Gewicht ihrer Stellungnahme kann daher ausserordentlich variieren. Grundsätzlich gilt aber auch für das freiwillige Gutachten, dass die zuständige Stelle davon nur abweichen darf, wenn sie triftige Gründe hat (vgl. LEIMBACHER, Art. 7, Rz 18).

Art. 9 Anderweitige Begutachtung

Die zuständige Bundesstelle kann auch die kantonale Fachstelle (Art. 25 Abs. 2), die für Naturschutz, Heimatschutz oder Denkmalpflege zuständige kantonale Kommission oder ein anderes vom Kanton zu bezeichnendes Organ um ein Gutachten ersuchen; ausserdem kann sie Organisationen, die im Bereich des Naturschutzes, des Heimatschutzes oder der Denkmalpflege tätig sind, zur Vernehmlassung auffordern.

Art. 9 Autres expertises

Le service fédéral compétent peut aussi demander une expertise au service cantonal (art. 25, 2e al.), à la commission cantonale chargée de la protection de la nature, de la protection du paysage ou de la conservation des monuments historiques ou à un autre organe désigné par le canton, ou encore consulter des organisations oeuvrant en faveur de la protection de la nature, de la protection du paysage ou de la conservation des monuments historiques.

Inhaltsverzeichnis Rz

I. Verhältnis zu Art. 7 und 8 NHG 1
    A. Die zuständige Bundesstelle 1
    B. Keine Pflicht 2
    C. Umfang der Ermächtigung 3
    D. Bei Erfüllung einer Bundesaufgabe 4
II. Zum Gutachten 5
    A. Die Gutachterin 5
    B. Inhalt des Gutachtens 6
III. Zur Vernehmlassung 7

Table des matières N°

I. Le lien avec les art. 7 et 8 LPN 1
    A. Le service fédéral compétent 1
    B. L'absence d'obligation 2
    C. L'étendue de la possibilité 3
    D. Lors de l'accomplissement d'une tâche fédérale 4
II. A propos de l'expertise 5
    A. L'expert 5
    B. Le contenu de l'expertise 6
III. A propos de la consultation 7

I. Verhältnis zu Art. 7 und 8 NHG

A. Die zuständige Bundesstelle

Während Art. 7 NHG umfassender von der «zuständigen Stelle» spricht, womit auch kantonale Stellen gemeint sind, die Bundesaufgaben erfüllen (Art. 3 Abs. 1 NHG), findet hier eine Einschränkung statt: Art. 9 NHG gilt nur für Bundesstellen. Wenn Kantone Bundesaufgaben erfüllen, ist es nicht Sache des Bundes, ihnen über den Beizug ihrer eigenen Fachstellen detaillierte Vorschriften zu machen, zumal diese in der Regel sowieso auf vielfältigste Weise einbezogen sind[1].

B. Keine Pflicht

Art. 9 NHG statuiert keine Pflicht[2]. Die zuständige Bundesstelle kann – muss aber nicht – um ein Gutachten oder eine Stellungnahme ersuchen, und die angefragte kantonale Stelle oder die Organisation ist ebenfalls frei, dem Gesuch zu entsprechen.

C. Umfang der Ermächtigung

Weniger klar ist der Umfang der Ermächtigung: «kann auch». Es drängt sich aber auf, sie im Zusammenhang mit den anderen Gutachten gemäss Art. 7 und 8 NHG zu interpretieren.

Nach Art. 7 NHG ist die zuständige (Bundes-)Stelle verpflichtet, ein Gutachten der Kommission einzuholen, wenn ein Inventar-Objekt beeinträchtigt werden könnte. «Kann auch» berechtigt sie daher sicher nicht, anstelle jenes Gutachtens eine anderweitige Begutachtung zu erbitten. Bleibt der Fall, dass sie zusätzlich zum Gutachten der Kommission eines der kantonalen Fachstelle oder Kommission einholt[3].

Art. 8 NHG gibt der Kommission das Recht, ein freiwilliges Gutachten zu erstellen. Die zuständige Bundesstelle ist nicht verpflichtet, um ein solches nachzufragen – sie kann dies aber tun, wenn sie will. Nun findet sich in der Botschaft NHG der Hinweis, wonach die «anderweitige Begutachtung» *vor allem* bei

---

[1] So schon der Bundesrat in Botschaft NHG, BBl 1965 III 105.
[2] Botschaft NHG, BBl 1965 III 105. Vgl. auch Amtl.Bull. S 1966 19 (Votum Berichterstatter HEER).
[3] Insofern zumindest missverständlich BGE 114 Ib 87 = JdT 1990 I 517.

Gefährdung von Objekten nicht nationaler Bedeutung in Frage komme[4]. Eine anderweitige Begutachtung muss daher zusätzlich zu einem freiwilligen Gutachten der Kommission möglich sein, aber auch in all jenen wichtigen Fällen, wo die Kommission ein freiwilliges Gutachten nicht erstatten kann oder will.

D. Bei Erfüllung einer Bundesaufgabe

4   Obwohl Art. 9 NHG dies nicht mehr speziell erwähnt, findet er, wie die Art. 7 und 8 NHG, lediglich auf jene Fälle Anwendung, in denen es um die Erfüllung einer Bundesaufgabe (vgl. ZUFFEREY, Art. 2) geht (vgl. LEIMBACHER, Art. 7, Rz 1).

II. Zum Gutachten

A. Die Gutachterin

5   Angefragt werden können kompetente Stellen jenes Kantons, in dem das betroffene Objekt liegt. Das ist zum einen die für Naturschutz, Heimatschutz und Denkmalpflege zuständige kantonale Kommission oder ein anderes, vom Kanton zu bezeichnendes Organ. Darunter fallen insbesondere die kantonalen Fachstellen gemäss Art. 25 Abs. 2 NHG. Auf Antrag von Ständerat RHYNER wurden diese noch explizite erwähnt:

> «Mein Antrag will nichts anderes, als dass im Verkehr zwischen Bund und Kantonen nicht nur die ... zuständigen Kommissionen angegangen werden, sondern auch die ... kantonalen Fachstellen». Diese Regelung wird dazu beitragen, «dass gewisse über Jahre bestehende Vollzugsprobleme zwischen Bund und Kantonen nun von kompetenten Fachstellen geregelt werden können»[5].

B. Inhalt des Gutachtens

6   Art. 9 NHG äussert sich zum Inhalt des Gutachtens nicht. Soll es im Rahmen des 1. Abschnittes des NHG jedoch seinen Zweck erfüllen, dann ist es am Verfassungsauftrag von Art. 24^{sexies} Abs. 2 BV auszurichten: der ungeschmälerten Erhaltung bzw. der (grösstmöglichen) Schonung der betroffenen Objekte.

Steht für die zuständige Bundesstelle eher die besondere Vertrautheit der angefragten Stelle mit den örtlichen Gegebenheiten im Vordergrund, darf sich das Gutachten auch auf bestimmte Fragen oder Problemkreise beschränken.

---

[4]   Botschaft NHG, BBl 1965 III 104 f.
[5]   Amtl.Bull. S 1992 III 609.

III. Zur Vernehmlassung

Die Vernehmlassung von «Organisationen, die im Bereich des Naturschutzes, des Heimatschutzes oder der Denkmalpflege tätig sind», sollte es den zuständigen Behörden ermöglichen, «die Aussichten eines allfälligen Rekurses abzuschätzen»[6]. Das ist für die zuständige Stelle auch heute sicherlich noch von gewissem Interesse, zumal bekannt ist, dass eine enge Zusammenarbeit mit Organisationen das «Risiko»[7] eines Rekurses entscheidend vermindert.

7

Von grosser Tragweite ist die Möglichkeit zur Vernehmlassung allerdings nicht mehr: Gemäss dem neuen Art. 12a NHG werden die beschwerdeberechtigten Organisationen in der Regel schon sehr früh in das Verfahren einbezogen.

Allerdings mag es für die zuständige Bundesstelle nach wie vor wertvoll sein, andere, nur lokal oder regional tätige Organisationen, die nicht nach Art. 12 NHG beschwerdeberechtigt sind, um eine Stellungnahme zu ersuchen.

---

[6] Botschaft NHG, BBl 1965 III 105.
[7] Zudem ist bekannt, dass die Organisationen von ihrem Beschwerderecht äusserst zurückhaltend Gebrauch machen (vgl. ROHRER, 3. Kap., Rz 8).

Art. 10 Stellungnahme der Kantone

In den von Artikel 7, 8 und 9 vorgesehenen Fällen ist stets auch die Stellungnahme der Kantonsregierungen einzuholen. Diese laden die betroffenen Gemeinden zur Stellungnahme ein.

Art. 10 Avis des gouvernements des cantons

Dans les cas prévus aux articles 7, 8 et 9, l'avis des gouvernements des cantons doit toujours être requis. Ceux-ci invitent les communes concernées à donner leur avis.

Inhaltsverzeichnis	Rz
I. Stellungnahme der Kantonsregierung	1
A. In den von Art. 7, 8 und 9 NHG vorgesehenen Fällen	1
a. Fälle von Begutachtung	3
b. Erfüllung der Bundesaufgabe durch eine Bundesstelle	5
B. Einholen der Stellungnahme	6
a. Pflicht	6
b. Zuständigkeit	7
c. Zeitpunkt	8
II. Stellungnahme der Gemeinden	9

Table des matières	N°
I. L'avis du gouvernement cantonal	1
A. Dans les cas prévus aux art. 7, 8 et 9 LPN	1
a. En cas d'expertise	3
b. L'accomplissement d'une tâche fédérale par un service fédéral	5
B. La requête d'avis	6
a. L'obligation	6
b. La compétence	7
c. Le moment	8
II. L'avis des communes	9

I. Stellungnahme der Kantonsregierung

A. In den von Art. 7, 8 und 9 NHG vorgesehenen Fällen

1 Es ist nicht ohne weiteres ersichtlich, was unter den «von Artikel 7, 8 und 9 NHG vorgesehenen Fällen» zu verstehen ist. Gemeint sein könnte z.B. die Erfül-

lung einer Bundesaufgabe, die Beeinträchtigung bestimmter Objekte oder die Gutachten. Hinweise zur Beantwortung der Frage finden sich in den Materialien:

Art. 10, erster Satz, NHG wurde erst in der parlamentarischen Beratung, gegen den Willen des Bundesrates, ins Gesetz aufgenommen. Die Stellungnahme der Kantonsregierung sollte als Gegengewicht zur Begutachtung durch die Kommission, die ENHK bzw. EKD, oder Natur- und Heimatschutzorganisationen dienen und dazu beitragen, dass die kantonalen Interessen («regionaler, wirtschaftlicher, verkehrspolitischer Natur») gebührend berücksichtigt würden. Der Antragsteller ging zudem fälschlicherweise davon aus, zuständige Stelle zur Erfüllung einer Bundesaufgabe sei der Bundesrat. Ihm sollte bei seinem Entscheid auch die Auffassung der Kantonsregierung vorliegen[1]. Die Bestimmung nährt sich also von einem doppelten Reflex: Sie wendet sich einerseits gegen die – vermeintlich – einseitige Berücksichtigung und Überbewertung von Natur- und Heimatschutzinteressen, andererseits gegen eine Bevormundung der Kantone durch den Bund.

Gegengewicht zu Gutachten
Contrepoids à l'expertise

Vor diesem Hintergrund muss es sich in den von Art. 7, 8 und 9 NHG vorgesehenen Fällen a) um Fälle (der Erfüllung einer Bundesaufgabe) handeln, zu denen ein Gutachten (bzw. eine Vernehmlassung) erstellt wurde oder wird, und zugleich muss b) die zur Erfüllung der Bundesaufgabe zuständige Stelle eine Bundesstelle sein.

2

a. Fälle von Begutachtung

Wichtigstes Anknüpfungspunkte für Art. 10 NHG sind Fälle, in denen die Kommission ein obligatorisches (gemäss Art. 7 NHG) bzw. freiwilliges (gemäss Art. 8 NHG) Gutachten erstellt. Das sind zum einen Projekte, die ein Inventar-Objekt nach Art. 5 NHG beeinträchtigten könnten, zum anderen wichtige Fälle, die Objekte betreffen, die gerade nicht in eines dieser beiden Inventare aufgenommen sind (vgl. LEIMBACHER, Art. 7, Rz 2 und Art. 8, Rz 1). Hiezu kann die Stellungnahme der Kantonsregierung ein *Gegengewicht* bilden. Ein valables Gegengewicht entsteht allerdings in der Regel nur, wenn die Kantonsregierung sich mit dem Projekt selbst auseinandersetzt, kann sie doch ansonsten das Gutachten der Kommission gar nicht beurteilen. Die Stellungnahme ist daher – idealerweise – eine zum ganzen Dossier, zum Vorhaben und zum Gutachten.

3

---

[1] Amtl.Bull. S 1966 19 f. (Antrag und Votum OBRECHT).

Gleiches gilt hinsichtlich der Stellungnahme zu Vernehmlassungen (gemäss Art. 9 NHG) von Organisationen, die im Bereich des Naturschutzes, des Heimatschutzes oder der Denkmalpflege tätig sind.

4 Wenig Sinn dürfte es in der Regel hingegen machen, die Stellungnahme der Kantonsregierung auch noch einzuholen, wenn es sich um ein (zusätzliches) anderweitiges Gutachten einer kantonalen Fachstelle oder Kommission (Art. 9 NHG) handelt: U.U. würde nämlich in diesen Fällen die gleiche kantonale (Fach-)Stelle ein Gutachten (im eigenen Namen zuhanden der Bundesstelle) und eine Stellungnahme zum eigenen Gutachten (im Namen der Regierung zuhanden der Bundesstelle) verfassen.

b. Erfüllung der Bundesaufgabe durch eine Bundesstelle

5 Da Art. 10 NHG sich u.a. gegen eine Bevormundung durch den Bund wendet, macht es nur Sinn, eine Stellungnahme der Kantonsregierung einzuholen, wenn die Bundesaufgabe durch eine Bundesstelle erfüllt wird. Zudem bestehen, wenn die Kantone selber eine Bundesaufgabe erfüllen, genügend Mittel und Wege, um die spezifischen kantonalen Interessen in die Entscheidfindung einfliessen zu lassen – ohne dass der Bund den Kantonen diesbezüglich Vorschriften macht.

B. Einholen der Stellungnahme

a. Pflicht

6 Art. 10 NHG statuiert eine Pflicht: In den von Art. 7, 8 oder 9 NHG vorgesehenen Fällen *muss* eine Stellungnahme der Kantonsregierungen erbeten – und nicht etwa mit Zwang «eingeholt» – werden.

Für die Kantonsregierung besteht keine Pflicht. Wenn sie z.B. der Ansicht ist, den spezifischen kantonalen Interessen würde bereits hinreichend Rechnung getragen, erübrigt sich ihre Stellungnahme.

b. Zuständigkeit

7 Zuständig für das Einholen der Stellungnahme ist die «zuständige Bundesstelle» (vgl. LEIMBACHER, Art. 7, Rz 6 und Art. 9, Rz 1), für die Stellungnahme die Regierung jenes Kantons, in dem das begutachtete Objekt liegt.

c. Zeitpunkt

Art. 10 NHG bestimmt keinen Zeitpunkt. Da die Stellungnahme der Regierung eine zum Projekt und zum Gutachten der Kommission bzw. zur Vernehmlassung bilden soll, muss sie früh genug[2] abgegeben werden, um für den Entscheid noch berücksichtigt werden zu können. Wann dies der Fall ist, hängt vom konkreten Verfahren ab, und es ist daher Aufgabe der zuständigen (verfahrensleitenden) Stelle, den Zeitpunkt zu bestimmen.

8

II. Stellungnahme der Gemeinden

Der zweite Satz des Art. 10 NHG wurde im Rahmen der Teilrevision NHG auf Antrag der nationalrätlichen Kommission hinzugefügt und von den Räten diskussionslos angenommen, da es sich, so wurde ausgeführt, im Grunde genommen um eine Selbstverständlichkeit handle[3]. Diese Einschätzung dürfte der Wirklichkeit allerdings eher schlecht entsprechen. Umso erstaunlicher ist es, mit welcher Leichtigkeit selbst die Ständevertretung es dem Bunde erlaubte, den Kantonen Vorschriften bezüglich der Berücksichtigung kommunaler Anliegen zu machen.

9

Ziel der Bestimmung ist es, nicht nur kantonale oder regionale, sondern eben auch kommunale oder lokale Interessen in die Entscheidfindung einfliessen zu lassen. Ob die Stellungnahme der Gemeinden in die Stellungnahme der Kantonsregierung einfliesst, oder ob sie eine selbständige ist, lässt sich dem kargen Wortlaut von Art. 10, zweiter Satz, NHG und den Materialien nicht entnehmen. Die Gemeinde äussern sich aber sicherlich nicht nur zur Stellungnahme der Kantonsregierung, sondern zur Sache selbst, zu «den von Artikel 7, 8 und 9 (NHG) vorgesehenen Fällen», zu Vorhaben und Gutachten. Um dies tun zu können, müssen ihnen von der Kantonsregierung die gleichen Unterlagen zur Verfügung gestellt werden, die sie selbst von der zuständigen Bundesstelle erhalten haben.

10

Die Gemeinden müssen der Einladung zur Stellungnahme nicht Folge leisten. Wollen sie sich aber äussern, und unterlässt es die Kantonsregierung, sie zur Stellungnahme einzuladen, muss den Gemeinden das Recht und die Möglichkeit zugestanden werden, ihre Auffassungen direkt der zuständigen Bundesstelle zukommen zu lassen.

---

[2] Gemäss Art. 7 NHG muss die Kommission das Gutachten «rechtzeitig», gemäss Art. 8 NHG «so früh wie möglich» abgeben.
[3] Vgl. Amtl.Bull. S 1994 203 (Votum Berichterstatter Schüle).

Ob sich die Gemeinden auch zur Stellungnahme der Kantonsregierung noch äussern können, ist ebenfalls unklar, angesichts der Verfahrensdichte im schweizerischen Recht aber von beschränkter Wichtigkeit – wie insgesamt der ganze Art. 10 NHG.

Art. 11 Vorbehalt militärischer Anlagen

Bei militärischen Bauten und Anlagen, die nach Artikel 126 Absatz 4 des Militärgesetzes vom 3. Februar 1995 von der Bewilligungspflicht ausgenommen sind, ist die zuständige Bundesbehörde von der obligatorischen Begutachtung befreit. Sie ist auch nicht verpflichtet, Unterlagen für die fakultative Begutachtung zu liefern.

Art. 11 Réserve concernant les ouvrages militaires

Pour les constructions et ouvrages militaires qui ne sont pas soumis à autorisation en vertu de l'article 126, 4e alinéa, de la loi fédérale sur l'armée et l'administration militaire, l'autorité fédérale compétente n'a pas l'obligation de demander une expertise. Elle n'est pas tenue non plus de remettre des documents pour les expertises facultatives.

Inhaltsverzeichnis Rz
I. Von der Bewilligungspflicht ausgenommene militärische Bauten und Anlagen 1
II. Befreiung von der obligatorischen Begutachtung 4
III. Fehlende Verpflichtung zur Lieferung von Unterlagen für die fakultative Begutachtung 7

Table des matières N°
I. Les constructions et installations militaires exemptées de l'autorisation de construire 1
II. L'exemption pour l'expertise obligatoire 4
III. L'absence d'obligation pour la remise de documents lors d'une expertise facultative 7

I. Von der Bewilligungspflicht ausgenommene militärische Bauten und Anlagen

Durch das Militärgesetz von 1995 wurde für die Errichtung militärischer Bauten und Anlagen ein öffentliches und formelles bundesrechtliches Verfahren eingeführt: Bauten und Anlagen, die der Landesverteidigung dienen, dürfen seither «nur mit einer Bewilligung des Bundes errichtet, geändert oder einem anderen militärischen Zweck zugeführt werden». Dabei ersetzt diese Bewilligung «alle übrigen vom Bundesrecht vorgesehenen Bewilligungen» (Art. 126 Abs. 1 MG; Art. 27 Abs. 3 MBV). Kantonale und kommunale Bewilligungen

1

oder Nutzungspläne sind hingegen für «Bauten, Anlagen und Tätigkeiten, die der Landesverteidigung dienen», nicht erforderlich (Art. 126 Abs. 2 MG und Art. 7 Abs. 1 MBV[1]).

2   Nun gibt es Anlagen, die im Interesse der Landesverteidigung geheim gehalten werden müssen, und deshalb können dazu auch keine öffentlichen Bewilligungsverfahren durchgeführt werden[2]. Gemäss Art. 126 Abs. 4 MG kann der Bundesrat daher vorsehen, «dass Bauten und Anlagen im Sinne des BG vom 23. Juni 1950 über den Schutz militärischer Anlagen[3] keiner Bewilligung bedürfen». Von dieser Ermächtigung hat er in Art. 5 Abs. 1 MBV Gebrauch gemacht.

3   Eine explizite Auflistung jener militärischen Bauten und Anlagen, die der Bundesrat von der Bewilligungspflicht ausgenommen wissen will, fehlt. Art. 5 Abs. 1 MBV verweist, wie Art. 126 Abs. 4 MG, lediglich in ganz allgemeiner Weise auf das BG über den Schutz militärischer Anlagen.

Gemäss Botschaft fallen unter Art. 126 Abs. 4 MG «grundsätzlich Anlagen, die insbesondere der Verstärkung des Geländes, dem militärischen Fernmeldewesen und dem Militärflugwesen dienen, sowie unterirdische Militäranlagen (z.B. Kampf- und Führungsanlagen, Übermittlungs- und Radaranlagen)»[4]. In Frage kommen gemäss Art. 1 Abs. 1 des BG vom 23. Juni 1950 über den Schutz militärischer Anlagen «alle bestehenden oder im Bau befindlichen Befestigungsanlagen sowie andere militärische Anlagen, für welche im Interesse der Landesverteidigung besondere Sicherheitsmassnahmen notwendig sind». Darunter sind des näheren zu verstehen «Bauten und Einrichtungen der militärischen Landesverteidigung samt Zugehör, die der Übermittlung, der Luftverteidigung oder der Logistik dienen; Befestigungs- und Führungsanlagen; zur militärischen Nutzung bestimmte Teile von Anlagen und Gebäuden Dritter gemäss besonderen Vereinbarungen; weitere Einrichtungen und Bauten, die der Generalstabschef dieser Verordnung unterstellt» (Art. 2 Abs. 1 Bst. a–d der Anlagenschutzverordnung vom 2. Mai 1990)[5]. Dazu gesellen sich noch jene «Führungsanlagen, die der Bundesrat dem Gesetz unterstellt» (Abs. 2).

---

[1] Allerdings verlangt Art. 7 Abs. 2 MBV, kantonale und kommunale Pläne und Vorschriften seien bei der Erteilung der militärischen Baubewilligung zu berücksichtigen, soweit dies die Erfüllung der Aufgaben der Landesverteidigung nicht erheblich erschwere.
[2] Botschaft MG, BBl 1993 IV 106.
[3] SR 510.518.
[4] Botschaft MG, BBl 1993 IV 106.
[5] SR 510.518.1.

II. Befreiung von der obligatorischen Begutachtung

Nur für Anlagen, die im Interesse der Landesverteidigung geheim zu halten und deshalb vom Bundesrat von der Bewilligungspflicht ausgenommen sind, entfällt die Pflicht zur obligatorischen Begutachtung gemäss Art. 7 NHG. Mit anderen Worten: Alle anderen militärischen Bauten und Anlagen, bei deren Errichtung, Änderung oder Umnutzung ein Objekt beeinträchtigt werden könnte, das in einem Inventar nach Art. 5 NHG aufgeführt ist, unterliegen, sofern es sich um die Erfüllung einer Bundesaufgabe handelt (vgl. ZUFFEREY, Art. 2, Rz 11 ff.), der Begutachtungspflicht.

4

Die Befreiung von der obligatorischen Begutachtung durch eine Kommission bedeutet keineswegs, dass das betroffene Inventar-Objekt nicht länger «in besonderem Masse die ungeschmälerte Erhaltung oder jedenfalls grösstmögliche Schonung» (Art. 6 Abs. 1 NHG) verdiene[6]. Und auch ein «Abweichen von der ungeschmälerten Erhaltung im Sinne der Inventare» darf bei der Errichtung, Änderung oder Umnutzung der von der Bewilligungspflicht ausgenommenen Anlage nur in Erwägung gezogen werden, wenn das verfolgte Landesverteidigungs-Interesse ebenfalls von nationaler Bedeutung und zumindest gleich- oder höherwertig ist. Dabei ist zu beachten, dass die Notwendigkeit der Geheimhaltung – für sich alleine betrachtet – das Eingriffsinteresse nicht zwingend zu einem von besonders grossem Gewicht macht.

5
Erhaltung, Schonung
Conserver, ménager

Art. 11 NHG befreit die zuständige Bundesbehörde[7] lediglich von der Pflicht, das Vorhaben der Kommission zu unterbreiten. Sofern und soweit sich die Begutachtung mit den Geheimhaltungsinteressen vereinbaren lässt, ist allerdings zu verlangen, dass auch die Kommission angehört wird. Denn immerhin bestimmt Art. 127 Abs. 2 MG, «Bundesbehörden, Kantone und Gemeinden» seien selbst in den Fällen nach Art. 126 Abs. 4 MG anzuhören (im einzelnen: Art. 5 Abs. 1 i.V. mit Art. 20 Abs. 1 MBV). Zu den anzuhörenden Bundesbehörden gehört, wo ein Inventar-Objekt von nationaler Bedeutung betroffen ist, zweifellos das BUWAL bzw. das BAK – und die Kommissionen.

6
Anhörung der Kommission
Audition de la commission

---

[6] Vgl. Botschaft NHG, BBl 1965 III 105.
[7] «Zuständige Bundesbehörde» ist gemäss Art. 3 MBV das EMD. Es koordiniert als (Bau-)-Bewilligungsbehörde «die Abklärungen und Anhörungen».

III. Fehlende Verpflichtung zur Lieferung von Unterlagen für die fakultative Begutachtung

7 Wenn die zuständige Bundesbehörde schon von der Pflicht zur Einholung eines Gutachtens befreit ist, so ist es nur folgerichtig, wenn in zwar wichtigen, aber doch keine Inventar-Objekte betreffenden Fällen eine Pflicht zur Lieferung von Unterlagen für eine fakultativen Begutachtung nach Art. 8 NHG ebenfalls nicht besteht. Auch hier wird allerdings lediglich eine Pflicht verneint. Und wie soeben ausgeführt (Rz 6), dürfte sich der Beizug der Kommission – in geeigneter Form – in vielen Fällen aufdrängen.

Art. 12 Beschwerderecht der Gemeinden und Organisationen

¹ Den Gemeinden sowie den gesamtschweizerischen Organisationen, die sich dem Naturschutz, dem Heimatschutz, der Denkmalpflege oder verwandten, rein ideellen Zielen widmen und mindestens seit zehn Jahren bestehen, steht das Beschwerderecht zu, soweit gegen kantonale Verfügungen oder gegen Verfügungen von Bundesbehörden letztinstanzlich die Beschwerde an den Bundesrat oder die Verwaltungsgerichtsbeschwerde an das Bundesgericht zulässig ist.

² Der Bundesrat bezeichnet die zur Beschwerde berechtigten Organisationen.

³ Die Gemeinden und Organisationen sind auch berechtigt:
a. die Rechtsmittel des kantonalen Rechts zu ergreifen;
b. Einsprachen und Begehren nach den Artikeln 9, 35 und 55 des Bundesgesetzes über die Enteignung geltend zu machen.

⁴ Die Beschwerde gegen den Entscheid über die Gewährung eines Bundesbeitrages ist unzulässig, wenn über die Planung, das Werk oder die Anlage bereits anderweitig in Erfüllung einer Bundesaufgabe mit einer Verfügung nach Absatz 1 entschieden worden ist.

⁵ Die Beschwerde gegen den Entscheid über die Gewährung eines Bundesbeitrages ist ausserdem unzulässig, wenn die Gemeinden und Organisationen in einem kantonalen Verfahren über die Planung, das Werk oder die Anlage gegen den ersten nach Artikel 12a Absatz 1 eröffneten Entscheid, der ihren Anliegen nicht entsprochen hat, kein Rechtsmittel ergriffen haben, obschon sie dazu berechtigt gewesen wären.

Art. 12 Voies de droit des communes et des organisations reconnues

¹ Les communes et les organisations d'importance nationale à but non lucratif qui existent depuis dix ans au moins et se vouent à la protection de la nature, à la protection du paysage, à la conservation des monuments historiques ou à des tâches semblables ont qualité pour recourir contre les décisions du canton ou des autorités fédérales si ces décisions peuvent, en dernière instance, faire l'objet d'un recours au Conseil fédéral ou d'un recours de droit administratif au Tribunal fédéral.

² Le Conseil fédéral désigne les organisations qui ont qualité pour recourir.

³ Les communes et les organisations reconnues sont en outre habilitées:
a. A faire usage des voies de droit cantonales;

b. A faire opposition et à formuler des demandes en vertu des articles 9, 35 et 55 de la loi fédérale sur l'expropriation.

⁴ Le recours contre une décision portant octroi d'une subvention fédérale n'est pas recevable lorsque les mesures de planification, les ouvrages ou les installations ont par ailleurs fait l'objet, dans l'accomplissement d'une tâche de la Confédération, d'une décision au sens du 1ᵉʳ alinéa.

⁵ Le recours contre une décision portant octroi d'une subvention fédérale n'est en outre pas recevable lorsque les communes et les organisations qui avaient qualité pour recourir n'ont pas formé de recours contre la première décision notifiée conformément à l'article 12*a*, 1ᵉʳ alinéa, et qui ne répondait pas à leurs demandes dans une procédure cantonale relative aux mesures de planification, aux ouvrages et aux installations.

Inhaltsverzeichnis Rz

I. Vorbemerkungen zu Inhalt und Entstehung der Bestimmung   1
II. Anfechtungsobjekt (Abs. 1)   3
III. Beschwerdeberechtigung von Gemeinden (Abs. 1)   6
IV. Beschwerdeberechtigung von Organisationen   7
    A. Voraussetzungen der Beschwerdeberechtigung (Abs. 1)   7
    B. Bezeichnung der beschwerdeberechtigten Organisationen (Abs. 2)   13
V. Zulässige Rechtsmittel (Abs. 3)   14
VI. Einschränkung der Anfechtbarkeit von Verfügungen über Bundessubventionen   16
    A. Vermeidung von Doppelspurigkeiten ...   16
    B. ... wenn über das Projekt anderweitig in Erfüllung einer Bundesaufgabe entschieden wird (Abs. 4)   17
    C. ... wenn über das Projekt in einem kantonalen Verfahren entschieden wird (Abs. 5)   18
VII. Zulässige Beschwerdegründe   19

Table des matières N°

I. Remarques préliminaires sur le contenu et l'origine de la disposition   1
II. L'objet du recours (al. 1)   3
III. La qualité pour recourir des communes (al. 1)   6
IV. La qualité pour recourir des organisations   7
    A. Les conditions de la qualité pour recourir (al. 1)   7
    B. La désignation des organisations habilitées à recourir (al. 2)   13
V. Les voies de droit possibles (al. 3)   14
VI. L'impossibilité de contester les décisions de subventions fédérales   16
    A. Eviter les doubles procédures ...   16

B. ... lorsque le projet a par ailleurs fait l'objet d'une décision lors de
l'accomplissement d'une tâche fédérale (al. 4)   17
C. ... lorsque le projet a fait l'objet d'une décision lors d'une procédure cantonale
(al. 5)   18
VII. Les griefs invocables   19

I. Vorbemerkungen zu Inhalt und Entstehung der Bestimmung

Das Beschwerderecht der Gemeinden und Organisationen nach Art. 12 NHG wurde mit Erlass des NHG vom 1. Juli 1966 als erstes besonderes Beschwerderecht im Umweltbereich eingeführt[1]. Das Beschwerderecht nach NHG diente den später begründeten Beschwerderechten nach Art. 55 USG und Art. 14 FWG als Vorbild.

<small>1 Ursprünglicher Gesetzestext / Texte légal originel</small>

Mit der Teilrevision des NHG vom 24. März 1995 wurden die Bestimmungen über das Beschwerderecht in den genannten drei Umwelterlassen besser aufeinander abgestimmt und in wesentlichen Punkten neueren Entwicklungen angepasst[2]. Es betrifft dies insbesondere den Einbezug der Denkmalpflege und das Erfordernis des zehnjährigen Bestehens von Organisationen (Art. 12 Abs. 1 NHG), die Bezeichnung der beschwerdeberechtigten Organisationen in einer Verordnung des Bundesrates (Art. 12 Abs. 2 NHG), die Vermeidung von sog. Doppelspurigkeiten zwischen Projektentscheid- und Subventionsverfahren (Art. 12 Abs. 4 und 5 NHG) sowie – als bedeutendste Neuerung – die Regelung des Zeitpunkts des Verfahrenseintritts (Art. 12a NHG).

<small>2 Teilrevision NHG / Révision partielle de la LPN</small>

II. Anfechtungsobjekt (Abs. 1)

Das Beschwerderecht nach Art. 12 Abs. 1 NHG richtet sich gegen Verfügungen, die letztinstanzlich der Beschwerde an den Bundesrat oder der Verwaltungsgerichtsbeschwerde an das Bundesgericht unterliegen. Diese ordentlichen bundesrechtlichen Rechtsmittel können gegen Verfügungen, also gegen Anordnungen von Behörden im Einzelfall, ergriffen werden, welche ein bundesrechtliches Rechtsverhältnis regeln (Art. 72 VwVG bzw. Art. 97 OG i.V. mit Art. 5 VwVG). Zu denken ist dabei im vorliegenden Zusammenhang zunächst an die Erteilung oder die Verweigerung von Bewilligungen, deren Voraussetzungen

<small>3 Verfügungen nach Art. 5 VwVG / Décisions au sens de l'art. 5 PA</small>

---

[1] Botschaft NHG, BBl 1965 III 96 ff., 105; Amtl.Bull. S 1966 8, 21 ff., 178, N 1966 320, 321 f., 329.
[2] Botschaft Teilrevision NHG, BBl 1991 III 1123, 1126, 1135, 1139 ff., 1154 f., 1159.

bundesrechtlich geregelt sind (Art. 5 Abs. 1 Bst. a und c VwVG; Bsp. Ausnahmebewilligung für Bauten ausserhalb der Bauzonen nach Art. 24 RPG). Mit einer Verfügung können bundesrechtliche Rechte und Pflichten aber nicht nur gestaltet werden; vielmehr ist es auch möglich, damit deren Bestehen oder Nichtbestehen festzustellen (Art. 5 Abs. 1 Bst. b VwVG; Bsp. Waldfeststellungsverfügung nach Art. 10 WaG).

Für das Beschwerderecht nach Art. 12 Abs. 1 NHG fallen damit Verfügungen ausser Betracht, die ein kantonales Rechtsverhältnis regeln. Dies gilt im Grundsatz insbesondere für Nutzungspläne nach Art. 14 ff. RPG sowie für ordentliche Baubewilligungen nach Art. 22 RPG, d.h. Bewilligungen für zonenkonforme Bauten und Anlagen. Regeln solche Verfügungen jedoch zumindest teilweise konkrete bundesrechtliche Gesichtspunkte, so gelten sie allerdings insoweit als Verfügungen nach Art. 5 VwVG, weshalb sie für das Beschwerderecht nach Art. 12 Abs. 1 NHG wiederum relevant sind[3].

Dies trifft etwa zu, wenn eine Nutzungsplanung ein schützenswertes Biotop (mit)betrifft; da der Schutz der Biotope Sache des Bundesrechts ist und zwar unabhängig von der (nationalen, regionalen oder lokalen) Bedeutung des betreffenden Lebensraumes (Art. 18 ff. NHG), kann ein solcher Nutzungsplan als Verfügung nach Art. 5 VwVG angefochten werden (Bsp. Schutz eines Eisvogelbiotops in Augst BL[4]). Dagegen kann ein Nutzungsplan nicht bereits deshalb als Verfügung nach Art. 5 VwVG angesehen werden, weil der betreffende Perimeter Teil eines im BLN-Inventar verzeichneten Objektes ist, gilt doch dieses Inventar nicht als in jedem Fall direkt anwendbares Bundesrecht (Bsp. Sportzone «Hotel Margna» in Sils GR[5]).

Art. 12 Abs. 1 NHG schliesst nicht aus, dass die Kantone ein entsprechendes Beschwerderecht für Verfügungen über kantonalrechtliche Rechtsverhältnisse vorsehen. Da sich der Denkmal- und der Ortsbildschutz häufig in ordentlichen Bau- oder in Abbruchbewilligungen äussert, könnten solche Beschwerderechte insbesondere in diesen Bereichen für die Verwirklichung der Anliegen des NHG wertvolle Dienste leisten. Solche Beschwerderechte gelten allerdings nur für kantonale Verfahren, also nicht für ordentliche bundesrechtliche Rechtsmittel (Verwaltungsbeschwerde, Verwaltungsgerichtsbeschwerde). Auch ist es beschwerdeberechtigten Organisationen, wenn auch mit bestimmten Ausnahmen, so doch grundsätzlich verwehrt, gegen entsprechende Verfügungen vor Bundesgericht das ausserordentliche Rechtsmittel der staatsrechtlichen Beschwerde zu ergreifen[6].

---

[3] BGE 121 II 165 = Pra 1996, 299; BGE 120 Ib 32 = Pra 1994, 734; BGE 118 Ib 14 f. = JdT 1994 I 525; vgl. AEMISEGGER, 114 ff., TANQUEREL, Les voies de droit, 49 sowie WALDMANN, Diss., 209; vgl. auch Amtl.Bull. S 1994 204 (Votum Berichterstatter SCHÜLE).
[4] Unveröffentlichte E. 1a von BGE 118 Ib 485 ff. = JdT 1994 I 503.
[5] Entscheid des BGr. in ZBl 1995, 144 ff.; im gleichen Sinne: BGE 121 II 196 f.
[6] Entscheid des BGr. in ZBl 1995, 146 E. 2b; BGE 117 Ib 41 = JdT 1993 I 436; BGE 117 Ib 141 = JdT 1993 I 471; BGE 113 Ia 249 = JdT 1989 I 499; TANQUEREL, Les voies de droit, 77 f.

Allerdings bildet nicht jede Verfügung nach Art. 5 VwVG (im folgenden: Verfügung) ein mögliches Anfechtungsobjekt. Vielmehr unterliegen der Beschwerde nach Art. 12 Abs. 1 NHG nur Verfügungen, die «in Erfüllung einer Bundesaufgabe» (zum Begriff der Bundesaufgabe: ZUFFEREY, Art. 2) ergangen sind. Diese Eingrenzung des Beschwerderechts kommt in den Art. 12 ff. NHG nicht explizit zum Ausdruck, ergibt sich aber aus dem Titel des 1. Abschnittes des NHG («Naturschutz, Heimatschutz und Denkmalpflege bei Erfüllung von Bundesaufgaben») und aus der Rechtsprechung[7]. Sie erscheint auch fragwürdig, sind doch mit ihr keine wesentlichen Beschränkungen des Beschwerderechts verbunden, sondern bloss heikle praktische Abgrenzungsfragen, die wiederum nur in wenigen Einzelfällen eine Rolle spielen. So kann sich die Frage stellen, welche gewässerschutzrechtlichen Verfügungen geeignet sind, sich auf die Natur oder die Heimat auszuwirken (vgl. ZUFFEREY, Art. 2, Rz 13); wo dies zu bejahen ist (Bsp. Bewilligungen für Wasserentnahmen nach Art. 29 GSchG, Bewilligungen für die Verbauung oder die Eindolung von Fliessgewässern oder für Schüttungen in Seen nach Art. 37 ff. GSchG, Verfügungen über den Grundwasserschutz nach Art. 43 GSchG[8]), liegt eine Bundesaufgabe vor, nicht jedoch, wo ein Einfluss auf Natur oder Heimat zu verneinen ist (z.B. für Verfügungen über die Kanalisationsanschlusspflicht nach Art. 11 f. GSchG). Das Kriterium der Raumrelevanz (vgl. ZUFFEREY, Art. 2, Rz 14) macht seinerseits eine Bewilligung für einen Sprühflug (Art. 46 Abs. 1 Bst. b der Stoffverordnung, StoV[9]) zur Bundesaufgabe, mangels konkretem räumlichem Bezug hingegen nicht eine Verfügung über die generelle Zulassung eines umweltgefährdenden Stoffes (z.B. nach Art. 22 StoV)[10]. Bei einer allfälligen NHG-Revision wäre aus diesen Gründen zu prüfen, ob nicht das Kriterium der «Erfüllung einer Bundesaufgabe» aufgegeben werden könnte[11]. Das Beschwerderecht würde in der Folge schlechthin gegenüber Verfügungen bestehen. Dabei könnten die Art. 12 ff. NHG zusätzlich aus dem 1. Gesetzesabschnitt herausgelöst und (in gesetzessystematisch überzeugenderer Weise) einem besonderen Abschnitt über die Rechtspflege zugeordnet werden.

4 Verfügungen «in Erfüllung einer Bundesaufgabe»
Décisions prises «lors de l'accomplissement d'une tâche fédérale»

---

[7] BGE 123 II 7 f. = URP 1997, 233; BGr. in ZBl 1997, 35 = URP 1997, 47; unveröffentlichter Entscheid des BGr. vom 19. Juli 1995 i.S. Val-d'Illiez, E. 2; BGE 121 II 196; BGE 120 Ib 30 E. 2c = Pra 1994, 735; BGE 119 Ib 224 E. 1b = JdT 1995 I 442 f.; BGE 119 Ib 263 E. 1c = JdT 1995 I 462; BGE 118 Ib 7 E. 1c = JdT 1994 I 455; BGE 116 Ib 207 = Pra 1991, 627; BGE 115 Ib 479 E. 1d bb = JdT 1991 I 500 f.; BGE 112 Ib 72 E. 2 = JdT 1988 I 497 f.; VPB 1994, 108 ff.; TANQUEREL, Les voies de droit, 68; TANQUEREL/ZIMMERMANN, 142 f.; WALDMANN, Diss., 210 f.; ZIMMERMANN, 791; vgl. RIVA, Beschwerdebefugnis, 59.
[8] BGE 118 Ib 7 E. 1c = JdT 1994 I 455.
[9] V vom 9. Juni 1986 über umweltgefährdende Stoffe (SR 814.013).
[10] BUNDESAMT FÜR JUSTIZ, Bewilligung von Sprühflügen, Gutachten vom 27. Januar 1989.
[11] KELLER, Beschwerderecht, 1132; ZIMMERMANN, 806.

Art. 55 Abs. 1 USG beschränkt das Beschwerderecht der Organisationen auf Verfügungen über Vorhaben, für die eine Umweltverträglichkeitsprüfung erforderlich ist. Diese Einschränkung des Beschwerderechts ist – anders als die Begrenzung des Beschwerderechts nach Art. 12 Abs. 1 NHG auf die Erfüllung von Bundesaufgaben – substanzieller Natur[12]. Keine Beschränkung des Beschwerderechts der Gemeinden und Organisationen kennt das FWG, das allerdings ohnehin bloss die Aufhebung und den Ersatz von Fuss- und Wanderwegen bundesrechtlich regelt[13].

5
Verfügungen
von
Behörden
des Bundes
und der
Kantone
Décisions
des autorités
fédérales et
cantonales

Für das Beschwerderecht nach Art. 12 Abs. 1 NHG ist es dagegen unbeachtlich, ob eine kantonale Behörde oder eine Bundesbehörde die Verfügung erlassen hat. Dies ergibt sich nicht nur aus dem Text von Art. 12 Abs. 1 NHG, sondern auch aus Art. 12 Abs. 3 Bst. a NHG, der das Recht zur Anfechtung kantonaler Verfügungen einräumt, sowie aus der entsprechenden Verpflichtung, derartige Rechtsmittel zu ergreifen (Art. 12a NHG). Aus rechtlicher Sicht könnte die Umschreibung «gegen kantonale Verfügungen oder gegen Verfügungen von Bundesbehörden» in Art. 12 Abs. 1 NHG damit ohne Verlust durch die Wendung «gegen Verfügungen» ersetzt werden.

Auch spielt es keine Rolle, ob der Rechtsweg schliesslich an das Bundesgericht oder an den Bundesrat führt. Vorausgesetzt ist, dass ein ordentliches bundesrechtliches Rechtsmittel (Verwaltungsbeschwerde, Verwaltungsgerichtsbeschwerde) offensteht.

III. Beschwerdeberechtigung von Gemeinden (Abs. 1)

6
Gemeinden sind nach der allgemeinen Verfahrensordnung des Bundes ohnehin beschwerdeberechtigt, wenn sie durch die angefochtene Verfügung berührt sind und ein schutzwürdiges Interesse an deren Aufhebung oder Änderung haben, sie von der Verfügung also «wie Private» betroffen sind (sog. Adressatenbeschwerde[14]; Art. 103 Bst. a OG und Art. 48 Bst. a VwVG). Dies gilt auch für kantonale Verfahren, sofern der Rechtsweg zu Bundesinstanzen führt, soll sich doch die Beschwerdelegitimation im Laufe des Instanzenzuges nicht verbreitern (Grundsatz der Einheit des Prozesses[15]; für kantonale Vorinstanzen des Bundesgerichts: Art. 98a Abs. 3 OG).

Die Beschwerdeberechtigung von Gemeinden nach Art. 12 Abs. 1 NHG ergänzt die genannte Legitimation der Gemeinden als Adressatinnen von Verfügungen

---

[12] MATTER, Art. 55, Rz 14, 29; TANQUEREL/ZIMMERMANN, 141 f.; TANQUEREL, Les voies de droit, 67 f.
[13] KELLER, Beschwerderecht, 1127, 1131 f.; TANQUEREL, Les voies de droit, 71.
[14] BGE 118 Ib 616 = JdT 1994 I 500; GYGI, Bundesverwaltungsrechtspflege, 149, 156, 168 ff.
[15] GYGI, Bundesverwaltungsrechtspflege, 237; KÖLZ/HÄNER, 231.

durch eine besondere Beschwerdeermächtigung im Sinne von Art. 103 Bst. c OG bzw. von Art. 48 Bst. b VwVG, wonach das Bundesrecht jede andere Person, Organisation oder Behörde zur Beschwerde berechtigen kann. Das Beschwerderecht nach Art. 12 Abs. 1 NHG steht den Gemeinden damit zu, ohne dass sie «wie Private» von einer Verfügung betroffen sein müssen. Es genügt, dass die Verfügung ein Vorhaben zum Gegenstand hat, das auf ihrem kommunalen Hoheitsgebiet ausgeführt werden soll oder sich jedenfalls auf dieses auswirken wird[16].

Das Beschwerderecht der Gemeinden nach Art. 12 Abs. 1 NHG geht damit weiter als dasjenige von Art. 57 USG, das bloss auf deren Recht zur Adressatenbeschwerde hinweist[17]. Dem Beschwerderecht nach Art. 12 Abs. 1 NHG entspricht dagegen dasjenige nach Art. 14 Abs. 1 Bst. a FWG, das den Gemeinden zusteht, wenn ihr Gebiet betroffen ist.

IV. Beschwerdeberechtigung von Organisationen

A. Voraussetzungen der Beschwerdeberechtigung (Abs. 1)

Wie den Gemeinden (vgl. Rz 6 hievor) räumt Art. 12 Abs. 1 NHG auch bestimmten Organisationen ein besonderes Beschwerderecht im Sinne von Art. 103 Bst. c OG bzw. von Art. 48 Bst. b VwVG ein. Diese Beschwerdelegitimation setzt also keine persönliche Betroffenheit der Organisationen voraus. 7

Das Beschwerderecht nach Art. 12 Abs. 1 NHG ist insofern sowohl mit demjenigen nach Art. 55 Abs. 1 USG als auch mit demjenigen nach Art. 14 Abs. 1 Bst. b FWG vergleichbar.

Die Beschwerdeberechtigung steht nach Art. 12 Abs. 1 NHG ideellen Organisationen zu, die von gesamtschweizerischer Bedeutung sind und seit mindestens zehn Jahren bestehen.

Als ideelle Organisation gilt nach dem Gesetzestext eine solche, die sich dem Naturschutz, dem Heimatschutz, der Denkmalpflege oder verwandten Zielen widmet. Nach der Rechtsprechung hat sich der ideelle Zweck der Organisation aus deren Statuten zu ergeben[18]. Auch muss der ideelle Zweck des Natur- und

8
Ideeller
Zweck
But idéal

---

[16] BGE 118 Ib 616 f. = JdT 1994 I 500; BGE 109 Ib 342 = Pra 1984, 393 und JdT 1985 I 548; BGE 98 Ib 124.
[17] VGr. ZH in URP 1996, 344 ff.; MATTER, Art. 57, Rz 5 f.; TANQUEREL/ZIMMERMANN, 137; a.M.: BGE 119 Ib 391 E. 2e = JdT 1995 I 476.
[18] BGE 120 Ib 30 = Pra 1994, 735; BGE 114 Ib 84 E. 1b = JdT 1990 I 517; BGE 110 Ib 162; BGE 96 I 505 E. 2b = Pra 1971, 152; RIVA, Beschwerdebefugnis, 76.

Heimatschutzes als ein wesentliches, d.h. nicht nur beiläufiges Ziel der Organisation erscheinen[19]. Nicht zuerkannt wird die Beschwerdeberechtigung deshalb sowohl Sportorganisationen, welche den Natur- und Heimatschutz im Rahmen ihrer sportlichen Tätigkeit mitpflegen[20], als auch Organisationen, die sich dem Tierschutz widmen, dies trotz enger Beziehung dieses Rechtsbereichs zum Natur- und Heimatschutz[21].

9
Gesamtschweizerische Bedeutung
Importance nationale

Gleiches gilt für die gesamtschweizerische Bedeutung der Organisation: Auch diese muss in den Statuten niedergelegt sein. Zudem muss sich die gesamtschweizerische Bedeutung der Organisation – anders als ihr ideeller Zweck[22] – aus deren effektiver Tätigkeit ergeben[23]. Von gesamtschweizerischer Bedeutung sind sowohl Organisationen, welche in einer grossen Zahl von Kantonen Sektionen unterhalten, als auch solche, die von ihrem Sitz aus in grossen Teilen der Schweiz tätig sind[24]. Nicht als gesamtschweizerische Organisation gelten kann deshalb etwa das einzig in einer bestimmten Region tätige «Komitee für eine umweltgerechte Bahn 2000»[25]. Dagegen ist die Forderung nach einer Verwurzelung einer Organisation «dans toutes les régions du pays et dans la majorité des cantons», die der Bundesrat gegenüber dem «Institut suisse de la vie» in den siebziger Jahren noch erhob[26], als zu weit gehend abzulehnen[27].

10
Zehnjähriges Bestehen
Dix ans d'existence

Das Erfordernis des zehnjährigen Bestehens der Organisation berechnet sich vom Zeitpunkt an, ab welchem die Organisation die beiden anderen Voraussetzungen (ideeller Zweck, gesamtschweizerische Bedeutung) erfüllt[28].

11
Beschwerdeberechtigte Organisationen
Organisations habilitées à recourir

Aufgrund der Rechtsprechung zu Art. 12 Abs. 1 NHG in seiner ursprünglichen Fassung gelten folgende Organisationen, die gleichzeitig das mit der NHG-Teilrevision vom 24. März 1995 neu eingeführte Erfordernis des zehnjährigen Bestehens erfüllen, als nach Art. 12 Abs. 1 NHG beschwerdeberechtigt:

- Aqua Viva (Nationale Aktionsgemeinschaft zum Schutze der Flüsse und Seen)[29]

---

[19] BGE 98 Ib 125 E. 1; BGE 98 Ib 494 E. 1a.
[20] BGE 98 Ib 125 E. 1 betr. verschiedener Wassersportorganisationen.
[21] BGE 119 Ib 308 f. = JdT 1995 I 511.
[22] A.M.: RIVA, Beschwerdebefugnis, 76.
[23] RIVA, Beschwerdebefugnis, 73; vgl. TRÜEB, 182.
[24] Vgl. MATTER, Art. 55, Rz 24.
[25] BGE 120 Ib 61 oben.
[26] VPB 1976, 66 f.; vgl. TRÜEB, 182.
[27] Vgl. MATTER, Art. 55, Rz 24.
[28] Vgl. MATTER, Art. 55, Rz 25.
[29] BGE 110 Ib 161; BGE 109 Ib 216 = JdT 1985 I 611; BGE 98 Ib 125 E. 1.

- Helvetia Nostra[29a]
- Rheinaubund (Schweizerische Arbeitsgemeinschaft für Natur und Heimat)[30]
- Schweizer Alpen-Club (SAC)[31]
- Schweizer Heimatschutz (SHS)[32]
- Schweizerische Energie-Stiftung (SES)[33]
- Schweizerische Gesellschaft für Umweltschutz (SGU)[34]
- Schweizerische Greina-Stiftung[35]
- Schweizerische Stiftung für Landschaftsschutz und Landschaftspflege (SL)[36]
- Schweizerischer Bund für Naturschutz (SBN)[37]
- Schweizerische Vereinigung für Landesplanung (VLP)[38]
- Schweizer Vogelschutz (SVS)[39]
- Verkehrs-Club der Schweiz (VCS)[40]
- World Wildlife Fund Schweiz (WWF)[41].

Das Beschwerderecht nach Art. 12 Abs. 1 NHG kann zusätzlich auch weiteren Organisationen zukommen, die diese Befugnis bisher noch in keinem Rechtsmittelverfahren geltend gemacht haben.

Für ihre im öffentlichen Interesse liegende Tätigkeit können die nach Art. 12 Abs. 1 NHG beschwerdeberechtigten Organisationen gemäss Art. 14 NHG Finanzhilfen des Bundes beanspruchen (JENNI, Art. 14, Rz 1).

[29a] VGr. VD in RDAF 1997, 148; unveröffentlichter Entscheid des BGr. vom 28. März 1996 i.S. Saint-Prex E. 1b bb.
[30] BGE 115 Ib 479 = JdT 1991 I 500; BGE 110 Ib 161; BGE 98 Ib 125 E. 1.
[31] VPB 1974, 70.
[32] Unveröffentlichter Entscheid des BGr. vom 16. April 1997 i.S. Pilatus, E. 1b; BGr. in URP 1996, 386; BGE 120 Ib 30 = Pra 1994, 736; BGE 119 Ib 263 = JdT 1995 I 460; BGE 112 Ib 548 oben = Pra 1988, 212 und JdT 1988 I 594; BGE 98 Ib 494 E. 1a; BGE 96 I 505 E. 2b = Pra 1971, 152; VPB 1989, 217 E. 1c, 1988, 355 oben, 1974, 70.
[33] BGE 119 Ib 263 = JdT 1995 I 460.
[34] BGE 119 Ib 263 = JdT 1995 I 460; BGE 110 Ib 161; BGr. in ZBl 1984, 282 E. 2b.
[35] Vgl. zu dieser im Jahre 1986 gegründeten Organisation: BGE 119 Ib 263 = JdT 1995 I 460.
[36] BGE 110 Ib 161; BGE 98 Ib 494 E. 1a; VPB 1974, 70 f.
[37] Unveröffentlichter Entscheid des BGr. vom 19. Juli 1995 i.S. Val-d'Illiez, E. 2a; BGE 119 Ib 263 = JdT 1995 I 460; BGE 117 Ib 185 oben = JdT 1993 I 507; BGE 114 Ib 84 E. 1b = JdT 1990 I 517; BGE 110 Ib 161; BGE 109 Ib 216 = JdT 1985 I 611; BGE 98 Ib 494 E. 1a; BGE 96 I 505 E. 2b = Pra 1971, 152; VPB 1989, 217 E. 1c, 1983, 76, 1980, 401, 1974, 70.
[38] BR in ZBl 1970, 200.
[39] Unveröffentlichter Entscheid des BGr. vom 21. Juli 1994 i.S. Grimisuat, E. 3b, mit Hinweisen; VPB 1994, 106 ff.
[40] BGr. in URP 1996, 386 und 1989, 258 E. 2b.
[41] BGr. in URP 1996, 386; BGE 121 II 196; BGE 119 Ib 263 = JdT 1995 I 462; BGE 114 Ib 84 E. 1b = JdT 1990 I 517; BGE 112 Ib 287 f. = JdT 1988 I 586; BGE 110 Ib 161 f.; VPB 1989, 217 E. 1c.

12 Vertretung in kantonalen Verfahren Participation à la procédure cantonale	In kantonalen Verfahren, nicht aber in Verfahren vor Bundesbehörden[42], können sich die nach Art. 12 Abs. 1 NHG beschwerdeberechtigten Organisationen durch ihre örtlichen, kantonalen oder regionalen Sektionen vertreten lassen[43].

B. Bezeichnung der beschwerdeberechtigten Organisationen (Abs. 2)

13 Verordnung mit deklaratorischer Bedeutung Ordonnance de portée déclaratoire	Der Bundesrat wird die beschwerdeberechtigten Organisationen in einer besonderen Verordnung bezeichnen. Für die Ausübung der Beschwerdeberechtigung ist es allerdings nicht entscheidend, ob eine Organisation in dieser Verordnung als beschwerdeberechtigt bezeichnet werden wird oder nicht. Vielmehr wird auch eine andere Organisation in einem konkreten Verfahren geltend machen können, ihr stehe das Beschwerderecht nach Art. 12 Abs. 1 NHG zu. Auch kommt allen Organisationen, welche die Voraussetzung zur Beschwerdeberechtigung nach Art. 12 Abs. 1 NHG erfüllen, bereits vor Erlass der Verordnung des Bundesrates das Beschwerderecht zu. Die Bezeichnung der beschwerdeberechtigten Organisationen durch den Bundesrat hat also nicht konstitutive, sondern einzig deklaratorische Bedeutung[44].

V. Zulässige Rechtsmittel (Abs. 3)

14 Inhalt der Bestimmung Contenu de la disposition	Art. 12 Abs. 3 Bst. a NHG präzisiert Art. 12 Abs. 1 NHG insofern, als den Gemeinden und Organisationen (neben den ordentlichen bundesrechtlichen Rechtsmitteln der Verwaltungsbeschwerde und der Verwaltungsgerichtsbeschwerde) auch die Rechtsmittel des kantonalen Rechts zustehen sollen. Zudem können sie nach Art. 12 Abs. 3 Bst. b NHG im bundesrechtlichen Enteignungsverfahren Einsprache erheben und Begehren im Hinblick auf die möglichst

---

[42] BGr. in ZBl 1994, 528 f.; BGE 118 Ib 300; GADOLA, 113, FN 95; RIVA, Beschwerdebefugnis, 73; ZIMMERMANN, 797.
[43] Ständige Praxis seit dem unveröffentlichten Entscheid des BGr. vom 1. Juni 1983 i.S. Vallée de Joux: BGE 119 Ib 224 E. 1b = JdT 1995 I 442 f.; BGE 118 Ib 300 f., jeweils mit Hinweisen; GADOLA, 112 f.; MEYER, Beschwerderecht, 170 f.; RIVA, Beschwerdebefugnis, 73; TANQUEREL, Les voies de droit, 72; ZIMMERMANN, 797 f.
[44] Vgl. zur analogen Bestimmung von Art. 55 Abs. 2 USG bzw. zur VBUO: BGE 112 Ib 548 = Pra 1988, 213 und JdT 1988 I 594; BGr. in URP 1989, 259 E. 2c; MATTER, Art. 55, Rz 27; TANQUEREL, Les voies de droit, 65; TRÜEB, 183 f.

weitgehende Erhaltung von Naturschönheiten und des landschaftlichen Bildes stellen (vgl. Art. 9, 35 und 55 EntG sowie KELLER, Art. 12a, Rz 14 f.)[45].

Zum vorneherein nicht in Betracht kommt im vorliegenden Zusammenhang das ausserordentliche bundesrechtliche Rechtsmittel der staatsrechtlichen Beschwerde, richtet sich dieses zwar gegen kantonale Erlasse und Verfügungen (Art. 84 Abs. 1 OG; vgl. dazu Rz 3 und 5 hievor), jedoch mit Ausnahme der hier interessierenden Verfügungen über bundesrechtliche Rechtsverhältnisse, welche der Verwaltungsbeschwerde bzw. der Verwaltungsgerichtsbeschwerde unterliegen (Art. 84 Abs. 2 OG; vgl. dazu Rz 3 und 5 hievor)[46].

Wegen des Umstandes, dass die Gemeinden und Organisationen nach der Regelung von Art. 12a NHG zur Teilnahme an den genannten Verfahren verpflichtet sind, ist in Art. 12 Abs. 3 NHG ein blosser Hinweis zu sehen, der auch hätte unterbleiben können, ohne dass damit die materielle Rechtslage anders zu beurteilen gewesen wäre. Anderseits ist gerade angesichts der Regelung von Art. 12a NHG festzustellen, dass Art. 12 Abs. 3 NHG die Rechte der Gemeinden und Organisationen nur unvollständig umschreibt. Sind sie nämlich aufgrund des Bestehens eines (bundes- oder kantonalrechtlichen) Einspracheverfahrens verpflichtet, an diesem teilzunehmen, um ihre Parteirechte zu wahren (Art. 12a Abs. 2 erster Satz NHG), so muss den Gemeinden und Organisationen auch das Recht zustehen, am Einspracheverfahren teilzunehmen. Aus Art. 12 Abs. 3 NHG einerseits sowie aus Art. 12a NHG anderseits ergibt sich damit für Gemeinden und Organisationen, dass ihr Recht auf Teilnahme an einem Verfahren mit ihrer Pflicht zur Teilnahme daran zusammenfällt (vgl. dagegen für das Beschwerderecht der Kantone und des zuständigen Bundesamtes: KELLER, Art. 12b, Rz 4 bzw. 8).

15
Bedeutung der Bestimmung
Importance de la disposition

VI. Einschränkung der Anfechtbarkeit von Verfügungen über Bundessubventionen

A. Vermeidung von Doppelspurigkeiten ...

Einwendungen gegen ein Vorhaben sollen grundsätzlich bereits im Verfahren erhoben werden müssen, in welchem über das Projekt selbst entschieden wird. Mit den Bestimmungen von Art. 12 Abs. 4 und 5 NHG wird deshalb die Anfecht-

16
Zweck
But

---

[45] Botschaft Teilrevision NHG, BBl 1991 III 1139; Amtl.Bull. S 1992 610 (Votum JAGMETTI); zum früheren Art. 12 Abs. 3 NHG, der dem heutigen Art. 12 Abs. 3 Bst. b NHG entspricht: BGE 117 Ib 291 = JdT 1993 I 479; BGE 115 Ib 95 f. = JdT 1991 I 559; BGE 115 Ib 429 E. 2c = JdT 1991 I 573; BGE 112 Ib 287 f. = JdT 1988 I 586.

[46] KÄLIN, Beschwerde, 304 ff.; KÄLIN Walter/MÜLLER Markus, Vom ungeklärten Verhältnis zwischen Verwaltungsgerichtsbeschwerde und staatsrechtlicher Beschwerde, ZBl 1993 452 f.

barkeit von Verfügungen über Bundessubventionen eingeschränkt. Damit soll vermieden werden, dass Vorbringen gegen ein Projekt erst im Subventionsverfahren genannt werden (sog. Vermeidung von Doppelspurigkeiten)[47].

B. ... wenn über das Projekt anderweitig in Erfüllung einer Bundesaufgabe entschieden wird (Abs. 4)

17
Gänzlicher Ausschluss
Exclusion totale

Die Beschwerde gegen den Entscheid über die Gewährung eines Bundesbeitrages wird nach Art. 12 Abs. 4 NHG gänzlich ausgeschlossen, wenn über das Projekt selbst bereits anderweitig in Erfüllung einer Bundesaufgabe entschieden worden ist oder noch zu entscheiden ist.

So ist die Beschwerde gegen die Gewährung einer Gewässerschutzsubvention des Bundes (Art. 61 ff. GSchG) unzulässig, wenn für die Realisierung der betreffenden Anlage eine Ausnahmebewilligung für Bauten ausserhalb der Bauzonen nach Art. 24 RPG erforderlich ist.

Praktisch die grösste Bedeutung wird Art. 12 Abs. 4 NHG im Zusammenhang mit Verfahren auf Erlass von Verfügungen zukommen, die – ähnlich wie ordentliche Baubewilligungen oder Nutzungspläne (Rz 3 hievor) – im Grundsatz keine Bundesaufgaben darstellen. In diesen Fällen – von Bedeutung sind insbesondere Projektentscheide über Meliorationen, Forst- und Hauptstrassen – ist zwar im allgemeinen Art. 12 Abs. 5 NHG anwendbar (Rz 18 hienach). Soweit allerdings im Rahmen solcher kantonaler Verfahren Bundesaufgaben erfüllt werden (insbesondere mit der Anwendung des Bundesrechts zum Moor- und Moorlandschaftsschutz und zum Biotopschutz: Art. 24^{sexies} Abs. 5 BV, Art. 18 ff. und 23b-23d NHG; vgl. dazu ZUFFEREY, Art. 2, Rz 32), kommt die Bestimmung von Art. 12 Abs. 4 NHG zum Zuge und nicht diejenige von Art. 12 Abs. 5 NHG.

Im übrigen werden die praktischen Anwendungsfälle für Art. 12 Abs. 4 NHG nicht zahlreich sein.

C. ... wenn über das Projekt in einem kantonalen Verfahren entschieden wird (Abs. 5)

18
Bedingter Ausschluss
Exclusion conditionnelle

Art. 12 Abs. 5 NHG erfasst nicht sämtliche kantonalen Verfahren, sondern im Unterschied zu Art. 12 Abs. 4 NHG diejenigen, für welche der kantonale Projektentscheid keine Bundesaufgabe darstellt. Den Anwendungsbeispielen der

---

[47] Botschaft Teilrevision NHG, BBl 1991 III 1139 f.; Amtl.Bull. S 1992 610 (Votum JAGMETTI).

Meliorationen, der Forst- und der Hauptstrassen kommt für den Natur- und Heimatschutz grösste praktische Bedeutung zu.

In den Fällen von Art. 12 Abs. 5 NHG ist die Beschwerde gegen den Entscheid über die Gewährung eines Bundesbeitrages im Unterschied zu Art. 12 Abs. 4 NHG nicht von vorneherein unzulässig. Vielmehr ist vorgesehen, dass Gemeinden und Organisationen ihr Beschwerderecht im Bundesverfahren unter Umständen verwirken, dies aber nur, wenn

- ihnen im kantonalen Verfahren, welcher zum Projektentscheid führt, Parteistellung zukommt,
- der erste Entscheid im kantonalen Verfahren, der ihren Anliegen nicht entspricht, nach den strengen Grundsätzen von Art. 12a Abs. 1 NHG eröffnet wird, und
- sie gegen diesen Entscheid kein Rechtsmittel ergreifen.

Dabei müssen diese drei Voraussetzungen alle (d.h. kumulativ) erfüllt sein.

Wenn in einem solchen kantonalen Verfahren ein Einspracheverfahren durchgeführt wird, so verlieren Gemeinden und Organisationen ihre Beschwerdebefugnis im Bundessubventionsverfahren nicht, wenn sie es unterlassen, sich an diesem Einspracheverfahren als Partei zu beteiligen. Sie sind – anders als in Verfahren auf Erlass einer Verfügung in Erfüllung einer Bundesaufgabe (vgl. Art. 12a Abs. 2 NHG) – aufgrund des klaren Wortlautes der Bestimmung von Art. 12 Abs. 5 NHG nur verpflichtet, eine Verfügung anzufechten, die ihren Anliegen nicht entspricht.

Auch sind Gemeinden und Organisationen nicht verpflichtet, am weiteren kantonalen Verfahren teilzunehmen[48]. Ansonsten wären sie allenfalls gezwungen, weitere kantonale Rechtsmittel einzulegen, um Anliegen zu wahren, die nur im Rahmen des Entscheids über eine Bundesaufgabe (und damit nur im Rahmen des Bundessubventionsverfahrens) zwingend zu beachten sind und damit auch durchgesetzt werden können. So sind die Art. 3 und 5 ff. NHG bezüglich der Verpflichtung zur Berücksichtigung von Gesichtspunkten des Landschaftsschutzes, des Heimatschutzes oder der Denkmalpflege unter Umständen strenger als das entsprechende (und für den kantonalen Projektentscheid massgebliche) kantonale Recht[49].

---

[48] Botschaft Teilrevision NHG, BBl 1991 III 1140 oben.
[49] KELLER, Beschwerderecht, 1127, mit Hinweisen.

VII. Zulässige Beschwerdegründe

19
Rügen im Interesse des Natur- und Heimatschutzes

Griefs en faveur de la protection de la nature et du paysage

Gemeinden und Organisationen können gemäss der Rechtsprechung sämtliche Rügen erheben, die im Interesse des Natur- und Heimatschutzes liegen[50]. Sie sind also beispielsweise berechtigt, gegen die Erteilung einer Rodungsbewilligung nach Art. 5 WaG oder einer Ausnahmebewilligung für Bauten ausserhalb der Bauzonen (Art. 24 RPG), nicht aber gegen die Verweigerung einer solchen Bewilligung Beschwerde zu führen[51]. Gegen den raumplanerischen Schutz von Flachmooren von nationaler und regionaler Bedeutung (Art. 18a Abs. 2 und Art. 18b Abs. 1 NHG; Art. 5 Abs. 2 Bst. a FMV) können sie sich nicht aufgrund ihres Beschwerderechts nach Art. 12 Abs. 1 NHG wehren[52]. Im Waldfeststellungsverfahren bedeutet dies, dass das Interesse der beschwerdeführenden Gemeinde oder Organisation «auf die Erhaltung von Waldareal» gerichtet sein muss[53].

---

[50] VGr. VD in RDAF 1997, 148; BGE 118 Ib 616 f. = JdT 1994 I 500; BGE 115 Ib 479 = JdT 1991 I 501; BGE 112 Ib 548 oben = Pra 1988, 212 und JdT 1988 I 594; RIVA, Beschwerdebefugnis, 100 oben; TANQUEREL, Les voies de droit, 70.

[51] BGE 118 Ib 616 unten = JdT 1994 I 500; BGE 109 Ib 342 f. = Pra 1984, 393 und JdT 1985 I 548; ZIMMERMANN, 796.

[52] Unveröffentlichter Entscheid des BGr. vom 19. Juli 1995 i.S. Val-d'Illiez, E. 1a, mit Hinweisen.

[53] BGE 118 Ib 617 oben = JdT 1994 I 501.

Art. 12a   Eröffnung der Verfügung und Verfahrenseintritt

¹ Besteht in einem Verfahren ein Beschwerderecht nach Artikel 12 Absatz 1, so eröffnet die Behörde ihre Verfügung den Gemeinden und Organisationen durch schriftliche Mitteilung oder durch Veröffentlichung im Bundesblatt oder im kantonalen Publikationsorgan.

² Sieht das Bundesrecht oder das kantonale Recht vor, dass vor dem Erlass der Verfügung ein Einspracheverfahren durchgeführt wird, so sind Gemeinden und Organisationen nur beschwerdebefugt, wenn sie sich an diesem Einspracheverfahren als Partei beteiligt haben. In diesem Fall ist das Gesuch nach den Vorschriften von Absatz 1 zu veröffentlichen.

³ Gemeinden und Organisationen, die kein Rechtsmittel ergriffen haben, können sich am weiteren Verfahren nur noch als Partei beteiligen, wenn die Verfügung zugunsten einer anderen Partei geändert wird und sie dadurch beschwert werden.

⁴ Wird über das Vorhaben im Verfahren nach dem Bundesgesetz über die Enteignung entschieden, so sind die Absätze 1 und 3 nicht anwendbar.

Art. 12a   Communication de la décision et intervention

¹ Lorsque la procédure comporte un droit de recours au sens de l'article 12, 1ᵉʳ alinéa, l'autorité communique sa décision aux communes et aux organisations reconnues par une notification écrite ou par une publication dans la Feuille fédérale ou dans l'organe officiel du canton.

² Lorsque le droit fédéral ou cantonal prévoit une procédure d'opposition antérieure à la prise de décision, les communes et les organisations n'ont qualité pour recourir que si elles sont intervenues dans la procédure d'opposition à titre de partie. Dans ce cas, la demande doit être publiée conformément aux règles énoncées au premier alinéa.

³ Les communes et les organisations qui n'ont pas formé de recours ne peuvent intervenir comme partie dans la suite de la procédure que si la décision est modifiée en faveur d'une autre partie et qu'elle leur porte atteinte.

⁴ Les 1ᵉʳ et 3ᵉ alinéas ne sont pas applicables lorsque la décision sur le projet est rendue dans la procédure prévue par la loi fédérale sur l'expropriation.

Inhaltsverzeichnis Rz

I. Vorbemerkungen zu Inhalt und Entstehung der Bestimmung 1
II. Grundsatz des frühzeitigen Verfahrenseintritts 5
   A. Verpflichtung zur Anfechtung des erstinstanzlichen Entscheids (Abs. 3) 5
   B. Verpflichtung zur Beteiligung am Einspracheverfahren (Abs. 2 erster Satz) 8
III. Anforderungen an die Publikation (Abs. 1 und Abs. 2 zweiter Satz) 12
IV. Hinweis auf das Enteignungsverfahren (Abs. 4) 14
V. Bedeutung des Verbots der Vereitelung des Bundesrechts 16

Table des matières N°

I. Remarques préliminaires sur le contenu et l'origine de la disposition 1
II. Le principe de l'intervention au début de la procédure 5
   A. L'obligation de recourir contre la décision de première instance (al. 3) 5
   B. L'obligation de participer à la procédure d'opposition (al. 2 1ère phrase) 8
III. Les exigences relatives à la publication (al. 1 et al. 2 2ème phrase) 12
IV. Le renvoi à la procédure d'expropriation (al. 4) 14
V. Le rôle joué par l'interdiction de faire obstacle au droit fédéral 16

I. Vorbemerkungen zu Inhalt und Entstehung der Bestimmung

1
Ursprünglicher Gesetzestext
Texte légal originel

Die ursprüngliche Fassung des NHG regelte nicht, zu welchem Zeitpunkt sich die Gemeinden und Organisationen spätestens am Verfahren zu beteiligen hätten, um damit ihre Parteirechte zu wahren.

2
Entwicklung der Praxis des Bundesgerichts
Développement de la jurisprudence du Tribunal fédéral

Die bundesgerichtliche Rechtsprechung ging zunächst davon aus, dass sich die nach Art. 12 Abs. 1 NHG Beschwerdeberechtigten auch noch im Verwaltungsgerichtsbeschwerdeverfahren vor Bundesgericht erstmals am Verfahren beteiligen konnten:

«Art. 12 NHG sieht die Beschwerdemöglichkeit gesamtschweizerischer Organisationen nur auf eidgenössischer Ebene vor. (...) Art. 12 NHG» schreibt «nicht vor, dass die dort genannten Beschwerdeberechtigten den Instanzenzug im kantonalen Verfahren einzuhalten hätten. (...) *Wer* in einem solchen Fall den kantonalen Instanzenzug durchlaufen hat, ist bei der Sonderregelung von Art. 12 NHG nicht entscheidend»[1].

Im Fall *Medeglia* änderte das Bundesgericht seine Praxis sowohl mit Bezug auf das Beschwerderecht der Organisationen nach Art. 55 USG als auch auf Art. 12 NHG:

---

[1] BGE 109 Ib 216 = JdT 1985 I 611, mit Hinweisen.

«(...) si deve quindi ritenere che l'art. 55 cpv. 1 e 3 LPA non solo accorda alle titolari la facoltà, ma fa loro anche dovere di partecipare alla procedura cantonale.(...) Un'interpretazione contraria dell' art. 55 LPA equivarebbe invece a riconoscere che questa disposizione racchiude per le organizzazioni la prerogativa di adire – a loro piacimento – il Tribunale federale come istanza unica: una conseguenza che non può esser accettata né sotto il profilo del carico che ne deriverebbe per il supremo tribunale, né sotto il risvolto dell'efficacia dell'intervento a tutela della protezione ambientale di cui le organizzazioni sono investite. Ne segue che il diritto di ricorso sancito dall'art. 12 cpv. 1 LPN e quello previsto dall'art. 55 cpv. 1 LPA devono esser intesi nella stessa maniera (...). Di conseguenza, allorché il diritto di ricorrere (...) sia desunto dall'art. 55 cpv. 1 LPA o dall'art. 12 cpv. 1 LPN, oppure da entrambe queste disposizioni, occorrerà di regola che l'organizzazione ricorrente abbia partecipato alla procedura davanti all'ultima istanza cantonale»[2].

Fortan wurde es damit als erforderlich betrachtet, dass die Organisationen, um vor Bundesgericht Verwaltungsgerichtsbeschwerde führen zu können, zumindest am Verfahren vor der letzten kantonalen Instanz teilgenommen hatten[3]. Im Fall *Steinen* verneinte das Bundesgericht dagegen eine Pflicht der Organisationen, sich bereits am Verfahren vor unteren kantonalen Entscheidbehörden zu beteiligen[4].

Anderes galt bereits vor der Teilrevision des NHG vom 24. März 1995 für bundesrechtliche Enteignungsverfahren (mit Einschluss von kombinierten Verfahren; vgl. dazu Rz 15 hienach): Mit dem Recht der Organisationen und der Gemeinden, Einsprachen und Begehren nach EntG geltend zu machen (so ausdrücklich Art. 12 Abs. 3 Bst. b NHG, welcher dem früheren Art. 12 Abs. 3 NHG entspricht), war angesichts der in Art. 39 f. EntG verankerten Säumnisfolgen stets die Pflicht verbunden, bereits innerhalb der enteignungsrechtlichen Eingabefrist (Art. 30 Abs. 1 und 3 EntG) als Partei im Verfahren aktiv zu werden[5].

Die Entwicklung der bundesgerichtlichen Praxis zur Frage des Zeitpunkts des Verfahrenseintritts der Organisationen bewog den Bundesrat dazu, dem Parlament im Rahmen der NHG-Teilrevision vorzuschlagen, die Gemeinden und die Organisationen zu verpflichten, sich wie private Parteien bereits am erstinstanzlichen Verfahren zu beteiligen. Dabei ging es dem Bundesrat primär darum, einen frühzeitigen Verfahrenseintritt festzulegen: andere als die vorgeschlagene Lösung, nämlich etwa eine Mitwirkungspflicht erst im Rechtsmittelver-

3 Vorschlag des Bundesrates
Proposition du Conseil fédéral

---

[2] BGE 116 Ib 431 f. = ZBl 1991, 378 f., Pra 1991, 850 f. und Zusammenfassung in URP 1991, 364 f., sowie JdT 1992 I 536.
[3] Bestätigt in BGE 121 II 196; BGE 121 II 486 f. = JdT 1996 I 586; BGE 117 Ib 187 oben = JdT 1993 I 507 und BGE 116 Ib 467 = Pra 1992, 39; vgl. VPB 1993, 208 ff.
[4] BGE 117 Ib 274 ff. = JdT 1993 I 442; bestätigt in BGE 121 II 227 = JdT 1996 I 580; BGE 121 II 485 f. = JdT 1996 I 586; BGE 119 Ib 224 E. 1b = JdT 1995 I 442 f.; BGE 119 Ib 264 E. 1d = JdT 1995 I 460; BGE 118 Ib 299 E. 2a; vgl. BGE 116 Ib 122 f. = JdT 1992 I 505.
[5] BGE 116 Ib 428 f. E. 3c = ZBl 1991, 376 oben, Pra 1991, 849 und JdT 1992 I 536; BGE 116 Ib 144 = JdT 1992 I 624; BGE 112 Ib 549 E. 1c = Pra 1988, 213 und JdT 1988 I 595.

fahren oder vor der letzten kantonalen Instanz, schienen ihm zwar auch denkbar, aber immerhin weniger vorteilhaft[6].

4
Lösung gemäss Teilrevision NHG
Solution apportée par la révision partielle de la LPN

Mit der Lösung gemäss Teilrevision des NHG vom 24. März 1995 ist das Parlament dem Bundesrat grundsätzlich gefolgt, hat dabei aber eine recht differenzierte Lösung getroffen: Im Grundsatz soll gelten, dass die Gemeinden und Organisationen die Verfügung der ersten Instanz anzufechten haben (Art. 12a Abs. 3 NHG), in zahlreichen Ausnahmefällen sollen sie aber bereits im erstinstanzlichen Verfahren auf Eröffnung des Gesuchs hin als Partei aktiv werden müssen (Art. 12a Abs. 2 erster Satz und Abs. 4 NHG)[7].

Die gesetzliche Festlegung eines frühen Verfahrenseintritts auferlegt den Gemeinden und Organisationen neue verfahrensrechtliche Pflichten. Gleichzeitig hat der Gesetzgeber aber auch Wert darauf gelegt, die Parteirechte der Gemeinden und Organisationen sachgerecht zu präzisieren. Im Sinne eines Gegenstücks zum Grundsatz des frühzeitigen Verfahrenseintritts hat er nämlich strenge Anforderungen an die Eröffnung der Verfügung bzw. des Gesuchs durch Publikation festgelegt (Art. 12a Abs. 1 und Abs. 2 zweiter Satz NHG).

II. Grundsatz des frühzeitigen Verfahrenseintritts

A. Verpflichtung zur Anfechtung des erstinstanzlichen Entscheids (Abs. 3)

5
Grundsatz
Principe

In Verfahren, in welchen ein Beschwerderecht der Gemeinden und Organisationen besteht, eröffnet die Behörde, die in erster Instanz für ein Verfahren zuständig ist, diesen Parteien ihre Verfügung (Art. 12a Abs. 1 NHG). Wollen sich Gemeinden oder Organisationen als Partei am Verfahren beteiligen, so müssen sie die ihnen eröffnete erstinstanzliche Verfügung anfechten. Erheben sie gegen diesen Entscheid kein Rechtsmittel (Beschwerde oder Rekurs), so können sie sich später nicht mehr als Partei am Verfahren beteiligen (Art. 12a Abs. 3 NHG).

6
Anwendungsfälle
Cas d'application

Diese Verpflichtung der Gemeinden und Organisationen gilt in allen Verfahren auf Bundesebene oder auf kantonaler Ebene, die keine Einsprachemöglichkeit vorsehen. Auf Bundesebene gilt sie etwa für folgende Verfahren:

---

[6] Botschaft Teilrevision NHG, BBl 1991 III 1140; in zustimmendem Sinne: Gadola, 120 f. und Meyer, Beschwerderecht, 175 ff.; in ablehnendem Sinne: Ballenegger, 216 ff. und Wullschleger, Beschwerderecht, 376 f.

[7] Erste Wertungen dieser Neuregelung: Keller, Beschwerderecht, 1131; Rohrer, 3. Kap., Rz 13 und 16; Tanquerel, Les voies de droit, 72 f.; Zimmermann, 801.

- Rahmenbewilligungsverfahren für Atomanlagen[8]
- Luftseilbahnkonzessionsverfahren[9]
- Konzessions- und Bewilligungsverfahren für Flugplätze[10].

Die Kantone sehen in der Regel im Ausnahmebewilligungsverfahren zur Beseitigung von Ufervegetation (Art. 22 Abs. 2 NHG) sowie im Waldfeststellungsverfahren (Art. 10 WaG), aber auch in anderen Verfahren, keine Einsprache vor[11].

In allen diesen Verfahren sind die Gemeinden und Organisationen also nicht verpflichtet, bereits vor der ersten Instanz als Partei teilzunehmen. Vielmehr können sie die Eröffnung der erstinstanzlichen Verfügung und damit das Beschwerdeverfahren abwarten. Dies gilt aufgrund der Regelung von Art. 12a Abs. 1 und 3 NHG sogar, wenn gegen die erstinstanzliche Verfügung direkt Verwaltungsgerichtsbeschwerde ans Bundesgericht zu führen ist (so im Konzessions- und Bewilligungsverfahren für Flugplätze).

Gemeinden und Organisationen sind zur Anfechtung einer Verfügung allerdings dann nicht legitimiert, wenn Interessen des Natur- und Heimatschutzes gar nicht betroffen sind oder wenn die Verfügung den Anliegen des Natur- und Heimatschutzes bereits umfassend Rechnung trägt (vgl. KELLER, Art. 12, Rz 4 und 19). Wenn die Verfügung aber später (vor oberer Instanz) zugunsten einer anderen Partei geändert wird und die Gemeinden oder Organisationen dadurch – immer mit Bezug auf Interessen des Natur- und Heimatschutzes – beschwert sind, können sie zu diesem Zeitpunkt ins Verfahren einsteigen und sind dazu auch verpflichtet (Art. 12a Abs. 3 NHG).

7
Späterer Verfahrenseintritt
Intervention ultérieure dans la procédure

B. Verpflichtung zur Beteiligung am Einspracheverfahren (Abs. 2 erster Satz)

Eine Verpflichtung zur Beteiligung am Verfahren vor der ersten Instanz trifft die Gemeinden und Organisationen, wenn – durch das Bundesrecht oder das kantonale Recht – ein vor Erlass der Verfügung durchzuführendes Einspracheverfahren gesetzlich vorgeschrieben ist (Art. 12a Abs. 2 erster Satz NHG).

8
Grundsatz
Principe

Das Bundesrecht sieht – ausserhalb des bundesrechtlichen Enteignungsverfahrens (vgl. dazu Rz 14 f. hienach) – eine solche vorgängige Einsprache in folgenden Verfahren vor:

9
Anwendungsfälle
Cas d'application

---

[8] Art. 5 des BB vom 6. Oktober 1978 zum Atomgesetz (SR 732.01).
[9] Art. 12 der Luftseilbahnkonzessionsverordnung vom 8. November 1978 (SR 743.11).
[10] Art. 4 ff. der V vom 23. November 1994 über die Infrastruktur der Luftfahrt (SR 748.131.1).
[11] Zu den genannten Beispielen auf Bundes- und kantonaler Ebene: Amtl.Bull. S 1995 289 (Votum Berichterstatter SCHÜLE).

- ordentliches militärisches Baubewilligungsverfahren (Art. 15 ff. MBV)
- Bereinigungsverfahren für Nationalstrassen-Ausführungsprojekte[12]
- Plangenehmigungsverfahren für Starkstromanlagen[13]
- ordentliches eisenbahnrechtliches Plangenehmigungsverfahren[14]
- Plangenehmigungsverfahren für Rohrleitungsanlagen[15]
- Plangenehmigungsverfahren für Hafenanlagen[16]
- Ausnahmebewilligungsverfahren für Waldrodungen (Art. 5 Abs. 2 WaV).

Kantonales Recht sieht Einsprachen in der Regel insbesondere in Ausnahmebewilligungsverfahren für Bauten ausserhalb der Bauzonen (Art. 24 RPG) vor[17].

10
Einführung neuer Einspracheverfahren
Introduction de nouvelles procédures d'opposition

Im Parlament wurde betont, dass die Einführung eines neuen Einspracheverfahrens nicht (mehr) mit Verordnung des Bundesrates erfolgen könne, sondern nur im Rahmen eines Bundesgesetzes[18]. Den entsprechenden Äusserungen liegt der Gedanke zugrunde, dass die Anordnung des Verlustes der Parteistellung, der mit der Unterlassung der Einsprache verbunden ist, als primäre Rechtsnorm zu betrachten ist. Aus diesem Grund ist über die Einführung neuer Einspracheverfahren auch auf kantonaler Ebene im Rahmen der formellen Gesetzgebung zu entscheiden[19]. Der Gesetzgeber hat es damit in der Hand, diejenigen Verfahren zu bestimmen, in denen aus verfahrensökonomischer Sicht vorzuziehen ist, bereits vor erster Instanz alle Parteien zu beteiligen. Er wird dies zweckmässigerweise nur in Verfahren tun, in denen regelmässig über konflikt- und damit beschwerdeträchtige Projekte zu entscheiden ist, und zwar mit dem Zweck, damit eine wesentliche Voraussetzung für möglichst gute und beschwerdebeständige Verfügungen zu schaffen. Eine generelle Einführung von Einspracheverfahren entspräche dagegen dem Willen des Gesetzgebers nicht. In vielen Verfahren erscheint es nämlich angezeigt, angesichts der in der Regel korrekten Arbeit der Verwaltung die Subsidiarität des Beschwerderechts der Gemeinden und Organisationen zu betonen und damit auf die gesetzliche Fest-

---

[12] Art. 27 des BG vom 8. März 1960 über die Nationalstrassen (SR 725.11).
[13] Art. 16 der V vom 26. Juni 1991 über das Plangenehmigungsverfahren für Starkstromanlagen (SR 734.25).
[14] Art. 22b der V vom 23. Dezember 1932 über die Planvorlagen für Eisenbahnbauten (SR 742.142.1).
[15] Art. 22 des Rohrleitungsgesetzes vom 4. Oktober 1963 (SR 746.1) und Art. 32 f. der Rohrleitungsverordnung vom 11. September 1968 (SR 746.11).
[16] Art. 16 der Schiffbauverordnung vom 14. März 1994 (SR 747.201.7) i.V. mit Art. 22b der V vom 23. Dezember 1932 über die Planvorlagen für Eisenbahnbauten (SR 742.142.1).
[17] Zu den genannten Beispielen auf Bundes- und kantonaler Ebene: Amtl.Bull. S 1995 289 (Votum Berichterstatter SCHÜLE).
[18] Amtl.Bull. S 1995 289 (Votum Berichterstatter SCHÜLE), N 1995 708 (Voten Berichterstatter BAUMBERGER und Berichterstatterin JEANPRÊTRE).
[19] Vgl. SALADIN Peter, Kommentar BV, Art. 3, Rz 248.

legung eines Einspracheverfahrens zu verzichten[20] (vgl. dazu auch ROHRER, 3. Kap., Rz 13 und 16). So würde es der Grundidee von Art. 12a NHG etwa widersprechen, im Waldfeststellungsverfahren (Art. 10 WaG) eine Einsprache im Sinne von Art. 12a Abs. 2 erster Satz NHG vorzusehen. Art. 12a NHG lässt es durchaus zu, in solchen Fällen ein auf direktbetroffene private Parteien beschränktes Einspracheverfahren, also ein solches ohne Beteiligungspflicht der Gemeinden und Organisationen, vorzusehen[21].

Tangiert ein Vorhaben gemäss dem vorliegenden Gesuch die Interessen des Natur- und Heimatschutzes nicht oder berücksichtigt es die Anliegen des Natur- und Heimatschutzes bereits in umfassender Weise, besteht für die Gemeinden und Organisationen kein Anlass, Einsprache zu erheben. In diesem Fall schliesst der Verzicht auf die Erhebung einer Einsprache die Erhebung eines Rechtsmittels gegen die spätere Verfügung nicht aus, wenn das Projekt damit geändert wird oder wenn diese für die Realisierung Auflagen oder Bedingungen vorschreibt und das Vorhaben dadurch neue oder stärkere Auswirkungen in bezug auf den Natur- und Heimatschutz zeitigt. Art. 12a Abs. 2 erster Satz NHG bestimmt dies im Gegensatz zu Art. 12a Abs. 3 NHG zwar nicht ausdrücklich. Da der Gesetzgeber mit der Regelung von Art. 12a Abs. 3 NHG bloss ein allgemeines Prinzip des Verwaltungsverfahrensrechts wiedergeben wollte[22], muss dieses auch für Verfahren gelten, die eine Einsprache vorsehen.

11
Späterer Verfahrenseintritt
Intervention ultérieure dans la procédure

III. Anforderungen an die Publikation (Abs. 1 und Abs. 2 zweiter Satz)

Verfügungen können den Gemeinden und Organisationen entweder durch direkt an sie gerichtete schriftliche Mitteilung oder durch Veröffentlichung im Bundesblatt oder im kantonalen Publikationsorgan eröffnet werden (Art. 12a Abs. 1 NHG). Dabei kommt als kantonales Publikationsorgan pro Kanton nur ein bestimmtes zentrales Blatt in Frage. Die Publikation von Verfügungen, gegen die ein Beschwerderecht nach Art. 12 Abs. 1 NHG besteht, in verschiedenen kantonalen Blättern oder gar durch Anschlag in der Gemeinde[23] hat damit den

12
Ort der Publikation
Lieu de la publication

---

[20] Amtl.Bull. S 1992 612 (Votum PETITPIERRE); KELLER, Beschwerderecht, 1130 f.
[21] Vgl. zu einer anderen Zwischenlösung: BGE 121 II 228 f. = JdT 1996 I 580 und dazu kritisch ZIMMERMANN, 804 oben.
[22] Amtl.Bull. N 1995 708 (Votum Berichterstatter BAUMBERGER) und 709 (Votum Berichterstatterin JEANPRÊTRE); vgl. BGE 116 Ib 426 E. 3a = Pra 1991, 847 und JdT 1992 I 535 mit Hinweisen; BGE 108 Ib 94 f. sowie TANQUEREL, Les voies de droit, 61.
[23] Vgl. zur Publikation gegenüber Privaten: BGE 116 Ia 218 = JdT 1992 I 445; BGE 115 Ia 24 f. = Pra 1990, 799 und JdT 1991 I 441.

Gemeinden und Organisationen gegenüber keine Wirkung. Vielmehr haben diese Anspruch darauf, dass alle für sie massgeblichen Entscheide in einem dieser insgesamt 27 Publikationsorgane (Bundesblatt plus 26 zentrale kantonale Blätter) zu finden sind[24].

13
Inhalt der Publikation
Contenu de la publication

Inhaltlich muss die Veröffentlichung so gefasst sein, dass sich die Gemeinden und Organisationen ein Bild über die natur- und heimatschutzrechtliche Tragweite des jeweiligen Vorhabens machen können. So müssen mindestens Art, Zweck und Umfang des Projekts, dessen Ort (mit der Angabe von Koordinaten) und raumplanerische Einordnung (Nutzungszone, Zonenkonformität nach Art. 22 Abs. 2 Bst. a RPG oder Ausnahme für Bauten ausserhalb der Bauzonen nach Art. 24 RPG) sowie betroffene bundes- oder kantonalrechtlich geschützte Gebiete erkennbar sein. In formeller Hinsicht muss ersichtlich sein, wo die Akten einzusehen sind[25].

Wird vor dem Erlass einer Verfügung ein Einspracheverfahren durchgeführt, so ist das Gesuch nach den genannten Grundsätzen durch schriftliche Mitteilung an die Gemeinden und Organisationen oder durch Publikation in einem der dafür zulässigen 27 Organe anzuzeigen (Art. 12a Abs. 2 zweiter Satz NHG; vgl. für das bundesrechtliche Enteignungsverfahren: Rz 14 hienach).

Art. 12a Abs. 1 NHG ist ebenfalls bei sämtlichen Projektänderungen zu beachten, die in natur- und heimatschutzrechtlicher Sicht relevant sind (vgl. Rz 7 und 11 hievor)[26], unabhängig davon, in welchem Verfahrensstadium diese erfolgen. Adressatinnen dieser Gesetzesbestimmung sind also sowohl erstinstanzlich zuständige Behörden als auch Beschwerdeinstanzen.

Die Anforderungen an die Eröffnung von Verfügungen nach Art. 12a Abs. 1 NHG sind zudem in kantonalen Verfahren von Bedeutung, in denen über ein Projekt zwar nicht in Erfüllung einer Bundesaufgabe entschieden wird, für welches aber ein Bundesbeitrag ausgelöst werden soll. Werden diese Anforderungen im Verfahren über den Projektentscheid nicht eingehalten, steht den Gemeinden und Organisationen das Recht zu, den Entscheid über die Erteilung der Bundessubvention anzufechten (Art. 12 Abs. 5 NHG; KELLER, Art. 12, Rz 18).

---

[24] Botschaft Teilrevision NHG, BBl 1991 III 1141.
[25] Botschaft Teilrevision NHG, BBl 1991 III 1140 f.
[26] Vgl. auch BGE 117 Ib 186 = JdT 1993 I 507.

IV. Hinweis auf das Enteignungsverfahren (Abs. 4)

Art. 12a Abs. 4 NHG erklärt Art. 12a Abs. 1 und 3 NHG für im Verfahren nach EntG nicht anwendbar. Dies ergibt sich – wie für andere Verfahren, für welche das Bundesrecht oder das kantonale Recht vorsieht, dass vor dem Erlass der Verfügung ein Einspracheverfahren durchgeführt wird – zwar bereits aus Art. 12a Abs. 2 NHG. Art. 12a Abs. 4 NHG weist aber darauf hin, dass die in Art. 12a Abs. 2 NHG verankerten Verfahrenspflichten von Gemeinden und Organisationen einerseits (Verpflichtung zur Beteiligung am Einspracheverfahren) und der Behörden andererseits (Verpflichtung zur Gesuchsveröffentlichung nach den Vorschriften von Art. 12a Abs. 1 NHG) – mit gewissen Differenzierungen – ebenfalls im EntG selbst zu finden sind:

14
Zweck des Hinweises
But du renvoi

- Der mit der NHG-Teilrevision vom 24. März 1995 eingefügte Art. 109 Abs. 3 EntG sieht vor, dass öffentliche Bekanntmachungen gegenüber Organisationen, die nach dem NHG zur Beschwerde berechtigt sind, im Bundesblatt oder im kantonalen Amtsblatt zu erfolgen haben.
- Die betroffenen Gemeinden sind nach Art. 30 Abs. 1 EntG selbst für die öffentlichen Bekanntmachungen zuständig, womit sichergestellt ist, dass sie von der Eröffnung des Enteignungsverfahrens Kenntnis erhalten.
- Nach Ablauf der Eingabefrist von 30 bzw. 60 Tagen (Art. 30 Abs. 1 und 3 EntG) können Einsprachen und Begehren grundsätzlich nicht mehr erhoben werden (Art. 39 f. EntG).
- Planänderungen sind erneut aufzulegen oder den Beteiligten bekanntzugeben, sofern es sich nicht um Änderungen ohne neue Belastungen für die Enteigneten oder für Dritte handelt (Art. 56 EntG).

Nach EntG werden etwa das kombinierte militärische Baubewilligungsverfahren (Art. 129 Abs. 2 MG; Art. 21 ff. MBV) sowie das kombinierte eisenbahnrechtliche Plangenehmigungsverfahren[27] abgewickelt, letzteres insbesondere auch für die BAHN 2000[28] und die Neue Eisenbahn-Alpentransversale (NEAT)[29].

15
Anwendungsfälle
Cas d'application

---

[27] Art. 23 ff. der V vom 23. Dezember 1932 über die Planvorlagen für Eisenbahnbauten (SR 742.142.1).
[28] Art. 10 Abs. 2 des BB vom 21. Juni 1991 über das Plangenehmigungsverfahren für Eisenbahn-Grossprojekte (SR 742.100.1).
[29] Art. 12 Abs. 1 des BB vom 4. Oktober 1991 über den Bau der schweizerischen Eisenbahn-Alpentransversale (Alpentransit-Beschluss; SR 742.104).

V. Bedeutung des Verbots der Vereitelung des Bundesrechts

16
Begriff
Notion

Gemeinden und Organisationen erfüllen mit der Ausübung des Beschwerderechts nach Art. 12 Abs. 1 NHG eine öffentliche Aufgabe[30]. Neben den Verfahrensvorschriften von Art. 12a NHG haben sie auch solche des kantonalen Rechts zu beachten, doch dürfen solche kantonalen Verfahrensvorschriften weder im direkten Widerspruch zu Art. 12a NHG stehen noch (indirekt) die Wahrnehmung des Beschwerderechts verunmöglichen oder übermässig erschweren[31]. Tut kantonales Recht dies dennoch, verstösst es gegen das Verbot der Vereitelung des Bundesrechts[32].

17
Anwendungsfälle
Cas d'application

Eine Verunmöglichung oder übermässige Erschwerung der Ausübung des Beschwerderechts nach Art. 12 Abs. 1 NHG können insbesondere Vorschriften über Kosten, Fristen[33] und die Akteneinsicht bzw. deren Handhabung bewirken, so etwa in folgenden Fällen:

- Erhebung von Gebühren für die Zustellung von Verfügungen[34] oder für die Anzeige von Gesuchen
- Verurteilung zu untragbaren Verfahrenskosten[35] und Parteientschädigungen[36]
- Einführung einer Kausalhaftung für Projektverzögerungsschäden wegen aufschiebender Wirkung von Beschwerden und von entsprechenden Garantieleistungen[37]
- unzumutbar kurze Rechtsmittel- oder Einsprachefristen; als solche sind gesetzliche Fristen zumindest dann zu betrachten, wenn sie in der Hauptsache weniger als zwanzig Tage und bezüglich Zwischenverfügungen weniger als zehn Tage betragen[38]

---

[30] BGE 121 II 234 unten = 1996 I 584, mit Hinweis auf Riva, Beschwerdebefugnis, 15 ff., 177 ff.
[31] BGE 121 II 227 oben, 231 f., 234 f. = JdT 1996 I 580, 583, 584.
[32] BGE 116 Ib 468 = Pra 1992, 40; vgl. Gygi Fritz, Zur sachlichen Zuständigkeit in der Bundesverwaltungsrechtspflege, recht 1987, 90 sowie Saladin Peter, Kommentar BV, Art. 3, Rz 216.
[33] BGE 121 II 227 = JdT 1996 I 580.
[34] BGE 121 II 235 = JdT 1996 I 584.
[35] Zimmermann, 805 und 807, postuliert den gänzlichen Verzicht auf eine Erhebung von Verfahrenskosten.
[36] Rausch, Kommentar USG, Art. 9, Rz 191; Tanquerel, Les voies de droit, 125.
[37] Tanquerel, Les voies de droit, 126.
[38] Vgl. Botschaft Teilrevision NHG, BBl 1991 III 1141, wo der Bundesrat die Ansicht äusserte, die von ihm (im Rahmen seines Konzeptes zur Neuregelung des Beschwerderechts, dem das Parlament allerdings nicht gefolgt ist; vgl. Rz 3 f. hievor) vorgeschlagene behördliche Frist für Einwendungen sollte in der Regel die Dauer von dreissig Tagen nicht unterschreiten; vgl. auch Zimmermann, 803.

- nicht nur die dezentrale öffentliche Auflage von Unterlagen zum gleichen Projekt, welche bereits Art. 25a Abs. 2 Bst. b RPG widerspricht, sondern in grossen oder weitverzweigten Kantonen ebenfalls die Unterlassung der (allenfalls zusätzlichen) öffentlichen Auflage der Projektunterlagen am Kantonshauptort[39].

Dem Verbot der Vereitelung des Bundesrechts dürfte im Zusammenhang mit dem Beschwerderecht der Gemeinden und Organisationen nach Art. 12 Abs. 1 NHG in Zukunft deshalb grössere Bedeutung zukommen, weil mit der Verpflichtung zum frühzeitigen Verfahrenseintritt auch eine grössere zeitliche und finanzielle Belastung der Beschwerdeberechtigten verbunden ist. Die Praxis wird hier differenzierte Regeln erarbeiten müssen, welche es den Gemeinden und Organisationen erlauben, ihre im öffentlichen Interesse stehende Aufgabe in befriedigender Weise erfüllen zu können.

18 Bedeutung
Importance

---

[39] ZIMMERMANN, 802, postuliert für diesen Fall die zusätzliche öffentliche Auflage der Akten am Sitz des Bundesamtes.

Art. 12b Beschwerderecht der Kantone und des zuständigen Bundesamtes

¹ Die Kantone sind zur Beschwerde gegen Verfügungen von Bundesbehörden nach Artikel 12 Absatz 1 berechtigt.

² Das zuständige Bundesamt ist zur Beschwerde gegen kantonale Verfügungen nach Artikel 12 Absatz 1 berechtigt; es kann die Rechtsmittel des eidgenössischen und kantonalen Rechts ergreifen.

Art. 12b Voies de droit des cantons et de l'office fédéral compétent

¹ Les cantons ont qualité pour recourir contre les décisions d'autorités fédérales au sens de l'article 12, 1ᵉʳ alinéa.

² L'office fédéral compétent a qualité pour recourir contre les décisions cantonales au sens de l'article 12, 1ᵉʳ alinéa; il peut faire usage des voies de droit fédérales et cantonales.

Inhaltsverzeichnis	Rz
I. Vorbemerkungen zu Inhalt und Entstehung der Bestimmung	1
II. Beschwerdeberechtigung der Kantone gegen Verfügungen von Bundesbehörden (Abs. 1)	3
III. Beschwerdeberechtigung des Bundesamtes gegen kantonale Verfügungen (Abs. 2)	5
A. Funktion der Behördenbeschwerde des Bundes	5
B. Ausübung durch das Bundesamt	6
C. Zulässige Rechtsmittel und Verfahrenseintritt	7

Table des matières	N°
I. Remarques préliminaires sur le contenu et l'origine de la disposition	1
II. La qualité pour recourir des cantons contre les décisions des autorités fédérales (al. 1)	3
III. La qualité pour recourir de l'Office fédéral contre les décisions cantonales (al. 2)	5
A. La fonction du recours de l'autorité fédérale	5
B. L'exercice par l'administration fédérale	6
C. Les voies de droit possibles et l'intervention dans la procédure	7

I. Vorbemerkungen zu Inhalt und Entstehung der Bestimmung

Das Beschwerderecht der Kantone gegen Verfügungen von Bundesbehörden in Erfüllung einer Bundesaufgabe (Art. 12b Abs. 1 NHG) bildete bereits Bestandteil des NHG in seiner ursprünglichen Fassung[1].

Vor der Teilrevision des NHG vom 24. März 1995 kam dagegen das Behördenbeschwerderecht des Bundes gegenüber entsprechenden Verfügungen der Kantone grundsätzlich dem Departement zu (Art. 103 Bst. b OG). Neu räumt Art. 12b Abs. 2 NHG nun das Behördenbeschwerderecht des Bundes den beiden zuständigen Bundesämtern (BAK und BUWAL) ein; zudem stellt diese neue Bestimmung klar, dass das zuständige Bundesamt von seinem Beschwerderecht auch bereits auf kantonaler Ebene Gebrauch machen kann[2]. Für den Bereich der Waldgesetzgebung, so insbesondere für Waldfeststellungen nach Art. 10 WaG und für Rodungsbewilligungen nach Art. 6 Abs. 1 Bst. a i.V. mit Art. 5 WaG war dieses Beschwerderecht bereits früher dem BUWAL delegiert (Art. 46 Abs. 2 WaG).

1 Ursprünglicher Gesetzestext / Texte légal original

2 Teilrevision NHG / Révision partielle de la LPN

II. Beschwerdeberechtigung der Kantone gegen Verfügungen von Bundesbehörden (Abs. 1)

Art. 12b Abs. 1 NHG räumt den Kantonen das Beschwerderecht nur gegenüber Verfügungen von Bundesbehörden ein, die in Erfüllung einer Bundesaufgabe ergangen sind (Art. 12 Abs. 1 NHG; vgl. KELLER, Art. 12, Rz 4). Insofern bildet dieses Beschwerderecht das Gegenstück zum Beschwerderecht des Bundesamtes nach Art. 12b Abs. 2 NHG, das nur gegenüber entsprechenden kantonalen Verfügungen gegeben ist (vgl. Rz 5 hienach).

3 Funktion / Fonction

Dem Beschwerderecht der Kantone kommt allerdings ein Charakter zu, der eher mit dem Beschwerderecht der Gemeinden nach Art. 12 Abs. 1 NHG vergleichbar ist. Zweck des Beschwerderechts nach Art. 12b Abs. 1 NHG bildet nämlich die Durchsetzung von Interessen des Natur- und Heimatschutzes. Den Kantonen kommt deshalb das Beschwerderecht zu, wenn eine Verfügung ein Vorhaben zum Gegenstand hat, das auf ihrem Hoheitsgebiet ausgeführt werden soll oder sich jedenfalls auf dieses auswirken wird; es wird also nicht vorausgesetzt, dass die Kantone von der Verfügung «wie Private» betroffen sind (vgl. dazu und zum Beschwerderecht der Gemeinden: KELLER, Art. 12, Rz 6).

---

[1] Botschaft NHG, BBl 1965 III 105; vgl. Botschaft Teilrevision NHG, BBl 1991 III 1141.
[2] Botschaft Teilrevision NHG, BBl 1991 III 1141.

Wie Gemeinden und Organisationen können die Kantone dabei einzig Rügen erheben, die im Interesse des Natur- und Heimatschutzes liegen[3] (vgl. KELLER, Art. 12, Rz 19).

4
Verfahrenseintritt
Intervention dans la procédure

Anders als die Gemeinden und die Organisationen sind die Kantone aber nicht verpflichtet, sich nach den Regeln von Art. 12a NHG frühzeitig am Verfahren zu beteiligen. Andererseits ist es mit den Interessen der Verfahrensökonomie auch nicht vereinbar, dass sie zu einem beliebigen Zeitpunkt ins Verfahren eingreifen. Wollen sie Interessen des Natur- und Heimatschutzes wahrnehmen, so haben sie sich – in analoger Heranziehung der *Medeglia*-Praxis des Bundesgerichts (vgl. KELLER, Art. 12a, Rz 2) – spätestens im Verfahren vor der Vorinstanz des Bundesgerichts oder des Bundesrates, in der Regel also vor dem zuständigen Departement, als Partei zu konstituieren.

Um die Ausübung des Beschwerderechts nach Art. 12b Abs. 1 NHG zu gewährleisten, sind Verfügungen von Bundesbehörden, welche in Erfüllung einer Bundesaufgabe ergehen, immer auch den betroffenen Kantonen zu eröffnen (Art. 34 Abs. 1 i.V. mit Art. 6 VwVG).

III. Beschwerdeberechtigung des Bundesamtes gegen kantonale Verfügungen (Abs. 2)

A. Funktion der Behördenbeschwerde des Bundes

5
Mittel der Bundesaufsicht
Moyen de surveillance de la Confédération

Das Beschwerderecht der zuständigen Bundesbehörde gegen kantonale Verfügungen in Erfüllung einer Bundesaufgabe (vgl. KELLER, Art. 12, Rz 4) ist ein Mittel der Aufsicht des Bundes[4] über die Kantone in bestimmten Angelegenheiten, in denen diese Bundesrecht vollziehen. Dieses Beschwerderecht dient deshalb dazu, eine einheitliche (d.h. richtige und rechtsgleiche) Anwendung der betreffenden bundesrechtlichen Normen, vorliegend derjenigen zum Schutze von Natur und Heimat, durch die kantonalen Behörden durchzusetzen[5].

---

[3] BGE 109 Ib 343 = JdT 1985 I 656.
[4] BGE 116 Ib 433 E. 3h = ZBl 1991, 380, Pra 1991, 853 und JdT 1992 I 537; AEMISEGGER, 128 oben; BANDLI, 139; MATTER, Art. 56, Rz 8; TANQUEREL/ZIMMERMANN, 134; ZIMMERMANN, 798.
[5] BGE 113 Ib 221 = JdT 1989 I 462; BGE 108 Ib 170; GYGI, Bundesverwaltungsrechtspflege, 164; KÖLZ/HÄNER, 232.

Die Behördenbeschwerde des Bundes gilt als «abstraktes Beschwerderecht». Ein besonderes Interesse an der Anfechtung einer Verfügung muss nicht nachgewiesen werden[6].

B. Ausübung durch das Bundesamt

Zur Verwaltungsgerichtsbeschwerde gegen kantonale Verfügungen ist nach der allgemeinen Ordnung von Art. 103 Bst. b OG grundsätzlich das zuständige Departement befugt. Art. 12b Abs. 2 erster Teilsatz NHG delegiert diese Kompetenz an das für den Vollzug der jeweiligen Natur- und Heimatschutzbelange zuständige Bundesamt. Das Beschwerderecht kommt damit im Rahmen der jeweiligen Zuständigkeit dem BAK oder dem BUWAL zu[7].

Art. 12b Abs. 2 i.V. mit Art. 12 Abs. 1 NHG räumt dem zuständigen Bundesamt zudem die Befugnis ein, gegen kantonale Verfügungen beim Bundesrat Beschwerde zu erheben. Hier handelt es sich nicht um eine Delegation eines Rechts des Departementes (vgl. Art. 48 VwVG, der diesem kein solches Recht einräumt), sondern um ein originäres Beschwerderecht des Bundesamtes. Diese Beschwerdebefugnis ist allerdings weitgehend theoretischer Natur, weil nur wenige kantonale Verfügungen in Erfüllung einer Bundesaufgabe beim Bundesrat anfechtbar sind. Denkbar ist dies allenfalls bezüglich eines Grundwasserschutzplanes, der keine Eigentumsinteressen betrifft[8].

C. Zulässige Rechtsmittel und Verfahrenseintritt

Die Beschwerde nach Art. 12b Abs. 2 zweiter Teilsatz NHG ist als «integrale Behördenbeschwerde»[9] ausgestaltet. Sie ermöglicht es nämlich – anders als dies allein nach der Vorschrift von Art. 103 Bst. b OG der Fall wäre[10] – dem Bundesamt nicht nur, letztinstanzliche kantonale Verfügungen anzufechten, sondern ebenso solche unterer kantonaler Instanzen.

Dem aufsichtsrechtlichen Charakter der Beschwerde des Bundesamtes (vgl. Rz 5 hievor) entspricht allerdings die Subsidiarität ihres Einsatzes. Grundsätzlich hat das Bundesamt zunächst den kantonalen Beschwerdeinstanzen und insbesondere dem kantonalen Verwaltungsgericht bzw. der zuständigen kanto-

---

6 BGE 113 Ib 221 = JdT 1989 I 462; GYGI, Bundesverwaltungsrechtspflege, 164; WALDMANN, Diss., 210.
7 Das Beschwerderecht des BRP betr. Ausnahmebewilligungen für Bauten ausserhalb der Bauzonen nach Art. 24 RPG stützt sich dagegen auf Art. 103 Bst. b OG i.V. mit Art. 27 Abs. 3 RPV: BGE 120 Ib 50 f. = 1996 I 560; HALLER/KARLEN, 239.
8 Vgl. BGE 120 Ib 226 ff. = Pra 1995, 448 und JdT 1996 I 394.
9 KÖLZ/HÄNER, 233; TANQUEREL/ZIMMERMANN, 135.
10 KÖLZ/HÄNER, 233; LEBER Marino, Die Beteiligten am Verwaltungsprozess, recht 1985, 27 oben.

nalen Rekurskommission (Art. 98a OG) die Gelegenheit einzuräumen, bundesrechtswidrige Verwaltungsverfügungen kantonsintern zu korrigieren. Das Beschwerderecht des Bundesamtes soll damit insbesondere dort zum Einsatz kommen, wo andere Beschwerdeführende fehlen[11] oder wo die kantonalen Beschwerdeinstanzen die Korrektur bundesrechtswidriger Entscheide unterlassen. Dem entspricht, dass das Bundesamt – anders als Gemeinden und Organisationen (Art. 12a NHG; vgl. KELLER, Art. 12a, Rz 5 und 8) – nicht verpflichtet ist, sich bereits vor kantonalen Instanzen als Partei am Verfahren zu beteiligen[12].

Die Wahrnehmung des Beschwerderechts durch das Bundesamt setzt voraus, dass diesem die kantonalen Verfügungen über Bundesaufgaben mitgeteilt werden, was im übrigen unentgeltlich zu geschehen hat (Art. 103 Bst. b OG). Diese Pflicht zur Eröffnung von Verfügungen an das zuständige Bundesamt muss angesichts des Rechts des zuständigen Bundesamtes, auch kantonale Rechtsmittel zu ergreifen (Art. 12b Abs. 2 zweiter Teilsatz NHG; vgl. Rz 7 hievor), nicht nur letzten, sondern allen kantonalen Instanzen obliegen[13].

---

[11] TANQUEREL/ZIMMERMANN, 134.
[12] BGE 116 Ib 433 f. E. 3h = ZBl 1991, 380, Pra 1991, 852 f. und JdT 1992 I 537; AEMISEGGER, 127; ZIMMERMANN, 798.
[13] Vgl. die anderslautenden Regelungen von Art. 103 Bst. b OG, die allerdings nur die Verwaltungsgerichtsbeschwerde ans Bundesgericht betrifft, und von Art. 56 Abs. 3 USG, die im Widerspruch zum Recht des EDI auf Ergreifung kantonaler Rechtsmittel (Art. 56 Abs. 1 USG) steht.

2. Abschnitt:
Unterstützung von Naturschutz, Heimatschutz und Denkmalpflege durch den Bund und eigene Massnahmen des Bundes

Chapitre 2:
Soutien accordé par la Confédération à la protection de la nature, à la protection du paysage et à la conservation des monuments historiques, et mesures de la Confédération

Vorbemerkungen zu den Art. 13–17a

Inhaltsverzeichnis	Rz
I. Anwendbarkeit des Bundesgesetztes über Finanzhilfen und Abgeltungen	1
II. Bemerkungen zur Systematik der Subventionsbestimmungen im NHG	11
III. Eigene Massnahmen des Bundes	13

Table des matières	N°
I. L'applicabilité de la loi fédérale sur les aides financières et les indemnités	1
II. Remarques sur la systématique des dispositions relatives aux subventions dans la LPN	11
III. Les mesures propres de la Confédération	13

I. Anwendbarkeit des Bundesgesetzes über Finanzhilfen und Abgeltungen

Mit dem am 1. April 1991 in Kraft getretenen Subventionsgesetz schuf der Gesetzgeber eine *allgemeine Ordnung für Bundesbeiträge*[1], die auch auf den Förderungsbereich des NHG anwendbar ist und in der NHV entsprechend den Bedürfnissen des Natur- und Heimatschutzes sowie der Denkmalpflege konkretisiert wurde. Gestützt auf diese Ordnung werden sämtliche Bundessubventionen *in zwei Kategorien von Beiträgen* aufgeteilt. Aus den Eigenheiten jeder dieser Kategorien ergeben sich für den Subventionsempfänger unterschiedliche Konsequenzen.

1

SuG: allgemeine Ordnung für Bundesbeiträge
LSu: réglementation générale des subventions fédérales

---

[1] Botschaft SuG, BBl 1987 I 373.

2 Finanzhilfen Aides financières	Die umfangreichere Kategorie umfasst die *Finanzhilfen*. Sie werden vom Bund an die Erfüllung von Aufgaben ausserhalb der Bundesverwaltung gewährt, die der Empfänger selbst wählt, an deren Erfüllung der Bund jedoch ein eigenes Interesse hat (Art. 3 Abs. 1 SuG). Charakteristisches Merkmal der Finanzhilfen ist, dass mit ihnen immer eine letztlich *freiwillige* Tätigkeit unterstützt wird, wobei mit der Unterstützung eine *Verhaltensbindung* des Empfängers erreicht werden soll[2].
3 Abgeltungen Indemnités	Die *Abgeltungen* dagegen «mildern oder gleichen finanzielle Lasten aus, die sich für Empfänger ausserhalb der Bundesverwaltung aus der Erfüllung von bundesrechtlich vorgeschriebenen Aufgaben oder öffentlichrechtlichen Aufgaben, die der Bund überträgt, ergeben»[3] (Art. 3 Abs. 2 SuG). Charakteristisches Merkmal der Abgeltungen ist, dass die mit ihnen *abgegoltene Leistung vom Empfänger zwingend zu erbringen ist*.
4 Finanzhilfen im NHG Aides financières de la LPN	Die Förderungsmassnahmen des Bundes in den Bereichen der Denkmalpflege[4] und des Natur- und Heimatschutzes wurden in der Botschaft des Bundesrates zum SuG den *Finanzhilfen* zugeschlagen[5].
5 Abgeltungen im NHG Indemnités de la LPN	Der Begriff *Abgeltung* wurde im Natur- und Heimatschutzrecht erstmals bei der Revision der Biotopschutzbestimmungen 1987 in Art. 18c Abs. 2 NHG verwendet[6]. Im Sinne des SuG wurde er sodann zunächst in die NHV vom 16. Januar 1991 aufgenommen und ausgedeutet (Art. 17 und 18 NHV). Eine Anpassung an das SuG auf Gesetzesstufe folgte erst mit der Neufassung von Art. 18d NHG und der Einführung des Art. 23c NHG bei der Revision vom 24. März 1995. Heute gelten damit alle Bundesbeiträge nach Art. 13 ff. NHG als Finanzhilfen und alle Bundesbeiträge nach Art. 18d bzw. Art. 23c NHG als Abgeltungen.
6 Grundsätze für die Rechtsetzung Principes pour l'activité législative	Ausser der Aufteilung der Bundesbeiträge in Finanzhilfen und Abgeltungen wurden im SuG *weitere Grundsätze des Subventionsrechts* kodifiziert (Art. 4–10 SuG). Sie sind nicht direkt anwendbares Bundesrecht, sondern in der Rechtsetzung auf den verschiedenen Stufen zu beachten und zu konkretisieren[7].
7 Subsidiaritätsprinzip Principe de subsidiarité	Hervorzuheben ist dabei das *Subsidiaritätsprinzip*. Es besagt in Bezug auf *Finanzhilfen*, dass der Bund nicht Aufgaben übernehmen soll, die die Kantone

---

[2] Botschaft SuG, BBl 1987 I 382.
[3] Botschaft SuG, BBl 1987 I 383.
[4] BB vom 14. März 1958 betreffend die Förderung der Denkmalpflege (AS 1958 382, 1985 660), aufgehoben durch die Teilrevision des NHG vom 24. März 1995 (AS 1996 I 214).
[5] Botschaft SuG, BBl 1987 I 424.
[6] Botschaft Rothenthurmartikel, BBl 1985 II 1465.
[7] Botschaft SuG, BBl 1987 I 385.

und Gemeinden zu übernehmen in der Lage sind, und die nicht in der ganzen Schweiz auf gleiche Weise ausgeführt werden müssen[8]. Zudem, dass eine Finanzhilfe nur dann und nur soweit zu gewähren sei, als dies zur Erfüllung einer im öffentlichen Interesse des Bundes liegenden Aufgabe notwendig ist[9]. Selbsthilfe und andere Finanzierungsmöglichkeiten sind auszuschöpfen, bevor zur Unterstützung durch Finanzhilfen gegriffen wird.

Bezüglich *Abgeltungen*[10] gilt, dass ein vorrangiges Interesse des Bundes bestehen muss und dem Verpflichteten (der auch ein Kanton sein kann) dadurch unzumutbare Kosten entstehen, die es auszugleichen gilt.

Das Subsidiaritätsprinzip ist in die Förderungsbestimmungen des NHG und die Ausführungsvorschriften der NHV eingeflossen.

Im Bestreben die Wirksamkeit der Bundesverwaltung zu steigern, hat der Gesetzgeber ferner in den Art. 7 Bst. e und Art. 10 Abs. 1 Bst. c SuG vorgesehen, dass in der ausführenden Rechtsetzung auch eine *pauschale oder globale Festsetzung von Finanzhilfen und Abgeltungen* eingeführt werden kann. Allerdings wird eine Bestimmung, wie jene von *Art. 5 Abs. 5 NHV,* die sich lediglich auf die Wiederholung der Ermächtigung mit dem hinzugefügten Vorbehalt einer Rücksprache mit den kantonalen Fachstellen beschränkt, dem Auftrag nicht gerecht. Vielmehr ginge es auf Verordnungsstufe gerade darum aufzuzeigen, wo und wie sich eine Pauschalierung oder Globalisierung von Beiträgen im Sinne einer Leistungssteigerung der Verwaltung anbieten würde (vgl. JENNI, Art. 13, Rz 68).

8 Pauschalierung, Globalisierung
Forfaitisation, globalisation

Im 3. Kapitel des SuG (Art. 11-40 SuG) folgt sodann *direkt anwendbares* Recht, das im NHG (Art. 13 Abs. 4, Art. 16a, 17) und in der NHV (Art. 4, 5 Abs. 1bis, Art. 6, 7, 10, 11, 19) zum Teil noch weiter ausgeführt wird.

9 Direkt anwendbares Recht
Loi d'application directe

Obwohl es sich beim Natur- und Heimatschutz um eine *Querschnittsaufgabe* handelt (vgl. MAURER, 4. Kap., Rz 2), äussert sich das NHG zur Koordination möglicher mehrfacher *Leistungen* nicht, und die NHV enthält lediglich einen indirekten Hinweis darauf in Art. 19 NHV. Es ist daher sinnvoll, an dieser Stelle kurz auf Art. 12 SuG einzugehen.

10 Mehrfache Leistungen
Prestations multiples

Immer wieder kommt es bei der Erfüllung von Massnahmen im Sinne des Natur- und Heimatschutzes zu Überschneidungen, die die Ausrichtung finanzieller Leistungen des Bundes gestützt auf verschiedene Erlasse möglich machen. Zu denken ist etwa an Meliorationen in Wald und Flur, Strassen- und anderen Anlagenbau.

---

[8] Botschaft SuG, BBl 1987 I 388.
[9] Botschaft SuG, BBl 1987 I 389.
[10] Botschaft SuG, BBl 1987 I 395 f.

Der Bereich Natur- und Heimatschutz begegnet solchen Überschneidungen nach Möglichkeit mit der Regelung von natur- und heimatschutzbedingten Mehraufwendungen direkt in der jeweiligen Spezialgesetzgebung[11]. Dennoch ist angesichts des weiten Feldes dieses Anwendungsbereichs Art. 12 SuG nicht ausser acht zu lassen und sicherzustellen, dass eine Kumulation von Leistungen für identische Aufwendungen vermieden wird. Die Gesamtaufwendungen sind nach den beteiligten Interessen aufzuteilen und die Finanzhilfen und Abgeltungen nach den entsprechenden Kostenteilen auszurichten; vorbehalten bleibt, dass Spezialerlasse mehrfache Leistungen ausdrücklich vorsehen[12].

II. Bemerkungen zur Systematik der Subventionsbestimmungen im NHG

11
Finanzhilfen
Aides financières

Nach der ursprünglichen Konzeption des NHG regelte der zweite Abschnitt des Gesetzes den Förderungsbereich. Ausserhalb der Art. 13-17 NHG wurde nur noch Art. 18 Abs. 3 NHG als Grundlage für allfällige Beiträge an die Wiederansiedlung von Arten erwähnt[13]. Erst viel später, nämlich in der Botschaft zum SuG finden 1987 auch Beiträge an die Erhaltung von Biotopen (Art. 18 Abs. 1 NHG) Erwähnung[14]. Dort wurde auch festgehalten, dass alle gestützt auf das NHG (oder gestützt auf den BB betreffend Förderung der Denkmalpflege) ausgerichteten Beiträge, *Finanzhilfen* seien. Folgerichtig wurden die subventionsrelevanten Bestimmungen des NHG (Art. 16a und 17)[15] und der NHV in der Fassung vom 16. Januar 1991 nach den für Finanzhilfen gültigen Merkmalen ausgestaltet. Art. 17 und 18 NHV unterschieden sich abgesehen von der Verwendung des Begriffs «Abgeltungen» nicht von den Bestimmungen über die Finanzhilfen.

12
Abgeltungen
Indemnités

Erst mit den Revisionen von 1987 und 1995 wurden schliesslich auch auf Gesetzesstufe für *Abgeltungen* typische Bestimmungen eingeführt (Art. 18d und 23c NHG). Der Gesetzgeber durchbrach damit die bisherige Systematik des NHG, ohne sich scheinbar dessen bewusst worden zu sein. Nicht sehr schön, aber sachlichen Zwängen folgend wurden weitgehende neue Förderungsbestimmungen ausserhalb des eigentlich dafür geschaffenen Abschnittes eingeordnet. Leider blieben dabei die Folgen, die sich aus den qualitativ andersarti-

---

[11] STULZ, Subventionen, 6 f.
[12] Botschaft SuG, BBl 1987 I 400.
[13] Botschaft NHG, BBl 1965 III 108 (zu Art. 17 des Entwurfs).
[14] Botschaft SuG, BBl 1987 I 424.
[15] In der Fassung gemäss Anhang Ziff. 9 des SuG.

gen Bundesbeiträgen ergeben, unbedacht. Damit stellt sich die Frage, ob die allgemeinen Bestimmungen der Art. 16a und 17 NHG auch auf die Abgeltungen anwendbar sind. Die Materialen geben auf diese Frage keine Antwort. Auch die erst kürzlich revidierten Ausführungsbestimmungen halten sich an die Systematik des Gesetzes und tragen nichts zur Klärung bei[16].

Angesichts des unterschiedlichen Rechtscharakters von Finanzhilfen (freiwillige Leistungen des Bundes) und Abgeltungen (Anspruch auf Leistungen des Bundes) *ist die Frage wohl zu verneinen*[17]. Weder lässt sich, wo ein Rechtsanspruch besteht, der vom Bund für ein Jahr zur Verfügung zu stellende Höchstbetrag im voraus verbindlich festlegen, ohne dass dies direkte Auswirkungen auf die Höhe der den Anspruchsberechtigten auszurichtenden Abgeltungen hätte – diese haben neben dem Anspruch auf Leistung auch Anspruch auf Gleichbehandlung[18].

Noch lassen sich die Bestimmungen über *die Rückerstattung von Beiträgen* (vgl. Art. 11 NHV) – selbst sinngemäss – da anwenden, wo die Verbindlichkeit und Durchsetzbarkeit der geförderten Massnahmen im Vordergrund steht und eine Zweckentfremdung eigentlich gar nicht geduldet werden darf. Das Subventionsgesetz verlangt darum in Art. 10 Abs. 1 Bst. e, dass im Abgeltungsrecht das Vorgehen im Falle einer Nichterfüllung der Aufgabe oder einer Zweckentfremdung des geförderten Objekts ausdrücklich geregelt werde[19]. NHG und NHV sind diesbezüglich lückenhaft (vgl. MAURER, Art. 18c, Rz 13 f.).

III. Eigene Massnahmen des Bundes

Die Unterstützung des Natur- und Heimatschutzes und der Denkmalpflege durch den Bund erschöpft sich nicht in der Ausrichtung von Beiträgen an die Tätigkeiten Dritter. Vielmehr sind dem Bund auch Mittel in die Hand gegeben, mit denen er unmittelbar selbst zur Erreichung dieser Ziele beitragen oder zum Schutze von Objekten eingreifen kann. Es sind dies *Vorkehrungen in den Berei-*

13

---

[16] Die Verweise auf eine sinngemässe Anwendbarkeit der Art. 4, Art. 5 Abs. 5 und Art. 6–10 NHV in den Art. 17 Abs. 3, Art. 18 Abs. 3 und Art. 22 Abs. 3 NHV tragen zu ihrer Verbindung mit dem 3. Abschnitt des NHG nicht viel bei, weil sie die zentralen Fragen nach der Verbindlichkeit und Durchsetzbarkeit der mit Abgeltungen geförderten Massnahmen insbesondere im Falle der Zweckentfremdung unbeantwortet lassen.
[17] Siehe dazu Art. 10 Abs. 1 Bst. d SuG und die einschränkende Feststellung bezüglich Abgeltungen in BBl 1987 I 405.
[18] Botschaft SuG, BBl 1987 I 405; BGE 110 Ib 158 f.
[19] Botschaft SuG, BBl 1987 I 414.

chen Forschung, Ausbildung und Öffentlichkeitsarbeit (Art. 14a Abs. 2 NHG), der *Erwerb oder die Sicherung zu schützender Objekte* auf Dauer (Art. 15 NHG) oder das Ergreifen *vorsorglicher Massnahmen*, mit denen befristet die Voraussetzungen zur Suche nach dauerhaften Lösungen geschaffen werden (Art. 16 NHG).

Als eine Art indirekte Massnahme, die nicht dem finanziellen Förderungsbereich zugehört, wurde schliesslich in der Revision des Gesetzes 1995 eine Kompetenz der vom Bund eingesetzten Kommissionen hier eingefügt, *besondere Gutachten* zu erstellen (Art. 17a NHG).

Art. 13   Beiträge zur Erhaltung von schützenswerten Objekten

¹ Der Bund kann Naturschutz, Heimatschutz und Denkmalpflege unterstützen, indem er an die Kosten der Erhaltung, des Erwerbs, der Pflege, Erforschung und Dokumentation von schützenswerten Landschaften, Ortsbildern, geschichtlichen Stätten oder Natur- und Kulturdenkmälern Beiträge bis höchstens 35 Prozent gewährt. Diese werden nur bewilligt, wenn sich auch der Kanton in angemessener Weise an den Kosten beteiligt. Der Beitragssatz richtet sich nach der Bedeutung des zu schützenden Objektes (Art. 4), der Höhe der Kosten und der Finanzkraft des Kantons.

¹bis Wird nachgewiesen, dass die unerlässlichen Massnahmen mit dem Beitragssatz nach Absatz 1 nicht finanziert werden können, so kann der Beitragssatz bis auf höchstens 45 Prozent hinaufgesetzt werden.

² An die Beiträge können Bedingungen für die Erhaltung, den Unterhalt und die Pflege des Objektes sowie seiner Umgebung geknüpft werden.

³ Die angeordneten Schutz- und Unterhaltsmassnahmen bilden öffentlich-rechtliche Eigentumsbeschränkungen (Art. 702 ZGB). Sie verpflichten den jeweiligen Grundeigentümer und sind auf Anmeldung des Kantons im Grundbuch anzumerken. Der Bundesrat regelt die Ausnahmen von der Anmerkungspflicht.

⁴ Die Kantone sichten und bewerten die einzelnen Vorhaben und staffeln sie zeitlich. Gestützt darauf erstellen Bund und Kantone eine gemeinsame Finanzplanung. Der Bundesrat regelt das Verfahren und die Mitwirkung der Kantone bei der Durchführung seiner Unterstützungsmassnahmen.

Art. 13   Subventions pour la conservation d'objets dignes
           de protection

¹ La Confédération peut soutenir la protection de la nature et du paysage et la conservation des monuments historiques par l'allocation de subventions; celles-ci s'élèvent au plus à 35 pour cent des frais imputables à la conservation, à l'acquisition et à l'entretien des paysages, des localités caractéristiques, des sites évocateurs du passé, des curiosités naturelles et des monuments dignes de protection, ainsi qu'aux travaux d'exploration et de documentation liés à ces activités. Ces subventions ne sont accordées que si le canton participe aussi aux frais dans une mesure équitable. Leur taux se détermine d'après l'importance de l'objet à protéger (art. 4), la somme des frais et la capacité financière du canton.

¹ᵇⁱˢ Le taux de subvention peut s'élever au plus à 45 pour cent des frais s'il est établi que le taux prévu au 1ᵉʳ alinéa ne permet pas de financer les mesures dont l'exécution est indispensable.

² Les subventions peuvent être liées à des conditions concernant la conservation et l'entretien de l'objet et de ses environs.

³ Les mesures de protection et d'entretien prescrites constituent des restrictions de droit public à la propriété (art. 702 CC). Elles engagent les propriétaires fonciers intéressés; les cantons doivent les faire mentionner au registre foncier. Le Conseil fédéral fixe les cas où il peut être dérogé à cette obligation.

⁴ Les cantons examinent les projets, les évaluent et les échelonnent dans le temps. Sur cette base, la Confédération et les cantons établissent un plan de financement commun. Le Conseil fédéral règle la procédure et la participation des cantons à l'exécution de mesures qu'il a décidées.

Inhaltsverzeichnis	Rz
I. Entstehungsgeschichte	1
II. Gegenstand der Förderung (Abs. 1 und 1bis)	3
A. Geförderte Bereiche	3
B. Geförderte Massnahmen	6
a. Erhaltung	6
b. Erwerb	7
c. Pflege	9
d. Erforschung	12
e. Dokumentation	13
III. Voraussetzungen und Bemessung von Beiträgen (Abs. 1 und 1bis)	14
A. Beitragsvoraussetzungen	14
B. Bemessung der Beiträge	17
a. Bedeutung des Objekts	17
b. Höhe der Kosten	20
c. Beteiligung des Kantons	23
d. Unerlässliche Massnahmen	33
IV. Unterstützende und sichernde Vorkehren (Abs. 2 und 3)	39
A. Aufsicht während der Ausführung (Art. 7 NHV)	40
B. Dauernde Auflagen und Bedingungen (Art. 7 NHV)	43
a. Zeitliche oder dauernde Unterschutzstellung	44
b. Sicherstellung von Pflege und Unterhalt	45
c. Überlassen von Dokumentation	46
d. Zugänglichkeit für die Öffentlichkeit	47
C. Öffentlich-rechtliche Eigentumsbeschränkung	48
V. Festlegung von Prioritäten (Abs. 4)	50
A. Aufgabe der Kantone	51

	B. Koordination mit dem Bund	52
	C. Vorgehen bei einem Überhang an Gesuchen	54
VI.	Verfahren	58
	A. Gesuch und Antrag	58
	B. Prüfung und Entscheid durch das Bundesamt	60
	C. Pauschal- und Globalsubventionen	68
	D. Nichterfüllung oder mangelhafte Erfüllung von Aufgaben	69

Table des matières   N°

I.	L'origine de la disposition	1
II.	L'objet du soutien (al. 1 et 1bis)	3
	A. Les domaines subventionnés	3
	B. Les mesures subventionnées	6
	a. La conservation	6
	b. L'acquisition	7
	c. L'entretien	9
	d. L'exploration	12
	e. La documentation	13
III.	Les conditions et le calcul des subventions (al. 1 et 1bis)	14
	A. Les conditions de la subvention	14
	B. Le calcul des subventions	17
	a. L'importance de l'objet	17
	b. Le montant des coûts	20
	c. La participation cantonale	23
	d. Les mesures indispensables	33
IV.	Les interventions de soutien et de sauvegarde (al. 2 et 3)	39
	A. La surveillance durant l'exécution (art. 7 OPN)	40
	B. Les charges et conditions durables (art. 7 OPN)	43
	a. La mise sous protection temporaire ou durable	44
	b. La garantie de l'entretien et de la conservation	45
	c. La transmission de la documentation	46
	d. L'accès au public	47
	C. La restriction de droit public à la propriété	48
V.	L'établissement des priorités (al. 4)	50
	A. L'obligation des cantons	51
	B. La coordination avec la Confédération	52
	C. La solution en cas de pléthore de demandes	54
VI.	La procédure	58
	A. La requête et la proposition	58
	B. L'examen et la décision par l'Office fédéral	60
	C. Les subventions forfaitaires et globales	68
	D. La violation des obligations ou leur exécution défectueuse	69

I. Entstehungsgeschichte

1
Eingliederung der Denkmalpflege
Rattachement de la protection des monuments historiques

Mit der *Eingliederung der Denkmalpflege in das NHG* (Änderung vom 24. März 1995) wurde der bisher aus lediglich zwei Absätzen bestehende Art. 13 NHG umfassend erweitert. In Abs. 1 wurden der Erwerb und die Pflege von Objekten sowie ihre Erforschung und Dokumentation als Aufgaben des Natur- und Heimatschutzes sowie der Denkmalpflege bezeichnet, an die Finanzhilfen ausgerichtet werden können. In Abs. 1bis wurde ein erhöhter Beitragssatz von 45 Prozent für unerlässliche Massnahmen eingefügt, in Abs. 3 die angeordneten Schutz- und Unterhaltsmassnahmen zu öffentlich-rechtlichen Eigentumsbeschränkungen erhoben und in Abs. 4 die Zusammenarbeit mit den Kantonen geregelt.

2
Beitragssatz
Taux de subvention

Der geltende *Beitragssatz* von höchstens 35 Prozent der anrechenbaren Kosten in Art. 13 Abs. 1 NHG ist das Resultat einer Reihe von Kürzungen am ursprünglichen Höchstsatz von 50 Prozent[1].

II. Gegenstand der Förderung (Abs. 1 und 1bis)

A. Geförderte Bereiche

3
Förderung als Querschnittsmassnahme
Subvention comme mesure générale

Gestützt auf Art. 13 NHG kann der Bund alle Bereiche, die das Gesetz regelt und die unter Art. 1 (ROHNER, 1. Kap., Rz 11–42; FAVRE, Art. 1, Rz 5–7) und Art. 4 (FAVRE, Art. 4, Rz 4-11) NHG erläutert wurden, mit Finanzhilfen fördern. Doch sind damit die finanziellen Förderungsmöglichkeiten von Natur- und Heimatschutz und Denkmalpflege noch nicht ausgeschöpft.

Denn einerseits ist zu beachten, dass viele Schutzmassnahmen als *Querschnittsmassnahmen* (MAURER, 4. Kap., Rz 2) im Zusammenhang mit Eingriffen, die gestützt auf andere Gesetze bewilligt werden, durch entsprechende Auflagen und Bedingungen gegenüber den interessierten Dritten durchgesetzt werden können. Die dabei anfallenden Kosten können i.d.R. (soweit es sich nicht um unzumutbare, durch Massnahmen, die sich auf das NHG stützen, verursachte Kosten handelt) direkt dem Bewilligungsempfänger überbunden, oder es können Subventionen gestützt auf Bestimmungen in den jeweils anwendbaren

---

[1] BG vom 5. Mai 1977 über Massnahmen zum Ausgleich des Bundeshaushalts (SR 611.04), Kürzung von 50 Prozent auf 40 Prozent; BG vom 14. Dezember 1984 über die Sparmassnahmen 1984 (Anschlussprogramm; SR 611.02), Kürzung von 40 Prozent auf 35 Prozent.

Gesetzen ausgerichtet werden[2]. Eine besondere Stellung nimmt dabei der ökologische Ausgleich im Rahmen der Landwirtschaftsgesetzgebung ein (MAURER, 4. Kap., Rz 22–29 und Art. 18c, Rz 27–30).

Andererseits haben Ergänzungen des NHG selbst im Bereich des *Biotopschutzes* (Art. 18d NHG) und *Moorlandschaftsschutzes* (Art. 23c NHG) die Palette der Möglichkeiten um besondere *Abgeltungen* mit weit höheren Sätzen von gesamthaft bis zu 90 Prozent, ja ausnahmsweise nach Art. 18d NHG sogar bis zu 100 Prozent, erweitert.

<small>4
Abgeltungen
Indemnités</small>

Ist im Sinne von Art. 12 SuG davon auszugehen, dass Subventionen gestützt auf Spezialbestimmungen eine gleichzeitige kumulative Förderung in Anwendung von Art. 13 Abs. 1 NHG ausschliessen, so eröffnet andererseits die weite Formulierung von Art. 13 NHG die Möglichkeit, ergänzende Subventionen auszurichten. Art. 13 NHG kann daher als *Auffangbestimmung* dienen, wo enger gefasste Voraussetzungen in Spezialbestimmungen, die in der Anwendung vorgehen, nicht im gesetzlich erforderlichen Mass erfüllt werden. In einem solchen Fall wäre zu prüfen, ob eine finanzielle Förderung gestützt auf Art. 13 NHG möglich ist. Als Beispiel seien die in Rz 10 der Vorbemerkungen zu den Art. 13-17a hievor erwähnten Massnahmen genannt, die ohne eine finanzielle Beteiligung nicht mehr zumutbar sind.

<small>5
Art. 13 NHG als Auffangbestimmung
Recours subsidiaire à l'art. 13 LPN</small>

B. Geförderte Massnahmen

a. Erhaltung

Die *Erhaltung von Objekten des Natur- und Heimatschutzes und der Denkmalpflege* ist zentrales Anliegen des Gesetzes und daher auch wichtigster Gegenstand eines finanziellen Engagements des Bundes. Um dieses Ziel zu erreichen, stehen allerdings nicht nur Finanzhilfen, sondern auch andere Massnahmen bis hin zur Enteignung zur Verfügung (Art. 15 und 16 NHG).

<small>6
Kulturwert von Objekten
Valeur culturelle des objets</small>

Mit Erhaltung sind *Eingriffe gemeint, die verhindern sollen,* dass das Schutzobjekt schleichend (Vernachlässigung, schrittweise Veränderung der Umgebung, äussere Einflüsse wie Luftverschmutzung etc.) oder plötzlich (Nutzungsänderung, Handänderung, planerischer Eingriff, bauliche Veränderung etc.) seinen Wert verliert oder ganz verloren geht.

Unter dem Begriff «Erhaltung» finden dementsprechend verschiedenartigste Massnahmen Platz:

---

[2] Vgl. STULZ, Subventionen, 6 f.

- die Pflicht, *Auflagen und Bedingungen,* die an die Leistung von Finanzhilfen geknüpft werden, zu erfüllen;
- *direkte Eingriffe*, an deren Kosten Beiträge ausgerichtet werden;
- Aufwendungen für Massnahmen, die nach dem Wortlaut von Art. 6 Abs. 2 NHV im Rahmen des Heimatschutzes und der Denkmalpflege im Hinblick auf die *(Kultur-)Wert- und Charaktererhaltung* ausgeführt werden, sowie Beratungshonorare von Fachleuten, die bei Unterhalts- und Restaurierungsarbeiten anfallen.

Zum letzten Punkt ist zu präzisieren, dass es in erster Linie um die Erhaltung des *Kulturwertes* geht und dass das Wort «auch» in der Bestimmung einengend zu verstehen ist. Nur Aufwendungen die im Hinblick auf die Kulturwert- und Charaktererhaltung erfolgen, sollen berücksichtigt werden. Dass damit auch eine ökonomische Werterhaltung verbunden sein kann, ist kein Hindernis. Ein ökonomische Werterhöhung dagegen kann nicht gefördert werden (Art. 5 Abs. 4 Bst. a NHV).

b. Erwerb

7
Erwerb durch Dritte
Acquisition par des tiers

Unter dem hier genannten Erwerb ist nicht die Kompetenz des Bundes gemäss Art. 15 NHG gemeint, selbst Objekte zu erwerben, um deren Schutz zu gewährleisten, sondern die Möglichkeit *Finanzhilfen an die Kosten des Erwerbs eines solchen Objekts durch Dritte* zu leisten.

8
Sicherung des Schutzzwecks
Garantie pour l'objectif de protection

Als Erwerber kommen in der Regel Kantone, Gemeinden, Kirchgemeinden sowie Stiftungen und Verbände, die sich den Schutz von erhaltenswerten Objekten zum Ziel gesetzt haben, in Frage. Der unterstützte Erwerber muss Gewähr dafür bieten, dass das erworbene Objekt *dauernd geschützt* wird. Bei privaten Körperschaften werden die Bundesämter in der Regel anhand von Stiftungszweck, Statuten, Geschäftsberichten etc. prüfen, ob sie als Träger geeignet sind, und mit ihnen gegebenenfalls vertragliche Vereinbarungen treffen oder dafür sorgen, dass dies der Kanton tut. Da Privatpersonen und Gesellschaften mit einem wirtschaftlichen, auf Gewinn ausgerichteten Zweck, weit weniger Sicherheit für eine dauerhafte Sicherstellung des Schutzzwecks bieten als ideelle Institutionen mit entsprechender Zielsetzung, werden sie entsprechend weniger als Empfänger von Finanzhilfen für den Erwerb von Schutzobjekten in Frage kommen. Jedenfalls wird der dauerhaften Sicherung und Durchsetzung des Schutzzweckes hier besondere Beachtung zu schenken sein, denn eine Förderung gestützt auf diese Bestimmung setzt voraus, dass gerade die Handänderung gegenüber anderen Massnahmen die beste Gewähr dafür bietet. Zudem wäre von dieser Kategorie Erwerber der Nachweis zu erbringen, dass ihre Mittel gerade wegen des schützenswerten Charakters des Kaufobjektes nicht ausreichen, und diese insgesamt eher kostspielige Form der Förderung notwendig machen (Subsidiarität von Finanzhilfen).

c. Pflege

Die Pflege von Schutzobjekten im Sinne des *Unterhalts oder der Nachpflege* ist in der Regel nicht Gegenstand von Förderungsbeiträgen des Bundes. Vielmehr wird die so verstandene Pflege bei der Förderung einer Erhaltungs- oder Instandstellungsmassnahme als Bedingung für die Ausrichtung eines Beitrages in die Beitragsverfügung aufgenommen (Art. 7 Bst. h NHV). Die weitere Pflege und der Unterhalt sind von da an Aufgabe des Beitragsempfängers.

9 Unterhalt und Nachpflege
Conservation et entretien consécutif

Eine finanzielle Unterstützung von Pflegemassnahmen kann hingegen da in Frage kommen, wo keine andere Massnahme greift, mit einer Förderung dagegen *frühzeitig verhindert werden kann, dass das Schutzobjekt verwahrlost* und viel grössere Kosten für eine Instandstellung oder Erhaltungsmassnahme anfallen werden (Art. 6 Abs. 2 NHV).

10 Pflege als Präventivmassnahme
Entretien comme mesure préventive

Die Pflege im Sinne von Unterhaltsmassnahmen wird ferner dort unterstützt, *wo dies das NHG ausdrücklich vorsieht* (Art. 18c und 23c NHG), allerdings nicht mehr gestützt auf Art. 13 NHG.

11 Besondere Regelung
Disposition spéciale

d. Erforschung

Der Bund kann ferner Beiträge leisten an die *Erforschung konkreter Schutzobjekte*, beispielsweise als vorbereitende oder flankierende Massnahme im Hinblick auf schützende Eingriffe. In ihrer Bindung an ein konkretes Schutzobjekt unterscheidet sich die Förderung der Forschung gestützt auf Art. 13 Abs. 1 NHG von der allgemeinen Forschungsförderung nach Art. 14a NHG.

12 Objektbezogene Forschung
Exploration liée à l'objet

e. Dokumentation

Der Bund kann schliesslich auch die Erstellung von *Dokumentationen über Schutzobjekte* des NHG mit Beiträgen fördern, wobei es sich um Dokumentationen handeln kann, die unabhängig von anderen Erhaltungsmassnahmen erstellt werden, oder um Dokumentationen, die Teil der vorgenannten Massnahmen sind. Im letzteren Fall können die dadurch entstehenden Kosten im Rahmen der beitragsberechtigten Kosten mitberücksichtigt werden, soweit ihr Umfang über das hinausgeht, was dem BUWAL oder BAK kostenlos zu überlassen ist (Art. 7 Bst. f NHV).

13 Objektbezogene Dokumentation
Documentation liée à l'objet

III. Voraussetzungen und Bemessung von Beiträgen (Abs. 1 und 1bis)

A. Beitragsvoraussetzungen

14
Subsidiarität
Subsidiarité

Die *Finanzhilfen* (und Abgeltungen) des Bundes haben subsidiären und ergänzenden Charakter.

Subsidiär sind sie insofern, als sie nur in Frage kommen, wo Dritte nicht in der Lage sind, die ins Auge gefassten Massnahmen mit ihren eigenen Mitteln zu verwirklichen (Art. 5 Abs. 3 und 4, Art. 6 Abs. 3 Bst. b NHV), bzw. ihnen das Tragen des zusätzlichen Aufwandes nicht zugemutet werden kann. Im Verhältnis zu den Kantonen spiegelt sich dieser Grundsatz in der Aufgabenteilung, die die NHV vornimmt (Art. 5 Abs. 1 und 2 sowie Art. 17, 18 und 22 NHV).

15
Ergänzungs-
charakter
Caractère
complé-
mentaire

Ergänzend ist ihr Charakter, weil der Anknüpfungspunkt für die Ausrichtung immer das Tätigwerden Dritter (Kantone, Gemeinden, Private) ist. Darin unterscheiden sich Finanzhilfen (und Abgeltungen) immer von anderen geldwirksamen Tätigkeiten des Bundes, wie die Durchführung von Massnahmen in eigener Regie (Vergabe von Forschungsaufträgen etc.; Art. 14a Abs. 2 NHG), dem Erwerb von Eigentum an Schutzobjekten (Art. 15 NHG) oder der Finanzierung der Bezeichnung von Biotopen und Moorlandschaften nationaler Bedeutung (Art. 18d Abs. 1 und 23b Abs. 4 NHG). Der Bund knüpft, indem er sich mit einem *Teilbetrag* an den Gesamtkosten beteiligt, lediglich an dieses Tätigwerden an und nimmt mit Auflagen und Bedingungen auf die Gestaltung Einfluss. Dabei ist sein Spielraum durch die Förderungsbestimmungen begrenzt und an bestimmte Voraussetzungen gebunden: Der Beitragsempfänger hat entsprechend seinem Interesse (Art. 5 Abs. 4 Bst. a NHV) eine Eigenleistung zu erbringen, die Höhe des Bundesbeitrages ist begrenzt (Art. 13 Abs. 1 und 1bis NHG) und bestimmte Kosten sind von der Berechnung der Beiträge ausgeschlossen (Art. 6 Abs. 3 Bst. a NHV).

16
Kantons-
beitrag
Subvention
cantonale

Ferner setzt die Ausrichtung von Finanzhilfen (und Abgeltungen) heute regelmässig voraus, dass der *Kanton sich an der Förderung beteiligt* (betr. Einschränkungen: Rz 24 hienach und JENNI, Art. 14, Rz 8 und Art. 14a, Rz 6).

B. Bemessung der Beiträge

a. Bedeutung des Objekts

17

Erstes bestimmendes Element für die Bemessung der Finanzhilfe des Bundes ist die *Bedeutung des schützenswerten Objekts*. Für die Kriterien wird in Abs. 1

auf Art. 4 NHG verwiesen, wo eine Einteilung in Objekte von nationaler, regionaler und lokaler Bedeutung eingeführt wird (FAVRE, Art. 4, Rz 4–11).

Ausgehend vom zur Verfügung stehenden Höchstsatz von 35 Prozent wird in Art. 5 Abs. 1 NHV eine *Abstufung und Zuordnung* der Sätze auf die vorgegebenen Bedeutungskategorien vorgenommen.

18 Abstufung der Sätze Gradation des taux

Bei der Anwendung dieser Bestimmungen in der Praxis sind *Mischrechnungen* möglich, so bei der Festlegung der Beiträge im Interesse der Denkmalpflege oder in Koordination mit Art. 18d NHG, wo z.B. Elemente nationaler und regionaler oder lokaler Bedeutung in einem geförderten Objekt vereint und entsprechend zu berücksichtigen sein können (FAVRE, Art. 4, Rz 10).

19 Mischrechnung Calculation mixte

b. Höhe der Kosten

Das zweite Element für die Bemessung des Bundesbeitrages (der nicht zu verwechseln ist mit dem in Prozenten ausgedrückten Beitragssatz) ist die *Höhe der Kosten*. Die Kosten werden nicht unbesehen aus dem mit dem Gesuch einzureichenden Voranschlag übernommen, sondern entsprechend der zurückhaltenden Praxis im Subventionsrecht (Art. 14 SuG) um Kostenelemente, die nicht offensichtlich Bestandteil einer auszuführenden Massnahme sind, gekürzt. Daraus ergeben sich die für die Bemessung anerkannten Kosten. Sollen Kostenelemente berücksichtigt werden, die nicht offensichtlich dazugehören, müssen sie in der gesetzlichen Grundlage ausdrücklich genannt sein.

20 Anerkannte Kosten Coûts admis

Den Besonderheiten des Schutzgegenstandes entsprechend nennt daher Art. 6 Abs. 2 NHV die *Unterhalts- und Restaurierungsarbeiten*. Der Einschluss von Aufwendungen für Massnahmen im Hinblick auf die Wert- und Charaktererhaltung (vgl. Rz 6) lässt sich nur für eine erste Instandstellung von Schutzobjekten rechtfertigen. Danach ist über Auflagen und Bedingungen (Art. 7 Bst. b NHV) dafür zu sorgen, dass die notwendigen Unterhaltsmassnahmen regelmässig durchgeführt werden und eine wesentlich teurere neuerliche Sanierung vermieden wird.

21 Besondere Kostenelemente Postes de frais spéciaux

Einer ersten Instandstellung gleichzustellen ist dagegen eine spätere Integration eines zuvor in Stand gestellten Teils in eine umfassende Gesamtsanierung oder eine neuerliche Instandstellung gestützt auf geänderte Verhältnisse (Schutzziel, neue wissenschaftliche Erkenntnisse etc.), die nicht auf eine Vernachlässigung des Unterhalts zurückzuführen sind.

22 Wiederholte Förderung Répétition de la subvention

c. Beteiligung des Kantons

Im Gegensatz zum aufgehobenen BB über die *Denkmalpflege,* in welchem keine zwingende Beteiligung des Kantons an Förderungsmassnahmen vorgesehen

23 Grundsatz Principe

24 Übergangs- regelung für die Denk- malpflege Droit transitoire pour la protection des monuments historiques	war (Art. 11 der Verordnung³ sah lediglich vor, dass in der Regel ein der Finanzkraft angemessener Beitrag zu leisten sei), verlangt das NHG, dass eine Finanzhilfe des Bundes mit Ausnahme jener gemäss Art. 14 und 14a Abs. 1 NHG nur gewährt wird, wenn sich auch der Kanton in angemessener Weise an den Kosten beteiligt. Um der für die Denkmalpflege nach ihrer Integration im NHG veränderten Situation Rechnung zu tragen und den Kantonen eine Umstellung auf die neue Situation zu ermöglichen, hat der Bundesrat die Abs. 2 und 3 von Art. 5 NHV für die Denkmalpflege erst auf den 1. Januar 2000 in Kraft gesetzt⁴.
25 Angemes- sene Betei- ligung Participation équitable	In Art. 5 Abs. 2 NHV wird präzisiert, was der Bundesrat unter einer *angemessenen Beteiligung der Kantone* an den Kosten versteht. Die Grundabstufung wird nach den gleichen Kategorien vorgenommen, wie sie für die Berechnung des Bundesbeitrages gelten, d.h. nach der Bedeutung des Objektes (Art. 4 NHG; vgl. FAVRE, Art. 4, Rz 8–10).
26 Finanzkraft Capacité financière	Die relative Gleichbehandlung der Kantone wird, was im Subventionsbereich die Regel ist, über die Berücksichtigung ihrer Finanzkraft erreicht. Der Bundesrat stellt diese gestützt auf Art. 2–4 des BG vom 19. Juni 1959 über den Finanzausgleich unter den Kantonen (SR 613.1) alle zwei Jahre in einer entsprechenden Verordnung fest⁵.
27 Mitrechnung von Beiträ- gen Dritter Prise en compte des subventions de tiers	Als Besonderheit wird im NHG zugelassen, dass zu den vom Kanton selbst einzusetzenden Mitteln auch *Leistungen seiner öffentlich-rechtlichen Gebietskörperschaften* hinzugezählt werden dürfen. Allerdings besteht bei einer solchen Zusammenrechnung, die in der Formulierung von Art. 5 Abs. 2 NHV durch den Kanton bedingungslos möglich ist, die Gefahr, dass beim Empfänger der Subvention Probleme mit dem Aufbringen der Eigenmittel für die Deckung der Restkosten entstehen. Fehlen wegen des Mitrechnungsrechts des Kantons die Mittel zur Deckung der Restkosten, so sollte der Bund jedenfalls nicht leichthin auf den ausnahmsweise zusprechbaren höheren Ansatz von 45 Prozent gemäss Art. 13 Abs. 1bis NHG und Art. 5 Abs. 1bis NHV ausweichen. Vielmehr ist es in einem solchen Falle am Kanton zu prüfen, ob er Leistungen über den in der NHV geforderten Mindestbeitrag hinaus erbringen kann.
28 Festlegung des Kantons- beitrags Détermina- tion de la subvention cantonale	In diesem Zusammenhang ist zu beachten, dass eine prozentuale Begrenzung des Kantonsbeitrages im *kantonalen Recht* auf das zur Auslösung des maximalen Bundesbeitrages entsprechend der gegebenen Finanzkraft unerlässliche Minimum, eine unerwünschte blockierende Wirkung

---

3   AS 1958 594, 1977 2273, 1983 1308, 1985 670, 1991 2575, 1993 319.
4   Änderung der NHV vom 18. Dezember 1995, Ziff. III Abs. 2 (AS 1996 232).
5   V vom 22. November 1995 über die Festsetzung der Finanzkraft der Kantone für die Jahre 1996 und 1997 (AS 1995 5209). Die Verordnung unterscheidet finanzschwache, mittelstarke und finanzstarke Kantone. Jeweils geltende Fassung unter SR 613.11.

auf die Realisierbarkeit von Massnahmen zur Folge haben kann. Dies ist dann der Fall, wenn der Kanton aufgrund einer höheren Einstufung seiner Finanzkraft zur Auslösung des maximalen Bundesbeitrags selbst einen höheren prozentualen Beitrag leisten müsste, oder wenn die Deckung von Restkosten von ihm eine höhere Flexibilität verlangen würde.

Bei der als Ausnahme ausgestalteten Möglichkeit *Leistungen von Organisationen des Naturschutzes, des Heimatschutzes oder der Denkmalpflege, sowie von Kirchgemeinden an den Kantonsbeitrag* anzurechnen, wird dieser Mangel umschifft, denn diese werden kaum ihr Einverständnis dazu geben, wenn die Restkosten dadurch ungedeckt bleiben sollten. Dagegen lässt sich die Möglichkeit der Anrechnung von diesen Organisationen als *politisches Instrument* einsetzen, um es den Behörden zu erleichtern, ihrerseits Mittel zur Verfügung zu stellen.

29 Leistungen von Organisationen Prestations de la part des organisations

An die *Begründung* einer Mitrechnung werden vom Bund her keine allzu grossen Anforderungen zu stellen sein, solange nicht der Eindruck entsteht, dass sich der Kanton überhaupt aus seiner Leistungspflicht stehlen will. Das Verhältnis zwischen dem Kantonsbeitrag und dem mitgerechneten Beitrag der genannten Organisationen wird ein leicht anzulegender Massstab für die Beurteilung sein.

30 Begründung Motivation

Die Anrechnung freiwilliger Beiträge *anderer Dritter* ist nicht vorgesehen.

31

Während ein *tieferer kantonaler Beitrag* immer auch zu einer entsprechenden Kürzung des Bundesbeitrages führt (Art. 5 Abs. 4 Bst. c NHV), richtet der Bund seinen Höchstbeitrag je nach Objekt auch dann aus, wenn der Kanton über den vom Bund geforderten angemessenen Beitrag hinausgeht und sich auch an den Restkosten beteiligt. Bedingung ist allerdings, dass die Beiträge zusammen nicht über die Kosten hinausgehen und zu einer ungerechtfertigten Bereicherung beim Empfänger führen.

32 Wirkung auf den Bundesbeitrag Effet sur la subvention fédérale

d. Unerlässliche Massnahmen

Eine *Möglichkeit, in Ausnahmefällen einen erhöhten Bundesbeitrag auszurichten*, bestand im NHG vor der Integration der Denkmalpflege nicht. Sie wurde aus Art. 1 des BB in Verbindung mit Art. 9 Abs. 3 und 4 der Verordnung über die Förderung der Denkmalpflege übernommen. Ein früherer Versuch, eine solche Ausnahmeregelung im Rahmen der Massnahmen zum Ausgleich des Bundeshaushaltes 1977 im NHG einzuführen, scheiterte[6].

33 Erhöhter Bundesbeitrag Subvention fédérale majorée

Die Ausnahme gemäss Art. 13 Abs. 1bis NHG und Art. 5 Abs. 1bis NHV ist *restriktiv formuliert* und soll nach dem Willen des Bundesrates wie bisher bei der

---

[6] Amtl.Bull. N 1977 230 (Antrag SCHAFFER).

Denkmalpflege sehr zurückhaltend angewandt werden[7]. Sie gilt jedoch nunmehr für den gesamten im NHG geregelten Bereich.

34
Voraussetzung
Condition

Voraussetzung für die Anwendbarkeit des höheren Satzes ist, dass *unerlässliche Massnahmen* zu ergreifen sind. Dies unterstellt, dass auf solche Massnahmen nicht mehr verzichtet werden kann, und sie auch nicht aufgeschoben werden können, ohne dass das Schutzobjekt unwiederbringlich Schaden nimmt. Hingegen spielt der Grund, warum die Massnahmen unerlässlich geworden sind, keine Rolle. Sie können ebensogut Folge einer langen Vernachlässigung des Schutzobjektes sein, wie eines plötzlich auftretenden äusseren Ereignisses z.B. physischer (Erosion etc.) oder auch rechtlicher (Handänderung etc.) Natur.

35
Nachweis
Preuve

Ferner muss der *Nachweis* erbracht werden, dass die Massnahmen mit dem normalen Beitrag *nicht finanziert* werden können. Dabei ist sicherzustellen, dass der Kanton ebenfalls eine Anstrengung unternimmt und die Finanzierungsprobleme nicht einfach Folge entsprechender Anrechnung von Drittleistungen an den Kantonsbeitrag sind (Rz 27–31 hievor).

36
Anwendbarkeit
Applicabilité

Hingegen nimmt das NHG keine Abstufung nach der Bedeutung des Objektes wie in Abs. 1 vor, und in der NHV wird präzisiert, dass der Höchstsatz *für alle Objekte* auf 45 Prozent erhöht werden kann. Damit erhält der Bund eine nicht zu unterschätzende Kompetenz, im gesamten vom NHG abgedeckten Bereich punktuell übergreifend tätig zu werden. Punktuell, weil die Kompetenz auf strikte Ausnahmen begrenzt bleibt, übergreifend, weil ihm diese Eingriffsmöglichkeit immer offen steht, sobald der Kanton seinen vom Gesetz vorgeschriebenen und anhand seiner Finanzkraft festzulegenden angemessenen Beitrag leistet.

37
Abstufung der Kantonsbeiträge
Gradation des subventions cantonales

Bei den anhand der Finanzkraft tabellarisch festgelegten Prozentsätzen handelt es sich lediglich um Sätze, bis zu denen die Kantone gehen müssen, um bei gegebener Finanzkraft den entsprechenden maximalen Bundesbeitrag auszulösen. Es ist daher anzustreben, dass sie eine Abstufung nach unten vornehmen, die es gestattet unterschiedlichen Verhältnissen Rechnung zu tragen. Die ausnahmsweise Anwendung des Höchstsatzes von 45 Prozent durch den Bund setzt zwar eine Beteiligung des Kantons, jedoch nicht notwendigerweise die Anwendung des im obigen Sinne tabellarisch festgelegten Satzes voraus.

38
Obligatorischer Kantonsbeitrag
Subvention cantonale obligatoire

Aus der Bestimmung geht zwar nicht selbst hervor, dass der ausnahmsweise zu leistende Bundesbeitrag ebenfalls einen *Beitrag des Kantons* voraussetzt, doch ergibt sich dies implizit, weil nicht nachzuweisen ist, dass die unerlässlichen Massnahmen nicht finanzierbar sind, wenn ein Beitrag fehlt, der im Rahmen der Beitragspflicht vom Kanton zu leisten wäre. Nur wenn wirklich alle Mittel ausgeschöpft und die übrigen Voraussetzungen erfüllt sind und noch eine Dek-

---

[7] Botschaft Teilrevision NHG, BBl 1991 III 1142.

kungslücke verbleibt, kann diese vom Bund bis zum Umfang von 45 Prozent der Gesamtkosten gedeckt werden.

IV. Unterstützende und sichernde Vorkehren (Abs. 2 und 3)

Der Förderungszweck insbesondere beim Heimatschutz und der Denkmalpflege ist nur zu erreichen, wenn die Massnahmen bis in die Details entsprechend den Verfügungen und Vereinbarungen durchgeführt werden und auch nach ihrer Beendigung sichergestellt wird, dass der Schutzzweck erhalten bleibt. Das NHG und insbesondere die NHV enthalten daher eine beachtliche Zahl von Bestimmungen, die der *Zwecksicherung* dienen.

39
Zwecksicherung
Objectif garanti

A. Aufsicht während der Ausführung (Art. 7 NHV)

Zentrales Element bei der Durchsetzung des Schutzziels ist die *Einflussnahme des Bundes auf die Ausführung von Massnahmen* durch die zuständigen Ämter (BUWAL und BAK) von Anfang an (Art. 4 Abs. 3 erster Satz NHV). Der allgemeine Grundsatz des Subventionsrechts, wonach keine Beiträge an Massnahmen ausgerichtet werden, die in Angriff genommen wurden, bevor über ein entsprechendes Beitragsgesuch entschieden wurde (Art. 26 Abs. 3 SuG), findet hier seine wichtigste Begründung.

40
Einflussnahme auf die Ausführung
Influence sur la réalisation

Die Aufsichtsbefugnis des Bundes entsteht daher nicht erst mit dem definitiven Entscheid über ein Beitragsgesuch. Vielmehr wird sich der Gesuchsteller im eigenen Interesse bereits an Auflagen und Bedingungen halten und eine Beaufsichtigung und Begleitung der Arbeiten durch vom BUWAL oder BAK bezeichnete Personen (Art. 7 Abs. 1 Bst. d NHV) dulden, sobald ihm auf sein Gesuch hin eine *vorzeitige Inangriffnahme* der Massnahmen gestattet (Art. 4 Abs. 3 zweiter Satz NHV), bzw. nachdem ihm ein Bundesbeitrag dem Grundsatz nach zugesichert wurde.

41
Bei vorzeitiger Inangriffnahme
En cas de mise en oeuvre anticipée

Der Gesuchsteller hat die inhaltlich festgelegten Auflagen und Bedingungen bei der Ausführung der Massnahmen zu beachten. Ferner hat er bereits während der Arbeiten periodisch über den Zustand *Bericht zu erstatten* (Art. 7 Abs. 1 Bst. c NHV) und der vom BUWAL oder vom BAK bezeichneten Person am Objekt jede gewünschte *Einsicht zu gewähren* (Art. 7 Abs. 1 Bst. d NHV). Auch wenn auf eine Weisungsbefugnis von aussenstehenden Experten verzichtet wurde – die Experten dienen der Beratung und Begleitung der Kantone (Art. 25 Abs. 3 NHV) – versteht es sich von selbst, dass die Ämter mit Weisungen auf die Ausführung von Arbeiten Einfluss nehmen können, wenn es gilt korrigierend einzugreifen.

42
Berichterstattung durch den Gesuchsteller
Rapport du requérant

B. Dauernde Auflagen und Bedingungen (Art. 7 NHV)

43 Mit der Inanspruchnahme von Bundesbeiträgen hat der Beitragsempfänger nicht nur während der Durchführung von Arbeiten, eine Einflussnahme der Bundesbehörden zu dulden. Er hat darüber hinaus *dauernde Auflagen und Bedingungen zu erfüllen*, die ihre Rechtsgrundlage in der detaillierten, wenn auch nicht abschliessenden Aufzählung in Art. 7 NHV finden.

a. Zeitliche oder dauernde Unterschutzstellung

44 Der Schutzzweck erfordert in der Regel, dass auch nach Ausführung der eigentlichen subventionierten Massnahmen das freie Verfügungsrecht über das geschützte Objekt beschränkt wird. Inhaltlich können solche *Verfügungsbeschränkungen* eine Vielzahl unterschiedlichster Verpflichtungen zum Gegenstand haben, denen die Aufzählung in Art. 7 NHV nicht entgegensteht. Sie werden ergänzt und präzisiert durch die allfällige Auflage, bei einer Änderung des Zustandes die Zustimmung des BUWAL oder BAK einzuholen (Art. 7 Abs. 1 Bst. b NHV), periodisch über den Zustand Bericht zu erstatten (Art. 7 Abs. 1 Bst. c NHV), am Objekt eine dauerhafte Inschrift über die Mithilfe und den Schutz des Bundes anzubringen (Art. 7 Abs. 1 Bst. g NHV), Handänderungen oder andere rechtliche Veränderungen dem BUWAL oder dem BAK sofort zu melden (Art. 7 Abs. 1 Bst. i NHV) und die Überwachung des Zustandes zu gestatten (Art. 7 Abs.1 Bst. k NHV).

Verfügungsbeschränkungen
Restrictions du droit de disposition

b. Sicherstellung von Pflege und Unterhalt

45 Eine grundsätzliche Voraussetzung für die Förderung durch den Bund ist ferner, dass einmal mit Bundeshilfe instand gestellte Objekte anschliessend in einem dem Beitragszweck entsprechenden Zustand erhalten (Art. 7 Abs. 1 Bst. b NHV) und die nötigen *Unterhaltsarbeiten* in Zukunft vom Beitragsempfänger auf seine Kosten ausgeführt werden (Art. 7 Abs. 1 Bst. h NHV).

c. Überlassen von Dokumentation

46 Der *Quellensicherung* für die zukünftige Erhaltung und Erforschung dient die allfällige Verpflichtung des Beitragsempfängers, alle verlangten Berichte, zeichnerischen und fotografischen Aufnahmen dem BUWAL oder dem BAK kostenlos zu überlassen (Art. 7 Abs. 1 Bst. f und Abs. 2 NHV), wobei in Zukunft die Dokumentation i.d.R. bei den Kantonen archiviert werden soll.

Quellensicherung
Mise en sécurité des sources documentaires

Ein spektakuläres Beispiel für die plötzliche Bedeutung solcher Dokumentation war die Zerstörung der Kappellbrücke in Luzern durch einen Brand.

d. Zugänglichkeit für die Öffentlichkeit

Da die Öffentlichkeit mit Steuermitteln für die Erhaltung schützenswerter Objekte aufkommt, mag es auch ein berechtigter Anspruch sein, dass solche Objekte, soweit sie für die Öffentlichkeit von besonderem Interesse sind, «in einem mit seiner Zweckbestimmung vereinbaren Masse für die Allgemeinheit zugänglich gemacht» werden (Art. 7 Abs. 1 Bst. 1 NHV).   47

C. Öffentlich-rechtliche Eigentumsbeschränkung

Damit die verfügten oder vertraglich vereinbarten dauernden Auflagen und Bedingungen zum Schutz von Objekten nicht nur obligatorisch gegenüber dem Beitragsempfänger, sondern auch *dinglich* gegenüber jedem späteren Erwerber wirken, sind sie im Grundbuch anzumerken. Während solche Eigentumsbeschränkungen in der Vergangenheit in die Form von Personaldienstbarkeiten (Art. 781 ZGB) gefasst wurden, erhielten sie mit der Revision des NHG vom 24. März 1995 öffentlich-rechtlichen Charakter im Sinne von Art. 702 ZGB (Art. 13 Abs. 3 NHG)[8]. Die Anmerkung soll auf Anmeldung durch den Kanton, d.h. i.d.R. durch die kantonale Fachstelle erfolgen. Voraussetzung ist eine rechtskräftige Verfügung der zuständigen Behörde (Art. 80 Abs. 5 der Verordnung vom 22. Februar 1910 betreffend das Grundbuch; SR 211.432.1). Einmal angemerkt, «haften» die Eigentumsbeschränkungen gewissermassen am Objekt selbst und jeder spätere Erwerber kann es grundsätzlich[9] nur noch mit diesen direkt gegen ihn durchsetzbaren Auflagen und Bedingungen erwerben (Art. 973 ZGB).   48 Anmerkung im Grundbuch Mention au Registre foncier

Die Anmerkungspflicht gilt grundsätzlich für alle Schutz- und Unterhaltsmassnahmen als dauernde Last. Dem Bundesrat wurde die Möglichkeit eingeräumt, *Ausnahmen* zu gestatten. In Art. 8 NHV hat er von dieser Möglichkeit Gebrauch gemacht, wobei er den zuständigen Bundesämtern BUWAL und BAK einen gewissen Ermessensspielraum zugesteht, weil die Verschiedenheit der kantonalen bau-, planungs- und denkmalpflegerischen Bestimmungen, die in der Praxis parallel zur Anwendung kommen, eine detailliertere Ausnahmeregelung nicht zulässt. Bei der Bestimmung darüber, ob von der Anmerkungspflicht abgesehen werden kann, haben sich BUWAL und BAK an der Bedeutung des Objekts, seiner potentiellen Gefährdung und an den kantonalrechtlichen Schutzmöglichkeiten zu orientieren.   49 Ausnahmen Exceptions

---

[8] Botschaft Teilrevision NHG, BBl 1991 III 1142.
[9] Für die dinglichen Wirkungen einer Anmerkung im Falle einer Zwangsverwertung vgl. Art. 973 ZGB und Art. 133 ff. des BG vom 11. April 1889 über Schuldbetreibung und Konkurs gemäss Änderung vom 16. Oktober 1994 (SR 281.1).

Als *andere gleichwertige Art der Absicherung* kommt, sofern es um Schutzmassnahmen geht, der Erwerb durch die öffentliche Hand oder eine entsprechende Unterschutzstellung mit raumplanerischen Mitteln (Schutzzone, Art. 17 RPG) in Frage.

V. Festlegung von Prioritäten (Abs. 4)

50 Da auf die Gewährung von Bundesbeiträgen an Massnahmen des Natur- und Heimatschutzes sowie der Denkmalpflege grundsätzlich kein Rechtsanspruch besteht und zur Verteilung nur soviel Mittel zur Verfügung stehen, wie die Bundesversammlung jeweils mit dem Voranschlag für ein Jahr festlegt (Art. 16a NHG), *übertrifft die Nachfrage nach Bundesbeiträgen* seit Jahren regelmässig das Angebot. Um eine irgendwie nachvollziehbare Verteilungsgerechtigkeit zu erreichen, war es daher bereits vor einigen Jahren notwendig, auf Departementsebene ein System der Prioritäten zu entwickeln[10].

In Konkretisierung des Art. 13 SuG wurden die Kompetenzen und das Verfahren zur *Setzung von Prioritäten* nunmehr im NHG geregelt.

A. Aufgabe der Kantone

51 Ausgehend vom Grundsatz, dass Natur- und Heimatschutz sowie Denkmalpflege in erster Linie Aufgaben der Kantone sind, überträgt das NHG die Erarbeitung der Grundlagen für die Selektion der Gesuche den Kantonen. Sie haben zunächst einmal die grosse Zahl der *Vorhaben zu sichten und inhaltlich zu bewerten*. Bevor Gesuche an den Bund weitergeleitet werden, haben die Kantone also in eigener Verantwortung festzulegen, welche Objekte berücksichtigt werden sollen, welche sie in eigener Kompetenz mit eigenen Mitteln fördern wollen und an welchen sich der Bund mit Beiträgen beteiligen soll. Soll Finanzhilfe des Bundes in Anspruch genommen werden, richten sich die Kantone bei der Bewertung mit Vorteil nach den vom Bund festgelegten Auswahlkriterien. Es sind dies die Gefährdung der Objekte und damit die Dringlichkeit, sowie die Aufwendigkeit der Massnahmen.

Selektion der Gesuche
Sélection des requêtes

---

[10] Prioritätenordnung für den Heimatschutz vom 30. Juni 1993 (SR 451.71); Prioritätenordnung für die Denkmalpflege vom 29. Juni 1994 (SR 445.16).

B. Koordination mit dem Bund

Erst nachdem der Kanton in eigener Kompetenz die Selektion vorgenommen hat, legt er die Gesuche dem Bund vor. Gemeinsam wird nun einerseits abhängig von den verfügbaren Mitteln beim Bund und andererseits von den eigenen Prioritäten des Bundes eine für beide beteiligten Gemeinwesen annehmbare *Finanzplanung* erstellt.

52 Gemeinsame Finanzplanung
Planification financière commune

Das für die Festlegung der Prioritäten verantwortliche BAK stützt sich bei der Erfüllung seiner Aufgaben auf die nach wie vor geltenden vom EDI verordneten Prioritätenordnungen für den Heimatschutz[11] und die Denkmalpflege[12]. Aus der so durchgeführten Finanzplanung ergibt sich, *welche Gesuche im laufenden Voranschlagsjahr berücksichtigt werden und welche Gesuche voraussichtlich in den zwei bis drei folgenden Jahren berücksichtigt werden können.*

53 Heimatschutz und Denkmalpflege
Protection du patrimoine et des monuments historiques

C. Vorgehen bei einem Überhang an Gesuchen

Wenn unter den als prioritär zu bezeichnenden Vorhaben noch ein *Nachfrageüberhang* besteht, haben die verantwortlichen Bundesämter auch die überzähligen Gesuche nach den im SuG festgelegten Grundsätzen zu behandeln, wollen sie sich nicht dem Vorwurf der Rechtsverzögerung oder -verweigerung aussetzen.

54

Dafür stehen ihnen drei Wege offen: Da es sich bei den in Gesetz und Verordnung festgelegten Prozentsätzen, die an die Kosten geförderter Massnahmen ausgerichtet werden können, um *Höchstsätze* (Art. 7 Bst. h SuG; Art. 13 Abs. 1 NHG) handelt, können die Bundesämter die ihnen zur Verfügung stehenden Mittel innerhalb einer Prioritätenstufe auf mehr Gesuche verteilen, indem sie unter Beachtung des Gleichbehandlungsgebots auf die Gesuche gleichermassen *einen tieferen Prozentsatz anwenden*. Ein solches Vorgehen ist allerdings nach unten begrenzt, denn der jeweils auszurichtende Betrag muss vom Zweck des Gesetzes her noch so hoch bleiben, dass er einen angemessenen Beitrag an die Erreichung des Schutzziels und der damit verbundenen Auflagen und Bedingungen darstellt und nicht zum rein symbolischen Obolus verkommt.

55 Anwendung eines reduzierten Prozentsatzes
Application d'un pourcentage réduit

Reichen die Mittel im Rahmen der bewilligten Kredite (Art. 16a NHG und Art. 7 Bst. h SuG) nicht aus, können die Bundesämter ferner die *Zusicherung eines Bundesbeitrags in einem folgenden Jahr* in Aussicht stellen (Art. 17 Abs. 2

56 Verschiebung der Zusicherung
Ajournement de l'octroi

---

[11] Vgl. FN 10.
[12] Vgl. FN 10.

Bst. a SuG). Auch dieses Vorgehen ist vom Beitragsempfänger zu dulden, sofern sich die Verschiebung in einem vernünftigen Rahmen (ein bis drei Jahre) hält[13].

57
Abweisung des Gesuchs
Rejet de la demande

Sehen sich die Bundesämter indessen ausserstande Beitragsgesuche in angemessener Frist bewilligen zu können, müssen sie sie *mit Verfügung abweisen* (Art. 13 Abs. 5 SuG). Selbstverständlich sind auch in einem solchen Fall die Grundsätze der rechtsgleichen Behandlung zu beachten, entsprechend ist die Verfügung zu begründen. Eine solche Verfügung schliesst für den Gesuchsteller nicht aus, dass er sein Gesuch bei einer verbesserten finanziellen Lage des Bundes in einigen Jahren wieder stellen kann, allerdings nur, wenn er die Durchführung seines Vorhabens bis dahin verschiebt. Sonst stösst er sich an Art. 26 Abs. 2 SuG und Art. 4 Abs. 3 NHV (vgl. Rz 40 hievor).

VI. Verfahren

A. Gesuch und Antrag

58
Kantonale Fachstelle
Service officiel cantonal

Gemäss Art. 4 Abs. 1 NHV sind alle Beitragsgesuche, auch solche gestützt auf Art. 18c und 23c NHG[14], *bei den kantonalen Fachstellen* (Art. 26 Abs. 1 NHV; vgl. LEIMBACHER, Art. 25, Rz 11 f.) *einzureichen*. Diese haben sie formell auf ihre Vollständigkeit und materiell auf ihre Förderungswürdigkeit zu prüfen. Diese Prüfung schliesst auch ihre Einordnung in die kantonalen Prioritäten (Rz 51) ein.

59
Antrag des Kantons
Proposition du canton

Enthält das Gesuch die notwendigen Angaben gemäss Art. 4 Abs. 2 NHV[15], und ist die Willensbildung im Kanton bis zur Entscheidreife abgeschlossen, so leitet die kantonale Fachstelle das Gesuch *mit ihrem Antrag* an das zuständige Bundesamt weiter. Gegebenenfalls schliesst der Antrag ein Begehren um vorzeitige Inangriffnahme mit ein (Art. 4 Abs. 3 NHV).

B. Prüfung und Entscheid durch das Bundesamt

60
Zuständigkeit
Compétence

Zuständig für die Zusicherung und Auszahlung von Bundesbeiträgen sind die Bundesämter (Art. 9, Art. 17 Abs. 3, Art. 22 Abs. 3 NHV). Gegen ihre Entscheide steht die Verwaltungsbeschwerde an das EDI offen (Art. 47 Abs. 1 Bst. c VwVG).

[13] VPB 1994, 315.
[14] Vgl. Art. 18 Abs. 3 und Art. 22 Abs. 3 NHV.
[15] BAK, Merkblatt über die Finanzhilfen des Bundes für Massnahmen zur Erhaltung von schützenswerten Objekten vom 3. Januar 1996.

Das BUWAL oder das BAK prüfen ihrerseits das Vorhaben und teilen der kantonalen Fachstelle in einem ersten Schritt gegebenenfalls mit, ob sie mit einer vorzeitigen Inangriffnahme des Vorhabens (Art. 4 Abs. 3 zweiter Satz NHV) einverstanden sind. Ein solches Einverständnis lässt indessen noch *keinen Rechtsanspruch auf einen Bundesbeitrag* entstehen, es bedeutet nur, dass ein solcher Beitrag nicht mehr mit Hinweis auf Art. 26 Abs. 3 SuG verweigert werden kann (Rz 40 f.). Zudem wird das Einverständnis mit entsprechenden Auflagen und Bedingungen versehen, die der Gesuchsteller auf eigenes Risiko einzuhalten hat.

61
Vorzeitige Inangriffnahme
Mise en oeuvre anticipée

Im Bereich des Heimatschutzes und der Denkmalpflege ist zudem vorgesehen, dass das BAK bei der materiellen Prüfung des Gesuchs bei Bedarf *die EKD* beizieht (Art. 25 Abs. 2 Bst. a NHV). Zur Beratung und Begleitung der Kantone bei der Ausführung der Massnahmen kann das BAK zudem *Expertinnen oder Experten* ernennen (Art. 25 Abs. 3 NHV).

62
Vorkehren des BAK
Tâches de l'OFC

Nach der Prüfung weist das jeweils zuständige Bundesamt das Gesuch entweder ab, weil es die Anforderungen nicht erfüllt oder unter der geltenden Prioritätenordnung keine Aussicht auf Bewilligung hat (Rz 54–57), oder es *sichert einen Bundesbeitrag zu*.

63
Entscheid
Décision

In der *Zusicherung* wird sowohl der Prozentsatz, als auch der Höchstbetrag der Finanzhilfe festgelegt, wobei der Höchstbetrag entweder direkt genannt, oder über eine vom Bundesamt akzeptierte maximale Kostenhöhe eindeutig definiert werden kann. Damit ensteht für den Gesuchsteller ein fester Rechtsanspruch. Der Zeitpunkt der Auszahlung bleibt dagegen i.d.R. offen, da eine endgültige Festlegung der Beitragshöhe und des Zahlungstermins erst nach Abschluss der Arbeiten möglich ist, wenn die geprüfte Abrechnung als Berechnungsgrundlage vorliegt (Art. 10 Abs. 1 NHV). Anhand des bewilligten Prozentsatzes und der gestützt auf die Abrechnung im Rahmen der Zusicherungsverfügung akzeptierten Kosten wird der auszuzahlende Betrag ermittelt.

64
Zusicherung
Octroi

Eine *Kostenüberschreitung* gegenüber den in der Zusicherung festgelegten Maximalkosten wird nachträglich nicht berücksichtigt. Für wesentliche oder zu Mehrkosten führende Änderungen der bewilligten Massnahmen ist unverzüglich ein Zusatzbegehren zu stellen, da das Bundesamt sonst die Erhöhung des zugesicherten Bundesbeitrags ablehnen kann (Art. 4 Abs. 4 NHV; Art. 26 Abs. 3 SuG; Rz 40 f. hievor). Eine rechtzeitig gemeldete Kostenüberschreitung wird wie ein neues Gesuch behandelt und entsprechend bewilligt oder abgewiesen. Der Beitragssatz in Prozenten an die ebenfalls festgeschriebenen zusätzlichen Kosten kann gegenüber der ersten und weiterhin gültigen Verfügung variieren.

65
Kostenüberschreitung
Dépassement des coûts

66 In begründeten Fällen sind *Teil- oder Vorauszahlungen* möglich (Art. 10 Abs. 2 NHV).

67 Während das Gesagte für Finanzhilfen uneingeschränkt gilt, ist in bezug auf *Abgeltungen nach Art. 18c und 23c NHG* einschränkend festzuhalten, dass die Beitragszusicherung an Massnahmen, die die gesetzlichen Voraussetzungen erfüllen, nicht mit dem Hinweis auf fehlende Mittel verweigert werden kann. Übersteigt der Mittelbedarf den im Voranschlag festgelegten Höchstbetrag für die Abgeltung solcher Massnahmen, so ist die *Zusicherung dennoch dem Grundsatz nach abzugeben* und gleichzeitig zu entscheiden, wann das Gesuch endgültig berücksichtigt werden kann, und sind die fehlenden Mittel über einen Nachtragskredit einzuholen[16].

Besonderheiten für Abgeltungen
Particularités pour les indemnités

C. Pauschal- und Globalsubventionen

68 In Art. 5 Abs. 5 NHV wurde gestützt auf das SuG (vgl. JENNI, Vorbemerkungen zu den Art. 13–17a, Rz 8) die Möglichkeit geschaffen, Beiträge des Bundes pauschal oder global auszurichten. Die mit dem Zusatz «wenn ihr Zweck (der Finanzhilfen oder Abgeltungen) auf diese Weise erreichbar ist» versehene Bestimmung deutet damit gleich selbst an, dass sie in der sonst unveränderten Systematik der Subventionsbestimmungen im NHG und in der NHV einen Fremdkörper darstellt. Ohne eine sorgfältigere Ausgestaltung wird sie im geltenden zweistufigen System der Zusicherung und Beitragverfügung, das auf eine detaillierte Kontrolle und Abrechnung von Massnahmen abstellt und zudem von einem chronischen Nachfrageüberhang geplagt ist, kaum je richtig zum Tragen kommen. Hier tut eine grundsätzliche Überprüfung des Konzepts anhand der politischen Zielsetzungen des Bundes im Bereich des Natur- und Heimatschutzes sowie der Denkmalpflege not. So wäre denkbar, dass den Kantonen für Projekte, auf die der Bund im Einzelfall nicht Einfluss zu nehmen braucht, gestützt auf vorgelegte Prioritätenlisten ein globaler Beitrag zur weiteren Aufteilung auf die einzelnen Vorhaben überwiesen würde (Globalsubvention). Oder es könnte an einzelne Vorhaben unabhängig von einer späteren Abrechnung ein fester Betrag zugesichert werden (Pauschalsubvention). Ein solches Vorgehen stünde allerdings in Widerspruch zu Art. 10 Abs. 1 NHV.

Regelungsbedarf
Nécessité d'une réglementation

Beispiele praktizierter pauschaler oder globaler Ausrichtung von Subventionen sind Vorhaben der Archäologie sowie die Schindel- bzw. Steindächeraktionen des BAK.

D. Nichterfüllung oder mangelhafte Erfüllung von Aufgaben

69 Bei *Finanzhilfen* richten sich die Folgen einer mangelhaften Erfüllung oder Nichterfüllung von Aufgaben oder einer Zweckentfremdung durch den Beitragsempfänger nach dem SuG (Art. 28, 29, 31 und 32 SuG). Danach soll sich der Empfänger grundsätzlich durch Verzicht auf Finanzhilfen oder durch Rück-

Befreiung bei Finanzhilfen
Moyens libératoires en cas d'aides financières

---

[16] Botschaft SuG, BBl 1987 I 407; BGE 110 Ib 158 f.

zahlung der erhaltenen Finanzhilfen von den übernommenen Verpflichtungen befreien können[17].

Diese rein finanzielle Art der Erledigung der Nichteinhaltung von verfügten Auflagen und Bedingungen vermag nicht unbedingt zu befriedigen, auch wenn in Art. 11 NHV verlangt wird, dass vor einer Nichtauszahlung oder Kürzung der Beitragsempfänger gemahnt wird, die Beitragvoraussetzung zu erfüllen. Es wird daher bei der Zusicherung von Bundesbeiträgen gegebenenfalls darauf zu achten sein, dass ein Beitragsempfänger verbindlicher in die Pflicht genommen wird, etwa indem mit ihm ein öffentlich-rechtlicher Vertrag abgeschlossen wird, der nur im gegenseitigen Einvernehmen aufgelöst werden kann[18], und der bei einer Vertragsverletzung Sanktionen vorsieht (vgl. MAURER, Art. 18c, Rz 8–15).

Für Abgeltungen ist die in Art. 11 NHV getroffene Lösung gänzlich ungeeignet. Gerade hier, wo die *Erbringung der geförderten Leistung im Vordergrund steht,* und die Durchsetzung abgegoltener Massnahmen detailliert geregelt werden sollte (Art. 10 Abs. 1 Bst. e SuG), schweigen sich NHG und NHV aus.

70
Durchsetzung bei Abgeltungen
Exécution en cas d'indemnités

---

[17] Botschaft SuG, BBl 1987 I 414.
[18] Botschaft SuG, BBl 1987 I 411 oben, 414.

Art. 14 Beiträge an Organisationen

Der Bund kann Organisationen des Naturschutzes, des Heimatschutzes und der Denkmalpflege von gesamtschweizerischer Bedeutung an die Kosten ihrer im öffentlichen Interesse liegenden Tätigkeit Beiträge ausrichten.

Art. 14 Subventions accordées à des organisations

La Confédération peut accorder des subventions à des organisations d'importance nationale qui se vouent à la protection de la nature, à la protection du paysage ou à la conservation des monuments historiques pour les frais occasionnés par les activités d'intérêt public qu'elles exercent.

Inhaltsverzeichnis Rz

I. Leistungsempfänger 1
II. Gegenstand der Förderung 5
III. Verfahren 7

Table des matières N°

I. Le bénéficiaire de la prestation 1
II. L'objet du soutien 5
III. La procédure 7

I. Leistungsempfänger

1
Anforderungen an Organisationen
Exigences envers les organisations

Als Empfänger von Bundesbeiträgen im Sinne der Zielsetzung von Art. 1 Bst. c NHG (FAVRE, Art. 1, Rz 11) kommen in erster Linie Organisationen des Natur- und Heimatschutzes und der Denkmalpflege in Frage, die *sich statutarisch den Schutzanliegen des NHG widmen,* und ihre Tätigkeit auf das ganze Gebiet der Eidgenossenschaft oder doch auf einen grossen Teil der Schweiz (z.B. eine Sprachregion oder das Alpengebiet) ausdehnen. Sie müssen zudem ihre Tätigkeit ohne Bereicherungsabsicht und Gewinnstreben erfüllen.

Der Kreis der in Frage kommenden Organisationen ist damit weiter zu ziehen, als dies unter dem gleichen Begriff bei der Abgrenzung des Beschwerderechts nach Art. 12 NHG (vgl. KELLER, Art. 12, Rz 7-11) der Fall ist. So können Finanzhilfen auch an gesamtschweizerische Organisationen ausgerichtet werden, die noch keine zehn Jahre bestehen, sowie an internationale Organisationen, die beide nicht beschwerdeberechtigt sind.

Ausgeschlossen sind demgegenüber Organisationen mit nur kantonalem, regionalem oder örtlichem Charakter. Nicht in Frage kommen ferner Organisationen, die von ihrer Rechtsform her (z.B. Aktiengesellschaft) oder aufgrund ihrer Statuten ein lukratives Ziel verfolgen, da in solchen Fällen öffentliche Gelder über eine Gewinnverteilung ungerechtfertigterweise Privaten zufliessen könnten.

2 Ausschlüsse
Exclusions

Internationale Organisationen können gefördert werden, wenn sie eine im Interesse unseres Landes liegende Tätigkeit ausüben (Art. 12 Abs. 2 Bst. a NHV). Einschränkend ist allerdings festzuhalten, dass es sich um *nichtstaatliche Organisationen* handeln muss, denn diese Art der Förderung ist für eine Unterstützung der Tätigkeit anderer Staaten nicht geeignet.

3 Internationale Organisationen
Organisations internationales

Eine besondere Stellung nehmen dagegen die in Art. 12 Abs. 2 Bst. b NHV ausdrücklich erwähnten *Sekretariate internationaler Übereinkommen* für Naturschutz, Heimatschutz und Denkmalpflege ein. Zwar handelt es sich hier in der Regel um supranationale, von Staaten gegründete Organisationen, doch besteht ein überwiegendes Interesse der Schweiz, solche Sekretariate in der Schweiz anzusiedeln. Eine finanzielle Förderung ist dabei ein gewichtiges Argument.

4 Sekretariate internationaler Übereinkommen
Secrétariats des conventions internationales

II. Gegenstand der Förderung

Gegenstand der Förderung ist eine *im öffentlichen Interesse liegende Tätigkeit dieser Organisationen.* Dem liegt der Gedanke zugrunde, dass die staatliche Verwaltung nicht mit Tätigkeiten belastet werden soll, die ebensogut von privaten Organisationen erbracht werden können. Eine solche indirekte Delegation von Aufgaben über Finanzhilfen ist kostengünstig, erlaubt es sorgsamer mit finanziellen Mitteln des Bundes umzugehen, die Verwaltungstätigkeit auf das Controlling zu beschränken und die eigenen Kräfte auf die reinen Staatsaufgaben zu konzentrieren.

5 Geförderte Tätigkeiten
Activités subventionnées

In Frage kommt die Förderung von Tätigkeiten, wie der Pflege und Betreuung von Reservaten, schützenswerten Gebäuden und Ortsbildern, der Abklärung der Förderungswürdigkeit von Einzelobjekten, der Vorarbeiten für Inventare sowie für den Schutz und die Pflege der Landschaft, der Bauberatung, Ausbildung und Öffentlichkeitsarbeit etc. im gesamtschweizerischen Interesse.

| 6
Internationale Organisationen
Organisations internationales | Eine besondere Stellung nehmen auch hier die internationalen Organisationen insofern ein, als Tätigkeiten im gesamtschweizerischen Interesse *nicht notwendigerweise in der Schweiz selbst ausgeübt werden müssen.* Ausnahmsweise können auch Tätigkeiten im Ausland im gesamtschweizerischen Interesse liegen. |

III. Verfahren

| 7
Höhe der Finanzhilfen
Montant des aides financières | Bei den Beiträgen an Organisationen handelt es sich um Finanzhilfen an Tätigkeiten, die diese Organisationen aus eigenem Antrieb ausüben, an denen aber ein öffentliches Interesse besteht. Die *Höhe* der Finanzhilfen muss in einem Verhältnis zu den Kosten der im öffentlichen Interesse liegenden Tätigkeiten stehen[1]. Die Bemessung richtet sich nach den allgemeinen Grundsätzen für die Ausrichtung von Finanzhilfen (Art. 6 SuG) und wird in der Regel 50 Prozent der Kosten der Tätigkeit nicht übersteigen[2]. Eine vollständige Übernahme von Kosten bestimmter Tätigkeiten kommt dagegen unter Art. 14 NHG nicht in Frage, da es sich nicht mehr um eine Subvention handeln würde. |
| 8
Beteiligung der Kantone
Participation des cantons | Eine *Beteiligung der Kantone* an der Förderung ist nicht Voraussetzung, da sich die Organisationen als gesamtschweizerische nicht geographisch einem Kanton zuordnen lassen. |
| 9
Gesuche
Requêtes | Die Organisationen, die Anspruch auf Beiträge erheben, haben ein entsprechendes begründetes und dokumentiertes *Gesuch direkt beim BUWAL oder BAK einzureichen.* Das Gesuch muss einerseits die gesamtschweizerische Bedeutung der Organisation oder ihren nichtstaatlichen internationalen Charakter belegen. Dazu gehören Statuten, Geschäftsbericht, Bilanz und Erfolgsrechnung sowie eine allgemeine Beschreibung der Tätigkeit. |

Andererseits sind die einzelnen Tätigkeiten darzustellen, die im gesamtschweizerischen öffentlichen Interesse liegen, und für die Finanzhilfen beantragt werden. Dazu gehören Konzepte, Berichte, Budgets und Rechnungen, aus denen ersichtlich wird, in welchem Masse beitragsberechtigte Leistungen erbracht werden.

| 10
Entscheid
Décision | Das BUWAL oder das BAK bewilligt, wenn die Voraussetzungen erfüllt und finanzielle Mittel vorhanden sind, einen Beitrag. Diese Beitragsart ist sehr geeignet für eine Pauschalierung und wird auch pauschal ausgerichtet. Das Bun- |

---

[1] Botschaft NHG, BBl 1965 III 106.
[2] Botschaft SuG, BBl 1987 I 391 f.

desamt umschreibt dabei die zu erfüllenden Leistungen und ihren Umfang möglichst genau und überwacht deren Erfüllung (Leistungsauftrag). Dafür entfällt ein Abrechnungsverfahren nach genau belegten Kosten.

Art. 14a   Forschung, Ausbildung, Öffentlichkeitsarbeit

[1] **Der Bund kann Beiträge ausrichten an:**
a. **Forschungsvorhaben;**
b. **Aus- und Weiterbildung von Fachleuten;**
c. **Öffentlichkeitsarbeit.**

[2] **Sofern es im gesamtschweizerischen Interesse liegt, kann er solche Tätigkeiten selber durchführen oder auf seine Kosten ausführen lassen.**

Art. 14a   Recherche, formation, relations publiques

[1] **La Confédération peut allouer des subventions pour promouvoir:**
a. **Des projets de recherche;**
b. **La formation et le perfectionnement de spécialistes;**
c. **Les relations publiques.**

[2] **Lorsqu'il existe un intérêt national, la Confédération peut assumer elle-même ces tâches ou les faire exécuter à ses frais.**

Inhaltsverzeichnis	Rz
I. Gegenstand der Förderung (Abs. 1)	1
II. Abgrenzung zu eigener Tätigkeit des Bundes (Abs. 2)	7

Table des matières	N°
I. L'objet du soutien (al. 1)	1
II. La délimitation par rapport aux tâches propres de la Confédération (al. 2)	7

I.   Gegenstand der Förderung (Abs. 1)

1 Teilrevision NHG / Révision partielle de la LPN

Dieser Artikel wurde mit der Revision vom 24. März 1995 ins Gesetz aufgenommen. Er konkretisiert die in Art. 1 Bst. b und e NHG umschriebenen Ziele (FAVRE, Art. 1, Rz 9–10 und 13).

2 Finanzhilfen / Aides financières

Auch bei den Beiträgen nach Art. 14a Abs. 1 NHG handelt es sich um Finanzhilfen, d.h. dass der Bund nicht selbst die Initiative ergreift, sondern die *Initiative Dritter* im Umfang seiner finanziellen Möglichkeiten und der übrigen gesetzlichen Grundlagen unterstützt. Die Bemessung der Finanzhilfen richtet sich dabei nach den gleichen Kriterien, wie bei den Beiträgen an Organisationen (JENNI, Art. 14, Rz 7).

Gegenstand der Förderung sind Forschungsvorhaben aus den Bereichen Natur- und Heimatschutz sowie Denkmalpflege, die Aus- und Weiterbildung von Fachleuten in diesen Bereichen, sowie die darauf gerichtete Öffentlichkeitsarbeit.

3

Im Gegensatz zur Förderung von Organisationen (Art. 14 NHG), die als Beitragsempfängerinnen bestimmte Voraussetzungen erfüllen müssen, ist die Förderung gestützt auf diesen Artikel gegenstandsbezogen, d.h. *als Beitragsempfänger kommen beliebige natürliche oder juristische Personen in Frage,* sofern sie Gewähr für eine richtige Erfüllung der übernommenen Vorhaben bieten und nicht aufgrund anderer gesetzlicher Bestimmungen von Subventionen ausgeschlossen sind.

4
Beitragsempfänger
Bénéficiaire d'une subvention

Besondere Beachtung ist im Bereich der Aus- und Weiterbildung einer möglichen Konkurrenz von Subventionsbestimmungen zu schenken, da im Bereich der Berufsausbildung auch das Bundesamt für Industrie, Gewerbe und Arbeit (BIGA) tätig ist. Das heisst indessen nicht, dass sich eine Förderung durch das BIGA und eine Förderung durch das BUWAL oder BAK nicht auch ergänzen können, z.B. dort, wo *fachspezifisch höhere Ausbildungskosten anfallen,* die nicht durch Beiträge des BIGA abgedeckt sind (Ausbildung im Felde, besondere Werkzeuge und Instrumente etc.). Daneben bleibt ein weites Feld, das nicht der Berufsbildung angehört.

5
Abgrenzung zur Berufsausbildung
Délimitation par rapport à la formation professionnelle

Da Forschung, Ausbildung und Öffentlichkeitsarbeit in der Regel kantonsübergreifend und geographisch nicht eindeutig zuzuordnen sind, sieht Art. 12a Abs. 1 NHV vor, dass Gesuche nicht bei einem Kanton, sondern direkt beim BUWAL oder BAK einzureichen sind. Art. 5 NHV lässt sich hier nicht anwenden und wird in Art. 12a Abs. 2 NHV, der im übrigen auf die Art. 4, 6 und 9–11 NHV verweist, richtigerweise auch nicht erwähnt.

6
Gesuche
Requêtes

II. Abgrenzung zu eigener Tätigkeit des Bundes (Abs. 2)

Art. 14a Abs. 2 NHG regelt nicht die Ausrichtung von Finanzhilfen, sondern bildet die gesetzliche Grundlage für ein *eigenes Tätigwerden des Bundes.* Ziel ist es, ergänzend oder korrigierend eingreifen zu können, wo Forschungsvorhaben, die Aus- und Weiterbildung von Fachleuten oder Bereiche der Öffentlichkeitsarbeit von gesamtschweizerischem Interesse nicht von Dritten abgedeckt werden, sei es weil der Bedarf nicht erkannt, das Risiko gescheut oder eine anderweitige Finanzierung nicht möglich ist.

7
Eigenes Tätigwerden des Bundes
Intervention directe de la Confédération

Der Bund kann in solchen Fällen als Verwaltung (BUWAL, BAK) direkt selbst tätig werden oder, was die Regel darstellt, Aufträge an Dritte vergeben, für die er als *Auftraggeber* finanziell voll selbst aufzukommen hat. Zu denken ist dabei etwa an umfassende archäologische Grabungs-, Forschungs- und Dokumentationsprojekte.

8 Massgebliche Beteiligung des Bundes Prise de participation importante de la Confédération	Denkbar ist auch, dass der Bund sich an einer Stiftung oder Organisation zunächst massgeblich beteiligt, diese dann aber durch den Beizug und die Beteiligung Dritter soweit finanziell verselbständigt, dass er sein finanzielles Engagement zurücknehmen und auf dem üblichen Niveau durch Finanzhilfen gemäss Art. 14a Abs. 1 NHG ersetzen kann. Ein Beispiel dafür könnte die Stiftung zur Förderung der naturwissenschaftlichen und technologisch-konservatorischen Lehre und Forschung auf dem Gebiete der Denkmalpflege (Expert Center) werden (vgl. FAVRE, Art. 1, Rz 13), wo der Bund in der Startphase praktisch den grössten Teil der Kosten übernommen hat[1].
9 Abgrenzung zum Forschungsgesetz Délimitation par rapport à la loi sur la recherche	Die Durchführung von Forschungs*vorhaben* gestützt auf Art. 14a Abs. 2 NHG ist ferner abzugrenzen gegenüber der Errichtung oder ganzen oder teilweisen Übernahme bestehender Forschungs*stätten* durch den Bund gestützt auf Art. 16 Abs. 1 des Forschungsgesetzes[2]. Das Forschungsgesetz und nicht das NHG findet also Anwendung, wenn der Bund selbst zum Träger einer Forschungseinrichtung wird.

---

[1] Botschaft Teilrevision NHG, BBl 1991 III 1145.
[2] BG vom 7. Oktober 1983 über die Forschung (FG; SR 420.1).

Art. 15 Erwerb und Sicherung schützenswerter Objekte

[1] Der Bund kann Naturlandschaften, geschichtliche Stätten oder Natur- und Kulturdenkmäler von nationaler Bedeutung vertraglich oder, wenn dies nicht möglich ist, auf dem Weg der Enteignung erwerben oder sichern. Er kann Kantone, Gemeinden oder Organisationen mit der Verwaltung betrauen.

[2] Das Enteignungsgesetz ist anwendbar.

Art. 15 Achat et sauvegarde d'objets dignes de protection

[1] La Confédération peut procéder par voie contractuelle ou, si c'est impossible, par voie d'expropriation pour acquérir ou sauvegarder des sites naturels, des curiosités naturelles, des sites évocateurs du passé ou des monuments d'importance nationale. Elle peut en confier l'administration à des cantons, à des communes ou à des organisations.

[2] La loi fédérale sur l'expropriation est applicable.

Inhaltsverzeichnis   Rz

I.	Entstehung	1
II.	Bedeutung	2
	A. Bisherige Bedeutung	2
	B. Heutige Bedeutung	4
III.	Schutzobjekte	5
IV.	Erwerb oder Sicherstellung	8
V.	Vertragliche Absprachen	10
VI.	Enteignungen	13
	A. Gescheiterte Verhandlungen	13
	B. Enteignungstitel	14
	C. Gegenstand des Enteignungsrechts	16
	D. Bemessung der Enteignungsentschädigung	20

Table des matières   N°

I.	L'origine de la disposition	1
II.	L'importance	2
	A. L'importance passée	2
	B. L'importance actuelle	4
III.	Les objets protégés	5
IV.	L'achat et la sauvegarde	8

V. Les accords contractuels	10
VI. Les expropriations	13
A. L'échec des négociations	13
B. Le titre d'expropriation	14
C. L'objet du droit d'exproprier	16
D. Le calcul de l'indemnité d'expropriation	20

I. Entstehung

1 Der Kern dieses Gesetzesartikels ist bereits im zweiten Teil von Art. 24^{sexies} Abs. 3 BV enthalten (ZUFFEREY, 2. Kap., Rz 64 ff.). Die mit der Verfassungsbestimmung begründete subsidiäre Zuständigkeit des Bundes[1] ist im Rahmen der parlamentarischen Beratung des Verfassungsartikels eingehend diskutiert worden[2], ohne dass indessen Abänderungsanträge gestellt worden wären. In der parlamentarischen Beratung des Gesetzes[3] hat die Bestimmung in beiden Räten zu keinen Bemerkungen Anlass gegeben.

Der Artikel ist seit seinem Erlass inhaltlich unverändert geblieben und erst mit der Teilrevision vom 24. März 1995 und der damit verbundenen vollständigen Integration der Denkmalpflege in das Gesetz redaktionell angepasst worden[4].

II. Bedeutung

A. Bisherige Bedeutung

2 Art. 24^{sexies} Abs. 3 BV (vgl. ZUFFEREY, 2. Kap., Rz 64 ff.) und Art. 15 NHG begründen eine subsidiäre Zuständigkeit oder eine «Auffangkompetenz» des Bundes. Sie sind das Ergebnis der geführten Diskussion über die Aufgabenverteilung zwischen dem Bund und den Kantonen:

Vollzugsnotstand
Exécution nécessaire

> «Es ist durchaus denkbar, dass bei unmittelbarer Bedrohung eines Schutzobjektes von nationaler Bedeutung die Bestrebungen des Kantons, der Gemeinden oder privater Vereinigungen trotz der finanziellen Hilfe des Bundes nicht innert nützlicher Frist zum Ziele führen, beispielsweise infol-

---

[1] Botschaft Art. 24sexies BV, BBl 1961 I 1112 ff.
[2] Amtl. Bull. S 1961 217 f. (Voten Berichterstatter VATERLAUS, THEUSS und Bundesrat TSCHUDI); Amtl. Bull. N 1961 457 ff. (Voten Berichterstatter TENCHIO, GRENDELMEIER, AKERET und Bundesrat TSCHUDI).
[3] Amtl. Bull. S 1966 25; Amtl. Bull. N 1966 332 f.
[4] Botschaft Teilrevision NHG, BBl 1991 III 1142.

ge mangelnder Kredite der kantonalen oder kommunalen Behörden. Unter solchen Umständen soll der Bund im nationalen Interesse die Rettung des gefährdeten Objekts selbst in die Wege leiten und die hiefür geeigneten Massnahmen treffen.» Dabei soll der Bund von dem ihm zustehenden Enteignungsrecht nur dann Gebrauch machen, «wenn alle anderen Mittel versagen»[5].

Die rechtliche Sicherung des Nationalparks[6] erfolgte vor dem Erlass von Art. 24^{sexies} BV und fiel nicht unter Art. 15 NHG. Insbesondere Kulturdenkmäler oder geschichtliche Stätten wurden aber schon mehrfach in Anwendung von Art. 15 NHG dem Schutz des Bundes unterstellt[7]. Die Bestimmung diente aber auch schon als Rechtsgrundlage für die Sicherstellung von Naturlandschaften[8]. Vor allem aber trägt sie mit dazu bei, dass die Kantone die vorab in ihre Zuständigkeit fallenden Aufgaben rechtzeitig erfüllen können und der Bund von seiner «Auffangkompetenz» gar nicht erst Gebrauch machen muss.

3
Anwendungsfälle
Cas d'application

B. Heutige Bedeutung

In den letzten Jahren wurden die Kompetenzen und Aufgaben des Bundes durch eine Verfassungs- (Art. 24^{sexies} Abs. 5 BV; ZUFFEREY, 2. Kap. Rz 82 ff.) sowie durch verschiedene Gesetzesrevisionen im Bereiche des Biotop- und des Moorlandschaftsschutzes stark erweitert (Art. 18a–d NHG, Art. 23a–d NHG, Art. 25b NHG). Dadurch wird auch die rechtliche Sicherung von Biotopen und Moorlandschaften von nationaler Bedeutung[9] oder ein allfälliger zwangsweiser Landerwerb (Art. 18c Abs. 4 und Art. 23c Abs. 2 NHG; vgl. auch MAURER, Art. 18c, Rz 31 ff.) umfassend geregelt. Auf Art. 15 NHG abgestützte Sicherungsmassnahmen kommen beim Biotopschutz und beim Schutz von Moorlandschaften höchstens noch ausnahmsweise in Frage, wenn einem bedrohten Objekt zu Unrecht keine «nationale Bedeutung» beigemessen wurde (vgl. auch Art. 16 NHV) oder wenn ein Kanton den ihm nach Art. 29 NHV bis zum Abschluss der einzelnen Inventare obliegenden Verpflichtungen (KELLER, Art. 26, Rz 7) nicht richtig nachkommt.

4
Subsidiarität
Subsidiarité

Für den Schutz von geschichtlichen Stätten und von Kulturdenkmälern hat Art. 15 NHG seine ursprüngliche Bedeutung beibehalten. Zudem sind auch beim Artenschutz Sicherungsmassnahmen im Sinne von Art. 15 NHG zumindest denkbar (Rz 7 hienach). In diesen Bereichen können sich deshalb auch

---

[5] Botschaft NHG, BBl 1965 III 107.
[6] Amtl. Bull. S 1961 213 ff. (Votum Bundesrat TSCHUDI).
[7] Vgl. die Beispiele bei HESS/WEIBEL, Band II, Rz 18 und Rz 20 zu Art. 15 NHG.
[8] Vgl. etwa BGE 114 Ib 321 = Pra 1990, 20.
[9] Vgl. Art. 18a Abs. 1 und 2, Art. 18c, Art. 23a, Art. 23b Abs. 3, Art. 23c Abs. 2 und Art. 25b NHG sowie FAHRLÄNDER, Art. 18a, Rz 11 ff., MAURER, Art. 18c, Rz 1 ff.; KELLER, Art. 23b, Rz 13 ff., KELLER, Art. 23c, Rz 4 ff. und KELLER, Art. 25b, Rz 5 ff.

Sicherungsmassnahmen im Sinne von Art. 15 NHG aufdrängen, weil ein Kanton oder eine andere für den Vollzug zuständige Behörde die erforderlichen Anordnungen nicht (rechtzeitig) getroffen hat.

III. Schutzobjekte

5
Nationale Bedeutung
Importance nationale

Art. 15 NHG gilt ausschliesslich für Objekte von «nationaler Bedeutung». In Übereinstimmung mit der zu Art. 16 NHG entwickelten Rechtsprechung (FAHRLÄNDER, Art. 16, Rz 4) gehören dazu neben den gestützt auf Art. 5, Art. 18a und Art. 23b Abs. 3 i.V. mit Art. 23c Abs. 1 NHG inventarisierten Objekten von «nationaler Bedeutung» auch solche, «die nicht oder noch nicht in das Verzeichnis aufgenommen wurden, wenn an ihrer Erhaltung ein über den Kanton, oder die Gegend, in der sie liegen, hinausgreifendes Interesse besteht»[10].

6
Geltungsbereich
Champ d'application

Art. 15 NHG ist zwar auf Aufgaben zugeschnitten, die vorab in die Zuständigkeit der Kantone fallen und den Bund einzig zu Förderungsmassnahmen (Beiträge an entstehende Kosten) verpflichten. Es ist aber nach dem Wortlaut der Bestimmung und der Systematik des Gesetzes auch zulässig, Art. 15 NHG für die Erfüllung von Bundesaufgaben oder von Aufgaben heranzuziehen, welche in seine unmittelbare Zuständigkeit fallen.

Damit ist gesagt, dass Art. 15 NHG – solange Objekte von nationaler Bedeutung betroffen sind – grundsätzlich den gesamten Geltungsbereich des Gesetzes erfasst. Es erübrigt sich deshalb, die in der Aufzählung von Art. 15 Abs. 1 NHG enthaltenen Begriffe der Naturlandschaften, der geschichtlichen Stätten sowie der Natur- und Kulturdenkmäler (vgl. zu diesen Begriffen ROHRER, 1. Kap., Rz 4 ff. sowie FAVRE, Art. 1, Rz 5 ff.) gegeneinander abzugrenzen.

7
Artenschutz
Protection des espèces

Beizufügen bleibt, dass Sicherungsmassnahmen auch unmittelbar dem Artenschutz (Art. 18 Abs. 1 und Art. 19 ff. NHG) dienen können. Insbesondere wäre es denkbar, einzelne Gebiete im Interesse gefährdeter oder zur Wiederansiedlung wildlebend nicht mehr vorkommender Tier- und Pflanzenarten dem Schutz von Art. 15 NHG zu unterstellen (vgl. auch Art. 21 Bst. a und b NHV).

---

[10] BGE 117 Ib 245 E. 2a = JdT 1993 I 512; BGE 100 Ib 363 E. 2 = Pra 1975, 180.

IV. Erwerb oder Sicherstellung

Art. 15 NHG ermächtigt den Bund dazu, Schutzobjekte von «nationaler Bedeutung» zu «erwerben oder zu sichern». Der für die Anwendung von Art. 15 NHG massgebende Grundsatz der Subsidiarität stellt dabei – entgegen dem Wortlaut der Bestimmung – die Sicherstellung in den Vordergrund. Massnahmen nach Art. 15 NHG sind nur und erst geboten, wenn kein anderer ausreichender Schutz erreicht werden kann. Sie haben zudem die Eigentümerbefugnisse der Betroffenen so wenig als möglich zu beeinträchtigen. Solange die Schutzziele auch ohne Landerwerb erreicht werden können, hat sich der Bund deshalb mit Massnahmen zur blossen Sicherstellung des Schutzobjektes zu begnügen.

8
Subsidiarität des Landerwerbs
Acquisition de terrain comme mesure subsidiaire

In Frage kommt dabei vorab die Errichtung von Personaldienstbarkeiten nach Art. 781 ZGB zu Gunsten der Eidgenossenschaft oder einer andern für den Vollzug zuständigen Instanz. Diese können ein Gebiet mit einem (teilweisen) Bauverbot[11], mit Auflagen bei der Umnutzung oder Sanierung bestehender Bauten, geschichtlicher Stätten oder Kulturdenkmäler, mit Nutzungs- oder Bewirtschaftungsbeschränkungen oder mit anderen Einschränkungen der Eigentümerbefugnisse belegen. Unterhaltsverpflichtungen oder andere Leistungen lassen sich damit den Grundeigentümern aber nicht überbinden. Mit Personaldienstbarkeiten können die Belasteten einzig zu passivem Dulden nicht aber zu aktiven Handeln angehalten werden. Der (zwangsweise) Erwerb von Grundeigentum steht erst zur Diskussion, wenn die zur Sicherstellung des Schutzobjektes erforderlichen Vorkehren eine ausreichende Nutzung des Schutzobjektes nicht mehr zulassen.

9
Denkbare Sicherungsmassnahmen
Mesures de sauvegarde possibles

V. Vertragliche Absprachen

Art. 15 NHG verpflichtet den Bund dazu, zunächst eine vertragliche Sicherstellung des Schutzobjektes anzustreben. Um die für Verhandlungen benötigte Zeit zu gewinnen, können bei unmittelbar drohender Gefahr vorsorgliche Massnahmen im Sinne von Art. 16 NHG angeordnet werden (FAHRLÄNDER, Art. 16, Rz 2).

10
Vorrang des Vertrages
Priorité au contrat

Der Rahmen für die zu führenden Verhandlungen wird durch Art. 15 NHG kaum eingeschränkt. Solange damit eine definitive Sicherstellung erreicht werden kann, lässt das Gesetz auch aussergewöhnliche Lösungen zu. Wird dabei

11
Vertragsinhalt
Contenu du contrat

---

[11] BGE 114 Ib 321 = Pra 1990, 20.

auf dingliche Rechtsgeschäfte (Eigentumsübergang, Errichtung von Dienstbarkeiten) verzichtet, muss die Sicherstellung – solange noch vorsorgliche Massnahmen nach Art. 16 NHG für einen vorläufigen Schutz sorgen – durch eine (nachträgliche) Anpassung der geltenden Schutz- oder Nutzungsvorschriften erreicht werden, wie dies für den Schutz von Biotopen von nationaler Bedeutung beim Abschluss von Vereinbarungen mit Grundeigentümern oder Bewirtschaftern vorgeschrieben ist (vgl. Art. 5 Abs. 1 Bst. a HMV sowie Art. 5 Abs. 2 Bst. a FMV und AuenV).

12
Art. 18c NHG als Richtschnur
Art. 18c LPN comme fil conducteur

Die Vorgaben des Biotopschutzes für die vertragliche Umsetzung eines ausreichenden Schutzes (Art. 18c NHG, vgl. MAURER, Art. 18c, Rz 8 ff.) könnten auch sonst als Richtschnur dienen, um vertragliche Absprachen in Anwendung von Art. 15 NHG sinngemäss auf den Denkmalschutz zu übertragen. Finanzielle Leistungen des Bundes könnten derart unmittelbar von Verpflichtungen des Grundeigentümers abhängig gemacht werden. Denkbar wäre in diesem Rahmen auch, Verwaltungsaufgaben dem Grundeigentümer selbst oder – was Art. 15 NHG ausdrücklich vorsieht – öffentlich-rechtlichen Körperschaften oder geeigneten privaten Organisationen zu übertragen.

VI. Enteignungen

A. Gescheiterte Verhandlungen

13
Enteignung als Ausnahme
Expropriation comme mesure exceptionnelle

Nach Art. 15 NHG steht der «Weg der Enteignung» dem Bund nur «ausnahmsweise» zur Verfügung. Das Enteignungsverfahren darf nur und erst eingeleitet werden, nachdem Verhandlungen über eine vertragliche Regelung gescheitert sind. An diesen Nachweis dürfen aber keine übersetzten Anforderungen gestellt werden. Es genügt, dass überhaupt (vorerst) erfolglose Gespräche stattgefunden haben.

Im übrigen ist es den Parteien unbenommen, ihre Verhandlungen auch während der Dauer des Enteignungsverfahrens weiterzuführen (Art. 54 EntG)[12]. Häufig gelingt es auch, im Enteignungsverfahren mit Hilfe des Richters an der dafür bestimmten Einigungsverhandlung eine einvernehmliche Lösung zu finden (Art. 48 EntG).

---

[12] HESS/WEIBEL, Band I, Rz 1–5 zu Art. 54 EntG.

B. Enteignungstitel

Zuständig für die Erteilung des Enteignungsrechts (Enteignungstitel) ist gemäss Art. 15 NHG und Art. 3 Abs. 1 EntG der Bundesrat[13]. Über Einsprachen gegen die Enteignung und über Einsprachen im Sinne von Art. 7–10 EntG[14], die Auswirkungen auf die Ausgestaltung des Enteignungsrechts haben könnten, entscheidet nach Massgabe von Art. 3 Abs. 2 und Art. 55 Abs. 1 EntG das zuständige Departement und damit das EDI. Im Einspracheentscheid «wird festgelegt, ob und welche Rechte der Enteigner von den Enteigneten in Anspruch nehmen kann, mit anderen Worten wird über Bestand und Umfang der Abtretungspflicht entschieden»[15].

14
Zuständigkeiten
Compétences

Eine Übertragung des Enteignungsrechts für Massnahmen nach Art. 15 NHG ist nach Massgabe von Art. 3 Abs. 2 EntG nicht zulässig. Auch wenn er ein anderes Gemeinwesen oder private Organisationen mit der Verwaltung eines Objekts von «nationaler Bedeutung» betraut, hat deshalb der Bund selber als Enteigner aufzutreten.

15
Übertragung
Cession

C. Gegenstand des Enteignungsrechts

Während im Falle einer vertraglichen Sicherstellung eines Objekts von nationaler Bedeutung mit den betroffenen Grundeigentümern vielfältige Absprachen getroffen werden können (Rz 10 ff. hievor), beschränkt Art. 5 EntG das förmliche Enteignungsverfahren auf das Eigentum an Grundstücken[16], auf beschränkte dingliche Rechte an Grundstücken[17], auf die aus dem Grundeigentum hervorgehenden Nachbarrechte[18] sowie auf die obligatorischen Rechte von

16
Rechte am Eigentum
Droits liés à la propriété

---

[13] ZIMMERLI, Bauverbotsdienstbarkeit, 38; vgl. auch HESS/WEIBEL, Band I, Rz 39 zu Art. 1 EntG, Rz 10–12 zu Art. 3 EntG, Rz 13 zu Art. 19 EntG, Band II, Rz 24 zu Art. 15 NHG, wonach aus dem Umstand, dass Art. 15 NHG zum 2. Abschnitt des Gesetzes gehört, gefolgert wird, der Bund handle bei der Ausübung des Enteignungsrechts nicht hoheitlich, sondern als blosser Stellvertreter des Vollzugspflichtigen. Abgesehen davon, dass diese Frage vorab aus dogmatischer Sicht interessiert, übersieht diese Betrachtungsweise, dass Art. 15 NHG eine zwar subsidiäre Zuständigkeit des Bundes für den Fall begründet, dass Objekte von «nationaler Bedeutung» unmittelbar gefährdet sind; vgl. auch ZUFFEREY, 2. Kap., Rz 38.
[14] Vgl. HESS/WEIBEL, Band I, Rz 15 ff. zu Art. 55 EntG.
[15] HESS/WEIBEL, Band I, Rz 15 zu Art. 55 EntG.
[16] Inklusive dauernde und selbständige Rechte (Art. 779 Abs. 3 und Art. 780 Abs. 3 ZGB) sowie Miteigentumsanteile (Art. 646 ff. und 712a ff. ZGB).
[17] Grunddienstbarkeiten (Art. 730–744 ZGB) und andere dingliche Rechte, insbesondere Personaldienstbarkeiten (Art. 779–781 ZGB).
[18] Art. 679–684 ZGB.

Mietern und Pächtern[19]. Andere dingliche oder obligatorische Rechte können nicht Gegenstand eines Enteignungsverfahrens (Enteignungsobjekt) sein.

17
Vorübergehende Enteignung
Expropriation temporaire

Die zu enteignenden Rechte können auch vorübergehend entzogen werden (Art. 5 Abs. 2 EntG)[20]. Für vorsorgliche Massnahmen (Art. 16 NHG; FAHRLÄNDER, Art. 16, Rz 2 ff.) sind deshalb Enteignungsbegehren ebenfalls denkbar. Obwohl Art. 16 NHG die Enteignung nicht ausdrücklich vorsieht, könnte dafür in Anwendung von Art. 3 Abs. 1 EntG ein Enteignungsrecht beansprucht werden. Voraussetzung dafür wäre allerdings – was höchstens ausnahmsweise der Fall sein dürfte –, dass die Einleitung des Enteignungsverfahrens zur erfolgreichen Durchsetzung der vorsorglichen Massnahme überhaupt erforderlich ist.

18
Verhältnismässigkeit
Proportionnalité

Der Grundsatz der Verhältnismässigkeit gebietet, die Eigentümerbefugnisse der Betroffenen nicht mehr als nötig einzuschränken. Solange die Errichtung eines beschränkten dinglichen Rechts[21] zur Sicherstellung des Schutzobjekts ausreicht, darf das Eigentum nicht vollständig entzogen werden[22].

19
Ausdehnung der Enteignung
Extension de l'expropriation

Anders ist dies nur und erst, wenn bei der Begründung von beschränkten dinglichen Rechten und damit bei Teilenteignungen die geschuldete Entschädigung mehr als einen Drittel des für das Ganze zu entrichtenden Wertes ausmacht oder wenn eine Teilenteignung die bestimmungsgemässe Verwendung des verbleibenden Teils des Grundstücks verunmöglicht oder derart erschwert, dass sie dem Betroffenen nicht mehr zugemutet werden kann. Unter diesen Voraussetzungen haben der Enteigner oder die Enteigneten Anspruch auf die vollständige Übertragung des beanspruchten Eigentums (sog. Ausdehnung der Enteignung; Art. 11 f. EntG).

D. Bemessung der Enteignungsentschädigung

20
Volle Entschädigung
Indemnisation complète

«Die Enteignung kann nur gegen volle Entschädigung erfolgen» (Art. 16 EntG, vgl. auch Art. 22ter Abs. 3 BV). Dem Betroffenen sind alle Nachteile zu ersetzen, die ihm aus der Entziehung oder Beschränkung seiner Rechte erwachsen[23]. Die insgesamt geschuldete Entschädigung bildet dabei zwar eine Einheit, setzt sich aber aus verschiedenen in Betracht fallenden Entschädigungselementen zusammen.

---

[19] Vertragliche Ansprüche von Mietern und Pächtern gegenüber dem zu enteignenden Grundeigentümer.
[20] Vgl. auch HESS/WEIBEL, Band I, Rz 39 ff. zu Art. 19 EntG.
[21] Bauverbote, Bewirtschaftungsbeschränkungen, Benützungsverbote, etc.
[22] ZIMMERLI, Bauverbotsdienstbarkeit, 39.
[23] Vgl. HESS/WEIBEL, Band I, Rz 9–12 zu Art. 19 EntG.

Bei vollständigem Eigentumsübergang ist dem Enteigneten gemäss Art. 19 Bst. a i.V. mit Art. 19bis Abs. 1 EntG der auf den Zeitpunkt der Einigungsverhandlung zu ermittelnde «volle Verkehrswert des enteigneten Rechtes» zu vergüten. «Der Verkehrswert entspricht dem Erlös, der für das enteignete Recht bei Veräusserung im freien Handel hätte erzielt werden können.»[24] Dies ist – nach Möglichkeit – anhand von Vergleichspreisen zu ermitteln, die für Grundstücke erzielt werden, welche der Lage und Beschaffenheit des zu enteignenden Landes einigermassen entsprechen[25].

21
Verkehrswert
Valeur vénale

Zudem ist nach Art. 19 Bst. c EntG zu prüfen, ob die Enteignung weitere Nachteile verursacht, «die sich nach dem gewöhnlichen Lauf der Dinge als Folge der Enteignung voraussehen lassen» (sog. Inkonvenienzen). Als solche fallen Nutzungs- sowie Bewirtschaftungserschwernisse, oder unnütz gewordene Planungsaufwendungen[26] in Betracht. Sie sind bei einem teilweisen Entzug eines Grundstücks oder bei der zwangsweisen Errichtung von Dienstbarkeiten (Teilenteignungen) besonders häufig und von dem diesfalls nach Art. 19 Bst. b EntG geschuldeten Minderwert auseinander zu halten. Dieser bemisst sich aus der Differenz der Verkehrswerte des gesamten und des dem Enteigneten verbleibenden oder mit einer Dienstbarkeit belasteten Grundstücks[27].

22
Inkonvenienz,
Minderwert
Inconvénient,
moins-value

---

[24] HESS/WEIBEL, Band I, N 50 zu Art. 19 EntG.
[25] Unveröffentlichter Entscheid des BGr. vom 13. Juli 1988 i.S. Stadt Bern, E.7.
[26] Vgl. dazu auch BGE 114 Ib 332 f. E. 7 = Pra 1990, 26 sowie ZIMMERLI, Bauverbotsdienstbarkeit, 40, wonach Projektierungskosten nur zu ersetzen sind, wenn ein nach geltendem Recht bewilligungsfähiges Vorhaben geplant war.
[27] Vgl. dazu HESS/WEIBEL, Band I, Rz 186 ff. zu Art. 19 EntG sowie zur Bemessung der Enteignungsentschädigung insgesamt, Rz 50 ff. zu Art. 19 EntG.

Art. 16 Vorsorgliche Massnahmen

Droht einer Naturlandschaft im Sinne von Artikel 15, einer geschichtlichen Stätte oder einem Kulturdenkmal von nationaler Bedeutung unmittelbare Gefahr, kann das Eidgenössische Departement des Innern ein solches Objekt durch befristete Massnahmen unter den Schutz des Bundes stellen und die nötigen Sicherungen zu seiner Erhaltung anordnen.

Art. 16 Mesures conservatoires

Si un danger imminent menace un site naturel selon l'article 15, un site évocateur du passé ou un monument d'importance nationale, le Département fédéral de l'intérieur peut, par des mesures temporaires, placer l'objet sous la protection de la Confédération et ordonner que les dispositions nécessaires à sa conservation soient prises.

Inhaltsverzeichnis Rz

I.	Entstehung	1
II.	Bedeutung	2
III.	Schutzobjekte	4
IV.	Subsidiarität	5
V.	Unmittelbare Gefahr	9
VI.	Schutzmassnahmen und Befristung	12
VII.	Entschädigungsfragen	16

Table des matières N°

I.	L'origine de la disposition	1
II.	L'importance	2
III.	Les objets protégés	4
IV.	La subsidiarité	5
V.	Un danger imminent	9
VI.	Les mesures de protection et la fixation d'un délai	12
VII.	Les questions d'indemnisation	16

I. Entstehung

Der Artikel wurde beim Erlass des NHG mit dem in der Botschaft vorgesehenen Wortlaut[1] in das Gesetz aufgenommen. In den parlamentarischen Beratungen gab die Bestimmung einzig Anlass zu einem «Geplänkel»[2] über die den Bundesbehörden danach zustehenden Befugnisse, ohne dass Abänderungsanträge gestellt worden wären.

Materielle Änderungen hat der Artikel bis heute keine erfahren. Einzig die Zuständigkeit zum Erlass von vorsorglichen Massnahmen wurde vom Bundesrat an das EDI übertragen, um den im Verfahrensrecht eingetretenen Änderungen Rechnung zu tragen[3].

1

II. Bedeutung

Die Bestimmung verfolgt ähnliche Zielsetzungen wie Art. 15 NHG (vgl. FAHRLÄNDER, Art. 15, Rz 4). Sie soll ein Eingreifen des Bundes ermöglichen, wenn Massnahmen des Kantons oder der Gemeinden nicht rechtzeitig greifen oder unterbleiben. Dabei lassen sich ausschliesslich befristete Anordnungen zur Vermeidung eines unmittelbar drohenden Verlustes auf Art. 16 NHG abstützen[4]. Diese sind entweder durch definitive Sicherungsmassnahmen im Sinne von Art. 15 NHG oder durch andere Schutzvorkehren abzulösen.

2

Seit dem Erlass des NHG wurde vor allem der Biotopschutz wesentlich verstärkt. Dabei sind auch die Kompetenzen und Aufgaben des Bundes erweitert worden (vgl. MAURER, Vorbemerkungen zu den Art. 18–23, Rz 4 sowie FAHRLÄNDER, Art. 18, Rz 1). Insbesondere wurden zusätzliche Vorschriften für den vorsorglichen Schutz von Biotopen von nationaler Bedeutung und von Moorlandschaften von besonderer Schönheit und von nationaler Bedeutung geschaffen (vgl. Rz 6 hienach). Zudem bietet heute auch das Raumplanungsrecht (Planungszonen im Sinne von Art. 27 und 37 RPG) Instrumente an, um im Interesse des Natur- und Heimatschutzes vorsorgliche Massnahmen anzuordnen. Im Bereiche des Biotopschutzes werden vorsorgliche Massnahmen deshalb nur noch ausnahmsweise auf die «Generalklausel» von Art. 16 NHG abgestützt. Im übrigen und insbesondere für den vorläufigen Schutz bedrohter geschichtlicher Stätten oder Kulturdenkmäler hat die Bestimmung aber ihre Bedeutung behalten.

3
Anderweitiger Schutz
Autres sources de protection

---

[1] Botschaft NHG, BBl 1965 III 117.
[2] Amtl. Bull. N 1966 333 (Voten HEIL und Bundesrat TSCHUDI).
[3] Botschaft Rothenthurm, BBl 1985 II 1466.
[4] Botschaft NHG, BBl 1965 III 107 f.

III. Schutzobjekte

4   Art. 16 NHG schützt dieselben Objekte wie Art. 15 NHG (vgl. FAHRLÄNDER, Art. 15, Rz 5 ff., mit Hinweisen). Auch vorsorgliche Massnahmen kommen nur in Frage, wenn ein Objekt von «nationaler Bedeutung» bedroht ist. Dabei sind Objekte von nationaler Bedeutung «in erster Linie Stätten und Sachen, die als solche in die vom Bund nach den Art. 5 und 18a NHG zu erstellenden Inventare aufgenommen worden sind. Schutzwürdig sind aber auch solche Objekte, die nicht oder noch nicht in das Verzeichnis aufgenommen wurden, wenn an ihrer Erhaltung ein über den Kanton, oder die Gegend, in der sie liegen, hinausgreifendes Interesse besteht»[5]. Dasselbe gilt im Bereich des Moorlandschaftsschutzes für alle im Lichte von Art. 23b NHG und der dazu ergangenen Ausführungsvorschriften (MLV) schutzwürdigen Objekte.

IV. Subsidiarität

5   Vorsorgliche Massnahmen im Sinne von Art. 16 NHG sind nur und erst zulässig, wenn keine anderen Möglichkeiten zur vorläufigen Sicherung eines schutzwürdigen Objekts von nationaler Bedeutung zur Verfügung stehen[6] oder diese ausgeschöpft sind[7]. Andere (ausreichende) Schutzvorkehren gehen damit den vorsorglichen Massnahmen nach Art. 16 NHG vor. Seit dem Inkrafttreten von Art. 29 NHV sowie Art. 7 HMV, FMV, AuenV und MLV (vgl. dazu KELLER, Art. 26, Rz 6 ff.) besteht für Biotope und für Moorlandschaften, die in Inventaren im Sinne von Art. 18a NHG und Art. 16 NHV oder von Art. 23b Abs. 3 NHG und Art. 22 NHV enthalten sind, auch ein ausreichender vorläufiger Schutz. Diese Rechtsgrundlagen für die Anordnung vorläufiger Massnahmen gehen Art. 16 NHG – als lex specialis – vor. Im Bereiche des Biotopschutzes und des Schutzes der Moorlandschaften kommen auf Art. 16 NHG abgestützte vorläufige Massnahmen deshalb einzig noch in Frage, wenn die Kantone ihre Pflicht zur Anordnung von Sofortmassnahmen nicht oder schlecht erfüllen.

6   *Andere Massnahmen / Autres mesures*

7   Die Rechtswirkungen der gestützt auf Art. 5 NHG, die VBLN und die VISOS erlassenen Inventare der Landschaften und Naturdenkmäler und der Ortsbilder von nationaler Bedeutung gehen zwar weniger weit als im Bereiche des Biotopschutzes (vgl. LEIMBACHER, Art. 6, Rz 3 ff.). Insbesondere beschränkt Art. 6

Geschichtliche Stätten, Kulturdenkmäler / Sites évocateurs du passé, monuments culturels

---

[5]   BGE 117 Ib 245 E. 2a = JdT 1993 I 512; BGE 100 Ib 163 E. 2 = JdT 1976 I 13.
[6]   Botschaft NHG, BBl 1965 III 108.
[7]   Vgl. dazu BGE 117 Ib 243 = JdT 1993 I 511.

Abs. 2 NHG die Schutzwirkungen formell auf die «Erfüllung einer Bundesaufgabe» (LEIMBACHER, Art. 6, Rz 2 und 27 ff.). Die Aufnahme eines Objekts von nationaler Bedeutung in das Inventar sowie die Gemeinden und gesamtschweizerischen Organisationen eingeräumten Beschwerderechte (Art. 12 NHG; vgl. auch KELLER, Art. 12, Rz 3 ff.), bieten in der Regel einen beträchtlichen Schutz. Sie bewirken zumindest, dass Eingriffe in Schutzobjekte erst nach einer Abwägung sich widersprechender Interessen zugelassen werden.

Mit der in die Bestimmung aufgenommenen vorübergehenden Kompetenzerweiterung zu Gunsten des Bundes bietet Art. 16 NHG aber insbesondere geschichtlichen Stätten und Kulturdenkmälern noch zusätzlichen Schutz. Danach kann der Bund einschreiten und ein Objekt «durch befristete Massnahmen unter den Schutz des Bundes» stellen, wenn er feststellen muss, dass der Kanton oder andere zuständige Instanzen die Bedeutung eines Objekts von nationaler Bedeutung unterschätzen oder wenn die für sie verfügbaren vorläufigen Schutzvorkehren ausgeschöpft sind (vgl. FAHRLÄNDER, Art. 15, Rz 3 und 5). Wie die bisherigen Anwendungsfälle belegen[8], liegt darin die hauptsächliche Bedeutung des Schutzes von Art. 16 NHG.

8
Hauptsächliche Bedeutung
Signification principale

V. Unmittelbare Gefahr

Eine drohende, unmittelbare Gefahr im Sinne von Art. 16 NHG setzt zunächst voraus, «dass die Gefahr zeitlich unmittelbar bevorstehen muss»[9]. Eine mögliche Gefährdung reicht nicht aus. Es müssen konkrete Anhaltspunkte dafür vorliegen, dass ein Objekt von nationaler Bedeutung unmittelbar in seinem bisherigen Bestand getroffen wird. Dies können Bauvorhaben sein, welche das Schutzobjekt oder seine unmittelbare Umgebung beeinträchtigen[10]. Denkbar ist auch, dass der schlechte (bauliche) Zustand des Schutzobjektes die umgehende Anordnung vorsorglicher Massnahmen erfordert. Auch Handänderungen können vorsorgliche Massnahmen auslösen. Dies allerdings nur, wenn deswegen eine Beeinträchtigung des Schutzobjektes befürchtet werden muss. Der Verzicht des Gemeinwesens, ein Objekt von nationaler Bedeutung zu erwerben und derart zu sichern, begründet für sich allein keine unmittelbare Gefahr im Sinne von Art. 16 NHG. Solange Hinweise dafür fehlen, «dass der derzei-

9
Zeitliche Dringlichkeit
Urgence

10
Zurückhaltung
Retenue

---

[8] Vgl. die bei HESS/WEIBEL, Band II, Rz 18 ff. zu Art. 15 NHG und Rz 28 f. zu Art. 16 NHG erwähnten Beispiele.
[9] BGE 117 Ib 245 = JdT 1993 I 512 mit Hinweis.
[10] BGE 100 Ib 163 f. E. 2 = JdT 1976 I 13 f.

ge oder der künftige Eigentümer eine nachteilige Veränderung an den Kulturdenkmälern selbst beabsichtigen» und einzig eine Renovation bestehender Bauten vorgesehen ist, darf nicht auf Sicherungsmassnahmen nach Art. 16 NHG zurückgegriffen werden. Vorsorgliche Massnahmen sind «nur zurückhaltend» einzusetzen[11].

11
Keine vorbereitenden Massnahmen
Absence de mesures préparatoires

Es ist zwar naheliegend und zulässig, Anordnungen nach Art. 16 NHG mit definitiven Sicherungsmassnahmen im Sinne von Art. 15 NHG zu verbinden (vgl. Rz 2 hievor; FAHRLÄNDER, Art. 15, Rz 10). Die Anordnung von Sicherungsmassnahmen darf aber nicht dazu verwendet werden, den Preis für das zu erwerbende oder anderweitig definitiv zu sichernde Objekt tief zu halten. «Allein eine solche Gefahr ist keine Gefahr für die Kulturdenkmäler selbst, sondern höchstens für die Finanzen des Gemeinwesens, das die Liegenschaft erwerben will. Zu einem solchen bloss indirekten Schutz der Kulturdenkmäler bietet aber Art. 16 NHG keine Grundlage, verlangt er doch, dass den Denkmälern unmittelbar Gefahr drohe»[12]. Im übrigen lassen sich derartige Zielsetzungen in der Regel auch mit dem für die definitive Sicherung schützenswerter Objekte von nationaler Bedeutung gemäss Art. 15 Abs. 2 NHG nötigenfalls zur Verfügung stehenden enteignungsrechtlichen Instrumentarium[13] verwirklichen (FAHRLÄNDER, Art. 15, Rz 13).

VI. Schutzmassnahmen und Befristung

12
Veränderungsverbot
Interdiction de modifier

13
Sicherungsmassnahmen
Mesures de sauvegarde

Die nach Art. 16 NHG zu treffenden vorsorglichen Massnahmen hängen zwar stets von der jeweils unmittelbar drohenden Gefahr ab. Im Vordergrund stehen aber befristete Verbote für das Errichten neuer Bauten und Anlagen, für Arbeiten an bestehenden Bauten und Anlagen, für Abgrabungen oder Aufschüttungen oder – genereller – ein allgemeines Veränderungsverbot. Denkbar wäre auch, dass bei einem drohenden Zerfall eines Objekts von nationaler Bedeutung bauliche Sicherungsmassnahmen angeordnet werden, welche den vollständigen oder fortschreitenden Verlust des Objekts zumindest aufhalten. Voraussetzung dafür wäre allerdings, dass dabei auch festgelegt wird, welche öffentlichen Gelder für die angeordneten baulichen Massnahmen zur Verfügung stehen (vgl. JENNI, Art. 13, Rz 6 ff.). Zudem müsste den betroffenen Grund-

---

[11] BGE 100 Ib 163 E. 2 = JdT 1976 I 13 f.
[12] BGE 100 Ib 164 E. 2 = JdT 1976 I 14.
[13] Enteignungsbann nach Art. 42 EntG, evtl. vorzeitige Besitzeseinweisung gemäss Art. 76 EntG; vgl. zum Enteignungsbann auch HESS/WEIBEL, Band II, Rz 28 zu Art. 16 NHG.

eigentümern auch die Ersatzmassnahme für den Fall angedroht werden, dass die vorsorglich zu treffenden baulichen Massnahmen nicht rechtzeitig ausgeführt werden. Unter diesen Umständen ist das EDI auch berechtigt, in Anwendung von Art. 16 NHG Planungszonen im Sinne von Art. 27 RPG auszuscheiden, sofern die Kantone dazu nicht (mehr) in der Lage oder bereit sind[14].

Vorkehren nach Art. 16 NHG sind zu befristen. Dabei gebietet der Verfassungsgrundsatz der Verhältnismässigkeit, dass betroffene Grundeigentümer nicht länger belastet werden dürfen, als dies zur Erreichung des angestrebten Ziels erforderlich ist. Die provisorische Massnahme darf deshalb nur die Zeitspanne erfassen, welche zur Beantwortung der Frage erforderlich ist, ob das Objekt nach Art. 15 NHG erworben oder mit weitergehenden Schutzvorschriften belegt werden soll. Wie die Fristen im Einzelfall zu bemessen sind, hängt zudem auch vom Ausmass der vorübergehend verfügten Eigentumsbeschränkung ab. Die dem Betroffenen zustehenden Eigentümerbefugnisse sind dabei den in Frage stehenden, in der Verfassung verankerten öffentlichen Anliegen der Raumplanung, des Umweltschutzes, des Gewässerschutzes und des Natur- und Heimatschutzes gegenüber zu stellen. Die Ausgestaltung und Befristung von Massnahmen nach Art. 16 NHG ist das Ergebnis einer Interessenabwägung zwischen diesen öffentlichen Anliegen und denjenigen der betroffenen Grundeigentümer[15].

14 Verhältnismässigkeit
Proportionnalité

Auf Art. 16 NHG abgestützte Verfügungen des EDI sind mit Verwaltungsgerichtsbeschwerde beim Bundesgericht anfechtbar[16].

15 Rechtsmittel
Voies de droit

VII. Entschädigungsfragen

Auch befristete Bau- oder Veränderungsverbote können nach der geltenden Lehre und Rechtsprechung[17] Ansprüche aus materieller Enteignung auslösen, wenn sie angesichts ihrer Dauer und Intensität ein Ausmass erreichen, das mit dem in Art. 22ter Abs. 3 BV verankerten Gebot der vollen Entschädigung nicht zu vereinbaren ist. Dabei handelt es sich allerdings nicht um eine Rechtmässigkeitsvoraussetzung für den Erlass der vorsorglichen Massnahme, sondern um

16

---

[14] BGE 117 Ib 244 ff. = JdT 1993 I 511.
[15] BGE 117 Ib 246 = JdT 1993 I 512 mit Hinweisen.
[16] BGE 117 Ib 244 = JdT 1993 I 511.
[17] Vgl. Riva, Hauptfragen, 290 ff., mit weiteren Hinweisen.

tieine blosse Folge des in Frage stehenden Eingriffs[18]. Befristete Bau- oder Veränderungsverbote werden dabei – für sich allein – enteignungsrechtlich beachtlich, wenn sie die betroffenen Grundeigentümer während mehr als fünf bis zehn Jahren an der bestimmungsgemässen Nutzung ihres Grundeigentums hindern. Ob aber als Entgelt für eine solche befristete Eigentumsbeschränkung tatsächlich eine nach Art. 19 Bst. c EntG zu bemessende Inkonvenienzentschädigung geschuldet ist, bleibt im Einzelfall anhand der jeweiligen Umstände näher abzuklären. Dies ist etwa zu verneinen, wenn die vorsorgliche Massnahme eine Inhaltsbestimmung des Grundeigentums vorweggenommen hat. Insbesondere auf Art. 24^{sexies} Abs. 5 BV abgestützte (vorsorgliche und definitive) Anordnungen sind deshalb grundsätzlich entschädigungslos hinzunehmen. Sie lösen höchstens eine Entschädigungspflicht aus materieller Enteignung aus, wenn sie nach einer bundesrechtskonformen Nutzungsplanung ausgeschiedenes Bauland treffen, das ausreichend erschlossen ist und in naher Zukunft hätte baulich genutzt werden können[19].

---

[18] BGE 109 Ib 22 f. = JdT 1985 I 514; BGE 109 Ib 275 f. = JdT 1985 I 609; MÜLLER Georg, Kommentar BV, Art. 22ter, Rz 56; BUWAL, Entschädigungsfolgen, 9.
[19] BUWAL, Entschädigungsfolgen, 6.

Art. 16a   Beitragszusicherungen

Die Bundesversammlung setzt jeweils mit dem Voranschlag den Höchstbetrag fest, bis zu dem im Voranschlagsjahr Zusicherungen von Beiträgen abgegeben werden dürfen.

Art. 16a   Octroi de subventions

L'Assemblée fédérale fixe dans le budget le volume maximal des subventions qui peuvent être allouées durant l'exercice.

Inhaltsverzeichnis	Rz
I. Kreditvorbehalt	1
II. Zusicherung	3

Table des matières	N°
I. Le crédit fixé dans le budget	1
II. L'octroi	3

I. Kreditvorbehalt

Diese Bestimmung wurde über das Subventionsgesetz ins NHG eingefügt und ist seit dem 1. April 1991 in Kraft.

Sie ist Ausdruck finanzpolitischer Erfordernisse[1] und entspricht Art. 7 Bst. h und Art. 10 Abs. 1 Bst. d SuG. Sie stellt insofern einen Kreditvorbehalt dar, als von der Bundesversammlung jährlich mit dem Voranschlag festgelegt wird, *welche Mittel für die Erfüllung der Aufgaben gestützt auf das NHG zur Verfügung stehen sollen.* Allerdings ist dieses Mittel der Ausgabenkontrolle nur auf Finanzhilfen vorbehaltlos anwendbar, während bei den Abgeltungen, wo die Pflichterfüllung vorgeht, die Kreditbegrenzung versagen muss (vgl. JENNI, Art. 13, Rz 67).

1 Ergänzung durch SuG
LSu comme complément

2 Ausgabenkontrolle
Contrôle des dépenses

---

[1]   Botschaft SuG, BBl 1987 I 402.

II. Zusicherung

<small>3
Jahreszu-
sicherungs-
kredit
Crédit
annuel pour
les
subventions</small>

Der Jahreszusicherungskredit ist *ein Instrument zur Begrenzung zukünftiger Verpflichtungen des Bundes*. Ein Beitrag wird vom BUWAL oder BAK in Form einer Verfügung zugesichert, wenn die Massnahme, an deren Kosten die Finanzhilfe oder Abgeltung auszurichten sein wird, i.d.R. noch nicht ausgeführt worden ist, und damit die Mittel erst zu einem späteren Zeitpunkt, wenn die Abrechnung vorliegt, benötigt werden.

<small>4
Bedeutung
der
Zusicherung
Importance
de la
décision
d'octroi</small>

Die Bedeutung der Zusicherung ist dabei eine doppelte: Dem Gesuchsteller gibt sie die Gewissheit, dass er zur Deckung der Ausgaben in Erfüllung seiner Aufgaben fest mit einem Beitrag rechnen kann. Die Zusicherung begründet einen *Rechtsanspruch*.

Dem Bund erlaubt das Instrument der Zusicherung eine *längerfristige Finanzplanung*. Er legt mit dem Jahreszusicherungskredit den jährlichen Höchstbetrag fest, bis zu welchem die Ämter Zusicherungen verfügen dürfen.

<small>5
Verpflich-
tungskredit,
Zahlungs-
kredit
Crédit
d'engagement,
crédit de
paiement</small>

Beim Jahreszusicherungskredit handelt es sich um einen *Verpflichtungskredit* im Sinne von Art. 25 ff. des Finanzhaushaltsgesetzes[2]. Eine Auszahlung kann aus diesem Kredit nicht erfolgen. Vielmehr muss der zugesicherte Betrag zunächst in den *Zahlungskredit* des Ausgabenjahres (Voranschlag, Art. 13 ff. FHG) überführt werden (Art. 16 FHG).

---

[2] BG vom 6. Oktober 1989 über den eidgenössischen Finanzhaushalt (FHG; SR 611.0).

Art. 17 Rückerstattung von Beiträgen

Ist die Schutzwürdigkeit eines Objektes dahingefallen, so kann der geleistete Beitrag ganz oder teilweise zurückgefordert werden.

Art. 17 Restitution de subventions

Si un objet ne mérite plus d'être protégé, la restitution, tout ou partie, de la subvention allouée peut être requise.

Inhaltsverzeichnis Rz

I. Gegenstand der Rückerstattung 1
II. Abgrenzung zu mangelhafter Erfüllung 4

Table des matières N°

I. L'objet de la restitution 1
II. La délimitation par rapport à l'exécution défectueuse 4

I. Gegenstand der Rückerstattung

Bundesbeiträge im Bereich des Natur- und Heimatschutzes und der Denkmalpflege werden ausgerichtet, um *ein Objekt in seinem schutzwürdigen Zustand zu erhalten*. Gegenstand der Beiträge sind die Massnahmen, die besonders im Hinblick auf dieses Ziel ergriffen werden und die ohne einen Beitrag an die Kosten nicht oder nicht in dem Umfang ergriffen würden.

1
Zweck des Bundesbeitrages
But des subventions fédérales

Nun ist es möglich, dass aufgrund äusserer Umstände (Veränderungen in der Natur, Schadenereignisse etc.) oder eines Fehlverhaltens des Beitragsempfängers (Zweckentfremdung, ungeeignete Eingriffe, Veräusserung ohne Weitergabe der Verpflichtung etc.) oder aufgrund besserer Erkenntnisse (Korrektur einer Fehleinschätzung etc.) die *Schutzwürdigkeit des Objekts dahinfällt*.

2
Wegfall der Schutzwürdigkeit
Protection plus nécessaire

In solchen Fällen kann, nach der neutralen Formulierung in Art. 17 NHG unabhängig von einem allfälligen Verschulden des Beitragsempfängers, der geleistete Beitrag ganz oder teilweise zurückgefordert werden. Dabei wird nach den allgemeinen *Grundsätzen von Treu und Glauben und der Verhältnismässigkeit* zu prüfen sein, ob von diesem Recht Gebrauch zu machen ist.

3
Voraussetzungen einer Rückforderung
Conditions d'une demande en restitution

Dies wird sicher dort der Fall sein, wo der Beitragsempfänger durch den Wegfall der Schutzwürdigkeit *von Lasten befreit* und daher in ungerechtfertigter Weise bereichert wird. Zurückzufordern ist auch dort, wo den Beitragsempfänger am Wegfall der Schutzwürdigkeit ein *Verschulden* trifft.

Hingegen ist Zurückhaltung angebracht, wo *den Beitragsempfänger selbst unverschuldet ein Schaden trifft,* der gleichzeitig zum Wegfall der Schutzwürdigkeit führt, oder wo die Rückforderung aus anderen Gründen für ihn eine *unverhältnismässige Härte* darstellen würde.

II. Abgrenzung zu mangelhafter Erfüllung

4 Abzugrenzen ist die neutral gefasste Bestimmung von Art. 17 NHG von Art. 11 NHV über die Folgen der Nichterfüllung oder mangelhaften Erfüllung von Aufgaben, die sich auf Art. 28 SuG stützt und immer ein *schuldhaftes Verhalten* des Beitragsempfängers voraussetzt (vgl. JENNI, Art. 13 NHG, Rz 69 f.). In solchen Fällen ist die Verwaltung zum Einschreiten verpflichtet.

Art. 17a Besondere Gutachten

Der Bundesrat umschreibt die Fälle, in denen eine Kommission mit Zustimmung des Kantons von sich aus oder auf Ersuchen Dritter Gutachten erstellen kann.

Art. 17a Expertises spéciales

Le Conseil fédéral définit les cas dans lesquels une commission peut, avec l'accord du canton, procéder à une expertise de son propre chef ou à la demande de tiers.

Inhaltsverzeichnis Rz

I. Zielsetzung 1
II. Der Bundesrat umschreibt die Fälle 3
   A. Art. 25 Abs. 1 Bst. e NHV 3
   B. Keine Bundesaufgabe 4
   C. Betroffene Objekte 5
      a. Inventar-Objekte nach Art. 5 NHG 5
      b. Andere Objekte von besonderer Bedeutung 6
      c. Mögliche Beeinträchtigung 7
III. Erstellen des Gutachtens 8
   A. Die Kommission kann von sich aus oder auf Ersuchen Dritter 8
   B. Mit Zustimmung des Kantons 10
   C. Inhalt des Gutachtens 11
   D. Verbindlichkeit 12

Table des matières N°

I. La détermination du but 1
II. Le Conseil fédéral définit les cas 3
   A. L'art. 25 al. 1 lit. e OPN 3
   B. En l'absence de tâche fédérale 4
   C. Les objets concernés 5
      a. Les objets inscrits à un inventaire en vertu de l'art. 5 LPN 5
      b. Les autres objets d'importance particulière 6
      c. Les atteintes possibles 7
III. La réalisation de l'expertise 8
   A. «La commission peut de son propre chef ou à la demande d'un tiers» 8
   B. Avec l'accord du canton 10
   C. Le contenu de l'expertise 11
   D. L'effet contraignant 12

I. Zielsetzung

1 Sinn und Zweck des im Rahmen der Teilrevision ins NHG aufgenommenen Art. 17a NHG erschliessen sich nicht auf den ersten Blick. Seine Plazierung am Ende des 2. Abschnitts des NHG, «Unterstützung von Naturschutz, Heimatschutz und Denkmalpflege durch den Bund[1] und eigene Massnahmen des Bundes[2]», lässt die Vermutung aufkommen, die «besonderen Gutachten» dienten in spezifischer Weise diesen Aufgaben. Dieser Eindruck trügt.

2 Art. 17a NHG wurde ans Ende des 2. Abschnitts gesetzt, weil die anderen Abschnitte des NHG sich noch weniger geeignet hätten und es als nicht zweckmässig erachtet wurde, wegen eines einzigen Artikels, einen neuen Abschnitt einzufügen.

Pendant zu Art. 8 NHG
Pendant de l'art. 8 LPN

Die Entstehungsgeschichte und vor allem die Materialien zeigen[3], dass die «besonderen Gutachten» gemäss Art. 17a NHG als Pendant zu den freiwilligen Gutachten der Kommissionen gemäss Art. 8 NHG gedacht sind. Während dort aber lediglich die Beeinträchtigung eines Objektes in Erfüllung einer Bundesaufgabe zur gutachterlichen Diskussion steht, hat Art. 17a NHG das Ziel, das Wissen und die Kompetenz der Kommissionen – soweit erwünscht – auch im Rahmen der Erfüllung von kantonalen Aufgaben zum Tragen zu bringen, sofern Objekte von besonderer Bedeutung betroffen sind. Das wird allerdings erst durch die Umschreibung der Fälle in der NHV etwas deutlicher.

II. Der Bundesrat umschreibt die Fälle

A. Art. 25 Abs. 1 Bst. e NHV

3 Durch die karge Formulierung des Art. 17a NHG hat das Parlament viel, sehr viel an den Bundesrat delegiert. Es ist wenig überzeugend und rechtlich zumindest fragwürdig, wenn Ziel und Tragweite einer Gesetzesnorm erst durch die Verordnung einigermassen verständlich werden. In Art. 25 Abs. 1 NHV heisst es:

---

[1] Beiträge des Bundes gemäss Art. 13 ff. NHG.
[2] Massnahmen zur Sicherung schützenswerter Objekte gemäss Art. 15 f. NHG. Vgl. etwa BGE 117 Ib 245 = JdT 1993 I 511; BGE 100 Ib 164 = JdT 1976 I 13.
[3] Botschaft Teilrevision NHG, BBl 1991 III 1143.

«Die ENHK und die EKD haben insbesondere folgende Aufgaben:
e. sie erstatten besondere Gutachten (Art. 17a NHG), sofern ein Vorhaben, das keine Bundesaufgabe nach Artikel 2 NHG darstellt, ein Objekt beeinträchtigen könnte, das in einem Inventar des Bundes nach Artikel 5 NHG aufgeführt oder anderweitig von besonderer Bedeutung ist».

«La CFNP et la CFMH ont notamment les tâches suivantes:
e. Elles établissent des expertises spéciales (art. 17a LPN) lorsqu'un projet qui ne constitue pas une tâche fédérale au sens de l'article 2 LPN pourrait porter préjudice à un objet figurant dans un inventaire de la Confédération au sens de l'article 5 LPN ou ayant une importance particulière sur un autre plan».

Die Kommission kann demnach, selbst wenn der Kanton zustimmt (Rz 10), nur in ganz bestimmten Fällen[4] tätig werden.

B. Keine Bundesaufgabe

Die Gutachten nach Art. 7, 8 und 9 NHG müssen bzw. können immer nur dort erstattet werden, wo es um die Erfüllung einer Bundesaufgabe geht. Bei den gemäss Art. 17a NHG zu beurteilenden Vorhaben darf es sich gerade *nicht* um eine Bundesaufgabe handeln.

4

C. Betroffene Objekte

a. Inventar-Objekte nach Art. 5 NHG

Besondere Gutachten sind gemäss Art. 25 Abs. 1 Bst. e NHV primär dort möglich, wo es, wie bei Art. 7 NHG, um ein Objekt aus einem Inventar nach Art. 5 NHG (BLN bzw. ISOS [in Zukunft auch IVS]) geht (vgl. LEIMBACHER, Art. 5, Rz 1 und Art. 7, Rz 2). Die Hervorhebung von Inventar-Objekten von nationaler Bedeutung gemäss Art. 5 NHG macht insofern Sinn, als sie gemäss Art. 6 Abs. 1 NHG «in besonderem Masse die ungeschmälerte Erhaltung oder jedenfalls grösstmögliche Schonung» verdienen – und ihr Schutz nicht leichthin an der Tatsache scheitern soll, dass in concreto nicht die Erfüllung einer Bundesaufgabe zur Diskussion steht (zur Bedeutung der Inventare nach Art. 5 NHG ausserhalb der Erfüllung einer Bundesaufgabe: vgl. LEIMBACHER, Art. 6, Rz 27 ff.).

5

b. Andere Objekte von besonderer Bedeutung

Zu den Inventar-Objekten nach Art. 5 NHG gesellen sich gemäss Art. 25 Abs. 1 Bst. e NHV Objekte, die anderweitig von Bedeutung sind. Darunter sind zwei-

6

---

[4] Vgl. auch Amtl.Bull. S 1992 616 (Votum Berichterstatter SCHALLBERGER).

fellos all jene Objekte von nationaler Bedeutung zu verstehen, die (noch) nicht in ein Inventar gemäss Art. 5 NHG aufgenommen sind: (potentielle) IVS- und ISOS-Objekte sowie KLN-Objekte. Stellt sich die Frage, ob «besondere Gutachten» auch dort erstattet werden sollen und können, wo – bei Erfüllung einer kantonalen Aufgabe – Objekte aus anderen Bundesinventaren (HMV, FMV, AuenV, MLV) beeinträchtigt werden können.

Da die Kommissionen nur mit Zustimmung der Kantone gutachterlich tätig werden können und somit keine ungebührliche Einmischung zu befürchten ist, sind keine Gründe ersichtlich, weshalb die guten Dienste der Kommission nicht auch in solchen Fällen genutzt werden sollten und dürften – dies umso weniger, als sie gestützt auf Art. 8 NHG bereits fakultativ Gutachten erstellen darf, die jene anderen Bundesinventare betreffen.

c. Mögliche Beeinträchtigung

7   Anlass des Gutachtens ist – in Anlehnung an die Art. 7 und 8 NHG – eine mögliche, schutzzielbezogene Beeinträchtigung der (Inventar-)Objekte. Es handelt sich also um Fälle, wo durch das in Frage stehende Vorhaben der natürliche und kulturelle Wert eines Objektes beeinträchtigt werden könnte – also gerade das, was ihre nationale bzw. besondere Bedeutung ausmacht (vgl. LEIMBACHER, Art. 6, Rz 14 ff. und Art. 7, Rz 4).

Die besonderen, mit Zustimmung des Kantons zu erstellenden Gutachten dürften zudem gerade in jenen Fällen wertvoll sein, wo nicht so sehr eine akute Gefährdung eines Objektes im Vordergrund steht, als vielmehr die Beantwortung der Frage, in welchem Umfang und wie das Objekt zu schützen wäre.

III. Erstellen des Gutachtens

A. Die Kommission kann von sich aus oder auf Ersuchen Dritter

8   «Kommission» meint auch in Art. 17a NHG die ENHK bzw. die EDK (vgl. LEIMBACHER, Art. 25, Rz 1).

9
Dritte
Tiers

Die Kommission entscheidet, wie bei Art. 8 NHG, selber, ob sie ein Gutachten erstellen will. Sie ist auch nicht verpflichtet, den Ersuchen Dritter nachzukommen. «Dritte» im Sinne von Art. 17a NHG können irgendwelche Behörden, Organisationen oder auch Private sein.

B. Mit Zustimmung des Kantons

Die besonderen Gutachten sollen insbesondere den Kantonen helfen, bei der Wahrnehmung eigener Aufgaben die Interessen des Natur- und Heimatschutzes sowie der Denkmalpflege zu wahren. Der Beizug der Kommission ist daher nur dort angezeigt und sinnvoll, wo er mit Zustimmung des betroffenen Kantons erfolgt. Wünscht der Kanton die Mitarbeit der Kommission nicht, darf sie – gestützt auf Art. 17a NHG[5] – nicht gutachterlich tätig werden. 10

Welche kantonale Behörde die Zustimmung erteilen darf, bestimmt sich nach kantonalem Recht.

C. Inhalt des Gutachtens

Da Art. 17a NHG als Pendant zur freiwilligen Begutachtung gemäss Art. 8 NHG gedacht ist, und es insoweit um die mögliche Beeinträchtigung bedeutender Objekte geht, liegt es auf der Hand, dass das wichtigstes Thema der «besonderen Gutachten» ebenfalls die ungeschmälerte Erhaltung oder die (grösstmögliche) Schonung der Objekte ist (vgl. LEIMBACHER, Art. 6, Rz 5 ff. und Art. 7, Rz 15 ff.). 11

Dient das Gutachten eher dazu, mögliche (künftige) Beeinträchtigungen besser begegnen zu können, wird sich das Gutachten stärker auf die Frage konzentrieren, ob und vor allem in welchem Ausmasse ein Objekt zu schützen wäre[6].

D. Verbindlichkeit

Den besonderen Gutachten der Kommission gemäss Art. 17a NHG kommt in gleicher Weise Verbindlichkeit zu, wie den Gutachten nach Art. 7 und 8 NHG. Die entscheidbefugte Stelle darf sich nur bei Vorliegen triftiger Gründe über die fundierte und sachkundige Expertise der ENHK bzw. EKD hinwegsetzen (vgl. LEIMBACHER, Art. 7, Rz 18). 12

---

[5] Das schliesst nicht aus, dass die Kommissionen z.B. im Rahmen eines (Gerichts-)Verfahrens als Expertinnen beigezogen werden.
[6] Vgl. dazu BGE 120 Ia 275 = JdT 1996 I 526.

3. Abschnitt:
Schutz der einheimischen Tier- und Pflanzenwelt

Chapitre 3:
Protection de la faune et de la flore du pays

Vorbemerkungen zu den Art. 18–23

Inhaltsverzeichnis Rz

I. Schwerpunkte 1
    A. Übersicht 1
    B. Biotopschutz 2
    C. Artenschutz 3
II. Geschichte 4

Table des matières N°

I. Les éléments importants 1
    A. L'aperçu 1
    B. La protection des biotopes 2
    C. La protection des espèces 3
II. L'historique 4

I. Schwerpunkte

A. Übersicht

1
Naturschutz
Protection de la nature

Der 3. Abschnitt des NHG ist entsprechend seiner Verfassungsgrundlage[1] dem Schutz der einheimischen Tier- und Pflanzenwelt oder – prägnanter ausgedrückt – dem Naturschutz gewidmet. Er enthält Bestimmungen zu zwei Schwerpunkten: erstens zum Lebensraumschutz bzw. Biotopschutz und als Spezialfall dazu zum Schutz der Ufervegetation, zweitens zum Artenschutz.

Die Regelungen zum Biotopschutz finden sich in Art. 18, ohne Abs. 3, Art. 18a –18d und Art. 21 sowie 22 Abs. 2 und 3 NHG. Die Systematik der Bestimmun-

---

[1] Art. 24sexies Abs. 4 BV: «Er (der Bund) ist befugt, Bestimmungen zum Schutz der Tier- und Pflanzenwelt zu erlassen.»

gen ist wie folgt: Art. 18 NHG enthält allgemeine Regeln und Ausnahmebestimmungen, Art. 18a–18d NHG geben eine Vollzugsordnung vor und Art. 21 sowie 22 Abs. 2 und 3 NHG regeln den Spezialfall der Ufervegetation.

Der Artenschutz ist ohne besondere Systematik geregelt in den Art. 18 Abs. 1, 3 und 4, Art. 19, 20, 22 Abs. 1 und 3 sowie Art. 23 NHG.

B. Biotopschutz

Art. 18 Abs. 1 NHG nennt als erste und – wie sich zeigen wird – als wichtigste 2 Massnahme gegen das Aussterben der einheimischen Tier- und Pflanzenarten «die Erhaltung genügend grosser Lebensräume» und somit den Biotopschutz.

Der Biotopschutz verfolgt im Sinne dieser Legaldefinition den quantitativen (d.h. flächenmässigen) und qualitativen Schutz von Lebensräumen. Mittel zur Realisierung des Schutzes sind die sogenannten Schutzmassnahmen. Diese können vorsorglich oder aber auch erst bei einer konkreten Gefährdung eines Biotops ergriffen werden. Zu den Schutzmassnahmen gehören einerseits die Einschränkung oder das Verbot schädlicher Einwirkungen oder Eingriffe, wie z.B. Nutzungseinschränkungen für die Landwirtschaft, den Tourismus oder die bauliche Nutzung. Andererseits umfassen Schutzmassnahmen aber auch zielgerichtete Handlungen zur Verbesserung von Lebensräumen. Dazu zählt etwa das Pflanzen von Hecken, Wiedervernässen von entwässerten Mooren oder Renaturieren von kanalisierten Bachläufen. Wesentliches Merkmal aller Massnahmen zum Biotopschutz ist, dass sie sich jeweils auf eine bestimmte Fläche beziehen.

C. Artenschutz

Artenschutz ist primär der Schutz bestimmter Tier- und Pflanzenarten vor 3 direkter Gefährdung. Der Artenschutz schützt die einzelnen Individuen vor (Zer-)störung. Die Bestimmungen wirken erst ab einer bestimmten Unmittelbarkeit der Gefährdung. So schützen sie etwa vor dem Pflücken, Ausgraben oder Wegführen von seltenen Pflanzen (vgl. Art. 20 Abs. 1 NHG). Artenschutz hilft jedoch nicht gegen die schleichende Zerstörung von Lebensräumen, beispielsweise durch Überdüngung oder Entwässerung. Gerade darin liegt heute aber die grösste Gefahr für die Natur. Aus diesem Grund sind Artenschutzbestimmungen nur sehr begrenzt wirksam.

II. Geschichte

4   Die Art. 18–23 waren schon in der ursprünglichen Fassung des NHG von 1966 (in Kraft seit 1. Januar 1967) dem Biotopschutz und dem Artenschutz gewidmet. Freilich war das NHG in der Zieldefinition und Zielverfolgung damals noch zaghafter als heute. Die seit 1967 erfolgten Verbesserungen gehen auf drei Teilrevisionen des NHG zum Biotopschutz zurück:

- Mit der Inkraftsetzung des USG am 1. Januar 1985 wurden dem NHG in Art. 18 die Absätze 1bis (besonders schutzwürdige Lebensräume) und 1ter (Massnahmen des Verursachers bei der Beeinträchtigung schutzwürdiger Lebensräume) eingefügt. Gleichzeitig wurde der Schutz der Ufervegetation in Art. 21 Abs. 1 NHG präzisiert[2].
- Eine zweite Verbesserung des Biotopschutzes brachte der indirekte Gegenvorschlag zur Rothenthurm-Initiative. Mit den neuen Art. 18a–18d NHG (in Kraft seit 1. Februar 1988) wurde eine eigentliche Vollzugsordnung geschaffen, welche nicht nur die mit einer Vollzugsaufforderung verbundenen Zuständigkeiten von Bund und Kantonen nach der Bedeutung der Objekte regelt (Art. 18a und 18b NHG), sondern auch das Vorgehen (Art. 18c NHG) und die Finanzierung (Art. 18d NHG). Ausserdem führte diese Teilrevision zur Ergänzung des klassischen Biotopschutzes mit dem progressiven Schutzinstrument des ökologischen Ausgleichs[3].
- Mit dem neuen GSchG von 1991 wurde dem NHG Art. 21 Abs. 2 eingefügt (in Kraft seit 1. November 1992). Die Bestimmung weist die Kantone an, Ufer zu renaturieren, soweit es die Verhältnisse erlauben. Diese dritte Verbesserung des Biotopschutzes stellt im wesentlichen eine Präzisierung des in Art. 18b Abs. 2 NHG verankerten ökologischen Ausgleichs dar[4].

---

[2] Vgl. Botschaft USG, BBl 1979 III 829 ff.
[3] Vgl. Botschaft Rothenthurm, BBl 1985 II 1464 ff.
[4] Vgl. Botschaft GSchG, BBl 1987 II 1167.

Art. 18 Schutz von Tier- und Pflanzenarten

¹ Dem Aussterben einheimischer Tier- und Pflanzenarten ist durch die Erhaltung genügend grosser Lebensräume (Biotope) und andere geeignete Massnahmen entgegenzuwirken. Bei diesen Massnahmen ist schutzwürdigen land- und forstwirtschaftlichen Interessen Rechnung zu tragen.

¹ᵇⁱˢ Besonders zu schützen sind Uferbereiche, Riedgebiete und Moore, seltene Waldgesellschaften, Hecken, Feldgehölze, Trockenrasen und weitere Standorte, die eine ausgleichende Funktion im Naturhaushalt erfüllen oder besonders günstige Voraussetzungen für Lebensgemeinschaften aufweisen.

¹ᵗᵉʳ Lässt sich eine Beeinträchtigung schutzwürdiger Lebensräume durch technische Eingriffe unter Abwägung aller Interessen nicht vermeiden, so hat der Verursacher für besondere Massnahmen zu deren bestmöglichem Schutz, für Wiederherstellung oder ansonst für angemessenen Ersatz zu sorgen.

² Bei der Schädlingsbekämpfung, insbesondere mit Giftstoffen, ist darauf zu achten, dass schützenswerte Tier- und Pflanzenarten nicht gefährdet werden.

³ Der Bund kann die Wiederansiedlung von Arten, die in freier Wildbahn in der Schweiz ausgestorben oder in ihrem Bestand bedroht sind, an geeigneten Standorten fördern.

⁴ Die Bundesgesetzgebung über Jagd und Vogelschutz sowie über die Fischerei bleibt vorbehalten.

Art. 18 Protection d'espèces animales et végétales

¹ La disparition d'espèces animales végétales indigènes doit être prévenue par le maintien d'un espace vital suffisamment étendu (biotopes), ainsi que par d'autres mesures appropriées. Lors de l'application de ces mesures, il sera tenu compte des intérêts dignes de protection de l'agriculture et de la sylviculture.

¹ᵇⁱˢ Il y a lieu de protéger tout particulièrement les rives, les roselières et les marais, les associations végétales forestières rares, les haies, les bosquets, les pelouses sèches et autres milieux qui jouent un rôle dans l'équilibre naturel ou présentent des conditions particulièrement favorables pour les biocénoses.

¹ᵗᵉʳ Si, tous intérêts pris en compte, il est impossible d'éviter des atteintes d'ordre technique aux biotopes dignes de protection, l'auteur de l'atteinte

doit veiller à prendre des mesures particulières pour en assurer la meilleure protection possible, la reconstitution ou, à défaut, le remplacement adéquat.

[2] Dans la lutte contre les ravageurs, notamment dans la lutte au moyen de substances toxiques, il faut éviter de mettre en danger des espèces animales et végétales dignes de protection.

[3] La Confédération peut favoriser la réacclimatation en des lieux appropriés d'espèces ne vivant plus à l'état sauvage en Suisse ou menacées d'extinction.

[4] La législation fédérale sur la chasse et la protection des oiseaux ainsi que sur la pêche est réservée.

Inhaltsverzeichnis	Rz
I. Vorbemerkungen	1
A. Entstehung	1
B. Bedeutung	2
C. Ergänzende, nachträgliche Verfassungsgrundlage	4
D. Ausführungsvorschriften	5
II. Allgemeiner Schutzauftrag (Abs. 1)	6
A. Programmatische Bedeutung	6
B. Aussterben einheimischer Tier- und Pflanzenarten	8
C. Biotopschutz und andere Massnahmen	9
D. Interessenabwägung	12
III. Allgemeiner Biotopschutz (Abs. 1bis und 1ter)	13
A. Schutzwürdige Biotope	13
a. Lebensräume	13
b. Bedeutung des Katalogs von Abs. 1bis	15
c. Bezeichnung und Bewertung	21
d. Kein unmittelbarer Schutz	23
B. Eingriffe in Schutzobjekte	26
a. Kein absoluter Schutz	26
b. Ausmass des Verlustes	27
c. Interessenabwägung	29
C. Massnahmen (Abs. 1ter)	31
a. Verursacher	31
b. Voraussetzung für einen Eingriff	33
c. Rangfolge	34
d. Schutz	35
e. Wiederherstellung	36
f. Angemessener Ersatz	37
IV. Schutz von Tier- und Pflanzenarten bei der Schädlingsbekämpfung (Abs. 2)	39
A. Ursprüngliche Funktion und heutige Bedeutung	39
B. Regelungen über Stoffe im USG und in der Stoffverordnung	41

V. Wiederansiedlung von Arten (Abs. 3)	42
VI. Vorbehalt der Bundesgesetzgebung über die Jagd und den Vogelschutz sowie über die Fischerei (Abs. 4)	43
A. Funktion und heutige Bedeutung	43
B. Reichweite des Vorbehalts	45

Table des matières N°

I. Remarques préliminaires	1
A. L'origine de la disposition	1
B. L'importance	2
C. La base constitutionnelle complémentaire et subséquente	4
D. Les prescriptions d'exécution	5
II. Le mandat général de protection (al. 1)	6
A. La portée en tant que programme	6
B. La disparition d'espèces animales et végétales du pays	8
C. La protection des biotopes et les autres mesures	9
D. La pondération des intérêts	12
III. La protection générale des biotopes (al. 1bis et 1ter)	13
A. Les biotopes dignes de protection	13
a. Les espaces vitaux	13
b. L'importance du catalogue de l'al. 1bis	15
c. La désignation et l'évaluation	21
d. L'absence de protection directe	23
B. Les atteintes aux objets protégés	26
a. L'absence de protection absolue	26
b. L'étendue du dommage	27
c. La pondération des intérêts	29
C. Les mesures (al. 1ter)	31
a. L'auteur de l'atteinte	31
b. La condition préalable à une atteinte	33
c. La hiérarchie	34
d. La protection	35
e. La reconstitution	36
f. Le remplacement adéquat	37
IV. La protection des espèces animales et végétales dans la lutte contre les ravageurs (al. 2)	39
A. La fonction originelle et l'importance actuelle	39
B. Les réglementations en matière de substances dans la LPE et l'Ordonnance sur les substances	41
V. La réacclimatation d'espèces (al. 3)	42
VI. La réserve en faveur de la législation fédérale sur la chasse et la protection des oiseaux ainsi que sur la pêche (al. 4)	43
A. La fonction et l'importance actuelle	43
B. La portée de la réserve	45

I. Vorbemerkungen

A. Entstehung

1 Art. 18 NHG ist gestaffelt entstanden (MAURER, Vorbemerkungen zu den Art. 18–23, Rz 4). Dies erklärt auch die geltende Numerierung der Absätze. In seiner ersten Fassung regelte Art. 18 NHG vorab den Artenschutz. Der Biotopschutz (vgl. Rz 9 ff. hienach) war damals ausschliesslich gemeinsam mit dem Artenschutz in der programmatischen Bestimmung von Art. 18 Abs. 1 NHG verankert. Damit wurde zwar von Anfang an erkannt, dass Artenschutz auch den gleichzeitigen Schutz der Lebensräume erfordert. Ein wirksamer Biotopschutz liess sich aber allein mit dieser programmatischen Rechtsgrundlage nicht verwirklichen[1].

Diese Erkenntnis hatte zur Folge, dass Art. 18 NHG mit dem Erlass des USG auf den 1. Januar 1985 durch die Abs. 1bis sowie 1ter und damit durch zusätzliche Vorschriften über den allgemeinen Biotopschutz ergänzt wurde[2].

Die Bestimmungen von Art. 18 NHG sind bei ihrem Erlass in den parlamentarischen Beratungen weitgehend unbestritten geblieben.

B. Bedeutung

2 Art. 18 mit seinen Abs. 1, 1bis sowie 1ter NHG ist – auch nach der Teilrevision vom 19. Juni 1987 (Art. 18a–18d NHG), nach der Annahme der Rothenthurm-Initiative[3] (Art. 24^{sexies} Abs. 5 BV) und der Teilrevision vom 24. März 1995 (Art. 23a) – eine *Grundnorm* des Biotopschutzes geblieben. Sie beauftragt die zuständigen Instanzen des Bundes und der Kantone, die erforderlichen Schutzvorkehren zu treffen und umschreibt die (Ersatz-)Massnahmen für unvermeidbare Eingriffe in schützenswerte Lebensräume.

Grundnorm
Norme fondamentale

3 Weil die andern Bestimmungen des NHG und die angrenzenden (bundesrechtlichen) Erlasse[4] – abgesehen von Art. 7 WaG – über keine entsprechenden spezialgesetzlichen Vorschriften verfügen, findet die Grundnorm von Art. 18 Abs. 1ter NHG auch im Rahmen dieser Spezialerlasse Anwendung. Der Grundsatz, dass Eingriffe in «Schutzobjekte» zumindest ihren bestmöglichen Schutz,

Geltungsbereich
Champ d'application

---

[1] Vgl. JENNI, 3 f.
[2] Vgl. Botschaft USG, BBl 1979 III 829 f.; vgl. zur Entstehungsgeschichte auch KELLER, Art. 26, Rz 2.
[3] Vgl. Botschaft Rothenthurm, BBl 1985 II 1445 ff.
[4] BGF, JSG, RPG, WBG.

die nachträgliche Wiederherstellung oder angemessenen Ersatz erfordern, hat sich auch ausserhalb des Biotopschutzes durchgesetzt. Im übrigen ist auch bei der Auslegung von Art. 7 WaG auf die Vorgaben von Art. 18 Abs. 1ter NHG zurückzugreifen[5].

C. Ergänzende, nachträgliche Verfassungsgrundlage

Die Gesetzesvorschriften zu Art. 24^{sexies} Abs. 5 BV sind zwar in einen neuen, zusätzlichen Abschnitt (Moore und Moorlandschaften von besonderer Schönheit und von nationaler Bedeutung, Art. 23a–23d NHG, vgl. auch KELLER, Vorbemerkungen zu den Art. 23a–23d NHG) aufgenommen worden. Moore sind aber auch Biotope im Sinne von Art. 18 NHG (vgl. Rz 18 hienach). Das in Art. 24^{sexies} Abs. 5 BV enthaltene Veränderungsverbot hat damit den Geltungsbereich von Art. 18 Abs. 1ter NHG nachträglich eingeschränkt. Technische Eingriffe im Sinne von Art. 18 Abs. 1ter NHG sind bei Mooren von nationaler Bedeutung verfassungsrechtlich unzulässig[6].

4
Art. 24sexies Abs. 5 BV
Art. 24sexies al. 5 Cst.

D. Ausführungsvorschriften

Der Zweckartikel (Art. 18 Abs. 1 NHG) und die Grundnorm (Art. 18 Abs. 1bis und 18 Abs. 1ter NHG) des Biotopschutzes werden vorab in Art. 13 und 14 NHV konkretisiert. Sodann sind auch alle Ausführungsvorschriften des Bundesrechts und des kantonalen Rechts zu Art. 18a NHG (HMV, FMV, AuenV, Art. 16 und 17 NHV; vgl. FAHRLÄNDER, Art. 18a, Rz 7 ff. und 24 ff.) und zu Art. 18b NHG (Art. 15 und 18 NHV; vgl. MAURER, Art. 18b, Rz 4) gleichzeitig solche zu Art. 18 NHG.

5

II. Allgemeiner Schutzauftrag (Abs. 1)

A. Programmatische Bedeutung

Art. 18 Abs. 1 NHG ist seit seinem Erlass unverändert geblieben. Er umschreibt – als Zweckartikel – die mit dem 3. Abschnitt des Gesetzes in Ausführung von Art. 24^{sexies} Abs. 4 BV angestrebten Zielsetzungen in programmatischer Weise. Er enthält – auch aus heutiger Sicht – die für den Schutz der Tier- und Pflan-

6
Zweckartikel
Article-programme

---

[5] BGE 115 Ib 231 = JdT 1991 I 497.
[6] WALDMANN, Diss., 90 ff.

zenwelt erforderlichen Elemente (Biotopschutz, Artenschutz, Interessenabwägung). Insbesondere bringt der Artikel bereits zum Ausdruck, dass die Erhaltung von Lebensräumen (Biotopschutz) notwendige Voraussetzung für einen wirksamen Artenschutz ist.

7
Landschaftsschutz
Protection du paysage

Nicht Gegenstand des Zweckartikels von Art. 18 Abs. 1 NHG bildet der Landschaftsschutz. Der Landschaftsschutz ist grundsätzlich Aufgabe der Kantone (Art. 24^{sexies} Abs. 1 BV). Art. 24^{sexies} Abs. 4 BV, auf den sich Art. 18 Abs. 1 NHG ausschliesslich abstützt, begründet keine Bundeskompetenz für den Erlass von Vorschriften über den Landschaftsschutz. Der Bund darf solche aufgrund von Art. 24^{sexies} Abs. 5 BV ausschliesslich für Moorlandschaften (Art. 23b–23d NHG) erlassen (vgl. KELLER, Vorbemerkungen zu den Art. 23a–23d NHG, Rz 3).

Trotz dieser Kompetenzordnung greifen Natur- und Landschaftsschutz aber selbstverständlich ineinander. Artenschutz erfordert die Erhaltung von Lebensräumen und Biotopschutz ist Gebiets- und damit auch Landschaftsschutz. Zudem sind Lebensräume nicht nur durch ihren naturräumlich-biotischen Grundgehalt, sondern auch durch die darin fast immer ausgeübte menschliche Nutzung geprägt. Wir leben nicht in einer Naturlandschaft, sondern in einer Kulturlandschaft, welche seit Jahrtausenden besiedelt ist, sich dadurch verändert hat und weiter wandeln wird. Anthropozentrisches Ziel des Biotopschutzes, der – so gesehen – auch Elemente des Landschaftsschutzes miterfasst, ist die Sicherung der vorhandenen ökologischen, naturräumlichen Ressourcen, um eine der heutigen Kulturlandschaft angepasste Artenvielfalt (Biodiversität) zu erreichen[7].

B. Aussterben einheimischer Tier- und Pflanzenarten

8
Prävention
Prévention

Nach dem Wortlaut der Bestimmung soll der mit Art. 18 Abs. 1 NHG erteilte Schutzauftrag zwar ausschliesslich «dem Aussterben einheimischer Tier- und Pflanzenarten» entgegenwirken. Jedenfalls nach den Teilrevisionen des NHG vom 7. Oktober 1983 (Aufnahme von Art. 18 Abs. 1bis sowie 1ter NHG) und vom 19. Juni 1987 (Einfügung von Art. 18a–18d NHG) ist aber davon auszugehen, dass auch der Zweckartikel (Art. 18 Abs. 1 NHG) den Biotopschutz nicht auf diese eingeschränkten Zielsetzungen begrenzt. Art. 18 Abs. 1 NHG erfasst auch Lebensräume, welche zwar keine vom Aussterben bedrohte Tier- und Pflanzenarten beherbergen, aber nach den Zielsetzungen des erweiterten Biotopschutzes (Art. 18 Abs. 1bis sowie 1ter NHG, Art. 18a–18d NHG) der Erhaltung vorhandener, ökologischer-naturräumlicher Ressourcen dienen (vgl. auch Art. 14 Abs. 3 NHV sowie MAURER, Art. 18b, Rz 17 ff.).

---

[7] FAHRLÄNDER, 1 f.

Dasselbe gilt für den Artenschutz. Die in Art. 18 Abs. 1 NHG enthaltenen programmatischen Vorgaben verhalten die zuständigen Instanzen nicht erst zu sektoriellen Schutzvorkehren, wenn einzelne Tier- und Pflanzenarten unmittelbar vom Aussterben bedroht sind. Der in Art. 18 Abs. 1 NHG aufgenommene Schutz von Tier- und Pflanzenarten verpflichtet den Bund und die Kantone vielmehr umfassender zu ökologisch-naturräumlicher Ressourcensicherung.

C. Biotopschutz und andere Massnahmen

Nach Art. 18 Abs. 1 NHG ist der angestrebte Schutz der Tier- und Pflanzenwelt «durch die Erhaltung genügend grosser Lebensräume (Biotope)» oder durch «andere geeignete Massnahmen» zu erwirken. Darunter fallen vorab alle Schutz- und Unterhaltsvorschriften für Biotope von nationaler (vgl. FAHRLÄNDER, Art. 18a, Rz 15 ff.), regionaler und lokaler Bedeutung (vgl. MAURER, Art. 18b, Rz 21 f.). Auch die Vorschriften über Moore von besonderer Schönheit und von nationaler Bedeutung (Art. 23a–23d NHG) und der ökologische Ausgleich (Art. 18b Abs. 2 NHG, Art. 15 NHV; vgl. MAURER, Art. 18b, Rz 31 ff.) stellen Massnahmen im Sinne von Art. 18 Abs. 1 NHG dar. Dasselbe gilt für das Verbot zur Beseitigung von Ufervegetation (Art. 21 NHG).

9
Biotopschutz
Protection des biotopes

Der Artenschutz (vgl. dazu auch ROHRER, 1. Kap., Rz 18) ist einerseits programmatischer Ausgangspunkt des Zweckartikels (vgl. Rz 6 hievor) und gleichzeitig auch Gegenstand von Massnahmen im Sinne von Art. 18 Abs. 1 NHG. Die für den Artenschutz vorab massgebenden Bestimmungen (Art. 19, 20 und 23 NHG) sind seit ihrem Erlass unverändert geblieben, weil sie – für sich allein – ohne weiteres durchsetzbar sind (vgl. dazu ausführlich FAVRE, Art. 19, Rz 11, Art. 20, Rz 17, Art. 23, Rz 11). Erfolgreicher Artenschutz setzt aber – was mit den seit dem Erlass des Gesetzes erfolgten Teilrevisionen angestrebt wird – auch einen ausreichenden Schutz der Lebensräume (Biotopschutz, ökologischer Ausgleich) und damit eine ausreichende Vernetzung voraus.

10
Artenschutz
Protection des espèces

«Andere Massnahmen» im Sinne von Art. 18 Abs. 1 NHG sind aber auch alle weitern Erlasse und Anordnungen des eidgenössischen, kantonalen und kommunalen Rechts, welche zur Verwirklichung der mit dem Zweckartikel von Art. 18 Abs. 1 NHG angestrebten Zielsetzungen beitragen. Im Vordergrund stehen dabei die angrenzenden Erlasse des Bundesrechts[8] und hauptsächlich das Raumplanungsrecht des Bundes, der Kantone und der Gemeinden. Die von den Kantonen zu erstellenden Richtpläne (vgl. Art. 6 und 8 RPG) haben dabei vorab eine ausreichende Koordination unterschiedlicher privater und öffentli-

11
Andere Massnahmen
Autres mesures

---

[8] BGF, GSchG, JSG, WBG.

cher Interessen sicherzustellen. «In der auf die Richtplanung abgestimmten Nutzungsplanung sind für die schützenswerten Biotope geeignete Lösungen zu finden, vor allem durch die Festsetzung von Schutzzonen nach Art. 17 RPG oder andere Massnahmen des kantonalen Rechts»[9].

D. Interessenabwägung

12 Bei der Anordnung von Massnahmen im Sinne von Art. 18 NHG ist den «schutzwürdigen land- und forstwirtschaftlichen Interessen Rechnung zu tragen» (Art. 18 Abs. 1 zweiter Satz NHG; vgl. auch MAURER, Art. 18b, Rz 36). Dies gilt nicht erst bei der Frage nach der Zulässigkeit eines technischen Eingriffs in ein schutzwürdiges Biotop (Art. 18 Abs. 1ter NHG; vgl. Rz 26 ff.). Die Frage ist bereits bei der Beurteilung der Schutzwürdigkeit eines Lebensraumes und damit bei der «Unterschutzstellung» zu beurteilen.

Diese «führt regelmässig zu – unter Umständen empfindlichen – Einschränkungen des Privateigentums. Solche sind nur zulässig, wenn sie im öffentlichen Interesse liegen und sich unter den gegebenen Umständen als verhältnismässig erweisen. Die bundesrechtlichen Bestimmungen des NHG müssen unter Berücksichtigung dieser Grundsätze verfassungskonform ausgelegt werden. Der im öffentlichen Interesse liegende Schutz der Biotope kollidiert häufig indessen nicht nur mit privaten Interessen der Grundeigentümer an der uneingeschränkten Nutzung ihres Landes, sondern auch mit der Erfüllung anderer öffentlichen Aufgaben. Es ist dabei nicht nur an die Erstellung von öffentlichen Werken für den Verkehr, die Kommunikation oder die Landesverteidigung zu denken, sondern namentlich auch an die Pflicht zur haushälterischen Nutzung des Bodens (Art. 22quater BV; Art. 1 und 3 RPG). Diesen Interessen haben die Kantone bei Massnahmen zum Biotopschutz angemessen Rechnung zu tragen»[10].

Damit ist gesagt, dass die Anordnung von Massnahmen des Biotopschutzes im Sinne von Art. 18 Abs. 1 NHG im Interesse einer verfassungskonformen Auslegung der Bestimmung eine Verhältnismässigkeitsprüfung (Abwägung zwischen öffentlichen Schutzinteressen und privaten Interessen der Grundeigentümer) und eine Gewichtung der betroffenen, unterschiedlichen öffentlichen Interessen (Interessenabwägung) erfordert (vgl. dazu grundsätzlich: FAVRE, Art. 3, Rz 12 ff.).

---

[9] BGE 118 Ib 490 = JdT 1994 I 504.
[10] BGE 118 Ib 489 = JdT 1994 I 504, mit Hinweisen.

III. Allgemeiner Biotopschutz (Abs. 1bis und 1ter)

A. Schutzwürdige Biotope

a. Lebensräume

Trotz seiner grossen Bedeutung wird das Biotop weder im Gesetz noch in Ausführungserlassen näher umschrieben. Es fällt auch auf, dass sich die Literatur kaum um eine Definition des Begriffes bemüht (vgl. auch MAURER, Art. 18b, Rz 16 ff.). Es bleibt damit die in Art. 18 Abs. 1 NHG aufgenommene «Begriffsbestimmung», wonach Biotope als Lebensräume bezeichnet werden. Dies heisst zunächst, dass Biotope eine flächenmässige Begrenzung, einen Perimeter aufzuweisen haben.

13
Begriffe
Notions

Anderweitige Eingrenzungen sind nicht ersichtlich und auch bewusst nicht vorgesehen. Biotope als Lebensräume sind – solange diese überhaupt Tiere und Pflanzen beherbergen – vorerst nichts anderes als zu bezeichnende Gebiete. Ihre Besonderheit liegt in ihrer Schutzwürdigkeit. Diese wird damit zum einzigen Beurteilungskriterium, um Biotope im Sinne des NHG von andern Gebieten abzugrenzen. Die Ausscheidung erfolgt demnach ausschliesslich anhand qualitativer Kriterien. Massstab bilden dabei hauptsächlich die Vorgaben von Art. 18 Abs. 1, 1bis und 1ter NHG sowie von Art. 14 Abs. 3 NHV. Dabei ergänzt der Biotopschutz den Artenschutz (Art. 18 Abs. 1, 3 und 4, Art. 19, 20, 22 Abs. 1 und 3 sowie Art. 23 NHG) sowie den ökologischen Ausgleich (Art. 18b Abs. 2 NHG; Art. 15 NHV) oder wird dadurch ergänzt. Zusammen sollen sie den «Fortbestand der wildlebenden einheimischen Pflanzen- und Tierwelt» (Art. 14 Abs. 1 NHV; vgl. auch Art. 18 Abs. 1 NHG) gewährleisten.

14
Zielsetzung
Détermination
du but

b. Bedeutung des Katalogs von Abs. 1bis

Art. 18 Abs. 1bis NHG zählt zunächst in einer beispielhaften, nicht abschliessenden Enumeration auf, welche Gebiete als Biotope Schutz verdienen. Der zweite Satzteil der Bestimmung ergänzt die Liste mit einer «Generalklausel». Diese orientiert sich an der dem Biotop zugeschriebenen Funktion (Ausgleich im Naturhaushalt, besonders günstige Voraussetzungen für Lebensgemeinschaften). Derart wird einerseits die Liste des ersten Satzteils im Einzelfall auf ihre Richtigkeit hin überprüft und anderseits durch zusätzliche Standorte ergänzt. Bei den auf der Liste genannten Lebensräumen wird ihre Schutzwürdigkeit vermutet, bei anderen ist sie aufzuzeigen. Auch eine Hecke etwa muss aber – um als Biotop schutzwürdig zu sein – infolge ihrer Lage oder Zusammensetzung entweder gefährdete Tier- oder Pflanzenarten beherbergen oder dafür geeignet sein.

15
Liste

16
Ausgleichs-
flächen
Surfaces de
compensation

Dabei unterscheidet sich das geschützte Biotop von der (blossen) ökologischen Ausgleichsfläche (vgl. Art. 18b Abs. 2 NHG, Art. 15 NHV sowie MAURER, Art. 18b, Rz 31) dadurch, dass ein schutzwürdiges Biotop bereits über ökologische Qualität verfügen muss, welche die Ausgleichsfläche noch nicht aufzuweisen hat, weil sie naturnahe Lebensräume erst neu schaffen oder verbessern soll (vgl. MAURER, Art. 18b, Rz 32).

Die in Art. 18 Abs. 1bis NHG ausdrücklich erwähnten Lebensräume überschneiden sich teilweise und dienen vorab als beispielhafte Aufzählung. Eine (abschliessende, naturwissenschaftliche) Definition der einzelnen Begriffe würde deshalb der Bedeutung der Bestimmung kaum gerecht und überdies den Rahmen dieser Ausführungen sprengen. Soweit die Liste durch die Gesetzgebung, die Rechtsprechung oder die Fachliteratur für einzelne Begriffe gezielt konkretisiert wurde, ist aber folgendes festzuhalten:

17
Uferbereich
Rives

- Der Uferbereich umfasst neben der nach Art. 21 NHG geschützten Ufervegetation auch weitere Lebensräume, die in engem naturräumlichen Zusammenhang mit dem Ufer stehen und die entweder eine schützenswerte Tier- und Pflanzenwelt oder die Voraussetzungen dafür im Feld tatsächlich aufweisen oder aufgrund einer rechtskräftigen Nutzungsplanung besitzen[11]. Die zur Ufervegetation nach Art. 21 NHG ergangene Rechtsprechung (vgl. dazu JENNI, Art. 21, Rz 13 ff.) kann deshalb nicht unbesehen für den Uferbereich übernommen werden.

18
Moore
Marais

- Moore[11a] (FAHRLÄNDER, Art. 18a, Rz 29 ff.) verdienen dann besonderen Schutz im Sinne von Art. 18 Abs. 1bis NHG und unterliegen bei Beeinträchtigungen der Interessenabwägung im Sinne von Art. 18 Abs. 1ter NHG, wenn es sich um Moorbiotope von regionaler oder lokaler Bedeutung oder um schutzwürdige Moore handelt, die in keinen Inventaren verzeichnet sind.

19
Auen
Biotope
alluvial

- Auen (vgl. FAHRLÄNDER, Art. 18a, Rz 33) sind zwar in Art. 18 Abs. 1bis NHG nicht ausdrücklich erwähnt. Sie erfüllen aber «eine ausgleichende Funktion im Naturhaushalt» und weisen «besonders günstige Voraussetzungen für Lebensgemeinschaften» auf. Schutzwürdige Auen, die nicht bereits von Art. 18a Abs. 1 NHG (Biotope von nationaler Bedeutung) erfasst werden, unterstehen deshalb dem Schutz von Art. 18 Abs. 1bis und 18 Abs. 1ter NHG.

20
Hecken
Haies

- Hecken sind nach der bundesgerichtlichen Rechtsprechung «meist nur wenige Meter breite Gehölzstreifen, aufgebaut aus niedrigen und hohen Büschen, eventuell ergänzt bzw. durchsetzt mit hochstämmigen Bäumen... Einzelne nicht einheimische Bäume oder Sträucher, wie z.B. Forsythien, die in einer Hecke vorkommen, beeinträchtigen sie als Lebensraum für Tiere offensichtlich nicht wesentlich, können also an ihrer Schutzwürdigkeit nach Art. 18 Abs. 1 und 1bis NHG nichts ändern»[12].

c. Bezeichnung und Bewertung

21
Bezeichnung
Description

Die förmliche Bezeichnung der schutzwürdigen Biotope erfolgt – angesichts der ausschliesslich qualitativen Begriffsumschreibung – aufgrund einer Bewer-

---

[11] LEUTHOLD/KLÖTZLI/LUSSI, 26 ff.
[11a] Vgl. auch die Begriffserklärungen in: FORSCHUNGSINSTITUT FÜR FREIZEIT UND TOURISMUS/ BUWAL/SCHWEIZERISCHER TOURISMUSVERBAND, 48.
[12] Unveröffentlichter Entscheid des BGr. vom 4. Oktober 1993 i.S. Lostorf, E. 6.

tung. Sie ist – je nach der Bedeutung des Schutzobjekts – Aufgabe des Bundes (Art. 18a Abs. 1 NHG; vgl. FAHRLÄNDER, Art. 18a, Rz 11 ff.) oder der Kantone, welche ihrerseits die Gemeinden beauftragen können (Art. 18b Abs. 1 NHG; vgl. MAURER, Art. 18b, Rz 16 ff.). Die Bewertung erfolgt dabei vorab mit Instrumenten des Artenschutzes (vgl. Art. 14 Abs. 3 NHV), ist aber auch auf «andere geeignete Massnahmen» im Sinne von Art. 18 Abs. 1 NHG abzustimmen (Art. 14 Abs. 1 NHV).

Die Bezeichnung ist indessen nicht zwingende Voraussetzung für den Biotopschutz. Auch ohne vorherige Bewertung und darauf abgestützte Bezeichnung sind technische Eingriffe in schutzwürdige Biotope nur unter den Voraussetzungen von Art. 18 Abs. 1ter NHG zulässig[13]. Ein besonderes Bewilligungsverfahren für technische Eingriffe, welche schutzwürdige Lebensräume beeinträchtigen können, schreibt das Bundesrecht allerdings nicht vor. Die Kantone haben nach Massgabe von Art. 14 Abs. 3 NHV einzig ein «zweckmässiges Feststellungsverfahren» vorzusehen, mit dem der Beeinträchtigung schutzwürdiger Biotope vorgebeugt werden kann. In der Regel wird aber ein Feststellungsverfahren auch vor der Bewertung und Bezeichnung eines schutzwürdigen Biotops entbehrlich sein, weil die Frage der Schutzwürdigkeit Gegenstand eines anderen Verfahrens (Erlass eines Nutzungsplanes, Baubewilligung, andere Bewilligung, etc.) bildet und dort auch unter dem Gesichtspunkt der bundesrechtlich gebotenen Verfahrenskoordination beurteilt werden kann[14]. Soweit dabei geltend gemacht wird, es liege eine unzulässige Beeinträchtigung eines im Sinne von Art. 18 ff. NHG schutzwürdigen Biotops vor, steht – wegen Verletzung von direkt anwendbarem Bundesrecht – auch dann die Verwaltungsgerichtsbeschwerde an das Bundesgericht zur Verfügung, wenn das Anfechtungsobjekt (Sondernutzungsplan, Baubewilligung, etc.) nur der staatsrechtlichen Beschwerde unterliegen würde[15] (KELLER, Art. 12, Rz 3).

22
Keine Schutzvoraussetzung
Absence de conditions préalables à la protection

d. Kein unmittelbarer Schutz

Aus der Rechtssprechung, wonach Massnahmen im Sinne von Art. 18 ff. NHG oder Anordnungen, welche darauf hätten abgestützt werden müssen, grundsätzlich der Verwaltungsgerichtsbeschwerde an das Bundesgericht unterliegen, darf nicht geschlossen werden, Art. 18 NHG verschaffe einen unmittelbar kraft Bundesrechts rechtswirksamen Biotopschutz, der ohne Bezeichnung der schutzwürdigen Lebensräume durch die jeweils zuständigen Instanzen auskäme.

23

---

[13] Unveröffentlichter Entscheid des BGr. vom 4. Oktober 1993 i.S. Lostorf, E. 7.
[14] Vgl. etwa den unveröffentlichten Entscheid des BGr. vom 30. Mai 1994 i.S. Haut-Vully, E. 3d.
[15] Unveröffentlichter Entscheid des BGr. vom 17. März 1993 i.S. Egg, E. 1.

24 Konkrete Anordnung Détermination concrète	«Die unbestimmten Begriffe des genügend grossen Lebensraumes (Art. 18 Abs. 1 NHG) bzw. des Standorts, der eine ausgleichende Funktion im Naturhaushalt erfüllt oder besonders günstige Voraussetzungen für Lebensgemeinschaften aufweist (Art. 18 Abs. 1bis NHG) und die unterschiedlichen Verhältnisse in den Kantonen verbieten die Annahme, die zu schützenden Lebensräume würden unmittelbar durch Art. 18 NHG bezeichnet. Die Auslegung dieser Bestimmung nach dem Wortlaut, der systematischen Stellung und nach den Gesetzesmaterialien ergibt vielmehr, dass diese Biotope anders als der Wald nicht bereits aufgrund des Bundesrechts geschützt sind. Der Bund und – soweit Biotope von regionaler oder lokaler Bedeutung in Frage stehen – die Kantone haben deshalb im Einzelfall unter Abwägung aller auf dem Spiel stehenden Interessen die nach Art. 18 NHG zu schützenden Lebensräume zuerst besonders zu bezeichnen. Die Kantone sind hierauf nach der erwähnten gesetzlichen Regelung verpflichtet, die zur Erreichung des Schutzzweckes geeigneten Massnahmen anzuordnen»[16].
25 Ergebnis Conséquence	Damit ist gesagt, dass die grundeigentümerverbindliche Durchsetzung des Biotopschutzes im Sinne von Art. 18 Abs. 1 und 1bis NHG grundsätzlich eine den jeweiligen Lebensraum betreffende Anordnung der dafür zuständigen Behörde erfordert. Soweit diese jedoch noch nicht erfolgt, unterblieben oder ungenügend ist, kann die unzulässige Beeinträchtigung eines im Sinne von Art. 18 Abs. 1 und 1bis NHG schutzwürdigen Biotops auch in dem den Eingriff in den Lebensraum betreffenden Verfahren geltend gemacht[17] und nötigenfalls mit Verwaltungsgerichtsbeschwerde beim Bundesgericht gerügt werden.

B. Eingriffe in Schutzobjekte

a. Kein absoluter Schutz

26 Voraussetzungen Conditions	Der (vollständige) Schutz für die von Art. 18 NHG erfassten Objekte wirkt nur solange, als nicht andere entgegenstehende (öffentliche oder private) Interessen überwiegen und eine abweichende Beurteilung zu rechtfertigen vermögen. Diese Gesetzesbestimmung wird allerdings durch den Verfassungsauftrag von Art. 24^{sexies} Abs. 5 BV überwölbt, wonach Moore von besonderer Schönheit und nationaler Bedeutung einem weitgehenden Veränderungsverbot unterliegen (KELLER, Vorbemerkungen zu den Art. 23a–23d, Rz 7 ff.). Für sie erweist sich die nach Art. 18 Abs. 1ter NHG vorzunehmende Interessenabwägung als unzulässig.

b. Ausmass des Verlustes

27 Ermittlung Calcul	Der Entscheid über die Zulässigkeit eines Eingriffs in ein Schutzobjekt und über die Anordnung von (Ersatz-)Massnahmen nach Art. 18 Abs. 1ter NHG setzt

---

[16] BGE 118 Ib 488 = JdT 1994 I 504, mit Hinweis.
[17] URP 1997, 49 ff.

voraus, dass der drohende Verlust überhaupt bekannt ist oder seine Ausmasse zumindest abgeschätzt werden können. Andernfalls fehlt der nach Art. 18 Abs. 1ter NHG gebotenen Interessenabwägung und der daran geknüpften Frage nach der Anordnung von (Ersatz-)Massnahmen die erste Beurteilungsgrundlage.

Während die den technischen Eingriff rechtfertigenden öffentlichen oder privaten Interessen in der Regel augenfällig sowie vielfach wirtschaftlich messbar sind und Teilen der Bevölkerung direkte Vorteile verschaffen, hält es schwer, den drohenden Verlust von Lebensräumen zu gewichten. Einerseits erscheinen die gesamthaften ökologischen Ressourcen – gemessen am jeweils zu beurteilenden Einzelfall – naheliegenderweise als fast unerschöpflich. Zudem verfügt der Biotopschutz über keinen Markt. Es ist deshalb zumindest zu versuchen, den jeweils drohenden ökologischen Verlust typologisch zu erfassen und derart im Hinblick auf die Anordnung geeigneter Ersatzmassnahmen zu ordnen und zu quantifizieren.

Verluste können in Messgrössen/Beurteilungssegmente (Tier- und Pflanzenarten, Lebensräume und Lebensgemeinschaften, etc.) unterteilt und damit vergleichbarer und messbarer gemacht werden. Zudem kann ein Verlust anhand seiner Ursachen (Nutzungsintensivierung, -veränderung oder -aufgabe, Stoffeintrag, technische Projekte, Veränderungen von Stoffkreisläufen, Erholungsdruck) oder aber anhand seiner Auswirkungen (Gefährdung oder Aussterben von Tier- oder Pflanzenarten sowie ihrer Lebensgemeinschaften, Gefährdung oder Ausmerzung von Lebensräumen oder Landschaftselementen, Beeinträchtigung oder Verhinderung der naturräumlichen Dynamik) dargestellt und erhoben werden. Diese Verlusttypen sind in Charakter und Auswirkung miteinander verknüpft, wobei als «Verlust jede Schmälerung des ökologischen Gehaltes, der naturräumlichen Landschaftsfunktion oder der dynamischen Entwicklung einer Landschaft oder eines Landschaftsteils» zu gelten hat, «die sich als Folge aktiver oder passiver Prozesse einstellt, welche durch Menschen direkt oder indirekt beeinflusst werden»[18].

28
Begriff
Notion

Auch wenn sich eine solche Verlusttypologie als unvollständig erweist und im Einzelfall Schwierigkeiten bei der Ein- oder Zuordnung des Verlustes kaum zu vermeiden sind, kann sie wesentlich zu einer sachgerechten Interessenabwägung im Rahmen der Vorgaben von Art. 18 Abs. 1ter NHG beitragen.

---

[18] FAHRLÄNDER, 10.

c. **Interessenabwägung**

29 Der Eingriff in ein Schutzobjekt ist nach Art. 18 Abs. 1ter NHG nur zulässig, wenn er nicht vermieden werden kann. Dies ist «unter Abwägung aller Interessen» zu beurteilen. Das Ausmass des Verlustes und das dadurch beeinträchtigte öffentliche Interesse sind dabei gegen die privaten und/oder öffentlichen Interessen am Eingriff aufzuwiegen. Unterschiedliche öffentliche und private Interessen sind dabei einander aufgrund einer Verhältnismässigkeitsprüfung gegenüberzustellen. Zwischen entgegenstehenden öffentlichen Interessen hat eine Interessenabwägung im eigentlichen Sinne stattzufinden. Neben dem Ausmass des Verlustes und den öffentlichen oder privaten Interessen am Eingriff, ist in diese Gegenüberstellung auch die Qualität der zur Verfügung stehenden (Ersatz-)Massnahmen miteinzubeziehen. Sodann legt Art. 18 Abs. 1ter NHG eine Rangfolge (bestmöglicher Schutz, Wiederherstellung, angemessener Ersatz) möglicher (Ersatz-)Massnahmen fest. Dabei besteht zwischen den für die Gegenüberstellung der betroffenen Interessen massgebenden Prinzipien der Verhältnismässigkeit und der Interessenabwägung sowie der gesetzlichen Rangfolge eine Wechselwirkung. Die im Einzelfall zu treffenden (Ersatz-)Massnahmen sind zwar anhand der genannten Rechtsgrundsätze zu konkretisieren. Die Verhältnismässigkeit oder die Vereinbarkeit der Massnahme mit den Grundsätzen der Interessenabwägung werden aber ihrerseits durch die gesetzliche Rangfolge beeinflusst. Je schwerwiegender der drohende Verlust, desto besser hat die (Ersatz-)Massnahme zu sein und umgekehrt[19]. Die den Eingriff rechtfertigenden öffentlichen und/oder privaten Interessen wirken dabei gleichsam als Korrektiv (vgl. auch Favre, Art. 3, Rz 12 ff.).

30 Rangfolge
Ordre de priorité

C. **Massnahmen (Abs. 1ter)**

a. **Verursacher**

31 Massnahmen nach Art. 18 Abs. 1ter NHG sind vom Verursacher zu leisten[20]. Dieser wird in den meisten Fällen mit dem Verfügungsadressaten der den Eingriff zulassenden Anordnung übereinstimmen.

Solange die nach Art. 18 Abs. 1ter NHG gebotenen Massnahmen den Gesuchsteller treffen oder von diesem verwirklicht werden können, bietet auch ihre Durchsetzung kaum Schwierigkeiten. Die Anordnung der Massnahmen kann in die den Eingriff bewilligende Verfügung aufgenommen werden. Dabei kann

---

[19] BGE 118 Ib 489 = JdT 1994 I 504.
[20] Vgl. dazu auch Art. 2 USG sowie Rausch, Kommentar USG, Art. 2, Rz 3.

es genügen, die Bewilligung einzuschränken oder in anderer Weise auszugestalten. Denkbar ist auch, in die Bewilligung Auflagen aufzunehmen oder die Bewilligungserteilung von der (vorgängigen) Erfüllung besonderer Bedingungen abhängig zu machen.

Schwieriger wird es, wenn die Mitwirkung des Gemeinwesens oder mit dem Verfügungsadressaten nicht identischer Grundeigentümer erforderlich wird, um Massnahmen nach Art. 18 Abs. 1ter NHG durchzusetzen. Durch die Ausscheidung von Schutzzonen (vgl. Art. 17 RPG) verfügt das für die Ortsplanung zuständige Gemeinwesen aber über ein gutes planungsrechtliches Instrument, um Schutzvorkehren und Massnahmen im Sinne von Art. 18 NHG anzuordnen[21]. Nur wo es nicht gelungen ist, den nach Art. 18 NHG gebotenen Schutz im Rahmen der Nutzungspläne zu verwirklichen, stellt sich die Frage nach Massnahmen gemäss Art. 18 NHG. Insofern wirkt Art. 18 NHG gegenüber Art. 17 RPG subsidiär.

32 Einbezug Dritter
Prise en compte de tiers

b. Voraussetzung für einen Eingriff

Das Bundesgericht scheint vorerst die Ansicht vertreten zu haben[22], dass der Eingriff in einen geschützten Lebensraum im Sinne von Art. 18 Abs. 1 und 1bis NHG auch zulässig sein kann, ohne dass (Ersatz-)Massnahmen angeordnet werden. In späteren Entscheiden hat es seinen Standpunkt richtigerweise präzisiert[23], ohne dabei die Frage abschliessend zu beantworten.

33

Betrifft der Eingriff einen geschützten Lebensraum, sind – auch nach dem Wortlaut der Bestimmung – in jedem Falle (Ersatz-) Massnahmen zu treffen. Solche sind stets denkbar (vgl. Rz 37 f. hienach). Rechtfertigt sich die Anordnung einer (Ersatz-)Massnahme im Sinne von Art. 18 Abs. 1ter NHG nicht, betrifft der Eingriff wohl kaum ein schutzwürdiges Biotop.

c. Rangfolge

Die in Art. 18 Abs. 1ter NHG vorgesehenen (Ersatz-)Massnahmen stehen nicht wahlweise, sondern in einer festgelegten Reihenfolge zur Verfügung. Wenn das betroffene Objekt nicht geschützt werden kann, muss es nach Möglichkeit wiederhergestellt werden. Anderer Ersatz ist nur und erst zulässig, wenn auch Wiederherstellungsmassnahmen nicht in Frage kommen oder sich als unzweckmässig erweisen.

34

---

[21] Vgl. zur Mitwirkung des Gemeinwesens bei der Anordnung von Massnahmen nach Art. 18 Abs. 1ter NHG: FAHRLÄNDER, 21 ff.
[22] BGE 116 Ib 214 = Pra 1991, 631.
[23] BGE 118 Ib 488 ff. = JdT 1994 I 504 f.; BGE 117 Ib 246 f. = JdT 1993 I 512.

Schutz-, Wiederherstellungs- und Ersatzmassnahmen können selbstverständlich miteinander verbunden werden.

d. Schutz

35 Vollständiger Schutz im Sinne von Art. 18 Abs. 1bis NHG und Art. 18 Abs. 1ter NHG liegt vor, wenn ein Eingriff angesichts des drohenden Verlustes unterlassen wird. Teilweiser und damit bestmöglicher Schutz im Sinne von Art. 18 Abs. 1ter NHG wird gewährt, wenn der Eingriff geschmälert und das Schutzobjekt dadurch weniger beeinträchtigt wird. Dies ist etwa der Fall, wenn die Konzession für einen Bootshafen mit der Auflage versehen wird, wonach die bestehende Ufervegetation mit Schwimmbalken von unerwünschtem Wellenschlag zu schützen ist[24].

e. Wiederherstellung

36 Mit der Wiederherstellung wird ein auf einen konkreten Eingriff zurückzuführender Verlust (vollständig) aufgehoben oder rückgängig gemacht. Vollständige Wiederherstellung ist demnach der (identische) Ersatz von Naturobjekten am selben Standort, in derselben Ausdehnung und Ausprägung sowie in gleichwertiger Art, Erscheinung, ökologischer Funktion und Dynamik. Vollständige Wiederherstellung beinhaltet deshalb (bloss) zeitlich beschränkte Verluste, wobei die Gleichwertigkeit der Wiederherstellung wesentlich von dem damit verbundenen Aufwand und der geübten Sorgfalt abhängt. Die Zweckmässigkeit von Wiederherstellungsmassnahmen lässt sich deshalb erst am konkreten Objekt und in Kenntnis der jeweiligen Umstände beurteilen[25].

Wiederherstellungen sind vielfach Neuaufforstungen oder Neuanpflanzungen (Hecken, Ufergehölze, Magerwiesen) in Biotopen, in die nur vorübergehend eingegriffen wird (Kiesabbau, Deponien, Werkstrassen, Beeinträchtigungen durch Bauarbeiten, etc.).

f. Angemessener Ersatz

37 Angemessener Ersatz ist zunächst 1:1 Realersatz in Art, Erscheinung und Funktion an anderem Standort in derselben Gegend. Er kann aber auch – in qualitativer, quantitativer und allenfalls in finanzieller Hinsicht – möglichst gleich-

---

[24] Unveröffentlicher Entscheid des BGr. vom 9. März 1993 i.S. Oberägeri, E. 4.
[25] Vgl. zur Wiederherstellung auch FAHRLÄNDER, 12.

wertiger Ersatz sein[26]. Angemessener Ersatz heisst aber auch sinnvoller und verhältnismässiger Ersatz. Angemessener Ersatz kann deshalb ausnahmsweise auch den Anforderungen von Art. 18 Abs. 1ter NHG genügen, wenn er sich nicht als gleichwertig erweist. Zudem ist es denkbar, dass die Elemente des gleichwertigen Ersatzes im Einzelfall nicht der «Zusammensetzung» des zerstörten Objekts entsprechen, sich aber insgesamt als gleichwertig erweisen.

Als qualitativer Ersatz kommen alle Massnahmen in Frage, welche den Zielsetzungen des Zweckartikels von Art. 18 Abs. 1 NHG entsprechen. Dabei erweist sich die Grundregel «sichern – ergänzen – vernetzen» als wegweisende Leitlinie, wobei ein gebietstypischer («Nähe» und «Verwandtschaft» des Ersatzes mit dem Ersetzten) sowie ein ökologisch wirksamer und sinnvoller Ersatz anzustreben sind. Dies ist etwa bei der Schaffung einer Naturschutzzone in der näheren Umgebung des beanspruchten Gebiets als Ersatz für die Zerstörung von Lebensräumen durch eine Nationalstrasse oder bei der Renaturierung einer Aue als Ersatz für (zusätzliche) Beeinträchtigungen der Flussmorphologie durch ein Kraftwerk der Fall.

38
Anderer Ersatz
Autre remplacement

Quantitativ gleichwertiger Ersatz liegt vor, wenn das Ersatzobjekt dem «zerstörten Schutzobjekt» hinsichtlich Ausdehnung und Fläche entspricht. Quantitativ gleichwertiger Ersatz muss auch qualitativ sinnvoll und verhältnismässig sein.

Die monetäre Bewertung von schutzwürdigen Lebensräumen ist kaum möglich. Kostenüberlegungen sind deshalb für die Beurteilung der Angemessenheit oder der Gleichwertigkeit von Ersatzmassnahmen höchstens beschränkt geeignet. Denkbarer Ansatzpunkt für die Festlegung der Höhe eines angemessenen finanziellen Ersatzes bildet immerhin – unter Berücksichtigung des Grundsatzes der Verhältnismässigkeit – die Frage nach der Zumutbarkeit des Aufwandes für den Kostenpflichtigen. Aus der «Sicht» des «Schutzobjektes» können diejenigen Kosten als Berechnungs- oder Vergleichsgrundlage herangezogen werden, welche dem Verursacher entstehen würden, wenn die Beeinträchtigungen am betroffenen Ort vollständig wiederhergestellt werden müssten. Finanziell angemessener Ersatz wäre damit eine Ersatzmassnahme, wenn ihre Kosten dem Aufwand entsprechen, welcher dem Verursacher für die (hypothetische) Wiederherstellung der in Frage stehenden Beeinträchtigung erwachsen würde.

---

[26] Vgl. zum angemessenen Ersatz: FAHRLÄNDER, 13–18.

IV. Schutz von Tier- und Pflanzenarten bei der Schädlingsbekämpfung (Abs. 2)[27]

A. Ursprüngliche Funktion und heutige Bedeutung

39
Ursprüngliche Funktion
Fonction initiale

Abs. 2 von Art. 18 NHG war schon in der ursprünglichen Fassung des NHG vom 1. Juli 1966 enthalten. Damals war die Chemisierung der Land- und teilweise auch der Forstwirtschaft in vollem Gange. Der sorglose Umgang mit Giftstoffen, denen seitens der Produzenten oft völlige Unbedenklichkeit attestiert wurde, rückte zunehmend ins Zwielicht[28].

Das bekannteste Beispiel betrifft das Chlorpestizid DDT, dessen Verwendung lange als ungefährlich galt. In den 60er und 70er Jahren gingen die Greifvogelpopulationen zum Teil dramatisch zurück, weil die Anreicherung des Pestizids DDT über neurohormonelle Wege die Kalkschalenbildung so beeinträchtigte, dass die Vögel ihre eigenen Eier zerdrückten[29].

Zwar bestand mit Art. 5 des alten Gewässerschutzgesetzes von 1956[30] eine erste bundesrechtliche Regelung, welche die Anwender von Mitteln zur Schädlingsbekämpfung zur Sorgfalt verpflichtete, doch beschränkte sich der Schutzbereich dieser Bestimmung auf das Trink- und Brauchwasser sowie auf die Fischgewässer[31]. Art. 18 Abs. 2 NHG war die erste Bestimmung, welche sich dieser Problematik auch ausserhalb dieses engen Schutzbereichs annahm[32].

40
Heutige Bedeutung
Importance actuelle

Art. 18 Abs. 2 NHG erzielte allerdings keine stärkere Wirkung als die eines Mahnrufs. Soweit ersichtlich erging nie ein Entscheid des Bundesgerichtes, in dem diese Bestimmung angewendet wurde.

Heute haben vorab[33] das USG und insbesondere die Stoffverordnung (StoV)[34] die Funktion von Art. 18 Abs. 2 NHG übernommen, präzisiert und stark ausge-

---

[27] Autor dieses Abschnittes: MAURER.
[28] Vgl. dazu etwa Amtl.Bull. S 1966 25 (Votum GRAF).
[29] NZZ Nr. 218 vom 20. September 1995, 14.
[30] BG vom 28. Dezember 1956 über den Schutz der Gewässer gegen Verunreinigungen (AS 1956 1533).
[31] Ein allgemeines Verbot, Stoffe ins Wasser zu leiten, die Fische schädigen könnten, statuierte schon das zweite Bundesgesetz über die Fischerei vom 21. Dezember 1888 (Art. 21; AS 1891 62).
[32] Ursprünglich hatte Art. 18 Abs. 2 NHG in Art. 26 der alten NHV vom 27. Dezember 1966 (AS 1966 1646) auch eine Ausführungsbestimmung. Die heutige NHV enthält keine solche Bestimmung mehr, weil diese Problematik nun in der StoV geregelt ist.
[33] Daneben enthalten folgende Erlasse Regelungen über die Einbringung von Stoffen in die Umwelt: Die WaV für den Bereich Wald (Art. 25–27), das GSchG und die dazugehörigen Verordnungen für den Bereich Gewässer.
[34] V vom 9. Juni 1986 über umweltgefährdende Stoffe (SR 814.013).

dehnt. Insbesondere unterliegen nun auch die aus Naturschutzsicht oft problematischen Dünger einer Regelung.

B. Regelungen über Stoffe im USG und in der Stoffverordnung

Das USG regelt einerseits die Inverkehrbringung von Stoffen (Art. 26 und 27), andererseits deren umweltgerechte Verwendung (Art. 28 und 29)[35].

41

Bei der Inverkehrbringung gilt für Hersteller und Importeure zum einen das Prinzip der Selbstkontrolle (Art. 12 ff. StoV). Zum anderen schreibt die StoV für wichtige Bereiche wie z.b. Pflanzenbehandlungsmittel ein Anmelde- und Zulassungsverfahren vor (Art. 19 ff.) und für bestimmte Stoffe enthält sie Einschränkungen und Verbote (Anhänge 3 und 4 [in Verbindung mit Art. 11 und Art. 6 Abs. 2]).

Von den Bestimmungen über die umweltgerechte Verwendung von Stoffen sind für den Naturschutz folgende besonders wichtig:

- generelle Sorgfaltspflichten (Art. 9 f. StoV)
- Sprühflüge bedürfen einer Bewilligung des Bundesamtes für Zivilluftfahrt, die u.a. nur mit Zustimmung des BUWAL erteilt werden darf (Art. 46 Abs. 1 Bst. b und Abs. 2 StoV).
- Der Einsatz von Pflanzenbehandlungsmitteln ist in Naturschutzgebieten, in Riedgebieten und Mooren, in Hecken und Feldgehölzen, in und an Oberflächengewässern verboten (Ziff. 3 Abs. 1 des Anhangs 4.3 StoV).
- Die Verwendung von Dünger ist in Naturschutzgebieten, in Riedgebieten und Mooren verboten. Gegenüber Hecken, Feldgehölzen und oberirdischen Gewässern ist ein Düngeschutzstreifen von je 3 Metern zu beachten (Ziff. 33 Abs. 1 und 2 des Anhangs 4.5 StoV).
- Auf gefrorene, wassergesättigte, schneebedeckte oder ausgetrocknete Böden dürfen keine flüssigen Dünger – namentlich Jauche – ausgebracht werden (Ziff. 321 Abs. 2 des Anhangs 4.5 StoV).

V. Wiederansiedlung von Arten (Abs. 3)

Die in Art. 18 Abs. 3 NHG besonders erwähnte Förderung der Wiederansiedlung von Arten, die in freier Wildbahn ausgestorben oder in ihrem Bestand bedroht sind, ergänzt die Verbotsbestimmungen (Art. 19, 20 und 23 NHG) zum Artenschutz (vgl. FAVRE, Art. 19, Rz 3 ff., Art. 20, Rz 9 ff. sowie Art. 23, Rz 5 f.).

42

---

[35] Vgl. dazu WINZELER Tobias, Kommentar USG, Art. 26–29.

Nach Art. 21 NHV erfordern Wiederansiedlungen von Tieren und Pflanzen einer Bewilligung des zuständigen Departementes, welche nur mit der Zustimmung der betroffenen Kantone erteilt werden darf. Voraussetzung dafür ist zunächst, dass überhaupt «ein genügend grosser artspezifischer Lebensraum vorhanden ist» (Art. 21 Bst. a NHV). Zudem müssen ausreichende rechtliche Vorkehren zum Schutz der Art getroffen sein (Art. 21 Bst. b NHV; vgl. auch FAVRE, Art. 19, Rz 3 ff., Art. 20, Rz 9 ff., Art. 23, Rz 5 f.) und «keine Nachteile für die Erhaltung der Artenvielfalt und ihrer genetischen Eigenart entstehen» (Art. 21 Bst. c NHV). Nicht besonders erwähnt, aber im Rahmen der allgemeinen Interessenabwägung von Art. 3 Abs. 1 NHG (vgl. dazu FAVRE, Art. 3, Rz 12 ff.) mit zu berücksichtigen sind allfällige nachteilige Auswirkungen von Wiederansiedlungen auf bestehende Nutzungen (vgl. dazu auch den weitgehend gleichlautenden Art. 8 Abs. 3 JSV, welcher diese Voraussetzung ausdrücklich nennt, sowie Art. 7 Bst. a VBGF).

VI. Vorbehalt der Bundesgesetzgebung über die Jagd und den Vogelschutz sowie über die Fischerei (Abs. 4)[36]

A. Funktion und heutige Bedeutung

43

Ursprüngliche Funktion
Fonction initiale

Die Materialien geben über die Funktion von Art. 18 Abs. 4 NHG keine Auskunft. Dessen Entstehung ist so zu erklären, dass im Zeitpunkt der Schaffung des NHG bereits einschlägige Regelungen für die Jagd und den Vogelschutz sowie für die Fischerei bestanden[37], welche man durch das NHG nicht einschränken wollte.

Sowohl die Gesetzgebung über die Jagd und den Vogelschutz als auch jene über die Fischerei wurden seit der Schaffung des NHG im Jahre 1966 einmal (JSG, 1986) bzw. zweimal (BGF, 1973 und 1991) totalrevidiert. Die Schwerpunkte der Zweckverfolgung haben sich dabei von der Sicherstellung einer wirtschaftlich optimalen Nutzung auf den Arten- und Lebensraumschutz von Vögeln und Säugetieren sowie Fischen und Krebsen verschoben. In den heuti-

---

[36] Autor dieses Abschnittes: MAURER.
[37] Das erste Bundesgesetz über den Jagd und Vogelschutz stammte aus dem Jahre 1875. 1904 und 1925 fand je eine Totalrevision statt. Das erste Bundesgesetz über die Fischerei wurde 1875 erlassen und 1888 totalrevidiert. Als im Jahre 1966 das NHG geschaffen wurde, waren folgende Fassungen in Kraft: BG vom 10. Juni 1925 über Jagd und Vogelschutz (BS 9 544; AS 1954 559; AS 1962 794); BG vom 21. Dezember 1888 über die Fischerei (BS 9 564; AS 1954 559, 1956 1533).

gen Fassungen sind die Zielsetzungen (vgl. dazu je Art. 1 JSG und BGF) und Handlungsanweisungen für Gemeinwesen sowie für Private weitgehend mit jenen des NHG koordiniert, so dass Konflikte auf der Gesetzesebene praktisch nicht existieren. Solche ergeben sich aber bisweilen im Vollzug der Erlasse.

So führt beispielsweise das JSG die Waldschnepfe unter den jagdbaren Arten auf (Art. 5 Abs. 1 Bst. p). Art. 6 Abs. 6 JSG ermächtigt den Bundesrat, die Liste der jagdbaren Arten gesamtschweizerisch zu beschränken, wenn es zur Erhaltung bedrohter Arten notwendig ist. Die Waldschnepfe figuriert auf der Roten Liste der gefährdeten Tierarten der Schweiz, welche auf der NHV basiert, als «gefährdet». Auch europaweit gehört dieser scheue Vogel zu den gefährdeten Arten[38]. Obwohl jährlich über 2000[39] Waldschnepfen abgeschossen werden, hat der Bundesrat diese Vogelart bislang nicht aus der Liste der jagdbaren Tiere entfernt.

Art. 18 Abs. 4 NHG wurde soweit ersichtlich in keinem Entscheid des Bundesgerichtes je angewendet. Die frühere und heutige Bedeutung dieser Bestimmung ist gering.

44
Heutige Bedeutung
Importance actuelle

B. Reichweite des Vorbehalts

Art. 18 Abs. 4 NHG behält die Gesetzgebungen über die Jagd und den Vogelschutz sowie über die Fischerei vor. Schon aus dem Wortlaut von Art. 18 Abs. 4 NHG ergibt sich, dass nur die gesetzlichen Regelungen und nicht etwa die Jagd, der Vogelschutz und die Fischerei als ganze Nutzungs- oder Schutzbereiche gegenüber dem NHG vorbehalten werden. JSG und BGF ihrerseits beanspruchen keine Alleinherrschaft, sondern lassen Raum für ergänzende Naturschutzregelungen des NHG. Insbesondere das JSG schreibt den Kantonen sogar ausdrücklich vor, die Anliegen des Naturschutzes (sprich: des Naturschutzrechtes) zu berücksichtigen (Art. 3 Abs. 1 JSG)[40].

45
Vorrang von JSG und BGF
Priorité de la LChP et de la LPê

Der Perimeter von Naturschutzgebieten (Biotope gemäss Art. 18a und 18b NHG) darf also z.B. auch Fischgewässer umfassen und eine Schutzverordnung darf das Befahren eines bestimmten Gewässers mit (Fischer-)Booten untersagen.

Im übrigen stellt Art. 18 Abs. 4 NHG aber eine eindeutige Kollisionregel auf: Widerspricht bei einem bestimmten Sachverhalt das NHG dem JSG (bzw. BGF), so geht die Regelung des letzteren vor (vgl. zum Verhältnis des NHG zu anderen Gesetzgebungen: MAURER, 4. Kap., Rz 2).

---

[38] Mitteilung von BirdLife International.
[39] Im Jahr 1995 (1994) z.B. wurden 2529 (2171) Waldschnepfen erlegt, davon 1900 (1442) im Kt. TI (BUWAL, Eidgenössische Jagdstatistik 1994 und 1995).
[40] Betreffend das Fischereirecht hat das Bundesgericht im Falle einer Konzessionserteilung für die Ableitung eines Baches zur Energienutzung die kumulierte Anwendung des Fischerei- und des Natur- und Heimatschutzrechtes verlangt (BGE 112 Ib 431 = JdT 1988 I 597).

46	Der Vorbehalt der Gesetzgebung über die Jagd und den Vogelschutz sowie über die Fischerei ist allerdings eng auszulegen, weil der mit dem NHG verfolgte Naturschutz eine Querschnittsaufgabe darstellt und dem NHG als dem umfassenderen Erlass eine koordinierende Funktion zukommt. Diese Zweckverfolgung ist darauf angewiesen, möglichst wenigen Beschränkungen zu unterliegen.
Enge Auslegung des Vorbehalts	
Interprétation restrictive de la réserve	

Z.B. bezweckt das BGF die (nachhaltige) Nutzung der Fisch- und Krebsbestände (Art. 1 Abs. 1 Bst. c). Daraus kann nun aber nicht abgeleitet werden, dass bei jedem nutzbaren Gewässer der Fischfang zulässig sein müsse (= weite Auslegung des Vorbehaltes). Der Schutz eines aus Sicht des NHG empfindlichen Biotopes kann vielmehr gebieten, dass keinerlei Störungen erfolgen. Die Fischerei-Nutzung muss demzufolge – abgestützt auf das NHG – auf nicht-empfindliche Gebiete beschränkt werden dürfen (= enge Auslegung des Vorbehaltes).

Die Reichweite des Vorbehalts der Gesetzgebung über die Jagd und den Vogelschutz sowie über die Fischerei lässt sich wie folgt zusammenfassen: Auf das NHG abgestützte Rechtsakte dürfen klarem Recht von JSG oder BGF nicht widersprechen.

Art. 18a Biotope von nationaler Bedeutung

¹ Der Bundesrat bezeichnet nach Anhören der Kantone die Biotope von nationaler Bedeutung. Er bestimmt die Lage dieser Biotope und legt die Schutzziele fest.

² Die Kantone ordnen den Schutz und den Unterhalt der Biotope von nationaler Bedeutung. Sie treffen rechtzeitig die zweckmässigen Massnahmen und sorgen für ihre Durchführung.

³ Der Bundesrat kann nach Anhören der Kantone Fristen für die Anordnung der Schutzmassnahmen bestimmen. Ordnet ein Kanton die Schutzmassnahmen trotz Mahnung nicht rechtzeitig an, so kann das Eidgenössische Departement des Innern die nötigen Massnahmen treffen und dem Kanton einen angemessenen Teil der Kosten auferlegen.

Art. 18a Biotope d'importance nationale

¹ Le Conseil fédéral, après avoir pris l'avis des cantons, désigne les biotopes d'importance nationale. Il détermine la situation de ces biotopes et précise les buts visés par la protection.

² Les cantons règlent la protection et l'entretien des biotopes d'importance nationale. Ils prennent à temps les mesures appropriées et veillent à leur exécution.

³ Le Conseil fédéral peut, après avoir pris l'avis des cantons, fixer des délais pour la mise en place des mesures de protection. Si, malgré les avertissements, un canton ne prescrit pas à temps les mesures de protection, le Département fédéral de l'intérieur peut prendre à sa place les mesures nécessaires et mettre à sa charge une part équitable des frais correspondants.

Inhaltsverzeichnis   Rz

I.   Vorbemerkungen   1
     A. Entstehung   1
     B. Bedeutung   3
     C. Parallelen   5
     D. Ausführungsvorschriften   7
        a. Überblick   7
        b. NHV   9
II. Bezeichnung (Abs. 1)   11
     A. Verfahren und Gegenstand   11
     B. Anhörung der Kantone   14

III.	Vollzug (Abs. 2)	15
	A. Zuständigkeiten und Befugnisse der Kantone	15
	B. Rechtsmittel	18
IV.	Vollzugskompetenzen des Bundes (Abs. 3)	19
	A. Fristen	19
	B. Ersatzvornahme	21
V.	HMV, FMV, AuenV	24
	A. Geltungsbereich	24
	B. Inventar und Inventarordner	34
	C. Abgrenzung der Objekte	38
	D. Pufferzonen	41
	E. Schutzziel	49
	F. Schutz- und Unterhaltsmassnahmen der Kantone	54
	G. Fristen und vorsorglicher Schutz	63
	H. Weitere Bestimmungen	65

Table des matières   N°

I.	Remarques préliminaires	1
	A. L'origine de la disposition	1
	B. L'importance	3
	C. Les parallèles	5
	D. Les dispositions d'exécution	7
	a. L'aperçu	7
	b. L'OPN	9
II.	La désignation (al. 1)	11
	A. La procédure et l'objet	11
	B. L'audition des cantons	14
III.	L'exécution (al. 2)	15
	A. Les compétences et les pouvoirs des cantons	15
	B. Les voies de droit	18
IV.	Les compétences d'exécution fédérales (al. 3)	19
	A. Les délais	19
	B. L'exécution par équivalent	21
V.	OHM, OBM, OZA	24
	A. Le champ d'application	24
	B. L'inventaire et ses classeurs	34
	C. La délimitation des objets	38
	D. Les zones-tampons	41
	E. Les buts de protection	49
	F. Les mesures cantonales de protection et de conservation	54
	G. Les délais et la protection préventive	63
	H. Les autres dispositions	65

I. Vorbemerkungen

A. Entstehung

Art. 18a NHG ist Teil des angenommenen indirekten Gegenvorschlags zur «Rothenthurm-Initiative»[1] (MAURER, Vorbemerkungen zu den Art. 18–23, Rz 4). In der Botschaft des Bundesrates war vorgesehen, die Instrumente (Sachplan nach RPG, kantonale Richtpläne, Nutzungsplanung) für die Bezeichnung der Biotope von nationaler Bedeutung festzulegen[2]. Auf Antrag seiner Kommission hat der Ständerat indessen darauf verzichtet, den für den Vollzug zuständigen Kantonen vorzuschreiben, wie sie den Schutz und Unterhalt der Biotope von nationaler Bedeutung regeln sollen[3]. Der Nationalrat hat sich angeschlossen. Dabei hat er – konsequenterweise – auch noch den letzten im Artikel verbliebenen Hinweis auf das den Kantonen zur Verfügung stehende Vollzugsinstrumentarium (Planungszonen zur vorübergehenden Sicherung)[4] gestrichen[5]. Auch der Ständerat hat in der Differenzbereinigung dieser Fassung zugestimmt[6].

1 Parlamentarische Beratungen
Débats parlementaires

Art. 18a NHG stützt sich – als Teil des indirekten Gegenvorschlags zur «Rothenthurm-Initiative» – nicht auf Art. 24[sexies] Abs. 5 BV ab (ZUFFEREY, 2. Kap., Rz 82 ff.). Der «Rothenthurm-Artikel» dient aber – jedenfalls seit dem Erlass von Art. 23a NHG (vgl. KELLER, Art. 23a, Rz 1 f.) – auch den in Anwendung von Art. 18a NHG ergangenen Ausführungsvorschriften und Anordnungen als ergänzende Verfassungsgrundlage, welche im Gesetz selber keinen Niederschlag gefunden hat. Die Ausführungsbestimmungen zu Art. 18a NHG wenden damit Verfassungsrecht unmittelbar an[7] und tragen so zur verfassungskonformen Auslegung der Delegationsnorm von Art. 18a NHG bei.

2 Verhältnis zu Art. 24sexies BV
Relation avec l'art. 24sexies Cst.

B. Bedeutung

Art. 18a NHG verdeutlicht den Zweckartikel des allgemeinen Biotopschutzes (Art. 18 Abs. 1–1ter NHG) für die wichtigsten Objekte von «nationaler Bedeutung». Die Bestimmung legt fest, wer die «Biotope von nationaler Bedeutung» zu bezeichnen und die Schutzziele für diese Gebiete festzulegen hat (Abs. 1).

3 Überblick
Aperçu

---

[1] Botschaft Rothenthurm, BBl 1985 II 1445–1475.
[2] Botschaft Rothenthurm, BBl 1985 II 1472.
[3] Amtl. Bull. S 1986 356 f. (Votum JAGMETTI).
[4] Art. 18a Abs. 3 NHG der Fassung des Ständerats vom 17. Juni 1986: Amtl. Bull. S 1986 356.
[5] Amtl. Bull. N 1987 152.
[6] Amtl. Bull. S 1987 240.
[7] BGE 118 Ib 15 E. 2b = JdT 1994 I 524.

Sodann regelt sie die Zuständigkeiten für den Vollzug. Dieser erfasst einerseits die Anordnung konkreter Schutzvorkehren und andererseits den Unterhalt (Abs. 2). Schliesslich bestimmt der Gesetzesartikel die Voraussetzungen für die Anordnung von Vollzugsfristen und allfälliger Ersatzmassnahmen durch den Bund (Abs. 3).

4
Delegationsnorm
Norme de délégation

Art. 18a NHG legt ausschliesslich Zuständigkeiten fest, delegiert Aufgaben und macht zeitliche Vorgaben. Materielle Aussagen sind der Bestimmung nicht direkt zu entnehmen. Sie ist vielmehr eine Delegationsnorm, welche festlegt, wer den Biotopschutz für «Objekte von nationaler Bedeutung» nach welchen Vorgaben auszugestalten und durchzusetzen hat. Art. 18a NHG bildet deshalb gesetzliche Grundlage für zahlreiche Ausführungsvorschriften und Anordnungen des Bundes und der Kantone. Zu beachten bleibt aber, dass der unbestimmte Rechtsbegriff des «Biotops von nationaler Bedeutung», welcher auf Gesetzesstufe nur in diesem Artikel erwähnt ist, zusammen mit den weitern in Art. 18a Abs. 1 NHG enthaltenen Vorgaben (Lage und Schutzziele der Biotope von nationaler Bedeutung) den Biotopschutz für Objekte von nationaler Bedeutung zur Hauptsache dem Bundesrecht überträgt (Rz 13 hienach). Damit ist der Bestimmung – zumindest mittelbar – auch materielle Bedeutung beizumessen.

C. Parallelen

5
Anlehnung an Art. 5 f. NHG
Solution inspirée des art. 5 s. LPN

Das für die Ausgestaltung des Biotopschutzes gewählte Konzept lehnt sich teilweise an das im Gesetz bereits verankerte Instrumentarium an. Obwohl sich der Biotopschutz auf andere verfassungsrechtliche Grundlagen abstützt (Art. 24^{sexies} Abs. 4 und Abs. 5 BV; vgl. auch ZUFFEREY, 2. Kap., Rz 74 ff.), übernehmen Art. 18a NHG und Art. 18b NHG die bei der «Erfüllung von Bundesaufgaben[8]» verwendete Unterscheidung in Objekte von «nationaler» und von «regionaler» oder «lokaler» Bedeutung (vgl. Art. 4 NHG[9]). Auch die nach den Ausführungsvorschriften zu Art. 18a NHG zu erlassenden Bundesinventare zum Biotopschutz (Art. 1 HMV, FMV und AuenV) lehnen sich an die beim Objektschutz für Landschaften, Naturdenkmäler und schützenswerte Ortsbilder entwickelten Instrumente an (vgl. Art. 5 NHG)[10].

---

[8] 1. Abschnitt des Gesetzes (Art. 2–12b NHG).
[9] Vgl. dazu auch WALDMANN, Diss., 29 ff.
[10] Vgl. auch Art. 24sexies Abs. 3 BV, welcher die Objekte von nationaler Bedeutung ausdrücklich nennt.

Diese Parallelen dürfen aber nicht dazu verleiten, den auf Art. 18a NHG abgestützten Inventaren und den Inventaren nach Art. 5 NHG vergleichbare Bedeutung beizumessen. Die Inventare im Sinne von Art. 5 NHG verschaffen einem Objekt – ohne vorgängigen Erlass allfälliger Ausführungsvorschriften – unmittelbaren (aber beschränkten) Schutz (LEIMBACHER, Art. 6, Rz 3 ff.). Die Inventare nach Art. 18a NHG bestimmen dagegen ausschliesslich den Perimeter des geschützten Gebiets und die Schutzziele (Art. 18a Abs. 1 NHG). Damit sind die wesentlichen Festlegungen allerdings durch den Bund vorgegeben. Den Kantonen verbleibt – am meisten noch bei der Anordnung von Schutz- und Unterhaltsmassnahmen für Auen von nationaler Bedeutung – nur ein geringer Spielraum. Formell liegt die Zuständigkeit für den Erlass von Ausführungsvorschriften oder von anderweitigen Vollzugsanordnungen bei Biotopen von nationaler Bedeutung aber bei den Kantonen.

6
Abweichungen
Différences

D. Ausführungsvorschriften

a. Überblick

Art. 18a NHG dient einer Vielzahl von Ausführungsvorschriften als gesetzliche Grundlage. Dies gilt – in allgemeiner Weise – für verschiedene Bestimmungen des dritten Abschnittes der NHV und die dazugehörige Übergangsbestimmung von Art. 29 NHV.

7
NHV
OPN

Ausschliesslich auf Art. 18a NHG abgestützt sind die HMV, die FMV und die AuenV. Diese Verordnungen des Bundesrats sind systematisch weitgehend gleich aufgebaut. Sie konkretisieren die Bezeichnung im Sinne von Art. 18a Abs. 1 NHG sowie den nach Art. 18a Abs. 2 und 3 NHG den Kantonen übertragenen Vollzugsauftrag. Sie werden gesondert dargestellt (Rz 24 ff. hienach).

8
HMV, FMV,
AuenV
OHM, OBM,
OZA

Das in Anwendung von Art. 18a NHG ergangene oder zu erlassende kantonale Recht führt die Vorgaben der HMV, FMV oder der AuenV näher aus und wird deshalb gemeinsam mit diesen Verordnungen des Bundesrechts behandelt.

b. NHV

Art. 16 NHV verweist auf die Bezeichnung der Biotope von nationaler Bedeutung sowie den weiteren Erlass der bundesrechtlichen Ausführungsvorschriften in Spezialverordnungen (HMV, FMV, AuenV). Zudem ergibt sich aus Art. 16 f. NHV, dass die Inventare abgeändert werden können und die Kantone vor dem Erlass von Ausführungsvorschriften das BUWAL anzuhören haben.

9

Art. 14 NHV ist zwar vorab eine Ausführungsvorschrift zu Art. 18 Abs. 1–1ter NHG. Art. 14 Abs. 3 NHV umschreibt aber auch die für die Bezeichnung von

Biotopen von «nationaler Bedeutung» heranzuziehenden Beurteilungskriterien (vgl. dazu auch MAURER, Art. 18b, Rz 17 f.). Zudem vermittelt Art. 14 Abs. 2 NHV eine Übersicht über den Inhalt möglicher Schutz- und Unterhaltsvorschriften im Sinne von Art. 18a Abs. 2 NHG.

10 Zur Bedeutung von Art. 29 NHV: KELLER, Art. 26, Rz 7.
Art. 29 NHV
Art. 29 OPN

II. Bezeichnung (Abs. 1)

A. Verfahren und Gegenstand

11 Zuständig für die Bezeichnung der Biotope von «nationaler Bedeutung» ist der
Rechtsnatur Bundesrat. Art. 18a Abs. 1 NHG lässt aber offen, wie die Bezeichnung zu er-
Nature folgen hat. Der Antrag des Bundesrats, die «Biotope von nationaler Bedeu-
juridique tung» in einem Sachplan (Sachplan Biotopschutz) im Sinne des RPG festzulegen[11], ist in der parlamentarischen Beratung gestrichen worden (Rz 1 hievor). Heute bestimmt einzig Art. 16 NHV, dass die Bezeichnung in besonderen Verordnungen (Inventaren) geregelt werde. Damit erfolgt die Bezeichnung grundsätzlich in generell-abstrakten Erlassen (Verordnungen), obwohl die Abgrenzung der betroffenen Gebiete und die Festlegung der Schutzziele (Inventare) individuell konkrete Anordnungen sind. Materiell bleiben die Inventare damit – auch wenn die entsprechenden Hinweise im Gesetz gestrichen wurden – aber wohl Sachpläne im Sinne von Art. 13 RPG[12].

12 Es ist unbestritten, dass eine direkte Anfechtung der Inventare beim Bundesge-
Überprüfung richt unzulässig ist[13]. Demgegenüber fragt es sich, ob die Inventare durch das
Contrôle Bundesgericht im Rahmen der akzessorischen Kontrolle vorfrageweise auf ihre Richtigkeit hin zu überprüfen sind. Für diesen Standpunkt spricht zunächst der Umstand, dass die Inventare nicht abschliessend, sondern regelmässig zu überprüfen und nachzuführen sind (Art. 16 NHV). Bei den auf Art. 24^{sexies} Abs. 5 BV abgestützten Inventaren können sich die Betroffenen zudem direkt auf diese Verfassungsbestimmung berufen[14]. Verordnungsbestimmungen, die in Anwendung von Art. 18a Abs. 1 NHG ergangen sind und gleichzeitig Art. 24^{sexies} Abs. 5 BV unmittelbar anwenden, sind deshalb durch das Bundesgericht auf

---

[11] Botschaft Rothenthurm, BBl 1985 II 1472.
[12] BRP, Biotopschutz, 2; vgl. MAURER, 57 f., welcher von unselbständigen Verordnungen des Bundesrates spricht.
[13] Vgl. dazu etwa WALDMANN, Diss., 151 ff., mit Hinweisen.
[14] BGE 118 Ib 15 E. 2e = JdT 1994 I 526.

ihre Verfassungsmässigkeit zu überprüfen[15]. Jedenfalls in diesem Rahmen ist das Bundesgericht bei der akzessorischen Kontrolle an die gestützt auf Art. 18a Abs. 1 NHG erfolgte Bezeichnung durch den Bundesrat nicht gebunden[16]. Im übrigen ist nicht ersichtlich, weshalb dasselbe nicht auch für Anordnungen in Bundesinventaren gelten sollte, die sich nicht unmittelbar auf Art. 24^{sexies} Abs. 5 BV, sondern ausschliesslich auf Art. 18a Abs. 1 NHG abstützen.

Gemäss Art. 18a NHG bestimmt der Bundesrat die «Lage» der Biotope von nationaler Bedeutung und legt die «Schutzziele» fest. Damit hat der Bundesrat den Perimeter der Objekte zu bezeichnen (zur genauen Abgrenzung der Schutzobjekte: Rz 38 ff. hienach) und zu bestimmen, was die Unterschutzstellung bezweckt. Andere Anordnungen oder Massnahmen bilden nicht Gegenstand der eigentlichen Bezeichnung (Inventarisierung). Mit der Festlegung der «Lage» und der «Schutzziele» sowie mit den auf Art. 18a NHG abgestützten Verordnungen des Bundes (HMV, FMV, AuenV; Rz 24 ff. hienach) wird aber der Biotopschutz für Objekte von nationaler Bedeutung weitgehend durch Bundesrecht bestimmt. Den Kantonen verbleiben vorab Vollzugsaufgaben.

13
Bundesrecht
Droit fédéral

B. Anhörung der Kantone

Der Bundesrat ist nach Art. 18a Abs. 1 NHG verpflichtet, die Kantone vor der Bezeichnung anzuhören. Diese Anhörung geht weniger weit als die in Art. 23b Abs. 3 NHG für die Bezeichnung von Moorlandschaften vorgesehene «enge Zusammenarbeit mit den Kantonen» (KELLER, Art. 23b, Rz 14 f.). Die Anhörung nach Art. 18a Abs. 1 NHG deckt sich formal mit derjenigen gemäss Art. 5 Abs. 1 NHG. Während die Anhörung nach Art. 5 Abs. 1 NHG aber alle Elemente des Inventars zu erfassen hat (vgl. Art. 5 Abs. 1 NHG und LEIMBACHER, Art. 5, Rz 23), beschränkt sie sich vor der Bezeichnung nach dem Wortlaut von Art. 18a Abs. 1 NHG auf die Auswahl der Objekte von nationaler Bedeutung. Zur Lage der Biotope und zu den Schutzzielen braucht der Bundesrat den Kantonen dagegen nicht zwingend rechtliches Gehör zu gewähren[17]. Vor allem aber ist der Bundesrat bei der Bezeichnung nach Art. 18a Abs. 1 NHG nicht an die Begehren der betroffenen Kantone gebunden. Der Bundesrat kann – auch ge-

14
Bedeutung
Importance

---

[15] BGr. in ZBl 1993, 524 f.
[16] Vgl. dazu ausführlich, mit anderer Begründung und mit zahlreichen Hinweisen: KÖLZ, Rechtsfragen, 193 sowie WALDMANN, Diss., 152 ff.
[17] A.M. offenbar KÖLZ, Rechtsfragen, 187 f., welcher auch insofern von Zusammenarbeit spricht, dabei aber die Abgrenzung des Gebiets nach Art. 3 FMV nicht von der Bezeichnung gemäss Art. 18a Abs. 1 NHG auseinanderhält; vgl. dazu auch Rz 11 ff. sowie WALDMANN, Diss., 143, mit Hinweisen.

gen den Willen des Kantons – Biotope als Objekte von nationaler Bedeutung bezeichnen. Andererseits ist er auch berechtigt, einem Objekt keine «nationale Bedeutung» beizumessen, obwohl dies der Kanton gewünscht hätte.

III. Vollzug (Abs. 2)

A. Zuständigkeiten und Befugnisse der Kantone

15
Vollzug
Exécution

Gemäss Art. 18a Abs. 2 NHG ordnen die Kantone «den Schutz und den Unterhalt der Biotope von nationaler Bedeutung». Der Vollzug fällt damit in die Zuständigkeit der Kantone. Dabei hat der Gesetzgeber aufgrund der Ergebnisse der parlamentarischen Beratungen bewusst darauf verzichtet, den Kantonen im Gesetz Auflagen über die Erfüllung des Vollzugsauftrages zu machen. Die auf Art. 18a NHG abgestützten Verordnungen des Bundes haben dies aber nachgeholt. Der Schutz und Unterhalt der Biotope von nationaler Bedeutung richtet sich deshalb vorab nach den Vorgaben der HMV, der FMV und der AuenV (Rz 24 ff. hienach).

16
Nutzungsvorschriften
Prescriptions d'affectation

17
Andere Vorschriften
Autres prescriptions

Neben der zwingenden Verpflichtung, ihre kantonalen (und kommunalen) Nutzungspläne und die dazugehörenden Vorschriften den Schutzzielen für Biotope von nationaler Bedeutung anzupassen (Art. 5 Abs. 1 Bst. a HMV, Art. 5 Abs. 2 Bst. a FMV und AuenV) sind die Kantone befugt, auch andere Schutz- und Unterhaltsvorschriften zu erlassen. Denkbar ist insbesondere, dass etwa eine kantonale «Biotopschutzverordnung» geschaffen wird, welche den Schutz und Unterhalt der Biotope von nationaler (sowie von regionaler und lokaler) Bedeutung (Art. 18a und 18b NHG) regelt.

B. Rechtsmittel

18
Verwaltungsgerichtsbeschwerde
Recours de droit administratif

Mit dem Erlass von Schutz- und Unterhaltsvorschriften für Biotope von nationaler Bedeutung erfüllen die Kantone nach heute gefestigter Rechtsprechung eine Bundesaufgabe (ZUFFEREY, Art. 2, Rz 12)[18]. Auch wenn die Anordnungen der Kantone als planungsrechtliche Schutz- oder Nutzungsvorschriften ausgestaltet werden, sind sie kein kantonaler Nutzungsplan im Sinne des RPG, sondern stützen sich auf Bundesnaturschutzrecht. Aus diesem Grund ist nach der

---

[18] Unveröffentlichter Entscheid des BGr. vom 19. Juli 1995 i.S. Val d'Illiez, E. 2b; BGE 120 Ib 31 E. 20c bb = Pra 1994, 736.

Rechtsprechung die Verwaltungsgerichtsbeschwerde an das Bundegericht zulässig[19].

IV. Vollzugskompetenzen des Bundes (Abs. 3)

A. Fristen

Art. 18a Abs. 3 NHG ermächtigt den Bund, den Kantonen – nach erfolgter Anhörung – verbindliche Vollzugsfristen anzusetzen. Der Bundesrat hat von dieser Möglichkeit in genereller Weise Gebrauch gemacht, dabei aber den tatsächlichen Möglichkeiten der einzelnen Kantone Rechnung getragen (Art. 6 HMV, FMV und AuenV; vgl. Rz 63 hienach).

19

Das EDI hat die Einhaltung der gesetzen Fristen zu überwachen und die Kantone nötigenfalls rechtzeitig zu mahnen.

20
Überwachung
Surveillance

B. Ersatzvornahme

Art. 18a Abs. 3 NHG ermächtigt das EDI zur Ersatzvornahme, sofern die Kantone die ihnen übertragenen Vollzugsaufgaben nicht oder nicht rechtzeitig erfüllt haben und erfolglos ermahnt worden sind. Wie das EDI im Falle einer Ersatzvornahme vorzugehen hätte, ergibt sich aus Art. 18a Abs. 3 NHG nicht. Es ist aber naheliegend, dass es die fehlenden Schutz- und Unterhaltsbestimmungen für Biotope von nationaler Bedeutung gestützt auf Art. 18a Abs. 3 NHG selber zu erlassen hätte. Was dabei vorzukehren wäre, hängt auch von den jeweiligen Umständen ab. Denkbar wäre, dass das EDI in einem Einzelfall Ersatzmassnahmen verfügt, vorsorgliche Massnahmen im Sinne von Art. 16 NHG anordnet (FAHRLÄNDER, Art. 16, Rz 5 ff.) oder gar in allgemeiner Weise die für den betroffenen Kanton erforderlichen Ergänzungsbestimmungen zu den Bezeichnungen (Art. 18a NHG) und den Ausführungsvorschriften des Bundesrechts (HMV, FMV und AuenV) selber erlässt.

21
Voraussetzungen
Conditions

22
Denkbare
Anordnungen
Déterminations
possibles

Dasselbe müsste der Fall sein, wenn der Kanton die Vollzugsfristen zwar einhält, aber unzureichende Schutz- und Unterhaltsvorschriften erlässt. Weil derartige Anordnungen der Kantone aber der Verwaltungsgerichtsbeschwerde an das Bundesgericht unterliegen, sollte der einwandfreie Vollzug des Bundesrechts an sich auch ohne aufsichtsrechtliche Anordnung des EDI gewährleistet sein.

23
Unzureichender
Vollzug
Exécution
insuffisante

---

[19] BGr. in ZBl 1996, 123 f.; BGE 120 Ib 292 ff. E. 3 = Pra 1995, 218, mit Hinweisen.

V. HMV, FMV, AuenV

A. Geltungsbereich

24
Gesetzliche Grundlagen
Bases légales

Die HMV, FMV, AuenV stützen sich auf Art. 18a Abs. 1 und 3 NHG, die HMV und FMV überdies und nachträglich auch auf Art. 23a NHG. Die gesetzliche Grundlage für die MLV bilden dagegen Art. 23b Abs. 3 NHG und Art. 23c Abs. 1 NHG. Obwohl sich der systematische Aufbau der MLV stark an denjenigen der HMV, FMV und der AuenV anlehnt, wird die MLV in die nachfolgenden Ausführungen deshalb nicht einbezogen (vgl. dazu: KELLER, Art. 23b, Rz 13 ff. und Art. 23c, Rz 9 ff.).

25
Abgrenzungen
Délimitations

Die HMV, FMV und die AuenV sowie Art. 16 NHV enthalten keine Bestimmungen, welche den Geltungsbereich der drei Verordnungen gegeneinander abgrenzen würden. Diese Aufgabe übernehmen ausschliesslich die in den Anhängen der einzelnen Verordnungen enthaltenen Inventare. Es wäre deshalb – zumal die einzelnen Moor- und Auentypen mitunter ineinandergreifen – denkbar, die drei Verordnungen ganz oder teilweise zusammenzulegen, wie dies auch schon geprüft wurde.

26
Typologie
Typologie

Der Zuweisung der einzelnen Biotope von nationaler Bedeutung in die Inventare der HMV, FMV oder der AuenV liegt eine Typologie zu Grunde, welche von der Wissenschaft fortlaufend verfeinert wird. Ausgehend von den Publikationen, welche Grundlage für die Ausscheidung der einzelnen Inventare und den Erlass der jeweiligen Verordnungen bildeten, kann die rechtliche Bedeutung der hauptsächlich verwendeten fachtechnischen Begriffe wie folgt umschrieben, zusammengefasst und gegeneinander abgegrenzt werden:

27
Moore (rechtliche Bedeutung)
Marais (signification juridique)

Das Moor ist der Oberbegriff für Hochmoore, (Nieder- oder) Flachmoore und für (Zwischen- oder) Übergangsmoore. Hoch- und Übergangsmoore unterstehen der HMV. Flachmoore werden von der FMV erfasst. Alle Moore von nationaler Bedeutung geniessen den Schutz von Art. 24^{sexies} Abs. 5 BV. Sie erfüllen gleichzeitig das Erfordernis der «besonderen Schönheit» im Sinne dieser Verfassungsbestimmung. In Mooren von besonderer Schönheit und von nationaler Bedeutung gilt ein absolutes Veränderungsverbot (vgl. auch KELLER, Vorbemerkungen zu den Art. 23a–23d, Rz 7, mit Hinweisen).

28
Auen (rechtliche Bedeutung)
Biotope alluvial (signification juridique)

Auch Auen sind – wie die Moore und anders als die Moorlandschaften – Biotope. Sie geniessen aber – solange sie nicht ein Moor von besonderer Schönheit und nationaler Bedeutung miterfassen – nur relativen Schutz. Sie unterliegen damit der Interessenabwägung im Sinne von Art. 4 Abs. 2 AuenV i.V. mit Art. 18 Abs. 1ter NHG (vgl. auch KELLER, Art. 23a, Rz 1).

Dieser rechtlichen Systematik und den sich daraus ergebenden Unterscheidungen liegen folgende Begriffsumschreibungen zu Grunde:

«*Moore* sind vom Wasser geprägte Lebensräume (Biotope), in denen ständig oder zum überwiegenden Teil des Jahres ein Wasserüberschuss herrscht. Der erschwerte Wasserabfluss über einem wenig durchlässigen Untergrund führt zu Sauerstoffmangel im Boden, welcher die Zersetzung der abgestorbenen Pflanzen hemmt. Das organische Material häuft sich daher in vielen Mooren in Form von Torf an. Innerhalb der Moore werden verschiedene Typen unterschieden, wobei auf der einen Seite des Spektrums die Flach-, am anderen Ende die Hochmoore anzusiedeln sind. Die Übergangsmoore nehmen eine Stellung zwischen den Hoch- und den Flachmooren ein»[20].

29
Moore
Marais

«*Hochmoore* (Torfmoore) sind das Ergebnis eines langen Prozesses, der vor über 12'000 Jahren begann, als sich die Gletscher zurückzogen. Sie entstanden (und entstehen) auf nassen, wenig durchlüfteten Böden über Gesteinsschichten, die das Wasser stauen. Wegen des Sauerstoffmangels zersetzen sich die abgestorbenen Pflanzen nur unvollständig. Daraus entsteht eine Torfschicht, die mit der Zeit (Jahrtausende) bis zu mehreren Metern dick wird und über das Wasser hinaus wachsen kann»[21]. «Hochmoore sind ausgesprochen sauer und nährstoffarm»[22].

30
Hochmoore
Hauts-marais

Nieder- oder *Flachmoore* sind «bis zur Oberfläche mit Grund- oder Hangwasser (dem sogenannten Mineralbodenwasser) vernässt. Entsprechend den unterschiedlichen Eigenschaften dieses Wassers, seinem Säure- und Härtegrad, dem Nährstoffgehalt und den Wasserspiegelschwankungen ist die Vegetation der Niedermoore artenreicher und vielfältiger als jene der Hochmoore. Meist sind Seggen vorherrschend»[23]. Flachmoore können auch als «jener Teil des Grünlandes» bezeichnet werden, «welcher aufgrund von Wasserüberfluss und/oder undurchlässigem Boden eine auf Feuchtigkeit angewiesene Pflanzendecke aufweist. Flachmoore stehen im Gegensatz zu den Hochmooren in Kontakt mit mineralhaltigem Wasser»[24]. Flachmoore sind danach – ohne Hoch- und Übergangsmoore – jene Feuchtgebiete, «deren Pflanzendecke die typische Artenzusammensetzung der Feuchtgebietsvegetation beinhaltet»[25]. «Am Entstehen der Flachmoore war häufig auch der Mensch beteiligt»[26].

31
Flachmoore
Bas-marais

«*Übergangsmoore* nehmen eine Zwischenstellung zwischen Nieder- und Hochmooren ein, deshalb werden sie manchmal auch Zwischenmoore genannt. Sie werden sowohl direkt von Regenwasser wie auch von Mineralbodenwasser beeinflusst. Standörtlich sind sie deshalb eher den Niedermooren zuzurechnen. Ihre Vegetation, ihre naturkundliche Bedeutung wie auch ihre Empfindlichkeit sind aber jenen der typisch ausgebildeten Hochmooren ähnlich»[27].

32
Übergangsmoore
Marais de transition

«*Auen* sind dynamische Lebensräume, in denen Überschwemmungen, Erosion, Ablagerung, Neubesiedlung und Alterung eine grosse Rolle spielen»[28]. «Auen sind jene Bereiche von Bächen, Flüssen, Strömen und teils auch Seen, die mit jeweils unterschiedlicher Dauer periodisch oder episodisch von Wasser überflutet werden und in denen das Grundwasser zeitweise die Wurzeln

33
Auen
Biotope alluvial

---

[20] MARTI, Begriffe, 1.
[21] BUWAL-Bull. 2/96, 10.
[22] BUWAL, Inventar der Flachmoore, 49.
[23] GRÜNIG/VETTERLI/WILDI, 2.
[24] BUWAL, Inventar der Flachmoore, 10 f.
[25] BUWAL, Inventar der Flachmoore, 10 f.
[26] BUWAL-Bull. 2/96, 10.
[27] GRÜNIG/VETTERLI/WILDI, 2.
[28] BUWAL, Auenverordnung, 5.

der Pflanzen erreicht, sonst jedoch stark schwankt. Die Überflutungen gewährleisten neben der zu den Niederschlägen zusätzlichen Wasserversorgung auch eine Düngung der Pflanzen. Auen sind nicht nur bach- und flussbegleitende Fluren, Gehölze und Wälder, sondern sie sind ganz aussergewöhnliche Ökosysteme azonaler Vegetation, deren Glieder lauter Spezialisten sind»[29].

B. Inventar und Inventarordner

34
Gebiete
Objets

Art. 1 HMV, FMV und AuenV bestimmen, dass die im jeweiligen Anhang 1 enthaltenen Gebiete als Objekte von nationaler Bedeutung im Sinne von Art. 18a Abs. 1 NHG gelten. Solche Moore und damit die in den Anhängen 1 zur HMV und zur FMV enthaltenen Objekte «erfüllen gleichzeitig das Erfordernis der besonderen Schönheit von Art. 24^{sexies} Abs. 5 BV» (Art. 1 HMV, FMV).

35
Inventar-
ordner
Classeurs des
inventaires

Die Inventarordner (je Art. 2 HMV, FMV und AuenV) gelten zwar als Anhang 2 zu den Verordnungen, sind aber – anders als die Anhänge 1 – in der AS nicht enthalten. Sie bilden aber «Gegenstand einer gesonderten Publikation». Diese «gesonderte Publikation» besteht darin, dass die Anhänge 2 jederzeit auf der Bundeskanzlei, dem BUWAL oder bei den Kantonen eingesehen werden können. Das in den Anhängen 2 enthaltene Material ist umfangreich und für den Abdruck in der AS (Karten) wenig geeignet.

36
Festlegungen
Désignations

In allen Inventarordnern (Anhänge 2 gemäss Art. 2 HMV, FMV und AuenV) ist der Perimeter des erfassten und numerierten Objekts in einer Karte im Massstab 1:25000 eingetragen. Überdies sind seine flächenmässige Ausdehnung, die Höhenlage und der massgebende Flurname oder eine geografische Bezeichnung angeführt. Die Umschreibung enthält sodann Angaben zur Zusammensetzung des Objekts (Pflanzenarten und ihre Häufigkeit, Landschaftstypologie), zu seiner Umgebung, zu seinem Zustand, zu Gefährdungen oder Bedrohungen sowie eine Bewertung. Dabei wird auf den Inventarkarten für die Hoch- und Übergangsmoore auch zwischen primären und sekundären Hochmoorflächen, dem Hochmoorumfeld sowie zwischen allfälligen anderen Teilflächen unterschieden[30].

37
Bedeutung
Importance

Diese in den Inventarordnern enthaltene Umschreibung der Objekte ermöglicht, die in Art. 4 HMV, FMV und AuenV in genereller Weise umschriebenen Schutzziele für die einzelnen Schutzobjekte gleichsam zu «individualisieren».

---

[29] EDI/BUNDESAMT FÜR FORSTWESEN UND LANDSCHAFTSSCHUTZ, Inventar der Auengebiete, Allg. Teil, Bern 1988, 3.
[30] GRÜNIG/VETTERLI/WILDI, 43 ff.

C. Abgrenzung der Objekte

Die genaue Abgrenzung der jeweiligen Objekte bleibt nach Massgabe der inhaltlich weitgehend übereinstimmenden Art. 3 HMV, FMV und AuenV[31] zwar den Kantonen vorbehalten. Der dabei zur Verfügung stehende Spielraum ist aber gering. Der Grenzverlauf eines Objektes von nationaler Bedeutung wird weitgehend durch den im Kartenausschnitt des Inventarordners festgelegten Perimeter und damit durch Bundesrecht bestimmt. An diese Vorgaben des Inventars haben sich die Kantone zu halten. Ihre Aufgabe beschränkt sich darauf, den Perimeter des geschützten Gebiets parzellenscharf oder in anderer eindeutiger Weise festzulegen. Dabei steht ihnen – insbesondere bei der Abgrenzung des Hochmoorumfeldes und von Pufferzonen (vgl. dazu Rz 41 ff. hienach) – ein den örtlichen Verhältnissen Rechnung tragender Beurteilungsspielraum zu[32].

38
Aufgaben
Tâches

Auch die Anhörung nach Art. 3 HMV, FMV und AuenV[33] setzt im übrigen nicht die Zusammenarbeit mit den betroffenen Grundeigentümern und Bewirtschaftern oder gar ihr Einverständnis voraus. Es genügt, dass sich diese – beispielsweise mit einer Einsprache gegen einen kantonalen Erlass oder Plan – zur Frage äussern können (rechtliches Gehör)[34].

39
Anhörung
Audition

Feststellungsverfügungen nach Art. 3 Abs. 2 HMV, Art. 3 Abs. 3 FMV und Art. 3 Abs. 2 AuenV können – als Übergangsregelung und als Teilfestlegung des genauen Grenzverlaufes sowie der dort geltenden Schutz- und Unterhaltsmassnahmen – getroffen werden, solange der Kanton den Schutz und Unterhalt der Biotope von nationaler Bedeutung noch nicht geregelt hat. Voraussetzung dafür bleibt aber stets, dass ein ausreichendes Interesse am Erlass der Verfügung besteht. Dies ist insbesondere im Zusammenhang mit konkreten Bauvorhaben im Grenzbereich von Objekten von nationaler Bedeutung zu bejahen.

40
Feststellungsverfügungen
Décisions de délimitation

D. Pufferzonen

Art. 3 Abs. 1 HMV, FMV und AuenV verpflichten die Kantone dazu, «ökologisch ausreichende Pufferzonen» auszuscheiden[35]. Danach sind auch angrenzende Biotope und das «Hochmoorumfeld» (Art. 3 Abs. 1 HMV) zu berücksichtigen. Dabei fällt auf, dass insbesondere der Begriff des «Hochmoorumfeldes» unterschiedlich verwendet wird. Während nach Art. 3 Abs. 1 HMV bei der Fest-

41
Ausgangslage
Situation initiale

---

[31] Vgl. auch Art. 3 MLV, welcher ein etwas umfassenderes Anhörungsverfahren vorsieht.
[32] BGr. in ZBl 1996, 123 f.
[33] Vgl. zur Anhörung bei der Bezeichnung nach Art. 18a Abs. 1 NHG: Rz 14.
[34] BGr. in ZBl 1996, 122 ff., E. 4d.
[35] Vgl. auch Art. 14 Abs. 2 Bst. d NHV.

legung der Pufferzone auch das «Hochmoorumfeld» zu beachten ist, wird andernorts[36] die «Pufferzone» dem «Hochmoorumfeld» gleichgesetzt wird. Dieses Beispiel belegt, dass unter Pufferzonen Verschiedenes verstanden werden kann. «Der Begriff ist einerseits geprägt von der Wissenschaft und andererseits vom Naturschutz. Rechtliche Definitionen von Pufferzonen und Begriffe aus der Raumplanung, die auf die Umsetzung von Pufferzonen bezogen sind, vergrössern die Möglichkeit einer Begriffsverwirrung»[37]. Die Naturwissenschaft hat sich deshalb um eine rechtlich greifbare Definition der Pufferzonen bemüht[38]:

42
Begriff
Notion

«Pufferzonen sind Flächen, die Moorbiotope oder andere Lebensräume von besonderer Schutzwürdigkeit von einer Gefährdung durch umgebende Nutzungen und den davon ausgehenden Belastungen schützen sollen. Sie sind ausserhalb der Moorbiotope anzulegen. Häufig kann vom Moorrand gegen das Biotopinnere eine Nährstoffabnahme festgestellt werden. Dabei treten am Rand des Moores Pflanzenarten auf, die Warnarten für Nährstoffeinwirkungen in Moorbiotope darstellen. Für diesen beeinträchtigten Randbereich innerhalb des Moorbiotopes» wird der Begriff Störungszone verwendet[39].

43
Hochmoorumfeld
Alentours des hauts-marais

Das Hochmoorumfeld gehört selbst nicht mehr zum eigentlichen Moorbiotop. Es wird aber vom Perimter des Inventars erfasst. Das Hochmoorumfeld ist damit gleichsam der bundesrechtlich vorgeschriebene Teil der Pufferzone, wobei die Kantone – in der Regel über das Hochmoorumfeld hinaus – in jedem Falle eine «ökologisch ausreichende Pufferzone» auszuscheiden haben[40].

44
Bedeutung
Importance

In den Forschungsarbeiten zum Thema Pufferzonen ist zu unterscheiden zwischen Nährstoff-Pufferzonen, hydrologischen Pufferzonen, Pufferzonen gegen weitere Gefährdungen der biotopspezifischen Pflanzen- und Tierwelt. Die ökologisch ausreichende Pufferzone im Sinne von Art. 3 Abs. 1 HMV und FMV sollte alle diese verschiedenen Funktionen erfüllen[41].

45
Auengebiete
Zones alluviales

Auch die ökologisch ausreichende Pufferzone für Auenobjekte (vgl. Art. 3 Abs. 1 AuenV) erfasst alle in Frage kommenden Pufferzonentypen. Für Auen besonders von Bedeutung sind dabei die «morphodynamischen Pufferzonen», welche den Perimeter des Auenobjekts zwar nicht vergrössern, dem Gewässer aber den fehlenden Platz für die Dynamik verschaffen sollen[42]. «Deshalb müssen in morphodynamischen Pufferzonen Sedimentation, Erosion, Überschwemmungen oder Hangrutsche gelegentlich geduldet werden»[43].

---

[36] GRÜNIG/VETTERLI/WILDI, 18 und 47.
[37] MARTI/MÜLLER, Pufferzonen, 1.
[38] MARTI/MÜLLER, Begriffsdefinitionen, 1 ff.
[39] MARTI/MÜLLER, Begriffsdefinitionen, 3.
[40] WALDMANN, Diss., 176, mit Hinweisen.
[41] MARTI/MÜLLER, Pufferzonen, 18; vgl. auch BGr. in URP 1996, 659.
[42] Vgl. dazu auch Art. 80 Abs. 2 GSchG, wonach der Gefährdung der Auengebiete durch ungenügende Restwassermengen bei Objekten von nationaler Bedeutung durch «weitergehende Sanierungsmassnahmen» zu begegnen ist, welche über den Sanierungsaufwand von Art. 81 Abs. 1 GSchG hinausgehen.
[43] BUWAL, Auenverordnung, 11.

Pufferzonen liegen nach diesen Vorgaben – abgesehen vom Hochmoorumfeld – grundsätzlich ausserhalb des Perimeters der zu schützenden Auengebiete und Moorbiotope[44]. Auch für Pufferzonen und damit für Gebiete, welche von der Bezeichnung nach Art. 18a Abs. 1 NHG nicht erfasst werden, gelten aber die nach Art. 18a Abs. 2 NHG anzuordnenden Schutz- und Unterhaltsmassnahmen, soweit dies zur Erreichung des Schutzziels erforderlich ist (Art. 5 Abs. 3 HMV und AuenV)[45]. Dabei stellt auch die Rechtsprechung[46] für die Abstimmung auf angrenzende Zonen[47] auf die bestehende Anleitung des BUWAL[48] ab und bestimmt die Ausdehnung der Pufferflächen nach folgenden Gesichtspunkten:

- Empfindlichkeit der Moorvegetation gegen Nährstoffzufuhr
- Vorhandener Schutz des Moorbiotops z.B. durch Hecken oder Strassen
- Aktuelle Nutzung der an das Moorbiotop angrenzenden Flächen
- Neigung der an das Moorbiotop angrenzenden Flächen
- Neigung der Moorbiotopfläche
- Boden-Durchlässigkeit in den an das Moorbiotop angrenzenden Flächen
- Boden-Wasserhaushalt in den an das Moorbiotop angrenzenden Flächen.

46
Ausdehnung
Extension

Im weiteren drängt es sich auf, die Pufferzonen – entsprechend ihrer jeweiligen Zweckbestimmung und nach dem Grundsatz der Verhältnismässigkeit – möglichst differenziert und mit unterschiedlichen Pflegevorschriften und Nutzungsauflagen zu belegen. Dies kann – bei der planungsrechtlichen Umsetzung – zunächst zur Ausscheidung der eigentlichen Naturschutzzone führen, welche mit dem von der Bezeichnung nach Art. 18a Abs. 1 NHG erfassten Gebiet übereinstimmt. Umfasst wird diese Zone von einem oder mehreren Umgebungsschutzperimetern, welche – mit unterschiedlichen, auf die jeweiligen Zweckbestimmungen zugeschnittenen Vorschriften – die ökologisch ausreichenden Pufferzonen im Sinne von Art. 3 Abs. 1 HMV, FMV und AuenV sicherstellen[49].

47
Nutzungsvorschriften
Prescriptions d'affectation

---

[44] BUWAL, Auenverordnung, 10; MARTI/MÜLLER, Begriffsdefinitionen, 3; MARTI/MÜLLER, Pufferzonen, 19; vgl. auch GRÜNIG/VETTERLI/WILDI, deren Karte zum Musterobjekt (Beilage 2) und die Umschreibung der Begriffe «Hochmoorumfeld» und «Pufferzone» mit dieser Betrachtungsweise nicht vollständig übereinstimmt.
[45] Mit umgekehrten «Vorzeichen», aber gleichbleibender Aussage: Art. 5 Abs. 3 FMV.
[46] Unveröffentlichter Entscheid des VGr. ZH vom 24. August 1995 i.S. Seegräben, E. 5.
[47] Unveröffentlicher Entscheid des BGr. vom 17. März 1993 i.S. Egg, E. 3b.
[48] BUWAL, Pufferzonen-Schlüssel, Leitfaden zur Ermittlung von ökologisch ausreichenden Pufferzonen für Moorbiotope, Bern 1994.
[49] MARTI/MÜLLER, Begriffsdefinitionen, 4 ff. und MARTI/MÜLLER, Pufferzonen, 18 ff., je mit schematischen Darstellungen und Empfehlungen zur Festlegung von Pufferzonen, wonach Pufferzonen vorzugsweise parzellenscharf oder auf Bewirtschaftungseinheiten abgestimmt auszuscheiden sind und auf die Festlegung von Pufferzonen in «Meter-Breiten» nach Möglichkeit zu verzichten ist.

48
Ökologischer
Ausgleich
Compensation
écologique

«Ökologisch ausreichende Pufferzonen» dürfen nicht ökologischen Ausgleichsflächen im Sinne von Art. 18b Abs. 2 NHG gleichgestellt werden. Pufferzonen und ökologische Ausgleichsflächen sollen zwar aufeinander abgestimmt werden[50]. Sie können sich aber auch überschneiden. Ökologische Ausgleichsflächen (MAURER, Art. 18b, Rz 31 ff.) dienen in genereller Weise der Kompensation für intensive, naturfeindliche Nutzungen. Ihre räumliche Anordnung und Ausgestaltung ist nicht vorbestimmt. Bei Pufferzonen wird ihre Lage und Aufgabe dagegen durch das jeweils abzuschirmende Schutzobjekt entscheidend beeinflusst. Ökologische Ausgleichsflächen sollten unter anderem dazu beitragen, Pufferzonen und damit auch einzelne geschützte Biotope untereinander zu vernetzen (vgl. auch Art. 15 NHV).

E. Schutzziel

49
Allgemeine
Bedeutung
Signification
générale

Die generellen Schutzziele sind in Art. 4 HMV, FMV und Art 4 Abs. 1 AuenV für alle Biotope von nationaler Bedeutung sehr ähnlich umschrieben. Sie decken sich inhaltlich mit den programmatischen Vorgaben des allgemeinen Biotopschutzes (FAHRLÄNDER, Art. 18, Rz 13 ff.). Biotope von nationaler Bedeutung dienen in besonderer Weise der «ökologisch-naturräumlichen Ressourcen-Sicherung», welche im Sinne einer ökologischen Landschaftsoptimierung besonders wertvolle und gefährdete Arten schützen und eine hohe Vielfalt an einheimischen Arten (Biodiversität) gewährleisten soll. Dies soll naturräumlich biologische Prozesse ermöglichen, welche spontan und ausgleichend auf fremde Einflüsse reagieren (ökologische Pufferung)[51].

50
Auen
Biotope alluvial

Bei den Auen gilt auch die Erhaltung und Wiederherstellung der natürlichen Dynamik des Gewässer- und Geschiebehaushaltes als ausdrückliches Schutzziel. Insofern stehen zwar die Vorschriften von Art. 31 ff. GSchG über Mindestwassermengen und über die Sanierung bestehender Wasserentnahmen[52] im Vordergrund. Auch Schutz- und Unterhaltsmassnahmen im Sinne von Art. 18a Abs. 2 NHG und Art. 5 AuenV (Nutzungs- und Bewirtschaftungsvorschriften) können aber zu einem intakten Gewässer- und Geschiebehaushalt beitragen.

51
Absoluter
Schutz
Protection
absolue

Moore von «nationaler Bedeutung» und damit auch von «besonderer Schönheit» werden von Art. 24[sexies] Abs. 5 BV erfasst. Sie unterstehen dem dort verankerten absoluten Veränderungsverbot. Abweichungen von Schutzzielen sind

---

[50] MARTI/MÜLLER, Pufferzonen, 18.
[51] Vgl. auch FAHRLÄNDER, 1 f.
[52] Art. 80 ff. GSchG i.V. mit Art. 31 ff. GSchG; vgl. auch FREI Bernhard, Die Sanierung nach Art. 80 ff. GSchG bei der Wasserkraftnutzung, rechtliche Probleme, BUWAL-Schriftenreihe Umwelt Nr. 163, Bern 1991.

deshalb ausschliesslich für Biotope denkbar, die im Aueninventar (Art. 1 AuenV) enthalten sind. Dabei verschärft Art. 4 Abs. 2 AuenV die Voraussetzungen für einen Eingriff in das Schutzobjekt gegenüber den für den allgemeinen Biotopschutz geltenden Vorgaben (Art. 18 Abs. 1ter NHG; FAHRLÄNDER, Art. 18, Rz 26 ff.) beträchtlich. Eine Abwägung zwischen den für und gegen den Eingriff sprechenden Interessen hat nach Art. 4 Abs. 2 AuenV nur zu erfolgen, wenn sich das die Schutzziele beeinträchtigende Vorhaben als unmittelbar standortgebunden erweist und «dem Schutz des Menschen vor schädlichen Auswirkungen des Wassers oder einem anderen überwiegenden öffentlichen Interesse von ebenfalls nationaler Bedeutung» dient. Auch in Auengebieten von nationaler Bedeutung denkbar sind danach Wasser- oder andere Verbauungen zum Schutze von Menschen, welche an keinem anderen Standort ausgeführt werden können. Für Strassen und andere Verkehrsanlagen ist hingegen grundsätzlich eine andere Linienführung zu suchen. Ein Eingriff in das Schutzobjekt für solche Anlagen ist höchstens denkbar, wenn keine Alternativen zur vorgesehenen Streckenführung zur Verfügung stehen und das Projekt von nationaler Bedeutung (Hauptachsen des Eisenbahnnetzes, Nationalstrassen, etc.) ist.

52
Interessenabwägung
Pondération des intérêts

Sind die Voraussetzungen für einen Eingriff in ein Auengebiet von nationaler Bedeutung ausnahmsweise erfüllt, hat der Verursacher nach den materiellen Vorgaben von Art. 18 Abs. 1ter NHG (FAHRLÄNDER, Art. 18, Rz 31 ff.) für bestmögliche Schutz-, Wiederherstellungs- oder Ersatzmassnahmen zu sorgen.

53
Art. 18
Abs. 1ter NHG
Art. 18 al.
1ter LPN

F. Schutz- und Unterhaltsmassnahmen der Kantone

Der Schutz und Unterhalt der Biotope von nationaler Bedeutung ist gemäss Art. 18a Abs. 2 NHG Sache der Kantone. Diese haben die ihnen übertragenen Aufgaben nach Art. 18c Abs. 1 NHG nach Möglichkeit durch Vereinbarungen mit den Grundeigentümern und Bewirtschaftern zu erfüllen (MAURER, Art. 18c, Rz 8 ff.). Wenn es gelingt, alle erforderlichen Massnahmen mit dauerhaften Vereinbarungen durchzusetzen, erweisen sich Vorschriften als entbehrlich. Insofern wirkt die Verpflichtung zur Anordnung von Schutz- und Unterhaltsmassnahmen im Sinne von Art. 5 HMV, FMV und AuenV gegenüber dem Abschluss inhaltlich gleichartiger Vereinbarungen subsidiär. Entschädigungslos hinzunehmende Anordnungen und nicht entschädigungsbegründende Vereinbarungen sind dagegen zu treffen, wenn einem Schutzobjekt eine bisher nicht ausgeübte Nutzungsintensivierung droht (MAURER, Art. 18c, Rz 11).

54
Vereinbarungen
Conventions

Gemäss Art. 5 Abs. 1 Bst. a HMV sowie Art. 5 Abs. 2 Bst. a FMV und AuenV haben die Kantone in jedem Falle dafür zu sorgen, dass «Pläne und Vorschriften, welche die zulässige Nutzung des Bodens im Sinne des Raumplanungsge-

55
Anordnungen
Déterminations

56 Nutzungs- vorschriften Prescriptions d'affectation	setzes regeln, mit dieser Verordnung übereinstimmen». Auch wenn die Kantone ihre Vollzugsaufgaben mit Vereinbarungen im Sinne von Art. 18c Abs. 1 NHG regeln, sind sie demnach verpflichtet, die kantonale und kommunale Nutzungsplanung auf die abgeschlossenen Vereinbarungen abzustimmen. Selbst wenn dies nach dem Abschluss von Vereinbarungen unterlassen würde, ist der Nutzungsberechtigte auch dann an die Vereinbarungen gebunden, wenn diese inhaltlich nicht mit dem kantonalen oder kommunalen Nutzungsrecht übereinstimmt. Die Vereinbarungen wurden in Anwendung von Bundesrecht (Art. 18c Abs. 1 NHG) getroffen, das kantonalen oder kommunalen Nutzungsvorschriften vorgeht.
57 Verhältnis- mässigkeit Propor- tionnalité	Der in Art. 5 Abs. 1 FMV enthaltene Hinweis, eine angepasste landwirtschaftliche Nutzung auch in geschützten Gebieten nach Möglichkeit zu erhalten und zu fördern, nimmt die gleichartige Vorgabe von Art. 18c Abs. 1 NHG auf (MAURER, Art. 18c, Rz 16 ff.). Diese Regel ist allgemeiner gültig. Auch andere, etwa touristische[53] oder militärische Nutzungen[54] sind nach Möglichkeit anzupassen und nicht generell zu verbieten. Das gebietet auch der ungeschriebene Verfassungsgrundsatz der Verhältnismässigkeit.
58 Planungs- recht Droit de la planification	Gemäss Art. 17 Abs. 1 RPG sind Bäche, Flüsse, Seen und ihre Ufer, besonders schöne sowie naturkundlich und kulturgeschichtlich wertvolle Landschaften, bedeutende Ortsbilder, geschichtliche Stätten sowie Natur- und Kulturdenkmäler, insbesondere aber auch Lebensräume für schutzwürdige Tiere und Pflanzen, Schutzzonen zuzuweisen oder durch das kantonale Recht mit anderen geeigneten Massnahmen zu schützen (Art. 17 Abs. 2 RPG). Damit bietet – neben Art. 18c NHG – auch das Planungsrecht gute Voraussetzungen, um Schutz- und Unterhaltsmassnahmen im Sinne von Art. 18a NHG durchzusetzen. Welche planungsrechtlichen Massnahmen sich jeweils als zweckmässig erweisen, hängt dabei von den Umständen des Einzelfalls ab. Soweit im Baugebiet (vgl. Art. 15 RPG) Massnahmen nach Art. 18a NHG zu treffen sind, werden diese zweckmässigerweise mit Sondernutzungsvorschriften geregelt[55].
59 Bauten und Anlagen Constructions et installations	Moorbiotope von nationaler Bedeutung lassen indessen grundsätzlich keine (Art. 5 Abs. 1 HMV und Art. 5 Abs. 2 FMV) und Auenbiotope von nationaler Bedeutung (Art. 5 Abs. 2 Bst. c AuenV) höchstens ausnahmsweise bauliche Nutzungen zu. Schutzvorschriften für Biotope von nationaler Bedeutung be-

---

[53] FORSCHUNGSINSTITUT FÜR FREIZEIT UND TOURISMUS/BUWAL/SCHWEIZERISCHER TOURISMUSVERBAND.

[54] EDI/EIDGENÖSSISCHES MILITÄRDEPARTEMENT, 22 ff.

[55] Vgl. dazu – allerdings für ein Biotop von regionaler Bedeutung – BGE 118 Ib 491 ff. = JdT 1994 I 505.

treffen mithin in aller Regel das Nichtbaugebiet. Dabei drängt es sich meistens auf, eigentliche Schutzzonen im Sinne von Art. 17 RPG auszuscheiden. Derart besteht die Möglichkeit, die Schutz- und Unterhaltsmassnahmen auch räumlich einwandfrei zuzuordnen und auf die jeweiligen Verhältnisse abgestimmte Regelungen zu treffen.

Nutzungsplanungen und damit auch der Erlass von Schutzzonen sind vielfach kommunale Aufgaben. Die Kantone sind deshalb häufig auf die Zusammenarbeit mit den Gemeinden angewiesen, um die ihnen nach Art. 18a Abs. 1 NHG übertragenen Bundesaufgaben zu vollziehen. Die in Art. 5 Abs. 1 Bst. a HMV sowie in Art. 5 Abs. 2 Bst. a FMV und AuenV enthaltene Verpflichtung zur Anpassung der Schutz- und Nutzungsplanung bindet indessen auch die Gemeinden. Überdies verfügen die meisten Kantone über die erforderlichen gesetzlichen Grundlagen, um Schutzzonen nötigenfalls auch nach kantonalem Recht anzuordnen[56].

60 Kommunales Recht Droit communal

Für Moorbiotope von nationaler Bedeutung enthalten Art. 5 Abs. 1 Bst. b–d HMV und Art. 5 Abs. 2 Bst. b–f FMV zusätzlich die auf Art. 24^{sexies} Abs. 5 BV und die dazugehörige Übergangsbestimmung der BV abgestützten Vorgaben für den unmittelbaren Vollzug des nun auch in Art. 25b NHG (KELLER, Art. 25b, Rz 1 ff.) verankerten Verfassungsrechts (vgl. dazu ZUFFEREY, 2. Kap., Rz 82 ff.). Beizufügen bleibt, dass sich diese übergangsrechtlichen Vollzugsaufgaben (Abbruch von Bauten und Anlagen, Wiederherstellung von Bodenveränderungen, Unterhalt und Erneuerung bestehender Anlagen, Kostenfolge, etc.) besonders gut für den Abschluss von Vereinbarungen im Sinne von Art. 18c Abs. 1 NHG eignen. Mit einer Vereinbarung kann – immer im Rahmen der Vorgaben der Verfassung – am besten den stets besonderen Verhältnissen des Einzelfalles Rechnung getragen werden.

61 Übergangsbestimmungen Dispositions transitoires

Soweit der Vollzug des Bundesrechts dies erfordert, können die Kantone mit dem Erlass der Schutzvorschriften den zuständigen Gemeinwesen auch das Enteignungsrecht verschaffen[57]. Sollten – für die Erreichung der Schutzziele von Art. 18a Abs. 1 NHG und von Art. 5 HMV, FMV und AuenV (Rz 11 ff. hievor), zur Durchsetzung von Massnahmen gegenüber Grundeigentümern oder Bewirtschaftern im Sinne von Art. 18c NHG (MAURER, Art. 18c, Rz 16 f. und

62 Enteignungsrecht Droit d'exproprier

---

[56] Vgl. etwa § 205 Bst. a i.V. mit § 211 des Planungs- und Baugesetzes des Kantons Zürich vom 7. September 1975 oder Art. 102 Abs. 1 Bst. c des Baugesetzes des Kantons Bern vom 9. Juni 1985.

[57] Vgl. etwa §116 des Planungs- und Baugesetzes des Kantons Zürich vom 7. September 1975, Art. 128 Abs. 1 Bst. d des Baugesetzes des Kantons Bern vom 9. Juni 1985, § 130 ff. des Gesetzes über Raumplanung, Umweltschutz und Bauwesen des Kantons Aargau vom 19. Januar 1993.

30) oder für die Sicherung schützenswerter Objekte im Sinne von Art. 15 NHG (FAHRLÄNDER, Art. 15, Rz 5 ff.) – Enteignungen unumgänglich werden, verfügen die Kantone damit bereits über den für die Einleitung des Enteignungsverfahrens benötigten Enteignungstitel (vgl. MAURER, Art. 18c, Rz 38).

G. Fristen und vorsorglicher Schutz

63
Bundesaufsicht
Surveillance fédérale

Der Bundesrat hat den Kantonen in Anwendung von Art. 18a Abs. 3 NHG Vollzugsfristen gesetzt (Art. 6 HMV, FMV und AuenV). Angesichts der mit der Umsetzung des Vollzugsauftrags verbundenen finanziellen Verpflichtungen wurde dabei «finanzschwachen und mittelstarken Kantonen, die durch den Biotopschutz stark belastet sind», längere Vollzugsfristen eingeräumt[58]. Fristerstreckungen sind nicht ausdrücklich vorgesehen. Ersatzmassnahmen nach Art. 18a Abs. 3 NHG setzen aber eine vorgängige Mahnung und damit eine faktische Fristerstreckung voraus. Grundlage für Fristerstreckungen oder für allfällige Ersatzvornahmen bilden die dem BUWAL bis zur vollständigen Anordnung der Vollzugsvorschriften jährlich zu erstattenden Berichte der Kantone über den Stand des Biotopschutzes (Art. 10 HMV, FMV und AuenV). So-

64
Vorsorgliche Massnahmen
Mesures préventives

lange die Inventare im Sinne von Art. 18a Abs. 1 NHG fehlen oder noch nicht definitiv bereinigt sind, gelten für die Biotope von nationaler Bedeutung die Übergangsbestimmungen von Art. 29 NHV (vgl. dazu KELLER, Art. 26, Rz 7). Zusätzlich sind die Kantone aufgrund von Art. 7 HMV, FMV und AuenV zur Anordnung vorsorglicher Schutz- und Unterhaltsmassnahmen verpflichtet. Dies gilt auch, wenn der Bundesrat die Biotope von nationaler Bedetung in Anwendung von Art. 18a Abs. 1 NHG bezeichnet hat, die Kantone aber noch keine Vollzugsmassnahmen getroffen haben.

H. Weitere Bestimmungen

65

Die weiteren Artikel der HMV, der FMV und der AuenV konkretisieren – auch wenn sich die drei Verordnungen formell ausschliesslich auf Art. 18a NHG abstützen – auch noch andere Bestimmungen des NHG. Die Pflicht des Bundes zur Beratung der Kantone (Art. 11 HMV, FMV und AuenV) folgt aus Art. 25a NHG (KELLER, Art. 25a, Rz 3 ff.). Die Behebung von Schäden (Art. 8 HMV, FMV und AuenV) ist vorab eine Frage der dafür zur Verfügung stehen-

---

[58] Vgl. etwa BUWAL, Auenverordnung, 9, wonach den Kantonen Bern, Freiburg, Graubünden, Obwalden, Tessin, Waadt und Wallis nach Art. 6 Abs. 2 AuenV eine längere Vollzugsfrist von sechs Jahren gewährt wurde.

den (finanziellen) Mittel und die Verpflichtungen des Bundes nach Art. 9 HMV, FMV und AuenV ergeben sich einerseits aus Art. 3 Abs. 1 und 2 Bst. a NHG (FAVRE, Art. 3, Rz 19 ff.). Zudem überbinden Art. 9 Abs. 2 HMV, FMV und AuenV dem Bund die selbstverständliche Pflicht, auch im Rahmen der in seine Zuständigkeit fallenden Spezialgesetzgebungen für den nach Art. 18a NHG gebotenen Schutz und Unterhalt der Biotope von nationaler Bedeutung zu sorgen.

Art. 18b Biotope von regionaler und lokaler Bedeutung und
ökologischer Ausgleich

¹ Die Kantone sorgen für Schutz und Unterhalt der Biotope von regionaler und lokaler Bedeutung.

² In intensiv genutzten Gebieten inner- und ausserhalb von Siedlungen sorgen die Kantone für ökologischen Ausgleich mit Feldgehölzen, Hecken, Uferbestockungen oder mit anderer naturnaher und standortgemässer Vegetation. Dabei sind die Interessen der landwirtschaftlichen Nutzung zu berücksichtigen.

Art. 18b Biotopes d'importance régionale et locale et compensation
écologique

¹ Les cantons veillent à la protection et à l'entretien des biotopes d'importance régionale et locale.

² Dans les régions où l'exploitation du sol est intensive à l'intérieur et à l'extérieur des localités, les cantons veillent à une compensation écologique sous forme de bosquets champêtres, de haies, de rives boisées ou de tout autre type de végétation naturelle adaptée à la station. Ce faisant, ils tiennent compte des besoins de l'agriculture.

Inhaltsverzeichnis	Rz
I. Allgemeines	1
A. Funktion	1
B. Hinweise zur Entstehungsgeschichte	5
C. Räumliche Konzepte für den Schutz der Natur	6
II. Zuständigkeit und Spielraum für den Vollzug	8
III. Instrumente für den Vollzug	11
A. Auswahl der Instrumente	11
B. Naturschutzkonzepte	13
IV. Verhältnis zur Eigentumsgarantie	15
V. Schutz und Unterhalt der Biotope von regionaler und lokaler Bedeutung (Abs. 1)	16
A. Begriffe	16
a. Biotope von regionaler und lokaler Bedeutung	16
b. Schutz und Unterhalt	21
c. Rechtlicher Charakter der Begriffe	23
B. Tragweite des Schutzes	24
a. Gegenüber geplanten Eingriffen	24
b. Gegenüber Grundstücken, die einer Spezialgesetzgebung des Bundes unterstehen	25
c. Gegenüber der Nutzungsplanung	28

VI. Ökologischer Ausgleich (Abs. 2)	31
A. Begriffe	31
a. Ökologischer Ausgleich	31
b. Intensiv genutzte Gebiete inner- und ausserhalb von Siedlungen	33
c. Rechtlicher Charakter der Begriffe	35
B. Berücksichtigung der landwirtschaftlichen Interessen	36
C. Schutz und Unterhalt	37
D. Ökologischer Ausgleich bei bewilligungspflichtigen raumwirksamen Tätigkeiten	38
E. Exkurs: Zonenkonformität des ökologischen Ausgleichs in der Landwirtschaftszone	43

Table des matières   N°

I. Généralités	1
A. La fonction	1
B. Indications sur l'origine de la disposition	5
C. L'assise dans l'espace des concepts qu'utilise la protection de la nature	6
II. La compétence et la latitude en matière d'exécution	8
III. Les instruments de l'exécution	11
A. Le choix des instruments	11
B. Les concepts protecteurs de la nature	13
IV. La relation avec la garantie de la propriété	15
V. La protection et la conservation des biotopes d'importance régionale et locale (al. 1)	16
A. Les notions	16
a. Les biotopes d'importance régionale et locale	16
b. La protection et la conservation	21
c. Le caractère juridique des notions	23
B. La portée de la protection	24
a. A l'encontre des atteintes prévues	24
b. Pour des biens-fonds assujettis à une législation fédérale spéciale	25
c. A l'encontre d'un plan d'affectation	28
VI. La compensation écologique (al. 2)	31
A. Les notions	31
a. La compensation écologique	31
b. Les régions exploitées intensivement à l'intérieur et à l'extérieur des localités	33
c. Le caractère juridique des notions	35
B. La prise en compte des intérêts agricoles	36
C. La protection et la conservation	37
D. La compensation écologique lors d'activités avec un impact sur le territoire et soumises à autorisation	38
E. Ex cursus : la conformité à la zone pour des compensations écologiques dans la zone agricole	43

I. Allgemeines

A. Funktion

1
Biotopschutz
Protection des biotopes

Nach Art. 18a NHG führt Art. 18b NHG den Zweckartikel des Biotopschutzes (Art. 18 Abs. 1 NHG) weiter aus. Die Bestimmung erteilt den Kantonen einen *Vollzugsauftrag* für den Schutz und Unterhalt der Biotope von regionaler und lokaler Bedeutung sowie für den ökologischen Ausgleich. Diese Lebensräume sind nicht schon wie z.b. der Wald direkt aufgrund der Bestimmungen des Bundesrechts geschützt. Ihr konkreter Schutz erfolgt erst im Rahmen des Vollzugs von Art. 18b NHG durch die Kantone[1].

Art. 18b NHG verfolgt *zwei Hauptrichtungen*. Erstens sollen die bestehenden Biotope geschützt werden (Abs. 1) und zweitens sollen zusätzlich zu den bestehenden Biotopen mit dem ökologischen Ausgleich neue naturnahe Lebensräume geschaffen werden (Abs. 2).

2
Ökologischer Ausgleich
Compensation écologique

Besonders hinzuweisen ist auf die progressive Funktion der Bestimmung über den ökologischen Ausgleich. Diese Regelung ermöglicht, die bislang andauernde Zerstörung der Natur aufzufangen. Es handelt sich um eine wichtige Fortentwicklung des Naturschutzes über das Reservatsdenken hinaus – nämlich um eine *generelle Kompensation der verbreiteten naturfeindlichen Nutzung* unseres Landes.

3
Abgrenzung
Délimitation

Aus dem Gesagten folgt auch die *Abgrenzung* des ökologischen Ausgleichs gemäss Art. 18b Abs. 2 NHG zu den Wiederherstellungs- und Ersatzmassnahmen gemäss Art. 18 Abs. 1ter NHG. Letztere dienen dazu, *Eingriffe* in geschützte oder schutzwürdige Biotope zu beheben oder für endgültig zerstörte Biotope an einem anderen Ort Ersatz zu schaffen (vgl. FAHRLÄNDER, Art. 18, Rz 36 f.). Sie verbessern im Gegensatz zum ökologischen Ausgleich die Gesamtbilanz der naturnahen Lebensräume nicht.

4
Verordnungsrecht
Dispositions d'exécution

Ausführungsbestimmungen zu Art. 18b NHG finden sich in der NHV (Art. 13–15) und im kantonalen Ausführungsrecht.

B. Hinweise zur Entstehungsgeschichte

5 Art. 18b fand in der Teilrevision von 1988 Aufnahme ins NHG[2].

---

[1] Vgl. dazu BGE 118 Ib 488 = JdT 1994 I 504; BGE 116 Ib 209 ff. = Pra 1991, 631.
[2] Vgl. zur allgemeinen Entstehungsgeschichte von Art. 18b NHG: MAURER, Vorbemerkungen zu den Art.18-23, Rz 4.

In der parlamentarischen Beratung war die durch den Bundesrat vorgeschlagene Fassung von Art. 18b Abs. 1 NHG *unbestritten* und wurde im nämlichen Wortlaut ins Gesetz aufgenommen[3].

Abs. 2 von Art. 18b NHG passierte die beiden Räte *im wesentlichen unverändert*. Zwar war im Ständerat versucht worden, gegenüber dem bundesrätlichen Vorschlag eine Abschwächung vorzunehmen[4]. Danach hätten die Kantone nur «im Rahmen ihrer Möglichkeiten» für ökologischen Ausgleich sorgen müssen. Der Nationalrat wollte die Bestimmung über den ökologischen Ausgleich jedoch entsprechend dem Vorschlag des Bundesrates *in imperativer Form* im Gesetz verankern[5]. In der Differenzbereinigung folgte der Ständerat dem Nationalrat[6].

C. Räumliche Konzepte für den Schutz der Natur

Ein sinnvoller Naturschutz hat neben den hier hauptsächlich behandelten rechtlichen Aspekten vor allem *naturwissenschaftliche Erkenntnisse* miteinzubeziehen. Von zentraler Bedeutung sind in diesem Zusammenhang die räumlichen Konzepte, mit denen der Schutz der Natur verfolgt wird.

Nach der allgemein anerkannten Idee des deutschen Agrarwissenschafters und Umweltökonomen HAMPICKE[7] stehen für den Schutz der Natur drei unterschiedliche räumliche Konzepte zur Verfügung:

1. Das Konzept der *Segregation*: Naturschutz- und Produktionsfläche sind voneinander getrennt.
2. Das Konzept der *Vernetzung*: Naturschutz und Produktion finden auf jeweils eigenen Flächen statt. Diese sind aber räumlich eng miteinander verflochten.
3. Das Konzept der *Kombination*: Naturschutz und Produktion finden auf derselben Fläche statt.

---

[3] Amtl.Bull. S 1986 357, N 1987 152.
[4] Amtl.Bull. S 1986 357.
[5] Amtl.Bull. N 1987 153 (Votum Berichterstatter AUER): «Es darf nicht den Kantonen überlassen werden, ob sie etwas machen wollen oder nicht.»
[6] Amtl.Bull. S 1987 241.
[7] Seine Idee bezog sich ursprünglich auf den Schutz der Natur in der Agrarlandschaft. Sie lässt sich aber sinngemäss auch auf den Wald, die Gewässer, den Siedlungsbereich usw. übertragen.

Mit jeder der drei Strategien lassen sich nur bestimmte Ziele verwirklichen:

Segregation: Das Konzept der Segregation eignet sich für den Schutz bedrohter Arten mit hohen Umweltansprüchen. Ein breiter Schutz stark gefährdeter Arten ist nur über das Segregationsmodell denkbar[8].

Vernetzung: Das Konzept der Vernetzung fördert Verbindungsfunktionen zwischen den verschiedenen Naturschutzflächen und Pufferfunktionen rund um die Naturschutzgebiete. Ausserdem dient es dem Schutz linearer (z.B. Hecken) und punktueller Habitate (z.B. Einzelbäume). Davon profitieren allerdings nur «nutzungstolerante» und mässig anspruchsvolle Arten[9].

Kombination: Mit dem Konzept der Kombination wird der Schutz jener Arten verfolgt, die auf eine (extensive) Bewirtschaftung angewiesen sind. So müssen beispielsweise die an Pflanzenarten reichen Magerwiesen periodisch gemäht werden. Andernfalls bilden die sich vegetativ vermehrenden Gräser eine filzartige Bodenbedeckung, was innert weniger Jahre zur Verdrängung der vielfältigen Vegetation führt[10]. Je nach Nutzungsintensität können mit dem Konzept der Kombination auch anspruchsvolle Arten geschützt werden.

7
Schutzstrategie
Stratégie de protection

Insgesamt kann mit den vorgestellten Konzepten *eine 3-gliedrige Schutzstrategie* aufgebaut werden. Diese fügt sich nahtlos in den durch Art. 18b NHG vorgegebenen Rahmen und findet sich sinngemäss in Art. 15 NHV (im einzelnen: Rz 31 f. hienach), der Ausführungsbestimmung für den ökologischen Ausgleich, wieder. Ihre Anwendung ermöglicht ein *zielgerichtetes* und mit anderen Rechtsbereichen *koordiniertes Vorgehen.*

II. Zuständigkeit und Spielraum für den Vollzug

8
Adressaten
Destinataires

Art. 18b NHG wendet sich an die *Kantone als Adressaten* und beauftragt sie mit dem Vollzug. Die Bestimmung verpflichtet die Kantone zum *Erlass von ergänzendem Recht.* Es handelt sich bei ihr um eine den Kantonen vom Bund *übertragene Bundesaufgabe.* Letztinstanzliche kantonale Entscheidungen über den Schutz der in Abs. 1 genannten Biotope oder den ökologischen Ausgleich (Abs. 2) stützen sich insoweit auf *unmittelbar anwendbares Bundesverwaltungsrecht* (bzw. müssten sich richtigerweise darauf stützen). Kantonale Ausführungsbestimmungen zu Art. 18b NHG sind deshalb *unselbständiger Art,* und

---

[8] PLACHTER, 359. Begründet wird diese Auffassung mit der Inseltheorie (Flächenbedarf), der Mosaik-Zyklus-Hypothese (Existenz natürlicher dynamischer Prozesse und der Autökologie der Mehrzahl der Arten der Roten Liste, namentlich ihre geringe Toleranz gegen Nutzungseinflüsse, ihr Verhalten im Nährstoffgradienten und ihre enge Bindung an nicht oder nur sehr extensiv genutzte Lebensräume etc.). Näheres dazu im angeführten Werk (101, 234 ff.).

[9] PLACHTER, 358.

[10] In den Freibergen beispielsweise sind zwischen 1964 und Anfang der 80-er Jahre über 90 Prozent der Magerwiesen durch Verbrachung entwertet worden (BBl 1985 II 1445 ff., 1459).

ihre Anwendung kann im Rahmen der Verwaltungsgerichtsbeschwerde vom Bundesgericht überprüft werden[11]. Setzt ein Kanton keine einschlägigen Regeln fest, kann der Bund sie im Sinne der *Ersatzvornahme* sogar selbst erlassen[12].

Innerhalb eines Kantons kann die Aufgabe teilweise weiter *an die Gemeinden delegiert* werden, was besonders beim Schutz der Biotope von lokaler Bedeutung regelmässig geschieht. Ein Kanton kann sich seiner Pflichten jedoch auf diese Weise nicht einfach entledigen, sondern muss zumindest eine adäquate Vollzugskontrolle einführen und den tatsächlichen Vollzug dort selbst an die Hand nehmen, wo überkommunale Interessen dies erfordern. Im übrigen ist bei der Delegation des Naturschutzes an die Gemeinden eine gewisse Skepsis angebracht, weil auf dieser Ebene die Nutzungsinteressen gegenüber den Schutzinteressen oft übermässig stark vertreten sind.

9
Delegation an Gemeinden
Délégation aux communes

Art. 18b NHG nennt als Verpflichtete nur die Kantone, nicht aber den Bund. Was geschieht aber, wenn der Bund als Bauherr auftritt und dabei *Biotope von regionaler und lokaler Bedeutung* gefährdet? In diesen Fällen ist der Bund, obwohl er nicht direkt mit dem Vollzug von Art. 18b NHG beauftragt ist, trotzdem zum Schutz verpflichtet. Die Verpflichtung ergibt sich aus den allgemeinen Schutzbestimmungen von Art. 18 und aus Art. 3 NHG sowie aus der sogenannten Berücksichtigungspflicht (vgl. Rz 29 f. hienach).

Ist für das Bauwerk des Bundes eine kantonale Bewilligung erforderlich, kann ihn der Kanton wie einen Privaten (vgl. dazu Rz 40 hienach) sogar zum *ökologischen Ausgleich* (Art. 18b Abs. 2 NHG) verpflichten. Braucht es für das Bauwerk jedoch keine kantonale Bewilligung, so lässt sich eine Pflicht des Bundes zum ökologischen Ausgleich in der Regel nicht aus dem NHG ableiten[13]. Namentlich sind in diesem Fall weder Art. 18 noch Art. 3 NHG anwendbar, weil der ökologische Ausgleich nicht Thema dieser Bestimmungen ist. Diese Konstellation ist vor allem bei grösseren Bauvorhaben, wie z.B. jenen von Bahn 2000 und AlpTransit, unbefriedigend, denn diese bieten eine ideale Gelegenheit, den ökologischen Ausgleich zu realisieren.

Die Kantone verfügen beim Vollzug von Art. 18b NHG über einen erheblichen *Spielraum*, was sich bislang leider nicht zugunsten des Naturschutzes ausgewirkt hat. Der Spielraum liegt zum einen darin, dass das NHG keine Vorgaben über die zeitliche Dauer, in der die Vorschriften vollzogen sein müssen, enthält. Zum anderen ergibt er sich daraus, dass Art. 18b NHG mehrere unbe-

10
Spielraum der Kantone
Liberté d'action pour les cantons

---

[11] Das Bundesgericht hat sich bisher erst zu Art. 18b Abs. 1 NHG in dieser Weise geäussert (unveröffentlichter Entscheid des BGr. vom 4. Oktober 1993 i.S. Lostorf, E. 2d; BGE 118 Ib 485 = JdT 1994 I 503 nicht publizierte E. 1; BGE 116 Ib 207 f. = Pra 1991, 627 f.). Es würde jedoch keinen Sinn machen, Abs. 2 von Art. 18b NHG anders zu behandeln.
[12] VGr. AG in AGVE 1992, 367.
[13] Es sei denn, der Kanton hätte für das vom Bund beanspruchte Gebiet bereits konkrete Massnahmen für den ökologischen Ausgleich in die Wege geleitet, beispielsweise mit planerischen Festlegungen. In diesem Fall gilt für den Bund die Berücksichtigungspflicht (vgl. Rz 30 hienach).

stimmte Rechtsbegriffe enthält, die weder das NHG und die NHV noch das Bundesgericht[14] ausreichend umschreiben.

III. Instrumente für den Vollzug

A. Auswahl der Instrumente

11
Übersicht
Aperçu

Das NHG schreibt den Kantonen zwar nicht vor, mit welchen rechtlichen Instrumenten sie im konkreten Fall ein Biotop schützen oder für ökologischen Ausgleich sorgen müssen. Trotzdem sind die Kantone in der Auswahl von Instrumenten ziemlich eingeschränkt.

Zum einen ist die Anzahl der möglichen Instrumente begrenzt. Zur Auswahl stehen die folgenden Instrumente:

- raumplanerische Instrumente (reguläres Planungsverfahren mit Richtplan und Nutzungsplänen im Sinne von Art. 17 Abs. 1 RPG oder Schutzverordnungen bzw. -verfügungen im Sinne von Art. 17 Abs. 2 RPG)[15]
- Vereinbarungen mit Grundeigentümern oder Bewirtschaftern im Sinne von Art. 18c Abs. 1 NHG (vgl. MAURER, Art. 18c, Rz 8 ff.)
- Anordnung einer angepassten land- und forstwirtschaftlichen Nutzung im Sinne von Art. 18c Abs. 1 NHG (vgl. MAURER, Art. 18c, Rz 16 ff.)
- Anordnung einer Nutzung durch Dritte im Sinne von Art. 18c Abs. 3 NHG (dazu MAURER, Art. 18c, Rz 30)
- Enteignung im Sinne von Art. 18c Abs. 4 NHG (vgl. MAURER, Art. 18c, Rz 31 ff.)
- Kauf von Grundstücken bzw. Abschluss von Dienstbarkeitsverträgen durch das Gemeinwesen
- generell abstrakte Regelungen (vgl. MAURER, 4. Kap., Rz 6).

In der Praxis drängt sich oft eine *Kombination von Instrumenten* auf. So kann etwa eine wertvolle Trockenwiese mittels Schutzverordnung langfristig geschützt und die Pflege per Vereinbarung nach Art. 18c Abs. 1 NHG mit dem Bewirtschafter sichergestellt werden.

[14] Vgl. zur Praxis des Bundesgerichts BGE 118 Ib 490 = JdT 1994 I 504, mit Hinweisen: «Das Bundesgericht prüft zwar grundsätzlich frei, ob die Kantone den bundesrechtlichen Auftrag zum Schutz der Biotope korrekt erfüllen. Es untersucht namentlich, ob dabei alle massgeblichen Gesichtspunkte berücksichtigt werden und ob die bundesrechtlich gebotene umfassende Interessenabwägung stattgefunden hat. Doch billigt das Gericht den kantonalen Behörden bei der Auslegung und Anwendung der unbestimmten Gesetzesbegriffe einen Beurteilungsspielraum zu und trägt auch dem Umstand Rechnung, dass die kantonalen und kommunalen Behörden die örtlichen Gegebenheiten im allgemeinen besser kennen und überblicken.»

[15] Vgl. dazu MAURER, 39–57.

Zum anderen verlangt Art. 26 Abs. 2 NHV, dass die Kantone bei ihren «raumwirksamen Tätigkeiten (Art. 1 RPV) die Massnahmen, für die der Bund Finanzhilfen und Abgeltungen (nach der NHV) ausrichtet», berücksichtigen. Die Kantone haben in diesem Fall insbesondere dafür zu sorgen, «dass Pläne und Vorschriften, welche die zulässige Nutzung des Bodens im Sinne der Raumplanungsgesetzgebung regeln, den Schutzmassnahmen Rechnung tragen». Weil die Kantone in praktisch allen Fällen von Art. 18b NHG Abgeltungen (gemäss Art. 18d Abs. 2 NHG) beziehen, müsste dieser Vorschrift im Prinzip allgemeine Gültigkeit zukommen.

12
Raumwirksame Tätigkeiten
Activités à effet sur le territoire

Das ist soweit sinnvoll, als es um den Biotopschutz, also um den dauerhaften Schutz bestehender wertvoller Lebensräume geht. Geht es jedoch um den ökologischen Ausgleich, also um die Schaffung neuer wertvoller Lebensräume, ist der planerische Schutz – obgleich aus Naturschutzgründen richtig – oft die falsche Strategie: In der Regel werden ökologische Ausgleichsflächen mittels Vereinbarungen (Art. 18c Abs. 1 NHG) mit Privaten geschaffen und für die Dauer von einigen Jahren gesichert. Würde die Behörde zu den Vereinbarungen hinzu jeweils noch raumplanerische Instrumente einsetzen, könnte das einen der Sache nicht dienlichen Widerstand der Privaten hervorrufen. Der planerische Schutz des ökologischen Ausgleichs kann deshalb oft nur längerfristig angestrebt werden.

B. Naturschutzkonzepte

Für die Koordination mit anderen raumwirksamen Tätigkeiten empfiehlt es sich für die Kantone, den Biotopschutz zusammen mit dem ökologischen Ausgleich in einem kantonalen *Naturschutzkonzept* zu fassen und zu planen.

13
Kantonale Konzepte
Conceptions cantonales

Bisher enthält das Bundesrecht nirgends eine explizite Verpflichtung für die Kantone zu einem Naturschutzkonzept. Implizit kann eine solche Verpflichtung aber aus der Komplexität der tatsächlichen und rechtlichen Verhältnisse, namentlich auch der Regelungen von Art. 13 ff. NHV, abgeleitet werden.

Ein solches Konzept muss mindestens beinhalten: 1. Ausgangszustand (Aufnahme der bestehenden naturnahen Lebensräume und Abschätzung des Potentials für Verbesserungen sowie für den ökologischen Ausgleich). 2. Ziele (anzustrebende Fläche, Anzahl, Qualität und Vernetzung der verschiedenen Lebensräume). 3. Umsetzung (Massnahmenkatalog, Organisation, finanzieller und zeitlicher Rahmen).

Der *rechtliche Status* eines Naturschutzkonzeptes kann der eines Richtplanes sein; in diesem Fall ist es behördenverbindlich. Eine grundeigentümerverbindliche Wirkung entfalten jedoch erst die auf seiner Basis erfolgenden konkreten Schutzakte, wie etwa die Festsetzung von Schutzzonen in der Nutzungsplanung. Oder aber das Konzept kann quasi vorrechtlich und der verbindlichen

Planung vorgelagert als Leitfaden der Behörden für den Einsatz der verschiedenen Naturschutzinstrumente eingesetzt werden.

Einige Kantone haben erkannt, dass sie ihren Aufgaben im Naturschutz nur mit einem Naturschutzkonzept nachkommen können[16].

Als mustergültig kann hier die Regelung des Kantons Basel-Landschaft wiedergegeben werden (§ 8 Abs. 1 des Gesetzes vom 20. November 1991 über den Natur- und Landschaftsschutz): «Im Natur- und Landschaftsschutzkonzept wird die Lage des Natur- und Landschaftsschutzes analysiert. Es legt die für die Erfüllung der Schutzziele notwendigen Massnahmen fest.»

Die meisten Kantone allerdings haben die Initiative dazu (noch) nicht ergriffen[17].

14
Landschafts-
konzept Schweiz
Conception
paysage suisse

Auf Bundesebene wird dem «*Landschaftskonzept Schweiz*», dessen Festsetzung auf Ende 1998 geplant ist, auch die Rolle eines übergeordneten Naturschutzkonzeptes zukommen. Es kann allerdings keinen Ersatz für die kantonalen Naturschutzkonzepte abgeben.

IV. Verhältnis zur Eigentumsgarantie

15
Sowohl Abs. 1 als auch Abs. 2 von Art. 18b NHG ermächtigen die kommunalen und kantonalen Behörden zu Einschränkungen des Privateigentums. Die Entschädigungsregeln für die formelle und materielle Enteignung bleiben dabei jedoch unverändert. Art. 18b NHG beinhaltet also keine Neudefinition des Eigentumsbegriffes, sondern bloss eine Rechtfertigung von Beschränkungen. Dabei müssen allerdings in jedem konkreten Fall die üblichen drei Voraussetzungen – genügende gesetzliche Grundlage, öffentliches Interesse und Verhältnismässigkeit – erfüllt sein[18].

Insbesondere das Erfordernis der genügenden gesetzlichen Grundlage ist mit Art. 18b NHG, einem Gesetz im formellen und materiellen Sinn, prinzipiell gegeben. Die Beschränkungen dürfen allerdings keine zu einschneidende Wir-

---

[16] So beispielsweise der Kt. ZH (Naturschutz-Gesamtkonzept für den Kanton Zürich vom 20. Dezember 1995) und der Kt. SO (Mehrjahresprogramm Natur und Landschaft des Kantons Solothurn, Vorlage Nr. 185/92 für Verpflichtungskredit 1992 bis 2002, Zwischenbericht, Solothurn 1992).

[17] Immerhin schreiben verschiedene Kantone den Gemeinden als Grundlage für ihre Nutzungsplanung vor, ein Natur- und Landschaftsschutzinventar anzulegen (LEUZINGER Henri et al., Mehrfachnutzung des Bodens in Übergangsbereichen, Bericht 22 des Nationalen Forschungsprogrammes «Boden», Liebefeld-Bern 1988, 105). So z.B. § 203 Abs. 2 des Planungs- und Baugesetzes vom 7. September 1975 des Kt. ZH.

[18] Vgl. dazu BGE 118 Ib 489 = JdT 1994 I 504.

kung haben, solange sie direkt auf Art. 18b NHG und nicht auch noch auf die kantonale Ausführungsgesetzgebung abgestützt werden. So wäre etwa ein direkt auf Art. 18b NHG abgestütztes Bauverbot unzulässig[19].

V. Schutz und Unterhalt der Biotope von regionaler und lokaler Bedeutung (Abs. 1)

A. Begriffe

a. Biotope von regionaler und lokaler Bedeutung

Der Begriff des Biotopes wird im NHG als Lebensraum übersetzt (Art. 18 Abs. 1). Er beinhaltet keine Aussage über einen besonderen ökologischen Wert oder über die Schutzwürdigkeit. Diese Präzisierungen entstehen erst durch Zusätze wie «von regionaler Bedeutung» oder «von lokaler Bedeutung».

16 Begriff des Biotops
Notion de biotope

Ein bestimmter Lebensraum ist – soweit er nicht als Biotop von nationaler Bedeutung in der HMV, FMV oder AuenV inventarisiert ist – dann ein Biotop von regionaler oder lokaler Bedeutung, wenn ihm die Schutzwürdigkeit nach den Kriterien von Art. 14 Abs. 3 NHV zugesprochen werden kann. Massgebend für die Bewertung sind dabei insbesondere die in dieser Bestimmung angeführten Artenlisten, namentlich:

17 Kriterien
Critères

- die Liste ökologischer Kennarten gemäss Anhang 1 NHV[20] sowie allfälliger kantonaler Anpassungen (sprich: Ergänzungen) dieser Liste an die regionalen Gegebenheiten
- die Liste der nach Art. 20 und Anhänge 2 und 3 NHV geschützten Pflanzen- und Tierarten inklusive der gemäss Anhang 4 NHV kantonal geschützten Arten
- die vom BUWAL erlassenen oder anerkannten Roten Listen[21].

In der NHV zwar nicht erwähnt aber aus Koordinationsgründen trotzdem zu berücksichtigen sind auch die Liste der gefährdeten Arten und Rassen von Fi-

---

[19] BGE 118 Ib 490 = JdT 1994 I 504; BGE 116 Ib 215 f. = Pra 1991, 631.
[20] Vgl. dazu Entscheid des Kantonsgerichts VS in URP 1997, 51 f. Aufgrund der ökologischen Kennarten wurde die Schutzwürdigkeit mehrerer Gebiete, die durch den Bau der N9 gefährdet waren, zwar anerkannt. Nach einer Interessenabwägung stimmte das Gericht dem Bau der N9 allerdings trotzdem zu.
[21] Gefährdung der Farn- und Blütenpflanzen in der Schweiz (LANDOLT); Rote Liste der gefährdeten Tierarten; Rote Liste der Moose.

schen und Krebsen gemäss Anhang 1 der VBGF sowie die Artenlisten der Berner Konvention[22] (dazu BIBER-KLEMM, 5. Kap., Rz 39 ff.).

18
Räumliche Abgrenzung
Délimitation dans l'espace

Ausserdem sind gemäss Art. 14 Abs. 3 NHV je nach Art oder Schutzziel des Biotops weitere Kriterien, wie etwa Ansprüche mobiler Arten (z.B. Amphibien), regionale oder lokale Seltenheit eines Vegetationstypes zu berücksichtigen. Im übrigen muss für die Bewertung auf die einschlägige *Naturschutz-Fachliteratur*[23] oder auf *Gutachten* abgestellt werden. Treten im fraglichen Lebensraum keine in den obigen Listen aufgeführte Arten auf, handelt es sich in der Regel nicht um ein schutzwürdiges Biotop. Der Schutz kann in diesem Fall jedoch unter dem Titel des ökologischen Ausgleichs (Art. 18b Abs. 2 NHG) erfolgen.

Die räumliche Abgrenzung (Bezeichnung) eines schutzwürdigen Biotops hat ebenfalls nach den Kriterien von Art. 14 Abs. 3 NHV zu erfolgen. Dabei ist zu beachten, dass über die Grenzen des eigentlichen Biotops hinaus ökologisch ausreichende Pufferzonen ausgeschieden werden müssen (Art. 14 Abs. 2 Bst. d NHV; vgl. zu den Pufferzonen: FAHRLÄNDER, Art. 18a, Rz 41 ff.). Diese bilden wie bei den Biotopen von nationaler Bedeutung[24] Bestandteil des Biotops.

19
Abgrenzung der Biotope von regionaler und von lokaler Bedeutung
Délimitation des biotopes d'importance régionale et locale

Die Trennlinie zwischen Biotopen von regionaler und lokaler Bedeutung ist unscharf. Eine bundesgerichtliche Praxis hat sich dazu bislang nicht entwickelt. Auch die grammatikalische Bedeutung von «lokal» und «regional» führt zu keiner klaren Unterscheidung. Die Abgrenzung könnte nach der Fläche, der Lage, dem Vorkommen von in Art. 14 Abs. 3 NHV aufgeführten Arten oder nach der Seltenheit ähnlicher Biotope im Kanton erfolgen. Keines dieser Kriterien will für sich allein ganz überzeugen. Der Entscheid über die lokale oder regionale Bedeutung eines Biotops muss deshalb mehrere Kriterien berücksichtigen. Eindeutige Regeln können hier nicht angegeben werden. Immerhin dürfte es sich immer dann um ein Biotop von mindestens regionaler Bedeutung handeln, wenn in ihm national bedrohte Arten leben[25].

Die Unterscheidung in Biotope von regionaler oder lokaler Bedeutung hat drei Auswirkungen: Erstens wirkt sich die Einstufung auf die Subventionierung aus, denn Biotope von regionaler Bedeutung werden von Bund und Kantonen stärker subventioniert als solche von lokaler Bedeutung. Zweitens wiegen in einer Interessenabwägung zu einem geplanten Eingriff die Schutzinter-

---

[22] Übereinkommen vom 19. September 1979 über die Erhaltung der europäischen wildlebenden Pflanzen und Tiere und ihrer natürlichen Lebensräume (SR 0.455).

[23] Vgl. USHER/ERZ zur Bewertung allgemein; BUWAL, Moorschutz, zum Thema Moorbiotope.

[24] Vgl. dazu Art. 3 Abs. 1 HMV, FMV und AuenV, welche die Ausscheidung von Pufferzonen unter der Abgrenzung der Objekte aufführen.

[25] Vgl. dazu BGE 118 Ib 494 = JdT 1994 I 506, in dem festgehalten ist, dass der Lebensraum des stark bedrohten Eisvogels ein Biotop von mindestens regionaler Bedeutung darstellt.

essen bei einem Biotop von regionaler Bedeutung i.d.R. schwerer als bei einem von lokaler Bedeutung. Dies deshalb, weil die Kantone bei der Einstufung über einen gewissen Spielraum verfügen und die Einstufung als Biotop von regionaler Bedeutung einen grösseren Wert ausdrückt. Drittens ist die kantonale Organisation des Naturschutzes häufig so, dass der Schutz der Biotope von regionaler Bedeutung dem Kanton selbst, jener der Biotope von lokaler Bedeutung den Gemeinden obliegt.

Innerhalb des vom NHG vorgegebenen Systems sind die Kantone frei, weitere Kategorien wie z.B. Biotope von überregionaler oder kantonaler Bedeutung zu schaffen.

20
Weitere Kategorien
Autres catégories

b. Schutz und Unterhalt

Für den *Schutz und Unterhalt* eines Biotops muss zunächst das Schutzziel konkret formuliert werden. Das entspricht zum einen der Logik, zum anderen ist es notwendig, weil Art. 18c NHG verschiedentlich am *Schutzziel* anknüpft. Allgemeines Schutzziel ist die umfassende und ungeschmälerte Erhaltung der Schutzobjekte, daneben aber auch deren Wiederherstellung oder Verbesserung. Im konkreten Fall ist darüber hinaus jeweils anzugeben, welcher Art der zu schützende Lebensraum ist. Zu diesem Zweck können z.B. bestimmte, in diesem Lebensraum typischerweise vorkommende Tier- und Pflanzenarten als Zielarten aufgeführt werden.

21
Schutzziel
Protection visée

Sodann sind die Massnahmen zur Erreichung des Schutzzieles zu formulieren. Die möglichen Massnahmen sind in einer nicht abschliessenden Aufzählung in Art. 14 Abs. 2 Bst. a–c und e NHV näher ausgeführt[26]:

22
Massnahmen
Mesures

a. Massnahmen zur Wahrung oder nötigenfalls Wiederherstellung ihrer Eigenart und biologischen Vielfalt;
b. Unterhalt, Pflege und Aufsicht zur langfristigen Sicherung des Schutzziels;
c. Gestaltungsmassnahmen, mit denen das Schutzziel erreicht, bestehende Schäden behoben und künftige Schäden vermieden werden können;
e. Erarbeitung wissenschaftlicher Grundlagen.

a. Des mesures visant à sauvegarder et, si nécessaire, à reconstituer leurs particularités et leur diversité biologique;
b. Un entretien, des soins et une surveillance assurant à long terme l'objectif de la protection;
c. Des mesures d'aménagement permettant d'atteindre l'objectif visé par la protection, de réparer les dégâts existant et d'éviter des dégâts futurs;
e. L'élaboration de données scientifiques de base.

---

[26] Die in Art. 14 Abs. 2 Bst. d NHV erwähnte Ausscheidung von Pufferzonen gehört nicht zu den Schutzmassnahmen sondern zur Abgrenzung des Biotops (vgl. Rz 18 hievor).

Im übrigen sind für die Auswahl der richtigen Schutz- und Unterhaltsmassnahmen *Empfehlungen der Behörden*[27], die *Naturschutz-Fachliteratur*[28] oder *Gutachten* beizuziehen.

c. Rechtlicher Charakter der Begriffe

23 Bei den Begriffen «Biotope von regionaler Bedeutung» und «Biotope von lokaler Bedeutung» sowie «Schutz und Unterhalt» handelt es sich um *unbestimmte Rechtsbegriffe* (vgl. zur Konsequenz dieser Einreihung: Rz 10 hievor)[29].

B. Tragweite des Schutzes

a. Gegenüber geplanten Eingriffen

24 In der Regel liegen Biotope ausserhalb der Bauzone. Ist der Schutz eines Biotopes einmal erfolgt, kann sich die Frage stellen, ob dieser, etwa beim Bau einer neuen Strasse, wieder durchbrochen werden darf[30]. Anders als die Hoch- und Flachmoorbiotope von nationaler Bedeutung (Art. 18a und 23a NHG) geniessen die Biotope von regionaler und lokaler Bedeutung keinen absoluten Schutz[31]. Eine Beeinträchtigung ist also nach der Regel von Art. 18 Abs. 1ter NHG zulässig, wenn sie sich «unter Abwägung aller Interessen nicht vermeiden» lässt. Selbstverständlich muss der Verursacher des Eingriffes in einem solchen Fall für Wiederherstellung oder aber für angemessenen Ersatz sorgen (vgl. FAHRLÄNDER, Art. 18, Rz 26 ff.).

Biotope ausserhalb der Bauzone
Biotopes hors de la zone à bâtir

b. Gegenüber der Nutzungsplanung

25 Hie und da kann es vorkommen, dass sich ein schutzwürdiges Biotop in einer Bauzone befindet. In diesem Fall stellt sich die Frage, ob ein Schutz trotzdem erfolgen darf.

Biotope in der Bauzone
Biotopes dans la zone à bâtir

Die Frage ist grundsätzlich zu bejahen, denn Art. 18b NHG muss durch die Kantone und Gemeinden auch im Rahmen der Raumplanung vollzogen werden. Allerdings ist die Unterschutzstellung eines Biotopes in einer Bauzone –

---

[27] Vgl. für den Schutz von Mooren und Auen: BUWAL, Moorschutz; BUWAL, Auenverordnung. Vgl. für zahlreiche andere Biotoptypen die Empfehlungen für den ökologischen Ausgleich bei GARNIER.
[28] Vgl. statt vieler: JEDICKE/FREY/HUNDSDORFER/STEINBACH.
[29] Vgl. zu den Biotopen von regionaler und lokaler Bedeutung: BGE 116 Ib 208 f. = Pra 1991, 629.
[30] Vgl. zur Art der Baubewilligung (Ausnahmebewilligung nach Art. 24 oder Bewilligung nach Art. 22 RPG?), insbesondere bei Meliorationen: MAURER, 162 f.
[31] BGE 116 Ib 209 = Pra 1991, 629.

d.h. sinngemäss eine Einschränkung oder ein Verbot der baulichen Nutzung – nur zulässig, wenn dieser keine überwiegenden privaten oder öffentlichen Interessen entgegenstehen[32]. Die entgegenstehenden Interessen haben um so mehr Wirkung, je geringer die Schutzwürdigkeit des Biotopes ist (vgl. zur Schutzwürdigkeit: Rz 16 ff. hievor). Anhand des Falles Augst kann verfolgt werden, wie das Bundesgericht bei der Beantwortung solcher Fragestellungen vorgeht:

Im Juni 1989 setzte die Einwohnergemeinde Augst/BL den Quartierplan «Im Rumpel» fest, welcher drei in der Bauzone gelegene Parzellen umfasst. Die Parzellen werden von drei Seiten durch das Flüsschen Ergolz begrenzt. An dem dem Quartierplanperimeter gegenüberliegenden, steil abfallenden und bewaldeten Ufer brütet der Eisvogel. In der Folge wurde die Genehmigung des Quartierplanes durch den Regierungsrat mittels Beschwerde einer Umweltorganisation beim Bundesgericht angefochten.

26
Fall Augst
Cas d'Augst

In einem ersten Schritt untersuchte das Gericht die Schutzwürdigkeit des vom Quartierplan erfassten Uferbereiches der Ergolz. Dies geschah mit Hilfe eines Augenscheins, mit einem gerichtlichen Gutachten und Ausführungen des BUWAL, anhand der Roten Liste und der Liste der Berner Konvention sowie durch Vergleich mit den Schutzbestrebungen des angrenzenden deutschen Bundeslandes Baden-Württemberg. Das Bundesgericht stellte fest, dass das Quartierplangebiet ein Biotop von mindestens regionaler Bedeutung darstellt und dass an der Ergolz keine Möglichkeiten zur Herstellung eines Ersatzbiotopes bestehen (E. 4).

Im zweiten Schritt stellte das Gericht einerseits fest, dass die Erhaltung eines Biotopes von regionaler Bedeutung grundsätzlich eine Einschränkung baulicher Möglichkeiten rechtfertigt. Im konkreten Fall war indessen sogar noch eine massvolle Überbauung möglich. Dadurch relativierte sich sinngemäss das entgegenstehende Interesse der Privaten am Verzicht auf eine Beschränkung ihres Eigentums. Andererseits wägte das Bundesgericht das von der Gemeinde Augst ins Feld geführte öffentliche Interesse an einer uneingeschränkten baulichen Nutzung der Parzellen wegen knapper Baulandreseven mit dem öffentlichen Interesse an der Erhaltung dieses natürlichen Lebensraumes des Eisvogels ab (E. 5).

Unter Einbezug all dieser Umstände erwog das Gericht, dass dem Schutz des Lebensraumes des Eisvogels im Quartierplangebiet «Im Rumpel» keine überwiegenden öffentlichen und privaten Interessen entgegenstehen. Die Genehmigung des Quartierplanes wurde aufgehoben und der Kanton wurde zum Erlass geeigneter Schutzmassnahmen verpflichtet[33].

Für die Änderung eines Nutzungsplanes müssen im übrigen die Voraussetzungen von Art. 21 Abs. 2 RPG erfüllt sein. Aus Gründen der Rechtssicherheit lässt diese Bestimmung Änderungen nur zu, wenn sich die Verhältnisse erheblich geändert haben. Eine erhebliche Änderung der Verhältnisse stellt namentlich die Ergänzung des NHG mit Art. 18b dar[34]. Nutzungspläne, die vor dieser

27
Übrige Voraussetzungen
Autres conditions

---

[32] BGE 118 Ib 490 = JdT 1994 I 504.
[33] BGE 118 Ib 485 = JdT 1994 I 503.
[34] In diesem Sinne auch BGE 118 Ib 495 = JdT 1994 I 507. Eine erhebliche Veränderung der Verhältnisse liegt m.E. auch dann vor, wenn im Laufe der Zeit ein schützenswertes Biotop neu entstanden ist. In Analogie zum dynamischen Waldbegriff kann hier von einem dynamischen Biotopbegriff gesprochen werden.

Ergänzung, d.h. vor 1988, festgesetzt wurden, können also im Einklang mit Art. 21 Abs. 2 RPG zugunsten des Naturschutzes geändert werden.

Bei später festgesetzten Nutzungsplänen hat die genannte Voraussetzung nur dann Berechtigung, wenn die Pläne im Einklang mit Art. 18b NHG sind, denn die Verwirklichung einer den gesetzlichen Anforderungen entsprechenden Planung geht dem Gebot der Beständigkeit von Plänen vor. Die Frage der Rechtssicherheit und damit der Planbeständigkeit stellt sich nur für bundesrechtskonforme Pläne[35]. Andernfalls würden all jene Gemeinden und Kantone, welche Art. 18b NHG nicht vollziehen, von dieser Aufgabe entbunden und für ihre Säumnis belohnt.

c. Gegenüber Grundstücken, die einer Spezialgesetzgebung des Bundes unterstehen

28
Anwendungsfall
Cas d'application

Schützen eine Gemeinde oder ein Kanton ein auf ihrem Gebiet gelegenes Grundstück, das einer Spezialgesetzgebung des Bundes untersteht, wird bisweilen die Frage aufgeworfen, ob die Unterschutzstellung zulässig ist. Die diesbezügliche Bundesgerichtspraxis lässt sich anhand des folgenden Beispiels aufzeigen:

Die Gemeinde Mühleberg/BE unterzog 1991 ihre Ortsplanung einer Revision. Im abgeänderten Zonenplan und Baureglement wurde das Trassee der Bern-Neuenburg-Bahn (BN) teilweise dem Landschaftsschutzgebiet zugewiesen. In diesem sollen ein Bach, zwei Hecken und verschiedene Trockenstandorte einen besonderen, objektbezogenen Schutz geniessen. Die BN erhob gegen diese Unterschutzstellung Einsprache und begründete diese damit, dass das Bahnterrain grundsätzlich der eidgenössischen Eisenbahngesetzgebung unterstellt sei und nicht mit Beschränkungen belegt werden dürfe. Somit liege ein Verstoss gegen Bundesrecht (Art. 22ter BV und Art. 2 ÜbBest. BV) vor. Die kantonalen Instanzen lehnten die Einsprache ab. Letztlich hatte das Bundesgericht über den Fall zu entscheiden[36].

29
Erkenntnisse
Enseignements

Aus dem Bundesgerichtsurteil können folgende drei Erkenntnisse zusammengefasst werden:

- Eisenbahnbetriebs-Grundstücke unterstehen zwar grundsätzlich nicht dem kantonalen und kommunalen Bau- und Planungsrecht[37]. Werden jedoch im

---

[35] BGE 118 Ia 160 = JdT 1994 I 415; BGE 116 Ia 235 = JdT 1992 I 432; KUTTLER Alfred, Festsetzung und Änderung von Nutzungsplänen, in: Festschrift Häfelin, Zürich 1989, 493. Vgl. auch Entscheid des Kantonsgerichts VS in URP 1997, 51.
[36] BGE 121 II 8 = JdT 1996 I 532.
[37] Vgl. auch BGE 115 Ib 166 = JdT 1991 I 439. Nach dem Eisenbahngesetz des Bundes wird zwischen ganz oder überwiegend dem Bahnbetrieb dienenden und den übrigen Bauten und Anlagen unterschieden. Nur für die ersteren ist das kantonale und kommunale Bau- und Planungsrecht nicht anwendbar.

Rahmen der Nutzungsplanung Naturschutznormen und -verfügungen erlassen, gehören diese materiell zum Naturschutzrecht. Diesem räumt das Gericht neben den eisenbahnrechtlichen Normen bezüglich Materie und Rangfolge einen eigenen Platz ein, zumal das EBG selbst *nicht ausschliesst*, dass Objekte auf Bahngrundstücken unter Naturschutz gestellt werden (E. 2).
- Soweit die kommunalen Schutzanordnungen reine Ausführungs- und Vollzugsbestimmungen zum Bundesrecht, insbesondere zu Art. 18b NHG sind, liegt kein Verstoss gegen Bundesrecht vor und die Anordnungen sind prinzipiell zulässig (E. 6).
- Eine Unterschutzstellung und deren Umschreibung bedingt ein umsichtiges Abwägen der naturschützerischen, eisenbahnrechtlichen und übrigen öffentlichen Interessen[38]. Insbesondere darf die Unterschutzstellung die Bahnunternehmung in der Erfüllung ihrer Aufgaben nicht unverhältnismässig einschränken (E. 3 und 6).

Erfolgt der Schutz eines auf einem Bahngrundstück gelegenen Biotopes von kommunaler Bedeutung durch die Gemeinde im Einklang mit dem letzten Kriterium, so hat die Bahnunternehmung eine eigentliche *Berücksichtigungspflicht*[39]. Dasselbe gilt auch für den Schutz eines Biotopes von regionaler Bedeutung und für die Ausscheidung ökologischer Ausgleichsflächen.

30
Berücksichtigungspflicht
Obligation de prendre en considération

Die genannten drei Erkenntnisse können sinngemäss auf den Schutz von Grundstücken, die einer anderen Spezialgesetzgebung des Bundes unterstehen, übertragen werden. Zum Teil ist die Berücksichtigungspflicht sogar normiert. So hält namentlich die Umweltschutzverordnung des EMD[40] in Art. 4 Abs. 3 fest:

«Kantonale und kommunale Vorschriften sind zu berücksichtigen, soweit dadurch die Bundesaufgabe nicht verunmöglicht oder unverhältnismässig erschwert wird. Bei der Erstellung von Bauten und Anlagen sind vorgängig die Kantone anzuhören, soweit dadurch keine militärischen Geheimhaltungsinteressen beeinträchtigt werden.»

---

[38] Vgl. auch BGE 118 Ib 485 = JdT 1994 I 503.
[39] Generelle Schutznormen einer Gemeinde können dagegen nur im Rahmen eines eisenbahnrechtlichen Plangenehmigungsverfahrens gemäss Art. 18 Abs. 3 EBG Anwendung finden (BGE 121 II 19 = JdT 1996 I 536).
[40] V vom 1. Juni 1992 über den Vollzug der Umweltschutzgesetzgebung und den Umgang mit gefährlichen Gütern in der Militärverwaltung und der Armee (SR 510.28). Die Verordnung bezieht sich gemäss Art. 1 Abs. 1 auch auf die Belange des NHG.

VI. Ökologischer Ausgleich (Abs. 2)

A. Begriffe

a. Ökologischer Ausgleich

31
Begriff
Notion

Das Gesetz verwendet in Art. 18b Abs. 2 NHG zum ersten Mal den Begriff des *ökologischen Ausgleiches* (vgl. zur Abgrenzung vom ökologischen Ausgleich nach Art. 31b Abs. 2 LwG und Art. 6–19 OeBV: MAURER, 4. Kap., Rz 22 ff.). Der ökologische Ausgleich wird in Abs. 2 anhand von Beispielen umrissen. Es handelt sich danach um Feldgehölze, Hecken, Uferbestockungen oder andere naturnahe und standortgemässe Vegetation. Nach der Umschreibung in der Botschaft waren damit «kleinräumige Landschaftselemente» gemeint, «die in ihrer Gesamtheit wichtige Aufgaben im Naturhaushalt zu erfüllen vermögen»[41]. Im übrigen kann den Materialien keine weitere Präzisierung entnommen werden.

Die NHV umschreibt den ökologischen Ausgleich in Art. 15 wie folgt näher:

> «Der ökologische Ausgleich (Art. 18b Abs. 2 NHG) bezweckt insbesondere, isolierte Biotope miteinander zu verbinden (1), nötigenfalls auch durch die Neuschaffung von Biotopen, die Artenvielfalt zu fördern (2), eine möglichst naturnahe und schonende Bodennutzung zu erreichen (3), Natur in den Siedlungsraum einzubinden (4) und das Landschaftsbild zu beleben (5).»

> «La compensation écologique (Art. 18b, 2e al., LPN) a notamment pour but de relier des biotopes isolés entre eux (1), ce au besoin en créant de nouveaux biotopes, de favoriser la diversité des espèces (2), de parvenir à une utilisation du sol aussi naturelle et modérée que possible (3), d'intégrer des éléments naturels dans les zones urbanisées (4) et d'animer le paysage (5).»

Aus der Formulierung der NHV wird deutlich, dass der ökologische Ausgleich in erster Linie *Veränderungen im Sinne des Naturschutzes anstrebt*. Die NHV verlangt, dass diese Aufgabe durch die drei räumlichen Konzepte der Vernetzung (1), der Segregation (2) und der Kombination (3) erfüllt wird (vgl. zu den räumlichen Konzepten: Rz 6 f. hievor). Daneben werden die Einbindung der Natur in den Siedlungsraum (4) und die ästhetische Aufwertung der Landschaft (5) als Ziele formuliert. Im übrigen sind für die Formulierung der Ziele die einschlägigen *Empfehlungen der Behörden*[42] (vgl. auch nachstehend), die *Naturschutz-Fachliteratur*[43] oder *Gutachten* beizuziehen.

---

[41] Botschaft Rothenthurm, BBl 1985 II 1464 f.

[42] Vgl. für den ökologischen Ausgleich ausserhalb des Siedlungsraumes: GARNIER. Für den ökologischen Ausgleich im Siedlungsraum: LEUTERT/WINKLER/PFAENDLER. Für den ökologischen Ausgleich in der Landwirtschaft (speziell Beitragsfähigkeit gemäss OeBV): Landwirtschaftliche Beratungszentrale und Service romand de vulgarisation agricole, Wegleitung 1996 für den ökologischen Ausgleich auf dem Landwirtschaftsbetrieb, Lindau 1996.

[43] Vgl. dazu JEDICKE/FREY/HUNDSDORFER/STEINBACH.

Nach den Empfehlungen des BUWAL stellen die folgenden Lebensräume Elemente für den ökologischen Ausgleich dar:

Wenig intensive Wiesen; trockene Magerwiesen; Streuwiesen; artenreiche magere Weiden, Waldweiden, bestockte Weiden; Ruderalflächen, Brachstreifen, Hochstaudenfluren; Hecken, Gebüschgruppen (Alleen, bestockte Ufer); Feldgehölze, Baumgruppen; Obstgärten; Einzelbäume; gestufte Waldränder; Gewässer und Ufervegetation; Ackerfruchtstreifen; Buntbrachen, Ackerunkrautstreifen; artenreiche Rebbauparzellen[44].

32
Empfehlungen des BUWAL
Recommandations de l'OFEFP

Eine bestimmte ökologische Anfangsqualität ökologischer Ausgleichsflächen ist – anders als bei den Biotopen nach Art. 18b Abs. 1 NHG – prinzipiell nicht gefordert, denn der ökologische Ausgleich soll ja u.a. naturnahe Lebensräume erst neu schaffen oder verbessern.

b. Intensiv genutzte Gebiete inner- und ausserhalb von Siedlungen

Auch der Begriff der *intensiv genutzten Gebiete* tritt in Art. 18b Abs. 2 NHG erstmals in der Bundesgesetzgebung auf. Nach der Botschaft bezieht sich der Begriff auf die Kulturlandschaft[45]. Nicht oder kaum genutzte Gebiete, wie sie beispielsweise im Alpenraum anzutreffen sind, werden von Abs. 2 also nicht erfasst. Darüber hinaus kann aber weder aus der Botschaft noch aus den parlamentarischen Beratungen Näheres abgeleitet werden. Die Wendung «*inner- und ausserhalb von Siedlungen*» weist darauf hin, dass Abs. 2 nicht nur auf die offene Kulturlandschaft, sondern auch auf die eigentlichen Baugebiete anwendbar ist.

33
Begriff
Notion

Ein Gebiet ist eine Fläche von einer bestimmten Ausdehnung. Die Wendung «*inner- und ausserhalb von Siedlungen*» gibt einen Hinweis darauf, dass der Perimeter solcher Gebiete nicht zu gross gezogen werden soll. Als Gebiet im Sinne von Abs. 2 dürfte etwa gelten: eine nach ökologischen Kriterien als Einheit erscheinende Landschaftskammer, die von einer Landumlegung erfasste Fläche, die ausserhalb eines Dorfes liegende Gemeindefläche, ein Stadtkreis usw.

Als *intensiv genutzt* müssen – ausgehend vom Ziel des NHG, dem Aussterben einheimischer Tier- und Pflanzenarten entgegenzuwirken (Art. 18 Abs. 1 NHG) – jene Gebiete gelten, *die weniger naturnahe Flächen aufweisen, als für das Überleben der einheimischen Arten nötig sind*. Zahlreiche wissenschaftliche Studien in der Schweiz und in Deutschland zeigen auf, dass ein Überleben der heute noch vorhandenen Tier- und Pflanzenarten nur gesichert ist, wenn rund

34
Flächenanspruch
Besoin en surfaces

---

[44] Vgl. GARNIER.
[45] Botschaft Rothenthurm, BBl 1985 II 1465.

10–15 Prozent der Flächen ausserhalb des Alpenraumes naturnahe Flächen sind, auf denen keine oder nur eine extensive land- und forstwirtschaftliche Nutzung erfolgt[46]. Im Alpenraum selbst wird ein höherer Anteil vermutet, der jedoch noch nicht wissenschaftlich bestimmt wurde. Betreffend die Kantone des Schweizer Mittellandes bedeutet dies, dass der gegenwärtig vorhandene Anteil von 3,5 Prozent naturnahen Flächen etwa verdreifacht werden muss[47]. Intensiv genutzt sind nach den vorstehenden Ausführungen also z.B.: die meisten vor den 80-er Jahren meliorierten Gebiete des Mittellandes und des Alpenraumes; die typischen Ackerbaugebiete; Wälder, die einseitig ertragsorientiert genutzt werden. Daneben erfasst Art. 18b Abs. 2 NHG auch die in den Bauzonen gelegenen Siedlungsgebiete. Nach dem Kriterium der genügenden naturnahen Flächen stellen die meisten von ihnen ebenfalls intensiv genutzte Gebiete dar. Ausgleichsbedürftig sind namentlich jene Flächen, die durch Versiegelung keine Wasserperkolation mehr durch den Boden ermöglichen und auf denen keine freilebende Vegetation oder Fauna aufkommt.

c. Rechtlicher Charakter der Begriffe

35 Bei allen unter a. und b. besprochenen Begriffen handelt es sich um *unbestimmte Rechtsbegriffe* (vgl. zur Konsequenz dieser Einreihung: Rz 10 hievor)[48].

B. Berücksichtigung der landwirtschaftlichen Interessen

36 Bei der Verwirklichung des ökologischen Ausgleichs sind gemäss dem zweiten Satz von Art. 18b Abs. 2 NHG *«die Interessen der landwirtschaftlichen Nutzung zu berücksichtigen»*. Die Anführung dieser Interessen hat bloss erinnernde Funktion, denn beim Schutz der Tier- und Pflanzenwelt sowie generell im Planungsprozess sind – neben anderen – schutzwürdige landwirtschaftliche Interessen ohnehin zu berücksichtigen (Art. 18 Abs. 1 NHG; Art. 3 Abs 2 Bst. a RPG). Landwirtschaftliche Interessen haben heute freilich nicht mehr die Bedeutung wie zu Zeiten der Festsetzung des NHG und RPG. Die Ziele der Schweizer Landwirtschaft sind nicht mehr bloss ertragsorientiert. Ein wichtiges neues Ziel ist die Erhaltung der natürlichen Lebensgrundlagen (Art. 31^{octies} Abs. 1 Bst. b BV). Landwirtschaftliche Interessen können also gar nicht mehr dazu dienen,

---

[46] Vgl. für die Schweiz BROGGI/SCHLEGEL, 148 ff.; vgl. für Deutschland die Übersicht bei THIEMANN, 34 ff.
[47] BROGGI/SCHLEGEL, 19. Soll die Vielfalt und Qualität der Landschaft der ausgehenden 50-er und frühen 60-er Jahre erreicht werden, ist im Mittelland bezogen auf die Gesamtfläche ein Anteil von 12,1 Prozent naturnahen Flächen nötig (dieselben, 18).
[48] Vgl. insbesondere zu den intensiv genutzten Gebieten: VGr. AG in AGVE 1991, 373.

einseitig die Produktivität zu fördern oder unnachgiebig den Status quo einer Intensivlandwirtschaft aufrechtzuerhalten. Ins Gewicht fällt bei einer Interessenabwägung auch, dass Grundeigentümer oder Bewirtschafter, die im Interesse des Schutzzieles Leistungen erbringen oder auf eine (intensivere) Nutzung verzichten, dafür Beiträge oder Abgeltungen erhalten können (Art. 31b Abs. 2 LwG, Art. 18c Abs. 2 NHG)[49].

C. Schutz und Unterhalt

Wie beim Biotopschutz müssen auch bei der Realisierung des ökologischen Ausgleichs zunächst und in jedem konkreten Fall Schutzziele (Rz 31 f. hievor) formuliert werden. Über besondere Schutz- und Unterhaltsmassnahmen für den ökologischen Ausgleich geben weder das NHG noch die NHV Auskunft. Sinngemäss können für den ökologischen Ausgleich die gleichen Massnahmen wie für den Biotopschutz eingesetzt werden (vgl. Rz 22 hievor).

37
Schutzziele und Massnahmen
Buts de protection et mesures

D. Ökologischer Ausgleich bei bewilligungspflichtigen raumwirksamen Tätigkeiten

Wird der ökologische Ausgleich nicht als eigenständiges oder mit dem Biotopschutz verknüpftes Programm in die Tat umgesetzt (vgl. dazu Rz 13 hievor), lässt er sich auch anlässlich einer *beliebigen, mit einer Bewilligung verbundenen raumwirksamen Tätigkeit* verwirklichen[50]. So werden seit einigen Jahren etwa bei landwirtschaftlichen Meliorationen Ausgleichsflächen geschaffen. Dasselbe geschieht bei Gewässerkorrektionen, beim Kiesabbau, beim Bau von Golfplätzen, vereinzelt im Strassenbau usw. Hier stellt sich die Frage, ob die Realisierung des ökologischen Ausgleichs im konkreten Einzelfall auf freiwilliger Basis geschehen darf oder von der Behörde verfügt werden kann.

38

Praktisch bedeutungslos ist dabei das Datum der Festsetzung der Nutzungsplanung (vgl. Rz 27 hievor), weil der ökologische Ausgleich bis heute kaum in Nutzungsplanungen berücksichtigt wurde.

Beim ökologischen Ausgleich handelt es sich um eine generelle Kompensationsmassnahme zur gegenwärtig verbreiteten naturfeindlichen Nutzung. Dabei ist die örtliche Plazierung der Ausgleichsmassnahmen nicht zum vornher-

39
Umsetzung im konkreten Fall
Transposition dans un cas concret

---

[49] So auch VGr. ZH in Baurechtsentscheide Kanton Zürich 1990, 18.
[50] Der Regelfall ökologischer Massnahmen ist freilich jener der Wiederherstellungs- und Ersatzmassnahmen gemäss Art. 18 Abs. 1ter NHG. Die hier behandelten Massnahmen des ökologischen Ausgleiches gehen darüber hinaus (vgl. auch Rz 2 f. hievor).

ein bestimmt. Die Massnahmen können also grundsätzlich innerhalb des ganzen genutzten Raumes aktualisiert werden. Daraus ergibt sich aber für die Behörde die *Pflicht, die rechtlichen Vorgaben in jedem konkreten Einzelfall umzusetzen*[51]. Diese Pflicht wirft kaum Probleme auf, solange das Gemeinwesen selbst Verursacherin der raumwirksamen Tätigkeit ist.

40
Vorhaben von Privaten
Projet de particuliers

Was aber geschieht, wenn ein Privater baut? Darf ihn die Behörde dann zum ökologischen Ausgleich zwingen? Die Frage ist zu bejahen, denn andernfalls wäre Art. 18b Abs. 2 NHG weitgehend wirkunglos. Ausserdem steht den Kantonen zur Erreichung der Schutzziele im äussersten Falle sogar das Enteignungsrecht (Art. 18c Abs. 4 NHG) zu. Art. 18b Abs. 2 NHG enthält also auch für den Privaten eine eigentliche ökologische *Sanierungspflicht*. Diese unterscheidet sich von jener in Art. 16 USG allerdings dadurch, dass der durch die Behörde dem Privaten verfügte ökologische Ausgleich – analog dem Schutz der Biotope – *nach den Grundsätzen von Art. 18c Abs. 2 NHG sowie des Enteignungsrechtes entschädigungspflichtig* ist.

Der Unterschied ist darin begründet, dass Art. 16 USG in seinem Wirkungsbereich den Eigentumsbegriff i.S. von Art. 22ter Abs. 1 BV und die daraus folgende zulässige Nutzung des Eigentums neu umschreibt. Beim (erzwungenen) Verzicht auf Umweltverschmutzung geht es also nicht um eine Beschneidung des Eigentumsrechts, sondern um dessen rechtmässige Ausübung. Somit entfällt eine Entschädigung. Beim ökologischen Ausgleich nach Art. 18b Abs. 2 NHG geht es hingegen nur um die Ermächtigung der Kantone zu Eigentumsbeschränkungen i.S. von Art. 22ter Abs. 2 BV. Der Eigentumsbegriff selbst wird nicht verändert (dazu Rz 15 hievor).

41
Direkte Anwendbarkeit
Applicabilité directe

Art. 18b Abs. 2 NHG ist *direkt anwendbar*. Die Beschränkungen dürfen allerdings keine zu einschneidende Wirkung haben, solange sie direkt auf diese Bestimmung und nicht auch auf eine kantonale Ausführungsgesetzgebung abgestützt werden (vgl. dazu Rz 15 hievor). Namentlich aus diesem Grund empfiehlt es sich für die Kantone, detailliertere gesetzliche Grundlagen zu schaffen. Diese sollten insbesondere regeln, wann die Pflicht greift, wen sie trifft und was in diesem Falle zu tun ist.

Als gesetzliche Grundlage für die Umsetzung des ökologischen Ausgleichs beispielhaft kann die Regelung des Kantons Aargau angeführt werden (§ 14 V vom 17. September 1990 über den Schutz der einheimischen Tier- und Pflanzenwelt und ihrer Lebensräume [Naturschutzverordnung]):

«Bei Planungen, Güterregulierungen, bei der Erteilung von Bewilligungen und bei Unterhaltungsarbeiten von Kanton, Gemeinden und anderen Körperschaften und Anstalten des öffentlichen Rechts ist für Ausgleichsmassnahmen nach § 13[52] zu sorgen.»

---

[51] VGr. AG in AGVE 1992, 372 f.
[52] § 13 der Aargauer Naturschutzverordnung definiert den Zweck und Inhalt des ökologischen Ausgleichs.

Die Bestimmung der zulässigen Ausgleichsmassnahmen im konkreten Einzelfall, beispielsweise als Auflage im Baubewilligungsverfahren, hat sich neben den gesetzlichen Grundlagen (vorstehend) an den *naturräumlichen Erfordernissen des NHG* (= öffentliches Interesse), am Verhältnismässigkeitsprinzip und an der *Besitzstandsgarantie* zu orientieren. So ergibt sich aus dem Verhältnismässigkeitsprinzip etwa, dass die Interessen am ökologischen Ausgleich innerhalb der Bauzonen mit den Interessen der Grundeigentümer an einer Überbauung abgewogen werden müssen. Aus der Besitzstandsgarantie kann u.a. folgen, dass Ausgleichsmassnahmen dort nicht vorgeschrieben werden dürfen, wo ein geplantes Vorhaben die Leistungsfähigkeit des Naturhaushaltes gar nicht verändert.

42
Zulässige Ausgleichsmassnahmen
Mesures compensatoires admissibles

Das folgende (fiktive) Beispiel soll die Rechtslage veranschaulichen:
In der Gemeinde G. reicht die Aktiengesellschaft L. (= L.-AG) ein Baugesuch für eine Lagerhalle ein. Das Baugrundstück befindet sich in der Industriezone und lag in den letzten Jahren brach. Die Vegetation ist üppig, aber ohne seltene Arten. Die beabsichtigte Nutzung beschlägt nur einen Teil der Parzelle. Bei der Erteilung der Baubewilligung verpflichtet die Gemeinde die L.-AG, auf einem Teil der nicht beanspruchten Fläche ein Feuchtbiotop selbst anzulegen oder durch die Gemeinde anlegen zu lassen, um die Vernetzung mit anderen Feuchtflächen zu gewährleisten. Das Feuchtbiotop nimmt rund 20 Prozent der Grundstücksfläche ein. Der Bau der Lagerhalle wird dadurch jedoch nicht beeinflusst.

Die verfügte Massnahme kann direkt auf Art. 18b Abs. 2 NHG abgestützt werden, weil sie für die L.-AG keine einschneidende Wirkung hat. Die Massnahme ist im Sinne des NHG und somit im öffentlichen Interesse. Soweit ersichtlich ist sie auch verhältnismässig und steht der Besitzstandsgarantie nicht entgegen, weil der Bau der Lagerhalle die Leistungsfähigkeit des Naturhaushalts beeinträchtigt. Die Kosten für die Erstellung des Feuchtbiotops hat hingegen die Gemeinde zu tragen, weil es für die Kostentragung durch die L.-AG keine gesetzliche Grundlage gibt. Insbesondere erbringt die L.-AG – soweit sie das Biotop selbst anlegt – eine Leistung ohne entsprechenden wirtschaftlichen Ertrag und hat daher Anspruch auf angemessene Abgeltung (Art. 18c Abs. 2 NHG). Eine weitergehende Entschädigung ist hingegen ausgeschlossen, weil die verfügte Massnahme keine materielle Enteignung bewirkt.

E. Exkurs: Zonenkonformität des ökologischen Ausgleichs in der Landwirtschaftszone

In gewissen Fällen kann für Massnahmen des ökologischen Ausgleichs eine *Baubewilligung* erforderlich sein. So etwa, wenn ein Bach ausgedolt wird oder wenn für die Anlage eines Feuchtbiotopes grössere Erdverschiebungen nötig sind. Erfolgt ein solches Vorhaben des ökologischen Ausgleichs in der Landwirtschaftszone, mag sich die Frage stellen, ob dafür nur eine Baubewilligung nach Art. 22 RPG erforderlich ist oder aber eine Ausnahmebewilligung nach Art. 24 RPG.

43
Baubewilligung für ökologischen Ausgleich
Autorisation de construire pour une compensation écologique

Der Verein Pro Riet Rheintal wollte in Altstätten (Kt. SG) einen neuen Weiher mit einer Fläche von 400 m² und auf dem Aushub eine Hecke anlegen und reichte ein entsprechendes Baugesuch ein. Dieses wurde von der Gemeinde auf Weisung des Amtes für Umweltschutz (AfU) abgelehnt mit der Begründung, ein Weiher sei nicht zonenkonform in der Landwirtschaftszone und könne nur realisiert werden, wenn das Land der Grünzone zugeteilt werde. Auch eine Ausnahmebewilligung nach Art. 24 Abs. 1 RPG wurde verweigert, weil der Weiher nach Ansicht des AfU nicht in einem intensiv genutzten Gebiet gemäss Art. 18b Abs. 2 NHG geplant war. Letzteres leitete das AfU daraus ab, dass sich in der Nähe ein grösseres Naturschutzgebiet befindet. Im übrigen wird die Gegend jedoch intensiv genutzt. Die Bauherrschaft rekurrierte gegen den Entscheid beim Regierungsrat. Dieser liess die Frage der Zonenkonformität offen und erteilte die Baubewilligung aufgrund von Art. 24 Abs. 1 RPG[53].

44
Zonen-
konformität
Conformité
à la zone

Obwohl der ökologische Ausgleich in der Landwirtschaftszone nicht im traditionellen Sinn der landwirtschaftlichen Produktion dient, sollte er sinngemäss trotzdem als *zonenkonform* gelten. Die Neuorientierung der Landwirtschaft umfasst auch die Erhaltung der natürlichen Lebensgrundlagen (Art. 31^{octies} Abs. 1 Bst. b BV). Ökologische Ausgleichsflächen gehören nach diesem Verständnis zur Landwirtschaft und entsprechende bauliche Massnahmen erfordern nur eine Bewilligung nach Art. 22 RPG. Es wäre geradezu grotesk, wenn jedes ungenutzte, aber naturnahe Flecklein Erde, auf dem sich Hecken, Tümpel, Bachböschungen etc. befinden, als in der Landwirtschaftszone nicht-zonenkonform gelten müsste[54]. Die Folge daraus wäre, dass grössere Projekte des ökologischen Ausgleichs nur über eine entsprechende Planung verwirklicht werden könnten.

---

[53] Entscheid vom 6. Juni 1993.
[54] Eine solche Betrachtung wäre erst sinnvoll, wenn eine Naturschutzplanung erfolgt ist und genügend ökologische Ausgleichsflächen geschaffen worden sind.

Art. 18c   Stellung der Grundeigentümer und Bewirtschafter

[1] Schutz und Unterhalt der Biotope sollen wenn möglich aufgrund von Vereinbarungen mit den Grundeigentümern und Bewirtschaftern sowie durch angepasste land- und forstwirtschaftliche Nutzung erreicht werden.

[2] Grundeigentümer oder Bewirtschafter haben Anspruch auf angemessene Abgeltung, wenn sie im Interesse des Schutzzieles die bisherige Nutzung einschränken oder eine Leistung ohne entsprechenden wirtschaftlichen Ertrag erbringen.

[3] Unterlässt ein Grundeigentümer die für das Erreichen des Schutzzieles notwendige Nutzung, so muss er die behördlich angeordnete Nutzung durch Dritte dulden.

[4] Soweit zur Erreichung des Schutzzieles der Landerwerb nötig ist, steht den Kantonen das Enteignungsrecht zu. Sie können in ihren Ausführungsvorschriften das Enteignungsrecht anwendbar erklären, wobei die Kantonsregierung über streitig gebliebene Einsprachen entscheidet. Erstreckt sich das Schutzobjekt auf das Gebiet mehrerer Kantone, ist das Bundesgesetz über die Enteignung anwendbar.

Art. 18c   Situation des propriétaires fonciers et des exploitants

[1] La protection des biotopes et leur entretien seront, si possible, assurés sur la base d'accords conclus avec les propriétaires fonciers et les exploitants et par l'adaptation des modes d'exploitation agricole et sylvicole.

[2] Les propriétaires fonciers ou les exploitants qui, par souci de garantir la protection visée, limitent leur exploitation actuelle ou assurent une prestation sans avantage lucratif correspondant, ont droit à une juste indemnité.

[3] Si, contrairement à ce qui serait indispensable à la réalisation des buts visés par la protection, un propriétaire néglige d'exploiter son bien-fonds, il doit en tolérer l'exploitation par des tiers ordonnée par les autorités.

[4] Pour autant que les buts visés par la protection exigent l'acquisition de terres, les cantons ont la compétence de recourir à l'expropriation. Dans leur dispositions d'exécution, ils peuvent déclarer applicable la loi fédérale sur l'expropriation, la décision sur les oppositions restées en litige revenant au gouvernement cantonal. La loi fédérale sur l'expropriation est applicable lorsque l'objet à placer sous protection s'étend sur le territoire de plusieurs cantons.

Inhaltsverzeichnis	Rz
I. Allgemeines	1
A. Funktion und Übersicht	1
B. Hinweise zur Entstehungsgeschichte	3
II. Schutz und Unterhalt durch Vereinbarungen sowie durch angepasste Nutzung (Abs. 1)	8
A. Vereinbarungen	8
a. Begriff und rechtlicher Charakter	8
b. Vertragspartner	10
c. Inhalt der Vereinbarungen	11
d. Dauer	12
e. Mittel des Gemeinwesens für die Erfüllung der Verpflichtung	13
f. Rechtsmittel des Privaten bei eingegangener Vereinbarung	15
B. Angepasste land- und forstwirtschaftliche Nutzung	16
a. Begriff und Inhalt	16
b. Verhältnis zu den Vereinbarungen	18
III. Anspruch auf angemessene Abgeltung (Abs. 2)	19
A. Bedingungen für den Anspruch	19
a. Einschränkung der bisherigen Nutzung oder Leistung ohne entsprechenden wirtschaftlichen Ertrag	20
b. Im Interesse des Schutzzieles	21
c. Anspruchsberechtigung von Grundeigentümern oder Bewirtschaftern	22
B. Angemessene Abgeltung	23
C. Verhältnis der Abgeltungen nach NHG und LwG	27
IV. Behördlich angeordnete Nutzung durch Dritte (Abs. 3)	30
V. Enteignungsrecht des Kantons (Abs. 4)	31
A. Schutzziele	31
B. Subsidiarität	34
C. Landerwerb	36
D. Anwendbares Recht	37
E. Enteignungstitel	38

Table des matières	N°
I. Généralités	1
A. La fonction et l'aperçu	1
B. Remarques sur l'origine de la disposition	3
II. La protection et la conservation au moyen d'accords et par l'adaptation de l'exploitation (al. 1)	8
A. Les accords	8
a. La notion et le caractère juridique	8
b. Les parties au contrat	10
c. Le contenu des accords	11
d. La durée	12
e. Les moyens de la collectivité pour remplir son obligation	13
f. La protection juridique des personnes privées lorsqu'un accord est conclu	15
B. L'adaptation de l'exploitation agricole et sylvicole	16

	a. La notion et le contenu	16
	b. La relation avec les accords	18
III.	Le droit à une juste compensation (al. 2)	19
	A. Les conditions de ce droit	19
	a. La réduction de l'exploitation ou de la prestation actuelle sans avantage économique correspondant	20
	b. En faveur de la protection visée	21
	c. Les propriétaires fonciers ou les exploitants titulaires du droit à la compensation	22
	B. Une juste compensation	23
	C. Les relations entre les compensations selon la LPN et selon la LAgr	27
IV.	L'exploitation par des tiers ordonnée par l'autorité (al. 3)	30
V.	Le droit d'exproprier du canton (al. 4)	31
	A. La protection visée	31
	B. La subsidiarité	34
	C. L'acquisition de terres	36
	D. Le droit applicable	37
	E. Le titre d'expropriation	38

I. Allgemeines

A. Funktion und Übersicht

Nachdem in den Art. 18a und 18b NHG der Biotopschutz und der ökologische Ausgleich grundsätzlich geregelt und die zuständigen Behörden bestimmt werden, weist Art. 18c NHG die Behörden an, wie sie beim Schutz und Unterhalt dieser Flächen vorgehen sollen. Ausserdem umreisst Art. 18c NHG die Stellung der Grundeigentümerinnen und Bewirtschafterinnen dieser Flächen[1]. 1

Zentral in Art. 18c NHG ist die Regelung über den Abschluss von Vereinbarungen zwischen dem Gemeinwesen und Privaten (Grundeigentümerin und/oder Bewirtschafterin) für den Schutz der Natur gegen ein Entgelt (Abs. 1 und 2)[2]. Auf diese Weise wird ein finanzieller Anreiz für die Nutzungsberechtigten zu Schutzhandlungen oder Nutzungsverzichten geschaffen. Von eher untergeordneter Bedeutung sind die Abs. 3 und 4. Abs. 3 gibt den Behörden das Recht, die Nutzung eines Grundstückes durch einen Dritten anzuordnen, wenn die Grundeigentümerin jene Nutzung, welche im Interesse des Schutzzieles geboten wäre, unterlässt. Abs. 4 schliesslich stellt den Behörden als ultima ratio das Enteignungsrecht zur Verfügung.

---

[1] Vgl. zur Funktion von Art. 18c NHG auch WALDMANN, Diss., 99 ff.
[2] Vgl. dazu auch MAURER, 89–138.

2 Ausführungs- bestimmungen Dispositions d'exécution	Ausführungsbestimmungen zu Art. 18c NHG finden sich in der NHV (Art. 4, 5 Abs. 5, Art. 6–10, 19) und im kantonalen Ausführungsrecht.

B. Hinweise zur Entstehungsgeschichte

3	Art. 18c ist erst seit 1988 im NHG[3]. Insbesondere die Regelung über Vereinbarungen mit Privaten ist gegenüber der früheren Konzeption des NHG grundlegend neu[4].
4 Abs. 1 Al. 1	In der parlamentarischen Beratung durchlief Art. 18c Abs. 1 NHG die beiden Räte ohne Änderungsantrag im Wortlaut des bundesrätlichen Entwurfes[5].
5 Abs. 2 Al. 2	Art. 18c Abs. 2 NHG wurde nach längerer Diskussion zuerst im Ständerat, dann im Nationalrat in einem wesentlichen Punkt geändert. Der Entwurf des Bundesrates sah eine Abgeltung vor:

1. bei eingeschränkter Nutzung im Interesse des Schutzzieles
2. bei einem Verzicht auf eine naheliegende Nutzungsmöglichkeit
3. bei einer Leistung ohne unmittelbaren wirtschaftlichen Ertrag.

Der Ständerat wollte nur die Abgeltung nach Punkt 3 ins Gesetz aufnehmen und verwies im übrigen auf die bundesgerichtliche Praxis zur materiellen Enteignung[6]. Im Nationalrat überwog hingegen die Meinung, es müsse der Entschädigungsanspruch im Interesse der Zielsetzungen etwas erweitert werden. Der Nationalrat entschied sich deshalb für eine Kompromissvariante mit Abgeltungen gemäss den Punkten 1 und 3[7]. Dieser Lösung schloss sich der Ständerat schliesslich an[8].

Daneben wurde der Vorschlag des Bundesrates in zwei weiteren, weniger bedeutsamen Punkten geändert: Erstens wurde bei den anspruchsberechtigten «Grundeigentümern und Bewirtschaftern» das «und» durch «oder» ersetzt. Zweitens wurde die Abgeltung für Leistungen «ohne unmittelbaren wirtschaftlichen Ertrag» zu «ohne entsprechenden wirtschaftlichen Ertrag» geändert[9].

---

[3] Vgl. zur allgemeinen Entstehungsgeschichte von Art. 18c NHG: MAURER, Vorbemerkungen zu den Art. 18–23, Rz 4.
[4] Auf kantonaler Ebene fand diese Form des Verwaltungshandelns für den Schutz der Natur freilich schon seit den frühen 80-er Jahren Verbreitung. Als erster nahm der Kt. SO eine solche Lösung ins Gesetz auf (vgl. § 128 Planungs- und Baugesetz vom 3. Dezember 1978).
[5] Amtl.Bull. S 1986 357, N 1987 153.
[6] Amtl.Bull. S 1986 358 (Votum JAGMETTI).
[7] Amtl.Bull. N 1987 153 (Votum Berichterstatter AUER).
[8] Amtl.Bull. S 1987 241 (Votum Berichterstatter SCHOCH).
[9] Amtl.Bull. S 1986 357, N 1987 153.

In Art. 18c Abs. 3 NHG wurde der bundesrätliche Vorschlag über das Dulden der «Nutzung durch Dritte» diskussionslos geändert zu «behördlich angeordnete Nutzung durch Dritte»[10].   6 Abs. 3 / Al. 3

Der bundesrätliche Entwurf von Art. 18c Abs. 4 NHG, welcher als Instrumentarium für das Erreichen der Schutzziele Planungszonen (Art. 27 RPG), Eigentumsbeschränkungen, Landumlegungen (Art. 20 RPG) und Enteignungen vorsah, stiess im Ständerat auf Ablehnung. Dieser wollte zunächst nur den Landerwerb durch Kauf oder nach kantonalem (Enteignungs-)Recht zur Verfügung stellen. Der Nationalrat hielt jedoch am bundesrätlichen Entwurf fest. Im Differenzbereinigungsverfahren erarbeitete die ständerätliche Kommission eine neue Version, welche jedoch noch vor der Behandlung im Rat zugunsten der heutigen, von der Verwaltung vorgeschlagenen Kompromissfassung, zurückgezogen wurde[11].   7 Abs. 4 / Al. 4

II. Schutz und Unterhalt durch Vereinbarungen sowie durch angepasste Nutzung (Abs. 1)

A. Vereinbarungen

a. Begriff und rechtlicher Charakter

Das Wort «Vereinbarungen» und die schon in der Botschaft geäusserte Ansicht, dass die Grundeigentümer und Bewirtschafter «wo möglich in einem Verhältnis der Partnerschaft zur Realisierung der Schutzziele beigezogen werden» sollen[12], deutet darauf hin, dass hier von Verträgen die Rede ist. Während der Beratungen des bundesrätlichen Entwurfes im Ständerat wurde dies explizit bestätigt[13].   8 Begriff der Vereinbarung / Notion de convention

Die Frage, ob es sich dabei um privatrechtliche oder verwaltungsrechtliche Verträge[14] handelt, beantwortet sich wie folgt: Nach herrschender Lehre kann das Gesetz die Rechtsnatur eines Vertrages festlegen. Fehlt eine gesetzliche   9 Rechtlicher Charakter / Caractère juridique

---

[10] Amtl.Bull. S 1986 357 f., N 1987 153.
[11] Amtl.Bull. S 1987 241.
[12] Botschaft Rothenthurm, BBl 1985 II 1465.
[13] «Wie der Bundesrat, so geht auch die Kommission von der Idee aus, dass der Schutz in erster Linie auf vertraglichem Wege gefunden werden soll.» (Amtl.Bull. S 1986 357 [Votum JAGMETTI]).
[14] Synonym für verwaltungsrechtliche Verträge: öffentlichrechtliche Verträge. Vgl. zur Auslegung öffentlichrechtlicher Verträge: BGE 103 Ia 509 f. = JdT 1979 I 359; BGE 101 Ib 82; GYGI, Verwaltungsrecht, 210.

Festlegung, so bestimmt sich die Rechtsnatur nach dem Gegenstand der dadurch geregelten Rechtsbeziehungen oder Rechtsverhältnisse. Es kommt also auf die Funktion oder die damit verfolgten Interessen an[15]. Das Gesetz legt den Charakter der Vereinbarungen/Verträge gemäss Art. 18c Abs. 1 NHG nicht fest. Weil mit ihnen jedoch der Schutz der Natur verfolgt wird und dies eine Aufgabe im öffentlichen Interesse ist[16], handelt es sich um verwaltungsrechtliche Verträge.

b. Vertragspartner

10 Vertragspartner sind auf der Seite des Gemeinwesens ein Kanton oder eine Gemeinde. Auf der Seite der Privaten nennt Art. 18c Abs. 1 NHG als mögliche Vertragspartner neben den Grundeigentümern auch die Bewirtschafter. Dadurch wird dem Umstand Rechnung getragen, dass ein grosser Teil des für den Naturschutz wichtigen Landwirtschaftslandes nicht durch die Grundeigentümer selbst, sondern durch Pächter bewirtschaftet wird[17]. Die Einreichung der Gesuche (sprich: Vertragsofferten) durch die Privaten hat bei der kantonalen Fachstelle zu erfolgen (Art. 17 Abs. 3 und Art. 18 Abs. 3 i.V. mit Art. 4 Abs. 1 NHV, vgl. JENNI, Art. 13, Rz 58).

c. Inhalt der Vereinbarungen

11 Über den genaueren Inhalt allfälliger Vereinbarungen zum «Schutz und Unterhalt der Biotope» gibt Art. 18c Abs. 1 NHG weder Auskunft noch beschränkt sie ihn. Vertragsinhalt kann deshalb prinzipiell alles sein, was dem Schutz und Unterhalt eines konkreten Biotopes dient. Der Begriff des Biotopes ist hier weit zu verstehen und umfasst auch den ökologischen Ausgleich. Das ergibt sich u.a. aus dem Zweck des 3. Abschnittes des NHG, die Tier- und Pflanzenwelt zu schützen, denn diesem Zweck entspricht es, auch den ökologischen Ausgleich mittels Vereinbarungen zu fördern.

---

[15] HÄFELIN/MÜLLER, Rz 848 f. Diese Auffassung zur Bestimmung der Rechtsnatur von Verträgen entspricht der Interessen- und der Funktionstheorie (vgl. HÄFELIN/MÜLLER, Rz 209 f.). Das Bundesgericht will in Zweifelsfällen auch auf die sogenannte Subordinationstheorie abstellen (BGE 109 Ib 152 f. = JdT 1985 I 249).

[16] Davon zeugt namentlich Art. 24sexies BV, der diese Aufgabe Bund und Kantonen überträgt. Das Bundesgericht anerkannte den Natur- und Heimatschutz seit den 40-er Jahren – also noch vor der 1962 erfolgten Aufnahme von Art. 24sexies in die BV – als Aufgabe im öffentlichen Interesse (vgl. dazu MUNZ, Natur- und Heimatschutz, 25, mit Hinweisen).

[17] 1990 betrug der Anteil des Pacht- und Nutzniessungslandes an der landwirtschaftlichen Nutzfläche (ohne Sömmerungsweiden) 41 Prozent (Statistisches Jahrbuch der Schweiz 1995, Bern 1994, 176).

Eine Vereinbarung wird regelmässig nur dann zustande kommen, wenn dem Privaten eine Gegenleistung (Abgeltung) versprochen wird. Aus diesem Grund bezieht sich der Inhalt vorab auf die Verpflichtung des Privaten zu einem abgeltungswürdigen Verhalten einerseits und auf den Umfang und die Modalitäten der Abgeltung andererseits. Daneben können aber auch Nebenpflichten, teils abgemacht, teils als Ausfluss aus Treu und Glauben, Vertragsbestandteil sein. So kann namentlich der nach Art. 18c Abs. 2 NHG nicht abgeltungsfähige Verzicht auf eine künftige Intensivierung stillschweigend mitvereinbart werden. Für die Klarheit des Rechtsverhältnisses empfiehlt es sich freilich, auch über Nebenpflichten eine ausdrückliche Regelung zu schaffen. Alternativ dazu kann der Inhalt von Nebenpflichten allerdings auch einseitig durch das Gemeinwesen verfügt oder mit planerischen Mitteln festgesetzt werden.

In der Regel stellen die kantonalen Naturschutzbehörden einen Mustervertrag zur Verfügung, der durch die Vertragspartner entsprechend den Anforderungen des konkreten Einzelfalles modifiziert werden kann[18].

d. Dauer

Wird mit dem Vertrag nur eine Einschränkung der Nutzung, d.h. eine Unterlassung, vereinbart, muss die Dauer der Einschränkung nicht limitiert werden. 12

Soll der Private jedoch (auch) zu einer positiven Leistung[19] veranlasst werden, sind die Regeln zum Schutze der Persönlichkeit (Art. 27 Abs. 2 ZGB)[20] zu beachten. Welches die zulässige Höchstdauer ist, hängt von der Intensität der durch den Vertrag bewirkten Beschränkung des Verpflichteten ab[21]. Als Richtlinie kann die arbeitsrechtliche Regel von Art. 334 OR dienen, gemäss der «nach Ablauf von zehn Jahren jede Vertragspartei ein auf längere Dauer abgeschlossenes befristetes Arbeitsverhältnis jederzeit mit einer Kündigungsfrist von sechs Monaten auf das Ende eines Monates kündigen» kann[22]. Die Zehnjahresgrenze

---

[18] Formulare mit Beispielen für die wichtigsten Vertragsinhalte finden sich bei PFEIFFER/STRAUB, 9–16.
[19] Positive Leistung = tatsächliche Vornahme einer Handlung (als Gegensatz zur Unterlassung), z.B. das Mähen einer steilen Magerwiese.
[20] Vgl. zur Anwendbarkeit von Art. 27 ZGB auch auf öffentlichrechtliche Verträge: RIVA Enrico, Kostentragung für den Unterhalt und die Erneuerung von Kreuzungsbauwerken Schiene – Strasse, ZBl 1993, 356 f.
[21] Vgl. PEDRAZZINI Mario M./OBERHOLZER Niklaus, Grundriss des Personenrechts, Bern 1985, 122.
[22] Im Kt. ZH z.B. liegt die obere Dauer der Verträge für den Schutz und die Pflege von Hecken und Magerwiesen bei 12 Jahren (§ 21 Abs. 1 V vom 14. März 1990 über Bewirtschaftungsbeiträge für Magerwiesen und Hecken).

gilt m.E. nur für die Verpflichtung des Privaten, nicht jedoch für jene des Gemeinwesens, weil dieses nicht entsprechend Art. 27 Abs. 2 ZGB schutzwürdig ist. Dem Gemeinwesen steht es also frei, sich über die Dauer von zehn Jahren hinaus einseitig zu binden. Das kann z.b. dann vorkommen, wenn dem Privaten ein lange währendes Versprechen für die Abgeltung seiner Naturschutzleistungen gegeben werden soll, damit er sich nicht gegen den planerischen Schutz seines Grundstückes wehrt.

Keine Beschränkung der Höchstdauer kennt die Dienstbarkeit, mit der – neben einem Dulden oder Unterlassen (Art. 730 Abs. 1 ZGB) – auch eine nebensächliche positive Leistungspflicht (Abs. 2) verbunden werden darf. Diese darf dem Inhalt nach nur dazu dienen, die Ausübung der Dienstbarkeit zu ermöglichen, zu erleichtern oder zu sichern. Dem Umfang nach darf die nebensächliche Leistungspflicht nicht die hauptsächliche Last darstellen[23]. Der Dienstbarkeitsvertrag ist allerdings ein privatrechtlicher Vertrag. In der Folge unterliegt dann auch die Dienstbarkeit dem Privatrecht[24].

e. Mittel des Gemeinwesens für die Erfüllung der Verpflichtung

13
Durchsetzung des Vertrags durch das Gemeinwesen
Conclusion du contrat par la collectivité

Besteht zwischen einem Privaten und dem Gemeinwesen eine Vereinbarung gemäss Art. 18c Abs. 1 NHG, so kann das Gemeinwesen die daraus fliessenden Verpflichtungen des Privaten auf dem Wege der Klage auf Erfüllung durchsetzen[25]. Der Private hat ausserdem alle Folgen zu tragen, die aus der Nicht- oder Schlechterfüllung entstehen[26]. In Analogie zum Privatrecht hat er bei einer Pflichtverletzung etwa zu rechnen mit:

- Auferlegung von Schadenersatz[27] für positive Vertragsverletzungen, z.B. das Vernichten einer zu pflegenden Hecke (Art. 97 OR analog)
- Auferlegung von Schadenersatz für die Verletzung einer Unterlassungspflicht, z.B. das Düngen einer zu schützenden Magerwiese (Art. 98 Abs. 2 OR analog)
- Ersatzvornahme für die geschuldete positive Leistung, z.B. das Mähen eines Riedes, auf Kosten des Verpflichteten (Art. 98 Abs. 1 OR analog)
- Rückforderung schon bezogener Leistungen bei ungenügender Gegenleistung (Art. 109 Abs. 1 OR analog).

---

[23] BGE 106 II 320 = JdT 1982 II 115.
[24] Nach LIVER gibt es im schweizerischen Recht gar keine öffentlichrechtlichen Dienstbarkeiten (LIVER Peter, Kommentar zum Schweizerischen Zivilgesetzbuch, Zürich 1980, Einleitung Dienstbarkeiten, Rz 106).
[25] So HÄFELIN/MÜLLER, Rz 915b, für die Durchsetzung von auf verwaltungsrechtlichen Verträgen beruhenden Verpflichtungen.
[26] Botschaft SuG, BBl 1987 I 408, 411 und 414.
[27] Die Berechnung des Schadenersatzes dürfte sich – soweit eine Wiederherstellung überhaupt möglich ist – an den Renaturierungskosten orientieren.

Sofern die Vereinbarung auf die Strafbestimmung von Art. 24a NHG hinweist und die strafbare Handlung beschreibt, kann ausserdem eine Busse ausgefällt werden (RONZANI, Art. 24a, Rz 16 ff.).

Die möglichen Mittel des Gemeinwesens gehen weit über die behördlich angeordnete Nutzung durch Dritte gemäss Art. 18c Abs. 3 NHG hinaus (vgl. zu Art. 18c Abs. 3 NHG: Rz 31 ff. hienach). Letztere ist strenggenommen nur angebracht, wenn für das Biotop keine Vereinbarung abgeschlossen worden ist, sondern der Schutz und die regelmässige Nutzung durch die Behörden angeordnet wurde.

Im Sinne der Botschaft zum SuG[28] empfiehlt es sich für die Kantone und Gemeinden, die Folgen der Nichterfüllung, Schlechterfüllung, Zweckentfremdung und Veräusserung sowie namentlich auch das massgebliche Verfahren und die zuständigen Instanzen in ihren Ausführungserlassen zu Art. 18c NHG zu regeln.

14
Kantonale Ausführungserlasse
Arrêtés cantonaux d'exécution

f. Rechtsmittel des Privaten bei eingegangener Vereinbarung

Hat ein Privater mit dem Gemeinwesen eine Vereinbarung nach Art. 18c Abs. 1 NHG bzw. kantonalem oder kommunalem Ausführungsrecht abgeschlossen, so hat er gemäss Art. 18c Abs. 2 NHG Anspruch auf eine angemessene Abgeltung (vgl. zur Frage eines Rechts auf Vertragsabschluss: Rz 18 hienach). Weil für diese Abgeltungen das SuG anwendbar ist (Art. 2 Abs. 1)[29], müssen Streitigkeiten aus den zugrundeliegenden Verträgen mit Verfügung entschieden werden (Art. 34 Abs. 2). Der Instanzenweg führt auf Kantonsebene zunächst durch die Verwaltung, anschliessend an das Verwaltungsgericht. Gegen den letztinstanzlichen kantonalen Entscheid ist die Verwaltungsgerichtsbeschwerde an das Bundesgericht möglich[30]. Von den erforderlichen Voraussetzungen ist wie erwähnt namentlich die Verfügungseigenschaft (Art. 5 Abs. 1 VwVG) erfüllt. Die Negativlistenregelung von Art. 99 Bst. h OG kommt nicht zum Zuge, weil es sich bei den Beiträgen gemäss Art. 18c NHG um Subventionen handelt, auf die das Bundesrecht – bei abgeschlossener Vereinbarung – einen Anspruch einräumt.

15

---

[28] BBl 1987 I 414.
[29] Die Anwendbarkeit des SuG erstreckt sich auf alle im Bundesrecht vorgesehenen Finanzhilfen und Abgeltungen. Massnahmen des Biotopschutzes und ökologischen Ausgleiches werden vom Bund finanziell unterstützt (Art. 18d NHG).
[30] Vgl. auch WALDMANN, Diss., 217.

B. Angepasste land- und forstwirtschaftliche Nutzung

a. Begriff und Inhalt

16 Begriff Notion

Schutz und Unterhalt der Biotope können gemäss Art. 18c Abs. 1 NHG auch durch eine «angepasste land- und forstwirtschaftliche Nutzung» erreicht werden. Damit bezweckt das NHG, Einfluss auf die für die freie Entfaltung der Natur bedeutendsten zwei Nutzungsarten zu nehmen (dazu MAURER, 4. Kap., Rz 10). Die Formulierung beinhaltet allerdings kein qualifiziertes Schweigen darüber, dass für andere Nutzungen, beispielsweise River-Rafting oder Skifahren, keine Vorschriften gemacht werden dürften. Diese können vielmehr «als geeignete Massnahmen» im Sinne von Art. 18 Abs. 1 NHG erlassen werden (dazu FAHRLÄNDER, Art. 18, Rz 11).

Beim Begriff der angepassten land- und forstwirtschaftlichen Nutzung handelt es sich um einen unbestimmten Rechtsbegriff. Das zulässige Mass von Anordnungen über die land- und forstwirtschaftliche Nutzung eines Biotopes ergibt sich aus den konkreten Schutzerfordernissen im Einzelfall.

17 Inhalt Contenu

Soweit es sich dabei um eine Einschränkung der bisherigen Nutzung oder den Verzicht auf eine Intensivierung, also um eine Unterlassung handelt, ist die Ausgestaltung der Anordnungen prinzipiell unbeschränkt (vgl. zur Strafbarkeit von Widerhandlungen: RONZANI, Art. 24, Rz 1 ff. und Art. 24a, Rz 16 ff.). Erfordert es der Schutz eines Biotopes, darf sogar der vollständige Nutzungsverzicht angeordnet werden. Soll der Private jedoch eine positive Leistung, z.B. Pflegearbeiten, erbringen, kann dies nicht mit Berufung auf die «angepasste land- und forstwirtschaftliche Nutzung» zwangsweise durchgesetzt werden. Für einen derart gewichtigen Eingriff in die Eigentumsgarantie stellt Art. 18c Abs. 1 NHG keine genügende gesetzliche Grundlage dar[31]. Auf kantonaler Ebene können Gebote für positive Leistungen als Ausdruck einer allgemeinen Unterhaltpflicht für Grundstücke in kleinem Umfang bestehen, wenn sie auf einer klaren gesetzlichen Grundlage beruhen[32]. Die Schranken dieser Gebote werden durch den Grundsatz der Verhältnismässigkeit und das Grundrecht der Eigentumsgarantie gesetzt. Aus Distanz betrachtet, können Zwangs-

---

[31] Vgl. aber die scheinbar andere Meinung des Bundesrates in der Botschaft Rothenthurm (BBl 1985 II 1465): «Eigentumsbeschränkungen dürfen neben Unterlassungspflichten auch Handlungspflichten zum Inhalt haben.»

[32] Vgl. dazu z.B. § 16 V des Kt. ZH vom 20. Juli 1977 über den Natur- und Heimatschutz und über kommunale Erholungsflächen: Vorschriften und Verfügungen über Pflege und Unterhalt der Schutzobjekte können «insbesondere Gebote enthalten über
- Streue- und Grasschnitt;
- Verhindern der Verbuschung;
- Wasserhaltung bei Nassstandorten».

verpflichtungen allerdings kaum erfolgreich sein. Die Arbeiten würden wohl oft nur ungenügend verrichtet und es müsste ein Sanktionssystem geschaffen werden. Die Widerstände gegen ein solches System könnten sich schliesslich gegen den Naturschutz überhaupt wenden.

b. Verhältnis zu den Vereinbarungen

Art. 18c Abs. 1 NHG weist die staatlichen Vollzugsorgane an, den Schutz und Unterhalt ökologisch wertvoller Flächen «wenn möglich aufgrund von Vereinbarungen [...] sowie durch angepasste Land- und forstwirtschaftliche Nutzung» anzustreben. Anstelle einer Vereinbarung oder parallel dazu darf also in Übereinstimmung mit dem Wortlaut von Art. 18c Abs. 1 NHG eine angepasste land- und forstwirtschaftliche Nutzung einseitig durch staatliche Behörden beispielsweise mit Planungsmitteln oder per Verfügung angeordnet werden.

18

Die Regelung von Art. 18c Abs. 1 NHG bedeutet entgegen den verwirrenden Ausführungen in den Materialien[33] nicht, dass planerische oder andere Massnahmen erst in zweiter Linie ergriffen werden dürfen[34]. Andernfalls würde der in vielen Fällen bewährte Schutz der Natur mittels der Raumplanung – namentlich durch «Schutzzonen» oder «andere geeignete Massnahmen» gemäss Art. 17 Abs. 1 und 2 RPG – stark erschwert, weil zuvor zwingend langwierige Vertragsverhandlungen und allenfalls Beschwerdeverfahren (zum Schutz der Privaten gegen die Verweigerung eines Vertragsabschlusses) durchgeführt werden müssten. Eine solche Verweisung des RPG auf den «zweiten Platz» widerspräche sowohl dem systematischen Zusammenhang des NHG mit dem RPG als auch dem Sinn der Art. 18 ff. NHG, die Natur wirksam zu schützen. Ein direkt aus Art. 18c NHG abgeleitetes Recht des Privaten gegenüber dem Gemeinwesen auf einen Vertragsabschluss gibt es also nicht.

Geht es jedoch um mehr als eine blosse Regelung der zulässigen Nutzung, nämlich darum, die Nutzungsberechtigten zu positiven Leistungen zu verpflichten, sind Planungsmittel oder andere Vorschriften ungeeignet (Rz 17 hievor). Werden von einem Privaten positive Leistungen, insbesondere solche ohne entsprechenden wirtschaftlichen Ertrag erwartet, ist das gebotene Verwaltungshandeln der Abschluss einer Vereinbarung[35]. Kann diese nicht abgeschlossen werden, darf das Gemeinwesen Pflegearbeiten auch in eigener Regie vornehmen. Das folgt aus Art. 18c Abs. 4 NHG, nach dem den Kantonen das Enteignungsrecht zusteht, falls zur Erreichung des Schutzzieles der Landerwerb nötig ist. Ist aber sogar eine Enteignung zulässig, darf nach dem Grundsatz «in maiore minus» auch ein weniger einschneidender Eingriff erfolgen. Pflegearbeiten des Gemeinwesens auf dem Grundstück eines Privaten müssen allerdings im Sinne von Art. 18c Abs. 3 NHG behördlich angeordnet, d.h. verfügt werden.

---

[33] Vgl. FN 13.
[34] A.M. WALDMANN, Diss., 100.
[35] Vgl. Amtl.Bull. S 1986 357 (Votum Berichterstatter JAGMETTI).

III. Anspruch auf angemessene Abgeltung (Abs. 2)

A. Bedingungen für den Anspruch

19 Ein Anspruch auf angemessene Abgeltung besteht, wenn die folgenden drei kumulativen Voraussetzungen erfüllt sind:
1. Es muss die bisherige Nutzung eingeschränkt sein oder eine Leistung ohne entsprechenden wirtschaftlichen Ertrag erbracht werden (Rz 20 hienach).
2. Die Einschränkung oder die Leistung muss im Interesse des Schutzzieles sein (Rz 21 hienach).
3. Bei der Person, die den Anspruch geltend macht, muss es sich um den Grundeigentümer oder Bewirtschafter handeln (Rz 22 hienach).

a. Einschränkung der bisherigen Nutzung oder Leistung ohne entsprechenden wirtschaftlichen Ertrag

20
Erste Voraussetzung
Première condition

Damit diese erste Voraussetzung erfüllt ist, muss folgende Konstellation vorliegen:

Soweit es um eine Einschränkung der bisherigen Nutzung geht, kann diese das Resultat einer «Vereinbarung» oder aber der Anordnung einer «angepassten land- und forstwirtschaftlichen Nutzung» sein. Erbringt der Private hingegen eine Leistung ohne entsprechenden wirtschaftlichen Ertrag, so muss dies in der Regel auf der Basis einer Vereinbarung erfolgen (Rz 18 hievor).

Art. 18c Abs. 2 NHG erklärt zum einen den ganzen oder teilweisen Verzicht auf die «bisherige Nutzung» als abgeltungswürdig. Was aus Sicht einer Sozialbindung[36] des Eigentums als unbillig erscheint[37], wurde hier zugunsten des Naturschutzes eingeführt: eine Abgeltung für die Rücknahme der Nutzung auf ein gemeinverträgliches Mass. Auf diese Weise kann eine Entschädigung auch dann ausgerichtet werden, wenn die Einschränkung der Nutzung nach den Grundsätzen der materiellen Enteignung entschädigungslos bleiben würde. Unter der «bisherigen Nutzung» ist nur eine solche zu verstehen, *die seit lan-*

---

[36] Die Sozialbindung des Eigentums ist in der Schweiz im Gegensatz zu Deutschland (Art. 14 Abs. 2 Grundgesetz: «Eigentum verpflichtet. Sein Gebrauch soll zugleich dem Wohle der Allgemeinheit dienen.») nicht ausdrücklich in der Verfassung verankert. Im Zusammenwirken mit den anderen BV-Bestimmungen können solche Leitplanken der Eigentumsgarantie (Art. 22ter BV) aber auch für die Bundesverfassung postuliert werden. Ablehnend RIVA, Hauptfragen, 271 ff., mit Hinweisen.

[37] Wenigstens solange die Eingriffsintensität der materiellen Enteignung nicht erreicht wird.

gem[38] *und rechtmässig* ausgeübt wird. Dadurch wird der Gefahr begegnet, dass Grundeigentümer oder Bewirtschafter in der Absicht einer späteren Vereinbarung (und dem folgenden Anspruch auf Abgeltung) die Nutzung intensivieren und dabei möglicherweise wertvolle Gebiete zerstören. Es dürfte im konkreten Fall allerdings nicht immer einfach sein, die «bisherige Nutzung» zu bestimmen[39].

Abgeltungswürdig sind zum anderen Leistungen ohne entsprechenden wirtschaftlichen Ertrag. Darunter fallen zwei Arten von Leistungen: Erstens kann es um ein tatsächliches Handeln im Interesse der Schutzziele gehen, aus dem kein die Aufwendungen deckender wirtschaftlicher Ertrag resultiert, z.B. aus dem Verkauf von Heu oder Brennholz. Für die Berechnung der Aufwendungen ist als Richtlinie von einem durchschnittlichen landwirtschaftlichen Stundenlohn auszugehen. Zweitens stellt auch ein Erfolg eine Leistung dar. So kann eine Abgeltung beispielsweise dafür ausgerichtet werden, dass die Grundeigentümerin oder Bewirtschafterin eine bestimmte ökologische Qualität (z.B. eine Magerwiese mit seltenen Blumen) hervorbringt oder durch Pflege aufrecht erhält. Bislang werden Abgeltungen nach Art. 18c Abs. 2 NHG in den Kantonen noch zu wenig an einen Erfolg angeknüpft bzw. nach ökologischen Qualitätskriterien bemessen. Ein solches Vorgehen hätte jedoch den Vorteil, dass die Privaten den Wert der natürlichen Vielfalt besser erkennen, weil sie ja gerade dafür bezahlt werden.

b. Im Interesse des Schutzzieles

Die Leistung oder der Nutzungsverzicht muss im Interesse des Schutzzieles erfolgen. Die systematische Stellung von Art. 18c NHG erhellt, dass es um das Schutzziel eines Biotopes (Art. 18, 18a und 18b Abs. 1 NHG) oder einer ökologischen Ausgleichsfläche (Art. 18b Abs. 2 NHG) geht. Dieses muss in jedem konkreten Schutzfall bekannt sein (MAURER, Art. 18b, Rz 21 und Rz 37) und steht deshalb für die Überprüfung der hier besprochenen Voraussetzung zur Verfügung.

21
Zweite Voraussetzung
Deuxième condition

Nicht abgeltungswürdig sind Einschränkungen oder Leistungen, die in keinem Zusammenhang mit dem Schutzziel erfolgen, wie beispielsweise für den ästhetisch motivierten Schutz einer Landschaft oder für den Heimatschutz.

---

[38] Wenigstens seit dem Zeitpunkt des Inkrafttretens von Art. 18c NHG am 1. Februar 1988.
[39] Abzustellen wäre auf Aussagen der Grundeigentümer oder Bewirtschafter sowie der Bevölkerung, auf Luftbilder, Fotos, wissenschaftliche Berichte etc.

c. **Anspruchsberechtigung von Grundeigentümern oder Bewirtschaftern**

22
Dritte Voraussetzung
Troisième condition

Abgeltungsberechtigt sind Grundeigentümer oder Bewirtschafter. Im Gegensatz zur Abgeltungsregelung des LwG ist die Ausübung des landwirtschaftlichen Berufes nicht Voraussetzung, um eine Abgeltung zu erlangen (vgl. MAURER, 4. Kap., Rz 27).

Probleme können dort auftreten, wo der Bewirtschafter eines Grundstückes selber nicht auch Grundeigentümer ist, namentlich im Pachtverhältnis. So stellten sich dann komplizierte vertragsrechtliche Fragen, wenn das Gemeinwesen eine Vereinbarung mit dem Grundeigentümer über einen Nutzungsverzicht eingehen würde und anschliessend der Pächter zur Einschränkung der Nutzung gezwungen werden müsste. So weit kommt es allerdings gar nicht, wenn Art. 18c Abs. 2 NHG derart interpretiert wird, dass eine Abgeltung nur dem tatsächlichen Nutzer zusteht und folglich mit ihm auch eine Vereinbarung geschlossen werden muss[40]. Die Abgeltung für die Einschränkung der bisherigen Nutzung kommt dann ausschliesslich dem Pächter zu. Der Grundeigentümer steht ausserhalb des Abgeltungsverhältnisses und hat keine Einflussmöglichkeiten, solange die Änderungen «in der hergebrachten Bewirtschaftung» über die Pachtzeit hinaus nicht von «wesentlicher Bedeutung» sein können (Art. 22a LPG[41]). Tatsächlich bleibt eine extensivere Bewirtschaftung regelmässig im rechtlich zulässigen Rahmen des Pachtrechtes, namentlich wird die nachhaltige Ertragsfähigkeit des Grundstückes (Art. 283 Abs. 2 OR) nicht beeinträchtigt.

Falls jedoch eine zeitlich möglichst unbeschränkte Rücknahme der Nutzung erreicht werden soll, ist es sinnvoll, auch vom Grundeigentümer eine Zustimmung zum Vertrag zu erhalten. In diesem Sinn sieht denn auch Art. 18c Abs. 1 NHG vor, dass Vereinbarungen wenn möglich mit Grundeigentümern *und* Bewirtschaftern abgeschlossen werden. Eine finanzielle Abgeltung steht dem Grundeigentümer allerdings erst dann zu, wenn das Pachtverhältnis aufgelöst wird.

Hierzu ist anzumerken, dass sich planerische Mittel (Nutzungspläne, Schutzverordnungen und -verfügungen) für eine dauernde Nutzungseinschränkung besser eignen als Vereinbarungen, weil sie einseitig durch das Gemeinwesen ergriffen werden können und alle künftigen Nutzer daran gebunden sind. Im übrigen kann ergänzend dazu auch noch eine Vereinbarung mit dem Nutzer über die Abgeltung von Leistungen ohne entsprechenden wirtschaftlichen Ertrag getroffen werden. Ausgeschlossen ist aber eine künftige Abgeltung für den durch die planerische Massnahme erzwungenen Verzicht auf die bisherige Nutzung. Eine diesbezügliche Abgeltung ist im Rahmen der planerischen Festsetzung geltendzumachen.

---

[40] So z.B. § 13 V des Kt. ZH vom 14. März 1990 über Bewirtschaftungsbeiträge für Magerwiesen und Hecken.
[41] BG vom 4. Oktober 1985 über die landwirtschaftliche Pacht (SR 221.213.2).

B. Angemessene Abgeltung

Im Falle der Vereinbarungen gemäss Art. 18c Abs. 1 NHG über die Einschränkung der bisherigen Nutzung oder Erbringung einer Leistung ohne entsprechenden wirtschaftlichen Ertrag steht die Behörde vor der Aufgabe, den Umfang der Abgeltungen so festzulegen, dass für die Privaten ein Anreiz zum Vertragsschluss entsteht.

23
Bemessung der Abgeltung
Montant de l'indemnité

Für die Abgeltung der Einschränkung der bisherigen Nutzung kann in etwa auf den Deckungsbeitragsvergleich zwischen bisheriger und zukünftiger Nutzung abgestellt werden[42]. Die Abgeltung von Leistungen ohne entsprechenden Ertrag orientiert sich sinnvollerweise am tatsächlichen Aufwand an Arbeit und Maschinen mit allfälligen Zuschlägen für einen bestimmten Erfolg (vgl. dazu Rz 20 hievor). Die meisten Kantone richten die Abgeltungen in Form von jährlichen Zahlungen aus.

24
Einschränkung der Nutzung, Leistung ohne Ertrag
Restriction de l'utilisation, prestation sans revenu

In den letzten Jahren sind in den meisten Kantonen[43] Abgeltungssätze festgelegt worden, die sich jedoch zum Teil stark voneinander unterscheiden[44]. Die Unterschiede betragen für gleiche Naturschutzleistungen bis zu 300 Prozent, was durch die tatsächlichen Unterschiede des Landes, auf dem die Leistungen erbracht werden, nicht gerechtfertigt ist. Zur Berechnung der angemessenen Abgeltung gemäss Art. 18c NHG hat die Landwirtschaftliche Beratungszentrale Lindau eingehende und vom BUWAL anerkannte Grundlagen erarbeitet[45]. Es bleibt zu hoffen, dass die Kantone ihre Abgeltungssätze entsprechend harmonisieren.

25
Abgeltungssätze
Taux d'indemnisation

Kann mit der Grundeigentümerin keine Vereinbarung abgeschlossen werden, beispielsweise weil ihr die angebotenen Abgeltungen zu tief sind, kann gemäss Art. 18c Abs. 1 NHG die bisherige Nutzung mittels Anordnung eingeschränkt werden (vgl. dazu Rz 18 hievor). In diesem Fall geht es bei der Bestimmung der angemessenen Abgeltung darum, die richtige Entschädigungssumme zu finden. Diese ist in Anlehnung an das Enteignungsrecht nach Wahl der Grund-

26
Entschädigung bei angeordneter Einschränkung
Dédommagement pour les restrictions ordonnées

---

[42] Vgl. PFEIFFER/STRAUB, 17–43. Der Deckungsbeitragsvergleich entspricht dem Einkommensausfall.
[43] 1995 fehlten noch die Kantone BS, GE, JU und UR.
[44] Vgl. dazu ZÜRCHER Daniel/BIRRER Koni, Beitragsansätze der Kantone für die Abgeltung von Naturschutzleistungen der Landwirtschaft (nach Art. 18 NHG), Hrsg. Landwirtschaftliche Beratungszentrale Lindau, Lindau 1995.
[45] PFEIFFER/STRAUB. Die jährlich erfolgenden Aktualisierungen sind im Abonnement erhältlich.

eigentümerin nach der objektiven oder subjektiven Methode zu berechnen[46]. Diese Entschädigung ist der Grundeigentümerin in der Form einer einmaligen Zahlung zu entrichten. Abzulehnen sind hingegen zeitlich unbeschränkte, jährliche Zahlungen.

Deren Sinn wäre ohnehin nur dann verständlich, wenn damit die in ihrer Nutzung eingeschränkte Grundeigentümerin besser gestellt werden sollte als bei der einmaligen Zahlung. Das allerdings wäre gegenüber allen «normal» Enteigneten – die mit einer einmaligen Zahlung abgefertigt werden – ungerecht.

C. Verhältnis der Abgeltungen nach NHG und LwG

27
Vermeidung doppelter Abgeltungen
Eviter les doubles indemnités

Die abgeltungswürdigen Flächen nach Art. 18c NHG und Art. 31b Abs. 2 LwG (ökologischer Ausgleich, Art. 6–19 OeBV) überschneiden sich zum Teil (dazu MAURER, 4. Kap., Rz 24). Um die Möglichkeit einer doppelten Abgeltung «für die gleiche Leistung auf derselben landwirtschaftlichen Nutzfläche[47]» unter den Titeln des LwG und NHG zu vermeiden, werden die Bundesbeiträge nach den Art. 18a–18d NHG um allfällige Beiträge nach der OeBV reduziert (Art. 19 NHV i.V. mit Art. 7 Abs. 2 OeBV; vgl. auch Art. 31b Abs. 8 LwG).

Erhält z.B. eine Bewirtschafterin jährlich für eine Hektare extensiv genutzter Wiese in der Bergzone I gestützt auf Art. 18c NHG bereits 800 Franken (Fall A) resp. 500 Franken (Fall B) und hätte sie für die Wiese nach der OeBV 700 Franken zugute (Art. 13 Abs. 1), so kann sie nicht total 1500 Franken (A) resp. 1200 Franken (B) beziehen. Die Bewirtschafterin erhält insgesamt nur 800 Franken (A) resp. 700 Franken (B), nämlich 700 (A und B) aufgrund der OeBV und 100 (A) resp. 0 (B) aufgrund des NHG.

28
Ausnahmen
Exceptions

Von diesem Grundsatz der Vermeidung doppelter Abgeltungen für die gleiche Fläche nicht betroffen sind NHG-Beiträge für zusätzliche Leistungen oder Nutzungsverzichte, welche weiter als die Erfüllung der spezifischen Anforderungen der OeBV gehen[48]. Man spricht in diesem Fall vom sogenannten Sokkel-Bonus-System: Nach OeBV wird ein Sockelbeitrag für ökologische Ausgleichsflächen bezahlt, nach NHG ein Bonusbeitrag für spezifische räumliche oder qualitative Auflagen. Bezieht eine Bewirtschafterin bereits Sockelbeiträge gemäss OeBV, kann sie sich mit einer entsprechenden Vereinbarung nach Art. 18c NHG also zusätzlich noch Bonusbeiträge sichern.

---

[46] Vgl. dazu HÄFELIN/MÜLLER, Rz 1638 f. Nach der objektiven Methode entspricht die Entschädigung der Verkehrswertminderung. Nach der subjektiven Methode bemisst sich die Entschädigung nach dem Schaden, der dem Grundeigentümer entsteht, wenn die gegenwärtige oder von ihm geplante Nutzung verunmöglicht oder beschränkt wird.

[47] So die Formulierung von Art. 7 Abs. 2 OeBV. Leistung ist hier dem Sinn nach weit zu verstehen und umfasst auch den Nutzungsverzicht.

[48] Vgl. PFEIFFER/STRAUB, 69.

Das Agrarrecht stellt bislang nur einen generellen Anreiz für ökologische Ausgleichsflächen dar, weil es kaum zielgerichtet wirkt und innerhalb der verschiedenen Typen ökologischer Ausgleichsflächen keine qualitativen Unterscheidungen vornimmt[49]. Mit dem NHG hingegen können zielgerichtet die lohnendsten ökologischen Ausgleichsflächen und Biotope unterstützt werden. Mit dem NHG kann also ergänzend zum LwG auf lokaler und regionaler Stufe eine Feinabstimmung vorgenommen werden[50].

29
Wirkung
Effet

IV. Behördlich angeordnete Nutzung durch Dritte (Abs. 3)

Viele wertvolle Lebensräume sind aufgrund besonderer Art der Bewirtschaftung eines Grundstückes entstanden und auf deren Fortführung angewiesen. Art. 18c Abs. 3 NHG gestattet den Behörden, die Nutzung durch Dritte anzuordnen, wenn die Grundeigentümerin die für das «Erreichen des Schutzzieles notwendige Nutzung» unterlässt. Die Anordnung ist also nur zulässig, wenn ein Biotop oder eine ökologische Ausgleichsfläche konkret geschützt sind, weil erst dann auch ein Schutzziel existiert. Die Anordnung stellt eine Verfügung im Sinne von Art. 5 Abs. 1 VwVG dar und kann durch die Grundeigentümerin angefochten werden.

30

V. Enteignungsrecht des Kantons (Abs. 4)[51]

A. Schutzziele

Art. 18c Abs. 4 NHG verschafft das Enteignungsrecht «zur Erreichung des Schutzzieles». Die Bestimmung ist zusammen mit den Art. 18a–18d NHG in das Gesetz aufgenommen worden. Die von Art. 18c Abs. 4 NHG erfassten Schutzziele sind demnach vorab in den Inventaren der Biotope von nationaler, regionaler und lokaler Bedeutung (Art. 18a und 18b NHG), in den darauf abgestützten kantonalen Vollzugsanordnungen oder Vollzugsvorschriften (Art. 18a Abs. 2 NHG) sowie in den von Kantonen oder Gemeinden in Anwendung von

31
Art. 18a und 18b NHG
Art. 18a et 18b LPN

---

[49] Das neue Landwirtschaftsgesetz ändert an diesem System nichts Grundsätzliches (vgl. dazu 3. Abschnitt: Öko-Massnahmen, Art. 72 ff. Entwurf neues LwG, in: Botschaft des BR zur Reform der Agrarpolitik: Zweite Etappe [Agrarpolitik 2002], BBl IV 1996 1 ff.).
[50] BÖTSCH Manfred, Finanzielle Anreize zum Schutz von Natur und Landschaft, in: Information der Dokumentationsstelle Raumplanungs- und Umweltrecht, Hrsg. VLP, April 1994, 5.
[51] Autor dieses Abschnittes: FAHRLÄNDER.

Art. 18b Abs. 1 NHG getroffenen Schutzvorkehren festgelegt. Zudem gehört auch der ökologische Ausgleich im Sinne von Art.18b Abs. 2 NHG zu den Schutzzielen nach Art. 18c Abs. 4 NHG.

32
Art. 23c Abs. 1 NHG
Art. 23c al. 1 LPN

Schutzziele im Sinne von Art. 18c Abs. 4 NHG sind – aufgrund des ausdrücklichen Verweises in Art. 23c Abs. 2 NHG (vgl. dazu KELLER, Art. 23c, Rz 11 f.) – auch die allgemeinen und konkreten, objektbezogenen Schutzziele für Moorlandschaften von besonderer Schönheit und von nationaler Bedeutung gemäss Art. 23c Abs. 1 NHG (vgl. dazu KELLER, Art. 23c, Rz 4 ff.). Moore von besonderer Schönheit und nationaler Bedeutung sind Biotope und unterstehen nach Massgabe von Art. 23a NHG den Vorschriften von Art. 18c NHG ohnehin (KELLER, Art. 23a, Rz 1 f.).

33
Art. 18 Abs. 1ter NHG
Art. 18 al. 1 LPN

Es bleibt die Frage, ob auch (Ersatz-)Massnahmen nach Art. 18 Abs. 1ter NHG zu den Schutzzielen gemäss Art. 18c Abs. 4 NHG zu zählen sind. Dabei belegt die Entstehungsgeschichte, dass die Bestimmung zwar für Biotope von nationaler, regionaler und lokaler Bedeutung in das Gesetz aufgenommen wurde. Der Wortlaut von Art. 18c Abs. 4 NHG macht die Erteilung des Enteignungsrechts indessen nicht von der (vorgängigen) Aufnahme des Gebiets in ein Inventar oder von einer anderen Schutzanordnung im Sinne von Art. 18a Abs. 1 oder Art. 18b Abs. 1 NHG abhängig. Zudem entspricht der Schutz von Art. 18 NHG inhaltlich weitgehend den Schutzzielen im Sinne von Art. 18a Abs. 1 und Art. 18b Abs. 1 NHG. (Ersatz-)Massnahmen gemäss Art. 18 Abs. 1ter NHG verfolgen gleichartige Zielsetzungen wie die Massnahmen nach Art. 18a Abs. 2 und Art. 18b Abs. 2 NHG. Auch die Durchsetzung und Umsetzung der Massnahmen nach Art. 18 NHG gehört deshalb zu den wohlverstandenen Schutzzielen im Sinne von Art. 18c Abs. 4 NHG, für die ein Enteignungsrecht besteht[52].

B. Subsidiarität

34 Das Enteignungsrecht steht nur und erst zur Verfügung, wenn das Schutzziel nicht durch Vereinbarungen mit den Grundeigentümern und Bewirtschaftern sowie durch angepasste land- und forstwirtschaftliche Nutzung (Art. 18c Abs. 1 NHG) oder auf andere Weise erreicht werden kann. Dies ergibt sich aus dem Aufbau von Art. 18c NHG, welcher die anderen Massnahmen (Vereinbarungen, angepasste land- und forstwirtschaftliche Nutzung) voranstellt sowie aus dem allgemeinen, auch in Art. 18c Abs. 4 NHG verankerten, enteignungsrechtlichen Grundsatz, wonach das Enteignungsrecht nur geltend gemacht werden

---

[52] FAHRLÄNDER, 28 f.

kann, «wenn und soweit es zur Erreichung des Zweckes notwendig ist»[53]. Damit ist auch der Grundsatz der Verhältnismässigkeit angesprochen[54]. Dieser Verfassungsgrundsatz knüpft an das für Enteignungen erforderliche öffentliche Interesse an[55]. Er dient als Massstab für die bei Enteignungen stets vorzunehmende Abwägung zwischen Interessen der Allgemeinheit und des betroffenen Grundeigentümers. Könnte das Schutzziel auch ohne Enteignung erreicht werden? Welche Auswirkungen zeitigt die Enteignung für die Betroffenen?

35 Interessenabwägung
Pondération des intérêts

C. Landerwerb

Nach dem Wortlaut von Art. 18c Abs. 4 NHG scheint das Enteignungsrecht auf den Landerwerb beschränkt zu sein. Gegenstand des Enteignungsrechts können aber auch «dingliche Rechte an Grundstücken sowie die aus dem Grundeigentum hervorgehenden Nachbarrechte, ferner die persönlichen Rechte von Mietern und Pächtern des von der Enteignung betroffenen Grundstücks sein»[56]. Solche Eingriffe beeinträchtigen in der Regel das Eigentum des Betroffenen weniger als ein Landerwerb und damit der vollständige Entzug des Grundeigentums. Anders verhält es sich nur, wenn die teilweise oder beschränkte Inanspruchnahme eines Grundstücks derart schwerwiegende Auswirkungen zeitigt, dass die bestimmungsgemässe Verwendung der verbleibenden Teile oder Rechte verunmöglicht oder unverhältnismässig erschwert wird und damit zum vollständigen Erwerb (sog. Ausdehnung der Enteignung) führt[57]. Auch wenn Art. 18c Abs. 4 EntG ausdrücklich vom Landerwerb spricht, wäre es deshalb mit den Grundsätzen der Subsidiarität und der Verhältnismässigkeit (Rz 35 hievor) nicht zu vereinbaren, den Landerwerb anzuordnen, wenn auch ein weniger einschränkender Eingriff in die Eigentümerbefugnisse zur Erreichung des Schutzzieles ausreichen würde. Das in Art. 18c Abs. 4 NHG verankerte Enteignungsrecht lässt deshalb auch die zwangsweise Errichtung von Dienstbarkeiten oder den anderweitigen Entzug einzelner dinglicher oder obligatorischer Rechte zu, obwohl der Wortlaut der Bestimmung das Enteignungsrecht auf den Landerwerb zu beschränken scheint[58].

36 Beschränkte Rechte
Droits limités

---

[53] Vgl. Art. 1 Abs. 2 EntG.
[54] Vgl. in diesem Zusammenhang: HESS/WEIBEL, Band I, Rz 17 ff. zu Art. 1 EntG, mit zahlreichen Hinweisen.
[55] Vgl. dazu FAHRLÄNDER, 43 ff.
[56] Art. 5 Abs. 1 EntG.
[57] Vgl. Art. 12 f. EntG sowie HESS/WEIBEL, Band I, Rz 2 ff. zu Art. 12 ff. EntG.
[58] Amtl. Bull. S 1987 240 ff. (Voten ARNOLD, Berichterstatter SCHOCH, JAGMETTI, HEFTI).

D. Anwendbares Recht

37 Nach Art. 18c Abs. 4 NHG können die Kantone in ihren Ausführungsvorschriften zum NHG das «Enteignungsgesetz» und damit Bundesrecht als anwendbar erklären. Soweit dies nicht geschehen ist, richtet sich das Verfahren nach dem jeweiligen kantonalen Enteignungsrecht[59]. Kantonsübergreifende Schutzobjekte unterstehen aber zwingend dem Bundesgesetz.

E. Enteignungstitel

38 Art. 18c Abs. 4 NHG verschafft den Kantonen zwar in genereller Weise ein (bundesrechtliches) Enteignungsrecht, aber (noch) keinen Enteignungstitel, mit dem ein zwangsweiser Landerwerb im Einzelfall auch tatsächlich durchsetzbar wäre. Diesen hat sich das für den Vollzug zuständige Gemeinwesen durch einen Beschluss der Kantonsregierungen[60] – bei kantonsübergreifenden Vorhaben durch einen übereinstimmenden Beschluss der beteiligten Kantonsregierungen – vorerst zu beschaffen (sog. Phase administrative). Dies geschieht etwa durch den Erlass eines Schutzzonenplanes im Sinne von Art. 17 RPG oder durch den Erlass anderer Schutz- oder Nutzungsvorschriften, welche die für den Landerwerb im Sinne von Art. 18c Abs. 4 NHG vorgesehenen Grundstücke oder dinglichen Rechte bezeichnen und die für den Vollzug der Schutzvorkehren zuständigen Behörden nötigenfalls zur Enteignung ermächtigen.

Nur und erst wenn ein rechtskräftiger Enteignungstitel vorliegt, kann der betroffene Grundeigentümer gegen volle Entschädigung (vgl. dazu FAHRLÄNDER, Art. 15, Rz 20) nach den dafür massgebenden Vorschriften des anwendbaren Enteignungsverfahrens (vgl. dazu FAHRLÄNDER, Art. 15, Rz 21 f.) enteignet werden.

---

[59] Amt. Bull. S 1986 359 (Voten Bundesrat EGLI, JAGMETTI), 1987 241 f. (Votum Berichterstatter SCHOCH).
[60] Vgl. allerdings die heute gefestigte Rechtsprechung zu Art. 6 EMRK, wonach der Enteignungstitel – entgegen dem Wortlaut von Art. 18c Abs. 4 NHG – letztinstanzlich durch ein unabhängiges Gericht und damit beim Vollzug von Bundesrecht durch das Bundesgericht (Verwaltungsgerichtsbeschwerde) zu erteilen ist, vgl. etwa BGE 122 I 294, mit weiteren Hinweisen.

Art. 18d Finanzierung

¹ Der Bund finanziert die Bezeichnung der Biotope von nationaler Bedeutung und beteiligt sich mit einer Abgeltung von 60-90 Prozent an den Kosten der Schutz- und Unterhaltsmassnahmen. In Ausnahmefällen kann er die gesamten Kosten übernehmen.

² Die Kosten für Schutz und Unterhalt der Biotope von regionaler und lokaler Bedeutung sowie für den ökologischen Ausgleich tragen die Kantone. Der Bund beteiligt sich daran mit Abgeltungen bis 50 Prozent.

³ Bei der Festlegung der Abgeltungen nach den Absätzen 1 und 2 berücksichtigt der Bund die Finanzkraft der Kantone sowie ihre Gesamtbelastung durch den Moorlandschafts- und den Biotopschutz.

Art. 18d Financement

¹ La Confédération finance l'inventaire des biotopes d'importance nationale et participe au financement des mesures de protection et d'entretien par une indemnité couvrant de 60 à 90 pour cent des frais. Elle peut, exceptionnellement, prendre à sa charge la totalité des frais.

² Les cantons supportent les coûts de la protection et de l'entretien des biotopes d'importance régionale et locale et ceux des mesures de compensation écologique. La Confédération participe à leur couverture sous la forme d'indemnités allant jusqu'à 50 pour cent des frais.

³ Pour le calcul des indemnités visées aux 1er et 2e alinéas, la Confédération tient compte de la capacité financière des cantons et de la charge globale que leur occasionne la protection des sites marécageux et des biotopes.

Inhaltsverzeichnis Rz

I. Allgemeines 1
    A. Funktion 1
    B. Hinweise zur Entstehungsgeschichte 2
II. Übersicht über Kriterien für die Berechnung des Abgeltungssatzes 3
III. Unterstützung für Biotope von nationaler Bedeutung (Abs. 1) 4
IV. Unterstützung für Biotope von regionaler und lokaler Bedeutung sowie für den ökologischen Ausgleich (Abs. 2) 7
V. Abstufung der Bundesbeiträge (Abs. 3) 9
VI. Lineare 10-Prozent-Kürzung 10

Table des matières

	N°
I. Généralités	1
A. La fonction	1
B. Remarques sur l'origine de la disposition	2
II. L'aperçu des critères pour le calcul du taux d'indemnisation	3
III. Le soutien accordé aux biotopes d'importance nationale (al. 1)	4
IV. Le soutien accordé aux biotopes d'importance régionale et locale ainsi qu'à la compensation écologique (al. 2)	7
V. Le degré des subventions fédérales (al. 3)	9
VI. La réduction linéaire de 10 pour cent	10

I. Allgemeines

A. Funktion

1 Art. 18d NHG regelt die Finanzierung des Biotopschutzes und des ökologischen Ausgleiches durch den Bund und die Kantone. Die Bestimmung gibt insbesondere darüber Auskunft, wer die Kosten trägt und in welchem Umfang die Kantone für jene Kosten, die sie zu tragen haben, gegenüber dem Bund abgeltungsberechtigt sind.

Art. 18d NHG entfaltet seine Wirkung ausschliesslich im Verkehr zwischen den kantonalen Behörden und der Subventionsbehörde des Bundes, d.h. des BUWAL (Art. 9 Abs. 1 NHV). So haben denn auch die Verfügungen des BUWAL über die den Kantonen zustehenden Abgeltungen nur die Kantone als Verfügungsadressaten (und nicht etwa Private). Jeweils Ende Jahr reichen die Kantone dem BUWAL ein Sammelgesuch ein. In einem solchen Gesuch sind u.a. die Objekte nach ihrer Bedeutung, die Aufwendungen für deren Schutz sowie die Vereinbarungen des Kantons (oder einer Gemeinde dieses Kantons) gemäss Art. 18c NHG mit Privaten aufgelistet. Anhand dieser Grundlagen ermittelt das BUWAL, wieviel der Kanton zugute hat. Die Zusprechung der Abgeltung erfolgt in der Form einer (einzigen) Verfügung über die totale Summe.

Abgeltungen für Leistungen oder Nutzungsverzichte der Privaten (Grundeigentümer oder Bewirtschafter) zugunsten der Natur bzw. die den Abgeltungen zugrundeliegenden Verträge haben ihre rechtliche Grundlage also nicht in Art. 18d NHG, sondern vollumfänglich in Art. 18c NHG.

Ausführungsbestimmungen zu Art. 18d NHG finden sich in den Art. 4, 5 Abs. 5, Art. 6–10 und 17–19 NHV (siehe im übrigen zum Subventionsrecht des NHG: JENNI, Art. 13, 14, 16a und 17).

B. Hinweise zur Entstehungsgeschichte

Art. 18d wurde 1988 ins NHG aufgenommen[1]. Die Bestimmung wurde in der parlamentarischen Beratung mit einigen inhaltlichen Abweichungen[2] zum bundesrätlichen Entwurf[3] versehen, von denen folgende erwähnenswert sind: 2

- Die im Entwurf vorgesehene Überwälzung der Kosten für Schutzmassnahmen für Biotope von nationaler Bedeutung von bis zu 80 Prozent auf die Kantone wurde auf 40 Prozent reduziert.
- Die im Entwurf für die Festlegung der Bundesbeiträge in Abs. 1 vorgesehene Berücksichtigung *der Gesamtbelastung der Kantone durch den Biotopschutz* wurde in einen separaten Absatz (Abs. 3) überführt. Die Gesamtbelastung ist dadurch bei allen Beiträgen (Abs. 1 und 2) zu berücksichtigen. Im Entwurf war dies nur für Beiträge gemäss Abs. 1, d.h. für Biotope von nationaler Bedeutung, vorgesehen.
- Gegenüber dem Entwurf wurden in Abs. 2 die möglichen Beiträge des Bundes für Biotope von regionaler und lokaler Bedeutung sowie für den ökologischen Ausgleich von maximal 35 Prozent auf bis zu 50 Prozent erhöht.

Art. 18d NHG wurde seit seinem Inkrafttreten bereits einmal revidiert[4]. Die Revision führte zu drei kleinen Änderungen: erstens zur Regelung, dass die Kosten für Schutz- und Unterhaltsmassnahmen für Biotope gemäss Art. 18a NHG von den Kantonen zu tragen sind und anschliessend im zulässigen Umfang auf den Bund abgewälzt werden dürfen (Umkehrung der vormaligen Regelung). Zweitens wurde der Begriff «Beiträge» durch «Abgeltungen» ersetzt, um die Zahlungen des Bundes von der Finanzhilfe abzugrenzen[5]. Drittens muss bei der Festlegung der Beiträge durch das BUWAL neu die Gesamtbelastung der Kantone durch den *Moorlandschafts-* und Biotopschutz berücksichtigt werden (alte Regelung: nur Biotopschutz).

---

[1] Vgl. zur allgemeinen Entstehungsgeschichte von Art. 18d NHG: MAURER, Vorbemerkungen zu den Art. 18-23, Rz 4.
[2] Vgl. dazu Amtl.Bull. S 1986 359, N 1987 154.
[3] Botschaft Rothenthurm, BBl 1985 II 1473.
[4] Botschaft Teilrevision NHG, BBl 1991 III 1143; Amtl.Bull. S 1992 616, N 1993 2099.
[5] Vgl. zur Unterscheidung Finanzhilfe – Abgeltung: Art. 3 SuG. Die Unterscheidung ist namentlich deshalb von Bedeutung, weil auf die Gewährung von Abgeltungen ein Rechtsanspruch besteht, der bei den Finanzhilfen entfällt (sinngemäss Art. 13 SuG).

II. Übersicht über Kriterien für die Berechnung des Abgeltungssatzes

3 Die Kantone haben gemäss Art. 18d Abs. 1 und 2 NHG einen Rechtsanspruch auf Abgeltungen. Für die Berechnung des Abgeltungssatzes des Bundes sind drei Kriterien massgeblich:

- die Bedeutung des Objektes (national, regional, lokal; vgl. Rz 4 ff. und 7 f. hienach)
- die Finanzkraft des Kantons (finanzstark, mittelstark, finanzschwach; vgl. Rz 9 hienach)
- die Gesamtbelastung des Kantons durch den Biotop- und Moorlandschaftsschutz (normale, starke, sehr starke Belastung; vgl. Rz 9 hienach)

III. Unterstützung für Biotope von nationaler Bedeutung (Abs. 1)

4 Art. 18d Abs. 1 NHG regelt die Finanzierung des Schutzes der Biotope von
Grundsätze nationaler Bedeutung[6].
Principes

Dabei trägt der Bund sämtliche Kosten der Bezeichnung dieser Biotope. Aus dem französischen Gesetzestext geht hervor, dass mit «Bezeichnung» die «Inventarisierung» gemeint ist. Allerdings wird auch daraus nicht restlos klar, welche Kosten vollständig vom Bund übernommen werden. Finanzrechtlich sinnvoll ist, wenn der Bund die gesamten Kosten für die in seiner Kompetenz stehenden Aufgaben trägt. Es handelt sich dabei um die Bezeichnung der Biotope, die Bestimmung ihrer Lage und die Festlegung der Schutzziele (vgl. Art. 18a NHG sowie Art. 1, 2 und 4 HMV, FMV, AuenV).

Lediglich 60–90 Prozent der bei den Kantonen anfallenden Kosten übernimmt der Bund für «Schutz- und Unterhaltsmassnahmen». In Fortführung des vorstehenden Gedankens fallen darunter alle Schutzaufgaben, welche den Kantonen obliegen. Neben den eigentlichen Schutz- und Unterhaltsmassnahmen (Art. 5 HMV, FMV, AuenV) gehören dazu auch die Festlegung des genauen Grenzverlaufes, die Ausscheidung ökologisch ausreichender Pufferzonen sowie deren angepasste Bewirtschaftung, der vorsorgliche Schutz und die Behebung von Schäden (Art. 3, 7, 8 HMV, FMV, AuenV). Soweit für die Erfüllung dieser

---

[6] Solange diese nicht feststeht und solange die einzelnen Inventare nicht abgeschlossen sind, gilt die Übergangsbestimmung von Art. 29 Abs. 1 Bst. b NHV (BUWAL bestimmt die Bedeutung des Biotops im Einzelfall aufgrund der vorhandenen Erkenntnisse und Unterlagen bei Beitragsgesuchen).

Aufgaben wissenschaftliche Grundlagen erarbeitet werden müssen, sind auch die hierbei anfallenden Kosten abgeltungsberechtigt.

Der durch den Bund für Schutz- und Unterhaltsmassnahmen gewährte Finanzierungsanteil wird in Art. 17 NHV näher umschrieben. Die Festsetzung erfolgt in Anwendung von Art. 18d Abs. 3 NHG (vgl. Rz 9 hienach).

In Ausnahmefällen kann der Bund auch in diesen Fällen sämtliche Kosten übernehmen (Art. 18d Abs. 1 zweiter Satz NHG; Art. 17 Abs. 2 dritter Satz NHV). Ein solcher Ausnahmefall liegt etwa dann vor, wenn ein besonders finanzschwacher Kanton im Vergleich zu anderen Kantonen besonders stark durch den Moorlandschafts- und den Biotopschutz belastet ist. Der Entscheid, ob die Voraussetzungen für einen Ausnahmefall vorliegen, liegt im Ermessen der Subventionsbehörde.

5
Ausnahmen
Exceptions

Zwecks gemeinsamer Planung von Schutz und Unterhalt der Biotope von nationaler Bedeutung haben die Kantone das BUWAL vorgängig der eigentlichen Gesuchseinreichung und Durchführung der Massnahmen anzuhören (Art. 17 Abs. 1 NHV). Für weitere Modalitäten der Abgeltung verweist Art. 17 Abs. 3 NHV auf die Subventionsbestimmungen von Art. 4, 5 Abs. 5 und Art. 6–10 NHV.

6
Verordnungsrecht
Ordonnances

IV. Unterstützung für Biotope von regionaler und lokaler Bedeutung sowie für den ökologischen Ausgleich (Abs. 2)

Abs. 2 von Art. 18d NHG schreibt vor, dass die Kantone die Kosten für den «Schutz und Unterhalt» der Biotope von regionaler und lokaler Bedeutung sowie für den ökologischen Ausgleich tragen. An den anfallenden Kosten beteiligt sich der Bund mit Abgeltungen bis maximal 50 Prozent.

7

Die unter «Schutz und Unterhalt» subsumierbaren und somit teilweise abgeltungsberechtigten Kosten sind solche, die den Kantonen entstanden sind, weil sie eine Aufgabe nach Art. 18b NHG resp. Art. 14 und 15 NHV erfüllt haben. Nicht abgeltungsberechtigt sind etwa Kosten für den Denkmalschutz.

Der durch den Bund gewährte Finanzierungsanteil für Massnahmen nach Art. 18b NHG wird in Art. 18 NHV näher umschrieben. Die Festsetzung erfolgt in Anwendung von Art. 18d Abs. 3 NHG (vgl. Rz 9 hienach). Für weitere Modalitäten der Abgeltung verweist Art. 18 Abs. 3 NHV auf die Subventionsbestimmungen von Art. 4, 5 Abs. 5 und Art. 6–10 NHV.

8
Verordnungsrecht
Ordonnances

V. Abstufung der Bundesbeiträge (Abs. 3)

9   Art. 18d Abs. 3 NHG führt aus, nach welchen Kriterien die Subventionsbehörde des Bundes bei der Festlegung der Abgeltungen nach Art. 18d Abs. 1 und 2 NHG vorzugehen hat. Zu berücksichtigen sind im konkreten Fall die *Finanzkraft* eines Kantons sowie eine allfällige *starke Gesamtbelastung durch den Moorlandschafts- und den Biotopschutz*. Die beiden Kriterien verlangen sinngemäss eine Festlegung in zwei Schritten:

Im ersten Schritt wird anhand der unterschiedlichen Finanzkraft der Kantone eine Abstufung der Grundansätze vorgenommen. Die Grundansätze sind innerhalb der von der NHV vorgegebenen Spannweiten (Art. 17 Abs. 2 und Art. 18 Abs. 1) festzulegen. Diese betragen bei Objekten von nationaler Bedeutung 60–75 Prozent, bei Objekten von regionaler Bedeutung 30–40 Prozent und bei solchen von lokaler Bedeutung 20-25 Prozent[7].

Die Kantone sind bezüglich ihrer Finanzkraft in drei Kategorien eingeteilt: in die finanzstarken, die mittelstarken und die finanzschwachen Kantone. Die finanzstarken Kantone erhalten das Subventions-Minimum, die finanzschwachen das Maximum. Der Subventionssatz der mittelstarken Kantone variiert zwischen Minimum und Maximum. Die Finanzkraft wird für alle Bundessubventionen einheitlich alle zwei Jahre neu festgelegt.

Im zweiten Schritt werden die Gesamtbelastungen der einzelnen Kantone erhoben und auf dieser Basis die Grundansätze allenfalls erhöht. Die Erhöhung beträgt maximal 15 Prozent (Biotope von nationaler Bedeutung; Art. 17 Abs. 2 zweiter Satz NHV) resp. 10 Prozent (Objekte von regionaler und lokaler Bedeutung; Art. 18 Abs. 2 NHV) der Kosten für die jeweilige Aufgabe. Die konkreten Abgeltungssätze werden durch das BUWAL festgelegt[8].

Auch bei der Gesamtbelastung gibt es drei Kategorien: normale, starke und sehr starke Belastung. Die Kantone mit normaler (durchschnittlicher) Belastung sind von einer Erhöhung ausgeschlossen und erhalten die Grundansätze.

---

[7]   Abgeltungen für den ökologischen Ausgleich richten sich je nach der Bedeutung der Ausgleichsfläche nach dem Abgeltungssatz für Objekte von regionaler Bedeutung oder lokaler Bedeutung.

[8]   Vgl. dazu das BUWAL-Dokument «Beitragssätze für die Jahre 1996/97» vom 9. Februar 1996. Diese und künftige Festlegungen sind beim BUWAL erhältlich.

VI. Lineare 10-Prozent-Kürzung

Aufgrund des BB vom 9. Oktober 1992 über die lineare Beitragskürzung in den Jahren 1993–1997[9] werden (vorläufig) bis Ende 1997 die gemäss Rz 9 hievor errechneten Abgeltungen linear um 10 Prozent gekürzt.   10

Beläuft sich z.B. der Beitragsumfang des Bundes nach dem in Rz 9 hievor beschriebenen Berechnungsverfahren auf 46 Prozent der Kosten, so werden diese um 4.6 Prozent gekürzt. Der effektiv ausgerichtete Beitrag beträgt somit 41.4 Prozent der Kosten.

---

[9] SR 616.62.

Art. 19   Récolte de plantes sauvages et capture d'animaux;
         autorisation obligatoire

Une autorisation de l'autorité cantonale compétente est nécessaire pour récolter des plantes sauvages et capturer des animaux vivant en liberté à des fins lucratives. L'autorité peut la limiter à certaines espèces, contrées, saisons et quantités, ou d'une autre manière, et interdire la récolte ou la culture organisées ainsi que la publicité à cet effet. La présente disposition ne concerne pas les produits ordinaires de l'agriculture et de la sylviculture, ni la cueillette de champignons, de baies et de plantes utilisées en herboristerie, effectuée dans une mesure conforme à l'usage local, sauf s'il s'agit de plantes protégées.

Art. 19   Sammeln wildwachsender Pflanzen und Fangen von Tieren;
         Bewilligungspflicht

Das Sammeln wildwachsender Pflanzen und das Fangen freilebender Tiere zu Erwerbszwecken bedürfen der Bewilligung der zuständigen kantonalen Behörde. Diese kann die Bewilligung auf bestimmte Arten, Gegenden, Jahreszeiten, Mengen oder in anderer Richtung beschränken und das organisierte Sammeln oder Fangen sowie die Werbung dafür verbieten. Die ordentliche land- und forstwirtschaftliche Nutzung sowie das Sammeln von Pilzen, Beeren, Tee- und Heilkräutern im ortsüblichen Umfange sind ausgenommen, soweit es sich nicht um geschützte Arten handelt.

Table des matières	N°
I. Généralités	1
II. Champ d'application	3
III. Les opérations soumises à autorisation	6
IV. Les exceptions	7
V. L'exécution par les cantons	11

Inhaltsverzeichnis	Rz
I. Allgemeines	1
II. Anwendungsbereich	3
III. Bewilligungspflichtige Tätigkeiten	6
IV. Ausnahmen	7
V. Vollzug durch die Kantone	11

I. Généralités

Complétant les dispositions en matière de protection des biotopes (art. 18 ss, 21 et 23a LPN), l'art. 19 LPN, ainsi que les art. 20 et 23 LPN, s'inscrivent dans le cadre de la *protection des espèces* (Artenschutz) fondée sur l'art. 24^{sexies} al. 4 Cst. Ils ont pour but d'assurer la conservation des espèces par des *interdictions* ou des *injonctions*.

1
Fondement constitutionnel
Verfassungsgrundlage

L'art. 19 LPN contraint les cantons à prévoir un régime d'autorisation pour la *récolte de plantes sauvages* et la *capture d'animaux vivant en liberté* lorsque les opérations sont entreprises *à des fins lucratives*. Le but de cette autorisation est d'éviter un appauvrissement de la faune et de la flore par une exploitation intensive (intensive Nutzung). L'objectif n'est pas uniquement *quantitatif*, mais également *qualitatif*, en vue de maintenir une certaine diversité biologique. L'art. 19 LPN est typiquement une disposition de nature préventive relevant du droit de police[1]. Il a un caractère général et vise *l'ensemble des plantes sauvages et animaux vivant en liberté*[2], sous réserve des mesures plus restrictives posées à l'art. 20 LPN ou relevant d'autres législations relatives à la protection des espèces[3]. En outre, l'art. 19 LPN a pour objet la protection des espèces en tant que telles; peu importe donc que les plantes ou les animaux soient ou non situés dans un biotope au sens où l'entendent les art. 18 ss, 21 et 23a LPN.

2
But
Ziel

II. Champ d'application

Comme l'indique le titre du chapitre 3, dans lequel s'inscrit l'art. 19 LPN, la protection se limite à celle de la *flore* et de la *faune indigènes*[4]. L'autorisation fondée sur l'art. 19 LPN n'est donc requise que dans cette limite.

3
Flore et faune indigènes
Einheimische Flora und Fauna

Par *plantes ou animaux indigènes*, il faut entendre ceux qui vivent ou vivaient originairement sur le territoire suisse, y compris ceux qui y apparaîtraient naturellement; leur sont assimilés ceux qui seraient introduits sur la base d'une autorisation conforme à l'art. 23 LPN (Favre, art. 23, N° 4). La notion est cependant relativement floue, car, dans certains cas, le fait de savoir si une espèce est arrivée naturellement ou par la main de l'homme peut être difficile à déterminer; en outre, aucun critère ne peut être établi de manière catégorique

---

[1] Jost, 36.
[2] Imholz, Zuständigkeiten, 125, 129.
[3] Sont notamment réservés l'art. 699 CC et les législations sur les forêts, la chasse et la pêche.
[4] Message art. 24sexies Cst., FF 1961 I 1100; Message LPN, FF 1965 III 104.

pour toutes les espèces étrangères introduites de manière non conforme à l'art. 23 LPN, et qui s'adaptent plus ou moins bien à notre environnement[5]. Dans la législation sur la chasse figure une liste des espèces d'animaux *non indigènes* qu'il est interdit de lâcher dans la nature et pour lesquels les autorités cantonales sont habilitées à prendre des mesures en vue d'empêcher leur propagation et leur multiplication lorsqu'ils sont retournés à l'état sauvage (art. 8 OChP). Il n'est toutefois pas possible de se référer, même par analogie, à ce catalogue, car les animaux qui y sont énumérés ne sont pas dépourvus de toute protection durant les périodes de chasse (voir l'art. 5 LChP); on ne pourrait en tout cas pas en tirer un droit de capture échappant à l'assujettissement d'une autorisation fondée sur l'art. 19 LPN, lorsque les conditions requises par cette disposition sont réalisées.

4
Plantes
Pflanzen

La loi ne définit pas la notion de *plante*. Par analogie, on peut appliquer la définition donnée par la doctrine à l'art. 667 al. 2 CC, selon laquelle on désigne généralement sous ce vocable tous les végétaux qui poussent dans le sol, par l'effet de la nature ou d'une intervention humaine, y compris les semences[6]; les fruits sont par conséquent également compris dans cette notion. Il peut s'agir de plantes terrestres, comme aquatiques. L'art. 19 LPN est applicable uniquement aux plantes *sauvages*, ce par quoi on entend celles qui poussent naturellement, sans être cultivées[7]. De cette définition, on tire en premier lieu que toutes les plantes de culture, que celles-ci aient conservé leurs caractéristiques sauvages ou qu'elles aient subi des interventions artificielles telles que greffes, tailles, croisements, modifications génétiques, ne sont pas visées. Les hybridations naturelles ne font en revanche pas perdre aux végétaux croissant hors des terrains cultivés leur essence de plantes sauvages, pas plus que les opérations d'entretien normales, telles que le fauchage (Mähen) ou le faucardage (Mähen der Unterwasserkrautschicht)[8]. La qualité du lieu est indifférente; il peut aussi bien s'agir d'une bordure d'autoroute que d'une forêt ou d'un pâturage de

---

[5] Ni un critère biologique, qui opérerait une classification selon les espèces, sous-espèces ou races et leurs caractéristiques génétiques, ni un critère juridique, qui retiendrait l'évolution dans le milieu et le temps d'adaptation, ne sont déterminants.

[6] STEINAUER, 72. On notera que dans la répartition taxinomique dominante à l'heure actuelle, les champignons et les lichens (*fungi*), qui étaient autrefois comptés au nombre des plantes, forment désormais un règne indépendant à côté des plantes et des animaux et entrent dans la définition des «autres organismes» au sens de l'art. 24novies al. 3 Cst. (SALADIN/SCHWEIZER, N° 107). L'art.19 LPN ne fait toutefois pas la distinction entre les plantes, les animaux et les «autres organismes», et laisse clairement apparaître qu'il se réfère à la classification ancienne, incluant les champignons dans les plantes, tout en leur accordant un régime spécial, cela non en raison de leur nature, mais pour se conformer à l'art. 699 CC.

[7] Dictionnaire Le Grand Robert, éd. 1991.

[8] Action de couper les herbes des lacs et des rivières (Dictionnaire Le Grand Robert, éd. 1991).

montagne. Qu'en est-il cependant des plantes qui croissent sur une propriété privée (une prairie, une forêt, etc.)? Selon l'art. 667 al. 2 CC, les plantes sont réputées faire partie intégrante du sol sur lequel elles se développent, avec pour conséquence un libre pouvoir de disposition du propriétaire, conformément à l'art. 641 al. 1 CC. Les interdictions découlant de l'art. 19 LPN instituent toutefois des restrictions à la propriété privée, qui s'imposent à tout propriétaire, au même titre que celles découlant de l'art. 21 LPN, pour la protection de la végétation des rives[9].

La *récolte* des plantes sauvages n'implique pas uniquement le fait de couper des végétaux sur tiges ou des bois sur pied, voire de les enlever avec leurs racines[10], mais également l'action de prélever des graines ou des fruits (Samen oder Früchte). Toutes ces opérations peuvent mettre en danger la survie de l'espèce, lorsqu'elles sont entreprises de manière intensive, et tombent donc sous le coup de l'art. 19 LPN.

L'art. 19 LPN ne définit pas non plus ce qu'il convient d'entendre par *animal*. Compte tenu du caractère général de cette disposition, toutes les espèces indigènes sont concernées, qu'elles fassent partie des vertébrés (Wirbeltiere), comme des invertébrés (Wirbellose), sous réserve des animaux domestiques (Haus- und Nutztiere)[11]. Peu importe leur taille. Il peut aussi bien s'agir d'insectes, de mollusques, de poissons, d'oiseaux, de reptiles que des espèces plus proches de l'homme, comme les mammifères[12]. L'expression «vivant en liberté» utilisée à l'art. 19 LPN, est à rapprocher de celle d'animaux sans maître, au sens où l'entend l'art. 718 CC[13]; il faut entendre par là les *animaux sauvages n'ayant jamais eu de maître*. L'analogie ne vaut toutefois pas pour les catégories d'animaux sans maîtres visées par l'art. 719 al. 2 CC, à savoir les animaux apprivoisés qui sont retournés définitivement à l'état sauvage, tels les chiens errants; ces animaux ne tombent pas sous le coup de l'art. 19 LPN[14]. N'est pas

5
Animaux
Tiere

---

[9] JENNI, 7.
[10] Cette opération est clairement exclue par l'art. 699 CC, qui vise des buts semblables à l'art. 19 LPN (Bulletin Sténographique 1906 548).
[11] Message art. 24sexies Cst., FF 1961 I 1100 et 1109.
[12] L'art. 20 al. 2 lit. a OPN, selon lequel sont protégés non seulement les animaux, mais également leurs oeufs, larves, pupes, nids ou lieux d'incubation, est applicable par analogie.
[13] GFELLER, 57 s.
[14] Il est à noter que ces animaux peuvent non seulement être capturés mais doivent même être abattus en raison des risques de rage qu'ils peuvent présenter (art. 44.3 lit. e de l'ordonnance relative à la loi fédérale sur les mesures à prendre pour combattre les épizooties; RS 916.401). Une règle semblable est prévue pour les chats harets et les chats errants (art. 44.3 lit. d de l'ordonnance précitée).
Par animal errant, il faut entendre celui qui est effectivement laissé à lui-même et peut s'en aller à son gré, où bon lui semble, sans que son maître soit encore en mesure d'exercer son autorité sur lui (RJN 1985, 97).

non plus un animal sans maître celui qui est retenu dans un zoo, une cage ou un vivier[15]. En revanche, le fait que des animaux vivent à l'état sauvage sur un fond privé n'a pas pour conséquence d'en rendre maître le propriétaire du fonds[16]; de tels animaux tombent sous le coup de l'art. 19 LPN ainsi que des autres législations de droit public, telles celles sur la chasse et la pêche.

La *capture* d'un animal, au sens où l'entend la disposition précitée, ne se réduit pas à l'acte de tuer. L'appropriation d'animaux sauvages indigènes en vue de les détenir vivants pour en faire l'élevage, par exemple, tombe également sous le coup de l'art. 19 LPN[17]. Peu importe que les animaux proviennent du propre fonds du détenteur de l'élevage ou non (N° 6).

III. Les opérations soumises à autorisation

6
Activités lucratives
Zu Erwerbszwecken ausgeübte Tätigkeiten

Les conditions d'assujettissement à l'autorisation prévue par l'art. 19 LPN sont cependant doublement limitées: d'une part, ne sont visées que les opérations effectuées à des fins lucratives, d'autre part, un certain nombre de produits ou de plantes échappent à l'exigence d'une autorisation.

Les opérations visées à l'art. 19 LPN ne sont soumises à autorisation que lorsqu'elles sont entreprises à titre *lucratif*. L'assujettissement à autorisation est général[18], il vise toute activité ayant un caractère lucratif, quelle que soit son importance. Cela tombe en outre sous le sens, les termes «récolte» et «capture» effectuées à titre lucratif ne peuvent concerner que les activités humaines et non, par exemple, le fait de faire paître ses troupeaux dans une prairie.

Les activités lucratives sont celles qui, de par la loi, pourraient menacer les espèces dans leur existence, lorsqu'elles sont effectuées dans des proportions intensives[19]. L'élevage en est l'une des formes, à tout le moins lorsqu'il est entrepris à des fins commerciales, raison pour laquelle il peut nécessiter une autorisation.

[15] ATF 90 II 417 s. = JdT 1965 I 226 s.; IMHOLZ, Zuständigkeiten, 121.
[16] Le droit de chasser et, sous certaines réserves, celui de pêcher ne sont en effet pas liés à la propriété foncière, mais constituent des régales cantonales (STEINAUER, 177 et 233; MOOR, vol. III, 387).
[17] Pour constituer par exemple un élevage d'escargots ou de grenouilles. L'autorisation requise en application de l'art. 19 LPN doit être différenciée de celle prévue par l'art. 6 LPA qui régit les conditions dans lesquelles un particulier est autorisé à détenir un animal sauvage; cette dernière disposition a pour but de s'assurer du bien-être de l'animal, et non pas celui de protéger l'espèce, en tant que telle.
[18] IMHOLZ, Zuständigkeiten, 129.
[19] IMHOLZ, Zuständigkeiten, 125.

L'utilisation privée est donc réservée et cela sans restrictions particulières, si ce n'est celles de l'usage local pour les végétaux mentionnés à l'art. 19 phrase 3 LPN. En réalité, l'abus de l'usage privé a parfois également conduit à la raréfaction ou l'extinction de plantes ou d'animaux (FAVRE, art. 20, N° 5). Le contrôle de telles activités par l'exigence d'une autorisation préalable n'est toutefois pas praticable, si bien que lorsqu'un risque d'appauvrissement de la faune ou de la flore indigène se présente, sous l'effet de la multiplication d'actions qui ne sont pas effectuées à des fins lucratives, seules restent envisageables les mesures prévues par l'art. 20 LPN, directement applicables aux particuliers.

Les conditions d'octroi de l'autorisation sont à préciser par les autorités cantonales, dans les limites fixées par l'art. 19 LPN (N° 11).

IV. Les exceptions

Un certain nombre de produits et d'espèces végétales ne tombent pas sous le coup de l'art. 19 LPN, si bien que la récolte de ces produits est en principe libre, sous réserve de ceux faisant l'objet d'une mesure prise sur la base de l'art. 20 LPN (FAVRE, art. 20, N° 5) et des régimes plus restrictifs découlant d'autres législations. Les trois domaines faisant l'objet d'exceptions sont: 7

- *les produits ordinaires de l'agriculture*, par quoi il faut entendre non seulement tous les produits usuels (animaux et végétaux) de culture et d'élevage, mais également les plantes sauvages qui poussent sur les terres cultivées (flore adventice; Ackerbegleitflora); la notion d'agriculture ne doit pas être comprise dans un sens étroit, mais dans un sens large, incluant la viticulture, l'horticulture ainsi que toutes les activités d'élevage (pisciculture, etc.); 8
- *les produits ordinaires de la sylviculture*, par quoi il faut entendre ceux résultant des opérations de gestion et d'exploitation conformes à la législation forestière (art. 20 al. 2 LFo; art. 19 OFo). Cette législation peut cependant se montrer plus restrictive que l'art. 19 LPN, puisqu'elle interdit un certain nombre d'exploitations, considérées comme préjudiciables (art. 16 LFo); tel est en particulier le cas de la récolte de la litière (Streu) qui perturbe le cycle des substances nutritives[20]; 9
- *les champignons, baies et plantes utilisées en herboristerie*, dont la cueillette est effectuée dans une mesure conforme à l'usage local, pour autant 10

---

[20] L'art. 14 LFo prévoit un droit d'accès aux forêts, repris de l'art. 699 CC (Message LFo, FF 1988 III 181). Il n'implique cependant pas le droit de s'approprier la litière (Message LFo, FF 1988 III 182); ce droit (droit de fane), qui était encore en vigueur au siècle passé, est donc totalement interdit aujourd'hui, cela même à titre privé (voir PIOTET, 355).

qu'il ne s'agisse pas de plantes protégées (art. 20 LPN). Sur ce point, l'art. 19 LPN rappelle le droit que l'art. 699 CC confère à tous d'accéder aux forêts et pâturages d'autrui et de s'approprier certains de leurs produits[21], dans une mesure conforme à l'usage local. L'art. 699 CC constitue en effet une norme de droit mixte et tend non seulement à protéger l'intérêt privé, mais également celui, public, au maintien des populations naturelles[22]. Visant le même but que l'art. 19 LPN, il tient par conséquent lieu de référence en ce qui concerne la notion de «conformité à l'usage local»[23]. Il est cependant nettement plus restrictif, puisqu'il n'autorise pas la cueillette à titre lucratif[24].

V. L'exécution par les cantons

11 L'exécution de l'art. 19 LPN est laissée aux cantons, qui sont chargés de désigner l'autorité compétente pour accorder l'autorisation requise (art. 26 al. 1 OPN). Dans le cadre de ce mandat d'exécution, les cantons ont un pouvoir d'appréciation important. Il leur appartient de décider dans quelles circonstances ils peuvent limiter l'autorisation requise à certaines espèces, contrées, saisons, quantités, ou d'une autre manière, et celles dans lesquelles ils doivent se montrer particulièrement restrictifs, en interdisant les récoltes ou «cultures»[25] organisées et la publicité à cet effet. Dans le cadre de ces prescriptions, les cantons doivent respecter les principes de l'intérêt public et de la proportionnalité[26]. En

---

[21] L'art. 699 CC permet non seulement *d'accéder* mais également de *s'approprier* les baies, champignons et autres menus fruits sauvages trouvés dans les forêts et pâturages. Selon la doctrine, cette disposition s'applique également aux autres plantes qui poussent à l'état sauvage, telles que les fleurs et plantes médicinales, etc. (STEINAUER, 186; LIVER, 282 et 345).
Ce droit d'accès aux forêts et pâturages et de s'approprier certains de leurs produits constitue vraisemblablement une survivance d'un ancien usage appelé «droit des pauvres» (PIOTET, 812).
[22] ATF 109 Ia 76 = JdT 1985 I 48; 106 Ia 84 = SemJud 1981, 240; 106 Ib 47 s.; 105 Ib 272 = JdT 1981 I 250; 96 I 97 = JdT 1971 I 110.
[23] BO CE 1966 26.
[24] MEIER-HAYOZ, N° 31 ad art. 699 CC; PIOTET, 812. Sous l'angle du droit fédéral, seul le prélèvement de champignons et menus fruits sauvages destinés à l'usage domestique immédiat est autorisé. L'usage local peut notamment déterminer si les fruits sauvages doivent être consommés sur place ou s'ils peuvent être cueillis pour être consommés ailleurs, ce paraît être de plus en plus toléré (PIOTET, 812; LIVER, 283; ZBl 1924, 287).
[25] Le terme «culture» résulte d'une erreur de traduction; selon le texte allemand, c'est le mot «capture» (Fangen) qu'il convient de lire en lieu et place.
[26] ATF 109 Ia 76 = JdT 1985 I 48.

ce domaine, la jurisprudence du Tribunal fédéral, déduite de l'art. 699 CC – qui permet également aux autorités cantonales d'adopter des restrictions de droit public dans certaines circonstances[27/28] –, est applicable *mutatis mutandis* aux interdictions prises en application de l'art. 19 LPN; celui-ci ne pose en effet pas des conditions plus contraignantes que l'art. 699 CC.

---

[27] Le texte de l'art. 699 CC permet une exception dans l'intérêt des cultures; dans sa jurisprudence, le Tribunal fédéral a étendu les conditions d'octroi d'une dérogation aux motifs d'intérêt général (ATF 43 I 286 s. = JdT 1918 I 91 s.).

[28] Le Tribunal fédéral a jugé que les conditions propres à de telles restrictions faisaient défaut lorsque la défense de cueillir des baies le dimanche matin était motivée par l'intention d'empêcher les troubles apportés à la tranquillité publique (ATF 43 I 282 = JdT 1918 I 88). Une prescription interdisant la cueillette des baies avec des corbeilles, des récipients, des sacs, etc., les dimanches et les jours de fête, a également été annulée, faute d'intérêt public (ATF 58 I 173 = JdT 1933 I 612). De même, l'interdiction de la cueillette de toutes les espèces de champignons sur l'ensemble du territoire d'une commune pendant une durée de trois ans a été jugée inconciliable avec l'art. 699 CC faute d'intérêt public prépondérant; pour être admise, il aurait fallu que l'autorité démontre que la mesure était nécessaire pour contribuer à la repousse ou à la survivance des peuplements de champignons (ATF 109 Ia 76 = JdT 1985 I 48).

Art. 20   Protection des plantes et d'animaux rares

¹ Le Conseil fédéral peut interdire totalement ou partiellement la cueillette, la déplantation, l'arrachage, le transport, la mise en vente, la vente, l'achat ou la destruction de plantes rares. Il peut également prendre des mesures adéquates pour protéger certaines espèces animales menacées ou dignes de protection.

² Les cantons peuvent édicter des interdictions semblables pour d'autres espèces.

³ Pour des raisons inhérentes à la protection des espèces, le Conseil fédéral peut subordonner à certaines conditions, limiter ou interdire la production, la mise en circulation, l'importation, l'exportation et le transit de plantes ou de produits végétaux.

Art. 20   Schutz seltener Pflanzen und Tiere

¹ Der Bundesrat kann das Pflücken, Ausgraben, Ausreissen, Wegführen, Feilbieten, Verkaufen, Kaufen oder Vernichten seltener Pflanzen ganz oder teilweise untersagen. Ebenso kann er entsprechende Massnahmen zum Schutze bestimmter bedrohter oder sonst schützenswerter Tierarten treffen.

² Die Kantone können solche Verbote für weitere Arten erlassen.

³ Der Bundesrat kann zudem aus Gründen des Artenschutzes die Produktion, das Inverkehrbringen sowie die Ein-, Aus- und Durchfuhr von Pflanzen oder pflanzlichen Erzeugnissen an Bedingungen knüpfen, einschränken oder verbieten.

Table des matières	Rz
I. Généralités	1
A. Fondement constitutionnel	1
B. La problématique	2
C. Ratio legis	3
II. Champ d'application	4
A. L'objet de la protection	4
B. Les rapports avec l'art. 19 LPN	5
C. Les rapports avec les art. 18 ss LPN	6
D. Les rapports avec les lois sur la chasse et la pêche	8
III. La protection fédérale (al. 1)	9
A. La flore protégée	11
B La faune protégée	12

C. Les espèces animales à protéger au niveau cantonal	13
IV. La protection cantonale (al. 2)	14
V. Les restrictions quant à l'importation et à l'exportation (al. 3)	15
VI. La procédure	17

Inhaltsverzeichnis   Rz

I. Allgemeines	1
A. Verfassungsgrundlage	1
B. Problematik	2
C. Ratio legis	3
II. Anwendungsbereich	4
A. Schutzgegenstand	4
B. Verhältnis zu Art. 19 NHG	5
C. Verhältnis zu den Art. 18 ff. NHG	6
D. Verhältnis zur Jagd- und Fischereigesetzgebung	8
III. Bundesrechtlicher Schutz (Abs. 1)	9
A. Geschützte Flora	11
B. Geschützte Fauna	12
C. Kantonalrechtlich zu schützende Tierarten	13
IV. Kantonalrechtlicher Schutz (Abs. 2)	14
V. Beschränkungen von Ein- und Ausfuhr (Abs. 3)	15
VI. Verfahren	17

I. Généralités

A. Fondement constitutionnel

C'est dans le cadre de l'art. 20 al. 1 LPN et de ses dispositions d'application que la Confédération exerce la compétence qui lui est attribuée par l'art. 24^{sexies} al. 4 Cst. de la manière la plus contraignante, en ce qui concerne la protection des espèces (Artenschutz). Dicté par un souci d'uniformisation évident, l'art. 20 LPN régit la protection des plantes *rares* et des espèces animales *menacées de disparition*. Il a pour but de compléter les prescriptions résultant des autres lois fédérales, notamment celles de la loi fédérale sur la chasse et sur la pêche[1].

---

[1] Message art. 24sexies Cst., FF 1961 I 1109.

B. La problématique

2   On assiste depuis ces cinquante dernières années à un appauvrissement accéléré de la faune et de la flore[2].

On trouve en Suisse plus de 3'000 espèces de plantes à fleurs, fougères et mousses, 5'000 espèces de champignons, et environ 40'000 espèces d'animaux. Or, environ un tiers des fougères et plantes à fleurs, 40 pour cent des mousses et 7 pour cent des espèces animales sont menacées d'extinction[3]. Les causes de cette raréfaction ou disparition sont multiples. S'agissant des plantes, les premiers facteurs d'extinction des espèces sont les modifications d'utilisation (rationalisation des méthodes de production agricoles, eutrophisation du sol, assèchements de marais, etc.) et les constructions[4]. En ce qui concerne la faune, on constate une augmentation de la mortalité due aux influences mécaniques ou chimiques; la destruction des zones de reproduction, la dégradation des aliments de base et la fragmentation des habitats constituent cependant les menaces les plus importantes[5].

C. Ratio legis

3   Si des espèces disparaissent, d'autres réapparaissent[6]. La ratio legis d'une protection des espèces se pose donc moins sous l'angle *quantitatif* que celui de la *diversité* (Artenvielfalt). Les motifs en faveur d'une sauvegarde de la diversité des espèces varient selon les époques. Alors que les premières mesures étaient le plus souvent justifiées par l'utilité (Nützlichkeit) des espèces dans la lutte contre les animaux nuisibles (Schädlinge) tels les insectes et les ravageurs[7], elles reposent aujourd'hui essentiellement sur des motifs éthiques, les plantes et les animaux ayant droit à l'existence en tant que partie de la création.

Le critère de l'utilité par opposition au caractère nuisible ou importun de certaines espèces reste toutefois actuel; on protège en effet plus facilement les abeilles ou les coccinelles que les souris,

---

[2]   IMHOLZ, Zuständigkeiten, 119; Bull. OFEFP 3/95, 8.
[3]   OFFICE FÉDÉRAL DE LA STATISTIQUE, 7 à 10.
[4]   LANDOLT, 14 ss.
[5]   OFEFP, Liste rouge des espèces animales, 8 à 11.
[6]   Aujourd'hui encore, le nombre total d'espèces animales augmente en Suisse bien que des espèces de plus en plus nombreuses disparaissent ou soient éteintes. Cette augmentation est due non pas à l'émergence de nouvelles espèces par spéciation, mais à l'immigration ou à l'introduction d'espèces de régions voisines, voire même, de plus en plus, d'autres continents (OFEFP, Liste rouge des espèces animales, 6). De nouvelles espèces végétales apparaissent également (LANDOLT, 12).
[7]   Ainsi, au 14e siècle, la ville de Zurich avait déjà ordonné la protection de plusieurs espèces d'oiseaux dont le rôle dans la lutte contre certains insectes et vers était reconnu (Bulletin de la Ligue suisse pour la protection de la nature [Bull. LSPN], supplément mars 1991, 2). En droit fédéral, la conservation des oiseaux utiles à l'agriculture et à la sylviculture constitue également l'un des objectifs de la législation sur la chasse et la pêche (art. 25 Cst.).

les bostryches, les moustiques, les punaises, les tiques ou les escargots[8]. Les animaux dits nuisibles ne sont cependant pas exclus de toute considération. C'est ainsi que l'on constate que certains rongeurs figurent dans la liste des animaux à protéger au niveau cantonal (annexe 4 de l'OPN).

L'art. 24[novies] al. 3 Cst. a encore renforcé cette protection, qui n'est pas seulement assurée à la survie des espèces, sous l'angle de leur «multiplicité génétique»[9], mais s'étend également à la «dignité des créatures» prises individuellement[10]. L'homme a également un intérêt économique au maintien d'une biosphère la plus intacte possible. L'extinction de toute espèce représente en effet une perte irréversible en raison du capital génétique (genetische Information) qui s'est constitué durant une longue évolution et dont la valeur et la spécificité se perdent avant même que nous ne les connaissions. L'extinction des espèces est en outre un signal d'alarme nous avertissant des dangers qui menacent l'homme lui-même[11]. Des arguments plus sociologiques sont également avancés, en ce sens que la banalisation du paysage et de la faune ont des conséquences néfastes sur le rôle de détente et de récréation que jouent les milieux naturels pour l'homme, nuisant tant à ses habitants qu'au tourisme[12].

II. Champ d'application

A. L'objet de la protection

Comme l'art. 19 LPN, l'art. 20 LPN fait partie du chapitre 3 de la loi et n'est applicable qu'aux espèces végétales et animales *indigènes sauvages* (pour ces notions FAVRE, art. 19, N° 3 à 5), à l'exclusion des animaux domestiques[13] et des plantes cultivées (art. 20 al. 1 OPN *a contrario*). La protection de la flore et de la faune exotiques n'est en principe pas concernée[14] (cependant N° 15 et 16). En outre, la sauvegarde de la diversité biologique des animaux de rendement (Nutztiere) et des plantes cultivées (Kulturpflanzen) autochtones ne fait

4

---

[8] OFEFP, Liste rouge des espèces animales, 14.
[9] Il faut entendre par là «la variabilité de la masse héréditaire des gènes [...], qui permet aux organismes vivants de s'adapter aux modifications de l'environnement par de nouvelles combinaisons génétiques» (SALADIN/SCHWEIZER, N° 126).
[10] SALADIN/SCHWEIZER, N° 117.
[11] Message Rothenthurm, FF 1985 II 1468. Voir également le message du Conseil fédéral relatif à l'approbation de la Convention des Nations Unies sur la diversité biologique conclue à Rio de Janeiro le 5 juin 1992 (FF 1994 III 190 ss).
[12] Message Rothenthurm, FF 1985 II 1468.
[13] Message art. 24sexies Cst., FF 1961 I 1100 et 1109.
[14] FLEINER-GERSTER, N° 29; HANGARTNER, Naturschutz, 238.

actuellement l'objet d'aucune législation et repose essentiellement sur l'initiative de mouvements privés[15].

De même que l'art. 19 LPN (FAVRE, art. 19, N° 2), l'art. 20 LPN assure une protection ubiquitaire (flächendeckend) des espèces; son champ d'application n'est pas restreint à l'existence d'un biotope protégé au sens des art. 18 ss, 21 et 23a LPN. Par conséquent, les restrictions qui découlent de l'art. 20 LPN sont valables quel que soit l'endroit où vivent les plantes et les animaux protégés, y compris sur les terrains privés, pour autant cependant qu'il s'agisse de plantes ou d'animaux sauvages (FAVRE, art. 19, N° 4 et 5).

B. Les rapports avec l'art. 19 LPN

5   L'art. 20 LPN constitue une disposition spéciale par rapport à l'art. 19 LPN. Le droit d'appropriation des plantes et animaux sauvages que confère implicitement l'art. 19 LPN peut être restreint par les prescriptions découlant de l'art. 20 LPN, lorsque les espèces en cause sont devenues rares. C'est d'ailleurs quelquefois en raison d'un excès d'usage – tant privé que commercial – autorisé par l'art. 19 LPN que la flore ou la faune s'est raréfiée[16]. Lorsqu'une espèce animale ou végétale figure sur l'une des listes des annexes 2 à 4 de l'OPN, les autorités cantonales ne peuvent plus accorder l'autorisation prévue par l'art. 19 LPN. Le régime des activités permises ou non est exclusivement déterminé par l'art. 20 LPN, sous réserve des exceptions prévues par l'art. 22 LPN.

C. Les rapports avec les art. 18 ss LPN

6   L'art. 20 LPN ne serait à lui seul pas suffisant pour assurer la sauvegarde des espèces menacées de disparition s'il n'était complété d'une disposition protégeant leur milieu vital, c'est-à-dire les espaces nécessaires à la survie de la flore et de la faune sauvage indigènes (art. 18 ss et 21 LPN; art. 13 ss OPN). La protection des espèces et celle des biotopes sont interdépendantes. Cet aspect ressort d'autant mieux depuis l'entrée en vigueur de l'OPN du 16 janvier 1991. Selon l'art. 14 al. 3 OPN, «la désignation des biotopes dignes de protection et l'estimation de leur valeur se feront notamment à l'aide de la liste des espèces indicatrices des milieux naturels énumérées à l'annexe 1». L'annexe 1 de l'OPN

---

[15] OFFICE FÉDÉRAL DE LA STATISTIQUE, 16.
[16] Tel est le motif que l'on attribue à la raréfaction de l'edelweiss (OFFICE FÉDÉRAL DES FÔRETS ET DE LA PROTECTION DU PAYSAGE, 2), et à celle de certains papillons et coléoptères (OFEFP, Protection de la nature et du paysage, 31).

comprend une liste de la végétation typique de certains biotopes, comme les hauts-marais, les prairies maigres, les forêts xérophiles et de ravins, etc. Cette liste, propre aux biotopes, est indépendante de la rareté des espèces qui les composent. Mais l'art. 14 al. 3 OPN ajoute que «les espèces de la flore et de la faune protégées en vertu de l'article 20 [OPN] ainsi que les espèces végétales et animales menacées et rares, énumérées dans les Listes rouges publiées ou reconnues par l'OFEFP, servent également d'espèces indicatrices des milieux naturels». La fonction première des *Listes rouges* est de servir de base à l'élaboration des annexes 2 à 4 de l'OPN, qui déterminent la liste de la flore et la faune protégées soumises au régime restrictif des art. 20 LPN et 20 OPN (N° 10)[17]; elles constituent l'instrument de mise à jour périodique des espèces rares ou menacées[18]. En vertu de l'art. 14 al. 3 OPN, elles acquièrent la même portée que l'annexe 1 de l'OPN pour la délimitation des biotopes[19]. Ainsi, le fait de répertorier des espèces mentionnées sur les *Listes rouges* dans un milieu peut justifier la protection de celui-ci en tant que biotope, indépendamment du fait qu'il corresponde au descriptif donné à l'annexe 1 de l'OPN.

Les instruments destinés à fonder des mesures pour la protection des espèces servent donc en même temps à la délimitation des biotopes dignes de protection. Inversement, les mesures de protection des biotopes servent directement à la préservation des espèces rares ou menacées de disparition désignées dans les listes rouges.

En outre, selon l'art. 14 al. 4 OPN, les cantons doivent prévoir «une procédure de constatation appropriée, permettant de prévenir d'éventuelles atteintes aux biotopes dignes de protection ou violations des dispositions de l'art. 20 [OPN] relatives à la protection des espèces». En cas d'atteinte, le régime prévu par l'art. 20 LPN est cependant plus restrictif que celui découlant des art. 18 ss LPN. Alors que l'art. 18 al. 1er LPN permet, en cas *d'atteintes inévitables*, de supprimer le biotope moyennant sa reconstitution ou le remplacement adéquat, l'art. 22 al. 1 LPN n'autorise des dérogations à l'art. 20 LPN que pour *des motifs scientifiques, pédagogiques et thérapeutiques* et uniquement sur des *territoires déterminés* (art. 22 al. 1 LPN); l'art. 20 al. 3 OPN a cependant étendu – de manière contestable, d'ailleurs, sous l'angle de la légalité – les circonstances justifiant une autorisation exceptionnelle lorsque le maintien de la diversité biologique l'exige ou que des atteintes d'ordre technique s'imposent à l'endroit 7

---

[17] Actuellement, il existe trois listes rouges publiées par l'OFEFP, à savoir, la liste rouge des espèces animales menacées de Suisse, celle des plantes vasculaires menacées en Suisse et celle des bryophytes menacés ou rares de la Suisse.
[18] OFEFP, Liste rouge des espèces animales, 5.
[19] Pour un exemple ATF 119 Ia 207.

prévu, si bien que ces motifs rejoignent ceux prévus par l'art. 18 al. 1er LPN (JENNI, art. 22, N° 9).

D. Les rapports avec les lois sur la chasse et la pêche

8 La législation sur la chasse a également pour but de conserver la diversité des espèces (art. 1 al. 1 lit. a et b LChP). Elle assurait cette fonction avant la LPN. C'est la raison pour laquelle la LPN est conçue comme une loi complémentaire en la matière, en vue de protéger des animaux qui ne sont pas considérés comme du gibier[20]. L'art. 2 LChP prévoit que la loi vise les animaux sauvages suivants: les oiseaux, les carnivores, les artiodactyles, les lagomorphes, le castor, la marmotte et l'écureuil. Selon l'art. 7 LChP, tous les animaux visés à l'art. 2 LChP qui n'appartiennent pas à une espèce pouvant être chassée sont protégés; seules des chasses de régulation peuvent être autorisées pour ces espèces (art. 7 al. 2 LChP). En outre, des lâchers d'animaux d'espèces protégées peuvent également être autorisés à certaines conditions (art. 9 al. 1 lit. b LChP; art. 8 al. 4 OChP).

La législation sur la pêche intervient également comme législation spéciale dans le domaine de la protection des espèces. Elle a pour objet de préserver ou d'accroître la diversité naturelle et l'abondance des espèces indigènes de poissons, d'écrevisses, d'organismes leur servant de pâture (art. 1 al. 1 lit. a LPê) et de protéger les espèces et les races de poissons et d'écrevisses menacées (art. 1 al. 1 lit. b LPê). Le Conseil fédéral désigne ces espèces et races menacées (art. 5 al. 1 LPê)[21].

III. La protection fédérale (al. 1)

9 L'art. 20 LPN donne la compétence au Conseil fédéral de prendre un certain
Notions nombre de mesures relatives aux plantes *rares* (selten) et à certaines espèces
Begriffe animales *menacées* (bedroht) ou *dignes de protection* (schützenswert). Il s'agit de notions juridiquement indéterminées qui laissent une certaine marge d'appréciation ou latitude de jugement (Beurteilungsspielraum) à l'autorité[22]. Les nuances entre les termes «rare», appliqué aux plantes, et «menacé» ou «digne de protection», appliqué aux espèces animales, ne sont pas significati-

---

[20] Message art. 24sexies Cst., FF 1961 I 1109. L'art. 20 al. 2 OPN le rappelle.
[21] Cette liste correspond à celle de l'annexe 1 de l'OFLP.
[22] GRISEL, 336; MOOR, vol. I, 379.

ves. Ainsi que l'indique la note marginale, l'art. 20 LPN régit la protection de plantes et d'animaux rares, ce par quoi il faut entendre «peu fréquents»[23]. Les termes «menacé» et «digne de protection» doivent être compris dans ce sens. Dans la terminologie en usage chez les biologistes, il existe néanmoins une différence de degré entre le mot «rare», qui désigne des espèces probablement peu fréquentes depuis toujours, méritant une protection même si leurs populations ne sont pas menacées, et les termes «menacé ou digne de protection», qui indiquent les populations d'une espèce autrefois fréquentes et aujourd'hui en danger d'extinction[24]. Cette classification, qui peut d'ailleurs être plus détaillée encore, est cependant sans portée juridique. On ne peut en particulier pas en déduire que les plantes ne sont susceptibles d'être protégées que lorsqu'elles sont rares, ou que les espèces animales ne méritent protection que lorsqu'elles sont menacées au sens de la définition scientifique précitée.

Le fait en outre que l'art. 20 al. 1 LPN vise la protection des «plantes», d'une part, et celle des «espèces animales», d'autre part, relève plus d'un manque de rigueur terminologique que de l'intention d'opérer une distinction quant à l'objet protégé[25]. De toute manière, qu'il s'agisse de la flore ou de la faune, la protection n'intervient pas pour une plante ou un animal en particulier, mais pour l'espèce ou le genre[26].

Alors que l'art. 20 al. 1 LPN précise les mesures propres à assurer la conservation des plantes rares, il est plus vague en ce qui concerne celles relatives aux animaux menacés et se réfère à la notion de «mesures adéquates» (entsprechende Massnahmen).

10
Mesures
Massnahmen

Le Conseil fédéral a fait usage de la compétence qui lui est dévolue à l'art. 20 al. 1 LPN en désignant à l'art. 20 OPN les mesures propres à sauvegarder les plantes rares et les espèces animales menacées ou dignes de protection. Dans cette disposition, il faut distinguer deux types d'instruments: les *listes* d'espèces protégées figurant dans les *annexes 2 à 4*, d'une part, et les *mesures d'interdiction* concernant les activités qui portent atteintes à ces espèces, d'autre part. L'admission d'une espèce dans l'une des listes annexées implique automatique-

---

[23] Dictionnaire Le Grand Robert, 1991.
[24] OFEFP, Liste rouge des espèces animales, 13 et 14; OFEFP, Liste rouge des bryophytes, 4.
[25] Cette différenciation avait peut-être sa raison d'être à l'origine; les art. 23 et 24 de l'ancienne ordonnance sur la protection de la nature et du paysage énuméraient en effet assez clairement les plantes non seulement par espèces, mais surtout par leur désignation générique, alors que la liste relative aux animaux ne comprenait que les espèces menacées. Aujourd'hui, elle a cependant perdu toute justification, dès lors que certains animaux sont également protégés à un niveau inférieur à celui de l'espèce à laquelle ils appartiennent.
[26] FLEINER-GERSTER, N° 31; MUNZ, Landschaftsschutz, 13.

ment sa protection sous la forme des restrictions prévues à l'art. 20 OPN. L'étendue et la nature de cette protection varient cependant en fonction de chacune des trois catégories visées, à savoir: la flore protégée, la faune protégée et les espèces animales à protéger au niveau cantonal.

A. La flore protégée

11 L'art. 20 al. 1 OPN règle la question de protection de la flore dans les termes suivants:

> Sauf autorisation, il est interdit de cueillir, déterrer, arracher, emmener, mettre en vente, vendre, acheter ou détruire, notamment par des atteintes d'ordre technique, les plantes sauvages des espèces désignées dans l'annexe 2.

> Das unberechtigte Pflücken, Ausgraben, Ausreissen, Wegführen, Anbieten, Verkaufen, Kaufen oder Vernichten, insbesondere durch technische Eingriffe, von wildlebenden Pflanzen der im Anhang 2 aufgeführten Arten ist untersagt.

Ces prescriptions sont applicables sur l'ensemble du territoire[27] et s'imposent directement aux particuliers, sans qu'une décision préalable de l'autorité soit nécessaire (voir l'art. 20 al. 5 OPN). Elles ont pour but d'éviter que les plantes ne soient retirées de leur milieu naturel d'origine[28]. Ainsi, le fait de *déterrer* une plante pour la faire repousser ailleurs est déjà proscrit par l'art. 20 al. 1 OPN. La notion de *cueillette* est la même que la notion de *récolte* à laquelle renvoie l'art. 19 LPN (FAVRE, art. 19, N° 4); par conséquent, bien que l'art. 20 al. 1 OPN ne le précise pas, le *prélèvement des fruits* et des *graines* tombe également sous le coup des interdictions, car il met directement en danger la reproduction des plantes. Les *atteintes d'ordre technique* conduisant à la destruction des plantes peuvent être très diverses: tel est notamment le cas des brûlis (Abbrennen) de broussailles, même effectués à titre d'entretien ou pour améliorer les sols, car ils peuvent conduire à une disparition de plantes protégées[29]. Contrairement à l'art. 19 LPN, les art. 20 LPN et 20 al. 1 OPN ne prévoient pas de réserve en faveur de l'agriculture ou la sylviculture, si bien que ces activités doivent en principe également être compatibles avec le maintien des espèces protégées; ainsi, les opérations d'entretien telles que le fauchage (Mähen) sont autorisées pour autant qu'elles soient effectuées dans les règles de l'art[30].

---

[27] IMHOLZ, Zuständigkeiten, 127.
[28] IMHOLZ, Zuständigkeiten, 126.
[29] IMHOLZ, Zuständigkeiten, 127.
[30] Tel n'est pas le cas lorsque les machines sont inadaptées et arrachent les racines.

Il est cependant évident qu'un certain nombre d'activités agricoles ou sylvicoles, de même que les activités de loisirs, entraînent des atteintes quotidiennes aux plantes protégées; ainsi la pâture des animaux[31], le piétinement des baladeurs ou des sportifs, le désherbage des mauvaises herbes et l'ensemencement ou l'engraissement de plantes de cultures conduisent très souvent à la destruction des plantes protégées. Nonobstant le caractère absolu de l'art. 20 al. 1 OPN, il faut donc admettre qu'un certain nombre d'opérations pouvant porter atteinte à la flore sont inévitables lorsqu'elles sont entreprises dans des conditions normales d'exploitation, soit qu'elles puissent être admises sous l'angle du principe de la proportionnalité, soit qu'elles puissent motiver des faits justificatifs, sous l'angle pénal (RONZANI, art. 24a, N° 27). Cela n'exclut pas que des contraintes puissent être posées aux activités précitées dans la mesure où elles restent proportionnées; ainsi, lorsque cela est possible, le fauchage des talus herbeux doit être effectué en des périodes respectueuses de la flore, aux endroits où croissent des orchidées ou d'autres plantes rares.

Pratiquement, donc, même si les restrictions posées par l'art. 20 al. 1 OPN ont une portée générale et s'appliquent à l'ensemble du territoire, une protection efficace passe le plus souvent par la délimitation des territoires dans lesquels la protection s'appliquera de manière absolue[32]. On retrouve également ici l'interdépendance entre protection des biotopes et des espèces.

B. La faune protégée

L'art. 20 al. 2 OPN régit la protection de la faune de la manière suivante: 12

En plus des animaux protégés figurant dans la loi du 20 juin 1986 sur la chasse, les espèces désignées dans l'annexe 3 sont considérées comme protégées. Il est interdit :
a. De tuer, blesser ou capturer les animaux de ces espèces ainsi que d'endommager, détruire ou enlever leurs oeufs, larves, pupes, nids ou lieux d'incubation;
b. De les emporter, envoyer, mettre en vente, exporter, remettre à d'autres personnes, acquérir ou prendre sous sa garde, morts ou vivants, y compris leurs oeufs, larves, pupes et nids, ou d'apporter son concours à de tels actes.

Zusätzlich zu den im Bundesgesetz vom 20. Juni 1986 über die Jagd und den Schutz wildlebender Säugetiere und Vögel genannten gelten die wildlebenden Tiere der im Anhang 3 aufgeführten Arten als geschützt. Es ist untersagt, Tiere dieser Arten

---

[31] GFELLER, 75 s., relève que la pâture des bovins ne met en principe pas en danger les plantes protégées, car leurs racines ne sont pas arrachées. Elle est cependant exclue en forêt, car considérée comme une activité préjudiciable au sens de l'art. 16 LFo (Message LFo, FF 1988 III 182).
[32] TA AG in AGVE 1984, 356 s.

a. zu töten, zu verletzen oder zu fangen, sowie ihre Eier, Larven, Puppen, Nester oder Brutstätten zu beschädigen, zu zerstören oder wegzunehmen;
   b. lebend oder tot, einschliesslich der Eier, Larven, Puppen oder Nester, mitzuführen, zu versenden, anzubieten, auszuführen, andern zu überlassen, zu erwerben, in Gewahrsam zu nehmen oder bei solchen Handlungen mitzuwirken.

De même que les interdictions concernant la flore, ces prescriptions sont applicables sur l'ensemble du territoire et s'imposent directement aux particuliers, sans qu'une décision préalable de l'autorité soit nécessaire (voir l'art. 20 al. 5 OPN). La liste des espèces protégées est conjuguée avec celle de la loi sur la chasse (N° 8). L'ensemble des interdictions énumérées a pour but de maintenir l'animal protégé en vie, dans son milieu naturel; la *capture*, même en vue de détenir vivant un animal, est ainsi exclue. Comme en ce qui concerne les plantes, un certain nombre d'activités, effectuées dans des conditions normales et dans les règles de l'art, entraînent *inévitablement* des atteintes aux biens protégés par l'art. 20 al. 2 OPN (dans ce sens également RONZANI, art. 24a, N° 28). Par conséquent, la limite entre les actes autorisés et ceux interdits est plutôt à trouver dans la compatibilité du respect de la protection des espèces avec l'exercice d'une activité. *Les actes volontaires*, ou exercés avec la conscience qu'ils sont de nature à porter atteinte aux animaux, aux oeufs, larves, pupes, nids ou lieux d'incubation[33], constituent cependant en toute circonstance des opérations répréhensibles au sens de l'art. 20 al. 2 OPN (dans ce sens RONZANI, art. 24a, N° 28). Cette condition n'est pas réalisée lorsqu'un automobiliste écrase non intentionnellement un animal sauvage protégé[34].

Les remarques faites dans la section précédente, relative à la flore (N° 11), concernant les relations entre l'efficacité de la protection des espèces et la délimitation des biotopes valent également ici.

C. Les espèces animales à protéger au niveau cantonal

13   Selon l'art. 20 al. 4 OPN, les cantons, après avoir pris l'avis de l'OFEFP, règlent la protection appropriée des espèces animales désignées dans l'annexe 4. Le droit fédéral se limite, ici, à établir une liste dont les effets seront adaptés par les cantons, en fonction des nécessités locales. Les espèces figurant dans cette liste sont en effet celles menacées, ou potentiellement menacées, qui ont diminué régionalement ou disparu localement, ou dont les populations sont soumises régionalement à des dangers connus[35].

---

[33] IMHOLZ, Zuständigkeiten, 130; GFELLER, 74, 76.
[34] GFELLER, 74.
[35] OFEFP, Liste rouge des espèces animales, 19 et 21.

L'art. 20 al. 4 OPN n'est pas une simple norme attributive de compétence; il oblige les cantons à prendre des mesures pour les espèces concernées, dans les régions touchées.

IV. La protection cantonale (al. 2)

Les prescriptions que le Conseil fédéral est habilité à édicter en application de 14
l'art. 20 al. 1 LPN ne constituent que des normes minimales. Les cantons gardent une compétence concurrente en matière de protection des espèces[36], même si cette question est du ressort principal de la Confédération, en vertu de l'art. 24[sexies] al. 4 Cst. Par conséquent, tant que le Conseil fédéral n'a pas fait usage de la faculté qui lui est dévolue de soumettre des espèces rares au régime de protection prévu par l'art. 20 al. 1 LPN, les cantons peuvent adopter des dispositions complémentaires. Celles-ci peuvent leur permettre de protéger des plantes ou des animaux qui ne figurent pas sur les annexes 2 à 4 de l'OPN, car non menacées sur l'ensemble du territoire, mais bien dans certains cantons ou certaines régions[37]. L'une des plus ancienne protection que les cantons assurent en ce domaine est celle des *arbres*; aucun de ceux-ci ne figure en effet dans la liste des plantes protégées de l'annexe 2 de l'OPN. Les cantons ne peuvent en revanche affaiblir la protection prévue par le droit fédéral. Conformément au principe de la force dérogatoire du droit fédéral – déduit de l'art. 2 disp.trans. Cst. – les dispositions cantonales adoptées avant l'entrée en vigueur de la LPN, qui se recoupent avec le droit fédéral ou vont moins loin que lui, n'ont plus de portée propre[38].

Dans la protection complémentaire qu'ils peuvent assurer, les cantons ne sont pas liés par les critères posés à l'art. 20 al. 1 LPN. Ils peuvent protéger des espèces non seulement pour leur rareté, mais aussi pour leur beauté ou leurs caractéristiques particulières, par exemple[39]. Quant aux mesures elles doivent «être semblables» à celles prévues à l'art. 20 al. 1 LPN, ce qui signifie qu'elles peuvent s'y référer, mais peuvent également varier; les autorités cantonales peuvent par exemple prononcer des interdictions partielles de récolte, limitées

---

[36] Message art. 24sexies Cst., FF 1961 I 1100; Message LPN, 1965 III 113.
[37] Cf. OFFICE FÉDÉRAL DES FORETS ET DE LA PROTECTION DU PAYSAGE, 49, qui cite l'exemple du rhododendron que l'on voit fréquemment dans les Alpes et sur l'ensemble de la Suisse, mais qui est très rare dans le canton de Zurich.
[38] ATF 118 Ia 114 = JdT 1994 I 447, pour un exemple tiré de la protection de l'environnement.
[39] ZINGG, 224.

à certaines quantité ou horaires, comme certains cantons le font pour les champignons[40].

V. Les restrictions quant à l'importation et à l'exportation (al. 3)

15 La protection de la flore et de la faune sur le plan *international* ne relève en principe pas de la LPN, celle-ci étant destinée uniquement à la sauvegarde des espèces indigènes (N° 4). Longtemps la LPN ne permettait pas d'interdire l'importation de plantes et d'animaux menacés d'extinction dans leur pays d'origine[41]. L'art. 20 al. 3 LPN, introduit par la novelle du 21 juin 1996, est destiné à combler une lacune en ce domaine.

La Suisse a ratifié plusieurs conventions internationales protégeant la flore et la faune, dont celle du 3 mars 1973 sur le commerce international des espèces de faune et de flore sauvages menacées d'extinction (CITES). Cette convention a notamment pour objet de lutter contre la surexploitation de certaines espèces de la faune et la flore sauvages par suite du commerce international (BIBER-KLEMM, chap. 5, N° 41).

Plusieurs dispositions du droit interne reprennent les principes posés par la CITES s'agissant du commerce international des animaux. L'art. 9 al. 2 LPA prévoit que pour des raisons relevant de la conservation des espèces, le Conseil fédéral règle ou interdit l'importation, l'exportation et le transit d'animaux et peut inclure dans ses prescriptions des produits d'origine animale. L'art. 9 al. 1 lit. a LChP soumet à une autorisation de la Confédération l'importation, le transit ou l'exportation des animaux d'espèces protégées, de même que des parties ou produits tirés de ceux-ci. Sur la base de ces dispositions a été édictée le 19 août 1981 l'ordonnance sur la conservation des espèces (OCE), qui s'applique à l'importation, au transit, à l'exportation et à la réexportation d'animaux et de plantes d'espèces non domestiquées ou de parties facilement identifiables de ceux-ci (art. 1). Bien qu'elle traite également du commerce international des plantes, cette ordonnance ne disposait d'aucune base légale en la matière avant l'entrée en vigueur de l'art. 20 al. 3 LPN.

16 L'introduction d'une disposition accordant au Conseil fédéral le pouvoir *de contrôler le commerce international des plantes et des produits végétaux* a donc pour objectif de combler une lacune; l'art. 20 al. 3 LPN devient ainsi le

---

[40] FR-Arrêté du 27 mars 1979 concernant la cueillette des champignons, art. 1.
[41] HANGARTNER, Naturschutz, 238.

pendant des art. 9 al. 2 LPA et 9 al. 1 lit. a LChP, propres aux espèces animales. On peut cependant regretter l'incohérence qui résulte de cet éparpillement législatif. Alors que l'art. 20 LPN traite de la protection des espèces animales et végétales indigènes, l'al. 3 soumet à contrôle le commerce international les *plantes et produits végétaux*, uniquement; et alors que la LPA n'est en principe pas destinée à préserver les espèces, l'art. 9 al. 2 assure une telle fonction dans le cadre du commerce international des animaux. Il est à noter que dans le domaine du transport et du commerce international d'animaux, la LPA épuise la question de la protection des espèces, puisqu'elle étend son champ d'application aux invertébrés, alors qu'elle ne protège en principe que les vertébrés (art. 1 al. 2). L'intégration dans le droit interne du droit international protégeant le commerce des espèces de faune et de flore a donc nécessité une série d'exceptions quant au champ d'application respectif des lois précitées.

Le contrôle du commerce international de la faune et celui de la flore obéissent ainsi à un régime propre. Celui que l'art. 20 al. 3 LPN a introduit pour les plantes et les produits végétaux est notamment destiné à permettre au Conseil fédéral d'instaurer le principe d'une délocalisation du contrôle des importations qui s'impose en vertu des accords de l'organisation mondiale du commerce GATT/OMC. Alors qu'actuellement les contrôles des importations de plantes menacées sont effectués à la frontière par le service phytosanitaire fédéral, cette disposition permettra de les supprimer progressivement et de les déplacer vers l'intérieur du pays, pour répondre à l'objectif de démantèlement des entraves techniques au commerce[42]. Au lieu d'être effectués à la frontière, les contrôles seront ainsi opérés par le service phytosanitaire fédéral, directement auprès des entreprises pratiquant le commerce international des plantes. Le matériel végétal importé devra être accompagné d'un document officiel, établi par le pays exportateur, qui atteste que ce commerce est conforme aux dispositions de la convention.

VI. La procédure

Bien que ni l'art. 20 al. 1 LPN ni l'art. 20 OPN ne le disent expressément, il 17 incombe aux cantons de veiller à l'application des restrictions posées par le droit fédéral en matière de protection des espèces. Les cantons doivent en particulier prévoir une procédure de constatation appropriée permettant de prévenir les violations des dispositions de l'art. 20 LPN (art. 14 al. 4 OPN) (N° 7) et

---

[42] Message paquet agricole, FF 1995 IV 669 ss, 729 ss.

désigner l'autorité compétente pour veiller au respect des injonctions et interdictions posées aux art. 20 al. 1 et 2 OPN (art. 26 OPN). C'est également à l'autorité cantonale qu'il incombe d'accorder les dérogations à l'art. 20 LPN, prévues par l'art. 22 al. 1 LPN, sauf dans l'hypothèse prévue par l'art. 22 al. 3 LPN (JENNI, art. 22, N° 10).

Art. 21   Ufervegetation

¹ Die Ufervegetation (Schilf- und Binsenbestände, Auenvegetationen sowie andere natürliche Pflanzengesellschaften im Uferbereich) darf weder gerodet noch überschüttet noch auf andere Weise zum Absterben gebracht werden.

² Soweit es die Verhältnisse erlauben, sorgen die Kantone dafür, dass dort, wo sie fehlt, Ufervegetation angelegt wird oder zumindest die Voraussetzungen für deren Gedeihen geschaffen werden.

Art. 21   Végétation des rives

¹ La végétation des rives (roselières et jonchères, végétation alluviale et autres formations végétales naturelles riveraines) ne doit pas être essartée ni recouverte ou détruite d'une autre manière.

² Dans la mesure du possible, les cantons veillent à ce que les rives soient couvertes d'une végétation suffisante ou du moins à ce que soient réalisées les conditions nécessaires à son développement.

Inhaltsverzeichnis	Rz
I. Ufervegetation – Sonderfall des Biotopschutzes	1
II. Begriff und Abgrenzung der Ufervegetation (Abs. 1)	3
A. Naturwissenschaftlicher und rechtlicher Ansatz zur Definition	3
B. Rechtlicher Begriff der Ufervegetation	4
C. Der Begriff in der Rechtsprechung	13
III. Schutz der Ufervegetation	17
IV. Anlage von Ufervegetation (Abs. 2)	22
A. Gegenstand	22
B. Zuständigkeit	30

Table des matières	N°
I. La végétation des rives – un cas particulier de la protection des biotopes	1
II. La notion et la délimitation de la végétation des rives (al. 1)	3
A. L'apport de la biologie et du droit à la définition	3
B. La notion juridique de végétation des rives	4
C. La notion dans la jurisprudence	13
III. La protection de la végétation des rives	17
IV. La couverture des rives par la végétation (al. 2)	22
A. L'objet	22
B. La compétence	30

I. Ufervegetation – Sonderfall des Biotopschutzes

1 Der Schutz der Ufervegetation wird im dritten Abschnitt des NHG, der vom *Biotopschutz* handelt, hervorgehoben, dies in der Erkenntnis, dass es sich bei der Ufervegetation um eine besonders wertvolle und empfindliche Lebensgemeinschaft handelt. Damit geht diese Bestimmung der allgemeinen Biotopschutzbestimmung von Art. 18 NHG nicht nur vor, sondern ist direkt anwendbar[1], ohne dass die Ufervegetation zunächst näher bezeichnet sein müsste. Art. 21 NHG bietet damit der Ufervegetation einen erhöhten Schutz.

Geschützt ist indessen nur die *eigentliche Ufervegetation*, die in Abs. 1 von Art. 21 NHG in ihren wesentlichen Elementen mit der Aufzählung von Schilf- und Binsenbeständen, Auenvegetation sowie anderen natürlichen Pflanzengesellschaften umrissen wird. Nicht geschützt ist dagegen andere Vegetation in Ufernähe, die gegebenenfalls sogar durch Ufervegetation zu ersetzen wäre (Abs. 2).

2
Subsidiäre Anwendung von Art. 18 NHG
Application subsidiaire de l'art. 18 LPN

Schweigt die Spezialbestimmung von Art. 21 NHG zu einem Sachverhalt, der Ufervegetation betrifft, so greifen *subsidiär* die Bestimmungen der Grundnorm von Art. 18 NHG zum Biotopschutz, sowie die übrigen auf Biotope anwendbaren Bestimmungen (Art. 24, 24a, 24e NHG; WaG; BGF; GSchG; WBG)[2].

II. Begriff und Abgrenzung der Ufervegetation (Abs. 1)

A. Naturwissenschaftlicher und rechtlicher Ansatz zur Definition

3
Naturphänomen und Rechtsnorm
Phénomènes naturels et règle de droit

In Art. 21 NHG hat der Gesetzgeber den Versuch unternommen, *ein Naturphänomen in einer Rechtsnorm zu umschreiben*. Die in der Umschreibung verwendeten Pflanzenbezeichnungen und Begriffe geben dabei nicht mehr als Anhaltspunkte für eine Abgrenzung der Ufervegetation und stellen daher die Praxis vor grosse Anwendungsprobleme.

Es ist nicht verwunderlich, dass in dieser Situation das *Bundesgericht* nach weiteren Kriterien suchte, um den Begriff für die Rechtsanwendung fassbar zu machen (Rz 13 ff.).

Als Naturphänomen ist Ufervegetation auch Gegenstand *naturwissenschaftlicher Forschung* und Umschreibung, die jedoch nicht in Rechtskategorien denkt

---

[1] Unpublizierte E. 2a von BGE 118 Ib 485 = JdT 1994 I 503.
[2] Zum Verhältnis zwischen Art. 22 BFG und Art. 18 und 21 NHG vgl. BGE 117 Ib 477 sowie zwischen Art. 2 Abs. 4 Satz 2 WaG und Art. 21 NHG BGE 122 II 284 f.

und arbeitet. Im Extremfall kann dies dazu führen, dass eine naturwissenschaftlich als Ufervegetation zu bezeichnende Pflanzengesellschaft nicht unter die Bestimmung von Art. 21 NHG fällt (Rz 5,7,15).

So entstanden zwei verschiedene Ansätze zur Umschreibung der Ufervegetation, ein naturwissenschaftlicher, der die Erforschung des Phänomens zum Ziel hat und die Grundlagen liefert, und ein rechtlicher, der die für die Rechtsanwendung geeigneten Elemente herauszuschälen und zu übernehmen trachtet. Geöffnet hat sich dabei aber ein *Spannungsfeld, das noch einige Zeit für Dynamik in der Rechtsanwendung sorgen wird*. Aus diesem Grunde seien in der Folge die aus rechtlicher Sicht relevanten Elemente der naturwissenschaftlichen Umschreibung herausgearbeitet.

B. Rechtlicher Begriff der Ufervegetation

4
Pflanzenökologischer Begriff
Notion issue de l'écologie botanique

Ufervegetation[3] ist im Grunde ein *pflanzenökologischer Begriff*[4]. Massgebende Elemente für die Abgrenzung der Ufervegetation von der übrigen Vegetation sind die Komponenten Flora, Hydrologie und Bodenqualität.

Nach Art. 21 NHG hat sich Ufervegetation im Uferbereich zu befinden und ist auf das Vorkommen natürlicher Pflanzengesellschaften beschränkt[5]. Ufervegetation im Sinne des Gesetzes (nicht aber im naturwissenschaftlichen Sinn) verlangt somit immer nach einem *direkten räumlichen Zusammenhang mit einem oberirdischen Gewässer*[6]. Unter einem oberirdischen Gewässer wird nach der Definition in Art. 4 Bst. a GSchG ein Wasserbett mit Sohle und Böschung sowie mit der entsprechenden tierischen und pflanzlichen Besiedlung verstanden. Die Grösse des Gewässers (auch Weiher und Tümpel fallen darunter) spielt dabei keine Rolle, doch sollte es während eines überwiegenden Teils des Jahres Wasser führen.

5
Räumlicher Zusammenhang mit oberirdischem Gewässer
Lien dans l'espace avec les eaux de surface

Soweit sie nicht in einem direkten Zusammenhang mit einem solchen oberirdischen Gewässer stehen, fallen daher *Quellfluren* und *Flachmoore* nicht unter den Begriff Ufervegetation. *Hochmoore* sind definitionsgemäss keine Uferve-

---

[3] Vgl. für eine Vertiefung LEUTHOLD/KLÖTZLI/LUSSI, worauf in den folgenden Ausführungen abgestellt wird.
[4] LEUTHOLD/KLÖTZLI/LUSSI, 15.
[5] Für den Begriff «Uferbereiche» (Mehrzahl) in Art. 18 Abs. 1bis NHG: FAHRLÄNDER, Art. 18, Rz 17, ferner LEUTHOLD/KLÖTZLI/LUSSI, 26 ff.
[6] Das Grundwasser ist für den rechtlichen Begriff der Ufervegetation dann von Bedeutung, wenn es mit dem oberirdischen Gewässer in Zusammenhang steht.

getation, da sie nicht vom Grundwasser, sondern vom Regenwasser beeinflusst sind[7].

6
Eigentumsverhältnisse
Régime de propriété

Keine Rolle spielt dagegen, ob es sich um ein fliessendes oder stehendes Gewässer handelt, und ob dieses Gewässer *öffentlich oder in privatem Eigentum* ist[8]. Auch spielt es keine Rolle, wes Eigentum das angrenzende Land ist.

7
Quantitative Kriterien
Critères quantitatifs

Abgesehen vom direkten räumlichen Zusammenhang mit einem oberirdischen Gewässer, der sich aus dem Uferbegriff herleitet, enthält das NHG keine räumlichen Anhaltspunkte. Nach naturwissenschaftlichen Kriterien kann jedoch die Ufervegetation sehr weit landeinwärts reichen oder ins Wasser hinausragen, so dass aus Gründen der Rechtssicherheit neben den naturwissenschaftlichen auch *begrenzende quantitative Kriterien* heranzuziehen sind.

8
Ufervegetation
Végétation des rives

Die *Ufervegetation* beginnt sowohl bei stehenden, wie bei fliessenden Gewässern wasserseits mit einer submersen, d.h. überfluteten Vegetation und setzt sich über den wechselnden Einflüssen ausgesetzten Schwankungsbereich der Wasser-/Uferlinie landseits fort in den von Grund- und Hochwasser beeinflussten Bereich.

9
Stehende Gewässer
Eaux stagnantes

Bei *stehenden Gewässern* tritt Ufervegetation je nach Wasser- und Lichtverhältnissen bis in eine Tiefe von 30 Metern auf[9]. Ob ihre Ausdehnung vom Ufer ins offene Gewässer quantitativ begrenzt werden soll und kann, ist umstritten. Landeinwärts hängt die Ufervegetation vom Grundwasserspiegel ab, der das oberirdische Gewässer umgibt und mit dessen Wasserstand schwankt, wobei die Grundwasserspitzen ausschlaggebend sind.

10
Fliessende Gewässer
Eaux courantes

Bei *fliessenden Gewässern* beginnt die Ufervegetation bei den untersten submersen (überfluteten) Pflanzen und setzt sich landeinwärts fort bis in den Bereich, der bei Spitzenhochwassern noch überschwemmt wird. Da indessen korrigierte Fliessgewässer meist keine natürlichen Spitzenhochwasser mehr aufweisen, wird auch hier der Einflussbereich des Grundwassers ausschlaggebend. Ferner ist das Bergdruckwasser[10] entlang alpinen Gewässern einzubeziehen. Auch hier ist unklar, ob wasserseitig aus praktischen Gründen eine Begrenzung der Ufervegetation möglich ist (vgl. Rz 16).

---

[7] LEUTHOLD/KLÖTZLI/LUSSI, 23 ff.
[8] Botschaft USG, BBl 1979 III 830; BGr. in ZBl 1986, 400.
[9] LEUTHOLD/KLÖTZLI/LUSSI, 15 f.
[10] Grundwasser, dessen Spiegel beidseits des oberirdischen Gewässers höher liegen kann als jener des Gewässers.

Als Ufervegetation kommt nur eine *natürliche oder naturnahe und standortgerechte Pflanzenschicht* in Frage. Eine stark degradierte (entwertete) Ufervegetation (z.b. Fichtenwälder im Mittelland) fällt ebensowenig darunter, wie eine bis unmittelbar ans Ufer reichende intensiv landwirtschaftlich genutzte Vegetation. Hingegen ist nicht zu fordern, dass die vegetative Bodenbedeckung durchgehend sei. Ähnlich wie im Wald (Art. 2 Abs. 2 Bst. b WaG) können auch Blössen zur Ufervegetation gehören oder sogar typisches Merkmal einer solchen sein, wenn sie hoher Wasserdynamik ausgesetzt ist (Abbruchstellen, Sand- und Kiesflächen etc.).

11
Natürliche standortgerechte Pflanzen
Plantes naturelles et adaptées au lieu

Das Gesetz selbst zählt beispielhaft Schilf- und Binsenbestände als natürliche Ufervegetation auf. Diese Aufzählung wurde 1983 der Rechtsprechung folgend um die «Auenvegetationen sowie andere natürliche Pflanzengesellschaften im Uferbereich» erweitert[12]. Die natürlichen Ufervegetationen stehender Gewässer folgen einer regelmässigen *Zonation*[13]. Ausgehend von einer Unterwasser- und Schwimmblattflur geht die Vegetation über in Röhricht und Grosseggenried im Schwankungsbereich des Seespiegels und weiter in Bruchwälder und in noch trockeneren Verhältnissen in Eichen-Eschenwälder. An Fliessgewässern wird die Unterwasservegetation abgelöst von Flussröhrichten, Weiden und später Eschenwäldern. Aus ihnen entstehen Ulmen- Eschenwälder und schliesslich, wo das Grundwasser wie bei den Stehgewässern den Hauptwurzelbereich der Pflanzen nicht mehr erreicht, Buchenmischwälder, die nicht mehr unter den Begriff der Ufervegetation fallen[14]. Wo der Mensch eingegriffen und gerodet hat, finden sich oft Streuwiesen, die zur Streuegewinnung extensiv bewirtschaftet werden. Auch diese Vegetationsformen sind im Sinne des NHG natürlich oder naturnah. Aber selbst künstlich angelegte Bestokkungen können naturnahen Charakter entwickeln, sofern standortgemässe Arten ausgepflanzt wurden.

12
Zonation
Zonage

C. Der Begriff in der Rechtsprechung

Das *Bundesgericht* nahm 1970 erstmals Stellung zum Begriff der Ufervegetation im NHG und hielt fest, es handle sich um Pflanzen, welche die Ufer bedecken oder im Wasser wachsen[15]. Zwei Jahre später[16] wiederholte es diese Umschreibung, die allein auf die Art der Vegetation als Kriterium abstellte.

13
Bundesgerichtspraxis
Jurisprudence du Tribunal fédéral

---

[12] JENNI, 9.
[13] Örtliche Abfolge typischer Pflanzengesellschaften vgl. Darstellung in LEUTHOLD/KLÖTZLI/LUSSI, 16 ff.
[14] LEUTHOLD/KLÖTZLI/LUSSI, 17 f.
[15] BGE 96 I 692 = JdT 1972 I 316.
[16] BGE 98 Ib 18 = Pra 1972, 330.

14
Landseitig: Schwankungsbereich des Wasserspiegels

Aspect terrestre: extension en cas de montée des eaux

Zu einer Weiterentwicklung des Begriffs *landseitig* führte ein Gutachten von KLÖTZLI[17], gestützt auf welches das Bundesgericht fortan darauf abstellte, ob die Pflanzen sich im *Schwankungsbereich des Spiegels* eines stehenden oder fliessenden Gewässers in der Verlandungszone befinden[18]. In BGE 110 Ib 118 f. setzte sich das Bundesgericht sodann intensiv mit den Grenzen des Schwankungsbereichs des Wasserspiegels auseinander und bezog auch Hochwasser mit Ausnahme ganz selten vorkommender mit ein. Seither hat es diese Rechtsprechung wiederholt bestätigt[19] und dabei auch den Grundwasserspiegel als bestimmendes Element für die Ufervegetation in Form eines Auenwaldes anerkannt[20].

15
Pflanzengesellschaft
Association de végétaux

Mit der Betonung des Schwankungsbereichs des Wasserspiegels geriet nun aber das zweite gleichermassen bestimmende Element der im Uferbereich angetroffenen *Pflanzengesellschaften* zu unrecht ins Hintertreffen. Es wird wohl dann wieder voll zu Ehren kommen, wenn das Bundesgericht einen Fall zu beurteilen haben wird, wo – etwa bei einem Kanal – der Schwankungsbereich des Wasserspiegels als Abgrenzungskriterium versagt.

16
Wasserseitig
Aspect aquatique

Dagegen lässt eine vom höchsten Gericht bestätigte Abgrenzung der *Ufervegetation wasserseitig* bis heute auf sich warten.

III. Schutz der Ufervegetation

17
Umfassender Schutz
Protection globale

Der Schutz der Ufervegetation ist gestützt auf den direkt anwendbaren Art. 21 NHG (Rz 1) *umfassend*. Insbesondere kennt diese Bestimmung keine Pflicht zur Rücksichtnahme auf schutzwürdige land- und forstwirtschaftliche Interessen, wie sie den Biotopschutzbestimmungen in Art. 18 Abs. 1 und Art. 18b Abs. 2 NHG oder den Moorschutzbestimmungen in Art. 24[sexies] Abs. 5 BV vorangestellt wird. Der Kreis allenfalls zulässiger Ausnahmen ist damit eng gezogen (vgl. Art. 22 Abs. 2 NHG).

18
Zum Absterben führende Einwirkungen
Atteintes destructrices

Untersagt und als Vergehen unter Strafe gestellt (Art. 24 Abs. 1 Bst. b NHG; vgl. RONZANI, Art. 24, Rz 9–14) ist jede *Einwirkung des Menschen*, die die Ufervegetation *zum Absterben bringt*. Besonders aufgeführt, weil relativ häufig

[17] Vom 23. Mai 1972 im Auftrag der ENHK.
[18] Unpublizierte Entscheide des Kassationshofes des Bundesgerichts in Schweizer Naturschutz Nr. 4/1973, 3, des BGr. vom 17. April 1985 i.S. Thal, E. 3a, teilweise wiedergegeben in ZBl 1986, 399.
[19] BGE 115 Ib 227 f. = JdT 1991 I 494; BGE 112 Ib 434 = JdT 1988 I 595.
[20] Insbes. BGE 113 Ib 347 = JdT 1989 I 493; BGE 113 Ib 250 f.; vgl. auch BGE 112 Ib 434 = JdT 1988 I 595.

vorkommend, werden der Fall der Rodung, d.h. des Entfernens der Vegetation mit der Wurzel, sowie das Überschütten beispielsweise als Uferaufschüttung oder als Aushubdeponie etc.

Nicht gestattet ist damit aber auch:
- eine Einflussnahme auf die Wasserführung oder den Grundwasserspiegel, die zu einem Austrocknen der Ufervegetation führen könnte[21].
- der Eintrag von Dünger oder die Verwendung von Pflanzenschutzmitteln, die zu einer langsamen Veränderung der Vegetation und damit zu einem selektiven Absterben von Pflanzen aus der Pflanzengesellschaft «Ufervegetation» führen.
- weitere negative Einwirkungen des Menschen, die in der Folge zu einem Absterben und Verschwinden der Ufervegetation führen können (Veränderung der Fliesseigenschaften oder der mikroklimatischen Verhältnisse etc.).

Verboten ist also beides, sowohl eine mechanische als auch eine chemische Einflussnahme des Menschen auf die Ufervegetation, die ihr Absterben bewirkt.

Lediglich mittelbare Beeinträchtigungen der Ufervegetation, wie sie sich etwa im siedlungsnahen Raum immer ergeben, wenn das Ufer zugänglich ist, fallen dagegen nicht unter das Verbot[22].

Nicht ausgeschlossen, weil sie eine bestimmte Art der Ufervegetation nicht verändert, ist eine angepasste z.B. landwirtschaftliche *Nutzung* etwa zur Gewinnung von Streue. Eine solche Nutzung kann im Gegenteil sogar der Erhaltung und Pflege in traditioneller Bewirtschaftung entstandener Pflanzengesellschaften dienen, die unter die Ufervegetation fallen.

Nicht unter das Veränderungsverbot fällt sodann jede Veränderung, die auf die *natürliche Dynamik* im Uferbereich zurückgeht, also etwa auf das Mäandrieren eines Fliessgewässers, auf natürliche Hochwasser oder Trockenperioden etc., die nicht vom Menschen hervorgerufen oder gesteuert werden.

Der Vollständigkeit halber ist schliesslich darauf hinzuweisen, dass der allgemeine Vorbehalt der *polizeilichen Generalklausel* auch hier Eingriffe zur *unmittelbaren Abwehr von Gefahren*, die Menschenleben oder erhebliche Sachwerte bedrohen, gestattet. Wo solches Handeln erforderlich ist, kommt es nicht darauf an, ob die Ursachen auf den Menschen (z.B. Ölpest, Vergiftung von Gewässern etc.) oder Naturkräfte (Dammbruch, Jahrhunderthochwasser, Erdrutsche etc.) zurückgehen. Hingegen verlangt das Prinzip der Verhältnismässigkeit, dass die Beeinträchtigung der Ufervegetation auf ein notwendiges Min-

19 Angepasste landwirtschaftliche Nutzung
Exploitation agricole adaptée

20 Natürliche Gewässerdynamik
Dynamique naturelle des eaux

21 Gefahrenabwehr, polizeiliche Generalklausel
Protection contre le danger, clause générale de police

---

[21] BGE 113 Ib 351 = JdT 1989 I 493; BGE 112 Ib 437 = JdT 1988 I 595.
[22] Unveröffentlichter Entscheid des BGr. vom 10. Dezember 1996 i.S. Sempach, E. 4.

destmass beschränkt, und nach dem Eingriff die beschädigte Vegetation möglichst wieder hergestellt wird (Art. 18 Abs. 1ᵗᵉʳ NHG).

IV. Anlage von Ufervegetation (Abs. 2)

A. Gegenstand

22
Revitalisierung der Uferbereiche
Revitalisation des rives

Heute verhindern menschliche Eingriffe überwiegend ein Aufkommen von Ufervegetation im Uferbereich, d.h. in jenem Bereich eines oberirdischen Gewässers, in dem Ufervegetation natürlich vorkommen könnte (FAHRLÄNDER, Art. 18, Rz 17). Angesichts der Bedeutung einer natürlichen Ufervegetation im ganzen ökologischen System wurde mit der Revision des Gewässerschutzgesetzes vom 24. Januar 1991 in Art. 21 Abs. 2 NHG eine Bestimmung aufgenommen, die gestalterisch (ROHRER, 1. Kap., Rz 7, 14) eine *Revitalisierung der Uferbereiche* fördern soll.

Der Ufervegetation soll grundsätzlich überall dort eine Chance gegeben werden, wo es *die Verhältnisse erlauben.* Im Sinne einer langfristigen Zielsetzung erfordert dies eine sorgfältige Aufnahme der Situation entlang von Gewässern und eine Überprüfung möglicher Massnahmen zur Erreichung des Ziels. Dabei ist nicht leichthin anzunehmen, dass die Verhältnisse eine solche Revitalisierung ausschliessen, vielmehr sind verschiedenste Massnahmen ins Auge zu fassen, um dieses Ziel zu erreichen.

23
Landwirtschaft, ökologischer Ausgleich
Agriculture, compensation écologique

So ist etwa in *Bereichen intensiver landwirtschaftlicher Nutzung* darauf hinzuwirken, dass mit Mitteln ökologischer Ausgleichszahlungen oder vertraglicher Vereinbarungen im Rahmen des Biotopschutzes (Art. 18, 18b NHG in Verbindung mit Art. 18c NHG; vgl. MAURER, Art. 18b, Rz 31–36 und Art. 18c, Rz 8–18) die Nutzung in geeigneter Weise extensiviert oder ganz auf sie verzichtet wird. Dies zumal dort, wo es sich um eine nicht standortgemässe Nutzung handelt, die entsprechende Hochwasserschutzanlagen erfodert[23].

24
Ungeeignete Bestockung
Peuplement forestier inadéquat

Bei *ungeeigneter Bestockung* in der Uferzone, etwa einer reinen Fichtenkultur, wäre über die forstliche Planung zu erreichen, dass im Rahmen der Bewirtschaftung des Waldes auf die weitere Entwicklung so Einfluss genommen wird, dass wieder ein standortgerechter, naturnaher Wald im Sinne von Art. 1 Abs. 1 Bst. b und Art. 20 Abs. 2 WaG entstehen kann.

25
Wassernutzung
Force hydraulique

Bei der Erneuerung von Wasserrechtskonzessionen ist gegebenenfalls darauf zu achten, dass geeignete Bedingungen in Bezug auf die *Wassernutzung* aufge-

[23] LEUTHOLD/KLÖTZLI/LUSSI, 29.

nommen werden (Restwassermenge, Spülbetrieb, etc.), um eine Revitalisierung des Uferbereichs zu erlauben.

Wo es um die Erneuerung einer *Bachverbauung* geht, wäre nach Möglichkeit auf ingenieur-biologische Methoden der Verbauung zurückzugreifen, auch wenn solche Methoden mit höheren Kosten verbunden sein sollten.

26
Verbauung
Construction

Auf jeden Fall würde der *langfristigen Zielsetzung* dieser Bestimmung nicht richtig nachgelebt, wenn sich die Bemühungen auf lediglich kurzfristig und einfach zu realisierende Massnahmen beschränken würden.

27
Langfristige Zielsetzung
Objectifs à long terme

Das Gesetz verlangt, wenn es davon spricht, dass Ufervegetation primär *anzulegen* sei, nach einem *aktiven Bemühen*. Dies beinhaltet eine allfällige Vorbereitung des Terrains, insbesondere bei ungünstigen Verhältnissen für eine Naturverjüngung, die Anpflanzung geeigneter Pflanzen sowie in der Folge ihre Hege, bis das Aufkommen der Vegetation gesichert ist.

28
Aktives Bemühen
Intervention active

Gegebenenfalls – nach der Wortwahl des Gesetzgebers – nur sekundär, in der Praxis allerdings eher die Regel, mag es auch genügen, die *Voraussetzungen für das Gedeihen* einer Ufervegetation zu schaffen. In einem solchen Falle ist dafür zu sorgen, dass die Bodenbeschaffenheit und der Wasserhaushalt das natürliche Aufkommen von Ufervegetation erlaubt. Ferner ist sicherzustellen, dass der Uferbereich, der solcher natürlicher Entstehung von Vegetation überlassen wird, vor störenden oder schädigenden Einflüssen geschützt wird, bis sich die natürliche Vegetation genügend gefestigt hat, um zu überleben.

29
Natürliches Aufkommen
Rétablissement naturel

B. Zuständigkeit

Der Revitalisierungsauftrag richtet sich an die Kantone. Ihnen stehen dabei die in der Bundes- und gegebenenfalls in der kantonalen Gesetzgebung vorgesehenen Mittel zur Verfügung. Dazu gehören die Bestimmungen über den Biotopschutz (vgl. MAURER, Art. 18b, Rz 8–10), die es erlauben mit Grundeigentümern und Grundeigentümerinnen sowie den Bewirtschaftern und Bewirtschafterinnen entsprechende *Vereinbarungen* zu schliessen (Art. 18c Abs. 1 NHG) oder diese ausnahmsweise sogar zu enteignen (Art. 18c Abs. 4 NHG).

30
Auftrag an die Kantone
Mandat pour les cantons

Ebenso bedeutsam ist es jedoch, dass die zuständigen kantonalen Behörden die *Querschnittsaufgabe,* die der Natur- und Heimatschutz darstellt, wahrnehmen. Sie erfüllen diesen Auftrag, indem sie bei der Erneuerung oder bei neu zu erteilenden Bewilligungen und Konzessionen auch dort, wo kein Eingriff in eine Ufervegetation vorliegt, eine solche aber standortgerecht und möglich wäre, mit Bedingungen und Auflagen dafür sorgen, dass die Gesuchsteller und Gesuchstellerinnen selbst die geeigneten Massnahmen ergreifen, um wieder eine natür-

31
Querschnittsaufgabe
Tâche multisectorielle

liche Ufervegetation herzustellen. Solche Verfahren, die auf den ersten Blick scheinbar nichts mit einer Ufervegetation zu tun haben, können z.B. Geländestabilisierungen, Verbreiterungen oder Sanierungen von Strassen etc. im Uferbereich sein[24].

32 Damit ist auch gesagt, dass der Gesetzesauftrag zwar an den Kanton geht, diesem jedoch freigestellt ist, diesen Auftrag durch *Dritte* (Gemeinden, Private) zu erfüllen.

Erfüllung durch Dritte
Exécution par un tiers

---

[24] Vgl. auch LEUTHOLD/KLÖTZLI/LUSSI, 30.

Art. 22 Ausnahmebewilligungen

¹ Die zuständige kantonale Behörde kann für das Sammeln und Ausgraben geschützter Pflanzen und das Fangen von Tieren zu wissenschaftlichen sowie zu Lehr- und Heilzwecken in bestimmten Gebieten Ausnahmen gestatten.

² Sie kann die Beseitigung der Ufervegetation in den durch die Wasserbaupolizei- oder Gewässerschutzgesetzgebung erlaubten Fällen für standortgebundene Vorhaben bewilligen.

³ Begründet ein anderer Erlass die Zuständigkeit einer Bundesbehörde zum Entscheid über ein Vorhaben, so erteilt diese Behörde die Ausnahmebewilligung. Diese bedarf der Zustimmung des Bundesamtes für Umwelt, Wald und Landschaft, welches seinerseits die kantonale Fachstelle (Art. 25 Abs. 2) anhört.

Art. 22 Exceptions autorisées

¹ L'autorité cantonale compétente peut, à des fins scientifiques, pédagogiques et thérapeutiques, et sur des territoires déterminés, permettre des exceptions pour la récolte et la déplantation de plantes protégées ainsi que pour la capture d'animaux.

² Elle peut autoriser la suppression de la végétation existant sur des rives dans le cas de projets qui ne peuvent être réalisés ailleurs et qui ne contreviennent pas à la législation en matière de police des eaux et de protection des eaux.

³ Si une autre norme juridique attribue à une autorité fédérale la compétence de décider au sujet d'un projet, l'autorisation exceptionnelle est octroyée par cette autorité. L'autorisation doit être approuvée par l'Office fédéral de l'environnement, des forêts et du paysage qui demande pour sa part l'avis du service cantonal chargé de la protection de la nature et du paysage (art. 25, 2ᵉ al.).

Inhaltsverzeichnis	Rz
I. Einleitende Bemerkungen	1
II. Ausnahmebewilligung im Artenschutz (Abs. 1)	5
III. Ausnahmebewilligung zur Beseitigung von Ufervegetation (Abs. 2)	11
IV. Zuständigkeit von Bundesbehörden (Abs. 3)	21

Table des matières	N°
I. Remarques introductives	1
II. L'autorisation exceptionnelle et la protection des espèces (al. 1)	5
III. L'autorisation exceptionnelle de supprimer la végétation des rives (al. 2)	11
IV. La compétence des autorités fédérales (al. 3)	21

I.   Einleitende Bemerkungen

1
Querschnitts-
aufgabe
Tâche
multisec-
torielle

Naturschutz im allgemeinen und Biotopschutz im besonderen sind als *Querschnittsaufgaben* (vgl. MAURER, Kap. 4, Rz 2) wie die Raumplanung oder der Umweltschutz im Rahmen jeglicher behördlicher Tätigkeit zu berücksichtigen. Konsequenterweise verzichtet das NHG auf die Einführung eines eigenen Bewilligungsverfahrens in diesem Bereich – mit Ausnahme der Verfahren für den Zugriff auf bedrohte Pflanzen und Tiere und der Beseitigung von Ufervegetation.

2
Ausnahme-
bewilligung
Dérogation

Ausnahmebewilligungen stellen immer Abweichungen von einem vom Gesetzgeber postulierten Grundsatz dar. Sie unterscheiden sich darin von der einschränkenden Pflicht zur Rücksichtnahme, wie sie in Art. 18 Abs. 1 und Art. 18b Abs. 2 NHG oder Art. 24^{sexies} BV zu Gunsten land- und forstwirtschaftlicher Interessen vorbehalten wird und die Erreichbarkeit der Schutzziele zwar einschränkt, diese aber nicht aufhebt. Eine Ausnahme ist diesen Zielen dagegen grundsätzlich untergeordnet, hebt diese jedoch, einmal gewährt, auf. Die Voraussetzungen, unter denen vom angestrebten Ziel abgewichen werden darf, werden daher vom Gesetzgeber möglichst scharf umrissen.

3
Interessenab-
wägung
Pondération
des intérêts

Jede Abweichung im Sinne einer Ausnahme setzt die Durchführung eines Bewilligungsverfahrens voraus. In diesem Verfahren hat die zuständige Behörde zunächst zu prüfen, ob die zur Erwirkung einer Ausnahme geltend gemachten Gründe mit den vom Gesetzgeber für solche Fälle anerkannten übereinstimmen. Doch selbst wenn dem so ist, bedeutet dies nicht, dass eine Ausnahme ohne weiteres zu bewilligen ist. Vielmehr hat die zuständige Behörde im Rahmen der kann-Bestimmung von ihrem *gesetzlichen Ermessen* Gebrauch zu machen und eine *Interessenabwägung* vorzunehmen. Dabei stellt sie die geltend gemachten Gründe dem Interesse an der Erreichung des vom Gesetz angestrebten Ziels gegenüber. Nur wenn in dieser Gegenüberstellung im Einzelfall die geltend gemachten Gründe das Interesse am Festhalten an der generellen Zielvorgabe überwiegen, ist die Ausnahmebewilligung auch zu erteilen[1]. Diese

---

[1]   BGr. in ZBl 1986, 401 ff.

Feststellung ist, so banal sie wirken mag, doch von ausschlaggebender Bedeutung für den richtigen Umgang mit den vom Gesetzgeber gestatteten Ausnahmen. Dabei steht den Bewilligungsbehörden ein recht grosses Ermessen zu, das bei richtiger Anwendung auch von den richterlichen Instanzen respektiert wird[2].

Die richtige Ausübung des Ermessens setzt in Bezug auf den Natur- und Heimatschutz insbesondere voraus, dass von den Behörden das Schutzziel der Bestimmung, von dem eine Ausnahme gewährt werden soll, nie aus den Augen gelassen wird. Eine nach der Interessenabwägung zu gewährende Ausnahme ist daher auf das unumgängliche Minimum zu beschränken. Mit geeigneten *Auflagen und Bedingungen* ist dafür zu sorgen, dass der anzurichtende Schaden wirksam eingegrenzt und der ursprüngliche Zustand nach einem Eingriff womöglich wieder hergestellt wird, bzw. wo dies nicht möglich ist, geeignete Ersatzmassnahmen verlangt werden (Art. 21 NHG in Verbindung mit Art. 18 Abs. 1bis und 1ter NHG)[3].

4
Auflagen und Bedingungen
Charges et conditions

II. Ausnahmebewilligung im Artenschutz (Abs. 1)

Der ausnahmsweise Zugriff auf bedrohte und daher nach Art. 20 NHG geschützte Pflanzen und Tiere darf *ausschliesslich zu wissenschaftlichen sowie zu Lehr- und Heilzwecken* bewilligt werden. Ein Ausnahmegesuch hat daher den damit verfolgten Zweck ausführlich und verbindlich darzulegen, um der entscheidenden Behörde eine umfassende Interessenabwägung (vgl. Rz 3) zu ermöglichen.

5
Zweck
But

Die Behörde ihrerseits hat eine *Beurteilung* des verfolgten Zwecks vorzunehmen und gegebenenfalls mit Hilfe zuständiger Fachstellen abzuklären, ob der gewünschte Zugriff auf die geschützten Pflanzen oder Tiere überhaupt dazu geeignet ist. Selbst wenn dies der Fall wäre, wird sie jedoch den verfolgten Zweck noch dem Grad der Gefährdung der Pflanzen oder Tiere gegenüberstellen und entsprechend deren Schutzbedürfnis abwägen.

Sind die Voraussetzungen für eine Ausnahme erfüllt, ist in der Bewilligung das *Gebiet,* in dem Pflanzen ausgegraben oder gesammelt oder die Tiere gefangengenommen werden dürfen, geographisch genau zu bezeichnen und abzugrenzen. Ausnahmen dürfen gemäss NHG nur in bestimmten Gebieten gestattet

6
Örtliche Abgrenzung
Délimitation ratione loci

---

[2] BGE 119 Ib 265 = JdT 1995 I 460, mit Hinweisen.
[3] BGE 118 Ib 9 = JdT 1994 I 453; BGE 113 Ib 352 = JdT 1989 I 493.

werden. Zudem sind Anzahl oder Mengen sowie weitere Auflagen und Bedingungen festzuhalten.

7 Inhaltliche Abgrenzung Délimitation ratione materiae	Zu beachten ist auch, dass sich die Bewilligung bei Pflanzen nur auf das *Sammeln* und *Ausgraben* und bei Tieren nur auf das *Fangen* beziehen darf. Damit ist eine andere Tätigkeit, insbesondere bei Tieren ein Abschuss und Töten von der Bewilligung gestützt auf das NHG ausgenommen. Die Voraussetzungen für die Erteilung einer Ausnahmebewilligung zum Abschuss, aber auch zum Halten geschützter Tiere sind im Jagdgesetz (Art. 7 ff. JSG) geregelt.
8 Ausnahmen zur Erhaltung der biologischen Vielfalt Exceptions pour le maintien de la diversité biologique	In *Art. 20 Abs. 3 NHV* hat der Bundesrat den Rahmen, in welchem Ausnahmebewilligungen erteilt werden dürfen, im Interesse des Naturschutzes selbst sowie für bestimmte technische Eingriffe etwas geöffnet. Ausnahmebewilligungen sind daher auch möglich zur *Erhaltung der biologischen Vielfalt,* d.h. in einer Situation, wo eine geschützte Pflanzen- oder Tierart eine andere geschützte zu verdrängen droht. Hier soll es erlaubt sein, durch geeignete Eingriffe die biologische Vielfalt zu erhalten (Bst. a).
9 Ausnahmen für technische Eingriffe Exceptions pour des atteintes techniques	Die Ausnahme gemäss Art. 20 Abs. 3 Bst. b NHV betrifft in restriktiver Weise *technische Eingriffe,* die gestützt auf Art. 18 Abs. 1ter NHG in Biotopen allgemein und gestützt auf Art. 22 Abs. 2 NHG in der Ufervegetation im besonderen gestattet werden können. Damit wird die Lücke geschlossen, die notwendigerweise entsteht, wenn durch einen an sich zu bewilligenden technischen Eingriff in einem Biotop (aber auch ausserhalb) geschützte Pflanzen oder Tiere betroffen werden. Der Rahmen, in welchem solche Eingriffe gestattet werden können, entspricht dem in Art. 18 Abs. 1ter NHG abgesteckten (vgl. FAHRLÄNDER, Art. 18, Rz 26–30, FAVRE, Art. 20, Rz 7).
10 Zuständigkeit Compétence	Zuständig für das Erteilen von Ausnahmebewilligungen sind die *kantonalen Behörden.*

III. Ausnahmebewilligung zur Beseitigung von Ufervegetation (Abs. 2)

11 Bewilligungsverfahren Procédure d'autorisation	Mit dem selbständigen Bewilligungsverfahren für die Beseitigung von Ufervegetation soll der besonderen Schutzwürdigkeit der Ufervegetation Nachachtung verschafft werden. Die Praxis zeigt jedoch, dass ein solches Verfahren häufig gar nicht durchgeführt wurde und jedenfalls den dramatischen Schwund von natürlicher Ufervegetation nicht aufzuhalten vermochte.
12 BGr.-Praxis Jurisprudence du TF	Dieser Entwicklung leistete eine Zeitlang selbst das Bundesgericht vorschub, indem es annahm, dass die Ausnahmebewilligung zur Beseitigung der Uferve-

getation in einer anderen Bewilligung (Rodungs-, fischereirechtliche Bewilligung etc.) bereits enthalten sei[4].

Während das Bundesgericht in seiner neueren Praxis[5] nun auf einer *eigenen Ausnahmebewilligung* besteht, hat der Gesetzgeber die anzuwendende Bestimmung an die Wasserbau- und Gewässerschutzgesetzgebung gebunden (Fassung gemäss Art. 75 Ziff. 2 GSchG vom 24. Januar 1991) und damit materiell so abgeändert, dass sie de facto ihren eigenständigen Charakter eingebüsst hat[6]. In den Verfahren nach diesen Gesetzen ist ohnehin den Anliegen des NHG Rechnung zu tragen. Die Interessenabwägung bezüglich des Schutzes der Ufervegetation könnte somit im Sinne der erwähnten Querschnittsaufgabe (Rz 1) unter den neuen Bedingungen ebensogut in jene Bewilligungsverfahren integriert werden, wie dies im Zuständigkeitsbereich von Bundesbehörden bereits der Fall ist (Art. 22 Abs. 3 NHG).

13
Rechtsentwicklung
Développement juridique

Materiell hat die Bindung der Ausnahmebewilligung an die Wasserbau- und Gewässerschutzgesetzgebung insofern eine *Verstärkung des Schutzes* der Ufervegetation zur Folge, als für andere als von diesen beiden Gesetzen zugelassene Vorhaben keine Bewilligungen erteilt werden dürfen. Andererseits wurde aber die früher geltende Einschränkung der Bewilligung auf Vorhaben im öffentlichen Interesse, der in der Botschaft zum NHG[7] noch grosse Bedeutung zugemessen wurde, fallen gelassen. Das Gewässerschutzgesetz erlaubt auch Bauvorhaben im privaten Interesse[8].

Ausnahmen gestützt auf das *Wasserbaugesetz* sind denkbar, wo es um den Schutz von Menschen oder erheblichen Sachwerten geht (Art. 1, 3 und 4 WBG). Angesichts der grossen ökologischen Bedeutung der Gewässer wird bei der Anwendung des WBG bezüglich Verbauungen und Korrekturen heute vermehrt Zurückhaltung geübt und werden häufiger planerische Massnahmen (Ausscheidung von Gefahrenzonen) eingesetzt, die einen Verzicht auf die Verbauung ermöglichen.

14
Wasserbaugesetz
Loi sur l'aménagement des cours d'eaux

Bei den Eingriffen gestützt auf das *Gewässerschutzgesetz* geht es um die Verbauung und Korrektion von Fliessgewässern (Art. 37 GSchG), das Überdecken oder Eindolen von Fliessgewässern (Art. 38 GSchG), das Einbringen fester Stoffe in Seen (Art. 39 GSchG), die Spülung und Entleerung von Stauräumen (Art. 40 GSchG), die Entfernung von Treibgut bei Stauanlagen (Art. 41 GSchG),

15
Gewässerschutzgesetz
Loi sur la protection des eaux

---

[4] BGE 111 Ib 310 = JdT 1987 I 583.
[5] BGE 115 Ib 227 = JdT 1991 I 494.
[6] Zur Interessenabwägung in Verbindung mit dem GSchG und WBG vgl. den teilweise wiedergegebenen Entscheid des Kantonsgerichts VS in URP 1997, 49.
[7] BBl 1965 III 110.
[8] JENNI, 17 f.

sowie die Entnahme und Einleitung von Wasser oder Abwasser (Art. 42 i.V. mit Art. 29 ff. GSchG) und die Ausbeutung von Kies, Sand und anderem Material (Art. 44 GSchG).

16
Minimierung der Eingriffe
Réduction maximale des atteintes

Bei all diesen Vorhaben ist dem Schutzziel, die Ufervegetation unberührt zu erhalten, Rechnung zu tragen und nach Lösungen zu suchen, die den notwendigen Eingriff in die Ufervegetation *minimieren* (Art. 21 i.V. mit Art. 18 Abs. 1bis und 1ter NHG)[9].

17
Standortgebundenheit
Implantation imposée par la destination

Dieser Grundsatz wird durch die zweite in diesem Absatz genannte Anforderung verstärkt, indem für alle in Frage kommenden Vorhaben zusätzlich verlangt wird, dass sie *standortgebunden* sind. Der Begriff der Standortgebundenheit wurde in der Rechtsprechung zu Art. 24 RPG entwickelt und beurteilt sich nach objektiven Massstäben. Dazu gehören technische oder betriebswirtschaftliche Gründe oder die Frage der Bodenbeschaffenheit, die den vorgeschlagenen Standort im Vergleich zu anderen möglichen und geprüften Standorten zwingend machen. Auf subjektive Wünsche des Einzelnen oder auf persönliche Zweckmässigkeit oder Bequemlichkeit kommt es dagegen nicht an[10].

18
Beseitigung der Ufervegetation
Destruction de la végétation des rives

Gegenstand der Bewilligung ist die *Beseitigung* der Ufervegetation, d.h. ein Eingriff jener Art, wie er in Art. 21 Abs. 1 NHG (vgl. JENNI, Art. 21, Rz 18) verboten wird (roden, überschütten oder auf andere Art zum Absterben bringen). Eingriffe, die nicht soweit gehen, bedürfen demzufolge keiner Ausnahmebewilligung, doch ist subsidiär Art. 18 Abs. 1ter NHG zu beachten.

19
Zuständigkeit, Koordination
Compétence, coordination

Zu erteilen sind Ausnahmebewilligungen zur Beseitigung von Ufervegetation von den zuständigen kantonalen Behörden. Die Zuständigkeit richtet sich nach kantonalem Recht. Von der Behörde zu beachten ist in jedem Falle das *Koordinationsgebot* für parallel laufende Verfahren, was hier mit der Bindung an Verfahren nach dem Wasserbau- oder Gewässerschutzgesetz regelmässig der Fall sein wird. Die Bewilligung zur Beseitigung von Ufervegetation wird daher entweder in eine Gesamtverfügung zu integrieren oder zeitlich so auf die übrigen Bewilligungen abgestimmt zu erteilen sein, dass gegebenfalls gegen alle Bewilligungen gleichzeitig Rechtsmittel ergriffen werden können[11].

20
Bundesaufgabe
Tâche fédérale

Da die Behörde, die über die Beseitigung der Ufervegetation entscheidet eine *Bundesaufgabe* im Sinne von Art. 24^{sexies} Abs. 2 BV und Art. 2 ff. NHG erfüllt (vgl. ZUFFEREY, Art. 2, Rz 32 f.), steht gegen solche Verfügungen auch den

---

[9] BGE 118 Ib 9 = JdT 1994 I 453; BGE 113 Ib 352 = JdT 1989 I 493.
[10] BGE 118 Ib 19 = JdT 1994 I 431 f.
[11] BGE 118 Ib 326 = JdT 1994 I 527; BGE 117 Ib 35 = JdT 1993 I 436; BGE 117 Ib 42 = JdT 1993 I 498; BGE 117 Ib 135 = JdT 1993 I 469 und BGE 117 Ib 178 = JdT 1993 I 505; BGE 116 Ib 50 = JdT 1992 I 469, je mit Hinweisen.

Gemeinden und Organisationen für Natur- und Heimatschutz (Art. 12 NHG) und dem BUWAL (Art. 12b NHG) das Beschwerderecht zu (vgl. ROHRER, 3. Kap., Rz 4).

IV. Zuständigkeit von Bundesbehörden (Abs. 3)

Mit der Bestimmung von Abs. 3, die in ihrer heutigen Fassung auf das neue Militärgesetz zurückgeht, hat der Gesetzgeber festgelegt, dass das Bewilligungsverfahren für Ausnahmen nach Art. 22 NHG in bestimmten Fällen mit anderen Verfahren zusammengelegt wird.

21
Zusammenlegung von Verfahren
Jonction des procédures

Eine solche Zusammenlegung soll überall dort stattfinden, wo eine *Bundesbehörde* über ein Vorhaben (z.B. Plangenehmigung, Konzession) zu entscheiden hat[12]. Die Federführung soll bei jener Behörde (Militär, Verkehr, Energie etc.) liegen.

Gegenstand der Ausnahmebewilligung kann die Beseitigung der Ufervegetation oder gegebenenfalls die Beseitigung geschützter Pflanzen oder das Fangen von Tieren nach Art. 20 Abs. 3 Bst. b NHV sein.

22
Gegenstand
Objet

Allerdings darf die Bewilligung von der Bundesbehörde nur erteilt werden, wenn das BUWAL einer solchen Ausnahme ausdrücklich *zustimmt*. Diese Zustimmung ist im Rahmen einer Konsultation zwischen den beteiligten Behörden einzuholen, wobei, wie in einem normalen Bewilligungsverfahren, eine Interessenabwägung vorzunehmen und die Bewilligung gegebenenfalls an Bedingungen und Auflagen zu knüpfen ist.

23
Zustimmung des BUWAL
Approbation de l'OFEFP

Die Mitwirkungsrechte der Kantone werden bei diesem Verfahren auf eine *Anhörung* der kantonalen Fachstelle für Natur- und Heimatschutz (Art. 25 Abs. 2 NHG) beschränkt, d.h. auf eine reine Meinungsäusserung reduziert. Allerdings steht, da es um die Erfüllung von Bundesaufgaben geht, den Kantonen (Art. 12b Abs. 1 NHG), wie den Gemeinden und den Organisationen für Natur- und Heimatschutz (Art. 12 NHG) das *Beschwerderecht* zu (vgl. ROHRER, 3. Kap., Rz 4).

24
Anhörung der Kantone
Audition des cantons

---

[12] Botschaft MG, BBl 1993 IV 188 f.

Art. 23   Espèces animales et végétales étrangères; autorisation obligatoire

L'acclimatation d'espèces, sous-espèces et races d'animaux et végétaux étrangères au pays ou à certaines régions nécessite une autorisation du Conseil fédéral. Cette disposition ne concerne pas les enclos, les jardins et les parcs, ni les exploitations agricoles et forestières.

Art. 23   Fremde Tier- und Pflanzenarten: Bewilligungspflicht

Das Ansiedeln von Tieren und Pflanzen landes- oder standortfremder Arten, Unterarten und Rassen bedarf der Bewilligung des Bundesrates. Gehege, Gärten und Parkanlagen sowie Betriebe der Land- und Forstwirtschaft sind ausgenommen.

Table des matières	N°
I. Généralités	1
II. Champ d'application	5
III. Les exceptions	7
IV. Procédure	11

Inhaltsverzeichnis	Rz
I. Allgemeines	1
II. Anwendungsbereich	5
III. Ausnahmen	7
IV. Verfahren	11

I.   Généralités

1
Fondement constitutionnel
Verfassungsgrundlage

L'art. 24^{sexies} al. 4 Cst. vise la protection des animaux et des plantes sauvages, parmi lesquels il faut également compter les espèces aujourd'hui éteintes mais qui avaient existé auparavant. Il ne tend en revanche pas à protéger des espèces n'ayant jamais vécu sur notre territoire[1]. En principe, l'introduction d'espèces

---

[1]   BO CE 1966 26 (Intervention du rapporteur HERR); IMHOLZ, Zuständigkeiten, 121.

non indigènes est donc interdite. A une interdiction absolue, le législateur a cependant préféré un régime d'autorisation que concrétise l'art. 23 LPN.

Le texte de l'art. 23 LPN est né des expériences malheureuse faites avec l'introduction d'espèces, sous-espèces ou races étrangères en Suisse ou dans d'autres pays. Il est destiné à éviter que des animaux et des plantes qui n'appartiennent pas à notre écosystème aient des conséquences nuisibles sur la flore et la faune indigènes (pour cette notion, FAVRE, art. 19, N° 3 à 5). Les problèmes de compatibilité peuvent être multiples, soit qu'une espèce étrangère devienne envahissante et prenne la place de la flore ou de la faune indigènes, soit qu'elle engendre des dégâts importants, par des ravages aux cultures ou l'introduction de parasites (Schädlinge) ou d'organismes pathogènes (Krankheitserreger)[2]. Ces effets peuvent être irréversibles. En Suisse, plus de deux douzaines d'espèces animales (mammifères, oiseaux, reptiles, amphibiens et surtout des poissons) ont été introduites en provenance de milieux de vie totalement étrangers à notre pays[3]. Le problème peut également se poser de manière cruciale pour les plantes[4].

2 Problématique
Hintergrund

Dans son énoncé primitif, l'art. 23 LPN prévoyait qu'une autorisation du Conseil fédéral était nécessaire pour *acclimater* (Ansiedeln) des espèces[5] végétales et animales *étrangères* ou pour *introduire des espèces indigènes dans une région du pays où elles n'existaient pas jusqu'ici*. Ce texte a été renforcé ensuite de l'adoption de la loi sur la chasse le 20 juin 1986[6], pour tenir compte du fait que l'importation et le lâcher d'animaux (Aussetzen von Tieren), protégés ou non, peuvent mettre en péril non seulement les *espèces*, mais également les *écoty-*

3 Espèces visées
Angesprochene Arten

---

[2] Au Moyen-Age, lors des défrichements intensifs, on avait déjà constaté que le reboisement par des semences étrangères engendrait des peuplements plus sujets aux parasites (Bull. OFEFP, 4/90, 38).
[3] Bulletin de la Ligue suisse pour la protection de la nature (Bull. LSPN) 2/84, 23. Le cas des batraciens est symptomatique: la grenouille rieuse, introduite des pays de l'Est dans les années cinquante, a colonisé de façon fulgurante les sites les plus chauds du pays, évinçant ainsi dans bien des régions l'espèce indigène, la petite grenouille verte *(Rana lessonae)* (Bull. LSPN 1/94, 5). Un autre exemple est celui de la truite arc-en-ciel *(Oncorhynchus mykiss)*, importée d'Amérique du nord depuis plus de 100 ans, qui dépose son frai dans le gravier un peu plus tardivement que la truite indigène, délogeant fréquemment les oeufs de celle-ci avant d'y déposer les siens (Bull. LSPN, supplément mars 1991, 15).
[4] Dans son message, le Conseil fédéral cite l'exemple des ravages provoqués par les cactus introduits en Australie (Message LPN, FF 1965 III 114).
[5] Ensemble de tous les individus semblables ayant en commun des caractères qui les distinguent au sein d'un même genre et qui sont capables d'engendrer des individus féconds (Dictionnaire Le Grand Robert, éd. 1991).
[6] Message LChP, FF 1983 II 1252.

pes (Unterarten)[7] indigènes. Dans sa nouvelle teneur, l'art. 23 LPN a ainsi également pour objet d'empêcher l'importation de *sous-espèces et de races*[8] étrangères qui pourraient mettre en danger la faune.

4
Ratio legis

L'*autorisation d'acclimater* des espèces, sous-espèces ou races *étrangères* a par nature un *caractère exceptionnel*. L'art. 23 LPN ne précise pas quelles sont les conditions d'octroi de cette autorisation. Compte tenu de l'objectif visé par cette disposition, les espèces, sous-espèces et races étrangères pouvant être acclimatées doivent nécessairement présenter une certaine *similitude biologique* avec celles locales, ou alors se justifier par leur utilité quant à leur rôle à jouer dans l'équilibre de la faune et de la flore[9]. L'autorisation est en particulier exclue lorsque l'acclimatation d'animaux ou de plantes étrangères est requise à des fins lucratives ou pour augmenter l'affluence des touristes dans une région[10].

Au vu du but poursuivi par l'art. 23 LPN, il faut en outre admettre que *les espèces étrangères*, dont l'introduction en Suisse ou une région de celle-ci a fait l'objet d'une autorisation, acquièrent le même statut que les espèces indigènes. Leur protection est donc assurée dans les même limites, en particulier sous l'angle des art. 18 ss, 19 et 20 LPN.

II. Champ d'application

5
Acclimatation
Ansiedlung

Par *acclimatation* (Ansiedlung), il faut entendre l'action volontaire d'ensemencer des plantes ou de lâcher des animaux dans la nature sauvage. Cette opération peut être le fait de simples particuliers[11] ou résulter d'importations à caractère public destinées à des buts bien précis, comme la chasse ou la pêche et les ensemencements agricoles ou forestiers; ces derniers domaines font cependant tous l'objet d'une législation spéciale, si bien que le champ d'application de l'art. 23 LPN s'en trouve d'autant réduit (N° 7 à 10).

---

[7] Par quoi il faut entendre «le type héréditaire à l'intérieur d'une espèce (sous-espèce), sélectionné par des adaptations génétiques aux conditions particulières du milieu» (Dictionnaire Le Grand Robert, éd. 1991).

[8] Par race, il faut entendre la subdivision de l'espèce, elle-même divisée en sous-races ou variétés, constituée par des individus réunissant des caractères communs héréditaires (Dictionnaire Le Grand Robert, éd. 1991).

[9] Tel serait le cas, par exemple, de l'introduction de prédateurs utiles pour remédier à un parasite.

[10] Message LPN, FF 1965 III 114.

[11] Qui souhaiteraient par exemple se débarrasser de leurs animaux exotiques.

L'art. 23 LPN ne vise pas uniquement l'acclimatation d'animaux ou de plantes *étrangers* au pays, mais également l'introduction d'espèces, sous-espèces ou races *indigènes* dans une région du pays *où elles n'ont jamais existé*[12]. La précision se justifie, car les conditions climatiques des régions jouent un rôle sur le capital génétique[13]. Les termes «espèces, sous-espèces, races *étrangères*» se réfèrent donc avant tout à un *critère territorial* (le sol national, une région de celui-ci), mais peuvent également se rapporter aux *caractéristiques génétiques*. La question est en effet plus pernicieuse qu'il n'y paraît, car, en présence d'espèces, sous-espèces ou races en apparence similaires aux variétés autochtones, mais dont les caractéristiques génétiques sont différentes, la menace d'une «pollution génétique» du matériel héréditaire de la flore et de la faune indigènes est sérieuse[14]. De là, il n'y a qu'un pas à admettre que l'introduction dans la nature d'animaux et de végétaux ayant fait l'objet de modifications génétiques tombe, dans certaines circonstances, sous le coup de l'art. 23 LPN[15].

L'art. 23 LPN doit être distingué de l'art. 18 al. 3 LPN, qui permet à la Confédération de favoriser la *réacclimatation* (Wiederansiedlung) dans la nature d'espèces animales et végétales indigènes, disparues ou menacées d'extinction, comme le bouquetin, le lynx, le loup, la cigogne etc. L'art. 18 al. 3 LPN vise le maintien ou le reconstitution de la faune ou de la flore indigènes (FAHRLÄNDER, art. 18, N° 42), alors que celle de l'art. 23 LPN concerne les espèces étrangères. Sous cette réserve, et malgré la formulation de l'art. 18 al. 3 LPN apparemment plus large que l'art. 23 LPN en ce sens qu'il donne à la Confédération non seulement la compétence d'introduire des espèces, mais également de favoriser cette réacclimatation, cas échéant par des dispositions juridiques appropriées (art. 21 lit. b OPN), les conditions d'octroi de chacune de ces autorisations sont en réalité très semblables; dans les deux cas, en effet, l'autorité devra veiller à ce que les animaux ou végétaux introduits ne nuisent pas à la survie des espèces locales, dans leur biodiversité et leurs particularités génétiques (art. 21 lit. c OPN; également N° 4). En outre, dans le cadre de l'application de l'art. 23 LPN, la viabilité des plantes et animaux étrangers constitue également

6
Réacclimatation
Wiederansiedlung

---

[12] Le texte originaire de l'art. 23 LPN était plus clair, à cet égard.
[13] S'agissant des espèces végétales, il est en effet prouvé que, bien que descendant d'une même essence, les plantes peuvent avoir un capital génétique différent selon les régions et les conditions climatiques (Bull. OFEFP 4/90, 39).
[14] Bull. OFEFP 4/90, 39; Bull. LSPN 4/95, 14.
[15] TRÖSCH, 383, laisse cette question ouverte. L'OFEFP l'admet cependant expressément, parallèlement à d'autres législations réglant la question, dans le domaine des productions agricoles et autres productions naturelles, ce qui peut sembler curieux compte tenu de l'exclusion des activités agricoles du champ d'application de l'art. 23 LPN (Bull. OFEFP 3/89, 14). La matière est cependant désormais régie d'une manière générale par les art. 29a ss LPE, relatifs aux organismes génétiquement modifiés (Message révision LPE, FF 1993 II 1339 ss).

un critère important d'octroi de l'autorisation, afin d'éviter les problèmes dus notamment à la mauvaise résistance de ceux-ci aux maladies et aux parasites[16]. Enfin, on l'a vu, les espèces introduites sur la base de l'art. 23 LPN acquièrent le statut des espèces indigènes, à tout le moins en ce qui concerne la protection qui découle des art. 18 ss LPN (N° 4) si bien que la Confédération a la compétence de favoriser leur protection sur la base de cette disposition.

III. Les exceptions

7
Zoos, jardins botaniques
Zoos, botanische Gärten

La menace pour la flore et la faune indigènes que tend à combattre l'art. 23 LPN n'existe en principe plus lorsque les végétaux ou animaux étrangers introduits sont soumis à la mainmise de l'homme[17]. Au premier plan de ce régime d'exception sont visés les *parcs zoologiques* et les *jardins botaniques*, dont la vocation est de détenir des animaux et des plantes exotiques. Les *parcs d'animaux* ainsi que les *réserves animales* répondent également à cette condition, pour autant qu'ils soient clos et empêchent toute divagation. L'importation de plantes étrangères en vue de les cultiver et de procéder à des essais expérimentaux dans un jardin privé ne tombe pas non plus sous le coup de l'art. 23 LPN[18].

8
Exploitation agricole
Landwirtschaft

L'art. 23 LPN n'est pas applicable aux *exploitations agricoles*. Quelle que soit l'origine des animaux d'élevage, ceux-ci ne font en effet pas partie de la catégorie des espèces animales protégées par la LPN[19] et ne sont en outre pas de nature à nuire à la faune indigène. Une *réserve* doit cependant être faite. L'utilisation de semences (Sämereien) ou plantations (Pflanzen) d'origine étrangère dans l'agriculture n'est en effet pas sans risques, cela d'autant plus avec les incitations du nouveau programme agricole qui encourage les surfaces de compensation écologique et le production intégrée (art. 20a et 31b LAgr)[20].

---

[16] Sur cette question, voir Bull. OFEFP 4/90, 39.
[17] Dans ce sens IMHOLZ, Zuständigkeiten, 126. Le risque d'un animal échappé ou d'une dissémination des semences végétales n'est cependant pas minime. L'exemple du rat musqué, échappé des élevages européens et qui a occasionné d'importants dégâts aux barrages et endiguements (Message LChP, FF 1983 II 1238), ainsi que celui du solidage géant (*Solidago gigantea*), qui s'est disséminé à partir de jardins et s'est répandu dans toute la Suisse (Bull. LSPN 4/95, 14), sont représentatifs.
[18] ARCIONI, 429.
[19] La LPN n'est pas applicable aux animaux domestiques (Message art. 24sexies Cst., FF 1961 I 1100 et 1109).
[20] Message révision LAgr, FF 1991 I 825, 1992 II 27 ss.

Lorsque les surfaces entrant dans ce programme agricole sont ensemencées[21], l'origine géographique et les caractéristiques biologiques jouent un rôle important, afin de maintenir la diversité locale des espèces. Aucune disposition particulière de la loi sur l'agriculture ne réglemente cette question[22]. Cependant, dans le domaine des compensations écologiques, l'art. 31b al. 2 LAgr rejoint pratiquement le but et les mesures prévus à l'art. 18b al. 2 LPN[23], si bien que l'on peut admettre que l'art. 23 LPN est applicable, par analogie, aux mesures de compensation prises en application de la LAgr; c'est notamment sur cette base qu'ont été édictées des recommandations approuvées tant par l'Office fédéral de l'agriculture (OFAG) que l'OFEFP[24]. L'art. 72 al. 3 de la nouvelle loi sur l'agriculture projetée[25] devrait combler cette lacune. Il prévoit en effet ce qui suit: «la Confédération encourage la conservation de la richesse naturelle des espèces, en complément de la loi fédérale du 1er juillet 1966 sur la protection de la nature et du paysage. Elle octroie des contributions pour favoriser une compensation écologique appropriée sur les surfaces agricoles utiles».

La *forêt* constitue le premier milieu naturel pouvant subir des dommages, lors de reboisements au moyen d'espèces inadaptées. L'exclusion du champ d'application de l'art. 23 LPN n'est pas justifiée ici par l'absence de risque, mais par le fait que la législation forestière est plus appropriée pour régler cette question. L'art. 24 al. 2 LFo prévoit à cet égard que le Conseil fédéral édicte des prescriptions sur la provenance, l'utilisation, le commerce et la sauvegarde des plants et semences d'essences forestières[26]. L'art. 22 OFo assujettit

9
Forêt
Wald

---

[21] Pour la mise en jachère florale, notamment.
[22] Les nouveaux art. 60 ss LAgr, introduits par la novelle du 21 juin 1996 prévoient certes l'institution d'un contrôle phytosanitaire (passeport phytosanitaire) du matériel végétal en vue de protéger les cultures des organismes nuisibles; en outre, les art. 70 ss LAgr règlent l'importation et la mise en circulation des matières auxiliaires, par quoi il faut entendre notamment le matériel végétal de multiplication. Ces dispositions visent cependant la protection des cultures et non expressément celle du patrimoine génétique de la flore indigène.
[23] MAURER, 79.
[24] Recommandations pour la production et l'utilisation de semences et de plants adaptés aux conditions locales pour l'aménagement des surfaces de compensation écologique et pour la revégétalisation des talus routiers et ferroviaires ainsi que les surfaces de nivellement, édictées par la Commission suisse pour la conservation des plantes sauvages (CPS).
[25] Message réforme politique agricole, FF 1996 IV 1 ss.
[26] En outre, la Confédération soutient financièrement la production de plants et semences d'essences forestières (art. 38 al. 2 LFo; art. 50 OFo) dans le but de créer des réserves génétiques (FF 1988 III 18).

l'importation de matériel forestier de reproduction à une autorisation de l'office fédéral[27].

10
Autres exceptions
Weitere Ausnahmen

Outre les exceptions légales, deux domaines importants échappent à l'application de l'art. 23 LPN, en raison de la réglementation spécifique dont ils font l'objet:

- celui de la *chasse*, en premier lieu. Le problème de l'acclimatation d'espèces animales étrangères se pose en effet de manière accrue dans le cadre de la législation sur la chasse, avec le lâcher du gibier, qui a conduit parfois à de mauvaises expériences[28]. Le lâcher d'animaux pouvant être chassés est autorisé par l'art. 6 LChP dans certaines circonstances[29]. Une autorisation du département n'est accordée que pour les espèces autrefois indigènes et aujourd'hui disparues (art. 8 al. 3 OChP); les lâchers d'animaux non indigènes sont en revanche totalement interdits (art. 8 al. 1 OChP);
- celui de la *pêche*, en second lieu. La législation sur la pêche prime en effet sur l'art. 23 LPN en réglant de manière détaillée le problème à l'art. 6 LPê[30] et aux art. 6 à 9 OFLP.

IV. Procédure

11 L'art. 23 LPN soumet l'introduction d'espèces étrangères au pays ou à une région de celui-ci à une autorisation directe du Conseil fédéral[31]. Conformément à l'art. 42 al. 1bis LOA, cette autorisation relève cependant de plein droit

---

[27] Selon l'art. 22 al. 2 OFo, l'autorisation est délivrée si le matériel forestier de reproduction est approprié à la culture et l'origine attestée par un certificat officiel (a) ou si la personne qui l'importe déclare par écrit que le matériel forestier de reproduction sera utilisé exclusivement hors de la forêt (b).

[28] Message LChP, FF 1983 II 1238 s. et 1252.

[29] Celles-ci se recoupent avec celles prévues par les art. 18 al. 3 LPN et 21 OPN.

[30] Cette disposition ne règle pas seulement l'assujettissement à une autorisation de la Confédération pour l'importation et l'introduction dans les eaux suisses des espèces, des races ou des variétés de poissons ou d'écrevisses étrangères au pays ou à la région (al. 1), mais prévoit également qu'il est interdit de vendre ou d'utiliser comme appâts vivants des poissons d'espèce, de race ou de variété étrangères au pays ou à la région (al. 4).

[31] L'ancien art. 27 de l'ordonnance d'exécution de la loi fédérale sur la protection de la nature et du paysage du 27 décembre 1966, aujourd'hui abrogée, prévoyait que les demandes d'autorisation devaient être adressées par les autorités cantonales compétentes au département fédéral, celui-ci étant chargé de faire une proposition au Conseil fédéral, après avoir pris l'avis de la commission fédérale pour la protection de la nature et du paysage. Lors de l'entrée en vigueur de l'OPN du 16 janvier 1991, cette procédure a été supprimée, sans doute dans un souci de simplification.

du département dès lors que les décisions fondées sur l'art. 23 LPN ne sont pas soustraites au recours de droit administratif[32].

L'autorisation n'est pas nécessaire pour chaque région et chaque cas, mais une fois pour toutes, au moment où l'espèce est introduite sur le territoire concerné[33].

---

[32] Message révision OJ, FF 1991 II 527 s.
[33] BO CN 1966 334 (Intervention du rapporteur GIANELLA).

Abschnitt 3a:
Moore und Moorlandschaften von besonderer Schönheit und von nationaler Bedeutung

Chapitre 3a:
Marais et sites marécageux d'une beauté particulière et d'importance nationale

Vorbemerkungen zu den Art. 23a–23d

Inhaltsverzeichnis	Rz
I. Verfassungsgrundlage	1
II. Inhaltliche Unterschiede zwischen Moorschutz und Moorlandschaftsschutz	5
A. Schutzzweck	5
B. Bedeutung des absoluten Schutzes	7

Table des matières	N°
I. La base constitutionnelle	1
II. Les différences de contenu entre la protection des marais et celle des sites marécageux	5
A. La protection visée	5
B. L'importance de la protection absolue	7

I. Verfassungsgrundlage

1 Die Bestimmungen des Abschnitts 3a des NHG konkretisieren Art. 24^{sexies} Abs. 5 BV.

2 Der Schutz der Moore von besonderer Schönheit und von nationaler Bedeutung stützt sich zudem auf Art. 24^{sexies} Abs. 4 BV. Diese Bestimmung enthält die Zuständigkeit des Bundes zur Gesetzgebung im Bereich des Schutzes der Tier- und Pflanzenwelt und damit auch für den Schutz der Biotope, zu denen die Moore zu rechnen sind (vgl. ZUFFEREY, 2. Kap., Rz 10, 47, 81 und 84, FAVRE, Art. 1, Rz 12 sowie FAHRLÄNDER, Art. 18, Rz 4 und 18 sowie Art. 18a, Rz 27 und 29 ff.)[1].

Schutz der Moore / Protection des marais

---

[1] Botschaft Rothenthurm, BBl 1985 II 1448 f.; Botschaft Teilrevision NHG, BBl 1991 III 1128 f.; KELLER, Natur- und Landschaftsschutzgebiete, 696; WALDMANN, Diss., 40.

Da der übrige Landschaftsschutz Sache der Kantone ist (Art. 24^{sexies} Abs. 1 BV), leiten sich die Gesetzgebungskompetenzen des Bundes im Bereiche des Schutzes der Moorlandschaften von besonderer Schönheit und von nationaler Bedeutung ausschliesslich aus Art. 24^{sexies} Abs. 5 BV ab. Indem diese Bestimmung für Moore und für Moorlandschaften die gleiche materielle Regelung vorsieht, schafft sie allerdings einen gewissen Bezug zu Art. 24^{sexies} Abs. 4 BV. Nur mit einer Regelung auf der Ebene der Bundesgesetzgebung kann nämlich eine sachgerechte Koordination zwischen dem Schutz der Moore und dem der Moorlandschaften von besonderer Schönheit und von nationaler Bedeutung erfolgen. Auch spricht die Verwendung des Begriffs der nationalen Bedeutung für eine Zuständigkeit des Bundes (vgl. ZUFFEREY, 2. Kap., Rz 47 ff. und 82 ff.)[2].

3 Schutz der Moorlandschaften
Protection des sites marécageux

Weder im Bereich des Schutzes der Moore noch in demjenigen des Schutzes der Moorlandschaften von besonderer Schönheit und von nationaler Bedeutung hat der Bundesgesetzgeber allerdings seine Kompetenzen vollständig ausgeschöpft. Im Bereich des Moorschutzes ist die Anordnung der erforderlichen Schutz- und Unterhaltsmassnahmen Sache der Kantone (Art. 18a Abs. 2 NHG; ZUFFEREY, 2. Kap., Rz 38 sowie FAHRLÄNDER, Art. 18a, Rz 15 ff.). Im Bereich des Moorlandschaftsschutzes sorgen die Kantone ausserdem für die Konkretisierung der Schutzziele (Art. 23c Abs. 2 NHG; KELLER, Art. 23c, Rz 2 und 9).

4 Ausschöpfung der Bundeskompetenzen
Epuisement des compétences fédérales

II. Inhaltliche Unterschiede zwischen Moorschutz und Moorlandschaftsschutz

A. Schutzzweck

Der Schutz der Moore von besonderer Schönheit und von nationaler Bedeutung dient der Erhaltung genügend grosser Lebensräume (Biotope) für die gefährdete einheimische Tier- und Pflanzenwelt (Art. 18 Abs. 1 erster Satz NHG; FAHRLÄNDER, Art. 18, Rz 6 und 8 f.).

5 Schutz der Moore
Protection des marais

---

[2] BGr. in ZBl 1993, 524 E. 2a und b; KELLER, Natur- und Landschaftsschutzgebiete, 697; WALDMANN, Diss., 63 ff.; a.M.: Botschaft Teilrevision NHG, BBl 1991 III 1129. Der in der Botschaft vertretenen Ansicht, der Schutz der Moorlandschaften von besonderer Schönheit und von nationaler Bedeutung sei grundsätzlich Sache der Kantone, widerspricht neben der gegenüber Art. 24sexies Abs. 4 BV wesentlich strengeren Formulierung von Art. 24sexies Abs. 5 BV (samt ÜbBest.) auch die nähere Ausgestaltung im Gesetz, nämlich die grundsätzliche Festlegung der Schutzziele durch den Bund (Art. 23c Abs. 1 NHG) und die ausserordentlich hohen Prozentsätze, zu denen Bundessubventionen an die Kosten der Schutz- und Unterhaltsmassnahmen ausgerichtet werden (Art. 23c Abs. 3 erster Satz NHG).

«Les biotopes doivent être protégés afin de favoriser le développement de la flore et de la faune indigènes dans une volonté de protéger la biodiversité et de veiller à ce que nous ne perdions pas des manifestations de la vie indigène qui autrement seraient menacées. La protection de la nature est l'objectif premier»[3].

6
Schutz der Moorlandschaften
Protection des sites marécageux

Moorlandschaften von besonderer Schönheit und von nationaler Bedeutung sind dagegen nur selten Naturlandschaften, meistens jedoch wertvolle Kulturlandschaften[4] und damit als solche zu erhalten. Zwar sind sie ohne schützenswerte Moore und damit ohne wesentliche natürliche Elemente nicht denkbar. Zu eigentlichen Moorlandschaften wurden sie aber in aller Regel vom darin lebenden Menschen mitgeformt und bedürfen diesfalls auch weiterhin der entsprechenden nachhaltigen Gestaltung und Nutzung.

«En ce qui concerne les sites marécageux, il s'agit de protéger des paysages façonnés par l'homme, des paysages culturels qui continuent à être habités, qui continuent à être exploités, qui sont la base et le cadre de vie d'une population et dont nous ne voulons pas faire des musées figés. Nous ne voulons pas transformer les habitants de ces régions en purs gardiens d'une situation qui serait condamnée à ne plus évoluer»[5].

Zwischen Mooren und Moorlandschaften von besonderer Schönheit und von nationaler Bedeutung besteht damit hinsichtlich des Schutzzwecks ein wesentlicher Unterschied, der im Text von Art. 24^{sexies} Abs. 5 BV (noch) nicht ersichtlich ist, mit der gesetzlichen Konkretisierung der Verfassung jedoch deutlich wird (Art. 23b Abs. 1 und Abs. 3 erster Satz sowie Art. 23c Abs. 1 erster Satz NHG; KELLER, Art. 23b, Rz 7 sowie Art. 23c, Rz 4 und 6).

B. Bedeutung des absoluten Schutzes

7
Verbot der Interessenabwägung im Einzelfall
Pondération des intérêts interdite dans un cas d'espèce

Aufgrund von Art. 24^{sexies} Abs. 5 BV besteht in Mooren und Moorlandschaften von besonderer Schönheit und von nationaler Bedeutung ein absolutes Veränderungsverbot (ZUFFEREY, 2. Kap., Rz 11, 47, 85, 87 und 95 sowie FAHRLÄNDER, Art. 18a, Rz 51). Eine Interessenabwägung mit anderen Rechtsgütern (z.B. mit der Eigentumsgarantie oder dem Vertrauensschutz) darf im Einzelfall nicht mehr vorgenommen werden[6].

«Im örtlichen Anwendungsbereich von Art. 24sexies Abs. 5 BV dürfen weder Anlagen gebaut noch Bodenveränderungen irgendwelcher Art vorgenommen werden. Stellt ein Gebiet ein Schutz-

---

[3] Amtl.Bull. N 1993 2078 (Votum Bundesrätin DREIFUSS).
[4] HINTERMANN, Moorlandschaften bewerten, 342.
[5] Amtl.Bull. N 1993 2078 (Votum Bundesrätin DREIFUSS).
[6] BGr. in URP 1996, 820 und 826 f.; unveröffentlichte Entscheide des BGr. vom 21. Dezember 1993 i.S. Schwyz, E. 5b, vom 17. März 1993 i.S. Egg, E. 3a sowie vom 17. Dezember 1992 i.S. Wetzikon, E. 4; BGE 117 Ib 247 = JdT 1993 I 513; BUNDESAMT FÜR JUSTIZ, Gutachten Grimsel, 66 ff.; FLEINER-GERSTER, Rz 45; RAUSCH, Recht, 1; SALADIN, Lebensraumgestaltung, 97; WALDMANN, Diss., insbes. 90, 251 ff., 292.

gebiet im Sinne dieser Verfassungsbestimmung dar, so besteht darin ein absolutes Veränderungsverbot ... . Ausnahmen sind nach dem ausdrücklichen Wortlaut der Verfassungsbestimmung nur zulässig für 'Einrichtungen, die der Aufrechterhaltung des Schutzzweckes und der bisherigen landwirtschaftlichen Nutzung dienen'. Eine Interessenabwägung gegenüber dem verfassungsmässig vorgesehenen Veränderungsverbot kann im Einzelfall nicht in Frage kommen. Vielmehr sind Interessenabwägung und Verhältnismässigkeit diesbezüglich bereits in der abstrakten Rechtsnorm vorab entschieden worden»[7].

Aufgrund dieses umfassenden Veränderungsverbots ist in Hochmooren von nationaler Bedeutung die Erstellung von Bauten und Anlagen sowie die Vornahme von Bodenveränderungen gänzlich unzulässig. In Flachmooren von nationaler Bedeutung gilt dies auch, wobei allerdings bestimmte Eingriffe – wie ein jährlicher Streueschnitt – nicht nur vorgenommen werden dürfen, sondern zur Aufrechterhaltung der Biotope sogar notwendig sind.

8 Bedeutung für Moore
Importance pour les marais

Dagegen ergibt sich der Umfang des Schutzes einer Moorlandschaft aus den für das betreffende Objekt geltenden Schutzziele. Ist ein Eingriff mit den Schutzzielen nicht vereinbar, ist er unzulässig, und zwar unabhängig von den anderen auf dem Spiele stehenden Interessen. Beeinträchtigt eine Baute, eine Anlage oder eine Bodenveränderung die Schutzziele dagegen nicht, so steht ihrer Realisierung nichts entgegen. Für Moorlandschaften von besonderer Schönheit und von nationaler Bedeutung gilt ein absolutes Veränderungsverbot damit nur, soweit ein Vorhaben mit den Schutzzielen unvereinbar ist (Art. 23d NHG; KELLER, Art. 23d, Rz 4 ff.). In solchen Moorlandschaften besteht also – und dies im Gegensatz zu den Mooren von besonderer Schönheit und von nationaler Bedeutung – kein totales Bauverbot. Vielmehr ist jedes Vorhaben auf seine Vereinbarkeit mit den Schutzzielen der jeweiligen Moorlandschaft hin genau zu prüfen[8].

9 Bedeutung für Moorlandschaften
Importance pour les sites marécageux

---

[7] Zitat aus BGE 117 Ib 247 = JdT 1993 I 513.
[8] Amtl.Bull. N 1993 2104 (Berichterstatter BAUMBERGER); KELLER, Moorlandschaftsschutz, 18, 22; KELLER, Natur- und Landschaftsschutzgebiete, 697; WALDMANN, Diss., 254, 281.

Art. 23a Schutz der Moore

Für den Schutz der Moore von besonderer Schönheit und von nationaler Bedeutung gelten die Artikel 18*a*, 18*c* und 18*d*.

Art. 23a Protection des marais

Les articles 18*a*, 18*c* et 18*d* s'appliquent à la protection des marais d'une beauté particulière et d'importance nationale.

1 Biotopschutz Protection des biotopes	Moore von besonderer Schönheit und von nationaler Bedeutung sind – anders als Moorlandschaften – Biotope (KELLER, Vorbemerkungen zu den Art. 23a–23d, Rz 2, mit Hinweisen). Schutz und Unterhalt dieser Moore sollen deshalb grundsätzlich nach den für Biotope von nationaler Bedeutung geltenden Vorschriften, nämlich nach den Art. 18a und 18c NHG sowie nach Art. 18d Abs. 1 und 3 NHG erfolgen[1].
2 Absolutes Veränderungs- verbot Interdiction absolue de modifier	Aufgrund von Art. 24^{sexies} Abs. 5 BV besteht in Mooren von besonderer Schönheit und von nationaler Bedeutung ein absolutes Veränderungsverbot (KELLER, Vorbemerkungen zu den Art. 23a–23d, Rz 7 f., mit Hinweisen). Dagegen unterstehen alle anderen Biotope von nationaler Bedeutung (Art. 18a NHG) sowie alle Biotope von regionaler und lokaler Bedeutung (Art. 18b Abs. 1 NHG), mit Einschluss der Moore von regionaler und lokaler Bedeutung, nur relativem Schutz. Mit anderen Worten sind sie im Gegensatz zu den Mooren von nationaler Bedeutung einer Interessenabwägung im Einzelfall zugänglich (Art. 18 Abs. 1ter NHG, Art. 4 Abs. 2 AuenV sowie Art. 18b Abs. 1 NHG; ZUFFEREY, 2. Kap., Rz 84, FAHRLÄNDER, Art. 18, Rz 29 f. und Art. 18a, Rz 51 f. sowie MAURER, Art. 18b, Rz 24 ff.).

---

[1] Botschaft Teilrevision NHG, BBl 1991 III 1143 und 1157 (zu Art. 15a Abs. 5 des Entwurfs); BUNDESAMT FÜR JUSTIZ, Gutachten Grimsel, 70; WALDMANN, Diss., 97 f.

Art. 23b Begriff und Abgrenzung der Moorlandschaften

¹ Eine Moorlandschaft ist eine in besonderem Masse durch Moore geprägte, naturnahe Landschaft. Ihr moorfreier Teil steht zu den Mooren in enger ökologischer, visueller, kultureller oder geschichtlicher Beziehung.

² Eine Moorlandschaft ist von besonderer Schönheit und von nationaler Bedeutung, wenn sie

a. in ihrer Art einmalig ist, oder

b. in einer Gruppe von vergleichbaren Moorlandschaften zu den wertvollsten gehört.

³ Der Bundesrat bezeichnet unter Berücksichtigung der bestehenden Besiedlung und Nutzung die schützenswerten Moorlandschaften von besonderer Schönheit und von nationaler Bedeutung, und er bestimmt ihre Lage. Er arbeitet dabei eng mit den Kantonen zusammen, welche ihrerseits die betroffenen Grundeigentümer anhören.

⁴ Der Bund finanziert die Bezeichnung der Moorlandschaften von besonderer Schönheit und von nationaler Bedeutung.

Art. 23b Définition et délimitation des sites marécageux

¹ Par site marécageux, on entend un paysage proche de l'état naturel, caractérisé par la présence de marais. Une étroite relation écologique, visuelle, culturelle ou historique unit les marais au reste du site.

² Un site marécageux est d'une beauté particulière et d'importance nationale lorsqu'il:

a. Est unique en son genre ou

b. Fait partie des sites marécageux les plus remarquables, dans un groupe de sites comparables.

³ Le Conseil fédéral désigne les sites marécageux d'une beauté particulière et d'importance nationale et en détermine la situation en tenant compte de l'utilisation du sol et des constructions existantes. Ce faisant, il travaille en étroite collaboration avec les cantons qui, pour leur part, prennent l'avis des propriétaires fonciers concernés.

⁴ La Confédération finance l'inventaire des sites marécageux d'une beauté particulière et d'importance nationale.

Inhaltsverzeichnis Rz

I. Vorbemerkungen zu Inhalt und Entstehung der Bestimmung 1
II. Begriff der Moorlandschaft (Abs. 1) 3
    A. In besonderem Masse durch Moore geprägte, naturnahe Landschaft 3
    B. Enge ökologische, visuelle, kulturelle oder geschichtliche Beziehung des moorfreien Teils zu den Mooren 7
III. Begriff der Moorlandschaft von besonderer Schönheit und von nationaler Bedeutung (Abs. 2) 9
    A. Moorlandschaftsregionen und Moorlandschaftstypen 9
    B. Einmaligkeit (Bst. a) 11
    C. Zugehörigkeit zu den wertvollsten Moorlandschaften einer Gruppe (Bst. b) 12
IV. Bezeichnung (Abs. 3) 13
    A. Zuständigkeit des Bundesrates 13
    B. Enge Zusammenarbeit mit den Kantonen 14
    C. Berücksichtigung der bestehenden Besiedlung und Nutzung 16
    D. Kriterien zur Abgrenzung der Moorlandschaften 18
V. Finanzierung der Bezeichnung durch den Bund (Abs. 4) 21

Table des matières N°

I. Remarques préliminaires sur le contenu et l'origine de la disposition 1
II. La notion de site marécageux (al. 1) 3
    A. Un paysage proche de l'état naturel, caractérisé par la présence de marais 3
    B. Une étroite relation écologique, visuelle, culturelle ou historique qui unit les marais au reste du site 7
III. La notion de site marécageux d'une beauté particulière et d'importance nationale (al. 2) 9
    A. Les régions à sites marécageux et les types de sites marécageux 9
    B. La singularité (lit. a) 11
    C. L'appartenance aux sites marécageux les plus remarquables dans un groupe de sites comparables (lit. b) 12
IV. La désignation (al. 3) 13
    A. La compétence du Conseil fédéral 13
    B. L'étroite collaboration avec les cantons 14
    C. La prise en compte des constructions existantes et de l'utilisation du sol 16
    D. Les critères de délimitation des sites marécageux 18
V. Le financement de l'inventaire par la Confédération (al. 4) 21

I. Vorbemerkungen zu Inhalt und Entstehung der Bestimmung

1   Die Bestimmung von Art. 23b NHG wurde in zwei wesentlichen Punkten massgeblich im Parlament geformt:

- Mit den gesetzlichen Definitionen der Begriffe der «Moorlandschaft» (Abs. 1) und der «Moorlandschaft von besonderer Schönheit und von nationaler Bedeutung» (Abs. 2) sollten einheitliche Kriterien für die Bestimmung aller schützenswerten Moorlandschaften geschaffen werden[1].
- Das Erfordernis einer «engen Zusammenarbeit» zwischen Bundesrat und Kantonen und die explizite Verankerung der Anhörung der Grundeigentümerinnen und Grundeigentümer durch die Kantone (Abs. 3) sollten eine verstärkte Mitwirkung der direktbetroffenen Behörden und Privaten bei der Bezeichnung der Moorlandschaften von besonderer Schönheit und von nationaler Bedeutung sichern[2].

Die Finanzierung der Bezeichnung der Moorlandschaften von besonderer Schönheit und von nationaler Bedeutung erfolgt – wie vom Bundesrat vorgeschlagen[3] – durch den Bund (Abs. 4). 2

II. Begriff der Moorlandschaft (Abs. 1)

A. In besonderem Masse durch Moore geprägte, naturnahe Landschaft

Art. 23b Abs. 1 erster Satz NHG definiert die Moorlandschaft mit drei Begriffselementen, nämlich mit der Landschaft, mit deren Naturnähe sowie mit deren in besonderem Masse vorliegenden Prägung durch Moore. 3

Eine Moorlandschaft ist zunächst eine Landschaft[4]. Sie weist damit einerseits Weite auf und andererseits eine Geschlossenheit, die sie als Einheit[5] erscheinen lässt (zum Begriff der Landschaft: ROHRER, 1. Kap., Rz 22 ff.). 4
Landschaft
Paysage

Als Moorlandschaft kommt nur eine Landschaft in Betracht, die Naturnähe aufweist. Das Gesetz verlangt also keine eigentliche Naturlandschaft, sondern begnügt sich mit einer (beachtlichen) Naturnähe. Die Landschaft hat sich damit durch einen verhältnismässig geringen und naturverträglichen Grad an menschlicher Gestaltung durch Bauten und Erschliessungsanlagen (Strassen, Bahnen, 5
Naturnähe
Proximité à la nature

---

[1] Amtl.Bull. N 1993 2066 (Votum Berichterstatter MAMIE); vgl. dazu auch Amtl.Bull. S 1992 606 (Votum KÜCHLER) und 608 (Votum Bundesrat COTTI); zu den einzelnen Begriffsmerkmalen: Amtl.Bull. S 1992 604 f. (Votum ITEN).
[2] Amtl.Bull. S 1992 601 und 617 (Voten Berichterstatter SCHALLBERGER), 603 (Votum BÜHLER), 605 (Votum ITEN), 606 (Votum KÜCHLER).
[3] Botschaft Teilrevision NHG, BBl 1991 III 1157 (Art. 15a Abs. 4 erster Satz des Entwurfs).
[4] HINTERMANN, Inventar der Moorlandschaften, 19.
[5] WALDMANN, Diss., 26.

Leitungen) auszuweisen. Stark von Menschen geprägte Landschaften, wie insbesondere Städte und Agglomerationen, können dagegen nicht als Moorlandschaften angesehen werden.

6
Prägung durch Moore
Marais comme éléments caractéristiques

Eine Moorlandschaft ohne Moore ist nicht denkbar[6]. Das Vorhandensein von Mooren macht eine Landschaft aber auch nicht zur Moorlandschaft. Vielmehr ist verlangt, dass Moorbiotope in besonderem Masse als prägende Elemente der Landschaft erscheinen. Der Mooraspekt muss also – sei es wegen der Vielzahl der Moorbiotope, wegen deren Grösse oder wegen deren Wirkung – der dominierende Aspekt der Landschaft sein. Dies schliesst nicht aus, dass auch andere Landschaftsaspekte (z.B. der See-, der Ufer-, der Auen- oder der Gebirgsaspekt) die Moorlandschaft mitprägen[7]. Auch spielt es keine Rolle, ob die einzelnen Moore von nationaler, regionaler oder lokaler Bedeutung sind[8]; entscheidend ist deren Gesamteindruck.

B. Enge ökologische, visuelle, kulturelle oder geschichtliche Beziehung des moorfreien Teils zu den Mooren

7
Art der Beziehung
Type de relation

Moorbiotope können eine Landschaft zwar im Sinne von Art. 23b Abs. 1 erster Satz NHG in besonderem Masse prägen, machen für sich allein aber noch keine Moorlandschaft aus[9]. Art. 23b Abs. 1 zweiter Satz NHG bestimmt deshalb, dass eine Moorlandschaft auch einen moorfreien Teil enthalten muss.

Zusätzlich muss die Beziehung des moorfreien Teils der Landschaft zu den Moorbiotopen eine bestimmte Qualität aufweisen, nämlich eng sein. Verlangt ist damit eine deutlich erkennbare Verbindung zwischen Mooren und dem diese Biotope umgebenden Landschaftsteil.

Die Erkennbarkeit des Zusammenhangs von Moorbiotopen und moorfreiem Teil der Moorlandschaft kann ökologischer, visueller, kultureller oder geschichtlicher Art sein.

Die ökologische Beziehung zwischen den Mooren und dem moorfreien Teil einer Moorlandschaft ergibt sich insbesondere aus den geologischen und hydrologischen Verhältnissen, die visuelle Beziehung aus den Geländeformen (Vorhandensein typischer geomorphologischer Elemente wie z.B. Moränen, Drumlins, Kare oder Schwemmebenen) sowie aus der Anlage der Siedlungen und

---

[6] BUNDESAMT FÜR JUSTIZ, Artikel 24sexies Absatz 5 BV, 7; HINTERMANN, Inventar der Moorlandschaften, 19.
[7] HINTERMANN, Inventar der Moorlandschaften, 19.
[8] WALDMANN, Diss., 32 f.
[9] HINTERMANN, Inventar der Moorlandschaften, 23 (Beispiel: Kaltbrunner Riet); anders noch: Botschaft Rothenthurm, BBl 1985 II 1449 unten.

der Verkehrserschliessung ausserhalb bzw. oberhalb vermoorter Bereiche, die kulturelle Beziehung aus bestimmten Formen der menschlichen Nutzung (z.B. Streuewiesen, Weiden oder Torfabbau) und die geschichtliche Beziehung aus dem Vorhandensein typischer Zeugen dieser Arten menschlicher Nutzung (z.B. Turpenhütten, d.h. Holzhütten zur Lagerung von Torfziegeln, oder Streuehütten, d.h. Holzhütten zur Einlagerung der Streue)[10].

Die genannten Beziehungselemente müssen nicht alle vorliegen. Vielmehr ist die Aufzählung alternativ zu verstehen. Es genügt also, wenn eines der vier Elemente die Beziehung zwischen Mooren und moorfreiem Teil der Landschaft ausmacht[11].

8 Alternative Beziehungselemente
Eléments caractéristiques alternatifs

Art. 23b Abs. 1 zweiter Satz NHG schliesst allerdings als Moorlandschaft eine Gegend aus, welche durch eine klare Trennung von Mooren und moorfreiem Teil geprägt ist. Dabei ist aber nicht nur auf das visuelle Erscheinungsbild der Landschaft abzustellen. Die Trennung muss sich – im Rahmen dieser (negativen) Betrachtungsweise – vielmehr auch aus ökologischer, kultureller und geschichtlicher Sicht ergeben.

III. Begriff der Moorlandschaft von besonderer Schönheit und von nationaler Bedeutung (Abs. 2)

A. Moorlandschaftsregionen und Moorlandschaftstypen

Die Definition des Begriffs der Moorlandschaft von besonderer Schönheit und von nationaler Bedeutung (Art. 23b Abs. 2 NHG) geht davon aus, dass es nicht nur eine Art Moorlandschaft gibt. Vielmehr werden durchaus sehr unterschiedliche Landschaften dieser Definition gerecht.

9

Unterschiede ergeben sich schon aus der geographischen Lage der Moorlandschaften, nämlich je nachdem, ob sie sich in der Region der Alpen (unterteilt in Nord-, Zentral- und Südalpen), des Jura oder des Mittellandes bzw. in einer entsprechenden Teilregion befinden[12].

In unterschiedliche Typen eingeteilt werden die Moorlandschaften zudem nach dem jeweils dominierenden Landschaftsaspekt (verschiedene Typen von Hoch-

---

[10] HINTERMANN, Inventar der Moorlandschaften, 19, 68, 74 f., 113; MARTI, Begriffe, 9; vgl. auch BUNDESAMT FÜR JUSTIZ, Artikel 24sexies Absatz 5 BV, 7.
[11] BUNDESAMT FÜR JUSTIZ, Gutachten Grimsel, 71.
[12] HINTERMANN, Moorlandschaften bewerten, 343.

moor-Moorlandschaften, Hochmoor-/Flachmoor-Moorlandschaften und Flachmoor-Moorlandschaften sowie Singularitäten)[13].

10
Gruppe
Groupe

Als Gruppe gilt dabei «jede mögliche Kombination zwischen Region und Moorlandschaftstyp»[14] (z.B. Hochmoor-Moorlandschaften in einer Tallage im Neuenburger Jura oder Flachmoor-Moorlandschaften mit dominierender Weidenutzung in den Innerschweizer Alpen).

B. Einmaligkeit (Bst. a)

11
Schutz einzigartiger Objekte
Protection d'objets uniques

Entspricht einer bestimmten Kombination zwischen Region und Moorlandschaftstyp (vgl. Rz 10 hievor) nur eine Moorlandschaft oder ist die betreffende Moorlandschaft aus anderen Gründen mit keiner anderen vergleichbar, erfüllt sie angesichts ihrer Einmaligkeit die Kriterien der besonderen Schönheit und der nationalen Bedeutung. Art. 23b Abs. 2 Bst. a NHG bildet damit die Grundlage für den Schutz einzigartiger Objekte[15].

«Besonders zu erwähnen ist die kleinste Moorlandschaft der Schweiz, Creux du Croue, mit einer Fläche von 0,6 Quadratkilometern. Sie liegt in einer kleinen, rundum geschlossenen Combe auf einer Meereshöhe von 1300–1500 m. Die strengen klimatischen Bedingungen lassen hier Reliefformen entstehen (Periglazialformen), die sonst nur in den Alpen zu finden sind»[16].

Als einzigartig zu erachten sind zudem etwa die Moorlandschaften des Etang de la Gruère, des Statzerwalds oder der Bolle di Magadino[17].

C. Zugehörigkeit zu den wertvollsten Moorlandschaften einer Gruppe (Bst. b)

12
Schutz typischer Objekte
Protection d'objets typiques

Ist eine Moorlandschaft nicht bereits aufgrund ihrer Einmaligkeit von besonderer Schönheit und von nationaler Bedeutung (Art. 23b Abs. 2 Bst. a NHG), so ist zu prüfen, ob sie innerhalb ihrer Gruppe (vgl. dazu Rz 10 hievor) zu den wertvollsten gehört. Aufgrund der Bestimmung von Art. 23b Abs. 2 Bst. b NHG erfüllen bestimmte Moorlandschaften in ihrer Eigenschaft als typische Vertre-

---

[13] HINTERMANN, Inventar der Moorlandschaften, 111 ff.; HINTERMANN, Moorlandschaften bewerten, 343 f.
[14] HINTERMANN, Moorlandschaften bewerten, 344.
[15] HINTERMANN, Inventar der Moorlandschaften, 29 und 80; HINTERMANN, Moorlandschaften bewerten, 344.
[16] HINTERMANN, Inventar der Moorlandschaften, 115.
[17] HINTERMANN, Moorlandschaften bewerten, 345.

terinnen einer Gruppe die Kriterien der besonderen Schönheit und der nationalen Bedeutung[18].

Unter den Moorlandschaften einer Gruppe ist eine sachgerechte Auswahl aufgrund bestimmter Beurteilungskriterien[19] zu treffen, die auf alle Objekte «gleichermassen anzuwenden» sind[20].

Von Bedeutung ist Art. 23b Abs. 2 Bst. b NHG insbesondere, wenn ein Moorlandschaftstyp in einer bestimmten Teilregion in einer grösseren Anzahl existiert. So kommen etwa Seeufer- und Verlandungsmoorlandschaften (als ein Typ von Flachmoor-Moorlandschaften) auffallend häufig im Luzerner, Aargauer und Zürcher Gebiet (als Teilregion des Mittellandes) vor. Innerhalb dieser Gruppe gilt die Moorlandschaft Pfäffikersee als die wertvollste, weil sie als einzige nicht nur von Flachmooren, sondern auch von Hochmooren geprägt ist[21]:

«Der Bericht des EDI und des BUWAL zum Inventar der Moorlandschaften von besonderer Schönheit und von nationaler Bedeutung zählt die Landschaft im Bereich des Pfäffikersees aufgrund ihres Moorreichtums, ihrer Flachwasser- und Verlandungszonen sowie der vorhandenen glazialen Formen zu den wichtigsten Feuchtgebieten der Schweiz, dem sogar internationale Bedeutung zukomme. ... In seltener Vollständigkeit seien nahezu alle möglichen Pflanzengesellschaften der Hoch-, Zwischen- und Flachmoore in kleinräumigem Wechsel anzutreffen. Im Robenhauser Ried auf der Südseite des Pfäffikersees zeige sich die Moorlandschaft von ihrer schönsten Seite. Sie biete das Bild einer weiten Moorwildnis mit offenen Flachmooren und verbuschenden Hoch- und Zwischenmooren, belebt durch Torfstichlöcher, Birken- und Erlenbruchwälder und Kleinseen»[22].

---

[18] HINTERMANN, Inventar der Moorlandschaften, 29 und 80 f.; HINTERMANN, Moorlandschaften bewerten, 344.
[19] Die Beurteilung der Moorlandschaften erfolgte im Rahmen der Inventarerstellung zunächst aufgrund einer quantitativen Bewertung der Fläche der Moorlandschaft, ihres Anteils an moortypischer Fläche, der Vielfalt, Qualität und Landschaftswirksamkeit der Moorbiotope, der geomorphologischen Elemente, der weiteren Biotopelemente sowie der typischen Kulturelemente, der Qualität traditioneller Siedlungsformen und der historischen Bausubstanz, der Dichte der Erschliessung sowie der Art und des Ausmasses der bestehenden Beeinträchtigungen (HINTERMANN, Inventar der Moorlandschaften, 69 ff. und 130 ff.; HINTERMANN, Moorlandschaften bewerten, 342 f.). Zudem wurden besondere qualitative Gesichtspunkte berücksichtigt, die in der quantitativen Bewertung nicht zum Ausdruck kamen, so etwa aussergewöhnliche Nutzungsformen oder eine ungewöhnliche Entstehungsgeschichte (HINTERMANN, Inventar der Moorlandschaften, 81; HINTERMANN, Moorlandschaften bewerten, 344).
[20] BUNDESAMT FÜR JUSTIZ, Gutachten Grimsel, 71 f.
[21] HINTERMANN, Inventar der Moorlandschaften, 128.
[22] BGr. in ZBl 1993, 525 E. 3a.

IV. Bezeichnung (Abs. 3)

A. Zuständigkeit des Bundesrates

13
Anhänge zur MLV
Annexes de l'OSM

Die Bezeichnung der Moorlandschaften von besonderer Schönheit und von nationaler Bedeutung erfolgt durch Verordnung des Bundesrates. Definitiv geschützt sind zur Zeit die in Anhang 1 zur MLV aufgeführten 88 Objekte (Art. 1 MLV). Erst provisorischem Schutz untersteht die Moorlandschaft Grimsel (Art. 13 MLV und Anhang 3 zur MLV; vgl. KELLER, Art. 26, Rz 8).

Die Bestimmung der Lage dieser Schutzobjekte, d.h. die Festlegung ihres Perimeters, ist Gegenstand von Anhang 2 der MLV, welcher in der AS nicht veröffentlicht wird, jedoch als Separatdruck bei den zuständigen Amtsstellen eingesehen werden kann (Art. 2 MLV).

Es gilt also dieselbe Ordnung wie für alle anderen Inventare des Bundes (vgl. Art. 5 Abs. 1 erster Satz und Art. 18a Abs. 1 NHG; LEIMBACHER, Art. 5, Rz 22 bzw. FAHRLÄNDER, Art. 18a, Rz 11).

B. Enge Zusammenarbeit mit den Kantonen

14
Mitwirkung von Kantonen und Privaten
Coopération des cantons et des privés

Anders als bezüglich der Inventare des Bundes von Objekten mit nationaler Bedeutung (Art. 5 Abs. 1 erster Satz NHG; LEIMBACHER, Art. 5, Rz 23) und der Biotope von nationaler Bedeutung (Art. 18a Abs. 1 erster Satz NHG; FAHRLÄNDER, Art. 18a, Rz 14), die nach Anhören der Kantone erlassen werden, soll der Bundesrat bei der Bezeichnung der Moorlandschaften von besonderer Schönheit und von nationaler Bedeutung mit den Kantonen eng zusammenarbeiten. Die Mitwirkung der Kantone soll damit stärker sein als bei der Erstellung der anderen Bundesinventare nach NHG[23].

Dabei werden die Kantone ihrerseits verpflichtet, die betroffenen Grundeigentümerinnen und Grundeigentümer anzuhören. Damit greift der Bund zum Schutz der betroffenen Privaten in die Verfahrensautonomie der Kantone in einer Weise ein, die dem Natur- und Heimatschutzrecht vor der NHG-Teilrevision vom 24. März 1995 unbekannt war (vgl. zu dieser Problematik auch: LEIMBACHER, Art. 10, Rz 9 betr. Art. 10 zweiter Satz NHG).

15
Tragweite
Portée

Die enge Zusammenarbeit des Bundesrates mit den Kantonen und deren Pflicht zur Anhörung der Grundeigentümerinnen und Grundeigentümer beziehen sich auf die Bezeichnung der schützenswerten Moorlandschaften und auf die

---

[23] WALDMANN, Diss., 143 f.

Bestimmung ihres Perimeters, nicht jedoch auf die Bestimmung der Schutzziele, für welche die Kompetenzen zwischen Bund und Kantonen in einer anderen Weise aufgeteilt sind (vgl. KELLER, Art. 23c, Rz 2 und 4 ff.). Auch diesbezüglich besteht ein Unterschied zu den Verfahren nach Art. 5 Abs. 1 erster Satz NHG (Anhörung für alle Elemente des Inventars, also mit Einschluss der Schutzziele; vgl. LEIMBACHER, Art. 5, Rz 23) bzw. nach Art. 18a Abs. 1 erster Satz NHG (Anhörung bloss bei der Bezeichnung der Schutzobjekte; vgl. FAHRLÄNDER, Art. 18a, Rz 14).

Die enge Zusammenarbeit des Bundesrates mit den Kantonen beschränkt sich auf die Phase der Erarbeitung der Inventare[24]. Die Entscheidbefugnisse des Bundesrates selbst werden mangels des Erfordernisses eines Einvernehmens zwischen Bund und Kantonen (vgl. Art. 11 Abs. 2 und 3 JSG) in keiner Weise beschränkt.

C. Berücksichtigung der bestehenden Besiedlung und Nutzung

Bei der Bestimmung der schützenswerten Moorlandschaften hat der Bundesrat zusätzlich zu den Kriterien der Definitionen der Moorlandschaft (Art. 23b Abs. 1 NHG; vgl. Rz 3 ff. hievor) und der Moorlandschaft von besonderer Schönheit und von nationaler Bedeutung (Art. 23b Abs. 2 NHG; vgl. Rz 9 ff. hievor) die bestehende Besiedlung und Nutzung zu berücksichtigen.

16 Zusätzliches Entscheidkriterium / Critère de décision supplémentaire

Beim Entscheid, ob eine Moorlandschaft durch Verordnung als solche von besonderer Schönheit und von nationaler Bedeutung bezeichnet werden soll, steht dem Bundesrat damit ein Ermessensspielraum zu. Da das Kriterium der Berücksichtigung der bestehenden Besiedlung und Nutzung im Gegensatz zu denjenigen nach Art. 23b Abs. 1 und 2 NHG von Art. 24^{sexies} Abs. 5 BV nicht vorgesehen ist, muss es eng ausgelegt werden (vgl. zu einer ähnlichen Problematik: KELLER, Art. 25b, Rz 13).

Die Berücksichtigung der bestehenden Besiedlung und Nutzung bezieht sich nicht nur auf die Bezeichnung der schützenswerten Moorlandschaften, also auf die Frage, ob eine Moorlandschaft von besonderer Schönheit und von nationaler Bedeutung ist. Der Ermessensspielraum des Bundesrates betrifft auch die Bestimmung der Lage, also die Abgrenzung des Perimeters dieser Schutzobjekte. Der französische Gesetzestext von Art. 23b Abs. 3 erster Satz NHG bringt dies deutlicher zum Ausdruck als der deutsche.

17 Tragweite / Portée

---

[24] WALDMANN, Diss., 144.

D. Kriterien zur Abgrenzung der Moorlandschaften

18
Bedeutung der Schutzanliegen
Importance du besoin de protection

Die Abgrenzung der Moorlandschaften von besonderer Schönheit und von nationaler Bedeutung hat nach Kriterien zu erfolgen, die sich aus den Schutzanliegen ergeben. Zunächst ist zu berücksichtigen, dass die geschützten Moorlandschaften über den Bereich der Moore hinausgehen. Die Moorlandschaften dürfen deshalb nicht bloss Moorbiotope und deren Pufferzonen, sondern müssen ebenfalls einen substanziellen Anteil an umgebender Landschaft einschliessen. Andererseits wird der reine Landschaftsanteil durch das Erfordernis der starken Prägung durch Moore (Art. 23b Abs. 1 erster Satz NHG) auch begrenzt, dürfen doch andere Landschaftsaspekte (vgl. dazu Rz 6 hievor) nicht dominant werden[25].

In seinem Urteil zur Moorlandschaft Pfäffikersee führte das Bundesgericht folgendes aus:

«Die Bauparzellen ... befinden sich ... im Zwischenbereich zwischen dem dicht besiedelten Dorfteil Robenhausen und dem ... ausgedehnten Riedgebiet. Der ... Bericht des EDI und des BUWAL bezeichnet dieses noch unüberbaute Gebiet ... als moornahe, landschaftlich und ökologisch äusserst empfindliche Geländekammer. Bei deren Überbauung würde der Blick auf das Robenhauserried beeinträchtigt. Sie erfülle daher die Funktion einer ökologischen und visuellen Pufferzone und müsse zu der zu schützenden Moorlandschaft Pfäffikersee gerechnet werden. ... Die Abgrenzung der ... zu schützenden Moorlandschaft erscheint bei Robenhausen wegen der teilweise scharfen Gegensätze zwischen dichter Bebauung und unberührter Landschaft nicht einfach. Eine sachgerechte Grenzziehung in einem solchen Zwischenbereich bedarf der Berücksichtigung und differenzierten Würdigung aller massgebenden Faktoren. ... Es ist hier jedoch nicht darüber zu befinden, wie eine sachgerechte Grenzziehung, welche die topographischen, ökologischen und erschliessungsmässigen Verhältnisse angemessen berücksichtigt, vorzunehmen ist»[26].

19
Vorrang natürlicher Grenzen
Priorité aux limites naturelles

Die Begrenzung einer Moorlandschaft erscheint am ehesten nachvollziehbar, wenn sie sich an natürliche Grenzen hält. Dafür kommen der Sichthorizont, Waldränder, Flüsse, Seen oder Felswände in Frage. In zweiter Linie sind künstlich geschaffene, aber immerhin deutlich sichtbare Grenzen wie Siedlungen, Strassen, Wege oder der Übergang zwischen dem extensiv und dem intensiv genutzten Landwirtschaftsgebiet in Betracht zu ziehen. Erst in letzter Linie sind Höhenkurven, Gemeinde- oder Kantonsgrenzen zu berücksichtigen. Bauzonengrenzen, welche ausserhalb des bereits überbauten Gebiets verlaufen oder die im zitierten Bundesgerichtsurteil erwähnten Erschliessungsverhältnisse dürfen nur dann berücksichtigt werden, wenn damit ein aus der Sicht des Moorlandschaftsschutzes zweckmässiger Abschluss des Baugebiets ermöglicht werden kann[27].

---

[25] HINTERMANN, Inventar der Moorlandschaften, 21.
[26] BGr. in ZBl 1993, 525 f.
[27] Zum Ganzen: HINTERMANN, Inventar der Moorlandschaften, 53 ff.; MARTI, Begriffe, 10.

Die genannten Kriterien gelten im Grundsatz sowohl für die Abgrenzung der Schutzobjekte auf der Ebene des Moorlandschaftsinventars des Bundes (Art. 2 Abs. 1 erster Satz MLV sowie Anhang 2 zur MLV) als auch für die Festlegung des genauen Grenzverlaufs durch die Kantone (Art. 3 MLV). Sie spielen allerdings bei der Abgrenzung der Moorlandschaften durch den Bundesrat eine ungleich grössere Rolle, ist doch die Festlegung des genauen Grenzverlaufs durch die Kantone mit den Perimetern des Moorlandschaftsinventars bereits weitgehend präjudiziert[28]. Ein Spielraum besteht hier hauptsächlich aufgrund der unterschiedlichen Kartenmassstäbe im Bereich der Strichdicke des Bundesperimeters (zu den Einzelheiten der Festlegung des genauen Grenzverlaufs: FAHRLÄNDER, Art. 18a, Rz 38 ff.).

20 Bedeutung
Importance

V. Finanzierung der Bezeichnung durch den Bund (Abs. 4)

Der Bund finanziert die Bezeichnung der Moorlandschaften von besonderer Schönheit und von nationaler Bedeutung. Er erarbeitet also die notwendigen Grundlagen – wie für Biotope von nationaler Bedeutung (Art. 18d Abs. 1 erster Satz NHG; MAURER, Art. 18d, Rz 4) – entweder selbst oder beauftragt Dritte mit deren Erstellung.

21

---

[28] WALDMANN, Diss., 171 ff.

Art. 23c   Schutz der Moorlandschaften

¹ Als allgemeines Schutzziel gilt die Erhaltung jener natürlichen und kulturellen Eigenheiten der Moorlandschaften, die ihre besondere Schönheit und nationale Bedeutung ausmachen. Der Bundesrat legt Schutzziele fest, die der Eigenart der Moorlandschaften angepasst sind.

² Die Kantone sorgen für die Konkretisierung und Durchsetzung der Schutzziele. Sie treffen rechtzeitig die zweckmässigen Schutz- und Unterhaltsmassnahmen. Die Artikel 18a Absatz 3 und 18c sind sinngemäss anwendbar.

³ Der Bund beteiligt sich mit einer Abgeltung von 60–90 Prozent an den Kosten der Schutz- und Unterhaltsmassnahmen. Er berücksichtigt bei der Festlegung der Abgeltung die Finanzkraft der Kantone sowie ihre Gesamtbelastung durch den Moorlandschafts- und den Biotopschutz.

Art. 23c   Protection des sites marécageux

¹ La protection a pour but général de sauvegarder les éléments naturels et culturels des sites marécageux qui leur confèrent leur beauté particulière et leur importance nationale. Le Conseil fédéral fixe des buts de protection adaptés aux particularités des sites marécageux.

² Les cantons veillent à la concrétisation et à la mise en oeuvre des buts de la protection. Ils prennent à temps les mesures de protection et d'entretien qui s'imposent. Les articles 18a, 3ᵉ alinéa, et 18c sont applicables par analogie.

³ La Confédération participe au financement des mesures de protection et d'entretien par une indemnité couvrant de 60 à 90 pour cent des frais. Pour le calcul de l'indemnité, elle tient compte de la capacité financière des cantons et de la charge globale que leur occasionne la protection des sites marécageux et des biotopes.

Inhaltsverzeichnis   Rz

I.	Vorbemerkungen zu Inhalt und Entstehung der Bestimmung	1
II.	Festlegung der Schutzziele (Abs. 1)	4
	A. Allgemeines Schutzziel	4
	B. Der Eigenart der Moorlandschaften angepasste Schutzziele	6
III.	Konkretisierung und Durchsetzung (Abs. 2)	9
	A. Konkretisierung der Schutzziele	9
	B. Zweckmässige Schutz- und Unterhaltsmassnahmen	10

C. Durchsetzung der Schutzziele 11
IV. Finanzierung der Schutz- und Unterhaltsmassnahmen (Abs. 3) 13

Table des matières N°
I. Remarques préliminaires sur le contenu et l'origine de la disposition 1
II. La détermination des buts de protection (al. 1) 4
    A. Le but général de protection 4
    B. Les buts de protection adaptés aux particularités des sites marécageux 6
III. La concrétisation et la mise en oeuvre (al. 2) 9
    A. La concrétisation des buts de protection 9
    B. Les mesures de protection et d'entretien propices aux buts 10
    C. La mise en oeuvre des buts de protection 11
IV. Le financement des mesures de protection et d'entretien (al. 3) 13

I. Vorbemerkungen zu Inhalt und Entstehung der Bestimmung

Art. 23c NHG befasst sich mit der Festlegung der Schutzziele, mit deren Durchsetzung mittels konkreten Schutz- und Unterhaltsmassnahmen sowie mit der Finanzierung dieser Massnahmen.   1

Im Zentrum der Bestimmung steht die Festlegung der Schutzziele, welche auf drei Ebenen erfolgt, nämlich im NHG, in der MLV und deren Anhang 2 sowie auf kantonaler Stufe. Das Gesetz gibt ein allgemeines Schutzziel vor (Art. 23c Abs. 1 erster Satz NHG). Die Verordnung legt zunächst Grundsätze für alle Moorlandschaften fest (Art. 4 Abs. 1 MLV) und beschreibt in Anhang 2 jede Moorlandschaft und deren Eigenarten (Art. 23c Abs. 1 zweiter Satz NHG; Art. 2 Abs. 1 MLV). Die detaillierte Ausformulierung des jeweiligen Schutzziels soll schliesslich auf kantonaler Ebene erfolgen (Art. 23c Abs. 2 erster Satz NHG), wofür die Objektbeschreibungen in Anhang 2 der MLV als verbindliche Grundlage dienen (Art. 4 Abs. 2 MLV). Im Vergleich zum Schutz der Biotope von nationaler Bedeutung erfolgt die Festlegung der Schutzziele hier also auf eine wesentlich differenziertere Weise, werden die Schutzziele doch dort abschliessend vom Bundesrat festgelegt (vgl. Art. 18a Abs. 1 zweiter Satz NHG; FAHRLÄNDER, Art. 18a, Rz 13).   2
Schutzziele auf drei Ebenen
Protection visée à trois niveaux

Gegenüber der bundesrätlichen Vorlage erfuhren die Abgeltungen des Bundes im Parlament eine wesentliche Erhöhung, nämlich auf einen Satz von 60–90   3
Abgeltungen
Indemnités

Prozent der Kosten der Schutz- und Unterhaltsmassnahmen[1]. Der Bundesrat hatte Abgeltungen von höchstens 60 Prozent vorgeschlagen[2].

II. Festlegung der Schutzziele (Abs. 1)

A. Allgemeines Schutzziel

4 *Erhaltung und nachhaltige Entwicklung / Conservation et développement durable*
Zum allgemeinen Schutzziel für schützenswerte Moorlandschaften erklärt Art. 23c Abs. 1 erster Satz NHG die Erhaltung jener Eigenheiten, die sie zu solchen von besonderer Schönheit und von nationaler Bedeutung machen. Diese Bestimmung verweist damit auf die Definitionen von Art. 23b Abs. 1 und insbesondere Abs. 2 NHG.

Zudem macht das Gesetz darauf aufmerksam, dass diese Eigenheiten der Moorlandschaften sowohl natürliche als auch kulturelle Aspekte aufweisen (vgl. KELLER, Vorbemerkungen zu den Art. 23a-23d, Rz 6). Sind Moorlandschaften (auch) als Kulturlandschaften anzusehen, müssen sie nicht einzig in ihrem Ist-Zustand erhalten werden, sondern ebenfalls einer – wenn auch nachhaltigen und damit den Wert der Moorlandschaft weiterführenden – Entwicklung offenstehen[3].

5 *Elemente / Eléments*
Als Elemente des allgemeinen Schutzziels sind anzusehen[4]:

- die uneingeschränkte Erhaltung der Gesamtheit der Moorbiotope und der entsprechenden Pufferzonen, unabhängig davon, ob die einzelnen Moore von nationaler, regionaler oder lokaler Bedeutung sind, mit Einschluss der Erhaltung der nachhaltigen moortypischen Nutzung (vgl. Art. 23b Abs. 1 erster Satz NHG: «in besonderem Masse durch Moore geprägte Landschaft»)
- die Erhaltung der weiteren Biotope und der entsprechenden Pufferzonen, die zur besonderen Schönheit und zur nationalen Bedeutung der betreffenden Moorlandschaft beitragen, dies ebenfalls unabhängig von deren Einreihung als Biotope von nationaler, regionaler oder lokaler Bedeutung (vgl. Art. 23b Abs. 1 erster Satz NHG: «naturnahe Landschaft»)
- der Schutz des übrigen Landschaftsbildes vor nachteiligen Veränderungen, insbesondere derjenigen Elemente, welche die enge Beziehung zu den Mooren ausmachen, mit Einschluss der Erhaltung der nachhaltigen moorland-

---

[1] Amtl.Bull. S 1992 617 f., N 1993 2102.
[2] Botschaft Teilrevision NHG, BBl 1991 III 1143, 1157 (Art. 15a Abs. 4 des Entwurfs).
[3] Botschaft Teilrevision NHG, BBl 1991 III 1143; Amtl.Bull. N 1993 2104 (Votum Berichterstatter BAUMBERGER).
[4] HINTERMANN, Inventar der Moorlandschaften, 46 f.

schaftstypischen Nutzungen (vgl. Art. 23b Abs. 1 zweiter Satz NHG: «zu den Mooren in enger ökologischer, visueller, kultureller oder geschichtlicher Beziehung»).

Art. 4 Abs. 1 MLV nennt diese Elemente des allgemeinen Schutzziels nicht aufgrund des unterschiedlichen Schutzgrades von bestimmten Objektteilen, sondern aus der Sicht des Anliegens nach gesamtheitlichem Schutz der Moorlandschaften (Bst. a: Schutz der Landschaften vor Veränderungen; Bst. b: Erhaltung der für Moorlandschaften charakteristischen Elemente und Strukturen; Bst. c: Besondere Rücksichtnahme auf gefährdete und seltene Pflanzen- und Tierarten; Bst. d: Unterstützung der nachhaltigen moor- und moorlandschaftstypischen Nutzung). Diese Sichtweise drückt die Philosophie des Moorlandschaftsschutzes aus; im praktischen Anwendungsfall wird sich dagegen zunächst die Frage nach den betroffenen Objektteilen und deren Schutz stellen[5].

Besonderer Wert ist auf diejenigen Eigenheiten zu legen, welche die besondere Schönheit und die nationale Bedeutung, d.h. die Einmaligkeit (Art. 23b Abs. 2 Bst. a NHG) bzw. den besonderen Wert innerhalb einer Gruppe von vergleichbaren Moorlandschaften ausmachen (Art. 23b Abs. 2 Bst. b NHG).

B. Der Eigenart der Moorlandschaften angepasste Schutzziele

Für die einzelnen Moorlandschaften legt der Bundesrat nach Art. 23c Abs. 1 zweiter Satz NHG Schutzziele fest. Diese sind der Eigenart der betreffenden Moorlandschaft anzupassen.

6 Schutzziele für die einzelnen Moorlandschaften
Buts de protection pour chaque site marécageux

Dabei sind aufgrund des allgemeinen Schutzziels (vgl. Rz 4 f. hievor) sowohl die «landschaftstypischen natürlichen (insbesondere morphologischen, geologischen, hydrologischen und biologischen) Elemente»[5a] als auch kulturelle, d.h. durch Menschen geschaffene Elemente zu berücksichtigen. Die bundesrätliche Botschaft weist darauf hin, dass diese Landschaften «auch Elemente wie Siedlungen und Verkehrswege enthalten, die eindeutig durch den Menschen geprägt sind und der Befriedigung menschlicher Bedürfnisse dienen»[6].

Anhang 2 zur MLV charakterisiert die einzelnen Schutzobjekte (Art. 2 Abs. 1 MLV). Das allgemeine Schutzziel wird durch diese Umschreibungen so weit differenziert, dass für jede schützenswerte Moorlandschaft zumindest grobe Vorstellungen über deren Schutz bestehen. Dabei hatte der Bundesrat insoweit

7 Anhang 2 zur MLV
Annexe 2 de l'OSM

---

[5] In diesem Sinne auch: WALDMANN, Diss., 311.
[5a] Botschaft Teilrevision NHG, BBl 1991 III 1142 f.
[6] Botschaft Teilrevision NHG, BBl 1991 III 1142 f.

Zurückhaltung zu üben, als den Kantonen zur Konkretisierung der Schutzziele (Art. 23c Abs. 2 erster Satz NHG) ein substanzieller Gestaltungsspielraum verbleiben muss (vgl. dazu auch Rz 9 hienach).

In Anhang 2 zur MLV ist – um ein Beispiel anzuführen – die Moorlandschaft Lauenensee wie folgt beschrieben:

«Die Moorlandschaft Lauenensee besteht aus einem auf zwei Höhenstufen gelegenen Talboden, den angrenzenden Hängen und dem kleinen wilden Tälchen vom Brüchli. Die verschiedenen Gebiete weisen ausserordentlich grosse und gut erhaltene Moore auf. Die Vielfalt der Moore ist bemerkenswert, kommen hier doch nebst den sekundären Hochmooren und Schwingrasen nahezu alle Flachmoortypen der Schweiz vor.

Sie sind unterschiedlich entstanden: Neben den Verlandungsmooren am Lauenensee finden sich Flachmoore auf Schwemmebenen sowie weite Hangrieder, vor allem bei Inneri Dürri-Falksmatte. Auf einer Terrasse liegt als besonderes Kleinod der Lauenensee. Die vermoorte Ebene von Rohr mit dem natürlich mäandrierenden Louibach ist infolge ihrer Grösse und Qualität für das Schweizer Voralpen- und Alpengebiet einzigartig. Im hinteren Teil der Ebene erstreckt sich bis Rohr-Öy ein ausserordentlich schönes Auengebiet von nationaler Bedeutung.

Ein grosser Wert dieser Moorlandschaft liegt darin, das die Moore in eine gut erhaltene alpine Kulturlandschaft eingebettet sind; viele Flachmoore werden in traditioneller Weise als Streuewiesen genutzt, was für den Aspekt der Landschaft wichtig ist. Vor allem am rechten Talhang ist eine kleinräumige, sehr vielfältige Landschaft erhalten geblieben, in der sich ein Mosaik von Flachmooren, Wiesen, Weiden, Wäldern und Gehölzen ausbreitet. Die Streusiedlung mit Maiensässen, Alphütten und vielen Scheunen ist in diesem Gebiet besonders schön ausgeprägt.

Weitere Feuchtgebiete wie von Mooren durchsetzte Wälder, Auen und Schwemmebenen bilden wertvolle ergänzende Lebensräume. Die durch die Arbeit von Gletscher und Wasser entstandenen geomorphologischen Formen sind schön ausgebildet; sie sind oft mit der Entstehung der Moore verbunden und tragen damit ebenfalls zur nationalen Bedeutung der Landschaft bei. Bemerkenswert sind vor allem die vielen Moränen, die aktiven Schuttkegel am rechten Talhang, welche mit den Flachmooren verzahnt sind, und die Wasserfälle.

Die Landschaft ist generell von grosser Schönheit und weitgehend frei von baulichen Beeinträchtigungen.»

8
Verbindliche Grundlage
Fondement contraignant

Diese Art Landschaftsbeschreibung dient den Kantonen als verbindliche Grundlage für die Konkretisierung der Schutzziele (Art. 4 Abs. 2 MLV) und damit auch für die Anordnung zweckmässiger Schutz- und Unterhaltsmassnahmen.

III. Konkretisierung und Durchsetzung (Abs. 2)

A. Konkretisierung der Schutzziele

9
Rahmenbedingungen
Conditions-cadre

Die Kantone konkretisieren die Schutzziele der durch Anhang 1 zur MLV bezeichneten Moorlandschaften von besonderer Schönheit und von nationaler

Bedeutung (Art. 23c Abs. 2 erster Satz NHG). Das bedeutet einerseits, dass die Kantone die Schutzziele jeder dieser Moorlandschaften differenziert auszuformulieren haben, und andererseits, dass sie dabei an den Rahmen gebunden sind, der ihnen durch Art. 23c Abs. 1 erster Satz NHG und Art. 4 Abs. 1 MLV (allgemeines Schutzziel) sowie durch die Objektbeschreibungen in Anhang 2 zur MLV (angepasste Schutzziele; Art. 23c Abs. 1 zweiter Satz NHG und Art. 2 Abs. 1 MLV) vorgegeben ist (vgl. dazu auch Rz 2 hievor)[7].

B. Zweckmässige Schutz- und Unterhaltsmassnahmen

Die Kantone – und auch der Bund, wo er nach Spezialgesetzgebung zuständig ist (Art. 9 Abs. 2 MLV)[8] – treffen die zweckmässigen Massnahmen zum Schutz und Unterhalt der Moorlandschaften von besonderer Schönheit und von nationaler Bedeutung (Art. 23c Abs. 2 zweiter Satz NHG). Diese sollen mit den Mitteln der Raumplanung langfristig gesichert (so ausdrücklich auch Art. 5 Abs. 2 Bst. a MLV; zum raumplanungsrechtlichen Instrumentarium: FAHRLÄNDER, Art. 18a, Rz 55 ff.) und wenn möglich zusätzlich aufgrund von Vereinbarungen mit den Grundeigentümern und Bewirtschaftern erfolgen[9]. Art. 23c Abs. 2 dritter Satz NHG verweist diesbezüglich auf die Regelung für den Biotopschutz in Art. 18c NHG (vgl. MAURER, Art. 18c, Rz 8 ff.), welche für den Schutz der Moorlandschaften von besonderer Schönheit und von nationaler Bedeutung sinngemäss anzuwenden ist.

10
Raumplanung und Vereinbarungen
Aménagement du territoire et conventions

Mit Art. 5 Abs. 2 Bst. b MLV werden die Kantone zusätzlich verpflichtet, in Moorlandschaften von besonderer Schönheit und von nationaler Bedeutung die Biotope nach Art. 18 Abs. 1bis NHG (vgl. FAHRLÄNDER, Art. 18, Rz 15 ff.) zu bezeichnen.

Bevor die Kantone Schutz- und Unterhaltsmassnahmen treffen, haben sie die Betroffenen sowie das BUWAL anzuhören (Art. 5 Abs. 1 MLV; Art. 22 Abs. 2 NHV).

Die genannten Schutz- und Unterhaltsmassnahmen werden durch die Verpflichtung der Kantone bzw. des Bundes ergänzt, bestehende Beeinträchtigungen von Objekten bei jeder sich bietenden Gelegenheit soweit als möglich rückgängig zu machen (Art. 8 und Art. 9 Abs. 2 MLV).

---

[7] BUNDESAMT FÜR JUSTIZ, Gutachten Grimsel, 72.
[8] RAUSCH, Recht, 11; WALDMANN, Diss., 158.
[9] Botschaft Teilrevision NHG, BBl 1991 III 1143.

C. Durchsetzung der Schutzziele

11
Fristen
Délais

Auch die Durchsetzung der Schutzziele ist grundsätzlich Sache der Kantone (Art. 23c Abs. 2 erster Satz NHG). Allerdings hat der Bundesrat aufgrund von Art. 23c Abs. 2 dritter Satz NHG und in sinngemässer Anwendung von Art. 18a Abs. 3 NHG (vgl. FAHRLÄNDER, Art. 18a, Rz 63) in Art. 6 MLV Fristen für die Anordnung der Schutzmassnahmen bestimmt. Die Massnahmen müssen grundsätzlich innert drei Jahren getroffen werden (Art. 6 Abs. 1 MLV). Für finanzschwache und mittelstarke Kantone, die durch den Moorlandschaftsschutz stark belastet sind (Kantone Bern, Luzern, Uri, Schwyz, Obwalden, Freiburg, Appenzell-Innerrhoden, St. Gallen, Graubünden, Tessin, Waadt und Jura), gilt eine Frist von sechs Jahren, dies allerdings nur bezüglich der in ihrer Erhaltung nicht gefährdeten Objekte (Art. 6 Abs. 2 MLV).

12
Ersatzmassnahmen des Bundes
Mesures compensatoires de la Confédération

Sofern ein Kanton die Schutzmassnahmen trotz Mahnung nicht rechtzeitig anordnet, kann das EDI die nötigen Massnahmen treffen und dem Kanton einen angemessenen Teil der Kosten auferlegen. Auch diese Bundeskompetenz ergibt sich aus der in Art. 23c Abs. 2 dritter Satz NHG statuierten sinngemässen Anwendbarkeit von Art. 18a Abs. 3 NHG (vgl. FAHRLÄNDER, Art. 18a, Rz 64).

Der Durchsetzung der Schutzziele dient ebenfalls die jährliche Berichterstattung der Kantone, welche die nach der MLV erforderlichen Massnahmen noch nicht getroffen haben (Art. 10 MLV).

IV. Finanzierung der Schutz- und Unterhaltsmassnahmen (Abs. 3)

13
Abgeltungen von 60–90 Prozent
Indemnités de 60–90 pour cent

Nach Art. 23c Abs. 3 erster Satz NHG beteiligt sich der Bund an der Finanzierung der Kosten der Schutz- und Unterhaltsmassnahmen der Moorlandschaften von besonderer Schönheit und von nationaler Bedeutung mit Abgeltungen von 60–90 Prozent und damit in der gleichen Höhe, wie er dies für Biotope von nationaler Bedeutung tut (vgl. Art. 18d Abs. 1 erster Satz NHG; MAURER, Art. 18d, Rz 4). Anders als bezüglich der Biotope von nationaler Bedeutung (vgl. Art. 18d Abs. 1 zweiter Satz NHG sowie Art. 17 Abs. 2 dritter Satz NHV; MAURER, Art. 18d, Rz 5) besteht für die Finanzierung der übrigen Schutz- und Unterhaltsmassnahmen in Moorlandschaften von besonderer Schönheit und von nationaler Bedeutung allerdings keine Möglichkeit des Bundes, in Ausnahmefällen die gesamten Kosten zu übernehmen[10]. Für die Finanzierung der Restkosten der Schutz- und Unterhaltsmassnahmen in Biotopen von regionaler oder lokaler Bedeutung sowie in biotopfreien Teilen der Moorlandschaften haben damit die Kantone aufzukommen.

---

[10] Ein entsprechender Antrag KÜCHLER wurde im Ständerat abgelehnt (Amtl.Bull. S 1992 617 f.).

In Ausführung von Art. 23c Abs. 3 zweiter Satz NHG wird diese Regelung auf Verordnungsebene nach der Finanzkraft der Kantone und deren Gesamtbelastung durch den Moorlandschafts- und Biotopschutz differenziert: Grundsätzlich beteiligt sich der Bund, je nach der Finanzkraft der Kantone, mit einer Abgeltung von 60-75 Prozent an den Kosten der Schutz- und Unterhaltsmassnahmen (Art. 22 Abs. 3 erster Satz NHV). Für Kantone, die durch den Moorlandschafts- und den Biotopschutz stark belastet sind, können höchstens zusätzliche 15 Prozent durch den Bund übernommen werden (Art. 22 Abs. 3 zweiter Satz NHV). Die Differenzierung erfolgt damit in wörtlich gleicher Weise wie dies Art. 17 Abs. 2 erster und zweiter Satz NHV für die Biotope von nationaler Bedeutung tut.

14 Finanzkraft und Belastung der Kantone
Capacité financière et charge pour les cantons

Die *Finanzkraft der Kantone*, nach welcher sich der Grundansatz für die Ausrichtung von Abgeltungen an Schutz- und Unterhaltsmassnahmen richtet, wird für alle Bundessubventionen aufgrund der Art. 2–4 des Finanzausgleichsgesetzes[11] festgelegt. Die entsprechende Verordnung[12] unterscheidet finanzschwache, mittelstarke und finanzstarke Kantone. Der höchste Abgeltungs-Grundansatz von 75 Prozent wird finanzschwachen, der niedrigste von 60 Prozent finanzstarken Kantonen ausgerichtet. Mittelstarke Kantone erhalten zwischen 60 und 75 Prozent; der genaue Ansatz wird nach dem Index der Finanzkraft des betreffenden Kantons berechnet, welcher ebenfalls in der genannten Verordnung für jeweils zwei Jahre festgelegt wird.

Die *Belastung der Kantone* wird in der Praxis nicht bezogen auf den gesamten Bereich des Moorlandschafts- und Biotopschutzes beurteilt, sondern nur bezüglich des jeweiligen Biotoptyps bzw. der Moorlandschaften. Die Zuschläge nach Art. 22 Abs. 3 zweiter Satz NHV richten sich also einzig nach der Belastung der Kantone durch den Moorlandschaftsschutz, wobei zwischen normaler Belastung (kein Zuschlag), starker Belastung (kein Zuschlag für finanzstarke Kantone, Zuschlag von 5 Prozent für mittelstarke Kantone, Zuschlag von 10 Prozent für finanzschwache Kantone) und sehr starker Belastung (kein Zuschlag für finanzstarke Kantone, Zuschlag von 10 Prozent für mittelstarke Kantone, Zuschlag von 15 Prozent für finanzschwache Kantone) unterschieden wird. Im Rahmen der Gesamtbelastung durch den Moorlandschaftsschutz wird damit nochmals der Finanzkraft der Kantone Rechnung getragen.

Der so berechnete Abgeltungssatz unterliegt aufgrund des entsprechenden BB[13] bis Ende 1997 einer Kürzung um 10 Prozent. Ist nach Art. 23c Abs. 3 NHG und Art. 22 Abs. 3 erster und zweiter Satz NHV beispielsweise eine Abgeltung von 75 Prozent erhältlich (finanzschwacher Kanton ohne besondere Belastung durch den Moorlandschafts- und Biotopschutz), so sind davon 7,5 Prozent abzuziehen und somit nur noch 67,5 Prozent vom Bund geschuldet.

15 Kürzungen
Réductions

---

[11] BG vom 19. Juni 1959 über den Finanzausgleich unter den Kantonen (SR 613.1).
[12] Aktuelle Fassung: V vom 22. November 1995 über die Festsetzung der Finanzkraft der Kantone für die Jahre 1996 und 1997 (SR 613.11).
[13] BB vom 9. Oktober 1992 über die lineare Beitragskürzung in den Jahren 1993-1997 (SR 616.62).

Abgeltungen für Massnahmen zum Schutz und zum Unterhalt von Biotopen in Moorlandschaften von besonderer Schönheit und von nationaler Bedeutung sind im übrigen um die für die gleiche Leistung nach OeBV ausgerichteten Beiträge zu kürzen (Art. 22 Abs. 4 NHV i.V. mit Art. 19 NHV und Art. 7 OeBV; im einzelnen: MAURER, 4. Kap., Rz 24 und Art. 18c, Rz 27 f.).

16
Einzelheiten
Particularités

Schliesslich gelten für die Finanzierung von Schutz- und Unterhaltsmassnahmen in Moorlandschaften von besonderer Schönheit und von nationaler Bedeutung die Bestimmungen der Art. 4, 5 Abs. 5 und 6-10 NHV sinngemäss (Art. 22 Abs. 3 dritter Satz NHV). Für diese Einzelheiten des Subventionsrechts und des Subventionsverfahrens sei auf die Ausführungen von JENNI (Vorbemerkungen zu den Art. 13–17a, Rz 12 sowie Art. 13, Rz 15, 20 ff., 40 ff. und 58 ff.) verwiesen.

Art. 23d Gestaltung und Nutzung der Moorlandschaften

¹ Die Gestaltung und die Nutzung der Moorlandschaften sind zulässig, soweit sie der Erhaltung der für die Moorlandschaften typischen Eigenheiten nicht widersprechen.

² Unter der Voraussetzung von Absatz 1 sind insbesondere zulässig:
a. die land- und forstwirtschaftliche Nutzung;
b. der Unterhalt und die Erneuerung rechtmässig erstellter Bauten und Anlagen;
c. Massnahmen zum Schutz von Menschen vor Naturereignissen;
d. die für die Anwendung der Buchstaben a-c notwendigen Infrastrukturanlagen.

Art. 23d Aménagement et exploitation des sites marécageux

¹ L'aménagement et l'exploitation des sites marécageux sont admissibles, dans la mesure où ils ne portent pas atteinte aux éléments caractéristiques des sites marécageux.

² Sont en particulier admis à la condition prévue au 1er alinéa:
a. L'exploitation agricole et sylvicole;
b. L'entretien et la rénovation de bâtiments et d'installations réalisés légalement;
c. Les mesures visant à protéger l'homme contre les catastrophes naturelles;
d. Les installations d'infrastructure nécessaires à l'application des lettres a à c ci-dessus.

Inhaltsverzeichnis	Rz
I. Vorbemerkungen zu Inhalt und Entstehung der Bestimmung	1
II. Allgemeine Umschreibung der Zulässigkeit der Gestaltung und Nutzung (Abs. 1)	2
A. Gestaltung und Nutzung	2
B. Typische Eigenheiten der Moorlandschaften	3
C. Fehlender Widerspruch	4
III. Hervorhebung bestimmter zulässiger Nutzungen (Abs. 2)	7
A. Bindung an die Voraussetzung von Absatz 1	7
B. Mangelnde Abschliesslichkeit der Aufzählung	8
C. Hervorgehobene Nutzungen	12
a. Land- und forstwirtschaftliche Nutzung (Bst. a)	12
b. Unterhalt und Erneuerung rechtmässig erstellter Bauten und Anlagen (Bst. b)	14
c. Massnahmen zum Schutz von Menschen vor Naturereignissen (Bst. c)	15

d. Notwendige Infrastrukturanlagen (Bst. d)   16

Table des matières   N°

I. Remarques préliminaires sur le contenu et l'origine de la disposition   1
II. La description générale de l'aménagement et de l'exploitation admissibles (al. 1)   2
   A. L'aménagement et l'exploitation   2
   B. Les caractéristiques typiques des sites marécageux   3
   C. L'absence d'atteinte   4
III. La mention particulière de certaines exploitations admissibles (al. 2)   7
   A. Le lien avec la condition de l'al. 1   7
   B. Le caractère non-exhaustif de l'énumération   8
   C. Les exploitations visées   12
      a. L'exploitation agricole et sylvicole (lit. a)   12
      b. L'entretien et la rénovation de bâtiments et d'installations réalisés légalement (lit. b)   14
      c. Les mesures visant à protéger l'homme contre les catastrophes naturelles (lit. c)   15
      d. Les installations d'infrastructure nécessaires (lit. d)   16

I. Vorbemerkungen zu Inhalt und Entstehung der Bestimmung

1
Positive Umschreibung
Description positive

Ausgangspunkt für die Ausgestaltung von Art. 23d NHG bildete Art. 15a Abs. 2 dritter Satz des bundesrätlichen Entwurfs[1], dem auch die Terminologie von Art. 23d Abs. 1 NHG zum grossen Teil entstammt. Mit einer eigenständigen Bestimmung wollte das Parlament allerdings der positiven Umschreibung der in den Moorlandschaften von besonderer Schönheit und von nationaler Bedeutung zulässigen Gestaltung und Nutzung ein grösseres Gewicht beimessen[2].

---

[1] Botschaft Teilrevision NHG, BBl 1991 III 1156.
[2] Amtl.Bull. S 1992 620 (Votum Frick).

II. Allgemeine Umschreibung der Zulässigkeit der Gestaltung und Nutzung (Abs. 1)

A. Gestaltung und Nutzung

Mit Nutzungen (exploitations) sind alle Eingriffe gemeint, die sich auf die Bodenstruktur auswirken, also Bauten, Anlagen und Bodenveränderungen (zu den Begriffen: KELLER, Art. 25b, Rz 6 ff.)[3].   2

Mit Gestaltung (aménagement) sind demgegenüber die den konkreten Nutzungen übergeordneten planerischen Vorstellungen angesprochen, die primär in der Raumplanung der Kantone, aber auch in Sachplänen und Konzepten des Bundes zum Ausdruck kommen.

B. Typische Eigenheiten der Moorlandschaften

Die typischen Eigenheiten der Moorlandschaften, die (nach dem deutschen Gesetzestext) erhalten bzw. (nach dem französischen Gesetzestext) nicht beeinträchtigt werden sollen, drücken sich in den objektspezifischen Schutzzielen aus[4] (Art. 23c Abs. 1 und 2 erster Satz NHG, Art. 4 MLV sowie Anhang 2 zur MLV; KELLER, Art. 23c, Rz 2 und 4 ff.).   3

C. Fehlender Widerspruch

Eingriffe in eine Moorlandschaft von besonderer Schönheit und von nationaler Bedeutung sind nach Art. 23d Abs. 1 NHG dann zulässig, wenn sie den für die konkrete Moorlandschaft geltenden Schutzzielen «nicht widersprechen», ihnen also nicht schaden[5]. Es ist jedoch nicht gefordert, dass Vorhaben in solchen Moorlandschaften einen insgesamt positiven Beitrag zu deren Schutz leisten müssen[6], wie dies mit der Wendung «dienen» im Text von Art. 24^{sexies} Abs. 5 dritter Satz BV ausgedrückt ist.   4
Grundsatz
Principe

Der Gesetzestext geht damit zumindest an die Grenze des verfassungsrechtlich Zulässigen[7]. Die Wendung «nicht widersprechen» kann allerdings gegenüber

---

3   Amtl.Bull. S 1992 620 (Votum JAGMETTI).
4   Vgl. Amtl.Bull. N 1993 2106 (Votum Berichterstatter BAUMBERGER).
5   Vgl. Amtl.Bull. S 1992 619 (Votum KÜCHLER).
6   Ein entsprechender Minderheitsantrag wurde im Nationalrat abgelehnt (Amtl.Bull. N 1993 2102 ff.).
7   Amtl.Bull. S 1992 620 (Votum Bundesrat COTTI); Amtl.Bull. N 1993 2104 (Votum Berichterstatter BAUMBERGER); WALDMANN, Diss., 249, 283 f.

allen anderen im Parlament diskutierten Textvarianten («dienen», «beitragen», «nicht gefährden»[8]) den Vorteil grösserer Praktikabilität für sich in Anspruch nehmen[9]. Ob ein Vorhaben den Schutzzielen der betreffenden Moorlandschaft widerspricht oder nicht, lässt sich vergleichsweise einfach beurteilen.

5
Anwendung
Application

Bei der Prüfung eines konkreten Vorhabens ist – entsprechend den Elementen des allgemeinen Schutzziels (Art. 23c Abs. 1 erster Satz NHG und Art. 4 Abs. 1 MLV; KELLER, Art. 23c, Rz 4 f.) – insbesondere zwischen betroffenen Moorbiotopen und übrigen betroffenen Moorlandschaftsflächen zu unterscheiden[10]:

- In Mooren von nationaler Bedeutung sind die Errichtung von Bauten und Anlagen sowie Bodenveränderungen stets unzulässig[11]. Moore von regionaler und lokaler Bedeutung geniessen in Moorlandschaften von besonderer Schönheit und von nationaler Bedeutung grundsätzlich den gleichen umfassenden Schutz wie Moore von nationaler Bedeutung (vgl. FAHRLÄNDER, Art. 18a, Rz 51 sowie KELLER, Art. 23a, Rz 2); für Einzelheiten ist auf die für den Moorlandschaftsschutz massgebenden Schutzziele (Art. 23c Abs. 1 und Abs. 2 erster Satz NHG; Art. 4 MLV und Anhang 2 zur MLV; KELLER, Art. 23c, Rz 2 und 4 ff.) abzustellen.

- Im moorfreien Teil der Moorlandschaft ist zwischen Biotopen (von nationaler, regionaler und lokaler Bedeutung) und dem biotopfreien Teil der Landschaft weiter zu differenzieren. In Auengebieten von nationaler Bedeutung ist ein Abweichen vom Schutzziel nur zulässig, wenn ein Vorhaben die in Art. 4 Abs. 2 AuenV genannten Voraussetzungen (FAHRLÄNDER, Art. 18a, Rz 51 f.) erfüllt und zusätzlich den für den Moorlandschaftsschutz massgebenden Schutzzielen nicht widerspricht. Für die Biotope von regionaler und lokaler Bedeutung sowie für den biotopfreien Teil der Landschaft ist allein auf die für den Moorlandschaftsschutz massgebenden Schutzziele abzustellen.

6
Schonungs-
gebot
Obligation
de ménager

Schliesslich ist zu beachten, dass Vorhaben in Moorlandschaften von besonderer Schönheit und von nationaler Bedeutung in jedem Fall möglichst natur- und landschaftsschonend auszuführen sind.

---

[8] Amtl.Bull. S 1992 619 (Votum Berichterstatter SCHALLBERGER).
[9] Amtl.Bull. N 1993 2105 (Votum Bundesrätin DREIFUSS).
[10] Amtl.Bull. N 1993 2106 (Votum Berichterstatter BAUMBERGER); vgl. Amtl.Bull. N 1993 2105 (Votum Bundesrätin DREIFUSS).
[11] WALDMANN, Diss., 285.

III. Hervorhebung bestimmter zulässiger Nutzungen (Abs. 2)

A. Bindung an die Voraussetzung von Absatz 1

In Art. 23d Abs. 2 NHG werden einige in Moorlandschaften von besonderer Schönheit und von nationaler Bedeutung denkbare Nutzungen ausdrücklich erwähnt. Sie alle sind nur unter der Voraussetzung von Art. 23d Abs. 1 NHG zulässig (in diesem Sinne auch: Art. 5 Abs. 2 Bst. c und d MLV). Aus dieser Sicht erscheinen sie gegenüber anderen Nutzungen in keiner Weise privilegiert (vgl. aber Rz 11 hienach).

7

B. Mangelnde Abschliesslichkeit der Aufzählung

Die Aufzählung in Art. 23d Abs. 2 NHG ist aufgrund der Wendung «insbesondere» ausdrücklich nicht abschliessender Art[12].

8

Zulässig sind neben den in Art. 23d Abs. 2 Bst. a-d NHG ausdrücklich genannten Nutzungen selbstverständlich auch Einrichtungen, die dem Schutzzweck dienen (Art. 24^{sexies} Abs. 5 dritter Satz BV; vgl. Rz 4 hievor)[13], wie Bauten und Anlagen zur Biotoppflege oder zur Aufrechterhaltung der (moorlandschafts-) typischen Besiedlung (in diesem Sinne: Art. 5 Abs. 2 Bst. d MLV). Der Aufrechterhaltung dieser Besiedlungsform kann etwa das Schliessen von Baulücken in Siedlungen und Weilern dienen, soweit sich die neuen Bauten oder Bauteile den bestehenden Bauten und der Landschaft anpassen sowie ausschliesslich in moorfreien Bereichen errichtet werden[14].

9
Aufrechterhaltung des Schutzzweckes
Maintien de la protection visée

Im Parlament wurde zudem an zwei weitere Nutzungsarten gedacht, die nicht im Widerspruch mit den Schutzzielen der Moorlandschaften von besonderer Schönheit und von nationaler Bedeutung zu stehen brauchen, nämlich sanfte Formen der touristischen Nutzung (in diesem Sinne auch: Art. 5 Abs. 2 Bst. e MLV) sowie bestimmte militärische Nutzungen[15]. Für diese beiden Nutzungsarten gelten im wesentlichen die folgenden Grundsätze:

10
Touristische und militärische Nutzung
Exploitation touristique et militaire

---

[12] Amtl.Bull. S 1992 619 (Votum Berichterstatter SCHALLBERGER), 620 (Votum Bundesrat COTTI); Amtl.Bull. N 1993 2106 (Votum Berichterstatter BAUMBERGER). Ein Antrag MISTELI auf Streichung der Wendung «insbesondere» wurde im Nationalrat abgelehnt (Amtl.Bull. N 1993 2102, 2106). WALDMANN, Diss., 286.

[13] Z.B. bestimmte Formen der militärischen Nutzung: Amtl.Bull. S 1992 619 (Votum Berichterstatter SCHALLBERGER).

[14] BUNDESAMT FÜR JUSTIZ, Gutachten Grimsel, 72; HINTERMANN, Inventar der Moorlandschaften, 87; WALDMANN, Diss., 319 f.

[15] Amtl.Bull. S 1992 619 (Votum Berichterstatter SCHALLBERGER).

Im Bereich des *Tourismus* ist zwischen dem Bau und dem Betrieb von Transportanlagen einerseits sowie den touristischen Aktivitäten (sportliche Betätigung, Pistenpräparierung) andererseits zu unterscheiden. Neue *Anlagen* dürfen in Moorlandschaften von besonderer Schönheit und von nationaler Bedeutung nicht erstellt werden; im moorfreien Teil von bereits touristisch erschlossenen Landschaften sind Erweiterungen bestehender Anlagen in Ausnahmefällen möglich, sofern dadurch keine neuen Skigebiete erschlossen werden[16]. Betrieb und Unterhalt bestehender Anlagen bleiben möglich, in Moorbiotopen allerdings nur, sofern diese dadurch nicht geschädigt werden[17]. In Moorbiotopen sind die *Pistenplanierung* und die *Beschneiung* unzulässig; bei ungenügender Schneehöhe muss zudem auf die *Präparierung von Pisten und Loipen* verzichtet werden. In Moorlandschaften sind diese Aktivitäten nicht a priori ausgeschlossen, jedoch im Einzelfall eingehend zu prüfen[18].

Im Bereich des *Militärs* ist ebenfalls zwischen verschiedenen Nutzungsarten zu differenzieren. So ist das *Betreten* von Hochmooren durch die Truppe unzulässig, das Betreten von Flachmooren je nach Flachmoortyp und Jahreszeit dagegen unterschiedlich zu beurteilen. Dagegen ist das Betreten des moorfreien Teils der Landschaft – mit einer gewissen Zurückhaltung in bestimmten Biotopen und zu bestimmten Jahreszeiten – grundsätzlich erlaubt[19]. Das *Befahren* von Mooren abseits von Fahrwegen, Strassen und Fahrspuren ist nicht gestattet, wogegen es im moorfreien Teil der Moorlandschaften – vorbehältlich der Beeinträchtigung wertvoller Biotop- oder Landschaftselemente – grundsätzlich zulässig ist[20]. Analoges gilt für die *Verwendung von Munition*: Moore dürfen grundsätzlich nicht beschossen werden; im moorfreien Teil der Moorlandschaften dürfen wertvolle Biotop- und Landschaftselemente dadurch nicht beeinträchtigt werden[21]. Für militärische *Bauten und Anlagen* gelten ähnliche Grundsätze wie für touristische Anlagen (vgl. oben)[22].

11
Weitere Nutzungsarten
Autres modes d'exploitation

Soll die Bestimmung von Art. 23d Abs. 2 NHG gegenüber derjenigen von Art. 23d Abs. 1 NHG einen rechtlichen Sinn machen, so ist an die Zulassung weiterer Nutzungsarten ein ausserordentlich strenger Massstab zu setzen. Art. 5 Abs. 2 Bst. d MLV schreibt vor, dass entsprechende Vorhaben von nationaler Bedeutung sowie unmittelbar standortgebunden sein müssen (vgl. Art. 4 Abs. 2 AuenV und dazu FAHRLÄNDER, Art. 18a, Rz 51 f.)[23].

---

[16] WALDMANN, Diss., 317.
[17] Im einzelnen: FORSCHUNGSINSTITUT FÜR FREIZEIT UND TOURISMUS/BUWAL/SCHWEIZERISCHER TOURISMUSVERBAND, 27 ff., insbes. 32.
[18] Im einzelnen: FORSCHUNGSINSTITUT FÜR FREIZEIT UND TOURISMUS/BUWAL/SCHWEIZERISCHER TOURISMUSVERBAND, 33 ff., insbes. 36.
[19] Im einzelnen: EDI/EIDGENÖSSISCHES MILITÄRDEPARTEMENT, 27 ff.; WALDMANN, Diss., 322.
[20] Im einzelnen: EDI/EIDGENÖSSISCHES MILITÄRDEPARTEMENT, 33 ff.; WALDMANN, Diss., 322.
[21] Im einzelnen: EDI/EIDGENÖSSISCHES MILITÄRDEPARTEMENT, 36 ff.; vgl. auch HINTERMANN, Inventar der Moorlandschaften, 87 sowie WALDMANN, Diss., 322 f.
[22] Im einzelnen: EDI/EIDGENÖSSISCHES MILITÄRDEPARTEMENT, 51 ff.
[23] WALDMANN, Diss., 286.

C. Hervorgehobene Nutzungen

a. Land- und forstwirtschaftliche Nutzung (Bst. a)

Art. 23d Abs. 2 Bst. a NHG nennt zunächst die landwirtschaftliche Nutzung, da bereits Art. 24^{sexies} Abs. 5 dritter Satz BV deren grundsätzliche Zulässigkeit in Moorlandschaften von besonderer Schönheit und von nationaler Bedeutung garantiert. Damit darf die landwirtschaftliche Bewirtschaftung weitergeführt werden, sofern sie gegenüber der am 1. Juni 1983 geübten[24] (vgl. die Übergangsbestimmung zu Art. 24^{sexies} Abs. 5 BV sowie Art. 25b Abs. 1 und 2 NHG) keine Intensivierung erfährt[25]. Gemeint ist dabei in jedem Fall eine extensive landwirtschaftliche Bewirtschaftung[26]. Eine mit den Schutzzielen unverträgliche, weil zu intensive landwirtschaftliche Nutzung ist demnach auch dann unzulässig, wenn sie am 1. Juni 1983 bereits praktiziert wurde[27] (vgl. ZUFFEREY, 2. Kap., Rz 85 und FAHRLÄNDER, Art. 18a, Rz 57).

12
Extensive Landwirtschaft
Agriculture extensive

Als Grundregeln der landwirtschaftlichen Bewirtschaftung in Moorlandschaften von besonderer Schönheit und von nationaler Bedeutung gelten[28]:

- das Verbot der Nutzung primärer Hochmoore
- die Bewirtschaftung sekundärer Hochmoore einzig zur Erhaltung dieser Biotope
- die angepasste Nutzung von Flachmooren (Streue, extensive Weide)
- die Rücksichtnahme auf die Moore (insbesondere durch Beachtung der hydrologischen Verhältnisse) sowie auf weitere moorlandschaftstypische Biotop- und Landschaftselemente (Erhaltung von Hecken, Feldgehölzen und Hochstammobstgärten, extensive Nutzung von Trockenstandorten, Feucht- und Fettwiesen) bei der Bewirtschaftung des moorfreien Teils der Moorlandschaft.

Landwirtschaftliche Neubauten dürfen weder in Mooren noch in landschaftlich empfindlichen Teilen der Moorlandschaften von besonderer Schönheit und von nationaler Bedeutung errichtet werden. Erweiterungsbauten sind nur in moorfreien Bereichen zulässig. Wertvolle historische Bausubstanz soll erhalten bleiben, neue Bauten und Erweiterungen haben sich den bestehenden Bauten und der Landschaft anzupassen[29].

---

[24] Amtl.Bull. N 1993 2106 (Votum Berichterstatter BAUMBERGER).
[25] Amtl.Bull. N 1993 2067 (Votum Berichterstatter BAUMBERGER).
[26] Unveröffentlicher Entscheid des BGr. vom 21. Dezember 1993 i.S. Schwyz, E. 5e.
[27] BUNDESAMT FÜR JUSTIZ, Artikel 24sexies Absatz 5 BV, 10 f.; in diesem Sinne auch: WALDMANN, Diss., 251 f.
[28] HINTERMANN, Inventar der Moorlandschaften, 84 ff.
[29] HINTERMANN, Inventar der Moorlandschaften, 86; WALDMANN, Diss., 313.

13 Angepasste Forstwirtschaft Sylviculture adaptée	Mit der Bestimmung von Art. 23d Abs. 2 Bst. a NHG erfährt die Forstwirtschaft die gleiche Behandlung wie die Landwirtschaft. Damit wird anerkannt, dass auch die Forstwirtschaft einen Beitrag zur Gestaltung der schützenswerten Moorlandschaften geleistet hat und dies auch in Zukunft tun soll[30]. Im Moorbereich sind Pflege und Nutzung des Waldes allerdings nur im Interesse des Biotopschutzes zulässig; insbesondere dürfen hier keine Aufforstungen vorgenommen werden[31]. Im moorfreien Teil hat die forstliche Bewirtschaftung auf die Schutzziele der betreffenden Moorlandschaft Rücksicht zu nehmen, etwa mittels Abstimmung waldbaulicher Massnahmen auf die zu schützenden Landschaftselemente[32].

b. Unterhalt und Erneuerung rechtmässig erstellter Bauten und Anlagen (Bst. b)

14 Art. 23d Abs. 2 Bst. b NHG nennt den Unterhalt und die Erneuerung rechtmässig erstellter Bauten und Anlagen. Die Bestimmung übernimmt damit verschiedene raumplanungsrechtliche Begriffe.

Zum Begriff der «Bauten und Anlagen»: KELLER, Art. 25b, Rz 6.

Im Vergleich zu Art. 24 Abs. 2 RPG und der diesbezüglichen Praxis fällt auf, dass weder von einer teilweisen Änderung (Erweiterung[33] oder Zweckänderung) noch von einem Wiederaufbau die Rede ist. Damit gilt in Moorlandschaften von besonderer Schönheit und von nationaler Bedeutung eine gegenüber Art. 24 Abs. 2 RPG eingeschränkte Besitzstandsgarantie, die sich nur auf die Substanzerhaltung mittels (regelmässigem) Unterhalt und der Erneuerung (in Form besonderer Massnahmen zur Erhaltung und Modernisierung im Rahmen der normalen Lebensdauer)[34] bezieht[35].

c. Massnahmen zum Schutz von Menschen vor Naturereignissen (Bst. c)

15 Art. 23d Abs. 2 Bst. c NHG nennt Massnahmen zum Schutz von Menschen vor Naturereignissen. Die Bestimmung übernimmt damit Begriffe aus dem Wasserbau- und aus dem Waldgesetz.

---

[30] Amtl.Bull. S 1992 605 (Votum ITEN) und 619 (Votum Berichterstatter SCHALLBERGER).
[31] HINTERMANN, Inventar der Moorlandschaften, 86.
[32] WALDMANN, Diss., 314.
[33] Amtl.Bull. S 1992 620 f. (Voten KÜCHLER und Bundesrat COTTI; Ablehnung des Antrags KÜCHLER auf Einbezug der Erweiterungen).
[34] Zum Begriff: BGE 113 Ib 316 E. 3 = JdT 1989 I 457; BGE 107 Ib 240 E. b; SCHÜRMANN/ HÄNNI, 168 oben.
[35] KELLER, Moorlandschaftsschutz, 21; KELLER, Natur- und Landschaftsschutzgebiete, 703; WALDMANN, Diss., 260.

Im Verleich zu Art. 1 Abs. 1 WBG bzw. Art. 1 Abs. 2, Art. 19, Art. 31 Abs. 1 Bst. c und Art. 36 WaG fällt auf, dass nur vom «Schutz von Menschen», nicht aber vom «Schutz erheblicher Sachwerte» die Rede ist. Damit können in Moorlandschaften von besonderer Schönheit und von nationaler Bedeutung Massnahmen zum Schutz vor Naturereignissen zulässig sein, die hauptsächlich dem Schutz von Menschenleben dienen[36]. Die Abgrenzung der beiden Schutzobjekte (Menschen und erhebliche Sachwerte) dürfte in der Praxis nicht einfach sein. Der Schutz von Siedlungen und Verkehrswegen (Art. 6 Abs. 1 Bst. b WBG)[37] als wohl wesentlichste erhebliche Sachwerte ist nämlich in aller Regel eng mit dem Schutz von Menschen verbunden. Für weitere wichtige Infrastrukturanlagen (z.B. Elektrizitätswerke, Stromleitungen, Abwasserreinigungsanlagen) trifft dies dagegen nicht zu; Massnahmen zum Schutz vor Naturereignissen sind deshalb hier aufgrund von Art. 23d Abs. 2 Bst. c NHG nicht zulässig.

Wie das WBG und das WaG betrifft auch Art. 23d Abs. 2 Bst. c NHG Massnahmen zum Schutz der Natur vor sich selber (z.B. die Errichtung von Verbauungen zum Schutz von Biotopen) zum vorneherein nicht[38].

In Moorbiotopen sind neue Massnahmen gegen Naturereignisse grundsätzlich nicht zulässig.

Zudem sind Massnahmen gegen Naturereignisse in Moorlandschaften von besonderer Schönheit und von nationaler Bedeutung möglichst naturnah[39], d.h. mit ingenieurbiologischen oder waldbaulichen Massnahmen durchzuführen (vgl. Art. 17 Abs. 2 WaV und Rz 6 hievor)[40].

Schliesslich ist zu beachten, dass Massnahmen zum Schutz von Bauten und Anlagen, die in ausgeschiedenen Gefahrenzonen oder bekannten Gefahrengebieten erstellt wurden (z.B. Ferienhäuser), aus Gründen der koordinierten Rechtsanwendung in Moorlandschaften von besonderer Schönheit und von nationaler Bedeutung als unzulässig zu erachten sind (vgl. Art. 6 Abs. 2 Bst. c RPG, Art. 1 Abs. 2 WBV und Art. 42 Abs. 4 Bst. a WaV).

---

[36] Vgl. BUNDESAMT FÜR JUSTIZ, Gutachten Grimsel, 68.
[37] Vgl. auch Botschaft WaG, BBl 1988 III 188.
[38] Botschaft WaG, BBl 1988 III 199.
[39] WALDMANN, Diss., 315.
[40] Vgl. Botschaft WaG, BBl 1988 III 208.

d. Notwendige Infrastrukturanlagen (Bst. d)

16 Art. 23d Abs. 2 Bst. d NHG nennt ausdrücklich die für die Anwendung von Art. 23d Abs. 2 Bst. a–c NHG notwendigen Infrastrukturanlagen[41]. Dabei handelt es sich um eine Selbstverständlichkeit, die auch ohne ausdrückliche Nennung im Gesetz gegolten hätte. Gemeint sind damit nämlich alle Anlagen, die zur Erschliessung der Bauten und Anlagen nach Art. 23d Abs. 2 Bst. a–c NHG aufgrund von Art. 22 Abs. 2 Bst. b i.V. mit Art. 19 Abs. 1 RPG notwendig sind (hinreichende Zufahrt, erforderliche Wasser-, Energie- sowie Abwasserleitungen)[42].

Dabei ist allerdings zu beachten, dass neue Erschliessungen in Moorbiotopen grundsätzlich unzulässig sind und zwar für alle Elemente der Erschliessung (Zufahrt, Wasser-, Energie- und Abwasserleitungen). Im moorfreien Teil können Erschliessungsstrassen dagegen neu erstellt werden, allerdings nur, sofern sie für die nachhaltige Nutzung der Moorlandschaft von besonderer Schönheit und von nationaler Bedeutung unabdingbar sind[43]. Gleiches gilt für Wasser-, Energie- und Abwasserleitungen, womit einzig Anlagen zur kleinräumigen Erschliessung[44], nicht aber solche für die Versorgung oder Entsorgung im regionalen oder gar im nationalen Rahmen in Frage kommen können[45] (vgl. immerhin Art. 5 Abs. 2 Bst. d MLV und Rz 11 hievor).

---

[41] Ein Antrag KÜCHLER, der generell den Neubau notwendiger Erschliessungsanlagen erfasste, wurde im Ständerat abgelehnt (Amtl.Bull. S 1992 619, 622).

[42] Amtl.Bull. S 1992 621 f. (Voten Berichterstatter SCHALLBERGER und JAGMETTI); zu den raumplanungsrechtlichen Anforderungen an die Erschliessung: HALLER/KARLEN, 143, 145 sowie SCHÜRMANN/HÄNNI, 209, 211 ff.

[43] Amtl.Bull. S 1992 621 f. (Voten Berichterstatter SCHALLBERGER und JAGMETTI); HINTERMANN, Inventar der Moorlandschaften, 86 f.; WALDMANN, Diss., 323.

[44] WALDMANN, Diss., 324 f.

[45] Vgl. BGE 117 Ib 243 = JdT 1993 I 511 betr. Wasserversorgung, wo sich das Bundesgericht mit einer vorsorglichen Massnahme nach Art. 16 NHG für einen grossen Teil der Moorlandschaft Rothenthurm befasste, jedoch keinen konkreten Einzelfall zu beurteilen hatte. Die angefochtene Verfügung des EDI sah auch vor, dass die zuständige kantonale Behörde auf Gesuch hin Ausnahmen von den Bestimmungen der Verfügung nach Art. 16 NHG bewilligen konnte, wenn die Erstellung einer Baute oder Anlage bzw. die Vornahme einer Bodenveränderung mit Art. 24sexies Abs. 5 BV in Einklang stand (BGE 117 Ib 248 oben = JdT 1993 I 511). In der politischen Diskussion (Amtl.Bull. S 1992 602, 618: Voten FRICK und JAGMETTI) wurde diese doch beschränkte Bedeutung des Entscheids übersehen bzw. dessen Tragweite überschätzt.

4. Abschnitt:
Strafbestimmungen

Chapitre 4:
Dispositions pénales

Vorbemerkungen zu den Art. 24–24e

Inhaltsverzeichnis Rz

I. Entstehungsgeschichte 1
II. Geschützte Rechtsgüter 7
III. Deliktstypen und Gesetzestechnik 9
IV. Verknüpfung der Strafbestimmungen mit dem Verwaltungsrecht
(Verwaltungsakzessorietät) 11
V. Täterschaftliche Besonderheiten 15
VI. Reform 17

Table des matières N°

I. L'origine des dispositions 1
II. Les biens juridiques protégés 7
III. Les types de délits et la technique législative 9
IV. Le lien entre les dispositions pénales et le droit administratif
(accessoriété administrative) 11
V. Les spécificités liées à l'auteur 15
VI. La réforme 17

I. Entstehungsgeschichte

Der 4. Abschnitt des NHG steht unter dem Titel Strafbestimmungen. Er umfasst heute in Art. 24 und 24a NHG die Vergehens- bzw. die Übertretungstatbestände. Art. 24b NHG enthält eine täterschaftliche Sonderbestimmung betreffend juristische Personen und Gesellschaften. Art. 24c NHG regelt die Einziehung von Vermögenswerten und 24d NHG die Strafverfolgungskompetenz. Weiter beinhaltet der 4. Abschnitt in Art. 24e NHG auch die strafrechtsfremde Vorschrift über die «Wiederherstellung des rechtmässigen Zustandes». Diese mit

1
Übersicht
Aperçu

der Revision vom 19. Juni 1987 ins NHG aufgenommene Bestimmung (zu ihrer Entstehungsgeschichte s. FAHRLÄNDER, Art. 24e, Rz 1) deckt sich zwar hinsichtlich der materiellen Voraussetzungen ihrer Anwendung mit denjenigen des Art. 24 Abs. 1 Bst. a und b NHG, regelt aber ein rein verwaltungsrechtliches Zwangsinstitut. Auch wenn Wiederherstellungsmassnahmen keine strafrechtlichen Sanktionen oder Nebenfolgen darstellen, können sie in der Praxis durchaus solche Funktionen übernehmen. Als verwaltungsrechtliche Zwangsmassnahmen sind sie im Gegensatz zu strafrechtlichen Sanktionen aber nicht vom Verschulden des Schädigers abhängig und können nicht bloss gegenüber natürlichen, sondern auch gegenüber juristischen Personen oder Personenverbänden angeordnet werden.

2
Fassung vom 1. Juli 1966
Version du 1er juillet 1966

Historisch betrachtet sind die heute geltenden Strafbestimmungen des 4. Abschnittes des NHG etappenweise mit den verschiedenen Revisionen des Gesetzes entstanden. In der ersten Fassung vom 1. Juli 1966 enthielt das NHG im damaligen Art. 23 Abs. 1 lediglich vier als Übertretungen mit Haft oder Busse bedrohte Annexstrafbestimmungen. Sie sollten die Durchsetzung der Ge- und Verbote, Bewilligungspflichten, Auflagen und Bedingungen, die das Gesetz selbst enthielt oder deren Erlass oder Anordnung durch den Bundesrat oder die Vollzugsbehörde vorgesehen waren, absichern[1]. Diese Strafbestimmungen waren reine Blankettnormen (vgl. unten Rz 11) und verwiesen zur Definition der Verbotsmaterie auf bestimmte Artikel des Gesetzes. Bemerkenswert ist, dass im damaligen Art. 23 Abs. 2 NHG eine besondere Vorschrift über die Einziehung widerrechtlich erlangter Tiere und Pflanzen aufgenommen wurde und Abs. 3 eine spezielle Strafzumessungsregel enthielt, die zur Berücksichtigung des allenfalls erlangten Vermögensvorteils verpflichtete.

3
Revision vom 7. Oktober 1983
Révision du 7 octobre 1983

Eine nur geringfügige redaktionelle Änderung erfolgte anlässlich der Einführung des USG vom 7. Oktober 1983. Dabei wurden die Strafvorschriften des NHG entsprechend der Erweiterung des Biotopschutzes (vgl. MAURER, Vorbemerkungen zu den Art. 18-23, Rz 4) an die neue Numerierung der Gesetzesartikel angepasst. Die Tatbestandstechnik der Blankettstrafnormen erfuhr keine Änderung und entsprach im übrigen bereits der vom Gesetzgeber nun auch für die neuen Übertretungstatbestände des USG gewählten.

4
Revision vom 19. Juni 1987
Révision du 19 juin 1987

Die bedeutsamste Änderung, welche den Strafbestimmungen des NHG im wesentlichen die heutige Gestalt verlieh, fand mit der Revision vom 19. Juni 1987 statt. Anlass dazu war in erster Linie der Wunsch nach einer Verschärfung der Strafdrohungen. Dies erfoderte eine Anpassung der Gesetzestechnik, da Blankettstrafnormen nicht als hinreichende Grundlage für die Androhung von

---

[1] Botschaft NHG, BBl 1965 III 110.

Freiheitsstrafen angesehen wurden[2]. Im nun ganz neuen Art. 24 NHG fanden die zwei heute noch weitgehend unveränderten, als Erfolgsdelikte ausgestaltenen Vergehenstatbestände des Abs. 1 Bst. a und b Aufnahme. Sie wurden mit einer Strafdrohung von Gefängnis bis zu einem Jahr oder Busse bis zu 100'000 Franken versehen. Die bisherigen Übertretungstatbestände wurden praktisch unverändert und unter Beibehaltung der Blankettechnik in Art. 24a NHG überführt. Die Sanktion wurde auf Busse beschränkt, deren Maximalhöhe aber von bisher 5'000 auf 20'000 Franken angehoben. Ausserdem wurde die Strafbarkeit wie beim Ungehorsamstatbestand des Art. 292 StGB vom Vorliegen eines Strafbarkeitshinweises abhängig gemacht (vgl. RONZANI, Art. 24a, Rz 6 und 30). Weiter kam es zur Aufnahme von Art. 24b NHG mit dem Verweis auf die besonderen Täterschaftsvorschriften der Art. 6 und 7 VStrR und in Art. 24c NHG wurde die bisherige Vorschrift über die Einziehung durch den Verweis auf die entsprechenden Vorschriften des StGB ersetzt.

Mit der Revision vom 24. März 1995 wurden die Vergehens- und Übertretungstatbestände an die Neuerungen im Denkmalschutz und Moorlandschaftsschutz angepasst. Mit der nun vollständig in das NHG integrierten Denkmalpflege kam es zur Aufnahme eines zusätzlichen Erfolgsdelikts in Art. 24 Abs. 1 Bst. c NHG, das dem Schutz der im Boden enthaltenen Naturkörper und Altertümer von erheblichem wissenschaftlichem Wert dient[3]. Im Bereich des Natur- und Landschaftsschutzes sind die Strafbestimmungen nahezu unberührt geblieben; der Vergehenstatbestand des Art. 24 Abs. 1 Bst. a NHG erfuhr nur eine redaktionelle Vereinfachung, wogegen der Übertretungstatbestand des Art. 24a Bst. b NHG um die Missachtung von Vorschriften, die zum Schutz von Mooren erlassen werden, erweitert wurde.

5
Revision vom 24. März 1995
Révision du 24 mars 1995

Die bisher letzte Änderung der Strafbestimmungen ergab sich mit der Revision des NHG vom 21. Juni 1996 im Zusammenhang mit dem Agrarpaket 95. Dem Wunsch, den strafrechtlichen Schutz im Bereich des internationalen Handels mit gefährdeten Pflanzen zu verbessern und demjenigen über den Schutz gefährdeter Tierarten (Art. 28 TschG) anzugleichen[4], wurde mit der Einführung eines neuen Vergehenstatbestandes in Art. 24 Abs. 1 Bst. d NHG Rechnung getragen. Was in diesem Bereich zuvor nicht oder nur ungenügend mit Hilfe des Zollgesetzes strafbewehrt war, wird seither separat unter Vergehensstrafe gestellt. Ausserdem wurden in der Blankettstrafnorm von Art. 24a Bst. b NHG die Tat-

6
Revision vom 21. Juni 1996
Révision du 21 juin 1996

---

[2] Botschaft Rothenthurm, BBl 1985 II 1464.
[3] Vgl. Botschaft Teilrevision NHG, BBl 1991 III 1144.
[4] Vgl. Botschaft Agrarpaket 95, BBl 1996 IV 737 f.

handlung (nun «wer gegen Ausführungsvorschriften verstösst») und das Erfordernis des Strafbarkeitshinweises neu formuliert (vgl. RONZANI, Art 24a, Rz 2).

II. Geschützte Rechtsgüter

7
Umweltstrafrecht
Droit pénal de protection de l'environnement

Die Strafbestimmungen des 4. Abschnittes des NHG dienen dem Schutz von besonders wertvollen oder empfindlichen Natur- und Kulturgütern. Zum einen geht es um den Schutz von Interessen der Denkmalpflege und zum anderen um die Erhaltung besonders naturnaher Landschafts- und Lebensräume und gefährdeter Arten. Soweit die Strafbestimmungen auf den Natur-, Landschafts-, Biotop- und Artenschutz ausgerichtet sind, haben sie eine deutlich ökologische Zielrichtung und gehören zum «Umweltstrafrecht». Insoweit ergänzen sie die Tatbestände des GSchG und USG, welche die Umweltmedien Wasser, Boden und Luft allgemein schützen, und stehen neben weiteren, in verschiedenen anderen Verwaltungsgesetzen verstreuten Strafvorschriften, die dem Schutz weiterer spezifischer Teilbereiche der «Umwelt» dienen, wie beispielsweise die Strafvorschriften des BGF, JSG und WaG.

8
Rechtsgutqualität der Schutzgüter des NHG?
Les objets protégés par la LPN en tant que biens juridiques?

Die Diskussion um die Rechtsgutqualität von Umweltgütern ist kontrovers. Ob und inwieweit die Schutzgüter des NHG neben der verfassungsrechtlichen auch strafrechtlich Rechtsgutqualität zukommt, lässt sich nicht abschliessend entscheiden[5]. Überwiegend wird der strafrechtliche Rechtsgutcharakter von Umweltgütern heute aber postuliert[6]. Zu berücksichtigen ist allerdings, dass die funktionalen Vorgaben des (erfolg)strafrechtlichen Rechtsgutbegriffs[7] bezüglich der Schutzgüter des NHG – wie der Tendenz nach bei allen Schützgütern des Umweltrechts – fehlen. Die in Art. 24 NHG (und indirekt auch durch Art. 24a NHG) geschützten Kultur- und Naturdenkmäler, Naturlandschaften, Biotope und Pflanzen- und Tierarten stellen Werte dar, die neue, erst seit den sechziger Jahren ins Bewusstsein gerückte Schutzgesichtspunkte – wie «Systeme», «natürliche Ressourcen», «Bestandteile der Natur» oder «Funktionen»[8]- reflektieren. Mit ihnen werden im Gegensatz zu herkömmlichen Rechtsgütern keine verteilten, typenfest fixierte Güter beschrieben. Vielmehr stellen sie Gutspotentiale dar, die nach Bestand, Wertigkeit, Sozialbindung und Zerstörungsprozess bloss vage definierbar sind[9]. Folge davon sind funktionale Defizite der Tatbe-

---

[5] Vgl. VEST/RONZANI, 73.
[6] Vgl. dazu RONZANI, 37 ff.; VEST/RONZANI, 72 ff.
[7] Vgl. RONZANI, 33 ff.
[8] Vgl. dazu RONZANI, 26 ff.
[9] Eingehend RONZANI, 36 ff., 43. Ebenso JENNY/KUNZ, 151.

stände vor allem hinsichtlich der Bestimmung der Schwelle des Erfolgseintritts, dem Kausaltätsnachweis und der Definition der Rechtswidrigkeitsgrenzen.

III. Deliktstypen

Die Strafbestimmungen des 4. Abschnittes enthalten Deliktstypen verschiedenster Art. Die Tatbestände des Art. 24 Abs. 1 Bst. a–c NHG sind als Erfolgsdelikte ausgestaltet. Trotz abweichender Formulierung erfordert der Erfolg der Sache nach immer mindestens eine schwere Beschädigung des Schutzobjekts. Die Tatbestände unterscheiden sich aber wesentlich in der Art und Weise der Bestimmung des Schutzobjekts. Bst. a erfasst nur aufgrund des NHG förmlich geschütze Objekte, wogegen Bst. b (Ufervegetation) und c (Naturkörper und Altertümer) trotz Verweis auf Art. 21 NHG bzw. Art. 724 ZGB eigenständige Bestimmungen des Schutzgegenstandes enthalten. Weitere Erfolgsdelikte finden sich im Artenschutz (vgl. RONZANI, Art. 24a, Rz 26 ff.). Die (volle) Strafbarkeit setzt bei Erfolgsdelikten neben dem Eintritt des Erfolges den Nachweis seiner Verursachung (Kausalität) durch den Täter voraus. Lässt sich dieser Beweis nicht führen oder ist der Erfolg ausgeblieben, ist eine Haftung aus Art. 24 NHG (wegen Versuches) vom Nachweis des Schädigungsvorsatzes abhängig.

9
Erfolgsdelikte
Infractions de résultat

Die übrigen Tatbestände stellen abstrakte Gefährdungsdelikte – v.a. Art. 24a NHG – oder schlichte Tätigkeitsdelikte dar. Strafgrund der abstrakten Gefährdungsdelikte ist die generelle Gefährlichkeit der Pflichtverletzung, die typischerweise eine konkrete Gefährdung zur Folge haben kann; diese ist aber nicht Tatbestandserfordernis und muss daher nicht nachgewiesen werden, womit auch der Nachweis des Gefährdungsvorsatzes entfällt. Beim schlichten Tätigkeitsdelikt – wie beispielsweise Art. 24 Abs. 1 Bst. d NHG – genügt der blosse Vollzug der verbotenen Handlung für die Strafbarkeit; auch bei diesen Deliktstypen ist der Nachweis einer über die blosse Vornahme der tatbestandlichen Handlung hinausgehenden (konkreten) Gefährdung eines Schutzobjekts nicht erforderlich. Als Übertretungen fungieren diese Deliktstypen auch als Auffangtatbestände, wenn die Tatbestandsvoraussetzungen der Erfolgsdelikte von Art. 24 NHG nicht erfüllt sind.

10
Gefährdungsdelikte, schlichte Tätigkeitsdelikte
Infractions de mise en danger, délits formels

IV. Verknüpfung der Strafbestimmungen mit dem Verwaltungsrecht (Verwaltungsakzessorietät)

11
Gesetzestechnik
Technique législative

Die Gesetzestechnik ist durch eine enge Verzahnung der Strafvorschriften mit verwaltungsrechtlichen Bestimmungen gekennzeichnet. Diese allgemein als Verwaltungsakzessorietät bezeichnete Abhängigkeit des Strafrechts vom Verwaltungsrecht und von behördlichen Entscheidungen führt dazu, dass die Strafbestimmungen kompliziert sind und die Lesbarkeit für den Adressaten erheblich erschwert ist. Bedenklich erscheint vor allem die Anhäufung von Blankettnormen in den Übertretungstrafvorschriften des Art. 24a NHG. Das verbotene oder gebotene Verhalten wird dabei nicht in der gesetzlichen Strafnorm selbst, sondern in einer Ausführungsverordnung oder einer Verfügung definiert. Besonders die Blankettechnik und allgemein die Verwaltungsakzessorietät sind vor allem dort, wo die tatbestandliche Unrechtsmaterie durch einen Verwaltungsakt definiert wird, aus zwei Gründen der Kritik ausgesetzt: Zum einen rechtlich wegen des Prinzips der Gewaltenteilung und zum anderen rechtspolitisch angesichts der «Selbstentmachtung des Gesetzgebers, der mit dem Strafblankett die originär legislative Aufgabe der Bestimmung der Strafzone auf die Administrative» überträgt[10]. Problematisch ist auf jeden Fall, dass dadurch der Anwendungsbereich der Strafnorm von einer mehr oder weniger strengen Verwaltungspraxis der Behörde abhängig wird und mithin auch von sachfremden Einfluss- oder Rücksichtnahmen bestimmt sein kann. Wegen des Prinzips der Einheit der Rechtsordnung und weil pflichtgemässes Verhalten gegenüber den Rechtsgütern des NHG ohne dirigistische Hinweise und Vorgaben der Verwaltung – jedenfalls heute noch – faktisch nicht eingefordert werden kann, ist diese Abhängigkeit der Verbotsmaterie von ausserstrafrechtlichen Regelungen und Verwaltungsakten in gewissem Masse wohl unvermeidbar.

12
Begriffe
Notions

Alle Tatbestände der Art. 24 und 24a NHG sind mehr oder weniger in Verknüpfung mit dem Verwaltungsrecht formuliert. Mit ihr soll sichergestellt werden, dass sich jedenfalls derjenige grundsätzlich (Ausnahme bei Rechtsmissbrauch oder Erschleichung) nicht strafbar macht, der sein Verhalten nach den einschlägigen Rechtsvorschriften und Verwaltungsentscheidungen ausrichtet. Die Verwaltungsakzessorietät geschieht dabei auf durchaus verschiedene Weise, sei es z.B. durch die Umschreibung «ohne Berechtigung» (Art. 24 Abs. 1 erster Satz NHG) oder «aufgrund dieses Gesetzes geschützte» Naturdenkmäler etc. (Art. 24 Abs. 1 Bst. a NHG) oder durch schlichte Nennung der Artikelnummer, auf die verwiesen wird, wie vor allem in Art. 24a Bst. b NHG. Dogmatisch wird unterschieden in verwaltungs*rechts*akzessorische Strafnormen,

---

[10] JENNY/KUNZ, 62 f.

bei denen sich die Umschreibung der Verbotsmaterie auf die Anlehnung an generell-abstrakte Verhaltensvorschriften des Verwaltungrechts beschränkt (z.B. Tatbestände des Artenschutzes in Art. 24a Bst. b NHG i.V. mit Art. 20 NHV, vgl. RONZANI, Art. 24a, Rz 26 ff.), und in verwaltungs*akt*akzessorische Strafnormen, die eine individuell-konkrete behördliche Einzelfallverfügung (oder Vereinbarung) voraussetzen[11]. Im letzteren Fall wird Strafrecht vom Tun der Verwaltung abhängig (vgl. oben Rz 11).

Bei verwaltungs*akt*akzessorischen Strafnormen stellt sich das Problem, ob nur rechtmässige oder auch rechtswidrige Verfügungen (oder Vereinbarungen) strafrechtlichen Schutz geniessen. Dabei geht es um die Tatbestandswirkung von Verwaltungsverfügungen und damit letztlich um die Frage nach der Befugnis des Strafrichters zur Überprüfung der Rechtmässigkeit von Verwaltungsakten. Für die Beantwortung kann zunächst auf die entsprechende Rechtsprechung des Bundesgerichts zu Art. 292 StGB zurückgegriffen werden. Seit dem Entscheid BGE 98 IV 106 = Pra 1972, 644 ist zu unterscheiden, ob die Verfügung verwaltungsgerichtlicher Überprüfung unterliegt oder nicht. Sofern keine Beschwerde an das Verwaltungsgericht möglich ist, hat der Strafrichter die Rechtmässigkeit der ergangenen Verwaltungsverfügung frei zu prüfen, aber (selbstverständlich) nicht ihre Zweckmässigkeit. Besteht eine verwaltungsgerichtliche Kontrolle, prüft das Strafgericht die Verfügung lediglich auf offensichtliche Gesetzesverletzung unter Einschluss des Ermessensmissbrauchs, dies aber nur solange der Entscheid des Verwaltungsgerichts aussteht oder kein Gebrauch von der verwaltungsgerichtlichen Überprüfungsmöglichkeit gemacht wurde[12]. Stratenwerth hat freilich zu Recht festgehalten, dass, wenn es nicht in erster Linie nur um Verwaltungszwang, sondern um Kriminalstrafe geht, dies das Vorliegen aller Voraussetzungen des tatbestandlichen Unrechts erfordert. Da hierzu auch die Rechtmässigkeit der Verfügung gehört, müsse dies ganz unabhängig davon gelten, «ob die Verfügung verwaltungsgerichtlich überprüft werden kann oder überprüft worden ist und wie der verwaltungsgerichtliche Entscheid etwa lautet»[13]. Wenn diese Grundsätze auch am Art. 292 StGB entwickelt wurden, so darf angenommen werden, dass sie auch für Blankettstrafvorschriften des Nebenstrafrechts gelten und damit eine einheitliche Rechtswidrigkeitstheorie begründen[14].

13 Tatbestandswirkung von Verfügungen
Décisions administratives comme état de fait

Anders als ein Verwaltungsakt, der das verbotene oder gebotene Verhalten umschreibt und damit systematisch die Unrechtsmaterie auf der Ebene der Tat-

14 Irrtumsfälle
Erreurs

---

[11] Vgl. auch JENNY/KUNZ, 62 f.
[12] Vgl. TRECHSEL, Art. 292, Rz 7.
[13] STRATENWERTH, BT II, § 52, Rz 6 f.; vgl. auch TRECHSEL, Art. 292, Rz 7.
[14] VEST/RONZANI, 94.

bestandsmässigkeit definiert, beschlägt das Vorliegen einer behördlichen Bewilligung die Ebene der Rechtswidrigkeit. Ein Irrtum bezüglich des erstgenannten Verwaltungsakts ist als vorsatzausschliessender Sachverhaltsirrtum gemäss Art. 19 StGB zu qualifizieren und führt vorbehältlich einer Fahrlässigkeitshaftung zur Straflosigkeit (vgl. RONZANI, Art. 24a, Rz 8). Bei einem Irrtum über das Vorliegen einer Bewilligung findet dagegen die Vorschrift über den Verbotsirrtum (Art. 20 StGB) Anwendung, die bei Vermeidbarkeit des Irrtums eine Strafe nicht ausschliesst (vgl. RONZANI, Art. 24a, Rz 24). Eine faktische behördliche Duldung eines rechtswidrigen Zustandes soll, wenn ihr eine vergleichbare Funktion wie förmliche Genehmigung zukommt, dieselbe Wirkung haben[15].

V. Täterschaftliche Besonderheiten

15 Die Strafbestimmungen des 4. Abschnittes des NHG richten sich an jedermann, an Private wie an verantwortliche Mitglieder von Behörden, Körperschaften und Anstalten des öffentlichen Rechts. Sie alle kommen als Täter eines Tatbestandes der Art. 24 und 24a NHG in Frage. Es finden sich keine Sonderdelikte, welche die Strafbarkeit auf einen bestimmten Personenkreis beschränken würden. Freilich sind einzig natürliche Personen strafbar. Besonderheiten betreffend die Strafbarkeit des Geschäftsherrn, von Organen und Unternehmen regelt die Verweisung des Art. 24b NHG auf die Art. 6 und 7 VStrR (vgl. RONZANI, Art. 24b, Rz 4 ff. und 10 f.).

16
Strafbarkeit von Amtsträgern
Punissabilité des membres de l'administration

Die strafrechtliche Verantwortlichkeit von Behördenmitgliedern, auch unter dem Begriff Amtsträgerstrafbarkeit diskutiert, wird weder im StGB noch im NHG besonders geregelt. Ausser einer allfälligen Bestrafung wegen Begünstigung nach Art. 305 StGB oder wegen Amtsmissbrauch nach Art. 312 StGB, vorausgesetzt die jeweiligen Tatbestandsmerkmale werden in der Person des Beamten erfüllt, kommt eine Strafbarkeit in folgenden Fällen in Betracht[16]:

- Erlässt der Amtsträger eine *rechtsfehlerhafte begünstigende Verfügung* (oder schliesst er einen rechtsfehlerhaften Vertrag), wodurch der Begünstigte zu einem nach Art. 24 oder 24a NHG tatbestandsmässigen Verhalten veranlasst wird, so hat dies für den Amtsträger strafrechtliche Folgen, wenn die Vermeidung des verwaltungsrechtlichen Fehlers im Interesse der strafrechtlich geschützten Rechtsgüter des NHG geboten ist. Ausser Betracht bleibt die Verletzung von Zuständigkeits- und Formvorschriften oder anderer, nicht den Zielen des NHG dienender Vorschriften. War die Verfügung wegen qualifizierter Fehlerhaftigkeit nichtig oder erlangte der Begünstigte sie rechtsmissbräuchlich, kommt die Strafbarkeit des Amtsträgers wegen *Teilnahme am NHG-Delikt oder fahrlässiger (Neben)Täterschaft* in Frage. War die begünstigen-

---

[15] Vgl. VEST/RONZANI, 95.
[16] Vgl. zum folgenden JENNY/KUNZ, 69 f.

de Verfügung dagegen nicht qualifiziert rechtswidrig und damit rechtsbeständig und erwirkte sie der Begünstigte nicht rechtsmissbräuchlich, so handelt der Begünstigte zwar tatbestandsmässig aber nicht rechtswidrig, und es kommt eine Strafbarkeit des Amtsträgers als *mittelbarer Täter* in Betracht.

- Nimmt der Amtsträger eine als rechtsfehlerhaft erkannte begünstigende Verfügung nicht zurück, so ist eine Strafbarkeit nach Art. 24 NHG durch *unechtes Unterlassen* aufgrund einer Garantenstellung aus vorangegangenem gefährlichen Tun möglich.

- Schreitet ein mit der Überwachung NHG-relevanter Sachverhalte beauftragter Amtsträger nicht gegen die Erfüllung eines NHG-Tatbestandes ein, so kann er als Beschützergarant wegen *unechtem Unterlassen* strafbar sein.

VI. Reform

Unter dem Eindruck der Umweltkatastrophen von Tschernobyl und Schweizerhalle wurde am 15. Dezember 1986 von Nationalrat OTT ein Postulat eingereicht, mit welchem er eine Verstärkung des strafrechtlichen Schutzes der Umwelt durch Schaffung entsprechender Tatbestände im StGB forderte[17]. Das EJPD liess ein Gutachten zur Frage der Funktion des Strafrechts im Umweltschutz[18] und im Anschluss daran einen Vorentwurf für Umweltstrafbestimmungen mit erläuterdem Bericht (VE-StGB 1993) verfassen[19]. Der VE-StGB 1993 bezieht sich in erster Linie auf die Verstärkung des Strafrechtsschutzes der Umweltmedien Wasser, Luft und Boden. Er befasst sich nur untergeordnet mit den Schutzgütern des NHG, insbesondere mit schutzbedürfigen Gebieten. Für die weitere Entwicklung der Strafbestimmungen zum Schutz von NHG-Gütern kommt dem Bericht aber dennoch Bedetung zu.

17 Postulat OTT

Die Autoren des Berichts betonen, dass die angesichts der besonderen Schutzbedürftigkeit der dem NHG unterstellten Naturlandschaften, Naturdenkmäler und Biotope im Grunde die Einfügung neuer Tatbestände ins Kernstrafrecht des StGB wünschbar erscheinen liesse, um die Wichtigkeit ihrer Erhaltung nachdrücklich zur Geltung zu bringen. Dennoch sprechen sie sich für einen Verzicht auf einen zusätzlichen Tatbestand der Gefährdung schutzbedürftiger Gebiete aus. Sie begründen dies damit, dass «die Schaffung eines eigenständi-

18 VE-StGB 1993 Avant-projet du CP 1993

---

[17] Amtl.Bull. N 1988 907; Text abgedruckt bei RONZANI, 3.
[18] RONZANI Marco, Gutachten zur Frage nach Möglichkeiten der Verstärkung des Strafrechts im Umweltschutz, verfasst im Auftrag des Bundesamtes für Justiz, Manuskript Dezember 1989.
[19] JENNY Guido/KUNZ Karl-Ludwig, Bericht und Vorentwurf vom 26. Januar 1993 zur Verstärkung des strafrechtlichen Schutzes der Umwelt, Manuskript Januar 1993. Die 1996 unter dem gleichen Titel erschienene Publikation von JENNY/KUNZ stellt eine überarbeitete Fassung des Manuskripts dar.

gen Tatbestandes zum Schutz naturnaher Gebiete mit der Schwierigkeit konfrontiert (ist), dass sich sein Gegenstand (...) als ein *komplexes*, auf vielfältige Weise ‚störbares' *ökologisches System* erweist, dessen Wertcharakter sich nicht auf den Begriff eines konzise beschreibbaren und damit zugleich die Leitlinien der Verbotsmaterie vorstrukturierenden Rechtsgutes bringen lässt» und «eine in allgemeiner Form auf die Gefährdung/Beeinträchtigung jeweiligen Schutzzwecks abstellende Unrechtstypisierung deshalb (...) dem Einwand *nicht mehr erträglicher Gesetzesunbestimmtheit* ausgesetzt» wäre[20]. Ebenfalls lehnen sie die Aufnahme eines Tatbestands ab, der vergleichbar mit § 329 Abs. 3 StGB der Bundesrepublik Deutschland (Gefährdung schutzbedürftiger Gebiete) eine Reihe näher benannter Gefährdungshandlungen unter Strafe stellt. Stattdessen schlagen die Autoren vor, die schwere Beeinträchtigung eines nach dem NHG geschützten Gebietes als Qualifikationsmerkmal für die Auslösung des Tatbestands der «Schweren Umweltstraftat» (Art. 230f VE-StGB) aufzunehmen[21].

19 Stellungnahme des Bundesrates
Prise de position du Conseil fédéral

In Expertenanhörungen des Bundesamtes für Justiz zum Vorentwurf und Bericht wurde in erster Linie der zwangsläufig symbolische Charakter des Unterfangens kritisiert und auf grundsätzliche Probleme der individuellen Zurechnung bei Umweltbeeinträchtigungen (vor allem als Ergebnis betrieblicher Fehlleistungen) und der Verwaltungsakezessorietät von Umweltstrafnormen hingewiesen. Der Bundesrat kam in seiner Stellungnahme vom 15. Mai 1996 zum Schluss, es sei mangels unmittelbaren Handlungsbedarfs und der Notwendigkeit einer vorgängigen Klärung der Frage der strafrechtlichen Verantwortlichkeit der Unternehmen auf eine Legiferierung im Sinne des Postulats OTT «im jetzigen Zeitpunkt» zu verzichten[22].

---

[20] JENNY/KUNZ, 150 f. (Hervorhebungen im Original). Ausführlich dazu schon RONZANI, 36 ff., 43.

[21] JENNY/KUNZ, 152, 173. Der vorgeschlagene Tatbestand der schweren Umweltstraftat (Art. 230f VE-1993) hat im hier interessierenden Bereich folgenden Wortlaut:
«Wer durch die vorsätzliche Begehung einer Tat gemäss den Artikeln 230a-d [Gewässerverunreinigung, Bodenverunreinigung, Luftverunreinigung, gefährliche Abfallentsorgung]
  b ein Gewässer, den Boden oder den Schutzzweck einer nach dem Bundesgesetz über den Natur- und Heimatschutz geschützten Naturlandschaft oder eines nach diesem Gesetz geschützten Naturdenkmals oder Biotops derart beeinträchtigt, dass die Beeinträchtigung nicht, nur mit ausserordentlichem Aufwand oder erst nach längerer Zeit beseitigt werden kann, wird mit Gefängnis nicht unter sechs Monaten oder mit Zuchthaus bestraft.»

[22] Vgl. Bericht des BR zum Postulat OTT betreffend Umweltschutz-Strafrecht (wird im BBl veröffentlicht). Der Nationalrat nahm am 16. September 1996 mit 65 zu 34 Stimmen zustimmend Kenntnis vom Bericht des BR (Amtl.Bull. N 1996 1326 f.) und der Ständerat hat das Postulat am 10. März 1997 ohne Diskussion abgeschrieben.

Art. 24 Vergehen

¹ Mit Gefängnis bis zu einem Jahr oder mit Busse bis zu 100'000 Franken wird bestraft, wer vorsätzlich und ohne Berechtigung:
a. ein aufgrund dieses Gesetzes geschütztes Natur- oder Kulturdenkmal, eine geschützte geschichtliche Stätte, eine geschützte Naturlandschaft oder ein geschütztes Biotop zerstört oder schwer beschädigt;
b. Ufervegetation im Sinne von Artikel 21 rodet, überschüttet oder auf andere Weise zum Absterben bringt;
c. im Boden enthaltene Naturkörper oder Altertümer von erheblichem wissenschaftlichem Wert (Art. 724 Abs. 1 ZGB) zerstört oder schwer beschädigt;
d. Pflanzen oder pflanzliche Erzeugnisse nach den Anhängen I–III des Übereinkommens vom 3. März 1973 über den internationalen Handel mit gefährdeten Arten freilebender Tiere und Pflanzen entgegen dem Abkommen ein- oder ausführt, durch das Land befördert oder in Besitz nimmt.

² Handelt der Täter fahrlässig, so ist die Strafe Haft oder Busse bis zu 40'000 Franken.

Art. 24 Délits

¹ Sera puni de l'emprisonnement jusqu'à un an ou de l'amende jusqu'à 100'000 francs celui qui, intentionnellement et sans autorisation, aura:
a. Détruit ou endommagé sérieusement une curiosité naturelle ou un monument protégés en vertu de la présente loi, un site protégé évocateur du passé, un site naturel protégé ou un biotope protégé;
b. Essarté, recouvert ou anéanti d'une autre manière la végétation riveraine au sens de l'article 21;
c. Détruit ou endommagé sérieusement des curiosités naturelles ou des antiquités enfouies qui ont une valeur scientifique considérable (art. 724, 1er al., CC);
d. Importé ou exporté, transporté ou détenu des plantes ou des produits végétaux au sens des annexes I à III de la Convention du 3 mars 1973 sur le commerce international des espèces de faune et de flore sauvages menacées d'extinction, en violation de ses dispositions.

² Si le délinquant agit par négligence, il est passible d'arrêts ou d'une amende jusqu'à 40'000 francs.

Inhaltsverzeichnis   Rz

I.   Objektive Tatbestände   1
     A. Zerstörung oder schwere Beschädigung geschützter Objekte (Abs. 1 Bst. a)   1
        a. Schutzgegenstand   1
        b. Erfolg   5
        c. Tathandlung   6
        d. Konkurrenzen   8
     B. Zerstörung oder schwere Beschädigung von Ufervegetation (Abs. 1 Bst. b)   9
        a. Schutzgegenstand   9
        b. Erfolg   12
        c. Tathandlung   13
        d. Konkurrenzen   14
     C. Zerstörung oder schwere Beschädigung von Naturkörpern oder Altertümern
        (Abs. 1 Bst. c)   15
        a. Schutzgegenstand   15
        b. Erfolg   20
        c. Tathandlung   21
        d. Konkurrenzen   22
     D. Internationaler Handel mit geschützten Pflanzen (Abs. 1 Bst. d)   23
        a. Schutzgegenstand   23
        b. Tathandlung   26
        c. Konkurrenzen   29
II. Subjektiver Tatbestand   30
     A. Vorsatz   31
     B. Fahrlässigkeit   32
III. Verbotswidrigkeit und Rechtswidrigkeit   33
IV. Versuch und Rücktritt   37
V.   Sanktion und Verjährung   38
VI. Würdigung   40

Table des matières   N°

I.   Les états de fait objectifs   1
     A. La destruction ou l'atteinte grave à un objet protégé (al. 1 lit. a)   1
        a. L'objet protégé   1
        b. Le résultat   5
        c. L'acte punissable   6
        d. Les concours   8
     B. La destruction ou l'atteinte grave à la végétation riveraine (al. 1 lit. b)   9
        a. L'objet protégé   9
        b. Le résultat   12
        c. L'acte punissable   13
        d. Les concours   14
     C. La destruction ou l'atteinte grave à des curiosités naturelles ou des antiquités
        enfouies (al. 1 lit. c)   15
        a. L'objet protégé   15

b.	Le résultat	20
c.	L'acte punissable	21
d.	Les concours	22
D.	Le commerce international de plantes protégées (al. 1 lit. d)	23
a.	L'objet protégé	23
b.	L'acte punissable	26
c.	Les concours	29
II.	L'état de fait subjectif	30
A.	L'intention	31
B.	La négligence	32
III.	La violation d'une interdiction et l'illégalité	33
IV.	La tentative et le désistement	37
V.	La sanction et la prescription	38
VI.	L'appréciation	40

I. Objektive Tatbestände

A. Zerstörung oder schwere Beschädigung geschützter Objekte (Abs. 1 Bst. a)

a. Schutzgegenstand

Die Vorschrift dient dem Schutz einerseits von Kulturgütern (Kulturdenkmäler und geschichtliche Stätten) und andererseits von Naturgütern (Naturdenkmäler, Naturlandschaften und Biotope). Die massgebenden Schutzgesichtspunkte[1] sind äusserst vielfältig und uneinheitlich. Hinsichtlich des Kulturgüter- (und Heimat-)schutzes steht vergleichsweise einheitlich der Schutzgesichtspunkt des kulturellen Erbes im Vordergrund. Mit Bezug auf die Naturgüter geht es einmal um den Gesichtspunkt des Schutzes von Naturbestandteilen wie vor allem beim Schutz von Naturdenkmälern und Naturlandschaften aber auch bei Biotopen. Bei diesen wie bei den Kulturgütern spielen auch Aspekte des Raritätenschutzes hinein (vgl. FAVRE, Art. 4, Rz 9). Bei Biotopen steht der Gesichtspunkt des Schutzes von (ökologischen) Systemen und Systemzusammenhängen im Vordergrund und ihre Funktionen als Lebensraum (vgl. FAHRLÄNDER, Art. 18, Rz 15). Teilweise spielt auch der Gesichtspunkt der Güter als natürliche Ressourcen eine Rolle wie beispielsweise bei Landschaften hinsichtlich ihres Erholungswertes oder als Gebiet zur Schaffung von Reservaten.

1 Schutzgesichtspunkte
Buts normatifs de protection

Der strafrechtliche Schutz erstreckt sich nur auf Objekte, die «aufgrund dieses Gesetzes geschützt» sind. Erste Voraussetzung ist, dass das Objekt überhaupt

2 Schutzobjekte
Objets protégés

---

[1] Zu den Schutzgesichtspunkten des Umweltrechts vgl. RONZANI, 26 ff.

vom Schutzbereich des NHG erfasst wird. Hinsichtlich der Kulturgüter und Landschaften sind dies nur diejenigen von nationaler Bedeutung (vgl. FAVRE, Art. 4, Rz 9; Art. 4–6 NHG; Art. 24^{sexies} Abs. 5 BV; Art. 23b–23d NHG). Kulturgüter und Landschaften, die nicht aufgrund des NHG, sondern aufgrund kantonalen oder kommunalen Rechts unter Schutz gestellt sind, fallen gegebenenfalls in den Anwendungsbereich kantonaler Übertretungstatbestände[2]. Mit Bezug auf die Biotope unter Einschluss der Moore werden neben denjenigen von nationaler Bedeutung auch diejenigen von regionaler und lokaler Bedeutung erfasst, da der Schutz der Biotope gemäss Art. 18b NHG nach der Rechtsprechung des Bundesgerichts eine von den Kantonen zu erfüllende Bundesaufgabe darstellt[3] (vgl. ZUFFEREY, Art. 2, Rz 6 ff.).

3
Schutzbeschluss
Décision de protection

Weitere Voraussetzung für den strafrechtlichen Schutz ist, dass ein rechtswirksamer Schutzbeschluss vorliegt. Als solcher kommt vorab die Inventarisierung durch den Bundesrat in Frage[4]. Schutzobjekte sind dann die gestützt auf Art. 5 NHG im BLN aufgenommenen Landschaften und Naturdenkmäler und die im ISOS aufgeführten schützenswerten Ortsbilder der Schweiz (vgl. LEIMBACHER, Art. 5, Rz 10 ff. und 18 ff.), weiter die gestützt auf Art. 18a und Art. 23b NHG im Hochmoorinventar (Anhang 1 zur HMV), im Flachmoorinventar (Anhang 1 zur FMV), im Aueninventar (Anhang 1 zur AuenV; vgl. FAHRLÄNDER, Art. 18a, Rz 34 ff.) und im Moorlandschaftsinventar (Anhang 1 zur MLV; vgl. KELLER, Art. 23b, Rz 13) aufgeführten Objekte. In Betracht fallen weiter Kulturgüter und Naturlandschaften, die der Bund in Anwendung von Art. 15 NHG erworben (vgl. FAHRLÄNDER, Art. 15, Rz 5) oder aufgrund von Art. 16 NHG durch vorsorgliche Massnahmen unter Schutz gestellt hat. Hinsichtlich der Biotope kann der Schutzbeschluss auch durch kantonale Schutzverordnungen oder Raumpläne erfolgen, ersatzweise auch durch Anordnungen des EDI nach Art. 18a Abs. 3 NHG. Mit Blick auf Biotope und Moorlandschaften gelten als Schutzbeschluss auch vorsorgliche Massnahmen, die aufgrund von Art. 29 Abs. 1 Bst. a und c NHV, Art. 7 HMV, FMV, AuenV oder MLV in Verbindung mit kantonalem Baurecht erlassen werden.

4
Schutzumfang
Etendue de la protection

Der Schutzumfang ergibt sich für jedes geschützte Objekt aus dem konkreten Schutzbeschluss, insbesondere auch aus der kantonalen Schutzverordnung oder vorsorglichen Massnahme. Dabei definiert er sich inhaltlich einerseits nach

[2] Vgl. beispielsweise § 33 i.V. mit § 13 des Gesetzes über den Natur- und Landschaftsschutz des Kantons Basel-Landschaft vom 20. November 1991 (SG-BL 790); § 53 Abs. 1 des Natur und Landschaftsschutzgesetzes des Kantons Luzern vom 18. September 1990 (SR-LU 709a).

[3] Zum Schutz der Biotope von regionaler und lokaler Bedeutung im Sinne von Art. 18b NHG als Bundesaufgabe vgl. BGE 120 Ib 27 ff. E. 2c = Pra 1994, 735.

[4] Mit Bezug auf Moore und Moorlandschaften WALDMANN, Diss., 357; vgl. auch Entscheid des Obergerichts SH vom 8. Juni 1990, in seinem Amtsbericht 1990, 127 f.

den einzeln umschriebenen Schutzzielen und andererseits räumlich nach dem festgelegten Perimeter. Massgebend sind insbesondere die Umschreibung der Schutzziele in den entsprechenden Verordnungen (vgl. Art. 2 VBLN und VI-SOS; Art. 4 HMV, FMV, AuenV, MLV) und die gesonderten Veröffentlichungen für jedes inventarisierte Objekt sowie die kantonalen Schutzverordnungen und vorsorglichen Massnahmen.

b. Erfolg

Für die Tatbestandsmässigkeit von Bst. a erforderlich ist, dass ein Schutzobjekt zerstört oder schwer beschädigt wird. Diese Erfolgsumschreibung macht deutlich, dass nicht jeder unbefugte Eingriff, sondern nur schwerwiegende Fälle mit kriminellem Unrechtsgehalt erfasst werden sollen. Die Erfolgsverwirklichung setzt voraus, dass das betroffene Objekt hinsichtlich seiner physikalischen, chemischen, biologischen, ökologischen, geographisch-geologischen oder ästhetischen etc. Beschaffenheit so verändert wurde, dass es gegenüber dem vorangegangenen Zustand eine erhebliche Verschlechterung erfahren hat, «etwa so, dass eine ernsthafte Gefährdung seines Fortbestandes angenommen werden muss»[5]. Verlangt ist somit eine Beinträchtigung von hoher Intensität, eine Verschlechterung, die hinsichtlich der Schutzziele eine tiefgreifende, tendenziell langfristige Veränderung von einer gewissen Dauerhaftigkeit aufweist und die Erfüllung des Schutzzieles in Frage stellt. Die Gefährdung eines von mehreren Schutzzielen genügt ebenso wie die Zerstörung oder schwere Beschädigung eines Teiles des Schutzobjekts, z.B. eines Teiles der Fläche eines Biotops, wenn es sich dabei um einen wesentlichen Bestandteil handelt[6]. Der Erfolg ist entsprechend immer dann anzunehmen, wenn durch den Eingriff ein für das Schutzobjekt konstitutives oder wesentliches Element vernichtet wird wie z.B. die Entwässerung eines Moores durch Anlegen einer Drainage oder die Planierung (zur Befahrbarmachung für Pistenfahrzeuge) oder Terrassierung einer Landschaft. Unerheblich ist, ob das Objekt, an dem die schädliche Handlung vorgenommen wird, bereits beeinträchtigt oder teilweise zerstört war, da andernfalls Kumulationseffekte nicht erfasst würden. Bei der Verursachung von schleichenden oder nur allmählich sich entwickelnden Beeinträchtigungen eines Schutzobjekts ist der Eintritt des tatbeständsmässigen Erfolges dann zu bejahen, wenn die eingetretene Verschlechterung jene Intensität erreicht hat, mit der eine ernsthafte Gefahr für den Fortbestand des Objektes verbunden ist. Vorher kommt, vorsätzliche Tatbegehung vorausgesetzt, nur eine Bestrafung wegen Versuches in Betracht.

---

[5] Botschaft Rothenthurm, BBl 1985 II 1465.
[6] Nach WALDMANN, Diss., 356, genügt «die Existenzbedrohung eines Teils der in den Schutzzielen zum Ausdruck kommenden geschützten Eigenschaften».

c. Tathandlung

6
Umschreibung
Description

Tathandlung kann jedes Verhalten sein, das für den Erfolg (mit)ursächlich war (natürliche Kausalität) und «nach dem gewöhnlichen Lauf der Dinge und nach der allgemeinen Lebenserfahrung geeignet ist, einen Erfolg von der Art des eingetretenen herbeizuführen»[7] (adäquate Kausalität oder Vorhersehbarkeit). In Betracht fällt jede Handlung oder Entscheidung, die in irgendeiner Weise, für sich allein oder zusammen mit anderen Einzelbelastungen oder risikosteigernden Einzelentscheidungen, direkt oder indirekt die Zerstörung oder schwere Schädigung eines der Schutzobjekte von Bst. a in für den konkreten Täter vorhersehbarer Weise bewirkt. Für die Bejahung der Erfolgsverursachung ist der volle Kausalitätsnachweis (im naturwissenschaftlichen Sinne) und ein positives Urteil über die Risikosteigerung und die Adäquanz (unter Einbezug normativer Elemente) erforderlich.

7
Beispiele
Exemples

Typische Tathandlungen hinsichtlich der Schädigung von Naturdenkmälern, Naturlandschaften oder Biotopen sind etwa: Abbau von Bodenbestandteilen (Kies, Torf), Vornahme von Abgrabungen, Aufschüttungen, Sprengungen, Versiegelungen (Teerung von Wegen), Terassierungen, Planierungen; Schaffung, Veränderung oder Beseitigung von Gewässern; Entwässern (z.B. durch Drainage) von Feuchtgebieten; Roden der Vegetationsdecke; landwirtschaftliche Übernutzung oder Düngung; Errichtung von Bauten, etc. Mit Blick auf Kulturdenkmäler und geschichtliche Stätten ist vor allem an bauliche oder andere die Substanz oder das Erscheinungsbild beeinträchtigende Eingriffe zu denken.

d. Konkurrenzen

8 Beeinträchtigungen eines Naturdenkmals, einer Naturlandschaft oder eines Biotops können, wenn sie durch Gewässer- oder Bodenverunreinigungen vermittelt werden, neben dem Tatbestand von Bst. a auch Straftatbestände des GSchG und des USG erfüllen. In der Regel werden verschiedene Rechtsgüter betroffen sein, und es liegt Idealkonkurrenz vor. Weiter sind auch Konkurrenzen mit Strafvorschriften des JSG und des WaG möglich. Ausserdem ist Konkurrenz mit dem Tatbestand der Sachbeschädigung nach Art. 144 StGB denkbar[8], wobei gegebenenfalls Idealkonkurrenz vorliegt, da die Tatbestände unterschiedlichen Schutzinteressen dienen.

---

[7] BGE 118 IV 134 = JdT 1994 IV 128; BGE 117 IV 133 = Pra 1991, 896; BGE 116 IV 185 = JdT 1992 IV 106.

[8] Vgl. BGE 115 IV 27 = JdT 1990 IV 100 (Entfernung einer Grasnarbe von einer Böschung als Sachbeschädigung).

B. Zerstörung oder schwere Beschädigung von Ufervegetation (Abs. 1 Bst. b)

a. Schutzgegenstand

Die Vorschrift enthält eine Sonderbestimmung zum Biotopschutz gemäss Bst. a. Der wesentliche Unterschied liegt in der Bestimmung des Schutzobjekts. Bst. a erfasst nur, was durch besonderen Beschluss für geschützt erklärt wird. Demgegenüber ist die Bezeichnung des Schutzgegenstandes als «Ufervegetation» in Bst. b eine eigenständige Begriffsbestimmung[9]. Im Unterschied zu Bst. a geniesst die Ufervegetation unmittelbar, ohne Vermittlung durch einen konkretisierenden Schutzbeschluss, strafrechtlichen Schutz. Die Sonderbehandlung der Ufervegetation ist vorab historisch bedingt[10]. Neben dem Artenschutz stand der Uferschutz am Anfang des Biotopschutzes. Die Ufervegetation hatte einerseits besondere Schutzwürdigkeit als Lebensraum mit Blick auf den Artenschutz und war andererseits auch besonderen Gefährdungen durch Meliorationen, Wassernutzung und Wasserbau ausgesetzt. Das entwickelte Wert- und Risikobewusstsein und die relativ leichte Abgrenzbarkeit und Typisierung von Ufervegetation ermöglicht hier eine originär (straf-)gesetzliche Definition des Schutzgutes ohne zusätzliche Konkretisierung durch einen Verwaltungsakt.

9 Eigenständige Begriffsbestimmung
Définition indépendante

Massgebender Schutzgesichtspunkt der Vorschrift ist in erster Linie die Ufervegetation als typischer «Naturbestandteil». Mit Blick auf die Konkretisierung des Schutzes sind im einzelnen aber auch die Gesichtspunkte Ufervegetation als (Öko-)»System» und die ökologischen «Funktionen» seiner Teile und als Ganzes für den Naturhaushalt massgebend.

10 Schutzgesichtspunkte
Aspects protégés

Schutzobjekt von Bst. b ist die Ufervegetation im Sinne von Art. 21 NHG. Beispielhaft werden dort «Schilf- und Binsenbestände, Auenvegetationen» erwähnt. Als Ufervegetation (vgl. im einzelnen JENNI, Art. 21, Rz 11 ff. mit Hinweisen) gelten natürliche oder naturnahe und standortgerechte Pflanzengesellschaften im land- und wasserseitigen Bereich eines stehenden oder fliessenden ober- oder unterirdischen Gewässers, insbesondere im Schwankungsbereich der Wasserführung und in der Verlandungszone. Auch Waldpflanzengesellschaften im Einflussbereich des Gewässers sind dazuzuzählen. Keine Rolle spielt, ob die Vegetation natürlich gewachsen oder künstlich angelegt oder bestockt ist, soweit sie nur naturnahen Charakter erreicht hat. Nicht verlangt ist ferner, dass die Vegetationsdecke durchgehend ist.

11 Ufervegetation
Végétation des rives

---

[9] JENNY/KUNZ, 42.
[10] Vgl. Botschaft NHG, BBl 1965 III 10.

b. Erfolg

12 Nach Bst. b ist strafbar, wer Ufervegetation «rodet, überschüttet oder auf andere Weise zum Absterben bringt». Massgebend für den tatbestandsmässigen Erfolg ist die Umschreibung «zum Absterben bringt»; die in der Vorschrift beispielhaft genannte Rodung oder Überschüttung wird nur dann erfasst, wenn sie diese Erfolgsintensität erreicht[11]. Der tatbestandliche Erfolg formuliert freilich keinen Endzustand, sondern eine «Erfolgstendenz»[12]. Die Schwelle zum tatbestandsmässigen Erfolgseintritt bleibt damit unscharf. Der Erfolg ist jedenfalls nicht erst dann zu bejahen, wenn die Vegetation oder wesentliche Teile davon (z.B. bestimmte Pflanzen aus der Pflanzengemeinschaft) abgestorben oder verschwunden und damit endgültig zerstört sind. Es genügt – ist aber auch erforderlich –, dass Bedingungen gesetzt sind, die zur Zerstörung der typischen Vegetation (oder Teilen davon) führen und insofern einen irreversiblen Prozess auslösen[13]. Der Erfolg ist beispielsweise bereits bei bleibender Veränderung der wesentlichen Gewässerdynamik und nicht erst beim Eintritt einer wesentlichen Veränderung der typischen Pflanzengesellschaften zu bejahen. Demgegenüber erfüllt ein nur vorübergehender Eingriff in die Standortfaktoren den Erfolg nicht, soweit keine bleibenden Veränderungen der Vegetation damit verbunden sind. Der Sache nach besteht kein Unterschied zum Erfolg von Bst. a. Auch nach Bst. b ist bei Schaffung einer ernsthaften Gefahr des Fortbestandes des Schutzobjekts der tatbestandliche Erfolg verwirklicht (vgl. oben Rz 5)[14].

c. Tathandlung

13 Als Tathandlung kommt jede Handlung oder Entscheidung in Betracht, die in irgendeiner Weise, für sich allein oder zusammen mit anderen Einzelbelastungen oder risikosteigernden Einzelentscheidungen, direkt oder indirekt eine die tatbestandsmässige Erfolgsschwelle übersteigende Veränderung der Ufervegetation oder wesentlicher Standortfaktoren vorhersehbar bewirkt. Neben dem in der Vorschrift genannten Roden und Überschütten kommen als weitere typische Tathandlungen in Frage: Einwirkungen auf die Wasserführung, den Grund-

---

[11] Dies scheint hinsichtlich der Rodung nicht notwendigerweise der Fall zu sein. So gelten etwa Streuwiesen, die sich nach einer Rodung im Uferbereich entwickelt haben, als Ufervegetation im Sinne von Art. 21 NHG. Vgl. JENNI Art. 21, Rz 12 am Schluss.
[12] RONZANI, 49.
[13] Vgl. dazu RONZANI, 43 f. mit weiteren Hinweisen.
[14] Ebenso JENNY/KUNZ, 42.

wasserspiegel[15] oder die Fliesseigenschaften des Gewässers, Einsatz von Dünger und Pflanzenschutzmittel oder Zweckentfremdungen des Bodens, etc. (vgl. JENNI, Art. 21, Rz 18).

d. Konkurrenzen

Idealkonkurrenz kann sich aus dem Zusammentreffen mit Strafvorschriften des WaG (z.B. bei Rodungen), des GSchG und des USG ergeben. 14

C. Zerstörung oder schwere Beschädigung von Naturkörpern oder Altertümern (Abs. 1 Bst. c)

a. Schutzgegenstand

Schutzgesichtspunkte der Vorschrift sind je nach Schutzobjekt die Erhaltung entweder von Naturbestandteilen («Naturkörper») oder von Kulturgütern («Altertümer»), die nach Massgabe relevanter Denkmalschutzinteressen besonderen Wert aufweisen. Die Bezeichnung der Schutzobjekte als «Naturkörper» und «Altertümer» entstammt der Terminologie des Art. 724 Abs. 1 ZGB. Der Schutzgegenstand der Strafvorschrift deckt sich weitgehend mit derjenigen der zivilrechtlichen Eigentums- und Abgeltungsregelung von Art. 724 Abs. 2 ZGB und soll flankierend deren strafrechtlichen Schutz sicherstellen[16]. Abweichungen können sich freilich aus den unterschiedlichen Schutzrichtungen ergeben, da die zivilrechtliche Vorschrift sich in erster Linie an eigentumsrechtlichen Interessen orientiert, sich entsprechend auf herrenlose Sachen beschränkt, und Denkmalschutzinteressen nur mittelbar von Bedeutung sind[17]. Das heisst, dass in jedem Fall eine selbständige, an den Denkmalschutzinteressen orientierte Bewertung des einzelnen Schutzobjektes vorgenommen werden muss. 15
Schutzgesichtspunkte
Aspects protégés

Schutzgegenstand der Strafvorschrift sind einerseits als Naturkörper bezeichnete Naturdenkmäler. Als solche gelten Einzelobjekte der belebten oder unbelebten Natur, die aus ästhetischen, geschichtlichen, wissenschaftlichen oder anderen Gründen wertvoll sind (ROHRER, 1. Kap., Rz 16). Beispiele sind etwa Tierskelette, Versteinerungen von Tieren und Pflanzen, Mineralien, Gletschermühlen oder Findlinge. 16
Naturkörper
Objets naturels

---

[15] Vgl. BGE 113 Ib 351 = JdT 1989 I 493 (Absenkung des Grundwasserspiegels); BGE 112 Ib 437 = JdT 1988 I 595 (Störung des Wasserhaushalts durch Verminderung der Abflussmenge).
[16] Botschaft Teilrevision NHG, BBl 1991 III 1144.
[17] Art. 724 Abs. 1 ZGB erfasst nur Mobilien, da Bauten, Zubehör und Bestandteile, die fest mit dem Grundstück verbunden sind, nicht zu herrenlosen Sachen werden können, solange das Grundstück, mit dem sie verbunden sind, einen Eigentümer hat.

17 Altertümer Antiquités	Zum anderen geht es um als Altertümer bezeichnete Kulturdenkmäler, d.h. vom Menschen gestaltete körperliche Gegenstände mit Zeugnischarakter (ROHRER, 1. Kap., Rz 35). Als Beispiele kommen in Frage: Bauten aus früheren Epochen oder deren Fundamente mit allen Bestandteilen wie Malereien, Mosaiken, Steinmetzarbeiten, weiter Gräber, das Steinbett von Römerstrassen, Kunstwerke, Gebrauchsgegenstände, Münzen etc.
18 «Im Boden erhalten» «Enfouies»	Die Vorschrift erfasst nur Natur- und Kulturdenkmälern, die «im Boden enthalten» sind, und ist insofern lex specialis zu Bst. a. Nach dem Sinn der Vorschrift sind damit Denkmäler gemeint, die sich unter der Bodenoberfläche befinden und vor der Tathandlung noch nicht entdeckt oder vom Boden getrennt waren. Nicht vorausgesetzt ist, dass das Objekt vollständig mit Erdreich bedeckt ist. Nicht erfasst werden Gegenstände, die sich im Mauerwerk eines Gebäudes (das nicht selbst Schutzobjekt ist) oder in dessen (seinerzeit zugemauerten) Gewölben befinden. Nicht erforderlich ist, dass das Objekt herrenlos im Sinne des ZGB ist.
19 Erheblicher wissenschaftlicher Wert D'une valeur scientifique considérable	Der Tatbestand verlangt, dass das Objekt einen «erheblichen wissenschaftlichen Wert» hat, d.h. von naturwissenschaftlichem, geologischem, archäologischem, kunsthistorischem, geschichtlichem oder rein künstlerischem Standpunkt aus bedeutsam ist[18]. Insoweit irrelevant ist, ob die Allgemeinheit am Objekt interessiert ist, ob es Seltenheitswert hat oder hohen materiellen Wert aufweist. Für die Erheblichkeit des wissenschaftlichen Wertes objektiv massgebend ist das Urteil eines Sachverständigen. Subjektiv genügt es für die Wissenseite des Vorsatzes, dass der Täter das Merkmal so versteht, wie es der landläufigen Ansicht eines Laien entspricht[19].

b. Erfolg

20	Der tatbestandsmässige Erfolg besteht in der Zerstörung oder schweren Beschädigung des Schutzobjekts. Der Erfolg verlangt, dass das Schutzobjekt in seiner Substanz oder seinem Erscheinungsbild so beeinträchtigt ist, dass es in seinem wissenschaftlichen Wert als Denkmal verloren oder nur mit erheblichem Aufwand gerettet werden kann. Massstab für die Erfolgserfüllung ist somit einerseits die Beeinträchtigung des wissenschaftlichen Werts und der Denkmalfunktion des Gegenstands und andererseits der Reparaturaufwand.

---

[18] Vgl. HAAB/SIMONIUS/SCHERRER/ZOBL, Art. 723 und 724, Rz 9–11; Botschaft Teilrevision NHG, BBl 1991 III 1129.
[19] BGE 99 IV 59 = JdT 1974 IV 34.

c. Tathandlung

Als Tathandlung kommt jedes Verhalten in Frage, das adäquate (Mit-)Ursache 21
des Erfolges ist. Zu denken ist in erster Linie an direkte mechanische Einwirkungen[20]. Erfolgt die Beschädigung anlässlich von Grabungen, so ist für die Tatbestandserfüllung entscheidend, ob es für den Täter vorhersehbar war, dass er auf schutzwürdige Gegenstände stossen würde.

d. Konkurrenzen

Soweit Eigentumsrechte am Schutzobjekt beeinträchtigt werden, greift auch 22
der Tatbestand der Sachbeschädigung nach Art. 144 StGB; diese erfasst freilich jede, nicht nur die schwere Beschädigung. Bei Erfüllung beider Tatbestände liegt Idealkonkurrenz vor, da verschiedene Rechtsgüter geschützt werden; Art. 144 StGB dient allein dem Eigentumsschutz, wohingegen Bst. c überindividuellen Denkmalschutzinteressen dient.

D. Internationaler Handel mit geschützten Pflanzen (Abs. 1 Bst. d)

a. Schutzgegenstand

Die Strafvorschrift des Bst. d dient dem Schutz gefährdeter Pflanzenarten im 23
Rahmen des internationalen Artenschutzes (vgl. FAVRE, Art. 20, Rz 26). Grundlage ist das Übereinkommen über den internationalen Handel mit gefährdeten Arten freilebender Tiere und Pflanzen, das am 3. März 1973 in Washington abgeschlossen und von der Schweiz am 9. Juli 1974 ratifiziert wurde (abgekürzt CITES, SR 0.453). Dieses Abkommen zielt auf den Schutz vor den Gefahren einer übermässigen Ausbeutung der Arten durch den internationalen Handel. Die Ausführungsbestimmungen zum CITES finden sich in der Artenschutzverordnung vom 19. August 1981 (SR 453). Die Vertragsstaaten sind gemäss Art. VIII Ziff. 1 Bst. a CITES verpflichtet, Strafvorschriften für den Handel und Besitz geschützter Arten zu erlassen.

CITES

Der Bereich der wildlebenden Tiere und tierischer Erzeugnisse wird durch die 24
Strafbestimmung von Art. 28 Ziff. 1 TSchG abgedeckt. Hinsichtlich des Pflanzenschutzes wurden Widerhandlungen bis zur Revision des NHG vom 21. Juni 1996 nach den Strafbestimmungen des Zollgesetzes geahndet (vgl. auch Art. 23 Artenschutzverordnung). Deren Ungenügen veranlasste den Gesetzgeber zur

Art. 28 TSchG
Art. 28 OTD

---

[20] Der Bundesrat hatte vor allem die mutwillige Zerstörung von Natur- und Kulturdenkmälern im Auge: Botschaft Teilrevision NHG, BBl 1991 III 1144.

Einfügung der neuen Strafvorschrift des Bst. d. Der bereits durch die Art. 19 und 20 NHG bestehende Schutz einheimischer Pflanzen wurde damit um den internationalen Schutz gefährdeter Pflanzenarten vervollständigt[21]. Dabei hat der Gesetzgeber die Formulierung des Art. 28 TSchG mutatis mutandis wörtlich übernommen. Zu bemerken ist allerdings, dass die Strafdrohung für Vergehen betreffend Tierarten nach Art. 28 TSchG Gefängnis bis zu drei Jahren und solche betreffend Pflanzenarten nach Bst. d lediglich Gefängnis bis zu einem Jahr beträgt. Aus einer Wertdifferenz der jeweils geschützten Güter lässt sich diese Abweichung nicht erklären.

25
Anwendungsbereich
Champ d'application

Schutzobjekt der Vorschrift von Bst. b sind lebende und tote Pflanzen der in den Anhängen I bis III zum CITES enthaltenen Arten (unabhängig davon, ob sie natürlich oder künstlich vermehrt wurden; Art. VII Ziff. 4 CITES) sowie ohne weiteres erkennbare Teile und Erzeugnisse solcher Pflanzen, wobei für die in den Anhängen II und III aufgeführten Arten deren besondere Nennung in der Liste in Verbindung mit der betreffenden Art Schutzvoraussetzung ist (Art. I Bst. b iii CITES). Ausnahmen sind vorgesehen für Pflanzen und Pflanzenerzeugnisse, bei denen es sich um Gegenstände zum persönlichen Gebrauch oder um Hausrat handelt (Art. VII Ziff. 3 CITES).

b. Tathandlung

26
Tatbestandstyp
Type d'état de fait

Die Strafvorschrift des Bst. d ist vom Tatbestandtyp her ein als schlichtes Tätigkeitsdelikt ausgestaltetes abstraktes Gefährdungsdelikt. Für die Strafbarkeit ist kein über den reinen Vollzug der Tathandlung hinausreichender Erfolg notwendig.

27
Ein-, Aus- und Durchfuhr
Importer, exporter ou transporter

Die Vorschrift erfasst als Tathandlung zunächst die Ein- und Ausfuhr geschützter Pflanzen und Pflanzenerzeugnisse d.h. deren Verbringen oder Verbringenlassen über die Staatsgrenze in bzw. aus der Schweiz. Ebenfalls erfasst wird die Wiederausfuhr, d.h. die Ausfuhr eines zuvor eingeführten Tatobjekts. Weiter strafbar ist die Beförderung durch das Land, d.h. die Durchfuhr, soweit das Tatobjekt nicht unter zollamtlicher Überwachung im Sinne von Art. VII Ziff. 2 CITES verbleibt. Unter Strafe steht schliesslich auch das In-Besitz-nehmen. Gemeint ist die Begründung der tatsächlichen Herrschaftsgewalt über geschützte Pflanzen oder Pflanzenerzeugnisse. Nach dem klaren Wortlaut ist der blosse Besitz nicht strafbar, sofern das Tatobjekt im Zeitpunkt der Besitznahme noch nicht geschützt war (vgl. Art. VII Ziff. 2 CITES).

28
Entgegen dem Abkommen
En violation de l'accord

Die Vorschrift verlangt weiter, dass die Tathandlung «entgegen dem Abkommen» begangen wird. Diesem Merkmal kommt keine selbständige Bedeutung

---

[21] Vgl. Botschaft Agrarpaket 95, BBl 1995 IV 737 f.

zu, da die Strafbarkeit bereits nach Art. 24 Abs. 1 Satz 1 NHG voraussetzt, dass der Täter «ohne Berechtigung» handelt (vgl. unten Rz 24). Dies ist immer dann der Fall, wenn der Täter entgegen dem Abkommen handelt, insbesondere wenn keine oder keine rechtswirksame Bewilligung gemäss Art. 5 Artenschutzverordnung vorliegt, die ihrerseits die Voraussetzungen der CITES, insbesondere dessen Art. III bis V erfüllt.

c. Konkurrenzen

Soweit Handlungen neben Bst. d auch Tatbestände des Pflanzenschutzes gemäss Art. 24a NHG i.V. mit Art. 19 und 20 NHG erfüllen, liegt unechte Konkurrenz vor, sodass der Täter lediglich nach Bst. d bestraft wird. 29

II. Subjektiver Tatbestand

Strafbar ist gemäss Art. 24 NHG sowohl die vorsätzliche (Abs. 1 Satz 1) wie auch die fahrlässige (Abs. 2) Tatbegehung. 30

A. Vorsatz

Nach Art. 24 Abs. 1 Satz 1 NHG ist die vorsätzliche Erfüllung der Tatbestände von Bst. a–d strafbar. Vorsatz verlangt, dass der Täter die Tat mit Wissen und Willen ausführt (Art. 18 Abs. 2 StGB). Der Vorsatz muss sich auf alle objektiven Tatbestandsmerkmale erstrecken. Verlangt ist zunächst die Kenntnis, dass es sich beim Tatobjekt um ein vom Tatbestand erfasstes Schutzobjekt, beispielsweise ein Kulturdenkmal, ein Biotop, Ufervegetation, Altertümer oder eine Pflanze handelt. Dabei genügt die sog. «Parallelwertung in der Laiensphäre», d.h es wird auf die «landläufige Anschauung eines Laien» abgestellt[22]. Für die Bejahung des Vorsatzes weiter notwendig ist, dass der Täter Kenntnis vom Schutzbeschluss gemäss Bst. a (vgl. oben Rz 3) bzw. von der Aufnahme der betroffenen Pflanze in einem der Anhänge des CITES (vgl. oben Rz 25) hat, weil der Vorsatz sich auf alle Tatbestandsmerkmale erstrecken muss. Der Irrtum über die Unterschutzstellung schliesst gemäss Art. 19 StGB Vorsatz aus, sodass gegebenenfalls nur eine Fahrlässigkeitsstrafe in Frage kommt. Hatte der Täter allerdings mit dem Schutz gerechnet, so hat er Eventualvorsatz. Bei den Erfolgsdelikten der Bst. a–c gehört weiter zum Vorsatz, dass der zum 31

---

[22] BGE 99 IV 59 = JdT 1974 IV 34.

Erfolgseintritt führende Kausalverlauf für den Täter in seinen wesentlichen Zügen erkennbar und vorhersehbar ist. Sodann erfordert Vorsatz den Willen zur Tatbestandsverwirklichung, insbesondere des Erfolgseintritts. Diesbezüglich genügt es, wenn der Täter den Erfolg zwar nicht direkt bezweckt, ihn aber für den Fall des Eintritts billigt und ihn somit in Kauf nimmt (dolus eventualis)[23].

B. Fahrlässigkeit

32 Art. 24 Abs. 2 NHG stellt auch die fahrlässige Tatbegehung unter Strafe. Fehlte beim Täter der Wille zur Tatbestandserfüllung, so wird er, vorhersehbare Herbeiführung des Erfolges resp. Vornahme der verbotenen Handlung vorausgesetzt, wegen Fahrlässigkeit bestraft, wenn er gemäss Art. 18 Abs. 3 StGB die nach den Umständen und den persönlichen Verhältnissen gebotene Sorgfalt verletzt hat[24]. Als Massstab für die erforderliche Sorgfalt dient der «einsichtige und besonnene Mensch» in der Lage und mit der Ausstattung des Täters[25]. Fahrlässigkeitsstrafe greift somit dann, wenn der Täter aus pflichtwidriger Unvorsicht ein gemäss Art. 24 Abs. 1 Bst. a–c NHG geschütztes Objekt schwer beschädigt bzw. zerstört. Die Pflichtwidrigkeit kann sich dabei auch auf die Unkenntnis der Unterschutzstellung beziehen.

III. Verbotswidrigkeit und Rechtswidrigkeit

33 Die Strafvorschrift verlangt ausdrücklich, dass der Täter «ohne Berechtigung»
«Ohne Berechtigung» handelt. Diese Tatbestandsformulierung deutet daraufhin, dass die im Kernstrafrecht regelmässig geltende indizielle Wirkung der Tatbestandsmässigkeit
«Sans autorisation» für die Rechtswidrigkeit hier – wie bei «offenen» Tatbestandsfassungen (z.B. Art. 181 StGB Nötigung) – ausser Kraft gesetzt ist. Das Vorliegen des Merkmals hat unrechtsbegründende Wirkung. Die Bejahung der Rechtswidrigkeit wird somit von einer ausdrücklichen Feststellung des Fehlens der Berechtigung abhängig gemacht. Dies hat zur Folge, dass das Vorliegen der Berechtigung nicht die Tatbestandsmässigkeit ausschliesst, sondern erst auf der Rechtswidrigkeitsebene zu beachten ist und einen rechtfertigenden Unrechtsaus-

---

[23] Dolus enventualis genügt auch für eine Bestrafung wegen Versuches, für den Fall also, dass der (gebilligte) Erfolg nicht eingetreten ist. BGE 103 IV 68 = JdT 1978 IV 66.
[24] Eingehend zum Zurechnungskriterium der Sorgfaltpflichtverletzung und dessen besonderer Problematik im Umweltstrafrecht RONZANI, 112 ff.
[25] RONZANI, 113, mit Hinweisen.

schliessungsgrund darstellt[26]. Bedeutung hat dies vor allem für Irrtumsfälle; die falsche Annahme einer Berechtigung ist danach immer ein Verbotsirrtum (Art. 20 StGB), der bei Vermeidbarkeit eine Bestrafung nicht ausschliesst.

Die Berechtigung ist zu bejahen, wenn eine nicht offensichtlich rechtswidrige Bewilligung oder Konzession vorliegt. Die Berechtigung muss sich gerade auf den eingetretenen Erfolg bzw. auf die konkrete Beeinträchtigungshandlung beziehen, andernfalls sie die Rechtswidrigkeit nicht auszuschliessen vermag.

34 Bewilligung
Autorisation

Besondere Beachtung bedarf, dass hinsichtlich des Tatbestandes der Zerstörung von Ufervegetation (Bst. b) als Berechtigung nur eine Ausnahmebewilligung nach Art. 22 Abs. 2 NHG in Frage kommt (vgl. JENNI, Art. 22, Rz 13 ff.). Mit Blick auf den Tatbestand des internationalen Handels mit gefährdeten Pflanzen nach Bst. d erfordert die unrechtsausschliessende Berechtigung eine Bewilligung gemäss Art. 5 Abs. 1 Artenschutzverordnung, die ihrerseits die in Art. III-V CITES festgelegten Bedingungen für die Erteilung einer Genehmigung genügen muss. Erfüllt eine Bewilligung eine dieser Voraussetzungen nicht, fehlt beispielsweise eine Unbedenklichkeitserklärung der Fachkommission oder eine Bestätigung der rechtmässigen Herkunft oder der Unbedenklichkeit der Transportmodalitäten, so entfällt die rechtwidrigkeitsausschliessende Wirkung der Bewilligung.

35 Besonderheiten
Particularités

Denkbar ist auch das Vorliegen eines Rechtfertigungsgrundes des StGB wie beispielsweise eines Notstandes gemäss Art. 34 StGB. Dieser setzt voraus, dass bei Nichtvornahme der tatbestandsmässigen Handlung ein anderes, mindestens gering höherwertiges Rechtsgut einer unmittelbaren Gefahr ausgesetzt ist, und diese nur durch Vornahme der tatbestandsmässigen Handlung abgewendet werden kann. Die Bedrohung der finanziellen Existenz eines Landwirtes wegen Einschränkungen der landwirtschaftlichen Nutzung genügt zur Rechtfertigung eines nach Bst. a–c tatbestandsmässigen Eingriffs freilich nicht, da es nicht um den Schutz eines höherwertigen Rechtsgutes geht und ohnehin die Gefahr nicht unmittelbar ist.

36 Notstand
Etat de nécessité

IV. Versuch und Rücktritt

Der Versuch (Art. 21 und 22 StGB) ist strafbar. Dies ergibt sich aus der Anwendbarkeit der allgemeinen Bestimmungen gemäss Art. 333 Abs. 1 StGB. Selbstverständlich ist die Versuchsstrafbarkeit auf das Vorsatzdelikt beschränkt, da

37

---

[26] VEST/RONZANI, 95; ebenso JENNY/KUNZ, 63 f.; ähnlich ALKALAY, 64 f.

der Versuch das Vorliegen des auf die Tatbestandsverwirklichung gerichteten Willens voraussetzt. Anwendbar ist beim Versuch die Vorschrift über die tätige Reue (Art. 22 Abs. 2 StGB). Hat danach der Täter aus eigenem Antrieb zum Nichteintritt des Erfolges beigetragen oder den Eintritt des Erfolges verhindert, so kann der Richter die Strafe nach freiem Ermessen (Art. 66 StGB) mildern.

V. Sanktion und Verjährung

38
Sanktion
Sanction

Die vorsätzliche Tatbegehung ist mit Gefängnis bis zu einem Jahr oder Busse bis zu 100'000 Franken, die fahrlässige mit Haft oder Busse bedroht.

39
Verjährung
Prescription

Die Verfolgungsverjährung tritt beim Vorsatzdelikt nach fünf (Art. 70 StGB), absolut nach siebeneinhalb (Art. 72 Ziff. 2 Abs. 2 StGB) Jahren, bei fahrlässiger Tatbegehung nach einem (Art. 109 StGB), absolut nach zwei (Art. 72 Ziff. 2 Abs. 2 StGB) Jahren ein.

VI. Würdigung

40
Anwendungstauglichkeit
Aptitude à s'appliquer

Die Ausgestaltung der Tatbestände der Bst. a–c als Erfolgs(-verletzungs)delikte erschwert ihre Anwendbarkeit empfindlich, da die volle Strafbarkeit nach Abs. 1 – und die Fahrlässigkeitsstrafbarkeit gemäss Abs. 2 gänzlich – vom Nachweis der Kausalität zwischen Tathandlung und Erfolg abhängt. Gelingt dieser nicht (was wegen regelmässig komplexer Verursachung häufig der Fall ist) oder ist der tatbestandsmässige Erfolg (weil zu hoch angesetzt) nicht eingetreten, hängt die Strafbarkeit voll und ganz vom Nachweis des Schädigungsvorsatzes ab. Die konkrete Gefährdung vor allem der Schutzobjekte gemäss Bst. a sind damit nicht oder nicht hinreichend erfassbar[27]. Hinzu treten Schwierigkeiten aus dem Erfordernis der schweren Beschädigung, welches erhebliche Auslegungs- und Beweisschwierigkeiten aufwirft. Die besondere Empfindlichkeit vor allem der Schutzgebiete nach Bst. a und b und deren erhöhte Schutzbedürftigkeit würde es rechtfertigen, den Strafrechtsschutz über die (lückenhafte) Ahndung des Vewaltungsungehorsams nach Art. 24a NHG hinaus mit abstrakten oder potentiellen Gefährdungstatbeständen zu ergänzen[28].

---

[27] Vgl. JENNY/KUNZ, 43.
[28] Vgl. beispielsweise § 329 Abs. 3 StGB Deutschland.

Ausserdem erscheint der Sanktionsrahmen für die schwere Schädigung oder gar die Zerstörung eines Schutzgebietes angesichts der Strafdrohungen für die Schaffung schon der Gefahr einer geringfügigen Umweltbeeinträchtigung oder Gewässerverunreinigung im USG resp. GSchG hinsichtlich der Wertrelevanz der Schutzobjekte des NHG als geradezu desavouierend niedrig. Eine Anhebung auf das Niveau der Vergehenstatbestände des USG (Art. 60) und GSchG (Art. 70), welche bei Vorsatz Gefängnis (bis drei Jahre) und bei Fahrlässigkeit Gefängnis bis zu 6 Monaten androhen, wäre dringlich. Die Strafdrohung führt ausserdem mit Blick auf den Tatbestand des internationalen Handels mit Pflanzen (Bst. d) zum unverständlichen Ergebnis, dass je nachdem ob das Tatobjekt eine Pflanze oder ein Tier ist, die Höchststrafdrohung ein oder drei Jahre (Art. 28 TSchG) Gefängnis beträgt.

41
Strafdrohung
Menace de sanction

Art. 24a Übertretungen

Mit Busse bis zu 20'000 Franken wird bestraft, wer:
a. eine Bedingung oder eine Auflage nicht erfüllt, die unter Hinweis auf diese Strafbestimmung an die Gewährung eines Bundesbeitrages geknüpft wurde;
b. gegen eine Ausführungsvorschrift verstösst, die aufgrund der Artikel 16, 18, 18*a*, 18*b*, 18*c*, 19, 20, 23*c*, 23*d* und 25*b* erlassen und deren Übertretung als strafbar erklärt worden ist.
c. unbefugt eine Handlung vornimmt, für die nach den Artikeln 19, 22 Absatz 1 oder 23 eine Bewilligung erforderlich ist.

Art. 24a Contraventions

Sera puni d'une amende jusqu'à 20'000 francs celui qui:
a. Nonobstant le renvoi à la présente disposition pénale, n'aura pas respecté une condition ou une charge à laquelle a été lié l'octroi d'une subvention fédérale;
b. Aura enfreint une disposition d'exécution édictée en vertu des articles 16, 18, 18*a*, 18*b*, 18*c*, 19, 20, 23*c*, 23*d* et 25*b* et dont la violation a été déclarée punissable;
c. Se sera livré sans droit à un acte soumis à une autorisation en vertu des articles 19, 22, 1er alinéa, ou 23.

Inhaltsverzeichnis	Rz
I. Allgemeines	1
A. Funktion	1
B. Bemerkung zur Entstehungsgeschichte	2
II. Tatbestände	3
A. Verletzung von Subventionsbedingungen oder -auflagen (Bst. a)	3
B. Verstoss gegen Ausführungsvorschriften (Bst. b)	9
a. Verstoss gegen vorsorgliche Massnahmen des Bundes aufgrund von Art. 16 NHG	11
b. Verstoss gegen Ausführungsvorschriften des Biotopschutzes aufgrund von Art. 18 Abs. 1, 1bis und 1ter, 18a, 18b und 18c NHG	16
c. Verstoss gegen Ausführungsvorschriften des Moorlandschaftsschutzes aufgrund von Art. 23c, 23d und 25b NHG	21
d. Verstoss gegen Ausführungsvorschriften des Artenschutzes aufgrund von Art. 18 Abs. 1, 19 und 20 NHG	22
e. Strafbarkeitserklärung	30
C. Verletzung von Bewilligungserfordernissen im Bereich des Artenschutzes (Bst. c)	32

III. Versuch und Gehilfenschaft	37
IV. Sanktion	38
V. Würdigung	39

Table des matières N°

I. Généralités	1
A. La fonction	1
B. Remarques sur l'origine de la disposition	2
II. Les états de fait	3
A. Le non respect d'une condition ou d'une charge liée à l'octroi d'une subvention (lit. a)	3
B. Une violation des prescriptions d'exécution (lit. b)	9
a. Une infraction aux mesures conservatoires de la Confédération en vertu de l'art. 16 LPN	11
b. Une infraction aux prescriptions d'exécution protégeant les biotopes en vertu des art. 18 al. 1, 1bis et 1ter, 18a, 18b et 18c LPN	16
c. Une infraction aux prescriptions d'exécution protégeant les sites marécageux en vertu des art. 23c, 23d et 25b LPN	21
d. Une infraction aux prescriptions d'exécution protégeant les espèces en vertu des art. 18 al. 1, 19 et 20 LPN	22
e. Déclaration de punissabilité	30
C. La violation des conditions d'autorisation dans le domaine de la protection des espèces (lit. c)	32
III. La tentative et la complicité	37
IV. La sanction	38
V. L'appréciation	39

I. Allgemeines

A. Funktion

Die Übertretungsstrafvorschriften des Art. 24a NHG umschreiben Tatbestände, denen generell untergeordneter Unrechtsgehalt beigemessen wird. Weit überwiegend geht es um die Pönalisierung reinen Verwaltungsunrechts analog dem Ungehorsam gegen amtliche Verfügungen nach Art. 292 StGB (Bst. a und b mit Ausnahmen). Im Bereich des Artenschutzes finden sich allerdings auch Tatbestände, die nach Massgabe der verwaltungsrechtlich definierten Verbotsmaterie Erfolgs- und konkrete Gefährdungsdelikte darstellen oder als abstrakte Gefährdungsdelikte ausgestaltet sind, die Verhaltensweisen pönalisieren, welche typischerweise eine konkrete Gefahr für ein vom NHG geschütztes Rechts-

1

gut zur Folge haben können[1] (unten Rz 26 f., 33). Die Strafvorschriften dienen in erster Linie der Sicherung des Vollzugs des NHG, weiter aber auch unmittelbar der Sanktionierung von Verboten in Ausführungsverordnungen. Sie stellen funktional Verwaltungsstrafrecht dar. Dem entspricht, dass grundsätzlich zwischen vorsätzlicher und fahrlässiger Begehung nicht unterschieden wird, der Versuch wie auch die Gehilfenschaft straflos bleiben (vgl. unten Rz 35) und lediglich Busse – und keine Haft – angedroht wird (vgl. unten Rz 56).

B. Bemerkung zur Entstehungsgeschichte

2 Die Grundstruktur des Art. 24a NHG findet sich schon in der ersten Fassung des NHG vom 1. Juli 1966 in der damals einzigen Strafvorschrift von Art. 23 NHG. Die heutige Gestalt erhielt er im wesentlichen mit der Revision vom 19. Juni 1987. Die seitherigen Änderungen betrafen im wesentlichen nur noch Einfügungen von zusätzlichen Artikelnummern in Bst. b entsprechend den Ergänzungen des NHG. Eine redaktionelle Änderung ergab sich mit der Revision vom 21. Juni 1996, als in Art. 24a Bst. b NHG die Tathandlung (vgl. unten Rz 10) und das Erfordernis des Strafbarkeitshinweises neu formuliert wurde. In diesem Zusammenhang wurde mit der Revision der NHV vom 18. Dezember 1995 die Strafbarkeitserklärung in Art. 20 Abs. 5 NHV eingefügt und damit eine Lücke in der Sanktionierung von Verboten des Artenschutzes gemäss Art. 24a Bst. b NHG i.V. mit Art. 20 NHG geschlossen (vgl. unten Rz 30).

II. Tatbestände

A. Verletzung von Subventionsbedingungen oder -auflagen (Bst. a)

3
Zweck
But

Die Strafnorm von Art. 24 Bst. a NHG dient als ultima ratio neben den verwaltungsrechtlichen Sicherungsmassnahmen (dazu JENNI, Art. 13, Rz 39 ff.) der Zwecksicherung der vom NHG vorgesehenen Bundessubventionen. Sie soll die behördliche Durchsetzung der damit verbundenen Bedingungen und Auflagen erleichtern. Die Bestimmung stellt eine Konkretisierung des Tatbestandes des Ungehorsams gegen amtliche Verfügungen des Art. 292 StGB dar. Wie dieser ist sie eine Blankettstrafdrohung. Das bedeutet, dass das verbotene oder gebotene Verhalten nicht von der gesetzlichen Strafnorm selbst, sondern durch die jeweilige Verfügung oder Vereinbarung umschrieben wird. Das sanktio-

---

[1] Die konkrete Gefahr ist aber nicht Tatbestandserfordernis und muss – wie der Gefährdungsvorsatz – nicht nachgewiesen werden.

nierte Unrecht ist dabei in der Verletzung des im amtlichen Akt Ge- oder Verbotenen zu sehen und nicht im Ungehorsam als solchem.

Der Anwendungsbereich der Strafdrohung ist beschränkt auf behördliche Akte über die Zusprache von Beiträgen des Bundes, welche aufgrund des NHG gewährt werden; dabei genügt es, wenn sich die Beitragszusprache mindestens teilweise auf das NHG, im übrigen aber auf eine andere Rechtsgrundlage abstützt. Im Vordergrund stehen Beitragsgewährungen nach Art. 13 NHG, welche die Förderung sämtlicher Bereiche des NHG umfasst (vgl. JENNI, Art. 13, Rz 3, 6 ff.); besondere Vorschriften bestehen für Beiträge zum Schutz von Biotopen (Art. 18c und 18d NHG) und Moorlandschaften (Art. 23c NHG). Ausserdem kann die Strafdrohung wegen der offenen Formulierung der Blankettnorm auch in den Bereichen der Bundesbeiträge, die gestützt auf Art. 14 NHG an Organisationen und auf Art. 14a NHG für Forschung, Ausbildung, Öffentlichkeitsarbeit gewährt werden, Anwendung finden.

4
Anwendungsbereich
Champ d'application

Die Anwendung der Vorschrift von Bst. a setzt voraus, dass die Bedingung oder Auflage «unter Hinweis auf diese Strafbestimmung» an die Subventionsgewährung geknüpft wurde. In diesem Erfordernis deckt sich die Vorschrift mit Art. 292 StGB. Der Strafbarkeitshinweis muss in einer Individualverfügung oder in einer Vereinbarung mit dem Adressaten enthalten sein und sich an eine – oder mehrere – natürliche Personen richten. Nicht erforderlich ist, dass die Person namentlich erwähnt ist, es genügt, wenn sie bestimmbar ist[2]. Als Adressat kommen auch die Organe einer juristischen Person in Frage[3]. Die Form der Verfügung oder Vereinbarung und die inhaltlichen Anforderungen richten sich nach den einschlägigen Rechtsnormen (vgl. JENNI, Art. 13, Rz 40 ff.). Erforderlich ist insbesondere, dass die mit der Strafdrohung versehene Verfügung oder Vereinbarung von der zuständigen Behörde erlassen bzw. abgeschlossen und dem Betroffenen selbst eröffnet wurde; eine Bestrafung setzt jedenfalls die Möglichkeit der Kenntnisnahme des Verpflichteten voraus[4]. Zur Befugnis des Strafrichters zur Überprüfung der Rechtmässigkeit der Verfügung oder Vereinbarung vgl. RONZANI, Vorbemerkungen zu den Art. 24–24e, Rz 13.

5
Verfügung oder Vereinbarung
Décision ou accord

In der Verfügung oder Vereinbarung, welche die Bedingung oder Auflage festlegt, muss ausdrücklich auf Art. 24a Bst. a NHG verwiesen werden. In Anlehnung an die Praxis zu Art. 292 StGB ist das Erfordernis streng zu interpretieren. Hier wie dort geht es darum, dass der Betroffene «vor unerwarteter Strafe

6
Strafbarkeitshinweis
Avis de punissabilité

---

[2] BGE 78 IV 239 = JdT 1953 IV 147.
[3] BGE 78 IV 240 = JdT 1953 IV 147.
[4] Vgl. TRECHSEL, Art. 292, Rz 4.

geschützt» werden soll[5]. Es genügt «weder die blosse Erwähnung des Artikels, noch der blosse Hinweis auf die Strafbarkeit (...), noch ein kombinierter Hinweis auf Strafbarkeit und den anwendbaren Artikel»; vielmehr müssen «der betroffenen Person die Strafen vorgehalten werden»[6]. Der Verweis kann z.B. lauten: «Die Nichterfüllung der Auflagen oder Bedingungen wird gemäss Art. 24a Bst. a NHG mit Busse bis zu 20'000 Franken bestraft.» Auf den expliziten Verweis kann nur verzichtet werden, wenn im selben Verfahren bereits zuvor eine solche Drohung erlassen wurde[7]. Dass der Betroffene die Strafdrohung aus einem anderen Verfahren kennen könnte, genügt dagegen nicht[8].

7
Tathandlung
Acte punissable

Der Betroffene macht sich strafbar, wenn er «eine Bedingung oder Auflage nicht erfüllt». Als solche kommen in erster Linie die Bedingungen und Auflagen in Frage, die mit der Gewährung von Beiträgen nach Art. 13 NHG verbunden werden können und in Art. 7 NHV im einzelnen aufgelistet sind (vgl. JENNI, Art. 13, Rz 40 ff.). Art. 24a Bst. a NHG kann allerdings für die Absicherung jeder rechtmässigen, der Zwecksicherung eines Bundesbeitrages nach NHG dienenden Auflage oder Bedingung zur Anwendung gelangen. Die Tathandlung richtet sich nach dem Inhalt der Verfügung oder Vereinbarung; dort muss die Bedingung oder Auflage, welche an die Zusicherung oder Ausrichtung der Bundessubvention geknüpft ist, mit genügender Bestimmtheit umschrieben sein. Für die Tatbestandsverwirklichung genügt bereits, dass eine Bedingung oder Auflage nur teilweise nicht erfüllt wird. Nicht erforderlich ist, dass die Verletzung den Zweck der Beitragsleistung verhindert oder gefährdet. Die strafbare Handlung (oder Unterlassung) erschöpft sich in der Verletzung der Bedingung oder Auflage als solcher.

8
Vorsatz und Fahrlässigkeit
Intention et négligence

Hinsichtlich des subjektiven Tatbestandes gilt grundsätzlich, dass gemäss Art. 333 Abs. 3 StGB sowohl die vorsätzliche als auch die fahrlässige Begehung strafbar ist[9]. Eine stillschweigende Beschränkung auf Vorsatz, was das Bundesgericht im Einzelfall zwar zulässt[10], ist hier nicht begründet, obwohl die analoge Vorschrift von Art. 292 StGB die Fahrlässigkeit nicht unter Strafe stellt[11]. Hinsichtlich des Vorsatzes ist insbesondere das Wissen erforderlich, dass die Verfügung gegenüber dem Betroffenen erlassen resp. die Vereinbarung getroffen wurde. Für Fahrlässigkeit genügt die Möglichkeit der Kenntnisnahme. Die irrige Vorstellung des Betroffenen, die Verfügung oder Vereinba-

---

[5] BGE 105 IV 249 = JdT 1980 IV 139; BGE 68 IV 47 = JdT 1942 I 414.
[6] BGE 68 IV 46 f. = JdT 1942 I 414.
[7] BGE 86 IV 28 = JdT 1960 IV 107.
[8] BGE 105 IV 250 f. = JdT 1980 IV 139.
[9] So schon Botschaft NHG, BBl 1965 III 111; zustimmend WALDMANN, Diss., 358.
[10] Vgl. BGE 103 IV 203 = JdT 1979 IV 11.
[11] Für Beschränkung auf Vorsatz IMHOLZ, Zuständigkeiten, 130.

rung resp. die Bedingung oder Auflage sei nicht rechtmässig, führt nach Art. 19 StGB zur Straflosigkeit, da sich der Vorsatz auf alle Tatbestandselemente beziehen muss[12]. In der Praxis rechnet die oder der Betroffene in aller Regel aber damit, dass Verbindlichkeit vorliegen könnte und hat Eventualvorsatz. Die Verletzung der Bedingung oder Auflage wird dann billigend in Kauf genommen und mit der vollen Vorsatzstrafe geahndet.

B. Verstoss gegen Ausführungsvorschriften (Bst. b)

Art. 24a Bst. b NHG ist eine Sammelblankettnorm. Sie ist Grundlage der Strafbewehrung von Ausführungsvorschriften zu einer Vielzahl von Normen des NHG, die im einzelnen durch Verweis auf ihre Artikelnummer aufgezählt werden. Mit Blick auf das Bestimmtheitsgebot von Art. 1 StGB ist die mit dieser Verweisungstechnik verbundene rudimentäre Umschreibung der Verbotsmaterie nur deshalb nicht zu beanstanden, weil in der konkreten Ausführungsbestimmung nochmals eine ausdrückliche Strafbarkeitserklärung erforderlich ist und keine Freiheitsstrafe, sondern nur Busse angedroht ist.

9
Bestimmtheitsgebot
Exigence de légalité

Die Strafbestimmung soll zum einen die behördliche Durchsetzung der Verbote und Gebote, welche in Ausführung der einzeln genannten Artikel des NHG in Form von Individualverfügungen oder Vereinbarungen mit einem bestimmten Adressaten erlassen werden, erleichtern. Insofern geht es auch hier – wie bei Art. 24a Bst. a NHG – um Konkretisierungen des Tatbestandes des Ungehorsams gegen amtliche Verfügungen nach Art. 292 StGB. Zum andern dient die Bestimmung aber auch der Strafbewehrung von Ge- und Verboten, die sich als Allgemeinverfügungen und generell-abstrakte Normen in Ausführung des NHG an die Allgemeinheit richten. Das kommt nun auch in der seit der Revision vom 21. Juni 1996 neu gefassten Formulierung der Tathandlung deutlicher zum Ausdruck; die zuvor geltende Umschreibung «wer einem Verbot zuwiderhandelt, das aufgrund der Artikel (...) NHG (...) erlassen worden ist» wurde ersetzt durch «wer gegen eine Ausführungsvorschrift verstösst»[13].

10
Zweck
But

a. Verstoss gegen vorsorgliche Massnahmen des Bundes aufgrund von Art. 16 NHG

Der Bund kann gestützt auf Art. 16 NHG zum Schutz von Naturlandschaften, von geschichtlichen Stätten oder Kulturdenkmälern von nationaler Bedeutung

11
Anwendungsbereich
Champ d'application

---

[12] Vgl. STRATENWERTH, BT II, § 52, Rz 10; für Art. 20 StGB TRECHSEL, Art. 292, Rz 9.
[13] Damit ist auch klar, dass die Tat sowohl durch Handlung als auch durch Unterlassen begangen werden kann. Anders allerdings mit Abstützung auf den früheren Gesetzestext WALDMANN, Diss., 358, FN 147.

vorsorgliche Massnahmen erlassen (vgl. FAHRLÄNDER, Art. 16, Rz 4 und 12 ff.). Art. 24a Bst. b NHG erlaubt deren strafrechtliche Absicherung. Die Vorschrift ergänzt damit die Strafbestimmung von Art. 24 Bst. a NHG, die bei einer Zerstörung oder schweren Beschädigung eines der Schutzobjekte (ausschliesslich) zur Anwendung gelangt. Für die Strafbarkeit nach Art. 24a Bst. b NHG ist weder eine Beeinträchtigung noch eine (konkrete oder abstrakte) Gefährdung eines der Schutzobjekte erforderlich. Die Vorschrift pönalisiert analog Art. 292 StGB ausschliesslich Verwaltungsungehorsam.

12
Tathandlung
Acte punissable

Die Tathandlung ergibt sich aus dem im konkreten behördlichen Akt umschriebenen ge- oder verbotenen Verhalten. Der Akt muss eine mit Blick auf das Bestimmtheitsgebot genügend klare Handlungsanweisung enthalten, sodass der Adressat ohne weiteres erkennen kann, was ge- oder verboten ist. Erfasst wird Tatbegehung durch aktives Handeln wie auch durch Unterlassen[14].

13
Verfügung des EDI
Décision du DFI

Die strafbewehrte Ausführungsvorschrift kann in Form einer Individualverfügung (oder eines Vertrags) ergehen. Sie muss vom EDI als zuständiger Behörde und aufgrund von Art. 16 NHG erlassen worden sein. Vorsorgliche Schutzmassnahmen, welche auf anderer Grundlage, z.B. des Raumplanungsrechts (Art. 27 RPG), oder von einer anderen, insbesondere einer kantonalen Behörde angeordnet werden, fallen nicht in den Anwendungsbereich der Strafvorschrift. Die Verfügung oder der Nutzungsplan muss sich an eine oder mehrere, bestimmbare natürliche Personen richten; es kommen auch Organe von juristischen Personen und Körperschaften in Frage (vgl. oben Rz 5). Die Strafbarkeit setzt voraus, dass der Verpflichtete von der Anordnung Kenntnis genommen hat. Dies ist besonders auch bei Erlass von vorsorglichen Massnahmen in einem Nutzungsplan zu beachten. Neben den allgemeinen Form- und Verfahrenserfordernissen bestimmt sich die Rechtmässigkeit inhaltlich nach den materiellen Zulässigkeitsvoraussetzungen gemäss Art. 16 NHG, insbesondere hinsichtlich des Schutzobjekts, der Subsidiarität, dem Vorliegen einer unmittelbaren Gefahr und der Befristung der Massnahme sowie ihrer Verhältnismässigkeit (vgl. FAHRLÄNDER, Art. 16, Rz 4 ff., mit Hinweisen). Zur Überprüfungsbefugnis des Strafrichters s. RONZANI, Vorbemerkungen zu den Art. 24–24e, Rz 13.

14 Zum Erfordernis der Strafbarkeitserklärung bzw. des Strafbarkeitshinweises s. unten Rz 30.

15
Vorsatz und Fahrlässigkeit
Intention et négligence

Zum subjektiven Tatbestand, der Strafbarkeit vorsätzlicher und fahrlässiger Tatbegehung sowie der Behandlung von Irrtumsfällen s. oben Rz 8.

---

[14] Vgl. oben FN 13.

b. **Verstoss gegen Ausführungsvorschriften des Biotopschutzes aufgrund von Art. 18 Abs. 1, 1bis und 1ter, 18a, 18b und 18c NHG**

Art. 24a Bst. b NHG ermöglicht die Strafbewehrung aller dem Biotopschutz einschliesslich des Moorschutzes dienenden Ausführungsvorschriften zum NHG. Darunter fallen vorab sämtliche Erlasse und Anordnungen des eidgenössischen, kantonalen und kommunalen Rechts, die im Rahmen des allgemeinen Schutzauftrages von Art. 18 Abs. 1 NHG der «Erhaltung genügend grosser Lebensräume (Biotope)» dienen – unter Einschluss von «anderen Massnahmen» im Sinne von Art. 18 Abs. 1 NHG (dazu FAHRLÄNDER, Art. 18, Rz 11). Weiter gehören dazu alle Ausführungsbestimmungen, die den Schutz und Unterhalt von Biotopen von nationaler (vgl. FAHRLÄNDER, Art. 18a, Rz 7 ff.), regionaler und lokaler Bedeutung (vgl. MAURER, Art. 18b, Rz 11 und 22) nach den Art. 18a und 18b NHG und den ökologischen Ausgleich gemäss Art. 18b Abs. 2 NHG und Art. 15 NHV (MAURER, Art. 18b, Rz 31 ff.) regeln. Miterfasst werden Ausführungsvorschriften zum Schutz der Moore von besonderer Schönheit und nationaler Bedeutung, da sie dem allgemeinen Biotopschutz gemäss Art. 18 Abs. 1 NHG dienen (vgl. KELLER, Vorbemerkungen zu den Art. 23a–23d, Rz 5) und gemäss Art. 23a NHG ihr Schutz und Unterhalt nach den für Biotope von nationaler Bedeutung geltenden Regeln (Art. 18a und 18c NHG) erfolgen soll (vgl. KELLER, Art. 23a, Rz 1)[15]. Im einzelnen umfasst der Anwendungsbereich der Strafbestimmung zunächst Ausführungsvorschriften zum allgemeinen Biotopschutz nach Art. 18 Abs. 1bis und 1ter NHG (FAHRLÄNDER, Art. 18, Rz 13 ff.). Insbesondere kann die Strafbestimmung zur Absicherung von Schutz- und Unterhaltsmassnahmen, wie sie beispielsweise in Art. 14 Abs. 2 und 5 NHV aufgeführt sind, und von (Ersatz-)Massnahmen im Sinne von Art. 18 Abs. 1ter NHG angewandt werden. In Frage kommt die Strafbewehrung z.B. von Eingriffs- oder Veränderungsverboten, Nutzungseinschränkungen, Bedingungen oder Auflagen in Bau- oder anderen Bewilligungen oder Konzessionen, Wiederherstellungsverfügungen oder Anordnungen einer Ersatzleistung (vgl. FAHRLÄNDER, Art. 18, Rz 31 ff.). Genauso können weiter Schutz- und Unterhaltsmassnahmen der Strafdrohung unterstellt werden, wenn sie sich auf Art. 18a Abs. 2 (Biotope von nationaler Bedeutung) oder Art. 18b Abs. 1 NHG (Biotope von regionaler und lokaler Bedeutung) und Art. 14 NHV, Art. 5 HMV, FMV und AuenV abstützen. Dabei spielt es keine Rolle, ob sie nach Art. 18c NHG in

16 Anwendungsbereich
Champ d'application

---

[15] Zu beachten ist, dass aufgrund von Art. 24sexies Abs. 5 BV in Mooren von besonderer Schönheit und von nationaler Bedeutung ein absolutes Veränderungsverbot besteht (vgl. KELLER, Vorbemerkungen zu den Art. 23a–23d, Rz 7 mit Hinweisen). Mangels Strafbarkeitserklärung sind Verstösse gegen dieses Veränderungsverbot aber nicht strafrechtlich sanktionierbar, wenn und soweit sie nicht eine schwere Beschädigung des Moors darstellen und den Tatbestand von Art. 24 Abs. 1 Bst. a NHG erfüllen.

verwaltungsrechtlichen Verträgen mit den Grundeigentümern oder Bewirtschaftern festgelegt (vgl. MAURER, Art. 18c, Rz 8 ff.) oder von kantonalen oder kommunalen Vollzugsbehörden oder ersatzweise vom EDI in Einzelverfügungen angeordnet werden.

17
Verfügung usw.
Décision etc.

Hinsichtlich der formellen und materiellen Anforderungen an den einzelnen Ausführungserlass, die Einzelverfügung oder den verwaltungsrechtlichen Vertrag sind die einschlägigen Regeln und Normen massgeblich. Zur Überprüfungsbefugnis des Strafrichters vgl. RONZANI, Vorbemerkungen zu den Art. 24–24e, Rz 13. Die Strafbarkeit[16] setzt auch hier voraus, dass sich die Verpflichtung an eine oder mehrere bestimmbare natürliche Personen, die auch Organe juristischer Personen oder Körperschaften sein können, richtet, dass das ge- oder verbotene Verhalten in der Anordnung hinreichend präzis umschrieben ist und der Betroffene, sofern die Verpflichtung in einer Einzelverfügung oder einem verwaltungsrechtlichen Vertrag festgelegt ist, davon Kenntnis genommen hat.

18
Tathandlung
Acte punissable

Tathandlung ist der Verstoss gegen das in der konkreten Ausführungsvorschrift enthaltene Ge- oder Verbot; erfasst wird auch die Tatbegehung durch Unterlassen[17]. Wird durch die Tathandlung gleichzeitig auch ein nach dem NHG geschütztes Biotop zerstört oder schwer beschädigt, so kommt ausschliesslich eine Bestrafung nach Art. 24 Abs. 1 Bst. a NHG in Frage. Erreicht die Biotopschädigung die nach Art. 24 Abs. 1 Bst. a NHG erforderliche Erfolgsintensität nicht und liegt auch kein Verstoss gegen eine Ausführungsvorschrift im Sinne von Art. 24a Bst. b NHG vor, bleibt die Handlung straflos. Diese «Strafbarkeitslücke» kann nicht durch kantonales Übertretungsstrafrecht geschlossen werden, da nach neuerer Praxis des Bundesgerichts kantonales Übertretungsstrafrecht nur dann Platz greift, «si le code pénal – ou le droit pénal fédéral – laisse de côté tout un domaine du droit pénal, ou s'il ne sanctionne que certains comportements, abandonnant à chaque canton la liberté de réprimer ou de laisser impuni tel ou tel acte, pour tenir compte des différences régionales»[18], was im Bereich des Biotopschutzes zweifellos nicht der Fall ist.

19

Zum Erfordernis der Strafbarkeitserklärung bzw. des Strafbarkeitshinweises s. unten Rz 30.

20
Vorsatz und Fahrlässigkeit
Intention et négligence

Zum subjektiven Tatbestand, der Strafbarkeit vorsätzlicher und fahrlässiger Tatbegehung sowie zur Behandlung von Irrtumsfällen vgl. oben Rz 8.

---

[16] Vgl. zum folgenden oben Rz 5 mit Hinweisen.
[17] Vgl. oben FN 15.
[18] BGE 116 IV 21 = Pra 1992, 158.

c. **Verstoss gegen Ausführungsvorschriften des Moorlandschaftsschutzes aufgrund von Art. 23c, 23d und 25b NHG**

Schutz und Unterhalt der Moorlandschaften von besonderer Schönheit und nationaler Bedeutung sollen gemäss Art. 23c Abs. 2 NHG von den Kantonen – und ausnahmsweise vom Bund (Art. 9 Abs. 2 MLV) – durch zweckmässige Massnahmen erfolgen (vgl. KELLER, Art. 23c, Rz 10). Neben der langfristigen Sicherung durch Instrumente der Raumplanung sollen diese auch in Vereinbarungen mit den Grundeigentümern und Bewirtschaftern analog Art. 18c NHG, auf den Art. 23c Abs. 2 NHG ausdrücklich verweist, festgelegt werden. Nicht ausgeschlossen ist, dass die Massnahmen in Form von Einzelverfügungen erlassen werden. Unabhängig von der Form fallen Anordnungen solcher Massnahmen in den Anwendungsbereich der Strafbestimmung von Art. 24a Bst. b NHG; im einzelnen und bezüglich der Voraussetzungen der Strafbarkeit kann daher auf die Ausführungen zum Biotopschutz, oben Rz 17 ff. verwiesen werden. Dies gilt im übrigen auch für Erlasse oder Anordnungen in Ausführung der Vorschriften über die Gestaltung und Nutzung der Moorlandschaften nach Art. 23d NHG (vgl. KELLER, Art. 23d, Rz 8 ff.) und betreffend die Wiederherstellung von Mooren und Moorlandschaften gemäss Art. 25b NHG (vgl. KELLER, Art. 25b, Rz 5 ff. und 20 ff.), welche alle ebenfalls der Strafdrohung unterstellt werden können.

21
Anwendungsbereich
Champ d'application

d. **Verstoss gegen Ausführungsvorschriften des Artenschutzes aufgrund von Art. 18 Abs. 1, 19 und 20 NHG**

Regelungen des Artenschutzes haben ihre Grundlage zunächst in der Programmnorm von Art. 18 Abs. 1 NHG, welche den Bund und die Kantone zu einer ökologisch-naturräumlichen Ressourcensicherung (auch) im Dienst der Artenerhaltung verpflichtet (ROHRER, 1. Kap., Rz 17; FAHRLÄNDER, Art. 18, Rz 8). Soweit Ausführungsvorschriften des Artenschutzes direkt auf diese Norm abgestützt werden, können sie mit der Strafdrohung versehen werden. Der Anwendungsbereich der Strafbestimmung im Artenschutz nach Art. 24a Bst. b NHG betrifft aber in erster Linie Ausführungsvorschriften zu Ge- und Verbotsbestimmungen des Art. 20 NHG und in kantonalen Bewilligungen nach Art. 19 Satz 2 und 20 NHG.

22
Anwendungsbereich
Champ d'application

Art. 19 NHG enthält ein Verbot mit Bewilligungsvorbehalt für das Sammeln wildwachsender Pflanzen und freilebender Tiere zu Erwerbszwecken. Zum Schutzobjekt vgl. unten Rz 34. Der Verstoss gegen das Verbot ist, sofern eine Bewilligung fehlt, nach Art. 24a Bst. c NHG strafbar (s. unten Rz 34). Eine Strafbarkeit nach Art. 24a Bst. b NHG ist allerdings für Verstösse gegen Ausführungsvorschriften aufgrund von Art. 19 Satz 2 NHG möglich; dieser sieht

23
Art. 19 NHG
Art. 19 LPN

vor, dass die zuständige kantonale Behörde «die Bewilligung (...) beschränken und das organisierte Sammeln oder Fangen sowie die Werbung dafür verbieten» kann. Als strafbare Handlung kommen somit der Verstoss gegen ein solches Verbot oder gegen bestimmte Beschränkungen, Auflagen oder Bedingungen, welche in der konkreten Bewilligungsverfügung umschrieben werden, in Frage. Voraussetzung der Strafbarkeit ist allerdings eine explizite Strafbarkeitserklärung im Verbotserlass oder der Bewilligung (dazu unten Rz 30).

24
Art. 20 NHG
Art. 20 LPN

Art. 20 NHG enthält die Grundlage für Verbote (ohne Möglichkeit der Sammel- oder Fangbewilligung nach Art. 19 NHG) zum Schutz seltener Pflanzen und bedrohter oder sonst schützenswerter Tiere. Darauf gestützte Ausführungsvorschriften des Bundes (Abs. 1) oder der Kantone (Abs. 2) fallen ebenfalls in den Anwendungsbereich der Strafbestimmung.

25
Art. 20 Abs. 1 NHG
Art. 20 al. 1 LPN

Der Bundesrat hat aufgrund von Art. 20 Abs. 1 NHG Listen der geschützen Pflanzen und Tiere in den Anhängen 2 bis 4 zur NHV einerseits und differenzierte Verbotsvorschriften in Art. 20 NHV andererseits erlassen. Durch die mit der Revision vom 18. Dezember 1995 in Art. 20 Abs. 5 NHV aufgenommene Strafbarkeitserklärung ist der Verstoss gegen diese Verbotsvorschriften audrücklich der Strafbarkeit nach Art. 24a NHG unterstellt. Als Übertretung strafbar sind demnach Verstösse gegen folgende Verbote in Art. 20 NHV:

Art. 20 Artenschutz

26
Art. 20 NHV
Art. 20 OPN

¹ Das unberechtigte Pflücken, Ausgraben, Ausreissen, Wegführen, Anbieten, Verkaufen, Kaufen oder Vernichten, insbesondere durch technische Eingriffe, von wildlebenden Pflanzen der im Anhang 2 aufgeführten Arten ist untersagt.

² Zusätzlich zu den im Bundesgesetz vom 20. Juni 1986 über die Jagd und den Schutz wildlebender Säugetiere und Vögel genannten gelten die wildlebenden Tiere der im Anhang 3 aufgeführten Arten als geschützt. Es ist untersagt, Tiere dieser Arten

a. zu töten, zu verletzen oder zu fangen, sowie ihre Eier, Larven, Puppen, Nester oder Brutstätten zu beschädigen, zu zerstören oder wegzunehmen;

b. lebend oder tot, einschliesslich der Eier, Larven, Puppen oder Nester, mitzuführen, zu versenden, anzubieten, auszuführen, andern zu überlassen, zu erwerben, in Gewahrsam zu nehmen oder bei solchen Handlungen mitzuwirken.

Art. 20 Protection des espèces

¹ Sauf autorisation, il est interdit de cueillir, déterrer, arracher, emmener, mettre en vente, vendre, acheter ou détruire, notamment par des atteintes d'ordre technique, les plantes sauvages des espèces désignées dans l'annexe 2.

² En plus des animaux protégés figurant dans la loi du 20 juin 1986 sur la chasse, les espèces désignées dans l'annexe 3 sont considérées comme protégées. Il est interdit:

a. De tuer, blesser ou capturer les animaux de ces espèces ainsi que d'endommager, détruire ou enlever leurs oeufs, larves, pupes, nids ou lieux d'incubation;

b. De les emporter, envoyer, mettre en vente, exporter, remettre à d'autres personnes, acquérir ou prendre sous sa garde, morts ou vivants, y compris leurs oeufs, larves, pupes et nids, ou d'apporter son concours à de tels actes.

Art. 20 Abs. 1 NHV dient dem Pflanzenschutz. *Schutzobjekt* sind einzig Pflanzen der in Anhang 2 zur NHV aufgeführten Arten, soweit sie auf dem Territorium der Schweiz wachsen[19]. Schutzziel ist die Erhaltung der Pflanzen in ihrer angestammten, natürlichen Umgebung (vgl. dazu und zum folgenden FAVRE, Art. 20, Rz 18 mit Hinweisen). Die Vorschrift umschreibt zunächst *Tathandlungen*, die als Erfolg eine Zerstörung («Vernichten»), Beschädigung oder konkrete Gefährdung («Pflücken», «Ausgraben», «Ausreissen» oder «Wegführen») des Fortbestandes der betroffenen Pflanze formulieren. Der Tatbestand ist daher bereits erfüllt, wenn – ohne dass die betroffene Pflanze beschädigt wird – nur die Früchte oder Samen (frühzeitig) entfernt werden oder die Tathandlung zum Zweck der Wiederansiedelung an einem anderen Ort geschieht, weil der Schutz der Pflanze an ihrem angestammten Standort gilt. Die Modalitäten der Tathandlung spielen keine Rolle: Erfasst werden ausdrücklich auch die Erfolgsverursachungen durch «technische Eingriffe» wie beispielsweise das Abbrennen und Überschütten der Vegetationsschicht oder andere Eingriffe zur Bodenmelioration. Der Tatbestand kann auch durch Unterlassen erfüllt werden, vorausgesetzt die Bedingungen der Strafbarkeit des unechten Unterlassungsdeliktes sind erfüllt. Neben diesen erfolgsorientierten Tathandlungen greift der Schutz auch schon in deren Vorfeld bei abstrakter Gefährdung der Pflanzenarten durch ihren Handel; ausdrücklich verboten und strafbar ist das «Anbieten, Verkaufen und Kaufen». Nicht tatbestandsmässig sind erfolgsverursachende Handlungen, die als *sozialadäquat*[20] gelten oder dem *erlaubten Risiko*[21] zuzurechnen sind wie insbesondere Gefährdungshandlungen im Rahmen von land- und forstwirtschaftlichen Nutzungen, soweit sie nach den allgemein anerkannten Regeln und unter Anwendung der erforderlichen Sorgfalt ausgeführt werden (z.B. Mähschnitt ohne Beschädigung der Wurzeln, Weidung des Viehs, regelgerechter Einsatz von Herbiziden[22]). Ebenfalls unter diesen Gesichtspunkten entfällt die Tatbestandsmässigkeit der Schädigung oder konkreten Gefährdung geschützter Pflanzen bei der üblichen Ausübung von Freizeitbeschäftigungen und Sportarten (z.B. Skifahren, Wandern, Biken etc.). Weitere Grenzen der Strafbarkeit ergeben sich aufgrund von Wert- und Interessenabwägungen, welche zur *Rechtfertigung* oder zumindest *Entschuldigung* an sich tatbestandsmässiger Hand-

27
Pflanzenschutz
Protection de la flore

---

[19] Zum strafrechtlichen Schutz von Pflanzen, die nicht auf schweizerischem Territorium wachsen oder gewachsen sind, vgl. Art. 24 Bst. d NHG betreffend internationaler Handel mit geschützten Pflanzen (RONZANI, Art. 24, Rz 23 ff.).
[20] RONZANI, 104.
[21] Dazu RONZANI, 106 ff.
[22] Vgl. auch Anhang 4 der Stoffverordnung vom 9. Juni 1986 (SR 814.013).

lungen führen können. Zu denken ist etwa an unvermeidbare Schädigungen und Gefährdungen im Rahmen sportlicher Veranstaltungen oder militärischer Geländenutzungen. Zu berücksichtigen sind schliesslich *Ausnahmebewilligungen* nach Art. 22 NHG und Art. 20 Abs. 3 NHV, bei deren Vorliegen eine Strafbarkeit mangels Rechtswidrigkeit ausgeschlossen ist (vgl. RONZANI, Art. 24, Rz 33 f.). Strafbar ist gemäss Art. 333 Abs. 3 StGB grundsätzlich sowohl die *vorsätzliche* wie auch die *fahrlässige* Tatbegehung. Aus dem Sinn der Vorschrift wird aber abgeleitet, dass die unbewusste Fahrlässigkeit nicht erfasst werden soll[23] (vgl. auch FAVRE, Art. 20, Rz 18), was nicht zutreffend ist. Handelt der Täter in der irrigen Annahme, die betroffene Pflanze sei nicht geschützt, unterliegt er einem vorsatzausschliessenden Tatbetandsirrtum gemäss Art. 19 StGB, da der Vorsatz sämtliche Tatbestandsmerkmale umfassen muss. Es kommt dann allenfalls nur eine Bestrafung wegen Fahrlässigkeit in Frage. Soweit durch die Handlung gleichzeitig ein Biotop zerstört oder schwer beschädigt wird, kommt auch Art. 24 Bst. a NHG zur Anwendung; es liegt *Idealkonkurrenz* vor, da Art. 24 Bst. a NHG und Art. 20 NHV i.V. mit Art. 20 und 24a Bst. b NHG dem Schutz unterschiedlicher Rechtsgüter dienen.

| 28 Schutz bedrohter Tierarten Protection des espèces animales menacées | Art. 20 Abs. 2 NHV dient dem Schutz bedrohter Tierarten (vgl. zum folgenden FAVRE, Art. 20, Rz 19 mit Hinweisen). *Schutzobjekt* sind die in Anhang 3 zur NHV aufgelisteten sowie die nach Art. 2 und 7 JSG (vgl. FAVRE, Art. 20, Rz 10) geschützten Arten auf dem Territorium der Schweiz. Schutzziel ist analog dem Pflanzenschutz gemäss Abs. 1 die Erhaltung der Individuen (und ihrer Gesundheit) in ihrer angestammten, natürlichen Umgebung. Tatobjekt sind die Tiere in all ihren Entwicklungsstadien (einschliesslich der «Eier, Larven, Puppen») und zusätzlich auch ihre Entwicklungsräume («Nester und Brutstätten»). Der Strafrechtsschutz erstreckt sich von der Zerstörung über die Verletzung und konkrete Gefährdung bis hin zu abstrakten Gefährdungen der Schutzobjekte. Tatbestandsmässig ist nach *Bst. a* jede Handlung, welche als *Erfolg* den Tod oder eine Gesundheitsschädigung des Tieres oder dessen Entfernung (auch lebend) aus der angestammten Umgebung oder eine Beeinträchtigungen der Entwicklung und Entwicklungsräume der Tiere (durch Zerstörung, Beschädigung oder Wegnahme der «Eier (...) und Brutstätten») bewirkt. Auch Erfolgsverursachung durch pflichtwidrige Unterlassung erfüllt den Tatbestand. *Bst. b* verbietet als *schlichte Tätigkeitsdelikte* ergänzend praktisch alle Handlungen, durch die jemand in irgendeiner Weise mit den Schutzobjekten in Berührung gelangt. Ein *Ausschluss der Tatbestandsmässigkeit oder Rechtswidrigkeit* kann sich hier wie beim Pflanzenschutz unter den Aspekten der Sozialadäquanz, des erlaubten Risikos oder der Rechtfertigung oder Entschuldigung aufgrund von |

---

[23] IMHOLZ, Zuständigkeiten, 130; GFELLER, 75 f.

Wert- und Interessenabwägungen ergeben. Weiter sind rechtswidrigkeitsausschliessende Ausnahmebewilligungen nach Art. 22 Abs. 1 NHG und Art. 20 Abs. 3 NHV zu berücksichtigen (vgl. oben Rz 27). Hinsichtlich der *subjektiven Seite* gilt wie bei Abs. 1, dass Vorsatz und Fahrlässigkeit grundsätzlich gleichermassen strafbar sind (Art. 333 Abs. 3 StGB), mit der Einschränkung, dass zum Teil mindestens bewusste Fahrlässigkeit verlangt wird (vgl. FAVRE, Art. 20, Rz 29, mit Hinweisen); mit Bezug auf Abs. 2 Bst. b kommt der Sache nach ohnehin bloss vorsätzliche Begehung in Frage. Handelt der Täter in der irrigen Annahme, das Tatobjekt sei nicht geschützt, unterliegt er einem vorsatzauschliessenden Tatbetandsirrtum gemäss Art. 19 StGB, da der Vorsatz sämtliche Tatbestandsmerkmale umfassen muss. Es kommt dann allenfalls nur eine Bestrafung wegen Fahrlässigkeit in Frage.

Der strafrechtliche Schutz weiterer, aufgrund Art. 20 Abs. 2 NHG durch kantonales Recht geschützter Pflanzen- und Tierarten wie auch derjenige der in Anhang 4 zur NHV aufgeführten Tierarten, muss durch kantonale Strafbestimmungen sichergestellt werden.

29
Kantonale Strafbestimmungen
Dispositions pénales cantonales

e. Strafbarkeitserklärung

Die Strafbarkeit nach Art. 24a Bst. b NHG setzt immer voraus, dass die «Übertretung (der Ausführungsvorschrift) als strafbar erklärt worden ist». Die Strafbarkeitserklärung muss im Erlass enthalten sein, der das strafbewehrte Ge- oder Verbot als Ausführungsvorschrift umschreibt. Bei *vorsorglichen Massnahmen* aufgrund von Art. 16 (oben Rz 13) muss die Strafbarkeit in der vom EDI erlassenen Individualverfügung oder im Nutzungsplan, der die Anordnung enthält, explizit erklärt werden. Hinsichtlich Ausführungsvorschriften zum *Biotopschutz einschliesslich Moorschutz* (oben Rz 17) und *Moorlandschaftsschutz* (oben Rz 21) ist die Strafbarkeitserklärung in die Vereinbarung mit dem Grundeigentümer oder Bewirtschafter oder gegebenenfalls in die Verfügung oder den Raumplan aufzunehmen. Bei strafbewehrten Ausführungsvorschriften des *Artenschutzes* ist zu unterscheiden: Liegt eine aufgrund von Art. 19 NHG erteilte Bewilligung vor, so muss die Strafbarkeitserklärung hinsichtlich Einschränkungen, Bedingungen oder Auflagen in die Bewilligungsverfügung aufgenommen werden. Mit Blick auf die Ausführungsvorschriften, die in Art 20 NHV aufgrund von Art. 20 NHG erlassen wurden, enthält Art. 20 Abs. 5 NHV die Strafbarkeitserklärung. Für die Strafbewehrung von Anordnungen, die im Rahmen einer Ausnahmebewilligung nach Art. 20 Abs. 3 NHV erlassen werden, muss die Strafbarkeitserklärung in diese Bewilligung aufgenommen werden.

30
Strafbarkeitshinweis
Avis de punissabilité

Die Strafbarkeitserklärung in Verfügungen oder Vereinbarungen und – mutatis mutandis auch in Raumplänen – unterscheidet sich ihrer Funktion nach in nichts

31
Anforderungen
Exigences

vom Erfordernis des Strafbarkeitshinweises gemäss Art. 292 StGB. Es sind daher dieselben strengen Anforderungen an sie zu stellen (s. oben Rz 6). Die Erklärung kann beispielsweise lauten: «Verstösse gegen diese Verfügung (oder gegen diesen Nutzungsplan)...» bzw. «Die Verletzung von Verpflichtungen gemäss dieser Vereinbarung werden gemäss Art. 24a Bst. b NHG mit Busse bis zu 20'000 Franken bestraft.»

C. Verletzung von Bewilligungserfordernissen im Bereich des Artenschutzes (Bst. c)

32
Zweck Bst

Die Strafbestimmung des Art. 24a Bst. c NHG vervollständigt den Strafrechtsschutz im Bereich des Artenschutzes, indem sie die Strafbarkeit unbefugter Begehung derjenigen Handlungen vorsieht, für die das NHG eine Bewilligungspflicht statuiert.

33
Art. 22 Abs. 1 NHG
Art. 22 al. 1 LPN

Die Regelungen des Artenschutzes in Art 19 Satz 1 NHG und 20 Abs. 1 und 2 NHV in Verbindung mit Art. 20 Abs. 1 NHG verbieten bestimmte Handlungen zum Schutz wildwachsender und geschützter Pflanzen einerseits und freilebender und bedrohter Tierarten andererseits. Hinsichtlich der (nach den Anhängen 2 und 3 NHV) geschützten Pflanzen- und Tierarten sind umfassend alle verbotenen Handlungen gemäss Strafbarkeitserklärung in Art. 20 Abs. 5 NHV nach Art. 24a Bst. b NHG strafbar. Dies gilt auch für alle Tathandlungen, wenn sie zu den in *Art. 22 Abs. 1 NHG* umschriebenen Zwecken begangen werden und keine hiefür vorgesehene Bewilligung vorliegt, da die Strafbarkeit des Verstosses gegen die Verbote des Art. 20 Abs. 1 und 2 NHV ganz unabhängig von den damit verfolgten Zielen oder Zwecken besteht. Die Einreihung der nach Art. 22 Abs. 1 NHG bewilligungsfähigen Handlungen in die Strafbestimmung von Art. 24a Bst. c NHG ist daher überflüssig und könnte ersatzlos und ohne Konsequenzen gestrichen werden.

34
Art. 19 NHG
Art. 19 LPN

Mit Bezug auf einheimische, wildwachsende Pflanzen und freilebende Tiere enthält Art. 19 Satz 1 NHG für das Sammeln bzw. Fangen zu Erwerbszwecken ein Verbot mit Bewilligungsvorbehalt. Wenn und soweit eine rechtswirksame Bewilligung vorliegt, ist die Strafbarkeit mangels verbotenem Verhalten ausgeschlossen. Die Verletzung der Bewilligung selbst ist – unter Vorbehalt der Strafbarkeitserklärung – nach Art. 24a Bst. b NHG strafbar (vgl. oben Rz 23). Liegt überhaupt keine Bewilligung für die Vornahme der in Art. 19 Satz 1 NHG umschriebene Handlung vor, so greift die Strafbestimmung des Art. 24a Bst. c NHG. *Schutz- bzw. Tatobjekt* dieser Bestimmung sind die einheimischen – und die nach Art. 23 NHG angesiedelten – wildwachsenden Pflanzen unter Einschluss ihrer Früchte und Samen und die freilebenden Tiere (dazu und zum folgenden FAVRE, Art. 19, Rz 4 und 6 mit Hinweisen). Wildwachsend sind alle Pflanzen, die unabhängig vom Standort natürlich wachsen und nicht vom Menschen gepflanzt, gezüchtet oder verändert sind; Kulturpflanzen werden entsprechend nicht erfasst und können gegebenenfalls Gegenstand von Aneignungs- (z.B. unrechtmässige Aneignung, Art. 137 StGB, oder Diebstahl, Art. 139

StGB) und Eigentumsdelikten (z.B. Sachbeschädigung, Art. 144 StGB) sein. Mit Blick auf die freilebenden Tiere (zum folgenden FAVRE, Art. 19, Rz 8) ist der Schutz umfassender als derjenige des TSchG; geschützt sind alle Tierarten, neben den Wirbeltieren auch alle wirbellosen, somit auch die Insekten und Mollusken. Als freilebend gelten Tiere, wenn sie herrenlos im Sinne von Art. 718 ZGB sind; nicht erfasst werden dementsprechend die Nutztiere; gegebenenfalls kommen auch hier nur Aneignungs- oder Eigentumsdelikte in Betracht. *Tathandlung* ist das «Sammeln» bzw. «Fangen» (vgl. FAVRE, Art. 19, Rz 7 und 9) zu Erwerbszwecken. Erwerbszweck meint, dass die Handlungen mit einer gewissen Häufigkeit und zeitlichen Regelmässigkeit und in der Absicht begangen werden, ein Einkommen zur Bestreitung mindestens eines Teiles des Lebensunterhaltes zu erzielen (vgl. FAVRE, Art. 19, Rz 5)[24]. Voraussetzung der Strafbarkeit im Sinne eines rechtswidrigkeitsbegründenden Merkmals des Tatbestands ist, dass der Täter die Handlung *unbefugt* vornimmt. Dies ist dann erfüllt, wenn keine rechtswirksame Bewilligung vorliegt, sei es, weil der Täter keine eingeholt oder die Bewilligung rechtsmissbräuchlich erwirkt hat oder sie von einer nicht zuständigen Behörde erteilt wurde. Strafbar ist gemäss Art. 333 Abs. 3 StGB vorsätzliche und fahrlässige Begehung. Die irrige Vorstellung über das Vorliegen einer Bewilligung stellt einen Verbotsirrtum gemäss Art. 20 StGB dar und hindert bei Vermeidbarkeit des Irrtums die Bestrafung nicht.

Die Strafbestimmung von Bst. c enthält weiter die strafrechtliche Absicherung des in *Art. 23 NHG* enthaltenen Verbots mit Bewilligungsvorbehalt für die *Ansiedlung nicht einheimischer und standortfremder Pflanzen und Tiere* (vgl. im einzelnen FAVRE, Art. 23, Rz 5 ff.). Vom Verbot nicht erfasst sind Gehege, Gärten, insbesondere zoologische Gärten, Parkanlagen sowie land- und forstwirtschaftliche Betriebe. Tathandlung ist die unbefugte Begehung der umschriebenen Handlung, was dann der Fall ist, wenn eine rechtswirksame, die konkrete Tätigkeit in all ihren Teilen umfassende Bewilligung fehlt. Auch hier gilt, dass nach Art. 333 Abs. 3 StGB der Tatbestand subjektiv sowohl vorsätzlich als auch fahrlässig erfüllt werden kann.

35
Art. 23 NHG
Art. 23 LPN

Eine Strafbarkeitserklärung im Ausführungserlass, der die Blankettnorm ausfüllt, ist hier nicht verlangt.

36
Kein Strafbarkeitshinweis
Aucun avis de punissabilité

---

[24] Vgl. auch die Rechtsprechung des Bundesgerichts zum Merkmal der «Gewerbsmässigkeit» bei Vermögensdelikten (BGE 116 IV 322 = JdT 1992 IV 81; BGE 116 IV 336 = JdT 1992 IV 169).

III. Versuch und Gehilfenschaft

37 Für alle Tatbestände des Art. 24a NHG gilt, dass in Anwendung von Art. 104 StGB der Versuch und die Gehilfenschaft mangels ausdrücklicher Strafbarkeitserklärung nicht strafbar ist. Eine Ausnahme bildet die Mitwirkung an einer verbotenen Handlung gemäss Art. 20 Abs. 2 Bst. b NHV, welche ausdrücklich strafbar ist.

IV. Sanktion

38
Busse
Amende
Die für die Erfüllung eines Tatbestandes von Art. 24a NHG angedrohte Strafe beträgt 20'000 Franken Busse. Der Höchstbetrag der Busse liegt damit erheblich über dem Regelstrafrahmen für Übertretungen von 5'000 Franken (Art. 106 Abs. 1 StGB). Handelt der Täter aus Gewinnsucht[25], so ist der Richter nach Art. 106 Abs. 2 StGB nicht an den Höchstbetrag gebunden.

V. Würdigung

39 Die Strafvorschrift des Bst. b zeichnet sich durch ihre Unübersichtlichkeit aus, welche ihr Pendant in der Verstreutheit der Beschreibung der Verbotsmaterie hat. Das Auffinden der blankettausfüllenden Normen ist mit erheblichen Schwierigkeiten verbunden und wird durch das Erfordernis der ausdrücklichen Strafbarkeitserklärung nur dort gemildert, wo es um die Strafbewehrung von Erlassen geht, die dem oder den konkret angesprochenen Adressaten unmittelbar zur Kenntnis gebracht werden. In den übrigen Fällen erscheint das Bestimmtheitsgebot über Gebühr ausgereizt. Dies gilt nicht zuletzt für den Bereich des Artenschutzes, wo die an sich detaillierte Beschreibung der verbotenen Handlungen in einer Verordnung festgeschrieben und erst im Zusammenhang mit dessen Anhängen konkretisierbar ist. Der Wunsch nach flächendeckender Strafbarkeit sollte hinter einer Konzentration auf wenige, dafür klar lesbare und

---

[25] Aus Gewinnsucht handelt der Täter, wenn er «in besonders intensiver Weise auf geldwerte Vorteile bedacht ist, namentlich wenn er sich um des Geldes willen gewohnheitsmässig oder doch ohne Bedenken über die durch Gesetz, Anstand oder gute Sitten gezogenen Schranken hinwegsetzt, also auch vor verpöntem Gewinn nicht Halt macht» (BGE 107 IV 121; BGE 89 IV 17 = JdT 1963 IV 50).

plakative Strafvorschriften zurücktreten. Dabei wäre zu berücksichtigen, dass überall dort, wo es um die Sicherung des Vollzuges von Individualverfügungen geht, bei Bedarf der Tatbestand des Ungehorsams gegen eine Verfügung von Art. 292 StGB anwendbar erklärt werden könnte.

Art. 24b Anwendung auf juristische Personen und Handelsgesellschaften

Die Artikel 6 und 7 des Verwaltungsstrafrechtsgesetzes sind anwendbar.

Art. 24b Application aux personnes morales et aux sociétés commerciales

Les articles 6 et 7 de la loi fédérale sur le droit pénal administratif sont applicables.

Inhaltsverzeichnis Rz
I. Allgemeines 1
II. Art. 6 VStrR 3
III. Art. 7 VStrR 9
IV. Würdigung 12

Table des matières N°
I. En général 1
II. L'art. 6 DPA 3
III. L'art. 7 DPA 9
IV. L'appréciation 12

I. Allgemeines

1
Funktion
Fonction

Die Vorschrift des Art. 24b NHG fand mit der Revision vom 19. Juni 1987 Eingang ins Gesetz. Zuvor kannte das NHG wie das StGB bis heute keine gesetzliche Norm, welche die allgemeine Strafbarkeit des Geschäftsherrn oder der Organe juristischer Personen statuiert[1]. Mit der Verweisung auf die Art. 6 und 7 VStrR kommt die Regelung über die Strafbarkeit des Geschäftsherrn, der Organe juristischer Personen und des Unternehmens auch für die Straftaten nach NHG zur Anwendung, die mittlerweile in zahlreichen umweltrelevanten

---

[1] Vgl. immerhin Art. 179sexies Ziff. 2 und 326bis Abs. 2 StGB. Ausserdem sieht Art. 172 StGB für die Sonderdelikte gegen das Vermögen eine strafrechtliche Organhaftung vor.

Nebenstrafgesetzen festgeschrieben ist[2]. Nicht zuletzt wird damit eine durchaus wünschbare Rechtsvereinheitlichung im Nebenstrafrecht erreicht.

Rechtspolitisch zielen die Vorschriften von Art. 6 und 7 VStrR weniger auf eine empfindliche Sanktionierung des Betriebsinhabers als vielmehr darauf, ihn zu einer verschärften Betriebskontrolle zu bewegen und dadurch den Betrieb selbst zu organisatorischen Korrekturen zu veranlassen[3]. Sie dienen letztlich dazu, den Dysfunktionalitäten individueller Verantwortungszurechnung im Unternehmen zu begegnen[4].

2
Zweck
But

II. Art. 6 VStrR

Art. 6 VStrR hat folgenden Wortlaut:

3

Art. 6 Widerhandlungen in Geschäftsbetrieben, durch Beauftrage u. dgl. 1. Regel

[1] Wird eine Widerhandlung beim Besorgen der Angelegenheiten einer juristischen Person, Kollektiv- oder Kommanditgesellschaft, Einzelfirma oder Personengesamtheit ohne Rechtspersönlichkeit oder sonst in Ausübung geschäftlicher oder dienstlicher Verrichtungen für einen anderen begangen, so sind die Strafbestimmungen auf diejenigen natürlichen Personen anwendbar, welche die Tat verübt haben.

[2] Der Geschäftsherr, Arbeitgeber, Auftraggeber oder Vertretene, der es vorsätzlich oder fahrlässig in Verletzung einer Rechtspflicht unterlässt, eine Widerhandlung des Untergebenen, Beauftragten oder Vertreters abzuwenden oder in ihren Wirkungen aufzuheben, untersteht den Strafbestimmungen, die für den entsprechend handelnden Täter gelten.

[3] Ist der Geschäftsherr, Arbeitgeber, Auftraggeber oder Vertretene eine juristische Person, Kollektiv- oder Kommanditgesellschaft, Einzelfirma oder Personengesamtheit ohne Rechtspersönlichkeit, so wird Absatz 2 auf die schuldigen Organe, Organmitglieder, geschäftsführenden Gesellschafter, tatsächlich leitenden Personen oder Liquidatoren angewendet.

Abs. 1 enthält die Regelung der strafrechtlichen Organ- und Vertreterhaftung. Dadurch wird die strafrechtliche Verantwortlichkeit bei Erfüllung der Tatbestände der Art. 24 und 24a NHG für den Fall sichergestellt, dass eine strafbegründende Pflicht nur die Kollektivperson oder den Vertretenen trifft, nicht aber die Person, die effektiv für sie tätig geworden ist[5]. Bedeutsam ist dies dort, wo der Normadressat einer strafbewehrten verwaltungsrechtlichen Bestimmung oder Verfügung nicht mit der natürlichen Person (Organ oder Vertreter) zusam-

4
Organhaftung
Responsabilité des organes

---

[2] Vgl. Art. 62 Abs. 1 USG, Art. 73 GSchG, Art. 45 des Strahlenschutzgesetzes vom 22. März 1991 (SR 814.50), Art. 44 WaG, Art. 31 TSchG.
[3] Vgl. HEINE, 187; KRAUSS, 47 f.
[4] Vgl. dazu ausführlich RONZANI, 149 ff.
[5] Vgl. STRATENWERTH, BT I, § 25, Rz 2.

menfällt, welche diese verletzt. Voraussetzung für die strafrechtliche Haftung des Organs oder Vertreters ist, dass dieser die Straftat bei der Besorgung der Angelegenheit der Kollektivperson oder in Ausübung geschäftlicher oder dienstlicher Verrichtungen des Vertretenen begeht. Im übrigen gelten hinsichtlich der tatsächlich handelnden Person die üblichen Erfordernisse für die Tatbestandsverwirklichung, insbesondere auch mit Bezug auf den subjektiven Tatbestand.

5   Abs. 2 regelt die Geschäftsherrenhaftung[6]. Zielt die Organ- und Vertreterhaftung auf die strafrechtliche Verantwortlichkeit des effektiv Handelnden, so geht es bei der Geschäftsherrenhaftung um die strafrechtliche Verantwortlichkeit für das Handeln eines anderen. Die Regelung schreibt eine gesetzliche Garantenstellung des Geschäftsherrn fest und statuiert für den Kreis der Verpflichteten besondere Garantenpflichten. Der Kreis der Garanten geht über den «Geschäftsherrn»[7] hinaus und erfasst neben eigentlichen Vorgesetzten auch blosse «Auftraggeber» und «Vertretene». Die Tatbestände der Art. 24 und 24a NHG werden für diesen Täterkreis zu echten Unterlassungsdelikten. Tathandlung ist, wenn es ein solcher Täter «vorsätzlich oder fahrlässig in Verletzung einer Rechtspflicht unterlässt», die strafbare Handlung eines Untergebenen etc. «abzuwenden oder in ihren Wirkungen aufzuheben». Die Garantenpflicht erfasst somit nicht nur – wie üblich für den «Überwachungsgaranten» – die Verhinderung von Widerhandlungen, sondern weiter auch die Aufhebung ihrer Wirkungen. Das Merkmal «in Verletzung einer Rechtspflicht» entzieht sich bis heute einer klaren Bestimmung, bezieht sich aber jedenfalls nicht auf das Bestehen einer selbständigen Vorschrift über Aufsichtspflichten[8]. Die Haftung erstreckt sich auf Verstösse sowohl von Angehörigen des Untergebenen als auch von nicht betriebszugehörigen Beauftragten und Vertretern. Ausgenommen sind gleich- oder übergeordnete Personen[9]. In subjektiver Hinsicht wird sowohl die vorsätzliche wie die fahrlässige Unterlassung – nach den allgemeinen Grundsätzen auch unter Einschluss der unbewussten Fahrlässigkeit – erfasst. Die fahrlässige Nichtkenntnis des Verstosses eines Unternehmensangehörigen reicht bereits für die Strafbarkeit. Ebenfalls vom Wortlaut gedeckt ist damit auch die Fahrlässigkeitshaftung für Vorsatzdelikte eines Untergebenen[10].

Geschäftsherrenhaftung
Responsabilité du chef d'entreprise

---

[6]   Vgl. zu der von der Rechtsprechung und Lehre entwickelten strafrechtlichen Geschäftsherrenhaftung und den besonderen Schwierigkeiten und Unsicherheiten: KRAUSS, 43 ff., JENNY/KUNZ, 82 ff., mit weiteren Hinweisen.
[7]   Zur inhaltlichen Konkretisierung des Begriffs grundlegend BGE 96 IV 174 ff. = JdT 1974 IV 115, weiter BGE 113 IV 75 = JdT 1988 IV 74; BGE 105 IV 176 ff. = JdT 1981 19 und die bei JENNY/KUNZ, 84, erwähnten Hinweise.
[8]   Vgl. dazu VEST/RONZANI, 87, mit Hinweisen.
[9]   BGE 113 IV 75 = JdT 1988 IV 74; ETTLER, Art. 62, Rz 8.
[10] Ebenso ETTLER, Art. 62, Rz 8; JENNY/KUNZ, 85.

Entscheidend für die strafrechtliche Haftung ist letztlich die blosse Verletzung der Aufsichtspflicht[11]. Auf eine Schuldbeziehung zur konkreten Straftat kommt es nicht mehr an. Die Strafe trifft den Geschäftsherrn stellvertretend für ein Organisationsverschulden des Betriebes, wobei die Widerhandlung des Untergebenen bloss noch objektive Bedingung der Strafbarkeit ist[12].

6
Aufsichtspflichtverletzung
Violation d'une obligation de surveillance

Der Geschäftsherr, Vorgesetzte oder Auftraggeber wird nach derselben materiellen Strafbestimmung bestraft wie der handelnde Täter. Besonders zu bestimmen ist allerdings bei beiden je die subjektive Seite, sodass jeder je nach dem wegen Vorsatz oder Fahrlässigkeit bestraft wird.

7
Vorsatz und Fahrlässigkeit
Intention et négligence

Abs. 3 gewährleistet die Organhaftung bezüglich des Unterlassungsdelikts nach Abs. 2. Trifft die Garantenstellung gemäss Abs. 2 eine juristische Person oder eine andere Kollektivperson, so trifft die strafrechtliche Verantwortlichkeit die für sie handelnden natürlichen Personen.

8
Organhaftung bei Unterlassungsdelikten
Responsabilité des organes lors d'infractions par négligence

III. Art. 7 VStrR

Art. 7 VStrR hat folgenden Wortlaut:

9

Art. 7 2. Sonderordnung bei Bussen bis zu 5000 Franken

¹ Fällt eine Busse von höchstens 5000 Franken in Betracht und würde die Ermittlung der nach Artikel 6 strafbaren Personen Untersuchungsmassnahmen bedingen, die im Hinblick auf die verwirkte Strafe unverhältnismässig wären, so kann von einer Verfolgung dieser Personen Umgang genommen und an ihrer Stelle die juristische Person, die Kollektiv- oder Kommanditgesellschaft oder die Einzelfirma zur Bezahlung der Busse verurteilt werden.

² Für Personengesamtheiten ohne Rechtspersönlichkeit gilt Absatz 1 sinngemäss.

Art. 7 VStrR statuiert eine Betriebsstrafe als «Ausfallhaftung» bei bestimmten Ermittlungsnotständen[13]. Voraussetzung ist, dass eine geringfügige Tat vorliegt. Kriterium dafür ist die Höhe der gegebenenfalls verwirkten Busse, welche 5000 Franken nicht übersteigen darf. Weiter ist ein Ermittlungsnotstand bezügliche der Täterschaft erforderlich. Dabei muss es um die Eruierung der tatsächlich verantwortlichen Person innerhalb des Betriebes oder Unternehmens gemäss Art. 6 VStrR gehen. Zwischen dem für die Ermittlung notwendigen Aufwand und der für die Tat verwirkten Strafe muss zudem ein Missverhältnis bestehen.

10
Voraussetzungen
Conditions

---

[11] Vgl. KRAUSS, 48.
[12] Vgl. RONZANI, 152; KRAUSS, 48.
[13] KRAUSS, 48.

11 Sind diese Voraussetzungen erfüllt, kann eine Betriebsstrafe verhängt werden.
Busse Die Firma kann zur Zahlung einer Busse bis zu 5000 Franken verurteilt wer-
Amende den. Entsprechend der damit verbundenen Durchbrechung des personalen Schuldstrafrechts ist in Abweichung von den allgemeinen Regeln die Busse nicht nach Massgabe des Verschuldens des Täters gemäss Art. 63 ff. bzw. 102 ff. StGB festzulegen und ein Eintrag im Strafregister entfällt.

IV. Würdigung

12 Art. 6 und 7 VStrR entsprechen einer allgemeinen Tendenz, die strafrechtliche Haftung an den tatsächlichen Verantwortungsstrukturen von Unternehmen und Betrieben und der wirtschaftlichen Realität überhaupt zu orientieren bis hin zur Entwicklung einer Betriebsstrafe, wenn auch in erster Linie mit dem rechtspolitisch durchaus richtigen Ziel, den Betrieb dadurch selbst zu organisatorischen Korrekturen zu veranlassen. Die allgemein als wenig gelungen betrachtete gesetzliche Lösung des Art. 6 Abs. 2 VStrR wirft freilich erhebliche Auslegungsprobleme auf, welche seiner Anwendungstauglichkeit abträglich sind. Dabei laufen die Bedenken darauf hinaus, dass die Vorschrift nicht etwa zu eng, sondern vielmehr zu weit ausgefallen ist[14]. Bedenken unter Schuldgesichtspunkten (vor allem mit Blick auf die Straftat des Untergebenen als blosse objektive Strafbarkeitsbedingung) sind nicht von der Hand zu weisen und verfassungsrechtlich ist dies jedenfalls problematisch, wenn – wie bei Art. 6 Abs. 2 VStrR – Gefängnis angedroht wird[15]. Art. 7 VStrR bestätigt einen allmählichen Funktionswandel der Strafe im Bereich von Unternehmensdelikten: Die Busse übernimmt im Nebenstrafrecht zusehends Funktionen des Verwaltungszwangs im Bereich staatlicher Wirtschaftslenkung mit dem Ziel der Aktivierung gefahrsteuernder Selbstregulierung der Unternehmen.

---

[14] JENNY/KUNZ, 85.
[15] Vgl. RONZANI, 152, mit Hinweisen.

Art. 24c Einziehung

Artikel 58 des Strafgesetzbuches über die Einziehung unrechtmässig erlangter Gegenstände und Vermögensvorteile ist anwendbar.

Art. 24c Confiscation

L'article 58 du code pénal suisse sur la confiscation d'objets et d'avantages pécuniaires obtenus illicitement est applicable.

Inhaltsverzeichnis	Rz
I. Allgemeines	1
II. Sicherungseinziehung	5
A. Wortlaut Art. 58 StGB	5
B. Voraussetzungen	7
III. Einziehung von Vermögenswerten	12
A. Wortlaut Art. 59 StGB	12
B. Voraussetzungen	14
IV. Würdigung	20

Table des matières	N°
I. En général	1
II. La confiscation à des fins de sécurité	5
A. La lettre de l'art. 58 CP	5
B. Les conditions	7
III. La confiscation de valeurs patrimoniales	12
A. La lettre de l'art. 59 CP	12
B. Les conditions	14
IV. L'appréciation	20

I. Allgemeines

Art. 24c NHG wurde anlässlich der Revision von 1987 ins Gesetz aufgenommen. Der Gesetzgeber dachte einerseits an die Einziehung von widerrechtlich erlangten Gegenständen, wie geschützte Pflanzen und Tiere, aber auch an die Einziehung von Vermögenswerten, welche der Täter oder ein Dritter durch die

1
Entstehung
Origine

Zuwiderhandlung gegen die Strafvorschriften des NHG erzielt[1]. Der Abschöpfung illegaler Gewinne wird kriminalpolitisch eine wichtige Rolle bei der Bekämpfung von Umweltdelikten zuerkannt[2]. Da aus der Nichtbeachtung von Umweltschutzvorschriften dem Täter oder Dritten leicht vermögenswerte Vorteile erwachsen können, sei dies in Form von Kosteneinsparungen, Gewinnchancen und Marktvorteilen, kann die Einziehung oft härter wirken als die ausgesprochene Busse[3]. In der Praxis kam es freilich, soweit erkennbar, bis heute zu keiner Einziehung oder Gewinnabschöpfung im Bereich des NHG.

2
Revision StGB 1994
Révision du CP 1994

Seit der Totalrevision des Einziehungsrechts des StGB vom 18. März 1994 sind die zuvor zusammen in Art. 58 StGB normierte Sicherungseinziehung und Vermögenseinziehung (oder Abschöpfungseinziehung) nun getrennt in den Art. 58 und 59 StGB geregelt. Vorteile brachte die Revision gerade auch hinsichtlich der für das Umweltstrafrecht bedeutsameren Vermögenseinziehung: Einerseits werden nun die Voraussetzungen für die Einziehung bei Dritten, zu welchen auch das begünstigte Unternehmen gehört, klarer bestimmt (Art. 59 Ziff. 1 Abs. 2 StGB; vgl. unten Rz 17) und andererseits wird dem Richter nun gerade bei schwer bezifferbaren Vorteilen – wie Kostenersparnissen und damit erzielten Gewinnerhöhungen – eine Schätzung erlaubt (Art. 59 Ziff. 4 StGB; vgl. unten Rz 19).

3
Verweis
Peines

Der Verweis von Art. 24c NHG bezieht sich gemäss Art. 334 StGB nunmehr auf die Art. 58 bzw. 59 StGB. Die Verweisung wäre im übrigen ohnehin überflüssig, da die Bestimmungen des StGB über die Einziehung gemäss Art. 333 StGB auf das gesamte Nebenstrafrecht des Bundes anwendbar sind und damit auch auf die Straftatbestände des NHG[4]. Bei nächster Gelegenheit kann Art. 24c NHG ohne Nachteil ersatzlos gestrichen werden.

4

Das Einziehungsrecht des StGB ist eine komplizierte Materie, nicht zuletzt wegen der vielen Bezüge zum Zivilrecht[5]. Hier werden deshalb die gesetzlichen Voraussetzungen nur in ihren wesentlichen Zügen und soweit sie für den Anwendungsbereich des NHG von Bedeutung sind, dargestellt. Entsprechend den revidierten Bestimmungen des StGB wird unterschieden zwischen der Sicherungseinziehung (Art. 58 StGB) und der Einziehung von Vermögenswer-

---

[1] Vgl. Botschaft Rothenthurm, BBl 1985 II 1465.
[2] Vgl. JENNY/KUNZ, 90 f.
[3] Vgl. Urteil des Obergerichts BE vom 23. Februar 1988 in: plädoyer 3/1990, 67 f. = URP 1990, 379 f.
[4] Das USG enthält aus diesem Grunde keine selbständige Vorschrift über die Einziehung unrechtmässiger Vermögensvorteile. Vgl. ETTLER, Kommentar USG, Vorbemerkungen zu Art. 60–62, Rz 23.
[5] Vgl. zum Ganzen die grundsätzliche Arbeit von MÜLLER, Einziehung.

ten (Art. 59 StGB), für die synonym auch die Begriffe Vermögenseinziehung, Abschöpfungseinziehung oder Gewinnabschöpfung Verwendung finden.

II. Sicherungseinziehung

A. Wortlaut Art. 58 StGB

Art. 58 Einziehung a) Sicherungseinziehung 5

¹ Der Richter verfügt ohne Rücksicht auf die Strafbarkeit einer bestimmten Person die Einziehung von Gegenständen, die zur Begehung einer strafbaren Handlung gedient haben oder bestimmt waren, oder die durch eine strafbare Handlung hervorgebracht worden sind, wenn diese Gegenstände die Sicherheit von Menschen, die Sittlichkeit oder die öffentliche Ordnung gefährden.

² Der Richter kann anordnen, dass die eingezogenen Gegenstände unbrauchbar gemacht werden.

Die Einziehung nach Art. 58 StGB dient der Gefahrenabwehr und darf nach herrschender Lehre keine pönale Funktion übernehmen[6]. Das Sicherungsinteresse ist auch klar vom Abschöpfungsinteresse des Art. 59 StGB zu unterscheiden. Der Einziehungsgegenstand muss bei der Sicherungseinziehung als solcher greifbar sein. Die Einziehung des Wertersatzes gibt es bei der Sicherungseinziehung im Gegensatz zur Abschöpfungseinziehung des Art. 59 StGB nicht.

6
Zweck
But

B. Voraussetzungen

Art. 58 StGB dient der Einziehung gefährlicher Gegenstände und bezweckt deren Sicherung. Als solche kommen nur körperliche Sachen in Frage. Diese können allerdings auch unbeweglich[7] oder Bestandteil eines Grundstückes sein, wie beispielsweise die im Boden eines Moors eingelassene Drainageleitung. Diese Gegenstände müssen mit einer Straftat (vgl. unten Rz 8) in einem bestimmten Zusammenhang (unten Rz 9) stehen und eine Gefährdung (unten Rz 10) darstellen.

7
Einziehungsgegenstände
Objets de la confiscation

Als Anlasstat kommt grundsätzlich sowohl ein Vergehen nach Art. 24 NHG als auch eine Übertretung nach Art. 24a NHG, fahrlässig oder vorsätzlich begangen, in Frage. Erforderlich ist ein in objektiver und subjektiver Hinsicht tatbestandsmässiges und rechtswidriges Verhalten. Ein Versuch genügt; war der Gegenstand zur Deliktsbegehung bestimmt, begnügt sich das Bundesgericht auch mit einem Delikt, welches das Stadium des Versuches noch nicht erreicht

8
Anlasstat
Acte générateur

---

[6] MÜLLER, Einziehung, 8, 16, 19, jeweils mit Hinweisen.
[7] BGE 114 IV 99 = Pra 1989, 165.

hat[8]. Die Einziehung ist unabhängig von der Strafbarkeit einer Person. Sie kann auch angeordnet werden, wenn der Täter unbekannt ist, nicht schuldhaft gehandelt hat oder die Verfolgungsverjährung eingetreten ist.

9
Tatzusammenhang
Rapport à l'acte

Der verlangte Tatzusammenhang kann verschiedener Art sein. In Frage kommen Gegenstände, die zur Begehung der Tat «gedient» haben – d.h. dafür verwendet wurden – oder dazu «bestimmt» waren (sog. instrumenta sceleris) oder durch die strafbare Handlung «hervorgebracht» worden sind (sog. producta sceleris). Die im Moor verlegte Drainageleitung beispielsweise wäre ein instrumentum sceleris, wenn sie zur Verursachung einer schweren Beschädigung eines Biotops im Sinne von Art. 24 Bst. a NHG gedient hat.

10
Gefährdung
Mise en danger

Als sichernde Massnahme setzt die Einziehung nach Art. 58 StGB voraus, dass von den Gegenständen eine bestimmte Gefährdung ausgeht. Das Bundesgericht stellt diesbezüglich keine hohen Anforderungen und lässt es genügen, wenn die Gefährdung eines der im Gesetz genannten Güter (Sicherheit von Menschen, Sittlichkeit, öffentliche Ordnung) ohne die Massnahme hinreichend wahrscheinlich ist[9]. Erforderlich ist die Gefahr für ein strafrechtlich geschütztes Gut[10]; als solches kommen insbesondere auch alle Schutzgüter des NHG in Frage.

11
Verhältnismässigkeit
Proportionnalité

Eine Korrektur der Weite der Gefährdungsvoraussetzungen erfolgt durch Anwendung des Grundsatzes der Verhältnismässigkeit[11]. Die Einziehung muss den Kriterien der Geeignetheit, Erforderlichkeit und Verhältnismässigkeit im engeren Sinne genügen. Ungeeignet, d.h. zur Zweckverwirklichung untauglich, ist die Sicherungseinziehung bei frei verfügbaren Gegenständen[12]. Jagdwaffen beispielsweise sind nur beschränkt zugänglich, ihre Einziehung ist daher zur Gefahrenabwehr geeignet[13]. Demgegenüber ist das Schmetterlingsnetz oder die Botanisierbüchse bei Begehung eines Deliktes des Artenschutzes (Art. 24a Bst. b NHG i.V. mit Art. 20 NHG und Art. 20 NHV) nicht einziehbar. Bei Baumaschinen, die zur Begehung eines Deliktes nach Art. 24 oder 24a NHG Verwendung finden, kommt es darauf an, ob sie für den Täter tatsächlich (unter Berücksichtigung seiner finanziellen Verhältnisse) ohne weiteres wiederbe-

---

[8] BGE 112 IV 71 = JdT 1986 I 468. Ablehnend MÜLLER, Einziehung, 10. Vgl. auch BGE 119 IV 82.
[9] BGE 116 IV 120 = JdT 1992 IV 17.
[10] MÜLLER, Einziehung, 17, mit Hinweisen; STRATENWERTH, AT II, § 14, Rz 27.
[11] Zur Anwendbarkeit des Verhältnismässigkeitsprinzips im Einziehungsrecht: BGE 104 IV 149 = JdT 1980 IV 9; MÜLLER, Einziehung, 18 FN 44.
[12] Vgl. MÜLLER, Einziehung, 19; anders noch BGE 81 IV 219 = Pra 1955, 335, wo unzulässige pönale Überlegungen mitbestimmend sind.
[13] Vgl. BGE 116 IV 117 = JdT 1992 IV 14; BGE 103 IV 77 = JdT 1978 IV 72.

schaffbar sind und auch für legale Tätigkeiten des Betreffenden Verwendung finden. Da Baumaschinen auch gemietet oder geleast werden können, dürften sie in der Regel trotz ihres erhöhten Wertes disponible Gegenstände darstellen und nicht der Einziehung unterstehen[14]. Die Einziehung muss ausserdem erforderlich sein. Das heisst, die Einziehung muss im konkreten Fall die mildeste der zur Gefahrenabwehr tauglichen Massnahmen sein[15]. Schliesslich muss die Verhältnismässigkeit im engeren Sinne beachtet werden. Das bedeutet, dass die Einziehung im öffentlichen Interesse geboten sein und in einem vernünftigen Verhältnis zu entgegenstehenden privaten Interessen stehen muss[16]. Zusammenfassend kann man sich an folgender Regel orientieren: Je grösser die Gefährdung rechtlich geschützter Interessen und je geringer der legitime Gebrauchswert des Gegenstandes für den Betroffenen ist, umso eher ist die Einziehung gerechtfertigt. Hinsichtlich des bereits mehrfach erwähnten Beispiels der in einem Moor verlegten Drainageleitungen ist die Gefahr für das Schutzgut Moor evident und die Einziehung auch unter Verhältnismässigkeitsgesichtspunkten zweifellos geboten, da ohne Einziehung die schädigende Einwirkung ohne weiteres fortgesetzt wird. Unter Umständen wäre freilich die Verstopfung der Drainageleitung oder der Verschluss des Ablaufs im Sinne einer Ersatzmassnahme für die Erreichung des Sicherungszwecks hinreichend. Ersatzmassnahmen mit geringerer Eingriffstiefe als die Einziehung (und nachfolgende Unbrauchbarmachung) sind zulässig und haben nach dem Grundsatz der Verhältnismässigkeit Vorrang[17].

III. Einziehung von Vermögenswerten

A. Wortlaut Art. 59 StGB

Art. 59 b) Einziehung von Vermögenswerten 12

¹ Der Richter verfügt die Einziehung von Vermögenswerten, die durch eine strafbare Handlung erlangt worden sind oder dazu bestimmt waren, eine strafbare Handlung zu veranlassen oder zu belohnen, sofern sie nicht dem Verletzten zur Wiederherstellung des rechtmässigen Zustandes ausgehändigt werden.

---

[14] Hinsichtlich wiederholt deliktischer Verwendung eines an sich frei zugänglichen Gegenstandes Einziehung verneint MÜLLER, Einziehung, 19 (betreffend der Einziehbarkeit des Fahrzeuges eines chronisch delinquierenden Strassenverkehrsteilnehmers), anders wohl STRATENWERTH, AT II, § 14, Rz 29.
[15] BGE 104 IV 150 = JdT 1980 IV 9.
[16] MÜLLER, Einziehung, 20.
[17] BGE 104 IV 149 f. = JdT 1980 IV 9; STRATENWERTH, AT II, § 14, Rz 32.

Die Einziehung ist ausgeschlossen, wenn ein Dritter die Vermögenswerte in Unkenntnis der Einziehungsgründe erworben hat und soweit er für sie eine gleichwertige Gegenleistung erbracht hat oder die Einziehung ihm gegenüber sonst eine unverhältnismässige Härte darstellen würde.

Das Recht zur Einziehung verjährt nach fünf Jahren; ist jedoch die Verfolgung der strafbaren Handlung einer längeren Verjährungsfrist unterworfen, so findet diese Frist auch auf die Einziehung Anwendung.

Die Einziehung ist amtlich bekanntzumachen. Die Ansprüche Verletzter oder Dritter erlöschen fünf Jahre nach der amtlichen Bekanntmachung.

[2] Sind die der Einziehung unterliegenden Vermögenswerte nicht mehr vorhanden, so erkennt der Richter auf eine Ersatzforderung des Staates in gleicher Höhe, gegenüber einem Dritten jedoch nur, soweit dies nicht nach Ziffer 1 Absatz 2 ausgeschlossen ist.

Der Richter kann von einer Ersatzforderung ganz oder teilweise absehen, wenn diese voraussichtlich uneinbringlich wäre oder die Wiedereingliederung des Betroffenen ernstlich behindern würde.

Die Untersuchungsbehörde kann im Hinblick auf die Durchsetzung der Ersatzforderung Vermögenswerte des Betroffenen mit Beschlag belegen. Die Beschlagnahme begründet bei der Zwangsvollstreckung der Ersatzforderung kein Vorzugsrecht zugunsten des Staates.

[3] Der Richter verfügt die Einziehung aller Vermögenswerte, welche der Verfügungsmacht einer kriminellen Organisation unterliegen. Bei Vermögenswerten einer Person, die sich an einer kriminellen Organisation beteiligt oder sie unterstützt hat (Art. 260ter), wird die Verfügungsmacht der Organisation bis zum Beweis des Gegenteils vermutet.

[4] Lässt sich der Umfang der einzuziehenden Vermögenswerte nicht oder nur mit unverhältnismässigem Aufwand ermitteln, so kann der Richter ihn schätzen.

13
Funktion
Fonction

Bei der Vermögenseinziehung geht es um die Beseitigung eines unrechtmässigen Vorteils oder Zustandes, welcher durch oder im Hinblick auf eine Straftat geschaffen wurde. Ihr liegt der Gedanke zugrunde, dass sich strafbares Verhalten nicht lohnen soll[18]. Neben der ausgleichenden Funktion hat diese Massnahme nach Auffassung des Bundesgerichts aber auch repressiven und strafähnlichen Charakter[19].

B. Voraussetzungen

14
Einziehungsgegenstände
Objets confisqués

Gegenstand der Gewinnabschöpfung sind illegal erworbene Vermögenswerte. Als solche gelten alle wirtschaftlichen Vorteile, Vermehrung der Aktiven wie Verminderung der Passiven. Erfasst werden insbesondere auch Kosteneinsparungen[20] oder Gewinnchancen, wie etwa Marktvorteile, die durch die strafbare

[18] BGE 105 IV 171 = JdT 1981 IV 14; BGE 104 IV 5 = JdT 1979 IV 105.
[19] BGE 106 IV 11 = JdT 1981 IV 38; BGE 105 IV 171 = JdT 1981 IV 14.
[20] Vgl. BGE 119 IV 16 = JdT 1995 IV 133, mit Hinweisen.

Handlungen nach den Art. 24 und 24a NHG erzielt werden. Es genügt, wenn sie nur rein rechnerisch oder buchhalterisch ermittelbar sind[21]. Als Beispiel kann die Einsparung von Pachtkosten eines Landwirts dienen, die er dadurch erzielt, dass er durch Trockenlegung eines Moors Weideland dazugewinnt.

Als Anlasstat wird wie bei Art. 58 StGB eine strafbare Handlung verlangt, welche zumindest tatbestandsmässig und rechtswidrig sein muss (vgl. oben Rz 8)[22]. Auch hier kommen grundsätzlich alle Tatbestände des NHG, vorsätzlich oder fahrlässig begangen, in Frage.

15 Anlasstat
Acte générateur

Der einzuziehende Vermögenswert muss auch hier in einem bestimmten Tatzusammenhang stehen. Der Einziehung unterstehen insbesondere Vermögenswerte, die vom Täter oder einem Dritten[23] durch die Tat unmittelbar erlangt wurden. Ohne Bedeutung ist, ob der Vemögensvorteil rechtlich oder bloss tatsächlich, direkt oder indirekt durch die strafbare Handlung erlangt wird, und im Prinzip auch nicht, wer ihn erlangt hat, der Täter oder ein Dritter, für den er gehandelt hat (dazu unten Rz 17). Erfasst wird daher nicht nur die Deliktsbeute, wie beispielsweise die gesammelten oder gefangenen, nach NHG geschützten Pflanzen oder Tiere oder der Erlös aus dem verbotenen Handel mit ihnen, sondern die bereits erwähnten wirtschaftlichen Vorteile, die aus der Missachtung der Schutzvorschriften des NHG resultieren.

16 Tatzusammenhang
Rapport à l'acte

Erfasst werden nach Art. 59 Ziff. 1 Abs. 2 StGB auch Vermögensvorteile, die bei einem Dritten eintreten vorausgesetzt, er war nicht in Unkenntnis der Einziehungsgründe etc. Konsequenz ist, dass auch Gewinne, welche das Unternehmen, für welches der Täter handelte, unter die Abschöpfung fallen können.

17 Dritte
Tiers

Bei der Berechnung des Vermögensvorteils sollen nach der umstrittenen Praxis des Bundesgerichts die Aufwendungen des Bevorteilten nicht in Abzug gebracht werden (Bruttoprinzip)[24]. Bei grundsätzlich legalen Geschäften, die auf illegale Weise, beispielsweise durch Zuwiderhandlungen gegen das NHG, illegal einen Mehrerlös abwerfen, ist aber nur dieser abschöpfbar. Bei unterlassenen Investitionen, beispielsweise zum Schutz eines nach dem NHG geschützten Objekts, ist der Vermögensvorteil auch darin zu erblicken ist, dass keine jährlichen Abschreibungen den Ertrag mindern, Kreditzinsen erspart oder Habenzinsen für Eigenmittel, die zur Bezahlung der Investition hätten aufgewendet werden müssen, erzielt wurden.

18 Berechnung des Vorteils
Calcul du profit réalisé

---

[21] STRATENWERTH, AT II, § 14, Rz 49, mit Hinweisen.
[22] Differenzierter MÜLLER, Einziehung, 46 ff.
[23] Vgl. BGE 115 IV 175 = JdT 1991 IV 37.
[24] Zuletzt BGE 109 IV 124 = JdT 1984 IV 47. Dagegen MÜLLER, Einziehung, 75 f., mit Hinweisen.

19   Grosse Erleichterung hinsichtlich der schwierigen Berechnung vor allem bei indirekten Vorteilen (Kostenersparnisse und darauf zurückzuführende Marktvorteile) bringt die Beweiserleichterung nach Art. 59 Ziff. 4 StGB. Ist der Umfang des illegal erzielten Vermögensvorteils nicht oder nur mit unverhältnismässig hohem Aufwand ermittelbar, darf der Richter eine Schätzung vornehmen[25]. Eine vom Richter ausgesprochene Busse darf selbstverständlich bei der Abschöpfung nicht angerechnet werden[26].

Schätzung des Vorteils / Estimation du profit réalisé

IV. Würdigung

20   Die Probleme, die sich bei der Einziehung im Bereich von NHG-Delikten ergeben können, unterscheiden sich nicht wesentlich von denjenigen, die sich bei anderen Wirtschaftsdelikten stellen. Die soweit erkennbar kaum nennenswerte praktische Bedeutung der Einziehung im Bereich des NHG dürfte weniger mit ihrer gesetzlichen – zweifellos wenig benutzerfreundlichen – Regelung als mit fehlendem Bewusstsein für wirtschaftliche Zusammenhänge bei NHG-Delikten liegen.

---

[25] Vgl. etwa die Schätzung des abzuschöpfenden Gewinns im Urteil des Obergerichts BE vom 23. Februar 1988 (FN 3 hievor).
[26] BGE 115 IV 175 = JdT 1991 IV 37.

Art. 24d Strafverfolgung

¹ Die Strafverfolgung ist Sache der Kantone.

² Strafbare Handlungen nach Artikel 24 Abs. 1 Buchstabe d verfolgt und beurteilt das Bundesamt für Landwirtschaft nach dem Verwaltungsstrafgesetz. Liegt gleichzeitig eine Zollwiderhandlung vor, so führt die Zollverwaltung die Untersuchung durch und erlässt auch den Strafbescheid im abgekürzten Verfahren.

Art. 24d Poursuite pénale

¹ La poursuite pénale incombe aux cantons.

² Les infractions visées à l'article 24, 1ᵉʳ alinéa, lettre d, sont poursuivies et jugées par l'Office fédéral de l'agriculture dans les conditions définies par la loi sur le droit pénal administratif. S'il s'y ajoute une infraction à la législation douanière, il appartient à l'Administration des douanes de mener l'enquête et de décerner un mandat de répression selon une procédure abrégée.

Inhaltsverzeichnis	Rz
I. Abs. 1	1
II. Abs. 2	3

Table des matières	N°
I. L'al. 1	1
II. L'al. 2	3

I. Abs. 1

Eine ausdrückliche Zuweisung der Strafverfolgungskompetenz an die Kantone enthielt bereits das NHG in seiner ursprünglichen Fassung. Die heute geltende Vorschrift des Abs. 1 geht auf die umfassende Revision der Strafvorschriften des NHG vom 19. Juni 1987 zurück.

1
Entstehung
Origine

Abs. 1 überträgt die Verfolgung und Beurteilung der nach Art. 24 und 24a NHG strafbaren Handlungen an die Kantone. Die Frage, welcher Kanton und innerkantonal welche (Bezirks-)Strafverfolgungsbehörde das Verfahren durchzufüh-

2
Ordentliche Zuständigkeit
Compétence ordinaire

ren hat, ist nach den Regelungen über die örtliche Zuständigkeit der Art. 346 ff. StGB zu entscheiden[1]. Für das Verfahren und die zuständigen Behörden sind die jeweiligen kantonalen Prozess- und Organisationsgesetze massgeblich. Im allgemeinen kennen die Kantone für das ordentliche Verfahren (bei Vergehen) mindestens vier getrennte Verfahrensstufen, ein (polizeiliches) Ermittlungsverfahren gefolgt von einem (meist richterlichen) Untersuchungsverfahren, dann ein Anklage- mit einem Anklagezulassungs- oder Überweisungsverfahren und schliesslich ein gerichtliches Erkenntnisverfahren. Die Beurteilung der Vergehen nach Art. 24 NHG muss nach Art. 5 Ziff. 1 Bst. a und Art. 6 Ziff. 1 EMRK immer durch eine richterliche Behörde durchgeführt werden. Verfolgung und Beurteilung von Übertretungen nach Art. 24a NHG können auch einer Verwaltungsbehörde übertragen sein, sofern gewährleistet ist, dass der Beschuldigte ein Gericht zur Beurteilung anrufen kann. Übertretungen werden meist in einem vereinfachten, prozessökonomischen Strafbescheid- oder Strafbefehlsverfahren durchgeführt[2].

II. Abs. 2

3
Entstehung
Origine

Abs. 2 wurde mit der Revision vom 21. Juni 1996 im Zusammenhang mit der Ergänzung des Art. 24 Abs. 1 Bst. b (internationaler Handel mit Pflanzen) eingefügt. Inhaltlich deckt sich Abs. 2 mutatis mutandis mit Art. 32 Abs. 2 TschG, dessen Parallelregelung bezüglich Pflanzen er darstellt.

4
Zuständigkeit betr. Art. 24 Abs. 1 Bst. b
Compétence relative à l'art. 24 al. 1 lit. b

Abs. 2 Satz 1 enthält eine besondere, von der allgemeinen Norm des Abs. 1 abweichende Zuständigkeits- und Rechtsanwendungsvorschrift für die Strafverfolgung der Vergehen nach Art. 24 Bst. d NHG. Danach strafbare Verstösse gegen das CITES (vgl. RONZANI, Art. 24, Rz 23 ff.) werden vom Bundesamt für Landwirtschaft nach dem Verwaltungsstrafgesetz verfolgt und beurteilt. Danach ergibt sich folgender Ablauf: Die Untersuchung wird in der Regel von der Zollverwaltung durchgeführt. In leichten Fällen, die mit einer Busse geahndet werden können, erlässt das Bundesamt für Landwirtschaft einen Strafbescheid oder stellt das Verfahren ein (Art. 21 Abs. 1 und Art. 62 VStrR). Der Betroffene kann die gerichtliche Beurteilung verlangen (Art 21 Abs. 2 VStrR). Der Fall wird dann der kantonalen Staatsanwaltschaft zuhanden des Gerichtes überwiesen (Art. 73 Abs. 1 VStrR). Diese Überweisung hat das Bundesamt auch in

---

[1] Der Geltungsbereich der Art. 346 ff. StGB umfasst das von den Kantonen zu beurteilende Bundesstrafrecht, einschliesslich Nebenstrafrecht, sofern es keine besondere Regelung gilt, BGE 88 IV 47 = Pra 1962, 266.
[2] WALDMANN, Diss., 356, mit Hinweisen.

schweren Fällen, wo eine Freiheitsstrafe angemessen erscheint, durchzuführen. Die Beurteilung erfolgt dann durch das kantonale Gericht nach den Verfahrensvorschriften der Art. 73 ff. VStrR. Gegen den Entscheid des Gerichtes können die kantonalen Rechtsmittel eingelegt werden.

Abs. 2 Satz 2 bestimmt, dass bei Zusammentreffen einer nach Art. 24 Bst. d NHG und nach Zollgesetz strafbaren Tat, die Zollverwaltung die Untersuchung durchführt, was bei Verstössen gegen Art. 23 der Artenschutzverordnung vom 19. August 1981 (SR 453) meist der Fall sein wird. Sind die Voraussetzungen eines Strafbescheids im abgekürzten Verfahren nach Art. 65 VStrR erfüllt, so wird dieser ebenfalls von der Zollverwaltung erlassen. Das abgekürzte Strafbescheidverfahren ist möglich, wenn die Widerhandlung offenkundig ist, die Busse nicht mehr als 500 Franken beträgt und der Beschuldigte den Bescheid vollumfänglich anerkennt und auf jedes Rechtsmittel verzichtet.

Art. 24e Wiederherstellung des rechtmässigen Zustandes

Wer ein aufgrund dieses Gesetzes geschütztes Natur- oder Kulturdenkmal, eine geschützte geschichtliche Stätte, eine geschützte Naturlandschaft, ein geschütztes Biotop oder geschützte Ufervegetation beschädigt, kann unabhängig von einem Strafverfahren verpflichtet werden:

a. die widerrechtlich getroffenen Massnahmen rückgängig zu machen;

b. die Kosten zu übernehmen, die aus der Beseitigung des Schadens entstehen;

c. angemessenen Ersatz zu leisten, wenn die Wiederherstellung nicht möglich ist.

Art. 24e Remise en état

Indépendamment d'une procédure pénale, celui qui porte atteinte à une curiosité naturelle ou à un monument protégés en vertu de la présente loi, à un site protégé évocateur du passé, à un site naturel protégé, à un biotope protégé ou à la végétation protégée des rives peut être tenu:

a. D'annuler les effets des mesures prises illicitement;

b. De prendre à sa charge les frais occasionnés par la réparation du dommage;

c. De fournir une compensation appropriée lorsque le dommage ne peut être réparé.

Inhaltsverzeichnis Rz

I. Vorbemerkungen 1
   A. Entstehung 1
   B. Praxis 2
   C. Abgrenzungen 3
      a. Gegenüber Art. 25b NHG 3
      b. Gegenüber kantonalem Recht 5
      c. Keine Strafbestimmung 7
II. Geltungsbereich 8
   A. Förmliche Unterschutzstellung oder generelle Anordnung 8
   B. Bedeutung der Aufzählung des Gesetzgebers 10
   C. Grundsatz 11
   D. Widerrechtlichkeit 12
III. Zuständigkeiten und Verfahren 13
   A. Zuständige Behörde 13
   B. Verfügungsadressat 14

	C. Verfahren und Rechtsmittel	15
	D. Strafverfahren	16
IV.	Inhalt der Verfügung	17
	A. Wiederherstellung und angemessener Ersatz	17
	B. Kosten	20
	C. Anordnung der Massnahmen	21

Table des matières   N°

I.	Remarques préliminaires	1
	A. L'origine de la disposition	1
	B. La jurisprudence	2
	C. Les délimitations	3
	a. Par rapport à l'art. 25b LPN	3
	b. Par rapport au droit cantonal	5
	c. Le caractère non pénal de la disposition	7
II.	Le champ d'application	8
	A. La mise sous protection formelle ou l'indication de portée générale	8
	B. L'importance de l'énumération légale	10
	C. Le principe	11
	D. L'illicéité	12
III.	Les compétences et la procédure	13
	A. L'autorité compétente	13
	B. Le destinataire de la décision	14
	C. La procédure et les voies de recours	15
	D. La procédure pénale	16
IV.	Le contenu de la décision	17
	A. La remise en état et la compensation appropriée	17
	B. Les frais	20
	C. La fixation des mesures	21

I. Vorbemerkungen

A. Entstehung

Das auf den 1. Januar 1967 in Kraft gesetzte NHG regelte die Wiederherstellung des rechtmässigen Zustandes noch nicht in einem gesonderten Artikel. Art. 24e NHG ist vielmehr ein Bestandteil des indirekten Gegenvorschlages zur «Rothenthurminitiative». Er wurde auf den 1. Februar 1988 in Kraft gesetzt. Die Gesetzesrevision vom 24. März 1995 brachte vorab redaktionelle Anpassungen. Insbesondere bestimmt der neu in den Artikel aufgenommene Bst. c ausdrücklich, dass angemessener Ersatz zu leisten ist, «wenn die Wiederherstellung nicht möglich ist».   1

B. Praxis

2 Obwohl die Bestimmung seit dem 1. Februar 1988 in Kraft steht, gibt es – soweit ersichtlich – noch keine gefestigte Praxis oder (publizierte) Rechtsprechung zu den in Anwendung von Art. 24e NHG ergangenen Wiederherstellungsverfügungen. Auch die Lehre hat sich noch kaum damit befasst. Dies dürfte damit zusammenhängen, dass Wiederherstellungsverfügungen im Sinne von Art. 24e NHG vielfach auch ausschliesslich auf kantonales Recht abgestützt werden können (vgl. Rz 5 f. hienach).

C. Abgrenzungen

a. Gegenüber Art. 25b NHG

3

Bedeutung von Art. 25b NHG

Importance de l'art. 25b LPN

Art. 25b NHG erfasst – als Übergangsbestimmung zu Art. 24^{sexies} Abs. 5 BV (vgl. dazu KELLER, Art. 25b, Rz 1 ff.) – ausschliesslich Moore und Moorlandschaften von besonderer Schönheit und von nationaler Bedeutung. Demgegenüber gilt Art. 24e NHG für alle durch das NHG und seine Ausführungserlasse erfassten, durch ausreichende bundesrechtliche Rechtsetzungskompetenzen abgedeckten Anwendungsbereiche (vgl. Rz 11 hienach). Sodann setzt die Anwendbarkeit von Art. 24e NHG voraus, dass widerrechtliche Eingriffe vorgenommen wurden (vgl. Rz 12 hienach), während Art. 25b NHG Anlagen, Bauten und Bodenveränderungen betrifft, die innerhalb der dort festgesetzten Fristen rechtmässig erstellt wurden, aber den Schutzzielen für Moore und Moorlandschaften von besonderer Schönheit und nationaler Bedeutung widersprechen.

4

Ergänzende Anwendung

Application complémentaire

Damit ist gesagt, dass sich Art. 24e NHG und Art. 25b NHG nicht überschneiden, sondern ergänzen und alternativ zur Anwendung gelangen. Art. 25b NHG regelt – als Übergangsbestimmung – für Moore und Moorlandschaften von besonderer Schönheit und von nationaler Bedeutung (vgl. Art. 24^{sexies} Abs. 5 BV) die Anpassung rechtmässig erstellter Bauten, Anlagen und Bodenveränderungen an das neue Recht[1]. Demgegenüber erfasst Art. 24e NHG die widerrechtliche Beeinträchtigung sämtlicher durch das NHG und seiner Ausführungserlasse abgedeckter Schutzobjekte (vgl. Rz 8 ff. hienach).

b. Gegenüber kantonalem Recht

5

Kantonales Recht

Droit cantonal

Die widerrechtliche Beeinträchtigung von Schutzobjekten des NHG ist vielfach gleichzeitig eine Verletzung von (autonomem) kantonalem oder kommunalem Recht, weil dieselben Schutzobjekte auch von kantonalen oder kommu-

---

[1] A.M. WALDMANN, Diss., 342.

nalen Nutzungsvorschriften oder anderem kantonalem Recht erfasst werden. Auch baupolizeiliche oder andere kantonalrechtlich abgestützte Anordnungen kommen damit zur Wiederherstellung des rechtmässigen Zustandes in Frage. Dabei dürften die Rechtsgrundlagen des kantonalen Rechts im Alltag deshalb häufiger zur Anwendung gelangen, weil die zuständigen Behörden damit besser vertraut sind.

Solange sich der Anwendungsbereich des NHG und seiner Ausführungserlasse mit dem (autonomen) kantonalen Recht überschneidet, kann die ausschliesslich auf kantonales Recht abgestützte Anordnung von Wiederherstellungsmassnahmen zwar genügen. Es drängt sich aber im Interesse der Vollständigkeit und mit Rücksicht auf allfällige Beschwerdeverfahren[2] auch diesfalls auf, zusätzlich die bundesrechtlichen Rechtsgrundlagen heranzuziehen (vgl. dazu auch Rz 15 hienach). Nur Bundesrecht oder nur kantonales Recht gelangt zur Anwendung, wenn das Schutzobjekt nur davon erfasst wird und sich die Anordnung von Wiederherstellungsmassnahmen nur darauf abstützen lässt.

6
Kumulative Anwendung
Application cumulative

c. Keine Strafbestimmung

Obwohl Art. 24e NHG diesem Abschnitt des Gesetzes zugeordnet ist, handelt es sich nicht um eine Strafbestimmung. Wiederherstellungsmassnahmen können unabhängig von einem allfälligen Verschulden eines Täters angeordnet werden (vgl. Rz 12 hienach). Vielfach dürften indessen auch die Voraussetzungen erfüllt sein, um gegenüber den Verantwortlichen Strafen (vgl. Art. 24 und 24a NHG) auszusprechen.

7

II. Geltungsbereich

A. Förmliche Unterschutzstellung oder generelle Anordnung

Wiederherstellungsverfügungen nach Art. 24e NHG können für die «aufgrund dieses Gesetzes geschützten» Objekte angeordnet werden. Der in den einzelnen Gesetzes- oder Verordnungsbestimmungen festgelegte Schutz erfasst die einzelnen Objekte dabei entweder durch förmliche Unterstellung oder durch generelle Anordnungen.

Zum Gesetz und insbesondere zu seinen Ausführungsvorschriften gehören viele Listen oder Inventare (vgl. die Anhänge 1–4 zur NHV, den Anhang zur VBLN,

8
Inventare, Listen
Inventaires, listes

---

[2] Nur auf Bundesrecht abgestützte Verfügungen unterliegen der Verwaltungsgerichtsbeschwerde an das Bundesgericht (Art. 97 ff. OG).

den Anhang zur VISOS, die Anhänge 1 und 2 zur AuenV, die Anhänge 1 und 2 zur HMV, die Anhänge 1–3 zur FMV, die Anhänge 1–3 zur MLV), welche einzelne Objekte dem jeweils in Frage stehenden Schutz unterstellen (vgl. dazu auch LEIMBACHER, Art. 5, Rz 1 ff.). Wird ein Schutzobjekt (Gebiet, Pflanzenart, etc.) durch die Liste oder das Inventar nicht erfasst, kann dafür in der Regel auch keine auf Art. 24e NHG abgestützte Wiederherstellungsverfügung erlassen werden (vgl. auch LEIMBACHER, Art. 6, Rz 3 ff.).

9
Generelle Schutzvorschriften
Dispositions de protection générales

Vereinzelt gelten gemäss NHG oder seinen Ausführungsvorschriften insbesondere beim Artenschutz generelle Schutzbestimmungen (vgl. Art. 21 Abs. 1 NHG, Verbot der Beseitigung von Ufervegetation). In diesen Fällen hängt auch die Anordnung von Wiederherstellungsmassnahmen im Sinne von Art. 24e NHG selbstverständlich nicht davon ab, ob das Objekt in eine Liste oder ein Inventar aufgenommen wurde.

B. Bedeutung der Aufzählung des Gesetzgebers

10
Katalog des Gesetzgebers
Catalogue du législateur

Die in Art. 24e NHG enthaltene Liste der geschützten Objekte stimmt inhaltlich weitgehend mit der Aufzählung in Art. 24 Abs. 1 NHG (Vergehen) überein. Zumindest für die Festlegung des Geltungsbereichs von Art. 24e NHG (vgl. für den Geltungsbereich der Strafbestimmungen: RONZANI, Art. 24, Rz 1 ff.) kann aber darauf verzichtet werden, die einzelnen Begriffe (Natur- und Kulturdenkmal, geschichtliche Stätte, Naturlandschaft, Biotop, Ufervegetation) gegeneinander abzugrenzen und Überschneidungen auszumachen. Auch angesichts der Ähnlichkeit der Liste von Art. 24e NHG mit dem Zweckartikel des Gesetzes (vgl. Art. 1 Bst. a NHG), bestehen keine Anhaltspunkte dafür, dass die Geltung von Art. 24e NHG auf Teilbereiche des NHG oder seiner Ausführungserlasse beschränkt wäre (vgl. auch FAVRE, Art. 1, Rz 5 ff.).

C. Grundsatz

11 Damit ist gesagt, dass Art. 24e NHG eine ausreichende gesetzliche Grundlage zur Anordnung von Wiederherstellungsmassnahmen für sämtliche Schutzobjekte bietet, welche durch das NHG oder die darauf abgestützten Ausführungsvorschriften des Bundesrechts oder des kantonalen Rechts erfasst werden.

12
Kein Verschulden
Absence de faute

D. Widerrechtlichkeit

Anders als bei den eigentlichen Strafbestimmungen (Art. 24–24d NHG), hängt der Erlass einer Wiederherstellungsverfügung nicht von dem – in der Regel allerdings vorhandenen – Verschulden des Verfügungsadressaten ab. Art. 24e NHG setzt allein eine widerrechtliche Beeinträchtigung des Schutzobjektes und damit eine objektive Verletzung der in Frage stehenden Schutzvorschrift voraus. Dabei hat das widerrechtliche Verhalten für die eingetretene Beschädigung kausal zu sein. Die zur Wiederherstellungsverfügung gehörende Begründung hat deshalb aufzuzeigen, worin die widerrechtliche Beeinträchtigung des Schutzobjektes bestand und welche nachteiligen Auswirkungen darauf zurückzuführen sind.

III. Zuständigkeiten und Verfahren

A. Zuständige Behörde

Das Gesetz lässt offen, wer Wiederherstellungsverfügungen im Sinne von Art. 24e NHG anzuordnen hat. Demgegenüber bestimmt Art. 25b NHG für die Wiederherstellung von rechtmässigen Eingriffen in Moore und Moorlandschaften, dass diejenige «kantonale oder eidgenössische Behörde verfügt, die für den Entscheid über die Bewilligung oder die Ausführung entsprechender Vorhaben zuständig wäre» (Art. 25b Abs. 3 NHG).

13
Vollzugsbehörde
Autorité d'exécution

Dieser dort für besondere Wiederherstellungsmassnahmen verankerte Grundsatz, wonach die allgemeine verfassungsmässige und gesetzliche Kompetenzordnung auch die Zuständigkeiten für den Erlass von Wiederherstellungsverfügungen festlegt, muss auch für Art. 24e NHG gelten. Für den Erlass von Wiederherstellungsverfügungen ist demnach diejenige Behörde zuständig, welche mit dem Vollzug der beeinträchtigten Schutzbestimmung betraut ist. In den meisten Fällen handelt es sich dabei um kantonale Behörden (vgl. im übrigen KELLER, Art. 25b, Rz 20 ff., insbesondere zum Zusammenwirken von kantonalen und eidgenössischen Behörden sowie zum intertemporalen Recht).

B. Verfügungsadressat

Die Wiederherstellung des rechtmässigen Zustandes ist von der zuständigen kantonalen oder eidgenössischen Behörde in jedem Falle in einer den Anforderungen von Art. 5 VwVG genügenden Verfügung anzuordnen. Dabei lässt es der Wortlaut von Art. 24e NHG zwar offen, die Verfügung direkt an den Verursacher zu richten. Abgesehen davon, dass der Verursacher vielfach auch Eigentümer des beeinträchtigten Schutzobjektes sein dürfte, bleibt aber zu beachten, dass an Nichteigentümer gerichtete Wiederherstellungsverfügungen nur vollstreckbar sind, wenn sich der Eigentümer der Wiederherstellung des ursprüng-

14
Verursacher, Eigentümer
Perturbateur, propriétaire

lichen Zustandes durch den verursachenden Dritten nicht widersetzt. Zweckmässiger- und vorsichtigerweise wird der Eigentümer deshalb auch dann als Adressat in die Verfügung miteinbezogen, wenn eindeutig ein Dritter als Verursacher ausgemacht wurde. Dabei bleibt es der verfügenden Behörde unbenommen, bei der Ausgestaltung der Verfügung (Überbindung der Wiederherstellungspflicht, Kostenverlegung) dem Verursacherprinzip Rechnung zu tragen.

C. Verfahren und Rechtsmittel

15
Massgebliches Verfahren
Procédure décisive

Verfahren vor Bundesbehörden richten sich nach dem VwVG und solche vor kantonalen Instanzen nach dem jeweiligen Verwaltungsverfahrensrecht. Soweit sich die Wiederherstellungsverfügung dabei auch auf Bundesrecht abstützt (vgl. Rz 5 hievor), unterliegt der letztinstanzliche kantonale Entscheid (einer verwaltungsunabhängigen Instanz) der Verwaltungsgerichtsbeschwerde an das Bundesgericht (Art. 97 ff. OG).

D. Strafverfahren

16
Getrennte Verfahren
Procédures séparées

Die Wiederherstellung des rechtmässigen Zustands kann nach dem ausdrücklichen Wortlaut des Gesetzes «unabhängig von einem Strafverfahren» verfügt werden. Der Erlass der Wiederherstellungsverfügung setzt keine Einleitung eines Strafverfahrens oder gar dessen Abschluss mit einem Schuldspruch voraus.

IV. Inhalt der Verfügung

A. Wiederherstellung und angemessener Ersatz

17
Technische Wiederherstellung
Remise en état technique

Art. 24e Bst. a NHG verlangt, die «widerrechtlich getroffenen Massnahmen rückgängig zu machen» und meint damit die Wiederherstellung des früheren Zustands. Wiederherstellung ist – streng technisch gesprochen – identischer Ersatz des beschädigten Schutzobjektes am selben Standort, in derselben Ausdehnung und Ausprägung sowie in gleichwertiger Art, Erscheinung, Funktion und Dynamik[3] (vgl. auch FAHRLÄNDER, Art. 18, Rz 36).

Eine Wiederherstellung im technischen Sinne liegt etwa vor, wenn ein ehemaliger Wald in einem nach erfolgtem Kiesabbau wiederhergestellten Gebiet neu

---

[3] FAHRLÄNDER, 12.

aufgeforstet wird, Hecken und Ufergehölze nach einem Eingriff in die Flusslandschaft neu angepflanzt werden oder eine Bisse, welche für die Erstellung eine Deponie abgebrochen werden musste, später wieder aufgebaut wird.

Ein solches «Rückgängigmachen» erweist sich aber vielfach als unmöglich, weil das beeinträchtigte Schutzobjekt gar nicht mehr im technischen Sinne «wiederhergestellt» werden kann. Auch angemessener oder möglichst gleichwertiger Ersatz kommt deshalb als Wiederherstellungsmassnahme in Frage (Art. 24e Bst. c NHG). Dabei kann die als Massstab für die Angemessenheit geltende Gleichwertigkeit in qualitativer, quantitativer, allenfalls auch in finanzieller Hinsicht oder – idealerweise – durch ein Ineinandergreifen dieser verschiedenen Elemente angestrebt werden. Angemessener Ersatz kann auch Realersatz als 1:1-Ersatz in Art, Erscheinung und Funktion an einem anderen Standort sein (vgl. zum Ganzen auch FAHRLÄNDER, Art. 18, Rz 37 f.).

18
Ersatzmassnahmen
Mesures compensatoires

Von angemessenem oder möglichst gleichwertigem Ersatz kann etwa gesprochen werden bei der Verlegung und dem Wiederaufbau von Kulturdenkmälern an einem neuen Standort, bei der Schaffung eines Naturschutzgebietes als Ersatz für die Zerstörung verschiedener Lebensräume oder bei einer neuen Flachwasserzone als Ersatz für die Zerstörung von Ufervegetation beim Ausbau eines Flusskraftwerkes (vgl. auch FAHRLÄNDER, Art. 18, Rz 36 sowie KELLER, Art. 25b, Rz 24).

Wo die (technische) Wiederherstellung zur Ersatzmassnahme wird, weil die Identität mit dem rechtmässigen oder ursprünglichen Zustand nicht mehr erreichbar ist, interessiert höchstens aus dogmatischer Sicht und kann offen bleiben. Entscheidend ist vielmehr, dass Ersatzmassnahmen nur und erst angeordnet werden dürfen, wenn die (technische) Wiederherstellung nicht möglich ist (Grundsatz der Subsidiarität).

19
Abgrenzungen
Délimitations

B. Kosten

Art. 24e Bst. b NHG überbindet die (beträchtlichen) Kosten von Wiederherstellungs- (Art. 24e Bst. a NHG) oder von Ersatzmassnahmen (Art. 24e Bst. c NHG) zwingend dem Verfügungsadressaten. Demgegenüber darf aus dem Wortlaut von Art. 24e Bst. b NHG nicht gefolgert werden, auch (blosser) Schadenersatz käme als Wiederherstellung im Sinne von Art. 24e NHG in Frage. Art. 24e Bst. b NHG umschreibt keine möglichen Wiederherstellungsmassnahmen. Die Bestimmung regelt ausschliesslich die Kostenverlegung bei der Anordnung von Wiederherstellungs- oder Ersatzmassnahmen. Ausschliesslich finanzieller Ausgleich ist im Rahmen von Art. 24e NHG höchstens ausnahmsweise denkbar, wenn keine andern Ersatzmassnahmen in Frage kommen.

20
Keine Massnahmen
Absence de mesures

C. Anordnung der Massnahmen

21
Arbeitsausführung
Réalisation des travaux

Art. 24e NHG verpflichtet die verfügende Behörde nicht dazu, den Verfügungsadressaten die Ausführung der Wiederherstellungs- oder Ersatzmassnahmen zu überlassen. Sofern – was häufig der Fall sein dürfte – besondere Kenntnisse erforderlich sind, muss die verfügende Behörde die Verantwortung für eine fachgerechte Ausführung der Massnahmen selber übernehmen und den Verfügungsadressaten einzig die entstandenen Kosten überbinden können. Nur Massnahmen, die keine besondern Fachkenntnisse erfordern, sind dem Verfügungsadressaten – unter Androhung der Ersatzvornahme – zur Ausführung zu überbinden.

5. Abschnitt:
Organisation und Information

Chapitre 5:
Organisation et information

Art. 25   Organisation

¹ **Der Bundesrat bestellt eine oder mehrere beratende Kommissionen für den Naturschutz, den Heimatschutz und die Denkmalpflege.**

² **Die Kantone bezeichnen Fachstellen für den Naturschutz, den Heimatschutz und die Denkmalpflege.**

Art. 25   Organisation

¹ **Le Conseil fédéral nomme une ou plusieurs commissions consultatives pour la protection de la nature, la protection du paysage et la conservation des monuments historiques.**

² **Les cantons désignent des services chargés de la protection de la nature, de la protection du paysage et de la conservation des monuments historiques.**

Inhaltsverzeichnis	Rz
I. Die beratenden Kommissionen (Abs. 1)	1
A. Zweck und Aufgaben der ENHK und EKD	3
a. Begutachtungen nach Art. 7, 8 und 17a NHG	4
b. Weitere Aufgaben	6
B. Die Organisation der ENHK und der EKD	8
C. Zur Stellung der Kommissionen	9
II. Die kantonalen Fachstellen (Abs. 2)	10
A. Zweck und Aufgaben der kantonalen Fachstellen	10
B. Die Organisation der Fachstellen	12

Table des matières	N°
I. Les commissions consultatives (al. 1)	1
A. Le but et les tâches de la CFPN et de la CFMH	3
a. Les expertises selon les art. 7, 8 et 17a LPN	4
b. Les autres tâches	6

B. L'organisation de la CFPN et de la CFMH	8
C. A propos de la place qu'occupent les commissions	9
II. Les services officiels cantonaux (al. 2)	10
A. Le but et les tâches des services officiels cantonaux	10
B. L'organisation des services officiels cantonaux	12

I. Die beratenden Kommissionen (Abs. 1)

1
ENHK, EKD
CFNP,
CFMH

In seiner älteren Fassung führte Art. 25 Abs. 1 NHG die beratenden Kommissionen namentlich auf. Es waren dies die Eidgenössische Natur- und Heimatschutzkommission (ENHK) sowie die Eidgenössische Kommission für Denkmalpflege (EKD). Daran hat sich materiell nichts geändert, denn diesen beiden traditionsreichen Gremien soll laut Botschaft Teilrevision NHG «weiterhin die bisherige Aufgabe bei der Vorbereitung und beim Vollzug der gesetzlichen Aufgaben, aber auch die Bearbeitung grundsätzlicher Fragen obliegen». Gegenwärtig ist denn auch nicht vorgesehen, am Bestand und an der Funktion dieser beiden Gremien etwas Grundlegendes zu ändern[1].

2 Im Gegensatz zur älteren Fassung werden heute aber nicht mehr die Kommissionen namentlich aufgeführt, sondern die zu bearbeitenden Bereiche. Anlass für diese Änderung war die neue Bestimmung von Art. 52 VwOG, die das Kommissionswesen offener und flexibler gestaltet und in die Kompetenz des Bundesrates weist[2].

A. Zweck und Aufgaben der ENHK und EKD

3 Den Kommissionen kommt zum einen eine zentrale Rolle bei der Wahrung der Interessen des Natur- und Heimatschutzes sowie der Denkmalpflege zu – dies vor allem[3] bei Erfüllung von Bundesaufgaben. Zum andern erfüllen sie eine wichtige Funktion als beratende Fachorgane des Bundes, was gerade durch ihre ausdrückliche Erwähnung in einem besonderen Artikel hervorgehoben wird[4].

---

[1] Botschaft Teilrevision NHG, BBl 1991 III 1139.
[2] Botschaft Teilrevision NHG, BBl 1991 III 1139, 1144.
[3] Zur teilweisen Öffnung des Tätigkeitsbereichs im Rahmen kantonaler Aufgaben: vgl. Rz 5 und LEIMBACHER, Art. 17a, Rz 4.
[4] Botschaft NHG, BBl 1965 III 111.

a. Begutachtungen nach Art. 7, 8 und 17a NHG

Bei der Wahrung der Interessen des Natur- und Heimatschutzes sowie der Denkmalpflege bei Erfüllung von Bundesaufgaben wirken die Kommissionen durch ihre Gutachten gemäss Art. 7 NHG (obligatorisch) und 8 NHG (fakultativ) mit.

4
Bundesaufgaben
Tâches fédérales

Durch den neuen Art. 17a NHG wurde zudem die Möglichkeit geschaffen, auf die gutachterlichen Dienste der Kommissionen auch bei Erfüllung von kantonalen Aufgaben zurückzugreifen, sofern bestimmte Objekte von besonderer Bedeutung beeinträchtigt werden könnten (vgl. LEIMBACHER, Art. 7, 8 und 17a).

5
Kantonale Aufgaben
Tâches cantonales

b. Weitere Aufgaben

Neben der gutachterlichen Tätigkeit kommt den Kommissionen eine wichtige Rolle für den *Vollzug* des NHG zu. Sie sind «die beratenden Fachkommissionen des Bundes für Angelegenheiten des Naturschutzes, des Heimatschutzes und der Denkmalpflege» (Art. 23 Abs. 2 NHV) und haben ein breites, in Art. 25 Abs. 1 NHV detailliertes, Aufgabenfeld abzudecken:

6
Vollzug NHG
Exécution de la LPN

So beraten sie das EDI in grundsätzlichen Fragen des Natur- und Heimatschutzes sowie der Denkmalpflege, wirken beratend mit beim Vollzug des Gesetzes und spielen eine wichtige Rolle bei der Vorbereitung und Nachführung der Inventare von Objekten von nationaler Bedeutung (vgl. LEIMBACHER, Art. 5, Rz 25).

Von grosser Bedeutung ist die Unterstützung von Behörden des Bundes und der Kantone, die Bundesaufgaben nach Art. 2 NHG zu erfüllen haben. Dazu gehören nicht nur die bereits erwähnten Gutachten nach Art. 7 und 8 NHG. Die Kommissionen werden auch regelmässig von Gerichten, Bundes- und Kantonsbehörden sowie Gemeinden konsultiert[5] und schliesslich äussern sie sich im Rahmen von Vernehmlassungsverfahren.

Art. 25 Abs. 2 NHV weist der EKD zudem die Aufgabe zu, auf Ersuchen des BAK zu Gesuchen um Finanzhilfe im Bereich der Denkmalpflege Stellung zu nehmen. Sie hat die Zusammenarbeit und den wissenschaftlichen Austausch mit allen interessierten Kreisen zu pflegen und die praktische und theoretische Grundlagenarbeit zu fördern.

7
Konsulentinnen, Experten
Consultantes, experts

Mitglieder der EKD, Konsulentinnen und Konsulenten sowie weitere ausgewiesene Personen können gemäss Art. 25 Abs. 3 NHV zudem als Expertinnen und Experten mit der fachlichen Beratung und Begleitung der Kantone bei der Ausführung von Massnahmen (Art. 13 NHG) beauftragt werden.

---

[5] Vgl. VPB 1991, 47, 1990, 163 f., 1989, 163.

B. Die Organisation der ENHK und der EKD

8 Die Organisation der Kommissionen ist in Art. 24 NHV geregelt. Sie bestehen aus je höchstens 15 vom Bundesrat gewählten (ehrenamtlichen) Mitgliedern. Dieser bestimmt auch die Präsidentin oder den Präsidenten (Abs. 1). Daneben können durch das BUWAL und das BAK Personen mit Spezialkenntnissen zu ständigen Konsulentinnen oder Konsulenten ernannt werden, die in ihren Spezialgebieten die Kommissionen sowie das BUWAL und das BAK beraten (Abs. 2). Angesichts der recht grossen Arbeitslast (vgl. LEIMBACHER, Art. 7, Rz 9) bietet diese Bestimmung eine begrüssenswerte Entlastungsmöglichkeit.

Die Kommissionen organisieren im übrigen ihre Arbeit selber und geben sich dafür Geschäftsreglemente (Beschlussfassung, Aufgaben der Sekretärin bzw. des Sekretärs, Vorgehen bei Begutachtungen, Ausstand[6], Information der Öffentlichkeit usw.), die vom Departement genehmigt werden müssen.

C. Zur Stellung der Kommissionen

9 Die ENHK und die EKD sind beratende Kommissionen – und keine Entscheidbehörden[7].

Nach ihrer Zusammensetzung, ihren Mitteln und ihrer Arbeitsweise sind sie als im praktischen Ergebnis verwaltungsunabhängige Fachkommissionen zu betrachten. Davon zu unterscheiden ist aber ihre Funktion, die grundsätzlich eine rein verwaltungsinterne zuhanden der zuständigen Stelle (Bundesrat, Departement, Bundesamt, Behörden des Bundes und der Kantone, die Bundesaufgaben nach Art. 2 NHG zu erfüllen haben, etc.) ist. Indem sie dieser z.B. ein Gutachten vorlegen, erlauben sie ihr, unter Würdigung aller Umstände, einen Entscheid zu fällen[8].

Die Tatsache, dass die Kommission selber nicht entscheidbefugt ist, ändert nichts daran, dass v.a. ihren Gutachten eine grosse Verbindlichkeit zukommt (vgl. LEIMBACHER, Art. 7, Rz 18).

---

[6] Vgl. BGE 112 Ib 302 = JdT 1988 I 586.
[7] Sie können daher bestimmungsgemäss auch keine Verfügungen im Sinne von Art. 5 VwVG erlassen; vgl. SALADIN, Verwaltungsverfahrensrecht, 45.
[8] Vgl. VPB 1989, 289; BGE 108 V 139.

II. Die kantonalen Fachstellen (Abs. 2)

A. Zweck und Aufgaben der kantonalen Fachstellen

Der Zweck und die Aufgaben der kantonalen Fachstellen für den Natur- und Heimatschutz sowie die Denkmalpflege lassen sich ganz grob wie folgt umreissen:

10

Insoweit auch die Kantone Bundesaufgaben erfüllen (Art. 3 Abs. 1 NHG), haben die kantonalen Fachstellen im Rahmen dieser Aufgaben dabei mitzuwirken, dass die Anforderungen des Natur- und Heimatschutzes sowie der Denkmalpflege berücksichtigt werden (Art. 2 Abs. 3 NHV).

Vor allem aber kommt den Fachstellen beim Vollzug des NHG eine zentrale Rolle zu: Gemäss Art. 26 Abs. 1 NHV sorgen die Kantone «für einen sachgerechten und wirksamen Vollzug von Verfassungs- und Gesetzesauftrag», und sie haben *dazu* «Amtsstellen als Fachstellen für Naturschutz, Heimatschutz und Denkmalpflege» zu bezeichnen.

Vollzug NHG
Exécution de la LPN

Die grosse Bedeutung der kantonalen Fachstellen kommt dadurch allerdings höchst ungenügend zum Ausdruck. Denn fast immer, wenn es im NHG heisst: «Die Kantone sorgen ...» oder «Die zuständige kantonale Behörde kann ...», dann sind damit (auch) die Fachstellen gemeint. Und in der NHV findet sich für sie eine Vielzahl von Aufgaben.

11

Speziell zu erwähnen sind die Bereiche der Finanzhilfen (Art. 13 NHG; Art. 4, 5 und 10 NHV), des Biotopschutzes (Art. 18 ff. NHG; Art. 13 ff. NHV) oder des Schutzes von Mooren und Moorlandschaften (Art. 23a ff. NHG; Art. 21a ff. NHV).

Was das konkret bedeuten kann, lässt sich vielleicht am besten anhand des breiten, Bundes- wie auch kantonale Aufgaben umfassenden Aufgabenkatalogs konkreter kantonaler Fachstellen zeigen. In Art. 15 des bernischen Naturschutzgesetzes[9] heisst es:

[1] Das Naturschutzinspektorat ist die kantonale Fachstelle für Naturschutz.

[2] Ihm obliegen der Vollzug der Naturschutzvorschriften sowie die Koordination der Massnahmen ...

[3] Das Naturschutzinspektorat
  a bereitet die Unterschutzstellungen durch den Regierungsrat vor;
  b erlässt die erforderlichen Verfügungen;
  c erteilt Ausnahmebewilligungen, soweit nicht Naturschutzgebiete oder Naturschutzobjekte von lokaler Bedeutung betroffen sind;

[9] Vom 15. September 1992.

d sorgt für die nötigen Gestaltungs- und Unterhaltsmassnahmen in Naturschutzgebieten von nationaler und regionaler Bedeutung;
e schliesst im Rahmen seiner Finanzkompetenzen Vereinbarungen über die Erhaltung, Nutzung und Bewirtschaftung von Naturschutzgebieten, Naturschutzobjekten und Ausgleichsflächen von nationaler und regionaler Bedeutung ab;
f richtet im Rahmen seiner Finanzkompetenzen Abgeltungen, Entschädigungen und Beiträge aus;
g berät und unterstützt die Gemeinden auf dem Gebiet des Naturschutzes;
h führt die Inventare über schutzwürdige Gebiete und Objekte von nationaler und regionaler Bedeutung;
i weist den Organen der Naturschutzaufsicht und, im Einvernehmen mit den Fachstellen für Jagd oder Fischerei, den Organen der Wildhut und Fischerei naturschützerische Aufgaben zu;
k verfasst Mitberichte zu Plänen und Vorhaben;
l beschafft die naturschützerischen Grundlagen;
m informiert die Bevölkerung und die Vollzugsorgane über die Belange des Naturschutzes und führt Ausbildungsveranstaltungen durch;
n führt die Erfolgskontrolle der angeordneten Massnahmen durch.

§ 35 der solothurnischen Verordnung über den Schutz historischer Kulturdenkmäler[10] umreisst den Aufgabenbereich einer Fachstelle[11], der kantonalen Denkmalpflege:

Die Kantonale Denkmalpflege ...
a) führt das Verzeichnis gemäss § 19 Absatz 1 (sc. Verzeichnis der vom Kanton mit Einzelverfügung geschützten historischen Kulturdenkmäler);
b) erstellt und bearbeitet das Inventar der Kunstdenkmäler des Kantons Solothurn;
c) wirkt bei der Erstellung der Inventare der schützenswerten und erhaltenswerten Denkmäler ... mit;
d) überwacht den Denkmälerbestand;
e) überwacht und begleitet die Restaurierung von Denkmälern;
f) stellt Antrag auf Anordnung von vorsorglichen Schutzmassnahmen ...;
g) berät Behörden und Privatpersonen in allen Fragen des Denkmalschutzes, der Denkmalpflege und des Ortsbildschutzes;
h) stellt die Zusammenarbeit mit der kantonalen Fachstelle für Kulturgüterschutz sicher.

B. Die Organisation der Fachstellen

12
Amtsstellen
Services
administratifs

Der Natur- und Heimatschutz ist nach wie vor grundsätzlich Sache – und Aufgabe – der Kantone. Schon deswegen schreibt das NHG den Kantonen nicht im Detail vor, wie sie ihre Fachstellen aufzubauen, zu organisieren und zu alimentieren haben. Die Fachstellen müssen jedoch Amtsstellen sein (Art. 26 Abs. 1

---

[10] Kulturdenkmäler-Verordnung (vom 19. Dezember 1995).
[11] Vgl. § 33 Bst. d der Kulturdenkmäler-Verordnung.

NHV). Zudem müssen sie fachlich kompetent und auch personell und finanziell in der Lage sein, die ihnen gemäss Verfassung, Gesetz und Verordnungen obliegenden Aufgaben wahrzunehmen.

Art. 25a   Information und Beratung

¹ Bund und Kantone sorgen für die Information und Beratung der Behörden und der Öffentlichkeit über die Bedeutung und den Zustand von Natur und Landschaft.
² Sie empfehlen geeignete Schutz- und Unterhaltsmassnahmen.

Art. 25a   Information et conseils

¹ La Confédération et les cantons veillent à informer et à conseiller les autorités et le public sur l'état et l'importance de la nature et du paysage.
² Ils recommandent des mesures de protection et d'entretien appropriées.

Inhaltsverzeichnis Rz

I. Vorbemerkungen zu Inhalt und Entstehung der Bestimmung 1
II. Information und Beratung über Bedeutung und Zustand von Natur und Landschaft (Abs. 1) 3
   A. Aufgabe von Bund und Kantonen 3
   B. Geltungsbereich 5
      a. Natur und Landschaft 5
      b. Bedeutung und Zustand 6
      c. Information und Beratung 7
   C. Zielgruppen: Behörden und Öffentlichkeit 9
III. Empfehlung geeigneter Schutz- und Unterhaltsmassnahmen (Abs. 2) 10

Table des matières N°

I. Remarques préliminaires sur le contenu et l'origine de la disposition 1
II. L'information et le conseil sur l'importance et l'état de la nature et du paysage (al. 1) 3
   A. La tâche de la Confédération et des cantons 3
   B. Le champ d'application 5
      a. La nature et le paysage 5
      b. L'importance et l'état 6
      c. L'information et le conseil 7
   C. Les groupes visés: les autorités et le public 9
III. Les recommandations pour des mesures de protection et d'entretien appropriées (al. 2) 10

I. Vorbemerkungen zu Inhalt und Entstehung der Bestimmung

Die Frage nach einer bundesgesetzlichen Ordnung der Information über den Natur- und Heimatschutz stellte sich erstmals im Rahmen der diversen Gesetzespakete über die Anpassung des Bundesrechts an das Recht des Europäischen Wirtschaftsraumes (EWR). In der Zusatzbotschaft I zur EWR-Botschaft[1] beantragte der Bundesrat in Anlehnung an die entsprechende Richtlinie der Europäischen Union[2] einerseits die Verankerung eines individuellen Zugangsrechts zu Umweltinformationen nach dem «Öffentlichkeitsprinzip mit Geheimhaltungsvorbehalt»[3] in einem Art. 6a USG mit Gültigkeit für alle Umweltbereiche und andererseits eine Verpflichtung der Behörden zur regelmässigen und allgemeinen Information über den Zustand der Umwelt in jenen Umwelterlassen des Bundes, die dies bisher noch nicht vorgesehen hatten, nämlich im NHG, im FWG und im BFG[4]. Im Rahmen der Eurolex-Debatten im Parlament wurde dieses Konzept akzeptiert, wenn auch inhaltlich modifiziert[5].

_{1 Richtlinie der Europäischen Union Directives de l'Union européenne}

Nach der Ablehnung des Beitritts der Schweiz zum EWR[6], womit auch die erwähnten Gesetzesrevisionen hinfällig wurden, nahm der Bundesrat in seiner Botschaft zur Änderung des USG die Verpflichtung der Behörden zur Information über den Zustand der Umwelt in den Bereichen des NHG und des BFG wieder auf, ergänzte sie mit einer Verpflichtung zur Beratung, führte aber die Idee eines individuellen Zugangsrechts zu Umweltinformationen nicht weiter[7]. Das Parlament stimmte den beantragten Texten ohne Änderung zu[8].

_{2 Teilrevision USG Révision partielle de la LPE}

Art. 6 USG, Art. 50 GSchG, die Art. 30 und 34 WaG sowie Art. 14 Abs. 1 JSG kannten bereits früher behördliche Informations- und Beratungspflichten. Art. 22a BFG wurde im Rahmen der USG-Revision der Regelung von Art. 25a NHG entsprechend gestaltet.

---

[1] Botschaft I über die Anpassung des Bundesrechts an das EWR-Recht (Zusatzbotschaft I zur EWR-Botschaft) vom 27. Mai 1992, BBl 1992 V 1 ff.
[2] Richtlinie 90/313 des Rates der Europäischen Gemeinschaften vom 7. Juni 1990 über den freien Zugang zu Informationen über die Umwelt (Amtsblatt der Europäischen Gemeinschaften 1990 Nr. L 158/56-58).
[3] Zum Begriff: Art. 17 Abs. 3 der Verfassung des Kantons Bern vom 6. Juni 1993 (SR 131.212) sowie KÄLIN Walter/BOLZ Urs, Handbuch des bernischen Verfassungsrechts, Bern 1995, 41 und 275 f., mit Hinweisen; zur Tragweite dieses Prinzips für das US-amerikanische Umweltrecht: TANQUEREL, Les voies de droit, 118 ff.
[4] Zusatzbotschaft I zur EWR-Botschaft, BBl 1992 V 97 f., 108 ff., 131, 137 f., 143 ff.
[5] Amtl.Bull. S 1992 682 f., 687 f., N 1992 1511, 1533 ff., S 1992 910.
[6] Volksabstimmung vom 6. Dezember 1992; Erwahrungsbeschluss in BBl 1993 I 167.
[7] Botschaft Teilrevision USG, BBl 1993 II 1447, 1452, 1574; TANQUEREL, Les voies de droit, 112.
[8] AS 1997 1175.

II. Information und Beratung über Bedeutung und Zustand von Natur und Landschaft (Abs. 1)

A. Aufgabe von Bund und Kantonen

Adressaten der Bestimmung von Art. 25a Abs. 1 NHG sind Bund und Kantone.

3
Verpflichtung des Bundes
Obligation de la Confédération

Der Bund ist angesprochen, soweit er nach dem Verfassungsrecht dazu zuständig ist, insbesondere also in den Bereichen des Naturschutzes (Art. 24^{sexies} Abs. 4 BV; vgl. ZUFFEREY, 2. Kap., Rz 44 f.) und des Moor- und Moorlandschaftsschutzes (Art. 24^{sexies} Abs. 5 BV; vgl. ZUFFEREY, 2. Kap., Rz 46 ff.), soweit er seine Kompetenzen auf Gesetzesebene nicht an die Kantone delegiert hat (vgl. ZUFFEREY, 2. Kap., Rz 38 sowie KELLER, Vorbemerkungen zu den Art. 23a–23d, Rz 4).

Die Art. 11 Abs. 1 der HMV, der FMV, der AuenV sowie der MLV wiederholen den Beratungsauftrag des Bundes für ihren jeweiligen Geltungsbereich.

4
Verpflichtung der Kantone
Obligation des cantons

Im Bereich des Landschaftsschutzes (ohne Moorlandschaftsschutz) sind dagegen nach dem geltenden Verfassungsrecht die Kantone zuständig (Art. 24^{sexies} Abs. 1 BV; vgl. ZUFFEREY, 2. Kap., Rz 36 ff. sowie KELLER, Vorbemerkungen zu den Art. 23a-23d, Rz 3) und damit zu Information und Beratung verpflichtet. Dazu kommen diejenigen Teilbereiche des Naturschutzes und des Moor- und Moorlandschaftsschutzes, in denen der Bund seine Kompetenzen auf Gesetzesebene nicht ausgeschöpft hat (vgl. Rz 3 hievor; z.B. Art. 18a Abs. 2, Art. 18b, Art. 20 Abs. 2, Art. 21 Abs. 2 und Art. 23c Abs. 2 NHG).

Auch wo die Erfüllung von Bundesaufgaben (Art. 24sexies Abs. 2 BV) durch den Bund (Art. 3 Abs. 1 NHG) im Bereich des Landschaftsschutzes eine Rolle spielt, sind für Information und Beratung primär die Kantone in die Pflicht genommen. Sollen die Aufgaben der Information und Beratung im Landschaftsschutz zweckmässig erfüllt werden, haben sie nämlich für diesen Bereich gesamtheitlich zu erfolgen. Deshalb sollten sie grundsätzlich nicht einzelfallweise von den Kantonen dem Bund übertragen werden. Dieses Prinzip schliesst allerdings die ergänzende oder kantonsübergreifende Information und Beratung durch den Bund nicht aus. Auch obliegt dem Bund die bundesinterne Information und Beratung (des BUWAL gegenüber den nach der Spezialgesetzgebung des Bundes zuständigen Bundesstellen).

B. Geltungsbereich

a. Natur und Landschaft

5 Die eingangs genannte Richtlinie der Europäischen Union zur Umweltinformation (vgl. Rz 1 hievor) betrifft nebst weiteren Umweltbereichen die Tier- und Pflanzenwelt, die natürlichen Lebensräume sowie Tätigkeiten und Massnahmen, die deren Zustand beeinträchtigen können (Art. 2 Bst. a dieser Richtlinie). Der Gesetzgeber folgte dieser Richtlinie insofern, als er den Geltungsbereich von Art. 25a NHG auf den Natur- und Landschaftsschutz beschränkte und damit den Heimatschutz und die Denkmalpflege (zu den Begriffen: ROHRER, 1. Kap.) als weitere Bereiche des NHG, die aber von der genannten Richtlinie nicht erfasst sind, davon ausschloss. Eine bundesrechtliche Verpflichtung zur Information und Beratung in den Bereichen des Heimatschutzes und der Denkmalpflege besteht damit aufgrund von Art. 25a NHG nicht.

Beratungsaufgaben nimmt der Bund in den Bereichen des Heimatschutzes und der Denkmalpflege dennoch wahr, nämlich in Anwendung der Art. 7 ff. NHG (Begutachtungsaufgaben der beratenden Kommissionen des Bundes), von Art. 13 NHG (Beratung im Rahmen der Beurteilung von Subventionsgesuchen) sowie von Art. 9 USG (Beratung im Rahmen der Umweltverträglichkeitsprüfung; vgl. dazu auch Rz 8 hienach). In den beiden letztgenannten Fällen sind auch die Kantone in den Bereichen des Heimatschutzes und der Denkmalpflege beratend tätig (vgl. Art. 4 Abs. 1 und Art. 5 Abs. 2 NHV bzw. Art. 8 Abs. 3 zweiter Satz i.V. mit Art. 3 Abs. 1 UVPV).

b. Bedeutung und Zustand

Nicht nur der Zustand (wie gemäss der genannten Richtlinie der Europäischen Union; vgl. Rz 1 hievor), sondern auch die Bedeutung von Natur und Landschaft sind Gegenstand von Art. 25a Abs. 1 NHG. Die Beschreibung des «Zustands» erfolgt als erster Schritt ohne Bewertung, mit dem Element der «Bedeutung» werden der Natur und der Landschaft bzw. deren Zustand im zweiten Schritt auch Werte zugeordnet.

6

Der Bund kann die von ihm benötigten Daten selber erheben oder auf seine Kosten erheben lassen (Art. 14a Abs. 2 i.V. mit Art. 14a Abs. 1 Bst. a NHG). Entsprechende Forschungsvorhaben der Kantone kann er mit Beiträgen unterstützen (Art. 14a Abs. 1 Bst. a NHG; zum Ganzen: JENNI, Art. 14a, Rz 3 und 7).

Die Daten über den Zustand und die Bedeutung von Natur und Landschaft dürften nur in seltenen Fällen Personendaten sein. Die Datenschutzgesetzgebung wird deshalb für die Anwendung von Art. 25a NHG kaum eine Rolle spielen – dies im Unterschied zur Information und Beratung nach Art. 6 USG[9] (z.B. bezüglich Daten über die Emissionen oder Umweltrisiken von Betrieben).

c. Information und Beratung

Unter Information ist die allgemeine und damit nicht einzelfallbezogene Orientierung über Natur und Landschaft gemeint. Mittel sind auf Bundesebene etwa Presseinformationen, die Veröffentlichung von Artikeln im BUWAL-Bulletin,

7
Information

---

[9] Vgl. HÄNER Isabelle, Daten, Datenschutz und Information im Risikobereich, URP 1992 436 ff. sowie RAUSCH, Kommentar USG, Art. 6, Rz 15.

die Herausgabe von allgemeinverständlichen Schriften durch das BUWAL[10] sowie die Publikation wissenschaftlicher Abhandlungen in der Schriftenreihe Umwelt dieses Amtes[11].

Seine Öffentlichkeitsarbeit kann der Bund selber durchführen oder auf seine Kosten durchführen lassen (Art. 14a Abs. 2 i.V. mit Art. 14a Abs. 1 Bst. c NHG). Entsprechende Vorhaben der Kantone kann er mit Beiträgen unterstützen (Art. 14a Abs. 1 Bst. c NHG; zum Ganzen: JENNI, Art. 14a, Rz 3 und 7).

8
Beratung
Conseil

Beratung ist – im Gegensatz zur Information – die (meist) einzelfallbezogene Vermittlung von Fachwissen, so etwa zur zweckmässigen landwirtschaftlichen Bewirtschaftung (z.B. Düngeberatung).

Die Beratung von Gesuchstellerinnen und Gesuchstellern im Rahmen der Umweltverträglichkeitsprüfung von Anlagen, welche die Umwelt erheblich belasten können (Art. 9 USG), richtet sich nach Art. 8 Abs. 3 zweiter Satz UVPV. Diese Beratung bezieht sich u.a. auf den gesamten Geltungsbereich des NHG, schliesst also im Gegensatz zu Art. 25a NHG den Heimatschutz und die Denkmalpflege ein (Art. 3 Abs. 1 UVPV; vgl. Rz 5 hievor).

Beratung erfolgt durch den Bund im Rahmen der Beurteilung von Subventionsgesuchen (nach Art. 13, Art. 18d und Art. 23c Abs. 3 NHG). Die Beratungstätigkeit der Kantone kann im Unterschied zu kantonalen Vorhaben im Bereich der Öffentlichkeitsarbeit (Art. 14a Abs. 1 Bst. c NHG; vgl. Rz 7 hievor) durch den Bund nicht finanziell unterstützt werden, auch nicht als Teil der nach Art. 13, Art. 18d und Art. 23c Abs. 3 NHG subventionierten Massnahmen.

C. Zielgruppen: Behörden und Öffentlichkeit

9   Der Informations- und der Beratungsauftrag sollen sowohl gegenüber Behörden als auch gegenüber der Öffentlichkeit erfüllt werden. Diese Verpflichtungen von Bund und Kantonen sind damit offener gefasst als in den meisten anderen Umwelterlassen.

Nach Art. 6 Abs. 1 USG und Art. 50 Abs. 1 GSchG ist der Informationsauftrag der Öffentlichkeit gegenüber zu erfüllen, beraten werden nach Art. 6 Abs. 2 USG und Art. 50 Abs. 2 GSchG dagegen Behörden und Private. Nach Art. 14 Abs. 1 JSG ist die Bevölkerung zu informieren; die Beratung wird nicht direkt angesprochen, erfolgt aber faktisch über Ausbildung und Wildhut. Neben der gleichlautenden Bestimmung von Art. 22a Abs. 1 BFG kommt Art. 25a Abs. 1 NHG

---

[10] Z.B. Natur- und Landschaftsschutz: In der Landschaft – mit der Natur, Bern 1994; Moorlandschaften, Eine fächerübergreifende Unterrichtseinheit ab 7. Schuljahr, Bern 1994; Moore und Moorlandschaften der Schweiz, Bern 1994; alle in deutscher und französischer Sprache erhältlich.

[11] Vgl. die Beispiele unter Bst. D. des Literaturverzeichnisses.

die Waldgesetzgebung am nächsten: Nach Art. 34 WaG werden Behörden und Öffentlichkeit informiert, nach Art. 30 WaG (private und öffentliche) Waldeigentümerinnen und Waldeigentümer beraten.

Genausowenig wie Beratung ohne Information möglich ist, lassen sich weder Information noch Beratung einer der genannten Adressatinnen zuordnen. Natur- und Landschaftsschutz muss vielmehr in Information und in Beratung sowohl Behörden als auch die Öffentlichkeit betreffen.

III. Empfehlung geeigneter Schutz- und Unterhaltsmassnahmen (Abs. 2)

Art. 25a Abs. 2 NHG konkretisiert Art. 25a Abs. 1 NHG. Information (auf allgemeiner Ebene) und Beratung (im Einzelfall)[12] sollen sich insbesondere der Empfehlung geeigneter Schutz- und Unterhaltsmassnahmen widmen.

10

In ähnlicher Weise empfehlen die zuständigen Behörden des Bundes bzw. der Kantone nach Art. 6 Abs. 3 USG «Massnahmen zur Verminderung der Umweltbelastung», nach Art. 50 Abs. 3 GSchG «Massnahmen zur Verhinderung und zur Verminderung nachteiliger Einwirkungen auf die Gewässer» und nach Art. 22a Abs. 2 BFG ebenfalls «geeignete Schutz- und Unterhaltsmassnahmen».

Die Terminologie der «Schutz- und Unterhaltsmassnahmen» ist den Bestimmungen des NHG über den Biotop- und den Moorlandschaftsschutz (Art. 18a Abs. 2, Art. 18b Abs. 1, Art. 18c Abs. 1, Art. 18d Abs. 1 und 2, Art. 23c Abs. 2 und 3 NHG) entnommen. Da sich Art. 25a Abs. 2 NHG auf den ganzen Geltungsbereich von Art. 25a Abs. 1 NHG bezieht, sind entsprechende Massnahmen im gesamten Bereich des Natur- und Landschaftsschutzes angesprochen.

---

[12] Vgl. RAUSCH, Kommentar USG, Art. 6, Rz 2.

6. Abschnitt:
Schlussbestimmungen

Chapitre 6:
Dispositions finales

Art. 25b Wiederherstellung von Mooren und Moorlandschaften

¹ Die Kantone bezeichnen die Anlagen, Bauten und Bodenveränderungen, die nach dem 1. Juni 1983 innerhalb von Mooren und Moorlandschaften von besonderer Schönheit und von nationaler Bedeutung erstellt wurden, den Schutzzielen widersprechen und nicht gestützt auf Nutzungszonen, welche dem Raumplanungsgesetz entsprechen, rechtskräftig bewilligt worden sind.

² In der Moorlandschaft von Rothenthurm bezeichnen die Kantone Schwyz und Zug die Anlagen, Bauten und Bodenveränderungen, welche nach dem 1. Juni 1983 erstellt wurden und unter die Übergangsbestimmung von Artikel 24^{sexies} Absatz 5 der Bundesverfassung fallen.

³ Die Wiederherstellung des ursprünglichen Zustandes wird von derjenigen kantonalen oder eidgenössischen Behörde verfügt, die für den Entscheid über die Bewilligung oder die Ausführung entsprechender Vorhaben zuständig wäre. Bei der Wiederherstellung des ursprünglichen Zustandes ist das Prinzip der Verhältnismässigkeit zu beachten.

Art. 25b Rétablissement de marais et de sites marécageux

¹ Les cantons désignent les installations, les bâtiments et les modifications de la configuration du terrain réalisés après le 1er juin 1983 dans les marais et les sites marécageux d'une beauté particulière et d'importance nationale, qui sont contraires aux buts visés par la protection et qui n'ont pas été autorisés avec force de chose jugée sur la base de zones d'affectation conformes à la loi fédérale sur l'aménagement du territoire.

² Dans le site marécageux de Rothenthurm, les cantons de Schwyz et de Zoug désignent les installations, les bâtiments et les modifications de la configuration du terrain réalisés après le 1er juin 1983 et qui tombent sous le coup de la disposition transitoire de l'article 24^{sexies}, 5e alinéa, de la Constitution fédérale.

³ L'autorité cantonale ou fédérale compétente pour prendre les décisions concernant les autorisations et l'exécution des projets décide du rétablissement de l'état initial. Lors du rétablissement de l'état initial, on tient compte du principe de la proportionnalité.

Inhaltsverzeichnis Rz

I. Vorbemerkungen 1
 A. Inhalt und Entstehung der Bestimmung 1
 B. Verhältnis zu Art. 24e NHG 4
II. Bezeichnung der wiederherzustellenden Teile von Mooren und Moorlandschaften
 (Abs. 1) 5
 A. Anlagen, Bauten und Bodenveränderungen 5
 B. Erstellung nach dem 1. Juni 1983 9
 C. Moore und Moorlandschaften von besonderer Schönheit und von nationaler
  Bedeutung 10
 D. Widerspruch zu den Schutzzielen 11
 E. Keine rechtskräftige Bewilligung in bundesrechtskonformen Nutzungszonen 12
 F. Bezeichnung durch die Kantone 15
 G. Keine Berücksichtigung der Verhältnismässigkeit 16
III. Bezeichnung der wiederherzustellenden Teile der Moorlandschaft von Rothenthurm
 (Abs. 2) 17
 A. Moorlandschaft von Rothenthurm 17
 B. Keine gesetzliche Privilegierung 18
 C. Weitere Voraussetzungen 19
IV. Wiederherstellungsverfügung (Abs. 3) 20
 A. Wiederherstellung des ursprünglichen Zustands 20
 B. Zuständige Behörde 21
 C. Beachtung der Verhältnismässigkeit 22
 D. Exkurs: Entschädigungsfolgen 25

Table des matières N°

I. Remarques préliminaires 1
 A. Le contenu et l'origine de la disposition 1
 B. Le lien avec l'art. 24e LPN 4
II. La désignation des parties de marais et de sites marécageux à rétablir (al. 1) 5
 A. Les installations, constructions et modifications de la configuration du terrain 5
 B. La réalisation après le 1er juin 1983 9
 C. Les marais et sites marécageux d'une beauté particulière et d'importance
  nationale 10
 D. La contradiction avec les buts de protection 11
 E. Aucune autorisation entrée en force dans des zones d'affectation conformes à la
  législation fédérale 12
 F. La désignation par les cantons 15

G. Aucune prise en compte de la proportionnalité 16
III. La désignation des parties du site de Rothenthurm à rétablir (al. 2) 17
   A. Le site marécageux de Rothenthurm 17
   B. L'absence de privilège légal 18
   C. Les autres conditions 19
IV. La décision de rétablissement (al. 3) 20
   A. Le rétablissement de l'état initial 20
   B. L'autorité compétente 21
   C. La prise en compte de la proportionnalité 22
   D. Ex cursus: les conséquences en matière d'indemnisation 25

I. Vorbemerkungen

A. Inhalt und Entstehung der Bestimmung

1 Verfassungsgrundlage / Base constitutionnelle

Art. 25b NHG konkretisiert die Übergangsbestimmung zu Art. 24^{sexies} Abs. 5 BV.

2 Vorschlag des Bundesrates / Proposition du Conseil fédéral

Nach den Vorstellungen des Bundesrates sollte allgemein geregelt werden, dass die Kantone die wiederherzustellenden Anlagen, Bauten und Bodenverbesserungen innerhalb von Mooren und Moorlandschaften von besonderer Schönheit und von nationaler Bedeutung bezeichnen, die nach dem 1. Juni 1983 erstellt wurden und den Schutzzielen widersprechen, sowie dass über die Wiederherstellung des ursprünglichen Zustandes diejenige kantonale oder eidgenössische Behörde verfügt, die für den Entscheid über die Bewilligung oder die Ausführung entsprechender Vorhaben zuständig wäre[1].

3 Lösung gemäss Teilrevision NHG / Solution selon la révision partielle de la LPN

Erst im Parlament erfolgte bezüglich der Wiederherstellungsvoraussetzungen eine Differenzierung zwischen der Moorlandschaft Rothenthurm (Art. 25b Abs. 2 NHG) und anderen Mooren und Moorlandschaften von besonderer Schönheit und von nationaler Bedeutung (Art. 25b Abs. 1 NHG); zudem fand das Prinzip der Verhältnismässigkeit in Art. 25b Abs. 3 zweiter Satz NHG Erwähnung, und in systematischer Hinsicht wurde dieser Artikel – entsprechend der Systematik des Verfassungsartikels – den Schlussbestimmungen des NHG zugeordnet[2].

Art. 25b NHG wurde zunächst als Art. 25a NHG ins Gesetz einfügt. Zu Art. 25b NHG wurde er aufgrund des neuen Art. 25a NHG (Information und Beratung) im Rahmen der USG-Revision vom 21. Dezember 1995[3].

[1] Botschaft Teilrevision NHG, BBl 1991 III 1143 und 1157 (Art. 15a Abs. 6 des Entwurfs).
[2] Amtl.Bull. S 1992 616 und 622 ff., N 1993 2099 und 2106 f., S 1994 212.
[3] AS 1997 1175.

B. Verhältnis zu Art. 24e NHG

Art. 25b NHG findet grundsätzlich auf alle Eingriffe in Moore und Moorlandschaften von besonderer Schönheit und von nationaler Bedeutung Anwendung, die mit den jeweiligen Schutzzielen im Widerspruch stehen und die zwischen dem 1. Juni 1983 und dem Zeitpunkt der definitiven Unterschutzstellung des betreffenden Schutzobjekts vorgenommen wurden[4]. Dabei hängt der Zeitpunkt der definitiven Unterschutzstellung vom Fortschritt der entsprechenden bundesrechtlichen Grundlagen und der allenfalls notwendigen kantonalrechtlichen Konkretisierungen für das einzelne Schutzobjekt ab (vgl. dazu: FAHRLÄNDER, Art. 18a, Rz 11 und 15 ff. sowie KELLER, Art. 23c, Rz 2 und 9 ff.). Nach der definitiven Unterschutzstellung des betreffenden Objekts vorgenommene Eingriffe sind dagegen nach Massgabe von Art. 24e NHG zu beurteilen (vgl. dazu auch FAHRLÄNDER, Art. 24e, Rz 3 f.).

4

II. Bezeichnung der wiederherzustellenden Teile von Mooren und Moorlandschaften (Abs. 1)

A. Anlagen, Bauten und Bodenveränderungen

Art. 25b Abs. 1 NHG betrifft neben Bauten und Anlagen, deren Begriffe dem Raumplanungsrecht (insbesondere Art. 22 Abs. 1 RPG) entnommen sind, zusätzlich sog. Bodenveränderungen.

5

Das Raumplanungsrecht umschreibt die Begriffe der «Baute» und der «Anlage» nicht näher. In der Rechtsprechung werden die beiden Begriffe auch nicht einzeln, sondern – da sowohl Bauten als auch Anlagen einer Baubewilligung bedürfen (Art. 22 Abs. 1 RPG) – als Begriffspaar «Bauten und Anlagen» definiert. Mangels unterschiedlicher Rechtsfolgen besteht auch im vorliegenden Zusammenhang kein Bedürfnis danach, die Begriffe der «Baute» und der «Anlage» auseinanderzuhalten; es kann also auf die Praxis zum Raumplanungsrecht verwiesen werden[5]. Danach umfasst der Begriff der «Bauten und Anlagen» erstens dauerhafte Bauwerke, d.h. «jene künstlich geschaffenen und auf Dauer angelegten Einrichtungen, die in bestimmter fester Beziehung zum Erdboden

6
Bauten und Anlagen
Constructions et installations

---

[4] A.M. WALDMANN, Diss., 329, wonach Art. 25b NHG nur bis am 6. Dezember 1987 vorgenommene Eingriffe betrifft.
[5] WALDMANN, Diss., 234 ff. zieht die Praxis zum Raumplanungsrecht dagegen bloss als «Ausgangspunkt» für das moor- und moorlandschaftsschutzrechtliche Verständnis des Bauten- und Anlagenbegriffs bei.

stehen und die Nutzungsordnung zu beeinflussen vermögen, weil sie entweder den Raum äusserlich erheblich verändern, die Erschliessung belasten oder die Umwelt beeinträchtigen»[6] (z.B. Gebäude, Strassen, Wege), zweitens Fahrnisbauten, also Bauwerke, welche zwar nicht dauerhaft, aber immerhin «über nicht unerhebliche Zeiträume ortsfest verwendet werden»[7], drittens Geländeveränderungen von einer gewissen Erheblichkeit (z.B. Kiesgrube, Golfplatz, Autoabstellplatz)[8] und viertens Nutzungsänderungen, Eingriffe also ohne eigentliche bauliche Vorkehrungen, aber mit erheblichen Auswirkungen auf Umwelt und Planung (z.B. Wasserskianlage, Lagerplatz, Motocrosstrainingsgelände, Hängegleiterlandeplatz, Zweckänderung einer Baute oder Anlage)[9].

7
Bodenveränderungen
Modifications du terrain

Der Begriff der «Bodenveränderung» erfasst darüber hinaus Veränderungen des Bodens, die qualitativer Natur sind[10]. Zu denken ist einerseits an physikalische Belastungen des Bodens (insbesondere an die Bodenverdichtung durch das Befahren und Begehen oder durch das Verlegen von Leitungen) und andererseits an chemische Belastungen des Bodens (z.B. durch die Verwendung von umweltgefährdenden Stoffen wie Pflanzenbehandlungsmittel und Dünger). Allerdings fällt nicht jede Bodenbelastung im Sinne des Umweltschutzrechts[11] unter den Begriff der «Bodenveränderung», sondern nur jene, die durch Menschen bewusst oder zumindest durch Unachtsamkeit verursacht und räumlich einer bestimmten Fläche zuzuordnen sind. Damit sind etwa physikalische Belastungen des Bodens durch Erosion den Bodenveränderungen nur zuzurechnen, wenn sie auf konkrete menschliche Eingriffe zurückgeführt werden können. Chemischen Bodenbelastungen durch Luftverunreinigung fehlt dagegen der räumliche Bezug zu einer bestimmten Fläche; sie sind deshalb dem Begriff der «Bodenveränderung» nicht zuzurechnen. Schliesslich spielen biologische Belastungen des Bodens (z.B. durch die Freisetzung von umweltgefährdenden Organismen) im vorliegenden Zusammenhang (noch) keine Rolle.

---

[6] BGE 120 Ib 384 E. 3c = JdT 1996 I 450; BGE 119 Ib 226 E. 3a = JdT 1995 I 444; BGE 119 Ib 445 E. 3a = JdT 1995 I 449; BGE 118 Ib 9 = JdT 1994 I 453.
[7] BGE 119 Ib 226 E. 3a = JdT 1995 I 444; BGE 118 Ib 9 = JdT 1994 I 453.
[8] BGE 119 Ib 226 E. 3a = JdT 1995 I 444; BGE 118 Ib 9 f. = JdT 1994 I 453.
[9] BGE 119 Ib 226 ff. = JdT 1995 I 444 f.; Entscheidbesprechung von TSCHANNEN Pierre in AJP 1994, 86 ff.
[10] BUNDESAMT FÜR JUSTIZ, Artikel 24sexies Absatz 5 BV, 10.
[11] Art. 7 Abs. 4bis und Art. 33 USG in der Fassung vom 21. Dezember 1995 (AS 1997 1156 bzw. 1165); Botschaft Teilrevision USG, BBl 1993 II 1505 ff. (Ziff. 5), 1557 (Art. 7 Abs. 4bis) und 1565 (Art. 33); ZÄCH Christoph, Das neue Bodenschutzrecht, URP 1996, 501 f.

Mit der Wendung «Anlagen, Bauten und Bodenveränderungen» sind also alle auf eine bestimmte Fläche bezogenen menschlichen Eingriffe gemeint, die ein Moor in naturschützerischer Hinsicht oder eine Moorlandschaft in landschaftsschützerischer Hinsicht quantitativ oder qualitativ beeinträchtigen können[12].

8 Beeinträchtigung des Schutzobjektes
Atteinte à l'objet protégé

B. Erstellung nach dem 1. Juni 1983

Art. 25b Abs. 1 NHG erfasst alle Anlagen, Bauten und Bodenveränderungen, die nach dem 1. Juni 1983 erstellt worden oder erfolgt sind. Mit der Einfügung dieses Datums im Initiativtext zur Übergangsbestimmung zu Art. 24^{sexies} Abs. 5 BV sollte in erster Linie die weitere Beeinträchtigung der Moorlandschaft Rothenthurm durch das dortige Waffenplatzprojekt verhindert werden[13]. Damit steht einerseits fest, dass früher erfolgte Eingriffe in Moore und Moorlandschaften von besonderer Schönheit und von nationaler Bedeutung nur mittels Vereinbarungen mit den Grundeigentümerinnen oder Grundeigentümern und Bewirtschafterinnen oder Bewirtschaftern sowie nötigenfalls formelle Enteignung durch den betreffenden Kanton (Art. 18c NHG) oder allenfalls durch Erwerb oder Sicherung des schützenswerten Objekts durch den Bund (Art. 15 NHG) rückgängig gemacht werden können[14]. Andererseits besteht für die nach dem 1. Juni 1983 erfolgten Eingriffe eine rückwirkende Wiederherstellungspflicht[15].

9

C. Moore und Moorlandschaften von besonderer Schönheit und von nationaler Bedeutung

Für den Begriff der Moore von besonderer Schönheit und von nationaler Bedeutung ist auf die Kommentierung zu Art. 18a Abs. 1 erster Satz NHG (FAHRLÄNDER, Art. 18a, Rz 27 und 29 ff.), für den Begriff der Moorlandschaften von besonderer Schönheit und von nationaler Bedeutung ist auf die Definition in Art. 23b Abs. 2 NHG und die entsprechende Kommentierung (KELLER, Art. 23b, Rz 9 ff.) zu verweisen.

10

---

[12] Vgl. die zahlreichen praktischen Beispiele bei RAUSCH, Verfassungsrechtliche Pflicht, 3, RAUSCH, Recht, 7, sowie WALDMANN, Diss., 232 ff.
[13] Botschaft Rothenthurm, BBl 1985 II 1446; Amtl.Bull. S 1986 351 (Votum Berichterstatter SCHOCH); Amtl.Bull. N 1987 132 (Votum Berichterstatter AUER), 133 (Votum Berichterstatter THÉVOZ); Amtl.Bull. S 1992 623 (Votum FRICK); WALDMANN, Diss., 329 und 332.
[14] BUWAL, Entschädigungsfolgen, 13 und 20.
[15] Botschaft Rothenthurm, BBl 1985 II 1447; RAUSCH, Verfassungsrechtliche Pflicht, 1; RAUSCH, Recht, 11.

D. Widerspruch zu den Schutzzielen

11 Als wiederherstellungspflichtig können Teile von Mooren und Moorlandschaften von besonderer Schönheit und von nationaler Bedeutung nur bezeichnet werden, wenn die darauf erstellten Bauten und Anlagen oder erfolgten Bodenveränderungen den Zielen des Moor- oder Moorlandschaftsschutzes widersprechen, wie sie für die betreffenden Moore vom Bundesrat festgelegt werden (Art. 18a Abs. 1 zweiter Satz NHG; Art. 4 HMV; Art. 4 FMV; FAHRLÄNDER, Art. 18a, Rz 13) und für die betreffenden Moorlandschaften aufgrund der allgemeinen Umschreibung in Art. 23c Abs. 1 erster Satz NHG vom Bundesrat festgelegt (Art. 23c Abs. 1 zweiter Satz NHG; Art. 4 MLV) und von den Kantonen konkretisiert werden (Art. 23c Abs. 2 erster Satz NHG; Art. 4 Abs. 2 MLV; zum Ganzen: KELLER, Art. 23c, Rz 2 und 9).

E. Keine rechtskräftige Bewilligung in bundesrechtskonformen Nutzungszonen

12 Nicht berücksichtigt werden sollen diejenigen Beeinträchtigungen von Mooren und Moorlandschaften, die gestützt auf bundesrechtskonforme Nutzungszonen rechtskräftig bewilligt worden sind. Gemeint sind damit Bauten oder Anlagen, für welche aufgrund ihrer Zonenkonformität[16] eine Baubewilligung nach Art. 22 RPG rechtskräftig erteilt worden ist. Damit ist auch gesagt, dass es keine Rolle spielt, für welche Zone (Bau-, Landwirtschafts-, Schutz- oder weitere Zone; Art. 15 ff. RPG) die Bewilligung erteilt wurde. Das Privileg gilt allerdings nur, soweit die betreffende Gemeinde zum Zeitpunkt der Bewilligungserteilung bereits über eine RPG-konforme Nutzungsplanung[17] verfügte.

Privileg für zonenkonforme Bauten und Anlagen
Privilège pour les constructions et installations conformes à la zone

Ausgangspunkt für die Bevorzugung von Beeinträchtigungen in anderen Mooren und Moorlandschaften von besonderer Schönheit und von nationaler Bedeutung gegenüber Beeinträchtigungen in der Moorlandschaft von Rothenthurm (vgl. Rz 18 hienach) war die Überlegung, dass die Wiederherstellungsfolgen zwar in der Moorlandschaft von Rothenthurm voraussehbar waren, in den anderen betroffenen Mooren und Moorlandschaften jedoch nicht. Eine Beschränkung der Wiederherstellungspflicht auf die Moorlandschaft von Rothenthurm wurde im Ständerat beantragt, aus Gründen der mangelnden Verfassungskonformität aber abgelehnt[18]. Wegleitend für den Beschluss über den nun vorlie-

---

[16] Amtl.Bull. S 1994 212 (Votum Berichterstatter SCHÜLE).
[17] Zum Begriff: BGE 120 Ib 86 = JdT 1996 I 471; BGE 119 Ib 130 ff. = JdT 1995 I 396; BGE 118 Ib 45 ff. = JdT 1994 I 391; BGE 114 Ib 311 f. = JdT 1990 I 399.
[18] Amtl.Bull. S 1992 622 ff.

genden Gesetzestext war der Schutz des Vertrauens in rechtskräftig erteilte Baubewilligungen.

In einem Gutachten zur Verfassungsmässigkeit von Art. 25b NHG (in der damals der Kommission für Umwelt, Energie und Raumplanung des Nationalrats beantragten Fassung) argumentierte das Bundesamt für Justiz, die Übergangsbestimmung zu Art. 24^{sexies} Abs. 5 BV lege zwei Voraussetzungen für die Wiederherstellung fest, nämlich die Erstellung nach dem 1. Juni 1983 und das Bestehen eines Widerspruchs zu den Schutzzielen. Es sei verfassungsrechtlich unzulässig, auf der Ebene der Gesetzgebung diesen Voraussetzungen eine weitere hinzuzufügen. Auch schaffe die vorgeschlagene Unterscheidung eine rechtsungleiche Behandlung zwischen betroffenen Eigentümerinnen und Eigentümern von Grundstücken in der Moorlandschaft von Rothenthurm, welche in der Verfassungsbestimmung bloss als Beispiel aufgeführt sei, und den weiteren von der Wiederherstellungspflicht betroffenen Eigentümerinnen und Eigentümern.

13
Verfassungsmässigkeit
Constitutionnalité

Die genannten verfassungsrechtlichen Bedenken des Bundesamtes für Justiz sind trotz der Verabschiedung von Art. 25b Abs. 1 NHG durch das Parlament ernst zu nehmen. Die von National- und Ständerat bewusst in Kauf genommene Verfassungswidrigkeit dieser Bestimmung hindert zwar deren Geltung und Anwendbarkeit grundsätzlich nicht (Art. 113 Abs. 3 BV). Allerdings ist die hier zu diskutierende Voraussetzung der Wiederherstellungspflicht so verfassungskonform wie möglich zu interpretieren[19] und damit eng auszulegen[20].

Auch wenn sich die Kantone nach Art. 35 Abs. 1 Bst. b RPG bis am 31. Dezember 1987, faktisch also bis kurz nach der Volksabstimmung über den Rothenthurm-Artikel (Art. 24^{sexies} Abs. 5 BV), mit der Erstellung von RPG-konformen Nutzungsplänen Zeit lassen konnten[21], sind im vorliegenden Zusammen- hang nicht nur neuere (d.h. ab dem 1. Januar 1988 erteilte), sondern auch ältere rechtskräftige Baubewilligungen nur dann beachtlich, wenn derartige Nutzungspläne zum Zeitpunkt der Bewilligungserteilung bereits Gültigkeit hatten.

14
Abgrenzungsfragen
Questions de délimitation

Da sich das Privileg nur auf zonenkonforme Bauten und Anlagen bezieht (vgl. Rz 12 hievor), fallen zum vorneherein auch Bewilligungen für Ausnahmen ausserhalb der Bauzonen (Art. 24 RPG) ausser Betracht[22].

Ebensowenig kommt Art. 25b Abs. 1 NHG für Bauten und Anlagen zur Anwendung, deren Planung und Bewilligung nicht mit den Mitteln der Raumplanung

---

[19] HALLER Walter, Kommentar BV, Art. 113, Rz 212 ff., mit Hinweisen.
[20] WALDMANN, Diss., 341.
[21] BGE 119 Ib 132 unten = JdT 1995 I 396; BGE 118 Ib 43 f. = JdT 1994 I 391, mit Hinweisen.
[22] Amtl.Bull. S 1994 212 (Votum Berichterstatter SCHÜLE); WALDMANN, Diss., 342 oben.

durch die Kantone (Art. 22^{quater} Abs. 1 BV), sondern durch den Bund erfolgte[23]. So gilt die Wiederherstellungspflicht in voller Strenge insbesondere für militärische Bauten und Anlagen.

Eine Bedeutung kann der Wiederherstellungsvoraussetzung des Vorliegens einer rechtskräftigen Bewilligung in bundesrechtskonformen Nutzungszonen schliesslich nur für Bauten und Anlagen, nicht aber für Bodenveränderungen (zum Begriff: Rz 7 hievor) zukommen, da diese in aller Regel ohne behördliche Bewilligung erfolgten und auch keinen Bezug zur Nutzungsplanung aufweisen.

F. Bezeichnung durch die Kantone

15 Die Zuständigkeit zur Bezeichnung der wiederherzustellenden Teile von Mooren und Moorlandschaften von besonderer Schönheit und von nationaler Bedeutung kommt – in Übereinstimmung mit dem Subsidiaritätsprinzip von Art. 3 BV, welches in Art. 24^{sexies} Abs. 1 BV wiederholt wird (ZUFFEREY, 2. Kap., Rz 7 und 38) – den Kantonen zu.

G. Keine Berücksichtigung der Verhältnismässigkeit

16 Die Prüfung der Verhältnismässigkeit der Wiederherstellung ist nicht bei der Bezeichnung der wiederherzustellenden Teile, sondern beim Entscheid über die Wiederherstellung (Art. 25b Abs. 3 zweiter Satz NHG) vorzunehmen (vgl. dazu Rz 22 hienach).

III. Bezeichnung der wiederherzustellenden Teile der Moorlandschaft von Rothenthurm (Abs. 2)

A. Moorlandschaft von Rothenthurm

17 Die Moorlandschaft von Rothenthurm ist als Objekt Nr. 1 im Moorlandschaftsinventar aufgeführt (Anhang 1 zur MLV). Deren Perimeter wurde allerdings nicht erst mit der MLV, sondern bereits früher, nämlich durch Bundesratsbeschluss vom 14. August 1991, festgesetzt.

In dieser Moorlandschaft liegen die folgenden Hoch- und Flachmoore von nationaler Bedeutung:

---

[23] WALDMANN, Diss., 342 oben.

- Hochmoore von nationaler Bedeutung (Art. 1 und 2 HMV sowie Anhänge 1 und 2 zur HMV): 303 Altmatt-Biberbrugg (Kantone Schwyz und Zug) sowie 323 Witi (Kanton Schwyz)
- (definitiv bereinigte) Flachmoore von nationaler Bedeutung (Art. 1 und 2 FMV sowie Anhänge 1 und 2 zur FMV): 1951 Altmatt/Ägeriried (Kantone Schwyz und Zug), 2892 Chrottenboden (Kanton Zug), 2893 Wissenbach (Kanton Zug), 2896 Schlänggli-Biberbrugg (Kanton Schwyz), 2897 Witi (Kanton Schwyz), 2898 Ängiried (Kanton Schwyz) und 2901 Grossblätz (Kanton Schwyz)
- ein noch nicht definitiv bereinigtes Flachmoor von nationaler Bedeutung (Art. 12 FMV und Anhang 3 zur FMV), nämlich ein Teilobjekt von 2899 Erlen (Kanton Schwyz).

Die Moorlandschaft von Rothenthurm bildete ebenfalls Gegenstand einer vorsorglichen Massnahme nach Art. 16 NHG[24].

B. Keine gesetzliche Privilegierung

Die Wiederherstellungspflicht nach Art. 25b Abs. 2 NHG betrifft Anlagen, Bauten und Bodenveränderungen in der Moorlandschaft von Rothenthurm auch dann, wenn sie in bundesrechtskonformen Nutzungszonen rechtskräftig bewilligt wurden. Da hier den betroffenen Bürgerinnen und Bürgern der Geltungsbereich und die Tragweite der Übergangsbestimmung zu Art. 24^{sexies} Abs. 5 BV von allem Anfang an klar sein mussten, können die für andere Moore und Moorlandschaften von besonderer Schönheit und von nationaler Bedeutung geltenden Überlegungen des Vertrauensschutzes hier nicht Platz greifen. Die Wiederherstellungspflicht greift deshalb in vollem Umfang.

18

C. Weitere Voraussetzungen

Für die Bezeichnung der wiederherzustellenden Teile der Moorlandschaft von Rothenthurm gilt im übrigen, dass diese nur Anlagen, Bauten und Bodenveränderungen betreffen kann (vgl. dazu Rz 5 ff. hievor), die zu den massgebenden Schutzzielen im Widerspruch stehen (vgl. dazu Rz 11 hievor). Zuständig ist auch hier der betroffene Kanton (vgl. dazu Rz 15 hievor), dies mit der einzigen Besonderheit, dass die beiden Kantone Schwyz und Zug, die sich die Moorlandschaft von Rothenthurm teilen, im Gesetzestext namentlich genannt sind. Gesichtspunkte der Verhältnismässigkeit sind nicht zu berücksichtigen (vgl. dazu Rz 16 hievor und Rz 22 hienach).

19

---

[24] BGE 117 Ib 243 = JdT 1993 I 511.

IV. Wiederherstellungsverfügung (Abs. 3)

A. Wiederherstellung des ursprünglichen Zustands

20 Wiederherzustellen ist nach Art. 25b Abs. 3 erster Satz NHG der ursprüngliche Zustand. Damit sind – in systematischer Auslegung dieser Bestimmung mit den zwei vorhergehenden Absätzen – das betreffende Moor oder die betreffende Moorlandschaft bzw. die entsprechenden Teile derselben im Zustand zu verstehen, der am 1. Juni 1983 geherrscht hat. In erster Linie ist der schutzzielwidrige Eingriff rückgängig zu machen. Überdies umfasst die Wiederherstellung des ursprünglichen Zustandes von Mooren von besonderer Schönheit und von nationaler Bedeutung die Regeneration des betreffenden Objekts, soweit diese sinnvoll ist (vgl. Art. 4 HMV und Art. 4 FMV)[25].

B. Zuständige Behörde

21 Anders als für die Bezeichnung der wiederherzustellenden Teile von Mooren und Moorlandschaften von besonderer Schönheit und von nationaler Bedeutung (Art. 25b Abs. 1 und 2 NHG) sind für die Wiederherstellungsverfügung nicht generell die Kantone zuständig. Vielmehr stellt der Gesetzgeber hier auf die übrige verfassungsrechtliche und gesetzliche Kompetenzverteilung ab (Art. 25b Abs. 3 erster Satz NHG). Wäre der Kanton für die Bewilligung der entsprechenden Moor- oder Moorlandschaftsbeeinträchtigung zuständig, so hat er über die Wiederherstellung zu entscheiden (so auch Art. 5 Abs. 1 Bst. d HMV, Art. 5 Abs. 2 Bst. f FMV; Bsp. Baubewilligungen nach Art. 22 oder 24 RPG). Ist dagegen ein Bundesvorhaben Ursache der fraglichen Anlage, Baute oder Bodenveränderung, so entscheidet die zuständige Bundesbehörde über die Wiederherstellung (so auch Art. 9 Abs. 2 HMV bzw. FMV; Bsp. Militärbaute, Eisenbahnanlage). Bedürfte es für die Realisierung eines Projekts sowohl Entscheide kantonaler als auch solche eidgenössischer Behörden, so entscheidet über die Wiederherstellung die zuständige Behörde im Leitverfahren[26] (für Vorhaben, die einer Umweltverträglichkeitsprüfung nach Art. 9 USG unterliegen: Art. 5 UVPV). Hat sich die Zuständigkeitsordnung seit der früheren Bewilligung bzw. seit der Ausführung des Eingriffs geändert, so ist für die Wieder-

---

[25] RAUSCH, Verfassungsrechtliche Pflicht, 8; RAUSCH, Recht, 11 f.; WALDMANN, Diss., 346 f.
[26] BGE 122 II 87 f.; BGE 116 Ib 57 f. = JdT 1992 I 473; MARTI, Koordination, 1536 ff., insbes. 1540 f.

herstellung (vorbehältlich allfälliger anderslautender spezialgesetzlicher Regelung) auf die Zuständigkeitsordnung nach geltendem Recht abzustellen[27].

C. Beachtung der Verhältnismässigkeit

Dem Prinzip der Verhältnismässigkeit kommt Verfassungsrang zu[28]. Art. 25b Abs. 3 zweiter Satz NHG ruft in Erinnerung, dass dieses Prinzip bei der Wiederherstellung des ursprünglichen Zustandes (genauer: beim Entscheid über die Wiederherstellung des ursprünglichen Zustandes) mitzuberücksichtigen ist[29].

22 Anwendbarkeit
Applicabilité

Aus der systematischen Stellung von Art. 25b Abs. 3 zweiter Satz NHG ist ausserdem zu schliessen, dass die Bezeichnung der wiederherzustellenden Teile von Mooren und Moorlandschaften (Art. 25b Abs. 1 und 2 NHG) umfassend zu erfolgen hat und dass dabei nicht aus Gründen der Verhältnismässigkeit Abstriche gemacht werden dürfen. Die Beachtung des Verhältnismässigkeitsprinzips ist einzig und allein Sache der Behörde, welche über die Modalitäten der Wiederherstellung des ursprünglichen Zustandes entscheidet.

Gemäss Lehre und Rechtsprechung umfasst das Gebot der Verhältnismässigkeit drei Teilgehalte. Danach muss der ursprüngliche Zustand zunächst mit den verfügbaren Mitteln ganz oder teilweise wiederhergestellt werden können (Gebot der Geeignetheit). Auch darf die Wiederherstellung nur soweit gehen, als dies zur Erreichung des Schutzziels notwendig ist (Gebot der Erforderlichkeit); sie darf Anlagen, Bauten und Bodenveränderungen nur soweit betreffen, als sie dem Schutzziel widersprechen, was für die Fälle von Art. 25b Abs. 1 NHG bereits dort ausdrücklich bestimmt und für die Fälle von Art. 25b Abs. 2 NHG durch den Verweis auf die Übergangsbestimmung von Art. 24[sexies] Abs. 5 BV ebenfalls schon anderweitig sichergestellt ist. Schliesslich hat der Gewinn für die Natur oder die Landschaft, der mit der Wiederherstellung verbunden ist, in einem vernünftigen Verhältnis zu dem damit verbundenen Eingriff zu stehen; müsste ein Gebäude abgerissen werden, um der Natur oder der Landschaft nur Unbedeutendes zurückzugeben, müsste auch dies als unverhältnismässig angesehen werden (Gebot der Verhältnismässigkeit im engeren Sinne)[30].

23 Teilgehalte
Eléments constitutifs

---

[27] Vgl. GYGI, Verwaltungsrecht, 113 und RHINOW/KRÄHENMANN, 45, mit Hinweisen.
[28] MÜLLER Georg, Kommentar BV, Art. 4, Rz 15; RHINOW/KRÄHENMANN, 179; ZIMMERLI, Verhältnismässigkeit, 19 ff.; a.M. MÜLLER Jörg Paul, Kommentar BV, Einleitung zu den Grundrechten, Rz 163.
[29] RAUSCH, Verfassungsrechtliche Pflicht, 8 f.; RAUSCH, Recht, 12; WALDMANN, Diss., 336 f.; vgl. immerhin den Hinweis auf WEBER-DÜRLER, 140 f., in BUWAL, Entschädigungsfolgen, 12.
[30] Zum Ganzen: BGE 111 Ib 224 f. = JdT 1987 I 572; BUWAL, Entschädigungsfolgen, 11 f.; RHINOW/KRÄHENMANN, 179 ff.; WALDMANN, Diss., 337 f.; ZIMMERLI, Verhältnismässigkeit, 13 ff.

24 Ersatz oder Ausgleich Remplacement ou compensation	Eine eigentliche Konkretisierung erfährt das Verfassungsprinzip der Verhältnismässigkeit im vorliegenden Zusammenhang erst auf Verordnungsebene: Erweist sich eine Wiederherstellung als unverhältnismässig, so ist nach den Art. 5 Abs. 1 Bst. d HMV und Art. 5 Abs. 2 Bst. f FMV für angemessenen Ersatz oder Ausgleich zu sorgen. Es sind in diesem Fall also Massnahmen nach Art. 18 Abs. 1ter NHG (im einzelnen: FAHRLÄNDER, Art. 18, Rz 31 ff.) zu ergreifen[31]. Eine derartige Bestimmung sieht auch Art. 5 Abs. 2 Bst. f MLV vor. Kommt die Wiederherstellung eines Biotops in einer Moorlandschaft von besonderer Schönheit und von nationaler Bedeutung nicht in Frage, so sind auch hier, und zwar unabhängig von der Bedeutung des betreffenden Lebensraumes, Massnahmen nach Art. 18 Abs. 1ter NHG zu treffen. In der übrigen Moorlandschaft kann angemessener Ersatz oder Ausgleich zudem durch spezifische Massnahmen der Landschaftsgestaltung erfolgen (z.B. Bepflanzung zwecks Sichtschutz).

D. Exkurs: Entschädigungsfolgen

25 Wiederherstellung Remise en état	Nach der Übergangsbestimmung zu Art. 24sexies Abs. 5 BV sind Anlagen, Bauten und Bodenveränderungen, die dem Zweck der Schutzgebiete für Moore und Moorlandschaften von besonderer Schönheit und von nationaler Bedeutung widersprechen, zu Lasten der Erstellerinnen und Ersteller abzubrechen und rückgängig zu machen. Art. 25b Abs. 3 NHG enthält dagegen keine Bestimmung zur Frage der finanziellen Konsequenzen der Wiederherstellung.
	Die Verfassung gibt also vor, dass die Wiederherstellungsmassnahmen selbst in jedem Fall ausschliesslich von den für die Erstellung bzw. Verursachung verantwortlichen Personen und somit entschädigungslos zu tragen sind[32].
26 Wegfall der Besitzstandsgarantie Exclusion de la garantie de la situation acquise	Damit ist allerdings noch nicht gesagt, ob die Erstellerin oder der Ersteller einer Baute oder Anlage auch den mit der Wiederherstellung verbundenen Wegfall der Besitzstandsgarantie[33], also den Wegfall seines künftigen Nutzungsrechtes, selber zu tragen hat oder ob ihm dafür allenfalls eine Entschädigung zusteht. Aus der verfassungsrechtlichen Gesamtordnung ist grundsätzlich der Schluss zu ziehen, dass eine Entschädigungspflicht dann in Betracht zu ziehen ist, «wenn dem betreffenden Grundeigentümer im Zeitpunkt der Erstellung

---

[31] RAUSCH, Verfassungsrechtliche Pflicht, 9; RAUSCH, Recht, 12 f.

[32] BUNDESAMT FÜR JUSTIZ, Artikel 24sexies Absatz 5 BV, 13; BUWAL, Entschädigungsfolgen, 11; WALDMANN, Diss., 348 f.; Amtl.Bull. S 1992 625 (Votum ZIMMERLI); a.M.: FLEINER-GERSTER, Rz 50 f.

[33] Zum Begriff: BUWAL, Entschädigungsfolgen, 13 ff.

seiner Baute oder Anlage eine schützenswerte Vertrauensposition zukam»[34]. Angesichts der sehr weitgehenden Berücksichtigung der Aspekte des Vertrauensschutzes in Art. 25b Abs. 1 NHG unterliegen Fälle, in denen eine solche schützenswerte Vertrauensposition zu bejahen wäre, der Wiederherstellungspflicht in aller Regel aber gar nicht. Das Parlament hat damit die Frage nach einer Entschädigung für den Wegfall der Besitzstandsgarantie im Falle der Wiederherstellung nach Art. 25b Abs. 3 NHG wenn auch indirekt, so doch grundsätzlich verneint. Wenn überhaupt noch Raum für solche Entschädigungen zu sehen ist, dürfte er jedenfalls ausserordentlich eng begrenzt sein[35]. Denkbar ist dies praktisch nur für nichtzonenkonforme Bauten oder Anlagen, die vor Inkrafttreten der Übergangsbestimmung zu Art. 24^{sexies} Abs. 5 BV am 6. Dezember 1987 in anderen Mooren und Moorlandschaften von besonderer Schönheit und von nationaler Bedeutung als denjenigen von Rothenthurm aufgrund einer rechtskräftigen Bewilligung erstellt wurden; Entschädigungsgrund bildet hier der Bruch des berechtigten Vertrauens in die weitere Geltung des früheren Rechts[36].

---

[34] BUWAL, Entschädigungsfolgen, 15 f., mit Hinweisen.
[35] Vgl. WALDMANN, Diss., 350.
[36] BUWAL, Entschädigungsfolgen, 16 f., mit Hinweisen; vgl. FLEINER-GERSTER, Rz 49.

Art. 26 Inkrafttreten

Der Bundesrat bestimmt den Zeitpunkt des Inkrafttretens dieses Gesetzes. Er erlässt die erforderlichen Ausführungsvorschriften.

Art. 26 Entrée en vigueur

Le Conseil fédéral fixe la date de l'entrée en vigueur de la présente loi. Il édicte les dispositions d'exécution nécessaires.

Inhaltsverzeichnis Rz

I. Inkraftsetzung 1
II. Erlass von Ausführungsvorschriften 3
III. Randtitel 5
IV. Übergangsrecht 6
    A. Sofortmassnahmen zum Schutz von Biotopen und Moorlandschaften von nationaler Bedeutung 7
        a. Schutz von noch nicht inventarisierten Objekten (Art. 29 NHV) 7
        b. Schutz von noch nicht definitiv bereinigten Objekten (Art. 12 FMV und Art. 13 MLV) 8
        c. Schutz von inventarisierten Objekten (Art. 7 HMV, FMV, AuenV und MLV) 9
    B. Kantonsbeteiligung an der Finanzierung der Denkmalpflege 10

Table des matières N°

I. L'entrée en vigueur 1
II. La promulgation des dispositions d'exécution 3
III. La note marginale 5
IV. Le droit transitoire 6
    A. Les mesures immédiates protectrices des biotopes et des sites marécageux d'importance nationale 7
        a. La protection des objets non encore inscrits à un inventaire (art. 29 OPN) 7
        b. La protection des objets non encore définitivement mis au point (art. 12 OBM et art. 13 OSM) 8
        c. La protection des objets inventoriés (art. 7 OHM, OBM, OZA et OSM) 9
    B. La participation cantonale au financement de la protection des monuments 10

I. Inkraftsetzung

Mit der Bestimmung von Art. 26 erster Satz NHG beauftragte der Bundesgesetzgeber den Bundesrat, den Zeitpunkt des Inkrafttretens des Gesetzes zu bestimmen. Dies entspricht der in der Bundesgesetzgebung geübten Praxis[1]. Der Gesetzgeber verzichtete damit darauf, den Zeitpunkt des Inkrafttretens des Gesetzes selbst festzulegen. Die getroffene Regelung ermöglichte eine koordinierte Inkraftsetzung des Gesetzes und der erforderlichen Bestimmungen auf Verordnungsebene. Am 27. Dezember 1966 beschloss der Bundesrat denn auch, das NHG zusammen mit der entsprechenden Vollziehungsverordnung auf den 1. Januar 1967 in Kraft zu setzen[2]. Gleichzeitig hob er sein früheres Kreisschreiben vom 10. Dezember 1962 betreffend Vollzug von Art. 24^{sexies} Abs. 2 BV auf[3].

1 Kompetenz des Bundesrates
Compétence du Conseil fédéral

Seither hat der Bundesrat die folgenden NHG-Teilrevisionen in Kraft gesetzt:

- im Rahmen des BG über Massnahmen zum Ausgleich des Bundeshaushaltes (betr. Art. 13 Abs. 1 NHG): auf den 1. Januar 1978[4]
- im Rahmen des Erlasses des USG (betr. Art. 18 Abs. 1bis und 1ter, Art. 21 und Art. 24 Abs. 1 NHG): auf den 1. Januar 1985[5]
- im Rahmen des BG über die Sparmassnahmen 1984 (betr. Art. 13 Abs. 1 NHG): auf den 1. Januar 1986[6]
- im Bereich Biotopschutz (indirekter Gegenvorschlag zur «Rothenthurminitiative»; betr. Art. 16, 18a–18d, 24–24e und 25 Abs. 2 NHG): auf den 1. Februar 1988[7]
- im Rahmen des Erlasses des totalrevidierten JSG (betr. Art. 23 NHG): auf den 1. April 1988[8]
- im Rahmen des Erlasses des SuG (betr. Art. 16a und 17 NHG): auf den 1. April 1991[9]
- im Rahmen des Erlasses des totalrevidierten GSchG (betr. Art. 21 Abs. 2 und Art. 22 Abs. 2 NHG): auf den 1. November 1992[10]

2 NHG-Teilrevisionen
Révisions partielles de la LPN

---

[1] Botschaft NHG, BBl 1965 III 111; BUNDESAMT FÜR JUSTIZ, Gesetzgebungsleitfaden, 356.
[2] AS 1966 1645, 1657; vgl. Art. 28 Bst. a NHV.
[3] Botschaft NHG, BBl 1965 III 111; Amtl.Bull. S 1966 27 (Votum Berichterstatter HEER).
[4] AS 1977 2252, 2271.
[5] AS 1984 1139 f., 1143.
[6] AS 1985 663, 669.
[7] AS 1988 254 ff.
[8] AS 1988 515 f.
[9] AS 1991 869, 873.
[10] AS 1992 1883, 1887.

- im Rahmen des Erlasses des MG (betr. Art. 11 erster Satz und Art. 22 Abs. 3 NHG): auf den 1. Januar 1996[11]
- in den Bereichen Denkmalpflege, Beschwerderecht und Moorlandschaftsschutz (insbesondere betr. Art. 1, 12–12b, 13–14a, 17a, 23a-23d und 25–25a NHG): auf den 1. Februar 1996[12]
- im Rahmen der Revision USG (betr. Art. 25a [neu] NHG): auf den 1. Juli 1997[13]
- im Rahmen des Agrarpakets 95 (betr. Art. 20 Abs. 3, Art. 24 Abs. 1 Bst. d, Art. 24a Bst. b und Art. 24d Abs. 2 NHG): auf den 1. Juli 1997[14].

II. Erlass von Ausführungsvorschriften

3
Kompetenz des Bundesrates
Compétence du Conseil fédéral

Art. 26 zweiter Satz NHG weist auf die Kompetenz des Bundesrates hin, das zum Vollzug notwendige Verordnungsrecht zu erlassen. Nach Art. 102 Ziff. 5 BV kommt diese Kompetenz dem Bundesrat auch ohne Regelung auf Gesetzesebene zu[15]. Aus rechtlicher Sicht erweist sich deshalb eine derartige Bestimmung als unnötig[16]. Ein gewisser rein gesetzgebungstechnischer Wert kann darin gesehen werden, dass es genügt, im Ingress der Verordnungen allein auf diese Gesetzesbestimmung Bezug zu nehmen und nicht auf alle Bestimmungen des NHG, die auf Ausführungsvorschriften des Bundesrates verweisen.

4
Verordnungen zum NHG
Ordonnances de la LPN

Der Bundesrat hat seit der Inkraftsetzung des NHG neben der früheren Vollziehungsverordnung[17] (vgl. dazu Rz 1 hievor) folgende Verordnungen erlassen bzw. revidiert:

- BLN-Verordnung: auf den 21. November 1977 (Art. 3 VBLN)[18]
- ISOS-Verordnung: auf den 1. Oktober 1981 (Art. 5 VISOS)[19]
- Bundesratsbeschluss vom 6. Juni 1988 über die Anwendung von Artikel 18d NHG: auf den 1. Februar 1988[20]

---

[11] AS 1995 4128, 4131.
[12] AS 1996 214 ff.
[13] AS 1997 1174 f.
[14] AS 1997 1152 f.
[15] EICHENBERGER Kurt, Kommentar BV, Art. 102, Rz 86; GYGI, Verwaltungsrecht, 93.
[16] BUNDESAMT FÜR JUSTIZ, Gesetzgebungsleitfaden, 375.
[17] AS 1966 1646; Revisionen in AS 1977 2276, 1985 675, 1986 988; aufgehoben mit Art. 28 Bst. a NHV.
[18] AS 1977 1962; Revisionen in AS 1983 1942, 1996 3264.
[19] AS 1981 1680; Revisionen in AS 1984 175, 1986 77, 1987 622, 1988 934, 1991 1044, 1992 488, 1992 1976, 1994 2726, 1995 2612, 1997 1622.
[20] In der AS nicht veröffentlicht; aufgehoben mit Art. 28 Bst. b NHV.

- Natur- und Heimatschutzverordnung: auf den 1. Februar 1991 (Art. 30 NHV)[21]
- Hochmoorverordnung: auf den 1. Februar 1991 (Art. 12 HMV)[22]
- Auenverordnung: auf den 15. November 1992 (Art. 12 AuenV)[23]
- Flachmoorverordnung: auf den 1. Oktober 1994 (Art. 13 Abs. 1 FMV)[24]
- Moorlandschaftsverordnung: auf den 1. Juli 1996 (Art. 14 MLV)[25].

Im Regelungsbereich des JSG wurden zwei weitere Verordnungen des Bundesrates erlassen, die sich nach ihrem Ingress unter anderem auch auf Art. 26 NHG stützen, nämlich die WZVV und die VEJ.

Vorgesehen ist der Erlass von folgenden Verordnungen des Bundesrates:

- Verordnung über das Inventar der historischen Verkehrswege der Schweiz
- Verordnung über den Schutz der Trockenwiesen und -weiden von nationaler Bedeutung
- Verordnung über den Schutz der Amphibienlaichgebiete von nationaler Bedeutung.

Mit einer Änderung der VBUO sollen zudem die beschwerdeberechtigten Natur- und Heimatschutzorganisationen bezeichnet werden.

III. Randtitel

Im Zusammenhang mit der systematischen Eingliederung von Art. 25b NHG (damals: Art. 25a NHG) in die Schlussbestimmungen (KELLER, Art. 25b, Rz 3) musste im Rahmen der NHG-Teilrevision vom 24. März 1995 nicht nur der Titel des 6. Abschnittes des Gesetzes angepasst[26], sondern Art. 26 NHG auch mit dem Randtitel «Inkrafttreten» ergänzt werden[27].

5

---

[21] AS 1991 249; Revision in AS 1996 225.
[22] AS 1991 270; Revision in AS 1996 231.
[23] AS 1992 2080.
[24] AS 1994 2092; Inkrafttreten von Art. 5 Abs. 2 Bst. f FMV auf den 1. Februar 1996 (Art. 13 Abs. 2 FMV); Revisionen in AS 1996 231 sowie 1997 311 und 805.
[25] AS 1996 1839.
[26] Amtl.Bull. S 1992 622.
[27] Amtl.Bull. S 1992 625, N 1993 2107.

IV. Übergangsrecht

6   In Art. 26 NHG selbst findet sich keine übergangsrechtliche Bestimmung. Dagegen sind wichtige Fragen des intertemporalen Rechts auf Verordnungsebene geregelt.

A. Sofortmassnahmen zum Schutz von Biotopen und Moorlandschaften von nationaler Bedeutung

a. Schutz von noch nicht inventarisierten Objekten (Art. 29 NHV)

7   Art. 29 NHV regelt den Schutz der Biotope von nationaler Bedeutung (Art. 18a und 18c f. NHG) und der Moorlandschaften von besonderer Schönheit und von nationaler Bedeutung (Art. 23b ff. NHG), die vom Bundesrat noch nicht bezeichnet sind und zwar solange die einzelnen Inventare nicht abgeschlossen sind (vgl. dazu Art. 16 Abs. 2 NHV und FAHRLÄNDER, Art. 18a, Rz 9).

Grundsätzlich haben die Kantone mit geeigneten Sofortmassnahmen dafür zu sorgen, dass sich der Zustand von Biotopen oder Moorlandschaften, denen aufgrund der vorhandenen Erkenntnisse und Unterlagen nationale Bedeutung zukommt, nicht verschlechtert (Art. 29 Abs. 1 Bst. a und c NHV)[28]; ist dagegen nach der anwendbaren Spezialgesetzgebung der Bund zuständig, so hat die zuständige Bundesbehörde diese Massnahmen zu ergreifen (Art. 29 Abs. 3 NHV). Zu den «vorhandenen Erkenntnissen und Unterlagen» sind insbesondere Inventarentwürfe des Bundes zu rechnen[29].

Mit diesen provisorischen Massnahmen soll eine negative Präjudizierung des Schutzes der Biotope und der Moorlandschaften von nationaler Bedeutung verhindert werden. Dies kann sowohl planerische Massnahmen als auch konkrete Bewilligungsverweigerungen oder Verbote erfordern[30]. In der Rechtsprechung wurde die Anwendbarkeit von Art. 29 Abs. 1 Bst. a bzw. c NHV bejaht:

- zur Koordination der Nutzungsplanung mit den Anliegen des Moorschutzes (im Falle einer Freihaltezonenfestsetzung für einen Parkplatz)[31] bzw. des Moorlandschaftsschutzes (im Falle der Festsetzung eines Quartierplans für eine Bauzone)[32]

---

[28] Zur früheren Fassung von Art. 29 Abs. 1 Bst. c NHV: BGr. in ZBl 1993, 524 E. 2b.
[29] WALDMANN, Diss., 99, 150; vgl. BGE 119 Ib 280 f. = JdT 1995 I 460.
[30] BGr. in ZBl 1996, 126; unveröffentlichte Entscheide des BGr. vom 21. Dezember 1993 i.S. Schwyz, E. 5c und vom 17. März 1993 i.S. Egg, E. 3c; BGr. in ZBl 1993, 526 E. 3d; unveröffentlicher Entscheid des BGr. vom 5. Mai 1992 i.S. Illgau, E. 5b; WALDMANN, Diss., 168 f.
[31] Unveröffentlicher Entscheid des BGr. vom 17. März 1993 i.S. Egg, E. 3c.
[32] VGr. ZH in URP 1996, 354.

- zum Einbezug eines Hochmoors in einen kantonalen Schutzplan[33]
- zur Abweisung von Baugesuchen für Vorhaben in einem Flachmoor[34] bzw. in einer Moorlandschaft[35].

Dagegen hat das Bundesgericht die Anwendbarkeit dieser Übergangsregelung im Falle einer Bachverbauung verneint, weil diese ausserhalb eines Moorperimeters geplant war und auch negative Auswirkungen auf die spätere Ausscheidung der Pufferzonen ausgeschlossen werden konnten[36].

Im Hinblick auf die Ausrichtung von Bundessubventionen bestimmt das BUWAL die Bedeutung eines Biotops bzw. einer Moorlandschaft (Art. 29 Abs. 1 Bst. b NHV), wobei sich die Finanzierung nach den Bestimmungen richtet, die für bereits bezeichnete Objekte gilt (Art. 29 Abs. 2 NHV).

b. Schutz von noch nicht definitiv bereinigten Objekten (Art. 12 FMV und Art. 13 MLV)

Für den Schutz der nicht definitiv bereinigten Flachmoore von nationaler Bedeutung (Anhang 3 zur FMV) verweist Art. 12 Abs. 1 FMV ausdrücklich auf die Regelung von Art. 29 Abs. 1 Bst. a NHV. Für die Umschreibung der Objekte ist dabei auf die Vernehmlassungsunterlagen vom 27. Dezember 1990 abzustellen (Art. 12 Abs. 2 erster Satz FMV). Die Pflichten des Bundes als zuständige Behörde und dessen Leistungen richten sich nach den Art. 9 und 11 FMV (Art. 12 Abs. 1 und 3 FMV).

8

Ähnliches gilt für den provisorischen Schutz der Moorlandschaft Grimsel: Dieser richtet sich nach Art. 29 Abs. 1 Bst. c NHV (Art. 13 Abs. 1 MLV). Umschrieben ist das Objekt in Anhang 3 zur MLV (Art. 13 Abs. 2 MLV). Die Pflichten sowie die Leistungen des Bundes richten sich nach Art. 9 und 11 MLV (Art. 13 Abs. 1 und 3 MLV).

Diese Bestimmungen entsprechen inhaltlich denjenigen von Art. 29 NHV. Nur sind die «vorhandenen Erkenntnisse und Unterlagen» (Art. 29 Abs. 1 Bst. a–c NHV; vgl. Rz 7 hievor) in den massgebenden Anhängen zu den Schutzverordnungen selbst enthalten.

---

[33] BGr. in ZBl 1996, 126.
[34] Unveröffentlicher Entscheid des BGr. vom 5. Mai 1992 i.S. Illgau, E. 5b.
[35] BGr. in ZBl 1993, 526 E. 3d.
[36] Unveröffentlicher Entscheid des BGr. vom 21. Dezember 1993 i.S. Schwyz, E. 5c.

c. Schutz von inventarisierten Objekten (Art. 7 HMV, FMV, AuenV und MLV)

9   Die jeweiligen Art. 7 der HMV, der FMV, der AuenV sowie der MLV regeln den vorsorglichen Schutz von inventarisierten Objekten, solange die Kantone (bzw. in seinem Zuständigkeitsbereich der Bund: Art. 9 Abs. 2 der genannten Verordnungen) keine Schutz- und Unterhaltsmassnahmen getroffen haben. In Mooren und Moorlandschaften sind Bauten, Anlagen, Bodenveränderungen als auch erhebliche Nutzungsänderungen verboten, können aber von den Kantonen bewilligt werden, wenn sie mit den zu treffenden Schutz- und Unterhaltsmassnahmen (gemäss Art. 5 der genannten Verordnungen) vereinbar sind. Der Zustand der Auen darf sich in der Übergangszeit nicht verschlechtern.

B. Kantonsbeteiligung an der Finanzierung der Denkmalpflege

10   Die Bestimmungen von Art. 5 Abs. 2 und 3 NHV traten für den Bereich der Denkmalpflege nicht mit der NHV-Teilrevision am 1. Februar 1996 in Kraft, sondern sind hiefür erst ab dem 1. Januar 2000 anwendbar. In einer Übergangszeit kann der Bund deshalb im Bereich der Denkmalpflege weiterhin Subventionen ausrichten, ohne dass der Kanton eine entsprechende Leistung erbringt (vgl. JENNI, Art. 13, Rz 24).

Sachregister

A

Abgeltung *Indemnité* s. Beitrag, Inventar
Anlage, Definition *Installation, définition* **25b** 6
Archäologie *Archéologie* **1. Kap.** 30 f., *41*, **5. Kap.** 22, 27, 29, *33 ff.*, **3** 20, **13** 68, **14a** 7
Artenschutz *Protection des espèces*
– Begriff *notion* **1. Kap.** 17, *18*
– Massnahmen *mesures* **5. Kap.** 51, **1** 12, **15** 4, 7, **Vorbem. 18–23** *1, 3 f.*, **18** 1, *6, 10*, 21, *42*, **18b** 19, **19** *1 ff.*, **20** *1 ff.*, **22** *5 ff.*, 21 ff., **23** *1 ff.*, **24** *23 ff.*, 26, **24a** *22 ff.*, 30, *32 ff.*, **24c** 11, **24e** 9
– Verfassungsgrundlage *base constitutionnelle* **2. Kap.** 45, *75 ff.*
– Völkerrechtliche Verpflichtung *obligation de droit international public* **5. Kap.** 45 f., 48, *49 ff.*
Aue, Auengebiet *Biotope alluvial, zone alluviale* **18** 19, **18a** *24 ff.*, **21** 12, 14, **26** *7, 9*
Ausbildung *Formation* s. auch Beitrag, **14a** 7 f.
Ausgleich, ökologischer s. Ökologischer Ausgleich

B

Baute, Definition *Construction, définition* **25b** 6
Begutachtung *Expertise*
– anderweitige *autre* **Vorbem. 2–12b** 11, **9** *1 ff.*
– besondere *spéciale* **7** 3, **Vorbem. 13–17a** 13, **17a** *1 ff.*, **25** 4 f.
– fakultative *facultative* **Vorbem. 2–12b** 10, **2** 4, **8** *1 ff.*, **11** 7, **25** 4
– obligatorische *obligatoire* **Vorbem. 2–12b** 9, **2** 4, **5** 6, **7** *1 ff.*, **11** 4 ff., **25** 4

– Übertragung an das Bundesamt *confiée à l'Office fédéral* **7** 10
Beitrag *Subvention*
– Abgeltung *indemnité* **Vorbem. 13–17a** *3, 5*, 7, 12, **13** 4, 67, 70, **18d** *1 ff.*, **23c** 3, *13 ff.*
– Allgemeines *généralités* **1** 7, 9 f., **2** 16, **3** 3, **4** 3, *5 f.*
– an die Ausbildung *pour la formation* **1** 13, **14a** *1 ff.*
– an Biotope *pour les biotopes* **2. Kap.** 81, **18b** 12, 36, 42, **18c** *19 ff.*, **18d** *1 ff.*, **26** *7 f.*
– an die Erhaltung von Objekten *pour la conservation d'objets* **5. Kap.** 44, **13** *6 ff.*, **26** 10
– an die Forschung *pour la recherche* **1** 13, **14a** *1 ff.*, **25a** 6
– an Moorlandschaften von nationaler Bedeutung *pour les sites marécageux d'importance nationale* **23c** 3, *13 ff.*, **26** *7 f.*
– an naturnahe Kulturlandschaften *pour les paysages ruraux traditionnels* **2. Kap.** 73, **4. Kap.** 8
– an die Öffentlichkeitsarbeit *pour les relations publiques* **14a** *1 ff.*, **25a** 7
– an Organisationen *à des organisations* **1** 11, **14** *1 ff.*
– Anmerkungspflicht *mention obligatoire* **13** 48 f.
– Auflagen und Bedingungen *charges et conditions* **13** *43 ff.*
– Aufsicht *surveillance* **13** 40 ff.
– Durchsetzung *exécution* **13** 70, **18c** 13 f., 30 ff., **24a** 4, 7
– Eigentumsbeschränkung *restriction de la propriété* **13** 48 f.
– Erhöhter Beitrag *majoration de la subvention* **13** 33 ff., **18d** 5, **23c** 13
– Finanzhilfe *aide financière* **Vorbem. 13–17a** *2, 4*, 7, 11, **13** *1 ff.*, **14** 1 ff., **14a** 1 ff.

625

Sachregister

- Finanzkraft *capacité financière* **13** 26, 37, **18d** 9, **23c** 14
- Kantonsbeitrag *participation du canton* **13** 16, *23 ff.*, 37 f., **14** 8, **14a** 6
- Kosten *frais* **13** *20 ff.*, 65
- Kreditvorbehalt *crédit fixé dans le budget* **16a** 1 f.
- Mehrfache Leistungen *prestations multiples* **Vorbem. 13–17a** 10
- Nichterfüllung/mangelhafte Erfüllung *non-accomplissement/accomplissement défectueux* **13** 69, **17** 4, **18c** 14
- Pauschal- oder Globalbeitrag *subvention globale ou forfaitaire* **Vorbem. 13–17a** 8, **13** 68, **14** 10
- Prioritäten *priorités* **13** 50 ff., 58
- Rückerstattung *restitution* **Vorbem. 13-17a** 12, **13** 69, **17** *1 ff.*
- Verfassungsgrundlage *base constitutionnelle* **2. Kap.** 3, *52 f.*, *64 ff.*
- Verfahren *procédure* **13** *58 ff.*, **14** 9, **14a** 6, **25** 7
- Vorzeitige Inangriffnahme *mise en oeuvre anticipée* **13** 41, 61
- Zusicherung *octroi* **13** *63 f.*, *67*, 69, **16a** *3 ff.*
- Zwecksicherung *objectif garanti* **13** 39 ff.
- Zweckentfremdung *désaffectation* **13** 69, **18c** 14

Beratung *Conseil* **1** 10, **18a** 65, **25a** *2 ff.*

Beschwerderecht *Droit de recours*
- Anfechtungsobjekt *objet du recours* **2** 4, 13, 16 f., 24, 29 ff., **12** *3 ff.*
- Bedeutung *importance* **3. Kap.** *1 ff.*
- Beschwerdegründe *motifs de recours* **12** 19, **12b** 3, 5
- des Bundesamtes *de l'Office fédéral* **3. Kap.** 4, **Vorbem. 2–12b** 15, **12b** *5 ff.*, **22** 20
- in Enteignungsverfahren *dans les procédures d'expropriation* **12** 14, **12a** 2, 14 f.
- Eröffnung der Verfügung *communication de la décision* **12a** *12 f.*, **12b** 4
- der Gemeinden *des communes* **3. Kap.** 4, **Vorbem. 2–12b** 14, **12** 6, **22** 20, 24
- der Kantone *des cantons* **3. Kap.** 4, **Vorbem. 2–12b** 15, **12b** *3 f.*, **22** 24
- auf kantonaler Ebene *au niveau cantonal* **12** 12, 14, 18, **12a** 6, 9
- der Organisationen *des organisations* **3. Kap.** *1 ff.*, **6. Kap.** 17, **1** 11, **Vorbem. 2–12b** 14, **7** 18, **12** *7 ff.*, **22** 20, 24
- Publikation *publication* s. Eröffnung der Verfügung
- Vereitelung des Bundesrechts *entrave à l'application du droit fédéral* **12a** 16 ff.
- Verfahrenseintritt *intervention dans la procédure* **12a** 1 ff., *5 ff.*, **12b** 4, 8
- Vermeidung von Doppelspurigkeiten *éviter les doubles procédures* **12** 16 ff.

Besitzstandsgarantie *Garantie de la situation acquise* **2. Kap.** 95, **18b** 42, **23d** *14*, **25b** 26

Bewilligung *Autorisation* **19** 11, **20** 7, 17, **22** *1 ff.*, **23** *1 ff.*

Bewirtschafterin, Bewirtschafter *Exploitant* **18a** 39, 54, **18b** 11, 36, **18c** *1 ff.*, **21** 23, 30, **23c** 10, **24a** 16, 21, 30, **25b** 9

Bezeichnung von Objekten von nationaler Bedeutung *Désignation d'objets d'importance nationale* s. Inventar

Biodiversität *Diversité biologique* **1. Kap.** 15, **2. Kap.** 19, **5. Kap.** 24 f., 27, 45, *60 ff.*, **18** 7 f., 49, **20** *3 f.*, 7, **22** 8, **23** 5 f.

Biologische Vielfalt s. Biodiversität

Biotop *Biotope* s. auch Moor, Biotopschutz, Ufervegetation
- Begriff *notion* **1. Kap.** 29, **18** *13 ff.*
- von nationaler Bedeutung *d'importance nationale* **18a** *1 ff.*
- von regionaler und lokaler Bedeutung *d'importance régionale et locale* **18a** 5, **18b** *1 ff.*

Sachregister

Biotopschutz *Protection des biotopes*
- Begriff *notion* **1. Kap.** *19*
- Ersatz *remplacement* **3** 19, **18** *27 ff.*, *31 ff.*, **18a** 53, **18b** 3, 24, **18c** 33, **24a** 16, **24e** 17 ff., **25b** 24
- Finanzierung *financement* s. Beitrag
- Schutz und Unterhalt *protection et entretien* **1** 12, **2** 16, 28, 32, **3** 3, 11 f., **12** 3, 17, 19, **15** 4, 11, **16** 3, 6, **Vorbem.** **18–23** *1 f., 4*, **18** *1 ff.*, **18a** *1 ff.*, **18b** *1 ff.*, **18c** *1 ff.*, **20** 6, 11, **24** 1 ff., **24a** 4, 16 ff., 30, **24c** 9, **26** 7 *ff.*
- Verfassungsgrundlage *base constitutionnelle* **2. Kap.** 3, 10, 45, *81 ff.*, **18** 4
- Völkerrechtliche Verpflichtung *obligation de droit international public* **5. Kap.** 45 f., *52 ff.*

Bodenveränderung *Modification du terrain* **25b** 5, 7, 8 f., 11, 14, 18 f., 21, 23, 25, **26** 9

Bundesamt *Office fédéral*
- Anhörung *audition* **18a** 9, **20** 13, **23c** 10
- Beschwerderecht *droit de recours* **12b** 5 ff.

Bundesaufgabe *Tâche fédérale*
- Allgemeines *en général* **2. Kap.** 3, *49 ff.*, *55 ff.*, **1** 5, **Vorbem.** **2–12b** 5, **2** *1 ff.*,
- Anwendungsfälle *casuistique* **2** *32 ff.*, **3** 3, **4** 2, 4, **5** 2, **6** 2, **7** 1, **8** 2, **9** 1, **10** 5, **12** 4, **17a** 1, **18b** 8, **22** 20, **25a** 4
- Begriff *notion* **2. Kap.** 9, 15, **2** 6 *ff.*

Bundesinventar s. Inventar

D

Denkmalpflege *Conservation des monuments historiques*
- Begriff *notion* **1. Kap.** 30, *35 ff.*
- Massnahmen *mesures* **5. Kap.** 29, **1** 2, 6 ff., **Vorbem. 2–12b** 9, 14 f., **3** 1, 8, 12, 19, **4** 3, 10, **12** 3, 8, **14a** 8, **15** 12, **24** 15 ff., **25a** 5, 8
- Verfassungsgrundlage *base constitutionnelle* **2. Kap.** 28, 61

E

Eidgenössische Kommission für Denkmalpflege *Commission fédérale des monuments historiques* **1. Kap.** 38, **1** 13, **Vorbem. 2–12b** 9 ff., **6** 17, 25, **7** 7, 13 f., **8** 3, **13** 62, **17a** 8, 12, **25** *1 ff.*

Eidgenössische Natur- und Heimatschutzkommission *Commission fédérale pour la protection de la nature et du paysage* **1. Kap.** 38, **3. Kap.** 1, **Vorbem. 2–12b** 9 ff., **6** 17, 25, **7** 7, 13 f., **8** 3, **17a** 8, 12, **25** *1 ff.*

Enteignung *Expropriation*
- formelle *formelle* **2. Kap.** 95, **5. Kap.** 37, **1** 9, **2** 29, **4** 5 f., **15** *13 ff.*, **18a** 62, **18b** 15, 40, **18c** 7, *31 ff.*, **21** 30, **25b** 9
- materielle *matérielle* **2. Kap.** 96, **16** 16, **18b** 15
- Verfassungsgrundlage *base constitutionnelle* **2. Kap.** 3, 52, *54*, 64, *70 ff.*

Erwerb und Sicherung von Objekten *Achat et sauvegarde d'objets* **2. Kap.** 3, 52, 64, **1** 9, **4** 5 f., **15** *1 ff.*

F

Fauna *Faune* s. Artenschutz, Biotopschutz, Naturschutz

Finanzhilfe *Aide financière* s. Beitrag, Inventar

Finanzierung *Financement* s. Beitrag, Inventar

Fischerei *Pêche* **1. Kap.** 19, **2. Kap.** 10, 45, 77 ff., **4. Kap.** 7 f., **5. Kap.** 47, **2** 16, 26, 36, **18** 42, *43 ff.*, **18b** 17, **20** 8, **23** 10, **25a** 1 f., 9 f.

627

Sachregister

Flora *Flore* s. Artenschutz, Biotopschutz, Naturschutz
Forschung *Recherche* s. auch Beitrag, **14a** 7 ff.
Forstwirtschaft *Economie forestière* s. Wald
Fuss- und Wanderwege *Chemins pour piétons et de randonnée pédestre* **2** 5, **12** 4, 6 f., **25a** 1

G

Gemeinde *Commune*
- Beschwerderecht *droit de recours* **12** 6
- Stellungnahme *prise de position* **10** 9 f.

Geschichtliche Stätte *Site évocateur du passé* **1. Kap.** 28, 31, **1** 6, **15** 4, 9, **16** 3, 7 f., **24** 1
Gesetzessystematik s. Systematik des NHG
Gesetzgebung *Législation* **2. Kap.** 59, **2** 16 f., *19*
Gewässerschutz *Protection des eaux* **1. Kap.** 15, **3. Kap.** 6, **4. Kap.** 10, *30 ff.*, **5. Kap.** 4, 7, **2** 16, 26, 36, **12** 4, 17, **18a** 50, **22** *13*, *15*, **24** 8, 14, 41, **25a** 2, 9 f.
Gutachten s. Begutachtung
Grundeigentümerin, Grundeigentümer *Propriétaire* **18a** 39, 54, **18b** 11, 36, **18c** *1 ff.*, **23b** 1, 14 f., **23c** 10, **24a** 16, 21, 30, **25b** 9

H

Hecke *Haie* **18** 20, **18b** 6, 31
Heimatschutz *Protection du patrimoine* s. auch Archäologie, Denkmalpflege, Ortsbild
- Begriff *notion* **1. Kap.** 28, *30 ff.*

- Massnahmen *mesures* **3** 1 f., **12** 8, **25a** 5, 8
- Verfassungsgrundlage *base constitutionnelle* **2. Kap.** 14, 25
- Völkerrechtliche Verpflichtung *obligation de droit international* **5. Kap.** 5, 21 ff., 26 ff., *29 ff.*

Historischer Verkehrsweg *Voie de communication historique* **3. Kap.** 6 f., **2** 42, **3** 12, **5** 5, *21*, **7** 15, **8** 5, **17a** 6
Hochmoorumfeld *Zone de contact* **18a** 36, 38, 41, 43, 46

I

Information *Information* s. auch Beitrag, **25a** *1 ff.*
Infrastrukturanlage *Installation d'infrastructure* **23d** 16
Interessenabwägung *Pondération des intérêts* **2. Kap.** 60, **Vorbem. 2–12b** 6 f., **2** 3 f., **3** *4*, *11 ff.*, **5** 2 f., **6** *3 ff.*, **16** 14, **18** 6, 12, 24, 26 ff., *29 f.*, **18a** 28, 52, **18b** 19, *25 f.*, 36, **18c** 35, **22** 3, 5, 13, 23
Internationaler Handel *Commerce international* s. Artenschutz
Internationales Recht s. Völkerrecht
Intertemporales Recht s. Übergangsrecht
Inventar *Inventaire*
- Abgrenzung der Objekte *délimitation des objets* **18a** 38 ff., **23b** 18 ff.
- Allgemeines *en général* **1** 6, **Vorbem. 2–12b** 8, **4** *5 f.*, **6** 2, *27 ff.*, **24e** 8
- Biotope von nationaler Bedeutung *biotopes d'importance nationale* **2. Kap.** 81, **5** 6, **7** 2, **17a** 6, **18a** 1 ff., *24 ff.*
- Ersatzvornahme *exécution par équivalent* **18a** 21 ff., 63, **23c** 12
- Finanzierung *financement* **13** 15, **23b** 2, 21

Sachregister

- Fristen *délais* **18a** 19 f., 63, **23c** 11
- Landschaften und Naturdenkmäler von nationaler Bedeutung (BLN) *paysages et monuments naturels d'importance nationale (IFP)* **2. Kap.** 85, **6. Kap.** 14, **Vorbem. 2–12b** 8, 3 15, 4 9, **5** 1, 5, 7, *10 ff.*, 24 f., **6** 1, 7, 17, 27 ff., **7** 2, 15, **12** 3, **16** 7, **17a** 5, **18a** 5 f.
- Ortsbilder von nationaler Bedeutung (ISOS) *sites construits d'importance nationale (ISOS)* **Vorbem. 2–12b** 8, 4 8 f., **5** 1, 5, *8, 18 ff.*, 24 f., **6** 1, 7, 17, **7** 2, 15, **8** 5, **16** 7, **17a** 5, **18a** 5 f.
- (privates) Inventar der Landschaften und Naturdenkmäler von nationaler Bedeutung (KLN) *inventaire (privé) des paysages et des sites naturels d'importance nationale (CPN)* **3. Kap.** 1, 3 3, 4 8, **5** *24*, **8** 5, **17a** 6
- Moorlandschaften von nationaler Bedeutung *sites marécageux d'importance nationale* **5** 6, **7** 2, **17a** 6, **18a** 24, **23b** *13*, **23c** 7 f.
- Nichtinventarisierte Objekte *objets non inscrits à l'inventaire* 4 6, **5** 21, **6** *4*, **8** 1, 5
- Überprüfung *réexamen* **5** 25 f., **18a** 9, 12
- Zuständigkeit des Bundesrates *compétence du Conseil fédéral* 4 11, **5** 22, 26, **18a** 11, **23b** 13, 15

J

Jagd *Chasse* **1. Kap.** 19, **2. Kap.** 10, 45, 77 ff., **4. Kap.** 6 f., **5. Kap.** 47, 54, **2** 5, **18** 42, *43 ff.*, **20** 8, 15 f., **23** 3, 10, **24** 8, **24a** 28, **25a** 2, 9

K

Kanton *Canton*
- Anhörung *audition* **5** *23*, **18a** *14*, **22** 24, **23b** 15
- Berücksichtigungspflicht *obligation de tenir compte du droit cantonal* **3** 5, **18b** 9, *30*
- Beschwerderecht *droit de recours* **12b** 3 f.
- enge Zusammenarbeit *étroite collaboration* **18a** 14, **23b** 1, *14 f.*
- Entscheidzuständigkeit *compétence décisionnelle* **24e** 13, **25b** 15, 19, 21
- Erfüllung kantonaler Aufgaben *accomplissement de tâches cantonales* **6** 27 ff.
- Erfüllung von Bundesaufgaben *accomplissement de tâches fédérales* **2. Kap.** 58, **2** 16, **3** 6, **7** 6
- Fachstelle *service officiel spécialisé* **9** 5, **22** 24, **25** *10 ff.*
- Finanzkraft *capacité financière* s. Beitrag
- Gesetzgebungskompetenz *compétence législative* **2. Kap.** 3, 7, *36 ff.*, **5. Kap.** 6 f., **4** 11, **20** 14
- Kantonsbeitrag *participation cantonale* s. Beitrag
- Stellungnahme *prise de position* **Vorbem. 2–12b** 12, **10** *1 ff.*
- Vollzug *exécution* **18a** 15, **18b** 1, **23c** 2, 9, **24d** 2, **24e** 6
- Zustimmung *accord* **17a** 10

Koordination, materielle und formelle *Coordination matérielle et formelle* **2. Kap.** *18*, **3. Kap.** 14, **2** 28, **3** *13*, 17 f., **12a** 17, **18** 22, **22** 19, **25b** 21, **26** 7

Kultur *Culture* **2. Kap.** 20 ff.

Kulturgüterschutz *Protection des biens culturels* **1. Kap.** 42, **5. Kap.** 26 f., 33, **24** 1 ff.

Kulturdenkmal *Monument du pays* **1. Kap.** 28, 31, **1** 6, **15** 4, 9, **16** 3, 7 f., 10 f., **24** 1, 17

629

Sachregister

Kulturlandschaft *Site culturel*
1. Kap. *24*, 29, 31

L

Landschaft *Paysage* 1. Kap. *22 ff.*, 31, **23b** 4
Landschaftsfranken *«Francs-paysage»* 4. Kap. 37
Landschaftsschutz *Protection du paysage*
– Begriff *notion* 1. Kap. 6, 16, *22 ff.*, 31, 37
– Massnahmen *mesures* 2. Kap. 61, **1** 6, **Vorbem. 2–12b** 8, **3** 12, 19, **18** 7, **24** 2, **25a** 5, 10
– Völkerrechtliche Verpflichtung *obligation de droit international public* 5. Kap. 46

Landschaftsschutzkonzept *Concept de protection du paysage* 1. Kap. 21, **18b** 14
Landwirtschaft *Agriculture* 1. Kap. 21, 2. Kap. 16, 85, 89, 4. Kap. 8 ff., *17 ff.*, **3** 15, **13** 3, **18** 12, **18b** 11, 36, 43 f., **18c** *16 ff.*, *27 ff.*, **19** 8, **20** 11, **21** 17, **22** 2, **23** 8, **23d** 12, **24c** 7, 9, 14
Luftfahrt *Navigation aérienne* 2. Kap. 18, **2** 14, 40, **12a** 6

M

Massnahme, vorsorgliche s. Vorsorgliche Massnahme
Militär *Militaire* **Vorbem. 2–12b** 13, **11** 1 ff., **12a** 9, 15, **18a** 57, **22** 21, **23d** 10, **25b** 14, 21
Moor *Marais*
– Begriff *notion* 1. Kap. 29, 2. Kap. 90, **18** 18, **18a** *27*, *29 ff.*, **21** 5
– von nationaler Bedeutung *d'importance nationale* **18** 4, **Vorbem. 23a–23d** *2, 5, 8,* **23a** *1 f.*, **25b** 10

– von regionaler und lokaler Bedeutung *d'importance régionale et locale* **23a** 2
– Schutz *protection* s. auch Biotopschutz, **Vorbem. 23a–23d** 2, 5, 8, **18a** *24 ff.*, **18c** 32, **23a** *1 f.*, **24c** 7, 9, 14, **26** *7 ff.*

Moorlandschaft *Site marécageux* 1. Kap. 29, 2. Kap. 90, **23b** 1, *3 ff.*
Moorlandschaft von nationaler Bedeutung *Site marécageux d'importance nationale*
– Abgrenzung *délimitation* **23b** 18 ff.
– Begriff *notion* **23b** 1, *9 ff.*, **25b** 10
– Ersatz *remplacement* **25b** 24
– Gestaltung *aménagement* **23d** 2
– Nutzung *exploitation* **23b** 16 f., **23d** 2, 4 ff., *7 ff.*
– Schutz *protection* **2** 4, 28, **15** 4, **16** 3, 6, **18** 4, 7, **18c** 32, **Vorbem. 23a–23d** 3, 6, 9, **23c** 2, *4 ff.*, **24** 2 ff., **24a** 4, *21*, 30, **26** *7 ff.*

Moor- und Moorlandschaftsschutz *Protection des marais et des sites marécageux* s. auch Biotopschutz, Moor, Moorlandschaft, Moorlandschaft von nationaler Bedeutung, 2. Kap. 3, 11, *46 ff.*, *82 ff.*, **1** 2, **12** 17, **Vorbem. 23a–23d** *1 ff.*, **23a** *1 ff.*, **23b** *1 ff.*, **23c** *1 ff.*, **23d** *1 ff.*, **25b** *1 ff.*, **26** *7 ff.*

N

Nachhaltigkeit *Développement durable* 5. Kap. 4 f., *60 ff.*, **23c** 4
Nationalpark *Parc national* 1. Kap. 28, 2. Kap. 73
Naturdenkmal *Curiosité naturelle* 1. Kap. *16*, 28 f., **1** 6, **24** 16
Naturereignisse, Schutz vor *Catastrophes naturelles, protection contre les* **23d** 15
Naturlandschaft *Paysage naturel* 1. Kap. *16*, 24, 28, **24** 1

630

Sachregister

Naturnahe Landschaft *Site proche de l'état naturel* **1. Kap.** *24*, 29

Naturreservat *Réserve naturelle* **1. Kap.** *16*, 28

Naturschutz *Protection de la nature* s. auch Artenschutz, Biotopschutz
- Begriff *notion* **1. Kap.** *15 ff.*, 26
- Massnahmen *mesures* **1** 12, **3** 16, **12** 8, **Vorbem. 18–23** *1*, **18** 45 f., **25a** 5, 10
- Verfassungsgrundlage *base constitutionnelle* **2. Kap.** *44 ff.*, *74 ff.*
- Völkerrechtliche Verpflichtung *obligation de droit international public* **5. Kap.** 4 f., 24 f., 26 ff., *45 ff.*

Natur- und Heimatschutz *Protection de la nature et du paysage* s. auch Naturschutz, Heimatschutz, Landschaftsschutz, **1. Kap.** *7 f.*, **4. Kap.** 1 ff., **5. Kap.** 3 f., 19, 26 ff., **1** 1 ff., **24e** 10

Naturschutzkonzept *Concept de protection de la nature* **1. Kap.** 21, **18b** 6, *13*, 31

NHG-Revisionen *Révisions de la LPN*
- Übersicht *aperçu* **26** 2
- Einzelheiten *détails* **2. Kap.** 10, 23, 28, 33, 51, 54, 64, 68, 90, 98 ff., **1** 2, 9, 12 f., **Vorbem. 2–12b** 4, 15, **2** 1, 6, **8** 2, **10** 9, **11** 1, **12** 2, 11, **12a** *4*, **12b** 2, **Vorbem. 13–17a** 5, 11 ff., **13** *1 f.*, **14a** 1, **15** 1, **16** 1, **16a** 1, **17a** 1, **Vorbem. 18–23** *4*, **18** 1 f., 8, **18a** 1, **18b** 5, **18c** 3 ff., **18d** 2, **20** 15, **21** 22, **22** 13, 21, **Vorbem. 24–24e** *3 ff.*, **24a** 2, **24b** 1, **24c** 1, **24d** 1, 3, **24e** 1, **25** 1, **25a** 2, **25b** 3

Nutzbarmachung der Wasserkräfte *Utilisation des forces hydrauliques* **4. Kap.** 10, 30, *36*, **2** 16, 36, 39

O

Objekte *Objets*
- Abstufung nach der Bedeutung *classification d'après l'importance*

Vorbem. 2–12b 7, **3** 3, **4** *1 ff.*, **13** *17 ff.*, 25, 36, **15** 5 f., **16** 4, **18a** 5, **18b** 19, **18d** *1 ff.*
- von nationaler Bedeutung *d'importance nationale* **2. Kap.** 9, 3 11, 15, **4** *9*, 11, **5** 7, 21
- von regionaler und lokaler Bedeutung *d'importance régionale et locale* **4** 10 f., **5** 21, **18b** 19

Öffentlichkeitsarbeit *Relations publiques* s. auch Beitrag, **14a** 7 f.

Ökologischer Ausgleich *Compensation écologique* **1. Kap.** 21, 24, **4. Kap.** *17 ff.*, **13** 3, **18** 9 f., 16, **18a** 48, **18b** 1 ff., 7, 9, 12, 17, 30, *31 ff.*, **18c** 11, *27 ff.*, 31, **18d** *7 ff.*, **24a** 16

Organisation *Organisation* s. auch Beitrag, Beschwerderecht, **9** 7

Ortsbild *Localité/Site construit* **1. Kap.** 28, 30 f., *32 ff.*, 37, *38*, **5. Kap.** 29, **1** 6, **Vorbem. 2–12b** 8, **3** 8, **12** 3

P

Planung *Planification* s. Raumplanung

Pufferzone *Zone-tampon* **18a** 36, 38, *41 ff.*, **18b** 18, **26** 7

R

Raumplanung *Aménagement du territoire* **1. Kap.** *10*, 23, 33 f., **2. Kap.** 15, 24, 34, 59, **3. Kap.** 13 f., **4. Kap.** 5, 10, **5. Kap.** 7, 42 f., **2** 5, 16, 20, *23 ff.*, *33 f.*, *38 f.*, **3** 11, **6** *28 ff.*, **12** 3, 17, 19, **12a** 9, 13, **16** 3, 13, **18** 11 f., 22, 32, **18a** 1, 11, 16, 47, 55, 58 ff., **18b** 11 ff., *25 ff.*, 29, 36, 38 f., 43 f., **18c** 7, 18, 22, 38, **22** 17, **23c** 10, **23d** 13, **24a** 13, 21, 30 f., **25b** 5 f., 12, 14, 16, 21, **26** 7

Rechte der Natur *Droits de la nature* **6. Kap.** *1 ff.*

631

Sachregister

Rechtsmittel *Voies de droit*
s. Beschwerderecht
Rote Liste *Liste rouge* **18b** 17, 26, **20** *6*

S

Schutz *Protection*
- absoluter *absolue* **2. Kap.** 11, 47, *85*, *87*, 95, **6. Kap.** 13 ff., **3** 15, **18** 26, **18a** 27, 51, **Vorbem. 23a–23d** *7 ff.*, **23a** 2
- Begriff *notion* **1. Kap.** *11 ff.*
- relativer *relative* **2. Kap.** 85, **6. Kap.** 8 ff., **Vorbem. 2–12b** 6 ff., **2** *7 ff.*, **6** 5 f., **18** 26, **18a** 28, 51, **18b** 24, **23a** 2

Strafbestimmungen *Dispositions pénales*
- Blankettnorm *clause générale* **Vorbem. 24–24e** 2 ff., 6, *11*, 13, **24a** 3 f., 9
- Deliktstypen *types d'infraction* **Vorbem. 24–24e** 4 f., *9 ff.*, **24** 5 ff., 12 f., 20 f., 26, **24a** 7, 12, 18, 27 f., **24b** 5, 8
- Einziehung *confiscation* **24c** *1 ff.*
- Rechtsgüter, geschützte *biens juridiques, protégés* **Vorbem. 24–24e** 7 f.
- Strafverfolgung *poursuite pénale* **24d** 1 ff.
- Übertretung *contravention* **24a** *1 ff.*, **24b** 4 f., **24c** 8
- Vergehen *délit* **24** *1 ff.*, **24b** 4 f., **24c** 8
- Verwaltungsakzessorietät *accessoriété administrative* **Vorbem. 24–24e** 11 ff.

Subsidiaritätsprinzip *Principe de subsidiarité,* **2. Kap.** *38*, 54, 66, **Vorbem. 13–17a** 7, **13** 14, **15** 4, 8, **16** 5 ff., **18c** 34, **Vorbem. 23a–23d** 4, **24e** 19, **25b** 15

Subvention s. Beitrag

T

Systematik des NHG *Systématique de la LPN* **2. Kap.** *98 ff.*, **1** 2, **12** 4 f., 15, **Vorbem. 18–23** 1, **24** 40 f., **24a** 39, **24b** 1, **24c** 3, 20, **25b** 3, **26** 5

Tierschutz *Protection des animaux* **2. Kap.** 78, **12** 8, **20** 15 f., **24** 24, 41
Tourismus *Tourisme* **18a** 57, **23d** 10
Treu und Glauben s. Vertrauensprinzip

U

Übergangsrecht *Droit transitoire* **18a** 64, **26** *6 ff.*
Übertretung *Contravention*
s. Strafbestimmungen
Uferbereich *Rive* **18** 17, **21** 5, 22, 31
Ufervegetation *Végétation des rives* **2. Kap.** 81, **2** 16, 32, **3** 11, **12a** 6, **18** 17, **18b** 31, **21** *1 ff.*, **22** *11 ff.*, **Vorbem. 24–24e** 9, **24** 9 ff., 35, **24e** 9
Umgebungsschutz *Protection des alentours* s. auch Hochmoorumfeld, Pufferzone, **1. Kap.** 38 f., **5. Kap.** 34, **3** 8, 23
Umweltschutz *Protection de l'environnement* s. auch Umweltverträglichkeitsprüfung, Verursacherprinzip, Vorsorgeprinzip, **1. Kap.** 5, *9*, 15, **2. Kap.** 10, 16 f., *31 ff.*, **3. Kap.** 6, **4. Kap.** 9, **2** 14, **6** 21, **12** 5 ff., **12a** 2, **18** 39 ff., **24** 8, 14, 41, **25a** 2, 6, 9 f.
Umweltverträglichkeitsprüfung *Etude de l'impact sur l'environnement* **5. Kap.** 43, 63, **12** 4, **25a** 5, 8, **25b** 21

V

Vereinbarung *Contrat* s. auch Biotopschutz, **2. Kap.** 3, *54*, **18a** 54 ff., 61, **18b** 11 f., **18c** *1 ff.*, **21** 23, 30, **23c** *10*, **24a** 16, 21, 30 f., **25b** 9

Vereinigung *Association* s. Organisation

Verfahrenskoordination *Coordination des procédures* s. Koordination

Verfassungsmässigkeit *Constitutionnalité* **2. Kap.** 95, 2 1 f., **18** 4, **18a** 2, **19** 1, **20** 1, **23** 1, **Vorbem. 23a–23d** 1 ff., **23d** 4, **25a** 3 f., **25b** 1, 13

Vergehen *Délit* s. Strafbestimmungen

Verhältnismässigkeitsprinzip *Proportionnalité, principe de* **2. Kap.** 54, 60, 95, **3** 7, 11, 15, 18, 21 ff., **6** 10, **15** 18, **16** 14, **17** 3, **18** 12, 29, *37 f.*, **18a** 47, 57, **18b** 15, 42, **18c** 17, 35 f., **19** 11, **20** 11, **24a** 13, **24c** 11, **25b** 16, 19, *22 ff.*

Verkehrsweg, historischer s. Historischer Verkehrsweg

Verordnung *Ordonnance* **26** 3 f.

Vertrag s. Vereinbarung, Völkerrecht

Vertrauensprinzip *Bonne foi, principe de la* **3** 11, **17** 3, **18c** 11

Verursacherprinzip *Causalité, principe de (pollueur-payeur)* **2. Kap.** 35, **18** 31

Vogelschutz *Protection des oiseaux* s. Jagd

Völkerrecht *Droit international public* **2. Kap.** 19, 59, **5. Kap.** *1 ff.*, **2** 17, 19, **18b** 17, 26, **25a** 1, 5
- CITES **5. Kap.** 46, *51*, **20** 15 f., **24** 23 ff., **24d** 4
- Übereinkommen, Übersicht *conventions, aperçu* **5. Kap.** 21 f., 24 f.
- unmittelbare Anwendbarkeit (self-executing) *applicabilité directe (self-executing)* **5. Kap.** *14 f.*, 30 f., *48*

Vorsorgeprinzip *Prévention, principe de* **2. Kap.** 34, **18** 8

Vorsorgliche Massnahme *Mesure conservatoire* **2. Kap.** 54, 64, *72*, **1** 9, **4** 5 f., **16** *1 ff.*, **18a** 22, **24a** *11 ff., 30*, **25b** 9, 17

Vorsorglicher Schutz *Protection transitoire* s. Übergangsrecht

W

Wald *Forêt* **1. Kap.** 20, **2. Kap.** 16, **3. Kap.** 6, 13 f., **4. Kap.** 8, *10 ff.*, **2** 16, 28, *35, 42*, **3** 11, 15 f., **12** 3, 18, 19, **12a** 6, 9 f., **12b** 2, **18** 3, 12, 24, **18b** 1, 11, **18c** *16 ff.*, **19** 9, **20** 11, **21** 11, 24, **22** 2, **23** 9, **23d** *13*, 15, **24** 8, 14, **25a** 2, 9

Wasserbau *Aménagement des cours d'eau* **4. Kap.** 10, 30, *35*, **2** 42, **22** *13 f.*, **23d** 15

Wiederherstellung *Remise en état / Rétablissement*
- des rechtmässigen Zustandes *remise en état* **24a** 16, **24e** *1 ff.*, **25b** 4
- von Mooren und Moorlandschaften *rétablissement de marais et de sites marécageux* **2. Kap.** 91, *94 ff.*, **18a** 61, **25b** *1 ff.*

Würde der Kreatur *Dignité des créatures* **2. Kap.** 10, 16, **6. Kap.** *12*, **20** 3

Index

A

Achat et sauvegarde d'objets *Erwerb und Sicherung von Objekten* **Chap. 2** 3, 52, 64, **1** 9, **4** 5 s., **15** *1 ss*
Agriculture *Landwirtschaft* **Chap. 1** 21, **Chap. 2** 16, 85, 89, **Chap. 4** 8 ss, *17 ss*, **3** 15, **13** 3, **18** 12, **18b** 11, 36, 43 s., **18c** *16 ss*, *27 ss*, **19** 8, **20** 11, **21** 17, **22** 2, **23** 8, **23d** 12, **24c** 7, 9, 14
Aide financière *Finanzhilfe* voir Inventaire, Subvention
Aménagement des cours d'eau *Wasserbau* **Chap. 4** 10, 30, *35*, **2** 42, **22** *13 s.*, **23d** 15
Aménagement du territoire *Raumplanung* **Chap. 1** *10*, 23, 33 s., **Chap. 2** 15, 24, 34, 59, **Chap. 3** 13 s., **Chap. 4** 5, 10, **Chap. 5** 7, 42 s., **2** 5, 16, 20, *23 ss*, *33 s.*, *38 s.*, **3** 11, **6** *28 ss*, **12** 3, 17, 19, **12a** 9, 13, **16** 3, 13, **18** 11 s., 22, 32, **18a** 1, 11, 16, 47, 55, 58 ss, **18b** 11 ss, *25 ss*, 29, 36, 38 s., 43 s., **18c** 7, 18, 22, 38, **22** 17, **23c** 10, **23d** 13, **24a** 13, 21, 30 s., **25b** 5 s., 12, 14, 16, 21, **26** 7
Archéologie *Archäologie* **Chap. 1** 30 s., *41*, **Chap. 5** 22, 27, 29, *33 ss*, **3** 20, **13** 68, **14a** 7
Association *Vereinigung* voir Organisation
Autorisation *Bewilligung* **19** 11, **20** 7, 17, **22** *1 ss*, **23** *1 ss*

B

Biotope *Biotop* voir aussi Marais, Protection des biotopes, Végétation des rives
– d'importance nationale *von nationaler Bedeutung* **18a** *1 ss*
– d'importance régionale et locale *von regionaler und lokaler Bedeutung* **18a** 5, **18b** *1 ss*
– notion *Begriff* **Chap. 1** 29, **18** *13 ss*
Biotope alluvial voir Zone alluviale
Bonne foi, principe de la *Vertrauensprinzip* **3** 11, **17** 3, **18c** 11

C

Canton *Kanton*
– accomplissement de tâches cantonales *Erfüllung kantonaler Aufgaben* **6** 27 ss
– accomplissement de tâches fédérales *Erfüllung von Bundesaufgaben* **Chap. 2** 58, **2** 16, **3** 6, **7** 6
– accord *Zustimmung* **17a** 10
– audition *Anhörung* **5** *23*, **18a** *14*, **22** 24, **23b** 15
– capacité financière *Finanzkraft* voir Subvention
– compétence décisionnelle *Entscheidzuständigkeit* **24e** 13, **25b** 15, 19, 21
– compétence législative *Gesetzgebungskompetenz* **Chap. 2** 3, *7*, *36 ss*, **Chap. 5** 6 s., **4** 11, **20** 14
– droit de recours *Beschwerderecht* **12b** 3 s.
– étroite collaboration *enge Zusammenarbeit* **18a** 14, **23b** 1, *14 s.*
– exécution *Vollzug* **18a** 15, **18b** 1, **23c** 2, 9, **24d** 2, **24e** 6
– obligation de tenir compte du droit cantonal *Berücksichtigungspflicht* **3** 5, **18b** 9, *30*
– participation cantonale *Kantonsbeitrag* voir Subvention
– prise de position *Stellungnahme* **Rem.prél. 2–12b** 12, **10** *1 ss*
– service officiel spécialisé *Fachstelle* **9** 5, **22** 24, **25** *10 ss*

635

Index

Catastrophes naturelles, protection contre les *Naturereignisse, Schutz vor* **23d** 15

Causalité, principe de *Verursacherprinzip* **Chap. 2** 35, **18** 31

Chasse *Jagd* **Chap. 1** 19, **Chap. 2** 10, 45, 77 ss, **Chap. 4** 6 s., **Chap. 5** 47, 54, **2** 5, **18** 42, *43 ss*, **20** 8, 15 s., **23** 3, 10, **24** 8, **24a** 28, **25a** 2, 9

Chemins pour piétons et de randonnée pédestre *Fuss- und Wanderwege* **2** 5, **12** 4, 6 s., **25a** 1

Commerce international *Internationaler Handel* voir Protection des espèces

Commission fédérale des monuments historiques *Eidgenössische Kommission für Denkmalpflege* **Chap. 1** 38, **1** 13, **Rem.prél. 2–12b** 9 ss, **6** 17, 25, **7** 7, 13 s., **8** 3, **13** 62, **17a** 8, 12, **25** *1 ss*

Commission fédérale pour la protection de la nature et du paysage *Eidgenössische Natur- und Heimatschutzkommission* **Chap. 1** 38, **Chap. 3** 1, **Rem.prél. 2–12b** 9 ss, **6** 17, 25, **7** 7, 13 s., **8** 3, **17a** 8, 12, **25** *1 ss*

Commune *Gemeinde*
- prise de position *Stellungnahme* **10** 9 s.
- droit de recours *Beschwerderecht* **12** 6

Compensation écologique *Ökologischer Ausgleich* **Chap. 1** 21, 24, **Chap. 4** *17 ss*, **13** 3, **18** 9 s., 16, **18a** 48, **18b** 1 ss, 7, 9, 12, 17, 30, *31 ss*, **18c** 11, *27 ss*, 31, **18d** *7 ss*, **24a** 16

Concept de protection du paysage *Landschaftsschutzkonzept* **Chap. 1** 21, **18b** 14

Concept de protection de la nature *Naturschutzkonzept* **Chap. 1** 21, **18b** 6, *13*, 31

Conseil *Beratung* **1** 10, **18a** 65, **25a** *2 ss*

Conservation des monuments historiques *Denkmalpflege*
- base constitutionnelle *Verfassungsgrundlage* **Chap. 2** 28, 61
- mesures *Massnahmen* **Chap. 5** 29, **1** 2, 6 ss, **Rem.prél. 2–12b** 9, 14 s., **3** 1, 8, 12, 19, **4** 3, 10, **12** 3, 8, **14a** 8, **15** 12, 24 15 ss, **25a** 5, 8
- notion *Begriff* **Chap. 1** 30, *35 ss*

Constitutionnalité *Verfassungsmässigkeit* **Chap. 2** 95, **2** 1 s., **18** 4, **18a** 2, **19** 1, **20** 1, **23** 1, **Rem.prél. 23a–23d** 1 ss, **23d** 4, **25a** 3 s., **25b** 1, 13

Construction, définition *Baute, Definition* **25b** 6

Contrat *Vereinbarung* voir aussi Protection des biotopes, **Chap. 2** 3, *54*, **18a** 54 ss, 61, **18b** 11 s., **18c** *1 ss*, **21** 23, 30, **23c** *10*, **24a** 16, 21, 30 s., **25b** 9

Contravention *Übertretung* voir Dispositions pénales

Coordination matérielle et formelle *Koordination, materielle und formelle* **Chap. 2** *18*, **Chap. 3** 14, **2** 28, **3** *13*, 17 s., **12a** 17, **18** 22, **22** 19, **25b** 21, **26** 7

Culture *Kultur* **Chap. 2** 20 ss

Curiosité naturelle *Naturdenkmal* **Chap. 1** *16*, 28 s., **1** 6, **24** 16

D

Délit *Vergehen* voir Dispositions pénales

Désignation d'objets d'importance nationale *Bezeichnung von Objekten von nationaler Bedeutung* voir Inventaire

Développement durable *Nachhaltigkeit* **Chap. 5** 4 s., *60 ss*, **23c** 4

Dignité des créatures *Würde der Kreatur* **Chap. 2** 10, 16, **Chap. 6** *12*, **20** 3

636

Dispositions pénales *Strafbestimmungen*
- accessoriété administrative *Verwaltungsakzessorietät* **Rem.prél. 24–24e** 11 ss
- biens juridiques, protégés *Rechtsgüter, geschützte* **Rem.prél. 24–24e** 7 s.
- clause générale *Blankettnorm* **Rem. prél. 24–24e** 2 ss, 6, *11*, 13, **24a** 3 s., 9
- confiscation *Einziehung* **24c** *1 ss*
- contravention *Übertretung* **24a** *1 ss*, **24b** 4 s., **24c** 8
- délit *Vergehen* **24** *1 ss*, **24b** 4 s., **24c** 8
- poursuite pénale *Strafverfolgung* **24d** 1 ss
- types d'infraction *Deliktstypen* **Rem.prél. 24–24e** 4 s., *9 ss*, **24** 5 ss, 12 s., 20 s., 26, **24a** 7, 12, 18, 27 s., **24b** 5, 8

Diversité biologique *Biodiversität/ Biologische Vielfalt* **Chap. 1** 15, **Chap. 2** 19, **Chap. 5** 24 s., 27, 45, *60 ss*, **18** 7 s., 49, **20** *3 s.*, 7, **22** 8, **23** 5 s.

Droit international public *Völkerrecht* **Chap. 2** 19, 59, **Chap. 5** *1 ss*, **2** 17, 19, **18b** 17, 26, **25a** 1, 5
- applicabilité directe (self-executing) *unmittelbare Anwendbarkeit (self-executing)* **Chap. 5** *14 s.*, 30 s., *48*
- CITES **Chap. 5** 46, *51*, **20** 15 s., **24** 23 ss, **24d** 4
- conventions, aperçu *Übereinkommen, Übersicht* **Chap. 5** 21 ss, 24 ss

Droits de la nature *Rechte der Natur* **Chap. 6** *1 ss*

Droit de recours *Beschwerderecht*
- des cantons *der Kantone* **Chap. 3** 4, **Rem.prél. 2–12b** 15, **12b** *3 s.*, **22** 24
- communication de la décision *Eröffnung der Verfügung* **12a** *12 s.*, **12b** 4
- des communes *der Gemeinden* **Chap. 3** 4, **Rem.prél. 2–12b** 14, **12** 6, **22** 20, 24
- entrave à l'application du droit fédéral *Vereitelung des Bundesrechts* **12a** 16 ss
- éviter les doubles procédures *Vermeidung von Doppelspurigkeiten* **12** 16 ss
- importance *Bedeutung* **Chap. 3** *1 ss*
- intervention dans la procédure *Verfahrenseintritt* **12a** 1 ss, *5 ss*, **12b** 4, 8
- motifs de recours *Beschwerdegründe* **12** 19, **12b** 3, 5
- au niveau cantonal *auf kantonaler Ebene* **12** 12, 14, 18, **12a** 6, 9
- objet du recours *Anfechtungsobjekt* **2** 4, 13, 16 s., 24, 29 ss, **12** *3 ss*
- de l'Office fédéral *des Bundesamtes* **Chap. 3** 4, **Rem.prél. 2–12b** 15, **12b** *5 s.*, **22** 20
- des organisations *der Organisationen* **Chap. 3** *1 ss*, **Chap. 6** 17, **1** 11, **Rem. prél. 2–12b** 14, *7* 18, **12** *7 ss*, **22** 20, 24
- dans les procédures d'expropriation *in Enteignungsverfahren* **12** 14, **12a** 2, 14 s.
- publication *Publikation* voir communication de la décision

Droit transitoire *Übergangsrecht* **18a** 64, **26** *6 ss*

E

Economie forestière *Forstwirtschaft* voir Forêt

Etude de l'impact sur l'environnement *Umweltverträglichkeitsprüfung* **Chap. 5** 43, 63, **12** 4, **25a** 5, 8, **25b** 21

Expertise *Begutachtung*
- autre *anderweitige* **Rem.prél. 2–12b** 11, **9** *1 ss*
- confiée à l'Office fédéral *Übertragung an das Bundesamt* **7** 10
- facultative *fakultative* **Rem.prél. 2–12b** 10, **2** 4, **8** *1 ss*, **11** 7, **25** 4
- obligatoire *obligatorische* **Rem. prél. 2–12b** 9, **2** 4, **5** 6, **7** *1 ss*, **11** 4 ss, **25** 4
- spéciale *besondere* **7** 3, **Rem.prél. 13–17a** 13, **17a** *1 ss*, **25** 4 s.

Index

Exploitant *Bewirtschafterin, Bewirtschafter* **18a** 39, 54, **18b** 11, 36, **18c** *1 ss*, **21** 23, 30, **23c** 10, **24a** 16, 21, 30, **25b** 9

Expropriation *Enteignung*
- base constitutionnelle *Verfassungsgrundlage* **Chap. 2** 3, 52, *54*, 64, *70 ss*
- formelle *formelle* **Chap. 2** 95, **Chap. 5** 37, **1** 9, **2** 29, **4** 5 s., **15** *13 ss*, **18a** 62, **18b** 15, 40, **18c** 7, *31 ss*, **21** 30, **25b** 9
- matérielle *materielle* **Chap. 2** 96, **16** 16, **18b** 15

F

Faune *Fauna* voir Protection des espèces, Protection des biotopes, Protection de la nature

Financement *Finanzierung* voir Inventaire, Subvention

Flore *Flora* voir Protection des espèces, Protection des biotopes, Protection de la nature

Forêt *Wald* **Chap. 1** 20, **Chap. 2** 16, **Chap. 3** 6, 13 s., **Chap. 4** 8, *10 ss*, **2** 16, 28, *35*, *42*, **3** 11, 15 s., **12** 3, 18, 19, **12a** 6, 9 s., **12b** 2, **18** 3, 12, 24, **18b** 1, 11, **18c** *16 ss*, **19** 9, **20** 11, **21** 11, 24, **22** 2, **23** 9, **23d** *13*, 15, **24** 8, 14, **25a** 2, 9

Formation *Ausbildung* voir aussi Subvention, **14a** 7 s.

«Francs-paysage» *Landschaftsfranken* **Chap. 4** 37

G

Garantie de la situation acquise *Besitzstandsgarantie* **Chap. 2** 95, **18b** 42, **23d** *14*, **25b** 26

H

Haie *Hecke* **18** 20, **18b** 6, 31

I

Indemnité *Abgeltung* voir Subvention, Inventaire

Information *Information* voir aussi Subvention, **25a** *1 ss*

Installation *Anlage*
- définition *Definition* **25b** 6
- d'infrastructure *Infrastrukturanlage* **23d** 16

Inventaire *Inventar*
- biotopes d'importance nationale *Biotope von nationaler Bedeutung* **Chap. 2** 81, **5** 6, **7** 2, **17a** 6, **18a** 1 ss, *24 ss*
- compétence du Conseil fédéral *Zuständigkeit des Bundesrates* **4** 11, **5** 22, 26, **18a** 11, **23b** 13, 15
- délais *Fristen* **18a** 19 s., 63, **23c** 11
- délimitation des objets *Abgrenzung der Objekte* **18a** 38 ss, **23b** 18 ss
- en général *Allgemeines* **1** 6, **Rem.prél. 2–12b** 8, **4** 5 s., **6** 2, *27 ss*, **24e** 8
- exécution par équivalent *Ersatzvornahme* **18a** 21 ss, 63, **23c** 12
- financement *Finanzierung* **13** 15, **23b** 2, 21
- inventaire (privé) des paysages et des sites naturels d'importance nationale (CPN) *(privates) Inventar der Landschaften und Naturdenkmäler von nationaler Bedeutung (KLN)* **Chap. 3** 1, **3** 3, **4** 8, **5** *24*, **8** 5, **17a** 6
- objets non inscrits à l'inventaire *Nichtinventarisierte Objekte* **4** 6, **5** 21, **6** *4*, **8** 1, *5*
- paysages et monuments naturels d'importance nationale (IFP) *Landschaften und Naturdenkmäler von nationaler Bedeutung (BLN)* **Chap. 2**

638

85, **Chap. 6** 14, **Rem.prél. 2–12b** 8, 3 15, **4** 9, **5** 1, 5, 7, *10 ss*, 24 s., **6** 1, 7, 17, 27 ss, **7** 2, 15, **12** 3, **16** 7, **17a** 5, **18a** 5 s.
- réexamen *Überprüfung* **5** 25 s., **18a** 9, 12
- sites construits d'importance nationale (ISOS) *Ortsbilder von nationaler Bedeutung (ISOS)* **Rem.prél. 2–12b** 8, **4** 8 s., **5** 1, 5, *8*, *18 ss*, 24 s., **6** 1, 7, 17, **7** 2, 15, **8** 5, **16** 7, **17a** 5, **18a** 5 s.
- sites marécageux d'importance nationale *Moorlandschaften von nationaler Bedeutung* **5** 6, **7** 2, **17a** 6, **18a** 24, **23b** *13*, **23c** 7 s.

L

Législation *Gesetzgebung* **Chap. 2** 59, **2** 16 s., *19*
Liste rouge *Rote Liste* **18b** 17, 26, **20** 6
Localité/Site construit *Ortsbild* **Chap. 1** 28, 30 s., *32 ss*, 37, *38*, **Chap. 5** 29, **1** 6, **Rem.prél. 2–12b** 8, 3 8, **12** 3

M

Marais *Moor* voir aussi Site marécageux, Site marécageux d'importance nationale, Protection des marais et des sites marécageux
- d'importance nationale *von nationaler Bedeutung* **18** 4, **Rem.prél. 23a–23d** *2, 5, 8*, **23a** *1 s.*, **25b** 10
- d'importance régionale et locale *von regionaler und lokaler Bedeutung* **23a** 2
- notion *Begriff* **Chap. 1** 29, **Chap. 2** 90, **18** 18, **18a** 27, *29 ss*, **21** 5
- protection *Schutz* voir aussi Protection des biotopes, **Rem.prél. 23a–23d** 2, 5, 8, **18a** *24* ss, **18c** 32, **23a** *1 s.*, **24c** 7, 9, 14, **26** 7 ss

Mesure conservatoire *Vorsorgliche Massnahme* **Chap. 2** 54, 64, 72, **1** 9, **4** 5 s., **16** *1 ss*, **18a** 22, **24a** *11 ss, 30*, **25b** 9, 17
Militaire *Militär* **Rem.prél. 2–12b** 13, **11** 1 ss, **12a** 9, 15, **18a** 57, **22** 21, **23d** 10, **25b** 14, 21
Modification du terrain *Bodenveränderung* **25b** 5, 7, 8 s., 11, 14, 18 s., 21, 23, 25, **26** 9
Monument du pays *Kulturdenkmal* **Chap. 1** 28, 31, **1** 6, **15** 4, 9, **16** 3, 7 s., 10 s., **24** 1, 17

N

Navigation aérienne *Luftfahrt* **Chap. 2** 18, **2** 14, 40, **12a** 6

O

Objets *Objekte*
- classification d'après l'importance *Abstufung nach der Bedeutung* **Rem.prél. 2–12b** 7, **3** 3, **4** *1 ss*, **13** *17 ss*, 25, 36, **15** 5 s., **16** 4, **18a** 5, **18b** 19, **18d** *1 ss*
- d'importance nationale *von nationaler Bedeutung* **Chap. 2** 9, **3** 11, 15, **4** 9, 11, **5** 7, 21
- d'importance régionale et locale *von regionaler und lokaler Bedeutung* **4** 10 s., **5** 21, **18b** 19
Office fédéral *Bundesamt*
- audition *Anhörung* **18a** 9, **20** 13, **23c** 10
- droit de recours *Beschwerderecht* **12b** 5 ss
Ordonnance *Verordnung* **26** 3 s.
Organisation *Organisation* voir aussi Droit de recours, Subvention, **9** 7

Index

P

Parc national *Nationalpark* **Chap. 1** 28, **Chap. 2** 73

Paysage *Landschaft* **Chap. 1** *22 ss*, 31, **23b** 4

- naturel *Naturlandschaft* **Chap. 1** *16*, 24, 28, **24** 1

Pêche *Fischerei* **Chap. 1** 19, **Chap. 2** 10, 45, 77 ss, **Chap. 4** 7 s., **Chap. 5** 47, **2** 16, 26, 36, **18** 42, *43 ss*, **18b** 17, **20** 8, **23** 10, **25a** 1 s., 9 s.

Planification *Planung* voir Aménagement du territoire

Pollueur-payeur voir Causalité

Pondération des intérêts *Interessenabwägung* **Chap. 2** 60, **Rem.prél. 2–12b** 6 s., **2** 3 s., **3** *4*, *11* ss, **5** 2 s., **6** *3 ss*, **16** 14, **18** 6, 12, 24, 26 ss, *29 s.*, **18a** 28, 52, **18b** 19, *25 s.*, 36, **18c** 35, **22** 3, 5, 13, 23

Prévention, principe de *Vorsorgeprinzip* **Chap. 2** 34, **18** 8

Propriétaire *Grundeigentümerin, Grundeigentümer* **18a** 39, 54, **18b** 11, 36, **18c** *1 ss*, **23b** 1, 14 s., **23c** 10, **24** 16, 21, 30, **25b** 9

Proportionnalité, principe de *Verhältnismässigkeitsprinzip* **Chap. 2** 54, 60, 95, **3** 7, 11, 15, 18, 21 ss, **6** 10, **15** 18, **16** 14, **17** 3, **18** 12, 29, *37 s.*, **18a** 47, 57, **18b** 15, 42, **18c** 17, 35 s., **19** 11, **20** 11, **24a** 13, **24c** 11, **25b** 16, 19, *22 ss*

Protection *Schutz*
- absolue *absoluter* **Chap. 2** 11, 47, 85, 87, 95, **Chap. 6** 13 ss, **3** 15, **18** 26, **18a** 27, 51, **Rem.prél. 23a–23d** 7 ss, **23a** 2
- notion *Begriff* **Chap. 1** *11 ss*
- relative *relativer* **Chap. 2** 85, **Chap. 6** 8 ss, **Rem.prél. 2-12b** 6 ss, **2** 7 ss, **6** 5 s., **18** 26, **18a** 28, 51, **18b** 24, **23a** 2

Protection des alentours *Umgebungsschutz* voir aussi Zone de contact,

Zone-tampon, **Chap. 1** 38 s., **Chap. 5** 34, **3** 8, 23

Protection des animaux *Tierschutz* **Chap. 2** 78, **12** 8, **20** 15 s., **24** 24, 41

Protection des biens culturels *Kulturgüterschutz* **Chap. 1** 42, **Chap. 5** 26 s., 33, **24** *1 ss*

Protection des biotopes *Biotopschutz*
- base constitutionnelle *Verfassungsgrundlage* **Chap. 2** 3, 10, 45, *81 ss*, **18** 4
- financement *Finanzierung* voir Subvention
- notion *Begriff* **Chap. 1** *19*
- obligation de droit international public *Völkerrechtliche Verpflichtung* **Chap. 5** 45 s., *52 ss*
- protection et entretien *Schutz und Unterhalt* **1** 12, **2** 16, 28, 32, **3** 3, 11 s., **12** 3, 17, 19, **15** 4, 11, **16** 3, 6, **Rem.prél. 18–23** *1 s.*, *4*, **18** *1 ss*, **18a** *1 ss*, **18b** *1 ss*, **18c** *1 ss*, **20** 6, 11, **24** 1 ss, **24a** 4, 16 ss, 30, **24c** 9, **26** *7 ss*
- remplacement *Ersatz* **3** 19, **18** *27 ss*, *31 ss*, **18a** 53, **18b** 3, 24, **18c** 33, **24a** 16, **24e** 17 ss, **25b** 24

Protection des eaux *Gewässerschutz* **Chap. 1** 15, **Chap. 3** 6, **Chap. 4** 10, *30 ss*, **Chap. 5** 4, 7, **2** 16, 26, 36, **12** 4, 17, **18a** 50, **22** *13*, *15*, **24** 8, 14, 41, **25a** 2, 9 s.

Protection de l'environnement *Umweltschutz* voir aussi Etude de l'impact sur l'environnement, Causalité, Prévention, **Chap. 1** 5, *9*, 15, **Chap. 2** 10, 16 s., *31 ss*, **Chap. 3** 6, **Chap. 4** 9, **2** 14, **6** 21, **12** 5 ss, **12a** 2, **18** 39 ss, **24** 8, 14, 41, **25a** 2, 6, 9 s.

Protection des espèces *Artenschutz*
- base constitutionnelle *Verfassungsgrundlage* **Chap. 2** 45, *75 ss*
- mesures *Massnahmen* **Chap. 5** 51, **1** 12, **15** 4, 7, **Rem.prél. 18–23** *1*, *3 s.*, **18** 1, *6*, *10*, 21, *42*, **18b** 19, **19** *1 ss*, **20** *1 ss*, **22** *5 ss*, 21 ss, **23** *1 ss*, **24** *23 ss*, 26, **24a** *22 ss*, 30, *32 ss*, **24c** 11, **24e** 9

- notion *Begriff* **Chap. 1** 17, *18*
- obligation de droit international public *Völkerrechtliche Verpflichtung* **Chap. 5** 45 s., 48, *49 ss*

Protection des marais et des sites marécageux *Moor- und Moorlandschaftsschutz* voir aussi Protection des biotopes, Marais, Site marécageux, Site marécageux d'importance nationale, **Chap. 2** 3, 11, *46 ss*, *82 ss*, **1** 2, **12** 17, **Rem.prél. 23a–23d** *1 ss*, **23a** *1 ss*, **23b** *1 ss*, **23c** *1 ss*, **23d** *1 ss*, **25b** *1 ss*, **26** *7 ss*

Protection de la nature *Naturschutz* voir aussi Protection des espèces, Protection des biotopes
- base constitutionnelle *Verfassungsgrundlage* **Chap. 2** *44 ss*, *74 ss*
- mesures *Massnahmen* **1** 12, **3** 16, **12** 8, **Rem.prél. 18–23** *1*, **18** 45 s., **25a** 5, 10
- notion *Begriff* **Chap. 1** *15 ss*, 26
- obligation de droit international public *Völkerrechtliche Verpflichtung* **Chap. 5** 4 s., 24 s., 26 ss, *45 ss*

Protection de la nature et du paysage *Natur- und Heimatschutz* voir aussi Protection de la nature, Protection du patrimoine, Protection du paysage, **Chap. 1** *7 s.*, **Chap. 4** 1 ss, **Chap. 5** 3 s., 19, 26 ss, **1** 1 ss, **24e** 10

Protection des oiseaux *Vogelschutz* voir Chasse

Protection du patrimoine *Heimatschutz* voir aussi Archéologie, Conservation des monuments historiques, Localité/Site construit
- base constitutionnelle *Verfassungsgrundlage* **Chap. 2** 14, 25
- mesures *Massnahmen* **3** 1 s., **12** 8, **25a** 5, 8
- notion *Begriff* **Chap. 1** 28, *30 ss*
- obligation de droit international public *Völkerrechtliche Verpflichtung* **Chap. 5** 5, 21 ss, 26 ss, *29 ss*

Protection du paysage *Landschaftsschutz*
- mesures *Massnahmen* **Chap. 2** 61, **1** 6, **Rem.prél. 2–12b** 8, **3** 12, 19, **18** 7, 24 2, **25a** 5, 10
- notion *Begriff* **Chap. 1** 6, 16, *22 ss*, 31, 37
- obligation de droit international public *Völkerrechtliche Verpflichtung* **Chap. 5** 46

Protection transitoire *Vorsorglicher Schutz* voir Droit transitoire

R

Recherche *Forschung* voir aussi Subvention, **14a** 7 ss

Relations publiques *Öffentlichkeitsarbeit* voir aussi Subvention, **14a** 7 s.

Remise en état/Rétablissement *Wiederherstellung*
- remise en état *des rechtmässigen Zustandes* **24a** 16, **24e** *1 ss*, **25b** 4
- rétablissement de marais et de sites marécageux *von Mooren und Moorenlandschaften* **Chap. 2** 91, *94 ss*, **18a** 61, **25b** *1 ss*

Réserve naturelle *Naturreservat* **Chap. 1** *16*, 28

Révisions de la LPN *NHG-Revisionen*
- aperçu *Übersicht* **26** 2
- détails *Einzelheiten* **Chap. 2** 10, 23, 28, 33, 51, 54, 64, 68, 90, 98 ss, **1** 2, 9, 12 s., **Rem.prél. 2–12b** 4, 15, **2** 1, 6, **8** 2, **10** 9, **11** 1, **12** 2, 11, **12a** *4*, **12b** 2, **Rem.prél. 13-17a** 5, 11 ss, **13** *1 s.* **14a** 1, **15** 1, **16** 1, **16a** 1, **17a** 1, **Rem.prél. 18-23** 4, **18** 1 s., 8, **18a** 1, **18b** 5, **18c** 3 ss, **18d** 2, **20** 15, **21** 22, **22** 13, 21, **Rem.prél. 24-24e** *3 ss*, **24a** 2, **24b** 1, **24c** 1, **24d** 1, 3, **24e** 1, **25** 1, **25a** 2, **25b** 3

Rive *Uferbereich* **18** 17, **21** 5, 22, 31

641

Index

S

Site construit voir Localité
Site culturel *Kulturlandschaft*
Chap. 1 *24*, 29, 31
Site évocateur du passé *Geschichtliche Stätte* Chap. 1 28, 31, **1** 6, **15** 4, 9, **16** 3, 7 s., **24** *1*
Site marécageux *Moorlandschaft*
Chap. 1 29, Chap. 2 90, **23b** 1, *3 ss*
Site marécageux d'importance nationale *Moorlandschaft von nationaler Bedeutung*
- aménagement *Gestaltung* **23d** 2
- délimitation *Abgrenzung* **23b** 18 ss
- exploitation *Nutzung* **23b** 16 s., **23d** 2, 4 ss, *7 ss*
- notion *Begriff* **23b** 1, *9 ss*, **25b** 10
- protection *Schutz* **2** 4, 28, **15** 4, **16** 3, 6, **18** 4, 7, **18c** 32, **Rem.prél. 23a–23d** 3, 6, 9, **23c** 2, *4 ss*, **24** 2 ss, **24a** 4, *21*, 30, **26** *7 ss*
- remplacement *Ersatz* **25b** 24

Site proche de l'état naturel *Naturnahe Landschaft* Chap. 1 *24*, 29
Subsidiarité, principe de *Subsidiaritätsprinzip* Chap. 2 *38*, 54, 66, **Rem.prél. 13–17a** 7, **13** 14, **15** 4, 8, **16** 5 ss, **18c** 34, **Rem.prél. 23a-23d** 4, **24e** 19, **25b** 15
Subvention *Beitrag*
- aide financière *Finanzhilfe* **Rem. prél. 13–17a** *2*, *4*, 7, 11, **13** *1 ss*, **14** 1 ss, **14a** 1 ss
- base constitutionnelle *Verfassungsgrundlage* Chap. 2 3, *52 s.*, *64 ss*
- pour les biotopes *an Biotope* Chap. 2 81, **18b** 12, 36, 42, **18c** *19 ss*, **18d** *1 ss*, **26** *7 s.*
- capacité financière *Finanzkraft* **13** 26, 37, **18d** 9, **23c** 14
- charges et conditions *Auflagen und Bedingungen* **13** *43 ss*
- crédit fixé dans le budget *Kreditvorbehalt* **16a** 1 s.
- pour la conservation d'objets *an die Erhaltung von Objekten* **Chap. 5** 44, **13** *6 ss*, **26** 10
- désaffectation *Zweckentfremdung* **13** 69, **18c** 14
- en général *Allgemeines* **1** 7, 9 s., **2** 16, 3 3, **4** 3, *5 s.*
- exécution *Durchsetzung* **13** 70, **18c** 13 s., 30 ss, **24a** 4, 7
- pour la formation *an die Ausbildung* **1** 13, **14a** *1 ss*
- frais *Kosten* **13** *20 ss*, 65
- globale ou forfaitaire *Pauschal- oder Globalbeitrag* **Rem.prél. 13–17a** 8, **13** 68, **14** 10
- indemnité *Abgeltung* **Rem.prél. 13–17a** *3*, *5*, 7, 12, **13** 4, 67, 70, **18d** *1 ss*, **23c** 3, *13 ss*
- majoration de la subvention *Erhöhter Beitrag* **13** 33 ss, **18d** 5, **23c** 13
- mention obligatoire *Anmerkungspflicht* **13** 48 s.
- mise en oeuvre anticipée *Vorzeitige Inangriffnahme* **13** 41, 61
- non-accomplissement/accomplissement défectueux *Nichterfüllung/mangelhafte Erfüllung* **13** 69, **17** 4, **18c** 14
- objectif garanti *Zwecksicherung* **13** 39 ss
- octroi *Zusicherung* **13** *63 s.*, 67, 69, **16a** *3 ss*
- à des organisations *an Organisationen* **1** 11, **14** *1 ss*
- participation du canton *Kantonsbeitrag* **13** 16, *23 ss*, 37 s., **14** 8, **14a** 6
- pour les paysages ruraux traditionnels *an naturnahe Kulturlandschaften* Chap. 2 73, Chap. 4 8
- prestations multiples *Mehrfache Leistungen* **Rem.prél. 13–17a** 10
- priorités *Prioritäten* **13** 50 ss, 58
- procédure *Verfahren* **13** *58 ss*, **14** 9, **14a** 6, **25** 7
- pour la recherche *an die Forschung* **1** 13, **14a** *1 ss*, **25a** 6
- pour les relations publiques *an die Öffentlichkeitsarbeit* **14a** *1 ss*, **25a** 7

- restitution *Rückerstattung* **Rem.prél. 13–17a** 12, **13** 69, **17** *1 ss*
- restriction de la propriété *Eigentumsbeschränkung* **13** 48 s.
- pour les sites marécageux d'importance nationale *an Moorlandschaften von nationaler Bedeutung* **23c** 3, *13 ss*, **26** *7 s.*
- surveillance *Aufsicht* **13** 40 ss

Systématique de la LPN *Systematik des NHG* **Chap. 2** *98 ss*, **1** 2, **12** 4 s., 15, **Rem.prél. 18–23** 1, **24** 40 s., **24a** 39, **24b** 1, **24c** 3, 20, **25b** 3, **26** 5

T

Tâche fédérale *Bundesaufgabe*
- casuistique *Anwendungsfälle* **2** *32 ss*, **3** 3, **4** 2, 4, **5** 2, **6** 2, **7** 1, **8** 2, **9** 1, **10** 5, **12** 4, **17a** 4, **18b** 8, **22** 20, **25a** 4
- en général *Allgemeines* **Chap. 2** 3, *49 ss*, *55 ss*, **1** 5, **Rem.prél. 2–12b** 5, **2** *1 ss*
- notion *Begriff* **Chap. 2** 9, 15, **2** *6 ss*

Traité *Vertrag* voir Droit international public

Tourisme *Tourismus* **18a** 57, **23d** 10

U

Utilisation des forces hydrauliques *Nutzbarmachung der Wasserkräfte* **Chap. 4** 10, 30, *36*, **2** 16, 36, 39

V

Végétation des rives *Ufervegetation* **Chap. 2** 81, **2** 16, 32, **3** 11, **12a** 6, **18** 17, **18b** 31, **21** *1 ss*, **22** *11 ss*, **Rem.prél. 24–24e** 9, **24** 9 ss, 35, **24e** 9

Voie de communication historique *Historischer Verkehrsweg* **Chap. 3** 6 s., **2** 42, **3** 12, **5** 5, *21*, **7** 15, **8** 5, **17a** 6

Voies de droit *Rechtsmittel* voir Droit de recours

Z

Zone alluviale *Aue, Auengebiet* **18** 19, **18a** *24 ss*, **21** 12, 14, **26** *7, 9*

Zone de contact *Hochmoorumfeld* **18a** 36, 38, 41, 43, 46

Zone-tampon *Pufferzone* **18a** 36, 38, *41 ss*, **18b** 18, **26** 7